MW00396666
OCÉANO ATLÁNTICO
Miami
LAS BAHAMAS
Estrecho de Florida
La Habana
Matanzas
Canal de Yucatán
Pinar del Río
Cienfuegos
CUBA
Camagüey
Santiago de Cuba
Guantánamo
REPÚBLICA DOMINICANA
HAITÍ
Port-au-Prince
Santo Domingo
PUERTO RICO
San Juan
Mayagüez
Ponce
ISLAS VÍRGENES
Kingston
JAMAICA
ANTIGUA
GUADALUPE
DOMINICA
MARTINICA
SANTA LUCÍA
SAN VICENTE
ANTILLAS MENORES
BARBADOS
GRANADA
TRINIDAD Y TOBAGO
Port of Spain
MAR DEL CARIBE
HONDURAS
Tegucigalpa
NICARAGUA
León
Managua
L. de Nicaragua
ARUBA
CURAÇAO
BONAIRE
ISLA DE MARGARITA
Caracas
COSTA RICA
Puntarenas
San José
Canal de Panamá
Colón
Panamá
PANAMÁ
R. Magdalena
VENEZUELA
R. Orinoco
GOLFO DE PANAMÁ
COLOMBIA
Bogotá
GUYANA
BRASIL

Instructor's Annotated Edition

¡Tú dirás!

THIRD EDITION

Ana Martínez-Lage
Middlebury College

John R. Gutiérrez
University of Mississippi

Harry L. Rosser
Boston College

with contributions from
Erika M. Sutherland
Muhlenberg College

Australia Canada Mexico Singapore Spain United Kingdom United States

¡Tú dirás! Third Edition
Instructor's Annotated Edition
Martínez-Lage ~ Gutiérrez ~ Rosser

Acquisitions Editor: Helen A. Richardson
Managing Editor: Glenn A. Wilson
Development Editor: Viki Kellar
Senior Production Editor: Esther Marshall
Marketing Director: Lisa Kimball
Marketing Manager: Jill Garrett
Manufacturing Supervisor: Marcia Locke
Photography Manager: Sheri Blaney

Editorial Assistant: Heather Bradley
Compositor: Pre-Press Company, Inc.
Project Manager: Pre-Press Company, Inc.
Illustrator: Dave Sullivan
Text Designer: Dutton & Sherman
Cover Designer: Ha Nguyen
Cover Art: Simon Shaw/Deborah Wolfe Ltd.
Printer: Transcontinental Printing Inc.

Printed in Canada.
1 2 3 4 5 6 7 8 9 10 06 05 04 03 02

For more information contact Heinle, 25 Thomson Place, Boston, Massachusetts 02210 USA, or you can visit our Internet site at **http://www.heinle.com**

0-8384-5225-6 (Instructor's Annotated Edition/Audio CD Pkg)

0-8384-2505-4 (Student Text/Audio CD Pkg)

Library of Congress Cataloging-in-Publication Data

Martínez-Lage, Ana.
¡Tú dirás! / Ana Martínez-Lage, John R. Guitiérrez, Harry L. Rosser.—3rd ed.
p. cm.
Includes index.
ISBN 0-8384-5225-6
1. Spanish language—Conversation and phrase books—English. 2. Spanish language—Textbooks for foreign speakers—English. I. Gutiérrez, John R. II. Rosser, Harry L. III. Title.

PC4121 .G84 2002
468.3'421-dc21

2002032867

Contents

Unique function-based approach

Functions are the driving forces of each chapter!

- **Chapter opener** Functions are clearly presented within each chapter.

PRIMERA ETAPA
En el centro comercial: Una tienda de ropa

Functions
- inquire about and purchase clothes for yourself
- inquire about and purchase accessories and other clothing articles for someone else

SEGUNDA ETAPA
En el mercado y en el supermercado

Functions
- plan a meal discussing food products and necessary quantities
- inquire about and purchase food products

TERCERA ETAPA
En una tienda de computadoras

Functions
- express knowledge, ignorance, and wishes when purchasing a computer
- discuss your purchases in the past

INTEGRACIÓN

Lectura: Cajamarca, tumba de un imperio
Vídeo: Episodio 3; Actividades en las páginas V-6–V-7
Intercambio: Portales de Internet
Escritura: Actividades en el manual

Tools
The tools you will use to carry out these functions are:

- Vocabulary for:
  - clothes and clothing accessories
  - food products
  - expressions of quantity
  - computer equipment and the Internet
- Grammatical structures:
  - preterite of irregular verbs: verbs with **u, i, j,** and **y**
  - subjunctive with expressions of wish and desire
  - subjunctive of regular and irregular verbs
  - **saber, conocer,** and the personal **a**
  - direct objects and direct object pronouns

Machu Picchu, Perú

- **Tú dirás activities**
  Two open-ended activities end each **etapa** to give students the opportunity to perform each function, like eating in a restaurant, asking for directions, booking an airline reservation.

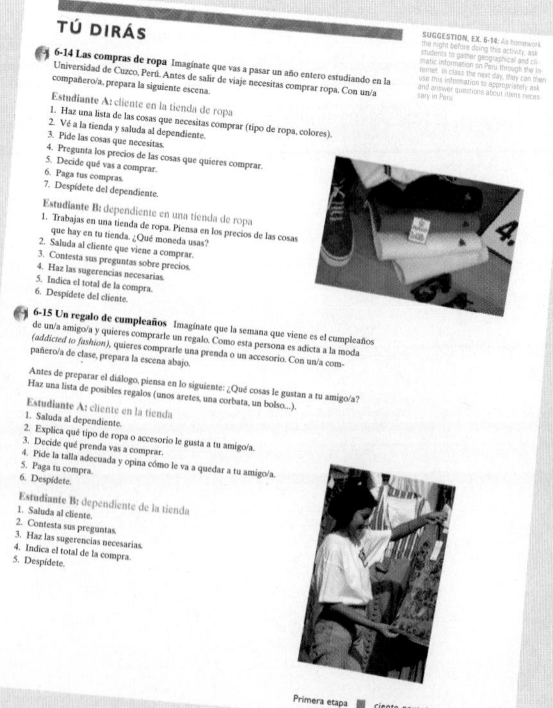

TÚ DIRÁS

6-14 Las compras de ropa Imagínate que vas a pasar un año entero estudiando en la Universidad de Cuzco, Perú. Antes de salir de viaje necesitas comprar ropa. Con un/a compañero/a, prepara la siguiente escena.

Estudiante A: cliente en la tienda de ropa
1. Haz una lista de las cosas que necesitas comprar (tipo de ropa, colores).
2. Vé a la tienda y saluda al dependiente.
3. Pide las cosas que necesitas.
4. Pregunta los precios de las cosas que quieres comprar.
5. Decide qué vas a comprar.
6. Paga tus compras.
7. Despídete del dependiente.

Estudiante B: dependiente en una tienda de ropa
1. Trabajas en una tienda de ropa. Piensa en los precios de las cosas que hay en tu tienda. ¿Qué moneda usas?
2. Saluda al cliente que viene a comprar.
3. Contesta sus preguntas sobre precios.
4. Haz las sugerencias necesarias.
5. Indica el total de la compra.
6. Despídete del cliente.

6-15 Un regalo de cumpleaños Imagínate que la semana que viene es el cumpleaños de un/a amigo/a y quieres comprarle un regalo. Como esta persona es adicta a la moda *(addicted to fashion)*, quieres comprarle una prenda o un accesorio. Con un/a compañero/a de clase, prepara la escena abajo.

Antes de preparar el diálogo, piensa en lo siguiente: ¿Qué cosas le gustan a tu amigo/a? Haz una lista de posibles regalos (unos aretes, una corbata, un bolso...).

Estudiante A: cliente en la tienda
1. Saluda al dependiente.
2. Explica qué tipo de ropa o accesorio le gusta a tu amigo/a.
3. Decide qué prenda vas a comprar.
4. Pide la talla adecuada y opina cómo le va a quedar a tu amigo/a.
5. Paga tu compra.
6. Despídete.

Estudiante B: dependiente de la tienda
1. Saluda al cliente.
2. Contesta sus preguntas.
3. Haz las sugerencias necesarias.
4. Indica el total de la compra.
5. Despídete.

SUGGESTION, EX. 6-14: As homework the night before doing this activity, ask students to gather geographical and climatic information on Peru through the Internet. In class the next day, they can then use this information to appropriately ask and answer questions about items necessary in Peru.

Primera etapa ■ *ciento noventa y cinco* 195

more successful learners of Spanish!

- **Bridging the Gap!**
  A fun and interactive information-gap activity, called **Intercambio**, ends each chapter and links the language tools with the functions that have been presented and practiced throughout.

INTERCAMBIO: PORTALES DE INTERNET

Cada uno de ustedes tiene un pequeño problema relacionado con las computadoras y el uso de Internet y necesita que el otro estudiante le dé la solución. Cada uno de ustedes debe explicarle a su compañero/a el problema que tiene y pedir consejo sobre cómo solucionarlo.

Estudiante A Éste es tu problema: Usas la web constantemente para tu trabajo. En muchas ocasiones, cuando llegas a un sitio en la web, aparecen ventanas con publicidad (*advertisement*) que se abren automáticamente sin que tú quieras que se abran. Esto es algo que te pone furioso/a. Necesitas encontrar una solución rápidamente. Habla con tu compañero/a, explícale tu problema y pídele consejo. Contesta sus preguntas.

Ésta es la información que necesitas para solucionar el problema de tu compañero/a: acabas de encontrar esto en la web. Escucha el problema que tiene tu compañero/a, hazle las preguntas necesarias. Dile que tienes la solución para su problema. Explícale en qué consiste este programa. Dile cómo funciona y dónde lo puede encontrar. Utiliza las siguientes expresiones seguidas del verbo en subjuntivo para darle consejos a tu compañero/a: **sugiero que; recomiendo que; es necesario que; es aconsejable que.**

Windows 95/98/ME : Internet : Web : Gestores bookmarks
Weblinks Organiser 1.0
nuevo

Fecha: 16 de noviembre del 2003
Tamaño: 567KB
Plataforma: Win95/98/ME/NT/2000
Web: www.rwakelin.freeserve....
Descargas: 342

Clasifica y administra fácilmente tus Favoritos

Éste programa te ayuda a gestionar y organizar tu colección de Favoritos de Internet cuando ésta empieza a ser demasiado grande y quizás estar un poco desordenada.

Con Weblinks Organiser puedes categorizar los favoritos en distintas carpetas, añadir a cada enlace comentarios, fecha e incluso protección mediante contraseña.

El programa se ejecuta en segundo plano mientras navegas por Internet y cuando copias una URL al Portapapeles de Windows automáticamente la graba en la carpeta que tengas abierta.

También te pueden interesar:
- URL Organizer 2 2.4.6
- Compass 2.80 ¡MB!¡MB!
- Agenda de Internet 1.0
- My Links 1.0 ¡MB!

Estudiante B Éste es tu problema: Eres una persona que usa la web constantemente para tu trabajo. A lo largo de los meses has marcado muchísimas páginas como "favoritos". El problema es que no eres muy ordenado y tu lista de favoritos es un desastre. Ahora tienes tantos favoritos que no puedes encontrar nada. Necesitas desesperadamente una solución. Habla con tu compañero/a y explícale tu problema. Pídele consejo. Contesta sus preguntas.

Ésta es la información que necesitas para solucionar el problema de tu compañero/a: acabas de encontrar esto en la web. Escucha el problema que tiene tu compañero/a, hazle las preguntas necesarias. Dile que tienes la solución para su problema. Explícale en qué consiste este programa, dile cómo funciona y dónde lo puede encontrar. Utiliza las siguientes expresiones seguidas del verbo en subjuntivo para dar consejos a tu compañero/a: **sugiero que; recomiendo que; es necesario que; es aconsejable que.**

Windows 95/98/ME : Internet : Web : Anti-publicidad molesta
Zero Popup 1.35
actualizado

Fecha: 20 de noviembre del 2003
Tamaño: 95KB
Plataforma: Win95/98/ME/NT/2000
Web: tooto.triasite.net
Descargas: 118.708

La manera más cómoda de decir adiós a los pop-up

Ésta es una pequeña herramienta, de gran efectividad a la hora de eliminar esas interminables ventanas de publicidad que se abren cuando visitas algún sitio de la web.

La novedad de este programa reside en que no requiere intervención del usuario para cerrar esas molestas ventanas, sino que lo hace de manera automática, utilizando un sistema de inteligencia artificial.

Zero Popup no ocupa muchos recursos del sistema, permanece en la bandeja de sistema de Windows y funciona como un add-on para el Internet Explorer, ejecutándose al mismo tiempo que abres el navegador.

Tienes la posibilidad de crear listas especiales para bloquear las ventanas pop-up de sitios web específicos, mientras permites que las de otros sitios se abran. También puedes cancelar el bloqueo de ventanas temporalmente o hacer que el programa te avise cada vez que cierra una.

Tener este programa instalado no afecta en absoluto a tu navegación de la web ni impide que abras más de una sesión simultánea de Internet Explorer.

Programas relacionados:
- Close Popup 4.0 ¡MB!
- PopUp Window Wizard 3.0 ¡MB!
- PopUp Killer 1.42 ¡MB!

También te pueden interesar:
- NoPops 1.1 ¡MB!
- Pop-Up Stopper 2.6 ¡MB!
- Ad-aware 5.62 ¡MB!¡MB!

- **Video like no other!** The new exciting function-based Video presents language in a dynamic, real-world context via seamless weaving of structures and vocabulary with communicative functions.

Students follow the lives of five strangers brought together to live and learn in a Spanish-speaking culture.

EPISODIO 1 (Capítulos 1 y 2)

Anticipación

Capítulo 1. Las nacionalidades de los compañeros The five roommates represent five different Spanish-speaking countries. Complete the following chart with their adjectives of nationality.

Modelo: Puerto Rico
puertorriqueño / puertorriqueña

País	Adjetivos De Nacionalidad
Argentina	
Colombia	
México	
España	
Venezuela	

In the Episodio preliminar each roommate introduced him- or herself by name and nationality. Can you recall their nationalities? Work with a partner and fill in the nationality of each roommate, using the **adjetivos de nacionalidad** from above.

Nombre	Nacionalidad
Antonio	
Valeria	
Javier	
Alejandra	
Sofía	

Capítulo 2. Hagamos una encuesta Let's conduct a survey on your classmates' studies and personal interests. First, working in groups of three or four, make a list in Spanish of a) the most popular fields of study (i.e., majors and minors) at your university and b) your personal interests (i.e., what do you like to do in your free time when you're not studying?) Second, as each group shares its data, your instructor or a student volunteer will compile the information on the board, listing the fields of study (*especialidades*) in one column and the personal interests (*gustos*) in another. You should copy the finalized lists on a piece of paper. Third, walk around the classroom and interview your classmates using the following questions: **¿Qué estudias? / ¿A qué te dedicas? ¿Qué te gusta hacer en tu tiempo libre *(free time)*?** and when a classmate's response matches one of the fields of study or interests on your survey, place a mark next to it. Finally, tally the number of marks next to each item on the survey and be prepared to share the results with the class.

Vamos a ver

Capítulo 1. ¿De dónde son los compañeros? In this episode the roommates will again talk about their nationalities and also provide more specific details about where they are from. As you watch the video segment check your previous answers by filling in columns A and B in the chart below. Also listen for each roommate's city or region of origin (i.e., place of birth and where her/his family is located) and write this information in column C.

	A País	B Nacionalidad	C Ciudad/ Región de Origin
Antonio			
Valeria			
Javier			
Alejandra			
Sofía			

Now check your answers with those of a classmate.

Capítulo 2. Estudios e intereses As you watch Episode 1, pay attention to the roommates' discussion of their studies and interests and complete the following chart.

Nombre	¿Qué estudia?	¿Qué le gusta?
Javier		
Alejandra		
Antonio		
Sofía		
Valeria		

As you watch the video for a second time, fill in any information that you did not complete during the first viewing. Also, pay attention to the relationship between the following peoples' personal interests and their aspirations for the future, specifically, their desired professions and complete the following sentences.

1. A Sofía le gusta ____ por eso quiere ser ____.
2. A Javier le gusta ____ por eso quiere abrir ____.

Expansión

Capítulo 1. ¿De dónde eres tú? First work in pairs and find out where your partner is from (country and city). Then, work in groups of four and take turns presenting your partner to the other group members. What similaries and differences are there among your group members? Be prepared to share this information with the class.

Capítulo 2. ¿Se parecen? When you administered the survey you spoke with many of your classmates about their studies and personal interests. In groups of three or four, determine who most closely resembles (*se parece*) one of the five roommates, based on their studies and/or personal interests, and complete the following sentences. If no one is a match, write *nadie* (no one) in the first blank.

1. ____ se parece a Javier porque ____
2. ____ se parece a Alejandra porque ____.
3. ____ se parece a Antonio porque ____.
4. ____ se parece a Sofía porque ____.
5. ____ se parece a Valeria porque ____

Share your groups' results with the class.

See how ¡Tú dirás! makes your student

A program for all teaching styles to address *all* students' needs

¡Tú dirás! provides a balanced presentation of grammar, vocabulary, and culture, including numerous activities, which allows you to better address the varied needs of students in your classroom.

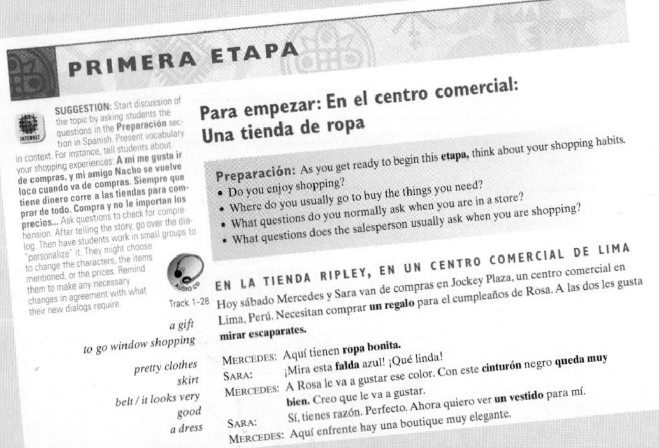

PRIMERA ETAPA

SUGGESTION: Start discussion of the topic by asking students the questions in the **Preparación** section in Spanish. Present vocabulary in context. For instance, tell students about your shopping experiences: **A mí me gusta ir de compras, y mi amigo Nacho se vuelve loco cuando va de compras. Siempre que tiene dinero corre a las tiendas para comprar de todo. Compra y no le importan los precios...** Ask questions to check for comprehension. After telling the story, go over the dialog. Then have students work in small groups to "personalize" it. They might choose to change the characters, the items mentioned, or the prices. Remind them to make any necessary changes in agreement with what their new dialogs require.

Para empezar: En el centro comercial: Una tienda de ropa

Preparación: As you get ready to begin this **etapa**, think about your shopping habits.
- Do you enjoy shopping?
- Where do you usually go to buy the things you need?
- What questions do you normally ask when you are in a store?
- What questions does the salesperson usually ask when you are shopping?

Track 1-28

EN LA TIENDA RIPLEY, EN UN CENTRO COMERCIAL DE LIMA

Hoy sábado Mercedes y Sara van de compras en Jockey Plaza, un centro comercial en Lima, Perú. Necesitan comprar **un regalo** para el cumpleaños de Rosa. A las dos les gusta **mirar escaparates.**

a gift
to go window shopping

MERCEDES: Aquí tienen **ropa bonita.** — *pretty clothes*
SARA: ¡Mira esta **falda** azul! ¡Qué linda! — *skirt*
MERCEDES: A Rosa le va a gustar ese color. Con este **cinturón** negro **queda muy bien.** Creo que le va a gustar. — *belt / it looks very good*
SARA: Sí, tienes razón. Perfecto. Ahora quiero ver **un vestido** para mí. — *a dress*
MERCEDES: Aquí enfrente hay una boutique muy elegante.

- **Let's begin!** The **Para empezar** sections give a contextualized presentation of new vocabulary and structures via dialogs and brief readings.

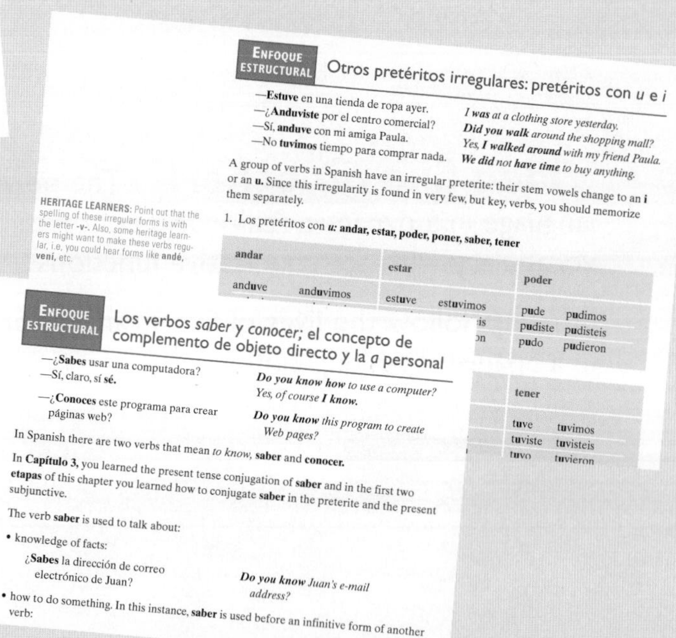

ENFOQUE ESTRUCTURAL — Otros pretéritos irregulares: pretéritos con u e i

—**Estuve** en una tienda de ropa ayer. — *I was at a clothing store yesterday.*
—¿**Anduviste** por el centro comercial? — ***Did you walk** around the shopping mall?*
—Sí, **anduve** con mi amiga Paula. — *Yes, **I walked around** with my friend Paula.*
—No **tuvimos** tiempo para comprar nada. — ***We did** not **have time** to buy anything.*

A group of verbs in Spanish have an irregular preterite: their stem vowels change to an **i** or an **u**. Since this irregularity is found in very few, but key, verbs, you should memorize them separately.

HERITAGE LEARNERS: Point out that the spelling of these irregular forms is with the letter **-v-**. Also, some heritage learners might want to make these verbs regular, i.e. you could hear forms like **andé, vení**, etc.

1. Los pretéritos con ***u***: **andar, estar, poder, poner, saber, tener**

andar		estar		poder	
anduve	anduvimos	estuve	estuvimos	pude	pudimos
				pudiste	pudisteis
				pudo	pudieron

tener	
tuve	tuvimos
tuviste	tuvisteis
tuvo	tuvieron

ENFOQUE ESTRUCTURAL — Los verbos *saber* y *conocer*; el concepto de complemento de objeto directo y la *a* personal

—¿**Sabes** usar una computadora? — ***Do you know how** to use a computer?*
—Sí, claro, sí **sé.** — *Yes, of course **I know.***
—¿**Conoces** este programa para crear páginas web? — ***Do you know** this program to create Web pages?*

In Spanish there are two verbs that mean *to know*, **saber** and **conocer.**

In **Capítulo 3**, you learned the present tense conjugation of **saber** and in the first two **etapas** of this chapter you learned how to conjugate **saber** in the preterite and the present subjunctive.

NOTA GRAMATICAL: The verb **saber** in the preterite means *to know something* in the sense of the English expressions *to find out* or *to discover*:
Cuando leímos el mensaje de José, **supimos** lo que pasó.
*When we read José's message, **we found out** what happened.*

The verb **saber** is used to talk about:
- knowledge of facts:
  ¿**Sabes** la dirección de correo electrónico de Juan? — ***Do you know** Juan's e-mail address?*
- how to do something. In this instance, **saber** is used before an infinitive form of another verb:

- **Well-balanced grammar**
Each **Enfoque estructural** section provides concise and clear grammar presentations with thematically tied examples. The **Nota gramatical** student annotations remind your students of previously learned structures and provide additional grammar tips.

SUGGESTION: Contextualize presentation of this vocabulary by telling students that you have found a recipe in your cookbook, but the page is ripped and you only have the list of ingredients. You don't know what the recipe is for. Bring in props, or use the overhead to display pictures of the items you will mention. Tell students: **Necesito comprar un kilo de harina...** As comprehension checks, ask them if they know how much a kilo is and where the item may be purchased in town. At the end, ask them if they have any guesses about what the recipe may be for.

EXPANSIÓN LÉXICA: There are Spanish expressions to deal with the English system of measurement: **un galón de** *(a gallon of)*, **una libra de** *(a pound of)*, **una onza de** *(an ounce of)*.

ENFOQUE LÉXICO — Las expresiones de cantidad

At the market, Sra. Fernández is selecting her fruits and vegetables for the week.

—¿Cuánto valen los tomates? — *How much are the tomatoes?*
—Están a cinco dólares **el medio kilo.** — *They're five dollars **a half kilo.***
—Eso es mucho. Bueno, deme dos **kilos** de papas. — *That's a lot. Well, give me two **kilos** of potatoes.*

As in most of the world, the metric system is used for measurements in the Spanish-speaking world. Note the following examples:

¿Cuánto cuesta un **litro** de leche? — *How much is a **liter** of milk?*
Quisiera **medio kilo** de uvas. — *I would like a **half kilo** of grapes.*

The following expressions are used to indicate quantities.

un kilo de	*a kilogram (kilo) of*
medio kilo de	*a half kilo (500 grams) of*
un cuarto de kilo de	*a quarter kilo (250 grams) of*
50 gramos de	*50 grams of*
un litro de	*a liter of*
medio litro de	*a half liter of*
una botella de	*a bottle of*
una docena de	*a dozen of*
una lata de	*a can of*
un paquete de	*a package of*
un pedazo de	*a piece of*

- **Functional vocabulary**
Each **Enfoque léxico** presents new vocabulary and phrases in a functional context. In the **Expansión léxica**, students can expand their vocabulary and become more familiar with regional variations in language use.

- **Rich culture** Chapters 1–10 immerse students in the culture of different regions of the Spanish-speaking world. The latter chapters highlight global cultural themes. Within each **etapa**, **Comentarios culturales** cover topics thematically tied to a chapter's goals and objectives. The **Nota cultural** student annotations provide students with additional cultural information.

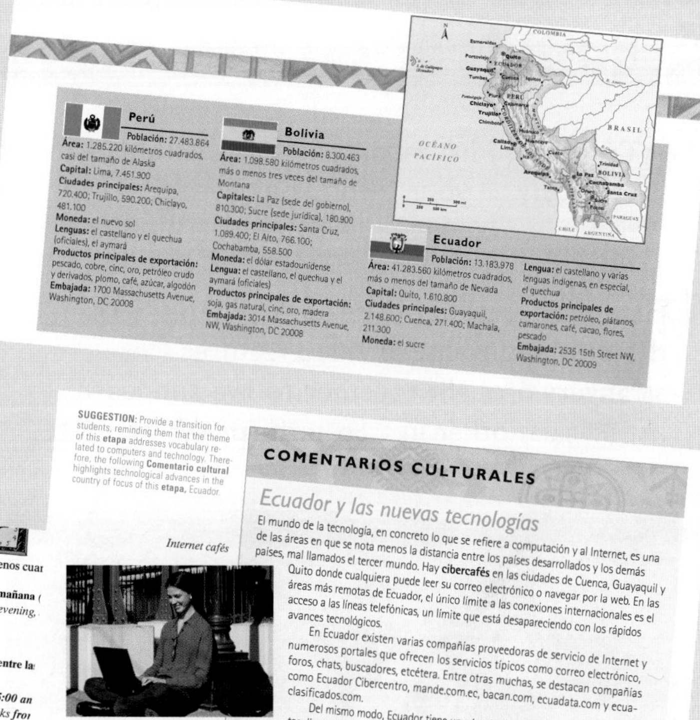

Perú

Población: 27.483.864
Área: 1.285.220 kilómetros cuadrados, casi del tamaño de Alaska
Capital: Lima, 7.451.900
Ciudades principales: Arequipa, 720.400; Trujillo, 590.200; Chiclayo, 481.100
Moneda: el nuevo sol
Lenguas: el castellano y el quechua (oficiales), el aymará
Productos principales de exportación: pescado, cobre, cinc, oro, petróleo crudo y derivados, plomo, café, azúcar, algodón
Embajada: 1700 Massachusetts Avenue, Washington, DC 20008

Bolivia

Población: 8.300.463
Área: 1.098.580 kilómetros cuadrados, más o menos tres veces del tamaño de Montana
Capitales: La Paz (sede del gobierno), 810.300; Sucre (sede jurídica), 180.900
Ciudades principales: Santa Cruz, 1.089.400; El Alto, 766.100; Cochabamba, 558.500
Moneda: el dólar estadounidense
Lengua: el castellano, el quechua y el aymará (oficiales)
Productos principales de exportación: soja, gas natural, cinc, oro, madera
Embajada: 3014 Massachusetts Avenue, NW, Washington, DC 20008

Ecuador

Población: 13.183.978
Área: 41.283.560 kilómetros cuadrados, más o menos del tamaño de Nevada
Capital: Quito, 1.610.800
Ciudades principales: Guayaquil, 2.148.600; Cuenca, 271.400; Machala, 211.300
Moneda: el sucre
Lengua: el castellano y varias lenguas indígenas, en especial, el quechua
Productos principales de exportación: petróleo, plátanos, camarones, café, cacao, flores, pescado
Embajada: 2535 15th Street NW, Washington, DC 20009

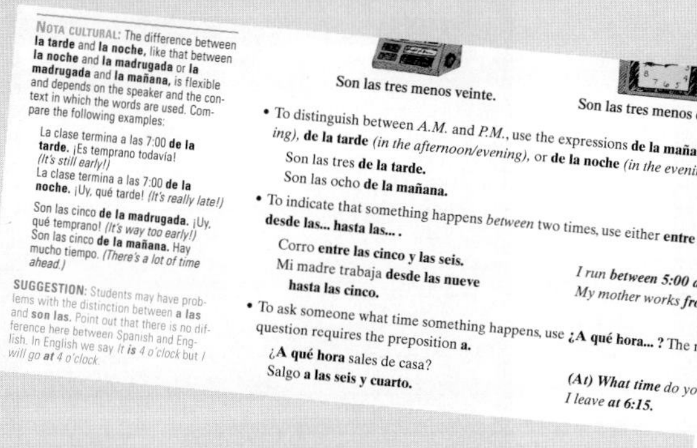

NOTA CULTURAL: The difference between **la tarde** and **la noche,** like that between **la noche** and **la madrugada** or **la madrugada** and **la mañana,** is flexible and depends on the speaker and the context in which the words are used. Compare the following examples:

La clase termina a las 7:00 **de la tarde.** ¡Es temprano todavía! *(It's still early!)*
La clase termina a las 7:00 **de la noche.** ¡Uy, qué tarde! *(It's really late!)*

Son las cinco **de la madrugada.** ¡Uy, qué temprano! *(It's way too early!)*
Son las cinco **de la mañana.** Hay mucho tiempo. *(There's a lot of time ahead.)*

SUGGESTION: Students may have problems with the distinction between **a las** and **son las.** Point out that there is no difference here between Spanish and English. In English we say *It* **is** *4 o'clock* but *I will go* **at** *4 o'clock.*

Son las tres menos veinte.

Son las tres menos cuar

- To distinguish between *A.M.* and *P.M.*, use the expressions **de la mañana** (*ing)*, **de la tarde** *(in the afternoon/evening)*, or **de la noche** *(in the evening,*

  Son las tres **de la tarde.**
  Son las ocho **de la mañana.**

- To indicate that something happens *between* two times, use either **entre la** **desde las... hasta las... .**

  Corro **entre las cinco y las seis.** — *I run* ***between 5:00 an***
  Mi madre trabaja **desde las nueve hasta las cinco.** — *My mother works* ***fro***

- To ask someone what time something happens, use **¿A qué hora... ?** The r question requires the preposition **a.**

  ¿A qué hora sales de casa? — ***(At) What time*** *do yo*
  Salgo **a las seis y cuarto.** — *I leave* ***at 6:15.***

SUGGESTION: Provide a transition for students, reminding them that the theme of this **etapa** addresses vocabulary related to computers and technology. Therefore, the following **Comentario cultural** highlights technological advances in the country of focus of this **etapa,** Ecuador.

COMENTARIOS CULTURALES

Ecuador y las nuevas tecnologías

El mundo de la tecnología, en concreto lo que se refiere a computación y al Internet, es una de las áreas en que se nota menos la distancia entre los países desarrollados y los demás países, mal llamados el tercer mundo. Hay **cibercafés** en las ciudades de Cuenca, Guayaquil y Quito donde cualquiera puede leer su correo electrónico o navegar por la web. En las áreas más remotas de Ecuador, el único límite a las conexiones internacionales es el acceso a las líneas telefónicas, un límite que está desapareciendo con los rápidos avances tecnológicos.

Internet cafés

En Ecuador existen varias compañías proveedoras de servicio de Internet y numerosos portales que ofrecen los servicios típicos como correo electrónico, foros, chats, buscadores, etcétera. Entre otras muchas, se destacan compañías como Ecuador Cibercentro, mande.com.ec, bacan.com, ecuadata.com y ecuaclasificados.com.

Del mismo modo, Ecuador tiene un número importante de periódicos y revistas disponibles en la web. Esto hace posible que los ecuatorianos que viven **en el exterior** sigan en contacto con su país y estén informados sobre lo que ocurre allí. Los ecuatorianos no sólo pueden leer los periódicos en la web sino que también pueden escuchar la radio a través de emisoras de Internet como www.radio-centro.com (97.7 FM, Guayaquil).

abroad

INTEGRACIÓN CULTURAL

1. ¿Cuál es el estado de la tecnología de Internet en Ecuador?
2. ¿Cómo pueden los ecuatorianos que viven en el exterior estar al día *(be up-to-date)* de las noticias de su país?
3. ¿Por qué son importantes las nuevas tecnologías para un país como Ecuador?

ANSWERS: 1. Aunque hay diferencias, la situación de este tipo de tecnologías es similar a la de los países avanzados. Hay proveedores de servicio de Internet y portales que ofrecen correo electrónico y otros servicios. 2. Por medio de los periódicos y emisoras de radio en Internet. 3. *Answers will vary.*

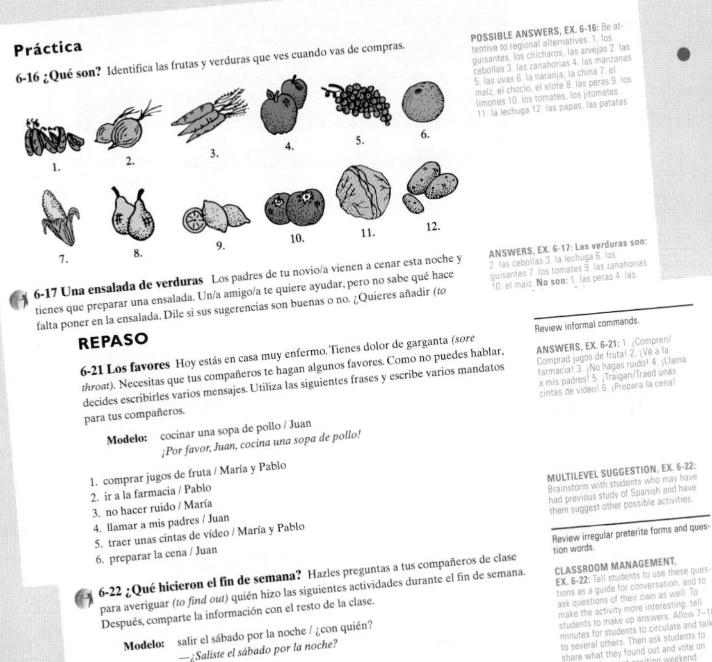

Práctica

6-16 ¿Qué son? Identifica las frutas y verduras que ves cuando vas de compras.

1. 2. 3. 4. 5. 6. 7. 8. 9. 10. 11. 12.

POSSIBLE ANSWERS, EX. 6-16: Be attentive to regional alternatives. 1. los guisantes, los chícharos, las arvejas 2. las cebollas 3. las zanahorias 4. las manzanas 5. las uvas 6. la naranja, la china 7. el maíz, el choclo, el elote 8. las peras 9. los limones 10. los tomates, los jitomates 11. la lechuga 12. las papas, las patatas

6-17 Una ensalada de verduras Los padres de tu novio/a vienen a cenar esta noche y tienes que preparar una ensalada. Un/a amigo/a te quiere ayudar, pero no sabe qué hace falta poner en la ensalada. Dile si sus sugerencias son buenas o no. ¿Quieres añadir *(to*

ANSWERS, EX. 6-17: Las verduras son: 2. las cebollas 3. la lechuga 6. los guisantes 7. los tomates 9. las zanahorias 10. el maíz. **No son:** 1. las peras 4. las

REPASO

6-21 Los favores Hoy estás en casa muy enfermo. Tienes dolor de garganta *(sore throat)*. Necesitas que tus compañeros te hagan algunos favores. Como no puedes hablar, decides escribirles varios mensajes. Utiliza las siguientes frases y escribe varios mandatos para tus compañeros.

Modelo: cocinar una sopa de pollo / Juan
¡Por favor, Juan, cocina una sopa de pollo!

1. comprar jugos de fruta / María y Pablo
2. ir a la farmacia / Pablo
3. no hacer ruido / María
4. llamar a mis padres / Juan
5. traer unas cintas de vídeo / María y Pablo
6. preparar la cena / Juan

Review informal commands.

ANSWERS, EX. 6-21: 1. ¡Compren/Comprad jugos de fruta! 2. ¡Vé a la farmacia! 3. ¡No hagas ruido! 4. ¡Llama a mis padres! 5. ¡Traigan/Traed unas cintas de vídeo! 6. ¡Prepara la cena!

MULTILEVEL SUGGESTION, EX. 6-22: Brainstorm with students who may have had previous study of Spanish and have them suggest other possible activities.

6-22 ¿Qué hicieron el fin de semana? Hazles preguntas a tus compañeros de clase para averiguar *(to find out)* quién hizo las siguientes actividades durante el fin de semana. Después, comparte la información con el resto de la clase.

Modelo: salir el sábado por la noche / ¿con quién?
—*¿Saliste el sábado por la noche?*
—*Sí.*
—*¿Con quién saliste?*
—*Salí con Isaac, de la clase de filosofía.*

1. estar en casa / ¿con quién?
2. tener una fiesta / ¿dónde?
3. Juan no querer ir a la fiesta / ¿por qué?
4. ponerte la ropa de tu compañero/a / ¿por qué?
5. leer el periódico / ¿cuál?

Review irregular preterite forms and question words.

CLASSROOM MANAGEMENT, EX. 6-22: Tell students to use these questions as a guide for conversation, and to ask questions of their own as well. To make the activity more interesting, tell students to make up answers. Allow 7–10 minutes for students to circulate and talk to several others. Then ask students to share what they found out and vote on who had the most exciting weekend.

VARIATION, EX. 6-22: Here are some more situations you may want to add to this activity: 1. ver una película / ¿cuál? 2. trabajar el viernes / ¿cuántas horas? 3. practicar algún deporte / ¿cuál? 4. ir a una fiesta / ¿adónde? 5. escuchar música / ¿qué tipo? 6. leer algo interesante / ¿qué? 7. hablar por teléfono / ¿con quién? 8. escribir un trabajo / ¿sobre qué?

Segunda etapa ■ *ciento noventa y nueve* 199

- **Activities and Instructor Annotations** Carefully sequenced **Práctica** activities help prepare students for more challenging performance in Spanish. The **Repaso** activities provide systematic recycling of structures, vocabulary, and functions across and within chapters. Instructor Annotations help educators meet the needs of their varying student population via heritage learners tips and awareness notes, multilevel suggestions, variations to activities, and classroom management tips.

IRM Master 17: El imperfecto

SUGGESTION: Introduce this structure in context. Tell students about your childhood and the things you used to do, how you used to be, etc. Try to incorporate previously studied adjectives of personality and physical description.

PREVIEW: The imperfect is discussed in three different sections. In this initial pre-

HERITAGE LEARNERS: It is quite common to hear variation in the first person plural present subjunctive forms among heritage learners who may have a Mexican background. One might hear such forms as **"háblemos, cómamos, escríbamos,"** or even **"háblenos, cómanos, escríbanos."** What is really happening is that they are putting the stress on the same syllable as that of the other subjunctive verb forms.

A comprehensive multimedia package

The **¡Tú dirás!** Multimedia package offers you and your students the most current and effective tools to satisfy all your technology needs!

- **New function-based Video!**
  Filmed on location, in beautiful Puerto Rico, the new reality-based Video features five strangers brought together to live and learn about each other in a Spanish-speaking culture.

QUIA™ On-line Activities Manual A new on-line version of the Activities Manual offers a variety of activity types and games, instant feedback, and gives instructors 24-hour access to workbook and lab manual exercises including students' grades.

WebTutor activities Available in both WebCT and Blackboard platforms, WebTutor activities provide additional grammar and vocabulary practice, automatic and immediate feedback from quizzes and exams, course management tools, and a gradebook for instructors.

ore successful learners of Spanish!

- **¡Tú dirás! Interactive CD-ROM** This interactive and visually stimulating CD-ROM provides additional text-specific and four-skills practice with activities for each chapter.

- **¡Tú dirás! Web Site http://tudiras.heinle.com**
  The **¡Tú dirás! Web Site** consists of three sections: guided exploration of web, self-correcting exercises, and Cyberjournal process-writing activities.

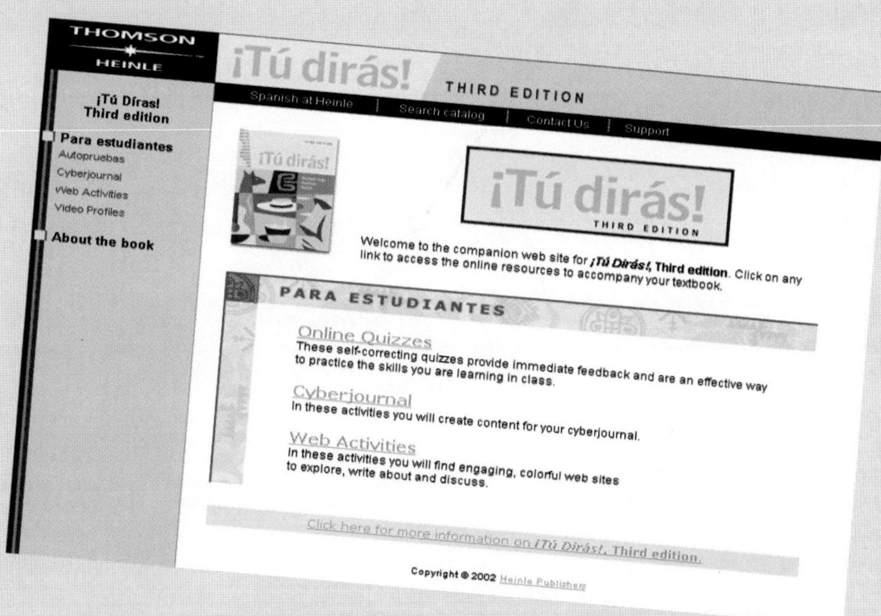

Components

INSTRUCTOR MATERIALS

Instructor's Annotated Edition/Audio CD Pkg	0-8384-5225-6
Instructor's Resource Manual	0-8384-5226-4
Audio-enhanced Testbank CD-ROM	0-8384-5241-8
Heinle Spanish Transparency Bank	0-8384-0987-3
Situation Cards	0-03-026769-2

STUDENT MATERIALS

Student Text/Audio CD Pkg	0-8384-2505-4
Activities Manual	0-8384-5223-X
Lab Audio CDs	0-8384-5227-2
QUIA™ On-line Activities Manual	0-8384-5231-0
Activities Manual Answer Key	0-8384-5244-2
¡Tú dirás! Interactive CD-ROM	0-8384-5232-9
WebTutor on WebCT	0-8384-7013-X
WebTutor on Blackboard	0-8384-7012-1
Video on Videocassette	0-8384-5221-3
Video on DVD	0-8384-5243-4
Merriam-Webster Spanish-English Dictionary	0-87779-916-4
Esta semana Newsletter	0-8384-4742-2
Atajo Writing Assistant	0-8384-0433-2
Open Sesame	0-8384-1131-2

¡Tú dirás! Web Site — http://tudiras.heinle.com

Preface

The authors of **¡Tú dirás! Third Edition** are thankful for the enthusiastic and widespread support given to the first and second editions of this textbook, and to the many talented instructors who helped shape this new edition. **¡Tú dirás! Third Edition** is designed to be even more teacher- and student-friendly, with a function-based approach that ties every lesson directly to real-world use of Spanish which immediately challenges students to communicate effectively in the target language.

As in the first and second editions, **¡Tú dirás! Third Edition** promotes constant interaction among students and instructors, starting with the preliminary lesson and continuing throughout the entire program. Through this interaction, **¡Tú dirás! Third Edition** encourages students to:

- Express themselves in a culturally appropriate and authentic way from the onset of their language study
- Comprehend and produce oral and written Spanish in a gradually increasing number of real-life contexts
- Acquire additional knowledge and information in areas of interest to them as they progress in their study of the language
- Gain a better understanding of the cultures of the Spanish-speaking world

The fundamental premise of **¡Tú dirás! Third Edition** is that language becomes most immediately useful when it is based on a function that is carried out in a real-life context. These functions, common to all languages, include (but are not limited to):

- Asking and answering questions on familiar topics
- Narrating and describing in various time frames
- Supporting an opinion
- Hypothesizing

These functions have helped the authors create a solid framework for the **¡Tú dirás!** program. This, in turn, establishes a realistic set of expectations for students who have little or no previous knowledge of Spanish, thus guaranteeing them success in their studies.

Preface *(continued)*

Summary of Changes for ¡Tú dirás! Third Edition:

- **All-new Video!** The exciting reality-based **¡Tú dirás!** Video captivates learners as they follow the lives of five strangers brought together to live and learn in a Spanish-speaking culture. The language used in the Video models the vocabulary, structures and functions corresponding to each chapter.
- The scope and sequence has been revised to make implementation easier (as shown in the presentation of irregular present tense verbs in chapters 3 and 4, and preterite tense verbs in chapters 5 and 6). The grammar presentation is even more balanced throughout all the chapters.
- Now with more clear and concise grammar explanations, example sentences are better contextualized within the theme and vocabulary domains of each chapter.
- The Grammar Guide found at the end of the text is a valuable resource for self-study as it permits students to consult key points quickly and easily.
- The vocabulary presentations are even more streamlined and provide only active and high-frequency terms. End-of-chapter vocabulary lists present new items both in functional phrases and in simple word lists for ease and flexibility in studying. Academic vocabulary has been moved to the **Capítulo preliminar**; weather and colors are treated earlier as reviewers requested; more lexical items are presented and appropriately contextualized (as shown in **Capítulo 5**); new vocabulary domains are introduced (as shown in **Capítulo 6**, **Tercera etapa**, and **Capítulo 7**); and, the **Expansión léxica** student annotations present additional lexical information on dialectic variation.
- **¡Tú dirás! Third Edition** comes with an updated cultural focus: new cultural and literary readings have been added, the level of difficulty in the readings progresses throughout the program and provides a more balanced representation of genres and female voices; a new section, **Al fin y al cabo,** at the end of each **Lectura** has been added with expansion and personalizing questions; and, the **Comentarios culturales** section progresses in length and difficulty throughout each **etapa** and is followed by a variety of questions that provide students with opportunities to personalize or expand on the content.
- A new on-line version of the Activities Manual is available in QUIA™ format. Students are engaged in a variety of activity types and games, receive instant feedback and get 24-hour access to workbook and lab manual exercises. Instructors can customize activities at any time, and use the versatile grade book to view class statistics and follow student progress.
- The Interactive CD-ROM has been updated to reflect changes in the textbook.

Chapter Organization

Section	*Subsection*	*Description*	*In / Out of Class*
Chapter Opener		Chapter functions, tools (vocabulary and grammar), and country or countries of focus	Both
Primera/Segunda/ Tercera etapa	**Para empezar**	Aurally and visually contextualized presentation of new vocabulary and structures via dialogs and readings.	Both
	Enfoque léxico	Presentation of new vocabulary and phrases in a functional context.	Both
	Enfoque estructural	Concise and clear presentation of grammar/structures.	Both
	Comentarios culturales	Brief cultural readings (1 per **etapa**) that are tied to each **etapa** and chapter by theme and/or by country of focus. Each **Comentario cultural** is followed by a set of questions that promote comprehension and critical-thinking skills.	Both
	Práctica	Contextualized and carefully sequenced activities that follow every **Para empezar, Enfoque léxico, Enfoque estructural** presentation.	Both
	Repaso	Contextualized activities that provide systematic recycling of structures, vocabulary, and functions across and within chapters. The **Repaso** activities appear in the **Segunda** and **Tercera etapas.**	Both
	Vamos a escuchar	Listening skills through recorded dialogs and monologs by native speakers. Pre- and post-listening activities.	In
	Tú dirás	Open-ended, function-based activities at the end of each **etapa**.	In
Integración	**Lectura**	Authentic and adapted readings along with reading strategies and activities to develop reading skills.	Both
	Intercambio	A culminating information-gap activity that links the language tools with the functions that have been presented and practiced throughout a given chapter.	In
	Vídeo	**All-new, filmed on location Video!** This exciting reality-based **¡Tú dirás!** Video follows the lives of five strangers brought together to live and learn in a Spanish-speaking culture. In each episode students are immersed in an authentic cultural setting, while learning to better understand and speak Spanish!	Both
	Vocabulario	End-of-chapter thematically grouped active and high-frequency terms. End-of-chapter vocabulary lists present new items both in functional phrases and in simple word lists for ease and flexibility in studying.	Out

How ¡Tú dirás! works

Component	*Description*	*Usage*	*Skills developed/ practiced*	*More information*
Student Text	14 chapters (plus a **Capítulo preliminar);** packaged with Student Text Audio CDs	In class and at home	Grammar, vocabulary, culture presentation and practice of functions; speaking and listening skills; reading strategies	Each chapter is divided into 3 **etapas**, and recycles vocabulary and grammar presented in prior chapters
Text Audio CDs (Packaged with Student Text)	**Para empezar** sections model vocabulary and linguistic functions. **Vamos a escuchar** dialogs and monologs and **Vocabulario** sections are also recorded on the Audio CDs.	Dialogs and monologs may be played in class or assigned as homework. Vocabulary may be listened to as much as students desire in order to perfect pronunciation of active lexical items	Listening comprehension reinforcement of structures and vocabulary; improving pronunciation	Audio is recorded in the accent of the country of focus. Answers to listening comprehension activities as well as the text audio script are found in the Instructor's Annotated Edition
Activities Manual and Lab Audio CDs	Practice of grammar, lexical items, reading, and writing Abundant listening comprehension practice with dialogs, simulated conversations and pronunciation practice	Use as needed depending on number of contact hours	Application of in-text reading strategies to a mix of authentic and author-generated readings; process writing; grammar and vocabulary practice; listening comprehension and pronunciation	Each chapter follows the organization of the textbook. The **Integración** section provides additional reading, writing and listening and pronunciation practice.
Answer Key	An answer key, including the lab audio script, accompanies the Activities Manual.	Provides the answers to the Activities Manual	Self-correcting activity	Can be purchased by students at instructor's discretion
QUIA™ On-line Activities Manual	The Activities Manual in electronic format, available on-line at http://quia.books.com	Use as needed depending on number of contact hours. In addition to or in lieu of the printed Activities Manual	Application of in-text reading strategies to a mix of authentic and author-generated readings; process writing; grammar and vocabulary practice. Listening comprehension and pronunciation.	Instructors can customize activities at any time, and use the versatile grade book to view class statistics and follow student progress.
WebTutor	Additional practice activities for both WebCT and Blackboard platforms	Available on-line at http://webtutor.thomsonlearning.com Students purchase passcode	Provides grammar and vocabulary practice, automatic and immediate feedback from quizzes and exams	Interactive, customizable activities. Includes course management tools, including a grade book for instructors
¡Tú dirás! Interactive CD-ROM	Text-tied additional vocabulary and grammar practice; video/listening, reading- and writing-skills practice	Although this component is integrated with the entire program, its use is optional. Can be done in the language lab or as homework.	Additional practice of vocabulary and grammar; video/listening comprehension; reading comprehension; writing.	Each chapter follows directly the organization of the textbook. The CD-ROM features pop-up grammar explanations and allows for pronunciation practice.

Component	Description	Usage	Skills developed/ practiced	More information
¡Tú dirás! Vídeo	The exciting reality-based **¡Tú dirás!** Video captivates students as they follow the lives of five strangers brought together to live and learn in a Spanish-speaking culture. 7 episodes and a preliminary corresponding to the functions and linguistic tools of each chapter.	Use with the corresponding activities appearing in the middle of the text.	Listening comprehension, cultural enrichment, constant recycling of linguistic tools and functions	In each episode students are immersed in an authentic cultural setting, while learning to better understand and speak Spanish! Answers to the Video activities are found in the Instructors Resource Manual
¡Tú dirás! Web Site	This **¡Tú dirás!** text-specific site consists of three sections: a) guided exploration of web; b) self-correcting exercises; and, c) process-writing activities in the Cyberjournal section.	Can be done in the language lab or as homework	Additional practice of vocabulary and grammar; self-correcting quizzes tied to each **etapa** in a given chapter; writing-skills practice	Go to http://tudiras.heinle.com
Instructor's Annotated Edition	Contains carefully-placed teaching suggestions, and variation tips for activities	At the instructor's discretion	Provides useful suggestions on how to implement, and alter activities. Also it provides tips on classroom management and teaching multilevel and heritage learners	Integrated with the Heinle Spanish Transparency Bank and the Instructor's Resource Manual
Instructor's Resource Manual	Combines the essentials of a teaching methods course, with ideas for the development of syllabi, lesson plans for each chapter, tips for integrating multimedia and video components into the language curriculum, as well as reproducible grammar sheets	At the instructor's discretion	Gives general teaching tips and lesson-by-lesson communicative teaching suggestions	Contains video script and video activities Answer key; Ideas on teaching 2- and 3-semester sequence courses
Audio-enhanced Testbank CD-ROM	Three tests per chapter ranging from form focused to holistic assessment; comprehensive exams for two and three semester programs	At the end of each chapter	Tests focus on core information; they assess vocabulary, grammar, reading, writing, and listening comprehension, speaking and culture	Comes in a dual-platform CD-ROM format that includes test audio files
Atajo Writing Assistant	Word processing program; bilingual Spanish-English dictionary; reference grammar with conjugated verb forms; hard-to-define idiomatic expressions	Use with **Escritura** activities in the **Integración** section of the Activities Manual and of the QUIA™ on-line Activities Manual	Develops writing skills through process-writing activities	Dual-platform CD-ROM available for individual purchase or as a site license for language labs. Correlations to appropriate activities provided in the **Escritura** section of the Activities Manual

My deepest gratitude to David, my husband, Amalia (age 3) and Marina (age 1), my daughters, Amalia and Manolo, my parents, for their constant support, encouragement and inspiration.

Ana Martínez-Lage

To Mía (age 18), Stevan (age 15), my lovely wife Rachael, and our "Sweet Baby James."

John R. Gutiérrez

To my daughters Susan, Elizabeth, and Rebecca.

Harry L. Rosser

¡Tú dirás!

THIRD EDITION

Ana Martínez-Lage
Middlebury College

John R. Gutiérrez
University of Mississippi

Harry L. Rosser
Boston College

with contributions from
Erika M. Sutherland
Muhlenberg College

Australia Canada Mexico Singapore Spain United Kingdom United States

¡Tú dirás! Third Edition
Martínez-Lage ~ Gutiérrez ~ Rosser

Acquisitions Editor: Helen A. Richardson
Managing Editor: Glenn A. Wilson
Development Editor: Viki Kellar
Senior Production Editor: Esther Marshall
Marketing Director: Lisa Kimball
Marketing Manager: Jill Garrett
Manufacturing Supervisor: Marcia Locke
Photography Manager: Sheri Blaney
Editorial Assistant: Heather Bradley
Compositor: Pre-Press Company, Inc.
Project Manager: Pre-Press Company, Inc.
Illustrator: Dave Sullivan
Text Designer: Dutton & Sherman
Cover Designer: Ha Nguyen
Cover Art: Simon Shaw/Deborah Wolfe Ltd.
Printer: Transcontinental Printing Inc.

Printed in Canada.
1 2 3 4 5 6 7 8 9 10 06 05 04 03 02

For more information contact Heinle, 25 Thomson Place, Boston, Massachusetts 02210 USA, or you can visit our Internet site at **http://www.heinle.com**

0-8384-2505-4 (Student Text/Audio CD Pkg)

Library of Congress Cataloging-in-Publication Data

Martínez-Lage, Ana.
¡Tú dirás! / Ana Martínez-Lage, John R. Guitiérrez, Harry L. Rosser.—3rd ed.
p. cm.
Includes index.
ISBN 0-8384-2505-4
1. Spanish language—Conversation and phrase books—English. 2. Spanish language—Textbooks for foreign speakers—English. I. Gutiérrez, John R. II. Rosser, Harry L. III. Title.

PC4121 .G84 2002
468.3'421-dc21

2002032867

Table of Contents

To the Student

Dear Student

We are living in an age when we can no longer afford to be ignorant of the languages and cultures of other peoples with whom we share this very small planet. Learning a new language is the first step toward increasing your awareness of our ever-shrinking world. Knowing Spanish and understanding the Spanish-speaking cultures will alter the way in which you view the world, for it will allow you to experience different ways of living, thinking, and seeing. In fact, it will allow you to see the world through different eyes.

You are about to begin an exciting and valuable experience. Today the Spanish language is spoken all over the world by close to 400 million people. The North American Free Trade Agreement (NAFTA) has opened new markets for the United States in Mexico, and accords with other Latin American countries enhance business opportunities there as well. An issue of the *Chronicle of Higher Education* conducted among American businesses in which over 60% of those interviewed stated that after English, Spanish was the most important language of the business world.

Many of you will one day have the opportunity to visit a Spanish-speaking country. Your experiences will be all the richer if you can use your Spanish to enter into the cultures of those countries and interact with their people. At the same time, we cannot forget that Spanish has become an important language in this country and is spoken every day by millions of people right here within our borders.

Once you begin to use the Spanish language in your class, you will discover that you can interact with Spanish speakers or your classmates right away. Communication in a foreign language means receiving and sending messages (either oral or written) in ways that avoid misunderstandings. Therefore, the most important task ahead of you is NOT to accumulate a large quantity of knowledge ABOUT the grammatical rules that underlie the language, but USE the grammar and vocabulary you are taught to create messages as effectively and creatively as possible. As you learn to do this, you will make the kinds of errors that are necessary in language learning. Don't be afraid to make mistakes!!! The errors you make are really positive steps toward effective communication. They don't hold you back; they actually advance your efforts. Learning a language is hard work, but the rewards that await you can also make it an enriching experience.

Good luck!

Ana
John
Harry

Acknowledgments

Creating and revising a college-level language program is a long, complicated, and difficult process. We express our gratitude to our former Publisher, Wendy Nelson, whose foresight and encouragement inspired us to complete our work. Our deepest appreciation to the great team at Heinle for their support and collaboration in every phase of this project. Throughout the development and production of this program, the team at Heinle has provided invaluable guidance and expertise. We express our deepest gratitude to all of you for your dedication and professionalism and would especially like to thank: Viki (Vasiliki) Kellar, who guided the project throughout its realization, Esther Marshall, Helen Richardson, Glenn Wilson. Our thanks also go to all the other people at Heinle involved in this project and to the freelancers: Susan Lake, copyeditor; Luz Galante, native reader; Peggy Hines and Patrice Tettirington, proofreaders; Susan Gerould, video section designer; Dave Sullivan, illustrator; and the Pre-Press Company, Inc. team who did the composition, layout, and project management.

Furthermore, our thanks extend to Erika M. Sutherland for her invaluable contributions to the textbook; the authors of the **¡Tú dirás!** ancillaries: Nuria Alonso-García (Activities Manual); Margaret B. Haas (Instructor's Resource Manual); Stasie Harrington (Video Activities); Michelle C. Peterson, (Audio-enhanced Testbank CD-ROM); Andrew Noverr (**¡Tú dirás!** Interactive CD-ROM); James T. Abraham (**¡Tú dirás!** Web Site).

The authors and the publisher thank the many instructors at colleges and universities across the country who adopted the first and second editions of this textbook, especially those who contributed comments and suggestions on how to make the third edition even better.

Editorial Review Board

Laura Bradford, *Salt Lake Community College*

Liliana Castro, *Front Range Community College, Larimer Campus*

Iliana Quintero, *Front Range Community College*

Jonathan Stowers, *Salt Lake Community College*

Reviewers

James T. Abraham, *Glendale Community College*

Mariana Achugar, *University of California at Paris*

Caroline Behrman, *Broward County Community College*

Carolina D. Bown, *Salisbury University*

Ann Borisoff-Rodgers, *East Carolina University*

Odalys M. Campagna, *Kirkwood Community College*

Richard V. Campagna, *Kirkwood Community College*

Rosita Chazarreta Rourke, *Clarion College*

An Chung Cheng, *University of Toledo*

José Juan Colín, *University of Oklahoma*

Judy Collier, *Goucher College*

Ellen Courtney, *East Carolina University*

Richard Curry, *Texas A&M*

Elizabeth Dryman Deifell, *Kirkwood Community College*

Douglas Duno, *Chaffey College*

Marisol Fernandez, *University of Michigan*

April Fisher, *Oregon State University*

Juan Franco, *Tarrant County Junior College*

Gloria Estela González Zenteno, *Middlebury College*

Frozina Gousack, *Colin County Community College*

Ana Hnat, *Houston Community College*

Kelly Montijo Fink, *Kirkwood Community College*

Diana Nilsen, *Los Angeles City College*

Fernando Palacios, *The University of Alabama, Tuscaloosa*

Evan Palomeque, *Texas A&M*

Jeffrey Reeder, *Baylor University*

Joy Renjilian-Burgy, *Wellesley College*

Victoria Rodrigo, *Lousiana State University*

Rodney Rodriguez, *Manhattan College*

Jennifer E. Rogers, *Blue River Community College*

Lilia D. Ruíz-Debbe, *State University of New York–Stony Brook*

Dr. Gerald R. St. Martin, *Salisbury University*

Rafael Salaberry, *Penn State University*

Jonita Stepp, *Florida State University*

Ruth A. Supko, *Arkansas State University*

Carlos Villacis, *Houston Community College*

Nancy Whitman, *Porterville College*

Capítulo P Preliminar

CHAPTER OBJECTIVES

In this **Capítulo preliminar,** you will learn some interesting information about Spanish as a world language. You will also be given some pointers on the sound system of Spanish and the diacritical marks common to the language. In addition, you will learn what people say when they greet and/or take leave of each other. You will also learn basic vocabulary to identify objects in the classroom.

POINTER 1

El abecedario español

POINTER 2

Los sonidos y las letras

POINTER 3

Las tildes y la puntuación

POINTER 4

Los cognados

El Alcázar, Segovia, España

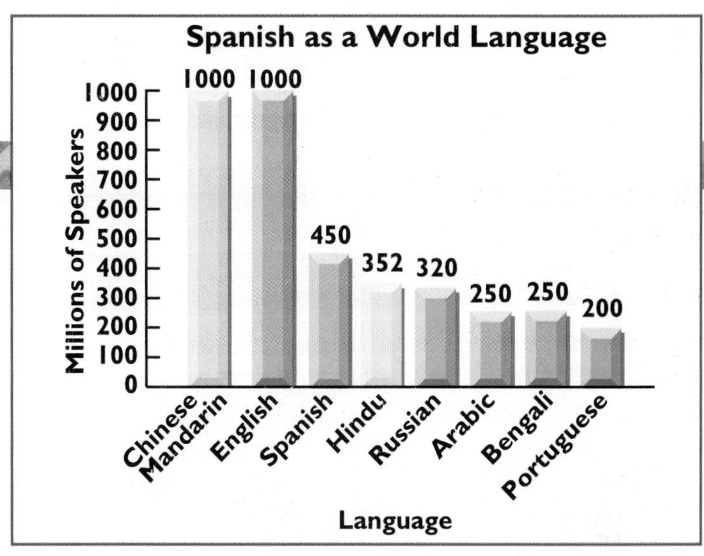

Functions

After completing this chapter, you will be able to:

- spell words using the Spanish alphabet
- understand how the written accent and other diacritical marks work
- meet and greet people
- identify the things you see and use in the classroom

Tools

The tools you will use to carry out these functions are:

- the Spanish alphabet
- written accents and other diacritical marks
- greetings
- leave-takings
- class-related vocabulary

Vídeo: Episodio preliminar; Actividades en la página V-1

CLASSROOM MANAGEMENT: Students may be asked to read over pp. 4–7 outside of class.

Spanish as a World Language

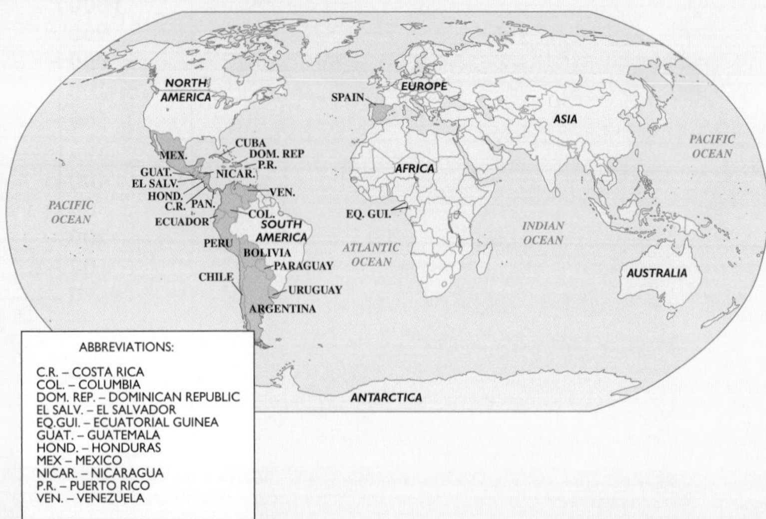

NOTA CULTURAL: As the Spanish language developed from Latin, it became known as **castellano** *(Castilian)* because of its association with the kingdom of Castille, a part of Spain. The term is still used in Spain and parts of Latin America to refer to the Spanish language.

Approximately 500 million people speak Spanish as a native language in the world today. It is the official language of a number of countries and is one of the official languages of the United Nations. In terms of total number of speakers, after Chinese Mandarin and English, it is the third most widely spoken language in the world.

As you can see in the map above, the primary areas where Spanish is spoken are Spain, South America, Central America, Mexico, and the Caribbean. Spanish is also an important language in the United States. There are now nearly 33 million Spanish speakers in this country. Spanish is spoken in parts of the Philippines, and it is also the official language of Equatorial Guinea in Western Africa.

Spanish evolved from Latin and along with such languages as French, Portuguese, Galician, Catalan, Italian, and Rumanian, is part of the family of Romance languages.

NOTA CULTURAL: The only section of the Iberian Peninsula not conquered by the Romans was what is today known as Euskadi or the Basque Country in northeastern Spain. The language spoken there, **euskera** *(Basque),* is not a Romance language.

As part of its imperial expansion, Rome conquered most of the Iberian Peninsula (the peninsula in Western Europe where Portugal and Spain are located today) between 218 and 19 B.C. With them they brought the Latin language. Over the course of several centuries, the Latin that was taken to that part of the world evolved into Portuguese, Galician, Catalan, and, of course, Spanish.

Because all languages undergo constant change, Spanish, too, has continued to evolve. The Spanish that is spoken in Spain is different from what is spoken in Argentina, Mexico, Bolivia, Puerto Rico, or other parts of the Spanish-speaking world. This is not unique to Spanish since differences exist in all languages, including English. You know that someone from Boston does not sound like someone from Georgia and that someone from California or Texas does not speak like someone from Nebraska or Indiana. Nevertheless, speakers of English from different areas are able to understand one another, just as people from different Spanish-speaking countries are able to understand one another. Through the audio and video components that accompany this textbook, you will be exposed to a wide variety of Spanish speakers. The Spanish you will be learning to speak in this text will allow you to be understood anywhere you go in the Spanish-speaking world.

Before you begin your study of Spanish, we would like to give you a few pointers about this language.

POINTER 1: El abecedario español

A good place to start your study of Spanish pronunciation is with the alphabet. Listed below are the letters of the Spanish alphabet along with their names. Repeat the letters after they have been modeled.

Track 1-2

a	a	**j**	jota	**r**	ere
b	be	**k**	ka	**s**	ese
c	ce	**l**	ele	**t**	te
d	de	**m**	eme	**u**	u
e	e	**n**	ene	**v**	ve *or* uve
f	efe	**ñ**	eñe	**w**	doble ve, ve doble, *or* uve doble
g	ge	**o**	o	**x**	equis
h	hache	**p**	pe	**y**	i griega
i	i	**q**	cu	**z**	zeta or ceta

NOTA GRAMATICAL: Since **b** and **v** are usually pronounced similarly, people often say **b de burro** *(donkey)* and **v de vaca** *(cow)* to distinguish the letters for spelling purposes.

NOTA GRAMATICAL: When there are two **r**'s together in a word, such as in **guerra, ere** becomes **erre** or **ere doble.** When **r** begins a word or follows **l, n,** or **s** it is pronounced **erre.**

NOTA GRAMATICAL: Your dictionary may list **ch** and **ll** as separate letters. This was the standard prior to 1994, when the Real Academia Española de la Lengua determined that these pairs should no longer be considered as separate letters.

POINTER 2: Los sonidos y las letras

There is generally a one-to-one correspondence between the spoken sounds and written letters of Spanish.

Pronounce these English words:

night *thorough* *knife* *knowledge* *doubt*

In each case, certain letters are not pronounced.

This situation occurs only occasionally in Spanish, however. For example, the letter **h** is never pronounced:

hambre **helado** **hilo** **hotel** **humo**

The letter **u** is never pronounced after **q:**

que **queso** **querer**

The letter **u** is never pronounced after **g** before an **i** or an **e:**

guitarra **águila** **Miguel** **guerra**

Except for the few exceptions mentioned above, all Spanish letters are pronounced, as in the following words:

salsa **tomate** **limonada** **desayuno** **mermelada**

SUGGESTION, POINTER I: Emphasize the pronunciation of the vowels and the letters **g** and **j.** Remind students that the **h** is silent.

SUGGESTION, POINTER I: Explain that in Spain, **doble uve** and **uve doble** are used for the letter **w.** In Mexico, **doble u** is used. In other Spanish-speaking countries, **doble ve** and **doble u** are used.

NOTA GRAMATICAL: Some letters change their sounds in certain combinations. The combination of **ch** produces a sound similar to the sound of **ch** in the English word *cheese.* The pair of letters **ll** is pronounced as an English **y** (in most of the Spanish-speaking world) or **zh** (principally in Argentina): **llamar, cabello, valle.**

SUGGESTION: Have students repeat each word after you. You may want to review the pronunciation of each vowel.

Práctica

P-1 ¡A deletrearlo! *(Spell it!)* The following are the names of some countries where Spanish is spoken. Repeat the following words and then spell them using the Spanish alphabet.

Modelo: Colombia
Ce-o-ele-o-eme-be-i-a

1. Argentina
2. Cuba
3. Guatemala
4. España
5. Chile
6. Venezuela
7. Estados Unidos
8. Uruguay
9. El Salvador
10. Ecuador

Now spell your first and last names. Listen to your classmates as they spell their names. Then try to write down what they say.

VARIATION, EX. P-1: Ask students to write down the first and last names of four classmates they speak to. These people will spell their names in Spanish.

ANSWERS, EX. P-1: 1. A-ere-ge-e-ene-te-i-ene-a 2. Ce-u-be-a 3. Ge-u-a-te-e-eme-a-ele-a 4. E-ese-pe-a-eñe-a 5. Ce-hache-i-ele-e 6. Uve-e-ene-e-zeta-u-e-ele-a 7. E-ese-te-a-de-o-ese U-ene-i-de-o-ese 8. U-ere-u-ge-u-a-i griega 9. E-ele Ese-a-ele-uve-a-de-o-ere 10. E-ce-u-a-de-o-ere

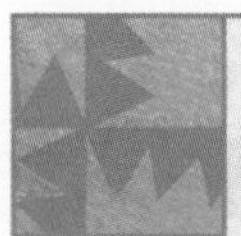

POINTER 3: Las tildes y la puntuación

NOTA GRAMATICAL: La tilde is often used as a generic term to denote *any* mark used with written words; here we distinguish the three different types of diacritical marks.

One way that Spanish spelling differs from English is that a written accent is sometimes used on the letters of the alphabet. A Spanish word is not spelled correctly unless its diacritical marks are in place, nor is a sentence correct without proper punctuation.

The most frequently used diacritical marks are:

1. **el acento ortográfico** *(written accent)* Used above a vowel to signal that stress is placed on that syllable

   The written accent allows us to:

   - distinguish between two words that are spelled the same way but are pronounced differently because they have a different syllable accentuated and, therefore, different meanings.

hablo *(I speak)*	habló *(it/he/she spoke)*
peso *(weight)*	pesó *(it/he/she weighed)*
secretaria *(secretary)*	secretaría *(secretary's office)*

   - distinguish between words that are pronounced exactly the same but have different meanings.

se *(reflexive pronoun: itself/ himself/herself/yourself/ yourselves/themselves)*	sé *(I know)*
el *(the)*	él *(he)*
tu *(your)*	tú *(you)*
de *(of)*	dé *(give)*

SUGGESTION: Contrast the pronunciation of **n** in **cana** *(gray hair)* with the **ñ** in **caña** *(cane)* or the pronunciation of **n** in **pena** *(sorrow)* with the **ñ** in **peña** *(rock)*.

2. **la tilde** *(tilde)* Used to distinguish between the letters **n** and **ñ**

cana *(gray hair)*	**caña** *(cane)*

3. **la diéresis** *(dieresis)* Used to distinguish the pronunciation of **gui** and **gue** (in which cases the **u** is not pronounced) from that of **güi** and **güe** (in which cases the **u** is pronounced)

guitarra *(guitar)*	**lingüística** *(linguistics)*
guerra *(war)*	**vergüenza** *(shame)*

El acento ortográfico y el acento tónico

SUGGESTION: Read aloud each group of words and then have individual students repeat them. Be certain that students hear and understand where the stress belongs and that their pronunciation reflects their understanding.

If a Spanish word has a written accent **(acento ortográfico),** you can determine where the stress **(acento tónico)** falls on the word.

However, not all words have accent marks, so you will need to learn the following guidelines to know how a word is pronounced.

As a general rule, Spanish words are stressed on the penultimate (next-to-last) syllable, unless certain circumstances occur.

1. If a word ends in a vowel or the consonant **n** or **s,** then the word is stressed on the penultimate (next-to-last) syllable.

cama *(bed)*	**pasaporte** *(passport)*	**cuaderno** *(notebook)*
escriben *(they write)*	**lunes** *(Monday)*	

2. If a word ends in a consonant, with the exception of the consonants **n** or **s,** then it is stressed on the last syllable.

   verdad *(true)* **feliz** *(happy)* **azul** *(blue)* **caminar** *(to walk)*

3. The only time words do not follow this pattern is when they have a written accent mark, in which case the syllable with the accent mark receives the stress.

salió *(he/she/it left)*	**comí** *(I ate)*	**volveré** *(I will return)*
avión *(airplane)*	**París** *(Paris)*	**fácil** *(easy)*
cárcel *(jail)*	**mártir** *(martyr)*	**inútil** *(useless)*

By following these three simple guidelines, you will know how to pronounce all Spanish words.

SUGGESTION: Ask students which syllable should be stressed in the word **dirás.**

SUGGESTION: You may wish to share with your students the following information. Diphthongs present another special case for accents. When a strong vowel (**a, e, o**) is combined with a weak vowel (**i, u**) and the stress falls on the weak vowel, the diphthong is broken and each vowel becomes an independent syllable: **María** → **Ma-rí-a; biología** → **bio-lo-gí-a; grúa** → **grú-a.** Two weak vowels together will always form a diphthong, even when they have a written accent: **jesuita** → **je-sui-ta; lingüística** → **lin-güís-ti-ca.** In some verbs whose stems end in vowels, the diphthongs and triphthongs may break apart in certain conjugations to maintain the stress on the appropriate syllable: **enviar** → **envío; actuar** → **actúe; caer** → **caía.** Similarly, when a diphthong formed by the creation of a plural would change the original stress pattern, the diphthong is generally broken with a written accent: **rubí** → **rubíes.**

La puntuación

1. **¿ ? (signos de interrogación)** In Spanish every question must have an upside-down question mark at the beginning.

   ¿Cómo estás? *How are you?*

2. **¡ ! (signos de exclamación)** In Spanish every exclamation must have an upside-down exclamation mark at the beginning.

   ¡Hola! *Hello!*

Práctica

P-2 ¡Más países! *(More countries!)* These are the names of additional countries in which Spanish is spoken. Repeat the following words and then spell them using the Spanish alphabet and indicating the proper placement of any written accents.

Modelo: Perú
Pe-e-ere-u-, acento sobre la u

1. Nicaragua
2. Honduras
3. Panamá
4. Costa Rica
5. México
6. Paraguay
7. Guinea Ecuatorial
8. República Dominicana

SUGGESTION, EX. P-2: Point out that when a letter is written with an accent on it and is being spelled out loud, the phrase **acento sobre la** *(letter of alphabet)* may be used to be specific about where the accent goes.

ANSWERS, EX. P-2: 1. Ene-i-ce-a-ere-a-ge-u-a 2. Hache-o-ene-de-u-ere-a-ese 3. Pe-a-ene-a-eme-a-acento sobre la a 4. Ce-o-ese-te-a Ere-i-ce-a 5. Eme-e-equis-i-ce-o-acento sobre la e 6. Pe-a-ere-a-ge-u-a-i griega 7. Ge-u-i-ene-e-a E-ce-u-a-te-o-ere-i-a-ele 8. Ere-e-pe-u-be-ele-i-ce-a-acento sobre la u De-o-eme-i-ene-i-ce-a-ene-a

POINTER 4: Los cognados

There are many similarities between a number of words in Spanish and English. Words that relate to each other in two or more languages are called *cognates* **(cognados).**

Try to guess the English meaning of the following cognates:

clase	**calculadora**	**importante**
imaginar	**instructor**	**videocasetera**
profesor	**mapa**	**acento**
cultural	**universidad**	**profesión**

You were undoubtedly able to guess the meanings of all of these words. Thanks to the large number of cognates shared by Spanish and English, you begin your study of Spanish with many known words.

NOTA GRAMATICAL: Not all words that look like English words have the same meaning! Some common **falsos amigos** *(fake friends)* include **colegio** *(private elementary or secondary school)*, **embarazada** *(pregnant)*, and **sensible** *(sensitive)*.

Track 1-3

Para empezar: ¡Hola! ¿Qué tal?

Hi	—**Hola,** Raúl.
	—Buenos días, Antonio.
What's up?	—**¿Qué pasa?**
Not much. And how are you?	—**No mucho. ¿Y tú? ¿Qué tal?**
So-so.	—**Más o menos.**

	— ¡Hola, Anita! ¿Qué tal?
	— Muy bien, Laura. ¿Y tú?
Fine/let me introduce you to	— **Bien,** gracias. Anita, **te presento a** Juan. Juan, Anita.
Nice to meet you.	— **Encantado.**
Nice to meet you too.	— **Igualmente.**

What's your name?	—¡Hola! **¿Cómo te llamas?**
My name is	—**Me llamo** Gabriel. ¿Y tú?
My name is	—**Mi nombre es** Patricia. Mucho gusto, Gabriel.
	—Igualmente, Patricia.

NOTA CULTURAL: The expression **Me llamo** is the most commonly used equivalent in Spanish of *My name is* in English, but it actually reflects a different point of view because it communicates the idea of *I call myself.* Also used in Spanish is **Mi nombre es,** which more literally expresses *My name is* in English.

SUGGESTIONS: 1. Use the recordings on the Text Audio CD to present these dialogs. As a short pre-listening activity, ask students how they greet and introduce one another; then have them listen to each mini-dialog. Have students act out each mini-dialog by repeating or reading it. 2. Then have them greet each other using the alternate expressions.

PREVIEW: Reflexive verbs are presented formally in **Capítulo 4.**

Me llamo Ana.

Mi nombre es Alberto.

Mi nombre es Claudia.

Me llamo Jorge.

COMENTARIOS CULTURALES

Saludos

In Hispanic cultures, the body language that accompanies greetings and good-byes is different from American customs. In both situations, it is customary for men to shake hands formally or, if they already know each other, even embrace and pat each other on the back. Among women, the custom is to shake hands if they don't know each other, and, if they know each other, to kiss each other on both cheeks in Spain and on only one cheek in Latin America. When a man and woman who know each other meet, they generally kiss on one or both cheeks depending on which country they are in.

In addition, when Spanish speakers of any age greet each other or engage in conversation, they generally stand closer to each other than do speakers of English. This "closer" use of space is a normal, nonverbal behavior that Spanish speakers associate with greetings and leave-takings.

INTEGRACIÓN CULTURAL

1. What are some of the ways that Spanish speakers normally say hello? And good-bye?
2. What do you do normally say when you greet or say good-bye to people?
3. What main differences do you notice, if any, between the way greetings and leave-takings are conducted in Spanish and the way they are handled in other cultures? How do you react to these other ways and what effect do they have on you?

CLASSROOM MANAGEMENT: Put students in groups of 4 to answer these questions. Make sure all students introduce themselves before beginning. Allow 5–6 minutes to complete the activity; then review answers with entire class.

SUGGESTION: Encourage students to go beyond the initial greetings. If students feel comfortable, encourage them to have short conversations with classmates.

ENFOQUE LÉXICO Saludos, presentaciones y despedidas informales

In an informal setting, use the following expressions:

Saludos	*Greetings*
¡Hola!	*Hello!*
Buenos días.	*Good morning.*
Buenas tardes.	*Good afternoon.*
Buenas noches.	*Good evening. / Good night.*
Preguntas y respuestas	*Questions and answers*
¿Qué tal?	*How are you?*
Bien, gracias. ¿Y tú?	*Fine, thanks. And you?*
¿Cómo estás?	*How are you?*
Muy bien, gracias. ¿Y tú?	*Very well, thank you. And you?*
¿Cómo te va?	*How's it going?*
Más o menos.	*So-so.*
¿Qué pasa?	*What's up?*
No mucho.	*Not much.*
Despedidas	*Good-byes*
Adiós.	*Good-bye.*
Chau.	*Good-bye.*
Hasta ahora.	*See you soon.*
Hasta luego.	*See you later.*
Hasta mañana.	*See you tomorrow.*
Nos vemos.	*See you.*

HERITAGE LEARNERS: Ask heritage learners in your class to provide variations to these **saludos, despedidas,** and **respuestas.** Help them with the variations by writing them on the board or on an overhead transparency. An example might be **¿Qué onda?,** which in northern Mexico and along the U.S.-Mexico border is used for *What's up?* **¿Qué hubo?,** pronounced /kyu-bo/, and **¿Qué pasó?** are other variations used by heritage learners to mean the same thing.

EXPANSIÓN LÉXICA: Hasta luego has many variations, all of which promise a second meeting soon: **Hasta la próxima** *(Until we meet again),* **Hasta entonces** *(Until then),* **Hasta el lunes** *(See you Monday),* **Hasta pronto** *(See you soon).*

Presentaciones	*Introductions*
¿Cómo te llamas?	*What's your name?*
Me llamo...	*My name is . . .*
Mi nombre es...	*My name is . . .*
Encantada.	*Nice to meet you. (female speaker)*
Encantado.	*Nice to meet you. (male speaker)*
Igualmente.	*Nice to meet you too. / Same here.*
Presentaciones de otros	*To introduce others*
Te presento a...	*Let me introduce you to . . .*
Mucho gusto.	*Nice to meet you.*

Práctica

SUGGESTION, EX. P-3: 1. Encourage students to vary answers. 2. Do this activity as a chain. The first student asks the student on his or her right a question; then the student who answers asks the person on his or her right, and so on. Have them include students' names: **¡Hola, Sara!**

P-3 Saludos What are the appropriate answers to these greetings?

1. ¡Hola!
2. Buenos días.
3. ¿Cómo estás?
4. ¿Qué tal?
5. Buenas tardes.
6. ¿Cómo te va?
7. Buenas noches.
8. Hasta luego.

SUGGESTION, EX. P-4: Point out that this exercise is the reverse of P-3.

SUGGESTION, EX. P-4: Encourage students to vary answers.

P-4 Más saludos What do you say so that your partner might answer with the responses listed below?

Modelo: ¡Chau!
Hasta luego.

1. Buenos días.
2. Bien, gracias.
3. Mucho gusto.
4. Mi nombre es Begoña.
5. Igualmente.

SUGGESTION, EX. P-5: Encourage students to vary answers. For example: **¡Hola! ¿Cómo estás? Más o menos. ¿Y tú? Muy bien, gracias. ¡Buenos días!**

SUGGESTION, EX. P-5: Point out the use of the personal **a.** Explain that it is necessary after the verb **presentar** when a person is introduced.

P-5 ¡Hola! ¿Qué tal? You are with a new student and you meet a friend in the hallway. You and your friend greet each other, and you introduce the new student. Form groups of three to act out this situation.

Modelo: TÚ: *¡Hola! ¿Qué tal?*
AMIGO/A: *Bien, gracias. ¿Y tú?*
TÚ: *Bien, gracias. Te presento a Marilú.*
AMIGO/A: *¡Hola Marilú! Me llamo...*
MARILÚ: *Mucho gusto.*

SUGGESTION, EX. P-6: Encourage students to vary answers.

P-6 ¿Cómo te llamas? Take a few minutes to walk around the classroom, greeting other people in the room and asking and telling each other your names. Follow the model.

Modelo: *—¡Hola! Me llamo... ¿Cómo te llamas?*
—¡Hola! Mi nombre es... ¿Cómo estás?
—Bien. ¿Y tú?
—Bien, gracias.

PREVIEW: Uses of **tú** and **usted** are explained in detail in **Capítulo 1,** p. 22.

COMENTARIOS CULTURALES

Saludos formales e informales

When greeting people and making introductions, there are expressions that denote different degrees of formality or informality. **¡Hola!, ¿Qué tal?, ¿Cómo estás?, ¿Cómo te va?,** and **Te presento a...** are used informally with people you know well and with peers. **¿Cómo está usted?, ¿Cómo están ustedes?,** and **Quisiera presentarle/s a...** are more formal and are used with older people, authority figures, or people you do not know very well. If you address a person with a title, for example, Ms., Dr., or professor, you would most likely use the formal **usted** in Spanish. If you are on a first-name basis with a person, you would most likely use the informal **tú** in Spanish. It is not uncommon for older people or superiors to speak informally to a younger person who addresses them as **usted.**

INTEGRACIÓN CULTURAL

1. In English, how do you normally greet people of your own age? And people who are older than you? What are some of the expressions you use in Spanish?
2. What does the use of **usted** versus **tú** usually indicate in Spanish? What would you use with your Spanish teacher? And with your classmates?
3. Do you notice any differences regarding formality among Spanish speakers and people of your own culture? What are they?

ENFOQUE LÉXICO Saludos, presentaciones y otras expresiones formales

In a formal setting, use the following expressions:

Saludos	*Greetings*
Buenos días.	*Good morning.*
Buenas tardes.	*Good afternoon.*
Buenas noches.	*Good evening. / Good night.*
Preguntas y respuestas	*Questions and answers*
¿Cómo está usted?	*How are you? (to one person)*
(Estoy) Bien, gracias. ¿Y Ud.?	*(I'm) Fine, thanks. And you?*
¿Cómo están ustedes?	*How are you? (to a group of people)*
(Estamos) Bien, gracias.	*We are fine, thanks.*
Presentaciones	*Introductions*
¿Cómo se llama usted?	*What's your name?*
Me llamo... ¿Y Ud.?	*My name is . . . And yours?*
Presentaciones de otros	*To introduce others*
Quisiera presentarle a...	*I would like to introduce you to . . .*
Quisiera presentarles a...	*I would like to introduce you (plural) to . . .*
Encantada.	*Nice to meet you. (female speaker)*
Encantado.	*Nice to meet you. (male speaker)*
Mucho gusto.	*Nice to meet you.*
Igualmente.	*Nice to meet you too. / Same here.*

ANSWERS, EX. P-7: 1. usted 2. usted 3. tú 4. ustedes 5. tú 6. usted 7. usted 8. ustedes

PREVIEW: Encourage students to base their answers on the use or absence of titles. The informal plural will be introduced in **Capítulo 1;** the activities here do not offer that as an option.

POSSIBLE ANSWERS, EX. P-8: 1. Muy bien, doctora Carrillo. ¿Y usted? 2. Buenos días, profesor Ramírez. 3. Mucho gusto, Margarita. 4. Estamos bien, señora Ruiz. Gracias. ¿Y usted? 5. Igualmente, señorita Castillo.

SUGGESTION, EX. P-8: Remind students of the body language presented in **Comentarios culturales.** Have students practice it when doing these activities.

SUGGESTION, EX. P-8: Point out that **señor** and **señora** mean *Mr.* and *Mrs.*, respectively, and **señorita** means *Miss* or *Ms.*

NOTA CULTURAL: In Hispanic cultures, instructors are treated with respect. The title **profesor/a** (or **doctor/a,** where appropriate) is always preferred to nonprofessional titles like **señor/señora/señorita.**

SUGGESTION, EX. P-9: Encourage students to go beyond the initial greetings. If students feel comfortable, encourage them to have short conversations with classmates.

SUGGESTION, EX. P-10: Recycle **despedidas.** Use this exercise at the end of class.

Práctica

P-7 ¿Tú, usted o ustedes? Which form (**tú, usted,** or **ustedes**) would you use with the following people?

1. la profesora Valle
2. el señor Carmona
3. Maricarmen
4. los señores Vidal
5. Carlos
6. la señora Buenaventura
7. el doctor Matos
8. las doctoras Palma y Ruiz

P-8 ¿Qué respondes? *(How do you answer?)* Complete each mini-dialog with an appropriate reply. Don't forget to address the person in parentheses by name.

Modelo: Buenos días, Alberto. (señor Pérez)
Buenos días, señor Pérez.

1. ¿Cómo estás, Adela? (doctora Carrillo)
2. ¡Hola, Lourdes! (profesor Ramírez)
3. Quisiera presentarte a mi amigo Pepe. (Margarita)
4. ¿Cómo están ustedes, señores? (señora Ruiz)
5. Mucho gusto, Raquel. (señorita Castillo)

P-9 Buenos días, profesor/a. Greet and shake hands with your instructor, introduce a classmate to him or her, and then say good-bye.

P-10 ¡Hasta mañana! Say good-bye to your classmates and your professor. You'll see them again soon!

ENFOQUE LÉXICO En la clase

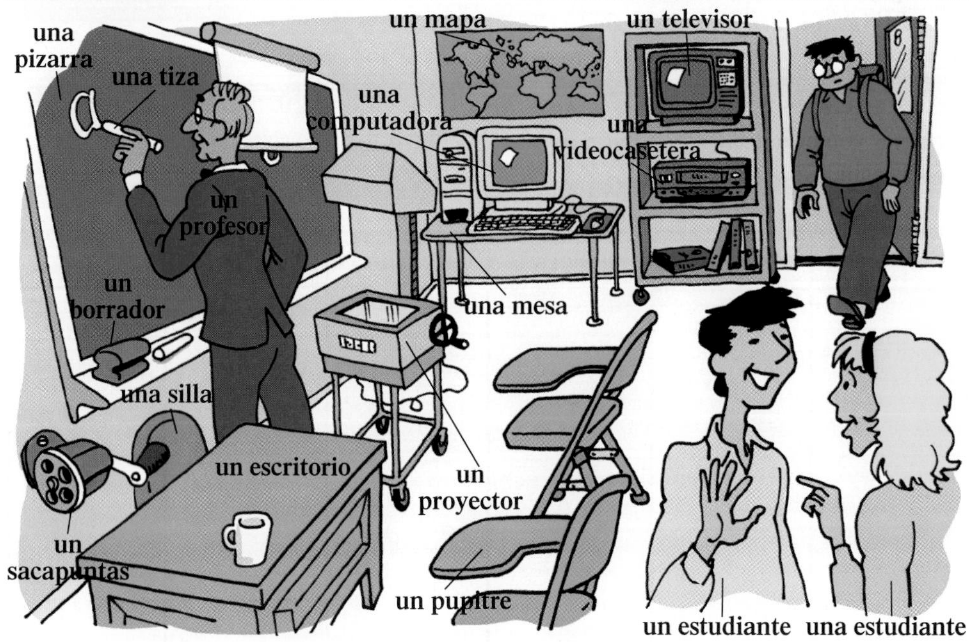

EXPANSIÓN LÉXICA: El televisor is the television set itself; **la televisión** is the programming, the shows that are broadcast. Thus, you might *buy* **un televisor** but you would be likely to *watch* **la televisión.** The informal term for *television* is **la tele.**

EXPANSIÓN LÉXICA: La computadora or **el ordenador** (in Spain), has become a basic piece of classroom equipment. You might use a desktop computer, or you might bring **la (computadora) portátil** or **el laptop** to class with you. You will learn more about computer-related vocabulary in **Capítulo 6.** Other useful tools for the classroom include **el reproductor de CD** or simply **el CD** (*CD player,* in both cases), **la grabadora.**

¿QUÉ LLEVAS A LA UNIVERSIDAD? *WHAT DO YOU BRING TO SCHOOL?*

una mochila

un cuaderno

un borrador

un lápiz

unos libros

TRANSPARENCY D-2: ¿Qué llevas a la universidad?: You can use the transparency to introduce the vocabulary.

EXPANSIÓN LÉXICA: Un bolígrafo (informally, **un boli**) is *a ballpoint pen.* **Una pluma** is another word for *a pen*, but in Spain and some other regions **una pluma** refers specifically to a fountain pen. **Un rotulador** or **un marcador** is *a marker* or *highlighter.* **Un lapicero** is another word for *a pencil.*

EXPANSIÓN LÉXICA: El papel is *paper;* **una hoja de papel** or **un folio** is *a piece of paper.*

un bolígrafo

una calculadora

un diccionario

unos papeles

Práctica

P-11 ¿Qué llevas tú a la clase de español? ***(What do you bring to Spanish class?)*** List the items you brought to class today.

SUGGESTION, EX. P-12: Encourage students to recall vocabulary related to other courses they have. Provide any needed vocabulary or have students look up other courses in **Capítulo 2,** p. 63.

P-12 Las clases y las cosas ***(Classes and things)*** Complete the table below listing the items you need for each of these courses. Don't worry if the class names are new: they are all cognates!

español	literatura	biología	matemáticas	arte	teatro

SUGGESTION, EX. P-13: This activity could be done with teams at the blackboard. Keep the pace fast and the dialog in Spanish.

P-13 ¡Imaginario! ***(Pictionary!)*** Using the list of classroom vocabulary on pages 13 and 15, draw images of three words and have your partner identify them as quickly as possible. Then switch roles.

P-14 ¿Qué tal tu memoria? One member of your group will empty his or her bookbag, allow the other members of the group to observe the items for 30 seconds, and then remove the items from view. Take two or three minutes for each of you to list all the items you recall seeing. Use your new vocabulary in Spanish! Who remembered the most items? If there is time, switch roles and try this again.

VOCABULARIO

HERITAGE LEARNERS: Ask heritage learners to add to the **Vocabulario** any alternate vocabulary that they have come up with over the course of the chapter. They might put the words in categories like **Así lo dice el libro; Así lo dice el/la profesor/a; Así lo digo yo,** etc.

Track 1-4

The **Vocabulario** section consists of all new words and expressions presented in the chapter. When reviewing or studying for a test, you can cover up the English and go through the list to see if you know the meaning of each item.

La lengua española *The Spanish language*
el abecedario *alphabet*
el acento ortográfico *written accent*
el acento tónico *stress*
el castellano *Castilian, Spanish*
la diéresis *dieresis (diacritical mark used over* **u: ü***)*
el español *Spanish*
la puntuación *punctuation*
la tilde *tilde (diacritical mark used over* **n: ñ***)*

Saludos *Greetings*
Buenos días. *Good morning.*
Buenas tardes. *Good afternoon.*
Buenas noches. *Good evening. / Good night.*
¡Hola! *Hello!*

Para preguntar cómo está alguien *To ask how someone is doing*
¿Cómo estás? *How are you? (informal)*
¿Cómo te va? *How's it going? (informal)*
¿Qué pasa? *What's up?*
¿Qué tal? *How are you?*
¿Cómo está Ud.? *How are you? (formal)*
¿Cómo están Uds.? *How are you? (formal* and *informal plural* in Latin America*)*

Para contestar *Answering*
Bien, gracias. ¿Y tú? *Fine, thanks. And you? (informal)*
(Estoy) Bien, gracias. ¿Y Ud.? *(I'm) Fine, thanks. And you? (formal)*
(Estamos) Bien, gracias. *We are fine, thanks.*
Más o menos. *So-so. (informal)*
Muy bien, gracias. ¿Y tú? *Very well, thank you. And you?*
No mucho. *Not much.*

Presentaciones *Introductions*
¿Cómo te llamas? *What's your name? (informal)*
¿Cómo se llama Ud.? *What's your name? (formal)*
Me llamo... ¿Y Ud.? *My name is . . . And yours? (formal)*
Mi nombre es... ¿Y tú? *My name is . . . And yours? (informal)*
Quisiera presentarle a... *I would like to introduce you to . . . (formal)*
Quisiera presentarles a... *I would like to introduce you to . . . (formal plural)*
Te presento a... *This is . . . (informal)*

Respuestas *Responses*
Encantada. *Nice to meet you. (female speaker)*
Encantado. *Nice to meet you. (male speaker)*
Igualmente. *Nice to meet you too. / Same here.*
Mucho gusto. *Nice to meet you.*

Despedidas *Good-byes*
Adiós. *Good-bye.*
Chau. *Good-bye.*
Hasta ahora. *See you soon.*
Hasta luego. *See you later.*
Hasta mañana. *See you tomorrow.*
Nos vemos. *See you.*

En la clase *In the classroom*
el bolígrafo *pen*
el borrador *eraser*
la calculadora *calculator*
la computadora *computer*
el cuaderno *notebook*
el diccionario *dictionary*
el escritorio *desk*
el estudiante *student (male)*
la estudiante *student (female)*
el lápiz *pencil*
el libro *book*
el mapa *map*
la mesa *table*
la mochila *backpack*
el papel *paper*
la pizarra *chalkboard*
el profesor *teacher (male)*
la profesora *teacher (female)*
el proyector *overhead projector*
el pupitre *student desk*
el sacapuntas *pencil sharpener*
la silla *chair*
el televisor *television set*
la tiza *chalk*
la videocasetera *VCR*

HERITAGE LEARNERS: Heritage learners in your class probably already know most of these words; however, this could be the first time they see them in written form. Begin to create an awareness of spelling among them. At this early point, you might want to suggest that they begin paying attention to the written accent on the words that appear in the **Vocabulario** section.

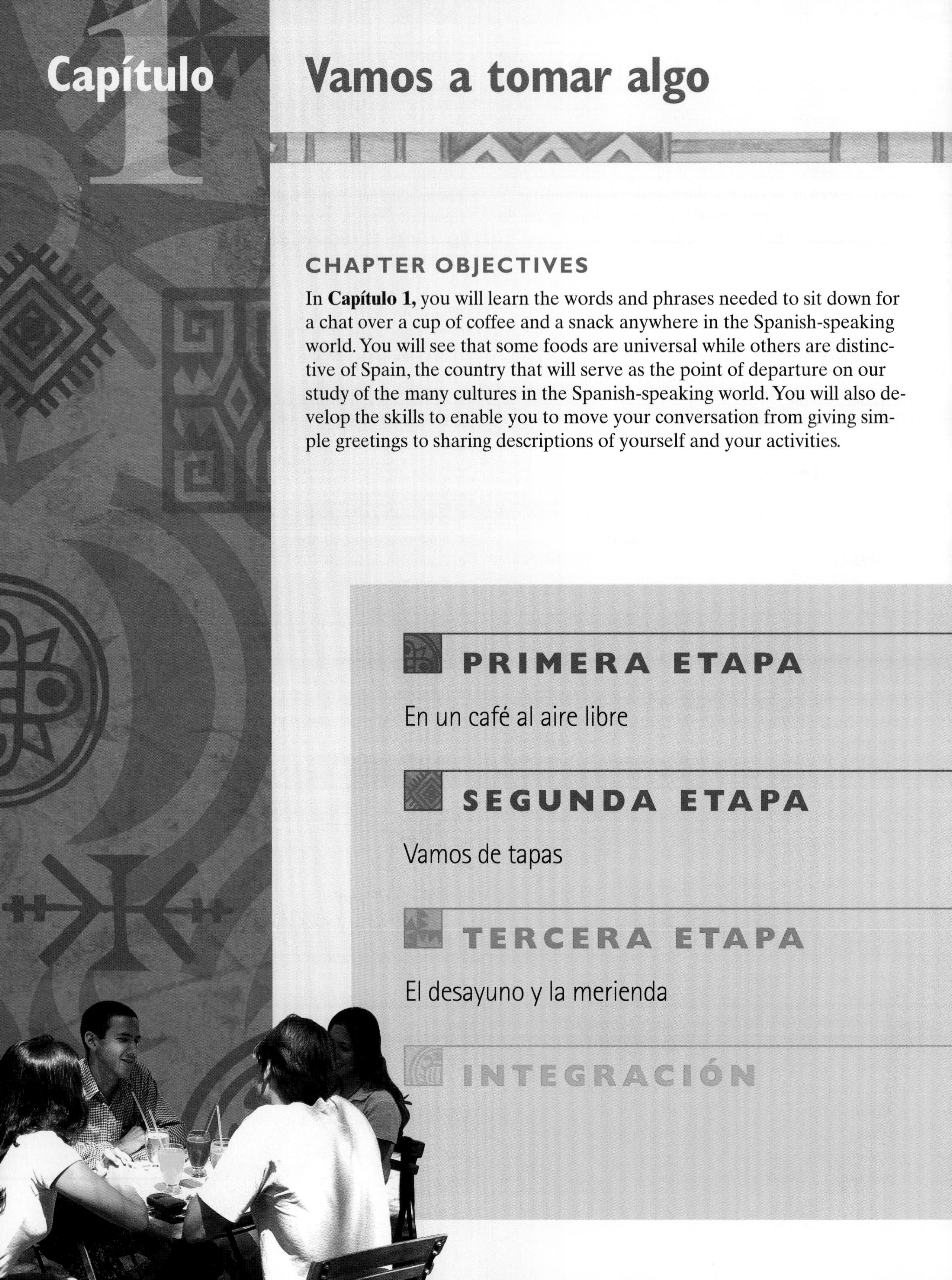

Capítulo 1 Vamos a tomar algo

CHAPTER OBJECTIVES

In **Capítulo 1,** you will learn the words and phrases needed to sit down for a chat over a cup of coffee and a snack anywhere in the Spanish-speaking world. You will see that some foods are universal while others are distinctive of Spain, the country that will serve as the point of departure on our study of the many cultures in the Spanish-speaking world. You will also develop the skills to enable you to move your conversation from giving simple greetings to sharing descriptions of yourself and your activities.

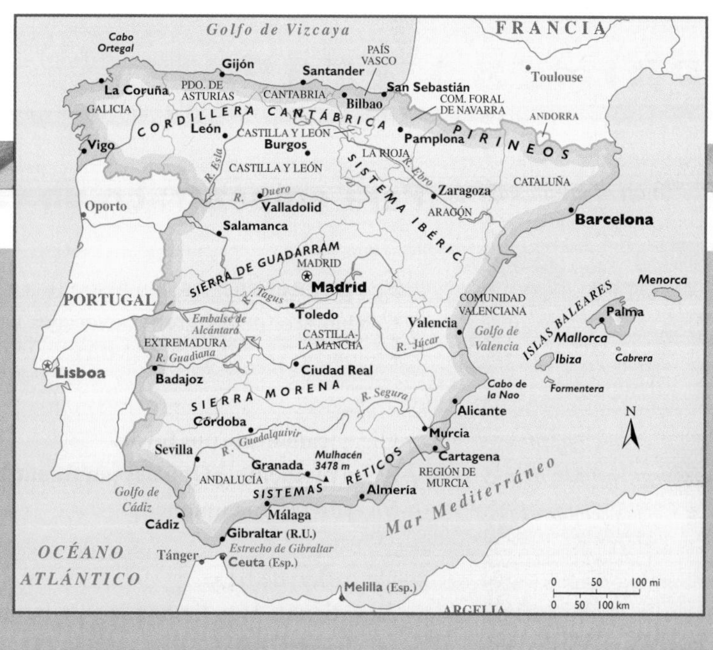

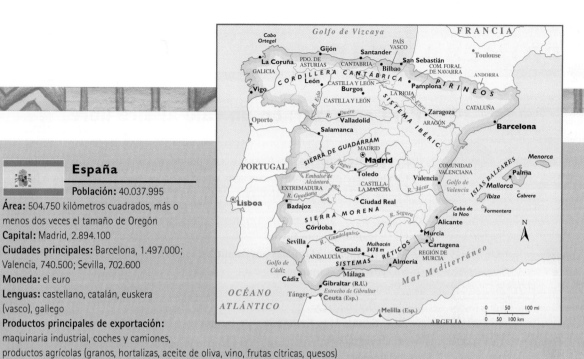

España

Población: 40.037.995

Área: 504.750 kilómetros cuadrados, más o menos dos veces el tamaño de Oregón

Capital: Madrid, 2.894.100

Ciudades principales: Barcelona, 1.497.000; Valencia, 740.500; Sevilla, 702.600

Moneda: el euro

Lenguas: castellano, catalán, euskera (vasco), gallego

Productos principales de exportación: maquinaria industrial, coches y camiones, productos agrícolas (granos, hortalizas, aceite de oliva, vino, frutas cítricas, quesos)

Embajada: 2375 Pennsylvania Avenue NW, Washington, DC 20037; http://www.spainemb.org

Functions

- identify and order drinks
- make small talk about yourself and your activities

Functions

- identify different types of snacks
- select a light meal in a social environment

Functions

- describe different types of foods
- find out more about others and their activities

Lectura: El tapeo

Vídeo: Episodio 1; Actividades en las páginas V-2–V-3

Intercambio: ¿Quién es quién?

Escritura: Actividades en el manual

Tools

The tools you will use to carry out these functions are:

- Vocabulary for:
  - drinks, foods, snacks
  - recreation and other activities
  - adverbs
  - countries and nationalities
- Grammatical structures:
  - indefinite and definite articles
  - personal pronouns
  - gender and number agreement
  - present-tense **-ar,** -**er,** and **-ir** verbs
  - present tense of **ser**
  - **ser** + adjective, **ser** + **de** + country of origin

PRIMERA ETAPA

In an open-air café

Para empezar: En un café al aire libre

SUGGESTION: Using the **Preparación** questions, brainstorm with students the vocabulary related to different drinks. Ask students to mention the beverages they drink during the course of a day.

Track 1-5

Preparación: As you begin this **etapa,** answer the following questions:

- What are the different beverages you can order at a restaurant or a bar?
- How do you order the drinks you want?

—Oiga, **¡camarero, por favor!** *(waiter, please!)*
—Sí, un momento. **¿Qué desean tomar?** *(What do you want to drink?)*
—**Yo quisiera** una limonada. *(I would like)*
—¿Y usted?
—Un batido de fresa.
—**Aquí tienen.** Una limonada y un batido de fresa. *(Here you are.)*
—**Muchas gracias.** *(Thank you very much.)*
—**¿Algo más?** *(Anything else?)*
—**Por ahora, nada más.** *(Nothing else for now.)*

EXPANSIÓN LÉXICA: El mesero is a *waiter* in Mexico and other parts of Latin America. Another term for *waiter* is **el mozo.** When a woman does wait tables she is called **una camarera** or **una mesera.**

LAS BEBIDAS FRÍAS

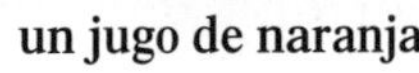
un jugo de naranja

una limonada

una botella de agua mineral

una botella de agua con gas

un vaso de agua con limón

un batido de fresa

un vaso de leche

un refresco

un vaso de sangría

una cerveza

un vaso de vino tinto

un vaso de vino blanco

TRANSPARENCY B-1: Bebidas frías: Introduce some of the vocabulary with transparencies, having students repeat the items. Ask students to point to specific beverages as you name them. Randomly ask **¿Qué deseas tomar?** to elicit the names of the different beverages. Then, follow-up on additional vocabulary items by asking questions as they appear in the vocabulary presentation.

HERITAGE LEARNERS: 1. Ask heritage learners about beverages they themselves drink that are different from those depicted in the photos. Among heritage learners from the Caribbean an example might be **guarapo,** which is literally sugar-cane juice. 2. Ask heritage learners to begin focusing on the spelling of words with letters and combinations of letters that have traditionally been problematic for them (e.g., **ll, y, j, c, qu, v, b,** etc.). You may want to point out to them the **ll** of **botella,** the **v** of **vaso,** and the **c** of **licuado** in order to begin to build a spelling awareness among them.

Práctica

1-1 Identificar Indicate what each of the following people is drinking.

1. ____________ 2. ____________ 3. ____________

4. ____________ 5. ____________ 6. ____________

1-2 En el café You and your friend are in a café and want to order something to drink. Look at the menu to select your drinks. A classmate will play the role of the food server. After you have ordered, reverse roles.

Modelo: —*¿Qué desean tomar?*
—*Un refresco de naranja, por favor.*
—*¿Y usted?*
—*Un refresco de limón.*

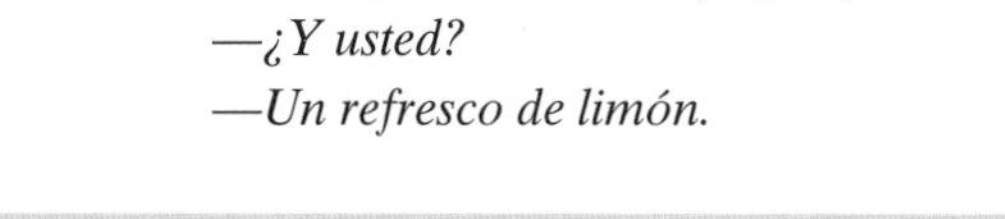

Café Ibiza

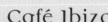

Agua mineral	1 €	Cerveza	1,5 €
Refrescos	1,75 €	Jarra* de vino blanco	7 €
Zumo de naranja natural	2 €	Jarra de vino tinto	7 €
Limonada	1,75 €	Jarra de sangría	7,5 €
Batido	1,5 €		

*jarra = *pitcher, carafe*

ANSWERS, EX. 1-1: 1. un vaso de vino tinto 2. una cerveza 3. un refresco y un batido 4. un jugo (or zumo) de naranja 5. un agua mineral 6. un vaso de vino blanco

EXPANSIÓN LÉXICA: Un refresco can have different flavors: it can be **un refresco de naranja, de limón,** or **de cola. Una gaseosa** is also a soft drink, though it is generally a clear (lemon or lemon-lime) soda. In many parts of Latin America you may also hear *soda* called **una soda. Una sangría** is a mixture of red wine, **gaseosa,** and citrus fruits perfect for the hot summers of Spain.

EXPANSIÓN LÉXICA: Un batido or **un licuado** is a drink made by blending milk and fruit such as strawberries, bananas, or mango. There are also **batidos** that do not use fruits, such as **un batido de chocolate** and **un batido de vainilla.**

EXPANSIÓN LÉXICA: In Spain, the word for *juice* is **el zumo.**

Since January 2002, the official currency of Spain and most of the European Union is the euro, **el euro** (€). The plural of **el euro** is **los euros.** The transition from the Spanish **peseta** and other individual national currencies became complete in 2002.

SUGGESTION: Point out that the equivalent of a decimal point in Spanish is a decimal *comma.* The figure 1,75 would be read as **uno coma setenta y cinco euros.**

Enfoque estructural — El artículo indefinido y el género gramatical

When people order drinks and food, they say:

Un café con leche, por favor.
Una cerveza.

The English equivalent of **un** and **una** is *a* or *an*. The equivalent of **unos** and **unas** is *some*. In Spanish we distinguish between the masculine indefinite article **un** and the feminine indefinite article **una.**

	Masculino	Femenino
Singular	**un** refresco	**una** limonada
Plural	**unos** vasos de vino	**unas** botellas de agua mineral

For an English speaker it is not surprising that a waiter **(un camarero)** is masculine and a waitress **(una camarera)** is feminine. However, it may be startling to learn that **un refresco** is masculine and **una cerveza** is feminine.

All nouns in Spanish have grammatical gender; that is, they are all either masculine or feminine. In most cases, the gender has nothing to do with the meaning of the word.

El género de las palabras

1. Most words that end in **-o** are masculine: **un refresco, un vaso, un vino, un zumo**
2. All words that refer to male beings are masculine: **un profesor, un camarero**
3. Most words that end in **-a** are feminine: **una limonada, una botella, una cerveza**
4. Also, most words that end in **-ión, -dad,** and **-tad** are feminine: **una canción** *(song),* **una universidad** *(university),* **una infusión** *(infusion/herb tea),* **una lealtad** *(loyalty)*
5. All words that refer to female beings are feminine: **una profesora, una camarera**
6. Words that do not refer to male or female beings and have an ending other than **-o** or **-a** can be either masculine or feminine. For instance, **leche** and **clase** are feminine nouns that end in **-e,** and **un árbol** is a masculine noun that ends in a consonant. In the **Tercera etapa** you will learn words like **un café** and **un té,** which are masculine nouns that end in **-e.**

For this reason it is best to learn every noun with its corresponding article.

Nota gramatical: Most words that end in **-ma, -pa,** and **-ta** are easily recognizable as cognates. Masculine words ending in **-ma** are generally words derived from Greek.

Algunas excepciones

7. Many words that end in **-ma, -pa, -ta** are masculine: **un problema, un sistema, un poema, un programa, un tema, un mapa, un planeta**
8. One word that ends in **-a** is masculine: **un día** *(day)*
9. One word that ends in **-o** is feminine: **una mano** *(hand)*

Práctica

1-3 ¿Un o una? Working in pairs, practice ordering the following drinks using the correct indefinite article. Take turns ordering, with one partner ordering from column A and the other from column B.

Modelo: —*¿Qué deseas tomar?* (botella de agua mineral)
—*Deseo una botella de agua mineral.*

A	B
1. jugo de naranja	6. sangría
2. limonada	7. batido de fresa
3. batido de chocolate	8. botella de agua
4. refresco	9. cerveza
5. vaso de leche	10. vino tinto

1-4 Yo quisiera *(I'd like)* . . . ¿Y tú? You're thirsty again, but now you are out with your friend. In groups of three, with one student playing the role of the food server, select your drinks from the picture menu below and place your orders. The server should write down what the two order and give the total cost.

Modelo: —*¿Qué desean?*
—*Yo quisiera una limonada. ¿Y usted?*
—*Yo quisiera una sangría.*
—*Muy bien. Una limonada y una sangría.*

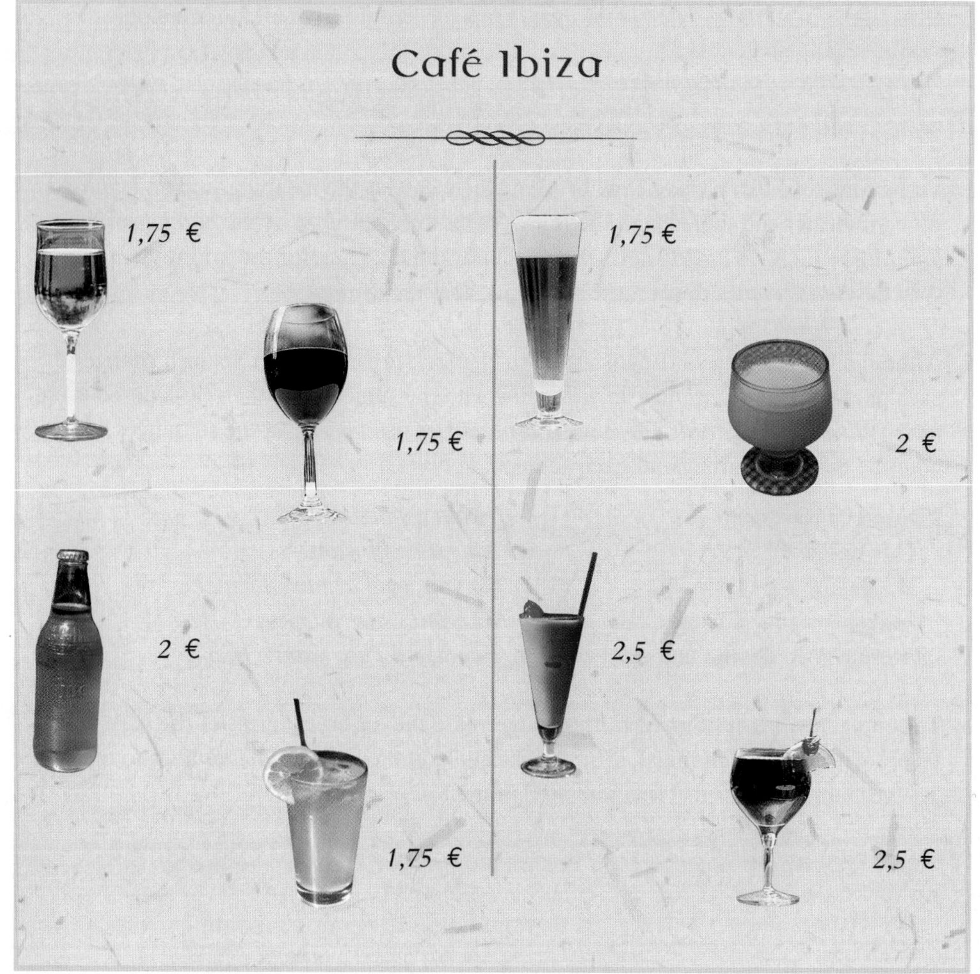

ANSWERS, EX. 1-3: 1. Deseo un... 2. ...una... 3. ...un... 4. ...un... 5. ...un... 6. ...una... 7. ...un... 8. ...una... 9. ...una... 10. ...un...

PREVIEW: Plural forms are presented in the **Segunda etapa,** p. 31, but you may choose to expand this activity to include plurals.

PREVIEW: A more complete explanation of gender and agreement is presented in the **Tercera etapa,** pp. 40–41, and again in **Capítulo 2,** p. 59.

HERITAGE LEARNERS: Informal and formal Spanish: Remember that most heritage learners already have a command of a variety of Spanish that is used in informal, very familiar contexts. Even though the situation in this exercise is a fairly informal one, have the heritage learners in your class focus on using vocabulary that may be new to them. Emphasize that it may be necessary for them to use such vocabulary when talking to speakers who are from other parts of the Spanish-speaking world. Remember that it is important that you accept what they say the first time. What they have said may be totally appropriate in their speech community. Have them focus on the differences between how they may say something in their speech community and what the book is teaching. One of the main objectives involved in teaching heritage learners is to teach them vocabulary that will expand the range of real-world contexts in which they can use Spanish.

SUGGESTION, EX. 1-4: The form **quisiera** should be presented here as vocabulary; you may want to point out that this form is more polite than **quiero/deseo** and thus is used in the public setting of a café. Have students answer following the model.

ANSWERS, EX. 1-4: *Answers will vary.*

ENFOQUE ESTRUCTURAL Los pronombres personales y el presente de los verbos regulares en *-ar*

IRM MASTER 1: Pronombres y verbos **-ar** en el presente

NOTA GRAMATICAL: Pronouns are often identified by their *person* and *number:* while *number* (singular or plural) may be a straightforward concept, *person* (first, second, and third) refers to the relationship between the speaker and the referent: first person = the speaker = **yo** *(I);* second person = the person *to whom* the speaker speaks = **tú** *(you);* third person = the person *about whom* the speaker speaks = **él/ella** *(he/she).* Plural forms follow suit. These terms are commonly used to distinguish the different pronouns. Thus, *first person singular* refers to **yo** while *third person plural* refers to **ellos** or **ellas.**

NOTA GRAMATICAL: In Spain, **vosotros/as** is used as the plural of **tú** to address your peers and people with whom you are on a first-name basis. Nowadays, you will hear **tú** and **vosotros** used in many situations in Spain. **Ustedes** *(you, plural)* is used in Spain as the plural of **usted** to address people you don't know very well, superiors, and older people. In the rest of the Spanish-speaking world, **ustedes** is used as the plural of both **tú** and **usted.** The pronouns **usted** and **ustedes** are generally lowercased when spelled out, but are usually capitalized when abbreviated **(Ud., Uds.).**

NOTA GRAMATICAL: An infinitive is a verb that is not conjugated. For example, in English *to want* is an infinitive, and *he wants* is a conjugated form of the verb.

Los pronombres personales

Subject pronouns is the term used to refer to the following set of words: *I, you, he, she, it, we, they.*

Pronombres personales: ***Spanish vs. English***

yo	*I*	
tú	*you*	one person, used when you are on a first-name basis
usted (Ud.)	*you*	one person, used with people you do not know very well, your superiors, and older people in general
él	*he*	
ella	*she*	
nosotros/as	*we*	two or more males or a group of males and females; **nosotras,** used when referring to a group of all females
vosotros/as	*you*	used only in Spain with two or more persons with whom you are on a first-name basis; **vosotras,** used when referring to a group of all females
ustedes (Uds.)	*you*	used with more than one person
ellos	*they*	two or more males, a group of males and females, or a group of objects
ellas	*they*	two or more females or a group of all feminine objects

El presente de los verbos regulares en *-ar*

1. Verbs consist of two parts: a *stem* or *root,* which carries the meaning, and an *ending,* which indicates the subject and the tense. Verbs are identified by the endings of their *infinitives* (the form having neither subject nor tense). Thus, for the infinitive of the verb **desear** *(to want),* **dese-** is the *stem* and **-ar** is the *ending.*

2. Although verb endings in English seldom change, verb endings in Spanish change for each person, and the endings let you know who the subject is in each case: **deseo un refresco** *(**I** want a soft drink),* **deseamos cerveza** *(**we** want beer).* In the sentences below, note the different endings for each subject:

Deseo un refresco.	***I want*** *a soft drink.*
¿Qué **deseas** tú?	*What* ***do you want****?*
¿**Desea** un vaso de vino?	***Do you want*** *a glass of wine?*
Deseamos agua, gracias.	***We want*** *water, thanks.*
Teresa y Paco **desean** una cerveza.	*Teresa and Paco* ***want*** *a beer.*

3. To conjugate a regular **-ar** verb (that is, to create the different forms of the verb with their corresponding endings), drop the **-ar** and add the appropriate endings to the stem. The verb **tomar** *(to drink)* is conjugated in the following way:

Subject	Stem	Ending	Conjugated verb form
yo	tom-	-o	tomo
tú		-as	tomas
Ud. / él / ella		-a	toma
nosotros/as		-amos	tomamos
vosotros/as		-áis	tomáis
Uds. / ellos / ellas		-an	toman

Nota gramatical: Although subject pronouns are almost always required in English, in Spanish they are generally omitted except when needed for added clarity or emphasis. The reason for this is that the verb endings themselves indicate who the subject is. Because the third person **(él, ella, Ud., ellos, ellas, Uds.)** may refer to so many people or things, a specific subject or subject pronoun may be used for clarification. If there is no doubt about whom or what a given subject is, avoid using the subject pronoun.

Note that the present tense in Spanish is used as the equivalent of several present forms in English: *I drink*, *I am drinking*, and *I do drink*.

Some regular *-ar* verbs:

bailar *to dance*
caminar *to walk*
cantar *to sing*
comprar *to buy*
desear *to want*
enseñar *to teach, to show*
escuchar *to listen (to)*
estudiar *to study*
hablar *to speak, talk*
practicar *to practice*
tomar *to take, drink, have*
trabajar *to work*
viajar *to travel*

Práctica

1-5 ¿Tú, usted, vosotros o ustedes? Imagine you have just arrived in Madrid, Spain. Which form of *you*—**tú, usted, vosotros,** or **ustedes**—will you use to greet and address the people you meet? Indicate your answer by putting an X under the appropriate personal pronoun.

Answers, Ex. 1-5: 1. ustedes 2. ustedes *or* vosotros 3. tú 4. usted 5. vosotros

Personas	tú	usted	vosotros	ustedes
1. Your host parents when you meet them at the airport for the first time				
2. Your host parents after living with them for a month				
3. Your host parents' child, a five-year-old				
4. Your professor at the university				
5. Your classmates				

ANSWERS, EX. 1-6: 1. ella 2. él 3. yo 4. ellas 5. nosotros (*or* nosotras, *if the group is all female*) 6. ellos 7. él 8. ella

1-6 ¿Yo, él, ella, nosotros, nosotras, ellos o ellas? In your travels in Spain you will be having many new experiences. Which pronouns will you use to refer to the following people and things?

1. Your Spanish host mother
2. Red wine
3. Yourself
4. The young women in the apartment next door
5. You and your fellow travelers
6. The waiters at your favorite café
7. Your grammar teacher, Pedro Munilla
8. A bottle of water

ANSWERS, EX. 1-7: 1. (él) estudia 2. (ellos) estudian 3. (yo) estudio 4. (nosotros/as) estudiamos 5. (ellos) estudian 6. (ella) estudia

1-7 ¿Quién estudia español? Practice conjugating the verb **estudiar** by identifying who studies Spanish.

Modelo: Raúl and Julia
(Ellos) Estudian español.

1. Rafael
2. Professors Sánchez and Galgo
3. I
4. You and I
5. Pedro and María Luisa
6. Begoña

ANSWERS, EX. 1-8: 1. Sí / No, no escucho... 2. Sí / No, no deseo... 3. No, no enseño... 4. Sí / No, no tomo... 5. Sí hablo... 6. Sí / No, no camino...

1-8 ¿Bailas tango? Work with a classmate to find out if both of you perform or do not perform the following activities. Make sure to keep notes! When you finish this activity, share your findings with the class.

Modelo: bailar tango
—¿Bailas tango?
—No, no bailo tango.
o *—Sí, bailo tango.*

1. escuchar música española
2. desear una "A" en biología
3. enseñar español
4. tomar agua en clase
5. hablar inglés
6. caminar a clase

ENFOQUE LÉXICO ¿Cómo? ¿Cuándo? ¿Cuánto?

When you talk about the things you do, it's helpful to go beyond simply saying that you do something. It's interesting, for example, that you speak Russian, but we learn more about you if we know you speak Russian *well* or that you speak Russian *every day*. The following words and phrases are used in Spanish to express how well, how often, or how much you do something:

Hablo español **muy bien** pero bailo salsa **muy mal.**	*I speak Spanish **very well** but I dance salsa **very poorly.***
Tomo leche **todos los días** pero **casi nunca** como frutas.	*I drink milk **every day** but I **almost never** eat fruit.*
Camino **muchísimo** pero corro **muy poco.**	*I walk **a lot** but I run **very little.***

¿Cómo?		¿Cuándo?		¿Cuánto?	
(muy) bien	*(very) well*	**todos los días**	*every day*	**mucho**	*a lot*
(muy) mal	*(very) poorly*	**siempre**	*always*	**muchísimo**	*very much*
		a veces	*sometimes*	**poco**	*a little*
		(casi) nunca	*(almost) never*	**muy poco**	*very little*

Práctica

1-9 ¿Cómo, cuándo o cuánto? Here is a list of different activities along with another list of expressions. Match the activities with the expressions to say how often or how well you do these things.

SUGGESTION, EX. 1-9: Allow students to do this activity in pairs; then review it with the entire class, asking individual students if they do each activity.

Modelo: *Canto muy mal.*

Actividades	**¿Cómo?**	**¿Cuándo?**	**¿Cuánto?**
cantar	bien	todos los días	mucho
hablar en clase	mal	a veces	poco
escuchar música clásica	muy bien	siempre	muchísimo
viajar	muy mal	nunca	muy poco
trabajar			
hablar español			
bailar			

1-10 Preguntas Find out how talented your classmates are. Using your new vocabulary words and the verbs that appear below, ask how often or how well your partner does the activities you name. Then change roles. When you finish the exercise, one of you will report to the class what activities you do **(Hablo español todos los días)** and which ones your classmate does **(Mi compañero/a canta mal).**

Modelo: hablar
—Pablo, ¿hablas español?
—Sí, todos los días.
—¿Hablas bien?
—No, hablo mal.

1. bailar
2. trabajar
3. hablar
4. viajar
5. cantar
6. escuchar
7. practicar

SUGGESTION: Provide a transition for students, reminding them that in this **etapa** the cafés and related vocabulary have been presented. The following **Comentario cultural** informs them about a very common place found in most Spanish-speaking countries.

EXPANSIÓN LÉXICA: **El almuerzo** is another Spanish word for *lunch.* **La comida** generally refers to the traditional large midday meal, while **el almuerzo** in Spain often refers to a more American-style light meal at noon or even a late-morning snack.

HERITAGE LEARNERS: Meal customs: Ask heritage learners about their eating habits. Encourage them to share customs that they or their relatives may maintain from their country of origin. For example, on Sundays everyone may go to the home of one of the grandparents to have a big meal and socialize.

COMENTARIOS CULTURALES

Los cafés

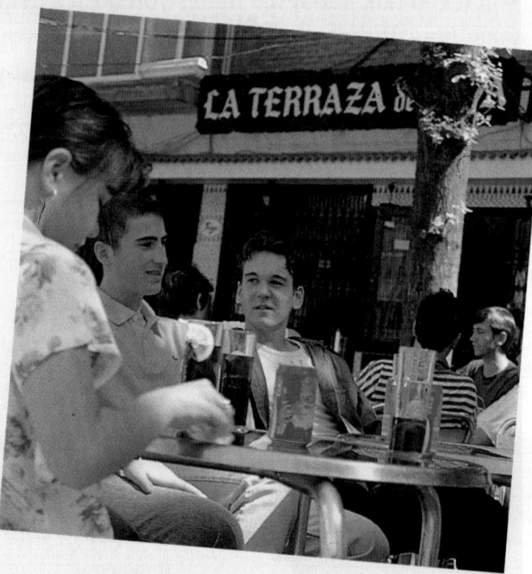

In the Spanish-speaking world, young and old people enjoy meeting at a café for a drink and a snack at different times during the day. In every neighborhood of a town or city one can find cafés, each with its own particular clientele and atmosphere. In a café near a school or university, for example, it is possible to see groups of students sitting at tables discussing their studies and politics or just chatting with friends. Older people may prefer sitting in a quieter café where they can listen to music while they read the newspaper, play cards, or simply relax watching the passers-by. In the summertime, tables are usually set outside for the customer's enjoyment.

Las comidas

In Spain it is very common to have a snack in the morning, between 11:00 and 2:00, and another snack between 6:00 and 9:00 in the evening since lunch and dinner are both served late. In Spain, lunch **(la comida)** is the major meal of the day and is eaten around 2:30 in the afternoon. Dinner **(la cena)** is usually a lighter meal and is served around 10:00 in the evening. On weekends it is very common to eat dinner, either at home or at a restaurant, as late as 11:00 and then go out for drinks and fun until 3:00, 4:00, or 5:00 A.M.

INTEGRACIÓN CULTURAL

Answer the following questions.

1. What are some of the similarities and differences between eating habits in Spain and in North America?
2. How do you think you would feel if you were living in Spain and you had to wait until 2:00 or 2:30 each day to eat lunch and until 10:00 or 11:00 to eat dinner?
3. How do you think Spaniards feel when they visit other countries where they have to eat lunch at 12:00 and dinner at around 6:00? If you know or can find someone from Spain at your school or among your acquaintances, ask them about their impressions of eating habits in countries that are very different from their own. Share your findings with the class.

VAMOS A ESCUCHAR:

UN ENCUENTRO EN EL CAFÉ

Track 1-6

A café get-together

Listen carefully to the conversation you will hear. Try to understand as much as you can, but remember that you are not expected to recognize or understand every word. Focus on the words you do recognize.

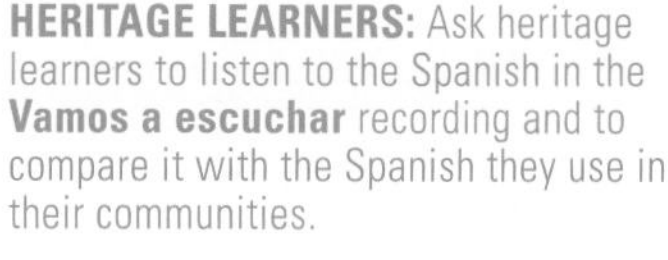

HERITAGE LEARNERS: Ask heritage learners to listen to the Spanish in the **Vamos a escuchar** recording and to compare it with the Spanish they use in their communities.

CLASSROOM MANAGEMENT: Students can be asked to prepare the **Antes de escuchar** activities before coming to class.

Antes de escuchar

ANSWERS, ANTES DE ESCUCHAR: *Answers will vary.* Encourage students to use a variety of verbs.

Based on the information you have learned in this **etapa:**

- When meeting friends at a café, what topics or activities might you discuss?
- When getting to know someone, which of your interests and activities might you mention to describe yourself?

Before you listen to the dialog, look at the exercises in the **Después de escuchar** section.

Después de escuchar

1-11 Comprensión Match each of the following activities with the person doing them.

Clara	toma té todos los días
	trabaja en la universidad
Antonio	canta mal
	estudia literatura
Concha	viaja a España

ANSWERS, EX. 1-11: Clara: toma té todos los días, estudia literatura, viaja a España; Antonio: trabaja en la universidad, estudia literatura, viaja a España; Concha: canta mal

1-12 ¿Cómo lo dicen? The instructor will play the Text audio CD again. Listen and see if you can determine the following:

1. What does Antonio say he does in a café and what does he say he does not do in a café?
2. How does Concha express enthusiasm?

ANSWERS, EX. 1-12: 1. No trabajo en un café pero sí estudio en un café. 2. ¡Estupendo! ¡Qué bien!

SUGGESTION, EX. 1-13: Allow students to write up their parts of the role play for practice, but encourage them to perform their parts for the class without notes.

SUGGESTION, EX. 1-13: Model the conversation with three students before dividing the class into groups.

TÚ DIRÁS

1-13 En el café Working in groups of four, use the menu on page 19 to complete the following task. One of you will play the role of the waiter.

- Meet a friend at a café after school. Greet each other, consult the menu, and order something to drink.
- Another friend of yours arrives. Introduce him or her to your first friend and see if he or she wants to order a drink. Call the waiter over again!
- Get better acquainted by asking each other questions. Use the verbs and adverbs that you have learned in this **etapa.** You can use the **Enfoque léxico** on page 25 as a guide.
- The waiter should bring out the drink orders.

1-14 Una encuesta *(survey)* You would like to get to know your classmates better. To do that, you have decided to conduct a survey to see who in your class does what. Ask as many classmates as possible, completing the table below as you go. When you finish, share your findings with the class.

Actividad	Estudiante	¿Cómo?	¿Cuándo?	¿Cuánto?
hablar (español, francés, ruso, etc.)				
bailar				
cantar				
escuchar música				
enseñar				
estudiar				
tomar agua (café, vino tinto, etc.)				
viajar				

SEGUNDA ETAPA

Para empezar: Vamos de tapas

Preparación: **Tapas** are snacks served in many bars all over Spain (see **Comentarios culturales** on page 32 for more information). The pictures below show some typical **tapas.** As you begin to work with this **etapa,** answer the following questions:

- Look at the **tapa** in each of the pictures. Of the types of food included in these **tapas,** which ones are familiar to you? Which ones are new?
- Have you ever tried any of them? If so, where? When?

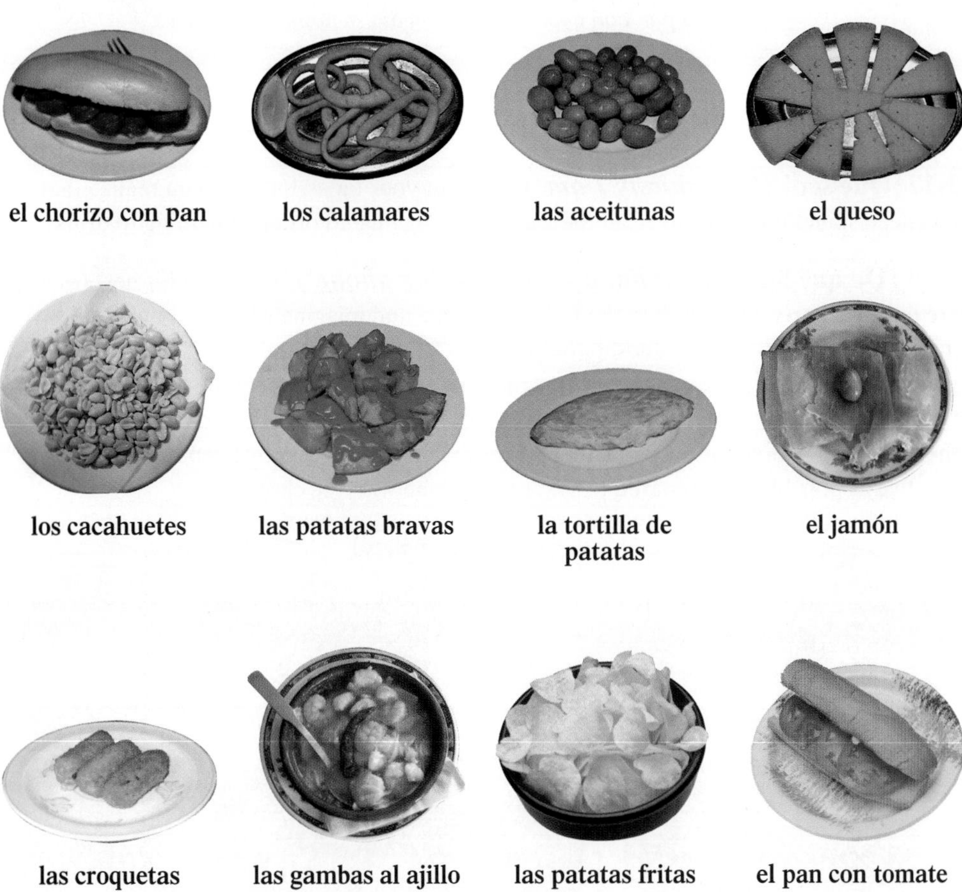

el chorizo con pan | los calamares | las aceitunas | el queso

los cacahuetes | las patatas bravas | la tortilla de patatas | el jamón

las croquetas | las gambas al ajillo | las patatas fritas | el pan con tomate

Una tapa is a small serving of food. If you are hungry, you may want to order **una media ración,** a half serving, or even **una ración,** a meal-size serving of these delicious dishes.

Las patatas bravas are diced cooked potatoes, served in a spicy sauce.

La tortilla de patatas, also known as **la tortilla española,** is a thick omelette made with eggs, potatoes, and onions; it is usually served in small slices as a snack or light meal.

TRANSPARENCY B-3, B-4: Las tapas: Introduce some of the vocabulary with the transparencies, having students repeat the items. Ask students to point to specific **tapas.** Then expand on the additional lexical items that appear in the text. You can also begin with a mini-planning strategy, asking students what they eat after class if they are hungry. Then point out the **tapas** in the text or on the transparencies.

EXPANSIÓN LÉXICA: Los cacahuetes are a popular snack in Spain. In the Caribbean and parts of Central America, ask for **el maní;** in Mexico, **los cacahuates** are what you should order.

EXPANSIÓN LÉXICA: In Spain and some parts of South America, **una tortilla** is an omelette, while in Mexico and Central America it is a flat, usually soft, cornmeal bread.

EXPANSIÓN LÉXICA: Potatoes came to Spain from the mountain ranges of South America. **La papa,** a word of Quechua origin, is used instead of **la patata** in most Latin American countries, in southern Spain, and in the Canary Islands.

HERITAGE LEARNERS: Ask heritage speakers what sorts of snacks they may order when they go out to eat. Examples might include **quesadillas, nachos, tostadas,** and **salsa** among students of Mexican ancestry; fried plantains, called **tostones,** among Cubans and Puerto Ricans; thin corn cakes filled with cheese, meat, or other fillings, called **pupusas,** among Salvadorans.

HERITAGE LEARNERS: Point out the **qu** in **queso,** the **h** in **cacahuetes,** the **qu** in **croquetas,** and the **z** in **chorizo** as these are words that contain spelling combinations that have traditionally been problematic for heritage learners.

Práctica

1-15 De tapas Imagine you have just arrived in Madrid. This is going to be your first tapas experience. Look at the photos on page 29 and decide which ones you want to try. Make your own list and share it with the class.

Lista de tapas

1.
2.
3.
4.

1-16 ¡Camarero, por favor! Now, pretend you are at a tapas bar. With your classmate, who will play the role of the waiter, order the tapas from the list you made in the previous activity. How hungry are you today?

Modelo: —*¡Camarero/a, por favor!*
—*¿Qué desea Ud.?*
—*Quisiera pan con chorizo y una media ración de calamares.*
—*Muy bien.*

REPASO

Review the vocabulary for drinks you learned in **Primera etapa** on page 18.

1-17 ¡Qué sed! *(How thirsty I am!)* You got your tapas, but now you realize that you need something to drink. Call the waiter over again and order something to drink.

Review of greetings, introductions, and questions and answers using **-ar** verbs.

1-18 ¿De qué hablan? *(What are they talking about?)* Félix and his new friends are having a party. First, look at the following scene and imagine what the guests are saying as they get to know one another better. Then, in a small group, write the conversation you imagine taking place at the party. Remember to have Félix greet his guests as they enter and make sure each has something to eat or drink. The guests should also introduce themselves to people they are meeting. Make the party a success by keeping the dialog as creative as possible. Be prepared to share your scene with the class.

Enfoque estructural El artículo definido y el plural

In **Primera etapa** you learned about the use of indefinite articles in Spanish. As in English, Spanish also has definite articles. See the sentences below:

Todos deseamos probar *(to taste)* **las** tapas típicas de España.
En **el** bar La Chula preparan muchas tapas.

In Spanish, the definite article has two singular forms (feminine and masculine) and two plural forms (feminine and masculine). The English equivalent of these forms is *the*.

	Masculino	Femenino
Singular	**el** queso	**la** tortilla de patata
Plural	**los** cacahuetes	**las** patatas bravas

Los usos del artículo definido

1. The definite article is used to designate a noun in a general or collective sense:

El jamón es una tapa popular. — ***Ham** is a popular tapa.*
Los pasteles son dulces. — ***Pies** are sweet.*

2. The definite article is also used to designate a noun in a specific sense:

Las tapas del bar La Chula son deliciosas. — *The **tapas** from La Chula bar are delicious.*
La tortilla de patata es mi tapa favorita. — ***Potato tortilla** is my favorite tapa.*

3. The definite article is used in Spanish with such titles as **Sr., Sra., Srta., Prof., Profa., Dr., Dra.**

El Sr. Herrera come en un café. — ***Mr.** Herrera eats in a café.*
La Dra. Martínez habla español. — ***Dr.** Martínez speaks Spanish.*

El plural

You have learned the singular and plural forms of definite and indefinite articles. The singular forms accompany singular nouns, and the plural forms accompany plural nouns, that is, the article agrees in number with the noun it modifies.

Las reglas *(rules)* para formar el plural de los sustantivos

1. Add an **-s** to nouns that end in a vowel: **la patata → las patatas; la tortilla → las tortillas; el chorizo → los chorizos**
2. Add **-es** to nouns that end in a consonant: **el calamar → los calamares; el mineral → los minerales; el gas → los gases; el bar → los bares**

When forming the plural, certain nouns undergo spelling changes:

1. When a noun ends in the letter **z,** this letter changes to **c** before adding **-es: el lápiz → los lápices**
2. When a noun ends in **-ón** or **-ción,** the written accent is removed to form the plural: **la ración → las raciones; el jamón → los jamones.** This happens as a natural result of the rules for **el acento tónico** presented in **Capítulo preliminar** (pages 6–7): adding **-es** adds a new syllable to the word, and the stress of the accented **-ón** moves from the last syllable to the next-to-last syllable. Since the next-to-last syllable is where the stress falls naturally, no written accent is needed.

IRM MASTER 2: El artículo definido

SUGGESTION: Point out that the definite article agrees with its noun in gender and in number. For example, **queso** is masculine singular and therefore takes the masculine singular definite article **el,** while **patatas bravas,** feminine plural, takes the feminine plural form **las.**

NOTA GRAMATICAL: When a feminine singular noun begins with an accented **a** (through either the rules of word stress or a written accent), the definite article **el** is used: **el agua, el águila** *(eagle).* This change of article allows the word to be clearly pronounced with its article and does not change the gender of the noun: **el agua fría → las aguas frías; el águila americana → las águilas americanas.**

NOTA GRAMATICAL: In the **Capítulo preliminar** you learned to greet your professor and other people whom you treat with respect as **señor, señora, señorita, profesor, profesora, doctor,** and **doctora.** The abbreviated forms of these titles are, respectively, **Sr., Sra., Srta., Prof., Profa., Dr.,** and **Dra.** In their complete or abbreviated forms, these titles are used with the definite article **el** or **la** except when used to address the person directly: **¡Adiós, Sr. Herrera!**

Práctica

ANSWERS, EX. 1-19: 1. el 2. la 3. el 4. la 5. el 6. el 7. la 8. la 9. la 10. el 11. la 12. el

1-19 ¿El o la? Give the appropriate definite article for the following words.

1. queso	5. jamón	9. leche
2. tortilla	6. batido	10. refresco
3. vino	7. ración	11. aceituna
4. cerveza	8. sangría	12. calamar

ANSWERS, EX. 1-20: 1. los quesos 2. las tortillas 3. los vinos 4. las cervezas 5. los jamones 6. los batidos 7. las raciones 8. las sangrías 9. las leches 10. los refrescos 11. las aceitunas 12. los calamares

1-20 ¿Cuál es el plural? Give the plural form of each word in the previous activity. Don't forget to include the plural form of the article for each.

SUGGESTION: Provide a transition for students by telling them that the theme of this **etapa** is tapas. Therefore, the following **Comentario cultural** offers more information on this topic.

EXPANSIÓN LÉXICA: There are other words for **tapas** throughout Spain. For instance, in the north, people snack on **los pinchos** or **las banderillas.** Specific **tapas** have regional names as well: in Andalucia, **el pescado frito** is referred to as **el pescaíto frito.**

COMENTARIOS CULTURALES

Las tapas

Spaniards commonly go to **bares de tapas** to see friends who frequent the same bar and to get a snack and something to drink. A visit to a **tapas** bar may take place at different times during the day, usually before lunch and before dinner.

To understand the original meaning of the word **tapas,** you need to know that the verb **tapar** in Spanish means *to cover.* In the beginning, **las tapas** consisted of a slice of bread with a slice of ham or sausage put on the top of a glass of wine, and they were a complimentary offering of a bar. Tradition says that **la tapa** was used originally to stop dust from getting in the wine.

Tapas include a wide variety of food items: olives, peanuts, cheese, potato chips, bite-size pieces of **tortilla,** slices of cured ham **(el jamón serrano)** or mildly spiced sausage **(el chorizo),** small servings of shrimp with garlic sauce **(las gambas al ajillo),** fried squid **(los calamares)** or fried fish **(el pescado frito),** and many other hot and cold dishes. The common theme is that they come in small servings.

INTEGRACIÓN CULTURAL

1. Is there something similar to **tapas** where you live?
2. Eating **tapas** is becoming more and more common in big cities. Do a Web search to find out what cities in this country have **tapas** bars or restaurants that serve **tapas.** Then, share the information you find with the rest of the class.

ENFOQUE ESTRUCTURAL El presente de los verbos regulares en *-er, -ir*

You learned in **Primera etapa** how verb endings change to indicate who is doing the action of the verb. You learned the specific ending for verbs like **cantar, hablar,** and **tomar,** that is, verbs that have an infinitive ending in **-ar.**

IRM MASTER 3: Presente de los verbos en **-er, -ir**

Now you are going to learn the endings for verbs that have an **-er** infinitive like **comer** *(to eat),* **correr** *(to run),* **leer** *(to read),* and **vender** *(to sell),* and verbs that have an **-ir** infinitive like **vivir** *(to live)* and **escribir** *(to write).*

SUGGESTION: Before presenting the **-er** and **-ir** verbs, review the present tense of **-ar** verbs.

Verbos en *-er*

infinitive: ***comer***			
Subject	**Stem**	**Ending**	**Conjugated verb form**
yo	com-	**-o**	com**o**
tú		**-es**	com**es**
Ud. / él / ella		**-e**	com**e**
nosotros/as		**-emos**	com**emos**
vosotros/as		**-éis**	com**éis**
Uds. / ellos / ellas		**-en**	com**en**

Verbos en *-ir*

infinitive: ***vivir***			
Subject	**Stem**	**Ending**	**Conjugated verb form**
yo	viv-	**-o**	viv**o**
tú		**-es**	viv**es**
Ud. / él / ella		**-e**	viv**e**
nosotros/as		**-imos**	viv**imos**
vosotros/as		**-ís**	viv**ís**
Uds. / ellos / ellas		**-en**	viv**en**

You will note that except for the **nosotros** and **vosotros** forms, the endings are exactly the same for both **-er** and **-ir** verbs.

Some regular *-er* verbs:

aprender *to learn*
beber *to drink*
comer *to eat*
comprender *to understand*
correr *to run*
leer *to read*
vender *to sell*

Some regular *-ir* verbs:

abrir *to open*
asistir a *to attend*
compartir *to share*
escribir *to write*
recibir *to receive*
vivir *to live*

NOTA GRAMATICAL: When you answer *yes* to a *yes/no* question, say **Sí** and repeat the verb used in the question: **¿Corres todos los días? Sí, corro todos los días.** When you answer *no,* say **No,** pause, and then repeat **no** before repeating the verb used in the question: **¿Bebes cerveza? No, no bebo cerveza.** Remember that you can also answer *yes/no* questions by simply saying **Sí** or **No.**

Práctica

1-21 ¿Qué hacen hoy por la tarde? ***(What are they doing this afternoon?)*** Pati and Alberto have met at a café to eat a snack, have a drink, and gossip about their friends. Looking at the following drawings, match them with the appropriate descriptions of what the people are doing.

ANSWERS, EX. 1-21: a. 5. Miguel escribe un informe. b. 6. Rogelio y Lilia comparten un batido. c. 1. Adela y Pepa corren en el parque. d. 3. Leo recibe una carta de Sevilla. e. 2. Nosotros leemos revistas. f. 4. Antonio come un sándwich.

1. Adela y Pepa corren en el parque.
2. Nosotros leemos revistas *(magazines)*.
3. Leo recibe una carta *(letter)* de Sevilla.
4. Antonio come un sándwich en casa.
5. Miguel escribe un informe *(report)* en el trabajo.
6. Rogelio y Lilia comparten un batido.

1-22 ¿Qué haces tú en el café? Unlike Pati and Alberto, you never gossip at the café. Use the following verbs to indicate activities you and your friends are likely to do and the ones you are not likely to do in a café.

Modelo: *Como aceitunas en el café.*
Marta no comparte los cacahuetes.

	yo	Marta y yo	Felipe	Araceli y María Luisa
comer aceitunas				
aprender español				
correr mucho				
leer una revista				
compartir los cacahuetes				
escribir cartas				
beber agua mineral				

1-23 ¿Qué hace tu compañero/a de clase? Ask your classmate the following questions. Then have your classmate ask you the questions. Follow the model and then report to the class the information you have gathered.

Modelo: —*¿Comes en la cafetería todos los días?*
—*Sí, como en la cafetería todos los días.*
o —*No, no como en la cafetería todos los días.*

1. ¿Lees mucho?
2. ¿Vives en un apartamento?
3. ¿Recibes muchas cartas?
4. ¿Comprendes bien el español?
5. ¿Escribes muchos mensajes electrónicos *(e-mail messages)*?
6. ¿Asistes a clase todos los días?

VARIATION, EX. 1-23: Have one student mime a verb for the class and have the rest of the students guess the verb.

POSSIBLE ANSWERS, EX. 1-23: *Answers will vary* **sí/no:** 1. leo mucho 2. vivo en un apartamento 3. recibo muchas cartas 4. comprendo bien el español 5. escribo muchos mensajes electrónicos 6. asisto a clase todos los días

VAMOS A ESCUCHAR:
EN UN BAR DE TAPAS

Track 1-7

Linda, Cristina, and Beatriz are at the bar La Chula. It's 1:30 in the afternoon.

Antes de escuchar

Brainstorm the vocabulary you are about to hear by answering the following questions:

- What do you think people eat as a midday snack in Spain?
- What **tapas** would you order if you were in Madrid at a **tapas** bar?

Before you listen to the dialog, look at the exercises in the **Después de escuchar** section.

You may not understand everything in the dialog. Do not let yourself be distracted by words or expressions you do not understand. Instead, concentrate on capturing the overall meaning.

HERITAGE LEARNERS: Ask heritage learners to listen to the Spanish in the **Vamos a escuchar** recording and to compare it with the Spanish they use in their communities.

Después de escuchar

1-24 ¿Quién va a tomar qué? Based on what you just heard in the dialog, indicate what each person ordered by matching the names on the left with the food items on the right.

Linda	cerveza
	tortilla
Beatriz	calamares
	chorizo con pan
Cristina	vino tinto

ANSWERS, EX. 1-24: Linda: calamares y cerveza; Beatriz: tortilla y cerveza; Cristina: vino tinto y pan con chorizo

1-25 ¿Cómo lo dicen? Your instructor will play the Text audio CD again. As you listen, see if you can determine the following:

1. What does the food server say to get the order?
2. What sound do Beatriz and Linda use to express hesitation?

ANSWERS, EX. 1-25: 1. ¿Qué van a tomar? 2. Mmm...

SUGGESTION, EX. 1-25: Tell students to write the following words on a separate piece of paper: **aceitunas, calamares, tortilla de patata, cerveza, chorizo con pan, vino.** Tell them to put a check mark next to each word each time they hear it.

TÚ DIRÁS

1-26 Nuestro *(Our)* bar de tapas You and your classmates are going to design your own tapas bar, transforming your class into a city square in Spain. In groups of three, you are going to do the following:

- Create a specialized tapas menu. Consider designing **un menú vegetariano, un menú económico** *(inexpensive),* **un menú de mariscos** *(seafood),* or **un menú de verano** *(summer foods).* Use your imagination and the foods presented in this **etapa.**
- Include a list of drinks that the bar offers.
- Tell the rest of the class what two or three of your specialty items **(especialidades de la casa)** are.

1-27 ¿Dónde *(Where)* comemos? In groups of three, decide which of the "bars" presented by your classmates in the previous activity you'd like to eat in. Which tapas would you order—or not order—at that bar? Discuss the options with your classmates.

TERCERA ETAPA

Para empezar: El desayuno y la merienda

Preparación: Before you start working on this **etapa,** answer the following questions:
- What do you normally have for breakfast?
- What, if anything, do you snack on throughout the day?

TRANSPARENCY B-2: El desayuno y la merienda: Introduce some of the vocabulary with the transparency, having students repeat the items. Then ask students to point to the items you mention. You can expand with more vocabulary items as they appear in the vocabulary presentation of this **etapa.**

EL DESAYUNO

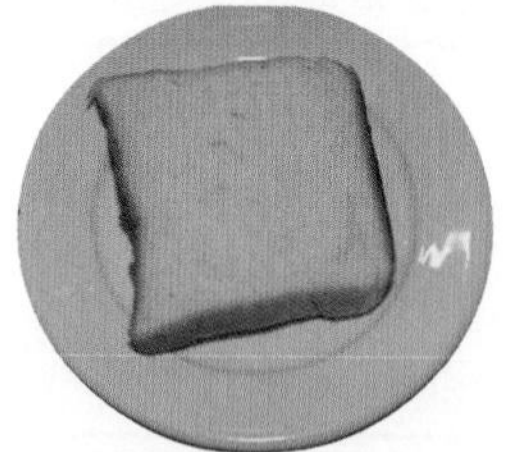

el pan

el pan tostado, la mermelada, la mantequilla

los cereales

las galletas

el azúcar

LA MERIENDA

> **EXPANSIÓN LÉXICA: Un bocadillo** is called **una torta** in Mexico and in some South American countries.

el sándwich de jamón y queso

el bocadillo de chorizo

el pastel de fresa

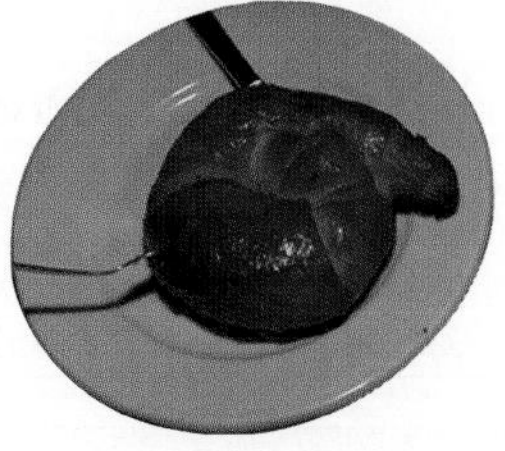

el croissant

los churros

el desayuno: breakfast; often a cup of coffee with warm milk and a piece of toast and marmalade or bread and butter

el bocadillo: sandwich made with a hard-crust roll; may have different fillings, such as cheese, ham, sausage, an omelette, etc.; most common in Spain

el croissant: a word borrowed from French and used in Spanish with the same meaning as in English; **la media luna** is a croissant in many South American countries

el pan dulce: any kind of sweet roll, cinnamon roll, danish, etc.; usually eaten with hot chocolate; commonly used expression in Mexico

los churros con chocolate: fried ribbons of dough, served with thick hot chocolate, a late afternoon and early-morning favorite in most Spanish-speaking countries

el sándwich de jamón y queso: sandwich made with sliced white bread, ham, and cheese; a very popular breakfast that is often served toasted

BEBIDAS CALIENTES PARA EL DESAYUNO Y LA MERIENDA

> **EXPANSIÓN LÉXICA:** In Spain and most of Latin America, **un café** and **un cafecito** are a demitasse of strong black coffee. **Un café con leche** is strong coffee with warm milk and **un cortado** is strong black coffee with just a drop of milk. Plain black coffee is **un café solo, un café negro,** or, in the Caribbean, **un café prieto.** If you prefer less potent coffee, ask for **un café americano.**

> **EXPANSIÓN LÉXICA: Un té** refers to traditional black tea. Herbal tea **(una infusión)** is another option. Some popular varieties of herbal teas include **una tila** *(linden tea)* and **una manzanilla** *(chamomile tea).*

el café solo

el café con leche

el chocolate

el té

el té con leche

el té con limón

Track 1-8

Two friends at a café	**Dos amigas en un café**	
	ANA:	Quisiera tomar un café. ¿Y tú?
to eat something	CLARA:	Yo quisiera **comer algo.**
Here they have / *is excellent*	ANA:	**Aquí tienen** tapas, bocadillos, sándwiches y pasteles. El pastel de fresa de este bar **es excelente.**
How is	CLARA:	**¿Cómo es** la tortilla aquí?
It is very good.	ANA:	**Es muy rica.**
	CLARA:	¿Y tienen bocadillos de tortilla?
Yes, of course.	ANA:	**Sí, claro.**
Then, I'm going to eat	CLARA:	**Pues, voy a comer** un bocadillo de tortilla y mmm..., un café con leche.
	ANA:	Y yo un sándwich de jamón y queso.

are	**Rafael y Pablo, dos estudiantes mexicanos, *están* en una cafetería en Madrid.**	
What will you have?	CAMARERO:	Buenos días, señores. **¿Qué van a pedir?**
for me	RAFAEL:	Un café con leche **para mí.**
	PABLO:	Y para mí, un chocolate caliente.
	CAMARERO:	¿Algo para comer?
	RAFAEL:	Sí, pan tostado con mantequilla y mermelada.
	CAMARERO:	¿Y para Ud., señor?
Half a dozen	PABLO:	**Media docena** de churros, por favor.
Good choice! / are very tasty.	RAFAEL:	**¡Buena idea!** Los churros aquí **son estupendos.**
	CAMARERO:	Muy bien.

EXPANSIÓN LÉXICA: American-type sandwiches **(los sándwiches)** are eaten everywhere; the type of sliced bread used for them is called **pan de molde** (in Spain), **pan de caja,** or **pan cuadrado.** A slice of **pan de molde** is **una rebanada de pan.**

EXPANSIÓN LÉXICA: Comer is the basic term for the verb *to eat.* Specific meals have other verbs, all of which mean *to eat:* **desayunar** *(to eat breakfast),* **picar** *(to nibble, eat a snack),* **almorzar** *(to eat lunch),* and **cenar** *(to eat dinner).*

SUGGESTIONS, EX. 1-28: (1) Ask students what they usually have for breakfast and snacks. Point out that a typical Spanish breakfast consists of a cup of coffee with warm milk and a piece of bread or toast and butter and no eggs. Have someone draw an American-style sandwich; then point out the difference between **un sándwich** and **un bocadillo.** Generally, snacks are eaten at mid-morning **(el almuerzo)** and in the late afternoon **(la merienda).** (2) **¿Qué quiere tomar Ana? ¿Qué quiere tomar Clara?** (3) Model the dialog; then ask students to repeat after you or to read the scene. Explain new expressions.

ANSWERS, EX. 1-28: a. 1 b. 4 c. 2 d. 3

Práctica

1-28 ¿Quieres comer algo? When asked this question, the people pictured below all answered **sí,** but each had a different idea in mind. Match each statement with the person who said it using the clues in the drawings.

a.

b.

c.

d.

1. Yo deseo tomar unas tapas y tomar algo bien frío.
2. Yo voy a comer unos churros con chocolate.
3. Nosotros deseamos un batido de fresas con un bocadillo.
4. Yo deseo un café con leche y un sándwich.

1-29 ¿Qué desayunan? Do a survey in your class to find out what your classmates eat for breakfast. Ask the question **¿Con qué desayunas normalmente?** Write down the responses you get and report your findings to the rest of the class. Don't forget to mention what you eat for breakfast.

REPASO

1-30 Queridos mamá y papá *(Dear Mom and Dad)* . . . Carlota is writing home to tell her parents all about the food she's found in her Spanish travels. Unfortunately, she has forgotten to include any definite articles. Complete her letter by filling in the blanks with the appropriate article **el, la, los,** or **las.**

Review definite articles.

ANSWERS, EX. 1-30: 1. La 2. El 3. el 4. los 5. los 6. los 7. El 8. la 9. los

Queridos mamá y papá:

(1) ______ comida de España es muy sabrosa. (2) ______ desayuno es semejante al desayuno en casa, (3) ______ pan tostado y (4) ______ cereales americanos son muy populares. Pero (But) (5) ______ churros con chocolate son mi desayuno favorito. Mmmm... ¡qué ricos son! A la hora de comer, (6) ______ sándwiches de queso son buenos. Pero por la tarde, los españoles comen tapas en cafés y bares. (7) ______ jamón serrano, que es similar al prosciutto italiano y (8) ______ tortilla de patatas son mis favoritos. Mamá, en España yo como de todo, ¡hasta (even) (9) ______ calamares son ricos!

Los quiere mucho (Love),

Su hija Carlota

1-31 ¡Bienvenidos *(Welcome)* al Café Loco! The owners of Café Loco forgot to order enough drinks for their grand opening. Help them figure out their drink order by adding the appropriate indefinite articles **un, una, unos,** or **unas.**

Review indefinite articles.

ANSWERS, EX. 1-31: 1. unas 2. unos 3. unas 4. una 5. un 6. unos 7. unas

PABLO: Ferrán, necesitamos (1) _______ bebidas frías: (2) _______ zumos de frutas y (3) _______ botellas de agua mineral.

FERRÁN: ¿Hay infusiones y tés?

PABLO: Sí, hay (4) _______ infusión sin cafeína y (5) _______ té cafeinado.

FERRÁN: Pues necesitamos más, por lo menos *(at least)* (6) _______ tés sin cafeína y también *(also)* (7) _______ infusiones orgánicas.

PABLO: ¡Buena idea! Los productos orgánicos son muy populares. ¿Necesitamos más café?

ENFOQUE ESTRUCTURAL El verbo *ser* + adjetivos

The verb **ser** followed by an *adjective* is used in Spanish to describe something or someone. Look at the following statements taken from the dialogs at the beginning of the **etapa.**

ANA: El pastel de fresa de este bar **es excelente.**
ANA: La tortilla **es muy sabrosa.**
RAFAEL: Los churros aquí **son sabrosos.**

In Spanish there are some verbs called *irregular verbs* because their conjugations do not follow a fixed pattern, like those you learned in previous **etapas.** The verb **ser** is one of the most frequently used irregular verbs. Here is how **ser** is conjugated:

HERITAGE LEARNERS: Most heritage learners will already know the forms of the verb **ser**; however, it is quite common for some of them to use **semos** instead of **somos** for the **nosotros** form.

ser			
yo	**soy**	nosotros/as	**somos**
tú	**eres**	vosotros/as	**sois**
Ud. / él / ella	**es**	Uds. / ellos / ellas	**son**

Also in the dialog between Ana and Clara, we saw Clara ask her friend **¿Cómo es la tortilla?** In Spanish, to ask what someone or something is like, use the expression **¿Cómo + ser?**

—**¿Cómo es** la tortilla aquí?
—**Es** muy sabrosa.
—Y **¿cómo es** el café con leche?
—Mmm... ¡**es** muy rico!

La concordancia de género y número

Notice how **sabrosa** ends in **-a** because it modifies **la tortilla,** a feminine noun. On the other hand, note how **rico** ends in **-o** because it modifies **el café,** a masculine noun.

In **Primera etapa** you learned that all Spanish nouns have a grammatical gender (see page 20). An important consequence of this is that adjectives, that is, words that describe or qualify a noun, have to agree in gender (masculine/feminine) and number (singular/plural) with the person or thing to which they refer. For this reason adjectives in Spanish have several forms:

1. Adjectives that end in **-o** have four forms:

   El café es **rico.** — La tortilla es **rica.**
   Los bocadillos de jamón son **ricos.** — Las tapas son **ricas.**

2. Adjectives that end in **-e** have two forms:

   El té es **excelente.** — La mermelada es **excelente.**
   Los churros son **excelentes.** — Las galletas son **excelentes.**

3. Most adjectives that end in a consonant have two forms also:

   El café con pan es **ideal** para el desayuno. — Una galleta es **ideal** para la merienda.
   Unos cereales son **ideales** para el desayuno. — Las galletas son **ideales** para la merienda.

4. Adjectives that refer to both a feminine and a masculine noun are in the masculine plural form:

   La tortilla y el bocadillo de chorizo son **sabrosos.**

PREVIEW: Most adjectives of nationality have four forms. See **Enfoque léxico** pp. 42–43.

Here are some adjectives commonly used to describe food:

blando *soft*	**frío** *cold*
bueno *good*	**malo** *bad*
caliente *hot (temperature)*	**picante** *spicy*
crujiente *crunchy*	**rico** *delicious*
dulce *sweet*	**sabroso** *tasty*
exquisito *exquisite*	**salado** *salty*

Práctica

1-32 ¿Cómo es? Complete each sentence using the appropriate form of the verb **ser** and selecting the adjective from the list on page 50 that best describes each of the following foods and beverages.

Modelo: El té _______.
El té es caliente.

1. El queso _______.
2. La tortilla _______.
3. El café con leche _______.
4. La leche _______.
5. La mermelada _______.
6. El pan tostado _______.

1-33 ¿Cómo son? Use the appropriate form of the verb **ser** and the adjectives you have learned so far to describe the following foods.

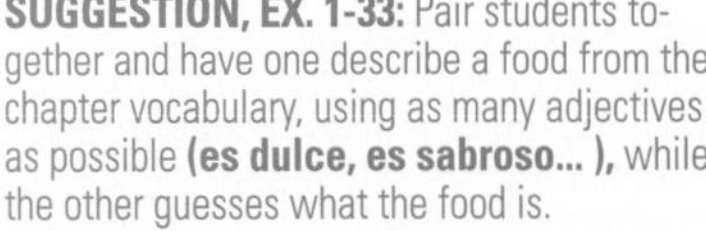
SUGGESTION, EX. 1-33: Pair students together and have one describe a food from the chapter vocabulary, using as many adjectives as possible **(es dulce, es sabroso...),** while the other guesses what the food is.

PREVIEW: You will hear more about **ser** + adjectives in **Capítulo 2.**

Modelo: tapas
Las tapas son saladas; no son picantes.

1. churros
2. pasteles
3. cereales
4. batidos
5. croissants
6. cacahuetes
7. bocadillos de jamón
8. galletas

TRANSPARENCY A-5: Mapa de Latinoamérica: Use the map to introduce these adjectives. Point to a country and demonstrate using a famous person's name. For example: **Este país es México. Salma Hayek es mexicana. Este país es Cuba. Gloria Estefan es cubana.** etc.

IRM MASTER 4: Adjetivos

NOTA GRAMATICAL: The masculine plural is used for groups consisting of masculine and feminine members as well as those composed entirely of masculine items.

Juan y Carlos son **españoles.**
Juan y María son **españoles.**

This use of the masculine plural for mixed plurals will be seen used consistently in other plurals and collectives in Spanish.

EXPANSIÓN LÉXICA: In Spain, people often identify themselves by their region. Some regional adjectives are **andaluz (Andalucía), catalán (Cataluña), vasco (País Vasco),** and **gallego (Galicia).** Some city adjectives include **madrileño (Madrid), sevillano (Sevilla),** and **bilbaíno (Bilbao).** In other countries, some adjectives of origin are **bonaerense** or **porteño (Buenos Aires), bogotano (Bogotá),** and **limeño (Lima).**

EXPANSIÓN LÉXICA: Some country names, such as **(la) Argentina, (el) Canadá, (la) China, (el) Ecuador, (los) Estados Unidos, (el) Japón, (el) Paraguay, (el) Perú,** and **(el) Uruguay** are often used with the definite article.

EXPANSIÓN LÉXICA: Other adjectives of nationality include **surafricano, filipino, haitiano, coreano** (all with four forms like **cubano** or **peruano**), **irlandés, portugués, tailandés** (all with four forms like **francés** or **inglés**), **israelí, iraquí, iraní** (all with only two forms like **hindú**), **vietnamita** (with only two forms: **vietnamita** for masculine or feminine singular and **vietnamitas** for the plural).

NOTA GRAMATICAL: Note that adjectives of nationality are spelled in Spanish with lowercase letters. Also, note the diacritical mark **(diéresis)** on top of the **u** of **nicaragüense.** Remember that the **diéresis** is used to indicate that the vowel **u** is pronounced.

ENFOQUE LÉXICO Los adjetivos de nacionalidad

Most adjectives of nationality have four forms:

	Masculino	Feminino
Singular	Juan es **español.**	María es **española.**
Plural	Juan y Carlos son **españoles.**	María y Teresa son **españolas.**

1. Adjectives of nationality that end in **-o** are masculine, and they have a feminine form that ends in **-a:**

   Ángeles es **argentina** y Martín es **argentino.**

2. Adjectives that end in a consonant **(-l, -n, -s)** are, for the most part, masculine and form the feminine by adding an **-a:**

   español → españo**la**
   francés → frances**a**
   alemán → aleman**a**

   Juan, un amigo de Ángeles, es **español.**
   Anabel, una amiga de Juan, es **española.**

3. Adjectives that end in **-e** have identical masculine and feminine forms.

   Él es **estadounidense.** Ella es **estadounidense.**
   Él es **canadiense.** Ella es **canadiense.**

4. To form the plural of the adjectives that end in a vowel, simply add **-s** to the masculine or feminine singular forms.

   Ellos son **mexicanos.** Ellas son **mexicanas.**
   Ellos son **canadienses.** Ellas son **canadienses.**

5. If the singular form ends in a consonant, add **-es** for masculine adjectives and **-as** for feminine adjectives.

   Ellos son **españoles.** Ellas son **españolas.**
   Ellos son **alemanes.** Ellas son **alemanas.**
   Ellos son **franceses.** Ellas son **francesas.**

Los adjetivos de nacionalidad

País	Adjetivo	País	Adjetivo
Argentina	argentino/a	Honduras	hondureño/a
Bolivia	boliviano/a	La República Dominicana	dominicano/a
Colombia	colombiano/a	México	mexicano/a
Costa Rica	costarricense	Nicaragua	nicaragüense
Cuba	cubano/a	Panamá	panameño/a
Chile	chileno/a	Paraguay	paraguayo/a
Ecuador	ecuatoriano/a	Perú	peruano/a
El Salvador	salvadoreño/a	Puerto Rico	puertorriqueño/a
España	español/a	Uruguay	uruguayo/a
Guatemala	guatemalteco/a	Venezuela	venezolano/a

Más adjetivos de nacionalidad

País	Adjetivo	País	Adjetivo
Alemania	alemán (alemana)	Francia	francés (francesa)
Arabia Saudita	árabe	India	hindú (plural: hindúes); indio/a
Brasil	brasileño/a	Inglaterra	inglés (inglesa)
Canadá	canadiense	Italia	italiano/a
China	chino/a	Japón	japonés (japonesa)
Egipto	egipcio/a	Rusia	ruso/a
Estados Unidos	estadounidense		

Práctica

1-34 ¡Somos todos americanos! Identify the nationality of these people from throughout the Americas.

Modelos: Begoña (Colombia)
Begoña es colombiana.

Franklin y Carlos (Ecuador)
Franklin y Carlos son ecuatorianos.

1. Cristóbal (La República Dominicana)
2. Margarita (Bolivia)
3. María del Carmen y Marina (Perú)
4. Dionisio (Panamá)
5. Amparo y Anastasio (Nicaragua)
6. Félix (Venezuela)
7. Ester y Bonifacio (Estados Unidos)
8. Raquel (El Salvador)

ENFOQUE ESTRUCTURAL El verbo *ser* + lugar de origen

At the café, the waiter has the following exchange with two guests from Mexico:

CAMARERO: Perdón *(Excuse me)*, ¿de dónde **son** ustedes?
RAFAEL: **Somos** mexicanos.
PABLO: Estamos aquí de vacaciones *(We're here on vacation)*, para visitar la ciudad.
CAMARERO: Pues, ¡bienvenidos *(welcome)*!

At another table, several students are talking:

JUAN: ¡Hola! **Soy** Juan Hernández.
ANA: ¿De dónde **eres,** Juan?
JUAN: De Bogotá, Colombia. ¿Y tú?
ANA: **Soy** peruana, de Lima. Luisa y Raquel **son** de Lima también.

Ser + **de** followed by the name of a country or city is used to express place of origin.

Soy de Lima, Perú, pero mis padres **son de** Quito, Ecuador.

The expression **¿De dónde** + **ser?** is used to inquire where someone or something is from.

—¿**De dónde es** la tortilla de patata?
—Es de España.

—¿**De dónde eres,** Paul?
—Soy de Miami.

NOTA GRAMATICAL: Note that some adjectives like **francés, inglés,** and **alemán** have a written accent in the singular but do not have one when additional letters are added to the adjective to make it feminine or plural: **Jean es francés. Madeleine es francesa. Jean y Madeleine son franceses.** As you saw in **Capítulo preliminar** (pages 6–7) and again in **Segunda etapa** of this **Capítulo** (page 31), this is due to the need to maintain the natural stress pattern in these words even when they change to feminine or plural forms.

HERITAGE LEARNERS: Have heritage learners focus on the spelling of those words with any problematic combinations. For example, point out **rr, c,** and **s** in **costarricense, v** in **boliviano, cu** in **ecuatoriano, h** in **hondureño, güe** in **nicaragüense, y** in **paraguayo** and **uruguayo, rr** and **qu** in **puertorriqueño,** and **z** in **venolozano.**

NOTA CULTURAL: Puerto Ricans are citizens of the U.S. and are able to enter and leave the mainland without passports or visas. Puerto Rico is a commonwealth of the U.S., uses the same currency, and is subject to U.S. federal laws. However, Puerto Ricans cannot vote in U.S. elections unless they establish their residency on the mainland.

HERITAGE LEARNERS: Point out that the term **americano** is often synonymous with citizens of the U.S., but it is sometimes offensive to people outside the U.S. since all inhabitants of North, Central, and South America are **americanos.** Thus, **norteamericano** or even **estadounidense** are better words to refer to people from the U.S.

ANSWERS, EX. 1-34: 1. es dominicano 2. es boliviana 3. son peruanas 4. es panameño 5. son nicaragüenses 6. es venezolano 7. son estadounidenses 8. es salvadoreña

Práctica

SUGGESTION, EX. 1-35: Ask students to go back to the vocabulary you have given them and provide any additional country names and nationalities as needed.

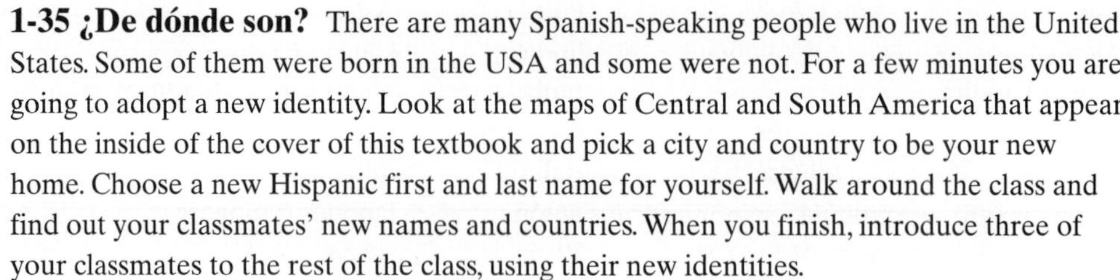

1-35 ¿De dónde son? There are many Spanish-speaking people who live in the United States. Some of them were born in the USA and some were not. For a few minutes you are going to adopt a new identity. Look at the maps of Central and South America that appear on the inside of the cover of this textbook and pick a city and country to be your new home. Choose a new Hispanic first and last name for yourself. Walk around the class and find out your classmates' new names and countries. When you finish, introduce three of your classmates to the rest of the class, using their new identities.

Modelo: —*¿Cómo te llamas?*
—*María Castillo.*
—*¿De dónde eres?*
—*De San José, Costa Rica.*

Then find out where five of your classmates are really from and report to the class.

ANSWERS, EX. 1-36: Isabel Allende, Chile, chilena; Gabriel García Márquez, Colombia, colombiano; Laura Esquivel, México, mexicana; Juan Carlos I, España, español; Ernesto "Che" Guevara, Argentina, argentino; José Martí, Cuba, cubano; Rigoberta Menchú, Guatemala, guatemalteca; Rubén Blades, Panamá, panameño.

SUGGESTION, EX. 1-36: You may give your students the following information: Rubén Blades is a noted salsa musician *(Pedro Navaja)*, actor *(Gideon's Crossing, The Milagro Beanfield War)*, and political activist in his native Panama. The Chilean Isabel Allende has won praise for her novels *(La casa de los espíritus)* and stories *(Eva Luna)*. Nobel laureate Gabriel García Márquez is perhaps the 20th century's most important writer, with his *Cien años de soledad* and *Los funerales de la Mamá Grande* chronicling everyday life and extraordinary events in a mythic backwater of Colombia. Mexican writer Laura Esquivel created the memorable *Como agua para chocolate*. Born in exile, Juan Carlos I returned to Spain as constitutional monarch and helped restore democracy at the end of Franco's fascist regime. The Argentine doctor and activist Ernesto "Che" Guevara was one of Castro's closest associates during the Cuban revolution; his strong politics and idealism have made him a popular icon around the world. José Martí was a writer *(Ismaelillo, Versos sencillos)* and activist whose works heralded Cuban independence in 1898. Rigoberta Menchú won the Nobel Peace Prize for her work on behalf of the indigenous peoples of Guatemala.

1-36 Unos hispanos famosos: ¿De dónde son? Look at the names listed below. They are all famous Hispanic people in different disciplines: politics, art, music, etc. Then, look at the names of the countries listed. Working with your partner, take turns asking where each person is from and what his or her nationality is. Use the adjectives provided on page 42. Confirm your answers with your instructor.

Modelo: —*Sammy Sosa, ¿de dónde es?*
—*Es de la República Dominicana.*
—*¿Es puertorriqueño?*
—*¡No! ¡Sammy Sosa es dominicano!*

Isabel Allende	México
Gabriel García Márquez	Guatemala
Laura Esquivel	Panamá
Juan Carlos I	Argentina
Ernesto "Che" Guevara	Colombia
José Martí	Chile
Rigoberta Menchú	España
Rubén Blades	Cuba

COMENTARIOS CULTURALES

SUGGESTION: Provide a transition for students, reminding them that this chapter's country of focus is Spain and therefore the following **Comentario cultural** highlights certain cultural aspects of Spain.

Las lenguas de España

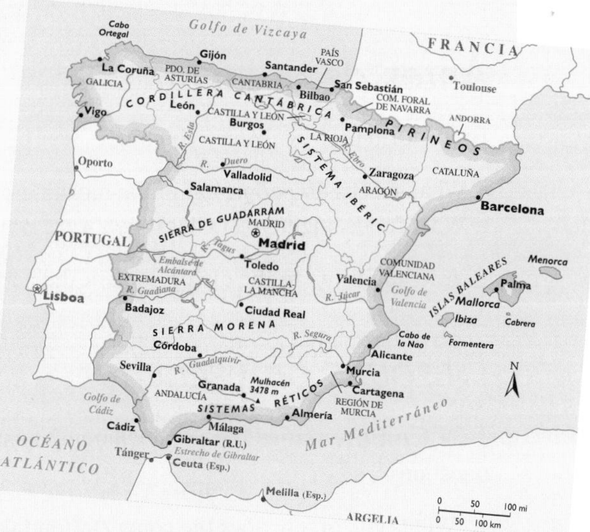

Spain is a country divided into seventeen autonomous communities **(comunidades autónomas): Aragón, Andalucía, Castilla-La Mancha, Cantabria, Castilla-León, Cataluña, Comunidad de Valencia, Comunidad de Madrid, Extremadura, Galicia, Islas Baleares, Islas Canarias, La Rioja, Navarra, País Vasco, Principado de Asturias,** and **Región de Murcia.** This territorial division came into place after the restoration of democracy in Spain in 1977. The new Constitution, approved by referendum on December 6, 1978, establishes that along with the central government in the capital, Madrid, each community can have its own form of government. As stated in the Spanish Constitution, the official language of the state is Castilian **(castellano).** However, the Constitution acknowledges that the Autonomous Communities have the right to their own languages. The languages that are officially recognized are **euskera** in País Vasco and Navarra, **gallego** in Galicia, and **catalán** in Cataluña and Islas Baleares. All of these languages are taught in schools, and instruction in universities is offered both in Castilian and in the regional language.

If you go to a restaurant in Cataluña, the menu may be either in Catalan or in both Catalan and Spanish, as shown here.

Café Barcelona

Gambas al ajillo	Gambes a l'all
Tortilla de patatas	Truita de patates
Arroz al azafrán	Arros amb safrà
Pan con tomate	Pa amb tomàquet
Calamares	Calamars

NOTA CULTURAL: El catalán is the native language of some 7 million people. About 3 million speak **gallego,** and **euskera** is spoken by some 600,000 people. In additon to these major languages, there are many regional dialects throughout Spain.

NOTA CULTURAL: El **vasco** or el **vascuence** is the Spanish word for the Basque language **euskera. Euskadi** is the **euskera** name for **País Vasco.** Most modern maps use the regional term, but older maps and references will use the Spanish terms for both the region and the language.

INTEGRACIÓN CULTURAL

1. What are the names of the languages spoken in Spain?
2. What would you do if you went to a Catalan restaurant and the menu was only in Catalan?
3. Express your personal opinion of the information presented above. Compare the situation in Spain to that of other countries.

Track 1-9

VAMOS A ESCUCHAR

EN UNA CAFETERÍA EN EL AEROPUERTO DE BARAJAS

HERITAGE LEARNERS: Ask heritage learners to listen to the Spanish in the **Vamos a escuchar** recording and to compare it with the Spanish they use in their communities.

Antes de escuchar

Brainstorm the vocabulary you might hear by answering the following questions.

- What snacks do people eat in the morning or afternoon in Spain?
- What foods might you order if you were waiting for a plane in Madrid?

Before you listen to the dialog, look at the activities in the **Después de escuchar** section.

Después de escuchar

ANSWERS, EX. 1-37: 1. morning 2. No, she wants hot chocolate. 3. no 4. yes 5. salvadoreña, puertorriqueño

1-37 Comprensión Based on what you heard in the dialog, answer the following questions.

1. What time of day does the conversation take place?
2. Does Verónica want coffee?
3. Does Javier order something to eat or drink?
4. Does Javier like Spanish food?
5. What nationalities are mentioned?

ANSWERS, EX. 1-38: 1. Está bien. Ya. 2.¡Qué ricos y crujientes son!

1-38 ¿Cómo lo dicen? Your instructor will play the dialog again. Listen and see if you can determine the following.

1. What does Verónica say to Carolina to calm her down?
2. What does Javier say about the food he tries?

TÚ DIRÁS

1-39 Un nuevo café, un nuevo crítico Imagine that a new café has opened up on your campus. What is it called? Is it any good? Work with a partner to decide what this new café is like and what its food and drinks are. Then write a review of the café, describing its food and drinks. To truly capture the essence of the café, be sure to mention the people who are already regulars there.

Modelo: *El Café es un lugar interesante. Los estudiantes estudian en el Café: escriben informes, leen libros. ¡Los pasteles no son dulces, pero las tapas son deliciosas!*

VARIATION, EX. 1-40: Have students ask the celebrities questions in an effort to guess their identities. Alternately, have students write a description for homework. In class, place students in groups of 4. Allow 5–6 minutes for each to read their description and for the others to guess. Have the group select the best one of the 4 and present it to the class for guessing. New adjectives that come up can be written on the board for additional **Expansión léxica.**

1-40 ¿Quién soy yo? Assume the identity of an international celebrity, actor or actress **(actor o actriz),** political figure **(político/a),** or author **(autor/a).** Give a short description of yourself, your nationality, where you are from, and what you normally do, eat, etc. Your classmates will try to guess your identity. You can do this with the words and structures you have already learned as long as you keep your introduction simple! Your classmates should also try to ask questions at the end of your short description in order to gather more information about who you are.

Antes de leer

Students may be asked to prepare the pre-reading activities before coming to class

This text will introduce the **tapas** that people traditionally eat in Sevilla during the **Feria de Abril.** The **Feria** takes place every year right after Holy Week. It was originally a market for livestock and is now a weeklong festivity during which people enjoy music and dance. There are many multicolored tents along the streets of the city, and you can see people dressed in classic Andalusian outfits and riding beautiful horses.

A. Before reading this text, do the following activities:

1. Look at the map of Spain and locate Sevilla.
2. Look at the photos on page 48. What do they illustrate? (Remember the information you read in **Comentarios culturales** on page 32.)
3. Review the different **tapas** on page 29.
4. Look at the title, **"Tapeo."** What do you think this word refers to?
5. Here are a few cognates that appear in the first paragraph: **origen, tabernas, preservar, insectos.** What do you think they mean?

SUGGESTION: Review what cognates are. Ask students if they know any cognates, especially food-related ones. Finally, have students scan the text and identify the cognates there.

B. Read the whole paragraph and identify all the cognates you can find. Remember, some cognates are very clear **(origen),** but others may not be so at first glance (**sofisticando:** *becoming more sophisticated*). Now identify other cognates in the rest of the reading.

When reading in a foreign language, it is very helpful to be able to anticipate the content of what you are about to read. You can anticipate the content of a text by following several steps before reading:
1. Look at the photos and illustrations that accompany a reading. What themes do the images suggest?
2. Read the titles and subtitles. What do the titles suggest the content of the reading will be?
3. Identify cognates.
4. Answer specific pre-reading questions, if there are any.

The purpose of this reading is not for you to understand all the words that appear in the text. By focusing on the words you've learned in this chapter, and by recognizing cognates, you will be able to answer the questions below.

Guía para la lectura

C. According to the first paragraph, how has the meaning of **tapa** changed with the passing of time?

D. The last paragraph lists several **tapas** that people eat in Sevilla. Which one of the **tapas** included in this paragraph was mentioned in the chapter?

E. According to the text, which one of the **tapas** mentioned is the most representative of Sevilla?

Al fin y al cabo

Review your answers to the questions in the **Guía para la lectura** section and, using that information, prepare a brief quiz on the content of the text. Be fair!

El tapeo

La **tapa** tiene su origen en un trozo de pan o embutido *(a piece of sausage or ham, etc.)* que antiguamente en las tabernas se colocaba sobre la jarra de vino para preservarlo de los insectos y del polvo de los caminos. Con el paso del tiempo esta **tapa** se fue sofisticando hasta convertirse en ingrediente esencial de cualquier reunión en torno a un vaso de vino o una caña de cerveza.

En toda Andalucía se practica el arte del buen tapeo y cada provincia, cada ciudad o pueblo ha ido aportando lo mejor de su cocina hasta componer una variada lista de **tapas** que Sevilla ha sabido recoger y hacer suya convirtiéndose en uno de los templos del tapeo andaluz por excelencia.

En la feria son **tapas** típicas entre otras la **tortilla de papas,** los **pimientos fritos,** las **gambas a la plancha** y, por excelencia, el **pescaíto frito** que engloba una gran variedad de pescados rebozados en harina y luego fritos en aceite de oliva.

INTERCAMBIO: ¿QUIÉN ES QUIÉN?

SUGGESTION: Before students begin, write on the board a few necessary conversation-management phrases such as: **¿cómo?, otra vez, por favor,** etc. Encourage students to use these strategies to ensure mutual comprehension.

In this activity, as with all the **Intercambio** activities, one student will be **A** and another will be **B.** Neither of you should have access to the other person's information.

In order to fill out the chart below, you will have to share the information you have below with your partner. To keep track of everything your partner says, you will want to have a piece of paper next to you for writing down notes.

Look at the map on the inside cover of your text as you complete this activity.

Estudiante A Your partner will begin by reading the first sentence. Listen carefully. If you don't understand everything your partner says, you can say the following: **No entiendo. ¿Puedes repetir?** *(I don't understand. Can you repeat that?)*

Once you understand what your partner has said, read your first statement.

1. La persona de San José se llama Belén.
2. La comida favorita de la costarricense es la tortilla.
3. Paco es mexicano.
4. El de Guadalajara viaja mucho.
5. La venezolana lee mucho.
6. Carlos escucha música clásica.

Nombre	Ciudad	Gustos	Nacionalidad	Comida

ANSWERS: Belén, San José, bailar, costarricense, tortilla; Paco, Guadalajara, viajar, mexicano, cacahuetes; Cristina, Caracas, leer, venezolana, bocadillos; Carlos, Quito, escuchar música, ecuatoriano, chorizo con pan

Estudiante B You will begin by reading the first statement. Make sure your partner understands what you say. To double check, you can ask the following: **¿Comprendes?**

1. La costarricense baila mucho.
2. El mexicano a veces come cacahuetes.
3. Cristina no es ecuatoriana; es de Caracas.
4. La comida favorita de la venezolana son los bocadillos.
5. El ecuatoriano no se llama Paco.
6. El de Quito come chorizo con pan todos los días.

Nombre	Ciudad	Gustos	Nacionalidad	Comida

VOCABULARIO

HERITAGE LEARNERS: Ask heritage learners to add to the **Vocabulario** any alternate vocabulary that they have come up with over the course of the chapter. They might put the words in categories like **Así lo dice el libro; Así lo dice el/la profesor/a; Así lo digo yo,** etc.

Track 1-10

The **Vocabulario** consists of all new words and expressions presented in the chapter. When reviewing or studying for a test, you can cover up the English and go through the list to see if you know the meaning of each item.

Para hablar en un restaurante *To talk in a restaurant*

¿Algo más? *Anything else?*
Aquí tienen. *Here you are.*
¡Camarero, por favor! *Waiter, please!*
Para mí... *For me . . .*
Por ahora, nada. *Nothing for now.*
¿Qué desea(n) comer? *What do you want to eat?*
¿Qué desea(n) tomar? *What do you want to have?*
¿Qué van a pedir? *What are you going to order?*
¡Un refresco, por favor! *A soft drink, please!*
Vamos a tomar algo. *Let's have something to drink.*
Voy a comer... *I'm going to eat . . .*
Yo quisiera... *I would like . . .*
¿Y Ud.? *And you?*

Las bebidas frías *Cold drinks*

una botella de agua mineral *a bottle of mineral water*
una botella de agua con gas *a bottle of sparkling water*
una cerveza *a beer*
un jugo (zumo) de naranja *an orange juice*
un batido de fresa *a strawberry milkshake*
una limonada *a lemonade*
un refresco *a soft drink*
una soda *a soda*
un vaso de agua con limón *a glass of water with lemon*
un vaso de leche *a glass of milk*
un vaso de sangría *a glass of sangria*
un vaso de vino tinto (blanco) *a glass of red (white) wine*

Las tapas españolas *Spanish tapas*

las aceitunas *olives*
los cacahuetes *peanuts*
los calamares *squid*
el chorizo *sausage*
las croquetas *croquettes*
las gambas al ajillo *shrimp in garlic sauce*
el jamón (serrano) *(cured) ham*
el pan con tomate *bread and tomato*
las patatas bravas *cooked potatoes diced and served in a spicy sauce*
las patatas fritas *potato chips, french fries*
el queso *cheese*
la tortilla de patatas *potato omelette*

El desayuno y la comida *Breakfast and lunch*

el azúcar *sugar*
los cereales *cereal*
las galletas *cookies, crackers*
la mantequilla *butter*
la mermelada *marmalade, jam*
el pan dulce *sweet roll*
el pan tostado *toast*

El almuerzo y la merienda *Morning and afternoon snacks*

el bocadillo de chorizo *sausage sandwich (on a long roll)*
los churros *fried strips of dough*
el croissant *croissant*
el pan *bread*
el pastel de fresa *strawberry pie/tart*
el sándwich de jamón y queso *ham and cheese sandwich*

Las bebidas calientes *Hot drinks*

el café (con leche) *coffee (with milk)*
el café solo *espresso*
el chocolate *hot chocolate*
la infusión *herbal tea*
el té (con leche) (con limón) *tea (with milk) (with lemon)*

Los adjetivos para describir la comida *Adjectives to describe food*

blando *soft*
bueno *good*
caliente *hot (temperature)*
crujiente *crunchy*
dulce *sweet*
exquisito *exquisite*
frío *cold*
malo *bad*
picante *spicy*
rico *delicious*
sabroso *tasty*
salado *salty*

Las nacionalidades *Nationalities*

alemán (alemana) *German*
árabe *Arab, from Saudi Arabia*
argentino/a *Argentinian*
brasileño/a *Brazilian*
boliviano/a *Bolivian*
canadiense *Canadian*
chileno/a *Chilean*
chino/a *Chinese*
colombiano/a *Colombian*
costarricense *Costa Rican*
cubano/a *Cuban*
dominicano/a *Dominican*
ecuatoriano/a *Ecuadoran*
egipcio/a *Egyptian*
español/a *Spanish*
estadounidense *American, from the United States*
francés (francesa) *French*
guatemalteco/a *Guatemalan*
hondureño/a *Honduran*
indio/a; hindú (*pl.* hindúes) *(East) Indian*
inglés (inglesa) *English*
italiano/a *Italian*
japonés (japonesa) *Japanese*
mexicano/a *Mexican*
nicaragüense *Nicaraguan*
panameño/a *Panamanian*
paraguayo/a *Paraguayan*
peruano/a *Peruvian*
puertorriqueño/a *Puerto Rican*
ruso/a *Russian*
salvadoreño/a *Salvadoran*
uruguayo/a *Uruguayan*
venezolano/a *Venezuelan*

VOCABULARIO GENERAL

Las personas People
el/la amigo/a *friend*
el/la camarero/a *waiter/waitress*
el/la mesero/a *waiter/waitress*
el/la doctor/a, Dr/a. *Doctor, Dr.*
el/la profesor/a, Prof/a. *Professor, Prof.*
el señor, Sr. *Mr., sir*
la señora, Sra. *Mrs., ma'am*
la señorita, Srta. *Miss, Ms.*

Los pronombres personales Subject pronouns
yo *I*
tú *you (familiar)*
él *he*
ella *she*
ellos *they (m.)*
ellas *they (f.)*
usted (Ud.) *you (formal)*
ustedes (Uds.) *you (formal plural and informal plural [Latin America])*
nosotros/as *we*
vosotros/as *you (familiar plural [Spain])*

Los adverbios Adverbs
a veces *sometimes*
(muy) bien *(very) well*
(casi) nunca *(almost) never*
(muy) mal *(very) poorly*
muchísimo *very much*
mucho *a lot*
muy *very*
muy poco *very little*
poco *a little*
siempre *always*
todos los días *every day*

Los verbos Verbs
abrir *to open*
aprender *to learn*
asistir a *to attend*
bailar *to dance*
beber *to drink*
caminar *to walk*
cantar *to sing*
comer *to eat*
comprar *to buy*
comprender *to understand*
compartir *to share*
correr *to run*
desayunar *to eat breakfast*
desear *to want*
enseñar *to teach, show*
escribir *to write*
escuchar *to listen (to)*
estudiar *to study*
hablar *to speak, talk*
leer *to read*
practicar *to practice*
recibir *to receive*
ser *to be*
tomar *to take, drink, have*
trabajar *to work*
vender *to sell*
viajar *to travel*
vivir *to live*

Otras palabras y expresiones Other words and expressions
algo *something*
Buena idea. *Good choice.*
¿Cómo? *What?*
¿Cómo es? *How is it?*
¿Cómo lo dicen? *How do they say it?*
¿Cuándo? *When?*
¿Cuánto? *How much?*
¿De dónde es Ud. (eres)? *Where are you from?*
Gracias. *Thank you.*
¿Hablas español? *Do you speak Spanish?*
Muchas gracias. *Thank you very much.*
No entiendo. ¿Puedes repetir? *I don't understand. Can you repeat that?*
normalmente *normally, in general*
Otra vez, por favor. *Once again, please.*
¿Qué es? *What is it?*
¿Qué van a pedir? *What will you have?*
¿Quién? *Who?*
quisiera *(I, you, he, she) would like*
ser de *to be from*
Sí, claro. *Yes, of course.*
también *also*

Los artículos definidos e indefinidos Definite and indefinite articles

el *the (m.)*	un *a, an (m.)*
la *the (f.)*	una *a, an (f.)*
las *the (f. pl.)*	unos *some (m. pl.)*
los *the (m. pl.)*	unas *some (f. pl.)*

Capítulo 2

Lo mío y los míos

CHAPTER OBJECTIVES

In **Capítulo 2,** you will learn more ways to identify yourself, your classmates, your family, and your immediate surroundings. You will also learn to describe your academic and extracurricular interests and activities. In addition, you will learn to discuss your likes and dislikes and ask your friends and colleagues about their likes and dislikes. Latinos in the United States will serve as the focus for this chapter.

PRIMERA ETAPA

¿De quién es?

SEGUNDA ETAPA

En la universidad y después de clase

TERCERA ETAPA

Mi familia

INTEGRACIÓN

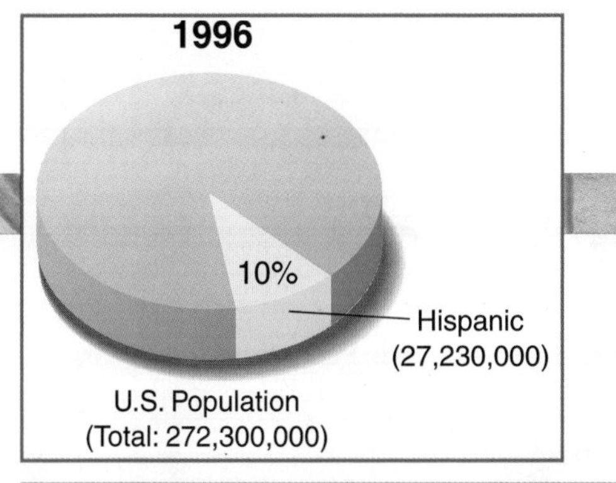

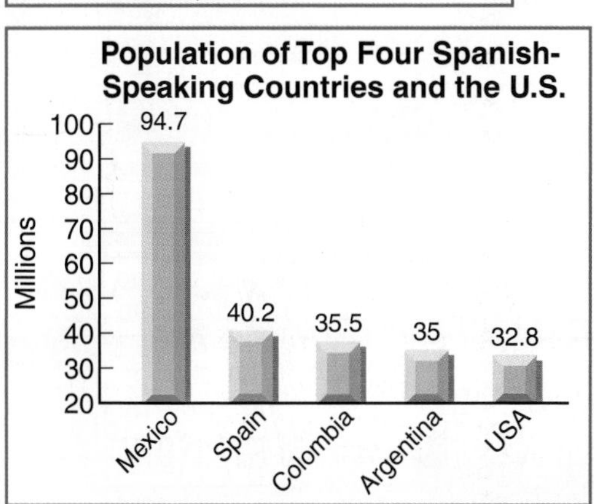

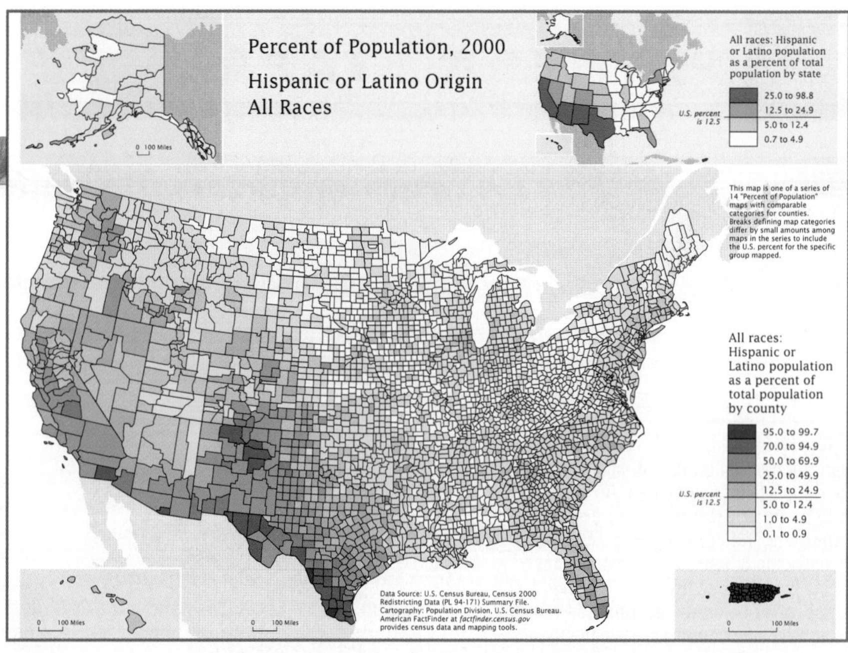

Functions

- identify and describe personal items in your room and in someone else's room
- express possession regarding personal items

Functions

- discuss your studies and interests and exchange contact information
- express likes and dislikes

Functions

- name family relations and describe your family members
- describe yourself and others in terms of physical characteristics and personal qualities

Lectura: Mini-retratos
Vídeo: Episodio 1; Actividades en las páginas V-2–V-3
Intercambio: Juan Carlos y Álvaro
Escritura: Actividades en el manual

Tools

The tools you will use to carry out these functions are:

- Vocabulary for:
  - personal possessions
  - classes, majors, and professions
  - extracurricular activities, likes, and dislikes
  - your family and personal descriptions
  - numbers 0–100
- Grammatical structures:
  - the verb **haber (hay)**
  - the verb **tener**
  - the verb **gustar** with verbs and nouns
  - possessive adjectives and the preposition **de** to show possession
  - the verb **ser** with adjectives and nouns
  - yes/no questions

PRIMERA ETAPA

INTERNET

SUGGESTION: Using the **Preparación** suggestions, brainstorm with students the vocabulary related to different possessions.

Para empezar: ¿De quién es?

Preparación: As you begin this **etapa,** answer the following questions:

- Where do you live?
- What do you have in your dorm room, apartment, house, etc.?

EXPANSIÓN LÉXICA: Homes are often apartments in the Spanish-speaking world, particularly in cities. An *apartment* may be **un apartamento, un departamento,** or, in Spain, **un piso.** Whether one lives in a house or in an apartment, *home* is always **el hogar** and being at home, one is always **"en casa."** Unlike in most Hispanic countries, college students in the United States often live in dorms. **Una residencia estudiantil** may also be called **un colegio mayor,** a residence hall for students sharing specific interests or studies.

¿DÓNDE VIVES?

Vivo en...

una casa

una residencia estudiantil

un apartamento

TRANSPARENCY C-1: En mi cuarto hay; TRANSPARENCY C-2: En los cuartos

SUGGESTION: Using the transparency of houses and possessions, begin each vocabulary group by talking about yourself. **Yo vivo en una casa, ¿y tú? ¿Quién vive en un apartamento? En nuestra casa, hay dos estéreos, pero no hay televisor. ¿Y en tu casa?**

HERITAGE LEARNERS: Ask these questions in Spanish (**¿Qué hay en tu habitación?...**) and have heritage learners list as many items in Spanish as they can remember but that aren't mentioned in the text. Then write these words on the board so the whole class can see the spelling.

SUGGESTION: To aid vocabulary acquisition, encourage students to make Spanish name tags for the items in their room so that every time they see an item they will see its Spanish name.

¿QUÉ HAY EN TU CUARTO?

En mi cuarto hay... *(In my room there is/are . . .)*

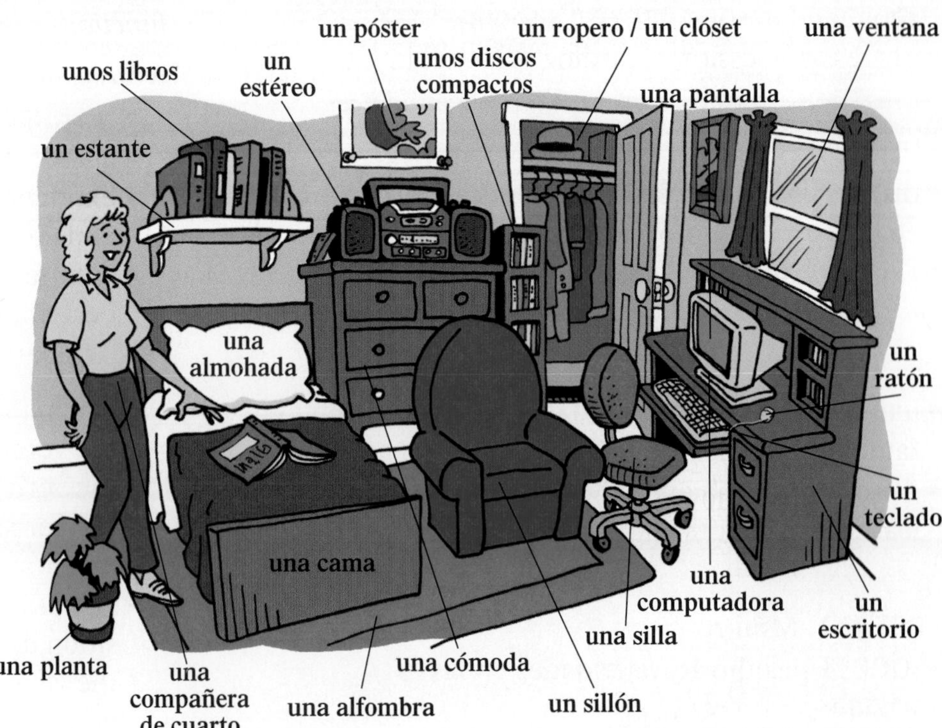

ÉSTOS SON LOS COLORES:

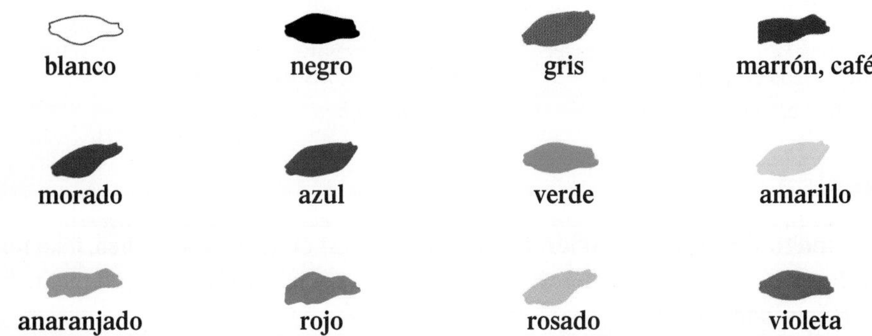

Práctica

2-1 ¿Qué es? Marta came to college with many of her favorite things. Identify the numbered objects in the drawing of her room.

1. Es una cama. 2. _______ 3. _______ 4. _______ 5. _______ 6. _______ 7. _______ 8. _______ 9. _______ 10. _______

EXPANSIÓN LÉXICA: There are several words for *room:* **el cuarto** may refer to any room, and a *bedroom* may be called **la alcoba, el dormitorio, la habitación,** or **la recámara.**

EXPANSIÓN LÉXICA: Remember that a *computer* is **un ordenador** in Spain. A *portable computer* in Spain is, then, **un ordenador portátil.** Also in Spain, a *closet* is **un armario.**

EXPANSIÓN LÉXICA: El póster is a word borrowed from English, and its plural is irregular: **los pósters.** Other words for *poster* are **el afiche** and **el cartel.** A *drawer* is **una gaveta** or **un cajón.**

SUGGESTION: To present vocabulary items in a meaningful context, make up a humorous story using these terms. Use intonation to highlight the verb **tener** since this verb will be presented in the **Enfoque estructural** of this **etapa.** For example: **Mi hermano es un estudiante en la universidad. Vive con sus amigos pero tiene su propio cuarto. Su cuarto es un desastre. Tiene muchas cosas, por ejemplo, tiene libros, un estéreo y muchos discos compactos y todas estas cosas siempre están en el suelo. Mi hermano parece tener mucha ropa, porque aunque tiene un ropero, la ropa siempre está en la cama, sobre la alfombra, colgando de la lámpara...** Use Transparency C-1 to point out vocabulary items, or write key vocabulary words on the board as you use them. Ask yes/no or simple-answer questions throughout the story to check comprehension.

NOTA GRAMATICAL: Colors are adjectives and therefore, as you have learned, they need to agree in gender and number with the noun they modify. The colors **gris, marrón, verde, rosa** (another word for pink), and **violeta** have only one singular form for masculine and feminine: **la ventana gris, el libro gris; la puerta verde, el estante verde.**

EXPANSIÓN LÉXICA: The color *brown* has many names in Spanish: **color café, chocolate,** and **pardo** are some common variants. As in English, there are different names for each specific shade of any color: use your dictionaries or ask your instructor for personal favorites.

ANSWERS, EX. 2-1: 1. Es una cama. 2. Es una silla. 3. Es una lámpara. 4. Es una cómoda. 5. Es un sillón. 6. Es una computadora (un ordenador). 7. Es una ventana. 8. Es una alfombra. 9. Son unos discos compactos. 10. Es un clóset (un armario).

ANSWERS, EX. 2-2: 1. La cama es negra. 2. La silla es roja. 3. La lámpara es azul. 4. La cómoda es marrón. 5. El sillón es violeta. 6. La computadora es blanca. (El ordenador es blanco). 7. La ventana es gris. 8. La alfombra es amarilla. 9. Los discos compactos son verdes, rojos, blancos y azules. 10. El clóset (el armario) es verde.

2-2 ¿De qué color es cada cosa? Now, indicate the color of each item in activity 2-1. **¡Ojo!** Colors are adjectives so they have to agree with the nouns they modify.

1. La cama es negra.	3. _______	5. _______	7. _______	9. _______
2. _______	4. _______	6. _______	8. _______	10. _______

2-3 Y en tu cuarto, ¿de qué color son tus cosas? Tell your classmate what colors the different items in your room are.

Modelo: *En mi cuarto, la pared es...*

ENFOQUE LÉXICO *Hay* + sustantivo

SUGGESTIONS: (1) Using some of the terms for furniture and school supplies learned in this **etapa** and in the **Capítulo preliminar,** ask students **¿Qué hay en la clase? ¿Hay estantes? ¿Hay bolígrafos?** (2) Ask students to point out some objects around the room.

SUGGESTION: Note that we are introducing **hay** here only lexically. There is no need to introduce **hay** in details as a form of the verb **haber** yet. Simply point out to students that it means *there is* or *there are*.

Hay una cama en mi cuarto.	***There is*** *one bed in my room.*
Hay tres camas en mi cuarto.	***There are*** *three beds in my room.*
Hay un televisor en mi cuarto.	***There is*** *a television in my room.*
Hay plantas en mi cuarto.	***There are*** *plants in my room.*

You have already seen and used the word **hay** in this **etapa. Hay,** an irregular conjugation of the verb **haber,** means either *there is* or *there are*. It is often used with nouns that are preceded by an indefinite article or number. However, when these nouns are referred to in a general or generic way, or in the negative, the indefinite article is often omitted.

Hay libros en la biblioteca.	***There are*** *books in the library.*
No hay cama en el cuarto.	***There is no*** *bed in the room.*

Práctica

ANSWERS, EX. 2-4: Hay: 1. pósters 2. un estéreo con casete y disco compacto 4. sillas 5. libros 6. una ventana 8. una computadora 9. bolígrafos 10. estantes 12. un escritorio **No hay:** 3. plantas 7. lápices de colores 11. televisor

2-4 El cuarto de Mario y Javier First, look at the list of items below. Then, take turns with a classmate telling each other what is and what is not in the room. Are all the items in the list below in the room?

Modelos: discos compactos — *Hay discos compactos.*
cómoda — *No hay cómoda.*

1. pósters
2. un estéreo con casete y disco compacto
3. plantas
4. sillas
5. libros de biología y química
6. una ventana
7. lápices de colores
8. una computadora
9. bolígrafos
10. estantes
11. un televisor
12. un escritorio

2-5 ¿Qué hay en tu *(your)* cuarto? Now that you have seen the room shared by Mario and Javier, tell your classmate about your own room at home. First make a list of the things that are in your room and then tell your classmate about it.

Modelo: *En mi cuarto, hay una cama y una cómoda. También hay un póster...*

ENFOQUE ESTRUCTURAL El verbo *tener*

In Spanish the verb **tener** is used in many expressions. **Tener** is the main verb used to talk about possessions.

En mi cuarto **tengo** muchos libros.	*In my room **I have** many books.*
Y tú, ¿qué **tienes** en tu cuarto?	*And you, what **do you have** in your room?*
Mi compañera de cuarto y yo **tenemos** unas plantas.	*My roommate and I **have** a few plants.*
Y ustedes, ¿qué **tienen**?	*And you, what **do you have**?*

Tener is one of several verbs that have an irregular present form. Here is how the verb **tener** *(to have)* is conjugated:

tener (ie)			
yo	**tengo**	nosotros/as	**tenemos**
tú	**tienes**	vosotros/as	**tenéis**
Ud. / él / ella	**tiene**	Uds. / ellos / ellas	**tienen**

As with **hay,** sometimes the indefinite article is omitted after the verb **tener.** That is, when a noun following **tener** is referred to in a general or generic way, the indefinite article is often omitted. Note that when the noun is modified or you mean *one, some,* or *a few* of that thing, the indefinite articles are not omitted.

No **tengo** calculadora.	***I** don't **have** a calculator.*
Tienes un libro de poemas.	***You have a** book of poems.*
Rosi **tiene unas** plantas en su cuarto.	*Rosi **has some** plants in her room.*

Práctica

2-6 De compras *(Shopping)* At the start of the school year, many students head to the mall to fill their rooms. You've spotted some people in line with their purchases. Using the verb **tener,** indicate who has the following items.

Modelo: Felipe / plantas
Felipe tiene plantas.

1. Natalia / una silla para su escritorio
2. tú / una computadora portátil
3. Mónica y Diego / lámparas
4. Uds. / un radio despertador
5. tú / un televisor con videocasetera
6. Marta / unos discos compactos
7. Leonardo / una cómoda negra
8. nosotros / unos libros de español

2-7 ¿Qué tiene tu compañero/a? It's your turn to draw! Sketch your room or apartment. Have a classmate identify what you have. Then, reverse roles. At the end, report to the class what the two of you have.

Modelo: *Yo tengo... Mi compañero/a tiene... Nosotros tenemos...*

SUGGESTIONS: 1. Have students repeat conjugations while you write the following pronouns on the board: **yo, tú, él, ella, Ud., nosotros, nosotras, vosotros, vosotras, ellos, ellas, Uds.** 2. Repeat, using the negative forms. 3. Put written forms on the board. 4. Go around the room asking if specific students have certain things. For example: **¿Tiene Robert computadora? ¿Tiene Susan unos pósters?**

IRM MASTER 5: El verbo **tener**

NOTA GRAMATICAL: Notice that the letter **e** from the root of **tener** becomes **ie** in all forms except for **yo, nosotros,** and **vosotros.** You will learn more verbs that follow similar patterns. The notation **(ie)** in verb lists and dictionaries will help you recognize them.

ANSWERS, EX. 2-6: 1. Natalia tiene una silla para su escritorio. 2. Tú tienes una computadora portátil. 3. Mónica y Diego tienen lámparas. 4. Uds. tienen un radio despertador. 5. Tú tienes un televisor con videocasetera. 6. Marta tiene unos discos compactos. 7. Leonardo tiene una cómoda negra. 8. Nosotros tenemos unos libros de español.

SUGGESTION, EX. 2-6: Personalize this activity by following up each question with one directed at students, i.e., **¿Tienes tú una computadora portátil? ¿Quiénes tienen pósters en el cuarto? ¿De quiénes son... ?**

VARIATION, EX. 2-7: Assign the drawing as homework, encouraging students to use color and details. Incorporate the use of colors in answers.

SUGGESTION: Provide a transition for students, reminding them that the cultural focus of this chapter is the Spanish-speaking population in the USA. Therefore, the following **Comentario cultural** highlights cultural information regarding the Spanish-speaking population in the USA.

COMENTARIOS CULTURALES

La presencia hispana en Norteamérica

The Hispanic presence in what is now the United States dates back to 1528 when Ponce de León searched for the mythological Fountain of Youth in what is now Florida. Hernando de Soto explored much of what are today the states of Florida, Georgia, North and South Carolina, Alabama, Mississippi, Arkansas, and Louisiana (1539–1543) and was among the first Europeans to see the Mississippi River. Francisco de Coronado explored what is now New Mexico, parts of Arizona, Kansas, Oklahoma, and Texas (1540–1542), and his men were the first Europeans to see the Grand Canyon. Juan Rodríguez Cabrillo explored the Pacific Coast of what is today Baja California and California and discovered the San Diego and Mendocino bays in 1540. Pedro Menéndez Avilés founded the colony of San Agustín, near what is present-day Jacksonville, Florida, in 1565. Juan de Oñate founded the colony of San Gabriel, about 20 miles north of what is today Santa Fe, New Mexico, in 1598.

The imprint left by Spain's exploration and colonization can be seen in the names of some states (California, Montana, Nevada, New Mexico, Florida, Colorado), mountains (Sangre de Cristo, Sandía, Sierra Nevada), rivers (Río Grande, Río Nueces, Río Colorado), cities (Albuquerque, Amarillo, San Antonio, Boca Ratón, San Francisco, Durango), towns and villages (Velarde, Embudo, Truchas), streets (Alameda, Camino Encantado, Potrero, Rodeo), etc.

Many of the original colonizers remained as well, leaving generations of Hispanics to settle and cultivate the land. Especially in the Southwest, these families have been a cornerstone of the United States since before it became an independent nation. Today, Hispanics comprise nearly 20 percent of the total U.S. population and comprise as high as 98 percent in some areas.

ANSWERS: 1. The Pilgrims arrived at Plymouth Rock in 1620. 2. Jamestown was founded in 1607. 3. San Agustín was founded 55 years before the Pilgrims arrived and 42 years before Jamestown was founded. San Gabriel was founded 22 years before the Pilgrims arrived and 9 years before Jamestown was founded. 4. *Answers will vary.*

INTEGRACIÓN CULTURAL

1. When did the Pilgrims arrive at Plymouth Rock from England?
2. When did John Smith found Jamestown?
3. Compare these dates with those of the first colonies founded by Spaniards in what is today the United States.
4. What is your cultural background? What language did your ancestors speak and when did they arrive in your country?

ENFOQUE ESTRUCTURAL — Los posesivos, *de* y *ser* + *de* para expresar posesión

IRM MASTER 6: Los posesivos

Los posesivos

Think about how you use words such as *my, your, his, her, our, their* to express possession. Spanish uses similar words, which are called possessive adjectives. Look at the sentences below.

—¿Qué tienes en **tu** cuarto?	*What do you have in **your** room?*
—En **mi** cuarto tengo...	*In **my** room I have . . .*
—¿Tienes tú **mis** discos compactos?	*Do you have **my** CDs?*

Possessive adjectives must agree in number with the noun they modify. **Nuestro/a** and **vuestro/a** must also agree in gender with the noun they modify. Consequently, Spanish has two forms of *my* and *your* (singular), and four forms of *our* and *your* (plural). The following chart summarizes the possessive adjectives:

Sujeto	Masc. singular	Fem. singular	Masc. plural	Fem. plural	Inglés
yo	**mi**	**mi**	**mis**	**mis**	*my*
tú	**tu**	**tu**	**tus**	**tus**	*your*
usted, él, ella	**su**	**su**	**sus**	**sus**	*your, his, her, its*
nosotros/as	**nuestro**	**nuestra**	**nuestros**	**nuestras**	*our*
vosotros/as	**vuestro**	**vuestra**	**vuestros**	**vuestras**	*your*
ustedes, ellos, ellas	**su**	**su**	**sus**	**sus**	*your, their*

The third-person singular possessive adjective is **su.** The plural form is **sus.** They have several equivalents in English.

su, sus = *his, her, its, your* (formal), *their*

—¿Es la cama de Vicente? — *Is it Vincent's bed?*
—Sí, es **su** cama. — *Yes, it's* ***his*** *bed.*

—¿Son ellos los amigos de **tu** hermana? — *Are they* ***your*** *sister's friends?*
—Sí, son **sus** amigos. — *Yes, they are* ***her*** *friends.*

In order to clarify meaning, sometimes the phrases **de él, de ella, de Ud., de Uds., de ellos, de ellas,** and **de** + person's name are used in place of the possessive adjective.

—¿Es **su** cuarto? — *Is it* ***his*** *room?*
—Sí, es el cuarto **de él.** — *Yes, it's* ***his*** *room.*

HERITAGE LEARNERS: It is very common for heritage learners and Spanish speakers worldwide to use **de nosotros** instead of **nuestro/nuestra/nuestros/nuestras.**

De para expresar posesión

While in English you use the apostrophe to express possession, you never use it in Spanish. Note the use of **de** in the sentences below.

el cuarto **de Juan** — ***Juan's*** *room*
los libros **de Marta** — ***Marta's*** *books*

Spanish uses the preposition **de** to show possession. Notice that Spanish shows possession by changing the word order, not by using an apostrophe with the person's name, as in English.

Ser + de para expresar posesión

You can use the verb **ser** with **de** followed by a noun or a pronoun to show possession.

La calculadora es **de María.** — *The calculator is* ***María's.***
Las mochilas son **de ellos.** — *The backpacks are* ***theirs.***

If the preposition **de** is followed by the article **el,** then the two words become one: **del.** Look at the following examples:

Son los lápices **del** estudiante. — *They are the student's pencils.*
Es el libro **del** profesor. — *It's the professor's book.*

NOTA GRAMATICAL: Observe that **el** *(the)* is not the same as **él** *(he, him):* in addition to their different meanings, their forms work differently in contractions as you see here.

Los lápices son **del** estudiante. — The pencils are ***the*** student's.
Los lápices son **de él.** — The pencils are ***his.***

To ask to whom something belongs, you would use **¿De quién es... ?** if there is one item and **¿De quién son... ?** if there is more than one item, as in the examples:

¿De quién es el libro? — ***Whose*** *book* ***is it?***
¿De quién son los libros? — ***Whose*** *books* ***are they?***

If an item belongs to several people, use the plural forms **¿De quiénes es... ?** or **¿De quiénes son... ?** as in these examples:

¿De quiénes es la habitación? — ***Whose*** *room* ***is it?***
¿De quiénes son los casetes? — ***Whose*** *cassettes* ***are they?***

Práctica

2-8 ¡Qué confusión! You have just moved into your new room in the dorm. There are things all over the place. Some belong to you, some to your roommate. Identify each one, following the model.

Modelo: ¿Es mi teclado?
—No, no es tu teclado. Es mi teclado.

1. ¿Es mi televisor?
2. ¿Es mi radio despertador?
3. ¿Es mi estéreo?
4. ¿Es mi computadora?

Modelo: ¿Son tus plantas?
—No, no son mis plantas. Son tus plantas.

5. ¿Son tus discos compactos?
6. ¿Son tus libros?
7. ¿Son tus almohadas?
8. ¿Son tus pósters?

2-9 No, no son nuestros libros Now you're all confused! When you point out the following items and ask your classmates if they belong to them, your classmates respond negatively.

Modelos: *¿Es su cámara?*
—No, no es nuestra cámara.
Es tu cámara.

¿Son sus plantas?
—No, no son nuestras plantas.
Son tus plantas.

1. 
2. 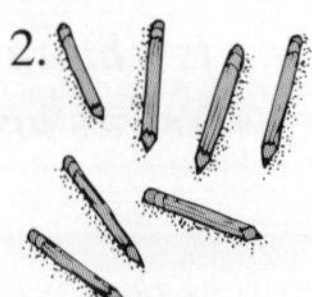
3. 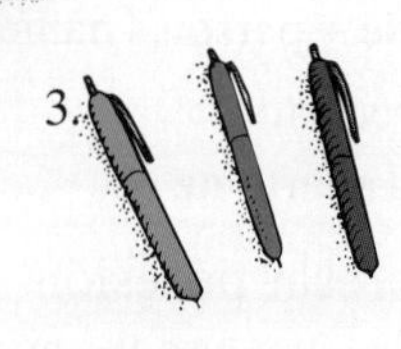
4. 
5. 
6. 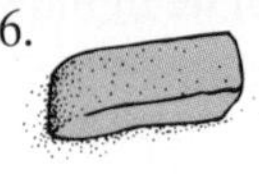

2-10 El libro es de... Look at the drawings and indicate to whom the items belong. Follow the model.

Modelo: José
Los libros son de José.

1. Anita

2. el profesor

3. Juan

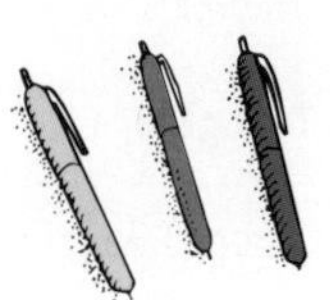

4. ella

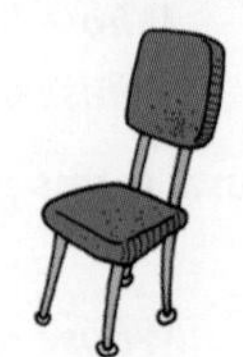

5. Tomás

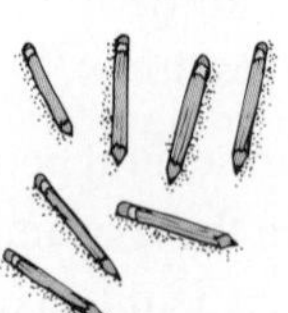

6. Julián

ANSWERS, EX. 2-8: 1. No, no es tu televisor. Es mi televisor. 2. No, no es tu radio despertador. Es mi radio despertador. 3. No, no es tu estéreo. Es mi estéreo. 4. No, no es tu computadora. Es mi computadora. 5. No, no son mis discos compactos. Son tus discos compactos. 6. No, no son mis libros. Son tus libros. 7. No, no son mis almohadas. Son tus almohadas. 8. No, no son mis pósters. Son tus pósters.

ANSWERS, EX. 2-9: 1. ¿Es su calculadora? No, no es nuestra calculadora. 2. ¿Son sus lápices? No, no son nuestros lápices. 3. ¿Son sus bolígrafos? No, no son nuestros bolígrafos. 4. ¿Es su mochila? No, no es nuestra mochila. 5. ¿Es su computadora/ordenador? No, no es nuestra computadora/nuestro ordenador. 6. ¿Es su borrador? No, no es nuestro borrador.

SUGGESTION, EX. 2-9: As a follow-up activity, ask students to describe the possessions they have with them in class. Highlight new vocabulary.

SUGGESTION, EX. 2-9: Draw students' attention to the spelling of **lápices.** Ask for a volunteer to spell the singular form of the word and write it on the board **(lápiz).** Explain that a **-z** changes to a **-c** before adding **-es.** Give other examples: **pez** *(fish)*, **nuez** *(nut)*, **luz** *(light)*.

HERITAGE LEARNERS: The letters **s** and **z** pose a problem for heritage learners. Emphasize that these words are spelled with **z.**

VARIATION, EX. 2-9: Combine this with Ex. 2-11. Take some of the students' possessions and bring them to the front. Redistribute them, asking students, **¿Es ésta la pluma de... ? ¿De quién es?** Allow students to answer using either target structure.

ANSWERS, EX. 2-10: 1. La calculadora es de Anita. 2. La computadora / El ordenador es del profesor. 3. La lámpara es de Juan. 4. Los bolígrafos son de ella. 5. La silla es de Tomás. 6. Los lápices son de Julián.

VARIATION, EX. 2-10: Make statements about the items in the activity and have students respond if they are true or false. For example: **La calculadora es de Juan.** If false, have students answer with the correct statement. In this case, **Falso. La calculadora es de Anita.**

2-11 ¿De quién es... ? Now that it's time to pick up, the things lying around need to be identified. Work with a classmate to determine the owners of each of the following items, using **ser + de.** Take turns asking and answering the questions.

Modelo: María
—¿De quién es la mochila?
—La mochila es de María.
José y Alberto
—¿De quiénes son los cuadernos?
—Los cuadernos son de José y Alberto.

María

José y Alberto

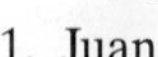
1. Juan

2. ellas

3. Catarina

4. él

5. Anita

6. Lorenzo y Franklin

ANSWERS, EX. 2-11: 1. ¿De quién es el escritorio? El escritorio es de Juan. 2. ¿De quiénes son las almohadas? Las almohadas son de ellas. 3. ¿De quién es la silla? La silla es de Catarina. 4. ¿De quién son las plantas? Las plantas son de él. 5. ¿De quién son los pósters? Los pósters son de Anita. 6. ¿De quiénes es la lámpara? La lámpara es de Lorenzo y Franklin.

VAMOS A ESCUCHAR:
AQUÍ VIVO. EN MI CUARTO TENGO...

Track 1-11

HERITAGE LEARNERS: Ask heritage learners to listen to the Spanish in the **Vamos a escuchar** recording and to compare it with the Spanish they use in their communities.

Isabel and Miguel are providing information about themselves. Listen to their brief monologs and complete the following activities.

Antes de escuchar

Based on what you've learned in this **etapa,** think about the answers Isabel and Miguel are likely to give about:

- where they live
- what they have in their rooms at home

Before listening to the Text audio CD, take a moment to look at the chart and questions below in the **Después de escuchar** activities.

Después de escuchar

2-12 Comprensión After listening to the Text audio CD, check off who has what.

	Miguel	Isabel
Vive en...		
una casa		
un apartamento		
Tiene...		
un escritorio		
una videocasetera		
una cómoda		
un estéreo		
unos pósters		
una calculadora		
una silla		
una computadora		
un teléfono		

2-13 ¿Cómo lo dicen? Now listen to the Text audio CD again. Try to determine the following.

1. How does Miguel say that he lives in a house?
2. How does Isabel say that she doesn't have bookshelves?

ANSWERS, EX. 2-12: Miguel: Vive en una casa. Tiene un escritorio, un estéreo, una calculadora, una silla, una computadora, un teléfono. **Isabel:** Vive en un apartamento. Tiene una cómoda, una computadora, pósters, un televisor y un escritorio.

SUGGESTION, EX. 2-13: Have students close their books and ask them to answer these questions in Spanish. Write "student suggestions" on the board to refer to after they listen to the monologs.

ANSWERS, EX. 2-13: 1. Vivo en una casa con mi familia. 2. No tengo estantes.

SUGGESTION, EX. 2-13: Ask students these questions in Spanish. **¿Por qué no tiene Isabel estantes?** Encourage students to answer in Spanish. You may also ask students if they are more similar to Miguel or to Isabel, and why.

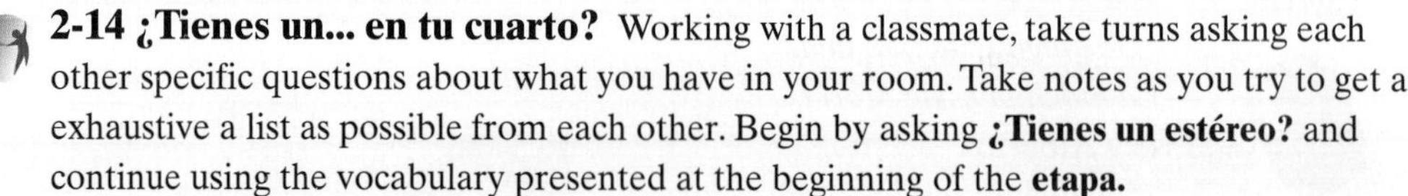

TÚ DIRÁS

VARIATION, EX. 2-14: Expand this activity by asking students what other items they *need* **(necesitar)** in their rooms. Ask what other items they *want* **(desear)** for their rooms. Conduct a poll to determine which items are considered necessary and which items are considered desirable.

2-14 ¿Tienes un... en tu cuarto? Working with a classmate, take turns asking each other specific questions about what you have in your room. Take notes as you try to get as exhaustive a list as possible from each other. Begin by asking **¿Tienes un estéreo?** and continue using the vocabulary presented at the beginning of the **etapa.**

2-15 Mis cosas, mi cuarto... What things do you have with you at the university? Make a list of the items you have. Where appropriate, remember to mention their color. Then work with two classmates and:

1. compare what each of you has with you at the university
2. present the list of all of your group's items to the class, identifying which things belong to whom

SEGUNDA ETAPA

Para empezar: En la universidad y después de clase

Preparación: As you get ready to begin working on this **etapa,** answer the following questions:

- What courses are you taking this semester? What do you like about your classes?
- What is your major? What majors does your university offer?
- What do you like to do in your free time?

Majors, Interests, and Courses

ESPECIALIDADES, INTERESES Y MATERIAS

¡Hola! Me llamo Marta. Estudio en una universidad en Miami. Mi universidad ofrece una gran variedad de especialidades y cursos. Dentro de las especialidades de ciencias hay: biología, informática, matemáticas, física y química. En el área de las humanidades un estudiante de esta universidad se puede especializar en: historia, literatura, lenguas, filosofía y religión. ***Mis aficiones incluyen la música, los deportes y los videos.***

My interests include music, sports, and videos.

¡Hola! Soy Juan Gabriel. Deseo ser político. Estudio ciencias políticas en una universidad de Texas. Otras especialidades que ofrece esta universidad en el área de las ciencias sociales son: antropología, sociología, geografía y economía. ***Me gustan los animales y la naturaleza.***

I like animals and nature.

¡Hola! Me llamo Carlos y estudio en una universidad de California. Mi especialidad es diseño. Vivo con Carmela. Ella estudia teatro. En nuestra universidad hay otras especialidades en la sección de artes: pintura, música, vídeo y cine, fotografía y danza. **A los dos nos gusta ver películas extranjeras e ir al museo.**

Nota gramatical: Note that **y** *(and)* becomes **e** when the following word starts with an **i: física *e* ingeniería.**

We both like watching foreign films and going to the museum.

¡Hola! Soy Julia. Estudio en una universidad de Chicago. Vivo con mi amiga Isabel y las dos tenemos la misma especialidad: ingeniería civil. En esta universidad también se puede estudiar ingeniería eléctrica e ingeniería civil. El novio de Isabel estudia administración de empresas. A Isabel y a mí nos gustan los deportes y la naturaleza. **A mí me gusta ir** al cine a ver películas de **ciencia ficción, pero a Isabel no le gusta** ese tipo de cine.

Expansión léxica: In most Spanish-speaking countries, students dedicate their entire university career to one specific academic area. **La carrera,** or **los estudios** might be in **(en)** any of the subject areas listed below: **Estudio biología y español.**

I like to go / science fiction but Isabel does not like

Las ciencias	*Sciences*
la biología	*biology*
la bioquímica	*biochemistry*
la física	*physics*
la informática	*computer sciences*
las matemáticas	*math*
la química	*chemistry*
Las humanidades	*Humanities*
la filosofía	*philosophy*
la historia	*history*
las lenguas extranjeras	*foreign languages*
la literatura	*literature*
la religión	*religion*
Las ciencias sociales	*Social sciences*
la antropología	*anthropology*
las ciencias políticas	*political sciences*
la geografía	*geography*
la sociología	*sociology*
Las artes	*Arts*
la danza	*dance*
el diseño	*design*
la escultura	*sculpture*
la fotografía	*photography*
la música	*music*
la pintura	*painting*
el teatro	*theater*
Otras especialidades	*Other majors*
la administración de empresas	*business administration*
el derecho	*law*
la ingeniería (civil, eléctrica)	*(civil, electrical) engineering*
el periodismo	*journalism*
la publicidad	*advertising*

Las profesiones en el mundo de las ciencias	*Professions in the sciences*
el/la biólogo/a	*biologist*
el/la enfermero/a	*nurse*
el/la físico/a	*physicist*
el/la informático/a	*computer scientist*
el/la médico/a	*medical doctor*
el/la químico/a	*chemist*
Las profesiones en el mundo de las humanidades	*Professions in the humanities*
el/la escritor/a	*writer*
el/la filósofo/a	*philosopher*
el/la historiador/a	*historian*
el/la traductor/a	*translator*
Las profesiones en el mundo de las artes	*Professions in the arts*
el/la actor/actriz	*actor/actress*
el/la artista	*artist*
el/la bailarín/bailarina	*dancer*
el/la cantante	*singer*
el/la diseñador/a	*designer*
el/la escultor/a	*sculptor*
el/la fotógrafo/a	*photographer*
el/la músico	*musician*
el/la pintor/a	*painter*
Otras profesiones	*Other professions*
el/la abogado/a	*lawyer*
el/la asesor/a	*consultant*
el/la contador/a	*accountant*
el/la deportista	*athlete*
el/la hombre/mujer de negocios	*businessman/-woman*
el/la ingeniero/a	*engineer*
el/la maestro/a	*teacher*
el/la mecánico/a	*mechanic*
el/la periodista	*journalist*
el/la profesor/a	*professor*
el/la trabajador/a social	*social worker*

Práctica

ANSWERS, EX. 2-16: 1. Aristóteles es filósofo. 2. Son científicos. Albert Einstein es físico; Marie Curie es física y química. 3. Ricky Martin y Christina Aguilera son músicos y cantantes. 4. Penélope Cruz es actriz. 5. Son artistas. Diego Rivera es artista/pintor; Frida Kahlo es artista/pintora. 6. Bill Gates y Michael Dell son informáticos / ingenieros / hombres de negocios. 7. Son políticos. George W. Bush es político; Hillary Clinton es política. 8. Koby Bryant es deportista. 9. Son abogados. Sandra Day O'Connor es abogada; Johnnie Cochran es abogado.

2-16 ¿Qué profesión tienen? Some people become so well known that their names are almost synonymous with their professions; more recent celebrities may never pass into history but are, for now, still known by their work. Using complete sentences, identify the professions of the following people.

1. Aristóteles
2. Albert Einstein, Marie Curie
3. Ricky Martin, Christina Aguilera
4. Penélope Cruz
5. Diego Rivera, Frida Kahlo
6. Bill Gates, Michael Dell
7. George W. Bush, Hillary Clinton
8. Koby Bryant
9. Sandra Day O'Connor, Johnnie Cochran

POSSIBLE ANSWERS, EX. 2-17: 1. Estudia teatro, literatura, historia, música y danza. 2. Estudia matemáticas, historia, lenguas extranjeras, literatura, geografía y arte. 3. Estudia ciencias políticas, historia, sociología, periodismo y teatro. 4. Estudia sociología, historia y lenguas extranjeras. 5. Estudia biología, bioquímica, física, matemáticas, química y lenguas extranjeras. 6. Estudia administración de empresas y matemáticas. Encourage students to provide more than one course subject.

2-17 ¿Qué estudian? The following professionals-to-be are planning their majors. Indicate which classes would best prepare them for their future careers.

Modelo: Maite, abogada
Maite estudia derecho, historia y filosofía.

1. Timoteo, actor de dramas clásicos
2. Federico, maestro de escuela primaria *(elementary school)*
3. Rosa, activista política
4. Margarita, trabajadora social
5. Rosiris, médica
6. Osvaldo, contador

SUGGESTION, EX. 2-18: Have one student play academic adviser **(consejero/a)** to the other, recycling the verbs **necesitar, desear,** and **comprender.** Note that Spanish is a useful course for nearly any career.

2-18 Y tú, ¿qué estudias? Ask your partner what classes he or she is taking. Try to identify his or her future profession. Did you guess correctly? Switch roles, and then report your findings to the class. Which professions appear to be the most popular?

Modelo: *—¿Qué estudias?*
—Estudio español, historia y antropología.
—Tu profesión futura, es ¿profesor? ¿historiador?

ENFOQUE LÉXICO Los números de 0 a 100

The Spanish equivalent of number *one* agrees with the noun it introduces: **un libro, una lámpara.** All other numbers always keep the same form.

SUGGESTION: Present numbers progressively, with students repeating in chorus: 0, 0; 1, 1; 2, 2; etc. Then have students count by tens, by fives, and by twos.

0 **cero**	7 **siete**	14 **catorce**
1 **uno/una**	8 **ocho**	15 **quince**
2 **dos**	9 **nueve**	16 **dieciséis**
3 **tres**	10 **diez**	17 **diecisiete**
4 **cuatro**	11 **once**	18 **dieciocho**
5 **cinco**	12 **doce**	19 **diecinueve**
6 **seis**	13 **trece**	20 **veinte**

The numbers 21–29 may be written as one word or three words. For example, 23 can be written as **veintitrés** or **veinte y tres.** Both forms are pronounced the same way, and both appear with equivalent frequency.

SUGGESTION: Point out to students the spelling of **veinte** and **treinta** and emphasize that the diphthong is **ei.**

20 **veinte**	30 **treinta**
21 **veintiuno / veinte y uno**	31 **treinta y uno**
22 **veintidós / veinte y dos**	32 **treinta y dos**
23 **veintitrés / veinte y tres**	40 **cuarenta**
24 **veinticuatro / veinte y cuatro**	50 **cincuenta**
25 **veinticinco / veinte y cinco**	60 **sesenta**
26 **veintiséis / veinte y seis**	70 **setenta**
27 **veintisiete / veinte y siete**	80 **ochenta**
28 **veintiocho / veinte y ocho**	90 **noventa**
29 **veintinueve / veinte y nueve**	100 **cien**

Práctica

2-19 Los códigos postales When sending letters to friends and family, paying bills, or moving, it's important to be able to share addresses. Read the following zip codes out loud, one numeral at a time. The hyphen (-) in a full zip code should be read as **guión.**

Modelo: 02116-4300
cero-dos-uno-uno-seis-guión-cuatro-tres-cero-cero

1. 18104-5586
2. 20502-0100
3. 96911-3142
4. 06520-8302
5. 05753-1127
6. 45287-7116
7. tu código postal
8. el código postal de tu mejor amigo/a

2-20 Las direcciones *(Addresses)* Los Angeles is home to the largest population of Latinos in the United States. It is also home to one of the world's longest streets. Wilshire Boulevard, **el Bulevar Wilshire,** traverses the city and its many neighborhoods. Write out the numbers of the following addresses on Wilshire.

SUGGESTION, EX. 2-20: To help students activate number vocabulary, play a few short games of bingo with the class.

Modelo: 15 Wilshire Boulevard
quince del Bulevar Wilshire

1. 37 Wilshire Boulevard
2. 50 Wilshire Boulevard
3. 26 Wilshire Boulevard
4. 15 Wilshire Boulevard
5. 8 Wilshire Boulevard
6. 11 Wilshire Boulevard
7. 43 Wilshire Boulevard
8. 89 Wilshire Boulevard

SUGGESTION: Provide a transition for students by telling them that the use of the numbers they have learned in this **etapa** when telling the phone number is distinct in most parts of the Spanish-speaking world. Therefore the following **Comentario cultural** addresses this cultural idiosyncrasy.

SUGGESTION: Point out that this system for reciting phone numbers can be heard on Spanish radio and television commercials outside Latin America. It is also possible to hear commercials reciting telephone numbers using the digit-by-digit system. As a homework assignment, ask students to listen to Spanish TV or radio commercials and note the phone numbers and the system used to recite them.

COMENTARIOS CULTURALES

El número de teléfono

Many Latinos living outside of Latin America have relatives living in different parts of the world. With a phone call the distances seem to disappear. While phone numbers are generally read in English as single digits (215-555-1212 is read as 2-1-5-5-5-5-1-2-1-2, for example), in most of the Spanish-speaking world numbers are read in pairs. In areas where phone numbers have an even number of digits, such as Mexico City, numbers are divided evenly into pairs: 52-12-43-12. This number would be read: **cincuenta y dos, doce, cuarenta y tres, doce.** In areas where phone numbers contain an odd number of digits, such as San Pedro Sula, Honduras, numbers are also broken into pairs of digits. The pairs of digits start at the end of the number, with the single digit beginning the series. A number like 6-62-13-17 would be read: **seis, sesenta y dos, trece, diecisiete.** Just as there are area codes within a country, there is an international code **(el código internacional)** for each country that must be dialed before the phone number when calling another country.

Below are the codes for countries with large populations of Spanish speakers:

Argentina	54
Bolivia	591
Chile	56
Colombia	57
Costa Rica	506
Ecuador	593
El Salvador	503
España	34
Estados Unidos	01
Guatemala	502
Honduras	504
México	52
Nicaragua	505
Panamá	507
Paraguay	595
Perú	51
Uruguay	598
Venezuela	58

SUGGESTION: Dictate several phone numbers of six or seven digits to the students. Call on individual students to read them back to you.

INTEGRACIÓN CULTURAL

1. What would your local phone number be if we used the same system that is used in the Spanish-speaking world?
2. If you were to call home while traveling abroad, what would your complete phone number be? Use the Spanish style of reading the number and don't forget to include your own country's international code.
3. Do you have any friends or acquaintances in any other country? If you were to call your friends overseas, what country code would you use?
4. Ask several of your classmates what their telephone number is, using the question **¿Cuál es tu número de teléfono?** Have them answer with the phrase **Mi número de teléfono es...** and with the system common in Spanish-speaking countries.

ENFOQUE ESTRUCTURAL La expresión de los gustos: *gustar* + acciones

When people get together either at a party, after class, or at a café, they normally talk about themselves, their daily activities, the things they like to do, etc. These are also topics that are useful in a conversation when you are meeting people for the first time.

In Spanish, in order to express what activities *you like* or *do not like* to do, the following structure can be used:

Gustar + infinitivo

Me gusta bailar.	***I like*** *to dance.*
¿**Te gusta** cantar?	***Do you like*** *to sing?*
No, no me gusta cantar.	***No, I don't like*** *to sing.*
Me gusta escuchar música.	***I like*** *to listen to music.*

Literally, **gustar** means *to please* (or *to be pleasing*) and functions like that verb, rather than the verb *to like*, in English.

Otras actividades	*Other activities*
analizar las noticias	*to analyze the news*
charlar	*to chat*
chismear	*to gossip*
cocinar	*to cook*
descansar	*to rest*
dibujar	*to draw*
hablar sobre política / sobre deportes	*to discuss / to argue about politics/sports*
explorar la naturaleza	*to explore nature*
investigar	*to research, investigate*
pintar	*to paint*
programar computadoras	*to program computers*
tocar el piano / la guitarra / la batería	*to play the piano / the guitar / the drums*
ver películas / televisión	*to watch movies/television*
viajar	*to travel*

Práctica

2-21 ¿Muchísimo o muy poco? Some of the activities that appear here appeal to you a lot, others not at all. Fill in the following table to gauge your interest level in the following activities.

Me gusta...	**muchísimo**	**mucho**	**poco**	**muy poco**
1. tocar el piano				
2. escribir poemas				
3. hablar español				
4. chismear con mis amigos				
5. escuchar música clásica				
6. estudiar				
7. cantar en la ducha *(in the shower)*				
8. leer novelas románticas				
9. viajar a Europa				
10. comer con mis amigos				

SUGGESTION: You can introduce **Me gusta / Te gusta** as vocabulary items without explaining their construction here. That way you can also use examples with more than one infinitive in which the construction remains invariable: **Me gusta cantar y bailar.**

NOTA GRAMATICAL: Remember that an infinitive is a verb that is not conjugated (does not show a different ending for each person). For example, in English *to study* is an infinitive, and *she studies* is a conjugated verb.

PREVIEW: A more complete explanation of **gustar** will appear on p. 69. Other verbs like **gustar** are presented in **Capítulos 8** and **11.**

HERITAGE LEARNERS: Ask heritage learners to share the meanings of verbs like **gustar, amar,** and **querer.** If you like a person, what do you say? If you like an object, what do you say? Ask them when the verb **amar** is used. Have students write sentences with examples of these verbs.

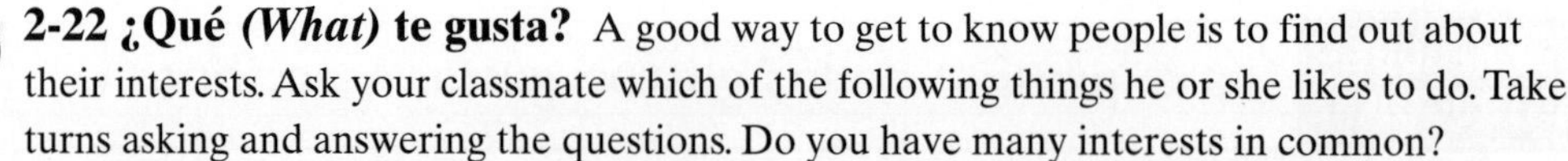

POSSIBLE ANSWERS, EX. 2-22: 1. Sí, me gusta cocinar. (No, no...) 2. Sí, me gusta hablar en clase. (No, no...) 3. Sí, me gusta viajar. (No, no...) 4. Sí, me gusta explorar la naturaleza. (No, no...) 5. Sí, me gusta escuchar música. (No, no...) 6. Sí, me gusta descansar. (No, no...) 7. Sí, me gusta programar computadoras. (No, no...) 8. Sí, me gusta escribir en un diario. (No, no...)

SUGGESTION, EX. 2-22: Encourage students to express other actions they enjoy doing. Allow students a few minutes to complete the activity. When reviewing it with them, ask what new verbs they learned from their partners. Write these verbs on the board.

2-22 ¿Qué *(What)* te gusta? A good way to get to know people is to find out about their interests. Ask your classmate which of the following things he or she likes to do. Take turns asking and answering the questions. Do you have many interests in common?

Modelo: *—¿Te gusta chismear?*
—Sí, me gusta chismear.
o *—No, no me gusta chismear.*

1. cocinar
2. hablar en clase
3. viajar
4. explorar la naturaleza
5. escuchar música
6. descansar
7. programar computadoras
8. escribir en un diario *(diary)*

POSSIBLE ANSWERS, EX. 2-23: 1. Me gusta mucho cantar y tocar la guitarra. Me gusta escribir música. 2. Me gusta mucho escribir en inglés y en español. 3. Me gusta muchísimo jugar al béisbol. Me gusta viajar a la República Dominicana. 4. Me gusta bailar y ser cómica. Me gusta muchísimo ser actriz. 5. Me gusta viajar y hacer reportajes. Me gusta hablar de temas hispanos.

2-23 ¿Qué te gusta hacer? Imagine that you are one of the following people. According to the information provided, say one or two logical things that you like to do. The rest of the class has to guess which one of these famous individuals you are.

Modelo: Gabriel García Márquez (escritor)
Me gusta mucho escribir. ¿Cómo me llamo?

1. Carlos Santana (cantante)
2. Sandra Cisneros (escritora)
3. Sammy Sosa (deportista)
4. Rosie Pérez (actriz)
5. María Hinojosa (periodista, corresponsal de televisión)

REPASO

Review **hay, tener,** and **ser** + **de** to indicate posession.

2-24 ¿De quién es...? Working with three other students, collect the materials you bring to class every day and assemble them on a desk. Look at the items and describe them with as much detail as you can. Can you determine which notebooks belong to whom? Take turns with your classmates asking **¿De quién es el/la... ?** and answering with the name of the student to whom the item belongs. Try to explain your reasoning.

Modelo: *—Hay una mochila verde y una mochila negra.*
—¿De quién es la mochila verde?
—Es de Joe.
—Claro, Joe tiene muchas cosas verdes.

Review adjectives of nationality and expressing origin with the verb **ser.**

VARIATION, EX. 2-25: (1) Have each student choose a new nationality and city of origin. Have other students try to guess them by asking **¿Eres italiano? ¿Eres de Canadá?** etc. (2) Use a world map and point to various countries while saying a name or names. For example, you point to Spain and say **María.** Students respond **María es española.**

2-25 Las nacionalidades Working with a partner, try to figure out the nationalities of the people attending an international fair. Take turns making the assumptions indicated and then correcting your mistakes. Follow the model.

Modelo: Margarita / argentina / Nueva York
—¿Margarita es argentina?
—No, ella es de Nueva York.
—Ah, ella es estadounidense entonces (then).
—Claro (Of course).

1. Lin-Tao (m.) / japonés / Beijín
2. Sofía / mexicana / Roma
3. Jean-Pierre / francés / Québec
4. Jill / canadiense / Londres
5. Hilda y Helga / colombianas / Berlín
6. Olga y Nicolás / venezolanos / Moscú

ENFOQUE ESTRUCTURAL La expresión de los gustos: *gustar* + cosas

We have just seen how to use the verb **gustar** with other *verbs* to talk about the activities you like and don't like to do. **Gustar** can also be used to talk about *things* that you like and dislike.

Me gusta la música clásica.	***I like*** *classical music.*
Me gustan las películas de aventura.	***I like*** *adventure films.*

To express likes and dislikes, use one of the following two forms of **gustar: gusta** or **gustan.** As shown in the examples above, you use the singular form **gusta** if what is liked is singular and the plural form **gustan** if the thing that is liked is plural.

Also note that the verb **gustar** is preceded by one of the pronouns **me, te, le, nos, os,** or **les.** These pronouns mark the equivalent of the subject in English (*who* likes the thing named):

Me gusta la literatura.	***I like*** *literature.*
Te gustan las óperas alemanas.	***You like*** *German operas.*
Le gusta el arte.	***He/She/It likes / You like*** *art.*
Nos gustan los experimentos.	***We like*** *experiments.*
Os gusta el cine.	***You like*** *the cinema.*
Les gustan los poemas de Julia de Burgos.	***They/You like*** *the poems of Julia de Burgos.*

When you refer to yourself (first person) or to the person to whom you are speaking (second person), it is generally clear to whom you are referring. As you can see from the examples above, when you refer to someone or something not actively involved in your dialog (third person), it may be less clear. For this reason, to clarify the person or thing to whom you are referring, you use the preposition **a** plus the person's name or pronoun:

A María le gusta el arte.	***María likes*** *art.*
A Ud. le gustan las galerías de arte.	***You like*** *art galleries.*
A Antonio y a Flor les gusta la literatura.	***Antonio and Flor like*** *literature.*
A ellos les gustan los poemas de Julia de Burgos.	***They like*** *the poems of Julia de Burgos.*

When you want to ask questions about likes and dislikes, the basic structure noted above is used again. Remember that in the answer to a question the indirect object pronoun **(me, te, le, nos, os, les)** will change unless you are referring to a third person outside of the dialog:

¿**Te gusta** el arte moderno?	***Do you like*** *modern art?*
No, no me gusta el arte moderno.	***No, I don't like*** *modern art.*
¿**A Uds. les gustan** las películas extranjeras?	***Do you like*** *foreign films?*
Sí, nos gustan mucho las películas extranjeras.	*Yes,* ***we like*** *foreign films a lot.*

IRM MASTER 7: El verbo **gustar**

SUGGESTION: Use Spanish to prepare students for the forms in this **Enfoque estructural.** Tell students: **Ahora vamos a hablar de los gustos personales.** Write the word **gustos** on the board. Continue: **A mí me gustan muchas cosas. Me gusta la música, especialmente la música folklórica.** Write key words on board and then pose comprehension check questions to students. Ask who in the class also likes what you like: **¿A quién le gusta la música folklórica? ¿A Patricia?**

NOTA GRAMATICAL: You may notice that **gusta** and **gustan** look like the third person singular and plural of an **-ar** verb. They are indeed regular conjugations of the verb **gustar,** a verb that is distinct from other **-ar** verbs not in form but in use. Generally, only the third-person form of **gustar** is used.

SUGGESTION: To engage students in the topic and present this structure and the vocabulary in context, make up a story about likes and dislikes. For example: **Mi familia es única porque cada persona en mi familia es totalmente diferente. A mi mamá le gusta el arte, pero a mi papá no. Mamá siempre va a los museos de arte, pero mi papá dice: "No me gusta el arte, no voy al museo... " A mí me gusta el arte... pero a mi hermano no le gusta...** Ask comprehension questions throughout. Ask students if they also like some of the things you discuss.

NOTA GRAMATICAL: Gustar is not a cognate, but it does have a similar verb in English: the verb *to disgust,* as in *that food disgusts me* and *those foods disgust me,* shares the root of **gustar** and functions much like it.

Práctica

SUGGESTION, EX. 2-26: Have students take notes as each student gives his or her response. Bring the class together and ask for volunteers to report their findings or follow up by asking true/false questions.

VARIATION, EX. 2-26: Divide the class into small groups. Have each group create 10 questions using **gustar.** Use the questions for oral practice or create a worksheet to be done as a written activity.

2-26 Me gusta... no me gusta... Using the vocabulary shown below, make a list of four things you like and four things you don't like. Remember to pay attention to whether the thing you like is singular or plural and to choose the form **me gusta** or **me gustan** accordingly. Compare your list with those of two of your classmates and see if you have any likes and dislikes in common.

las películas de Sylvester Stallone
la música de Ricky Martin
los conciertos de música rock
el teatro clásico
las plantas tropicales
las vacaciones en el Caribe *(in the Caribbean)*
los viajes a Europa
la ciudad de Nueva York
las lenguas extranjeras
las clases de ciencias
la clase de español

2-27 ¿Qué te gusta más? Discuss your preferences with a classmate. Of the following pairs of items, indicate which one you like more.

Modelo: la física o la química
—¿Te gusta más la física o la química?
—Me gusta más la química.

1. las matemáticas o la informática
2. la danza o el teatro
3. las noticias o los deportes
4. las películas de ciencia ficción o las películas cómicas
5. la música tecno o la música rock
6. la biología o la química
7. las lenguas o las matemáticas
8. las personas o los animales

2-28 Me gustan los deportes, pero no me gusta la política You and your friends are talking about what you like and dislike. Be creative, but mention your likes and dislikes at school and among your other interests and activities. Report your group's findings to the class.

Modelo: *Me gustan los deportes,*
pero no me gusta la política.

VAMOS A ESCUCHAR:
¿QUÉ TE GUSTA?

Track 1-12

HERITAGE LEARNERS: Ask heritage learners to listen to the Spanish in the **Vamos a escuchar** recording and to compare it with the Spanish they use in their communities.

Rosi and Norberto have just met at **Festival de las Américas** and they think they will hit it off well. Listen as they tell each other a bit about themselves; here, they are sharing their likes and dislikes. Listen to their conversation and indicate what their preferences are.

Antes de escuchar

Based on what you've learned in this **etapa,** what are some of the likes and dislikes you expect Rosi and Norberto to mention?

Before listening to the Text audio CD, take a moment to look at the chart below. Then, as you listen, check off who likes what.

Después de escuchar

2-29 Comprensión What interests do Norberto and Rosi have in common? Fill in the chart and see if they have any shared interests. Then compare your answers with those of your classmates.

ANSWERS, EX. 2-29: Norberto: la naturaleza, las películas de aventuras, la música: tocar la batería, escuchar música, ir a conciertos; **Rosi:** los animales, la naturaleza, las películas extranjeras, de aventuras, la música: tocar la batería, escuchar música

	Norberto	**Rosi**
los animales		
la naturaleza		
las películas:		
extranjeras		
románticas		
de aventuras		
la música:		
tocar el piano		
tocar la batería		
escuchar música		
ir a conciertos		

2-30 ¿Cómo lo dicen? Listen to the Text audio CD again. Try to determine the following:

1. How does Rosi say she likes foreign films but especially likes action movies?
2. How does Norberto say he really dislikes dogs?

ANSWERS, EX. 2-30: 1. Me gustan las películas extranjeras pero las películas de aventuras son mis favoritas. 2. No me gustan para nada los perros.

TÚ DIRÁS

MULTILEVEL SUGGESTION, EX. 2-31: Pair advanced with true beginners. Have students pretend they are describing their best friend **(su mejor amigo/a).** Students compose their description individually, and then share it with their partner. Have them discuss whether or not their best friends might be compatible based on their academic and professional interests. Circulate to check accuracy.

MULTILEVEL SUGGESTION, EX. 2-31: Pair advanced with true beginners. You may wish to expand the activity and have each student ask a number of questions about the likes and dislikes of the others.

2-31 ¡Hola! Me llamo... Imagine this is your first day at **Festival de las Américas** in Miami, where the common language is Spanish. Go up to another student at the opening reception for students and introduce yourself. Tell him or her where you are from and what you are studying. This is an opportunity to make contacts, so exchange phone numbers if your interests match up!

Modelo: *—Me llamo Elizabeth. Soy de los Estados Unidos. Vivo en Rochester. Estudio arte, teatro y música.*
—Me llamo Joaquín. Soy de Colombia pero vivo en Nueva York. Estudio arte y literatura.
—¿Sí? ¿Cuál es tu número de teléfono?
—Es el 212-555-1799. ¿Cuál es tu número?

SUGGESTION, EX. 2-32: You may want to discuss why stereotypes exist and how they can be both useful and dangerous.

2-32 Los estereotipos y las profesiones How do you imagine people in different professions? What ideas do you have about what an actor likes to do? What about a doctor? And a writer?

1. Working with a classmate, select three different professions. Write down a portrait of a stereotypical person in each of the professions you selected. Include as many actions and things that that person would probably like and dislike.

   Modelo: *Un actor*
   Le gusta descansar, tomar vino y hablar por teléfono. Le gustan mucho los periodistas. No le gusta trabajar y no le gusta la política.

2. Present your ideas to the class and have your classmates guess the profession that corresponds to each one of the portrayed persons.
3. Find exceptions to these stereotypes where you can!

TERCERA ETAPA

Para empezar: Mi familia

SUGGESTION: Assist pre-reading by having students scan for the gist of the reading. Have students generate a list of information they expect to get from the reading. After reading, ask simple comprehension check questions. Then ask students in what ways their families are similar to or different from the families of Tomás and Juan. Encourage students to discuss in Spanish.

SUGGESTIONS: 1. Help students decipher the reading by using context clues (e.g., Tomás = **nombre de pila;** Torres = **apellido**). 2. Point out cognates **(personas, divorciados, maternos, paternos)** and explain that **largo** and **simpática** are false cognates.

Preparación: As you start working on this **etapa,** take a moment to think about the information you would include if you were going to talk about your family.

- What is your family like?
- Do you have stepparents?
- Do you have brothers and sisters?
- What about stepsiblings?
- Do you have two sets of grandparents?

Buenos días. Me llamo Tomás Torres Galindo. Tomás es mi ***nombre de pila*** *y Torres Galindo son mis* ***apellidos.*** *Tengo una familia pequeña. Somos cuatro personas en mi familia. Mi* ***padre*** *se llama Esteban y mi* ***madre*** *se llama Carmela. Mis* ***padres*** *están divorciados. No tengo* ***hermanos*** *pero tengo una* ***hermana.*** *Ella es Sofía. Ella es alta, delgada, morena y bonita. Tiene el pelo largo y rizado y los ojos verdes. Vivimos en una casa en Springfield, Massachusetts, con mi madre, mi* ***abuela*** *Luisa y mi* ***abuelo*** *Fernando. En casa también viven nuestros perros, Oso y Hércules. Mi padre vive en Cabo Rojo, Puerto Rico. Los padres de mi padre viven con él.*

first name
last names
father
mother / parents
brothers / sister
grandmother / grandfather

Hola, me llamo Juan Mejía Castillo. Vivo con mis padres en San Antonio, Texas. Tengo una hermana. Se llama Elena. Es rubia; tiene los ojos azules y el pelo corto. Es divertida y simpática y tiene muchos amigos. Vive con su ***marido,*** *Rafael, en Atlanta, Georgia. No tienen* ***hijos*** *pero sí tienen muchos animales: tres pájaros, un gato y unos hámsters. Cerca de nosotros vive mi* ***tía*** *Teresa, hermana de mi madre, y mi* ***tío*** *Felipe, su esposo. Sus hijos, mis* ***primos,*** *son José y Jaime. Mis* ***abuelos maternos,*** *es decir, los padres de mi madre, también viven en San Antonio. No tengo* ***abuelos paternos.***

husband / children
aunt / uncle
cousins / maternal grandparents
paternal grandparents

HERITAGE LEARNERS: Ask heritage learners alternative vocabulary for family members. Among Puerto Ricans, for example, it is common to hear **titi** for **aunt**.

Práctica

2-33 ¿Cierto o falso? Based on the information above, read the following statements about Tomás, Juan, and their families and decide whether each is **cierto** *(true)* or **falso** *(false)*.

	Cierto	Falso
1. Tomás tiene un hermano.	_____	_____
2. Juan no tiene una hermana.	_____	_____
3. Tomás vive con su padre.	_____	_____
4. Los abuelos paternos de Juan viven en Puerto Rico.	_____	_____
5. Los padres de Tomás están divorciados.	_____	_____
6. José y Jaime son primos de Juan.	_____	_____
7. Juan vive con sus padres.	_____	_____
8. La madre de Juan no tiene padres.	_____	_____

2-34 ¿Quién es quién? Complete the following sentences with the appropriate word.

1. La madre de mi madre es mi _____.
2. El hermano de mi padre es mi _____.
3. Yo soy el _____ de mis hijos.
4. Mi esposa es la _____ de mis hijos.
5. La hija de mis padres es mi _____.
6. Los padres de mi padres son mis _____.

NOTA GRAMATICAL: The plural forms of **padre, hermano, hijo, tío, primo, abuelo,** and **padrastro** include both males and females: **los padres** include **la madre** and **el padre, los hermanos** include **el hermano** and **la hermana,** etc. When clarification is needed, you can specify: **Yo tengo tres hermanos, mi hermano Raúl y mis dos hermanas Mari y Magali.**

EXPANSIÓN LÉXICA: Otros miembros de la familia *(Other family members):* el padrastro *(stepfather),* **la madrastra** *(stepmother),* **el hermanastro** *(stepbrother),* **la hermanastra** *(stepsister)* **Las mascotas *(Family pets):* el gato** *(cat),* **el hámster** *(hamster),* **el loro** *(parrot),* **el pájaro** *(bird),* **el perro** *(dog),* **el pez** *(fish)*

ANSWERS, EX. 2-33: 1. falso 2. falso 3. falso 4. falso 5. cierto 6. cierto 7. cierto 8. falso

ANSWERS, EX. 2-34: 1. abuela 2. tío 3. padre 4. madre 5. hermana 6. abuelos

SUGGESTION, EX. 2-35: Have students compare families, asking questions to facilitate the comparisons: **¿Quién tiene una familia muy grande? ¿Quién vive con sus abuelos?**

VARIATION, EX. 2-35: Have students ask you questions about your family.

EXPANSIÓN LÉXICA: You will often hear many terms of endearment used with family members: **mi madre** may be called **mi madrecita, mi mamá, mi mamacita,** or **mi mami.** Diminutives are especially common when used to refer to the very young or the very old and are generally used with great affection: **la abuela → la abuelita; el abuelo → el abuelito; la hermana → la hermanita; el hermano → el hermanito; el padre → el padrecito / el papá / el papacito / el papi.**

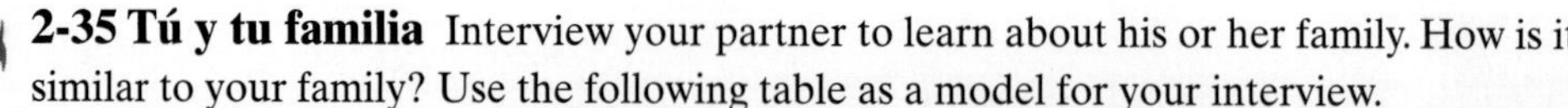

2-35 Tú y tu familia Interview your partner to learn about his or her family. How is it similar to your family? Use the following table as a model for your interview.

1. Mi nombre completo es...	1. Su nombre completo es...
2. Hay... personas en mi familia.	2. Hay... personas en su familia.
3. (No) Vivo con mi/s...	3. (No) Vive con su/s...
4. Mi padre se llama...	4. Su padre se llama...
5. Mi madre se llama...	5. Su madre se llama...
6. (No) Tengo... hermano/a/os/as.	6. (No) Tiene... hermano/a/os/as.
7. Él/Ella se llama... / Ellos/as se llaman...	7. Él/Ella se llama... / Ellos/as se llaman...

REPASO

Review **tener** and vocabulary for the home.

2-36 ¿Qué tienes en tu cuarto? ¿Qué tienes en casa? Work with a classmate to complete this activity. Find out what he or she has at home but not at school. If your partner lives at home, simply review what he or she has there.

Modelo: —*¿Qué tienes en casa?*
—*Tengo una cama, una cómoda, una alfombra y unos peces. No tengo computadora.*

Your classmate will ask you the same question. When you finish, tell the class what things you both have **(Tenemos...)**, what things you both don't have **(No tenemos...)**, and what each one of you has **(Yo tengo... Mi compañero tiene...).**

Review **tener, gustar,** and vocabulary for school and outside interests.

2-37 Las posesiones de Julián y Julián Look at the drawing and work with a partner to list and describe Julián's possessions. Then use your imagination to determine Julián's likes, dislikes, and interests based on the things he has in his room. Guess Julián's preferences from the following sets of items and activities. Then determine which of the two of you has more in common with Julián.

Modelo: la música hip hop, el jazz, la música rock
—*¿Qué le gusta más a Julián: la música hip hop, el jazz o la música rock?*
—*Le gusta más la música hip hop.*
—*¿Y a ti?*
—*Me gusta más la música rock.*

1. el teatro, la danza, la ópera
2. ver televisión, ver películas, ver a los estudiantes
3. los deportes, la política, las noticias
4. escuchar música en casa, tocar la batería, asistir a un concierto
5. la historia, las lenguas, las ciencias
6. la biología, la química, la física
7. la sociología, la educación, la psicología

ENFOQUE LÉXICO Los adjetivos para la descripción de personas

Here are some common adjectives that are used with **ser** to describe people:

Características físicas	*Physical features*
alto/a	*tall*
bajo/a	*short*
grande/a	*big*
pequeño/a	*little, petite*
bonito/a	*pretty*
feo/a	*ugly*
guapo/a	*good-looking, handsome*
delgado/a	*thin*
flaco/a	*skinny*
gordito/a	*chubby*
gordo/a	*fat*
moreno/a	*dark-featured, brunette*
pelirrojo/a	*red-headed*
rubio/a	*blond*

Otras expresiones para describir	*Other expressions to describe people*
tener el pelo...	*to have . . . hair*
canoso	*graying, salt-and-pepper*
castaño	*dark bown*
corto	*short*
largo	*long*
liso, lacio	*smooth*
rizado	*curly*
tener los ojos...	*to have . . . eyes*
azules	*blue*
castaños	*hazel*
de color café	*brown*
negros	*black*
verdes	*green*

Las cualidades personales	*Personal qualities*
aburrido/a	*boring*
antipático/a	*unpleasant*
bueno/a	*good*
creativo/a	*creative*
divertido/a	*fun, amusing*
inteligente	*intelligent*
listo/a	*smart, clever*
serio/a	*serious*
simpático/a	*nice*
tonto/a	*stupid, foolish*

EXPANSIÓN LÉXICA: Colors have different meanings throughout the Hispanic world. Throughout much of Latin America, **moreno** refers to a person of African descent, although in Spain there is no such ethnic connotation. **Rubio** always means *blond*, but in many areas this may mean a very dark or reddish-blond color. In Mexico a *blond* is likely to be called **güero/a.**

EXPANSIÓN LÉXICA: Regional differences can have surprising impact on some of these adjectives. In Spain, **guapo** is commonly used as a compliment while in the Caribbean, for example, **guapo** means *cute* in a negative way, as in "Don't get cute with me." Hispanics across the globe tend to be at ease with the adjectives **flaco** and **gordo,** descriptions often considered taboo in other cultural contexts.

Práctica

POSSIBLE ANSWERS, EX. 2-38:
1. María tiene pelo corto y canoso. Tiene ojos negros. Es baja. 2. Constancia tiene pelo corto, liso y castaño. 3. Pedro es gordito y tiene pelo corto, liso y negro. 4. Pedrito es bajo y tiene pelo corto, rizado y negro. 5. Lili tiene pelo largo, rizado y castaño.

2-38 Una familia hispana Go back to the picture of the family on the first page of this chapter. Using the new adjectives from the lists on the previous page, describe the members below as completely as you can.

1. la abuela María *(in a floral dress)*
2. la madre Constancia *(in a salmon sweater)*
3. el padre Pedro *(in a gray shirt)*
4. el hijo Pedrito *(in a bright-blue shirt)*
5. la hermana Lili *(with her eyes almost closed)*

2-39 Yo soy... How do you see yourself? Using as many adjectives from the lists on the previous page as you can, describe yourself. Which adjectives do you find most important in your self-description?

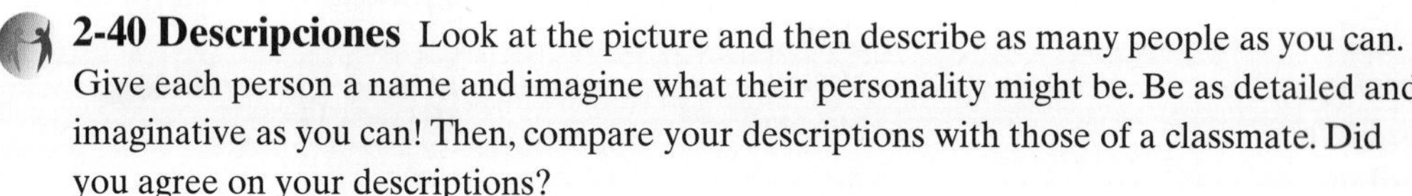

2-40 Descripciones Look at the picture and then describe as many people as you can. Give each person a name and imagine what their personality might be. Be as detailed and imaginative as you can! Then, compare your descriptions with those of a classmate. Did you agree on your descriptions?

Modelo: *Ángeles es rubia y tiene pelo corto y liso. Habla con Harry y Víctor. Ella es creativa pero antipática...*

ENFOQUE ESTRUCTURAL Más sobre el verbo *ser*

In **Capítulo 1,** and again in more detail in this **etapa**'s **Enfoque léxico,** you learned that the verb **ser** followed by an adjective is used to describe someone or something:

¡La familia de Leticia **es grande**!
José **es alto.**

The verb **ser** can also be followed by a noun to identify people and things. In this sense, **ser** is used to identify family relationships and to identify people by their profession or occupation.

Juan **es mi hermano.**	*Juan* ***is my brother.***
Pedro y Carlos **son hermanos.**	*Pedro and Carlos* ***are brothers.***
María **es su esposa.**	*María* ***is his wife.***
Esmeralda Santiago **es escritora.**	*Esmeralda Santiago* ***is a writer.***
Yo **soy estudiante.**	***I am a student.***
Jaime Escalante **es maestro.**	*Jaime Escalante* ***is a teacher.***
¿Eres traductor?	***Are you a translator?***

Other uses of **ser** that you have learned so far are:

ser to express nationality: **Soy** americana.
ser + de to express origin: **—¿De dónde eres?** **—Soy de Florida.**
ser + de to express possession: El libro **es de Franklin.**

El verbo *ser* y las profesiones

As you saw in **Etapa 2,** most nouns that refer to work or occupation have both a masculine and a feminine form. These words follow the same patterns as adjectives of nationality (see pages 42 and 43).

1. If the masculine noun ends in **-o,** the feminine form ends in **-a.**

Masculino	Feminino
Mi hermano es **abogado.** Tu primo es **ingeniero.**	Su esposa es **abogada.** Su hija es **ingeniera.**

2. If the masculine noun ends in the consonant **-r,** the feminine is formed by adding **-a** to the end of the word.

   Él es **profesor.** — Ella es **profesora.**
   Oscar Hijuelos es **escritor.** — Helena María Viramontes es **escritora.**

NOTA GRAMATICAL: Some professions have different words for feminine and masculine: **actor / actriz.**

3. Nouns that end in the vowel **-e,** as well as those that end in **-ista,** have the same masculine and feminine form.

   Él es **estudiante.** — Ella es **estudiante.**
   Ray Suárez es **periodista.** — María Hinojosa es **periodista.**

4. Nouns of profession form their plural in the same way as adjectives of nationality. Add **-s** to the masculine or feminine singular form if the noun ends in a vowel. If the singular form ends in a consonant, add **-es** to the masculine noun and **-as** to the feminine.

   Ellos son **abogados.** — Ellas son **abogadas.**
   Ellos son **profesores.** — Ellas son **profesoras.**
   Ellos son **estudiantes.** — Ellas son **estudiantes.**

Práctica

2-41 La familia Sánchez The Sánchez family is large and close-knit. They also share many of the same professions. Complete the descriptions of these family members indicating how spouses, children, and siblings have the same profession.

ANSWERS, EX. 2-41: 1. son maestros 2. es estudiante 3. es cocinera 4. es artista 5. es informática

Modelo: Eladio Sánchez es contador. Sus hijos Fernando y Luis también *(also)*...
Sus hijos Fernando y Luis también son contadores.

1. Herminia Sánchez es maestra. Sus hijos Esteban y María Gracia también _______.
2. Luisito Sánchez es estudiante. Su hermana Martita también _______.
3. Orlando Sánchez es cocinero *(chef)*. Su esposa Magdalena también _______.
4. Alejandra Sánchez es artista. Su esposo Jorge también _______.
5. José Luis Sánchez es informático. Su hija Laura también _______.

2-42 ¿El Sr. Santana? Él es... You and a friend are attending a family gathering. Point out to your friend various members of your family and acquaintances and state who they are and what their professions are.

Modelos: Sr. Santana / mi tío / abogado
¿El Sr. Santana? Es mi tío y es abogado.

Sr. y Sra. Santana / los padres de mi amigo Isidro / ingeniero
¿El Sr. y la Sra. Santana? Son los padres de Isidro y son ingenieros.

1. Sr. y Sra. Herrera / los padres de mi amigo Juan / médico
2. Sr. Pérez / mi tío / biólogo
3. Sr. y Sra. López / los tíos de mi amiga Nati / abogado
4. Sra. Dávila / mi madre / ingeniero
5. Sr. y Sra. Valdés / mi padrastro y su esposa / profesor
6. Patricio / mi hermano / estudiante
7. Sra. González / mi tía / cantante
8. Sr. Chávez / mi abuelo / hombre de negocios

SUGGESTION: Provide a transition for students, reminding them that the theme of this **etapa** is family. Therefore, the following **Comentario cultural** highlights a cultural idiosyncrasy of the Spanish-speaking family name.

COMENTARIOS CULTURALES

Los apellidos

Perhaps you have noticed that Spanish speakers often use more than one last name. This is because many use their mother's maiden name along with their father's last name. For example, Leonardo Candelaria Márquez would use the last name of his father first (Candelaria), followed by his mother's maiden name (Márquez). Leonardo might also use the initial instead of the complete second name (Leonardo Candelaria M.). When addressing someone, you use the first of the two last names (Leonardo Candelaria). When looking up a name in a telephone book, you would always refer to the first of the two last names, though the second last name will help you locate the person if, following our example, there are many Candelarias in the directory.

Leonardo Candeleria Márquez

Nuria Guzmán de Diego

INTEGRACIÓN CULTURAL

1. What would be your complete name if you had this tradition where you live?
2. Ask several classmates for their complete Spanish-style name:

Modelo: *—En español, ¿cómo te llamas?*
—En español, me llamo Maurine Sutherland Davis.

3. What does this tradition tell you about Hispanic culture? How do you interpret this tradition in terms of the importance of family and of women in Hispanic culture?

ENFOQUE ESTRUCTURAL Las preguntas de tipo *sí/no*

Think about how you ask questions in English. Some questions can be answered with a simple *yes* or *no*. Note the examples below.

¿Estudias mucho? —**Sí.**	*Do you study a lot? —**Yes.***
¿Hablan ustedes francés? —**No.**	*Do you speak French? —**No.***
Ella toca la guitarra, ¿verdad? —**Sí.**	*She plays the guitar, doesn't she? —**Yes.***
Ellos trabajan mucho, ¿no? —**Sí.**	*They work a lot, don't they? —**Yes.***

SUGGESTION: Yes/no questions: In spoken Spanish, the most frequently used interrogative marker is rising intonation. To reinforce this, do a short activity where students indicate whether they hear a question or a statement. For example: **Tú estudias mucho. ¿Tú cantas bien? ¿Uds. trabajan? Ellos hablan español muy poco. ¿Desean tomar algo?**

There are three basic ways to ask questions in Spanish:

1. Make your voice rise at the end of a sentence:

   ¿Usted mira mucho la televisión? Usted mira mucho la televisión.

2. Invert the order of the subject and the verb:

   ¿Practican ellas español en clase? Ellas practican español en clase.

3. Add the words **¿verdad?** or **¿no?** after a statement:

   —Tú no trabajas mucho, **¿verdad?**
   —Clara canta bien, **¿no?**

The questions **¿verdad?** or **¿no?** are the equivalent of *don't you?, isn't she?, isn't that right?,* etc., at the end of an English sentence.

EXPANSIÓN LÉXICA: Verdad literally means *true,* but in this context it means *isn't that so* or *right?* The tag question **¿no?** is generally accompanied by a nod, since the speaker assumes it is an affirmative statement: **José y Freddy chismean mucho, ¿no?** (nod)

To answer a yes/no question you can simply say **sí** or **no.** You can emphasize a negative response by saying **no** twice and repeating the verb used in the question.

—¿Viajas mucho?	*Do you travel much?*
—**No, no** viajo mucho.	***No, I don't** travel much.*

Práctica

2-43 Preguntas Change each statement to a question by making your voice rise at the end of the sentence. Your partner will answer affirmatively. Switch roles with every other question.

Modelo: Usted desea café.
—¿Usted desea café?
—Sí, deseo café.

1. Usted desea café.
2. Tú miras mucho la televisión.
3. Román trabaja poco.
4. Ustedes estudian mucho.
5. Ellos toman cerveza.
6. Reynaldo toca el violín.
7. Tú tienes una computadora.
8. Hay un estéreo en tu casa.
9. El perro es de Germán.
10. La computadora portátil es de Marta.
11. Julia es antipática.
12. Mario y Jaime son rubios.

Now repeat the activity, adding **¿no?** or **¿verdad?** and making your voice rise to change the statements to questions. This time your partner will answer "No," being sure to add a second *no*. Switch roles with each question.

Modelo: Usted desea café.
—Usted desea café, ¿no?
—No, no deseo café.

 **2-44 Entrevista a tus compañeros** You have an idea about the interests of your classmates but would like to know them better. Go around the class and ask questions of individual students, following the model. Take notes so that you can report back to the class on your findings.

Modelo: tú / escuchar / jazz
—Tú escuchas jazz, ¿no?
o *—¿Escuchas jazz?*
—Sí, escucho jazz. Estudio música.

1. tú / hablar / italiano
2. tú / investigar / sobre genética *(genetics)*
3. tú / analizar / noticias políticas
4. tú / ver / un vídeo de *Hamlet*
5. tú / hablar sobre / deportes
6. tú / programar / computadoras
7. tú / ...

Create three more questions that you would like to ask your classmates. Then give the class a report of what you have learned. Who has which major? Who has no major yet **(todavía)**?

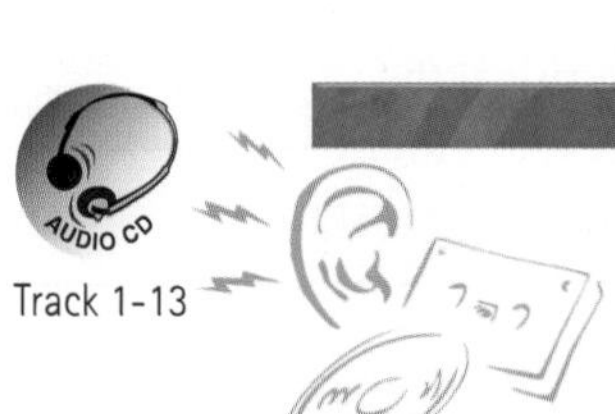

Track 1-13

VAMOS A ESCUCHAR:
MI FAMILIA

HERITAGE LEARNERS: Ask heritage learners to listen to the Spanish in the **Vamos a escuchar** recording and to compare it with the Spanish they use in their communities.

Isabel and Miguel are now providing information about their families. Listen to their brief monologs and complete the following activities.

Antes de escuchar

Based on what you've learned in this **etapa,**

- what information about their families do you expect Isabel and Miguel to include in their monologs?
- how different do you think the two families might be?

Before you listen to the Text audio CD, look at the chart in activity 2-45. As you hear Miguel and Isabel decribe their families, listen for the specific descriptions listed on the chart.

Después de escuchar

2-45 Comprensión As you listen to the descriptions of the two families, indicate on the chart which information applies to Miguel's family and which descriptions apply to Isabel's family.

ANSWERS, EX. 2-45: Miguel: familia grande, padre: ingeniero, madre: periodista, dos hermanos, apellido: García; **Isabel:** familia pequeña, padre: contador, madre: profesora, un hermano, apellido: Vásquez

	Miguel	**Isabel**
familia		
grande		
pequeña		
padre		
contador		
profesor		
ingeniero		
mecánico		
madre		
enfermera		
abogada		
profesora		
periodista		
hermanos		
un hermano		
dos hermanos		
apellido		
García		
Vásquez		

HERITAGE LEARNERS: Ask heritage learners to listen to the Spanish in the **Vamos a escuchar** recording and to compare it with the Spanish they use in their communities.

2-46 ¿Cómo lo dicen? Listen once again to the Text audio CD. As you listen, try to determine the following information.

ANSWERS, EX. 2-46: 1. Tengo una familia muy grande. 2. Mis padres están divorciados.

1. How does Miguel say that he has a very big family?
2. How does Isabel say that her parents are no longer married to each other?

TÚ DIRÁS

2-47 Mi árbol genealógico Construct a family tree as far back as your grandparents. Provide several bits of information for each living person: (1) where he or she lives and (2) what he or she does. Come up with a profile similar to the ones on page 73. Then, using your family tree as a guide, tell two of your classmates about your family and see if they can draw your family tree correctly.

2-48 La pareja perfecta We often fantasize about a perfect world, a perfect job, or a perfect partner. Working with a classmate, design the perfect partner. What is he or she like? What does this person do? Where is he or she from? Where do the two of you—**la pareja perfecta**—live? Share your descriptions with the class. How does the person you design match up with the other perfect people designed by your classmates?

INTEGRACIÓN

Lectura: Mini-retratos

Antes de leer

In this chapter you have been learning how to talk about possessions, likes and dislikes, families, and professions. Before you read the mini-portraits of the following Hispanics living in the United States, do the following activities.

SUGGESTION: As a pre-reading activity, ask students how they determine one's identity. Have them look at the photos in the section and try to guess the identity of each person. Students often don't recognize cognates while reading because they are thinking in Spanish, or they are trying to pronounce the words according to Spanish phonology. If students can't recognize a particular cognate, have them pronounce it as if it were an English word. This often activates the recognition of the cognate.

A. Look at the pictures of the people on page 84 that will be featured in each mini-portrait. What kind of information do you think each one will include?

B. Los cognados Reading skills in Spanish generally develop more rapidly than speaking, listening, and writing skills. Remember that there are many cognates shared by Spanish and English.

What do you think each of the following words means?

1. hospital
2. profesor
3. montañas
4. museo
5. ingeniero
6. presidente
7. compañía
8. garaje
9. arquitecto
10. universidad
11. divorciado
12. banco
13. condominio
14. privada
15. dentista
16. parque

Now scan the mini-portraits. Look for cognates to help you get the general idea of each paragraph.

Guía para la lectura

C. ¿Cierto o falso? Read the **Mini-retratos** on page 84 more carefully now, referring to the glosses in each. Then decide whether each statement is **cierto** *(true)* or **falso** *(false)*. Support your answers by pointing out the relevant information in the **Lectura.**

ANSWERS, EX. C: 1. a. Falso (cuatro hijos: un hijo y tres hijas) b. Falso (está mucho en casa) c. Cierto d. Cierto 2. a. Falso (con su madre y hermanito) b. Falso (habla francés y español) c. Falso (familia pequeña) d. Falso (con su papá) 3. a. Cierto b. Falso (un apartamento en Madrid) c. Cierto d. Falso (los hijos no viven en casa) 4. a. Falso (vive con su hijo) b. Falso (su esposa murió) c. Falso (come con la familia) d. Cierto

Mini-retrato 1

1. La médica:
   _______ a. Tengo cuatro hijas.
   _______ b. Mi esposo trabaja todos los días en una oficina.
   _______ c. Me gusta la naturaleza.
   _______ d. Paso mucho tiempo con mis hijos.

Mini-retrato 2

2. La estudiante:
   _______ a. Vivo con mis padres en Albuquerque, Nuevo México.
   _______ b. Hablo alemán y español.
   _______ c. Tengo una familia grande.
   _______ d. Paso el verano con mi mamá.

Mini-retrato 3

3. El presidente de la compañía:
   _______ a. Soy materialista.
   _______ b. Tengo una casa grande en Madrid.
   _______ c. Soy rico.
   _______ d. Paso mucho tiempo con mis hijos.

Mini-retrato 4

4. El señor jubilado:
   _______ a. Vivo con mi hijo y su familia en Nueva York.
   _______ b. Camino a veces con mi esposa.
   _______ c. Por la noche, yo como en un restaurante.
   _______ d. Por la noche, me gusta ver la televisión.

D. Más sobre cognados *(More about cognates)* Go back over each of the four readings and make a list of all of the cognates you can find.

POSSIBLE ANSWERS, EX. D: Possible cognates include 1. **médica, familia, hospital, esposo, acampar, fútbol** (you may want to remind students that **fútbol** is not the same as **fútbol americano**), **arte, museo, arquitecto, universidad;** 2. **secundaria, modernas, literatura, Europa, divorciados, banco, profesor, menor;** 3. **presidente, compañía, televisores, garaje, condominio, apartamento, privada, instituciones, benéficas;** 4. **dentista, parque, televisión, tranquila.**

Al fin y al cabo

Now prepare your **mini-retrato** and then compare it with the ones you have just read. Which **mini-retrato** that you have read is the most similar to yours? Why?

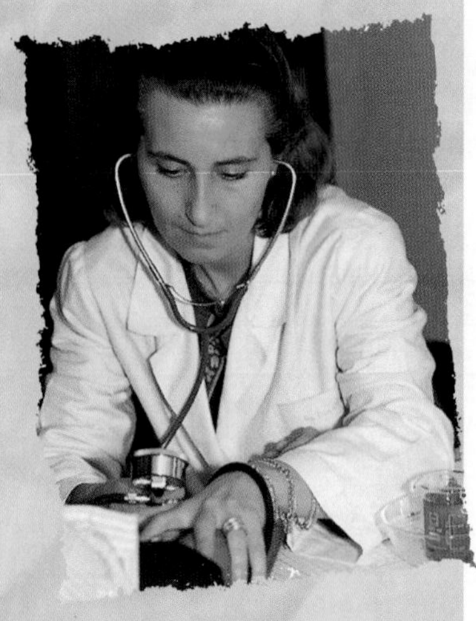

Mini-retrato 1

he spends a lot of time / During / weekend / Sometimes we go / game / wants

Yo soy médica y madre de familia. Trabajo en un hospital en Miami. Mi esposo es ingeniero. Él trabaja en casa y así **pasa mucho tiempo** con los niños. Tenemos un hijo y tres hijas. **Durante el fin de semana** pasamos tiempo con nuestros hijos. **A veces vamos** a acampar o a **un partido** de fútbol. A veces vamos a la playa. Me gusta el arte, y a veces mi esposo y yo vamos a los museos de arte. Llevamos a nuestros hijos con nosotros porque mi hijo **quiere** ser arquitecto, y una de mis hijas quiere estudiar pintura en la universidad.

Mini-retrato 2

I want / someday / younger

Yo soy estudiante de la escuela secundaria de Albuquerque, Nuevo México. Estudio lenguas modernas —francés y español— porque me gusta mucho la literatura y también porque **quiero** viajar a Europa y a América Latina **algún día.** Mis padres están divorciados. Vivo con mi madre. Ella trabaja en un banco. Mi padre es profesor; vive en Pennsylvania. Tengo un hermano **menor** que se llama Esteban. No tengo hermanas. Tengo un perro y un gato. Mi hermano y yo pasamos el verano con nuestro papá.

Mini-retrato 3

attend / charitable / life / comfortable

Yo soy presidente de una compañía. Vivo en Boston. Tengo una casa grande, tres televisores grandes y dos coches en el garaje. Mi esposa y yo viajamos mucho. Tenemos un condominio en Puerto Rico y un apartamento en Madrid. Mis hijos no viven en casa, **asisten** a una escuela privada. Contribuimos con mucho dinero a diferentes instituciones **benéficas** todos los años. Tenemos **una vida** muy **cómoda.**

Mini-retrato 4

retired / died / to walk / At night / after

Yo soy **jubilado.** Mi esposa **murió** en 1985. Vivo con mi hijo en Nueva York. Él es dentista y está casado. Su esposa se llama Cecilia. Ellos tienen dos hijos. Yo no trabajo. Me gusta la naturaleza y me gusta mucho **caminar** en el parque. **Por la noche,** como con la familia y **después de** comer miro la televisión. Mi vida es muy tranquila y agradable.

INTERCAMBIO: JUAN CARLOS Y ÁLVARO

In this activity, as with all the **Intercambio** activities, one student will be **A** and another will be **B.** Neither of you has access to the other person's information. In order to get the information you need, you will ask yes/no questions. To keep track of everything your partner says, have a piece of paper next to you so you can write down some notes. Your partner will need to get the information you have. Answer only **Sí** or **No** to his or her questions.

Estudiante A Your classmate will begin by asking the first question. Listen carefully. If you don't understand all or part of what your partner says, you can use the following expression: **No entiendo. ¿Puedes repetir?** Once you understand what your classmate has said, you answer. Then you ask your first question.

Álvaro tiene 21 años y es estudiante. Vive en un apartamento con un amigo. Le gustan mucho las artes, especialmente la pintura abstracta. En su cuarto hay una cama, una silla y una mesa. A Álvaro le gusta mucho la música y tiene un estéreo y muchos discos compactos.

SUGGESTION: Even though the students are to respond to the questions with yes/no answers, encourage students to request clarification from each other if they do not understand the questions their partners are asking them. They can request clarification or repetition by saying **¿Cómo? Repite, por favor.**

Ésta es la información que tienes sobre Álvaro:

Ésta es la información que tienes que obtener sobre Juan Carlos:

1. where he lives
2. what he likes
3. what he has in his room
4. his age

Estudiante B You will begin by asking the first yes/no question. If your partner doesn't understand all or part of what you say, you will hear the following expression: **No entiendo. ¿Puedes repetir?** Once your partner answers your question, he or she will ask you the next question.

Ésta es la información que tienes sobre Juan Carlos:

Juan Carlos tiene 23 años. No es estudiante. Trabaja en un restaurante. Vive en una casa. Le gusta mucho la naturaleza y tiene muchas plantas en su cuarto. En su cuarto hay una cama, una silla y una mesa. Juan Carlos tiene muchos estantes con libros.

Ésta es la información que tienes que obtener sobre Álvaro:

1. where he lives
2. what he likes
3. what he has in his room
4. his age

VOCABULARIO

HERITAGE LEARNERS: Ask heritage learners to add to the **Vocabulario** any alternate vocabulary that they have come up with over the course of the chapter. They might put the words in categories like **Así lo dice el libro; Así lo dice el/la profesor/a; Así lo digo yo,** etc.

Track 1-14

The **Vocabulario** consists of all new words and expressions presented in the chapter. When reviewing or studying for a test, you can cover up the English and go through the list to see if you know the meaning of each item.

Lo mío *My things*

Para expresar posesión *Expressing possession*

¿De quién(es) es... ? *Whose . . . is it?*
¿De quié(es) son... ? *Whose . . . are they?*
Es de... *It belongs to . . .*
Son de... *They belong to . . .*

Las viviendas *Housing*

el apartamento *apartment*
la casa *house*
el cuarto *room*
la residencia estudiantil *dormitory*

En mi cuarto *In my room*

la alfombra *rug, carpet*
la almohada *pillow*
la cama *bed*
el casete *cassette*
el clóset/el rospero *closet*
la cómoda *dresser*
la computadora *computer*
la computadora portátil *laptop computer*
 el teclado *keyboard*
 la pantalla *screen*
 el ratón *mouse*
el disco compacto *compact disc*
el escritorio *desk*
el estante *bookshelf*
el estéreo *stereo*
la lámpara *lamp*
el libro *book*
la pared *wall*
la planta *plant*
la puerta *door*
el póster *poster*
el radio despertador *clock radio*
el ropero *closet*
la silla *chair*
el sillón *armchair*
el televisor *television set*
la ventana *window*
el vídeo *video*
la videocasetera *VCR*

Los colores

amarillo *yellow*
anaranjado *orange*
azul *blue*
blanco *white*
gris *gray*
marrón, café *brown*
morado *purple*
negro *black*
rojo *red*
rosado *pink*
verde *green*
violeta *violet*

Las ciencias

la biología *biology*
la bioquímica *biochemistry*
la física *physics*
la informática *computer science*
las matemáticas *math*
la química *chemistry*

Las humanidades

la filosofía *philosophy*
la historia *history*
las lenguas extranjeras *foreign languages*
la literatura *literature*
la religión *religion*

Las ciencias sociales

la antropología *anthropology*
las ciencias políticas *political science*
la geografía *geography*
la sociología *sociology*

Las artes

la danza *dance*
el diseño *design*
la escultura *sculpture*
la fotografía *photography*
la música *music*
la pintura *painting*
el teatro *theater*

Otras especialidades

la administración de empresas *business administration*
la contabilidad *accounting*
el derecho *law*
la ingeniería (civil, eléctrica) *(civil, electrical) engineering*
el periodismo *journalism*
la publicidad *advertising*

Las profesiones en el mundo de las ciencias

el/la biólogo/a *biologist*
el/la enfermero/a *nurse*
el/la físico/a *physicist*
el/la informático/a *computer scientist*
el/la médico *medical doctor*
el/la químico/a *chemist*

Las profesiones en el mundo de las humanidades

el/la escritor/a *writer*
el/la filósofo/a *philosopher*
el/ la historiador/a *historian*
el/la traductor/a *translator*

Las profesiones en el mundo de las artes

el/la actor/actriz *actor/actress*
el/la artista *artist*
el/la bailarín (bailarina) *dancer*
el/la cantante *singer*
el/la diseñador/a *designer*
el/la escultor/a *sculptor*
el/la fotógrafo/a *photographer*
el/la músico *musician*
el/la pintor/a *painter*

Otras profesiones

el/la abogado/a *lawyer*
el/la asesor/a *consultant*
el/la contador/a *accountant*
el/la deportista, el/la atleta *athlete*
el/la hombre/mujer de negocios *businessman/-woman*
el/la ingeniero/a *engineer*
el/la maestro/a *teacher*
el/la mecánico *mechanic*
el/la periodista *journalist*

el/la profesor/a *professor*
el/la trabajador/a social *social worker*

Los míos *The people in my life*

La familia *Family*

la abuela *grandmother*
el abuelo *grandfather*
la esposa *wife*
el esposo / el marido *husband*
la hermana *sister*
el hermano *brother*
la hija *daughter*
el hijo *son*
la madre *mother*
el padre *father*
la prima *cousin (f.)*
el primo *cousin (m.)*
la tía *aunt*
el tío *uncle*

Otras personas *Other people*

un/a amigo/a *friend*
un/a compañero/a de cuarto *roommate*

Adjetivos para describir a las personas *Descriptive adjectives*

aburrido/a *boring*
alto/a *tall*
antipático/a *unpleasant*
bajo/a *short*
bonito/a *pretty*
bueno/a *good*
castaño *hazel, brown-eyed, brown hair*
creativo *creative*
delgado/a *thin*
divertido/a *fun, amusing*
feo/a *ugly*
flaco/a *skinny*
gordito/a *chubby*
gordo/a *fat*
grande *big*
guapo/a *good-looking, handsome*
inteligente *intelligent*
listo/a *smart, clever*
moreno/a *dark-featured, brunette*
pelirrojo/a *red-headed*
pequeño/a *little, petite*
rubio/a *blond*
serio/a *serious*
simpático/a *nice*
tonto/a *stupid, foolish*

Otras expresiones para describir

tener los ojos... *to have . . . eyes*
 azules *blue*
 de color café *brown*
 negros *black*
 verdes *green*
tener el pelo... *to have . . . hair*
 canoso *graying, salt-and-pepper*
 castaño *dark bown*
 corto *short*
 largo *long*
 liso, lacio *straight*
 rizado *curly*

VOCABULARIO GENERAL

Los posesivos *Possessives*

mi(s) *my*
nuestro(s) *our*
nuestra(s) *our*
su(s) *his, her, its, your, their*
tu(s) *your*
vuestro(s) *your*
vuestra(s) *your*

Verbos *Verbs*

analizar *to analyze*
charlar *to chat*
chismear *to gossip*
cocinar *to cook*
descansar *to rest*
dibujar *to draw*
explorar *to explore*
hay (haber) *there is / there are*
gustar *to like, to be pleasing*
investigar *to research, investigate*
pintar *to paint*
programar *to program*
tener *to have*
tocar *to play (an instrument)*
ver *to watch, see*
viajar *to travel*

Sustantivos *Nouns*

el apellido *last name*
la batería *percussion instruments*
los deportes *sports*
la guitarra *guitar*
la naturaleza *nature*
el nombre *(first) name*
las noticias *news*
la película *movie*
 de aventuras *adventure*
 extranjera *foreign*
 romántica *romantic*
el piano *piano*
la política *politics*

Otras palabras y expresiones *Other words and expressions*

allí *there*
aquí *here*
¿Cuántos hay? *How many are there?*
¿Dónde hay... ? *Where is/are there . . . ?*
Me gusta(n)... *I like . . .*

HERITAGE LEARNERS: Remind heritage learners to pay special attention to words that may contain spelling combinations that have traditionally been problematic for them, for example, the **h** in **almohada,** the **z** in **danza** and **actriz,** and the **ll** in **apellido.** Also point out to them the accent marks on such words as **clóset, portátil, estéreo, póster,** etc.

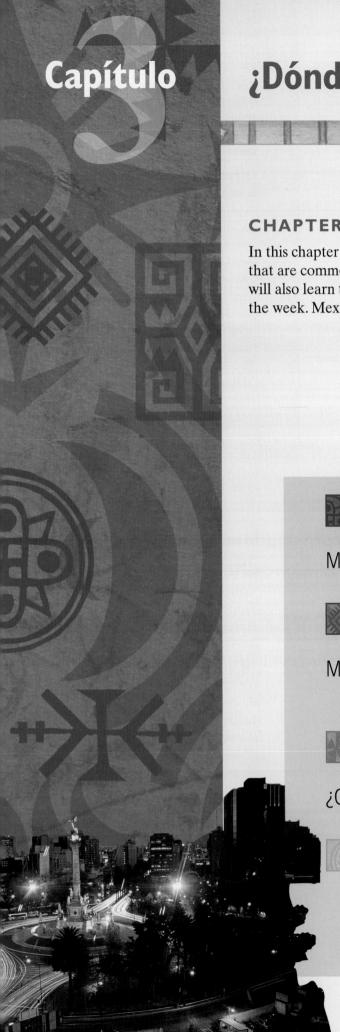

Capítulo 3

¿Dónde y a qué hora?

CHAPTER OBJECTIVES

In this chapter you will learn about places like buildings and public areas that are common in the cities and towns of Spanish-speaking countries. You will also learn to describe a house or apartment and to identify the days of the week. Mexico will serve as the country of focus for this chapter.

PRIMERA ETAPA

Mi pueblo

SEGUNDA ETAPA

Mi casa

TERCERA ETAPA

¿Cuándo?

INTEGRACIÓN

Paseo de la Reforma, México, D.F.

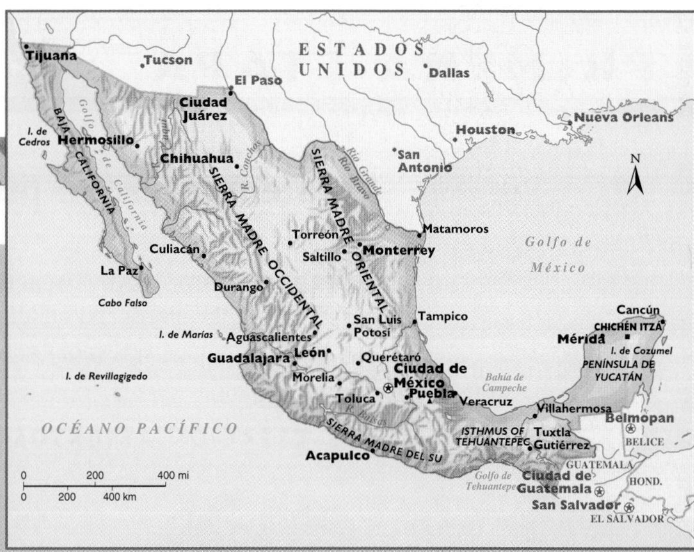

México

Estados Unidos Mexicanos

Población: 100.349.766

Área: 1.958.201 kilómetros cuadrados (más de cinco veces el tamaño de Montana)

Capital: La Ciudad de México, Distrito Federal, 20.000.000

Ciudades principales: Guadalajara, 3.908.000; Puebla, 2.800.000; Tijuana, 1.200.000; Monterrey, 1.100.000

Moneda: el peso

Lenguas: el castellano, las lenguas indígenas (el maya, el náhuatl y otras)

Principales productos de exportación: petróleo crudo y derivados del petróleo, productos ensamblados o acabados en maquiladoras, plata, café, algodón

Embajada: 1911 Pennsylvania Avenue NW, Washington, D.C. 20006-3403

Functions

- identify and locate places in a city or town
- inquire and provide information about other people

Functions

- identify and locate the different parts of a house or apartment and their respective furniture
- provide information about someone's physical and emotional condition

Functions

- provide a detailed schedule with the time and the days for your daily activities
- ask for and give detailed directions to others

Lectura: Las mariposas Monarca de México
Vídeo: Episodio 2; Actividades en las páginas V-4–V-5
Intercambio: ¿Dónde está... ?
Escritura: Actividades en el manual

Tools

The tools you will use to carry out these functions are:

- Vocabulary for:
  - places and locations in cities and towns
  - **tener** and expressions with **tener**
  - the interior of an apartment or a house
  - descriptions of physical and emotional conditions
  - the time, parts of the day, and days of the week
- Grammatical structures:
  - interrogative words and numbers
  - present tense verbs with irregular **yo** forms
  - present tense **estar** + location, **estar** + adjectives
  - prepositions of place or proximity
  - present tense of stem-changing verbs (**e → ie; o → ue; e → i**)
  - commands with **usted** and **ustedes**

PRIMERA ETAPA

INTERNET

My town

Para empezar: Mi pueblo

SUGGESTION: Using the **Preparación** questions, brainstorm with students to review the vocabulary associated with places in cities and towns. As they mention a particular building, use transparency F-1 to point out these places.

HERITAGE LEARNERS: As an exercise with the map included in the chapter opener, have heritage learners from Mexico point out the towns and cities where their ancestors may have come from. They could use **Mi familia es de...** to point this out.

TRANSPARENCY F-1: Los lugares públicos

Preparación: As you begin this **etapa,** answer the following questions:

- What are the places and buildings likely to be found in any city or town?
- What are some expressions you use to indicate where things are located?

LOS ESPACIOS ABIERTOS *OPEN SPACES*

el parque

la plaza

el mercado

LOS EDIFICIOS PÚBLICOS *PUBLIC BUILDINGS*

el ayuntamiento

la escuela

la universidad

la iglesia

el hospital

SUGGESTIONS: (1) Write on the board the names of the places. Have students ask you about the words they do not recognize: **¿Qué es una biblioteca?** (2) Draw caricatures of the buildings on the board. Have students repeat **Es una iglesia.** Then ask **¿Qué es?** and/or say (pointing at the disco) **¿Es una escuela? (No, es una discoteca.)**

la oficina de correos

la biblioteca

la estación de policía

el museo

EXPANSIÓN LÉXICA: In many areas **una estación de policía** is called **una comisaría.**

EXPANSIÓN LÉXICA: Public transportation has many names throughout the Spanish-speaking world. *A bus* is **un autobús** wherever you travel, but you will find local variations as well. In Puerto Rico, the Dominican Republic, the Canary Islands, and in Cuba look for **una guagua.** Throughout South America people hail **un ómnibus/bus.** In Mexico, **un camión** may refer to *a bus* or *a truck.* In Spain, **un autobús** will take you around within a city but **un autocar** will take you from city to city. Wherever you travel, **un taxi** can always be found.

EL TRANSPORTE *TRANSPORTATION*

el aeropuerto

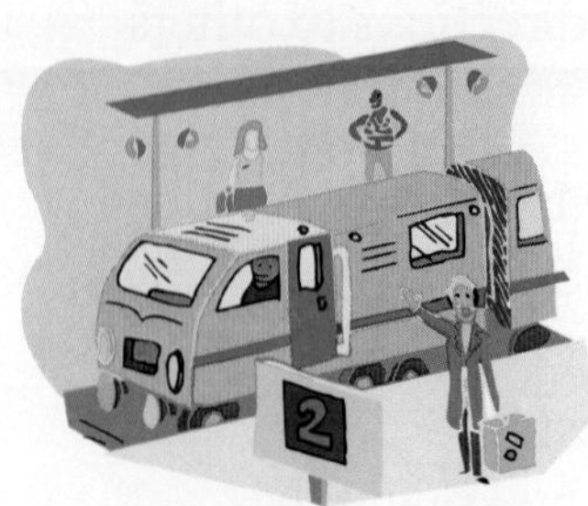

la estación de trenes

la terminal de autobuses

EL ENTRETENIMIENTO *ENTERTAINMENT*

EXPANSIÓN LÉXICA: In countries where bullfighting is popular, many towns have **una plaza de toros** *(bullring).*

MULTILEVEL SUGGESTION: With advanced beginners especially, present topic and vocabulary to students entirely in Spanish. Set up presentation by telling students **Este verano voy a visitar la Ciudad de México. Sólo voy a pasar una semana allí y quiero ver todo lo que tiene la ciudad. Tengo aquí un mapa que tiene todos los puntos de interés. La ciudad tiene museos, donde puedo ver arte de México...** Use gestures, intonation, and visuals to aid comprehension. Use comprehension checks throughout the presentation, for example: **Clase, ¿dónde puedo ver arte?...**

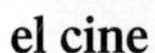
el cine

la discoteca

el estadio

el café

el restaurante

Práctica

3-1 ¿Qué es? Identify each building or place.

Modelo: *Es un hospital.*

ANSWERS, EX. 3-1: 1. Es una terminal de autobuses. 2. ...una plaza. 3. ...una estación de policía. 4. ...un mercado. 5. ...un aeropuerto. 6. ...una estación de trenes. 7. ...una oficina de correos. 8. ...una iglesia.

1. ______________

2. ______________

3. ______________

4. ______________

5. ______________

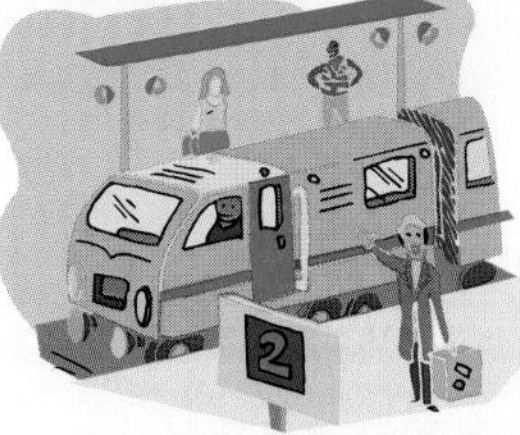

6. ______________

7. ______________

8. ______________

VARIATION, EX. 3-2: Have students greet each other and ask, in Spanish, where each is from. Then have them ask if any of these particular buildings are in their hometown. The other student responds and tells the street where the building is located. Follow up by asking whose hometowns have each of these places.

3-2 ¿Hay un/a... en el barrio? Ask a classmate if the following places are in downtown Cuernavaca. Your classmate will answer affirmatively and will indicate where each place can be found on the map below.

Modelo: restaurante / en la calle Juárez
—Perdón, señor (señorita), ¿hay un restaurante en el barrio?
—Sí, hay un restaurante en la calle Juárez.

1. iglesia / en la calle Isla Mujeres
2. discoteca / en la calle Salazar
3. museo / en la calle Salazar
4. cine / en la calle Cruz
5. una escuela de lenguas / en la calle Isla Mujeres
6. oficina de correos / en la calle Cruz
7. mercado / en la calle Cruz
8. biblioteca / en la calle Cruz

3-3 Y en tu pueblo o ciudad, ¿qué edificios hay? Write a short paragraph in which you describe your town or city, indicating what public places there are.

ENFOQUE LÉXICO Los números de cien a un millón

100	**ciento/cien**
101	**ciento uno**
102	**ciento dos**
120	**ciento veinte**
130	**ciento treinta**
200	**doscientos/as**
300	**trescientos/as**
400	**cuatrocientos/as**
500	**quinientos/as**
600	**seiscientos/as**
700	**setecientos/as**
800	**ochocientos/as**
900	**novecientos/as**
1.000	**mil**
2.000	**dos mil**
4.576	**cuatro mil quinientos setenta y seis**
25.489	**veinticinco mil cuatrocientos ochenta y nueve**
1.000.000	**un millón**
2.000.000	**dos millones**

1. The word **cien** is used before a noun: **cien autobuses, cien plazas.**
2. **Ciento** is used with numbers from 101 to 199. There is no **y** following the word **ciento:** 120 = **ciento veinte.**
3. **Cientos** changes to **cientas** before a feminine noun: **doscientos parques, doscientas iglesias.**
4. Notice that Spanish uses a period where English uses a comma: 3.400 ***(tres mil cuatrocientos)*** = 3,400 *(three thousand four hundred)*
5. **Millón/millones** is followed by **de** when it accompanies a noun: **un millón de dólares, tres millones de habitantes.**

EXPANSIÓN LÉXICA: For decimal fractions of a number, Spanish uses a comma where English uses a period:
1,50 ***(uno coma cincuenta)*** =
1.50 *(one point fifty)*

In Spanish, years are expressed the following way:

Es un edificio del año 1921 *(mil novecientos veintiuno).*
Hernán Cortés llega a México en 1519 *(mil quinientos diecinueve).*

Práctica

3-4 Es una ciudad de... Mexican history began long before the Spaniards arrived. Indicate in words these approximate dates associated with the following cities and ceremonial sites. Use **antes de Cristo** (a.C.) for *B.C.* and **después de Cristo** (d.C.) for *A.D.*

Modelo: El Templo Mayor (1318 d.C.)
El Templo Mayor es del año mil trescientos dieciocho después de Cristo.

1. El primer pueblo establecido cerca del lago Texcoco (8000 a.C.)
2. El centro ceremonial olmeca de La Venta (1000 a.C.)
3. La ciudad zapoteca de Monte Albán (510 a.C.)
4. La Pirámide del Sol de Teotihuacán (391 d.C.)
5. Los palacios mayas de Uxmal (737 d.C.)
6. La ciudad tolteca de Tula (950 d.C.)
7. La capital azteca, Tenochtitlán (1325 d.C.)
8. El templo azteca de Huitzilopochtli (1490 d.C.)

ANSWERS, EX. 3-4: 1. El primer pueblo establecido cerca del lago Texcoco es del año 8000 antes de Cristo. 2. El centro ceremonial olmeca de La Venta es del año 1000 antes de Cristo. 3. La ciudad zapoteca de Monte Albán es del año 510 antes de Cristo. 4. La Pirámide del Sol de Teotihuacán es del año 391 después de Cristo. 5. Los palacios mayas de Uxmal son del año 737 después de Cristo. 6. La ciudad tolteca de Tula es del año 950 después de Cristo. 7. La capital azteca, Tenochtitlán, es del año 1325 después de Cristo. 8. El templo azteca de Huitzilopochtli es del año 1490 después de Cristo.

SUGGESTION, EX. 3-4: These perhaps unfamiliar names may appear intimidating, but each can be pronounced by sounding it out syllable by syllable. Encourage your students to try pronouncing these words of indigenous origin. Point out that the **tl** combination is characteristic of **náhuatl,** the language spoken by the Aztecs when Cortés arrived in what is today central Mexico. It is still a very vibrant language spoken by about 100,000 people.

3-5 ¿Cuántos años tienen? Mexico has a rich collection of colonial buildings. Indicate how old the following buildings and public spaces are. Note that the date in parentheses tells you when they were built.

Modelo: La Basílica Antigua de la Virgen de Guadalupe (1709)
La Basílica Antigua de la Virgen de Guadalupe tiene doscientos noventa y cuatro años.

PREVIEW, EX. 3-5: The expression **tener años** is formally presented in the **Enfoque léxico** on the uses of **tener** on p. 97.

ANSWERS FOR 3-5 will vary depending on the year from which you are counting. Answers provided are based on 2003:
1. tiene 483 años 2. tiene 430 años
3. tiene 220 años 4. tiene 477 años
5. tiene 281 años 6. tiene 302 años
7. tiene 292 años 8. tiene 441 años

Ciudad de México

1. La Plaza de la Constitución o el Zócalo (1520)
2. La Catedral Metropolitana (1573)

Cuernavaca

3. El Jardín Borda (1783)
4. La Catedral (1526)

Guadalajara

5. La iglesia de Jesús María (1722)
6. El Museo Regional de Guadalajara (1701)

Mérida

7. La Universidad del Estado en el Colegio de San Pedro (1711)
8. El hospital de Nuestra Señora del Rosario (1562)

IRM MASTER 8: Las preguntas

SUGGESTION: Make statements, and then have students ask questions about them: **Juan Roberto tiene un lápiz. ¿Qué tiene Juan Roberto?** Write the question on the board. **María trabaja en la biblioteca. ¿Dónde trabaja María? José tiene seis hermanas. ¿Cuántas hermanas tiene José?**

HERITAGE LEARNERS: It is very common for heritage learners of Mexican background to use **qué tanto/a,** and **qué tantos/as** instead of **cuánto/a** and **cuántos/as.**

ENFOQUE ESTRUCTURAL Las preguntas con *quién, qué, dónde, cuándo, por qué, cómo, cuánto, cuántos*

In **Capítulo 2** you learned to ask *yes/no* questions by changing intonation and word order. Other questions you may want to ask require answers with more specific information than a simple *yes* or *no.* In English, you may think of the basic *who, what, where, when, why,* and *how.* The examples that follow show how you can ask this type of questions in Spanish.

1. To find out *who* does something, use **¿quién?** if you are asking about one person or **¿quiénes?** if you are asking about more than one person.

¿**Quién** come en la cafetería?	***Who*** *eats in the cafeteria?*	¿**Quiénes** estudian en la biblioteca?	***Who*** *studies in the library?*
Bárbara come allí.	***Barbara*** *eats there.*	**Roberto y Pepe** estudian allí.	***Roberto and Pepe*** *study there.*

2. To find out *what* someone wants or is seeking, use **¿qué?**

¿**Qué** buscan?	***What*** *are they looking for?*	¿**Qué** compran?	***What*** *are they buying?*
Buscan **la casa de Marta.**	*They're looking for* ***Marta's house.***	Compran **una mochila.**	*They're buying* ***a backpack.***

3. To find out *where* something is or where someone is located, use **¿dónde?**

¿**Dónde** vive tu hermano?	***Where*** *does your brother live?*	¿**Dónde** trabaja tu hermana?	***Where*** *does your sister work?*
Vive **en Puerto Vallarta.**	*He lives* ***in Puerto Vallarta.***	Trabaja **en una farmacia.**	*She works* ***in a pharmacy.***

4. To find out *when* something is happening, use **¿cuándo?**

¿**Cuándo** estudia José?	***When*** *does José study?*	¿**Cuándo** es el examen?	***When*** *is the exam?*
Estudia **por la mañana.**	*José studies* ***in the morning.***	Es **a las 3:00.**	*It's* ***at 3:00.***

5. To ask *why*, use **¿por qué?** The answer to a question with **¿por qué?** always includes **porque** *(because).*

¿**Por qué** estudias?	***Why*** *are you studying?*	¿**Por qué** viajamos en autobús?	***Why*** *are we traveling by bus?*
Porque **tengo un examen mañana.**	*Because* ***I have a test tomorrow.***	Porque **no me gusta viajar en tren.**	*Because* ***I don't like to travel by train.***

6. To find out *what* a person or thing is like, use **¿cómo?**

¿**Cómo** es María?	***What*** *is María* ***like?***	¿**Cómo** es la Plaza Garibaldi?	***What*** *is the Plaza Garibaldi* ***like?***
María es **inteligente y divertida.**	*María is* ***intelligent and fun.***	La Plaza Garibaldi es **animada.**	*The Plaza Garibaldi is* ***animated.***
¿**Cómo** son Mario y Luis?	***What*** *are Mario and Luis* ***like?***		
Mario y Luis son **altos y delgados.**	*Mario and Luis are* ***tall and thin.***		

7. To ask *how much* there is, use a form of **¿cuánto?** Use **¿cuánto?** for masculine words and **¿cuánta?** for feminine words.

¿**Cuánto** espacio tienes en tu cuarto?	***How much*** *space do you have in your room?*	¿**Cuánta** agua tomas?	***How much*** *water do you drink?*
Tengo **muy poco** espacio.	*I have* ***very little*** *space.*	Tomo **ocho vasos** al día.	*I drink* ***eight glasses*** *a day.*

8. To ask *how many* there are, use a form of **¿cuántos?** Use **¿cuántos?** for masculine words and **¿cuántas?** for feminine words.

¿**Cuántos** hermanos tienes?	***How many*** *brothers do you have?*	¿**Cuántas** iglesias hay en Puebla?	***How many*** *churches are there in Puebla?*
Tengo **dos** hermanos.	*I have* ***two*** *brothers.*	Hay **muchas** iglesias en Puebla.	*There are* ***many*** *churches in Puebla.*

Práctica

3-6 ¡Vamos a conocernos! You have just found out that a student will be visiting from Guadalajara, Mexico. You'd like to get to know her, so prepare a list of questions to ask her about herself, her friends, and her hometown. Use the suggested words to form your questions.

Modelo: hermanos / tener
—*¿Cuántos hermanos tienes?*

1. vivir
2. ser / tus amigos/as
3. ser / tu familia
4. visitar / a tu familia en México
5. viajar / Guadalajara
6. escuchar / música
7. estudiar / francés
8. comer / los días festivos *(on holidays)*

POSSIBLE ANSWERS, EX. 3-6: 1. ¿Dónde vives? 2. ¿Quiénes son tus amigos/as? 3. ¿Cómo es tu familia? 4. ¿Cuándo visitas a tu familia en México? 5. ¿Cómo viajas a Guadalajara? 6. ¿Qué música escuchas? 7. ¿Por qué estudias francés? 8. ¿Dónde comes los días festivos?

3-7 Más detalles *(More details)* As you know, conversation depends on the listener paying attention to the speaker's comments and reacting to them. Now imagine that you are talking with some of the Mexican and Mexican-American students in your school. After your classmate makes a statement, ask a logical follow-up question. Make sure to take turns!

Modelo: Juan de Diego:
—Mi familia no vive en Veracruz.
—*¿Dónde vive tu familia?*

Esteban Candelaria:

1. Tengo hermanos, pero no tengo hermanas.
2. Ellos no estudian ciencias.
3. Veo a mis hermanos cuando trabajo.

Bárbara Martínez:

4. Mi padre y mi madre trabajan.
5. Mi hermana estudia muchas horas todos los días.
6. Mi hermano tiene muchos discos compactos de música norteña.

Carlos López:

7. Tengo una clase en la mañana.
8. Como la merienda en la cafetería.
9. No como nunca en un café.

POSSIBLE ANSWERS, EX. 3-7: 1. ¿Cuántos hermanos tienes? 2. ¿Qué estudian? 3. ¿Dónde trabajas? 4. ¿Dónde trabajan tus padres? 5. ¿Cuántas horas estudia tu hermana? 6. ¿Cuántos discos compactos tiene tu hermano? 7. ¿Qué clase tienes? 8. ¿Qué comes? 9. ¿Por qué no comes en un café?

VARIATION, EX. 3-7: Make statements about members of your family. Have students ask you follow-up questions.

3-8 Intercambio You are surrounded by many interesting people in your class and would like to know them better. First write down a list of five questions you'd like to ask a fellow student about his or her family, where they live, when and how they arrive when visiting home, etc. Be creative, and remember that it's likely you already know a bit about this person. Then interview him or her. Share your questions and your classmate's answers with the class.

VARIATION, EX. 3-8: Have students pretend they are a famous person and answer the questions from that person's perspective. Encourage students to make up additional questions.

SUGGESTION: Provide a transition for students by reminding them that the theme of this **etapa** addresses the different open spaces and public buildings that are found in a town or a city. Therefore, the following **Comentario cultural** highlights a very common open space that is found in most Spanish-speaking countries.

COMENTARIOS CULTURALES

La plaza

En muchos pueblos de los países del mundo hispano hay una plaza. En muchos casos, la plaza es el centro original del pueblo o ciudad. Las plazas normalmente tienen forma **cuadrada** (*square*) o rectangular. Pueden ser grandes, como el Zócalo de la Ciudad de México, la Plaza de Armas de Lima y la Plaza Mayor de Madrid, o pequeñas, como las plazas de muchos pueblos.

Alrededor de las plazas **suele haber** (*Around / there usually are*) edificios públicos como, por ejemplo, iglesias, oficinas del gobierno y bancos. También puede haber tiendas, hoteles, cafés y restaurantes.

NOTA GRAMATICAL: You have seen the verb **haber** before in its conjugated form: **hay** *(there is/there are)*. Here you see it used in its infinitive form with an auxiliary verb: **suele haber** *(there usually is/are)*.

La plaza tiene una larga tradición como **lugar de encuentro** (*meeting point*) y espacio para **realizar** (*to do*) diversas actividades. Hoy es todavía importante en la vida hispana. La gente va a la plaza de su ciudad o su pueblo para ver a la gente, para pasear, para hablar con los amigos, para beber y comer, para comprar algo o para **divertirse.** (*to enjoy themselves*) En las plazas siempre hay color, movimiento y mucha vida.

MULTILEVEL SUGGESTION: Try, especially if you have advanced beginners, to relate this information to students in Spanish, using visuals, etc. Afterward, ask students, in Spanish, whether or not there are plazas in the U.S. and/or in Canada and how they might differ from plazas in the Spanish-speaking world.

INTEGRACIÓN CULTURAL

1. How is the word *plaza* used in English? What do you associate it with?
2. What does a **plaza** refer to in Spanish?
3. What do people do in a **plaza**?
4. What equivalent is there for a **plaza** in your town or city? In what sense is it an equivalent?

ANSWERS: 1. *Answers will vary.* 2. Es el centro original del pueblo o ciudad. 3. ver la gente, pasear, hablar con los amigos, beber y comer, comprar algo o divertirse. 4. *Answers will vary.*

ENFOQUE LÉXICO Las expresiones con el verbo *tener*

In **Capítulo 2** you learned how to conjugate the verb **tener.** Here you will learn some specific uses of **tener.**

1. Idiomatic expressions.

   To tell age:

—¿Cuántos años tienes?	***How old are you?***
—Tengo veinte años.	***I am twenty years old.***
—¿Cuántos años tiene tu hermana?	***How old is** your sister?*
—Tiene dieciocho años.	***She's eighteen.***

   To express certain conditions and states:

tener calor *to be hot*	**tener prisa** *to be in a hurry*
tener frío *to be cold*	**tener razón** *to be right*
tener hambre *to be hungry*	**tener sed** *to be thirsty*
tener miedo *to be afraid*	**tener sueño** *to be sleepy*

—Tengo hambre. ¿Y tú?	***I'm hungry.** And you?*
—No, **no tengo hambre,** pero sí **tengo mucha sed.**	***I'm not hungry,** but **I am very thirsty.***
—¿Tienes prisa?	***Are you in a hurry?***

NOTA GRAMATICAL: The adjective **mucha** is used with **sed** because **sed,** like many words that end in **-d,** is feminine. Remember to make adjectives agree with the gender and number of the nouns they describe in expressions with **tener:** Papo no tiene **mucho sueño** *(Papo is not very sleepy);* Tenemos **muchas ganas** de visitar la Casa Azul de Frida Kahlo *(We really feel like visiting Frida Kahlo's Casa Azul).*

2. **tener que** + infinitive: When you want to say that you have to do something, use the expression **tener que** followed by the infinitive form of the verb that expresses what you must do.

Tengo que comer.	***I have to eat.***
Tienen que escribir una postal.	***They have to write** a postcard.*

3. **tener ganas de** + infinitive: When you want to say that you feel like doing something, use the expression **tener ganas de** + infinitive. Simply conjugate **tener** and use the infinitive form of the verb that expresses what you feel like doing.

¿Tienes ganas de pasear?	***Do you feel like going for a walk?***
Tenemos ganas de visitar la ciudad.	***They feel like visiting** the city.*

Práctica

3-9 Una encuesta As you get to know your friends, it is sometimes useful to know how old they are. Ask five classmates what their ages are and report to the class. Then indicate how many students in the class are 18, how many are 19, etc.

Modelo: *—¿Cuántos años tienes? (18)*
—Tengo dieciocho años.

VARIATION, EX. 3-9: Extend the activity by asking other questions: **¿Cuántos años tiene que tener una persona para tomar alcohol donde vives? ¿Cuántos años tiene que tener una persona para ser presidente de este país?**

3-10 ¿Qué tienen? Looking at the picures below, use an expression with **tener** to indicate the state or condition of the following people. Compare your answers with those of a classmate: do your interpretations of the drawings match those of your classmate?

Modelo: *María tiene sueño.*

ANSWERS, EX. 3-10: 1. Juan tiene hambre. 2. Carlos y Tomás tienen sed. 3. Teresa tiene frío. 4. Marina e Isabel tienen calor. 5. Carlota tiene prisa. 6. Roberto tiene miedo.

María

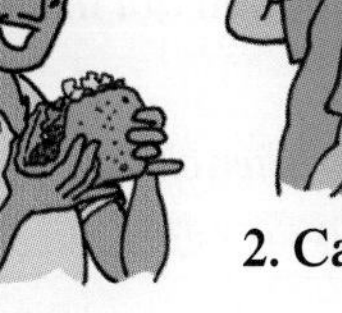

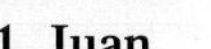

1. Juan

2. Carlos y Tomás

3. Teresa

4. Marina e Isabel

5. Carlota

6. Roberto

ANSWERS, EX. 3-11: Answers should follow the model without conjugating verbs listed. **¿Tienes ganas de... ? Sí, pero primero tengo que...**

3-11 Sí... , pero primero tengo que... *(Yes . . . , but first I have to . . .)* Pretend that your friend is inviting you to do something. You would, naturally, like to accept the invitation, but you have a lot of other obligations right now. Working with a classmate and switching roles, follow the model to accept the invitation and tell him or her that first you must do something else.

Modelo: ir al centro / estudiar
—¿Tienes ganas de ir al centro?
—Sí, pero primero tengo que estudiar.

1. ir al cine / estudiar química
2. ir al centro / practicar el piano
3. ir a la discoteca / cenar con mi familia
4. comer en el centro / ir a mi casa
5. visitar el museo / ir a la biblioteca

3-12 Hoy tengo que... *(Today I need to . . .)* Now make a list of at least five things that you have to do by the end of the day today. Compare your list with that of four other students by asking them what they do and do not have to do today. Share your group's answers with the class. Which obligations are the most common? the least common?

ENFOQUE ESTRUCTURAL Los verbos irregulares en el presente: *hacer, poner, traer, salir*

¡Hola, soy Carlos! Vivo en Guadalajara. Soy estudiante y siempre **hago** la tarea para mis clases.

*Hi, I'm Carlos. I live in Guadalajara. I am a student and I always **do** the homework for my classes.*

¡Hola, me llamo Berta! Vivo en Cuernavaca. Todos los días **salgo** con mis amigos a pasear por la plaza.

*Hi, my name is Berta. I live in Cuernavaca. Every day **I go out** with my friends to walk around the plaza.*

In **Capítulo 2** you learned the irregular verb **tener.** There are many verbs in Spanish that are irregular and do not exactly follow the regular patterns of conjugation you learned in **Capítulo 1.**

The verbs **hacer, poner, traer,** and **salir** are irregular because their **yo** form does not follow the regular pattern in the present tense. All the other present tense forms of **hacer, poner, traer,** and **salir** are conjugated regularly.

hacer *to make, to do*		**poner** *to put*	
hago	**hacemos**	**pongo**	**ponemos**
haces	**hacéis**	**pones**	**ponéis**
hace	**hacen**	**pone**	**ponen**

traer *to bring*		**salir** *to go out, leave*	
traigo	**traemos**	**salgo**	**salimos**
traes	**traéis**	**sales**	**salís**
trae	**traen**	**sale**	**salen**

When asked a question that includes the verb **hacer,** your answer will often *not* include the verb **hacer** but rather the verb that expresses what you will do:

—¿**Qué haces** después de clase? — ***What do you do** after class?*
—**Tomo un té caliente** en el café de la plaza. — ***I have hot tea** in the café in the plaza.*

Note the following when using some of the verbs on page 98.

- There are many idiomatic expressions using the verb **hacer.** Here are a few:

hacer cola *(to stand in line)*:

Más de mil personas **hacen cola** para el concierto de Maná. — *More than a thousand people* ***are standing in line*** *for the Maná concert.*

hacer ejercicio *(to exercise, work out):*

Hago ejercicio por la mañana. — ***I exercise*** *in the morning.*

hacer preguntas / hacer una pregunta *(to ask questions / to ask a question):*

Mis compañeros de clase **hacen muchas preguntas.** — *My classmates* ***ask a lot of questions.***

- Some common expressions with **poner** are:

poner la mesa *(to set the table):*

Mi hermanito **pone la mesa** todas las noches. — *My little brother* ***sets the table*** *every night.*

poner + appliance or type of media *(to turn on):*

Mi compañera de cuarto **pone la radio** cuando estudia. — *My roommate* ***turns on the radio*** *when she studies.*

- Some uses of **salir** are:

salir de *(to leave a place):*

Salgo de casa temprano para llegar a la escuela. — ***I leave*** *the house early to go to school.*

salir con, which means *to go out with* or, if referring to one person, *to date:*

María **sale con** Juan. — *Maria* ***dates*** *Juan.*

Salgo con mis amigos a tomar un café. — ***I'm going out*** *with my friends to have a coffee.*

Práctica

3-13 ¿Qué haces? Using the elements provided below, create as many sentences as possible to describe your activities. Make sentences for things that apply to you and for those that do not.

Modelo: salir de clase / tarde
Salgo de clase tarde.
o *No salgo de clase tarde.*

1. hacer ejercicio con mis amigos
2. hacer preguntas en la clase de español
3. poner la televisión mientras *(while)* como
4. hacer la cama todos los días
5. salir con mis compañeros de clase
6. salir de casa siempre tarde *(always late)*
7. traer comida a clase
8. traer amigos a mi apartamento

ANSWERS, EX. 3-13: 1. (No) Hago ejercicio con mis amigos. 2. (No) Hago preguntas en la clase de español. 3. (No) Pongo la televisión mientras como. 4. (No) Hago la cama todos los días. 5. (No) Salgo con mis compañeros de clase. 6. (No) Salgo de casa siempre tarde. 7. (No) Traigo comida a clase. 8. (No) Traigo amigos a mi apartamento.

3-14 ¿Y tú? Imagine that you are looking for a roommate and one of your classmates is interested in sharing your apartment with you. Interview your classmate to make sure that you two are compatible and can live together. Use the information below to ask him or her questions.

1. hacer ejercicio todos los días
2. hacer la tarea en la biblioteca
3. normalmente traer los libros a clase
4. poner la mesa para comer
5. salir de casa temprano
6. salir con tus amigos por las tardes
7. poner la radio en el cuarto de baño *(in the bathroom)*

Track 1-15

VAMOS A ESCUCHAR:
¡TENGO GANAS DE SALIR!

HERITAGE LEARNERS: Ask heritage learners to listen to the Spanish in the **Vamos a escuchar** recording and to compare it with the Spanish they use in their communities.

Inés wants to spend the evening out with her friends. Listen to her discuss her plans with her mother and complete the following exercises.

Antes de escuchar

Based on the information you have learned in this **etapa,** answer the following questions.

- Where might Inés and her friends plan to go for their evening out?
- What questions might a mother ask about her daughter's plans?

Before you listen to the dialog, read the questions in the **Después de escuchar** section.

Después de escuchar

POSSIBLE ANSWERS, EX. 3-15: 1. Sus amigos de la universidad tienen ganas de salir. 2. El Café Pluma de Oro tiene buena música. 3. Es música romántica. 4. Es su primo.

3-15 Comprensión As you listen to the conversation, listen for the answers to the following questions. Then provide the anwers in Spanish.

1. ¿Quiénes tienen ganas de salir esta noche?
2. ¿Por qué salen al Café Pluma de Oro?
3. ¿Cómo describe la mamá la música clásica con boleros y baladas?
4. ¿Quién es Javier?

ANSWERS, EX. 3-16: 1. Mamita; hijita, mi hija 2. ¡Gracias a Dios!

3-16 ¿Cómo lo dicen? Listen to the Text audio CD again. As you listen, try to determine the following information.

1. What term of affection does Inés use with her mother? What term of affection does her mother use with Inés?
2. How does the mother express her surprised happiness at the end of the conversation?

TÚ DIRÁS

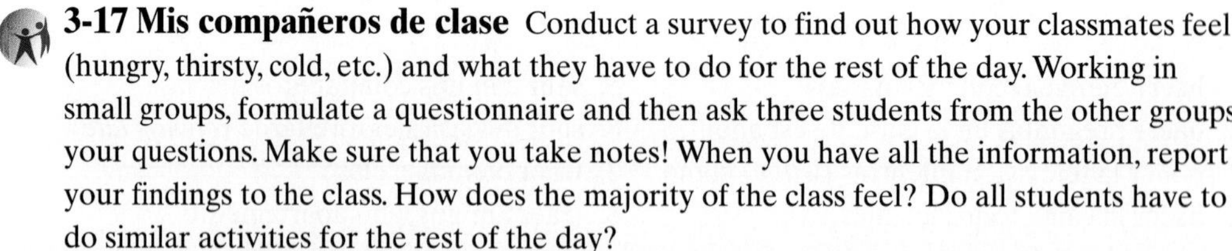

3-17 Mis compañeros de clase Conduct a survey to find out how your classmates feel (hungry, thirsty, cold, etc.) and what they have to do for the rest of the day. Working in small groups, formulate a questionnaire and then ask three students from the other groups your questions. Make sure that you take notes! When you have all the information, report your findings to the class. How does the majority of the class feel? Do all students have to do similar activities for the rest of the day?

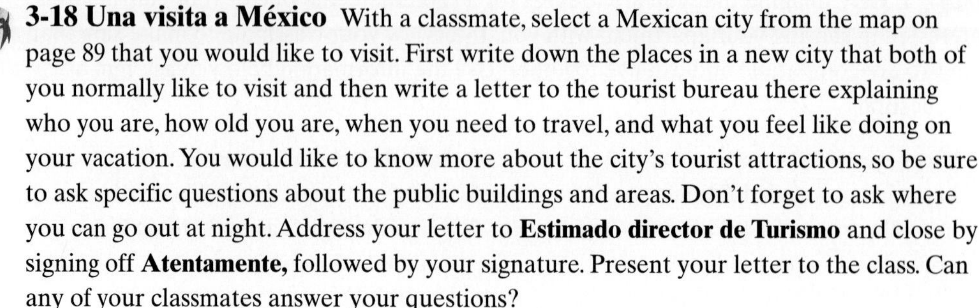

3-18 Una visita a México With a classmate, select a Mexican city from the map on page 89 that you would like to visit. First write down the places in a new city that both of you normally like to visit and then write a letter to the tourist bureau there explaining who you are, how old you are, when you need to travel, and what you feel like doing on your vacation. You would like to know more about the city's tourist attractions, so be sure to ask specific questions about the public buildings and areas. Don't forget to ask where you can go out at night. Address your letter to **Estimado director de Turismo** and close by signing off **Atentamente,** followed by your signature. Present your letter to the class. Can any of your classmates answer your questions?

Para empezar: Mi casa

Preparación

- Where do you live now as a student? in a house? an apartment? a dorm? Where does your family live?
- If you were to describe your house or apartment to a friend, what vocabulary would you need?
- If someone asks you how to get to your house or apartment, what information do you give?

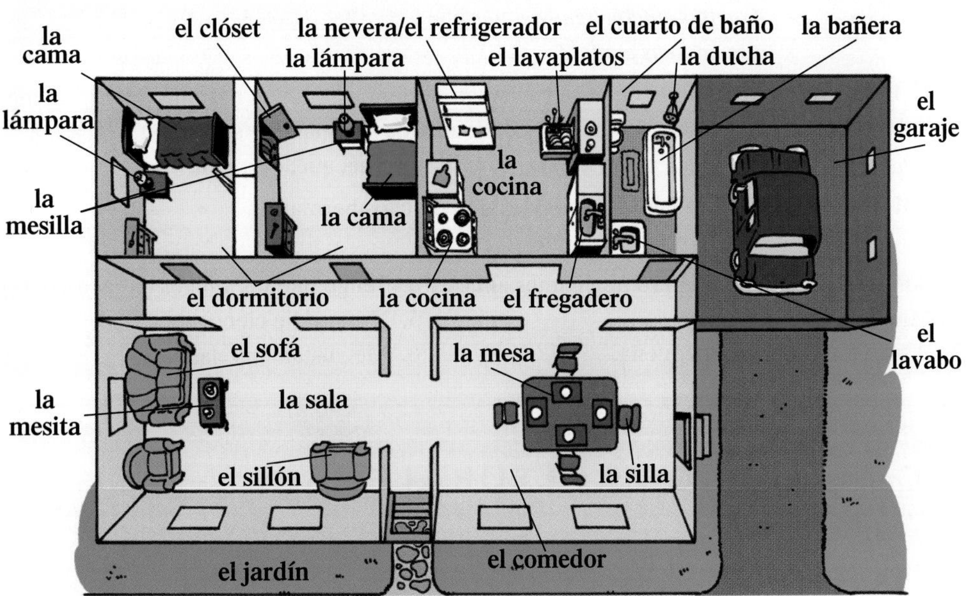

TRANSPARENCY F-3: ¿Dónde está?

EXPANSIÓN LÉXICA: The bathroom at home may be called **el cuarto de baño** or simply **el baño.** When you're out in Mexico and looking for a bathroom, ask for **el sanitario.** In other countries it may also be called **el baño, el excusado, el servicio, el wáter,** or **el retrete.** When you're traveling, it's always a good idea to look for signs to know the term used locally! The *toilet* itself may be called **el retrete** or **el inodoro.**

EXPANSIÓN LÉXICA: In Spain **una cocina** means both *kitchen* and *stove.* In other parts, in Mexico for instance, the stove is **estufa.**

¿DÓNDE ESTÁ TU APARTAMENTO?

Mi apartamento **está** en un edificio **al final de** la Avenida Libertad **en la esquina** con la calle Colón. **Está lejos de** la universidad pero **está cerca del** centro. La estación de trenes **está frente al** edificio de apartamentos y hay muchos trenes que van a la universidad todos los días. **Detrás del** edificio de apartamentos hay un parque muy grande con **árboles y flores** *(trees and flowers)* durante todo el año.

El apartamento es pequeño pero tiene cocina, dormitorio, cuarto de baño y sala. **Ven** *(Come on),* te lo voy a enseñar. Aquí está la cocina. **Al lado de** la cocina está el dormitorio. El baño está ahí, **entre** la cocina y el garaje. La cocina es pequeña pero tiene todo lo necesario: **a la derecha** está el fregadero y **a la izquierda** la nevera.

SUGGESTIONS: (1) Use the town where your school is located. Situate the town and the school in relation to other places students know. For example: **Santa Cruz está cerca de San Francisco, pero está lejos de Los Ángeles. La universidad está en la esquina de las calles Chew y 23.** Ask students: **¿Qué hay delante de la universidad? ¿un parque? ¿una avenida?** (2) Have students list the public buildings in their town or neighborhood: **En mi ciudad/barrio hay...**

Expresiones para indicar localización

a la derecha de *to the right of*	**delante de** *in front of*
a la izquierda de *to the left of*	**detrás de** *behind*
al final de *at the end of*	**en la esquina de** *at the corner of*
al lado de *next to*	**entre** *between*
alrededor de *around (surrounding)*	**frente a** *across from, facing*
cerca de *near*	**lejos de** *far from*

Práctica

3-19 ¿Cómo es tu apartamento? Draw the floor plan of your apartment or house and label each room. Then describe your apartment to a classmate who will try to reproduce the floor plan. Switch roles. Do the original floor plans match the new ones?

3-20 ¿Dónde está tu apartamento? One of your classmates is interested in visiting you at home and calls you to get directions. Tell your classmate where the house or apartment is located, using as many of the new expressions of locations as possible.

REPASO

Review expressions with **tener.**

3-21 El grupo de estudio You and your friends are studying together for a test at one of the students' apartments. During a study break, the host asks the others at least four questions about how they are doing—whether they are hungry, thirsty, sleepy, etc.—and offers them something to eat or drink. Take turns playing host.

Modelo: —*¿Tienes hambre?*
—*Sí, tengo mucha hambre.*
—*¿Qué deseas comer?*

Review question words.

POSSIBLE ANSWERS, EX. 3-22: 1. ¿Dónde viven Uds.? 2. ¿Dónde trabaja? 3. ¿Cuántos estudiantes hay en tu escuela? 4. ¿Cómo son tus amigos? 5. ¿Por qué no estudias ciencias? 6. ¿Por qué te gustan tus clases?

3-22 Una nueva amiga A Mexican exchange student whom you have just met is telling you about her family and her life in Mexico. Each time she makes a statement, you ask a follow-up question using a form of **cuánto, dónde, por qué, qué,** or **quién.**

Modelo: Tengo una familia grande. Tengo muchos hermanos.
—*¿Cuántos hermanos tienes?*

1. Somos de Guadalajara pero no vivimos allí.
2. Mi padre trabaja.
3. Asisto a una escuela pequeña.
4. Tengo buenos amigos en mi escuela.
5. No estudio ciencias.
6. Me gustan mis clases.

SUGGESTION, COMENTARIOS CULTURALES: Provide a transition for students by reminding them that the country of focus of this chapter is Mexico and therefore the following **Comentario cultural** highlights certain cultural aspects of Mexico.

ANSWERS, INTEGRACIÓN CULTURAL: 1. It is the biggest square in the Western Hemisphere. 2. The Zócalo is built where the main Aztec temple stood and the Palacio Nacional stands where Moctezuma's residence used to be. 3. In the U.S., the White House holds the executive branch of government. 4. There are only fairly recent historical sites in Washington, D.C.

COMENTARIOS CULTURALES

El Palacio Nacional de México

El Zócalo de la Ciudad de México es la plaza más grande del hemisferio occidental. **Construida** *(Built)* por los españoles en el mismo lugar del principal templo azteca de Tenochtitlán, tiene hoy los principales edificios de la iglesia y del estado de México: la Catedral Metropolitana y el Palacio Nacional, sede del gobierno de México. **Como recuerdo** *(As a reminder)* de un pasado azteca **todavía** *(still)* presente, las ruinas del Templo Mayor son visibles en la excavación al lado del Zócalo.

El Palacio Nacional está en el mismo lugar en que **estaba** *(was)* la residencia de Moctezuma. Es uno de los edificios públicos más importantes del Distrito Federal y en él se puede ver uno de los murales más importantes de Diego Rivera: *Épica del pueblo mexicano en su lucha por la libertad y la independencia.* Este mural representa dos milenios de historia mexicana.

En el Palacio hay también dos museos: uno dedicado a Benito Juárez, uno de los presidentes de México del siglo XIX, y otro dedicado al Congreso mexicano.

INTEGRACIÓN CULTURAL

1. What makes El Zócalo unique?
2. How is Mexico's past and present connected in this public space?
3. What building in your nation's capital is the equivalent of the **Palacio Nacional**?
4. How much of your nation's history can be found in the capital?

ENFOQUE ESTRUCTURAL El verbo *estar* para expresar localización

IRM MASTER 9: El verbo *estar*

México **está al** sur de los Estados Unidos.	*Mexico **is to the** south of the United States.*
México, Distrito Federal, **está en** el centro del país.	*Mexico, D.F., **is in** the middle of the country.*
El barrio de Coyoacán **está en** la Ciudad de México.	*The Coyoacán neighborhood **is in** Mexico City.*

NOTA GRAMATICAL: When the preposition **a** is followed by the article **el,** then it contracts with the article into **al.**

One of the uses of the verb **estar** is to indicate the location of a place, an object, or a person. The present tense forms of the verb **estar** are:

estar *to be*	
estoy	**estamos**
estás	**estáis**
está	**están**

Note that in the present tense conjugation of the irregular verb **estar,** the stress pattern has changed to the end of the verb: es**toy,** es**tás,** es**tá,** es**táis,** es**tán.** To write the latter four forms correctly, you must include the written accent mark.

To indicate location, **estar** can be followed by:

- a preposition like **en** *(in, inside of)* or **a** + *article* + place:

Estamos en clase.	***We are in** class.*
Marina y Juan **están en** Veracruz.	*Marina and Juan **are in** Veracruz.*
Guatemala **está al sur** de México.	*Guatemala **is to the south** of Mexico.*

- an expression of location like the ones below:

El ayuntamiento **está en la esquina de** las calles 16 de septiembre y 5 de febrero.	*City Hall **is on the corner of** 16 de septiembre and 5 de febrero Streets.*
La biblioteca **está detrás de** la plaza.	*The library **is behind** the square.*

- an adverb that indicates location:

—¿Dónde **está** la cafetería?	*Where **is** the cafeteria?*
—**Está ahí.**	***It's over there.***

Some useful adverbs of location include:

ahí *(over) there*	**aquí** *here*	**dentro** *inside*
abajo *below*	**arriba** *above*	**fuera** *outside*
allí *there*	**cerca** *nearby*	**lejos** *distant, far away*

To talk about geographical location you will use the following words and expressions:

en el interior *in the interior*	**en la frontera** *on the border*
en la costa *on the coast*	**en la sierra** *in the mountains*
al este *to the east*	**en el este** *in the east*
al norte *to the north*	**en el norte** *in the north*
al oeste *to the west*	**en el oeste** *in the west*
al sur *to the south*	**en el sur** *in the south*

Práctica

ANSWERS, EX. 3-23: *Answers will vary.*

3-23 ¿Dónde está? With a classmate, look at the apartment on page 101. Ask your classmate where at least five of the different rooms are. Your classmate will answer and then ask you questions about at least five different objects in the house. Be as detailed as you can in your answers!

Modelo: —*¿Dónde está la cocina?*
—*Está al lado del cuarto de baño. ¿Dónde está la nevera?*
—*Está en la cocina.*

POSSIBLE ANSWERS, EX. 3-24: 1. Durango está en el norte del país. 2. Monterrey está en el ~~norte~~ también. 3. Veracruz está en el sur del país, al sur de la Ciudad de México, en la costa del Golfo de México. 4. Mazatlán está en la costa oeste del país, en el Pacífico. 5. Cuernavaca está al sur del Distrito Federal. 6. Mérida está en la Península de Yucatán. 7. Ciudad Juárez está en el norte del país, en la frontera con los Estados Unidos. 8. Tijuana está en el norte del país, en la frontera con los Estados Unidos y en la costa oeste.

3-24 Mapa de México Working with a classmate, learn more about Mexican geography. One of you will look at the map of Mexico on page 89 and the other will ask where the following cities are. Take turns asking questions and locating cities.

Modelo: México, Distrito Federal
—*¿Dónde está México, Distrito Federal?*
—*México, Distrito Federal está en el centro del país.*

1. Durango
2. Monterrey
3. Veracruz
4. Mazatlán
5. Cuernavaca
6. Mérida
7. Ciudad Juárez
8. Tijuana

EXPANSIÓN LÉXICA: Maps and directories often *eliminate* or abbreviate the words for streets: **C.** is short for **calle, Av.** is short for **avenida, Pl.** is short for **plaza. Un paseo (P.), una calzada (Calz.),** and **un eje** are other words commonly used in Mexico for **una avenida.** In Argentina, an avenue is also called **un jirón (Jr.).**

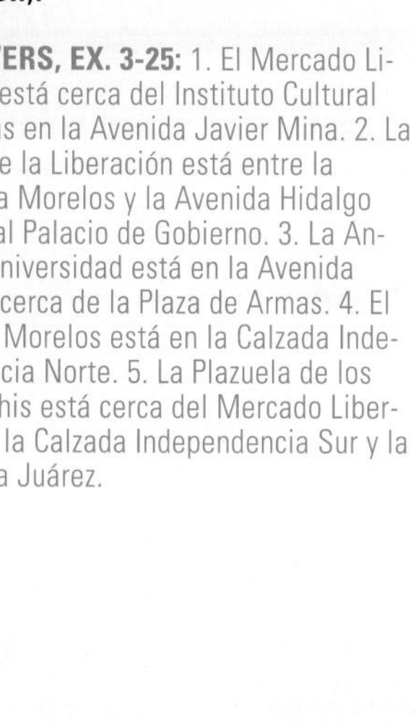

ANSWERS, EX. 3-25: 1. El Mercado Libertad está cerca del Instituto Cultural Cabañas en la Avenida Javier Mina. 2. La Plaza de la Liberación está entre la Avenida Morelos y la Avenida Hidalgo frente al Palacio de Gobierno. 3. La Antigua Universidad está en la Avenida Juárez cerca de la Plaza de Armas. 4. El Parque Morelos está en la Calzada Independencia Norte. 5. La Plazuela de los Mariachis está cerca del Mercado Libertad, en la Calzada Independencia Sur y la Avenida Juárez.

3-25 ¿Dónde está la plaza... ? Using the map, help Esteban describe precisely the location of the following places in the birthplace of mariachi music, the city of Guadalajara.

Modelo: Instituto Cultural Cabañas
El Instituto Cultural Cabañas está al lado de la Plaza Tapatía, en la esquina de la Calzada Independencia Sur y la calle Morelos.

1. El Mercado Libertad
2. La Plaza de la Liberación
3. La Antigua Universidad
4. El Parque Morelos
5. La Plazuela de los Mariachis

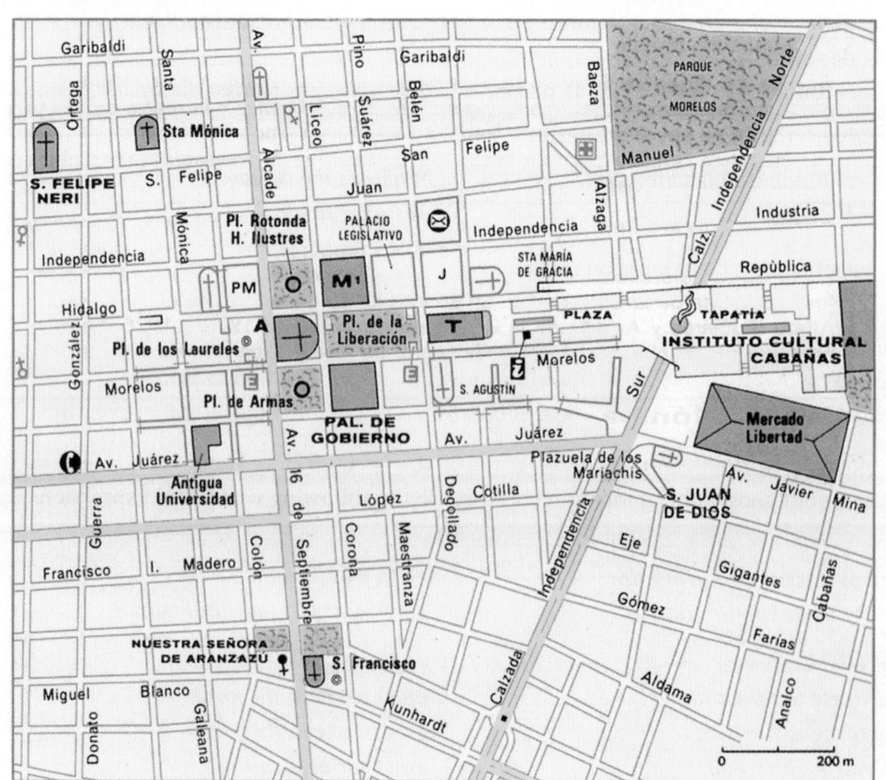

ENFOQUE ESTRUCTURAL El verbo *estar* + adjetivos

The verb **estar** is also used with adjectives to describe the way one is feeling.

Después de visitar toda la ciudad, Juan y Marina **están cansados.**	*After visiting the whole city, Juan and Marina **are tired.***
Carlos y Berta **están listos** para salir a pasear.	*Carlos and Berta **are ready** to go out.*

Some adjectives used with **estar** to indicate physical or emotional conditions are:

aburrido	*bored*
alegre	*happy*
cansado	*tired*
contento	*happy*
enfermo	*sick*
enojado	*angry*
harto	*fed up*
listo	*ready*
molesto	*irritated, annoyed*
triste	*sad*

Remember that all adjectives must agree in gender and number with the person they describe:

Juan está **cansado.** Marina está **cansada.**

SUGGESTION: To present structures in context, bring in pictures of people (your family, famous people, etc.). Tell students: **Ésta es una foto de mi hermano Juan. Juan está en Costa Rica ahora porque es estudiante de intercambio. Normalmente Juan está muy contento, pero en esta foto está molesto porque hay muchos mosquitos...** Ask students comprehension questions.

Práctica

3-26 ¿Estás bien? Look at the pictures and describe how these people feel today.

POSSIBLE ANSWERS, EX. 3-26: 1. Está cansada. 2. Está alegre/contento. 3. Están tristes. 4. Está enferma. 5. Está contenta. 6. Están enojados/molestos.

1. ____________

2. ____________

3. ____________

4. ____________

5. ____________

6. ____________

3-27 ¿Cómo están Uds.? Greet and ask five of your classmates how they are feeling today. Then report to the class. Is everyone in your group feeling the same? How does the majority of the class feel overall?

Modelo: *—Hola, ¿cómo estás?*
—Estoy muy contento/a.

SUGGESTIONS, EX. 3-27: Enhance the activity by asking follow-up questions that push students to more production. After each item, ask students to make up a reason why that person might be in that mood. For example: **Jake está enojado porque tiene que estudiar.**

SUGGESTION, EX. 3-27: Have students pretend they are different famous people at this year's Latin Music Awards. Students can approach and greet one another, introduce themselves, find out how they're doing and why. Students answer from the perspective of the famous person. Encourage spontaneous conversation in Spanish.

Track 1-16

VAMOS A ESCUCHAR:
¿CÓMO ES LA CASA IDEAL?

HERITAGE LEARNERS: Ask heritage learners to listen to the Spanish in the **Vamos a escuchar** recording and to compare it with the Spanish they use in their communities.

Colonia Monteverde, a new housing development, is now looking for residents. Before you listen to the radio ad for the development, answer the questions below.

Antes de escuchar

Based on the information you have learned in this **etapa:**

- What features might you expect in a new development?
- What features might you expect in an ad for a house?

Before you listen to the radio ad, read the questions in the **Después de escuchar** section.

Después de escuchar

POSSIBLE ANSWERS, EX. 3-28: Cada casa tiene una cocina ultramoderna con cocina y horno eléctricos, nevera y espacio para ocho personas. Hay una sala muy grande, un comedor elegante, tres o cuatro dormitorios, dos cuartos de baño, un patio y un jardín.

ANSWERS, EX. 3-29: 1. Está a diez kilómetros al norte de la ciudad. 2. Hay una plaza central con un mercado, una biblioteca, una oficina de correos, dos cafés, un cine, una discoteca y muchas casas. 3. Son modernas. 4. Tienen tres o cuatro. 5. Están contentas.

ANSWERS, EX. 3-30: 1. el tráfico 2. un palacio

3-28 La lista As you listen to the features of the houses that the announcer highlights, make a list of as many points as you can.

3-29 Comprensión Listen to the ad again before answering the following questions in Spanish.

1. ¿Dónde está la Colonia Monteverde?
2. ¿Qué hay en la Colonia Monteverde?
3. Las casas, ¿son tradicionales o modernas?
4. ¿Cuántos dormitorios tienen las casas de Colonia Monteverde?
5. ¿Cómo están las personas que viven allí?

3-30 ¿Cómo lo dicen? Listen to the Text audio CD again. As you listen, try to determine the following information.

1. What aspect of living in the city might inspire someone to move to Colonia Monteverde?
2. What word does the announcer use to describe the houses of Colonia Monteverde?

TÚ DIRÁS

3-31 ¡Un desastre! ¡Un día imposible! With two other classmates, create a mini-drama of the worst possible day a parent could have. Include scenes of everyday annoyances and at least one minor disaster. Two of you will read or act out your dialogue, while the third student provides a running commentary on the emotional state of the two readers/actors. Be creative, be dramatic!

Modelo: —*Tengo ganas de salir pero es imposible.*
—*¿Por qué?*
—*Tengo que hacer mucho trabajo en la casa y tú no ayudas.*
Comentario: ¡Frank no ayuda! ¡Lola está muy molesta!

3-32 La casa nueva Imagine that you have just purchased the house of your dreams. Work with a classmate to design the interior decorating. Begin by making a list of the furniture that will go into each room. Then take turns using the floor plan below to arrange the furniture in each room. You will need to use your prepositions well to ensure that the furniture goes where you want it. Be detailed, be tasteful!

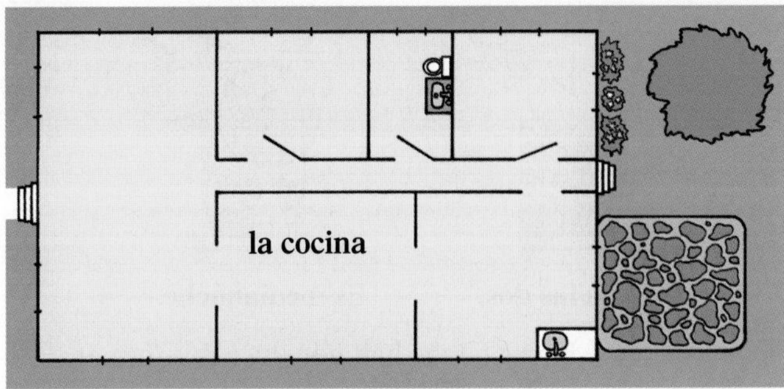

TERCERA ETAPA

Para empezar: ¿Cuándo?

Preparación: As you begin this **etapa,** answer the following questions:

- At what time do you normally have classes? Are most of your classes in the morning, afternoon, or evening?
- Which days of the week are the busiest for you?

Hola, me llamo Gloria Valverde. Tengo 19 años y soy estudiante de ciencias políticas en la UNAM (Universidad Nacional Autónoma de México). Éste es mi ***segundo*** *semestre y tengo* ***un horario*** *bastante ocupado. Tengo clases los lunes, martes, jueves y viernes* ***por la mañana*** *y* ***por la tarde.*** *Los lunes y los jueves* ***por la noche*** *estoy muy cansada, pero los viernes siempre salgo con mis amigos.*

second
schedule
in the morning / in the afternoon
in the evening, at night

ÉSTAS SON MIS CLASES:

	lunes	martes	miércoles	jueves	viernes	sábado	domingo
7:00–9:00		Teoría general del estado			Teoría general del estado		
9:00–11:00							
11:00–1:00	Historia mundial II	Teoría política II		Historia mundial II	Teoría política II		
6:00–8:00	Sociedad y estado en México			Sociedad y estado en México			

EXPANSIÓN LÉXICA: In **Capítulo preliminar** you learned that **buenas noches** can be a way of saying both *hello* and *good-bye* in the evening, unlike its equivalent in English. Similarly, when telling time, **la noche** refers to both the evening hours leading up to bedtime and the nighttime. To distinguish an especially late-night or early-morning hour, **de la madrugada** is often used.

Cuando vengo de la discoteca, llego a casa a las 5:00 **de la madrugada.**

When I come in from the disco, I arrive home at 5:00 ***in the morning.***

NOTA CULTURAL: The difference between **la tarde** and **la noche,** like that between **la noche** and **la madrugada** or **la madrugada** and **la mañana,** is flexible and depends on the speaker and the context in which the words are used. Compare the following examples:

La clase termina a las 7:00 **de la tarde.** ¡Es temprano todavía! *(It's still early!)*
La clase termina a las 7:00 **de la noche.** ¡Uy, qué tarde! *(It's really late!)*

Son las cinco **de la madrugada.** ¡Uy, qué temprano! *(It's way too early!)*
Son las cinco **de la mañana.** Hay mucho tiempo. *(There's a lot of time ahead.)*

SUGGESTION: Students may have problems with the distinction between **a las** and **son las.** Point out that there is no difference here between Spanish and English. In English we say *It* ***is*** *4 o'clock* but *I will go* ***at*** *4 o'clock.*

NOTA CULTURAL: The calendar in the Spanish-speaking world starts on Monday, not Sunday.

LA HORA Y LAS PARTES DEL DÍA

- To ask the time, use **¿Qué hora es?**
- To tell time, use the expression **ser** + article + hour. Notice that in Spanish **es la una** is used for *one o'clock* and **son las** + number is used for all other hours.

Es la una.

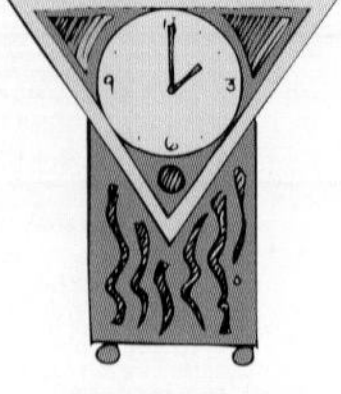
Son las dos.

Es medianoche.

Es mediodía.

When telling time between the hour and the half hour, use this format:

Son las dos y diez.

Son las dos y cuarto.

Son las dos y media.

When telling time between the half hour and the hour, use this format:

Son las tres menos veinte.

Son las tres menos cuarto.

- To distinguish between *A.M.* and *P.M.*, use the expressions **de la mañana** *(in the morning),* **de la tarde** *(in the afternoon/evening),* or **de la noche** *(in the evening, at night).*

  Son las tres **de la tarde.**
  Son las ocho **de la mañana.**

- To indicate that something happens *between* two times, use either **entre las... y las...** or **desde las... hasta las... .**

  Corro **entre las cinco y las seis.** — *I run* ***between 5:00 and 6:00.***
  Mi madre trabaja **desde las nueve hasta las cinco.** — *My mother works* ***from 9:00 to 5:00.***

- To ask someone what time something happens, use **¿A qué hora... ?** The response to this question requires the preposition **a.**

  ¿**A qué hora** sales de casa? — ***(At) What time*** *do you leave home?*
  Salgo **a las seis y cuarto.** — *I leave* ***at 6:15.***

LOS DÍAS DE LA SEMANA

enero						
lunes	martes	miércoles	jueves	viernes	sábado	domingo
1	2	3	4	5	6	7

- The definite article (**el** or **los**) is used with the days of the week:

el lunes = *Monday, the upcoming Monday*

los lunes = *on Mondays (indicates a customary action on a specific day of the week)*

El viernes tengo una fiesta en casa de Jaime.	***This Friday*** *I have a party at Jaime's house.*
Los lunes tengo clase a las nueve.	*I have class at 9:00* ***on Mondays.***

- To express *on* with the days of the week, use the definite article and never the preposition **en:**

El viernes tengo un examen.	*I have a test* ***on Friday.***
Los sábados hago ejercicio.	*I work out* ***every Saturday.***

- Days ending in **-s** do not change, whether they are singular or plural. For **sábado** and **domingo,** however, add an **-s** when plural.

El lunes tengo clase temprano.	*I have an early class* ***on Monday.***
Los lunes no salgo con mis amigos.	*I don't go out with my friends* ***Mondays / on Monday.***
El domingo salgo de casa a las 10:00.	*I'll leave the house at 10:00* ***on Sunday.***
Los domingos no hacemos ejercicio.	*We don't work out* ***Sundays / on Sunday.***

Práctica

3-33 ¿Qué hora es? Look at the times below and write down in complete sentences what time it is. Indicate whether it is morning **(de la mañana),** afternoon **(de la tarde),** or evening **(de la noche).**

Modelo: 2:20 A.M.
Son las dos y veinte de la mañana.

1. 8:20 A.M.	6. 11:45 P.M.
2. 1:00 P.M.	7. 4:15 P.M.
3. 1:30 A.M.	8. 5:35 A.M.
4. 3:10 P.M.	9. 7:45 A.M.
5. 10:55 A.M.	10. 10:25 P.M.

ANSWERS, EX. 3-33: 1. Son las ocho y veinte de la mañana. 2. Es la una de la tarde. 3. Es la una y media de la mañana. 4. Son las tres y diez de la tarde. 5. Son las once menos cinco de la mañana. 6. Son las doce menos cuarto de la noche. 7. Son las cuatro y cuarto de la tarde. 8. Son las seis menos veinticinco de la mañana / de la madrugada. 9. Son las ocho menos cuarto de la mañana. 10. Son las diez y vienticinco de la noche.

3-34 ¿A qué hora... ? Discuss your daily routines with a friend. Take turns asking and answering questions about what you do, and on what days of the week, and at what time. When are you both free to study or have coffee together?

Modelo: mirar la televisión
—¿A qué hora miras la televisión?
—Miro la televisión a las nueve de la noche los martes y los jueves.

hacer la tarea *(homework)* de español
usar el laboratorio de lenguas
correr
trabajar
leer
poner la radio
salir con los amigos

SUGGESTION, EX. 3-34: For additional practice, tell students to find three people in class who can all meet for coffee outside of class time to practice Spanish. Students need to first consider their own schedule and when they would be available, and then consult other students to find out if they are also available at that time. When asked, students should say whether they can or can't, and if they can't, why. Students should advise you when they find three people who can meet with them. Encourage students to actually meet at that time!

ENFOQUE ESTRUCTURAL Más verbos irregulares. Verbos con cambios en la raíz: e → ie; o → ue; e → i

—¿**Quieres** estudiar en la biblioteca? — ***Do you want*** *to study in the library?*
—No, **prefiero** estudiar en casa. — *No,* ***I prefer*** *to study at home.*

—¿A qué hora **puedes** salir? — *At what time* ***can you*** *go out?*
—**Puedo** salir a las seis. — ***I can*** *go out at 6:00.*

There is a group of verbs in Spanish called *stem-changing verbs* that have an irregular conjugation in the present tense. This group is subdivided into three categories:

1. **e → ie** verbs like **querer** *(to want),* **preferir** *(to prefer),* **pensar** *(to think),* **venir** *(to come)*
2. **o → ue** verbs like **poder** *(to be able),* **dormir** *(to sleep),* **volver** *(to return)*
3. **e → i** verbs like **pedir** *(to ask for),* **servir** *(to serve),* **vestir** *(to dress/wear)*

In the first two groups of verbs, the stem vowel changes in all the stressed syllables. Thus, **e** changes to **ie** and **o** changes to **ue** in all stressed syllables. In the third group of verbs, the stem vowel **e** changes to **i** in all stressed syllables. Remember that the stem vowels are stressed in all forms of the present except the **nosotros** and **vosotros** forms.

querer *to want*		poder *to be able*		pedir *to ask for*	
qu**ie**ro	queremos	p**ue**do	podemos	p**i**do	pedimos
qu**ie**res	queréis	p**ue**des	podéis	p**i**des	pedís
qu**ie**re	qu**ie**ren	p**ue**de	p**ue**den	p**i**de	p**i**den

These are some commonly used stem-changing verbs:

e → ie	o → ue	e → i
cerrar *to close*	**almorzar** *to eat lunch*	**conseguir** *to get*
empezar *to begin*	**contar** *to count, tell a story*	**pedir** *to ask for (something)*
entender *to understand*	**dormir** *to sleep*	**repetir** *to repeat*
pensar *to think, plan*	**jugar**[1] *to play*	**seguir** *to follow, continue, keep going*
perder *to lose*	**soñar** *to dream*	**servir** *to serve*
preferir *to prefer*	**volver** *to return*	
querer *to want*		
venir *to come*		

Note the following when using some of the verbs in the list above:

- The verbs **preferir** and **querer** can be followed directly by an infinitive:

  Prefiero estudiar en casa. — ***I prefer to study*** *at home.*
  Quiero visitar tu apartamento. — ***I want to / I'd like to visit*** *your apartment.*

- The verb **pensar** may also be followed by an infinitive, in which case its meaning changes slightly to *to plan to do something, intend to do something:*

  Pienso trabajar este verano. — ***I plan to work*** *this summer.*

- Be aware that **pensar en** means *to think about:*

  —¿En qué piensas? — *What* ***are you thinking about?***
  —Pienso en mi familia. — ***I am thinking about*** *my family.*

[1]**Jugar** is the only **u → ue** verb and follows the same pattern as **o → ue** stem-changing verbs.

- **Empezar a** + infinitive means *to begin to do something:*

  Empiezo a trabajar el lunes. — ***I begin to work*** *on Monday.*

- The verb **venir** is both irregular in its **yo** form and stem-changing:

vengo	venimos
vienes	venís
viene	vienen

- **Soñar con** is used to express *to dream of/about.*

  Sueño con tener una casa grande. — ***I dream of having*** *a big house.*

- **Volver a** + infinitive means *to do something again.*

  Por fin **vuelvo a estudiar** español. — *At last* ***I'm studying*** *Spanish* ***again.***

There are many more verbs that follow this pattern. You will recognize them in the glossary and in vocabulary lists because they will be followed by the notation **(ie), (ue),** or **(i).**

Práctica

3-35 Las actividades de Gloria Valverde Gloria is a fairly typical university student with lots of plans and lots to do. Use the information below to talk about the things Gloria thinks and does during the week.

ANSWERS, EX. 3-35: 1. Empieza el día muy temprano. 2. Quiere sacar buenas notas. 3. Piensa estudiar mucho. 4. Prefiere estudiar en la biblioteca. 5. Pide consejo a sus profesores. 6. Almuerza en la cafetería de la universidad. 7. Vuelve a casa tarde. 8. Duerme mucho los sábados.

Modelo: dormir poco los lunes y jueves
Gloria duerme poco los lunes y jueves.

1. empezar el día muy temprano
2. querer sacar buenas notas *(to get good grades)*
3. pensar estudiar mucho
4. preferir estudiar en la biblioteca
5. pedir consejo *(advice)* a sus profesores
6. almorzar en la cafetería de la universidad
7. volver a casa tarde
8. dormir mucho los sábados

3-36 Por la mañana, por la tarde, por la noche Use the verbs and the information below to write complete sentences about your daily activities and those of some of the people you know.

yo mi profesor/a de español mi compañero/a de cuarto y yo mis amigos mis padres y yo	almorzar cerrar dormir empezar entender pedir pensar perder preferir querer servir venir	desde las 10:00 de la noche hasta las... ayuda *(help)* a mis profesores los sábados por la tarde en un restaurante la puerta al salir de casa por la mañana pizza por teléfono los viernes tarde a casa de lunes a jueves refrescos a mis amigos la gramática española las clases a las 8:00 de la mañana

SUGGESTION: Provide a transition for students by reminding them that the country of focus of this chapter is Mexico and therefore the following **Comentario cultural** highlights certain cultural aspects of Mexico.

COMENTARIOS CULTURALES:

Los días de fiesta en México

En México, así como en los otros países de habla española, hay numerosas fiestas que forman parte de la cultura. Algunas de estas fiestas combinan tradiciones cristianas de España y tradiciones de las antiguas culturas nativas de América.

January / *Three Kings / Three Wise Men* / *gifts*

El 6 de **enero** es el Día de los **Reyes Magos** que dejan sus **regalos** en los zapatos de los niños. Esta celebración tiene su origen en la visita de los Reyes Magos al niño Jesús. En español los reyes se llaman Melchor, Gaspar y Baltasar. En algunas ciudades de México, personas famosas **se visten de** Rey Mago y caminan por las calles.

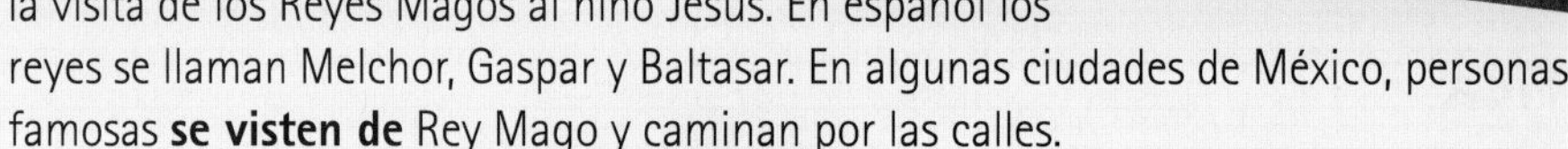

dress up as / *May* / *victory*

El Cinco de **mayo** los mexicanos celebran **la victoria** contra los franceses en la Batalla de Puebla en 1862. Esta fiesta es una fiesta regional que se celebra en la ciudad y en el estado de Puebla. Es también una fiesta muy popular en los Estados Unidos, especialmente en las ciudades estadounidenses que tienen una gran población mexicana.

September / *delivered*

El 16 de **septiembre** se celebra el día de 1810 en que Miguel Hidalgo, padre de la independencia mexicana, **lanzó** "El Grito de Dolores": ¡"Mexicanos, viva México"! anunciando la rebelión de los mexicanos contra el dominio español. Cada año, a las 12:00 de la noche del 16 de septiembre los mexicanos gritan "El Grito" para celebrar un momento fundamental de su historia.

November / *who have died*

El 1 y 2 de **noviembre** los mexicanos celebran los Días de los Muertos, una fiesta que combina creencias precolombinas y tradiciones católicas. Las familias preparan altares especiales en memoria de las personas **que han muerto.**

December / *miraculous image*

El 12 de **diciembre** se celebra la fiesta de la Virgen de Guadalupe. Cada año, miles y miles de personas van a la Basílica de Guadalupe. En esta enorme iglesia veneran el famoso **cuadro milagroso** de la Santa Patrona de México que está allí. Después de una misa especial, hay música y baile en las calles.

INTEGRACIÓN CULTURAL

1. What do several holiday celebrations in Latin America combine?
2. What happens on January 6? Is there a similar holiday in your country?
3. Where is **Cinco de mayo** celebrated? Explain why.
4. Can you think of any celebrations similar to **los Días de los Muertos**? How are they different from the Mexican holiday?
5. When is **el Día de la Virgen de Guadalupe** celebrated? What do many people in Mexico do on the holiday dedicated to her?

ANSWERS: 1. Christian traditions from Spain and native traditions. 2. It is the Day of the Three Wise Men **(Día de los Reyes Magos).** It recalls the visit by the Three Wise Men to baby Jesus. 3. In Puebla and in numerous cities in the U.S. In Puebla because that is where the battle against the French took place. It is celebrated in U.S. cities where there is a significant Mexican population. 4. Answers may vary. 5. December 12. They go to church and then celebrate with music and dancing.

REPASO

Review expressions used to locate places.

VARIATION, EX. 3-37: Pair students and assign each one 2 or 3 locations that they must explain. Allow 3–4 minutes for completion; then ask each pair where their designated places are located. Interact with students, questioning them on their answers. For example: **¿Está lejos del Zócalo?... Bien, ¿en qué calle está?...**

3-37 ¿Por favor... ? Imagine that some tourists stop you on the Zócalo to ask where certain places are located. Using the map, locate as precisely as possible the places that they are looking for. Follow the model.

Modelo: la Antigua Aduana
—Perdón, señor/a, ¿dónde está la Antigua Aduana?
—La Antigua Aduana está frente al Antiguo Palacio de la Inquisición.

1. **La Casa del Marqués del Apartado**
2. **El Monte de Piedad**
3. **La Secretaría de Educación Pública**
4. **El Antiguo Arzobispado**
5. **La Suprema Corte de Justicia**
6. **El Nuevo Edificio del D.D.F.**
7. **Las ruinas del Templo Mayor**

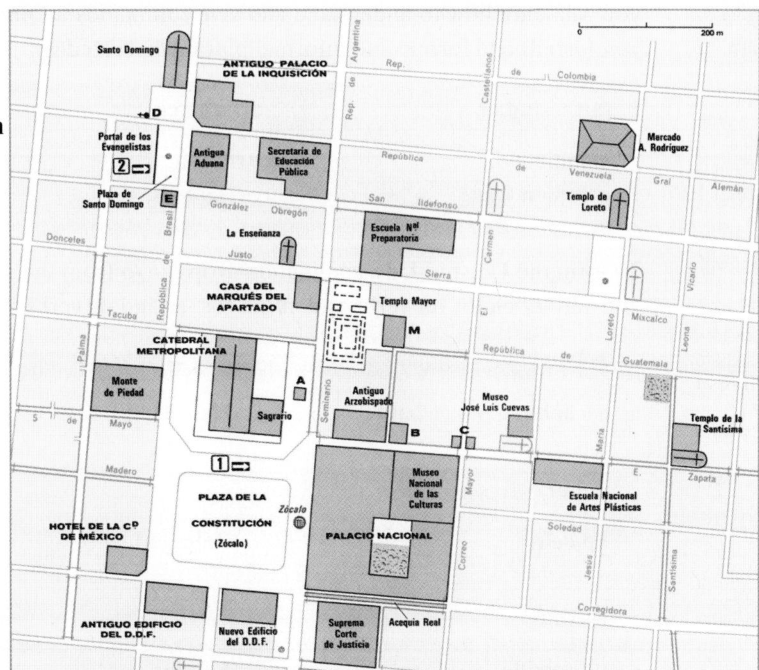

3-38 ¿Dónde estamos? Imagine you are visiting San Cristóbal de las Casas with a classmate. Look at the map below and describe the location where you are. Your classmate will try to identify each site after you describe its location. Take turns locating places on the map and be sure to visit at least six of the following points of interest in San Cristóbal.

Review expressions used to locate places.

El Palacio de las Bellas Artes
Transportes de Pasajeros
El Templo San Cristóbal
El Museo de Ámbar
La Iglesia y Convento Santo Domingo
El Mercado
La Plaza Principal
La Catedral

Modelo: *—Estamos enfrente de la Plaza Principal, entre las avenidas General Utrilla y 20 de Noviembre.*
—¡Estamos en la Catedral!

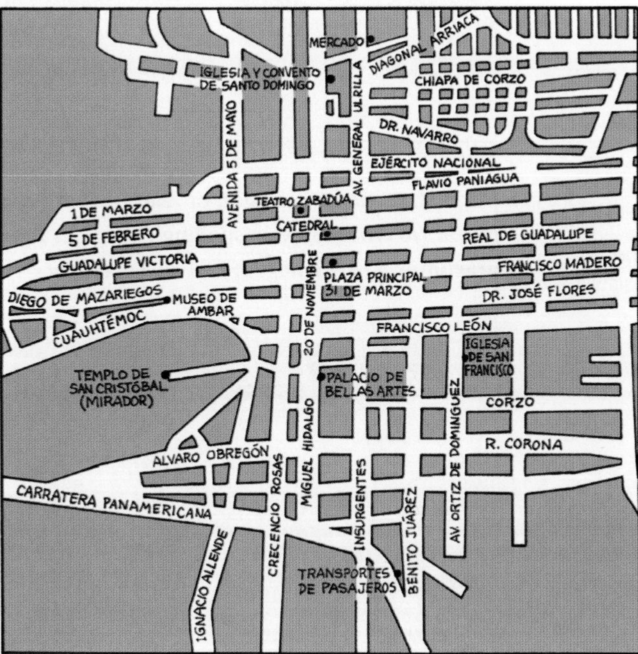

IRM MASTER 10: Los mandatos formales

SUGGESTION: To facilitate the presentation of this structure in context, have students study this section before class. Present the structure in the context of a guessing game. Tell students that you will describe how to do a series of different everyday activites and they must guess what activity is based on the description. Preview possible vocabulary by asking students to mention verbs associated with everyday activities. Write these on the board so that students can refer to them while you describe different activities.

SUGGESTION: Using the verb **escuchar,** establish the two forms of the imperative by first speaking to one student and then speaking to several students. Then write the forms on the board. Having established the basic pattern, invite the class to look at something, for example: **¡Miren el mapa de México!** Motion to two students to look at the right map: **Ana y Carlos, ¡no miren el mapa de Sudamérica! ¡Miren el mapa de México!** After working with the affirmative and negative commands **(Ud.** and **Uds.),** you can have students give orders in smaller groups, using the verbs **cantar, bailar,** and **hablar.**

ENFOQUE ESTRUCTURAL Los mandatos con *usted y ustedes*

¡**Visite** el Parque de Chapultepec!	***Visit*** *Chapultepec Park!*
¡**Escuchen** las descripciones del guía!	***Listen to*** *the guide's descriptions!*
¡**No compren** malas reproducciones!	***Don't buy*** *bad reproductions!*

Command forms of a verb **(mandatos)** are used to tell someone to do something. Here you will learn how to understand and give commands to others using the formal singular *you* **(usted)** and formal and informal plural *you* **(ustedes).**

-ar: estudiar	-er: correr	-ir: escribir
estudie Ud. **estudien** Uds.	**corra** Ud. **corran** Uds.	**escriba** Ud. **escriban** Uds.

To form the **Ud.** and **Uds.** commands, drop the **-o** from the **yo** form of the present tense and add **-e/-en** for **-ar** verbs and **-a/-an** for **-er** and **-ir** verbs:

hablar				
yo **hablo**	→	**habl-**	¡**Hable** Ud.!	¡**Hablen** Uds.!
beber				
yo **bebo**	→	**beb-**	¡**Beba** Ud.!	¡**Beban** Uds.!
escribir				
yo **escribo**	→	**escrib-**	¡**Escriba** Ud.!	¡**Escriban** Uds.!

- This command form is used with regular verbs, as you saw above, as well as with most irregular verbs:

pensar				
yo **pienso**	→	**piens-**	¡**Piense** Ud.!	¡**Piensen** Uds.!
tener				
yo **tengo**	→	**teng-**	¡**Tenga** Ud.!	¡**Tengan** Uds.!

NOTA GRAMATICAL: Spanish, like any language, was oral before it became written. Spelling changes like those noted here are sometimes necessary to maintain the original sounds of words.

- Verbs that end in **-car, -gar,** or **-zar,** such as **practicar** *(to practice),* **llegar** *(to arrive),* and **cruzar** *(to cross),* have a spelling change in the **Ud.** and **Uds**. command forms: **c → qu: practique; g → gu: llegue;** and **z → c: cruce.**

practicar				
yo **practico**	→	**pratiqu-**	¡**Practique** Ud.!	¡**Practiquen** Uds.!
llegar				
yo **llego**	→	**llegu-**	¡**Llegue** Ud.!	¡**Lleguen** Uds.!
cruzar				
yo **cruzo**	→	**cruc-**	¡**Cruce** Ud.!	¡**Crucen** Uds.!

- There are only a few irregular verbs with an irregular command form:

PREVIEW: The verb **ir** will be presented in detail in **Capítulo 4,** p. 127.

estar *to be*	**ser** *to be*	**ir** *to go*
¡**Esté** Ud.!	¡**Sea** Ud.!	¡**Vaya** Ud.!
¡**Estén** Uds.!	¡**Sean** Uds.!	¡**Vayan** Uds.!

- The negative command is formed by placing **no** before the verb:

¡**No hable** inglés! ¡**No hablen** inglés!

- Commands are often used to give someone directions. Some common verbs for this are the following:

PREVIEW: Giving informal commands with **tú** and **vosotros** will be presented in **Capítulo 5.**

caminar *(to walk)* → **Camine/Caminen** (a la Avenida Juárez).
cruzar *(to cross)* → **Cruce/Crucen** (la calle Hidalgo).
doblar *(to turn)* → **Doble/Doblen** (a la izquierda / a la derecha).
ir *(to go)* → **Vaya/Vayan** (al centro).
seguir *(to keep going)* → **Siga/Sigan** (recto / de frente *[straight]*).

Práctica

3-39 A mi profesor/a Tell your instructor what you want him or her to do. Use the **Ud.** command.

ANSWERS 3-39: 1. Sea... 2. No trabaje... 3. Escriba... 4. Vaya.... 5. Hable... 6. Busque... 7. Organice.... 8. No salga... 9. Repita... 10. Empiece...

Modelo: no terminar la clase tarde
No termine la clase tarde.

1. ser paciente
2. no trabajar mucho
3. escribir las instrucciones en la pizarra
4. ir a la biblioteca después de clase
5. hablar despacio, por favor
6. buscar actividades interesantes
7. organizar una fiesta
8. no salir de la universidad a las 10:00 de la noche
9. repetir la explicación, por favor
10. empezar la clase a las ocho y cinco

3-40 Un grupo de estudiantes nuevos You have been asked to speak to a group of incoming first-year students. Tell them six or eight things that they should and should not do in order to succeed at your school. Share your list of commands with a classmate. How many of your commands are the same? What do the two of you see as the single most important thing?

Modelos: *Organicen bien su tiempo.*
No lleguen tarde a clase.

3-41 ¿Cómo llego a... ? *(How do I get to . . . ?)* Use the map on page 113 to work with a classmate and give each other directions to get from the Hotel de la Ciudad de México to the places listed below.

ANSWERS, EX. 3-41: 1. Cruce el Zócalo y doble a la derecha en la Avenida 5 de Mayo. Camine dos cuadras y doble a la izquierda. 2. Siga recto por la Avenida República de Brasil. Doble a la derecha en González Obregón. Camine dos cuadras más. 3. Vaya por la Avenida República de Brasil. La Plaza de Santo Domingo está frente a la Antigua Aduana. 4. El Palacio Nacional está frente al Zócalo en Seminario.

Modelo: el Templo Mayor
Salga del hotel y cruce el Zócalo. A la derecha de la Catedral, doble a la calle Seminario. Siga recto y el Templo Mayor está en la esquina de las calles Seminario y Tacuba.

1. Museo José Luis Cuevas
2. Escuela Nacional Preparatoria
3. Plaza de Santo Domingo
4. Palacio Nacional

Track 1-17

VAMOS A ESCUCHAR:

¿CUÁNDO NOS VAMOS A VER?

HERITAGE LEARNERS: Ask heritage learners to listen to the Spanish in the **Vamos a escuchar** recording and to compare it with the Spanish they use in their communities.

It's sometimes hard to coordinate schedules while juggling school, work, and family. Three friends, Pablo, Begoña and Tere, are trying to get together.

Antes de escuchar

Based on the information you have learned in this **etapa:**

- What is a good time for friends to get together to relax?
- What obligations might keep friends from getting together?

Before you listen to the dialog, read all the questions in the **Después de escuchar** section.

Después de escuchar

ANSWERS, EX. 3-42: Pablo tiene mucho tiempo libre. Tere trabaja y estudia cada día.

3-42 Apuntes... As you listen to the schedules of Pablo, Begoña, and Tere, take notes. Who has the most free time? Who has the least free time?

ANSWERS, EX. 3-43: hoy (miércoles): Pablo no tiene nada; Begoña tiene clase hasta las 7:00 de la tarde y tiene que estudiar; Tere trabaja. jueves: Pablo no tiene nada; Begoña tiene un examen difícil por la noche y piensa estudiar mucho; Tere tiene clase desde las 10:00 hasta la 1:00 y media y luego trabaja. viernes: Pablo no tiene nada; Begoña tiene 2 exámenes y está libre a las 2:00; Tere tiene clase hasta las 2:00 y trabaja hasta la medianoche. sábado: Pablo almuerza con su tía Amelia a la 1:00; Begoña no tiene nada; Tere sale de su trabajo a las 3:00.

3-43 Comprensión Listen to the conversation again and then fill in the table below with the information regarding the events each person has on each day mentioned in the dialog. If someone is not doing anything, write in **nada** *(nothing).*

hoy (miércoles)	**jueves**
Pablo... **Begoña...** **Tere...**	
viernes	**sábado**

ANSWERS 3-44: 1. Yo tampoco. 2. Pedimos una mesa hoy.

3-44 ¿Cómo lo dicen? Listen to the Text audio CD again. As you listen, try to determine the following information.

1. How does Begoña say she isn't free either?
2. How does Pablo suggest making a reservation for Saturday today?

TÚ DIRÁS

3-45 Un invitado especial *(A special guest)* When you have visitors from out of town, it's important to plan your activities so that the visit goes smoothly. Work with a classmate to decide what you'll do with your guests. There are places to visit and things to do together, but you still have some obligations of your own. Ask questions and give instructions as the two of you plot out your schedule for the weekend. Make this visit a fun one!

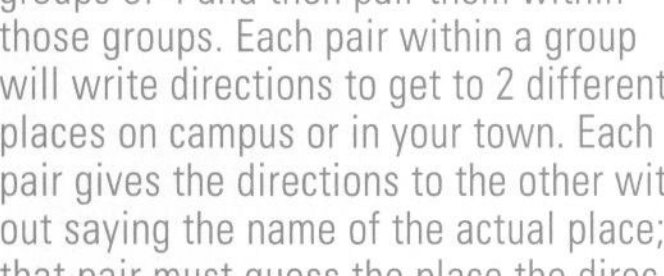

VARIATION, EX. 3-46: Put students in groups of 4 and then pair them within those groups. Each pair within a group will write directions to get to 2 different places on campus or in your town. Each pair gives the directions to the other without saying the name of the actual place; that pair must guess the place the directions lead to.

3-46 ¿Dónde está la universidad? Explain to an older person whom you have just met how to get from where he or she lives to your school. Give specific directions. Include in your explanation the verbs **seguir, cruzar,** and **doblar.** Make sure you greet the person appropriately and say good-bye.

Lectura: Las mariposas monarca de México

Antes de leer

A. Look at the title of the reading on page 118 and the photo that accompanies it to guess what this reading may be about.

B. What do you know about butterflies? Find the Spanish word for this insect.

Guía para la lectura

C. Read the first paragraph. Notice that **migración, anual, fantásticos,** and **volcanes** are similar to the English words *migration, annual, fantastic,* and *volcanoes.* These words are cognates. Now look quickly at the next two paragraphs and identify as many cognates as you can. In class, compare your list with another classmate's.

D. This time skim the passage to determine which paragraph contains the following information:

1. how butterflies are able to stay on course
2. the representation of the butterfly in pre-Hispanic art
3. when the butterflies arrive at their sanctuary and when they leave it

ANSWERS, EX. D: 1. third paragraph 2. first paragraph 3. second paragraph

E. Now read the passage more carefully and find:

1. two or three ways that butterflies are assisted by nature in their migration
2. the distance and speed involved in this migration

POSSIBLE ANSWERS, EX. E: 1. Determinan su ruta por la posición del sol, por la luz y por el magnetismo. Tienen un sistema de antenas y una "cajita mágica" que reciben fuerzas magnéticas para orientarlas. 2. 3.000 millas a una velocidad de 9 a 27 millas por hora.

Al fin y al cabo

Now, without looking at the text, try to answer the following questions:

1. Do the Monarch butterflies live part of the year near you? Compare your vision and experiences with them with the photo and article here.
2. Can you think of other species that migrate like the Monarch butterfly?
3. Beyond the stress of its long voyage, what other challenges might the Monarch butterfly face? How could people help these special butterflies?

POSSIBLE ANSWERS, AL FIN Y AL CABO: 1. The clustering of the butterflies on tree trunks is a winter phenomenon that would not be seen outside of Michoacan. 2. Many birds migrate (swallows, ducks, geese, etc.), as do some species of fish, aquatic mammals, and snakes. 3. Deforestation is a serious risk to the butterflies' winter habitat.

Las mariposas Monarca de México

Uno de los fenómenos más fantásticos de la naturaleza es la migración anual de las mariposas monarca. Durante el invierno, grandes grupos de estas mariposas van desde los Estados Unidos y Canadá hasta El Rosario, una región de enormes volcanes en el estado de Michoacán en México. Generalmente llegan en el mes de noviembre, después de viajar 3.000 millas a una velocidad de 9 a 27 millas por hora, y se van en el mes de abril.

Esta espectacular migración tiene una larga historia. En el arte de la gente nativa, cientos de años antes de la llegada de los españoles a México, hay representaciones de Xipe Totec, un dios tarasco, que tiene una mariposa monarca en los labios. Estas mariposas existen desde hace millones de años y su migración, según los científicos, es única en el mundo de los insectos.

Las mariposas monarca determinan la ruta de su largo viaje por la posición del sol y por la luz. Pero de mucha importancia es la alta intensidad del magnetismo en la zona de volcanes donde está el santuario. Cada mariposa tiene un sistema de antenas y una "cajita mágica", o un órgano especial, que reciben fuerzas magnéticas que ayudan en la orientación de la mariposa.

Fernando y Valentina Ortiz Monasterio Garza, Mariposa monarca: Vuelo de papel, *México: Centro de Información y Desarrollo de la Comunicación, Avenida México 145-Ph.H. II, Colonia Coyoacán, México, C.P. 4100, 1987.*

INTERCAMBIO: EN CASA DE ANABEL

Estudiante A Last year you met Anabel, an exchange student from San Miguel de Allende. You became good friends, and she invited you to visit her in the summer. You have just arrived in San Miguel and now you need to find Anabel's house.

This is the information you have:

Anabel Gómez del Campo

calle Callejón del Chorro 2

Teléfono: 465-229-47

You just got off the bus at the **Estación de Autobuses (Central de Autobuses y Estación de Ferrocarriles)** and you ask a passerby to give you directions. On a separate piece of paper, write down the directions. When you finish, share the information you got with the rest of the **Estudiantes A** to see if you all obtained similar directions.

Estudiante B You are a native from San Miguel de Allende and happen to be at the bus station. Someone approaches you asking for directions to get to a particular address. Using the map below, tell this person how to get to where he or she needs to go.

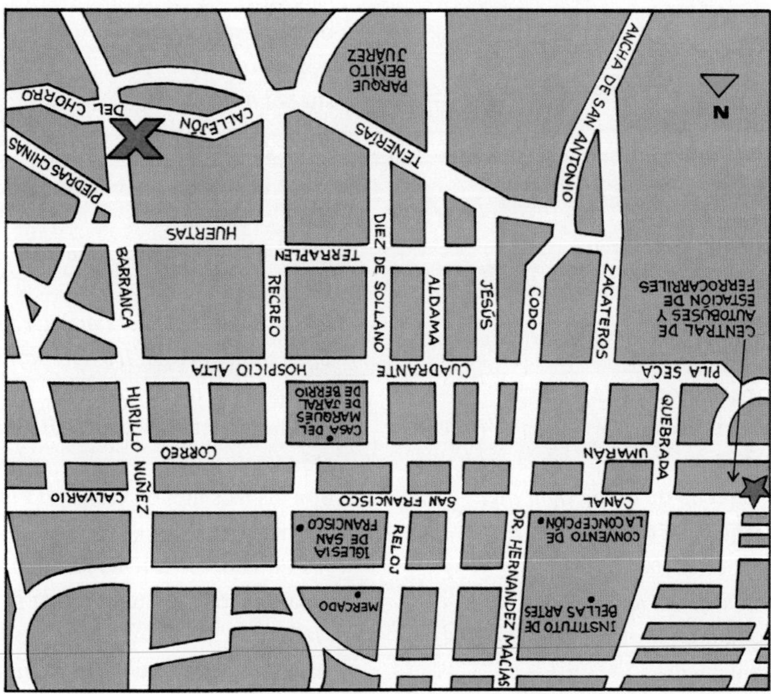

VOCABULARIO

HERITAGE LEARNERS: Ask heritage learners to add to the **Vocabulario** any alternate vocabulary that they have come up with over the course of the chapter. They might put the words in categories like **Así lo dice el libro; Así lo dice el/la profesor/a; Así lo digo yo,** etc.

Track 1-18

The **Vocabulario** section consists of all new words and expressions presented in the chapter. When reviewing or studying for a test, you can cover up the English and go through the list to see if you know the meaning of each item.

Expresiones para preguntar *Expressions for questions*

¿Adónde? *Where? (suggests direction)*
¿Cuándo? *When?*
¿Cuánto/Cuánta? *How much?*
¿Cuántos/Cuántas? *How many?*
¿Dónde? *Where?*
¿Por qué? *Why?*
¿Qué? *What?*
¿Quién? *Who?*

Mi pueblo o ciudad *My town or city*

Edificios públicos *Public buildings*

el ayuntamiento *city hall*
la biblioteca *library*
la escuela *school*
la estación de policía *police station*
el hospital *hospital*
la iglesia *church*
el museo *museum*
la oficina de correos *post office*
la universidad *university*

Los espacios abiertos *Open spaces*

el mercado *market*
el parque *park*
la plaza *plaza, square*

El transporte público *Public transportation*

el aeropuerto *airport*
la estación de trenes *train station*
la terminal de autobuses *bus station*

El entretenimiento *Leisure*

el café *café*
el cine *movie theater*
la discoteca *discotheque*
el estadio *stadium*
el restaurante *restaurant*

La casa y el apartamento *The house and the apartment*

la bañera *bathtub*
la cama *bed*
el clóset *closet*
la cocina *kitchen; stove*
el comedor *dining room*
el cuarto de baño *bathroom*
el dormitorio *bedroom*
la ducha *shower*
el fregadero *kitchen sink*
el garaje *garage*
el jardín *yard*
la lámpara *lamp*
el lavabo *sink*
el lavaplatos *dishwasher*
la mesa *table*
la mesilla *night table, coffee table*
la nevera *refrigerator*
el refrigerador *refrigerator*
la sala *living room*
el sillón *armchair*
el sofá *sofa*

Los lugares *Places*

el barrio *section/neighborhood*
la ciudad *city*
el pueblo *town*

Expresiones para indicar localización *Expressions to indicate location*

a la derecha de *to the right of*
a la izquierda de *to the left of*
al final de *at the end of*
al lado de *next to*
alrededor de *around (surrounding)*
cerca de *near*
delante de *in front of*
detrás de *behind*
en la esquina de *at the corner of*
entre *between*
frente a *across from, facing*
lejos de *far from*

Los adverbios

abajo *below*
ahí *(over) there*
allí *there*
aquí *here*
arriba *above*
cerca *nearby*
dentro *inside*
fuera *outside*
lejos *distant, far away*

Para expresar localización geográfica

en la costa *on the coast*
en la frontera *on the border*
en el interior *in the interior*
en la sierra *in the mountains*
este *east*
oeste *west*
norte *north*
sur *south*

Expressiones para preguntar y dar la hora *Expressions for asking for and giving the time*

¿Qué hora es? *What time is it?*
Es la una. *It's one o'clock.*
Es la una y cuarto *It's quarter after one*
Es la una y media. *It's half past one.*
Son las dos. *It's two o'clock.*
Son las dos menos cuarto *It's a quarter to two.*
Son las tres menos veinte. *It's twenty to two.*
¿A qué hora? *At what time?*
A las cinco de la mañana. *At five in the morning.*
A la una de la tarde. *At one in the afternoon.*
A las nueve de la noche. *At nine in the evening / at night.*
A la medianoche. *At midnight.*
Al mediodía. *At noon.*
desde las... hasta las... *from . . . to . . .*
entre las... y las... *between . . . and . . .*

Los días de la semana *Days of the week*
lunes *Monday*
martes *Tuesday*
miércoles *Wednesday*
jueves *Thursday*
viernes *Friday*
sábado *Saturday*
domingo *Sunday*

Usos de tener *Uses of the verb* **tener**
tener... años *to be . . . years old*
tener calor *to be hot*
tener frío *to be cold*
tener ganas de *to feel like doing something*
tener hambre *to be hungry*
tener miedo *to be afraid*
tener prisa *to be in a hurry*
tener que + *infinitive to have to do something*
tener razón *to be right*
tener sed *to be thirsty*
tener sueño *to be sleepy*

Para pedir instrucciones *Asking for directions*
¿Cómo llego a... ? *How do I get to . . . ?*
¿Dónde está... ? *Where is . . . ?*
¿Está lejos/cerca de aquí? *Is it far from/near here?*

Para dar instrucciones *Giving directions*
Cruce la calle... *Cross . . . street.*
Doble a la derecha. *Turn right.*
Doble a la izquierda. *Turn left.*
Siga recto / de frente. *Go straight.*

VOCABULARIO GENERAL

Adjetivos *Adjectives*
aburrido/a *bored*
alegre *happy*
cansado/a *tired*
contento/a *happy*
enfermo/a *sick*
enojado/a *angry*
harto *fed up*
listo/a *ready*
molesto/a *irritated, annoyed*
triste *sad*

Verbos irregulares *Irregular verbs*
estar *to be*
hacer *to do, make*
hacer ejercicio *to exercise/to work out*
hacer preguntas/hacer una pregunta *to ask questions, to ask a question*
poner *to put*
poner la mesa *to set the table*
poner la televisión, la radio *to turn on the television, the radio*
salir *to go out, leave*
salir con *to go out with*
salir de *to leave a place*
traer *to bring*

Verbos con cambios en la raíz *Stem-changing verbs*

e → ie
cerrar (ie) *to close*
empezar (ie) *to begin*
entender (ie) *to understand*
pensar (ie) *to think, plan*
perder (ie) *to lose, miss out on*
preferir (ie) *to prefer*
querer (ie) *to want*
venir (ie) *to come*

o → ue
almorzar (ue) *to eat lunch*
contar (ue) *to count, tell a story*
dormir (ue) *to sleep*
jugar (ue) *to play*
soñar (ue) *to dream*
volver (ue) *to return*

e → i
conseguir (i) *to get*
pedir (i) *to ask for (something)*
repetir (i) *to repeat*
seguir (i) *to follow, continue, keep going*
servir (i) *to serve*

HERITAGE LEARNERS: Remind heritage learners to pay special attention to words that may contain spelling combinations that have traditionally been problematic for them. For example, the **h** in **hambre,** the **c** in **hacer,** the **z** in **izquierda,** etc. Also point out to them the accent marks on the question words, **café, jardín,** etc.

Capítulo 4

Vamos al centro

Fronterizo is a mixture of Spanish and Portuguese that is spoken along the border **(la frontera)** of Paraguay and Brazil.

CHAPTER OBJECTIVES

In this chapter you will learn about months, seasons, weather, and activities for the weekend. Argentina, Uruguay, and Paraguay will serve as the backdrop for this chapter.

PRIMERA ETAPA

Calendario escolar

SEGUNDA ETAPA

¿Qué tiempo hace?

TERCERA ETAPA

Las actividades del fin de semana

INTEGRACIÓN

La Cordillera de los Andes, Argentina

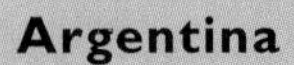

Argentina

Población: 37.384.816

Área: 2.779.221 kilómetros cuadrados, cuatro veces el tamaño de Texas
Capital: Buenos Aires, 11.624.000
Ciudades principales: Córdoba, 1.434.900; Rosario, 1.229.800; Mendoza, 957.400; Tucumán, 774.500
Moneda: el peso
Lenguas: el castellano, el italiano (no es oficial)
Productos principales de exportación: aceites vegetales, electricidad, cereales, piensos, carne de res, vehículos, uvas, tabaco
Embajada: 1600 New Hampshire Avenue NW, Washington, D.C. 20009

Uruguay

Población: 3.360.105

Área: 176.215 kilómetros cuadrados, casi el tamaño del estado de Washington
Capital: Montevideo, 1.432.000
Moneda: el peso
Lengua: el castellano
Productos principales de exportación: ganado, carne, arroz, cueros y pieles, vehículos, productos lácteos, electricidad
Embajada: 2715 M Street NW, Washington, D.C. 20007

Paraguay

Población: 5.734.139

Área: 406.752 kilómetros cuadrados, el tamaño de California
Capital: Asunción, 569.800
Moneda: el guaraní
Lenguas: el castellano, el guaraní, el fronterizo (no oficial)
Productos principales de exportación: algodón, electricidad, soya, aceites vegetales, carne de res y puerco, piensos
Embajada: 2400 Massachusetts Avenue NW, Washington, D.C. 20008

Functions

- talk about the months, the seasons, and means of in-town transportation
- point out individuals and things

Functions

- inquire and provide information about weather conditions
- describe actions in progress

Functions

- talk in detail about daily routines
- talk in detail about your plans for the near future

Tools

The tools you will use to carry out these functions are:

- Vocabulary for:
  - months and seasons
  - weather
  - outdoor and indoor activities
  - daily routine verbs
- Grammatical structures:
  - the verb **ir**
  - demonstrative adjectives
  - the present progressive tense
  - more present tense irregular verbs
  - reflexive verbs
  - **ir a** + infinitive

Lectura: Santa Evita: Una heroína argentina
Vídeo: Episodio 2; Actividades en las páginas V-4–V-5
Intercambio: ¿Cuándo vamos?
Escritura: Actividades en el manual

PRIMERA ETAPA

Track 1-19

Para empezar: Calendario escolar

Preparación: As you begin this **etapa,** answer the following questions:

- What date is it today?
- What activities do you associate with the different parts of the year?
- What is your academic calendar like? How might it be different in other parts of the world, in particular in the southern hemisphere? Why?

enero

l	m	m	j	v	s	d
		1	2	3	4	5
6	7	8	9	10	11	12
13	14	15	16	17	18	19
20	21	22	23	24	25	26
27	28	29	30	31		

febrero

l	m	m	j	v	s	d
					1	2
3	4	5	6	7	8	9
10	11	12	13	14	15	16
17	18	19	20	21	22	23
24	25	26	27	28		

marzo

l	m	m	j	v	s	d
					1	2
3	4	5	6	7	8	9
10	11	12	13	14	15	16
17	18	19	20	21	22	23
24/31	25	26	27	28	29	30

abril

l	m	m	j	v	s	d
1	2	3	4	5	6	7
8	9	10	11	12	13	14
15	16	17	18	19	20	21
22	23	24	25	26	27	28
29	30					

mayo

l	m	m	j	v	s	d
		1	2	3	4	5
6	7	8	9	10	11	12
13	14	15	16	17	18	19
20	21	22	23	24	25	26
27	28	29	30	31		

junio

l	m	m	j	v	s	d
					1	2
3	4	5	6	7	8	9
10	11	12	13	14	15	16
17	18	19	20	21	22	23
24	25	26	27	28	29	30

julio

l	m	m	j	v	s	d
1	2	3	4	5	6	7
8	9	10	11	12	13	14
15	16	17	18	19	20	21
22	23	24	25	26	27	28
29	30	31				

agosto

l	m	m	j	v	s	d
			1	2	3	4
5	6	7	8	9	10	11
12	13	14	15	16	17	18
19	20	21	22	23	24	25
26	27	28	29	30	31	

septiembre

l	m	m	j	v	s	d
						1
2	3	4	5	6	7	8
9	10	11	12	13	14	15
16	17	18	19	20	21	22
23/30	24	25	26	27	28	29

octubre

l	m	m	j	v	s	d
	1	2	3	4	5	6
7	8	9	10	11	12	13
14	15	16	17	18	19	20
21	22	23	24	25	26	27
28	29	31				

noviembre

l	m	m	j	v	s	d
			1	2	3	4
5	6	7	8	9	10	11
12	13	14	15	16	17	18
19	20	21	22	23	24	25
26	27	28	29	30		

diciembre

l	m	m	j	v	s	d
					1	2
3	4	5	6	7	8	9
10	11	12	13	14	15	16
17	18	19	20	21	22	23
24/31	25	26	27	28	29	30

NOTA GRAMATICAL: Note that months in Spanish are spelled out with lowercase letters.

¡Hola! Me llamo Adela López del Barrio. Soy de Santa Fe, una ciudad al norte de Buenos Aires. Ahora vivo en Buenos Aires porque estudio en la Universidad de San Andrés. Mañana es ***12 de marzo,*** *día en que empiezan las clases. Estoy un poco triste porque se termina el* ***verano.***

En Argentina, como en los demás países situados en la zona templada del hemisferio sur, los meses del verano son ***diciembre, enero*** *y* ***febrero.*** *El* ***otoño*** *empieza en* ***marzo*** *y termina en* ***mayo. Junio, julio*** *y* ***agosto*** *son los meses del* ***invierno,*** *y la* ***primavera*** *es de* ***septiembre*** *a* ***noviembre.*** *¡Justo al revés que en el hemisferio norte!*

LAS ESTACIONES

la primavera   el verano

el otoño   el invierno

TRANSPARENCY H-1: LAS ESTACIONES: Present vocabulary in context. Tell students that your best friend has a very large family and everyone has a birthday in a different month. Show pictures of different people. Give them names and write their birthdays on the board. Tell the class what activity each person likes to do on his or her birthday. For example: **Juan cumple años en enero. A él no le gusta el invierno, así que siempre va al Caribe para celebrar su cumpleaños.**

HERITAGE LEARNERS: Point out the **b** in **febrero,** the **z** in **marzo,** the **j** in **julio** and **junio,** and the **v** of **primavera** and **invierno**.

Práctica

4-1 Los meses y las estaciones You have just learned which months make up the seasons in the southern hemisphere. Complete the table showing which months make up the seasons in the northern hemisphere.

el otoño	el invierno	la primavera	el verano

ANSWERS, EX. 4-1: el otoño: septiembre, octubre, noviembre; el invierno: diciembre, enero, febrero; la primavera: marzo, abril, mayo; el verano: junio, julio, agosto

4-2 ¿Qué estación es en... ? For each of the following months, say what season it is in the city indicated in parentheses. Remember to identify the hemisphere of each city before determining the season. If you are unfamiliar with these cities, consult the maps at the front and back of the book.

Modelo: enero (Montevideo, Uruguay)
En Montevideo es verano en enero.

1. mayo (San Francisco, Estados Unidos)
2. abril (Lima, Perú)
3. diciembre (Salamanca, España)
4. febrero (Valparaíso, Chile)
5. julio (Vancouver, Canadá)
6. noviembre (Potosí, Bolivia)
7. junio (Córdoba, Argentina)
8. septiembre (Asunción, Paraguay)

ANSWERS, EX. 4-2: 1. primavera 2. otoño 3. invierno 4. verano 5. verano 6. primavera 7. invierno 8. primavera

Remember that you learned how to write and say years in Spanish in **Capítulo 3,** page 93.

SUGGESTIONS: (1) Write today's date on the board. (2) Ask several students to give their birthdays.

Enfoque léxico La fecha

¿Qué día es hoy?	*What is today's date?*
Hoy es 25 de mayo, Día de la Revolución en Argentina.	*Today is May 25, Day of the Revolution in Argentina.*
¿Cuándo es tu cumpleaños?	***When is** your birthday?*
El primero de febrero.	***February first.***

To express the date in Spanish, use the definite article **el** + a cardinal number **(treinta, diez, cinco)** + **de** + the name of the month except after adverbs of time such as **hoy, ayer, mañana,** etc., when **el** is not used. The one exception is the first of the month, when **el primero** is used instead of the cardinal number. The day, the month, and the year of any date are connected by **de.**

EXPANSIÓN LÉXICA: In Spain, the first of the month is **el uno de** + the month:

El uno de mayo es el Día Internacional del Trabajo.	***May first** is International Workers' Day.*

—Mañana es 26 **de** mayo.	*Tomorrow is May 26.*
—Mi cumpleaños es el 8 **de** septiembre.	*My birthday is September 8.*

All the months of the year are masculine. They are used without articles and they are not capitalized. To say *in* a month, use **en** or **en el mes de.**

En enero, es verano en Argentina.	***In January,** it is summer in Argentina.*
En el mes de agosto, termina el invierno en el hemisferio sur.	***In (the month of) August,** winter ends in the southern hemisphere.*

HERITAGE LEARNERS: Ask heritage learners to research other dates in their or their relatives' country of origin and make a brief presentation to the class, for example: **En 1917 el presidente Woodrow Wilson firmó la ley que les da ciudadanía estadounidense a los puertorriqueños.**

ANSWERS, EX. 4-3: 1. el doce de octubre de mil cuatrocientos noventa y dos 2. el veinte de septiembre de mil quinientos diecinueve 3. el veintitrés de abril de mil seiscientos dieciséis 4. el veinticinco de mayo de mil ochocientos diez 5. el diecisiete de junio de mil ochocientos once 6. el dieciocho de julio de mil ochocientos treinta 7. el diecisiete de agosto de mil ochocientos cincuenta 8. el veintiséis de julio de mil novecientos cincuenta y dos 9. el diez de junio de mil novecientos ochenta y dos 10. *Answers will vary.*

Práctica

4-3 ¿En qué año? What is the date in Spanish of the following historical events?

Modelo: August 15, 1537—la fundación de Asunción, futura capital de Paraguay
el quince de agosto de mil quinientos treinta y siete

1. October 12, 1492—el descubrimiento del Nuevo Mundo
2. September 20, 1519—el comienzo de la expedición de Fernando de Magallanes, explorador del Río de la Plata
3. April 23, 1616—la muerte *(death)* de Cervantes y Shakespeare
4. May 25, 1810—la revolución argentina
5. June 17, 1811—la independencia de Paraguay
6. July 18, 1830—la creación de la República Oriental del Uruguay
7. August 17, 1850—la muerte del General José de San Martín
8. July 26, 1952—la muerte de Evita Perón
9. June 10, 1982—la ocupación de las Islas Malvinas *(Falkland Islands)* por Argentina
10. tu cumpleaños *(your birthday)*

4-4 Los cumpleaños de mis compañeros de clase Ask at least four classmates when their birthday is. Then, with the rest of the class, determine who has a birthday in the different months of the year. Which months are the most popular for birthdays?

ENFOQUE ESTRUCTURAL El verbo *ir*

MULTILEVEL SUGGESTION: Students who have had Spanish before will undoubtedly know how to conjugate the verb **ir**. Have these students provide examples of where they might go, for example, **voy a casa de mi amigo, vamos al cine, van al concierto,** etc.

—¿**Vas a** Montevideo este verano?	***Are you going to*** *Montevideo this summer?*
—Sí, normalmente **voy a** Montevideo todos los veranos.	*Yes, normally* ***I go to*** *Montevideo every summer.*
—¿**Vas en** tren?	***Are you going by*** *train?*
—No, no me gusta el tren; prefiero **ir en** carro.	*No, I don't like the train; I prefer* ***to go by*** *car.*

The present tense forms of the verb **ir** are:

ir *to go*	
voy	**vamos**
vas	**vais**
va	**van**

Note that after the verb **ir** the preposition **a,** meaning *to* in this context, is used to indicate destination. As you have seen on page 103, when followed by the article **el, a** combines with it to become **al.**

The preposition **en** is used in most expressions with **ir** expressing modes of transport:

en carro	Vamos **en carro** al centro.	*We go downtown* ***by car.***
en autobús	Van a Buenos Aires **en autobús.**	*They go to Buenos Aires* ***by bus.***
en metro	Voy al centro comercial **en metro.**	*I go to the mall* ***by subway.***
en taxi	¿Van al hotel **en taxi**?	*Are you going to the hotel* ***by taxi?***
en bicicleta	¿Vas a la universidad **en bicicleta**?	*Do you go to the university* ***on bicycle?***

EXPANSIÓN LÉXICA: The word for *car* varies from place to place. In Argentina and the other nations of the Southern Cone, you will hear **el auto.** In Spain, **el coche** is the preferred term. Hence, the expressions for going somewhere in a car will reflect these regional differences: **Voy a Salamanca en coche, Van a Mendoza en auto.**

The preposition **a** is also used in one expression with **ir** to express mode of transport:

a pie	Voy a casa **a pie.**	*I go home* ***on foot.***

Some common expressions with the verb **ir** are: **ir de compras** *(to go shopping),* **ir de paseo** *(to go for a walk),* and **ir de vacaciones** *(to go on vacation).*

—Tengo que **ir** al centro hoy para **ir de compras.** ¿Quieres ir conmigo?	*I have to go downtown to go shopping. Do you want to go with me?*
—Sí, yo también tengo que comprar unas cosas. ¿**Vamos** a pie?	*Yes, I also have to buy a few things. Shall we go on foot?*
—No, **vamos** en el carro de mi hermana.	*No, let's go in my sister's car.*

Práctica

4-5 ¿Adónde van de vacaciones? All of these people are planning vacations in Argentina. Using the information provided, tell where the following people are going on vacation.

1. Adela y su novio / Bahía Blanca
2. yo / Mar del Plata
3. Juan y tú / Tierra del Fuego
4. Marina y yo / Salta
5. Isabel y su familia / Bariloche
6. Juan Carlos / San Miguel de Tucumán

ANSWERS, EX. 4-5: 1. van 2. voy 3. vais/van 4. vamos 5. van 6. va

4-6 ¿Vas al centro? Walk around the classroom and ask at least four of your classmates questions using the places below. Your classmates will answer negatively and then they will tell you where they are actually going. Follow up by asking how they are getting there.

Modelo: casa
—¿Vas a casa?
—No, voy a clase.
—¿Cómo vas?
—Voy a pie.

1. biblioteca
2. oficina de correos
3. residencia estudiantil
4. banco
5. centro comercial *(mall)*
6. cine
7. de compras
8. casa de tus padres
9. de vacaciones
10. de paseo

ANSWERS, EX. 4-6: *Answers will vary.*

SUGGESTIONS, EX. 4-6: (1) Ask follow-up questions to stimulate further language production: **¿Cómo se llama tu residencia estudiantil? ¿Dónde viven tus padres? ¿Adónde vas de vacaciones?** (2) Have students share their findings with the class.

SUGGESTION: Provide a transition for students by reminding them that the country of focus of this **etapa** is Argentina and therefore the following **Comentario cultural** highlights certain cultural aspects of Argentina.

COMENTARIOS CULTURALES

Argentina: Variación geográfica

Argentina, por su superficie geográfica, es el segundo país más grande de Sudamérica, después de Brasil. El país es tan grande que hay una gran variedad de climas dentro de sus fronteras. El norte y noreste son regiones tropicales, **mientras** que las montañas y el sur, que está muy cerca de la Antártida, son regiones muy **frías**.

while

cold

En el centro del país está La Pampa, una vasta zona de **llanuras** fértiles. Aquí, donde el clima es más seco pero con fuertes variaciones, cultivan **trigo** y otros cereales. También crían **ganado** para el consumo de carne de los argentinos y para la exportación. El ganado, la carne y **el cuero** argentinos tienen fama mundial y gran importancia económica para la nación. La inmensa **cordillera** de los Andes separa a Argentina de Chile. En la larga frontera que los dos países tienen en común están algunos de los picos más elevados del mundo, como el Aconcagua, que tiene 6.959 metros de altura.

plains

wheat

cattle

leather

mountain range

SUGGESTION: Ask students to convert 6,959 meters to feet and compare the altitude of El Aconagua with peaks in the U.S., e.g., Pike's Peak, Mt. McKinley, etc. One meter is equivalent to 3.281 feet, so to convert meters to feet, multiply the number of meters (6,959) by (3.281). Thus, El Aconagua would measure about 22,832 feet.

INTEGRACIÓN CULTURAL

1. How does this country compare in size to other South American countries?
2. What climate should you expect to find on a vacation in the north of Argentina? in the south? in La Pampa?
3. What is Argentina's most important export? In which part of the country do you think that product originates?
4. Argentina is about as long as the United States is wide. What other comparisons can you draw between these large nations?

ANSWERS: 1. It's the second largest. 2. tropical; very cold; temperate with variations 3. cattle, beef, and leather, all of which come from La Pampa 4. Both share a variety of climates and both have large and important plains regions; beyond geography, both share a varied European heritage.

Enfoque estructural: Los adjetivos demostrativos

There are many instances when we need to point out objects, places, and people. Imagine that you accompany Adela to class and that she shows you the university's campus. As you walk around, she points out things and people to you.

—**Este edificio** es la biblioteca.	—***This building** is the library.*
—**Esa señora** es mi profesora de economía.	—***That young lady** is my economics teacher.*
—**Aquel chico** es mi novio.	—***That man over there** is my boyfriend.*

Demonstrative adjectives are used to point out specific people or things. They agree in number and gender with the nouns that follow them. There are three sets of demonstrative adjectives:

Singular		Plural	
este...	*this . . .*	**estos...**	*these . . .*
ese...	*that . . .*	**esos...**	*those . . .*
aquel...	*that over there . . .*	**aquellos...**	*those over there . . .*

To point out people or things . . .

near the speaker	near the listener	far from both speaker and listener
este edificio **esta** profesora	**ese** edificio **esa** profesora	**aquel** edificio **aquella** profesora
estos edificios **estas** profesoras	**esos** edificios **esas** profesoras	**aquellos** edificios **aquellas** profesoras

Nota gramatical: You may notice words like these demonstrative adjectives written with an accent. Each demonstrative adjective, which will always be written without an accent and which will always be used with a noun, has a corresponding demonstrative pronoun that is written with an accent and used to replace a noun:

Este edificio es alto.	***This building** is tall.*
Éste es alto.	***This one** is tall.*

You will learn more about demonstrative pronouns in **Capítulo 7, etapa 3.**

Práctica

4-7 Aquí, allí y más allá *(Here, there, and beyond)* Demonstrative adjectives show a noun's relative distance from the speaker and listener. Using the drawings below, provide the correct demonstrative adjective. Remember that demonstrative adjectives must agree in gender and number with the nouns that follow them.

ANSWERS, EX. 4-7: 1. Aquel 2. Esta 3. Estas 4. ese 5. aquella

Modelo: Habla el guardia: Sí, señora, _______ banco está abierto *(is open)* ahora.
Sí, señora, *este* banco está abierto ahora.

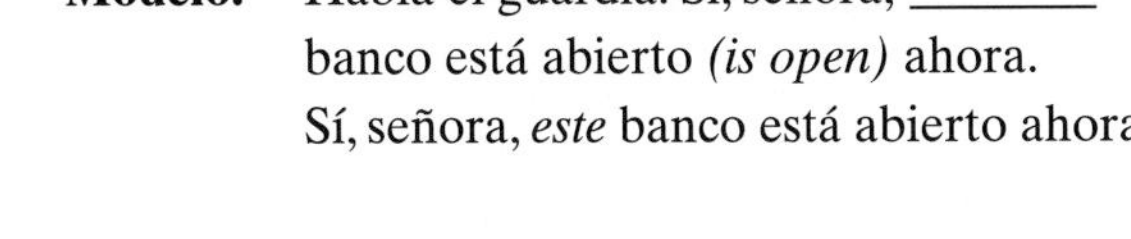

1. Hablan Laura y Juan: _______ hombre come palomitas. ¡Yo también quiero palomitas!

2. Habla el muchacho de la silla de ruedas *(wheelchair):* ¡Jorge! ¡_______ música es buenísima!

3. Habla la dependienta *(salesperson):* _______ cosas son muy útiles para las clases, ¿no?

4. Habla Paula: Gracias por una noche muy especial. ¡Tú sabes que _______ restaurante es mi favorito!

5. Habla Sergio: Me gusta estudiar en la biblioteca porque _______ bibliotecaria *(librarian)* es muy simpática.

ANSWERS, EX. 4-8: 1. Esta 2. Este 3. Aquella 4. Ese 5. esos 6. aquel 7. esa 8. estos 9. esta 10. Estos

4-8 ¿Este..., ese... o aquel... ? The University of Belgrano is one of several excellent universities in Argentina's capital. Complete the following paragraph using the correct demonstrative adjectives according to the English ones in parentheses.

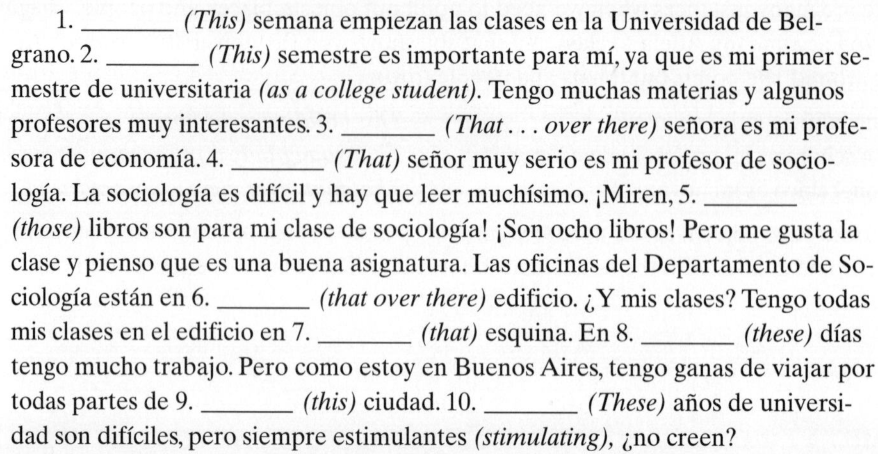

1. _______ *(This)* semana empiezan las clases en la Universidad de Belgrano. 2. _______ *(This)* semestre es importante para mí, ya que es mi primer semestre de universitaria *(as a college student)*. Tengo muchas materias y algunos profesores muy interesantes. 3. _______ *(That . . . over there)* señora es mi profesora de economía. 4. _______ *(That)* señor muy serio es mi profesor de sociología. La sociología es difícil y hay que leer muchísimo. ¡Miren, 5. _______ *(those)* libros son para mi clase de sociología! ¡Son ocho libros! Pero me gusta la clase y pienso que es una buena asignatura. Las oficinas del Departamento de Sociología están en 6. _______ *(that over there)* edificio. ¿Y mis clases? Tengo todas mis clases en el edificio en 7. _______ *(that)* esquina. En 8. _______ *(these)* días tengo mucho trabajo. Pero como estoy en Buenos Aires, tengo ganas de viajar por todas partes de 9. _______ *(this)* ciudad. 10. _______ *(These)* años de universidad son difíciles, pero siempre estimulantes *(stimulating)*, ¿no creen?

NOTA GRAMATICAL: In countries other than Spain, the second person plural, **vosotros,** is recognized but not used. Instead, **ustedes** is the informal and formal plural of *you*. In Argentina and several countries in Central America, you may hear an alternate form of **tú**. **Vos** is used instead of **tú,** with present tense verbs conjugated differently: for **-ar** verbs, add **-ás** to the stem; for **-er** verbs, add **-és,** for **-ir** verbs; add **-ís: ¿Vos vivís aquí?, ¿Vos tenés hermanos?, ¿Vos hablás español?** The irregular verb **ser** has an irregular form for **vos** as well: **sos.**

4-9 El plantel Sketch out a map of your college or university. Include your campus's important buildings and landmarks, and add life to your map with a few key people sketched into appropriate locations. Then imagine that you are showing your campus to a friend who is visiting from Bariloche. As you point out the places, buildings, and people on your map, your classmate will ask you the questions below. Answer your clasmate's questions in complete sentences using demonstrative adjectives. Switch roles.

1. ¿Quién trabaja en este edificio?
2. ¿Quién es esa persona?
3. ¿Qué es aquella estatua *(statue)*?
4. ¿Quiénes viven en esas residencias?
5. ¿De quién es esta oficina?

SUGGESTION, VAMOS A ESCUCHAR: The Spanish spoken in Argentina has a distinct sound and form. Prepare students to hear a very different accent in this dialog and remind them that although the **voseo,** or the use of the informal *you* **vos,** is not used in many other Spanish-speaking countries it does not cause confusion among other Spanish speakers. Students should listen for comprehension but should not try to produce the **voseo.**

Track 1-20

VAMOS A ESCUCHAR:
¿QUERÉS IR CONMIGO?

Julián and Félix run into each other on a street in Buenos Aires. Julián has some errands to do and invites the other to come along.

HERITAGE LEARNERS: Ask heritage learners to listen to the Spanish in the **Vamos a escuchar** recording and to compare it with the Spanish they use in their communities.

Antes de escuchar

Given what you have been learning in this **etapa:**

- How will these friends get to where they need to be for their errands?
- Can you name a few characteristics of the Spanish used in Argentina?

Before you listen to the dialog, read the questions in the **Después de escuchar** section below.

ANSWERS, EX. 4-10: 1. al centro 2. Hay un partido de fútbol a las cinco. 3. Sí, pero hay mucho tráfico. 4. en metro y a pie 5. Quiere comprar el nuevo CD de Los Fabulosos Cadillacs.

ANSWERS, EX. 4-11: 1. Che, ¿qué tal? 2. un mandado

SUGGESTION, EX. 4-11: The expression **che,** used to call attention to a friend (like *hey, you*), is used only with people whom you address informally. It is so much a hallmark of Argentine speech that Ernesto Guevara (1928–1967), the Argentine doctor who helped lead Cuba's revolution alongside Fidel Castro, came to be known not by his name but by his nickname Che.

Después de escuchar

4-10 Comprensión As you listen to the conversation, listen for the answers to the following questions.

1. ¿Adónde tiene que ir Julián?
2. ¿Por qué tiene prisa *(is he in a hurry)*?
3. ¿Tiene carro Julián?
4. ¿Cómo van Julián y Félix?
5. ¿Qué quiere hacer Félix?

4-11 ¿Cómo lo dicen? Listen to the conversation again and try to determine the following:

1. How does Julián greet Félix?
2. What is the word used here for *errand*?

TÚ DIRÁS

4-12 ¿Qué hacemos? Your class would like to know the things that you and your friend normally do together. With a classmate, fill in the chart below by making a list of the activities that you (the two friends) are doing together and then indicate the day and time and the means of transportation you normally use. When you finish the table, share your information with the class.

Modelo: *Normalmente, Jennie y yo vemos una película los viernes por la noche. Vamos al cine en carro.*

¿Qué hacemos normalmente?	¿Cuándo?	¿Cómo vamos?
ver una película	*el viernes por la noche*	*en carro*

4-13 El turismo argentino With a classmate, you are going to learn more about Argentina and share your findings with the class.

A. Using the Internet or text-based resources, find out 10 points of interest for the region or city you have been assigned. Consider identifying historical sites, cultural landmarks, popular gathering places, or resorts. Can you identify things to do in these places during the different times of the year? Make a poster or chart to present your findings to the class.

B. Then, in class, present the information orally to your classmates. Your classmates will decide which places are the most appealing spots for vacation, business, or culture.

Modelo: *—Bahía Blanca es mi ciudad. Esta ciudad tiene un puerto importante.*
—Esa ciudad es buena para los negocios.
—Bahía Blanca tiene cuatro estaciones.
—Quiero visitar esa ciudad en octubre, en la primavera.

CLASSROOM MANGEMENT, EX. 4-13: Assign part A as homework first; then have students present part B in class after a brief consultation among pairs. Assign a specific region or city to each pair. Consider assigning places from among the following: cities: Buenos Aires, Córdoba, Mendoza, Rosario, Tucumán, Jujuy, Salta, Bariloche; regions: La Pampa, El Chaco, la cordillera de los Andes, Patagonia.

SEGUNDA ETAPA

Para empezar: ¿Qué tiempo hace?

Preparación: As you begin this **etapa,** answer the following questions:
- What are some expressions you use to talk about weather?
- What is the weather like where you live? Are there different seasons?

Éste es **el pronóstico del tiempo** *(weather forecast)* para varias ciudades en Uruguay.

The expression **va a +** infinitive means *to be going to do something,* so **va a hacer sol** means *it is going to be sunny.* You will learn more about this structure in the **Tercera etapa.**

Cities	Icons	Forecast
Montevideo		En Montevideo va a **hacer sol** todo el día. La **temperatura máxima** *(maximum temperature)* va a ser de 18 grados centígrados (18°C) y la **mínima** *(minimum)* de 7 grados centígrados (7°C).
El Prado		El cielo en El Prado **está nublado;** vamos a tener **nubes** *(clouds)* todo el día. La temperatura en estos momentos es de 16 grados (16°). La máxima para hoy es de 19 grados (19°C) y la mínima de ocho grados centígrados (8°C).
Colonia del Sacramento		En Colonia del Sacramento vamos a tener **lluvia.** Va a **llover** toda la mañana. La temperatura máxima va a ser de 15 grados (15°) y la mínima de 5 grados centígrados (5°C).
Tacuarembó		En Tacuarembó vamos a tener cielos despejados. Va a **hacer buen tiempo** todo el día. La temperatura máxima va a ser de 20 grados (20°) y la mínima de 8 grados centígrados (8°C).

SUGGESTION: After presenting the vocabulary, ask students what the weather is like today: **¿Qué tiempo hace hoy?**

EXPRESIONES PARA HABLAR DEL TIEMPO

(No) Hace (mucho) sol.	*It's (It isn't) (very) sunny.*	**Está despejado.**	*It's clear.*
(No) Hace (poco) calor.	*It's (It isn't) (not very) hot.*	**Está nublado.**	*It's cloudy.*
(No) Hace frío.	*It's (It isn't) cold.*	**Hay hielo.**	*It's icy.*
(No) Hace fresco.	*It's (It isn't) cool.*	**Hay neblina.**	*It's misty.*
(No) Hace viento.	*It's (It isn't) windy.*	**Hay niebla.**	*It's foggy.*
(No) Hace buen (mal) tiempo.	*The weather is (is not) good (bad).*	**Caen rayos.**	*It's lightning.*
Llovizna. / Está lloviznando.	*It's drizzling. / It's drizzling now.*	**Hay tormenta.**	*It's stormy.*
Llueve. / Está lloviendo.	*It's raining. / It's raining now.*	**la temperatura máxima/mínima**	*highest/lowest temperature*
Nieva. / Está nevando.	*It's snowing. / It's snowing now.*	**el pronóstico del tiempo**	*weather forecast*
Truena.	*It's thundering.*	**el tiempo**	*weather*

NOTA GRAMATICAL: You may notice that some expressions include specific weather-related verbs: **llover (ue), lloviznar,** and **nevar (ie)** are generally conjugated only in the third person singular but may be conjugated in any of the tenses that you will be learning.

HERITAGE LEARNERS: Heritage learners might use the verb **estar** with certain weather expressions, for example, **está caliente, está frío, está fresco,** etc.

Práctica

4-14 Las estaciones y el tiempo Match the following seasons with the weather you might expect to find first in Montevideo and then in your town. What similarities do you find?

ANSWERS EX. 4-14: MONTEVIDEO: la primavera: hace fresco o hace viento; el verano: hace calor; el otoño; hace fresco o hace viento; el invierno: hace frío; Students should note that Uruguay's seasons are roughly comparable with seasons in many parts of the middle latitudes of the northern hemisphere. Recall that months for the seasons may vary, but the four seasons remain defined similarly.

Montevideo		Mi pueblo	
la estación	**el clima**	**la estación**	**el clima**
la primavera	hace fresco	la primavera	hace fresco
el verano	hace viento	el verano	hace viento
el otoño	hace calor	el otoño	hace calor
el invierno	hace frío	el invierno	hace frío

4-15 ¿Qué tiempo hace? Look at the map below and tell what the weather is like in the following cities.

POSSIBLE ANSWERS, EX. 4-15: 1. Hace fresco y está nublado. 2. Hace fresco y está un poco nublado. 3. Hace frío y hace mucho sol. 4. Hace calor y hace buen tiempo. 5. Hace poco frío y hace mucho sol. 6. Hace calor y llueve. 7. Hace fresco y llueve. 8. Hace fresco y está nublado. 9. Hace fresco y está nublado. 10. Hace frío y hace mucho sol.

Modelo: Lima
Hace fresco y está nublado.

1. México, D.F
2. Caracas
3. Santiago
4. San José
5. Buenos Aires
6. La Habana
7. Asunción
8. Bogotá
9. La Paz
10. Montevideo

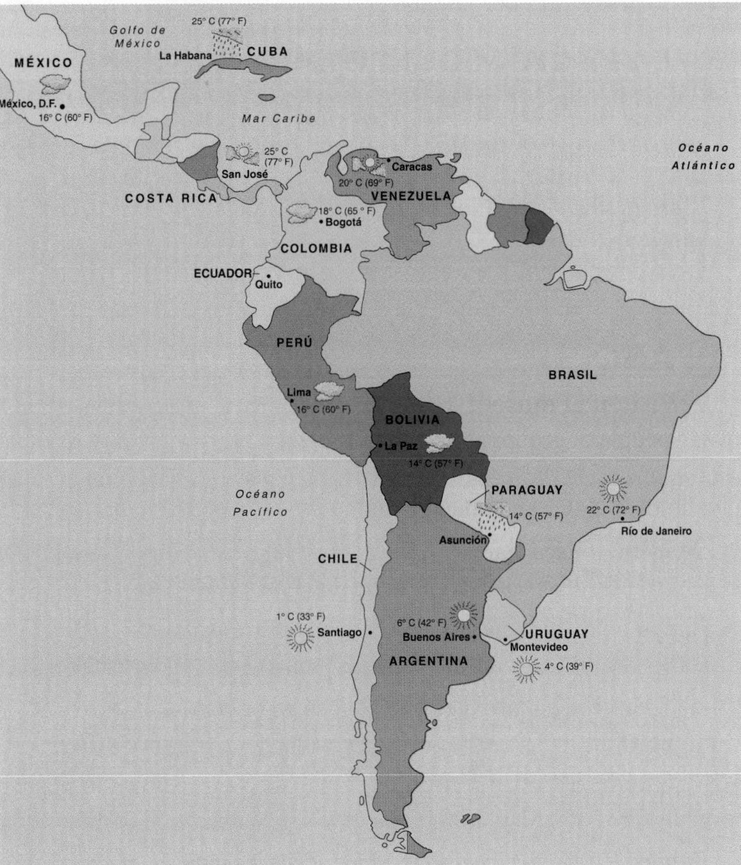

4-16 ¿Qué tiempo hace en... ? Imagine that you met a student from Uruguay at the Feria de las Américas and now the two of you are making plans for a future visit. He is flexible about when he'll travel but would prefer to travel when the weather is nice. Tell him what the weather is like where you live in the months listed below. Be detailed and finish your description by telling your friend the best time to visit.

ANSWERS, EX. 4-16: *Answers will vary.*

1. En diciembre y enero...
2. En marzo...
3. En julio y agosto...
4. En octubre...
5. El mejor mes para visitar mi pueblo/ciudad es...

SUGGESTION: Provide a transition for students reminding them that the country of focus of this **etapa** is Uruguay and therefore the following **Comentario cultural** highlights certain cultural aspects of Uruguay.

COMENTARIOS CULTURALES

Montevideo, capital de Uruguay

La capital de Uruguay, Montevideo, es la capital más joven de América Latina. Fundada entre 1724 y 1730, la ciudad está **llena de** vida cultural, política y comercial. Montevideo es una ciudad contemporánea en la que vive el 50 por ciento de la población uruguaya. En ella está el mejor **puerto natural** del sur de América, y su clima **templado** fomenta la presencia de turistas durante todo el año. Allí también **tiene lugar** la mayor parte de la actividad económica del país.

full of / *natural harbor / mild* / *takes place*

En 1991, Uruguay pasa a formar parte de Mercosur, la alianza económica que incluye a Uruguay, Brasil, Argentina y Paraguay. Mercosur garantiza el libre comercio entre estos países y facilita mejores negociaciones entre ellos y los poderes económicos del resto del mundo. A partir de los acuerdos de Ouro Preto, en 1994, Montevideo es **sede** de los organismos administrativos de la alianza, ya que está situada en un punto clave de la geografía de Mercosur.

headquarters

INTEGRACIÓN CULTURAL

1. How old is Montevideo? Why is this special?
2. Why does much of the Uruguayan population live in Montevideo?
3. What is Mercosur? Why is Mercosur important to Montevideo?
4. Based on the information in this reading, would you like to visit Montevideo? Why or why not?
5. What do you think the weather is like in Montevideo this month?

ANSWERS: 1. Montevideo tiene más o menos 275 años. Esto es algo especial porque es la capital más joven de América Latina. 2. Montevideo es dónde está la actividad cultural, política y económica más importante. 3. Mercosur es una alianza económica entre Argentina, Brasil, Uruguay y Paraguay. Tiene su sede en Montevideo. 4. *Answers will vary.* 5. El clima de Baltimore, Maryland, o Norfolk, Virginia, es similar al clima de Montevideo.

REPASO

Review formal commands and city vocabulary from **Capítulo 3.**

4-17 ¡Visiten el museo! Using the verbs provided, give suggestions to each of the following people or groups about what to do in your town or city. Come up with your own suggestions using these verbs. Remember to use formal commands and vocabulary you have studied in this and other chapters.

Modelo: Escuchar
¡Escuchen las descripciones del guía!

1. a group of Spanish-speaking visitors to your town or city
   a. ir b. mirar c. comer d. visitar e. beber
2. one Spanish-speaking visitor to your town or city
   a. hablar b. visitar c. cruzar d. comer e. ir

ANSWERS, EX. 4-17: 1. a. Vayan... b. Miren... c. Coman... d. Visiten... e. Beban... 2. a. Hable... b. Visite... c. Cruce... d. Coma... e. Vaya...

Review regular and stem-changing verbs of daily routines from **Capítulos 2** and **3.**

4-18 ¿Qué haces normalmente? Using the verbs below, tell what you and your friends normally do at different times of the day. Notice that some of these verbs are stem-changing!

Modelo: *Juego al tenis a las nueve de la mañana.*
Mis amigos duermen hasta las diez de la mañana.
Mis amigos y yo comemos juntos todos los días.

ANSWERS, EX. 4-18: *Answers will vary.*

	yo	mis amigos	mis amigos y yo
almorzar (ue)			
asistir a clase			
dormir (ue)			
estudiar			
jugar (ue)			
leer			
pensar (ie)			
trabajar			

SUGGESTION, EX. 4-18: Provide students with additional verbs such as **pensar (ie), pedir (i), soñar (ue) con, trabajar,** etc.

ENFOQUE ESTRUCTURAL El progresivo: Para expresar acciones que tienen lugar *(take place)* en este momento

In Spanish, when you want to show that an action is happening and is in progress at the moment you are speaking, you use the present progressive. In the examples below, you will notice that all include a form of the verb **estar** plus a form of another verb that ends in **-ndo.** This form of the verb that ends in **-ndo** is known as the *present participle* (in Spanish, **el gerundio**).

SUGGESTION: Contextualize presentation of this structure. Use a transparency or a picture depicting several people doing things. Describe what each person is doing using the present progressive.

¿Qué **estás haciendo** ahora mismo? **Estoy estudiando.**	*What **are you doing** right now?* ***I am studying.***
¿Qué **están haciendo** tus amigos en este momento? **Están mirando** un programa de la tele.	*What **are** your friends **doing** at this moment?* ***They are watching** a TV program.*
¿Qué tiempo hace en Montevideo? Está nublado pero **no está lloviendo.**	*What is the weather like in Montevideo?* *It's cloudy but **it is not raining.***

1. To form the present participle of **-ar** verbs, drop the **-ar** and add **-ando:**

habl**ar** → habl**ando**	nev**ar** → nev**ando**	estudi**ar** → estudi**ando**
bail**ar** → bail**ando**	compr**ar** → compr**ando**	llovizn**ar** → llovizn**ando**

2. To form the present participle of **-er** and **-ir** verbs, drop the **-er** or **-ir** and add **-iendo:**

com**er** → com**iendo**	llov**er** → llov**iendo**	escrib**ir** → escrib**iendo**
corr**er** → corr**iendo**	abr**er** → abr**iendo**	sal**ir** → sal**iendo**

3. The present participles of the following verbs are irregular:

leer → **leyendo**	oír → **oyendo**	creer → **creyendo**

SUGGESTION: If students ask for the present participle of the verbs **ir** and **poder** inform them that they have irregular present participles: **yendo** and **pudiendo.** Students probably do not need to learn these at this point, especially because these verbs are almost never used in the progressive form.

4. Stem changing **-ir** verbs also have an irregular present participle. The stem vowel **e** changes to **i** and the **o** changes to **u** as the following verbs illustrate:

servir → **sirviendo**	pedir → **pidiendo**	repetir → **repitiendo**
sentir → **sintiendo**	decir → **diciendo**	dormir → **durmiendo**

Notice that the present participle (the **-ndo** form of the verb) does not change for agreement purposes; it always ends in **-o:**

Julia **está leyendo** una revista.	*Julia **is reading** a magazine.*
José **está durmiendo** ahora mismo.	*José **is sleeping** right now.*

The use of the progressive tense in Spanish is a little bit different from its use in English. In Spanish this form, as we said above, is used *to express an action that is happening and in progress at the moment you are speaking.* The following are some expressions you can use with the present progressive to stress that the action is in progress while you are speaking:

MULTILEVEL SUGGESTION: Students who have studied Spanish before probably know how to conjugate the verb **estar** and they probably already know how to form the gerund. Have them generate other examples using **el progresivo.**

ahora	now	**ahora mismo**	right now	**en este momento**	at this moment

In English the present progressive is also used to express *an action that is going to happen* and *an action that takes place over a long period of time.* In these two cases, Spanish uses the simple present tense. Look at the following examples:

To express an action that is going to happen

Tengo un examen mañana.	***I am having** a test tomorrow.*

To express an action that takes place over a long period of time

Mi hermano **trabaja** en un restaurante en Montevideo.	*My brother **is working** at a restaurant in Montevideo.*

Práctica

ANSWERS, EX. 4-19: 1. Jaime está escribiendo. 2. Julia y Teresa están hablando. 3. Mari Rosa y Juan están mirando la TV. 4. Alberto está comiendo un sándwich. 5. Carmen y Cristina están dando un paseo. 6. Juanito está bebiendo leche. 7. Laura está leyendo una revista. 8. Mario está durmiendo.

4-19 ¿Qué están haciendo en este momento? Look at the drawings below and tell what the following people are doing right now.

1. Jaime

2. Julia y Teresa

3. Mari Rosa y Juan

4. Alberto

5. Carmen y Cristina

6. Juanito

7. Laura

8. Mario

4-20 ¿Qué están haciendo mis compañeros? Working with a classmate, look around at your classmates and teacher and tell what everybody is doing right now. Don't forget to mention what you and your classmate are doing!

ANSWERS, EX. 4-21: *Answers will vary.* Encourage creativity by asking follow-up questions.

4-21 Es el 14 de febrero, ¿qué están haciendo? Working in groups of three, create mini-scenarios for the following dates. Imagine that you have been granted the ability to time-travel and are looking in on the following people as they experience the days listed. Be as creative as you can in your answers!

Modelo: el 14 de febrero / Juan
Es el 14 de febrero y Juan está saliendo con Lola del restaurante El Gallo de Oro.

1. el 31 de dicembre / Nelson y Pati
2. hoy, a las 5:00 de la tarde / los autobuses y taxis de Nueva York
3. el 14 de febrero / tu mejor amigo/a
4. el día que cumples *(turn)* veintiún años / tú y tus amigos
5. el último día *(last day)* de clases / tu profesor/a

Más actividades, más verbos irregulares

As you have seen, there are many Spanish verbs that have an irregular present conjugation. Thus far, you have learned almost all of them: verbs with an irregular **yo** form and stem-changing verbs. Once you have learned the verbs included here, you will know basically all the verbs that have an irregular present.

HERITAGE LEARNERS: Point out the **z** in the first person singular of verbs like **conocer, producir,** and **traducir.**

-zco verbs: These are verbs whose infinitive forms end in **-cir/-cer** and that add a **-z** before the **-co** in the **yo** form. The rest of their conjugation is regular.

conducir *to drive*		**conocer** *to know a person or area*		**producir** *to produce*		**traducir** *to translate*	
condu**zco**	conducimos	cono**zco**	conocemos	produ**zco**	producimos	tradu**zco**	traducimos
conduces	conducís	conoces	conocéis	produces	producís	traduces	traducís
conduce	conducen	conoce	conocen	produce	producen	traduce	traducen

The verbs **oír** *(to hear)* and **ver** *(to see)* have their own irregular conjugation; the verb **saber** *(to know a fact, concept, or skill)* has an irregular **yo** form and the rest of the conjugation is regular in the present tense.

PREVIEW: Saber vs. **conocer** is presented in **Capítulo 6.**

oír		**ver**		**saber**	
oigo	**oímos**	**veo**	**vemos**	**sé**	**sabemos**
oyes	**oís**	**ves**	**veis**	**sabes**	**sabéis**
oye	**oyen**	**ve**	**ven**	**sabe**	**saben**

Práctica

4-22 Una tarjeta postal Amanda is studying abroad at the Universidad del Sur in Montevideo. Help her complete this postcard to her best friend, who is studying abroad in Spain. Complete the note using the verbs provided. Some irregular verbs from **Capítulo 3** are also included here.

ANSWERS, EX. 4-22: 1. salgo 2. conduzco 3. tengo 4. empiezan 5. veo 6. tenemos 7. almorzamos 8. pido 9. vuelvo 10. estoy 11. pongo 12. oigo 13. hago 14. traduzco

Querida Linda:

*Me gusta mucho Montevideo y mis estudios van bien aquí. Todos los días 1. _____ **(salir / yo)** de casa a las siete de la mañana. Normalmente 2. _____ **(conducir / yo)** mi carro y si 3. _____ **(tener / yo)** suerte, **aparco*** (I park) *cerca del edificio de clases. Las clases 4. _____ **(empezar)** a las ocho. Mi primera clase es árabe. Allí 5. _____ **(ver / yo)** a mis amigos Mario y Diana.*

*A las once Mario, Diana y yo 6. _____ **(tener)** hambre. Normalmente 7. _____ **(almorzar)** en la cafetería. Yo siempre 8. _____ **(pedir)** un bocadillo y un refresco.*

*Por las tardes 9. _____ **(volver / yo)** a casa a las dos y mientras 10. _____ **(estar / yo)** 11. _____ en mi carro **(poner / yo)** la radio y 12. _____ **(oír / yo)** las noticias. En casa, 13. _____ **(hacer / yo)** la tarea. Para la clase de árabe, siempre 14. _____ **(traducir / yo)** diez oraciones para aprender vocabulario. En la Universidad del Sur, ¡siempre hay mucho que hacer!*

Besos de
Amanda

4-23 Y tu compañero/a, ¿qué hace? In activity 4-22, one student describes her daily activities at the Universidad del Sur. Using the verbs below, ask your classmate about his or her daily routine at your college or university. Report your findings to the class.

conducir, volver, almorzar, oír, empezar, pedir, ver, hacer, salir, traducir

Modelo: —*¿Conduces todos los días?*
—*No, sólo conduzco los fines de semana.*
—*¿A qué hora empieza tu día?*
—*Mi día empieza a las diez de la mañana.*

Track 1-21

VAMOS A ESCUCHAR:
¡QUÉ TIEMPO HACE!

HERITAGE LEARNERS: Ask heritage learners to listen to the Spanish in the **Vamos a escuchar** recording and to compare it with the Spanish they use in their communities.

This listening segment features weather reports from three Uruguayan cities.

Antes de escuchar

Given what you have been learning in this **etapa:**

- What sort of weather might be found in the different regions of Uruguay at any given time?
- How might the weather affect the activities found in different regions?

Before you listen to the reports, read the questions in the **Después de escuchar** section below.

Después de escuchar

ANSWERS, EX. 4-24: 1. de la mañana 2. Hace fresco, pero la temperatura está subiendo. 3. Los turistas están llegando, los hoteles están preparando sus habitaciones, los restaurantes están sirviendo la rica comida típica y los viajeros de todo el mundo están disfrutando de las vacaciones. 4. Están esperando en sus hoteles porque está lloviendo mucho. 5. Montevideo y Punta del Este

4-24 Comprensión As you listen to the weather reports, listen for the answers to the following questions.

1. El informe desde Montevideo, ¿es de la mañana o de la tarde?
2. ¿Qué temperatura hace en Montevideo?
3. ¿Quiénes están haciendo muchas cosas en Punta del Este?
4. ¿Qué están haciendo los turistas en Salta? ¿Por qué?
5. ¿En qué ciudades hace buen tiempo?

ANSWERS, EX. 4-25: 1. la bella 2. informa/informar

4-25 ¿Cómo lo dicen? Listen to the reports again and try to determine the following:

1. What word does the announcer Cándida Espinos use to describe Punta del Este?
2. What verb do all three announcers use to describe their own action of reporting?

TÚ DIRÁS

CLASSROOM MANAGEMENT 4-26: Assign this as an out-of-class activity and have students present their work in class. They may want to search the World Wide Web for weather sites (e.g., weather.com) and find out what the weather is in certain cities in the Spanish-speaking world. Have students use the present tense.

4-26 Pronóstico del tiempo With a classmate, select Argentina or Uruguay and prepare today's national weather report. Be as complete and detailed as possible. Indicate what the weather is like in different parts of the country and what today's expected high and low temperatures are. In class, with the help of a map of the country, present your weather forecast to your classmates.

4-27 ¿Qué están haciendo? Imagine that you are at home with your friends and family and you have just received a phone call from a friend of yours in Uruguay. He or she wants to know not only how you are doing, but also what you and your friends are doing in this very moment. You know that your friend really misses the time he or she spent at your university, so be as detailed as possible in saying what you and other people in your house or apartment are doing at the time of the call.

TERCERA ETAPA

Las actividades del fin de semana

Preparación: As you begin this **etapa,** answer the following questions:

- What are some of the activities that you do on the weekend? What things do you enjoy doing and what things do you have to do? Think about the things you do both outdoors and indoors in the different seasons.
- What is your daily routine? What are some of the things you do regularly between getting up in the morning and going to bed at night?

Este fin de semana voy a...

LAS ACTIVIDADES AL AIRE LIBRE *Outdoor Activities*

andar en bicicleta

ir a la playa

acampar en las montañas

cortar el césped

regar (ie) las flores

recoger las hojas secas

quitar la nieve

LAS ACTIVIDADES EN CASA

decansar

mirar vídeos y comer palomitas

cenar con amigos

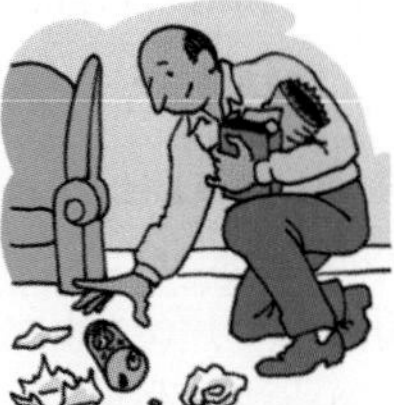
limpiar el apartamento

quitar el polvo

pasar la aspiradora

barrer

lavar la ropa

planchar

OTRAS ACTIVIDADES

ir al centro comercial

hacer una fiesta

alquilar unos vídeos

asistir a un concierto

hacer las compras

hacer mandados

Práctica

4-28 Mis fines de semana Match the following weekend activities with the season in which you do them . . . or avoid them.

Modelo: *Normalmente hago la compra los fines de semana.*
o *En el verano riego las flores los fines de semana.*

Normalmente	hago una fiesta	los fines de semana
En la primavera	recojo las hojas secas	
El el verano	alquilo vídeos	
En el otoño	hago las compras	
En el invierno	ando en bicicleta	
Nunca *(Never)*	descanso	
	voy a la playa	
	corto el césped	
	acampo en las montañas	
	lavo la ropa	

4-29 ¿Y tú? Using the statements in activity 4-28, ask your classmate if he or she does those things regularly on the weekend.

Modelo: *Los fines de semana, ¿pasas la aspiradora?*

4-30 ¡No me gusta pasar la aspiradora! It seems unfair to do so much work on the weekend! First, take a minute to make a list of the five weekend activities you most dislike and the five activities you most enjoy. Then compare your lists with those of a classmate. Which activities do you both like? Which do you both dislike? Share your findings with the rest of the class. Use the vocabulary in the **etapa** and other activities you have already learned.

Me gusta...	No me gusta...
1.	
2.	
3.	
4.	
5.	

REPASO

4-31 ¿Adónde vamos? Imagine that you and a few friends are visiting Paraguay. You have only a week in which to see the sites, so you have a tight itinerary. Indicate where you and your friends go at different times of the day and on different days of the week.

Modelo: el lunes / ocho de la mañana / yo / la universidad
El lunes a las ocho de la mañana voy a la universidad.

1. el martes / cuatro de la tarde / Miguel / a la región del Chaco
2. el sábado / diez de la noche / mis amigos y yo / a la Plaza de los Héroes
3. el martes / al mediodía / Luisa y Carlos / al puerto *(harbor)*
4. el miércoles / dos de la tarde / Uds. / al restaurante Mesón de las Misiones
5. el jueves / ocho de la tarde / tú / a una misa en la Catedral Metropolitana
6. el viernes / tres de la mañana / yo / al hotel

Now, do the exercise again saying where you and your friends really go on the days and at the times indicated during a typical week at home.

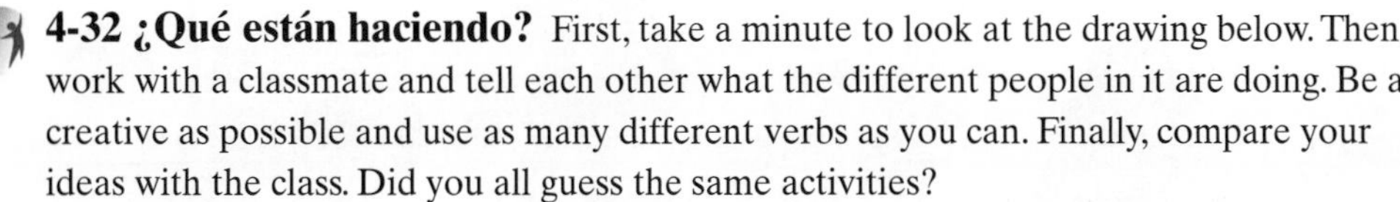

4-32 ¿Qué están haciendo? First, take a minute to look at the drawing below. Then, work with a classmate and tell each other what the different people in it are doing. Be as creative as possible and use as many different verbs as you can. Finally, compare your ideas with the class. Did you all guess the same activities?

ANSWERS, EX. 4-31: 1. El martes a las cuatro de la tarde Miguel va a la región del Chaco. 2. El sábado a las diez de la noche mis amigos y yo vamos a la Plaza de los Héroes. 3. El martes al mediodía Luisa y Carlos van al puerto. 4. El miércoles a las dos de la tarde, Uds. van al restaurante Mesón de las Misiones. 5. El jueves a las ocho de la tarde, tú vas a una misa en la Catedral Metropolitana. 6. El viernes a las tres de la mañana voy al hotel. *Additional answers will vary.*

Review the verb **ir** from **Primera etapa** and the vocabulary for telling time from **Capítulo 3.**

POSSIBLE ANSWERS, EX. 4-32: La madre está comprando un refresco. La niña está esperando el refresco. Un hombre está sirviendo/vendiendo el refresco. Una mujer está hablando por teléfono. Un joven está tocando la guitarra y cantando. Dos jóvenes están bailando. Dos muchachos están jugando al fútbol. Un hombre está leyendo y escuchando la radio. Tres niños están nadando. Dos personas están corriendo. Una señora está caminando. Una familia está descansando.

Review the present progressive from **Segunda etapa** and vocabulary for extracurricular activities from **Capítulo 2.**

ENFOQUE ESTRUCTURAL Los verbos reflexivos

In Spanish, to talk about some of the actions that we perform daily (getting up, taking a shower, getting dressed, etc.), we need to use what are called *reflexive verbs.*

Me despierto a las siete.

Me levanto a las siete y diez.

Después, **me ducho** con agua caliente.

Me afeito.

Me visto.

Me voy. ¡Es un buen día!

A las siete, **no me despierto**—estoy dormida.

Me quedo en la cama hasta las ocho.

Me lavo los dientes.

Me peino.

Me visto./ Me pongo los zapatos.

Me voy corriendo. ¡Tengo mucha prisa!

Reflexive verbs, indicated in the infinitive form by the pronoun **se** attached to the end of them (levantar**se,** peinar**se...**), are used when the doer of the action (the subject) and the receiver of that action are the same. In other words, reflexive verbs express actions that the subject does to himself, herself, or itself, or that subjects do to themselves. Compare the following two sentences:

Maribel **lava** el carro. — *Maribel **washes** the car.*

In this sentence Maribel performs the action and the car receives it.

Maribel **se lava.** — *Maribel **washes herself.***

In this sentence, Maribel both performs and receives the action.

Reflexive verbs are conjugated along with the corresponding reflexive pronouns: **me, te, se, nos, os, se.**

despertarse (ie) ***to wake up***	
me despierto	**nos** despertamos
te despiertas	**os** despertáis
se despierta	**se** despiertan

Here is a list of some frequently used reflexive verbs that you will need to talk about your daily routine. The pronoun **se,** attached to the end of the infinitive, distinguishes these reflexive verbs from nonreflexive verbs. Notice that many of these verbs are also stem-changing.

acostarse (ue)	*to go to bed*	**lavarse (los dientes)**	*to brush (one's teeth)*
afeitarse	*to shave*	**levantarse**	*to get up*
bañarse	*to take a bath*	**maquillarse**	*to put on make-up*
cepillarse (el pelo)	*to brush (one's hair)*	**peinarse**	*to comb one's hair*
desayunarse	*to have breakfast*	**ponerse**	*to put on (clothing, shoes)*
despertarse (ie)	*to wake up*		
dormirse (ue, u)	*to fall asleep*	**quedarse (en la cama)**	*to stay (in bed)*
ducharse	*to take a shower*		
irse	*to leave*	**quitarse**	*to take off (clothing)*
lavarse (las manos, el pelo)	*to wash (one's hands, hair)*	**sentarse (ie)**	*to sit down*
		vestirse (i)	*to get dressed*

NOTA GRAMATICAL: The verb **desayunarse** can also be used nonreflexively, **desayunar,** which is the way it is used in Spain.

When the verb is conjugated, the reflexive pronoun precedes it; with an infinitive, the pronoun is attached to the end of it.

Me levanto a las seis y media todas las mañanas.
Quiero **levantarme** a las seis y media mañana.

SUGGESTION: You may want to note that pronouns may be attached to the end of a gerund, or you may encourage students to use pronouns before all conjugated (including auxiliary) verbs.

Práctica

4-33 Miguel o Marta y yo Compare your daily activities with those of Miguel and Marta.

Modelo: Miguel se despierta a las siete.
Yo me despierto a las siete menos cuarto.

1. Marta se despierta a las seis.
2. Miguel se levanta a las seis y media.
3. Marta se baña todas las mañanas.
4. Miguel no se ducha por la mañana.
5. Marta se cepilla el pelo.
6. Miguel se lava los dientes una vez al día.
7. Marta se maquilla todas las mañanas.
8. Miguel se afeita todos los días.
9. Marta se viste con elegancia.
10. Miguel se acuesta tarde.
11. Marta se queda en cama leyendo.
12. Miguel se duerme rápido.

POSSIBLE ANSWERS, EX. 4-33: 1. Yo me despierto... 2. Yo me levanto... 3. Yo me baño... 4. Yo me ducho... 5. Yo me cepillo... 6. Yo me lavo... 7. Yo me maquillo... 8. Yo me afeito... 9. Yo me visto... 10. Yo me acuesto... 11. Yo me quedo... 12. Yo me duermo...

4-34 ¿Qué haces primero? List your personal daily routine, putting the following activities in chronological order. Are any parts of your routine missing? You may add or subtract anything you need.

1. vestirme
2. levantarme
3. desayunarme
4. peinarme
5. ducharme
6. despertarme
7. afeitarme
8. maquillarme

ANSWERS, EX. 4-34: *Answers will vary.*

4-35 La rutina cotidiana *(Daily routine)* Imagine that this is the first day with your new roommate. Using at least six different present tense reflexive verbs, describe a model routine for him/her. Your roommate will ask you questions about the frequency and manner of your daily activities, so be prepared to answer. Switch roles when you have completed your description.

Modelo: *—Me despierto y me levanto. No me quedo en la cama.*
—¿A qué hora te despiertas?
—Me despierto a las siete.

Now report to the class only the activities you have in common.

Modelo: *Nos despertamos a las siete y media.*
o *No tenemos nada en común. (We don't have anything in common.)*

SUGGESTION: Provide a transition for students by reminding them that the country of focus of this **etapa** is Paraguay and therefore the following **Comentario cultural** highlights certain cultural aspects of Paraguay.

COMENTARIOS CULTURALES

Paraguay: Un país bilingüe

Paraguay es un país bilingüe. El 95 por ciento de la población es mestizo (una mezcla de españoles e indígenas nativos de América). El español y el guaraní son las dos lenguas oficiales reconocidas por la Constitución. La gran **mayoría** de la población paraguaya habla los dos **idiomas.** Muchos paraguayos hablan en guaraní en la casa y hablan en español en la vida comercial y pública. Hay periódicos publicados en español y también en guaraní. En guaraní la palabra *paraguay* significa "río de las palmas", nombre que hace referencia a los grandes **bosques de palmeras** que bordean el curso del Río Paraguay.

majority
languages
palm groves
In a sense

En cierto sentido, Paraguay es un país trilingüe. El país limita al noroeste y al norte con Bolivia, al sur con Argentina y al este con Brasil. En las áreas que limitan con Brasil, hablan el llamado fronterizo, una combinación de español y portugués. Aunque no es un idioma oficial; su uso es frecuente en Paraguay.

INTEGRACIÓN CULTURAL

1. What is unique about Paraguay's linguistic situation?
2. What does the word *paraguay* mean in Guaraní?
3. What other language might you find in Paraguay?
4. Are there any indigenous words used in your country? Where might you find them?
5. How many official languages does your country have? How many other languages are also spoken and by whom?

ANSWERS: 1. Both Spanish and Guaraní are recognized as official languages by the Constitution. 2. a river lined with palm trees 3. Fronterizo, a blend of Spanish and Portuguese 4. Possible answers: quonset, teepee, igloo, wampum; often used in indigenous or historic contexts 5. Possible answers: in the U.S., English and Spanish (in Puerto Rico); in Canada, English, French, and some indigenous languages. Other languages present in both nations include many indigenous languages, many languages spoken by immigrants, and languages spoken by isolated communities such as the Hasidim and the Amish.

ENFOQUE ESTRUCTURAL El futuro inmediato: *ir a* + infinitivo

So far, you have learned to talk about the present using two forms of the present tense in Spanish. Note the following sentences and how they refer to future activities.

—**Va a hacer** frío. — ***It is going to be*** *cold.*
—¿Qué **vas a hacer** esta tarde? — *What **are you going to do** this afternoon?*
—**Voy a estar** en casa. — ***I am going to be*** *home.*

—¿Qué **van a hacer** este fin de semana? — *What **are you going to do** this weekend?*
—**Vamos a andar** en bicicleta. — ***We are going to ride*** *our bikes.*

The most common way to express future action in Spanish is to use a present tense verb construction with the present tense **ir + a +** the infinitive of your future action. This structure is equivalent to the English use of *to be going to + infinitive.*

Voy a quitar el polvo.
¿**Vas a quitar** la nieve?
¿**Va a ir** Juan al centro comercial?
Vamos a hacer la compra.
Uds. **van a cortar** el césped.
Ellos **van a hacer** una fiesta.

As with other conjugated verbs, this construction can be negated by placing **no** immediately before the conjugated verb:

No voy a planchar.
Ellos **no van** a acampar.

NOTA GRAMATICAL: There is a separate future tense in Spanish. It has its own unique functions and appears in **Capítulo 10.**

MULTILEVEL SUGGESTION: Students who have studied Spanish before probably know how to use the **ir + a +** infinitive construction. Have them come up with other examples using this construction.

Práctica

4-36 Después de la clase Once classes are over this Friday, you and your friends will take off in many different directions. Some people have work to do; others are headed for their weekend fun. Use words from each column to express what everyone will do.

A	B	C
yo Susana Marcos nosotros Juan y su novia Uds. tú	ir a	mirar vídeos y comer palomitas andar en bicicleta barrer cenar con amigos hacer una fiesta hacer mandados

HERITAGE LEARNERS: Ask heritage learners to provide other activities that might be carried out in the future. Write them on the board to review the spelling.

4-37 ¿Qué vas a hacer el sábado por la tarde? By Saturday, you and your friends are busy with your weekend chores and relaxation. Tell what the following people are going to do this Saturday afternoon.

Modelo: —¿Qué va a hacer Marcos el sábado por la noche? (comer en un restaurante)
—Marcos va a comer en un restaurante.

1. ¿Qué va a hacer Carlos el sábado por la tarde? (barrer el apartamento)
2. ¿Y qué va a hacer Juan? (regar las flores)
3. ¿Y Fernando y su amigo? (alquilar unos vídeos)
4. ¿Y Bárbara y Julián? (ir a la playa)
5. ¿Qué va a hacer Marcos? (hacer mandados)

ANSWERS, EX. 4-37: 1. Va a barrer... 2. Va a regar... 3. Van a... 4. Van a... 5. Va a...

SUGGESTION, EX. 4-37: Personalize this activity by asking several students these questions:

¿Qué vas a hacer tú el sábado por la tarde?
¿Qué van a hacer tú y tus amigos el sábado por la tarde?

4-38 Voy a... As you juggle your school work, work at home, and your social life, things get complicated. It's a good idea to keep a weekly planner. To do this, begin by making a list of five things you will do in the next week. Then, tell two of your classmates what you will do and have them tell you what they're going to do.

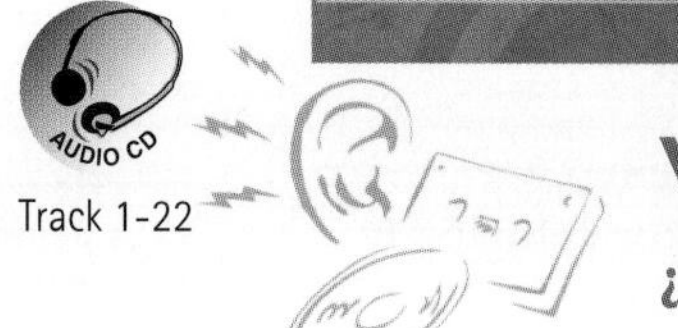

VAMOS A ESCUCHAR:
¿QUÉ VAS A HACER ESTE FIN DE SEMANA?

HERITAGE LEARNERS: Ask heritage learners to listen to the Spanish in the **Vamos a escuchar** recording and to compare it with the Spanish they use in their communities.

Luis calls his friend Carina to discuss their weekend plans. Both are students at the university in Asunción, where they live with their families but spend time with their friends from college.

Antes de escuchar

Given what you have been learning in this **etapa:**

- What sort of weekend activities might be discussed among friends?
- What special plans might enter into a conversation between a young man and woman?

Before you listen to the dialog, read the questions in the **Después de escuchar** section below.

Después de escuchar

ANSWERS 4-39: 1. no 2. A lo mejor va a salir con Luci y sus hermanas, van a alquilar unos vídeos, chismear y descansar. 3. Van a salir / van a cenar juntos. 4. Está llamando su mamá. 5. el sábado

4-39 Comprensión As you listen to the conversation, listen for the answers to the following questions.

1. ¿Carina tiene muchos planes para este fin de semana?
2. ¿Qué planes tiene?
3. ¿Qué van a hacer Luis y Carina?
4. ¿Por qué termina la conversación de Luis?
5. ¿Cuándo se van a ver Luis y Carina?

EXPANSIÓN LÉXICA: There are many ways to answer the phone in Spanish. In most of Latin America, **¿Aló?** is the preferred response, while in Mexico you will hear **¿Bueno?** and in Spain **¿Diga? ¿Dígame?**

4-40 ¿Cómo lo dicen? Listen to the conversation again. Try to determine the following:

1. With what word does Carina answer the phone?
2. How does Luis clarify that he is asking Carina out here and now?

ANSWERS, EX. 4-40: 1. ¿Aló? 2. No voy a invitarte—te estoy invitando ahora.

TÚ DIRÁS

SUGGESTION, EX. 4-41: Have students do the research on the Web or in the library for homework and then share reports in class.

4-41 La rutina del presidente With a classmate, find out who the current presidents of Argentina, Uruguay, and Paraguay are. Choose one of them, and prepare a short oral presentation for the class. In your presentation, talk about the president's daily routine, from the time he or she wakes up to the time he or she falls asleep again at night, using as many reflexive verbs as possible. How might the daily routine of a president be different from yours?

SUGGESTION, EX. 4-42: Have students prepare this activity out of class and then share itineraries in class. Encourage students to "sell" their tours with pictures and graphics.

4-42 ¡Vamos a hacer muchas cosas! Imagine that you are leading tours of your college or university for visitors from the member nations of Mercosur. Work with two other students to create four weekend-long itineraries, including interesting visits, advice about weather, and any appropriate seasonal activities. Your guests will be professionals, but they will be young as well. Express your plans with the **ir + a** + infinitive form to communicate the excitement of your upcoming tours. Present your itineraries to the class. Vote to decide which tour is most appealing and which season is the best for a tour.

Lectura: Santa Evita: Una heroína argentina

Antes de leer

A. Look at the photo that accompanies the reading on page 148 and answer the following questions:

1. Who is the reading about?
2. What do you know about this person?
3. With which country do you associate her?

SUGGESTION: Reading strategies: (1) As a scanning exercise, have students move their eyes quickly across the text and pick out all the numbers. (2) As another exercise, have them pick out all the months mentioned.

Guía para la lectura

B. Scan the first paragraph and answer the following questions:

1. When was she born?
2. Why did she go to Buenos Aires?

C. Scan the second paragraph and answer the following questions:

3. When did she meet Juan Perón?
4. What role did she play in his presidency?
5. Whom did she support during her husband's presidency?

D. Scan the third paragraph and answer the following questions:

6. What important right did women get as a result of Evita's efforts?
7. In what year did they get this right?
8. How old was she when she died?

ANSWERS B, C, D: 1. May 7, 1919 2. to become an actress 3. 1944 4. She convinced Perón that his power was among the masses of poor people in Argentina. 5. the poor, the lowest social classes, the "descamisados" 6. the right to vote 7. 1951 8. 33

Al fin y al cabo

1. What do you think **obras de teatro** in paragraph 1, **ignorados hasta entonces** in paragraph 2, and **obras de caridad** in paragraph 3 mean?
2. Can you think of other individuals not involved in politics who had a significant impact on their countries?
3. Can you name any individuals in your country who had a significant impact on the nation's social or political life?

ANSWERS, AL FIN Y AL CABO: 1. plays (dramatic works), ignored until then, works of charity

Santa Evita: Una heroína argentina

María Eva Duarte de Perón, popularmente conocida en todo el mundo como Evita, **nació** el 7 de mayo de 1919. A los catorce años **se mudó** a Buenos Aires para seguir su carrera como actriz. **Allí vivió** una vida miserable, siempre **estaba** enferma y **no tenía** mucho que comer. Después de un año de interpretar **papeles** secundarios en obras de teatro, su fortuna **cambió. Consiguió su propio** programa de radio y sus programas, transmitidos por **las ondas** de Radio Argentina y Radio El Mundo, **llegaron a ser** muy populares y su voz llegó a ser conocida en todo el país.

was born
she moved
There she led
was
didn't have
roles
changed / She got her own
waves / became

En 1944 **conoció** a Juan Perón y **se casaron** en 1945. Perón era entonces coronel del ejército argentino. En 1946 Perón **fue** candidato para la presidencia y Evita **tuvo** un papel muy importante en la campaña electoral de su esposo. Ella **convenció** a su esposo de que su poder **estaba en manos** de las masas de trabajadores, ignorados hasta entonces por el gobierno argentino. Evita **representó** en su país **la esperanza** de los más pobres, de las clases sociales más bajas, a los que ella llamaba **"descamisados".** Como presidente, Perón inició una gran reforma social y durante su presidencia el nivel económico de los trabajadores y empleados públicos aumentó muchísimo.

she met / they got married
was
had
convinced / was in the hands
represented / hope
shirtless ones

Desde 1945 Evita fue un ejemplo de participación de la mujer en la realidad nacional. **Formó** el primer partido político de mujeres en Argentina, el Partido Peronista Femenino. **En gran medida, representó** la irrupción femenina en el poder. Varias intelectuales **habían intentado hacerse escuchar,** pero sus propuestas siempre **quedaban** en promesas. Evita **impulsó** el voto de la mujer. Este **acontecimiento** profundizó la democracia y perfeccionó la representatividad. Hasta 1951 solamente la mitad de los habitantes de Argentina **elegían** a sus gobernantes y sólo los hombres ocupaban **puestos** de poder. En ese año por fin todas las mujeres **pudieron votar** y muchas **lograron** ocupar una importante cantidad de **escaños** en el Congreso y Senado. Esta gran mujer también **se dedicó** a obras de caridad que **resultaron** en la construcción de hospitales y escuelas. Víctima del cáncer, **murió** a una edad muy joven el 26 de julio de 1952. Evita **tuvo** un impacto enorme en la vida política argentina que continúa hoy, más de medio **siglo** después de su muerte.

She formed
In large part / she represented
had tried to be
heard / remained
pushed for / event
elected
positions
were able to vote / succeeded
seats / dedicated herself
resulted
she died
had
century

INTERCAMBIO: ¿CUÁNDO VAMOS?

You want to plan a series of activities with your friend for the coming week. You are a very busy person and so is your friend, so you need to plan ahead with the calendar in front of you.

Estudiante A Below you have a calendar with the things you already know you will be doing during the coming week.

MARZO							
	6 **lunes**	7 **martes**	8 **miércoles**	9 **jueves**	10 **viernes**	11 **sábado**	12 **domingo**
8:00 A.M.	clase	clase		clase			
9:15 A.M.	clase	clase		clase			
10:45 A.M.	clase	clase		clase			
12:00 P.M.	clase	clase		clase			
2 P.M.			teatro				
4 P.M.			Alicia				

Now suggest to your friend that you two find the time to do the following:

1. Go to a concert. You want to go Thursday night.
2. Get together to ride your bikes. You can do it on Saturday morning.
3. Go out to lunch together and then go to the library to prepare for a test.

Estudiante B Looking at your calendar, try to agree on a time and a day to do what your friend proposes, provided you want to do so, too.

If he or she suggests a day or a time that you are not free, propose a different one.

Here is what your calendar looks like for next week.

MARZO							
	6 **lunes**	7 **martes**	8 **miércoles**	9 **jueves**	10 **viernes**	11 **sábado**	12 **domingo**
8:00 A.M.	estudiar		estudiar	estudiar			dentista
9:15 A.M.	estudiar		estudiar	estudiar			
10:45 A.M.	clase		clase				
12:00 P.M.	clase		clase				
2 P.M.	clase		clase				
4 P.M.	clase		clase				

When your friend finishes making his or her suggestions, suggest that you want to do the following:

1. Go shopping on the weekend.
2. Go to the beach on Sunday.

VOCABULARIO

HERITAGE LEARNERS: Ask heritage learners to add to the **Vocabulario** any alternate vocabulary that they have come up with over the course of the chapter. They might put the words in categories like **Así lo dice el libro; Así lo dice el/la profesor/a; Así lo digo yo,** etc.

Track 1-23

The **Vocabulario** consists of all new words and expressions presented in the chapter. When reviewing or studying for a test, you can cover up the English and go through the list to see if you know the meaning of each item.

Los meses del año *Months of the year*

enero *January*
febrero *February*
marzo *March*
abril *April*
mayo *May*
junio *June*
julio *July*
agosto *August*
septiembre *September*
octubre *October*
noviembre *November*
diciembre *December*

Las estaciones *Seasons*

la primavera *spring*
el verano *summer*
el otoño *fall*
el invierno *winter*

Para preguntar y decir la fecha *To ask and tell the date*

¿Qué día es hoy? *What is today's date?*
Hoy es 25 de mayo. *Today is May 25.*

Las expresiones para hablar del tiempo *Weather expressions*

(No) Hace buen (mal) tiempo. *The weather is (is not) good (bad).*
(No) Hace calor. *It's (It's not) hot.*
(No) Hace fresco. *It's (It's not) cool.*
(No) Hace frío. *It's (It's not) cold.*
(No) Hace (mucho) sol. *It's (It's not)(very) sunny.*
(No) Hace viento. *It's (It's not) windy.*
Llovizna. / Está lloviznando. *It's drizzling. / It's drizzling now.*
Llueve. / Está lloviendo. *It's raining. / It's raining now.*
Nieva. / Está nevando. *It's snowing. / It's snowing now.*
Está despejado. *It's clear.*
Está nublado. *It's cloudy.*
Hay hielo. *It's icy.*
Hay neblina. *It's misty.*
Hay niebla. *It's foggy.*
Caen rayos. *It's lightening.*
Hay tormenta. *It's stormy.*
Truena. *It's thundering.*
el pronóstico del tiempo *weather forecast*
la temperatura máxima/mínima *high/low temperature*
el tiempo *weather*

Las actividades del fin de semana *Weekend activities*

Las actividades al aire libre *Outdoor activities*

acampar en las montañas *to camp in the mountains*
andar en bicicleta *to ride a bike*
cortar el césped *to mow the lawn*
ir a la playa *to go to the beach*
quitar la nieve *to shovel snow*
recoger las hojas secas *to rake leaves*
regar (ie) las flores *to water the flowers*

Las actividades en casa *Activities at home*

barrer *to sweep the floor*
cenar con amigos *to eat with friends*
comer palomitas *to eat popcorn*
descansar *to rest*
lavar la ropa *to do laundry*
limpiar el apartamento *to clean the apartment*
mirar vídeos *to watch videos*
pasar la aspiradora *to vacuum clean*
planchar *to iron*
quitar el polvo *to dust*

Otras actividades *Other activities*

alquilar unos vídeos *to rent videos*
asistir a un concierto *to go to a concert*
hacer la compra *to go grocery shopping*
hacer mandados *to run errands*
hacer una fiesta *to have a party*
ir al centro comercial *to go to the shopping mall*

Los adjetivos demostrativos *Demonstrative adjectives*

este, esta *this*
estos, estas *these*
ese, esa *that*
esos, esas *those*
aquel, aquella *that over there*
aquellos, aquellas *those over there*

Expresiones con el verbo *ir* *Expressions with the verb* **ir**

ir *to go*
a pie *on foot*
en autobús *by bus*
en bicicleta *by bicycle*
en carro *by car*
en metro *by subway*
en taxi *by taxi*

ir de vacaciones *to go on vacation*
ir de compras *to go shopping*
ir de paseo *to go for a walk*

Otros verbos irregulares en el presente *Other irregular verbs in the present tense*
conducir *to drive*
conocer *to know a person or area*
oír *to hear*
producir *to produce*
saber *to know a fact, concept, or skill*
traducir *to translate*
ver *to see*

Los verbos reflexivos *Reflexive verbs*
acostarse (ue) *to go to bed*
afeitarse *to shave*
bañarse *to take a bath*
cepillarse (el pelo) *to brush (one's hair)*
desayunarse *to have breakfast*
despertarse (ie) *to wake up*
dormirse (ue, u) *to fall asleep*
ducharse *to take a shower*
irse *to leave*
lavarse (las manos, el pelo) *to wash (one's hands, hair)*
lavarse (los dientes) *to brush (one's teeth)*
levantarse *to get up*
maquillarse *to put on make-up*
peinarse *to comb one's hair*
ponerse *to put on (clothing, shoes)*
quedarse en la cama *to stay in bed*
quitarse *to take off (clothing)*
sentarse (ie) *to sit down*
vestirse (i) *to get dressed*

Otras palabras y expresiones
ahora *now*
ahora mismo *right now*
en este momento *at this moment*

HERITAGE LEARNERS: Remind heritage learners to pay special attention to words that may contain spelling combinations that have traditionally been problematic for them, for example, the **h** and **c** in **hacer** and the various weather expressions, the **c** in verbs that end in **-cer** and **-cir, ll** in **aquella, aquellos,** etc.

Capítulo 5 Los deportes

CHAPTER OBJECTIVES

In this chapter you will learn to talk about sports, learning the vocabulary necessary to provide and obtain information relating to sports, games, and other leisure-time activities. You will also learn how to narrate past events. The cultural richness of Puerto Rico, Cuba, and the Dominican Republic will provide a setting for mastering the functions of this chapter.

PRIMERA ETAPA

¿Qué deportes practicas?

SEGUNDA ETAPA

¿Qué equipo necesitas?

TERCERA ETAPA

¿Dónde jugaste al béisbol?

INTEGRACIÓN

El Morro, San Juan, Puerto Rico

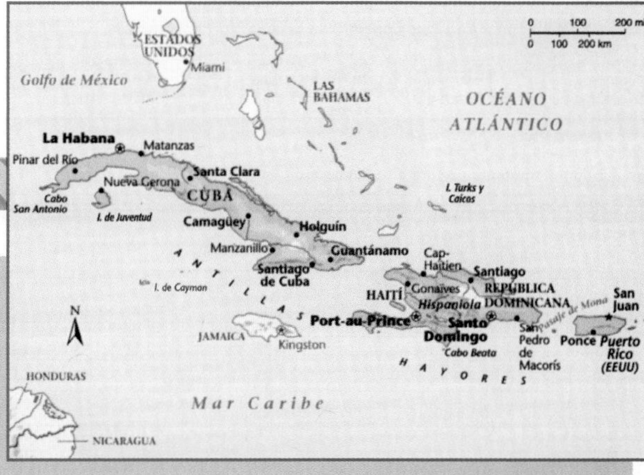

Puerto Rico

Población: 3.808.610
Área: 8.897 kilómetros cuadrados
Capital: San Juan, 425.900
Ciudades principales: Bayamón, 205.400; Carolina, 169.800; Ponce, 156.500
Moneda: el dólar estadounidense
Lenguas: el castellano, el inglés
Productos principales de exportación: fármacos, aparatos electrónicos, textiles, atún, ron, equipo médico
Embajada: No hay embajada ya que Puerto Rico es Estado Libre Asociado con los EE.UU. desde 1952; Puerto Rico tiene un representante sin derecho a votar en el Congreso de EE.UU.

Cuba

Población: 11.637.600
Área: 110.922 kilómetros cuadrados, casi del tamaño de Pennsylvania
Capital: La Habana, 2.312.100
Ciudades principales: Santiago de Cuba, 534.600; Camagüey, 342.900; Holguín 305.000
Moneda: el peso cubano
Lengua: el castellano
Productos principales de exportación: azúcar, níquel, tabaco, café, productos y servicios médicos, cítricos, pescado
Embajada: No hay embajada, ya que los EE.UU. suspendió relaciones diplomáticas con Cuba en 1959. La Embajada Suiza mantiene la llamada Cuban Interests Section, 2630 16th Street NW, Washington, D.C. 20009

La República Dominicana

Población: 8.581.477
Área: 48.308 kilómetros cuadrados, del tamaño de New Hampshire y Vermont juntos
Capital: Santo Domingo, 2.006.200
Ciudades principales: Santiago, 446.800; La Romana, 177.800; San Pedro de Macorís, 154.800
Moneda: el peso dominicano
Lengua: el castellano
Productos principales de exportación: níquel, azúcar, oro, plata, café, cacao, tabaco, carne
Embajada: 1715 22nd Street NW, Washington, D.C. 20008

Functions

- inquire and provide information about sports activities
- inquire and provide information about activities in the past

Functions

- name sports equipment
- narrate information about sports events in the past

Functions

- link activities and events with specific moments and periods of time in the past
- provide detailed and semi-specialized information about sports events

Lectura: Sammy Sosa: La vida es hermosa
Vídeo: Episodio 3; Actividades en las páginas V-6–V-7
Intercambio: Vacaciones en la República Dominicana
Escritura: Actividades en el manual

Tools

The linguistic tools you will use to carry out these functions are:

- Vocabulary for:
  - names of sports
  - past-tense time expressions
  - sports equipment
  - places where sports are played
  - sports-related vocabulary and expressions
- Grammatical structures:
  - preterite tense of regular **-ar** verbs
  - preterite of regular **-er, -ir,** and irregular verbs **hacer, ser,** and **ir**
  - preterite of verbs with orthographic changes **(c → qu, g → gu, z → c)**
  - preterite of stem-changing verbs
  - informal commands
  - **hace** and **hace que** to express the passage of time

PRIMERA ETAPA

Para empezar: ¿Qué deportes practicas?

Preparación: As you get ready to begin this **etapa,** think about your free time.

- Which sports do you like and not like to play?
- Are there sports that you would rather watch than play?
- Are you an individual athlete or do you play a team sport?
- How does the weather change the choices you make about the sports you play?
- How do you work out, exercise, and relax?

Hola, soy Raúl. Nací en San Juan de Puerto Rico pero ahora vivo en Boston porque estudio en la Universidad de Northeastern. Paso en Boston los meses del año escolar, es decir, de septiembre a mayo y los veranos regreso a Puerto Rico. Soy una persona muy deportista y practico muchos deportes diferentes.

Mientras estoy en Boston, éstos son algunos de los deportes que mis amigos y yo practicamos:

EXPANSIÓN LÉXICA: Skiing is popular wherever there is snow. In the mountains, **el esquí alpino** is the favorite, while cross-country skiers practice **el esquí de fondo.**

EXPANSIÓN LÉXICA: Skating is not just a winter sport. During most of the year **patinar sobre ruedas** can be a lot of fun, be it on traditional rollerskates or with in-line skates. Skateboarders around the Spanish-speaking world get together to **montar en monopatín.** Kids of all ages enjoy scooters, and some choose to **montar en patinete** to zip around campus or in the city.

EXPANSIÓN LÉXICA: El vólibol may also be called **el balonvolea** and **el básquetbol** may also be called **baloncesta.**

EXPANSIÓN LÉXICA: Soccer is the world's most popular sport, and many Spanish-speaking countries are among the most devoted. **El fútbol,** therefore, needs no further explanation of its name, while American-style football must be described to distinguish it in Spanish: **el fútbol americano.** Serious soccer fans will want to know that **el fútbol sala** is *indoor soccer* and **el futbolín** is *table soccer* or *football.*

el esquí

el alpinismo

las pesas, levantar pesas

el patinaje, patinar sobre hielo

correr

el béisbol

el fútbol americano

el fútbol

el básquetbol

el hockey sobre hielo

el hockey sobre hierba

el vólibol

En Puerto Rico, gracias a su clima tropical, puedo practicar muchos deportes al aire libre, especialmente deportes acuáticos. Cuando estoy en San Juan con mi familia, éstos son algunos de los deportes que me gusta practicar:

la natación, nadar

el surf

la vela

la pesca, pescar

el buceo, bucear

el windsurf

el esquí acuático

el tenis

el golf

MÁS SOBRE EXPRESIONES Y VERBOS PARA HABLAR DE DEPORTES

When talking about sports in Spanish there are several possible ways to refer to them:

1. There are sports that have their own verb: **bucear, correr, esquiar, levantar pesas, nadar, patinar, pescar.**

   Levanto pesas en el gimnasio.
   Corro en el parque por las mañanas.
   Buceo en el mar.

2. With sports that do not have a verb, the following expressions can be used:

hacer + name of sport **jugar** + **a** + definite article + name of sport **practicar** + definite article + name of sport

Note that there is no specific rule that will help you choose between these expressions, although **practicar** can be used with virtually any sport. You need to learn which verb is used with which sport.

Hacer is used in the following cases:

hacer... alpinismo, esquí acuático, surf, vela, windsurf

Jugar a is used in the following cases:

jugar al... básquetbol, béisbol, fútbol, fútbol americano, golf, hockey sobre patines, hockey sobre hierba, tenis, vólibol

Practicar can be used with nearly any of these sport terms. It generally refers to sports that you play on a regular basis:

practicar el... básquetbol, béisbol, esquí, fútbol, fútbol americano, golf, hockey, surf, tenis, vólibol

Práctica

From this chapter on, directions for activities will be given in Spanish. At this point you should be able to understand these directions, but if you have questions, your instructor will provide further guidance.

ANSWERS, EX. 5-1: 1. el esquí 2. el alpinismo 3. el patinaje sobre hielo 4. el fútbol americano 5. el básquetbol 6. el hockey sobre hierba 7. el surf 8. nadar, la natación 9. el buceo o bucear 10. el tenis

5-1 ¿Qué deporte es? Eres una persona muy activa y quieres poner un anuncio clasificado *(classified ad)* para conocer a otras personas con tus mismas preferencias deportivas. Como estos anuncios tienen dibujos en vez de títulos, debes identificar los deportes representados por los dibujos.

Modelo: *el windsurf*

1. ________ 2. ________ 3. ________ 4. ________ 5. ________

6. ________ 7. ________ 8. ________ 9. ________ 10. ________

5-2 ¿Qué deportes practicas? Ahora, indica lo que tú haces: para cada uno de los deportes de la actividad 5-1, haz una oración indicando si tú practicas o no ese deporte. Utiliza los verbos adecuados.

Modelos: el esquí
Practico el esquí todos los días.

nadar
No nado en invierno.

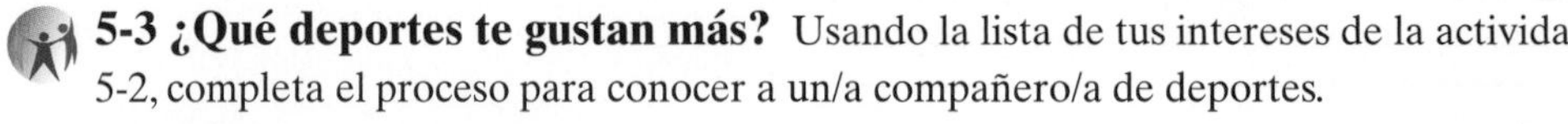

5-3 ¿Qué deportes te gustan más? Usando la lista de tus intereses de la actividad 5-2, completa el proceso para conocer a un/a compañero/a de deportes.

1. De los varios deportes que ahora puedes expresar en español, haz una lista de los tres deportes que más te gustan.
2. Ahora circula por la clase y busca a las personas a las que también les gustan esos deportes.
3. Habla con una persona a quien le gustan los mismos deportes que te gustan a ti, y haz una cita para practicar ese deporte juntos.

Modelo: *—¿Qué deporte te gusta, Juana?*
—Me gusta la natación. ¿Y a ti?
—¡Claro que sí! ¿Vamos a nadar juntos?
—¿Cuándo?
—El sábado por la tarde. ¿Está bien?
—¡Qué buena idea!
o *—No, no puedo ir el sábado. ¿Podemos ir el domingo?*
—Sí, cómo no.

Enfoque estructural: El pretérito de los verbos regulares en *-ar*

Ayer por la tarde, **nadé** *(I swam)* en la piscina *(pool)* de la universidad y Raúl **levantó pesas** *(lifted weights)*.

El sábado pasado, **no esquiamos** *(we did not ski)* y María y Luis **no jugaron** *(did not play)* al tenis.

In Spanish, to talk about actions that happened at a specific point in the past, you use a past tense called the *preterite.* This tense is used for actions with a specific starting or stopping point in the past.

To conjugate **-ar** verbs in this tense, drop the **-ar** from the infinitive and add the following endings:

cantar					
cant-	**é**	**canté**	cant-	**amos**	**cantamos**
cant-	**aste**	**cantaste**	cant-	**asteis**	**cantasteis**
cant-	**ó**	**cantó**	cant-	**aron**	**cantaron**

- Notice that the **yo** and the **Ud., él, ella** forms have a written accent. The written accent is not optional—its presence or absence changes the verb's meaning significantly:

  hablo *(I speak)* **habló** *(he/she/it/you spoke)*

Práctica

5-4 Durante su viaje... Tus compañeros de cuarto regresaron de un viaje y ahora te preguntan qué hiciste *(you did)* durante su ausencia. Contesta sus preguntas en la forma afirmativa o negativa.

Modelo: ¿Terminaste la tarea?
Sí, por supuesto. Terminé la tarea.
o *No, no terminé la tarea.*

1. ¿Hablaste por teléfono con tus padres?
2. ¿Cenaste aquí o en un restaurante?
3. ¿Estudiaste para el examen de español?
4. ¿Miraste un programa de televisión?
5. ¿Escuchaste música?
6. ¿Compraste el periódico *(newspaper)* ayer?
7. ¿Visitaste a alguien anoche *(last night)*?
8. ¿Alquilaste un vídeo?

5-5 El sábado pasado *(Last Saturday)* Quieres saber más de tus compañeros de clase. Pregúntales *(Ask)* a dos de tus compañeros qué deportes practicaron el sábado pasado. Usa preguntas de tipo sí/no. Sigue el modelo. ¡Puedes preguntarle a tu profesor/a también!

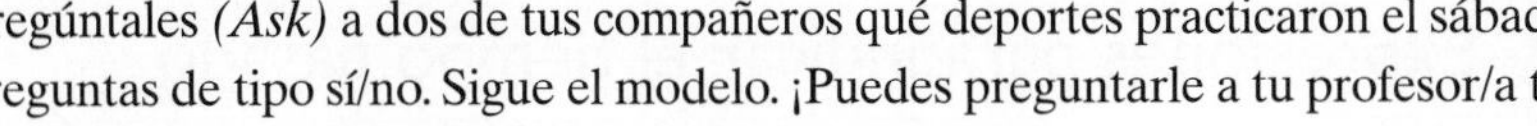

Modelo: patinar el sábado pasado
—*¿Patinaste el sábado pasado?*
—*No, no patiné el sábado pasado.*
o —*Sí, sí, patiné.*

1. bucear en el mar
2. nadar en la piscina del gimnasio
3. esquiar en las montañas
4. levantar pesas
5. ...

5-6 El fin de semana pasado... Trabaja con un/a compañero/a de clase. Dile lo que hiciste durante el fin de semana pasado, usando seis verbos distintos. Después escucha lo que hizo él/ella. Comparte sus respuestas con la clase usando **yo, él, ella** o **nosotros** según sea necesario. ¿Qué deportes y actividades son los más populares?

IRM MASTER 11: El pretérito de los verbos en **-ar**

NOTA GRAMATICAL: The preterite is used for actions or states that take place in a specific time frame in the past. If you could set a specific time for an action—for example, the time you arrive at a game or drop a ball after playing with it—then you can use the preterite.

Ayer jugué al vólibol.

I played *volleyball* ***yesterday.*** *(during a set time, perhaps from 4:00 to 5:30)*

You do not need to specify the time with the preterite, but this tense always refers to an action or condition that could be timed.

Esquié todo el día. Jugamos al tenis ayer por la tarde.

SUGGESTION: When presenting this new tense, emphasize the importance of the accents on the meaning of the verb. Do some pronunciation/conjugation drills with the class to model the paradigm. As students produce the new forms in subsequent activities, monitor pronunciation.

HERITAGE LEARNERS: For practice with the accents of these new forms, do some dictation exercises in which the present and preterite tense forms both appear. Tell students they will have to pay attention to context and vocalic stress to hear the sentences properly.

HERITAGE LEARNERS: It is quite common among heritage speakers to use **-ates** or **-astes** for the second person singular forms of **-ar** verbs. This is probably done by analogy with all other second person singular verb forms since they *all* end in **-s.** This phenomenon is common throughout the Spanish-speaking world.

MULTILEVEL SUGGESTION: Students with previous study of Spanish may already know how to conjugate regular verbs in the preterite. Prior to going into the first exercise, have them generate in the preterite a number of activities that they might engage in.

ANSWERS, EX. 5-4: 1. ...hablé... 2. ...cené... 3. ...estudié... 4. ...miré... 5. ...escuché... 6. ...compré... 7. ...visité... 8. ...alquilé...

HERITAGE LEARNERS, 5-4: Because of the contact between English and Spanish in the United States and/or Canada, heritage-speaking communities often borrow words from English and convert them to Spanish; these words go on to have a rather wide use in these communities. While **alquilar** is one way to express *to rent,* it is quite common to hear heritage learners use **rentar.**

ANSWERS, EX. 5-5: 1. ¿Buceaste? Buceé. 2. ¿Nadaste? Nadé. 3. ¿Esquiaste? Esquié. 4. ¿Levantaste pesas? Levanté pesas. 5. *Answers will vary.*

SUGGESTION: Provide a transition for students by reminding them that the theme of this **etapa** is active sports and recreation. The following **Comentario cultural** highlights the special political, cultural, and athletic relationship Puerto Rico shares with the United States.

COMENTARIOS CULTURALES

Los puertorriqueños, los norteamericanos y los deportes

Roberto Clemente bateando, MVP, 1971

blending of cultures / *island* / *war*

Puerto Rico es un ejemplo de **mezcla de culturas** que llega a casi todos los aspectos de la vida en **la isla.** El país cambió de manos en 1898, siendo antes de aquel año un territorio español y después un Estado Libre Asociado o *Commonwealth* de los EE.UU. La incorporación de Puerto Rico al control norteamericano fue uno de los resultados de **la guerra** entre España y los EE.UU., cuando los EE.UU. tomaron posesión incondicional de la isla.

apple pie / *flag / their people*

Los deportes típicamente españoles se reemplazaron por otros, debido al cambio de control político. Aunque el fútbol es el deporte más popular en la mayoría de los países hispanos, en Puerto Rico el béisbol llegó a ser el deporte más importante. El béisbol, clásico deporte estadounidense, tan "americano" como **el pastel de manzana,** incluye entre sus estrellas de las grandes ligas a los puertorriqueños Roberto Clemente, Orlando Cepeda, Juan González, Bernie Williams, Sandy Alomar e Iván Rodríguez. Otro deporte que dominan los puertorriqueños es el boxeo, con los famosísimos boxeadores Héctor Camacho, "El Macho", y Félix Trinidad, "Tito". Cuando hay partidos de boxeo, los puertorriqueños en la isla y en los Estados Unidos sacan **la bandera** y apoyan a **los suyos.** Los éxitos puertorriqueños en estos deportes nos recuerdan que, aunque es una isla pequeña, Puerto Rico puede asimilar aspectos de la cultura estadounidense sin perder su propia cultura y su identidad.

ANSWERS: 1. española 2. Los EE.UU. tomaron posesión de Puerto Rico. 3. El fútbol no es el deporte más importante; en cambio, el béisbol y el boxeo son populares. 4. *Answers will vary.* 5. Possible answers might include: el tenis de mesa *(table tennis),* el badminton, el balonmano *(handball),* el vólibol.

HERITAGE LEARNERS: Professional baseball is a sport that now employs more and more Latino players. Have students generate names and places of origin of other baseball players. For example, Omar Vizquel is from Venezuela, Luis González is from the United States, etc.

INTEGRACIÓN CULTURAL

1. ¿Cuál era *(was)* la nacionalidad original de los puertorriqueños?
2. ¿Qué importancia tiene el año 1898 en la historia de Puerto Rico?
3. ¿Cuál es una diferencia entre los deportes de Puerto Rico y del resto del mundo hispano?
4. ¿Puedes nombrar más jugadores de béisbol puertorriqueños?
5. Además del béisbol y del boxeo, ¿hay otros deportes donde destacan *(stand out)* los puertorriqueños?

ENFOQUE LÉXICO — Expresiones para indicar el tiempo pasado

La semana pasada esquié en las montañas de Colorado.	***Last week*** *I skied in the mountains of Colorado.*
El año pasado buceamos en el Caribe.	***Last year*** *we went snorkeling in the Caribbean.*

The following time expressions are used to talk about an action in the past:

anoche *last night*	**el año pasado** *last year*
anteayer *the day before yesterday*	**el fin de semana pasado** *last weekend*
ayer *yesterday*	**el jueves (sábado...) pasado** *last Thursday (Saturday . . .)*
ayer por la mañana *yesterday morning*	**el mes pasado** *last month*
ayer por la tarde *yesterday afternoon*	**la semana pasada** *last week*

Práctica

5-7 ¿Cuándo fue? *(When was it?)* Imagina que estás hablando con un/a amigo/a de todas tus actividades. Él/Ella quiere saber todo lo que haces y cuándo lo haces. Con un/a compañero/a de clase, usa los verbos para hacer preguntas y la información entre paréntesis para contestarlas con una oración completa. Cambia de papel *(Switch roles)* con él/la otro/a estudiante y ¡sé creativo/a!

Modelo: hablar (ayer por la mañana)
—¿Cuándo hablaste con María?
—Hablé con María ayer por la mañana.

1. estudiar (el año pasado)
2. alquilar (ayer por la tarde)
3. llamar (anoche)
4. comprar (el mes pasado)
5. bucear (el sábado por la mañana)
6. viajar (el fin de semana pasado)
7. esquiar (el invierno pasado)
8. levantar pesas (ayer)
9. patinar (la semana pasada)
10. nadar (anteayer)

ANSWERS, EX. 5-7: 1. estudiaste/estudié 2. alquilaste/alquilé 3. llamaste/llamé 4. compraste/compré 5. buceaste/buceé 6. viajaste/viajé 7. esquiaste/esquié 8. levantaste pesas/levanté pesas 9. patinaste/patiné 10. nadaste/nadé

SUGGESTION, EX. 5-7: Continue to ask questions with interrogative words to practice listening comprehension. Ask follow-up questions in the third person to practice all of the forms. Start out with **tú** questions and then practice **Uds.** questions. For example: **¿Qué estudiaste anoche, Juan? (Yo estudié español.) ¿Qué miró Juan? ¿Miró *Friends*? ¿Adónde salieron tú y tus amigos/as el sábado pasado? (Jugamos al básquetbol.) ¿Cuántos vídeos alquilaron?** etc.

VARIATION, EX. 5-7: Have students role-play their answers. The others can guess the activity being portrayed and describe it using the preterite tense appropriately.

5-8 La semana pasada *(Last week)* El horario del Centro Comunitario Sixto Escobar en San Juan incluye mucho tiempo dedicado a los deportes. Trabaja con un/a compañero/a de clase para comentar los deportes que practicaron las personas que visitaron el Centro durante la última semana.

POSSIBLE ANSWERS, EX. 5-8: 1. Begoña nadó el lunes pasado y jugó al vólibol el miércoles y el viernes pasado. 2. Félix jugó al básquetbol tres veces la semana pasada. 3. Clara e Isabel bucearon el sábado pasado. 4., 5. *Answers will vary.*

	lunes	martes	miércoles	jueves	viernes	sábado	domingo
8:00–10:30	nadar (niños pre-escolares)	tenis	nadar (niños pre-escolares)	tenis	nadar (niños pre-escolares)	nadar (libre)	nadar (libre)
11:00–1:30	nadar (adultos)	pesas	vólibol (mujeres)	pesas	vólibol (mujeres)	buceo	pesas
2:00–4:30	básquetbol	boxeo	básquetbol	boxeo	básquetbol	buceo (expertos)	alpinismo interior
7:00–9:30	boxeo (expertos)	básquetbol	boxeo (expertos)	básquetbol	boxeo (expertos)	básquetbol	—

Modelo: Fran y su hijo / el lunes de ocho a diez y media
Fran y su hijo nadaron el lunes por la mañana.

1. Begoña / los miércoles y viernes de doce a una
2. Félix / los martes, jueves y sábados de siete a nueve y media
3. Clara e Isabel / el sábado a las dos
4. León / ayer a las once
5. tú / tu tiempo libre

VARIATION, EX. 5-8: Have students map out their personal exercise schedules. Ask who does what and when. Are there students interested in trying out new sports?

MULTILEVEL SUGGESTION: Students with previous study of Spanish may already know how to conjugate regular **-er** and **-ir** verbs in the preterite. Prior to going into the first exercise, have them generate in the preterite a number of activities that they might engage in. Examples of verbs might be **vender, correr, recibir, escribir,** etc.

HERITAGE LEARNERS: It is quite common among heritage speakers to use **-ites** or **-istes** for the second person singular forms of **-er** and **-ir** verbs. This is probably done by analogy with all other second person singular verb forms since they *all* end in **-s.** This phenomenon is common throughout the Spanish-speaking world.

IRM MASTER 12: Hacer en el pretérito

HERITAGE LEARNERS: Emphasize the spelling of the various forms of the verb **hacer** in the preterite for heritage learners. Have them focus on the forms that take **c** and the forms that take **z.**

NOTA GRAMATICAL: Notice that the first and third persons of **hacer** in the preterite have no written accent.

ENFOQUE ESTRUCTURAL El pretérito de los verbos regulares en *-er* e *-ir* y los verbos irregulares *hacer, ser* e *ir*

El pretérito de los verbos regulares en *-er* e *-ir*

—¿Patinaste sobre hielo el fin de semana pasado? — *Did you ice skate last weekend?*

—No, no patiné, pero **salí** a pasear por el parque. Por la tarde mi compañera de cuarto y yo **corrimos** un poco. — *No, I didn't ice skate, but I **went out** for a walk in the park. In the afternoon my roommate and I **ran** a little.*

To conjugate **-er** and **-ir** verbs in the preterite, drop the **-er** or **-ir** and add the following endings:

comer			**vivir**		
com-	**í**	**comí**	viv-	**í**	**viví**
com-	**iste**	**comiste**	viv-	**iste**	**viviste**
com-	**ió**	**comió**	viv-	**ió**	**vivió**
com-	**imos**	**comimos**	viv-	**imos**	**vivimos**
com-	**isteis**	**comisteis**	viv-	**isteis**	**vivisteis**
com-	**ieron**	**comieron**	viv-	**ieron**	**vivieron**

- Notice that the **yo** and the **él, ella, Ud.** forms, like those of the **-ar** verbs, have a written accent.
- Notice that the preterite endings for both **-er** and **-ir** verbs are identical.

El pretérito de los verbos irregulares: *hacer, ser e ir*

The verb **hacer** is used in the preterite to talk about what was done in the past. Notice that when you are asked a question about the past with the verb **hacer,** you will generally respond with a different verb that expresses what was done. You may also use **hacer** to say that *nothing* was done, in which case you would say **no hice nada, no hicimos nada,** etc.

—¿Qué **hizo** Tomás ayer? — *What **did** Tomás **do** yesterday?*
—Tomás **buceó** en el mar. — *Tomás **went snorkeling** in the ocean.*

—¿Qué **hicieron** anoche? — *What **did they do** last night?*
—Pedro y Raúl **levantaron pesas.** — *Pedro and Raúl **lifted weights.***

—¿Qué **hiciste** tú anoche? — *What **did you do** last night?*
—**No hice** nada. — ***I didn't do** anything.*

In the preterite, the verb **hacer** is conjugated as follows:

hacer	
hice	**hicimos**
hiciste	**hicisteis**
hizo	**hicieron**

In **Capítulos 3** and **4,** you learned several expressions with **hacer: hacer ejercicio, hacer preguntas, hacer una fiesta.** Here are some additional expressions with **hacer:**

(no) hacer la cama	*to (not) make the bed*
hacer las maletas	*to pack*
hacer un viaje	*to take a trip*

Ernesto no **hizo la cama** ayer.	*Ernesto **did** not **make the bed** yesterday.*
¿**Hiciste las maletas** para tu viaje a San Juan?	***Did you pack** for your trip to San Juan?*
Hicimos un viaje a Puerto Rico el año pasado.	***We took a trip** to Puerto Rico last year.*

IRM MASTER 13: **Ir/ser** en el pretérito

SUGGESTION: Point out that the best way to differentiate between the preterite forms of the verbs **ir** and **ser** is via the context in which they are used. Use the following examples to make the contrast: **Mi abuelo *fue* un gran deportista.** vs. **Su hijo *fue* a la universidad para estudiar.**

In the preterite, the verb **ir** has exactly the same form as **ser.** Both **ir** and **ser** are conjugated as follows:

ir/ser	
fui	**fuimos**
fuiste	**fuisteis**
fue	**fueron**

—¿Adónde **fueron** ustedes ayer?	*Where **did you go** yesterday?*
—**Fuimos todos** a la piscina ayer.	***All of us went** to the swimming pool yesterday.*
—**Yo fui** al estadio anoche solo/a.	***I went** to the stadium last night on my own.*
—Mi padre **fue** un gran político.	*My father **was** a great politician.*

Práctica

5-9 Ayer por la mañana Ayer fue un día absolutamente normal para ti. Describe tu horario usando los verbos de la lista.

ANSWERS, EX. 5-9: comí, bebí, corrí, escribí, recibí, decidí

comer en pijama
beber un café
correr a clase
escribir unos apuntes *(notes)* en el libro
recibir unas cartas *(letters)* y unas cuentas *(bills)*
decidir comer pizza con mis amigos... ¡otra vez!

5-10 ¿Qué tal tu mañana? Entrevista a un/a compañero/a de clase sobre el comienzo de su día hoy. Usa los verbos que siguen y mucha imaginación. ¿Ustedes dos tuvieron una mañana semejante o no?

Review reflexive verbs in **Capítulo 4.**

ANSWERS, EX. 5-10: 1. te levantaste / me levanté / nos levantamos 2. te duchaste / me duché / nos duchamos 3. bebiste / bebí / bebimos 4. comiste / comí / comimos 5. recibiste / recibí / recibimos 6. saliste / salí / salimos 7. perdiste / perdí / perdimos 8. escribiste / escribí / escribimos 9. volviste / volví / volvimos 10. ...

Modelos: despertarse
—¿A qué hora te despertaste?
—Me desperté tarde, a las siete.
—Yo me desperté a las ocho y media.
beber
—¿Cuántos cafés bebiste?
—¡Uy! Bebí tres cafés... ¡y quiero más!
—¡Qué cosa! Los dos bebimos tres cafés... ¡y queremos más!

1. levantarse
2. ducharse
3. beber jugo de naranja
4. comer un pan dulce
5. recibir una llamada telefónica
6. salir corriendo
7. perder el autobús
8. escribir una carta postal
9. volver a la cama
10. ¿ ?

ANSWERS, EX. 5-11: 1. (No) Hice café. 2. (No) Hice la cama. 3. (No) Fui al parque. 4. (No) Corrí treinta minutos. 5. (No) Me bañé. 6. (No) Fui caminando a clase. 7. (No) Fui el primero en llegar a clase. 8. (No) Asistí a todas las clases.

5-11 ¿Qué más hiciste? Describiste tu mañana en las actividades 5-9 y 5-10. Ahora, utiliza los verbos y expresiones de la lista a continuación para indicar otras cosas que hiciste o no hiciste esta mañana antes de venir a clase hoy *(today)*. Después compara tus actividades con las de tu compañero/a. ¿Hicieron o no las mismas cosas?

1. hacer café
2. hacer la cama
3. ir al parque
4. correr treinta minutos
5. bañarse
6. ir caminando *(walking)* a clase
7. ser el primero en llegar a clase
8. asistir a todas las clases

ANSWERS, EX. 5-12: 1. comí 2. escribió 3. hiciste 4. salimos 5. asistieron 6. fui 7. corrimos 8. perdieron 9. fue

5-12 Ayer, después de clase... La vida de un estudiante es muy atareada *(busy)*, por la mañana y por la tarde. Usa las palabras de cada columna para indicar lo que hicieron tú y tus amigos ayer después de sus clases en la universidad.

A	B	C	D
1. yo		comer	pizza
2. Miguel		escribir	dos cartas
3. tú		hacer	los ejercicios del libro
4. Pedro y yo		salir con	unos compañeros de clase
5. Linda y Fernando	(no)	asistir a	un partido
6. yo		ir	a la universidad
7. nosotros		correr	dos millas
8. Uds.		perder	20 dólares
9. Teresa		ir	a la clase de francés

ANSWERS, EX. 5-13: 1. aprendiste/aprendí 2. asististe/asistí 3. perdiste/perdí 4. escribiste/escribí 5. hablaste/hablé 6. fuiste/fui 7. corriste/corrí 8. bebiste/bebí 9. saliste/salí 10. volviste/volví

5-13 El fin de semana Compara con otro/a compañero/a de clase las actividades que cada uno hizo durante el fin de semana. Usa las siguientes expresiones en tus preguntas. Escriban las actividades que tienen ustedes en común y después compartan lo que escribieron con la clase.

Modelo: comer en un restaurante
—¿Comiste en un restaurante?
—Sí, comí en un restaurante.
o *—No, no comí en un restaurante.*

1. aprender información interesante
2. asistir a un concierto
3. perder dos kilos
4. escribir un mensaje
5. hablar de algún problema
6. ir al cine
7. correr un poco
8. beber un batido de frutas tropicales
9. salir con un/a amigo/a
10. volver a casa tarde

VAMOS A ESCUCHAR:

¡LA ISLA DEL ENCANTO!

Track 1-24

Puerto Rico se llama también **la Isla del Encanto** *(the Isle of Enchantment)*. Vas a escuchar algunos anuncios hechos para atraer a los turistas, y vas a aprender un poco más sobre algunas atracciones de esta isla.

HERITAGE LEARNERS: Ask heritage learners to listen to the Spanish in the **Vamos a escuchar** recording and to compare it with the Spanish they use in their communities.

Antes de escuchar

Según lo que aprendiste en esta **etapa:**

- ¿Qué tipo de actividades se pueden anunciar para atraer a los turistas a una isla?
- ¿Qué tipo de turistas visitan esta isla?

Antes de escuchar el anuncio, lee las preguntas en la sección de **Después de escuchar** para tener una idea del contenido de los anuncios.

Después de escuchar

5-14 Comprensión Después de escuchar los anuncios, contesta las preguntas.

1. ¿Adónde fue la primera pareja?
2. ¿Quiénes disfrutaron de unas vacaciones muy activas?
3. ¿Cómo se llama la sección de San Juan donde se quedó la segunda pareja?
4. ¿Cuál fue la actividad más popular de las tres parejas?
5. ¿Qué recomendaron estas personas?

ANSWERS, EX. 5-14: 1. Arecibo 2. Laura y Carlos, la primera pareja 3. el Viejo San Juan 4. nadar en la piscina de los hoteles 5. unas vacaciones en Puerto Rico, ¡pronto!

5-15 ¿Cómo lo dicen? Escucha los anuncios otra vez para determinar lo siguiente.

1. Dos parejas hablan de su primer viaje como esposos. ¿Cómo se llama este viaje especial?
2. ¿Qué palabra se usa en todos los anuncios para describir algo **fabuloso** o **fantástico**?

ANSWERS, EX. 5-15: 1. la luna de miel 2. chévere

TÚ DIRÁS

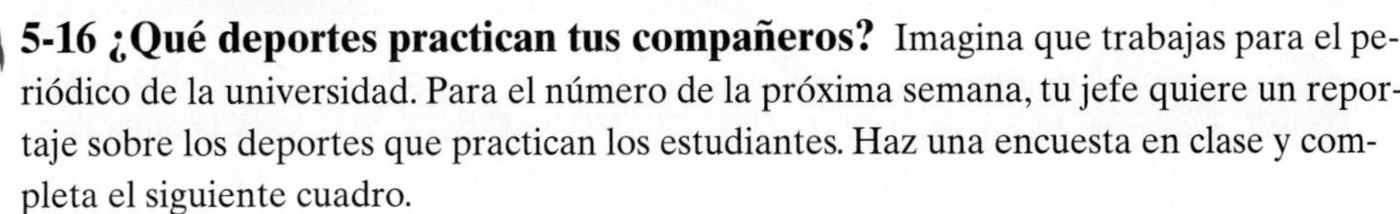

5-16 ¿Qué deportes practican tus compañeros? Imagina que trabajas para el periódico de la universidad. Para el número de la próxima semana, tu jefe quiere un reportaje sobre los deportes que practican los estudiantes. Haz una encuesta en clase y completa el siguiente cuadro.

deporte	dónde	cuándo	cuánto tiempo / cuántas veces por semana	con quién

Escribe un informe que resuma la información obtenida y preséntalo oralmente en clase.

5-17 ¿Qué hiciste durante el fin de semana? Es lunes por la mañana, tú y tus amigos hablan de lo que hicieron o no hicieron durante el fin de semana. Trabaja con otro/a compañero/a de clase. Usen el pretérito durante toda la conversación. Pueden hacer preguntas específicas sobre cada día del fin de semana, usando el verbo **hacer** con expresiones como **por la mañana, por la tarde** y **por la noche.**

SEGUNDA ETAPA

SUGGESTION: Present vocabulary in context. Bring photos of athletes and tell the class who they are and what equipment they need to play or practice their sport. If doable, you could also bring sporting equipment to class or ask students to bring the equipment they use.

Para empezar: ¿Qué equipo necesitas?

Preparación: As you get ready to begin this **etapa,** think again about the sports you play.

- What equipment is needed for them?
- What equipment do you have for these sports?

EL EQUIPO NECESARIO

los esquís, los palos de esquí, las botas de esquí y las gafas de esquí

los patines de ruedas, el casco y las rodilleras

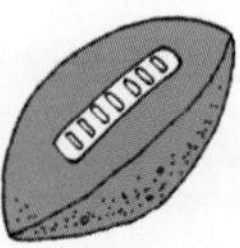

la pelota de fútbol americano

los patines de cuchilla y el palo de hockey

el guante de béisbol, el bate y la pelota de béisbol

la pelota de fútbol, las botas de tacos y la portería

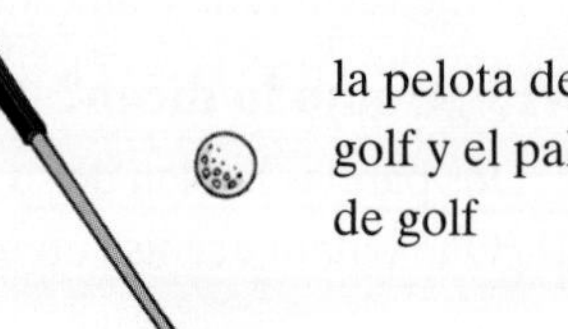

la pelota de golf y el palo de golf

la pelota de tenis y la raqueta

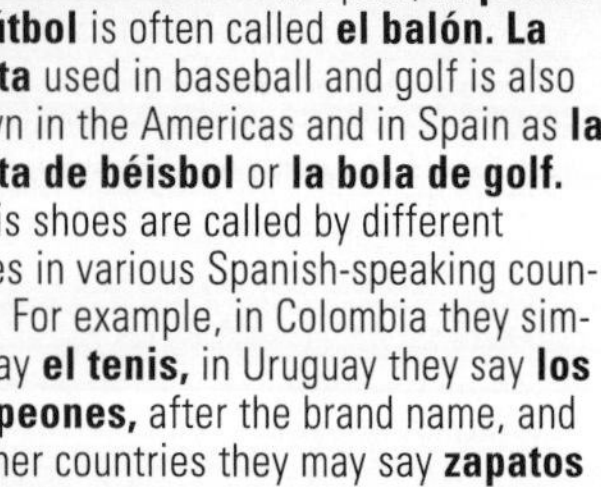

la pelota de básquetbol, la canasta y las zapatillas de deportes

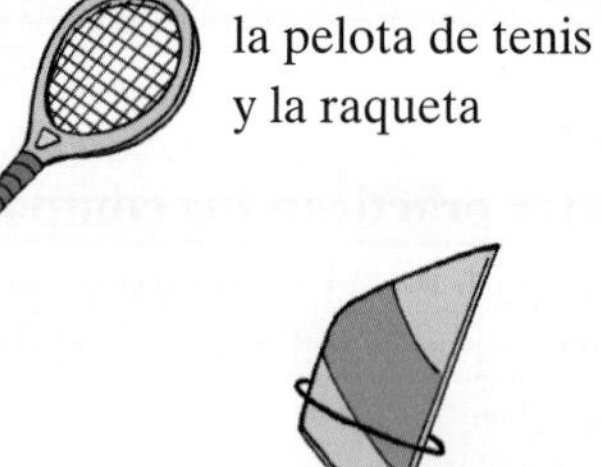

la tabla de surf y la tabla de windsurf

EXPANSIÓN LÉXICA: In Spain, **la pelota de fútbol** is often called **el balón. La pelota** used in baseball and golf is also known in the Americas and in Spain as **la pelota de béisbol** or **la bola de golf.** Tennis shoes are called by different names in various Spanish-speaking countries. For example, in Colombia they simply say **el tenis,** in Uruguay they say **los campeones,** after the brand name, and in other countries they may say **zapatos de tenis.**

EXPANSIÓN LÉXICA: La portería is also widely known in Latin America as **el arco.** The goalie is known as **el portero.**

Práctica

5-18 ¿Qué equipo necesitan? Ahora imagina que eres el encargado de los equipos deportivos de tu universidad. Para cada uno de los siguientes deportes, di qué equipo necesitan los atletas. ¡Sé detallado!

1. el tenis
2. el esquí
3. el fútbol americano
4. el béisbol
5. el alpinismo
6. el patinaje sobre ruedas *(roller skating)*

POSSIBLE ANSWERS, EX. 5-18: 1. la pelota de tenis, la red, la raqueta 2. los esquís, los palos de esquí, las botas de esquí, las gafas de esquí 3. la pelota de fútbol americano, el casco de fútbol americano, las rodilleras 4. la pelota de béisbol, el guante de béisbol, las botas de tacos, el casco de béisbol 5. las botas 6. los patines de ruedas, las rodilleras, el casco, los guantes

SUGGESTION, EX. 5-18: Do as a pair activity. Have one student ask his or her classmate what equipment is needed to play the sports mentioned. Students should switch roles.

5-19 ¿Tienes el equipo necesario... ? A veces a uno le gustan ciertos deportes pero le falta *(he/she is missing)* el equipo para practicarlos. Con un/a compañero/a de clase, rellenen el cuadro siguiente con la información adecuada. Primero tienen que escribir los deportes que les gustan y después el equipo que tienen y que no tienen para practicarlos.

Mis deportes favoritos	Tengo...	No tengo...

REPASO

5-20 Normalmente... pero ayer... Ayer no fue un día normal: en tu rutina, todo fue muy diferente. Usando los verbos de la lista a continuación, indica las cosas que haces en un día normal. Luego di lo que pasó ayer.

Review reflexive verbs, present and preterite forms of regular and irregular verbs.

ANSWERS, EX. 5-20: 1. me despierto / me desperté 2. me ducho / me duché 3. me afeito / me afeité 4. me cepillo los dientes / me cepillé los dientes 5. me peino / me peiné 6. salgo de casa / salí de casa 7. voy a clase / fui a clase 8. vuelvo a casa / volví a casa 9. hago la tarea / hice la tarea 10. me acuesto / me acosté

Modelo: levantarse a las...
Normalmente me levanto a las siete de la mañana, pero ayer me levanté a las cinco de la mañana.

Normalmente... **Pero ayer...**

1. despertarse a las...
2. ducharse
3. afeitarse
4. cepillarse los dientes
5. peinarse
6. salir de casa a las...
7. ir a clase
8. volver a casa a las...
9. hacer la tarea
10. acostarse a las...

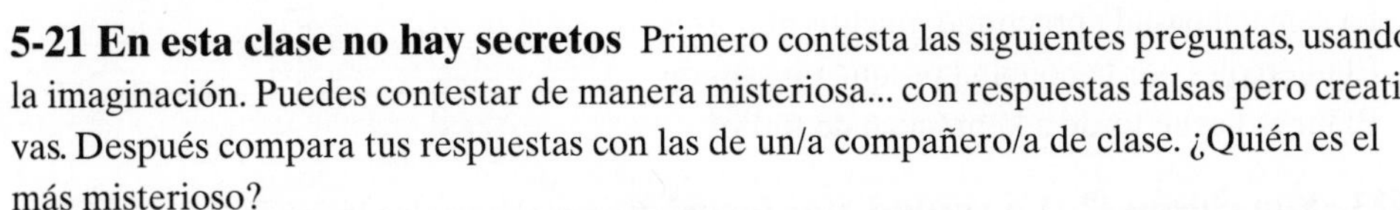

5-21 En esta clase no hay secretos Primero contesta las siguientes preguntas, usando la imaginación. Puedes contestar de manera misteriosa... con respuestas falsas pero creativas. Después compara tus respuestas con las de un/a compañero/a de clase. ¿Quién es el más misterioso?

Review preterite verb forms.

SUGGESTION, EX. 5-21: Ask students to be **soplones** *(tattletales)* and tell you what their classmates did. **¿Adónde fue... ? Fue a...** This way, they practice not only first and second person but also third. As students work, circulate through class to check for accuracy. While circulating, ask additional follow-up questions of individual students, e.g., **¿Qué programa miraste? ¿Te gustó?**

ANSWERS, EX. 5-21: Encourage creativity. *Students' answers will vary,* but the verb forms used should be the following: 1. hice 2. fui a 3. miré 4. hice 5. hablé 6. escribí 7. salí 8. me acosté

1. ¿Hiciste un viaje el verano pasado?
2. ¿Adónde fuiste el fin de semana pasado?
3. ¿Miraste un programa de televisión el domingo por la noche? ¿Qué programa?
4. ¿Hiciste ejercicio ayer? ¿A qué hora?
5. ¿Hablaste por teléfono anoche? ¿Con quién?
6. ¿Escribiste mensajes electrónicos la semana pasada? ¿A quién?
7. ¿Saliste a dar un paseo anteayer? ¿Con quién?
8. ¿Te acostaste tarde ayer? ¿Por qué?

IRM MASTER 14: El pretérito de los verbos en *-car, -gar.* You may introduce first the two categories of verbs via the IRM Master and then put the third category (verbs in **-zar**) on the board.

EXPANSIÓN LÉXICA: In **Capítulo 2** you learned the names of some instruments you might play **(tocar).** Other instruments include **el clarinete, la flauta, el órgano, los tambores, la trompeta, el violín.**

NOTA GRAMATICAL: The verb **buscar** *(to look for)* has its preposition built into it and is never followed by a preposition, with the exception of personal **a** when a person follows. **Busco *a* Juan.**

—¿Qué **buscas**?	*What **are you looking for**?*
—**Busco** una pelota de tenis.	***I'm looking for** a tennis ball.*
—**Busqué** la raqueta pero no la encontré.	***I looked for** the racket but did not find it.*

HERITAGE LEARNERS: All of these spelling changes can be problematic for heritage learners. Emphasize to them the spelling changes that verbs ending in **-car, -gar,** and **-zar** undergo when conjugated in the first person singular of the preterite.

NOTA GRAMATICAL: Remember that in **Capítulo 1** you learned that with words ending in **z,** the **z** changes to **c** when followed by **es** to make the plural:

la vez → las veces   el pez → los peces

Other common words that end in **-z** are **cruz** and **lápiz.**

VARIATION, EX. 5-22: Assign this activity as homework. In class, students can do this activity in pairs, taking turns asking and answering questions using the information provided.

ENFOQUE ESTRUCTURAL El pretérito de los verbos con cambios ortográficos (c → qu, g → gu, z → c)

There is a group of **-ar** verbs that undergoes some spelling changes when conjugated in the preterite. This change applies only to the first person singular, that is, the **yo** form. The rest are all regular.

1. Verbs that end in **-car: buscar** *(to look for),* **explicar, pescar, practicar, sacar** *(to take out),* **tocar** *(to play, touch, knock)*

   The **c** of the infinitive changes to **qu** in front of the **é** of the **yo** form. This happens in order to keep the [**k**] sound of the original **c.**

   buscar: busqué, buscaste, buscó, buscamos, buscasteis, buscaron
   pescar: pesqué, pescaste, pescó, pescamos, pescasteis, pescaron
   practicar: practiqué, practicaste, practicó, practicamos, practicasteis, practicaron
   sacar: saqué, sacaste, sacó, sacamos, sacasteis, sacaron
   tocar: toqué, tocaste, tocó, tocamos, tocasteis, tocaron

2. Verbs that end in **-gar: llegar, pagar, jugar**

   The **g** of the infinitive becomes **gu** in front of the **é** of the **yo** form. This happens in order to keep the [**g**] sound of the original **g.**

   llegar: llegué, llegaste, llegó, llegamos, llegasteis, llegaron
   pagar: pagué, pagaste, pagó, pagamos, pagasteis, pagaron
   jugar: jugué, jugaste, jugó, jugamos, jugasteis, jugaron

3. Verbs that end in **-zar: empezar, comenzar, abrazar** *(to hug),* **utilizar** *(to use)*

   The **z** of the infinitive becomes **c** in front of the **é** of the **yo** form. This happens because **z** is almost never used in front of an **e** or **i.**

   empezar: empecé, empezaste, empezó, empezamos, empezasteis, empezaron
   comenzar: comencé, comenzaste, comenzó, comenzamos, comenzasteis, comenzaron
   abrazar: abracé, abrazaste, abrazó, abrazamos, abrazasteis, abrazaron
   utilizar: utilicé, utilizaste, utilizó, utilizamos, utilizasteis, utilizaron

Práctica

5-22 ¿Cierto o falso? Indica si las siguientes afirmaciones son **ciertas** o **falsas** para ti.

	Cierto	**Falso**
1. Ayer toqué el piano en casa de mi novio.	_______	_______
2. La semana pasada jugué al tenis.	_______	_______
3. Anteayer empecé a practicar golf.	_______	_______
4. La semana pasada practiqué muchos deportes.	_______	_______
5. El miércoles por la mañana pesqué un salmón.	_______	_______
6. El lunes llegué tarde a la práctica de fútbol.	_______	_______

5-23 ¿Son chismes? ¡La verdad, por favor! Como algunas de las afirmaciones de la actividad 5-22 son falsas, corrígelas para formar afirmaciones **ciertas.** Después, compáralas con las de otro/a compañero/a de clase. ¿Tienen algo en común *(in common)*? Ahora presenta la información sobre el/la otro/a compañero/a a la clase.

5-24 ¿Qué hicieron tus ídolos? ¿Quiénes son tus deportistas favoritos? Nombra a dos deportistas e imagina lo que hicieron la semana pasada. Describe sus actividades con un mínimo de seis oraciones originales y completas utilizando verbos de la lista que sigue. ¿Qué hizo cada individuo y qué hicieron los dos? ¿Son sus actividades diferentes de las que haces tú?

buscar, llegar, abrazar, tocar, jugar, practicar, pescar, empezar, utilizar

COMENTARIOS CULTURALES

SUGGESTION: Provide a transition for students, reminding them that the sports theme of this **etapa** can be found in sometimes surprising contexts. The following **Comentario cultural** introduces Cuba and Cubans on and off the island. It highlights the connection between Havana and Miami's Little Havana, focusing on the classic Cuban pastime of dominos.

La Habana y La Pequeña Habana

La capital de Cuba es La Habana, pero existe una "segunda capital" para los cubanos en los Estados Unidos. La Pequeña Habana es un barrio de la ciudad de Miami y su nombre **lo dice todo.** Aquí se reúnen muchos de los cubanos que llegaron de Cuba después de la revolución cubana dirigida por Fidel Castro en 1959. Estos cubanos crearon un ambiente en La Pequeña Habana que reproduce el sabor y estilo de vida de La Habana. Los que visitan La Pequeña Habana descubren una área llena de cultura cubana. **En cualquier parte** de La Pequeña Habana, **los cafetines** con su **ron** y café cubano, la música y la lengua española son evidencia de que en **el corazón** de Miami lo cubano sigue vivo.

says it all

Everywhere
small cafes / rum
heart

Otro recuerdo de La Habana es el dominó. En Miami, al igual que en Cuba, en los cafés, parques y hasta **portales,** el dominó es omnipresente. Este juego, con veintiocho dominós divididos entre cuatro jugadores, ocupa las horas libres de los hombres cubanos. El sonido de los dominós que los jugadores **colocan** rápidamente sobre las mesas y los chismes y comentarios de los jugadores forman parte del ambiente de La Pequeña Habana y de La Habana. Separadas solamente por unas noventa millas, estas dos Habanas están unidas por su herencia cubana.

doorways

place

INTEGRACIÓN CULTURAL

1. ¿Dónde está La Pequeña Habana?
2. ¿Por qué hay tantos cubanos en La Pequeña Habana?
3. ¿Cuáles son algunos rasgos culturales de Cuba que se ven en La Pequeña Habana?
4. ¿Qué hacen los jugadores de dominó mientras juegan?
5. ¿Cuál es tu herencia cultural? ¿Por qué vinieron tus antepasados a tu país?
6. ¿Puedes nombrar una ciudad que mantenga una conexión cultural con otro país?

HERITAGE LEARNERS: If you have heritage learners in your class who may have a Cuban background, you could ask them for descriptions of other sights on Calle Ocho.

ANSWERS: 1. en Miami 2. Se fueron de Cuba después de la revolución cubana de Castro en 1959. 3. los cafetines, la música, el ron, el café cubano, la lengua española, el dominó 4. Chismean y hacen comentarios. 5. *Answers will vary.* 6. Possible answers: Los Ángeles/México, Boston/Irlanda, Chicago/Polonia

Enfoque estructural: El pretérito de los verbos con cambio en la raíz

HERITAGE LEARNERS: While all of these verbs in this section change **o** to **u** or **e** to **i** in the third person singular and plural forms of the preterite tense, it is extremely common for heritage learners to generalize the change to all six verb forms, that is, it is not uncommon to hear forms like **sintí, durmí, vistí.** Emphasize to them that the changes only occur in the third person singular and plural.

Ayer, después de jugar al tenis, Raúl se duchó, **se vistió** rápidamente y **se despidió** *(said good-bye)* de sus compañeros. Fue al bar al lado del club, **pidió** un jugo de naranja y **se sintió** mucho mejor.

In **Capítulo 3** you learned about a group of verbs called *stem-changing verbs* that undergo certain changes in the stem vowel when conjugated in the present.

Of these verbs, only those that end in **-ir** are also stem-changing verbs in the preterite. Some **-ir** stem-changing verbs include **e → ie (sentir), e → i (vestir),** and **o → ue (dormir).**

With **-ir** stem-changing verbs in the preterite, only the vowel of the third person singular **(Ud. / él / ella)** and of the third person plural **(Uds. / ellos / ellas)** changes.

NOTA GRAMATICAL: Remember that in **Capítulo 4** you learned that all of these verbs undergo a similar change in the present participle: **sentir → sintiendo; pedir → pidiendo; dormir → durmiendo.**

sentir (ie, i)	
sentí	sentimos
sentiste	sentisteis
sintió	**sintieron**

Other verbs like **sentir** are:

divertir(se) (ie, i) *to entertain* (nonreflexive); *to have fun, have a good time* (reflexive)
preferir (ie, i) *to prefer*
sugerir (ie, i) *to suggest*

vestirse (i, i)	
me vestí	nos vestimos
te vestiste	os vestisteis
se **vistió**	se **vistieron**

Other verbs like **vestirse** are:

pedir (i, i) *to ask for, order*
despedirse (i, i) *to say good-bye*
repetir (i, i) *to repeat*
seguir (i, i) *to continue doing something* (followed by present participle, **-ndo**)
conseguir (i, i) *to obtain, succeed in doing something* (followed by an infinitive)
servir (i, i) *to serve*
reírse (i, i) *to laugh*
sonreír (i, i) *to smile*

dormir (ue, u)	
dormí	dormimos
dormiste	dormisteis
durmió	**durmieron**

One other verb like **dormir** is:

morir (ue, u) *to die*

Práctica

5-25 ¿Quién hizo qué ayer? Combina elementos de cada columna para hacer oraciones completas.

Juan	dormir	mucho
Felipe	vestirse	con la ropa de esquiar
yo	pedir	un café
Pedro y yo	sentirse	bien
Marisa	despedirse	de sus amigos
Marina y Amalia	reírse	con los chistes de Ana
Gloria	preferir	jugar al tenis
tú	divertirse	poco
ustedes	sugerir	hacer alpinismo
Marta y Jorge	seguir	jugando al fútbol

5-26 Una comparación Compara lo que hiciste tú el fin de semana pasado con lo que hizo tu compañero/a de cuarto.

ANSWERS, EX. 5-26: 1. me reí / se rió 2. dormí / durmió 3. sugerí / sugirió 4. conseguí / consiguió 5. preferí / prefirió 6. pedí / pidió 7. me morí / se murió 8. serví / sirvió 9. repetí / repitió 10. sonreí / sonrió

Modelo: divertirse mucho / divertirse poco
Yo me divertí mucho pero mi compañero/a se divirtió poco.

1. reírse con un programa de televisión / reírse con los chistes de Luisa
2. dormir ocho horas / dormir doce horas
3. sugerir una película de aventuras / sugerir una película romántica
4. conseguir un trabajo para julio / conseguir un trabajo para agosto
5. preferir ver la televisión / preferir escuchar música
6. pedir pizza / pedir comida china
7. morirse de risa *(laughing)* / morirse de vergüenza *(of embarrassment)*
8. servir más refrescos / servir más cervezas
9. repetir un chiste *(joke)* / repetir un chisme *(piece of gossip)*
10. sonreír mucho / no sonreír nunca

5-27 ¿Y tu compañero/a de clase? Ahora usa los verbos de la actividad 5-26 para preguntar a tu compañero/a de clase lo que hizo el fin de semana pasado. ¿Hicieron las mismas cosas? Toma apuntes para comentar lo que hicieron.

Modelo: divertirse
—¿Te divertiste el fin de semana?
—Sí, me divertí mucho. ¿Y tú?
—Yo me divertí mucho también.
—Pues, nosotros nos divertimos mucho.

Track 1-25

VAMOS A ESCUCHAR: UNA NOCHE MÁGICA

HERITAGE LEARNERS: Ask heritage learners to listen to the Spanish in the **Vamos a escuchar** recording and to compare it with the Spanish they use in their communities.

Vas a escuchar un diálogo entre Belén y su amiga Olga sobre un nuevo amigo de Belén.

Antes de escuchar

Según lo que aprendiste en esta **etapa:**

- ¿Qué tipo de actividades pueden hacer dos personas que acaban de conocerse *(just met)*?
- ¿Qué tipo de actividad puede hacer el primer encuentro *(the first get-together)* inolvidable?

Antes de escuchar el diálogo, lee las preguntas en la sección **Después de escuchar** para tener una idea del contenido del diálogo.

Después de escuchar

ANSWERS, EX. 5-28: 1. Visitó a Tomás. 2. No comieron nada. 3. Hicieron windsurf en la costa. 4. No se durmió, aunque llegó a casa a las tres de la madrugada. 5. Se sintió muy enamorada.

5-28 Comprensión Después de escuchar los anuncios, contesta las preguntas.

1. ¿A quién visitó Belén?
2. ¿Qué comieron?
3. ¿Qué hicieron Belén y su amigo bajo la luz de la luna *(by moonlight)*?
4. ¿A qué hora se durmió Belén?
5. ¿Cómo se sintió anoche Belén?

ANSWERS, EX. 5-29: 1. ¡Qué contenta te ves! 2. ¡Qué lindo! ¡Qué bien! ¡Qué noche!

5-29 ¿Cómo lo dicen? Escucha el diálogo otra vez para determinar lo siguiente.

1. ¿Cómo dice Olga que Belén parece estar contenta?
2. ¿Qué exclamaciones usa Olga?

TÚ DIRÁS

5-30 Adivina... *(Guess . . .)* Con un/a compañero/a, vas a jugar **un juego de adivinanzas** *(a guessing game)*. Dile *(Tell him/her)* que el fin de semana pasado practicaste un deporte y que para ese deporte necesitaste utilizar cierto equipo. Tu compañero/a tiene que adivinar qué deporte practicaste. Cuando adivine, él o ella va a hacer lo mismo.

Modelo: *—El fin de semana pasado practiqué un deporte. Utilicé una raqueta y una pelota verde y amarilla.*
—Practicaste el tenis.

5-31 Un fin de semana interesante Habla con otro/a compañero/a de clase de un fin de semana interesante que cada uno/a pasó en alguna ocasión. Usando verbos en el pretérito, indiquen: 1. adónde fueron, 2. cuándo, 3. con quién, 4. por cuánto tiempo, 5. cuatro o cinco cosas que hicieron y 6. la actividad que más les gustó. Prepárense para hablar de esta información con el resto de la clase.

TERCERA ETAPA

Para empezar: ¿Dónde jugaste al béisbol?

Preparación: As you get ready to begin this **etapa,** think about the sports you play.

- Where do you go to play them (for example, tennis courts, swimming pool, etc.)?
- What expressions do you use when talking about sports (to win, to lose, etc.)?

HERITAGE LEARNERS: Heritage learners who may have a Mexican background would use **alberca** for swimming. Interestingly, someone from Argentina would use **pileta.**

LOS LUGARES DONDE SE PRACTICAN LOS DEPORTES

la cancha de tenis

el campo de golf

la pista de esquí

el campo de fútbol

la piscina

el gimnasio

la pista de patinaje

el estadio de fútbol

el campo de béisbol

la cancha de básquetbol

la pista

Práctica

5-32 ¿Adónde? Tú y tu compañero/a de clase quieren decidir adónde van a ir este fin de semana. Para decidir, escribe primero cinco deportes que te gustan e indica dónde se juegan. Después, compara tu lista con la de tu compañero/a de clase. ¿Tienen muchos lugares en común? Según la lista que tienen, ¿qué decisión tomaron? Dile a la clase adónde van a ir y por qué.

5-33 Sobre los deportistas famosos Para cada uno de los deportistas famosos nombrados a continuación, indica cuál es su deporte y dónde lo practica. Al final, aunque no seas famoso, indica cuál es tu deporte favorito y dónde lo practicas.

Modelo: Sammy Sosa
Sammy Sosa juega al béisbol en el campo de béisbol.

1. Venus y Serena Williams
2. Tiger Woods
3. Shaquille O'Neal
4. Brian Boitano y Kristi Yamaguchi
5. Mia Hamm y Ronaldo
6. Carl Lewis, Florence Griffith Joyner y Jackie Joyner-Kersee
7. tu ídolo favorito
8. tú

ANSWERS, EX. 5-33: 1. Venus y Serena Williams juegan al tenis en la cancha de tenis. 2. Tiger Woods juega al golf en el campo de golf. 3. Shaquille O'Neal juega al básquetbol en la cancha de básquetbol. 4. Brian Boitano y Kristi Yamaguchi patinan en la pista de patinaje. 5. Mia Hamm y Ronaldo juegan al fútbol en el campo de fútbol. 6. Carl Lewis, Florence Griffith Joyner y Jackie Joyner-Kersee corren en la pista.

SUGGESTION, EX. 5-33: For the personalization section of this activity, offer suggestions for nonathletic students.

SUGGESTION: To review and to present vocabulary in context, tell students about a game you went to see and tell them what happened, who scored, who won, etc.)

Enfoque léxico — Más vocabulario deportivo

El **partido** *(match)* de tenis duró casi tres horas.
Ayer **perdió** *(lost)* mi **equipo** *(team)* de fútbol.

When talking about sports, it's helpful to know some specific vocabulary related to playing the sport.

empatar *to tie*
ganar *to win, beat*
marcar *to score*
meter (un gol / una canasta / un jonrón) *to score (a goal [in soccer] / a basket [in basketball] / a home run [in baseball])*
perder *to lose*

el/la aficionado/a *sports fan*
el campeonato *championship*
la carrera *race*
el/la comentarista *sports commentator*
la competición *sports event*
el empate *tie game*
el/la entrenador/a *coach*
el equipo *team*
el/la espectador/a *spectator*
la liga *league*
el partido *game, match*

Expansión léxica: A *fan* is **el aficionado** anywhere, but a serious sports fan is also known as **el hincha.** Every four years, **las Olimpíadas** or **los Juegos Olímpicos** captivate thousands of fans across the globe.

Although athletes may be called **los/las deportistas** or **los/las atletas,** there are also specialized terms for athletes specializing in one sport. Here are some sports and the names for those who practice each:

el atletismo (el correr): el/la corredor/a *runner*
el básquetbol: el/la jugador/a de básquetbol (de vólibol, de hockey, de béisbol) *basketball, (volleyball, hockey, baseball) player*
el béisbol: el/la pelotero/a *baseball player*
el buceo: el/la buzo/a *diver*
el esquí: el/la esquiador/a *skier*
el fútbol: el/la futbolista *football player*
el golf: el/la golfista *golfer*
la natación: el/la nadador/a *swimmer*
el patinaje: el/la patinador/a *ice skater*
la pesca: el/la pescador/a *fisher*
el surf: el/la surfista *windsurfer*
el tenis: el/la tenista *tennis player*

Expansión léxica: For the two most popular sports in the Spanish-speaking world, there are additional terms used to describe specific positions. **El fútbol** rules in Spain and throughout most of Latin America; key players include **el/la delantero/a** *(forward),* **el lateral, el defensa** *(defense),* and **el/la portero/a** or **el/la arquero/a** *(goalie).* In the Caribbean, where **el béisbol** is king, key players include **el/la lanzador/a** *(pitcher),* **el/la bateador/a** *(batter),* **el/la jardinero/a** *(outfielder),* and **el/la receptor/a** *(catcher).*

Práctica

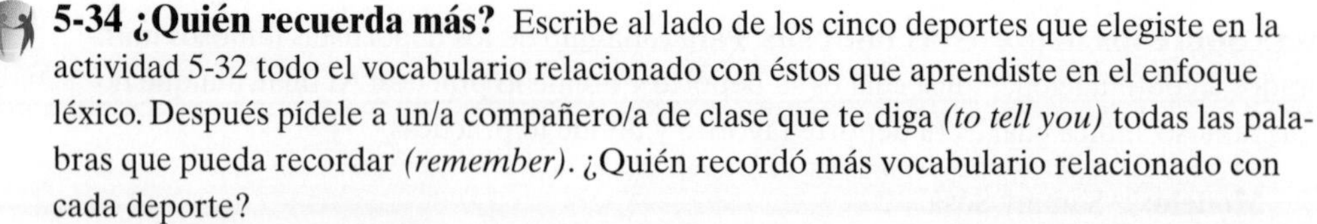

5-34 ¿Quién recuerda más? Escribe al lado de los cinco deportes que elegiste en la actividad 5-32 todo el vocabulario relacionado con éstos que aprendiste en el enfoque léxico. Después pídele a un/a compañero/a de clase que te diga *(to tell you)* todas las palabras que pueda recordar *(remember)*. ¿Quién recordó más vocabulario relacionado con cada deporte?

Modelo: —*el esquí*
—*el/la esquiador/a, la competición, el equipo, ganar...*

5-35 El partido del domingo Cuéntale *(Tell)* a un/a compañero/a de clase un partido (real o imaginario) de tenis, fútbol o cualquier otro deporte que te interese. Indica: dónde viste el partido, quiénes jugaron, quién ganó, quiénes marcaron, etcétera.

REPASO

5-36 ¿Cómo fue posible hacer tanto? La semana pasada fue muy atareada para ti y para tus amigos. Escribe las cosas que todos hicieron la semana pasada. Puedes utilizar los siguientes verbos y cualquier otro verbo que sea adecuado.

Review preterite forms for verbs with orthographic changes.

yo mi mejor amigo/a mis amigos de la universidad	hacer ir practicar tocar jugar llegar utilizar	abrazar sugerir divertirse preferir pedir conseguir dormir

5-37 ¡Qué curioso! La información que tienes de tus compañeros no es suficiente. Para cada cosa que diga *(says)* tu compañero/a, hazle tres preguntas para obtener más información. Tu compañero/a tiene que inventar algunos detalles para contestar tus preguntas. Sigue el modelo.

Review question words and expressions of time.

Modelo: El verano pasado fui a la República Dominicana.
—*¿Cuándo saliste para la República Dominicana?*
—*El 2 de julio.*
—*¿Qué hiciste?*
—*Fui a la playa y visité a un amigo en Santo Domingo.*
—*¿Cuánto tiempo pasaste en la República Dominicana?*
—*Pasé dos semanas.*

1. El verano pasado acampamos.
2. El año pasado mi hermano y yo fuimos a La Habana.
3. Anoche mis amigos y yo comimos en un restaurante.
4. El fin de semana pasado me quedé en casa.
5. Nuestro profesor pasó el verano en Puerto Rico.
6. El sábado pasado fui a un partido de béisbol.

IRM MASTER 15: Los mandatos informales

CLASSROOM MANAGEMENT: Before presenting this structure, ask students to look over this section as homework the night before class. Contextualize class presentation of structure by reminding them that when practicing a sport, players give commands to each other on a regular basis. Also, the coach uses commands frequently when telling players what to do.

SUGGESTION: To introduce the command form, use TPR. Say: **Ven aquí, Coral, por favor. Escribe en la pizarra, Adela. Mira este libro, Ramón. Sal de la clase, Estela,** etc.

NOTA GRAMATICAL: Remember that spelling changes are sometimes necessary to keep the original sound of some letters.

- In verbs like **recoger** *(to pick up),* the **g** of the infinitive becomes **j** in front of the **o** of the **yo** form as well as before an **a:** ¡No recojas!
- With verbs that end in **-car** or **-zar,** such as **practicar** and **cruzar,** the spelling in the negative **tú** command changes as well: **c** → **qu** ¡No practiques! **z** → **c** ¡No cruces!
- In the negative command of **-gar** verbs, like **jugar a, "u"** is needed: **no juegues.**

HERITAGE LEARNERS: All of these spelling changes can be problematic for heritage learners. Emphasize to them the spelling changes that verbs ending in not only **-car, -gar,** and **-zar,** but also **-ger** undergo when forming command forms.

SUGGESTION: Tell students that you will ask them to do something but that you may change your mind in the middle of the action, so they need to listen very carefully. Ask two students to do something and then change your mind and ask one of them not to do it. **Ester y Juan, vengan aquí.** (Students get up.) **No, Juan, no vengas. Ester, ven aquí. Alicia y Raúl, salgan. No, Raúl, no salgas. Raúl, pon este libro sobre mi escritorio. No Raúl, no lo pongas allí. Ponlo en tu escritorio,** etc.

ENFOQUE ESTRUCTURAL Los mandatos afirmativos y negativos con *tú*

¡**Tira** la pelota!	***Throw*** *the ball!*
¡**Agarra** bien la raqueta!	***Hold*** *the racket tight!*
¡**Para** la pelota!	***Stop*** *the ball!*
¡**Recoge** las pelotas de tenis!	***Pick up*** *the tennis balls!*
¡**Ponte** los esquís!	***Put on*** *your skis!*

In **Capítulo 3,** you learned to give directions, suggestions, and orders using the command form with **Ud.** and **Uds.** Here you will learn the command form for **tú,** used to make requests of the people with whom you are on a first-name basis. These may include your loved ones, peers, or younger people.

Los mandatos afirmativos regulares con *tú*

The regular affirmative **tú** command has the same ending as the third person singular **(él, ella)** of the present tense.

Verbs ending in **-ar:**	**jugar → ¡Juega!**
Verbs ending in **-er:**	**correr → ¡Corre!**
Verbs ending in **-ir:**	**escribir → ¡Escribe!**

The verbs **decir, hacer, ir, poner, salir, ser, tener,** and **venir** have irregular affirmative command forms.

Los mandatos afirmativos irregulares de *tú*

decir → **¡Di!**	salir → **¡Sal!**
hacer → **¡Haz!**	ser → **¡Sé!**
ir → **¡Ve!**	tener → **¡Ten!**
poner → **¡Pon!**	venir → **¡Ven!**

Los mandatos negativos regulares con *tú*

Negative commands for **tú** are formed differently from the affirmative commands.

Verbs ending in **-ar:**	**tirar → ¡No tires!**
Verbs ending in **-er:**	**correr → ¡No corras!**
Verbs ending in **-ir:**	**escribir → ¡No escribas!**

To form the negative **tú** command, drop the **o** from the **yo** form of the present tense and add **-es** for **-ar** verbs and **-as** for **-er** and **-ir** verbs:

-ar verbs				-er verbs				-ir verbs			
bailar	**bailo**	**bail-**	¡No **bailes!**	**beber**	**bebo**	**beb-**	¡No **bebas!**	**decir**	**digo**	**dig-**	¡No **digas!**
jugar	**juego**	**jueg-**	¡No **juegues!**	**hacer**	**hago**	**hag-**	¡No **hagas!**	**escribir**	**escribo**	**escrib-**	¡No **escribas!**
tirar	**tiro**	**tir-**	¡No **tires!**	**querer**	**quiero**	**quier-**	¡No **quieras!**	**pedir**	**pido**	**pid-**	¡No **pidas!**
								venir	**vengo**	**veng-**	¡No **vengas!**

In **Capítulo 3** you learned that only two verbs, **ir** and **ser,** have irregular command forms for **usted** and **ustedes:**

ir:	**¡Vaya!**	**¡Vayan!**
ser:	**¡Sea!**	**¡Sean!**

To form the negative **tú** command of these verbs, add an **s** to the **usted** command form:

ir:	¡No **vayas**!
ser:	¡No **seas**!

With reflexive verbs, the reflexive pronoun is placed after the affirmative command but before the negative command:

¡Pon**te** las botas de tacos!	*Put your cleats on!*
¡No **te** pongas las botas de tacos!	*Don't put your cleats on!*
¡Quíta**te** las rodilleras!	*Take your kneepads off!*
¡No **te** quites las rodilleras!	*Don't take your kneepads off!*

NOTA GRAMATICAL: Notice that the form **¡Quítate!** has a written accent over the first syllable. This happens because when adding a pronoun to the end of a two-syllable verb, the stress switches from the second-to-last to the third-to-last syllable, which, as you learned in **Capítulo preliminar,** requires a written accent. You have seen this sort of change in the present progressive forms presented in **Capítulo 4** as well.

NOTA GRAMATICAL: In Spain, where **vosotros/as** is used as the plural of **tú**, there are additional command forms. To form affirmative **vosotros** commands, drop the **-r** from the infinitive of the verb and add a **-d**.

hablar:	**¡Hablad!**	**salir:**	**¡Salid!**
ir:	**¡Id!**	**comer:**	**¡Comed!**
venir:	**¡Venid!**	**ser:**	**¡Sed!**

The negative command for **vosotros/as** is formed by dropping the last two letters of the infinitive and adding a new ending. For **-ar** verbs, drop the **-ar** of the infinitive and add **-éis.** For **-er** and **-ir** verbs, drop the **-er** or **-ir** of the infinitive and add **-áis.**

hablar: ¡No habléis!
comer: ¡No comáis!
escribir: ¡No escribáis!

When using **vosotros** commands with reflexive verbs, the **-d** of the affirmative form is dropped and the reflexive pronoun **-os** is attached directly to the verb: ¡Pon**eos** las botas de tacos! ¡Quit**aos** las rodilleras!

Práctica

5-38 Consejos Uno/a de tus amigos/as tiene los siguientes problemas en la universidad. Intenta a ayudarle, dándole *(giving him/her)* consejos para mejorar su situación. Puedes usar los siguientes verbos: **estudiar, trabajar, hablar, hacer, practicar, escribir, ir.**

Problemas

1. Mis notas en las clases no son muy buenas.
2. No tengo mucho dinero.
3. Mi compañero/a de cuarto pone la música muy alta.
4. Tengo problemas con mi clase de matemáticas.
5. No sé qué hacer para divertirme.
6. Necesito muchos libros para mis clases, pero no tengo dinero.
7. Mi compañero/a de cuarto es muy desordenado/a. Deja la ropa por todos lados.
8. Mi camisa favorita tiene una mancha *(stain)* de salsa.
9. Es el cumpleaños de mi mejor amigo/a. No sé qué regalarle.
10. Mi compañero/a usa mi ropa.

POSSIBLE ANSWERS, EX. 5-38: 1. ¡Estudia más! 2. ¡Trabaja en la cafetería, o en una tienda o en una oficina! 3. ¡Habla con tu compañero/a! ¡Dile que tienes que estudiar! 4. ¡Habla con la profesora! ¡Hazle preguntas! 5. ¡Practica un deporte! ¡Sal con tus amigos! 6. ¡Saca los libros de la biblioteca! ¡Pídeles dinero a tus padres! 7. ¡Deja la ropa en el piso! ¡No la recojas! 8. ¡Lava la ropa! ¡Ten cuidado con la comida! 9. ¡Invítalo a comer! 10. ¡Habla con él/ella! ¡Dile que no te gusta esto!

5-39 ¿Quién va a hacer qué? Tú y tus amigos van a tener una fiesta. Con un/a compañero/a de clase, haz una lista de tres mandatos afirmativos y tres negativos que indiquen qué va a hacer cada persona para tener todo listo *(ready)*. Usa los siguientes verbos: **limpiar, decorar, comprar, hacer, poner, ir, llamar, olvidar, comer**.

Modelo: *Marco, pon tu ropa sucia en tu cuarto.*
Frank, no olvides traer la música.

SUGGESTION, EX. 5-38: Circulate to check for accuracy while students do this activity in pairs. After they have completed the activity, select different students to share their answers. Comment on difficulties they may have.

5-40 La lección de tenis Imagina que le estás enseñando a un/a amigo/a a jugar al tenis. Tu amigo/a no sabe nada de tenis, así que le tienes que explicar absolutamente todo lo necesario. Utiliza los siguientes verbos y expresiones para darle instrucciones.

1. agarrar la raqueta así
2. dar a la pelota con la raqueta
3. mirar la pelota
4. seguir la trayectoria de la pelota
5. no tirar la raqueta al suelo
6. levantar el brazo *(arm)*
7. doblar las piernas
8. ir al fondo de la pista
9. no mover los dedos *(fingers)*
10. tener paciencia

ANSWERS EX. 5-40: 1. agarra 2. da 3. mira 4. sigue 5. no tires 6. levanta 7. dobla 8. ve 9. no muevas 10. ten

SUGGESTION: Provide a transition for students, reminding them that the country of focus of this **etapa** is the Dominican Republic and therefore the following **Comentario cultural** highlights certain cultural aspects of the Dominican Republic.

COMENTARIOS CULTURALES

La República Dominicana

La República Dominicana, situada en la isla llamada La Española, fue la primera colonia europea del Nuevo Mundo. Cuando Cristóbal Colón llegó a las costas en el año 1492, descubrió una raza indígena que **había vivido** (*had lived*) allí desde el año 800 a.d C. (antes de Cristo). En la lengua de los taínos, llamada el arauaco, la palabra **taíno** quiere decir **bueno** o **noble.** Aunque en 1560 los taínos ya **habían desaparecido,** (*had disappeared*) su rica herencia sobrevive en la arquitectura, la cultura y en la gente de la República Dominicana.

En su capital, Santo Domingo, se crearon las primeras instituciones coloniales. Allí se construyeron, entre otras cosas, las primeras iglesias y la primera catedral, el primer hospital y la primera universidad. En la actualidad, son centros turísticos que dominan el terreno de clima templado y de aguas cristalinas. Hay numerosas personas de la República Dominicana que son famosas en diferentes campos de la cultura y del deporte. Julia Álvarez, aunque nacida en New York y residente en Vermont, es de origen dominicano. Su novela *How the Garcia Girls Lost Their Accents* recuenta la experiencia de las familias inmigrantes. El diseñador Oscar de la Renta es famoso por sus prendas elegantes y refinadas. Juan Luis Guerra, cantante y compositor de la música merengue, es conocido en todo el mundo hispanohablante así como también en los Estados Unidos. En el mundo de los deportes, Sammy Sosa es uno de los excelentes peloteros dominicanos de las Ligas Mayores en los Estados Unidos.

INTEGRACIÓN CULTURAL

1. ¿Qué es lo que distingue la República Dominicana de las otras colonias españolas en las Américas?
2. ¿Cómo se llama la raza nativa de la República Dominicana? ¿Puedes nombrar otros grupos nativos de las Américas?
3. ¿En qué campos se destacan las siguientes personas dominicanas?
   Julia Álvarez: ________
   Sammy Sosa: ________
   Juan Luis Guerra: ________
4. ¿Puedes nombrar otros artistas dominicanos del merengue? ¿Hay otros estilos musicales en la República Dominicana?

POSSIBLE ANSWERS: 1. Fue la primera colonia europea del Nuevo Mundo. 2. los taínos; Otros pueblos indígenas en el Caribe incluyen: los taínos; en Mesoamérica y Centroamérica: los aztecas, los mayas, los cunas; en Sudamérica: los incas. 3. Julia Álvarez: en la literatura; Sammy Sosa: en el béisbol; Juan Luis Guerra: en la música 4. Otros artistas del merengue son Kinito Méndez, La Banda Chula y Sergio Vargas; la bachata y el perico ripiao son otros estilos.

ENFOQUE ESTRUCTURAL *Hace y hace que* para expresar tiempo transcurrido

Hace dos semanas que Raúl hizo windsurf en las playas de La Romana. — ***Two weeks ago*** *Raúl went windsurfing off the beaches of La Romana.*

To express how long ago something happened, you use **hace** + length of time + **que** + subject + verb in the preterite, as in the following:

Hace dos horas que Miguel jugó al golf. — *It's been two hours since Miguel played golf.*

Or you may use subject + verb in the preterite + **hace** + length of time, as in the following:

Miguel jugó al golf hace dos horas. — *Miguel played golf two hours ago.*

When **hace** is placed at the beginning of the sentence, you must insert **que** before the subject.

To ask a question with this time expression, use the following model:

¿Cuánto + hace + que + preterite verb?

¿Cuánto hace que terminó el partido? — ***How long ago did*** *the game* ***end?***
Hace una hora que terminó. — ***It ended an hour ago.***

Some expressions you have already learned for expressing length of time are:

un minuto, dos minutos, tres minutos...	una semana, dos semanas, tres semanas...
una hora, dos horas, tres horas...	un mes, dos meses, tres meses...
un día, dos días, tres días...	un año, dos años, tres años...

Práctica

5-41 ¿Cuánto hace que... ? Un/a amigo/a muy curioso/a quiere saber cuánto tiempo hace que tú y otra persona hicieron algo. Contesta las preguntas según el modelo.

Modelo: ir a nadar / horas
—¿Cuánto hace que fueron a nadar?
o *—Fuimos a nadar hace dos horas.*

1. aprender a jugar al golf / años
2. su equipo ganar la liga / años
3. levantar pesas / meses
4. esquiar / días
5. jugar al tenis / semanas
6. ver un partido de béisbol / semanas

5-42 ¿Y tú? ¿Cuánto hace que tú... ? Ahora, hazle a tu compañero/a las preguntas del ejercicio anterior. Él/Ella las contesta usando una de dos posibilidades. Sigan el modelo.

Modelo: ir a nadar / horas
—¿Cuánto hace que fuiste a nadar?
—Hace dos horas que fui a nadar.
o *—Fui a nadar hace dos horas.*

5-43 ¿Cuánto hace que empezaste tu dieta? Usando los siguientes dibujos como ayuda, trabaja con otro/a compañero/a de clase para hacer y contestar preguntas sobre tu nuevo programa de dieta y ejercicio.

Modelo:
—¿Cuánto hace que comiste pizza?
—¡Qué triste! ¡Comí pizza hace dos meses!

1. 
2. 
3. 
4. 
5. 
6. 

NOTA CULTURAL: The beaches of La Romana are famous throughout the world. Situated on the southeastern coast of the Dominican Republic not far from San Pedro de Macorís, La Romana is home to an elegant resort community.

NOTA GRAMATICAL: This construction can also be used to express a length of time still in progress. To express how long one has been doing something, use **hace** + length of time + **que** + subject + verb in the present as in the following: **Hace seis años que Miguel juega al golf.** *It's been six years that Miguel has been playing golf.*

MULTILEVEL SUGGESTION: Students with previous study of Spanish may already know how to use these constructions. Have them generate some examples in which they express how long ago they did something.

ANSWERS, EX. 5-41: ¿Cuánto tiempo hace que: 1. aprendieron a jugar al golf? / Aprendimos a... hace... 2. ganó su equipo la liga? / Nuestro equipo ganó... hace... 3. levantaron pesas? / Levantamos... hace... 4. esquiaron? / Esquiamos hace... 5. jugaron al tenis? / Jugamos al... hace... 6. vieron un partido de bésibol? / Vimos... hace...

SUGGESTION: Point out to students that Spanish has no equivalent for the English word *ago*. To express this concept in Spanish, they must use one of the two structures presented here. Have students generate sentences in English in which they would use the word *ago* (e.g., *I played football 10 years ago; I talked to my coach a week ago; I lifted weights four hours ago; I showered 45 minutes ago)*. Put some of these sentences on the board and have students substitute different lengths of time, subjects, and verbs.

ANSWERS, EX. 5-42: ¿Cuánto tiempo hace que 1. aprendiste a jugar al golf? / Aprendí a... hace... 2. ganó tu equipo la liga? / Mi equipo ganó... hace... 3. levantaste pesas? / Levanté... hace... 4. esquiaste?/ Esquié hace... 5. jugaste al tenis? / Jugué al... hace... 6. viste un partido de béisbol? / Vi... hace...

POSSIBLE ANSWERS, EX. 5-43: ¿Cuánto hace que 1. corriste? / Corrí hace... 2. compraste verduras? / Compré verduras hace... 3. fuiste a la playa? / Fui a la playa hace... 4. jugaste al tenis? / Jugué al tenis hace... 5. paseaste en el parque? / Paseé en el parque hace... 6. miraste televisión? / Miré televisión hace...

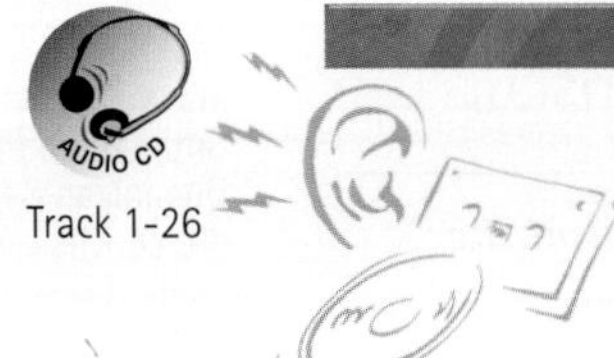

VAMOS A ESCUCHAR:
UN PARTIDO IMPORTANTE

HERITAGE LEARNERS: Ask heritage learners to listen to the Spanish in the **Vamos a escuchar** recording and to compare it with the Spanish they use in their communities.

La capital dominicana tiene muchas universidades. Graciela es una estudiante en la Universidad Nacional Pedro Henríquez Ureña, y vas a escuchar una conversación que tiene con su amigo Julio.

Antes de escuchar

Según lo que aprendiste en esta **etapa:**

- ¿De qué piensas que van a hablar?
- ¿Qué tipo de actividades puede hacer un estudiante?
- Normalmente, ¿cómo se apoyan los amigos?

Antes de escuchar el diálogo, lee las preguntas en la sección de **Después de escuchar** para tener una idea del contenido del diálogo que vas a escuchar.

Después de escuchar

ANSWERS, EX. 5-44: 1. Hace un mes que se vieron. 2. Practicó tres horas ayer con su equipo de vólibol. 3. Va a jugar contra el INTEC / el Instituto Técnico. 4. Tiene un boleto para el partido. 5. Le dice: "¡Descansa y no te preocupes!"

5-44 Comprensión Al escuchar el diálogo, trata de identificar las respuestas a estas preguntas.

1. ¿Cuánto tiempo hace que Graciela y Julio se vieron?
2. ¿Por qué está cansada Graciela?
3. ¿Contra quiénes va a jugar el equipo de Graciela?
4. ¿Qué regalo *(gift)* tiene Graciela para Julio?
5. Al final, ¿qué consejo tiene Julio? ¿Qué dice?

ANSWERS, EX. 5-45: 1. Estoy rendida. 2. ¿Fuiste de parranda?

5-45 ¿Cómo lo dicen? Escucha el diálogo otra vez para determinar lo siguiente.

1. ¿Cómo dice Graciela que está cansada?
2. ¿Cómo pregunta Julio si Graciela fue a una fiesta anoche?

TÚ DIRÁS

5-46 El verano pasado Tu compañero/a de clase y tú estuvieron muy ocupados el verano pasado porque participaron en muchos deportes y actividades. Para hacer un informe, organicen las actividades en el orden en que las hicieron. Usen expresiones adecuadas de tiempo al preparar su lista de actividades e incluyan por lo menos tres en las que los dos participaron. Al final, indiquen, si es apropiado, cuánto tiempo hace que no practican esos deportes y actividades.

SUGGESTION, EX. 5-47: Before beginning the activity, review some useful conversational phrases and encourage students to incorporate them into their conversations. Some suggestions include: **¿Qué te gusta jugar? ¿Jugaste al básquetbol cuándo?...**

5-47 Un partido inolvidable *(unforgettable)* Habla con otro/a compañero/a de clase sobre un deporte en el que les gusta participar como jugadores o que les gusta ver como espectadores. Cada estudiante debe usar verbos en el pretérito para hablar de un partido inolvidable, indicando lo siguiente.

1. el deporte y los equipos
2. la fecha y el lugar
3. qué equipo ganó/perdió
4. quién o quiénes fueron los mejores jugadores
5. por qué les gustó tanto el partido

Lectura: Sammy Sosa: La vida es hermosa

Antes de leer

A. Mira las dos fotos que acompañan la lectura.

1. ¿De quién es la foto en esta página? ¿Qué deporte juega?
2. En la segunda foto de la página 180, Sammy Sosa no se vistió para jugar. ¿Qué hace en la foto?

ANSWERS, A: 1. Sammy Sosa; Juega al béisbol. 2. Participa en una ceremonia pública.

Sammy Sosa, uno de los titanes del béisbol

Guía para la lectura

Lee la primera oración de cada párrafo de la lectura y resume el contenido con tus propias palabras.

B. Ahora lee el primer párrafo y contesta las preguntas siguientes:

1. Según *(According to)* el artículo, ¿cuántos jugadores dominicanos hay en la Liga Mayor de los Estados Unidos? ¿Son comparativamente muchos o pocos?
2. ¿Cuántos habitantes tiene el país de estos jugadores?

ANSWERS, B: 1. 71; son muchos, el 10 por ciento del total 2. 8.581.477 habitantes

C. Lee el segundo párrafo para contestar esta pregunta.

1. ¿Cómo renovaron Sosa y McGwire el interés y la pasión por el béisbol?
2. ¿Sabes cuál es el récord actual *(current)*? ¿Todavía juegan Sosa y McGwire?

ANSWER, C: 1. Sosa y McGwire compitieron para romper el récord de Roger Maris. 2. *Answers will vary.*

D. Lee el tercer párrafo y resume en dos o tres oraciones lo que pasó en septiembre de aquel año.

POSSIBLE ANSWER, D: El Huracán Georges mató a muchos dominicanos, destruyó muchas casas y causó muchísimos daños.

E. Lee el cuarto párrafo e indica si las oraciones siguientes son **ciertas** o **falsas.** (Si son falsas, corrígelas para que contengan la información correcta.)

1. Por lo que pasó en su país, Sosa tuvo que esperar para establecer una clínica en San Pedro de Macorís.
2. Murieron pocas personas y sólo algunos se quedaron sin hogar.
3. La fundación de Sosa pudo entregar grandes cantidades de comida y medicina para las víctimas del desastre.
4. La Liga Mayor de béisbol donó millones de dólares.

ANSWERS, E: 1. cierta 2. falsa: Murieron centenares de personas y muchos quedaron sin hogar. 3. cierta 4. falsa: La Liga Mayor donó un millón de dólares.

F. Finalmente, lee el último párrafo y contesta las siguientes preguntas.

1. ¿En qué sentido se convirtió Sosa en "embajador dominicano"?
2. Sosa envió mucho dinero, medicina y suministros de ayuda a la Repúbica Dominicana. ¿Hizo algo más?

ANSWERS, F: 1. Sosa llevó alivio a las víctimas. 2. Sí, prometió hacer todo lo posible. También mejoró la imagen del dominicano en los EE.UU.

Al fin y al cabo

1. Con tu compañero/a de clase, prepara un resumen breve sobre Sammy Sosa.
2. ¿Conoces a otra persona con una vida similar a la de Sammy Sosa?

Sammy Sosa: La vida es hermosa

golden age — *positions*

Sammy Sosa, el primer héroe de los deportes en Chicago después de **la época de oro** del gran jugador de básquetbol Michael Jordan, es de San Pedro de Macorís, República Dominicana. Sosa es uno de más de 71 jugadores dominicanos en la Liga Mayor del béisbol, casi el 10 por ciento de **los puestos** en los Estados Unidos. La República Dominicana tiene ocho millones de habitantes, casi la misma población del área metropolitana de Chicago.

pushed each other — *in an attempt / to reach* — *broke*

Hace dos años Sosa, de Los Cachorros de Chicago, y su amigo y rival Mark McGwire, de los Cardinales de San Luis, **se incitaron** a continuar bateando **en busca** de **alcanzar** el número mágico de 61 jonrones. McGwire **hizo pedazos** el famoso récord de Roger Maris, de los Yanquis de Nueva York, terminando con 70 jonrones, y Sosa le siguió de cerca con 66. Juntos renovaron el interés y la pasión por este pasatiempo nacional.

Este gran atleta es muy respetado por su conciencia social.

the media — *praised* — *pennant / season* — *Hundreds* — *were left homeless / damages*

Desde entonces, **los medios de comunicación elogiaron** a Sammy Sosa hasta ponerlo en un pedestal. Pero este gran jugador de pelota es mucho más que un atleta millonario que genera noticias para los programas deportivos. En septiembre del año pasado, en medio de la competencia por los jonrones y **el banderín** de **la temporada,** el Huracán Georges devastó una docena de países caribeños, entre ellos el de Sosa. El más afectado fue precisamente la República Dominicana y, particularmente, San Pedro de Macorís. **Centenares** de personas murieron, más de 100.000 **se quedaron sin hogar,** y **los daños** a la propiedad fueron estimados en dos mil millones de dólares.

relief — *supplies* — *the delivery / shipments* — *containers / full*

La Liga Mayor del béisbol contribuyó con un millón de dólares y el Congreso de los Estados Unidos contribuyó con varios millones para dar **alivio** a las víctimas del huracán. Pero Sosa quedó afectado también por la destrucción que causó el huracán en su país. Su recién formada Fundación Sammy Sosa tuvo que atrasar los planes para establecer una clínica en San Pedro para trabajar con la Cruz Roja distribuyendo **suministros** de ayuda. La fundación organizó y pagó **la entrega** especial de **envíos** de emergencia —40.000 kilos de comida y 12.000 kilos de medicina. También envió unos 30 **envases** de 12 metros y medio **llenos** de comida y ropa donada. A causa de sus esfuerzos, el 18 de octubre fue declarado el "Día de Sammy Sosa" en la Ciudad de Nueva York, hogar de una enorme población inmigrante de la República Dominicana.

became / ambassador

Sosa **se convirtió en** un **embajador** dominicano para llevar alivio a las víctimas del huracán. Volvió a su país, donde lo recibieron los dominicanos como a un héroe y él les prometió hacer todo lo posible para ayudar a la gente que sufrió los daños del huracán. Es evidente que este embajador del béisbol es un verdadero campeón internacional.

Texto adaptado de Robert Heuer, "Sammy Sosa: La vida es hermosa". Trad. Kimberley Almeida, Teresa Bathgate, Ingrid Ortega y Carol Rodriguez. Horizon, 27 julio, 2000.

INTERCAMBIO: VACACIONES EN LA REPÚBLICA DOMINICANA

Estudiante A Tus amigos y tú están planeando unas vacaciones en el Caribe. Ayer fuiste a una agencia de viajes y te dieron la siguiente información sobre la República Dominicana.

Uno/a de tus amigos/as que piensa ir de viaje contigo te llama por teléfono. Comparte con él/ella la información que tienes en **el folleto** *(the brochure)*.

Debes pedirle a tu amigo/a información sobre la ropa necesaria, la comida, las compras y los deportes que se pueden practicar.

República Dominicana: Guía Práctica

Documentación. Pasaporte en vigor. A la entrada al país se rellena la "tarjeta de turista" que debe guardarse hasta el día de salida.

Equipaje. Máximo 20 kg., por persona (el exceso de equipaje tiene tarifa suplementaria). Sólo se permite un bulto de mano.

Moneda. La unidad monetaria es el peso dominicano, dividido en 100 centavos. Los pagos deben hacerse en moneda local que se puede cambiar en hoteles y bancos.

Propinas e impuestos. Todos los productos tienen un 8 por ciento de impuestos de venta. Los hoteles añaden un 15 por ciento de impuestos y los restaurantes cobran un 10 por ciento por servicio. Los clientes normalmente dan un 5 por ciento o un 10 por ciento de propina.

Información turística. La Secretaría de Estado de Turismo ofrece información sobre las agencias que operan en el país. Está localizada en las Oficinas Gubernamentales, Bloque D, Avenida México / 30 de Marzo, Santo Domingo, D.R. Tel. 809.221.4666 y Fax 809.682.3806.

Ecoturismo. La República Dominicana tiene 22 parques nacionales y reservas naturales, como el Parque Nacional Armando Bermúdez y el parque de Los Haitises. La Ruta de las Gaviotas pasa por Santo Domingo y atraviesa la costa sur. La Ruta Verde de Quisqueya ofrece un tour ecológico completo de todo el país.

Estudiante B Estás pensando ir de vacaciones a la República Dominicana. Ayer fuiste a una agencia de viajes y te dieron la siguiente información sobre la República Dominicana. Llamas a tu amigo/a para compartir la información con él/ella.

Debes pedirle a tu amigo/a información sobre la documentación necesaria, la moneda del país, el máximo de equipaje que puedes llevar, las propinas y actividades turísticas en la isla.

República Dominicana: Guía Práctica

Ropa. Utilice ropa ligera de tejidos naturales e informal. Se requiere vestido de cocktail para ocasiones especiales. Caballeros: Pantalón largo en la mayoría de los hoteles.

Comida. Mariscos, carnes, deliciosos postres a base de frutas tropicales (cocos, guayabas, piñas, etcétera). Las bebidas nacionales son la cerveza y el ron, con el que se elaboran bebidas como ron sour y piña colada.

Compras. Artesanía nativa, sombreros de paja, pinturas, ron de caña y joyas de ámbar. Las tiendas abren normalmente de las 8:00 de la mañana hasta las 12:00 de mediodía y desde las 2:00 de la tarde hasta las 7:00.

Deportes. En la República Dominicana el deporte nacional es el béisbol. La liga profesional se juega de octubre a final de enero. Los partidos son en el Estadio Quisqueya en Santo Domingo y en los estadios de Santiago, San Pedro de Macorís y La Romana. Además de béisbol, se puede jugar al golf en Santo Domingo, Punta Cana, Puerto Plata y Juan Dolio. Si le gusta correr, en Santo Domingo hay muchas zonas verdes como el Paseo de los Indios o el Malecón. Finalmente, todos los deportes de agua son muy populares en la isla. El Club Náutico de Santo Domingo y muchos hoteles ofrecen información sobre estos deportes.

VOCABULARIO

HERITAGE LEARNERS: Ask heritage learners to add to the **Vocabulario** any alternate vocabulary that they have come up with over the course of the chapter. They might put the words in categories like **Así lo dice el libro; Así lo dice el/la profesor/a; Así lo digo yo,** etc.

Track 1-27

The **Vocabulario** section consists of all new words and expressions presented in the chapter. When reviewing or studying for a test, you can cover up the English and go through the list to see if you know the meaning of each item.

Los deportes *Sports*

el alpinismo *hiking, mountain climbing*
el básquetbol *basketball*
el béisbol *baseball*
el buceo *scuba diving*
el esquí *skiing*
el esquí acuático *water skiing*
el fútbol *soccer*
el fútbol americano *football*
el golf *golf*
el hockey sobre hierba *field hockey*
el hockey sobre patines *ice hockey*
la natación *swimming*
el patinaje sobre hielo *ice skating*
el surf *surfing*
el tenis *tennis*
la vela *sailing*
el vólibol *volleyball*
el windsurf *windsurfing*

Verbos y expresiones para hablar de deportes *Verbs and expressions for sports activities*

bucear *to snorkle, dive*
correr *to run*
empatar *to tie in a game*
esquiar *to ski*
ganar *to win, beat*
hacer alpinismo *to hike, climb mountains*
  esquí acuático *to water-ski*
  surf *to surf*
  vela *to sail*
  windsurf *to windsurf*
jugar al básquetbol *to play basketball (**jugar al** can be followed by most sports)*
levantar pesas *to lift weights*
marcar *to score*
meter una canasta *to score a basket (in basketball)*
meter un gol *to score a goal (in soccer)*
meter un jonrón *to score a home run (in baseball)*
nadar *to swim*
patinar sobre hielo *to ice skate*
perder *to lose*
pescar, la pesca *to fish, fishing*
practicar + sport *to play, practice + sport*

Equipo deportivo *Sports equipment*

el bate *baseball bat*
las botas de esquí *ski boots*
las botas de tacos *cleats*
la canasta *basketball basket*
el casco *helmet*
los esquís *skis*
las gafas de esquí *ski goggles*
el guante de béisbol *baseball glove*
el palo de golf *golf club*
el palo de hockey *hockey stick*
los palos de esquí *ski poles*
los patines de cuchilla *ice skates*
los patines de ruedas *rollerskates*
la pelota *ball*
  de básquetbol *basketball*
  de béisbol *baseball*
  de fútbol *soccer ball*
  de fútbol americano *football*
  de golf *golf ball*
  de tenis *tennis ball*
la portería *soccer goal*
la raqueta *tennis racket*
las rodilleras *kneepads*
la tabla de surf *surfboard*
la tabla de windsurf *windsurf board*
las zapatillas de deportes *sneakers, tennis shoes*

Lugares donde se practican deportes *Places where sports are played*

el campo de béisbol *baseball field*
el campo de fútbol *soccer field*
el campo de golf *golf course*
la cancha de básquetbol *basketball court*
la cancha de tenis *tennis court*
el estadio de fútbol *soccer stadium*
el gimnasio *gymnasium*
la piscina *swimming pool*
la pista *(running) track*
la pista de esquí *ski slope*
la pista de patinaje *skating ring*

Vocabulario deportivo *Sports-related vocabulary*

el/la aficionado/a *sports fan*
el campeonato *championship*

la carrera *race*
el/la comentarista *sports commentator*
la competición *sports event*
el empate *tie game*
el/la entrenador/a *coach*
el equipo *team*
el/la espectador/a *spectator*
la liga *league*
el partido *game, match*

Vocabulario específico para los que juegan los deportes *Specific vocabulary for those who play sports*
el/la buzo/a *diver*
el/la esquiador/a *skier*
el/la futbolista *football player*
el/la golfista *golfer*
el/la nadador/a *swimmer*
el/la patinador/a *ice skater*
el/la pelotero/a *baseball player*
el/la pescador/a *fisher*
el/la surfista *windsurfer*
el/la tenista *tennis player*

Expresiones para indicar el tiempo pasado *Past-tense time expressions*
anoche *last night*
anteayer *the day before yesterday*
el año pasado *last year*
ayer *yesterday*
ayer por la mañana *yesterday morning*
ayer por la tarde *yesterday afternoon*
el fin de semana pasado *last weekend*
el jueves (sábado,...) pasado *last Thursday (Saturday, . . .)*
el mes pasado *last month*
la semana pasada *last week*

VOCABULARIO GENERAL

Verbos con cambios ortográficos en el pretérito *Verbs with spelling changes in the preterite*
abrazar *to hug*
buscar *to look for*
comenzar *to begin*
empezar *to begin*
explicar *to explain*
(no) hacer la cama *to (not) make the bed*
hacer las maletas *to pack*
hacer un viaje *to take a trip*
jugar *to play*
llegar *to arrive*
pagar *to pay*
practicar *to play, practice (a sport)*
sacar *to take out*
tocar *to touch, to play (an instrument), to knock*
utilizar *to use*

Verbos con cambios en la raíz en el pretérito *Verbs with stem changes in the preterite*
conseguir (i, i) *to obtain, to suceed in doing something* (followed by an infinitive)
despedirse (i, i) *to say good-bye*
divertir(se) (ie, i) *to entertain (nonreflexive) to have fun, to have a good time (reflexive)*
dormir (ue, u) *to sleep*
morir (ue, u) *to die*
pedir (i, i) *to ask for, to order*
preferir (ie, i) *to prefer*
reírse (i, i) *to laugh*
repetir (i, i) *to repeat*
seguir (i, i) *to follow, to continue doing something* (followed by present participle)
sentir(se) (ie, i) *to feel*
servir (i, i) *to serve*
sonreír (i, i) *to smile*
sugerir (ie, i) *to suggest*
vestirse (i, i) *to get dressed*

HERITAGE LEARNERS: Remind heritage learners to pay special attention to words that may contain spelling combinations that have traditionally been problematic for them. For example, the **c** in **bucear,** the **sc** in **piscina,** the **z** in the verbs ending in **-zar,** and the accents on words like **básquetbol, fútbol, esquís, competición,** etc.

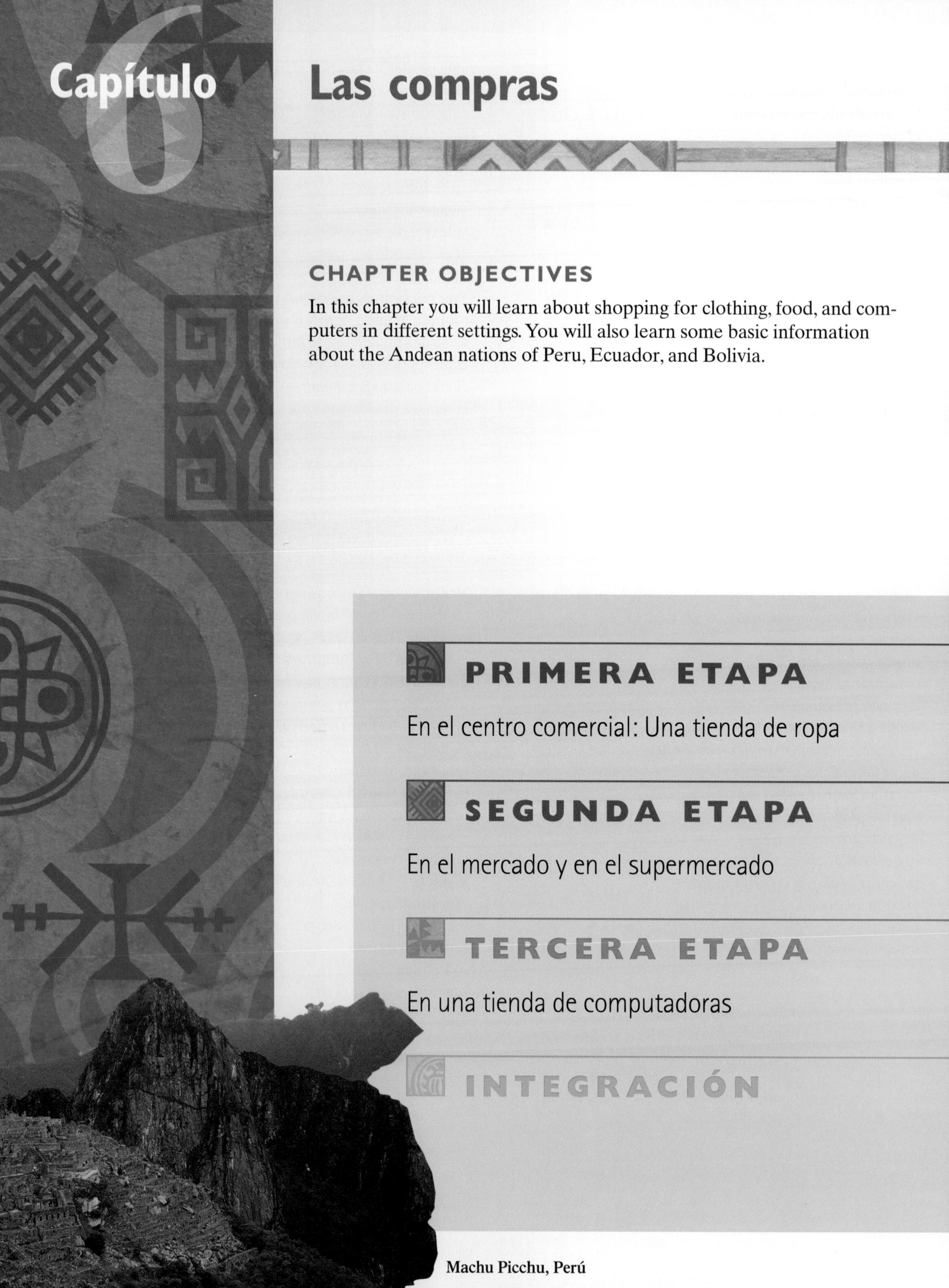

Capítulo 6 Las compras

CHAPTER OBJECTIVES

In this chapter you will learn about shopping for clothing, food, and computers in different settings. You will also learn some basic information about the Andean nations of Peru, Ecuador, and Bolivia.

PRIMERA ETAPA

En el centro comercial: Una tienda de ropa

SEGUNDA ETAPA

En el mercado y en el supermercado

TERCERA ETAPA

En una tienda de computadoras

INTEGRACIÓN

Machu Picchu, Perú

Perú

Población: 27.483.864

Área: 1.285.220 kilómetros cuadrados, casi del tamaño de Alaska
Capital: Lima, 7.451.900
Ciudades principales: Arequipa, 720.400; Trujillo, 590.200; Chiclayo, 481.100
Moneda: el nuevo sol
Lenguas: el castellano y el quechua (oficiales), el aymará
Productos principales de exportación: pescado, cobre, cinc, oro, petróleo crudo y derivados, plomo, café, azúcar, algodón
Embajada: 1700 Massachusetts Avenue, Washington, DC 20008

Bolivia

Población: 8.300.463

Área: 1.098.580 kilómetros cuadrados, más o menos tres veces del tamaño de Montana
Capitales: La Paz (sede del gobierno), 810.300; Sucre (sede jurídica), 180.900
Ciudades principales: Santa Cruz, 1.089.400; El Alto, 766.100; Cochabamba, 558.500
Moneda: el dólar estadounidense
Lengua: el castellano, el quechua y el aymará (oficiales)
Productos principales de exportación: soja, gas natural, cinc, oro, madera
Embajada: 3014 Massachusetts Avenue, NW, Washington, DC 20008

Ecuador

Población: 13.183.978

Área: 41.283.560 kilómetros cuadrados, más o menos del tamaño de Nevada
Capital: Quito, 1.610.800
Ciudades principales: Guayaquil, 2.148.600; Cuenca, 271.400; Machala, 211.300
Moneda: el sucre
Lengua: el castellano y varias lenguas indígenas, en especial, el quechua
Productos principales de exportación: petróleo, plátanos, camarones, café, cacao, flores, pescado
Embajada: 2535 15th Street NW, Washington, DC 20009

Functions

- inquire about and purchase clothes for yourself
- inquire about and purchase accessories and other clothing articles for someone else

Functions

- plan a meal discussing food products and necessary quantities
- inquire about and purchase food products

Functions

- express knowledge, ignorance, and wishes when purchasing a computer
- discuss your purchases in the past

Lectura: Cajamarca, tumba de un imperio
Vídeo: Episodio 3; Actividades en las páginas V-6–V-7
Intercambio: Portales de Internet
Escritura: Actividades en el manual

Tools

The tools you will use to carry out these functions are:

- Vocabulary for:
  - clothes and clothing accessories
  - food products
  - expressions of quantity
  - computer equipment and the Internet
- Grammatical structures:
  - preterite of irregular verbs: verbs with **u, i, j,** and **y**
  - subjunctive with expressions of wish and desire
  - subjunctive of regular and irregular verbs
  - **saber, conocer,** and the personal **a**
  - direct objects and direct object pronouns

PRIMERA ETAPA

SUGGESTION: Start discussion of the topic by asking students the questions in the **Preparación** section in Spanish. Present vocabulary in context. For instance, tell students about your shopping experiences: **A mí me gusta ir de compras, y mi amigo Nacho se vuelve loco cuando va de compras. Siempre que tiene dinero corre a las tiendas para comprar de todo. Compra y no le importan los precios...** Ask questions to check for comprehension. After telling the story, go over the dialog. Then have students work in small groups to "personalize" it. They might choose to change the characters, the items mentioned, or the prices. Remind them to make any necessary changes in agreement with what their new dialogs require.

Track 2-2

Para empezar: En el centro comercial: Una tienda de ropa

Preparación: As you get ready to begin this **etapa,** think about your shopping habits.

- Do you enjoy shopping?
- Where do you usually go to buy the things you need?
- What questions do you normally ask when you are in a store?
- What questions does the salesperson usually ask when you are shopping?

EN LA TIENDA RIPLEY, EN UN CENTRO COMERCIAL DE LIMA

a gift
to go window shopping

Hoy sábado Mercedes y Sara van de compras en Jockey Plaza, un centro comercial en Lima, Perú. Necesitan comprar **un regalo** para el cumpleaños de Rosa. A las dos les gusta **mirar escaparates.**

pretty clothes
skirt
belt / it looks very good
a dress
for sure / expensive
the shop window

MERCEDES: Aquí tienen **ropa bonita.**
SARA: ¡Mira esta **falda** azul! ¡Qué linda!
MERCEDES: A Rosa le va a gustar ese color. Con este **cinturón** negro **queda muy bien.** Creo que le va a gustar.
SARA: Sí, tienes razón. Perfecto. Ahora quiero ver **un vestido** para mí.
MERCEDES: Aquí enfrente hay una boutique muy elegante.
SARA: Mmm... entonces, **seguro** que es **cara.**
MERCEDES: No sé. ¿Vamos a ver **el escaparate?**
SARA: Sí, ¿por qué no?

EXPANSIÓN LÉXICA: The vocabulary for clothing is almost as varied as styles are. Professional dress includes **el traje,** which may include a jacket and a skirt or a jacket and pants. The terms **el traje** and **el vestido** are used interchangeably but always refer to a professional outfit.

In warm weather, **la camiseta** might be paired with **los pantalones cortos** *(shorts)* or **los pantalones largos** *(long pants).* You may also want to wear **la camisa** or **el vestido de manga corta** *(short-sleeved dress)* or, if it is really warm, something **sin manga** *(sleeveless).*

In cooler weather, you may prefer clothing **de manga larga** *(long-sleeved),* perhaps **el suéter** or **el jersey,** either of which are a *sweater.* Jackets include **la cazadora** (*bomber jacket,* also called **la chompa** in the Andean countries), **el saco, la chaqueta** or **la chamarra** *(jacket),* **el abrigo** or **el gabán** *(overcoat).* In Argentina, an overcoat is called **el tapado.** In Spain, **los jeans** or **los bluejeans** are called **los vaqueros.**

At night you may sleep in **el pijama, el camisón** *(nightshirt),* or even **desnudo/a** *(in your birthday suit).*

LA ROPA

TRANSPARENCY
I-1: La ropa

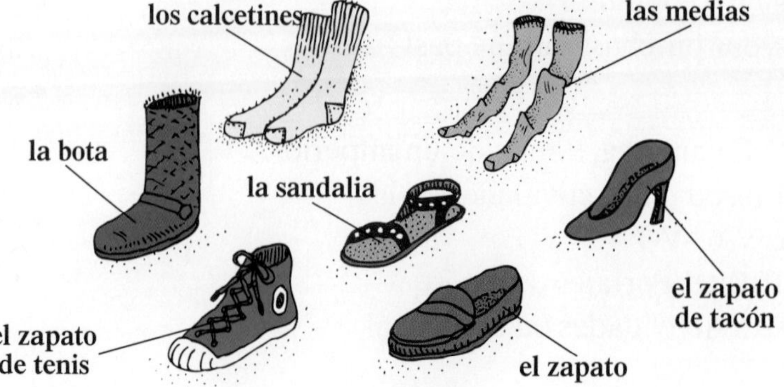

Otras prendas y accesorios *Other articles of clothing and accessories*

la sudadera	*sweatshirt*
la gorra	*baseball cap*
el sombrero	*hat*
los guantes	*gloves*
las manoplas	*mittens*
la bufanda	*winter scarf*
el pañuelo	*decorative scarf*
el cinturón	*belt*
el bolso	*purse*
la cartera	*wallet*

EXPANSIÓN LÉXICA: Jewelry is always a favorite accesory. **El collar** is any kind of *necklace,* but **la cadena** is a *chain* and **la gargantilla** is a *choker.* Any sort of **el anillo** or **la sortija** can decorate a finger, but a special *ring,* **la alianza,** shows who is married. On a wrist you might find **el reloj** and be able to tell the time, but you also might find **la pulsera,** a *bracelet.* **La tobillera** is an *anklet.* Another word for **los aretes** is **los pendientes,** and both can be found on earlobes or even in other piercings. Jewelry can be **de oro** *(gold),* **de plata** *(silver),* **de platino** *(platinum),* or any number of other materials.

EXPANSIÓN LÉXICA: It's a good idea to specify not just the color you want in clothes but the material as well. Use the verb **ser + de +** the material to describe the item. You may look for clothes **de lana** *(wool),* **de algodón** *(cotton),* **de seda** *(silk),* **de hilo** *(linen),* **de rayón** *(rayon),* **de ante** *(suede),* **de cuero,** or **de piel** *(leather).* Fabrics may be **de un solo color** or they might be **de rayas** *(striped),* **de cuadros** *(plaid),* **de lunares** *(polka-dotted),* or **estampado** *(printed).* You may choose a style that is **suelto** *(loose),* **ajustado** *(fitted),* or **apretado** *(tight).*

Práctica

6-1 ¿Qué llevas hoy? Eres el encargado de la sección de moda del periódico de la universidad. Necesitas saber qué ropa llevan los estudiantes y los profesores. Describe lo que lleva cada una de las siguientes personas. Sigue el modelo.

Modelo: *Luis lleva una camiseta roja con unos pantalones azules.*

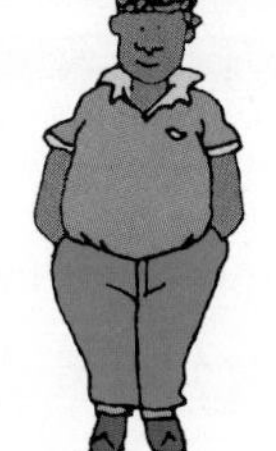

1. Roberta

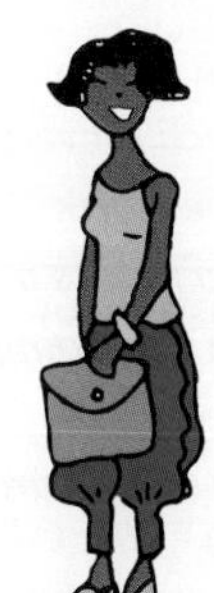

2. Nadia

3. Alfonso

4. Arturo

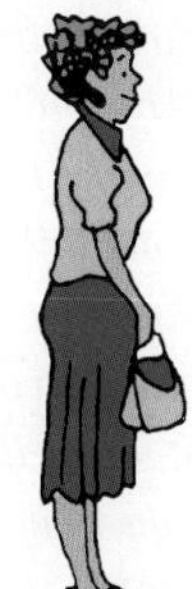

5. Olga

6. Esteban

MULTILEVEL SUGGESTION: Ask students with previous study of Spanish for as many details as possible in the description of the items. You may put some of the details on the board. Remind students that colors agree in gender and number. Some colors show a gender change, while others do not.

POSSIBLE ANSWERS, EX. 6-1:
1. Roberta lleva una blusa estampada y una falda marrón. 2. Nadia lleva una blusa amarilla y unos pantalones azules. 3. Alfonso lleva una camisa, una chaqueta marrón y unos pantalones azules. 4. Arturo lleva una camiseta roja y unos pantalones morados. 5. Olga lleva una falda azul y una blusa amarilla. 6. Esteban lleva un traje deportivo verde y amarillo.

6-2 ¿Y la moda en tu clase? Mira bien a tus compañeros de clase. ¿Qué llevan hoy? Siguiendo el modelo de la actividad 6-1, describe la ropa de seis compañeros de clase. ¡Incluye todos los detalles que puedas!

1.
2.
3.
4.
5.
6.

ENFOQUE LÉXICO

Expresiones útiles para comprar ropa y otras cosas

When shopping for clothes, besides knowing the vocabulary for different clothing items, you also need to know other words and expressions.

HERITAGE LEARNERS: Ask heritage learners for other words that they might hear in their Spanish-speaking communities to refer to *discounted sales.* An example might be **ganga.**

EXPANSIÓN LÉXICA: Una oferta is a *special;* **una liquidación** is a *clearance sale.* Shops announcing a sale often post signs saying **grandes rebajas.**

EXPANSIÓN LÉXICA: When discussing prices, pay attention to local currencies. The notes at the beginning of each **capítulo** of ***Tú dirás, 3/e*** include the local base currencies for each Spanish-speaking country, though you should find out what other denominations of money exist. In the United States, Canada, and some other countries, the base currency is **el dólar.** Many Hispanics living in the United States and Canada routinely refer to the dollar as **un peso.** Paper money comes as **el billete** and coins are counted individually as **la moneda.** In **billetes** or in **moneda,** don't forget to collect **el cambio** *(the change)*!

NOTA CULTURAL: Buying and selling is usually a professional transaction, so **usted** is generally used. In Spain, however, stores catering to younger people tend to be very informal and you may hear **tú** used instead.

En una tienda	*Items in a store*
la caja registradora	*cash register*
el descuento	*discount*
el escaparate	*display window*
el mostrador	*display counter/case*
la oferta	*sale*
el precio	*price*
el probador	*dressing room*

Comprar y vender	*Buying and selling*
el/la cliente/a	*customer*
la compra	*purchase*
el/la dependiente/a	*salesperson*
¿Qué desea/n?	*What would you like?*
¿Qué necesita/n?	*What do you need?*
¿En qué puedo servirle/s?	*How can I help you?*
costar (ue)	*to cost*
¿Cuánto cuesta/n?	*How much does it / do they cost?*
¿Cuánto es todo?	*How much is everything?*
valer	*to cost, be worth*
¿Cuánto vale/n?	*How much does it / do they cost?*
¿Cómo va a pagar?	*How are you going to pay?*
con cheque	*by check*
con tarjeta	*with a credit card*
en efectivo / con dinero	*in cash*
devolver (ue)	*to return* (an item)
¿Se puede/n devolver?	*Can this/these be returned?*

Probándose ropa	*Trying on clothes*
¿Puedo probarme esto?	*Can I try this on?*
¿Se quiere probar esto?	*Would you like to try this on?*
¿Qué talla tiene?	*What is your size?* (clothes)
¿Qué número tiene?	*What is your size?* (shoes)
¿Qué tal me queda/n?	*How does it / do they fit me?*
¿Me queda bien?	*Does it fit me well?*
Le quedan bien.	*They fit you well.*
Le quedan mal.	*They do not fit you.*
Le quedan grandes/pequeños/as.	*It's too big/small for you.*
Necesito una talla más/menos.	*I need a bigger/smaller size.*

Práctica

6-3 En una tienda de ropa Imagínate que necesitas comprar ropa para el verano. Trabaja con un/a compañero/a para representar lo siguiente: vé a una tienda y habla con el/la dependiente/a. Necesitas comprar sandalias, zapatos de tenis, pantalones cortos, varias camisetas y dos pantalones. Usen las expresiones para comprar y vender y las expresiones para probarse las cosas que aparecen en el **Enfoque léxico.**

6-4 El regalo perfecto Imagínate que vas a comprar regalos para diferentes miembros de tu familia. Tienes sólo 250 dólares para los regalos. Compra algo adecuado para cada persona de tu familia; elige un color en caso de que sea necesario. Recuerda cuánto dinero gastas en cada regalo. ¿Cuánto gastas al final?

SUGGESTION, EX. 6-4: After this activity, have students share any new vocabulary that their classmates may have used.

Voy a comprar...	Para...	Cuesta...
Total		

Ahora, pregúntale a un/a compañero/a de clase qué compró para su familia y por qué. Sigue el modelo y cambia de papel.

Modelo: —*¿Qué compraste?*
—*Compré unas corbatas para mi hermano porque tiene una fiesta elegante. Compré unos pantalones verdes para mi padre porque necesita pantalones nuevos. También, compré una camisa amarilla para mi madre porque es su color favorito. Y tú, ¿qué compraste?*
—*Yo compré...*

ENFOQUE ESTRUCTURAL Otros pretéritos irregulares: pretéritos con *u* e *i*

—**Estuve** en una tienda de ropa ayer.	*I* ***was*** *at a clothing store yesterday.*
—¿**Anduviste** por el centro comercial?	***Did you walk*** *around the shopping mall?*
—Sí, **anduve** con mi amiga Paula.	*Yes,* ***I walked around*** *with my friend Paula.*
—No **tuvimos** tiempo para comprar nada.	***We did*** *not* ***have time*** *to buy anything.*

A group of verbs in Spanish have an irregular preterite: their stem vowels change to an **i** or an **u.** Since this irregularity is found in very few, but key, verbs, you should memorize them separately.

HERITAGE LEARNERS: Point out that the spelling of these irregular forms is with the letter **-v-.** Also, some heritage learners might want to make these verbs regular, i.e, you could hear forms like **andé, vení,** etc.

1. Los pretéritos con ***u:*** **andar, estar, poder, poner, saber, tener**

andar		**estar**		**poder**	
and**u**ve	and**u**vimos	est**u**ve	est**u**vimos	p**u**de	p**u**dimos
and**u**viste	and**u**visteis	est**u**viste	est**u**visteis	p**u**diste	p**u**disteis
and**u**vo	and**u**vieron	est**u**vo	est**u**vieron	p**u**do	p**u**dieron

poner		**saber**		**tener**	
p**u**se	p**u**simos	s**u**pe	s**u**pimos	t**u**ve	t**u**vimos
p**u**siste	p**u**sisteis	s**u**piste	s**u**pisteis	t**u**viste	t**u**visteis
p**u**so	p**u**sieron	s**u**po	s**u**pieron	t**u**vo	t**u**vieron

- Notice that in all of these preterite forms, the accent pattern is very different from the one you learned for the regular preterites. Here, in all **yo** and **él/ella/Ud.** forms, the stress remains over the stem vowel: es**tu**ve/es**tu**vo, an**du**ve/an**du**vo, **tu**ve/**tu**vo, **su**pe/ **su**po, **pu**de/**pu**do, **pu**se/**pu**so. For this reason, there is no written accent in these forms.
- The preterite of **haber** also follows this pattern:

h**u**be	h**u**bimos
h**u**biste	h**u**bisteis
h**u**bo	h**u**bieron

Of all the preterite forms of **haber,** only **hubo** will be used on a regular basis to express *there was / there were* in the sense of "to take place."

Ayer **hubo** una fiesta.	***There was*** *a party yesterday.*

2. Los pretéritos con ***i:*** **querer, venir**

querer		**venir**	
qu**i**se	qu**i**simos	v**i**ne	v**i**nimos
qu**i**siste	qu**i**sisteis	v**i**niste	v**i**nisteis
qu**i**so	qu**i**sieron	v**i**no	v**i**nieron

- Notice that these verbs follow the pattern you saw in **Capítulo 5** with the verb **hacer.** Once again, the accent pattern of the verbs **hacer, querer,** and **venir** is irregular and in the **yo** and **él/ella/Ud.** forms the accent remains over the stem vowel: **hi**ce/**hi**zo, **qui**se/**qui**so, **vi**ne/**vi**no.

Práctica

6-5 ¿Qué hicieron ayer? Combina elementos de cada columna para formar oraciones completas y decir lo que hicieron tú y tus amigos ayer.

A	B	C	D
yo	(no)	andar	a mi casa
Ana		estar	que estudiar
tú		tener	al centro
Silvia y yo			al parque
Anita y Francisco			en la fiesta de María
Ud.			que trabajar

6-6 Un misterio: ¿Quién fue? La policía tiene unas preguntas sobre un hecho misterioso que ocurrió en el campus. Con un/a compañero/a, túrnense para hacer y contestar las siguientes preguntas. Al terminar, explica lo que tú crees que pasó.

ANSWERS, EX. 6-6: 1. Estuve... 2. Tuve que... 3. Anduve... 4. Supe... 5. Puse... 6. Vine... 7. *Answers will vary.*

1. ¿Dónde estuviste ayer después de las cuatro de la tarde?
2. ¿Qué tuviste que estudiar anoche?
3. ¿A qué hora anduviste de la biblioteca a tu residencia?
4. ¿Cómo supiste que ocurrió algo?
5. ¿Qué pusiste en tu mochila antes de venir a la universidad esta mañana?
6. ¿A qué hora viniste a la universidad esta mañana?
7. ¿Qué hecho misterioso ocurrió en el campus? ¡Inventa algo!

6-7 ¿Qué hizo quién en la fiesta? Anoche hubo una fiesta en casa de Óscar. Para contar lo que ocurrió en la fiesta, haz oraciones con los elementos siguientes.

ANSWERS, EX. 6-7: 1. estuvimos 2. vino 3. pusieron 4. vinieron 5. quiso 6. *Answers will vary.*

1. mis amigos y yo ayer / estar en / una fiesta en casa de Óscar
2. Marisol / venir / conmigo
3. los dos / poner / discos de música latina
4. casi al final de la fiesta / venir / más personas
5. después de comer y beber mucho, nadie / querer / bailar
6. nosotros...

SUGGESTION: Provide a transition for students, reminding them that the country of focus of this **etapa** is Peru, and therefore the following **Comentario cultural** highlights certain cultural aspects of Peru.

COMENTARIOS CULTURALES

El Imperio Inca

El Imperio Inca, uno de los mayores imperios en América del Sur, comenzó a extenderse desde el Cuzco, su capital, a finales del siglo XIV. Antes de la llegada de los españoles en 1532, bajo el mando de Francisco Pizarro, el imperio incluía unos 12 millones de personas repartidas por lo que es hoy Perú, Ecuador, partes de Chile, Bolivia y Argentina. El nombre que los incas le dieron a su tierra es *Tahuantinsuyo*, que en quechua, la lengua principal de los incas, quiere decir "cuatro partes". Estas cuatro partes se refieren a las diferentes zonas geográficas del imperio: el desierto a lo largo de la costa, los altos picos de los Andes, los valles y la región de la selva tropical en el este.

La arquitectura funcional y las técnicas de ingeniería desarrolladas por los incas son algunos de los aspectos más notables de su civilización. Sus ciudades se caracterizaban por la presencia de anchas avenidas, atravesadas por calles más pequeñas, que llegaban a una plaza abierta. En la plaza estaban los edificios públicos y los templos.

Machu Picchu es un ejemplo de la superioridad de la arquitectura inca y una muestra de la gran habilidad de los incas para construir edificios adaptándose al terreno.

INTEGRACIÓN CULTURAL

1. ¿Qué países actuales fueron parte del Imperio Inca? ¿Qué queda de los incas allí?
2. ¿Qué quiere decir *Tahuantinsuyo*? ¿Conoces alguna otra palabra de origen quechua?
3. ¿Cuándo y cómo terminó el Imperio Inca?
4. ¿Qué opinas del Imperio Inca?

ANSWERS: 1. Perú, Ecuador, partes de Chile, Bolivia y Argentina. Las lenguas quechua y aymará y buena parte de la población de estas naciones son de origen inca. 2. cuatro partes; respuestas posibles: papa, alpaca, coca, cóndor, guano, pampa 3. en 1532, con la llegada de los españoles. 4. *Answers will vary.*

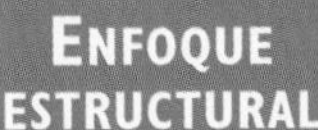

Otros pretéritos irregulares: pretéritos con *j* e *y*

1. Los pretéritos con *j*: **conducir, decir, traer**

IRM MASTER 16: Conducir, decir, traer en el pretérito

CLASSROOM MANAGEMENT: Assign this section as homework. In class, you might spend 3–5 minutes drilling these verbs and throw in previously learned verbs in the preterite. Pay attention to stressed vowels and the appropriate personal endings. Students often interchange the first and third person preterite endings.

conducir		decir		traer	
conduje	condujimos	dije	dijimos	traje	trajimos
condujiste	condujisteis	dijiste	dijisteis	trajiste	trajisteis
condujo	condujeron	dijo	dijeron	trajo	trajeron

- Other verbs like these are: **traducir** *(to translate)*, **producir** *(to produce)*, **reducir** *(to reduce)*.
- Notice that the accent pattern in these verbs is like that of other irregular verbs. The **yo** form and the **él/ella** form do not have the stress on the last syllable and therefore do not carry a written accent.
- Also note that in the **Uds./ellos/ellas** form, **-eron** (and not **-ieron**) is used after the **j.**

HERITAGE LEARNERS: Point out the spelling of those forms that are spelled with a **-j-**. It is common to hear forms like **"dijieron, trajieron,"** etc., in the third person singular. It is also quite common for heritage learners to make verbs ending in **-ucir** regular, i.e, you will hear forms like **"traducí, produció, conducieron,"** etc.

2. Los pretéritos con *y*: **leer, oír, creer**

These verbs are regular in all forms of the preterite except the third person singular **(él/ella)** and **Ud.** as well as the plural **(ellos/ellas)** and **Uds.** where a **y** replaces the **i** in the endings.

leer		oír		creer	
leí	leímos	oí	oímos	creí	creímos
leíste	leísteis	oíste	oísteis	creíste	creísteis
leyó	**leyeron**	**oyó**	**oyeron**	**creyó**	**creyeron**

- Other verbs that follow this pattern are: **caer(se)** *(to fall)*, **huir** *(to escape)*, **construir** *(to build)*.
- Pay attention to the written accents on these verbs—the accent pattern is the same as that found in regular verbs!

Práctica

6-8 La fiesta de Juan Ayer estuviste en la fiesta de Juan. Cuéntale a un/a compañero/a cómo fue.

ANSWERS, EX. 6-8: 1. tuvo 2. condujeron 3. trajeron 4. dijo 5. condujo 6. trajo 7. trajimos

Ayer por la noche...

1. Juan (tener) una fiesta en su apartamento.
2. Julián y José (conducir) el coche de sus padres.
3. Todos (traer) discos compactos.
4. Isabel (decir) que la fiesta fue aburrida.
5. Andrés (conducir) su propio coche.
6. Ana (traer) cosas para comer.
7. María y yo (traer) cosas para beber.

6-9 ¿Qué hicieron después de clase? Haz oraciones con los elementos siguientes para expresar lo que hicieron las siguientes personas después de las clases ayer.

ANSWERS, EX. 6-9: 1. Leyeron una novela. 2. Oímos música rock. 3. Se cayó de la silla. 4. Construyó un sitio en la Web. 5. No leí el periódico. 6. No creyeron mi excusa. 7. Oí las noticias de la radio.

1. los estudiantes de la clase de español avanzado / leer / una novela
2. mis compañeros y yo / oír / música rock
3. mi profesor/a de español / caerse / de la silla
4. mi compañero/a de cuarto / construir / un sitio en la Web
5. (yo) / no leer / el periódico
6. mis profesores / no creer / mi excusa
7. (yo) / oír / las noticias de la radio

NOTA GRAMATICAL: The personal pronouns in parentheses should remind you that you do not need to include the subject pronoun in your sentence since the verb ending contains that information already.

ANSWERS, EX. 6-10: oí un anuncio, llamé a un amigo, fui al centro comercial, vi ofertas interesantes, no pude comprar nada, me puse muy triste; mi compañero/a de cuarto fue a casa de Isabel, oyó música, puso la tele, vio vídeos musicales, pidió pizza, se durmió a las tres de la madrugada

6-10 ¿Qué pasó? De acuerdo con la información que tienes a continuación, dile a un/a compañero/a de clase lo que pasó el fin de semana pasado. ¿Quién lo pasó mejor?

El viernes (yo)	**El sábado mi compañero/a de cuarto**
oír un anuncio de radio	ir a casa de Isabel
llamar a un amigo	oír música
ir al centro comercial	poner la tele
ver ofertas interesantes	ver vídeos musicales
no poder comprar nada	pedir pizza
ponerme muy triste	dormirse a las 3:00 de la madrugada

ANSWERS, EX. 6-11: 1. oíste/oí; 2. leíste/leí; 3. trajiste/traje; 4. dijiste/dije; 5. tradujiste/traduje

6-11 Y tú, ¿qué hiciste? Utiliza los siguientes verbos para hacerle preguntas a tu compañero/a sobre su verdadero fin de semana. Tu compañero/a contestará tus preguntas y luego cambiarán de papel. ¡Ya es hora de decir la verdad! ¿Tuvieron mucho en común?

Modelo: ver
—*¿Viste una película?*
—*Sí, vi una película el viernes.*

1. oír
2. leer
3. traer
4. decir
5. traducir

Track 2-3

VAMOS A ESCUCHAR:
¡VAMOS A PERÚ!

HERITAGE LEARNERS: Ask heritage learners to listen to the Spanish in the **Vamos a escuchar** recording and to compare it with the Spanish they use in their communities.

Cuando viajamos, a veces tenemos que comprar ropa apropiada para el viaje. Linda y Mari conversan sobre el próximo viaje de Linda a Cuzco.

Antes de escuchar

Antes de escuchar la conversación, contesta las siguientes preguntas.

- ¿Viajaste alguna vez a otro hemisferio? ¿Tuviste que cambiar tu ropa a causa del *(because of the)* viaje?
- En general, ¿qué tipo de ropa es más apropiada para un viaje?

Antes de escuchar la conversación entre Linda y Mari, lee las preguntas en la sección **Después de escuchar.**

Después de escuchar

ANSWERS, EX. 6-12: 1. camisetas, pantalones largos, faldas y botas 2. Porque sólo los turistas llevan pantalones cortos. 3. Porque todo estaba en oferta para el fin del verano. 4. los recibos 5. Porque hace frío en Cuzco y compró ropa de verano.

6-12 Comprensión Contesta las preguntas según la información del diálogo.

1. ¿Qué compró Linda?
2. ¿Por qué decidió Linda no llevar pantalones cortos en Cuzco?
3. Linda compró muchas cosas. ¿Por qué pagó muy poco?
4. Para poder devolver la ropa que compró, ¿qué necesita Linda?
5. ¿Por qué tiene Linda que devolver la ropa que compró?

ANSWERS, EX. 6-13: 1. ¡Qué suerte tuviste! 2. No hizo calor ni un solo día. Siempre hace viento...

6-13 ¿Cómo lo dicen? Escucha el CD de nuevo. Fíjate en lo que dicen Linda y Mari y trata de contestar estas preguntas.

1. Mari felicita a Linda por su compra. ¿Cómo lo dice?
2. ¿Qué dice Mari del clima de Cuzco?

TÚ DIRÁS

SUGGESTION, EX. 6-14: As homework the night before doing this activity, ask students to gather geographical and climatic information on Peru through the Internet. In class the next day, they can then use this information to appropriately ask and answer questions about items necessary in Peru.

6-14 Las compras de ropa Imagínate que vas a pasar un año entero estudiando en la Universidad de Cuzco, Perú. Antes de salir de viaje necesitas comprar ropa. Con un/a compañero/a, prepara la siguiente escena.

Estudiante A: cliente en la tienda de ropa

1. Haz una lista de las cosas que necesitas comprar (tipo de ropa, colores).
2. Vé a la tienda y saluda al dependiente.
3. Pide las cosas que necesitas.
4. Pregunta los precios de las cosas que quieres comprar.
5. Decide qué vas a comprar.
6. Paga tus compras.
7. Despídete del dependiente.

Estudiante B: dependiente en una tienda de ropa

1. Trabajas en una tienda de ropa. Piensa en los precios de las cosas que hay en tu tienda. ¿Qué moneda usas?
2. Saluda al cliente que viene a comprar.
3. Contesta sus preguntas sobre precios.
4. Haz las sugerencias necesarias.
5. Indica el total de la compra.
6. Despídete del cliente.

6-15 Un regalo de cumpleaños Imagínate que la semana que viene es el cumpleaños de un/a amigo/a y quieres comprarle un regalo. Como esta persona es adicta a la moda *(addicted to fashion)*, quieres comprarle una prenda o un accesorio. Con un/a compañero/a de clase, prepara la escena abajo.

Antes de preparar el diálogo, piensa en lo siguiente: ¿Qué cosas le gustan a tu amigo/a? Haz una lista de posibles regalos (unos aretes, una corbata, un bolso...).

Estudiante A: cliente en la tienda

1. Saluda al dependiente.
2. Explica qué tipo de ropa o accesorio le gusta a tu amigo/a.
3. Decide qué prenda vas a comprar.
4. Pide la talla adecuada y opina cómo le va a quedar a tu amigo/a.
5. Paga tu compra.
6. Despídete.

Estudiante B: dependiente de la tienda

1. Saluda al cliente.
2. Contesta sus preguntas.
3. Haz las sugerencias necesarias.
4. Indica el total de la compra.
5. Despídete.

SEGUNDA ETAPA

INTERNET

Para empezar: En el mercado y en el supermercado

SUGGESTION: Ask students these questions in Spanish.

TRANSPARENCY I-5: Frutas y verduras

Preparación: As you get ready to begin this **etapa,** try to answer the following questions.

- Have you ever been to an open-air market? If so, where? when?
- What kinds of products can one buy in an open-air market?
- How is the shopping experience in a place like this different from a regular store or supermarket?
- What products can you find at a supermarket that you could not get at an open-air market?

Track 2-4

EN EL MERCADO

Ayer sábado fue **día de feria** en Tarabuco, un pueblo no muy lejos de Sucre. La señora Fernández, como siempre que hay feria, caminó al mercado para hacer las compras de frutas y **verduras.** En el mercado de Tarabuco uno siempre encuentra productos **frescos,** baratos y de excelente calidad. La señora Fernández siempre visita todos los **puestos** para hablar con los vendedores. Ella **regatea** para conseguir los mejores precios.

market day / *vegetables/fresh* / *stands* / *bargains*

EXPANSIÓN LÉXICA: Food names vary enormously throughout the Spanish-speaking world. In part this is due to the use of regional words, and in part this is due to variations in foods grown and available in different regions. For example, Andean diets are based on local products that include many different varieties of **la papa** *(potato)* and **el choclo** *(corn),* **el camote** *(sweet potato),* **la yuca** *(yucca),* and **el ají** *(hot pepper).* Spain's very different climate yields different fruits and vegetables, including **los espárragos** *(asparagus),* **la alcachofa** *(artichoke),* **los dátiles** *(dates),* **la granada** *(pomegranate),* and **las cerezas** *(cherries).*

HERITAGE LEARNERS: Ask heritage learners to share their experiences and comment on any dialectical variation they found regarding food names.

¿Qué se puede comprar?

Las verduras	Las frutas
la batata *sweet potato*	**los aguacates** *avocados*
las cebollas *onions*	**las fresas** *strawberries*
los guisantes *peas*	**los limones** *lemons, limes*
las habichuelas/ los frijoles *beans*	**los mangos** *mangoes*
los hongos *mushrooms*	**las manzanas** *apples*
la lechuga *lettuce*	**los melocotones** *peaches*
el maíz *corn*	**el melón** *melon*
las papas *potatoes*	**las naranjas** *oranges*
los pepinos *cucumbers*	**las peras** *pears*
el repollo *cabbage*	**la piña** *pineapple*
los tomates *tomatoes*	**los plátanos** *bananas*
las zanahorias *carrots*	**las uvas** *grapes*

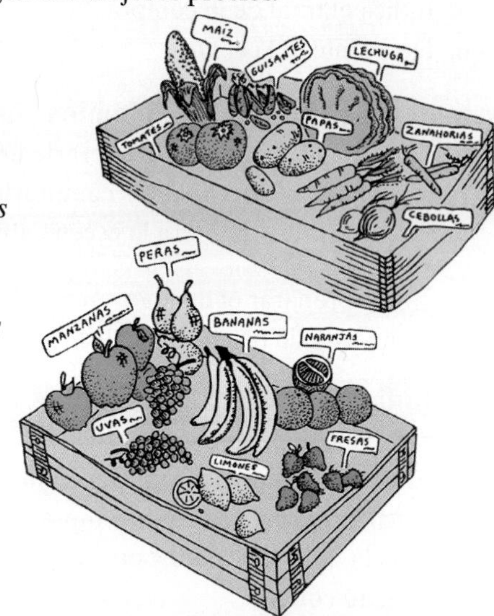

TRANSPARENCY I-8: En el supermercado

EN EL SUPERMERCADO

Una vez por semana Ricardo hace las compras para su casa en el supermercado. Hoy Rosa también tiene que ir al supermercado para comprar **alimentos** para su familia, y los dos amigos van **juntos.** Primero, van a la sección de **productos lácteos** porque Ricardo tiene que comprar mantequilla, leche, yogur, crema y queso. Después van a la sección de **conservas** porque necesitan tres **latas** de **sopa,** una lata de **atún,** una botella de **aceite** y un paquete de **galletas.** **Luego** compran pasta, **harina, azúcar, sal, pimienta,** arroz y mayonesa.

Once / *food* / *together* / *dairy products* / *canned goods* / *cans / soup / tuna fish / oil / cookies* / *Later / flour / sugar / salt / pepper*

Para terminar, **pasan por** la sección de **congelados** porque Rosa tiene que comprar **pescado,** una pizza, un **pollo** y también **¡helado** de chocolate! A Rosa le encanta el helado.

pass by / frozen foods / fish / *chicken / ice cream*

Cuando se dirigen a la caja registradora, **el carrito** de Rosa está muy **lleno.**

shopping cart / full

Práctica

6-16 ¿Qué son? Identifica las frutas y verduras que ves cuando vas de compras.

POSSIBLE ANSWERS, EX. 6-16: Be attentive to regional alternatives. 1. los guisantes, los chícharos, las arvejas 2. las cebollas 3. las zanahorias 4. las manzanas 5. las uvas 6. la naranja, la china 7. el maíz, el choclo, el elote 8. las peras 9. los limones 10. los tomates, los jitomates 11. la lechuga 12. las papas, las patatas

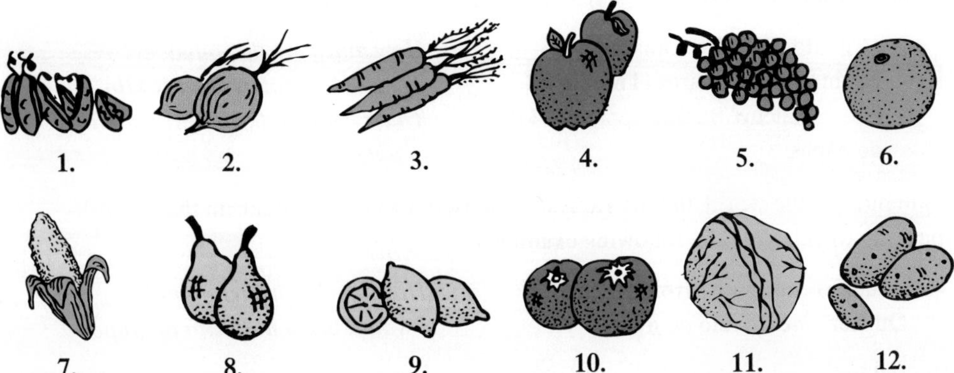

6-17 Una ensalada de verduras Los padres de tu novio/a vienen a cenar esta noche y tienes que preparar una ensalada. Un/a amigo/a te quiere ayudar, pero no sabe qué hace falta poner en la ensalada. Dile si sus sugerencias son buenas o no. ¿Quieres añadir *(to add)* otro ingrediente a la ensalada?

ANSWERS, EX. 6-17: Las verduras son: 2. las cebollas 3. la lechuga 6. los guisantes 7. los tomates 9. las zanahorias 10. el maíz. **No son:** 1. las peras 4. las manzanas 5. las uvas 8. la naranja

Modelo: —*¿Quieres fresas?*
—*No, una ensalada de verduras no tiene fresas.*

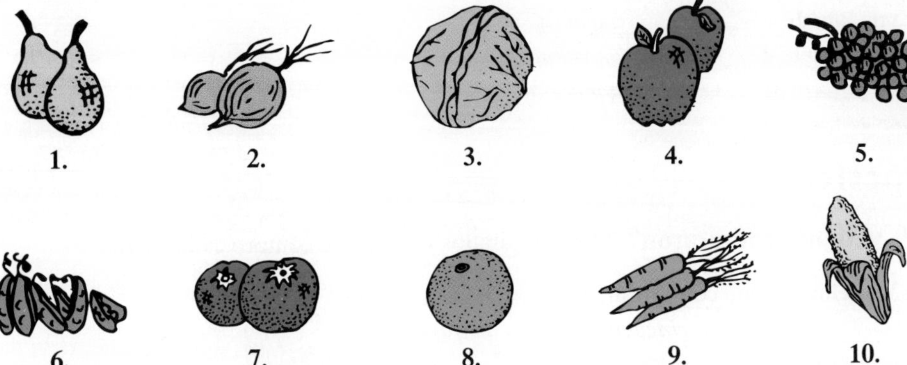

6-18 Se me olvidó la lista Hoy vas a comprar comida en el supermercado pero olvidaste tu lista de la compra en casa. La persona que trabaja en el supermercado te ayuda a recordar lo que necesitas, mencionando algunos productos. Tu compañero/a va a hacer el papel de dependiente.

ANSWERS, EX. 6-18: Students follow the model, substituting the following cues: 1. atún 2. sal 3. pescado 4. helado 5. leche 6. pizza

Modelo: —¿Necesita arroz?
—*No, pero necesito pasta.*

1. ¿Necesita mayonesa?

2. ¿Necesita pimienta?

3. ¿Necesita pollo?

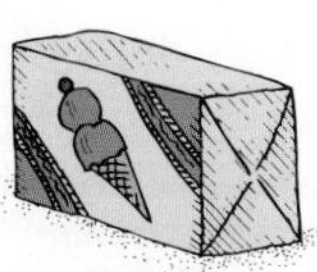

4. ¿Necesita galletas?

5. ¿Necesita yogur?

6. ¿Necesita harina?

SUGGESTION: Contextualize presentation of this vocabulary by telling students that you have found a recipe in your cookbook, but the page is ripped and you only have the list of ingredients. You don't know what the recipe is for. Bring in props, or use the overhead to display pictures of the items you will mention. Tell students: **Necesito comprar un kilo de harina...** As comprehension checks, ask them if they know how much a kilo is and where the item may be purchased in town. At the end, ask them if they have any guesses about what the recipe may be for.

EXPANSIÓN LÉXICA: There are Spanish expressions to deal with the English system of measurement: **un galón de** *(a gallon of)*, **una libra de** *(a pound of)*, **una onza de** *(an ounce of)*.

ENFOQUE LÉXICO Las expresiones de cantidad

At the market, Sra. Fernández is selecting her fruits and vegetables for the week.

—¿Cuánto valen los tomates?	*How much are the tomatoes?*
—Están a cinco dólares **el medio kilo.**	*They're five dollars **a half kilo.***
—Eso es mucho. Bueno, deme dos **kilos** de papas.	*That's a lot. Well, give me two **kilos** of potatoes.*

As in most of the world, the metric system is used for measurements in the Spanish-speaking world. Note the following examples:

¿Cuánto cuesta un **litro** de leche?	*How much is a **liter** of milk?*
Quisiera **medio kilo** de uvas.	*I would like a **half kilo** of grapes.*

The following expressions are used to indicate quantities.

un kilo de	*a kilogram (kilo) of*
medio kilo de	*a half kilo (500 grams) of*
un cuarto de kilo de	*a quarter kilo (250 grams) of*
50 gramos de	*50 grams of*
un litro de	*a liter of*
medio litro de	*a half liter of*
una botella de	*a bottle of*
una docena de	*a dozen of*
una lata de	*a can of*
un paquete de	*a package of*
un pedazo de	*a piece of*

Práctica

ANSWERS, EX. 6-19: 1. dos litros/botellas de leche 2. un paquete de / un kilo de / una libra de azúcar 3. un kilo de jamón 4. una docena de naranjas 5. un kilo de plátanos/bananas 6. una libra de manzanas

VARIATION 6-19: As a follow-up, suggest a class party and have students determine what kind of food is necessary and how much each person should buy.

HERITAGE LEARNERS: Ask heritage learners to bring in or discuss products and/or foods from their countries of origin.

VARIATION, EX. 6-19: If students have access to grocery stores that carry Latin American or Spanish products, send them there and have them examine the labels, take notes on the type of food offered, and describe their findings in a class discussion. Alternatively, if you have access to some labels from different types of food items, bring them in as props for practice.

6-19 ¿Cuánto compraron? Mira los dibujos y di cuánto compró cada cliente.

Modelo: ¿Qué compró Juanita?
Compró cincuenta gramos de queso.

1. ¿Qué compró Mercedes?

2. ¿Qué compró el señor González?

3. ¿Qué compró Antonio?

4. ¿Qué compró Maribel?

5. ¿Qué compró la señora Ruiz?

6. ¿Qué compró Francisco?

6-20 En el mercado Estás comprando en un mercado al aire libre. Pregunta el precio de cada cosa y di cuánto necesitas. Tu compañero/a va a hacer el papel de vendedor/a. Sigue el modelo y cambia de papeles.

Modelo: zanahorias: 2 dólares el kilo / 500 gramos
—¿Cuánto cuestan estas zanahorias?
—Dos dólares el kilo.
—Quiero medio kilo, por favor.
—Aquí tiene. Un dólar.

1. leche: 2 dólares la botella / 3 botellas
2. naranjas: 3 dólares la docena / media docena
3. papas: 2 dólares el kilo / 5 kilos
4. cebollas: 2,5 dólares el kilo / medio kilo
5. mantequilla: 1,75 dólares el paquete / 2 paquetes
6. pastel: 1,50 dólares el pedazo / 2 pedazos

ANSWERS, EX. 6-20: Students substitute the cues, following the model and adding expressions of their choice. They will use **cuesta** or **vale** in numbers 1, 5, and 6. They will use **cuestan** or **valen** in 2, 3, and 4.

VARIATION, EX. 6-20: Have students scout out real prices for these items as homework, or they could bring in a newspaper insert from their local paper with the names and prices of these items in Spanish. Then play "The Price Is Right" in class with local costs.

REPASO

6-21 Los favores Hoy estás en casa muy enfermo. Tienes dolor de garganta *(sore throat)*. Necesitas que tus compañeros te hagan algunos favores. Como no puedes hablar, decides escribirles varios mensajes. Utiliza las siguientes frases y escribe varios mandatos para tus compañeros.

Modelo: cocinar una sopa de pollo / Juan
¡Por favor, Juan, cocina una sopa de pollo!

1. comprar jugos de fruta / María y Pablo
2. ir a la farmacia / Pablo
3. no hacer ruido / María
4. llamar a mis padres / Juan
5. traer unas cintas de vídeo / María y Pablo
6. preparar la cena / Juan

Review informal commands.

ANSWERS, EX. 6-21: 1. ¡Compren/Comprad jugos de fruta! 2. ¡Vé a la farmacia! 3. ¡No hagas ruido! 4. ¡Llama a mis padres! 5. ¡Traigan/Traed unas cintas de vídeo! 6. ¡Prepara la cena!

6-22 ¿Qué hicieron el fin de semana? Hazles preguntas a tus compañeros de clase para averiguar *(to find out)* quién hizo las siguientes actividades durante el fin de semana. Después, comparte la información con el resto de la clase.

Modelo: salir el sábado por la noche / ¿con quién?
—¿Saliste el sábado por la noche?
—Sí.
—¿Con quién saliste?
—Salí con Isaac, de la clase de filosofía.

1. estar en casa / ¿con quién?
2. tener una fiesta / ¿dónde?
3. Juan no querer ir a la fiesta / ¿por qué?
4. ponerte la ropa de tu compañero/a / ¿por qué?
5. leer el periódico / ¿cuál?

MULTILEVEL SUGGESTION, EX. 6-22: Brainstorm with students who may have had previous study of Spanish and have them suggest other possible activities.

Review irregular preterite forms and question words.

CLASSROOM MANAGEMENT, EX. 6-22: Tell students to use these questions as a guide for conversation, and to ask questions of their own as well. To make the activity more interesting, tell students to make up answers. Allow 7–10 minutes for students to circulate and talk to several others. Then ask students to share what they found out and vote on who had the most exciting weekend.

VARIATION, EX. 6-22: Here are some more situations you may want to add to this activity: 1. ver una película / ¿cuál? 2. trabajar el viernes / ¿cuántas horas? 3. practicar algún deporte / ¿cuál? 4. ir a una fiesta / ¿adónde? 5. escuchar música / ¿qué tipo? 6. leer algo interesante / ¿qué? 7. hablar por teléfono / ¿con quién? 8. escribir un trabajo / ¿sobre qué?

ENFOQUE ESTRUCTURAL El subjuntivo de verbos regulares con expresiones de voluntad

You learned that the command forms are used to give orders or instructions to people.

No gastes mucho dinero.	***Don't spend** a lot of money.*
No compres esos tomates.	***Don't buy** those tomatoes.*
Vengan al mercado con nosotros.	***Come** to the market with us.*
Por favor, **compren** muchas verduras.	*Please, **buy** lots of vegetables.*

In Spanish there is another way to request others to do something or express the need or desire that they do or do not do something. In this **Enfoque estructural,** you are going to learn the *subjunctive mood* and the structure of a type of sentence in which it is used.

- The *subjunctive mood* is used in sentences that have more than one clause, with each clause having a different subject. In the first clause the subject expresses necessity or a desire regarding the person or subject in the second part of the sentence. Look at the following sentences:

No quiero que **gastes** mucho dinero.	*I do not want you to spend a lot of money.*
No quiero que **compres** esos tomates.	*I do not want you to buy those tomatoes.*
Quiero que **vengan** al mercado con nosotros.	*I want them to come to the market with us.*
Quiero que **compren** muchas verduras.	*I want you to buy lots of vegetables.*

- Notice that the English translations of these sentences are not exact. The subjunctive does not exist as a separate form in this English construction and thus appears very different. You should note that the subjunctive allows for great precision in Spanish.
- Notice that the two parts of the sentence are connected by the word **que.** The verb following **que** is in the present subjunctive.
- In all of the above sentences there are two clauses, a main clause and a dependent clause. The main clause expresses a desire regarding the subject of the dependent clause. Because the subject of the main clause **(mi compañero de cuarto)** and subject of the dependent clause **(yo)** are different, the *subjunctive* is used.

NOTA GRAMATICAL: The main clause is also called the independent clause. The dependent clause is also called the subordinate clause or even the **que** clause because it follows the word **que.**

Mi compañero de cuarto no quiere (main clause)	que **ponga** la música muy alta. (dependent clause)

- Verbs that express wish or desire are:

aconsejar	*to advise*	**preferir (ie)**	*to prefer*
desear	*to want, desire*	**querer (ie)**	*to want*
esperar	*to hope*	**recomendar (ie)**	*to recommend*
necesitar	*to need*	**rogar (ue)**	*to beg, plead*
pedir (i)	*to ask for*	**sugerir (ie)**	*to suggest*

- Frequently, the main clause will not have a personal subject **(yo, tú,** etc.) but an impersonal expression of need, influence, or desire, as in the following expressions:

Es aconsejable que...	*It is advisable that . . .*
Es necesario que...	*It is necessary that . . .*
Es preciso que...	*It is necessary that . . .*
Es preferible que...	*It is preferable that . . .*

SUGGESTION: Contextualize presentation of the subjunctive by recalling your pushy shop-aholic friend. Tell students about another friend, also a shop-aholic, who is much more polite. **En vez de decirme, "Compra esos zapatos", me dice, "Te recomiendo que compres esos zapatos".** Write the new structure on board as you use it so that students may focus on it.

Because these expressions convey a need, influence, or desire that will affect the subject of the dependent clause, the subjunctive is used.

Es necesario que **compren** muchas verduras.

Las formas verbales del presente del subjuntivo

For most regular verbs you have already learned, the present subjunctive is formed by removing the **-o** of the **yo** form of the present indicative tense and adding the following endings:

1. Los verbos en ***-ar:***

hablar → habl-**o**	
habl**e**	habl**emos**
habl**es**	habl**éis**
habl**e**	habl**en**

2. Los verbos en ***-er:***

comer → com-**o**	
com**a**	com**amos**
com**as**	com**áis**
com**a**	com**an**

3. Los verbos en ***-ir:***

escribir → escrib-**o**	
escrib**a**	escrib**amos**
escrib**as**	escrib**áis**
escrib**a**	escrib**an**

HERITAGE LEARNERS: It is quite common to hear variation in the first person plural present subjunctive forms among heritage learners who may have a Mexican background. One might hear such forms as **"háblemos, cómamos, escríbamos,"** or even **"háblenos, cómanos, escríbanos."** What is really happening is that they are putting the stress on the same syllable as that of the other subjunctive verb forms.

Práctica

6-23 ¡Tantos mandatos! A Esteban le gusta mucho hacer la compra. Hoy no puede hacerla, así que les dice a todos sus amigos lo que deben y lo que no deben hacer. Indica lo que Esteban quiere que haga cada persona. Sigue el modelo.

Modelo: No gastes todo tu dinero, Ernesto.
Esteban quiere que Ernesto no gaste todo su dinero.

1. Rosa y Elisa, por favor, compren verduras para la cena.
2. No comas demasiado, Juana.
3. Pedro, habla con el vendedor.
4. Señora, pese *(weigh)* las patatas.
5. María y Teresa, no olviden comprar fresas.
6. Rosa y Elisa, escojan bien la fruta.

ANSWERS, EX. 6-23: 1. Esteban quiere que Rosa y Elisa compren verduras para la cena. 2. Esteban quiere que Juana no coma demasiado. 3. Esteban quiere que Pedro hable con el vendedor. 4. Esteban quiere que la señora pese las patatas. 5. Esteban quiere que María y Teresa no olviden comprar fresas. 6. Esteban quiere que Rosa y Elisa escojan bien la fruta.

6-24 Consejos para comer bien A lo mejor tú no eres tan mandón *(bossy)* como Esteban, pero sí sabes mucho del buen comer. Indica ahora si es necesario o aconsejable que las personas en la segunda columna hagan las siguientes cosas. Puedes usar cualquiera de las expresiones en la primera columna para completar la oración.

Modelo: *No es necesario que mi amigo compre en el mercado al aire libre.*

SUGGESTION, EX. 6-24: These activities may be given as a homework assignment. While reviewing in class, personalize each sentence. For example: **Sí, es necesario que bebamos jugos de fruta. ¿Bebes tú jugos de frutas?**

(No) Es necesario que...	mi amigo/a	beber jugos de fruta
(No) Es aconsejable que...	mis abuelos	comer el pescado crudo *(raw)*
(No) Es preferible que...	nosotros	añadir *(to add)* mucha sal a la comida
(No) Es preciso que...	mis mejores amigo/as	tomar un vaso de leche al día
	ustedes	comprar en el mercado al aire libre
		hablar con los vendedores de los puestos
		seleccionar las frutas más atractivas

SUGGESTION: Provide a transition for students, reminding them that the theme of this **etapa** is food products. Therefore, the following **Comentario cultural** highlights a very common outdoor market that is found in most Spanish-speaking countries.

COMENTARIOS CULTURALES

Los mercados al aire libre

Los mercados al aire libre están presentes en todos los países del mundo hispanohablante, tanto en las ciudades como en los pueblos. Algunos de estos mercados son permanentes y están abiertos al público todos los días de la semana, pero hay otros mercados que sólo abren un día a la semana. El día que hay mercado se llama día de feria. Estos mercados son especialmente importantes en las zonas rurales porque ofrecen un lugar de encuentro para la gente que vive en los pueblos cercanos.

Normalmente, una vez a la semana, vendedores y compradores se reúnen en el lugar designado para el mercado que generalmente es la plaza principal del pueblo. Los **agricultores,** granjeros y **ganaderos** de la localidad traen sus productos frescos al mercado: frutas, verduras, huevos, productos lácteos, de todo.

farmers / livestock farmers

Además de productos alimenticios, en estos mercados también se pueden comprar otras cosas necesarias para la casa como utensilios de cocina, platos, muebles, etcétera. Con frecuencia, la mayoría de estos mercados ofrece también una gran variedad de objetos propios de la artesanía local: cestas, vasijas, instrumentos musicales, telas, ropa y mucho más. En algunos casos, también se pueden comprar productos manufacturados como **electrodomésticos,** radios y televisores.

appliances

Uno de los mercados al aire libre más interesantes es el mercado de Tarabuco, a unos 65 kilómetros de Sucre en Bolivia. Este mercado que existe desde tiempos pre-coloniales tiene lugar todos los domingos. Durante todo el día suena música andina, hay una gran actividad y la mayoría de la gente habla en quechua, la lengua nativa. En este mercado boliviano, uno puede comprar una gran variedad de frutas y verduras. De interés especial para los turistas, el mercado de Tarabuco ofrece **tejidos** y **bordados** indígenas, y otra artesanía local en un ambiente muy tradicional.

weavings / embroidery

INTEGRACIÓN CULTURAL

1. ¿Qué importancia tienen los mercados al aire libre en las zonas rurales?
2. En tu pueblo, ¿hay algún mercado similar a los mercados descritos aquí? ¿Cómo es?
3. ¿Con qué frecuencia compras tú en los mercados al aire libre? ¿Qué compras?
4. En tu opinión, ¿cuáles son las ventajas y desventajas de los mercados al aire libre?

ANSWERS: 1. Es un lugar de encuentro para la gente que vive en pueblos cercanos. 2.–4. *Answers will vary.*

ENFOQUE ESTRUCTURAL El presente del subjuntivo de verbos irregulares con expresiones de voluntad

As you have seen, because the subjunctive is formed following the root of the **yo** form in the present indicative, the root of that form may or may not contain irregularities. In most cases, those irregularities will also be found in the subjunctive form:

hablar → **habl**-o: El profesor quiere que **hablemos** con los vendedores del mercado.
poner → **pong**-o: No es necesario que tú **pongas** sal en toda la comida.

1. To form the present subjunctive for verbs that have a **-go** ending in the **yo** form of the present indicative, drop the **-o** off the **yo** form and add the same endings you would for any **-ar, -er,** or **-ir** verb:

decir → **dig**-o	**diga, digas, diga, digamos, digáis, digan**
hacer → **hag**-o	haga, hagas, haga, hagamos, hagáis, hagan
oír → **oig**-o	oiga, oigas, oiga, oigamos, oigáis, oigan
poner → **pong**-o	ponga, pongas, ponga, pongamos, pongáis, pongan
salir → **salg**-o	salga, salgas, salga, salgamos, salgáis, salgan
tener → **teng**-o	tenga, tengas, tenga, tengamos, tengáis, tengan
traer → **traig**-o	traiga, traigas, traiga, traigamos, traigáis, traigan
venir → **veng**-o	venga, vengas, venga, vengamos, vengáis, vengan

2. For verbs that end in **-car, -gar,** and **-zar** you will need to make minor spelling changes to maintain the original sounds of the **c, g,** and **z** in the present subjunctive:

practicar		**llegar**		**cruzar**	
practi**que**	practi**quemos**	lle**gue**	lle**guemos**	cru**ce**	cru**cemos**
practi**ques**	practi**quéis**	lle**gues**	lle**guéis**	cru**ces**	cru**céis**
practi**que**	practi**quen**	lle**gue**	lle**guen**	cru**ce**	cru**cen**

3. For verbs that undergo the spelling change **e** → **ie** or **o** → **ue** when conjugated in the present indicative, the **e** also changes to **ie** and the **o** changes to **ue** in the present subjunctive in all forms except **nosotros/as** and **vosotros/as.** This follows the same pattern you first saw in **Capítulo 3:**

pensar (ie)		**volver (ue)**	
p**ie**nse	pensemos	v**ue**lva	volvamos
p**ie**nses	penséis	v**ue**lvas	volváis
p**ie**nse	p**ie**nsen	v**ue**lva	v**ue**lvan

4. For verbs that undergo the spelling change **e** → **i** when conjugated in the present indicative, the **e** changes to an **i** even in the **nosotros/as** and **vosotros/as** forms.

pedir (i)	
pida	pidamos
pidas	pidáis
pida	pidan

5. Only a few verbs have completely irregular forms in the present subjunctive. The subjunctive forms of **ser, ir,** and **saber** are irregular:

ser		**ir**		**saber**	
sea	seamos	vaya	vayamos	sepa	sepamos
seas	seáis	vayas	vayáis	sepas	sepáis
sea	sean	vaya	vayan	sepa	sepan

SUGGESTION: You can point out that the same rule applies to verbs like **conocer**, i.e., **conocer** → **conozc**-o: conozc**a**, conozc**as**, conozc**a**, conzc**amos**, conozc**áis**, conozc**an**.

HERITAGE LEARNERS: It is quite common to hear variation in the first person plural present subjunctive forms among heritage learners who have a Mexican background. One might hear such forms as: **sálgamos, lléguemos, téngamos,** or even **sálganos, lléguenos, ténganos.** What is really happening is that they are putting the stress on the same syllable as that of the other subjunctive verb forms.

HERITAGE LEARNERS: It is quite common to hear the stem change (**e** to **ie** or **o** to **ue**) carried to the first person plural verb forms among heritage learners. It is common to hear **piénsemos, duérmamos,** or even **piénsenos, duérmanos.**

Práctica

CLASSROOM MANAGEMENT, EX. 6-25: These activities may be given as a homework assignment. In class, pair students together to review answers. Allow 3–4 minutes to ask questions, and then review answers.

ANSWERS, EX. 6-25: Sara quiere/prefiere/pide/necesita 1. que Rosa organice una fiesta. 2. que Juan vaya a la fiesta de Rosa. 3. que Beatriz y Mónica traigan el disco de Patricia Saravia. 4. que Norma invite a Elsa. 5. que Mercedes ponga buena música. 6. que Isabel vuelva pronto. 7. que Norma y Mercedes no digan cosas inconvenientes. 8. que Juan no pida más cerveza. 9. que los invitados no beban demasiado. 10. *Answers will vary. Encourage creativity!*

VARIATION, EX. 6-25: To extend these activities, ask students to indicate what they would most like their teacher to do for the class.

6-25 Sara quiere que... Sara es una persona muy organizada y a veces nos dice lo que debemos hacer. Indica lo que Sara quiere que hagan las siguientes personas. Sigue el modelo. Además del verbo **querer,** usa otros verbos como **desear, necesitar, pedir, preferir.** Al final, ¡dile a Sara lo que tú quieres que ella haga!

Modelo: nosotros / comer más
Sara quiere que comamos más.

1. Rosa / organizar una fiesta de cumpleaños
2. Juan / ir a la fiesta de Rosa
3. Beatriz y Mónica / traer el disco de Patricia Saravia
4. Norma / invitar a Elsa
5. Mercedes / poner buena música en la fiesta
6. Isabel / volver pronto
7. Norma y Mercedes / no decir cosas inconvenientes *(inappropriate)*
8. Juan / no pedir más cerveza
9. los invitados / no beber demasiado
10. Yo quiero que Sara...

ANSWERS, EX. 6-26: No es necesario 1. que Rosa traiga mucha comida para la fiesta. 2. que Juan venga antes de las 4:00 de la tarde. 3. que Beatriz y Mónica toquen la guitarra. 4. que Norma y Elsa regresen temprano a casa. 5. que Mercedes llegue con el postre para la fiesta. 6. que nosotros sepamos todos los nombres de los invitados. 7. que Mercedes ponga la música muy alta. 8. que los invitados se vayan antes de las doce. 9. que nosotros pasemos mucho tiempo en la cocina.

6-26 No es necesario que... Para la fiesta que propone Sara en la actividad 6-25, tú piensas que ahora hay demasiada organización. Trata de calmar a tus amigos e indica ahora lo que **no** es necesario que hagan las siguientes personas. Sigue el modelo.

Modelo: Uds. / comprar muchas bebidas
No es necesario que Uds. compren muchas bebidas.

1. Rosa / traer mucha comida para la fiesta
2. Juan / venir antes de las 4:00 de la tarde
3. Beatriz y Mónica / tocar la guitarra
4. Norma y Elsa / regresar temprano a casa
5. Mercedes / llegar con el postre para la fiesta
6. nosotros / saber todos los nombres de los invitados
7. Mercedes / poner la música muy alta
8. los invitados / irse antes de las doce
9. nosotros / pasar mucho tiempo en la cocina

6-27 ¿Qué quieren Uds? Ahora imagínate que tú y otro/a compañero/a están preparando una fiesta para la clase de español. Hagan una lista de las cosas que quieren que hagan varias personas de su clase. Utilicen diferentes verbos como **querer, desear, pedir, preferir, necesitar.**

VAMOS A ESCUCHAR:

CONSEJOS CULINARIOS

Track 2-5

HERITAGE LEARNERS: Ask heritage learners to listen to the Spanish in the **Vamos a escuchar** recording and to compare it with the Spanish they use in their communities.

¿Viste alguna vez un programa de cocina? ¿Cómo es? En este segmento, vas a escuchar un programa de cocina regional.

Antes de escuchar

Antes de escuchar el segmento, contesta las siguientes preguntas.

- ¿Cómo es la comida típica de tu región? ¿Sabes algo de la comida típica de Bolivia?
- ¿Cómo se organiza un programa de televisión o de la radio sobre comida?

Antes de escuchar el segmento de doña Raquel, lee las afirmaciones que aparecen en la sección **Después de escuchar.**

Después de escuchar

6-28 Comprensión Escoge la palabra que mejor complete las siguientes afirmaciones, de acuerdo con lo que escuchaste en el segmento.

ANSWERS, EX. 6-28: 1. c. hermoso 2. a. limpio 3. c. un panqueque 4. b. flexible 5. a. El pollo

1. Doña Raquel dice que su país es _______.
   a. tropical   b. pobre   c. hermoso
2. Para doña Raquel, es importante que todo se mantenga _______ mientras cocina.
   a. limpio   b. caliente   c. picante
3. Los pasteles de doña Raquel son similares a _______.
   a. un croissant   b. un taco   c. un panqueque
4. La receta de doña Raquel es _______.
   a. detallada   b. flexible   c. complicada
5. _______ no es un ingrediente de los pasteles de doña Raquel.
   a. El pollo   b. La harina   c. La cebolla

6-29 ¿Cómo lo dicen? Escucha el segmento de nuevo. Fíjate en lo que dicen el locutor y doña Raquel y trata de contestar estas preguntas.

ANSWERS, EX. 6-29: 1. serranos 2. Le pide que amase el pan.

1. Doña Raquel habla de su ciudad natal, Cochabamba. ¿Cuál es el adjetivo que usa para los pasteles de Cochabamba?
2. Doña Raquel pide que el locutor *(radio host)* le ayude en la confección de sus pasteles. ¿Qué le pide que haga?

TÚ DIRÁS

6-30 ¿Cuánto cuesta todo esto? Unos amigos y tú están planeando una cena para cinco personas. No tienen mucho dinero, sólo 50 dólares para las bebidas, el postre y el plato principal. Miren los precios de la lista siguiente y decidan cuánto pueden comprar de cada cosa sin gastar más de 50 dólares. Después de decidir, escriban lo que van a comprar y la cantidad. Al terminar, compartan con la clase el menú para la cena.

Modelo: —*¿Qué vamos a servir?*
—*Bueno, para el plato principal, ¿por qué no preparamos pollo con papas fritas y verduras?*
—*A ver. El pollo cuesta...*

Los productos lácteos		**Otros productos**	
el yogur	3 / $2	el pan	$1
la leche	1 litro / $1	las galletas	$2
la mantequilla	$1	el arroz	$2
la crema	2 / $1	las pastas	$2
el queso	$2	la lechuga	$1
los tomates	1 kilo / $2		
Las conservas		**Los productos congelados**	
la sopa	2 / $1	el pescado	1 kilo / $5
el atún	2 / $2.50	la pizza	$5
la salsa de tomate	2 / $1.50	las papas fritas	$2
las aceitunas	2 / $1.50	el pollo	$5
		las verduras	$2
		el helado	$4
Las bebidas			
el café	1 kilo / $15	el agua mineral	1 litro / $2
los refrescos	2 litros / $1	la limonada	2 litros / $3

CLASSROOM MANAGEMENT, EX. 6-31: In preparation for the activity, tell students the day before to prepare the materials they will need to set up the **puestos.** All students should participate in the preparation. You may also have small groups set this up and take turns role-playing in front of class. Review the vocabulary for clothes, the vocabulary for fruits and vegetables in this **etapa,** as well as the use of **expresiones de cantidad.**

SUGGESTION, EX. 6-31: Help students decide which **puestos** there will be in the market, perhaps two with fruits and vegetables, one with baked goods, one meat or fish, two with clothes, and two with handicrafts. These will require eight students playing the role of vendors. The rest of the students will walk around buying things.

6-31 Un mercado al aire libre Entre todos, pero trabajando en parejas, conviertan la clase en un mercado al aire libre. Compren y vendan los productos que están en el mercado. Antes de empezar, decidan en qué parte del mundo hispano están.

Estudiante A: vendedor

1. Decide qué productos vas a tener en tu puesto.
2. Indica los precios de los productos.
3. Saluda a los compradores.
4. Contesta sus preguntas.

Estudiante B: comprador

1. Visita los puestos de mercado.
2. Haz preguntas sobre los productos y los precios.
3. Pídeles consejos y recomendaciones a los vendedores.
4. Compra los productos que necesites.

Para empezar: En una tienda de computadoras

Track 2-6

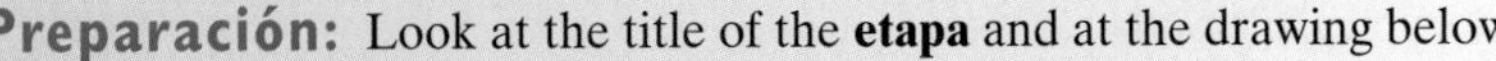

Preparación: Look at the title of the **etapa** and at the drawing below.

- What do you think the women are talking about?
- What computer equipment do you use on a regular basis?

TERESA: ¿Aló?
PATRICIA: ¿Está Teresa?
TERESA: Sí, soy yo. ¿Quién es?
PATRICIA: ¿Teresa? Hola, soy Patricia. ¿Qué tal?
TERESA: Hola, Patricia. Oye, te llamé ayer pero no te encontré en casa.
PATRICIA: Estuve **fuera** toda la tarde. — *out*
TERESA: ¿Qué hiciste?
PATRICIA: Pues, fui con mi prima Clara al centro comercial. Pasamos la tarde mirando computadoras.
TERESA: ¡Ah!
PATRICIA: Sí, la semana pasada Clara leyó en el periódico un **anuncio** sobre ofertas especiales para este fin de semana y decidimos ir a ver. — *ad*
TERESA: ¿Compraste algo?
PATRICIA: Bueno, vimos muchas cosas y al final lo que compré fue una **portátil** no muy cara. — *laptop*
TERESA: ¿Y Clara?
PATRICIA: Vio una **impresora** en oferta y decidió comprarla. **Las dos** compramos papel para **imprimir.** — *printer / The two of us*, *to print*
TERESA: Oye, ¿qué vas a hacer esta tarde?
PATRICIA: No sé. Creo que me voy a quedar en casa a descansar. **Estoy muerta.** — *I'm dead tired*
TERESA: Bueno, es que Martín llamó **hace un rato** para invitarnos a una fiesta en su apartamento. — *a while ago*
PATRICIA: ¿A qué hora?
TERESA: **A partir de** las ocho. ¿Quieres ir? — *After*
PATRICIA: Sí, sí, ¿nos vemos a las ocho y media en tu casa?
TERESA: Bien, entonces hasta las ocho y media. Hasta luego.
PATRICIA: Adiós.

LAS COMPUTADORAS

El equipo ⟶

La terminología para manejar una computadora

Más equipo
el escáner *scanner*
la impresora *printer*
el módem *modem*

El sistema operativo
el archivo *file*
la carpeta *folder*
la clave *password*
el disco duro *hard drive*
el documento *file*

Los programas
abrir *to open*
archivar, guardar, salvar *to save*
cerrar *to close*
copiar *to copy*
cortar *to cut*
editar *to edit*
imprimir *to print*
pegar *to paste*

EXPANSIÓN LÉXICA: In **Capítulo 4** you learned the verb **poner** *(to turn on)* used with appliances such as TV and radio. With computers you use **encender** (Spain) and **prender** (Latin America) to turn them on and **apagar** to turn them off. In between those activities, you may need to **activar** *(to launch)* and then **salir** *(to quit)* your programs. For any written work, your professors and clients will thank you for being sure to **corregir (i) la ortografía** *(to check spelling)*. Should you need help using the computer, be sure to consult **el manual de usuario.**

EXPANSIÓN LÉXICA: Once your computer is up and running, many of the operations within are clearly recognizable. Some unfamiliar terms you may see include **la edición** *(editing)*, **el formato** *(formatting)*, **el menú** *(menu)*, and **la papelera** *(trashcan)*. Confused? Seek out the button marking **ayuda** *(help)*.

Práctica

ANSWERS, EX. 6-32: 2. Escribe tu clave personal. 3. Abre un documento nuevo. 4. Escribe una carta. 5. Guarda el documento en una carpeta. 6. Enciende la impresora. 7. Imprime la carta.

6-32 ¿Cómo se usa? Tu amigo/a no sabe usar la computadora, pero tú sí sabes. Pon en orden lógico las siguientes acciones.

____ Escribe tu clave personal.
____ Imprime la carta.
____ Guarda el documento en una carpeta.
____ Escribe una carta.
____ Enciende la impresora.
____ Abre un documento nuevo.
__1__ Enciende la computadora.

ANSWERS, EX. 6-33: 1. el altavoz 2. el disquete 3. la disquetera 4. la pantalla 5. el ratón 6. el teclado 7. las teclas

6-33 ¿Qué es qué? Quieres consultar el manual de usuario, pero no hay palabras en los dibujos. Mira el dibujo y di cómo se llama cada cosa en la computadora.

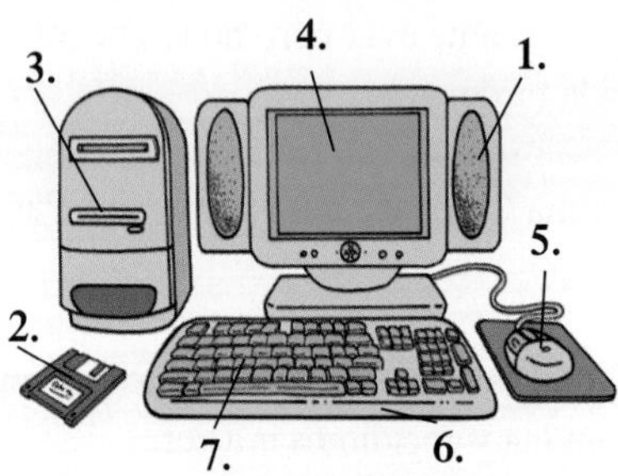

ENFOQUE LÉXICO El vocabulario de Internet

In today's world, using the Internet has become a necessity. Little by little, people are getting connected to the Internet and are using tools such as the Web and electronic mail on a daily basis. Along with the technology, a new vocabulary has been developed. Here are some terms that you will find useful when talking in Spanish about these not-so-new technologies:

NOTA GRAMATICAL: The verb **mandar** has several meanings, including *to order* or *to command.* Here, as it is throughout Latin America, it is being used as *to send.* The verb **enviar** always means *to send* but is used more in Spain than elsewhere.

EXPANSIÓN LÉXICA: Sometimes it is not enough to just send and receive e-mail messages. For example, you may need to **reenviar** *(to forward)* or **responder** *(to reply)* to an e-mail. Sometimes you send **una copia** *(cc)* to other people besides the main recipient.

Vocabulario de correo electrónico *E-mail vocabulary*

el anexo *attachment*
la arroba *at (@)*
borrar *to delete*
el buzón *mailbox*
el correo electrónico *e-mail*
la dirección *address*
enviar, mandar *to send*
el mensaje *message*
el punto (.) *dot (.)*
recibir *to receive*

Terminología de la web *Web terminology*

bajar, descargar *to download*
el buscador *search engine*
la dirección de web *Web address, URL*
el enlace *link*
hacer clic, pulsar *to click*
el navegador *browser*
navegar, surfear *to surf*
la página (de) web *Web page*
la página inicial/principal *home page*
el servidor de web *Web server*
el sitio (de) web *Web site*
la web *the World Wide Web*

Práctica

6-34 El correo electrónico Tienes mucho que hacer, pero primero lees tu correo electrónico. Completa el siguiente párrafo con la palabra apropiada de la lista.

ANSWERS, EX. 6-34: 1. correo electrónico 2. recibo 3. buzón 4. mensajes 5. borré 6. mandé 7. anexo

anexo	**mandé**
borré	**mensajes**
buzón	**recibo**
correo electrónico	

Ayer por la tarde me conecté a Internet para leer mi 1. _______. Normalmente 2. _______ bastante y ayer, como siempre, mi 3. _______ estaba lleno. Leí muchos 4. _______, pero no todos. Guardé unos y 5. _______ otros. Después, le 6. _______ un artículo interesante a un amigo como 7. _______.

6-35 Las páginas web Tu madre quiere aprender sobre las computadoras y la web. Completa el siguiente párrafo con las palabras apropiadas.

ANSWERS, EX. 6-35: 1. navegar/surfear 2. buscador 3. páginas web 4. enlaces 5. direcciones 6. sitios web

Mi madre está aprendiendo a 1. _______ *(to surf)* por la web. Ayer utilizó un 2. _______ *(search engine)* para conseguir información para su trabajo. Encontró muchas 3. _______ *(Web pages)* muy interesantes. Cada una tiene 4. _______ *(links)* a otras páginas y mi madre está haciendo una lista de sus 5. _______ *(addresses)* favoritas para poder volver después a esos 6. _______ *(Web sites)*.

6-36 Tus sitios favoritos Entrevista a un/a compañero/a de clase. Averigua cuánto tiempo pasa en la red y cuáles son sus sitios favoritos. Comparte la información sobre tu compañero/a con la clase.

REPASO

6-37 ¿Dónde estuviste? Escribe en tu diario lo que tú y tus compañeros/as hicieron ayer. Emplea los verbos de la lista para escribir oraciones completas y detalladas. ¿Cuánto tiempo pasaste sin tu computadora?

Review preterite of irregular verbs as well as verbs with orthographic changes.

andar	**poner**	**decir**
estar	**venir**	**leer**
tener	**traer**	**oír**
poder	**conducir**	

6-38 ¿Qué es necesario que haga una persona cuando va de compras? Con un/a compañero/a de clase, haz una lista de tres cosas que necesita hacer y tres cosas que no necesita una persona cuando va de compras y quiere conseguir buenos productos sin gastar mucho dinero. Al terminar, compartan su información con la clase.

Review subjunctive forms with expressions of wish or desire.

Modelo: *Es necesario que tenga una lista de lo que va a comprar.*
Es necesario que no vaya a tiendas caras.

Enfoque estructural: Los verbos *saber* y *conocer;* el concepto de complemento de objeto directo y la *a* personal

—¿**Sabes** usar una computadora? — ***Do you know how*** *to use a computer?*
—Sí, claro, sí **sé.** — *Yes, of course* ***I know.***

—¿**Conoces** este programa para crear páginas web? — ***Do you know*** *this program to create Web pages?*

In Spanish there are two verbs that mean *to know,* **saber** and **conocer.**

In **Capítulo 3,** you learned the present tense conjugation of **saber** and in the first two **etapas** of this chapter you learned how to conjugate **saber** in the preterite and the present subjunctive.

Nota gramatical: The verb **saber** in the preterite means *to know something* in the sense of the English expressions *to find out* or *to discover:*

Cuando leímos el mensaje de José, **supimos** lo que pasó.

When we read José's message, ***we found out*** *what happened.*

The verb **saber** is used to talk about:

- knowledge of facts:

  ¿**Sabes** la dirección de correo electrónico de Juan? — ***Do you know*** *Juan's e-mail address?*

- how to do something. In this instance, **saber** is used before an infinitive form of another verb:

  Rita **sabe** usar el correo electrónico. — *Rita* ***knows how*** *to use e-mail.*
  Tú **sabes** navegar por la web. — ***You know how*** *to surf the Web.*

Heritage learners: Stress to heritage learners the spelling of **conocer** and all its forms since incorrect spellings such as **conoser, conosimos,** etc., may be common.

The verb **conocer** is used to:

- indicate an acquaintance or familiarity with someone, something, or someplace.

  ¿**Conoces** a Catalina? — ***Do you know*** *Catalina?*
  ¿**Conocen** la ciudad? — ***Do you know*** *the city?*
  Conozco un restaurante buenísimo en este pueblo. — ***I know*** *a great restaurant in this town.*

- talk about the act of meeting someone for the first time.

  Ayer **conocí** a la nueva estudiante. — *Yesterday* ***I met*** *the new student.*

La *a* personal

The direct object of a verb is a person, a thing, or an idea that receives the action of that verb. When the direct object is a specific human being or an animal that is personalized, it is preceded by the preposition **a.** When the definite article in the masculine singular form follows the personal **a,** the contraction **al** is used.

Look again at the examples above. Notice that the verb **conocer** can have a human or a thing as the direct object. If the direct object is a person, it is preceeded by the personal **a.** If the direct object is a thing, it follows the verb directly.

No conozco **a** tu novia. — *I don't know your girlfriend.*
No conozco tu pueblo. — *I don't know your town.*

The personal **a** is not used only after **conocer.** It is used after any verb that has a human direct object.

¿Admiras **al** presidente? — *Do you admire the president?*
¿Admiras la inteligencia de Carlos? — *Do you admire Carlos's intelligence?*
¿Ves **a** la mujer alta? — *Do you see the tall woman?*
¿Ves el edificio grande? — *Do you see the big building?*

Práctica

6-39 ¿Qué sabes hacer? Hay mucho talento en tu clase. Pregúntale a tu compañero/a si sabe hacer las siguientes cosas.

Modelo: to speak another language
—¿Sabes hablar otro idioma?
—Sí, sé hablar español e inglés.

1. to turn a computer on and off
2. to surf the Web
3. to open a document
4. to save a document
5. to send e-mail
6. to delete messages
7. to follow links
8. to download music files
9. to create Web pages

ANSWERS, EX. 6-39: ¿Sabes?/Sé 1. encender y apagar la computadora? 2. surfear/navegar por la web? 3. abrir un documento? 4. guardar/archivar/salvar un documento? 5. mandar un mensaje electrónico? 6. borrar mensajes? 7. seguir enlaces? 8. bajar/descargar archivos de música/MIDI? 9. crear páginas web?

6-40 ¿*Saber* o *conocer*? Mira las siguientes oraciones y decide si el verbo correcto es **saber** o **conocer.** Después, compara tus respuestas con las de tu compañero/a. ¿Están de acuerdo?

1. (Sé/Conozco) utilizar esta computadora.
2. (Conocemos/Sabemos) un programa buenísimo para crear páginas web.
3. ¿(Conoces/Sabes) a Juan?
4. ¿(Conoces/Sabes) enviar mensajes?
5. (Conocí/Supe) al profesor de computadoras ayer.
6. Inés (sabe/conoce) navegar por la web.

ANSWERS, EX. 6-40: 1. Sé 2. Conocemos 3. Conoces 4. Sabes 5. Conocí 6. sabe

6-41 ¿Con *a* o sin *a*? Cuando el objeto directo es humano o un animal muy querido, hay que usar la **a** personal. Usa el modelo para completar las oraciones, usando más palabras si es necesario.

Modelo: Miro... (la televisión / los estudiantes).
Miro la televisión. Miro a los estudiantes.

1. Buscamos... (el parque / los turistas / Roberto / el restaurante nuevo).
2. Voy a visitar... (el estadio / la señora Mendoza / mis amigos / Buenos Aires).
3. El presidente no comprende... (la gente / los jóvenes / la situación / la lengua japonesa).
4. Josefina piensa visitar... (el museo / Chile / su familia / sus tíos).

ANSWERS, EX. 6-41: 1. Buscamos el parque / a los turistas / a Roberto / el restaurante nuevo. 2. Voy a visitar el estadio / a la señora Mendoza / a mis amigos / Buenos Aires. 3. El presidente no comprende a la gente / a los jóvenes / la situación / la lengua japonesa. 4. Josefina piensa visitar el museo / Chile / a su familia / a sus tíos.

6-42 ¿A quién conoces? Pregúntale a un/a compañero/a de clase si conoce a gente que tú conoces. Si ya *(already)* conoce a las personas que conoces, pregúntale cuándo las conoció. Si no conoce a las personas que conoces, pregúntale si quiere conocerlas.

Modelo: *—¿Conoces a mi amigo Ken?*
—Sí, conozco a Ken.
—¿Cuándo conociste a Ken?
—Conocí a Ken hace dos semanas.

SUGGESTION: Provide a transition for students, reminding them that the theme of this **etapa** addresses vocabulary related to computers and technology. Therefore, the following **Comentario cultural** highlights technological advances in the country of focus of this **etapa,** Ecuador.

COMENTARIOS CULTURALES

Ecuador y las nuevas tecnologías

El mundo de la tecnología, en concreto lo que se refiere a computación y al Internet, es una de las áreas en que se nota menos la distancia entre los países desarrollados y los demás países, mal llamados el tercer mundo. Hay **cibercafés** en las ciudades de Cuenca, Guayaquil y Quito donde cualquiera puede leer su correo electrónico o navegar por la web. En las áreas más remotas de Ecuador, el único límite a las conexiones internacionales es el acceso a las líneas telefónicas, un límite que está desapareciendo con los rápidos avances tecnológicos.

Internet cafés

En Ecuador existen varias compañías proveedoras de servicio de Internet y numerosos portales que ofrecen los servicios típicos como correo electrónico, foros, chats, buscadores, etcétera. Entre otras muchas, se destacan compañías como Ecuador Cibercentro, mande.com.ec, bacan.com, ecuadata.com y ecuaclasificados.com.

Del mismo modo, Ecuador tiene un número importante de periódicos y revistas disponibles en la web. Esto hace posible que los ecuatorianos que viven **en el exterior** sigan en contacto con su país y estén informados sobre lo que ocurre allí. Los ecuatorianos no sólo pueden leer los periódicos en la web sino que también pueden escuchar la radio a través de emisoras de Internet como www.radio-centro.com (97.7 FM, Guayaquil).

abroad

INTEGRACIÓN CULTURAL

1. ¿Cuál es el estado de la tecnología de Internet en Ecuador?
2. ¿Cómo pueden los ecuatorianos que viven en el exterior estar al día *(be up-to-date)* de las noticias de su país?
3. ¿Por qué son importantes las nuevas tecnologías para un país como Ecuador?

ANSWERS: 1. Aunque hay diferencias, la situación de este tipo de tecnologías es similar a la de los países avanzados. Hay proveedores de servicio de Internet y portales que ofrecen correo electrónico y otros servicios. 2. Por medio de los periódicos y emisoras de radio en Internet. 3. *Answers will vary.*

ENFOQUE ESTRUCTURAL Los pronombres de complemento directo

CLASSROOM MANAGEMENT: Since this grammatical point is often difficult for students to conceptualize rapidly, ask students to read over this section as homework before you present it in class.

—¿Leíste el mensaje de Juan?	*Did you read Juan's message?*
—Sí, **lo** leí ayer.	*Yes, I read **it** yesterday.*
—¿**Me** conoces?	*Do you know **me**?*
—No, no **te** conozco.	*No, I don't know **you.***

As you saw in the previous **Enfoque estructural,** a direct object or **complemento directo** is the person or thing that is directly affected by a verb. The direct object tells who or what receives the action. In the sentences below, **correo electrónico** and **profesor** are direct objects.

—¿Usas correo electrónico?	*Do you use e-mail?*
—Sí, sí **lo** uso.	*Yes, I use **it.***
—¿Conoces al profesor nuevo?	*Do you know the new professor?*
—No, no **lo** conozco.	*No, I don't know **him.***

SUGGESTION: Present object pronouns in context by doing a "Show and Tell" with a few of your favorite items. Describe each item, mentioning its name, then referring to it with a pronoun, e.g., **Éste es mi libro favorito. Lo compré el año pasado y lo leí cuatro veces. Se titula _____. ¿Lo conoces?** Write each full noun on the board when you first use it. Then when you use the pronoun, write it below the full noun. Describe 3–4 items with simple sentences. Then start to use complex verb phrases that allow you to display the position of the pronouns: **Mi CD favorito es uno de Juan Luis Guerra, pero no lo puedo escuchar con mucha frecuencia porque mi hermana siempre lo tiene...** When done describing your items, hand them to different students and then ask the class: **Clase, ¿quién tiene mi libro favorito? Bien, Lisa lo tiene. Lisa tiene mi libro.**

Whenever possible, speakers tend to take shortcuts by using pronouns and to replace direct objects with direct object pronouns. The pronouns agree with the direct object they refer to in both number (singular and plural) and gender (masculine and feminine). These are the direct object pronouns in Spanish:

me	*me*	**nos**	*us*
te	*you* (informal sing.)	**os**	*you* (informal pl.)
lo	*you* (formal sing.), *him, it* (m.)	**los**	*you* (formal pl.), *them* (m., m. + f.)
la	*you* (formal sing.), *her, it* (f.)	**las**	*you* (formal pl.), *them* (f.)

Para referirse a cosas

—¿Ves mi computadora?	*Do you see my computer?*
—No, no **la** veo.	*No, I don't see **it**.*
—¿Necesitas los disquetes?	*Do you need the diskettes?*
—Sí, **los** necesito.	*Yes, I need **them**.*

Para referirse a pesonas

Gracias por invitar**me** a tu casa.	*Thank you for inviting **me** to your house.*
Mi hermano **nos** acompañó a la tienda.	*My brother accompanied **us** to the store.*
—¿Despertaste **a tus hermanos**?	*Did you wake up **your brothers**?*
—Sí, **los** desperté.	*Yes, I woke **them** up.*

NOTA GRAMATICAL: In some parts of the Spanish-speaking world, when the direct object is a human male, **le** and **les** are used instead of **lo** and **los: ¿Viste a Juan? Sí, le vi ayer.**

La posición de los pronombres de complemento directo

The direct object pronoun is placed:

- immediately in front of the conjugated verb.

  —¿Conoces el programa?
  —Sí, **lo** conozco.

  —¿Sabes tu clave?
  —No, no **la** sé.

- immediately after an infinitive, attached to it.

  —¿Es fácil aprender este programa?
  —Sí, claro, es muy fácil aprender**lo.**

- When a conjugated verb and an infinitive are used together, the direct object pronoun can be placed either in front of the conjugated verb or attached to the end of the infinitive. Either form is considered correct.

  —¿Quieres usar la computadora ahora?
  —Sí, quiero usar**la** ahora mismo.
  or
  —Sí, **la** quiero usar.

Práctica

6-43 En pocas palabras Abrevia *(Shorten)* cada oración, reemplazando el complemento directo con el pronombre que le corresponde. Sigue el modelo.

Modelo: Ruth manda mensajes por correo electrónico.
Ruth los manda.

1. Pongo la computadora.
2. Los estudiantes usan el laboratorio de computadoras.
3. Abrimos los archivos.
4. Guardan los documentos en carpetas.
5. Conocí a un programador.
6. Ahora sé mi clave para el correo electrónico.
7. Consultamos las páginas de web.

ANSWERS, EX. 6-43: 1. La pongo. 2. Lo usan. 3. Los abrimos. 4. Los guardan en carpetas. 5. Lo conocí. 6. Ahora la sé. 7. Las consultamos.

6-44 ¿Sí o no? Te hacen muchas preguntas y no tienes mucho tiempo. Trabaja con un/a compañero/a de clase para hacer y contestar las siguientes preguntas. Para contestar rápido, usen el pronombre apropiado para los complementos directos que aparecen en las preguntas.

Modelo: ¿Hablas alemán?
Sí, lo hablo.
o *No, no lo hablo.*

1. ¿Miras la televisión por la noche?
2. ¿Tomas el autobús a la universidad?
3. ¿Tus profesores dan mucha tarea?
4. ¿Tienes tiempo para comer?
5. ¿Tu madre prepara la comida en tu casa?
6. ¿Lees el periódico cuando desayunas?
7. ¿Haces tu tarea por la noche?
8. ¿Lavas los platos después de la cena?

ANSWERS, EX. 6-44: Sí/No, no... 1. la miro. 2. lo tomo. 3. la dan. 4. lo tengo. 5. la prepara. 6. lo leo. 7. la hago. 8. los lavo.

SUGGESTION, EX. 6-44: Expand the activity by following up with more detailed questions.

ANSWERS, EX. 6-45: 1. Ya lo cerré. 2. Ya los guardé. 3. Ya los borré. 4. Ya la consulté. 5. Ya lo envié. 6. Ya la limpié.

6-45 ¡Ya lo hice! Hoy estás muy preparado/a, pero tu amigo/a no lo sabe. Cuando tu amigo/a te dice que hagas algo, indica que ya lo hiciste. Sigue el modelo.

Modelo: ¡Apaga la computadora!
¡Ya la apagué!

1. ¡Cierra el programa!
2. ¡Guarda los documentos!
3. ¡Borra los mensajes!
4. ¡Consulta mi página de web!
5. ¡Envía el mensaje!
6. ¡Limpia la pantalla!

ANSWERS, EX. 6-46: No quiero / No voy a... 1. lavarla. 2. ayudarlo. 3. quitarla. 4. leerlo. 5. terminarla. 6. mirarla. 7. comprarla. 8. lavarlos.

6-46 No quiero hacerlo... no voy a hacerlo... Estás de muy mal humor esta noche. Cuando te preguntan si vas a hacer lo que haces normalmente, contestas que no lo quieres hacer y más específicamente que no lo vas a hacer. Trabaja con un/a compañero/a y sigue el modelo.

Modelo: preparar la cena
—¿Vas a preparar la cena esta noche?
—No, no quiero prepararla esta noche.
—Pero, vas a prepararla de todas maneras (anyway), *¿no?*
—No, no quiero prepararla y no voy a prepararla.

1. lavar la ropa
2. ayudar a tu hermano
3. quitar la mesa
4. leer el libro
5. terminar tu tarea
6. mirar la televisión
7. comprar comida
8. lavar los platos

Track 2-7

VAMOS A ESCUCHAR:
UN REGALO MUY ESPECIAL

HERITAGE LEARNERS: Ask heritage learners to listen to the Spanish in the **Vamos a escuchar** recording and to compare it with the Spanish they use in their communities.

Listen carefully to the conversation you will hear. Try to understand as much as you can, but remember that you are not expected to recognize or understand every word. Focus on the words you do recognize and try to make a note of the words you do not recognize.

A veces los regalos más importantes son los más **sencillos** *(simple).* Dos amigas escogen un regalo para un posible novio...

Antes de escuchar

Antes de escuchar la conversación, contesta las siguientes preguntas.

- ¿Qué necesitas saber sobre una persona para escoger un buen regalo?
- ¿Cuál es el mejor regalo que **has recibido** *(have received)*? ¿Y el mejor regalo que has recibido de un/a novio/a?

Antes de escuchar la conversación entre Lorena y Cheri, lee las preguntas que aparecen en la sección de **Después de escuchar.**

Después de escuchar

ANSWERS, EX. 6-47: 1. Isidro, en la fiesta de Paco 2. Porque Lorena quiere que él sepa que ella lo quiere. 3. Le ofrece recetas. Lorena no las acepta porque ya tiene muchas en su casa. 4. Lorena va a prepararle una cena con un pastel en forma de monitor y va mandarle una invitación electrónica.

6-47 Comprensión Lorena y Cheri tratan de escoger el mejor regalo posible. Contesta las preguntas sobre los detalles del regalo.

1. ¿Cómo se llama el amigo de Lorena? ¿Dónde lo conoció Cheri?
2. ¿Por qué tiene que ser algo muy especial este regalo?
3. Además de sus consejos, ¿qué le ofrece Cheri a Lorena? ¿Qué hace Lorena? ¿Las acepta o no? ¿Por qué?
4. ¿Cómo se resuelve el dilema del regalo?

ANSWERS, EX. 6-48: 1. No exageres. 2. una alfombra para el ratón

6-48 ¿Cómo lo dicen? Escucha el diálogo de nuevo. Fíjate en lo que dicen Lorena y Cheri y trata de contestar estas preguntas.

1. Cheri no piensa que la situación de Lorena sea muy seria. ¿Cómo lo expresa?
2. Cheri recomienda un regalo muy típico para un informático, un aficionado de la computadora. ¿Cómo se llama la cosa que recomienda?

TÚ DIRÁS

6-49 En una tienda de computadoras Por fin tienes el dinero necesario para comprar una computadora nueva. Con un/a compañero/a, haz la siguiente escena:

Estudiante A: Vas a una tienda, hablas con el/la dependiente/a.

- Say hello.
- Tell the salesperson what you need.
- The salesperson may offer you models that you do not know, say that you do not know them.
- When the salesperson asks you if you know how to use a computer, how to use certain programs, etc., answer appropriately.
- Select the computer of your choice, and ask all the necessary questions.
- Arrange for payment.

Estudiante B: Trabajas en una tienda de computadoras.

- Greet the customer.
- Ask the customer what he/she needs.
- Offer him/her models other than the one the customer wants, ask him/her if he/she knows those models.
- Ask the customer if he/she knows how to use the computer, and several programs.
- Answer his/her questions.
- Ask the customer how he/she will pay for the selected computer.
- Say good-bye.

In your questions and answers that you make, use direct object pronouns appropriately.

6-50 La compra de una computadora Este fin de semana fuiste a una tienda de computadoras y compraste una computadora. Al volver, llamas por teléfono a un/a amigo/a y le cuentas qué compraste.

Estudiante A: Llama por teléfono.

1. Say you want to talk to . . .
2. Say who you are and ask how he/she is doing.
3. Tell your friend that you went to a computer store.
4. Tell your friend what you bought, give him/her as many details as possible about your new computer. Avoid repetition by using pronouns!
5. End the conversation in a natural way.

Estudiante B: Contesta el teléfono.

1. Answer the phone.
2. Say it is you.
3. Ask what is going on.
4. React to what your friend tells you with appropriate questions and comments. Avoid repetition by using pronouns!
5. End the conversation in a natural way.

INTEGRACIÓN

Lectura: Cajamarca: Tumba de un imperio

Antes de leer

Remember that you don't need to understand all the words that appear in this reading. In order to successfully complete the tasks included under the **Guía para la lectura** section, you need to do the activities in the **Antes de leer** section and follow the instructions.

ANSWERS, A: 1. en el noreste; Trujillo 2. Está en las faldas de la cordillera andina; hay montañas. 3. al Imperio Inca; sugiere el fin del imperio.

A. El texto que vas a leer presenta información sobre un departamento de Perú, Cajamarca, y en especial sobre su capital que tiene el mismo nombre. La lectura está dividida en tres secciones: Introducción, Historia y Actualidad.

Antes de leer el texto, trabaja con un grupo de dos o tres compañeros de clase y contesta las siguientes preguntas:

1. Mira el mapa de Perú en la página 185. ¿En qué parte del país está Cajamarca? De las ciudades importantes que se mencionan al principio de este capítulo, ¿cuál está cerca de Cajamarca?
2. Mira la foto de la región en la página 217. ¿Cómo es la geografía de esta parte del país?
3. El título del texto es "Cajamarca: Tumba de un imperio". ¿A qué imperio se refiere? Explica con tus palabras el significado de este título.

Guía para la lectura

ANSWERS, B: 1. El fin del Imperio Inca ocurrió en Cajamarca. 2. Pizarro llegó hasta la actual Plaza de Armas y esperó a Atahualpa. 3. Atahualpa tiró la Biblia al suelo. 4. Duró trescientos años. 5. el color verde 6. Se conoce por el café. 7. Porque produce oro.

B. Sigue las instrucciones que aparecen a continuación y contesta las preguntas en inglés.

Introducción

1. Lee el primer párrafo y explica el significado de la primera oración: "Cajamarca es uno de los departamentos más significativos en la historia de Perú."

Historia

2. Lee ahora el primer párrafo. ¿Qué pasó el 15 de noviembre de 1532?
3. Lee el segundo párrafo. ¿Qué hizo Atahualpa que provocó el ataque de los españoles?
4. Lee el tercer párrafo. ¿Cuánto tiempo duró la dominación española?

Actualidad

5. De acuerdo con la información que aparece en el segundo párrafo de esta sección, ¿cuál es el color que domina en esta región?
6. De acuerdo con la información que aparece en el tercer párrafo, ¿por qué motivo se conoce Jaén?
7. Lee el último párrafo. ¿Por qué es importante Yanacocha?

Al fin y al cabo

1. Si viajaras *(you were traveling)* en Perú, ¿te gustaría visitar este área? ¿Por qué sí o por qué no?
2. ¿Cómo se puede comparar el fin del Imperio Inca con el del Imperio Azteca?
3. En tu opinión, ¿cuál es el papel de la religión en el desarrollo o la destrucción de un imperio?

Cajamarca: Tumba de un imperio

Cajamarca es uno de los departamentos más significativos en la historia del Perú. Se puede afirmar con toda seguridad que en la ciudad capital del mismo nombre se puso punto final al esplendoroso Imperio de los Incas a la vez que empezó la era del colonialismo español. Capital del mismo nombre es una ciudad "grande y hermosa" como decían ya los cronistas en el siglo XVIII.

Historia

Quienes visiten Cajamarca no podrán dejar de revivir una escena que marcó sombríamente el destino del Tahuantinsuyo. El 15 de noviembre de 1532, el conquistador Francisco Pizarro llegó hasta la actual Plaza de Armas que, por entonces, era triangular. Allí esperó a Atahualpa, el último monarca de la dinastía inca, quien **estaba** reposando en los ahora llamados Baños del Inca.

was

Al día siguiente, Atahualpa hizo su ingreso a la plaza en medio de una multitud y un aparato ceremonial esplendoroso. Lo recibió el padre Vicente Valverde, quien le mostró una Biblia. Atahualpa arrojó el libro sagrado al suelo. Con ese gesto ¿**rechazó** la fe cristiana o el nuevo Imperio Español? La historia no lo dice, pero después de tirar la Biblia los soldados españoles entraron en la plaza y derrotaron al ejército imperial.

did he reject

Atahualpa fue juzgado como hereje y condenado a morir ahorcado, aunque esa pena le fue conmutada por la del garrote. Al siguiente día empezó una nueva historia: la del colonialismo español que duró 300 años.

Actualidad

La ciudad de Cajamarca es un lugar privilegiado para el turismo; está situada en las faldas del cerro Santa Apolonia y goza de un clima primaveral, la gente tiene fama de ser muy acogedora. Quienes llegan a visitarla regresan alabando el caluroso afecto de la gente de la ciudad y de los campesinos.

En Cajamarca se respira aire puro. La vista se recrea en el verde de la campiña que la cerca por todos los costados y en todas las tonalidades. Hay verde-esmeralda, verde-oscuro, el "verde que te quiero verde" de García Lorca y hasta el verde-esperanza que alienta a los hombres de todas las latitudes de la tierra.

Cajamarca es un departamento histórico y de geografía muy diversa. Sus campos de cultivo producen papa, trigo, yuca, coca y café. El café de Jaén es muy conocido en el mundo. La cría de ganado tiene suma importancia. En la actualidad el departamento cuenta con más de 600 mil cabezas de ganado vacuno.

Cajamarca constituye uno de los lugares más codiciados en el mundo de la minería. Yanacocha es actualmente uno de los yacimientos más importantes en producción de oro en el país.

INTERCAMBIO: PORTALES DE INTERNET

Cada uno de ustedes tiene un pequeño problema relacionado con las computadoras y el uso de Internet y necesita que el otro estudiante le dé la solución. Cada uno de ustedes debe explicarle a su compañero/a el problema que tiene y pedir consejo sobre cómo solucionarlo.

Estudiante A Éste es tu problema: Usas la web constantemente para tu trabajo. En muchas ocasiones, cuando llegas a un sitio en la web, aparecen ventanas con publicidad *(advertisement)* que se abren automáticamente sin que tú quieras que se abran. Esto es algo que te pone furioso/a. Necesitas encontrar una solución rápidamente. Habla con tu compañero/a, explícale tu problema y pídele consejo. Contesta sus preguntas.

Ésta es la información que necesitas para solucionar el problema de tu compañero/a: acabas de encontrar esto en la web. Escucha el problema que tiene tu compañero/a, hazle las preguntas necesarias. Dile que tienes la solución para su problema. Explícale en qué consiste este programa. Dile cómo funciona y dónde lo puede encontrar. Utiliza las siguientes expresiones seguidas del verbo en subjuntivo para darle consejos a tu compañero/a: **sugiero que; recomiendo que; es necesario que; es aconsejable que.**

Windows 95/98/ME : Internet : Web : Gestores bookmarks
Weblinks Organiser 1.0
nuevo

Fecha: 16 de noviembre del 2003
Tamaño: 567KB
Plataforma: Win95/98/ME/NT/2000
Web: www.rwakelin.freeserve....
Descargas: 342

Clasifica y administra fácilmente tus Favoritos

Éste programa te ayuda a gestionar y organizar tu colección de Favoritos de Internet cuando ésta empieza a ser demasiado grande y quizás estar un poco desordenada.

Con Weblinks Organiser puedes categorizar los favoritos en distintas carpetas, añadir a cada enlace comentarios, fecha e incluso protección mediante contraseña.

El programa se ejecuta en segundo plano mientras navegas por Internet y cuando copias una URL al Portapapeles de Windows automáticamente la graba en la carpeta que tengas abierta.

También te pueden interesar:

- URL Organizer 2 2.4.6
- Compass 2.80 ¡MB!¡MB!
- Agenda de Internet 1.0
- My Links 1.0 ¡MB!

Estudiante B Éste es tu problema: Eres una persona que usa la web constantemente para tu trabajo. A lo largo de los meses has marcado muchísimas páginas como "favoritos". El problema es que no eres muy ordenado y tu lista de favoritos es un desastre. Ahora tienes tantos favoritos que no puedes encontrar nada. Necesitas desesperadamente una solución. Habla con tu compañero/a y explícale tu problema. Pídele consejo. Contesta sus preguntas.

Ésta es la información que necesitas para solucionar el problema de tu compañero/a: acabas de encontrar esto en la web. Escucha el problema que tiene tu compañero/a, hazle las preguntas necesarias. Dile que tienes la solución para su problema. Explícale en qué consiste este programa, dile cómo funciona y dónde lo puede encontrar. Utiliza las siguientes expresiones seguidas del verbo en subjuntivo para dar consejos a tu compañero/a: **sugiero que; recomiendo que; es necesario que; es aconsejable que.**

Windows 95/98/ME : Internet : Web : Anti-publicidad molesta
Zero Popup 1.35
actualizado

Fecha: 20 de noviembre del 2003
Tamaño: 95KB
Plataforma: Win95/98/ME/NT/2000
Web: tooto.triasite.net
Descargas: 118.708

La manera más cómoda de decir adiós a los pop-up

Ésta es una pequeña herramienta, de gran efectividad a la hora de eliminar esas interminables ventanas de publicidad que se abren cuando visitas algún sitio de la web.

La novedad de este programa reside en que no requiere intervención del usuario para cerrar esas molestas ventanas, sino que lo hace de manera automática, utilizando un sistema de inteligencia artificial.

Zero Popup no ocupa muchos recursos del sistema, permanece en la bandeja de sistema de Windows y funciona como un add-on para el Internet Explorer, ejecutándose al mismo tiempo que abres el navegador.

Tienes la posibilidad de crear listas especiales para bloquear las ventanas pop-up de sitios web específicos, mientras permites que las de otros sitios se abran. También puedes cancelar el bloqueo de ventanas temporalmente o hacer que el programa te avise cada vez que cierra una.

Tener este programa instalado no afecta en absoluto a tu navegación de la web ni impide que abras más de una sesión simultánea de Internet Explorer.

Programas relacionados:
- Close Popup 4.0 ¡MB!
- PopUp Window Wizard 3.0 ¡MB!
- PopUp Killer 1.42 ¡MB!

También te pueden interesar:
- NoPops 1.1 ¡MB!
- Pop-Up Stopper 2.6 ¡MB!
- Ad-aware 5.62 ¡MB!¡MB!

VOCABULARIO

HERITAGE LEARNERS: Ask heritage learners to add to the **Vocabulario** any alternate vocabulary that they have come up with over the course of the chapter. They might put the words in categories like **Así lo dice el libro; Así lo dice el/la profesor/a; Así lo digo yo,** etc.

Track 2-8

The **Vocabulario** section consists of all new words and expressions presented in the chapter. When reviewing or studying for a test, you can cover up the English and go through the list to see if you know the meaning of each item.

La ropa *Clothing*

el abrigo *coat*
la blusa *blouse*
las botas *boots*
los calcetines *socks*
la camisa *shirt*
la camiseta *T-shirt*
la chaqueta *jacket*
la corbata *tie*
la falda *skirt*
el impermeable *raincoat*
las medias *stockings*
los pantalones *pants*
las sandalias *sandals*
el suéter *sweater*
el vestido *dress*
los zapatos *shoes*
los zapatos de tacón *high-heeled shoes*

Otras prendas y accesorios

el bolso *bag, purse*
la bufanda *winter scarf*
la cartera *wallet*
el cinturón *belt*
la gorra *baseball cap*
los guantes *gloves*
las manoplas *mittens*
el pañuelo *decorative scarf*
el sombrero *hat*
la sudadera *sweatshirt*

En una tienda *In a store*

la caja registradora *cash register*
el descuento *discount*
el escaparate *display window*
el mostrador *display counter/case*
la oferta *sale*
el precio *price*
el probador *dressing room*

Comprar y vender *Buying and selling*

el/la cliente/a *customer*
la compra *purchase*
el/la dependiente/a *salesperson*
¿En qué puedo servirle/s? *How can I help you?*
¿Qué desea/n? *What would you like?*
¿Qué necesita/n? *What do you need?*
costar (ue) *to cost*
¿Cuánto cuesta/n? *How much does it / do they cost?*
devolver (ue) *to return an item*
¿Se puede/n devolver? *Can this/these be returned?*
valer *to cost, be worth*
¿Cuánto vale/n? *How much does it / do they cost?*
¿Cuánto es todo? *How much is everything?*
¿Cómo va a pagar? *How are you going to pay?*
con cheque *by check*
con tarjeta *with a credit card*
en efectivo / con dinero *in cash*

Probándose ropa *Trying on clothes*

¿Puedo probarme esto? *Can I try this on?*
¿Se lo/la quiere probar? *Would you like to try it on?*
¿Qué talla tiene? *What is your size?* (clothes)
¿Qué número tiene? *What is your size?* (shoes)
¿Me queda bien? *Does it fit me?*
¿Qué tal me queda/n? *How does it / do they fit me?*
Le quedan bien. *They fit you well.*
Le quedan mal. *They do not fit you.*
Le queda grande/pequeño/a. *It's too big/small for you*
Necesito una talla más/menos. *I need a bigger/smaller size.*

En el mercado al aire libre *At the open-air market*

la artesanía *crafts*
el día de feria *market day*
el puesto *stand, stall*
regatear *to bargain*

Las verduras *Vegetables*

la batata *sweet potato*
la cebolla *onion*
las habichuelas/los frijoles *beans*
el hongo *mushroom*
los guisantes *peas*
la lechuga *lettuce*
el maíz *corn*
la papa *potato*
el pepino *cucumber*
el repollo *cabbage*
el tomate *tomato*
la zanahoria *carrot*

Las frutas *Fruits*

el aguacate *avocado*
la fresa *strawberry*
el limón *lemon, lime*
el mango *mango*
la manzana *apple*
el melocotón *peach*
el melón *melon*
la naranja *orange*
la pera *pear*
la piña *pineapple*
el plátano *banana*
las uvas *grapes*

El supermercado *Supermarket*

los alimentos *food*
el arroz *rice*
el azúcar *sugar*
el carrito *shopping cart*
las galletas *cookies, crackers*
la harina *flour*
la mayonesa *mayonnaise*
la pasta *pasta*
la pimienta *pepper*
la sal *salt*

Los productos lácteos *Dairy products*

la crema *cream*
la leche *milk*
la mantequilla *butter*
el queso *cheese*
el yogur *yogurt*

Las conservas *Canned goods*
el aceite *oil*
el atún *tuna fish*
la sopa *soup*

Los congelados *Frozen foods*
el helado (de chocolate) *(chocolate) ice cream*
el pescado *fish*
la pizza *pizza*
el pollo *chicken*

Los envases y expresiones de cantidad *Containers and quantities*
una botella de *a bottle of*
una lata de *a can of*
un paquete de *a package of*
un pedazo de *a piece of*
un kilo de *a kilogram (kilo) of*
medio kilo de *a half kilogram (500 grams) of*
un cuarto de kilo de *a quarter kilogram (250 grams) of*
50 gramos de *50 grams of*
un litro de *a liter of*
medio litro de *a half liter of*
una docena de *a dozen of*

Los verbos para expresar deseo/voluntad *Verbs to express wish/desire*
aconsejar *to advise*
desear *to want, desire*
esperar *to hope*
necesitar *to need*
pedir (i) *to ask for*
preferir (ie) *to prefer*
querer (ie) *to want*
recomendar (ie) *to recommend*
rogar (ue) *to beg, plead*
sugerir (ie) *to suggest*
Es aconsejable que... *It is advisable that . . .*
Es necesario que... *It is necessary that . . .*
Es preciso que... *It is necessary that . . .*
Es preferible que... *It is preferable that . . .*

Las computadoras *Computers*

El equipo *Hardware*
el altavoz *speaker*
el disquete *floppy disk, diskette*
la disquetera *disk drive*
el escáner *scanner*
la impresora *printer*
el módem *modem*
el monitor *monitor*
la pantalla *screen*
el ratón *mouse*
el teclado *keyboard*
las teclas *keys*
la unidad de disco duro *CPU*

El uso de la computadora *Using the computer*

El sistema operativo *Operating system*
el archivo *file*
la carpeta *folder*
la clave *password*
el disco duro *hard drive*
el documento *file*

Los programas *Programs, software*
abrir *open*
archivar, guardar, salvar *to save*
cerrar *to close*
copiar *to copy*
cortar *to cut*
editar *to edit*
imprimir *to print*
pegar *to paste*

El correo electrónico *E-mail*
el anexo *attachment*
arroba (@) *at (@)*
borrar *to delete*
el buzón *mailbox*
la dirección *address*
enviar, mandar *to send*
el mensaje *message*
punto (.) *dot (.)*
recibir *to receive*

La web *The Web*
bajar, descargar *to download*
el buscador *search engine*
la dirección de web *Web address, URL*
el enlace *link*
hacer clic, pulsar *to click*
el navegador *browser*
navegar, surfear *to surf*
la página (de) web *Web page*
la página inicial/principal *home page*
el servidor de web *Web server*
el sitio (de) web *Web site*
la web, la red *World Wide Web*

VOCABULARIO GENERAL

Los complementos directos *Direct object pronouns*

me *me*	nos *us*
te *you (informal sing.)*	os *you (informal pl.)*
lo *you (formal sing.), him, it (m.)*	los *you (formal pl.), them (m., m. + f.)*
la *you (formal sing.), her, it (f.)*	las *you (formal pl.), them (f.)*

HERITAGE LEARNERS: Remind heritage learners to pay special attention to words that may contain spelling combinations that have traditionally been problematic for them. For example, the **b** and **v** in **abrigo, corbata, bolso, vestido,** the **c** in **calcetines, cinturón, precio, docena,** the **z** in **zapato, zanahorias,** the **h** in **hongos, zanahorias, helado,** the **g** and **j** in **sugerir, aconsejar,** etc.

Capítulo 7 Fiestas, celebraciones y música

CHAPTER OBJECTIVES

In **Capítulo 7,** you will learn to discuss and participate in celebrations in Spanish. You will also learn about holidays and music in the Spanish-speaking world along with the words and phrases needed to discuss them. The holidays and music of Chile serve as the regional focus for this chapter and will provide opportunities for you to develop improved reading and listening skills. With the acquisition of a new past tense, you will be able to better describe past conditions and events.

PRIMERA ETAPA

Las fiestas

SEGUNDA ETAPA

La música popular

TERCERA ETAPA

Los festivales y conciertos

INTEGRACIÓN

Santiago de Chile y La Cordillera de Los Andes

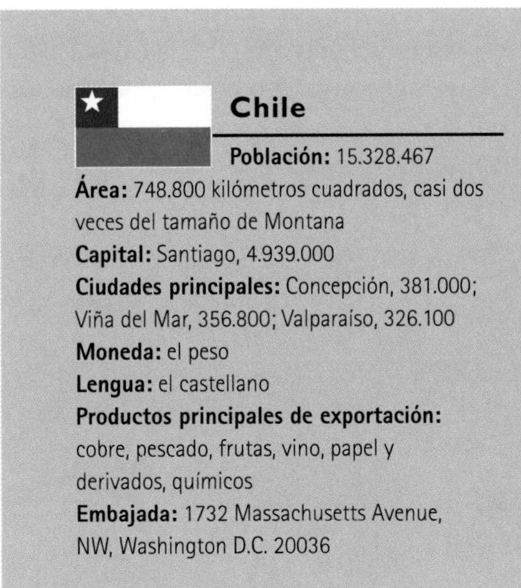

Chile

Población: 15.328.467
Área: 748.800 kilómetros cuadrados, casi dos veces del tamaño de Montana
Capital: Santiago, 4.939.000
Ciudades principales: Concepción, 381.000; Viña del Mar, 356.800; Valparaíso, 326.100
Moneda: el peso
Lengua: el castellano
Productos principales de exportación: cobre, pescado, frutas, vino, papel y derivados, químicos
Embajada: 1732 Massachusetts Avenue, NW, Washington D.C. 20036

Functions

- describe family celebrations and holidays
- provide personal information and inquire about one's youth

Functions

- narrate important past events in detail
- compare and contrast your past and present music interests

Functions

- prepare radio and poster publicity for concerts
- describe activities taking place in music festivals

Lectura: Las fiestas en el mundo hispano
Vídeo: Episodio 4; Actividades en las páginas V-8–V-9
Intercambio: Inti-Illimani, un grupo chileno
Escritura: Actividades en el manual

Tools

The tools you will use to carry out these functions are:

- Vocabulary for:
  - parties, celebrations, and holidays
  - habitual action expressions
  - music and musical instruments
  - concerts and music festivals
- Grammatical structures:
  - imperfect tense forms
  - comparative and superlative adjectives and adverbs
  - demonstrative pronouns
  - elapsed time structures

PRIMERA ETAPA

Para empezar: Las fiestas

Preparación: There are many celebrations that fill the calendar.

- What are some of the events that you celebrate with your friends and family?
- How do you normally celebrate a holiday or special event?
- Which celebrations mean the most to you?

¡Hola, soy Carlos! Hoy es mi cumpleaños y voy a celebrarlo con mi familia y mis amigos. En mi familia nos gustan mucho las celebraciones y hacemos fiestas con frecuencia.

LAS FIESTAS FAMILIARES

el cumpleaños

la boda

el bautizo

la graduación

el aniversario

En una fiesta

aceptar una invitación	*to accept an invitation*
brindar por...	*to make a toast to . . .*
celebrar	*to celebrate*
cumplir años	*to have a birthday*
cumplir... años	*to turn . . . years old*
dar una fiesta, hacer una fiesta	*to throw a party*
divertirse (ie)	*to have fun*
hacer regalos, regalar	*to give gifts*
invitar a gente a una fiesta	*to invite people to a party*
pasarlo bien	*to have a good time*
soplar las velas	*to blow out the candles*
los aperitivos	*appetizers*
el banquete	*banquet*
el brindis	*toast*
la fiesta sorpresa	*surprise party*
la invitación	*invitation*
el pastel de cumpleaños	*birthday cake*
los refrescos	*refreshments*
el regalo	*gift*
la vela	*candle*
¡Enhorabuena!	*Congratulations!*
¡Felicidades!	*Congratulations!*
¡Feliz cumpleaños!	*Happy birthday!*

EXPANSIÓN LÉXICA: Birthday cakes can be found nearly anywhere, but the word for *birthday cake* changes according to the region. It may be **el pastel** in many areas of the Spanish-speaking world, but in Spain you may look for **la tarta,** in Central America you might seek out **la torta,** and in the Caribbean you should ask for **un bizcocho** at your favorite bakery or **pastelería.** If you like lots of frosting on your cake, remember to ask for **la crema.**

Las fiestas religiosas y otros días de fiesta en los países hispanos

el día de año nuevo	1° de enero
el día de los Reyes Magos	*(Epiphany, the Feast of the Three Wise Men)* 6 de enero
la Semana Santa	*(Holy Week)* la fecha varía
el Viernes Santo	*(Good Friday)* la fecha varía
el domingo de Pascua o Resurrección	*(Easter Sunday)* la fecha varía
el día del trabajo	1° de mayo
el día de todos los santos	1° de noviembre
el día de los muertos	2 de noviembre
la nochebuena	24 de diciembre
el día de Navidad	25 de diciembre
la nochevieja	31 de diciembre

EXPANSIÓN LÉXICA: Many non-Spanish speakers recognize **una fiesta** as *a party*. The word has other meanings as well, depending on the context in which it's used. A *holiday* is a **fiesta,** as is a religious *feast day*. While many people in Spanish-speaking countries have a day off on both national and religious holidays, the *day off* is called **el día feriado** or **el día festivo.**

HERITAGE LEARNERS: Ask heritage learners whether they celebrate any of these holidays in their communities or with their families. Ask them if they have additional holidays that they can add to this list.

Más fiestas religiosas y nacionales celebradas en Chile

el día del Corpus Christi	un jueves de junio, el día varía según la fecha de la Pascua
la fiesta San Pedro y San Pablo	29 de junio
la fiesta de la Asunción	15 de agosto
el día de la Unidad Nacional	6 de septiembre
el día de la independencia	18 de septiembre
el día de la Armada	19 de septiembre
el día de la raza	12 de octubre
el día de la Inmaculada Concepción	8 de diciembre

NOTA CULTURAL: Although Chile, like most Spanish-speaking countries, is predominantly Catholic, other faiths are also present. Jewish holidays include **las Pascuas judías** *(Passover)*, **Rosh-Hashana, Yom Kippur, el Hanukka,** and, when children reach adolescence, **el Bar Mitzaoah** or **Bat Mitzaoah.** Muslim holidays include **el mes de Ramadán, Eid al-Fitr,** and the feast day **Eid al-Adha.** Your professor can guide you to dictionaries where you can find the names for other holidays that you might celebrate in addition to those mentioned.

Práctica

7-1 ¿Qué fiesta es? Ya que la celebración de algunas fiestas varía según el país, la ciudad o el pueblo, primero identifica el tipo de fiesta celebrada en las siguientes fechas, después explica brevemente cómo celebras estas fiestas en tu país.

1. 25 de diciembre
2. 1° de enero
3. 24 de diciembre
4. 1° de mayo
5. 1° de noviembre
6. 6 de enero
7. 2 de noviembre
8. 31 de diciembre

ANSWERS, EX. 7-1: 1. la Navidad 2. el día de año nuevo 3. la nochebuena 4. el día del trabajo 5. el día de todos los santos 6. el día de los Reyes Magos 7. el día de los muertos 8. la nochevieja

7-2 Mi cumpleaños Cumples veintiún años la semana que viene y quieres tenerlo todo preparado. Completa el siguiente párrafo con las palabras o expresiones adecuadas.

La semana que viene es mi 1. _______ *(birthday)* y voy a 2. _______ *(to throw a party)* muy grande. Voy a 3. _______ *(to invite)* a mucha gente, pues quiero 4. _______ lo *(to celebrate)* con todos mis amigos. Vamos a tener un 5. _______ *(birthday cake)* enorme con 21 6. _______ *(candles)*. Quiero que sea una 7. _______ *(party)* inolvidable, con mi primer 8. _______ *(toast)* técnicamente legal. Por supuesto, todos los invitados van a 9. _______ *(to have fun)*.

ANSWERS, EX. 7-2: 1. cumpleaños 2. dar una fiesta 3. invitar 4. celebrar 5. pastel de cumpleaños 6. velas 7. fiesta 8. brindis 9. pasarlo bien / divertirse

IRM Master 17: El imperfecto

SUGGESTION: Introduce this structure in context. Tell students about your childhood and the things you used to do, how you used to be, etc. Try to incorporate previously studied adjectives of personality and physical description.

PREVIEW: The imperfect is discussed in three different sections. In this initial presentation, we concentrate on the forms of the imperfect. Later in this **etapa** and also in the next **etapa,** activities are aimed at demonstrating the most frequent uses of this tense. The use of the imperfect here is limited to express the idea of what you used to do. Additional uses will be discussed later in this chapter.

SUGGESTIONS: (1) Ask students what holidays they like now. Then ask them if they liked those same holidays when they were 4 or 5 years old **(cuando tenías cuatro o cinco años).** (2) Contrast the imperfect forms with those of the present. (3) Write out the verb forms.

NOTA GRAMATICAL: You should notice that the imperfect forms for **yo** and **él/ella/Ud.** are identical. When using the imperfect, use the subject pronoun to clarify your subject, should there be any doubt.

HERITAGE LEARNERS: It is quite common for heritage learners who may not have studied Spanish formally, but who may use the imperfect tense, to spell the **-aba** endings for **-ar** verbs as **-ava: hablava, hablavas,** etc. It is also common among heritage speakers with a Mexican background to change the **-mos** of the first person plural to **-nos: escribíanos, vivíanos, hablábanos,** etc.

HERITAGE LEARNERS: Heritage learners may treat the verb **ver** as if it were regular and produce such forms as **vía, vías,** etc.

ANSWERS, EX. 7-3: 1. trabajaba 2. se quedaba 3. asistía 4. estudiaba 5. pasábamos 6. alquilaban 7. gustaba 8. jugaba 9. íbamos 10. nos divertíamos

SUGGESTION, EX. 7-3: Pair students to describe what they used to do on weekend nights when they were 10 or 16 years old. Have them ask each other questions like **¿A qué hora te levantabas? ¿A qué hora te acostabas? ¿Qué hacías por las mañanas?,** etc. Also, have them ask each other questions about a particular holiday, and how they used to celebrate it.

ENFOQUE ESTRUCTURAL El imperfecto de verbos regulares e irregulares

You have already learned to express actions in the past by using the preterite. Now you will learn a second past tense, the imperfect, which will allow you to express *actions that you used to (would) do.* The following examples show how this works in Spanish and in English:

—¿Cómo **celebrabas** tu cumpleaños de niña?	*How **did you used to celebrate** your birthday as a girl?*
—**Hacía** una fiesta e **invitaba** a mis amigos.	***I would have** a party and **invite** my friends.*
—¿Qué **hacías** en las fiestas de Navidad?	*What **did you used to do** for Christmas?*
—**Me reunía** con mi familia.	***I used to get together** with my family.*

To form the imperfect, start with the root formed by removing the **-ar, -er,** or **-ir** of the infinitive and add the endings shown below:

hablar		**comer**		**vivir**	
habl-		com-		viv-	
habl**aba**	habl**ábamos**	com**ía**	com**íamos**	viv**ía**	viv**íamos**
habl**abas**	habl**abais**	com**ías**	com**íais**	viv**ías**	viv**íais**
habl**aba**	habl**aban**	com**ía**	com**ían**	viv**ía**	viv**ían**

El imperfecto de verbos irregulares: **ir, ser,** and **ver**

There are only three irregular verbs in the **imperfecto.** These are: **ir, ser,** and **ver:**

ir		**ser**		**ver**	
iba	íbamos	era	éramos	veía	veíamos
ibas	ibais	eras	erais	veías	veíais
iba	iban	era	eran	veía	veían

Práctica

7-3 La juventud *(youth)* El padre de Diana recuerda lo que hacía cuando era niño en Valparaíso. En la descripción de su vida, pon los verbos en el imperfecto.

Modelo: Nosotros (vivir) en Valparaíso.
Vivíamos en Valparaíso.

1. Mi padre (trabajar) en un banco.
2. Mi mamá (quedarse) en casa.
3. Yo (asistir) a la escuela primaria de nuestro barrio.
4. Mi hermana (estudiar) en la universidad.
5. Nosotros (pasar) los veranos en Viña del Mar.
6. Mis padres (alquilar) una casa cerca del mar.
7. A mi hermana le (gustar) nadar.
8. Yo (jugar) al vólibol en la playa.
9. Mi padre y yo (ir) de pesca.
10. Nosotros (divertirse) mucho durante nuestras vacaciones.

7-4 Cuando tenías siete años... Emplea las sugerencias y pregúntale a un/a compañero/a sobre su vida cuando tenía siete años. ¡Sé creativo/a y usa las palabras que necesites para formar preguntas interesantes y adecuadas! Escribe las respuestas en una hoja de papel para que puedas informarle a la clase sobre lo que escribiste.

Modelo: ir a la escuela
—¿Dónde ibas a la escuela?
—Cerca de casa.

1. vivir aquí
2. tener muchos amigos
3. ir a la playa
4. dormir una siesta
5. comer mucho
6. ser travieso/a *(mischievous)*
7. celebrar tu cumpleaños
8. levantarse temprano
9. acostarse tarde
10. hacer el día de año nuevo

7-5 El verano pasado Silvia pasó el verano pasado con su amiga Elisa. Emplea las sugerencias y el imperfecto para contar lo que hacían Silvia y su amiga durante sus vacaciones.

ANSWERS, EX. 7-5: 1. nos despertábamos 2. me quedaba 3. se levantaba 4. nos duchábamos 5. desayunábamos 6. arreglaba 7. leía 8. nadábamos 9. hablaba 10. comíamos 11. íbamos 12. nos acostábamos

Modelo: todos los sábados por la noche / nosotras / salir con nuestros amigos
Todos los sábados por la noche salíamos con nuestros amigos.

1. todos los días / nosotras / despertarse temprano
2. muchas veces / yo / quedarse en la cama una o dos horas
3. con frecuencia / Elisa / levantarse enseguida
4. todos los días / nosotras / ducharse
5. normalmente / nosotras / desayunar juntas
6. todas las mañanas / Elisa / arreglar la casa
7. a veces / yo / leer revistas en la cama
8. todas las tardes / nosotras / nadar en la piscina con nuestros amigos
9. todas las noches / yo / hablar por teléfono con mis amigas
10. todos los días / nosotras / comer pizza
11. de vez en cuando / nosotras / ir al cine
12. por lo general / nosotras / acostarse a las once o doce

ENFOQUE LÉXICO — Expresiones para hablar de acciones habituales

The imperfect tense is used to express something that happened over and over again on a regular basis in the past.

Todas las Navidades íbamos a casa de nuestros abuelos. — ***Every*** *Christmas we used to go to our grandparents' house.*

Todos los años celebraba mi cumpleaños con una gran fiesta. — ***Every year*** *I used to celebrate my birthday with a big party.*

The following adverbs and expressions convey the idea of a routine. They often accompany the imperfect tense.

a menudo	*often*	**de vez en cuando**	*from time to time*
a veces	*sometimes*	**frecuentemente**	*frequently*
todos los días/ viernes/sábados...	*every day/Friday/ Saturday . . .*	**muchas veces**	*many times*
		normalmente	*normally*
todas las tardes/ mañanas/noches...	*every afternoon/ morning/night*	**por lo general**	*in general*
		siempre	*always*
todas las semanas	*every week*	**todos los lunes/ martes/...**	*every Monday/ Tuesday/ . . .*
todos los meses/ años...	*every month/ year . . .*	**una vez al día (a la semana/al mes/al año/...)**	*once a day (week/month/ year/ . . .)*
con frecuencia	*frequently*		
con regularidad	*regularly*		

Práctica

POSSIBLE ANSWERS, EX. 7-6: 1. El año pasado, Carlos nadaba todos los jueves por la tarde. 2. El año pasado, Dina y su novio estudiaban todos los jueves por la tarde. 3. El año pasado, Jaime hablaba por teléfono cada jueves por la tarde. 4. El año pasado, Mónica esquiaba todos los jueves por la tarde. 5. El año pasado, Olga y Lucía miraban la televisión todos los jueves por la tarde. 6. El año pasado, Alberto leía/estudiaba todos los jueves por la tarde. 7. El año pasado, Miguel y Patricia corrían todos los jueves por la tarde. 8. El año pasado, Isabel escribía una carta todos los jueves por la tarde. 9. El año pasado, Luisa y Daniel iban a la escuela todos los jueves por la tarde. 10. El año pasado, Paula y Marcos jugaban al tenis todos los jueves por la tarde.

7-6 El año pasado... todos los jueves por la tarde ¡Ahora todos están recordando su pasado! Cuenta lo que hacían las personas en los dibujos todos los jueves por la tarde el año pasado.

Modelo: Carmen
El año pasado, Carmen corría todos los jueves por la tarde.

1. Carlos

2. Dina y su novio

3. Jaime

4. Mónica

5. Olga y Lucía

6. Alberto

7. Miguel y Patricia

8. Isabel

9. Luisa y Daniel

10. Paula y Marcos

ANSWERS, EX. 7-7: Mi amigo/a y yo 1. ...nadábamos. 2. ...estudiábamos. 3. ...hablábamos. 4. ...esquiábamos. 5. ...mirábamos la tele. 6. ...leíamos/estudiábamos. 7. ...corríamos. 8. ...escribíamos una carta. 9. ...íbamos a la escuela. 10. ...jugábamos al tenis.

7-7 El año pasado, mi amigo/a y yo... todos los sábados por la tarde Ahora imagina que todos los sábados por la tarde tú y un/a amigo/a hacían lo mismo que las personas de los dibujos de la actividad 7-6.

Modelo: *El año pasado, mi amigo/a y yo corríamos todos los sábados por la tarde.*

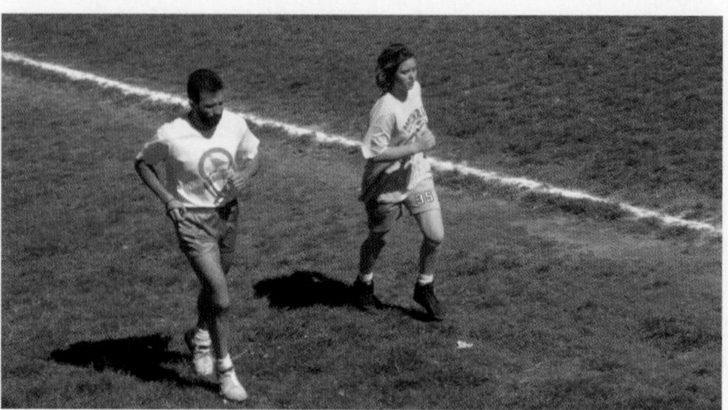

SUGGESTION: Provide a transition for students by reminding them that this chapter's country of focus is Chile and therefore the following **Comentario cultural** highlights certain cultural aspects of Chile.

COMENTARIOS CULTURALES

Fiestas y celebraciones en Chile

En Chile, al igual que en la mayoría de los países del mundo hispanohablante, algunas de las fiestas más importantes son la Semana Santa y las Navidades. La Semana Santa es la fiesta más solemne de todo el año. Conmemora la llegada de Jesucristo a Jerusalén (el domingo de Ramos), la Última Cena (el Jueves Santo), su muerte en la cruz (el Viernes Santo) y su resurrección (el domingo de Pascua). Durante la Semana Santa, y especialmente el viernes, sábado y domingo, toda actividad se reduce a la celebración religiosa en este país predominantemente católico.

Las Navidades se celebran normalmente en familia. En nochebuena las familias se reúnen para cenar y para ir a la misa de gallo a medianoche. Como en algunos otros países de habla española, los regalos **se reparten** el 6 de enero, cuando, según la tradición, los Reyes Magos se los traen a los niños. En los últimos años, la tradición estadounidense de Santa Claus también tiene su equivalente en Chile, a quien se llama Viejito Pascuero.

are distributed

Además de estas dos fiestas, hay en Chile otras celebraciones importantes que no tienen carácter religioso. Son las fiestas patrias de septiembre: el día 18 es el día de la independencia y el día 19 es el día de las Fuerzas Armadas.

De todas las fiestas chilenas, se puede destacar como la más típica la fiesta de la Virgen del Rosario en Andacollo, un pueblo en el norte de Chile. Esta fiesta tiene lugar en diciembre y empieza con una peregrinación de fieles desde la Serena, una población al norte de la capital, que **dura** dos días. Al llegar, los peregrinos le rezan a la Virgen. Alrededor de 150.000 personas se reúnen en este lugar para celebrar a la Virgen y lo hacen con bailes tradicionales y cantos religiosos.

lasts

INTEGRACIÓN CULTURAL

1. La Semana Santa es muy importante en Chile. Y ¿en tu país? ¿Por qué sí o por qué no?
2. ¿Cómo celebran los chilenos la Navidad?
3. ¿Qué celebran los chilenos durante las fiestas patrias?
4. Explica en qué consiste la fiesta de la Virgen del Rosario.
5. ¿Cuáles son las fiestas más típicas de tu ciudad, tu pueblo o tu país? Explica cómo son y por qué las consideras típicas.

ANSWERS: 1. *Answers will vary* but should include the notion that Chile is overwhelmingly Catholic and the U.S. and Canada have much greater religious diversity. 2. Van a la misa del gallo (midnight mass, celebrated by Christians worldwide) y celebran con su familia; los regalos se reparten el 6 de enero, aunque en los últimos años un equivalente de Santa Claus ha aparecido. 3. Celebran la independencia de Chile y el Día de las Fuerzas Armadas. 4. Es una peregrinación de dos días hasta Andacollo; al llegar, los peregrinos le rezan a la Virgen, bailan y cantan. 5. *Answers will vary.*

SUGGESTION: As you are introducing this use of the imperfect, keep in mind that the imperfect is used to establish a background description, which often means setting an emotional or psychological state. When you wish to communicate a feeling of a specific duration, use the preterite. Because this distinction is both subtle and hard for beginning students to grasp, we are presenting the imperfect as an umbrella tense for discussing these states.

ENFOQUE ESTRUCTURAL El uso básico del imperfecto

The imperfect tense can have several equivalents in English:

Ella **vivía** en Santiago. ⟶ *She **lived** in Santiago.* / *She **used to live** in Santiago.* / *She **was living** in Santiago.*

Thus far, you have learned one use of the imperfect tense: to express *actions that you and other people used to do:*

Todos los veranos **íbamos** a casa de mis abuelos en Viña del Mar.

In addition to indicating habitual past actions, the imperfect tense is used to talk about several other kinds of situations in the past:

- To describe the physical attributes of people and things you are remembering:
  - Ella **era** alta y **tenía** los ojos azules. — *She **was** tall and **had** blue eyes.*
  - La casa de mi niñez **era** muy grande. — *My childhood home **was** very big.*
  - Las fiestas de cumpleaños de mis amigos **eran** muy divertidas. — *My friends' birthday parties **were** lots of fun.*
- To describe mental states, feelings, and states of health in the past:
  - Ayer **estaba** muy cansado. — *Yesterday I **was** very tired.*
  - Yo no **me sentía** bien. — *I **wasn't feeling** well.*
  - **Tenía** mucho sueño. — *I **was** very sleepy.*
  - No **estaba** muy contento. — *I **wasn't** very happy.*
- To express how old someone was in the past:
  - Él **tenía** 50 años. — *He **was** 50 years old.*
- To tell time in the past:
  - **Eran** las 3:30. — *It **was** 3:30.*
- With **había,** the imperfect tense of the verb **haber,** to describe the thing/s that was/were in a place in the past:
  - En la fiesta **había** mucha comida. — ***There was** a lot of food at the party.*
  - **Había** 50 velas en el pastel. — ***There were** 50 candles on the cake.*

Práctica

7-8 Descripciones de tu mundo Piensa en las personas y cosas de tu pasado. Describe cómo eran las siguientes personas y cosas cuando eras niño/a. Puedes usar los verbos **ser, tener, haber, estar** y **parecer.**

1. tu abuela
2. tu mejor amigo/a cuando tenías siete años
3. tu maestro/a favorito/a
4. otro/a maestro/a de tu escuela primaria
5. tu habitación
6. tu casa
7. tu escuela secundaria
8. tu parque favorito

7-9 Estados mentales ¿Puedes recordar cómo te sentías cuando eras niño/a? Di cómo te sentías cuando eras niño/a en cada una de las siguientes situaciones. Puedes usar los verbos **estar** o **sentirse,** o las expresiones con **tener.**

1. el día de tu cumpleaños
2. el día de Navidad u otra fiesta de tu familia
3. el primer día de clase después de las vacaciones de verano
4. cuando visitabas a tus abuelos
5. cuando jugabas con tus amigos
6. cuando ibas al médico o al hospital

VAMOS A ESCUCHAR:
UNA FIESTA SORPRESA

Track 2-9

En este segmento, vas a escuchar una conversación entre Benito y Paco sobre una fiesta sorpresa que quieren organizar para el cumpleaños de su amiga Anita.

HERITAGE LEARNERS: Ask heritage learners to listen to the Spanish in the **Vamos a escuchar** recording and to compare it with the Spanish they use in their communities.

Antes de escuchar

Antes de escuchar la conversación, contesta las siguientes preguntas.

- ¿ Te sorprendieron alguna vez con una fiesta sorpresa?
- ¿Qué hace la gente normalmente en una fiesta? ¿Qué es lo más importante en una fiesta sorpresa?

Antes de esuchar la conversación entre Benito y Paco, lee las preguntas que aparecen en **Después de escuchar.**

Después de escuchar

7-10 Comprensión Completa la tabla comparando las tres fiestas comentadas en la conversación de Paco y Benito. ¿Qué elementos se asocian con cada fiesta? Algunos elementos pertenecen a más de una fiesta.

POSSIBLE ANSWERS, EX. 7-10: las fiestas en casa: la abuela, muchos regalos, la comida favorita, una sorpresa especial, el amor (de familia), las decoraciones; **las fiestas en el colegio:** bailar, las maestras; **la fiesta para Anita:** buena música, bailar, la cerveza, una sorpresa especial, el amor (romántico)

buena música	bailar	la abuela	la cerveza	las maestras
muchos regalos	la comida favorita	una sorpresa especial	el amor	las decoraciones

las fiestas en casa	las fiestas en el colegio	la fiesta para Anita

7-11 ¿Cómo lo dicen? Escucha el diálogo una vez más. Fíjate en lo que dicen los muchachos y contesta estas preguntas.

1. Benito quiere que Paco participe en la fiesta y Paco dice que sí. ¿Cuál es el término que usan para expresar la decisión de participar?
2. Paco le recuerda a Benito de que no debe hablar de la fiesta. ¿Cómo lo dice?

ANSWERS, EX. 7-11: 1. ¿Te apuntas? Me apunto. 2. Calladito, calladito.

TÚ DIRÁS

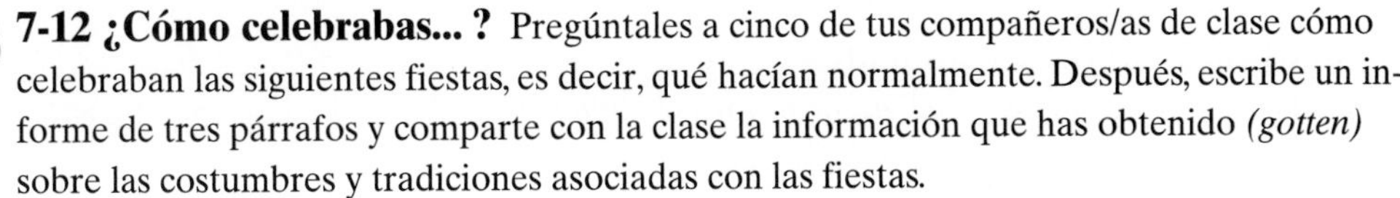

7-12 ¿Cómo celebrabas... ? Pregúntales a cinco de tus compañeros/as de clase cómo celebraban las siguientes fiestas, es decir, qué hacían normalmente. Después, escribe un informe de tres párrafos y comparte con la clase la información que has obtenido *(gotten)* sobre las costumbres y tradiciones asociadas con las fiestas.

- el cumpleaños
- la fiesta de la independencia
- el día de Navidad

7-13 ¿Dónde vivías? ¿Cómo era? Habla con un/a compañero/a de clase y pregúntale lo siguiente.

- ¿Dónde vivías de niño/a?
- ¿Cómo era tu casa?
- ¿Quiénes eran tus amigos?
- ¿Cómo era el barrio?
- ¿Quiénes eran tus vecinos?

Al final, cuenta a la clase lo que has aprendido de la infancia de tu compañero/a de clase.

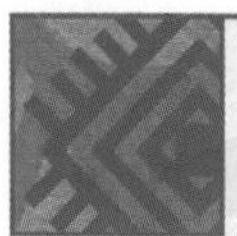

SEGUNDA ETAPA

Para empezar: La música popular

Preparación: Think of the different kinds of music: classical, folk, jazz, reggae, hip-hop, disco, etc.

- Which music would you consider popular? What music do you listen to?
- Are you a musician? Do you sing or play an instrument?

¡Hola! Soy Carlota. Soy una estudiante de la Universidad de Chile, en Santiago. En mi tiempo libre toco la guitarra con un grupo musical. Éstos son algunos de los instrumentos que usamos en el grupo:

EXPANSIÓN LÉXICA: Every type of music has instruments unique to it. Here you see the names of several traditional Chilean instruments often heard in Andean folk music. Puerto Rican folk music uses **el cuatro,** a guitar with the strings arranged in four rows. Another stringed instrument key to a rock group is **el bajo** *(bass),* which, like a guitar, may be **acústico** *(acoustic)* or **eléctrico** *(electric).*

INSTRUMENTOS DE CUERDA

la guitarra — el guitarrón — el charango — el violín — el violonchelo — el arpa

EXPANSIÓN LÉXICA: Big bands, jazz bands, and salsa bands use a full horn section, often including **el clarinete** *(clarinet),* **la trompa** *(French horn),* **la tuba** *(tuba),* and **el trombón** *(trombone).* Although you may think of *bagpipes* as Irish, **la gaita** is also popular in Spanish music.

INSTRUMENTOS DE VIENTO

la flauta — la quena — la trompeta — el saxofón — el acordeón

EXPANSIÓN LÉXICA: Percussion is one of the most distinctive features of Hispanic, and especially Latin American, music. Flamenco and Andean folk bands use **el cajón** *(hollow box)* to keep rhythm. Tropical folk, salsa, and merengue bands use an astonishing variety of percussion instruments, including—but not limited to—**los timbales** *(paired metal-sided drums),* **la batá** *(large wooden drum with skins on both ends),* **el clave** *(wooden rhythm sticks),* **la campana** *(cowbell),* **el güiro** *(güiro, a gourd with a series of parallel grooves played with a stick),* and **la güira** *(a large metal güiro used for merengue).* Orchestras add percussion with **el xilofón** *(xylophone),* **la marimba** *(marimba, a wooden xylophone),* and **el triángulo** *(triangle).* Church music, among many others, depends on the rich sounds of **el órgano,** which may be **eléctrico** or **de tubos.** In contemporary dance music, few bands are complete without **el sintetizador** *(synthesizer).*

INSTRUMENTOS DE PERCUSIÓN Y DE TECLADO

la batería

el bongó

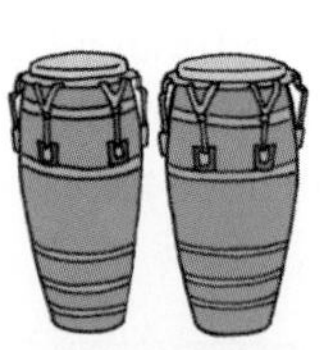

las congas

la pandereta

el piano

Nuestro grupo interpreta canciones de diferentes músicos y compositores. Nos gusta tocar música rock, pero también tocamos baladas y otros ritmos.

Algunos ritmos y bailes populares

la balada	*romantic, nostalgic, or historical ballad*
el bolero	*bolero, classic romantic music*
el corrido	*corrido, a traditional Mexican ballad*
la cumbia	*cumbia, a popular Colombian dance*
el flamenco	*flamenco, soulful guitar- and percussion-based music from southern Spain*
el merengue	*merengue, danceable Dominican music*
la ranchera	*ranchera, polka-like northern Mexican music*
la salsa	*salsa, complex New York-based tropical dance music*
el tango	*tango, seductive Argentine dance for couples*

Otros tipos de música

música clásica	música hip-hop	música alternativa
rock	de fusión	folklórica
rap	jazz	tropical

Músicos y su arte

el/la cantante	*singer*	el/la músico/a	*musician*
el/la cantautor/a	*singer-songwriter*	componer	*to compose*
el/la compositor/a	*composer*	dar un concierto	*to give a concert*
la letra	*lyrics*	grabar	*to record*

EXPANSIÓN LÉXICA: The first musicians were probably vocalists, and today the voice continues as a key component of any music. While the generic term for *singer* is **el/la cantante,** you may also hear in flamenco music **el/la cantaor/a.**

EXPANSIÓN LÉXICA: If you are interested in the inner workings of the music industry, you will want to know more about **el/la productor/a** *(producer),* **el/la operador/a de sonido** *(sound mixer),* **la discográfica** *(record company),* and **el/la promotor/a** *(promotor)* with which you will be dealing.

Práctica

7-14 ¿Qué es? Al pasar por el escaparate de una tienda de música, ves los instumentos que se reproducen a continuación. Di cómo se llama cada uno de los siguientes instrumentos.

ANSWERS, EX. 7-14: 1. una guitarra 2. un violín 3. un arpa 4. una flauta 5. una trompeta 6. un acordeón 7. una batería 8. una pandereta 9. *Answers will vary,* but you should encourage creativity.

1. 2. 3. 4. 5. 6. 7. 8.

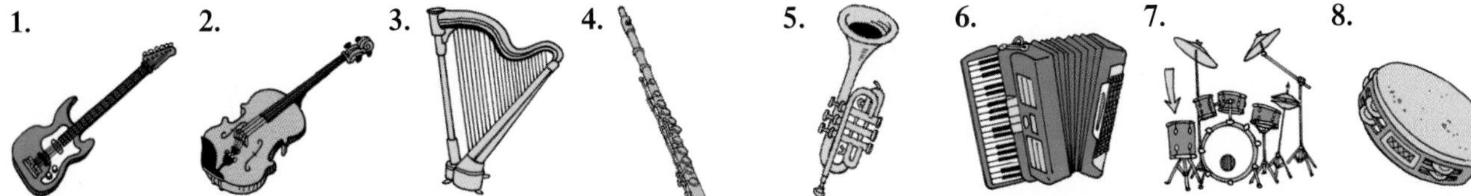

9. ¿Quisieras tener uno de estos instrumentos? ¿Cuál? ¿Por qué?

7-15 ¿Qué tocan? Muchos de los músicos más famosos tocan más de un instrumento, pero casi siempre se asocian con uno solo. Trabaja con dos compañeros/as de clase e identifiquen los instrumentos y estilos asociados con los artistas que aparecen a continuación. Sigan el modelo.

Modelo: Kurt Cobain
Kurt Cobain toca la guitarra. Toca música rock/alternativa.

1. Elton John
2. Louis Armstrong
3. Yo Yo Ma
4. Midori Goto
5. Max Roach
6. Kenny G.
7. Selena
8. Celia Cruz
9. Ringo Starr
10. Van Cliburn
11. Max Weinberg
12. Marc Anthony

ANSWERS, EX. 7-15: 1. Toca el piano. Toca música rock. 2. Toca la trompeta. Toca jazz. 3. Toca el violonchelo. Toca música clásica. 4. Toca el violín. Toca música clásica. 5. Toca la batería. Toca jazz. 6. Toca el saxofón. Toca jazz. 7. Canta. Canta música ranchera. 8. Canta. Canta salsa. 9. Toca la batería. Toca rock. 10. Toca el piano. Toca música clásica. 11. Toca la batería. Toca rock. 12. Canta. Canta salsa.

VARIATIONS, EX. 7-15: (1) Have students brainstorm lists of their favorite or well-known musicians and use those names to expand this activity. (2) Use a list of Hispanic musicians. Consider including: Juan Luis Guerra (canta, merengue), Julio Iglesias (canta, baladas), Pher (toca guitarra, rock), Silvio Rodríguez (toca guitarra, cantautor).

REPASO

7-16 La infancia de mis padres Habla con tus padres o con varias personas de su generación y pregúntales cómo era su infancia. Después, escribe un pequeño informe para presentarlo en clase. Éstas son algunas preguntas que puedes usar: ¿Dónde vivían? ¿Cómo era su barrio? ¿Qué hacían en el colegio *(grade high school)*? ¿Qué hacían al salir del colegio? ¿A qué jugaban?

Review the forms and use of the imperfect with habitual actions.

7-17 ¿Lo hiciste? Un/a compañero/a de clase quiere saber si ayer hiciste todo lo que debías hacer. Túrnense para contestar las preguntas utilizando el pronombre de complemento directo. ¿Quién trabajó más?

Modelo: ¿Regaste las plantas?
Sí, las regué.

1. ¿Hiciste la cama?
2. ¿Sacaste la basura?
3. ¿Lavaste los platos?
4. ¿Leíste el libro para la clase de español?
5. ¿Consultaste la página web?
6. ¿Utilizaste la computadora?
7. ¿Enviaste mensajes?
8. ¿Apagaste la impresora al terminar?

Review preterite and direct object pronouns.

ANSWERS, EX. 7-17: Sí, / No, no 1. la hice 2. la saqué 3. los lavé 4. lo leí 5. la consulté 6. la utilicé 7. los envié 8. la apagué

ENFOQUE ESTRUCTURAL Más usos del imperfecto

Besides the uses you learned in the previous **etapa,** the imperfect is used in the following cases:

- To indicate actions that *were going on* at the time you are speaking about:

Mientras **bailábamos** ella **bebía** un refresco.	*While we **were dancing,** she **was drinking** a soda.*

- To express attitudes and beliefs that were held at that time in the past, using verbs such as **creer, pensar,** etc.:

Yo **creía** que era bonita.	*I **thought** she was pretty.*

- To set the background or context for a story taking place in the past:

Eran las 9:00 de la noche. Yo **estaba** de visita en Concepción. **Era** invierno, pero **hacía** muchísimo calor allí. **Estábamos** en un pequeño restaurante.	*It **was** 9:00 at night. I **was** visiting Concepción. It **was** winter, but it **was** very hot there. We **were** in a small restaurant.*

Práctica

POSSIBLE ANSWERS, EX. 7-18: 1. Enrique le sonreía a Cecilia. 2. Cecilia escuchaba a Jaime y a Enrique. 3. Jorge y Olga hablaban de su música favorita. 4. Rosa aceptaba unas tapas de Joaquín. 5. Joaquín le servía unas tapas a Rosa. 6. Jaime comía una galleta. 7. El Sr. Castañeda hablaba con un invitado. 8. La Sra. Fernández tomaba una cerveza. 9. Mónica esuchaba a la Sra. Fernández.

7-18 La fiesta de Cecilia Daniel llegó tarde a la fiesta de Cecilia. De acuerdo con el dibujo, emplea el imperfecto para indicar lo que hacían sus amigos cuando él llegó. Tienes que usar la imaginación. Cuando termines, compara tu descripción con la de un/a compañero/a de clase. ¿Están de acuerdo?

Modelo: Olga
Olga escuchaba discos compactos.

1. Enrique
2. Cecilia
3. Jorge y Olga
4. Rosa
5. Joaquín
6. Jaime
7. el Sr. Castañeda
8. la Sra. Fernández
9. Mónica

7-19 Circunstancias Cuéntale a un/a compañero/a de clase algo que te pasó en los momentos que se mencionan a continuación. En cada caso indica dónde estabas, qué hacías, cómo te sentías, si estabas solo/a *(alone)* o con otras personas y qué hacían ellos/as.

1. ayer por la noche a las ocho
2. esta mañana a las siete y media
3. el sábado pasado a las diez de la noche
4. el viernes pasado por la noche
5. un momento importante en tu vida

COMENTARIOS CULTURALES

SUGGESTION: Provide a transition for students by reminding them that this chapter's country of focus is Chile and therefore the following **Comentario cultural** highlights certain cultural aspects of Chile.

Bailes tradicionales chilenos: La cueca

La cueca es el baile tradicional chileno más importante. Se baila desde principios del siglo XIX, desde más o menos 1820. Desde 1979 es la Danza Nacional de Chile.

Una guitarra, un arpa y una cantora acompañan el baile. Un hombre y una mujer lo bailan. El hombre elige a la mujer con la que va a bailar. Él le ofrece el brazo, los dos dan un paseo y después se colocan uno enfrente de otro para bailar. Cada uno tiene un pañuelo. El hombre intenta atraer a la mujer, la persigue y ella se escapa hasta que al final terminan juntos en un abrazo. La cueca se baila en muchos tipos de fiestas, tales como bodas y cumpleaños.

Durante los años de la dictadura militar de Augusto Pinochet (1973–1990), la cueca adquirió un nuevo significado. Puesto que muchos hombres habían sido asesinados o habían desaparecido, las mujeres comenzaron a bailar la cueca solas en honor a sus maridos, sus padres, sus hijos. En 1987 el cantante Sting compuso una canción, "They dance alone", dedicada a las mujeres chilenas que bailaban solas. Esta canción estuvo prohibida en Chile cuando Pinochet estaba en poder.

INTEGRACIÓN CULTURAL

1. ¿Qué instrumentos acompañan la cueca?
2. ¿Por qué bailaban las mujeres la cueca sin hombres durante la dictadura de Pinochet?
3. ¿Puedes pensar en otra canción o baile prohibido por un gobierno? ¿Es posible tal censura en tu país? ¿Por qué sí o por qué no?

ANSWERS: 1. la guitarra y el arpa 2. Bailaban solas en honor a sus maridos, padres o sus hijos desaparecidos por la dictadura. 3. *Answers will vary,* but you may want to encourage students to consider different forms of censorship.

HERITAGE LEARNERS: You may hear heritage learners say things like **más viejo, más joven, más bueno,** and **más malo.** Remember that these forms may sound fine in their respective speech communities, but you may want to indicate to them that **mayor, menor, mejor,** and **peor** are forms that are accepted on a much wider scale in the Spanish-speaking world.

ENFOQUE ESTRUCTURAL Comparativos y superlativos

Comparativos

Me gusta **más** la música chilena **que** la americana. — *I like Chilean music **more than** American music.*

Tengo **menos** cintas **que** discos compactos. — *I have **fewer** tapes **than** CDs.*

Más/menos... que

1. To establish a comparison in Spanish, use these phrases:

más... que	*more . . . than*
menos... que	*less/fewer . . . than*

Hoy hay **menos** músicos **que** ayer. — *Today there are **fewer** musicians **than** yesterday.*

Estos bongós son **más** caros **que** ésos. ¿Por qué? — *These bongos are **more** expensive **than** those. Why?*

2. The following adjectives have an irregular comparative form and do not make comparisons using **más** or **menos:**

buen, bueno/a/os/as	*good*	→	**mejor/es**	*better*
mal, malo/a/os/as	*bad, sick*	→	**peor/es**	*worse*
joven/jóvenes	*young*	→	**menor/es**	*younger*
viejo/a/os/as	*old*	→	**mayor/es**	*older*

Esta música es **mejor que** ésa. — *This music is **better than** that.*

Yo soy **peor** músico **que** mi hermano. — *I am a **worse** musician **than** my brother.*

Tan... como / Tanto... como

1. To compare equal descriptions in Spanish, use the phrase **tan** + adjective/adverb + **como,** which is equivalent to *as* adjective/adverb *as* in English:

El merengue es **tan divertido como** la salsa. — *The merengue is **as fun as** salsa.*

Miguel baila **tan bien como** Alberto. — *Miguel dances **as well as** Alberto.*

2. To compare equal quantities in Spanish, use **tanto/a** or **tantos/as** + noun + **como,** which is equivalent to *as much* + noun + *as* in English, or **tantos/as** + noun + **como,** which equals *as many* + noun + *as* in English:

Víctor Jara tiene **tanto talento como** Violeta Parra. — *Víctor Jara has **as much talent as** Violeta Parra.*

Tengo **tantos discos compactos** de Víctor Jara **como** de Inti Illimani. — *I have **as many** Víctor Jara **CDs as** Inti Illimani (discs).*

The words **tanto/a** and **tantos/as** are adjectives and thus agree in gender and number with the nouns that follow them.

Superlativos

Víctor Jara es tal vez **el cantante más famoso** de Chile. — *Víctor Jara is probably **the most famous singer** in Chile.*

To convey in Spanish the idea expressed in English by *-est, the most*, or *the least,* use the following structures:

- definite article + **más/menos** + adjective + **de**

Este disco compacto es **el más vendido de** este año. — *This CD is this year's **best seller.***

Esta canción de Violeta Parra es **la más conmovedora de** todas. — *This song by Violeta Parra is **the most moving of** all.*

- definite article + **mejor/peor** + noun + **de**

"Gracias a la vida" es **la mejor canción del** mundo. — *"Gracias a la vida" is **the best song in the** world.*

Juan es **el peor músico del** grupo. — *Juan is **the worst musician in the** group.*

Práctica

7-20 Comparaciones ¿Quién tiene más música? Compara las posesiones de las siguientes personas.

POSSIBLE ANSWERS, EX. 7-20: 1. Pancho tiene tantos vídeos musicales como José. 2. José tiene menos discos compactos que Delia. 3. Delia tiene más cintas que Ángeles. 4. Ángeles tiene tantos discos compactos como Pancho. 5. José tiene menos vídeos musicales que Delia. 6. Pancho tiene tantas cintas como Delia. 7. *Answers will vary,* but can be used to spot-check students' comprehension.

	vídeos musicales	cintas	discos compactos
Ángeles	3	15	32
Pancho	10	27	32
José	10	34	35
Delia	12	27	38

Modelo: discos compactos / Ángeles y José
Ángeles tiene menos discos compactos que José.

1. vídeos musicales / Pancho y José
2. discos compactos / José y Delia
3. cintas / Delia y Ángeles
4. discos compactos / Ángeles y Pancho
5. vídeos musicales / José y Delia
6. cintas / Pancho y Delia
7. Y tú, ¿cuántos vídeos, cintas y discos compactos tienes? ¿Tienes más o menos que estos amigos?

7-21 Mis amigos y yo Utiliza las siguientes palabras para hacer comparaciones entre tú y tus amigos. Primero pregúntale a tu compañero/a de clase cuántos/as tiene de cada cosa. Después utiliza las expresiones **más... que, menos... que** y **tantos/as... como.**

ANSWERS, EX. 7-21: *Answers will vary.*

Modelo: *—¿Cuántos primos tienes?*
—Cuatro.
—Tienes menos primos que yo.

1. hermanos/as
2. tíos/as
3. camisetas
4. cintas
5. dinero
6. vídeo-juegos

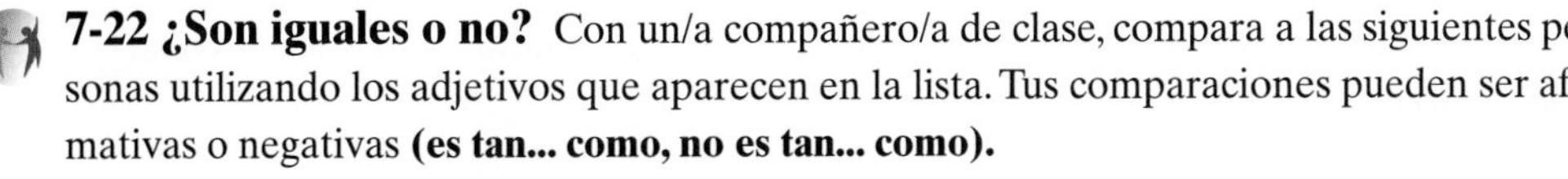

7-22 ¿Son iguales o no? Con un/a compañero/a de clase, compara a las siguientes personas utilizando los adjetivos que aparecen en la lista. Tus comparaciones pueden ser afirmativas o negativas **(es tan... como, no es tan... como).**

ANSWERS, EX. 7-22: *Answers will vary* but should include correct agreement.

SUGGESTION, EX. 7-22: If students ask, reveal what these individuals do: 1. Isabel Allende y Laura Esquivel son escritoras. 2. Gabriel García Márquez y Carlos Fuentes son escritores. 3. Evita Perón y Mireya Moscoso son políticas. 4. Víctor Jara y Julio Iglesias son cantantes. 5. Gloria Estefan y Albita son cantantes cubanoamericanas. 6. Antonio Banderas y Ricardo Montalbán son actores. 7. Edward James Olmos y Rubén Blades son actores y activistas. 8. Rosie Pérez y Mario Moreno "Cantinflas" son actores cómicos. 9. Pablo Picasso y Salvador Dalí son pintores. 10. Celia Cruz y Marc Anthony son músicos salseros. 11. Frida Kahlo y Diego Rivera son pintores. 12. Sammy Sosa y Juan González son deportistas

VARIATION, EX. 7-22: Ask students to prepare a short presentation comparing themselves and one of their family members or roommates with whom they differ the most.

Modelo: Marc Anthony / Enrique Iglesias
Marc Anthony es tan popular como Enrique Iglesias.
Marc Anthony no es tan guapo como Enrique Iglesias.

famoso/a joven viejo/a talentoso/a activista buen/a guapo/a moderno/a

1. Isabel Allende / Laura Esquivel
2. Gabriel García Márquez / Carlos Fuentes
3. Evita Perón / Mireya Moscoso
4. Víctor Jara / Julio Iglesias
5. Gloria Estefan / Albita
6. Antonio Banderas / Ricardo Montalbán
7. Edward James Olmos / Rubén Blades
8. Rosie Pérez / Mario Moreno "Cantinflas"
9. Pablo Picasso / Salvador Dalí
10. Celia Cruz / Marc Anthony
11. Frida Kahlo / Diego Rivera
12. Sammy Sosa / Juan González

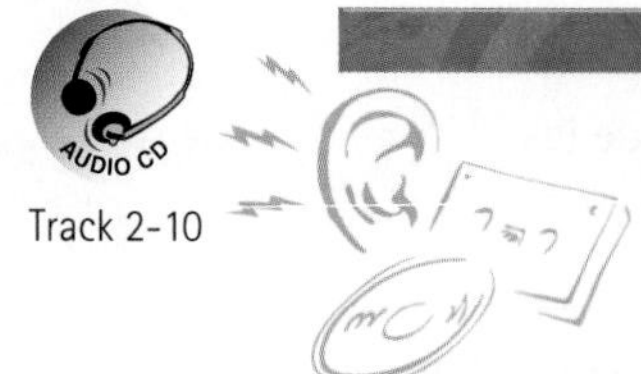
Track 2-10

VAMOS A ESCUCHAR:

MUNDO ANDINO, LA MEJOR TIENDA DE INSTRUMENTOS CHILENOS

HERITAGE LEARNERS: Ask heritage learners to listen to the Spanish in the **Vamos a escuchar** recording and to compare it with the Spanish they use in their communities.

En este segmento, vas a escuchar el mini-programa de Mundo Andino, una tienda de instrumentos chilenos.

Antes de escuchar

Antes de escuchar el mini-programa de Mundo Andino, contesta las siguientes preguntas.

- ¿Qué sabes de los instrumentos usados en tu música favorita? ¿Sabes algo de sus orígenes?
- ¿Sabes el nombre de algunos instrumentos típicos de la música andina?

Antes de esuchar el segmento, lee las preguntas que aparecen en la sección **Después de escuchar.**

Después de escuchar

ANSWERS, EX. 7-23: 1. más alto 2. mayor importancia 3. la quena 4. más largas o de caña más gruesa 5. para dos personas/más vistoso, pero menos portátil 6. instrumento de percusión

7-23 Comprensión El locutor describe cuatro instrumentos típicos de la música chilena. Completa las afirmaciones según lo que escuchaste en el mini-programa.

1. El charango tiene el sonido _______ que la guitarra.
2. El charango es el instrumento andino de _______.
3. El instrumento más fácil de encontrar es _______.
4. Las zampoñas _______ dan una nota baja.
5. Mundo Andino ofrece un modelo especial de zampoña, el modelo Gigante, que es _______.
6. Las cha-chas son un tipo de _______.

ANSWERS, EX. 7-24: 1. un recorrido 2. de concha de armadillo

7-24 ¿Cómo lo dicen? Escucha el segmento una vez más. Fíjate en lo que dice el locutor y contesta estas preguntas.

1. ¿Cuál es el término usado por el locutor para describir su visita a la tienda chilena de instrumentos?
2. Los charangos no se hacen de madera siempre. ¿De qué material se fabrican los charangos tradicionales?

TÚ DIRÁS

7-25 Un recuerdo de mi infancia Trata de recordar algún acontecimiento importante de tu infancia. ¿Te visitó una persona importante? ¿Recibiste un juguete especial? ¿Viajaste a alguna parte especial? ¿Sufriste un accidente? Cuéntale a un/a compañero/a de clase ese recuerdo e indica lo siguiente:

- dónde estabas
- con quién estabas
- qué hacías tú; qué hacían los demás
- cómo te sentías; cómo se sentían los demás

7-26 La música que me gusta, la música que no me gustaba Habla con un/a compañero/a de clase sobre tus gustos musicales de ahora y tus gustos musicales de hace diez años. Comparen la música que escuchaban antes con la música que escuchan ahora. Tienen mejor gusto ahora, ¿verdad?

Para empezar: Los festivales y conciertos

Preparación: Think about some of the great North American music festivals.

- Are any music festivals held near your hometown? What type of music do they feature?
- Are there places where concerts are held? Do you go to them?

Todos los años hay un festival de música folklórica en la Patagonia, en el sur de Chile. En este festival actúan muchos grupos musicales, tanto de aficionados, como de profesionales. Mis amigos y yo vamos todos los años a ver concursar a los grupos que representan diversos tipos de música folklórica.

Festivales de música

la actuación	*performance*	el escenario	*stage*
actuar	*to perform*	la organización	*organization*
la banda	*band*	patrocinar	*to sponsor*
celebrarse	*to celebrate, to take place*	el tema musical	*musical theme, song*
concursar	*to compete*	tocar	*to play*
el concurso	*competition*	la voz	*voice*
darse cita	*to gather*		

Conciertos

el afiche/el cartel	*poster*
la cartelera	*concert billboard*
la discografía	*discography*
la entrada	*ticket*
estar de gira	*to be on tour*
el local (musical)	*(music) venue*
la música en vivo	*live music*
presentar un disco	*to launch an album*
promover (ue)	*to promote*
la publicidad	*publicity, advertising*
rendir homenaje/tributo a	*to pay tribute to*
el repertorio	*repertoire*
representar a	*to represent*
tener lugar	*to take place*
el último disco	*latest album/record*

HERITAGE LEARNERS: You may hear other words for *ticket* among heritage learners from different backgrounds. In Mexico, **boleto** is used, as well as **billete.** The word **tíquet** is borrowed from English and also enjoys widespread use.

Músicos y el personal musical

el/la aficionado/a	*amateur*	el/la participante	*participant*
el/la artista	*artist*	el/la patrocinador/a	*sponsor*
el/la coreógrafo/a	*choreographer*	el/la profesional	*professional*
el/la ganador/a	*winner*	el/la vocalista	*vocalist*
el grupo musical	*musical group*		

Práctica

POSSIBLE ANSWERS, EX. 7-27: 1. escenario 2. los patrocinadores 3. local 4. está de gira 5. dan cita 6. la voz 7. carteles, afiches 8. el repertorio 9. letra 10. tema musical

7-27 Los músicos y su mundo ¿Cuánto sabes de la vida de un músico? Completa las siguientes definiciones con la palabra adecuada.

1. El _______ es el lugar donde actúan los músicos.
2. Las personas que pagan los gastos de un concierto a cambio de publicidad se llaman _______.
3. Un _______ es el lugar donde se toca música en vivo.
4. Cuando un grupo musical viaja de un sitio a otro para actuar se dice que _______.
5. En un festival, muchos grupos se _______, es decir, se reúnen para concursar.
6. Para un cantante, v es lo más importante.
7. Los _______ anuncian las fechas de los conciertos.
8. El conjunto de canciones que toca un grupo se llama _______.
9. De algunas canciones me gusta la _______, de otras la música.
10. Un sinónimo de **canción** es _______.

7-28 Mi grupo favorito ¿Cuál es tu grupo favorito? Utiliza el vocabulario que aparece a continuación para hablarle a un/a compañero/a de clase de tu grupo músical favorito.

estar de gira	el último disco	escenario
temas musicales	actuación	letra de las canciones

REPASO

Review the imperfect tense.

7-29 El concierto de... En un párrafo de 10 oraciones, describe el último concierto al que fuiste. ¿Quién tocaba o cantaba? ¿Cómo era el ambiente? ¿Qué pasaba entre los espectadores mientras el grupo tocaba? Incluye todos los detalles que puedas.

Review the use of comparatives.

7-30 Hay música para todos los gustos ¿Qué tipo de música te gusta? Trabaja con un/a compañero/a de clase y piensen en dos de sus cantantes preferidos. Establezcan comparaciones entre sus cantantes favoritos utilizando la siguiente información. Utilicen **más... que, menos... que, tanto/a/os/as... como, tan... como** para comparar los/las cantantes y sus estilos.

la edad	su forma de actuar en conciertos
el físico	el número de discos
su música	la letra de sus canciones

ENFOQUE ESTRUCTURAL Los pronombres demostrativos

IRM Master 18: Los demostrativos

SUGGESTION: Tell students that the difference between **éste, ése,** and **aquél** is usually clarified by using **aquí, ahí,** and **allá: éste de aquí, ése de ahí, aquél de allá.**

—¿Qué guitarra prefieres, **ésta** o **ésa**?	*Which guitar do you prefer, **this one** or **that one**?*
—**Ésta.**	***This one.***
—¿Qué bongós te gustan más, **éstos** o **ésos**?	*Which bongos do you like better, **these** or **those**?*
—**Éstos.**	***These.***

Demonstrative pronouns are used to indicate a person, object, or place when the noun itself is not mentioned.

Ese cantante no es muy bueno.	*That singer is not very good.*
Éste de **aquí** es mejor.	***This one here** is better.*

Demonstrative pronouns have the same form as demonstrative adjectives (you learned these in **Capítulo 4,** page 129), but they are distinguished by an accent mark. The accent mark does not affect the pronunciation of the word but instead shows that it has a different use and meaning.

CLASSROOM MANAGEMENT: For homework the night before presenting this grammatical point in class, ask students to read over this section. In class, present the structure in context by placing three groups of CDs or cassettes at varying distances from yourself. Tell students to pretend that you are in a music store and are trying to decide what music to buy to take to a business party. Pick up one CD and tell students: **Este CD es muy bueno, pero es música rock y no sé si es adecuada para la fiesta... Ese CD** (point to next set) **es música clásica... Aquel CD...** Check comprehension using demonstratives in the questions: **¿Cuál es mejor, éste o ése?**

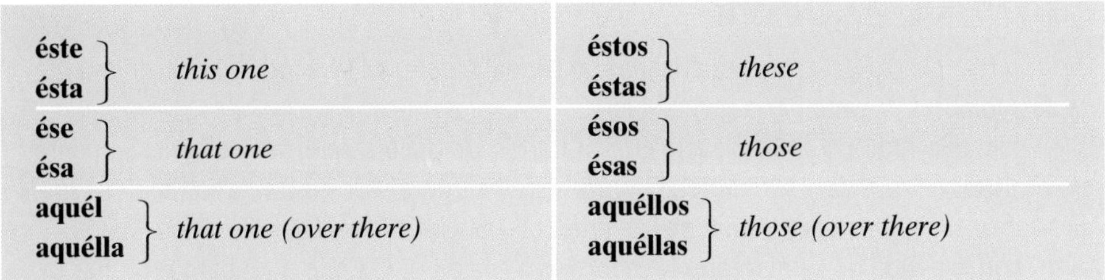

éste / **ésta**	*this one*	**éstos** / **éstas**	*these*
ése / **ésa**	*that one*	**ésos** / **ésas**	*those*
aquél / **aquélla**	*that one (over there)*	**aquéllos** / **aquéllas**	*those (over there)*

Demonstrative pronouns agree in gender and number with the nouns they replace.

Esta canción es muy alegre; **ésa** es muy triste.	*This song is very happy;* ***that one*** *is very sad.*
Me gusta este disco más que **aquél.**	*I like this album better than* ***that one.***

When using demonstrative pronouns, it is helpful to use adverbs of location to indicate how close to you an object is. The location helps you decide whether you should refer to the object using **éste/a, ése/a,** or **aquél/la.**

You have already learned **aquí** *(here).* Here are two other adverbs you can use to talk about location: **ahí** *(there)* and **allí** *(over there).*

¿Quieres **esta** guitarra **de aquí, ésa de ahí** o **aquélla de allí**?	*Do you want* ***this*** *guitar* ***here, that one there,*** *or* ***that one over there****?*

Los pronombres demostrativos neutros: *esto, eso, aquello*

The neuter demonstrative pronouns in Spanish are used to refer to an abstract concept, an idea, an action, or an indefinite object. They never take an accent mark.

¿Cómo suena **esto**?	*How does* ***this*** *sound?*
—¿Cómo se llama **aquello**?	*What do you call* ***that****?*
—Es una quena.	*It is a quena.*

Práctica

7-31 *¿Éste, ése* o *aquél*? Contesta las siguientes preguntas en oraciones completas con la información que aparece entre paréntesis.

ANSWERS, EX. 7-31: 1. Prefiero ésa. 2. Me gusta más éste. 3. Me parecen más interesantes aquéllos. 4. Bailo mejor éstos. 5. Suena mejor aquélla.

1. ¿Qué música prefieres, ésta o ésa? *(that one)*
2. ¿Qué disco te gusta más, éste o aquél? *(this one here)*
3. ¿Qué músicos te parecen más interesantes, éstos o aquéllos? *(those over there)*
4. ¿Qué bailes bailas mejor, éstos o ésos? *(these)*
5. ¿Qué guitarra suena mejor, ésta o aquélla? *(that one over there)*

7-32 *¿Esto, eso* o *aquello*? Completa las oraciones con la información entre paréntesis.

ANSWERS, EX. 7-32: 1. Esto. 2. Eso 3. esto 4. aquello 5. Esto 6. Eso

1. _______ *(This)* es muy interesante.
2. _______ *(That)* me parece muy difícil.
3. ¿Qué piensas de _______ *(this)*?
4. ¿Ves _______ *(that over there)*?
5. _______ *(This)* suena muy bien.
6. _______ *(That)* es estupendo.

SUGGESTION: Provide a transition for students by reminding them that this chapter's country of focus is Chile and therefore the following **Comentario cultural** highlights certain cultural aspects of Chile.

COMENTARIOS CULTURALES

La música chilena de ayer y de hoy

Cuando uno piensa en la música chilena tradicional y popular, se acuerda necesariamente de dos nombres: Violeta Parra y Víctor Jara.

Violeta Parra (1917–1967) nació en San Carlos, un pueblo en el sur de Chile. Su padre era profesor de música y su madre era guitarrera y cantora. A los nueve años, Violeta empieza a cantar y a los doce compone sus primeras canciones: boleros y corridos. Más tarde, con la ayuda de su hermano Nicanor Parra, viaja por el Chile rural para recopilar ejemplos de música folklórica y canto popular. A lo largo de su vida, Violeta Parra defiende con su arte la cultura popular y lucha para eliminar la visión estereotipada de América Latina. Una de las canciones más conocidas y bellas de Violeta Parra se titula "Gracias a la vida que me ha dado tanto".

Víctor Jara (1932–1973) nace en una familia de campesinos. Su madre, cantora, le enseña a tocar la guitarra. En los años de estudiante, participa en el coro de la Universidad de Chile, hace teatro y más tarde pasa a formar parte de un grupo de Cantos y Danzas Folklóricas. Conoce a Violeta Parra, que le anima a seguir cantando. Estudia la carrera de Dirección Teatral y durante su vida se dedica tanto a cantar como a dirigir obras de teatro. Su primer disco aparece en 1966. En 1969 gana el primer premio en El Primer Festival de la Nueva Canción Chilena. En 1970 abandona el teatro para dedicarse de lleno a la música, dar conciertos y hacer giras. Su música es música comprometida políticamente. Con sus canciones, Jara defiende los derechos de los campesinos y denuncia la situación de los pobres y desamparados. El 11 de septiembre de 1973, día de golpe militar de Pinochet contra el gobierno de Salvador Allende, Jara, que estaba en la universidad preparando un concierto, es detenido por los militares, que lo llevan al Estadio Chile, lo torturan y lo matan.

INTEGRACIÓN CULTURAL

1. ¿Qué tipo de canciones cantaba Violeta Parra a los doce años?
2. ¿Por qué luchó Violeta Parra?
3. ¿Qué relación había entre Violeta Parra y Víctor Jara?
4. Además de la música, ¿qué más hizo Víctor Jara?
5. ¿Qué quiere decir que la música de Víctor Jara es "comprometida políticamente"?
6. ¿Puedes pensar en algún cantante o grupo que actualmente haga música comprometida?
7. La música comprometida ¿crees que es música con validez *(validity, significance)* contemporánea? ¿Cuáles son las injusticias que se denuncian hoy?

ANSWERS: 1. boleros y corridos 2. por eliminar la visión estereotipada de América Latina 3. A ambos les enseñó su madre a cantar y tocar la guitarra y además Violeta fue quien animó a Víctor a seguir cantando. 4. Hizo también teatro. 5. Quiere decir que sus letras denuncian problemas sociales como la situación de los pobres y de los necesitados. 6–7. *Answers will vary.*

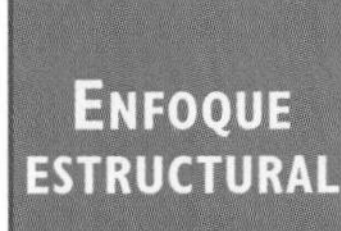

Las expresiones para indicar tiempo transcurrido: *desde cuándo, desde (que), cuánto tiempo hace que, hace (... que)*

—¿**Desde cuándo** tocas en este grupo? *How long have you been playing with this band?*
—**Desde** el verano pasado. ***Since** last summer.*

These time expressions can be used to ask and answer questions about something that started in the past and is continuing in the present.

Pregunta	**Respuesta**
¿**Desde cuándo** + present tense?	**Desde** + specific point in time
—¿**Desde cuándo estudias** español? ***How long have you been studying** Spanish?*	—**Desde el año pasado.** ***Since last year.***
¿**Desde cuándo** + present tense?	**Desde que** + past *or* present tense
—¿**Desde cuándo cantas?** ***How long have you been singing?***	—**Desde que tenía** quince años. ***Since I was** fifteen.*
¿**Cuánto tiempo hace que** + present tense?	**Hace** + length of time
—¿**Cuánto tiempo hace que vives** aquí? ***How long have you lived** here?*	—**Hace dos años.** ***For two years.***

When you want to indicate for how long something has been going on, you use the time expressions as follows:

Hace + length of time + **que** + present tense

Hace dos meses que no toco el piano. ***I have not played** the piano **for two months.***

When you want to indicate how long ago something happened, you use the same structure but with the verb in the past tense:

Hace + length of time + **que** + past tense

Hace siete años que salí de Chile. ***I left** Chile **seven years ago.***

PREVIEW: Remind students that in **Capítulo 5,** page 177, they learned the expressions **hace...** and **hace... que** + preterite tense.

SUGGESTIONS: (1) Contextualize presentation of this structure by telling students about a phone conversation you had with a friend in Chile. Talk about how long it's been since you've seen this friend, how long he/she has been in Chile, etc. (2) To accustom students to these time expressions, make some personal statements. **Yo soy profesor/a desde hace... años. Estamos en la clase desde hace... minutos.** Then lead students to answer **¿Desde cuándo vives en... ? ¿Desde cuándo sabes tocar la guitarra, cantar, etcétera?** Write some of the answers on the board, using a time line with statements such as **Tú comenzaste a estudiar español en septiembre de 200—. La clase comenzó a las...** Show two different ways to express these ideas: **¿desde cuándo? / ¿cuánto tiempo hace?** Consider using their English equivalents.

HERITAGE LEARNERS: It is common among heritage and other speakers of Spanish to omit **tiempo** and simply ask **¿cuánto hace que?**

Práctica

7-33 ¡La estrella eres tú! Imagina que ahora eres una estrella de música tropical. Contesta las siguientes preguntas sobre tu vida según la información entre paréntesis.

1. ¿Desde cuándo sabes bailar merengue? (tener quince años)
2. ¿Cuánto tiempo hace que cantas en este grupo? (dos meses)
3. ¿Hace cuántos días que salió el disco? (una semana)
4. ¿Cuánto tiempo hace que no tocas el violín? (tres años)
5. ¿Cuánto tiempo hace que llegó el vocalista? (una hora)

ANSWERS, EX. 7-33: 1. ... desde que tenía quince años. 2. Hace dos meses que canto... 3. El disco salió hace una semana. 4. Hace tres años que... 5. Hace una hora que...

7-34 ¿Cuánto hace que... ? Pregúntales a varios/as compañeros/as de clase cuánto tiempo hace que hacen o no las siguientes actividades.

Modelo: ir al cine
—¿Cuánto tiempo hace que no vas al cine?
—Hace dos semanas.

1. jugar al (tenis...)
2. trabajar en...
3. estudiar...
4. vivir aquí...
5. conocer a...
6. ir a un concierto / al teatro...

ANSWERS, EX. 7-34: Questions and answers will vary, but encourage variety according to the **Enfoque estructural.**

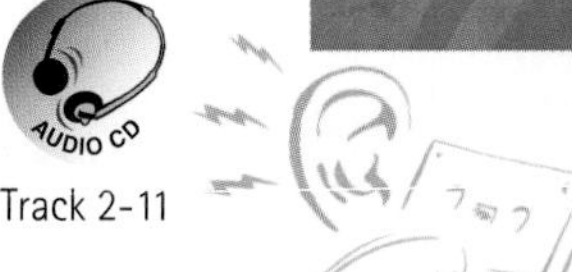

Track 2-11

VAMOS A ESCUCHAR:
¡QUÉ NOCHE!

HERITAGE LEARNERS: Ask heritage learners to listen to the Spanish in the **Vamos a escuchar** recording and to compare it with the Spanish they use in their communities.

En este segmento, vas a escuchar una conversación entre dos amigos, Gabriela y Miguel, sobre un concierto al que acaban de asistir.

Antes de escuchar

Antes de escuchar la conversación, contesta las siguientes preguntas.

- ¿Fuiste a un concierto alguna vez?
- ¿Por qué asistes a ese concierto? ¿Qué te motiva a escoger un concierto en lugar de otro?
- ¿Qué características tiene un buen concierto?

Antes de escuchar la conversación entre Gabriela y Miguel, lee las oraciones que aparecen en la sección **Después de escuchar.**

Después de escuchar

POSSIBLE ANSWERS, EX. 7-35: 1. Víctor Jara, en el aniversario de su muerte 2. afiches, carteles 3. las organizaciones defensoras de derechos humanos 4. la letra de las canciones 5. los vídeos, porque no van bien con la época de Jara

7-35 Comprensión Después de escuchar la conversación con cuidado, completa las oraciones que siguen.

1. El concierto se dio en homenaje a _______.
2. Miguel y Gabriela se llevaron _______ como recuerdo del concierto.
3. El concierto benefició a _______.
4. Los amigos sabían _______ de memoria, pero les gustó poder esuchar la música bien.
5. A Miguel le parecieron mal _______.

ANSWERS, EX. 7-36: 1. cabra 2. los músicos del momento

7-36 ¿Cómo lo dicen? Escucha el diálogo una vez más. Fíjate en lo que dicen los amigos y contesta estas preguntas.

1. Gabriela dice que sueña con un concierto como el que vieron anoche desde hace mucho tiempo, desde que era niña. ¿Cuál es el sinónimo chileno que usa para decir ***niña?***
2. ¿Cómo describe Gabriela a los músicos contemporáneos que formaron parte del concierto?

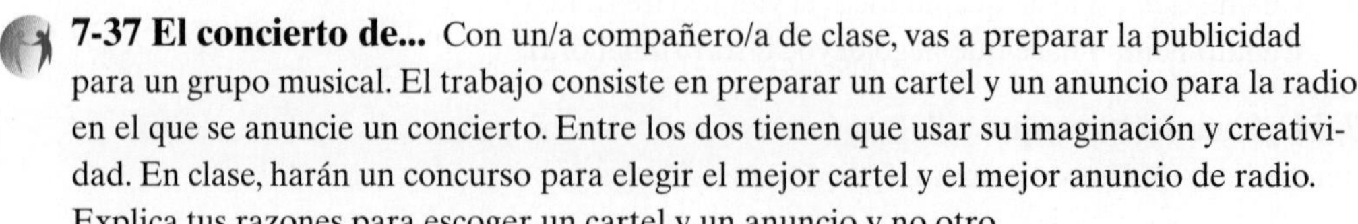

TÚ DIRÁS

7-37 El concierto de... Con un/a compañero/a de clase, vas a preparar la publicidad para un grupo musical. El trabajo consiste en preparar un cartel y un anuncio para la radio en el que se anuncie un concierto. Entre los dos tienen que usar su imaginación y creatividad. En clase, harán un concurso para elegir el mejor cartel y el mejor anuncio de radio. Explica tus razones para escoger un cartel y un anuncio y no otro.

7-38 Un festival de música... y muchos recuerdos Con un/a compañero/a de clase, prepara una lista de las actividades típicas de un festival de música. ¡No se olviden de incluir las locuras propias de un concierto! Luego comenten cuánto tiempo hace que no hacen (¡o sí hacen!) estas cosas. Comparen sus experiencias con la clase. ¿Quién vive la vida más loca?

Lectura: Las fiestas en el mundo hispano

Antes de leer

A. Las fotos ayudan a entender los temas de la lectura.

1. ¿Qué hace la gente en las dos fotos?
2. ¿Cómo están vestidas las personas en las fotos? ¿Ves alguna ropa extraordinaria?
3. ¿Quieres participar en una de estas actividades? ¿Por qué sí o por qué no?

Guía para la lectura

B. Ahora lee el pasaje rápidamente, sólo para reconocer el vocabulario de este capítulo sobre las fiestas y celebraciones. Haz una lista de las diez palabras más importantes.

C. Lee el primer párrafo e indica cuál es el tema general del artículo.

D. En el segundo párrafo se describe una fiesta asociada con la religión cristiana. Léelo para contestar las siguientes preguntas.

1. ¿Cómo se llama y qué se celebra en esta fiesta?
2. ¿Cómo se llaman los tres reyes?
3. ¿Qué figuras contiene un nacimiento?

E. En general, ¿qué describe el tercer párrafo? Contesta con dos o tres oraciones completas.

F. El cuarto párrafo describe lo que pasa en Pamplona, España, en julio. ¿Qué hace la gente durante esta fiesta? ¿Por qué tiene tanta fama internacional esta fiesta?

G. La "Tomatina" es una fiesta muy especial. Según el quinto párrafo, ¿qué pasa en el pueblo de Buñol en la región de Valencia?

H. Al leer el sexto párrafo, presta atención al lugar adonde van muchos mexicanos el día 12 de diciembre. ¿Qué quieren ver en este lugar? Según la creencia popular, ¿qué pasó en el año 1531?

Al fin y al cabo

1. ¿Cuál de estas cinco fiestas te gusta más? ¿Por qué? ¿Cuál te parece menos interesante? ¿Por qué?
2. Ahora mira la lista de fiestas religiosas y nacionales celebradas en Chile en la página 229 de este capítulo. ¿Cuántos días de fiesta hay en Chile parecidos a las fiestas en la lectura? ¿Cuál es o cuáles son?
3. Ahora que tienes bastante información sobre las fiestas en el mundo hispano, habla con un/a compañero/a de clase de un día de fiesta que no se mencione en la lectura anterior. En tu descripción, menciona en qué país o países lo celebran, lo que celebra la gente, por qué lo celebra y cómo lo celebra. Cada persona debe indicar también por qué le interesa esta fiesta.

ANSWERS, B: Encourage students to identify words related to parties and celebrations.

POSSIBLE ANSWER, C: El tema es un resumen muy breve de algunas fiestas del mundo hispano, donde se combinan elementos populares, religiosos y, en Latinoamérica, elementos indígenas.

ANSWERS, D: 1. Se llama la fiesta de los tres Reyes Magos. Se celebra la visita de los Reyes Magos al niño Jesús. 2. Melchor, Gaspar y Baltasar 3. Contiene pequeñas figuras de barro que representan a los reyes, el niño Jesús, María y José, los pastores, los animales y los ángeles.

POSSIBLE ANSWER, E: El Carnaval en Oruro, Bolivia, se celebra en febrero (como en todo el mundo hispano) pero aquí se conoce como "la fiesta de los disfrazados". Los habitantes se visten con máscaras y trajes extravagantes y bailan en la calle.

POSSIBLE ANSWER, F: En las fiestas de San Fermín, la gente corre delante de los toros por las calles de la ciudad. Los toros terminan en la plaza de toros. Este festival cobró más fama a través de la novela de Ernest Hemingway, *Fiesta*.

POSSIBLE ANSWER, G: El tercer miércoles de agosto, en Buñol, se lanzan muchos miles de tomates. El festival no tiene otro propósito que divertirse y acabar con los tomates.

POSSIBLE ANSWER, H: El 12 de diciembre, la fiesta de la Virgen de Guadalupe, miles de mexicanos visitan la Basílica de Guadalupe en la capital para ver y venerar *(honor)* el cuadro de su imagen. Según la creencia popular, la Virgen se le apareció milagrosamente al campesino mexicano Juan Diego en 1531.

En Latinoamérica y en España hay numerosas fiestas, de gran interés y color, que forman parte de la cultura de cada región. En América Latina las fiestas casi siempre combinan algunas tradiciones religiosas de España y algunas de las tradiciones de las antiguas culturas nativas. Éstas son algunas de la fiestas más conocidas del mundo hispano, pero hay muchas más.

presents
Magi, three Wise Men
dress up as
nativities, creches / clay
shepherds

El 6 de enero es el día de los Reyes Magos, que dejan sus **regalos** dentro de los zapatos de los niños en muchos países del mundo hispano. Tiene su origen en la famosa visita de los **Reyes Magos** al niño Jesús. En español se llaman Melchor, Gaspar y Baltasar, nombres que todos los niños aprenden. En algunas ciudades personas famosas del cine, la televisión, el deporte y la política **se visten de** Rey Mago y caminan por las calles. También se ven entre Navidad y el día de los Reyes coloridos **nacimientos** con pequeñas figuras de **barro** que representan a los reyes, el niño Jesús, María y José, los **pastores,** los animales y los ángeles.

masked people
outfits / masks
bears

Celebran Carnaval en febrero en casi todos los países hispanos, pero uno de los carnavales más interesantes es el de Oruro, Bolivia. En la semana de Carnaval tiene lugar la famosa "fiesta de los **disfrazados**". La fiesta es una mezcla de tradiciones europeas y locales. Grupos de personas se visten con magníficos **trajes** y se ponen **máscaras,** algunas que son grotescas, como las de demonios, y otras hermosas, como las de ángeles. También hay gente que se disfraza de **osos,** cóndores y otros animales, y todos bailan por las calles del pueblo.

bulls

En la ciudad de Pamplona, en el norte de España, las fiestas de San Fermín tienen lugar entre el 6 y el 14 de julio. La actividad tradicional de una multitud de personas es correr por las calles delante de los **toros,** que van desde los corrales hasta la plaza de toros. Esta diversión es muy peligrosa. Después, la fiesta sigue por la noche con música, baile y comida. Tiene fama internacional, en parte porque hay descripciones de la fiesta en uno de los libros del escritor norteamericano Ernest Hemingway.

battle
throw
get rid of

El último miércoles de agosto, en el pueblo de Buñol, en la región española de Valencia, hay una fiesta muy especial. Los habitantes del pueblo participan en una **batalla** en la que lanzan 50.000 kilos de tomates. Es la Tomatina, una tradición anual en la que los participantes **se lanzan** tomates, unos contra otros. Es un verdadero espectáculo. Los únicos objetivos de esta fiesta son simplemente divertirse y **acabar con** todos los tomates.

En México, celebran la fiesta de la Virgen de Guadalupe el 12 de diciembre. Es la celebración religiosa más importante de los mexicanos. Todos los años, miles y miles de personas vienen de todo México y de los países de Centroamérica. Algunos caminan durante semanas para hacer el viaje. Muchos son indígenas, porque Nuestra Señora de Guadalupe es la patrona del indígena. Desde el centro de la Ciudad de México, muchos caminan **de rodillas** los ocho kilómetros hasta la **Basílica** de Guadalupe donde está el famoso cuadro de su imagen para recordar la milagrosa aparición de la Virgen en México en 1531. Después de una misa especial, la gente baila y canta día y noche en la plaza. Muchas personas llevan trajes aztecas como antes de la conquista española.

on their knees
church or shrine

En fin, estas celebraciones, entre muchas otras, combinan tradiciones de épocas remotas así como otras más recientes. No sólo reafirman costumbres culturales y creencias espirituales sino que también ayudan a mantener la unión de las comunidades y los países en que tienen lugar cada año.

Las fiestas en el mundo hispanos;
EL SOL Magazine, Nov/Dec 1993 issue.

INTERCAMBIO: INTI-ILLIMANI, UN GRUPO CHILENO

Con un/a compañero/a de clase, tienes que hacer una presentación oral sobre un grupo musical chileno llamado Inti-Illimani. Cada uno de Uds. ha conseguido información que ahora tiene que compartir.

Estudiante A Ésta es la información que tienes sobre el grupo. Léela con atención y contesta las preguntas de tu compañero/a.

Éstas son las preguntas que debes hacerle a tu compañero/a para completar la información sobre el grupo:

- ¿Qué hicieron durante sus años de exilio?
- ¿Cuál fue su primer éxito en el exilio?
- ¿Cuándo se dieron cuenta de que no iban a regresar a Chile?
- ¿Qué influencia tiene el exilio en su música? ¿Puedes dar un ejemplo concreto?
- ¿Cuándo pudieron regresar por fin?
- ¿Cómo fue la vuelta a Chile?
- Y después del regreso, ¿qué hizo Inti-Illimani? ¿Es todavía hoy un grupo musical?

Inti-Illimani: los primeros años

Inti-Illimani es un grupo que lleva tocando más de treinta años. Los componentes del grupo se conocieron en 1966 en la Universidad Técnica de Santiago de Chile cuando todos pensaban hacerse ingenieros. Su amor por la música les llevó a explorar las culturas indígenas de Chile, Perú, Bolivia, Ecuador y Argentina.

El grupo se forma por iniciativa de Jorge Coulón en 1967. El 6 de agosto de ese año tocan en una celebración con motivo del día de la Independencia de Bolivia y allí un boliviano los bautiza Inti-Illimani, que quiere decir "Sol de Illimani" (Illimani es el nombre de un monte de La Paz).

En el verano de 1968 hacen su primera gira por Argentina. Tocan en las calles y en restaurantes. En julio de ese año graban su primer disco. Su próxima gira los lleva a Bolivia, lo cual les marca profundamente. Esta visita reafirma su compromiso con la música latinoamericana y con los sonidos andinos.

Inti-Illimani es un grupo comprometido políticamente. Con su música, participaron activamente en la campaña electoral de Salvador Allende en 1970. Tras la victoria de la Unión Popular, el partido les pide que pongan música al programa del partido. Entre otras canciones, el disco contiene el tema "Canción del poder popular".

En 1971 graban el disco titulado *Autores chilenos.* Con él, Inti-Illimani abandona los ritmos más andinos para dedicarse a lo puramente chileno. Este disco incluye arreglos para una composición original de Violeta Parra.

La madurez musical de Inti-Illimani llega en 1973. Estaban de gira por Europa cuando el 11 de septiembre el golpe militar de Pinochet pone fin a la democracia chilena. Para entonces el grupo ha publicado varios discos, ha hecho múltiples giras por Sudamérica, se ha consolidado con su propia identidad musical. Tras el golpe militar que **derrocó** *(deposed)* a Salvador Allende, Inti-Illimani no pudo regresar a Chile.

El grupo, al no poder regresar a su país, se queda en Italia. El pueblo italiano mostró una gran solidaridad con ellos y con la situación vivida en Chile. Tuvieron la oportunidad de cantar en el Festival de L'Unitá, en Milán. Tuvieron un gran éxito primero en Italia y luego en el resto de Europa.

Inti-Illimani se dedica en este tiempo a regrabar su antiguo repertorio ya que los másters de sus discos de 1969 a 1973 han sido destruidos por el régimen militar.

Estudiante B Ésta es la información que tienes sobre el grupo. Léela con atención y contesta las preguntas de tu compañero/a de clase.

Éstas son las preguntas que debes hacerle a tu compañero/a para completar la información sobre el grupo:

- ¿Cuándo se conocieron los miembros del grupo?
- ¿Cuándo se formó el grupo?
- ¿Quién les puso ese nombre? ¿Significa algo?
- ¿Cuándo hicieron su primera gira?
- ¿Qué relación tiene el grupo con la política?
- ¿Cuándo y por qué se quedan exilados en Italia?

Inti-Illimani: desde el exilio hasta hoy

Durante sus años de exilio Inti-Illimani continúa su compromiso con la música folklórica de América Latina y hace lo posible para difundirla por el mundo. El tema instrumental "Alturas" les trajo su primer gran éxito en Europa. Su otro gran éxito fue "El pueblo unido jamás será vencido" que interpretaron por primera vez en un concierto en Florencia en 1973.

Al principio no sabían exactamente cuánto tiempo iba a durar su exilio, pero en 1978 comprendieron que su estancia en Italia parecía definitiva. En 1978 el regreso a Chile se convirtió en un sueño. Entonces decidieron establecerse, comprar muebles y dejaron de usar los ponchos rojos que usaban en los conciertos desde que dejaron Chile. La primera vez que el grupo tocó sin su vestimenta tradicional fue en el verano de 1980 en el Festival de Ventimiglia.

Poco a poco su música empieza a incorporar sonidos propios de la cultura mediterránea. En su disco *Palimpsesto* está el tema "El mercado de Testaccio" que el grupo compuso en honor a un mercado de verduras de Roma.

El grupo recorre el mundo y actúa en los escenarios más importantes. En 1982 son nominados para los *British Academy Awards.* Al mismo tiempo colaboran con grandes artistas europeos. El cineasta Fellini utilizó su música en una de sus películas.

A mediados de los 80 la música de Inti-Illimani vuelve a escucharse en Chile y sus canciones tienen un gran éxito. Sin embargo, el grupo no puede regresar a su país.

El sueño de los exilados se hizo finalmente realidad el 18 de septiembre de 1988, día de la Independencia chilena. El exilio había terminado. Ése fue el día más importante para los componentes de Inti-Illimani. Ese día regresaron a Chile después de 15 años de exilio.

En 1989 hicieron su primera gira por Chile. Tocaron en universidades, teatros, plazas, estadios llenos de gente, llenos de personas que conocían todas sus canciones. Los años de 1989 a 1998 es una época de intensa creación musical. Es para Inti-Illimani un tiempo feliz. Su música es un reflejo de todas las sensaciones vividas con el regreso a Chile y un reconocimiento final a la música latinoamericana que admiran desde niños. El último disco de Inti-Illimani, *Antología en vivo,* aparece en el año 2001. Fue presentado en Buenos Aires en un acto de tributo a Víctor Jara. Este nuevo disco incluye temas de Víctor Jara que son tradicionales en el repertorio del grupo.

VOCABULARIO

HERITAGE LEARNERS: Ask heritage learners to add to the **Vocabulario** any alternate vocabulary that they have come up with over the course of the chapter. They might put the words in categories like **Así lo dice el libro; Así lo dice el/la profesor/a; Así lo digo yo,** etc.

Track 2-12

The **Vocabulario** consists of all new words and expressions presented in the chapter. When reviewing or studying for a test, you can cover up the English and go through the list to see if you know the meaning of each item.

Fiestas familiares *Family holidays*

el aniversario *anniversary*
el bautizo *christening*
la boda *wedding*
el cumpleaños *birthday*
la graduación *graduation*

En una fiesta *At a party*

aceptar una invitación *to accept an invitation*
los aperitivos *appetizers*
el banquete *banquet*
brindar por... *to make a toast to . . .*
el brindis *toast*
celebrar *to celebrate*
cumplir años *to have a birthday*
cumplir... años *to turn . . . years old*
dar una fiesta *to throw a party*
divertirse (ie) *to have fun*
¡Enhorabuena! *Congratulations!*
¡Felicidades! *Congratulations!*
¡Feliz cumpleaños! *Happy birthday!*
la fiesta sorpresa *surprise party*
hacer regalos *to give gifts*
hacer una fiesta *to throw a party*
la invitación *invitation*
invitar a gente a una fiesta *to invite people to a party*
pasarlo bien *to have a good time*
el pastel de cumpleaños *birthday cake*
los refrescos *refreshments*
regalar... *to give . . . as a gift*
el regalo *gift*
soplar las velas *to blow out the candles*
la vela *candle*

Fiestas religiosas y otros días de fiesta en los países hispanos

el día de año nuevo *January 1, New Year's Day*
el día de los Reyes Magos *January 6, Epiphany, the Feast of the Three Wise Men*
la Semana Santa *Holy Week*
el Viernes Santo *Good Friday*
el Domingo de Pascua o Resurrección *Easter Sunday*
el día del trabajo *May 1, May Day, International Workers' Day*
el día de todos los santos *November 1, All Saints' Day*
el día de los muertos *November 2, All Souls' Day, Day of the Dead*
la nochebuena *December 24, Christmas Eve*
el día de Navidad *December 25, Christmas*
la nochevieja *December 31, New Year's Eve*

Expresiones para hablar de acciones habituales en el pasado *Expressions used to talk about habitual actions in the past*

a menudo *often*
a veces *sometimes*
todos los días/viernes/sábados... *every day/Friday/Saturday . . .*
todas las tardes/mañanas/noches *every afternoon/morning/night*
todas las semanas *every week*
todos los meses/años *every month/every year*
con frecuencia *frequently*
con regularidad *regularly*
de vez en cuando *from time to time*
frecuentemente *frequently*
muchas veces *many times*
normalmente *normally*
por lo general *in general*
siempre *always*
todos los lunes/martes... *every Monday/Tuesday . . .*
una vez al día (a la semana/al mes/al año...) *once a day (week/month/year . . .)*

Instrumentos de cuerda *Stringed instruments*

el arpa *harp*
el charango *small five-string Andean guitar*
la guitarra *guitar*
el guitarrón *large guitar*
el violín *violin*
el violonchelo *cello*

Instrumentos de viento *Wind instruments*

el acordeón *accordion*
la flauta *flute*
la quena *Andean flute*
el saxofón *saxophone*
la trompeta *trompeta*

Instrumentos de percusión y de teclado *Percussion and keyboard instruments*

la batería *drum set*
el bongó *bongo drum*
las congas *conga drums*
la pandereta *tamburine*
el piano *piano*

Algunos ritmos y bailes populares *Some popular dances and rhythms*
la balada *romantic, nostalgic, or historical ballad*
el bolero *bolero, classic romantic music*
el corrido *corrido, a traditional Mexican ballad*
la cumbia *cumbia, a popular Colombian dance*
el flamenco *flamenco, soulful guitar- and percussion-based music from southern Spain*
el merengue *merengue, danceable Dominican music*
la música clásica *classical music*
alternativa
de fusión
folklórica
hip-hop
jazz
rap
rock
tropical
la ranchera *ranchera, polka-like northern Mexican music*
la salsa *salsa, complex New York-based tropical dance music*
el tango *tango, seductive Argentine dance for couples*

Músicos y su arte *Musicians and their craft*
el/la cantante *singer*
el/la cantautor/a *singer-songwriter*
componer *to compose*
el/la compositor/a *composer*
dar un concierto *to give a concert*
grabar *to record*
la letra *lyrics*
el/la músico/a *musician*

Festivales de música *Music festivals*
la actuación *performance*
actuar *to perform*
la banda *band*
celebrarse *to celebrate, to take place*
concursar *to compete*
el concurso *competition*
darse cita *to gather*
el escenario *stage*
la organización *organization*
patrocinar *to sponsor*
el tema musical *musical theme*
tocar *to play*
la voz *voice*

Conciertos *Concerts*
el afiche/cartel *poster*
la cartelera *concert billboard*
la discografía *discography*
la entrada *ticket*
estar de gira *to be on tour*
el local (musical) *(music) venue*
la música en vivo *live music*
presentar un disco *to launch an album*
promover (ue) *to promote*
la publicidad *publicity, advertising*
rendir homenaje/tributo a *to pay tribute to*
el repertorio *repertoire*
representar a *to represent*
tener lugar *to take place*
el último disco *latest album/disc*

Músicos y el personal musical *Musicians and professionals*
el/la aficionado/a *amateur*
el/la artista *artist*
el/la coreógrafo/a *choreographer*
el/la ganador/a *winner*
el grupo musical *musical group*
el/la participante *participant*
el/la patrocinador/a *sponsor*
el/la profesional *professional*
el/la vocalista *vocalist*

HERITAGE LEARNERS: Remind heritage learners to pay special attention to words that may contain spelling combinations that have traditionally been problematic for them. For example, the **b** and **v** in **de vez en cuando** and **una vez,** the **c** in **graduación** and **veces,** the **z** in **bautizo,** the **h** in **enhorabuena** and **hacer,** the **sc** in **escenario,** etc.

VOCABULARIO GENERAL

Comparativos y superlativos *Comparatives and superlatives*
el/la/los/las más... de *the most . . . of/in*
el/la/los/las mejor/es... de *the best . . . of/in*
el/la/los/las menos... de *the least . . . of/in*
el/la/los/las peor/es... de *the worst . . . of/in*
más... que *more . . . than*
mayor/es *older*
mejor/es *better*
menor/es *younger*
menos... que *less . . . than*
peor/es *worse*
tan... como *as . . . as*
tanto/a... como *as much . . . as*
tantos/as... como *as many . . . as*

Capítulo 8

La salud física y mental

CHAPTER OBJECTIVES

In this chapter you will learn about health, health care, and personality traits in different settings. You will also learn to explain why and how past events took place as well as express your emotional responses to events. The nations and cultures of Venezuela, Colombia, and Panama will provide a setting for these issues.

PRIMERA ETAPA

Partes del cuerpo

SEGUNDA ETAPA

Enfermedades y remedios

TERCERA ETAPA

La personalidad y los estados de ánimo: ¿Cómo son? ¿Cómo están?

INTEGRACIÓN

Mola de los indígenas cunas de Panamá

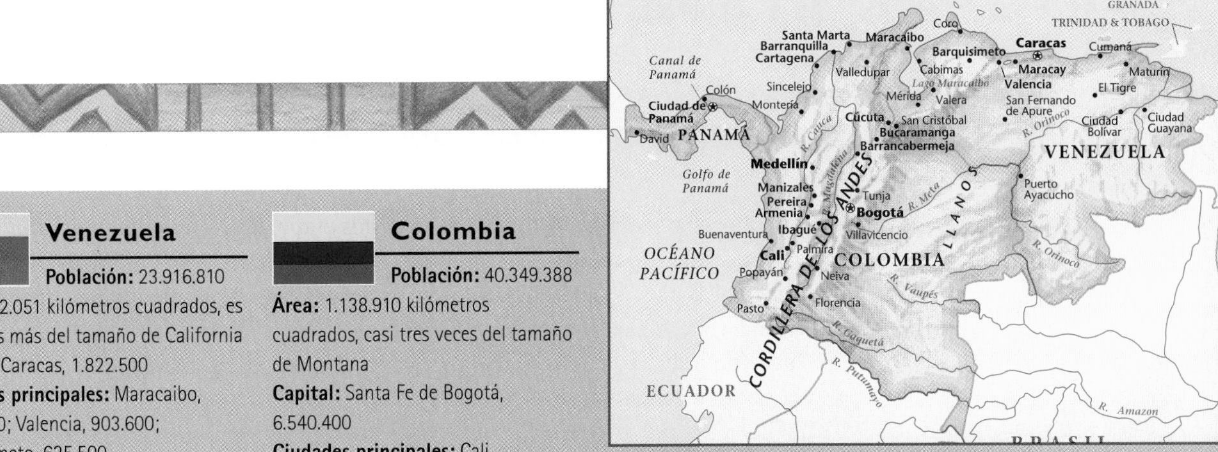

Venezuela

Población: 23.916.810
Área: 912.051 kilómetros cuadrados, es dos veces más del tamaño de California
Capital: Caracas, 1.822.500
Ciudades principales: Maracaibo, 1.249.700; Valencia, 903.600; Barquisimeto, 625.500
Moneda: el bolívar
Lenguas: el castellano y 35 idiomas indígenas
Productos principales de exportación: petróleo crudo, bauxita, aluminio, acero, químicos, productos agrícolas, productos manufacturados
Embajada: 1099 30th Street, NW, Washington, D.C. 20007

Colombia

Población: 40.349.388
Área: 1.138.910 kilómetros cuadrados, casi tres veces del tamaño de Montana
Capital: Santa Fe de Bogotá, 6.540.400
Ciudades principales: Cali, 2.161.000; Medellín, 1.908.600; Barranquilla, 1.273.000
Moneda: el peso
Lengua: el castellano
Productos principales de exportación: petroleo, café, carbón, ropa, plátanos, flores, esmeraldas
Embajada: 2118 Leroy Place, NW, Washington, D.C. 20008

Panamá

Población: 13.183.978
Área: 41.283.560 kilómetros cuadrados, más o menos del tamaño de Nevada
Capital: Panamá, 1.017.600
Ciudades principales: David, 79.100; La Chorrera, 56.900; Colón 42.900
Moneda: la balboa, el dólar estadounidense
Lenguas: el castellano y el inglés; muchos panameños son bilingües
Productos principales de exportación: plátanos, camarones, azúcar, café, ropa
Embajada: 2862 McGill Terrace, NW, Washington, D.C. 20008

Functions
- describe accidents and injuries
- inquire and provide information related to mental health

Functions
- provide detailed narrations in the past
- express emotional responses to events

Functions
- identify others' personality and mood traits
- describe the special relationships you have with others

Lectura: Monyamena: Origen del Río Amazonas
Vídeo: Episodio 4; Actividades en las páginas V-8–V-9
Intercambio: Las partes del cuerpo
Escritura: Actividades en el manual

Tools

The tools you will use to carry out these functions are:

- Vocabulary for:
  - body parts
  - accidents and injuries
  - illnesses and remedies
  - time expressions for completed and continuous actions in the past
  - health-related adjectives about state of mind and personality
- Grammatical structures:
  - indirect object pronouns
  - the verb **gustar** and other similar verbs
  - the preterite and imperfect together
  - the subjunctive with expressions of emotion
  - the verbs **ser** and **estar** and **estar** + adjectives
  - reciprocal actions

PRIMERA ETAPA

INTERNET

Para empezar: Partes del cuerpo

Preparación: As you get ready to start this **etapa,** think about the aches and pains you might experience.

- What words and expressions do you use to express such things as a hurt knee, a stomachache, a headache, or a sprained ankle?
- Have you or has someone you know ever had an injury or an accident? If yes, do you recall what happened?

TRANSPARENCY K-1 EL CUERPO: Use students or the transparency to demonstrate parts of the body.

SUGGESTION: Body parts are an excellent topic to present using TPR (Total Physical Response). First, have students repeat the various parts of the body as you say them. Then ask them to point to the parts of the body you name. You can divide the vocabulary into sections—the head, the upper body, the lower body—thus reducing the amount of vocabulary to be presented each time.

El cuerpo

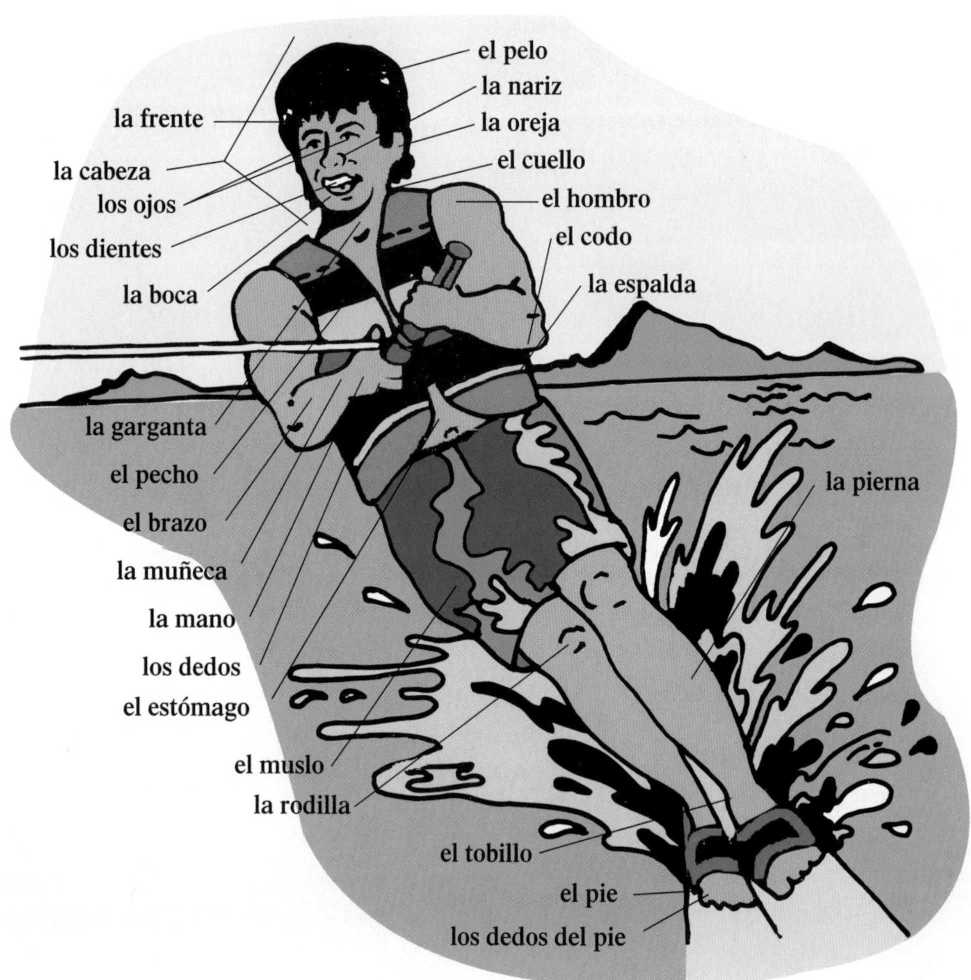

Práctica

8-1 Partes del cuerpo Identifica las partes del cuerpo que asocias con las siguientes actividades.

Modelo: jugar al fútbol
Para jugar al fútbol, tienes que usar los pies.

1. tocar el piano
2. correr
3. nadar
4. saludar a alguien
5. mirar la televisión
6. escoger y comprar perfume
7. comer
8. cantar
9. bailar
10. escribir

ANSWERS, EX. 8-1: 1. los dedos, las manos 2. las piernas, los pies 3. las piernas, los brazos 4. la mano, la boca, los brazos 5. los ojos, las orejas 6. la nariz, los dedos, la muñeca 7. la boca, los dientes, el estómago 8. la boca, la garganta 9. los pies, las piernas, los brazos 10. los dedos, las manos, los brazos

8-2 La ropa y las partes del cuerpo Indica en qué parte del cuerpo te pones las siguientes prendas de vestir *(clothing).*

1. unos guantes
2. un pantalón
3. una bufanda
4. unos calcetines
5. una gorra
6. una camiseta
7. unos zapatos

ANSWERS, EX. 8-2: 1. las manos 2. las piernas 3. el cuello 4. los pies 5. la cabeza, las orejas 6. el cuerpo, el pecho, la espalda 7. los pies

ENFOQUE LÉXICO Hablando de accidentes y lesiones

Estudiante choca con taxi

Amarilis Carrero, una estudiante de veintidós años, iba en bicicleta y chocó con un taxi ayer a las nueve y media de la mañana en la calle Bolívar. La estudiante iba a la universidad y chocó con el coche cuando cruzaba *(she was crossing)* la calle. El conductor del taxi **se lastimó una pierna.** El pasajero **no se lastimó.** La Srta. Carrero **se rompió un brazo, se torció un tobillo** y **se hizo una herida** en la frente. La llevaron al Hospital Santa Cruz en una ambulancia de la Cruz Roja.

To talk about injuries in Spanish, you will use a number of reflexive verbs plus the body part involved in the injury. Look at the following verbs:

PREVIEW: Tell students to review reflexive verbs in **Capítulo 4.**

cortarse un/el dedo, la cara *to cut one's finger, face, etc.*
hacerse una herida *to get a wound*
lastimarse *to hurt oneself*
lastimarse un/el pie, una/la rodilla, etcétera *to hurt one's foot, knee, etc.*
morderse (ue) la lengua *to bite one's tongue*
romperse una/la pierna, un/el brazo, etcétera *to break one's leg, arm, etc.*
torcerse (ue) una/la muñeca, un/el tobillo, etcétera *to sprain one's wrist, ankle, etc.*

EXPANSIÓN LÉXICA: *Bandages* come in many shapes and forms, all of which may be called **la venda.** An *eyepatch* is **el parche,** which also means *small bandage.* In Spain, a *small bandage* or *bandaid* is **la tirita.** If the damage is serious, the doctor may need to *put a cast on* it, which is expressed by **enyesar** in Latin America and **escayolar** in Spain.

Juan se cayó y **se rompió un brazo.**	*Juan fell and **broke an arm.***
María tuvo un accidente y **se lastimó el pie.**	*Maria had an accident and **hurt her foot.***

In this set of Spanish expressions, you use the reflexive verb + an article (definite or indefinite) + the body part. Use the definite article when you are referring to a specific body part (***la* pierna** *[**one** leg in particular]*, ***la* cara** *[**the** one face the victim has]*, etc.) and the indefinite article when you are describing injuries in general (***un* brazo** *[**an** arm]*, ***un* dedo** *[**a** finger]*, etc.).

Práctica

ANSWERS, EX. 8-3: 1. se lastimó una pierna 2. se rompió 3. se torció 4. se cortó 5. se lastimó 6. no se lastimó

8-3 Estudio de palabras: Estudiante choca con taxi Busca en el ***Enfoque léxico*** de la página 255 las palabras que significan lo siguiente y después compáralas con las de otro/a compañero/a de clase. ¿Están de acuerdo?

1. hurt a leg
2. broke
3. sprained
4. cut
5. hurt
6. was not hurt

ANSWERS, EX. 8-4: 1. Yo me lastimé la rodilla y la mano, y mi amigo se lastimó la nariz y el pie. 2. Yo me torcí el codo y el pie, y mi amigo se torció la muñeca y la rodilla. 3. Yo me rompí el dedo y mi amigo se rompió la nariz.

8-4 Un accidente Imagina que tu amigo y tú tuvieron un accidente la semana pasada. Emplea la información que sigue para indicar lo que les pasó. Sigue el modelo.

Modelo: (Yo) Me lastimé...
(Yo) Me lastimé *la mano.*

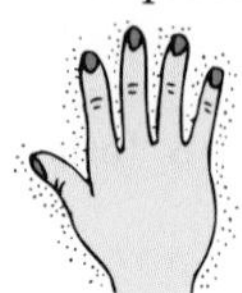

1. (Yo) Me lastimé... y mi amigo...

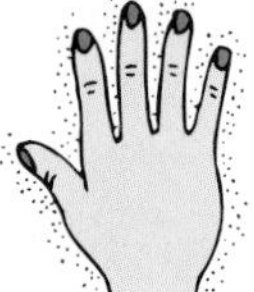

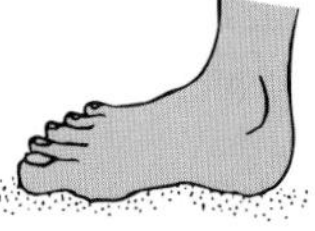

2. (Yo) Me torcí... y mi amigo...

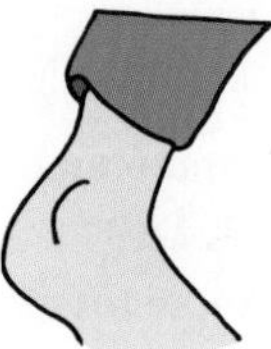
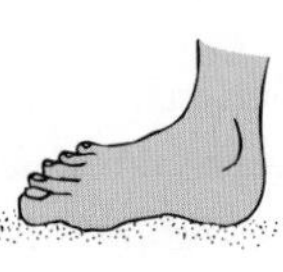
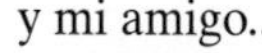
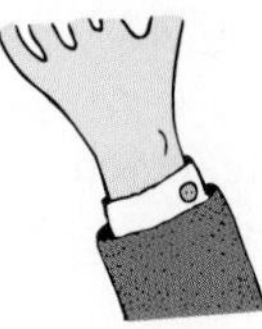

3. (Yo) Me rompí... y mi amigo...

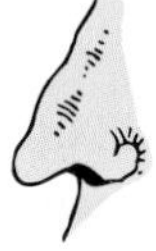

IRM Master 19: Pronombres de complemento indirecto

ENFOQUE ESTRUCTURAL Los pronombres de complemento indirecto

Indirect object pronouns are used to indicate what person or thing receives the direct object. Note the following examples.

María **me** compró una bufanda.	*María bought a scarf **for me.***
Yo **le** compré unos guantes.	*I bought **her** a pair of gloves.*

Los pronombres de complemento indirecto

me	*to (for) me*	**nos**	*to (for) us*
te	*to (for) you*	**os**	*to (for) you*
le	*to (for) him, her, you*	**les**	*to (for) them, you*

La posición de los pronombres de complemento indirecto

- Indirect object pronouns are placed immediately in front of a conjugated verb.

Le mandé unas flores.	*I sent **her** some flowers.*

- When a conjugated verb and an infinitive are used together, the indirect object pronoun can be placed either in front of the conjugated verb or attached to the end of the infinitive. Both are considered equally correct.

Voy a mandar**le** flores. **Le** voy a mandar flores.	⟶	*I'm going to send **him** flowers.*

Para clarificar la tercera persona de los pronombres de complemento indirecto

- Since the indirect objects **le** and **les** can refer to several different persons (**le:** you, him, her; **les:** you, them), they are often clarified by including in the sentence the preposition **a** + a pronoun:

Le mandé flores **a ella.**	*I sent **her** flowers.*
Les escribo un mensaje **a ellos.**	*I'm writing **them** a message.*

- With third person forms, it is very common in Spanish to include in a sentence both the indirect object noun and the indirect object pronoun:

Le tiré la pelota **a María.**	*I threw the ball **to María.***
Les mandamos un regalo **a Teresa y a Pepe.**	*We sent a gift **to Teresa and Pepe.***

There are a number of verbs that are generally used with an indirect object. You have seen some of them before and some of them are new.

aconsejar *to advise*
curar *to heal*
dar *to give*
dar las gracias *to say thanks*
decir *to say, to tell*
enyesar *to put on a cast*
escribir *to write*
mandar, enviar *to send*
pedir (i, i) *to ask for*
poner una venda / una curita *to put on a bandage / a Band-aid*
poner una inyección *to give an injection / a shot*
preguntar *to ask a question*
recetar *to prescribe, to write a prescription*
recomendar (ie) *to recommend*
regalar *to give a gift*
responder *to respond*
sugerir (ie) *to suggest*

Expansión léxica: In **Capítulo 6,** you learned that **mandar** and **enviar** both mean *to send,* although **mandar** is the more common term used outside of Spain.

Notice that in certain constructions involving parts of the body, the definite article is used instead of the posessive. Note the following examples.

Le toqué **la** mano a Teresa.	*I touched **Teresa's** hand.*
Te curé **la** herida.	*I healed **your** wound.*

Práctica

ANSWERS, EX. 8-5: 1. me 2. le 3. me 4. me 5. le 6. me 7. me 8. le

8-5 En el hospital Una amiga tuya tuvo un accidente ayer y está en el hospital. Ayúdale a completar su descripción de los hechos poniendo los pronombres correctos en los espacios en blanco.

Después del accidente, la ambulancia ___*me*___ llevó al hospital. Cuando llegué al hospital 1. _______ dieron unos calmantes. Después, vino el médico y 2. _______ pregunté qué me pasaba. El médico 3. _______ dijo que no era muy serio. Sin embargo, como me torcí el tobillo 4. _______ pusieron una venda. Cuando vino la enfermera *(nurse)*, 5. _______ pedí un vaso de agua. La enfermera 6. _______ dio agua y una aspirina. Mis amigos 7. _______ mandaron flores. Cuando me fui del hospital, 8. _______ di las gracias al médico.

8-6 ¿Quién dio qué y a quién? En las fiestas familiares tú siempre das y recibes muchos regalos. Con otro/a compañero/a de clase, imagínense que la familia que aparece a continuación es la tuya. Digan lo que se dieron uno al otro la semana pasada. Después de formar las oraciones, compárenlas con las de otro grupo. ¿Son parecidas *(similar)*?

Modelo: *Yo le di una carta a mi madre.*

yo tú mi padre mi madre mis abuelos mi hermano/a y yo	dar	zapatos una computadora un perfume un reloj flores un abrigo chocolates libros consejos ...	a mi hermano/a a mi madre a mis padres a mis abuelos a mi padre a mí a nosotros

COMENTARIOS CULTURALES

SUGGESTION: Provide a transition for students by reminding them that the main theme of **Capítulo 8** is health issues. Therefore, the following **Comentario cultural** provides information about the health system in the Spanish-speaking world with examples from the country of focus of this **etapa,** Venezuela.

Las dos medicinas

El cuidado médico disponible en cualquier capital del mundo hispánico es tan moderno y eficaz como en las ciudades de Norteamérica. En muchos países hay clínicas hasta en los pueblos más remotos. En Venezuela, por ejemplo, hay casi 5.000 hospitales y clínicas, **tres cuartos** de los cuales están en la zona rural. Esto equivale a un promedio de 2,4 camas por cada 1.000 venezolanos.

three-quarters

Fuera de las grandes ciudades, y a veces junto con la medicina contemporánea, existe otra medicina que consiste en una combinación de prácticas indígenas, africanas y europeas. El curandero o curandera local es una persona que tiene gran conocimiento de las hierbas y otros ingredientes naturales y sabe cómo usarlas para hacer remedios que curan a la gente. Éstas son medicinas que tienen mucha tradición entre la gente rural. El proceso parece poco científico, pero muchas de las medicinas naturales tienen los mismos ingredientes que las medicinas que recomiendan los médicos en los grandes hospitales modernos. Los curanderos son más comunes en las zonas rurales, pero en muchas ciudades se encuentran las **botánicas** o tiendas de hierbas de los curanderos. En las ciudades, los pueblos y las selvas de Venezuela, hay medicina para todos y curanderos para los que quieran.

SUGGESTION: Point out that the **curandero** is found all over Latin America. Use this reading as a springboard for conversation about family remedies for simple ailments. Encourage students, especially heritage learners, to share family words of medical wisdom.

INTEGRACIÓN CULTURAL

1. Además de los médicos, ¿quiénes proveen cuidado médico en algunas partes de Latinoamérica?
2. ¿Dónde se encuentran los curanderos?
3. ¿Qué tienen en común las medicinas naturales y las medicinas producidas por compañías farmacéuticas?
4. En este país, ¿existen métodos alternativos para curar enfermedades? ¿Cuáles son algunos?
5. ¿Qué opinas sobre estos métodos alternativos y por qué?

ANSWERS: 1. los curanderos 2. en zonas rurales y en las ciudades (en botánicas) 3. Tienen los mismos ingredientes. 4.–5. *Answers will vary.* For 5., have students discuss the growing popularity of holistic medicine and herbal cures.

ENFOQUE ESTRUCTURAL El verbo *gustar* y otros verbos similares

Gustar and verbs like **gustar** are different from other verbs in that they are used almost exclusively in the third person singular and plural.

- As you saw briefly in **Capítulo 2,** these verbs are used only with indirect object pronouns:

me gusta/n	**nos** gusta/n
te gusta/n	**os** gusta/n
le gusta/n	**les** gusta/n

- The singular and plural forms are used depending on whether what you like is singular or plural. Note that in this construction what you like follows the verb and is actually the subject of the verb:

Me **gusta tu cara.** — *I* ***like your face (literally, Your face is pleasing to me).***

Me **gustan tus ojos.** — *I* ***like your eyes (literally, Your eyes are pleasing to me).***

- If what you like is an infinitive, the verb is always singular:

Me **gusta hablar** contigo. — *I* ***like to talk*** *with you.*

- The phrase **a +** a noun or pronoun is frequently added to this construction for purposes of emphasis (first and second persons) and clarification (third person):

NOTA GRAMATICAL: Notice that the first person singular pronoun **mí** has an accent, but the second person singular pronoun **ti** does not. It is important to use the accent because **mí** *(me)* and **mi** *(my)* have different meanings and are not interchangeable.

Emphasis: **A mí** me gusta tu pelo.
A ti te gusta correr con Juan.
A nosotros nos gusta tocar la guitarra.
A vosotros os gusta la música clásica.

Clarification: **A él (a ella, a Ud., a Marta...)** le gusta salir con nosotros.
A ellos (a ellas, a Uds., a Marta y a Juan) les gusta el folklore.

These are some of the most common verbs used like **gustar:**

apetecer *to appeal*	**importar** *to matter*
doler (ue) *to hurt, to ache*	**interesar** *to interest*
encantar *to delight*	**molestar** *to bother*
fascinar *to fascinate*	**preocupar** *to worry*

NOTA GRAMATICAL: Notice that Spanish uses definite articles for body parts where English uses possessives.

HERITAGE LEARNERS: Heritage learners and, indeed, other Spanish speakers are using possessives more and more in these constructions; that is, **Me lavo mi cara** and **Te rompiste tu brazo** are becoming more and more common.

Look at the following examples:

—No estoy muy bien. **Me duele** la garganta. — *I am not feeling too well. My throat* ***hurts.***
—¿**Te duele** la cabeza? — ***Does*** *your head* ***ache?***
—Sí, y **me duelen** la espalda y las piernas también. — *Yes, and my back and legs* ***hurt*** *also.*

Me molesta el ruido. — *The noise* ***bothers me.***

A María **le preocupa** la salud de su padre. — *María* ***worries*** *about her father's health.*

Práctica

8-7 ¿Qué les pasa? Indica qué les pasa a las siguientes personas. Emplea la información siguiente para hacer oraciones completas.

Modelo: Marco está de mal humor. A él / doler la cabeza
A él le duele la cabeza.

1. Juan está enfermo. A él / doler las piernas
2. María está cansada. A ella / apetecer dormir más
3. Teresa y Fernando están de visita en España. A ellos / encantar la comida española
4. Los médicos van a ver a Juan. A ellos / preocupar su salud
5. Ayer tuve un accidente. A mí / doler la cabeza y / molestar los ruidos
6. El ejercicio es bueno para el cuerpo. ¿A ti / encantar hacer ejercicio?
7. Es importante tener buena salud *(good health)*. A nosotros / interesar comer bien
8. Mañana tenemos un examen. A nosotros / preocupar este examen

ANSWERS, EX. 8-7: 1. le duelen 2. le apetece 3. les encanta 4. les preocupa 5. me duele, me molestan 6. te encanta 7. nos interesa 8. nos preocupa

8-8 ¿Te duele...? Hoy todos tenemos problemas. Pregúntales a varios/as compañeros/as de clase si les duele algo. Emplea las sugerencias y sigue el modelo.

Modelo: la muñeca / la espalda
—¿Te duele la muñeca?
—No, no me duele la muñeca, pero me duele la espalda.

1. el tobillo / los pies
2. los ojos / la cabeza
3. la espalda / las piernas
4. los oídos / el brazo
5. el hombro / las piernas
6. la rodilla / la garganta

ANSWERS, EX. 8-8: 1. ¿Te duele el tobillo? No, no me duele el tobillo, pero me duelen los pies. 2. ¿Te duelen los ojos? No, no me duelen los ojos, pero me duele la cabeza. 3. ¿Te duele la espalda? No, no me duele la espalda, pero me duelen las piernas. 4. ¿Te duelen los oídos? No, no me duelen los oídos, pero me duele el brazo. 5. ¿Te duele el hombro? No, no me duele el hombro, pero me duelen las piernas. 6. ¿Te duele la rodilla? No, no me duele la rodilla, pero me duele la garganta.

Ahora con varios compañeros, repite el ejercicio y diles *(tell them)* que contesten con la verdad *(truthfully)*.

Modelo: —¿Te duele la muñeca?
—No, me duele la cabeza.
o *—No, no me duele nada* (nothing hurts).

Al terminar, dile a la clase a quién le duele qué.

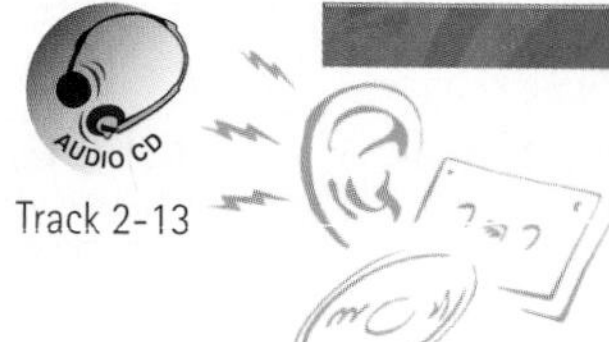

VAMOS A ESCUCHAR:
MISS FENOMENAL

HERITAGE LEARNERS: Ask heritage learners to listen to the Spanish in the **Vamos a escuchar** recording and to compare it with the Spanish they use in their communities.

En este segmento, vas a escuchar una entrevista a dos modelos, Gladys Irizarry y Carolina Rodríguez. La entrevista es sobre la salud y los concursos de belleza *(beauty contests)*.

Antes de escuchar

Antes de escuchar el segmento, contesta las siguientes preguntas.

- ¿Piensas que es fácil ser modelo? ¿Por qué sí o por qué no?
- ¿Cuáles son algunas de las ventajas y desventajas de esta profesión?

Antes de escuchar la entrevista, lee las afirmaciones que aparecen en la sección **Después de escuchar.**

Después de escuchar

ANSWERS, EX. 8-9: 1. c. 2. b. 3. c. 4. c. 5. a.

8-9 Comprensión Escoge la palabra que mejor complete las siguientes afirmaciones, de acuerdo con lo que oigas en el segmento.

1. Todas las concursantes son...
   a. poderosas y dinámicas. b. fuertes. c. talentosas y carismáticas.
2. Gladys hace ejercicios de yoga y toma pastillas para dormir a causa...
   a. de estar gorda. b. del estrés. c. del dolor.
3. El locutor piensa que Gladys... a causa de los zapatos de tacón.
   a. se ve hermosa b. se rompió la muñeca c. se torció el tobillo
4. Carolina dice que la belleza...
   a. requiere mucho trabajo. b. atrae a los hombres. c. viene de dentro.
5. Carolina dice que las jóvenes que piensan ser modelos deben evitar *(avoid)*...
   a. los concursos. b. la escuela. c. a los muchachos.

ANSWERS, EX. 8-10: 1. nos complace 2. es un auténtico placer

8-10 ¿Cómo lo dicen? Escucha el segmento de nuevo. Fíjate en lo que dicen y trata de contestar estas preguntas.

1. ¿Qué expresión usa el locutor para indicar su placer de presentar a las dos concursantes venezolanas?
2. Como concursante, Gladys representa a su gente. ¿Cómo describe Gladys su responsabilidad?

TÚ DIRÁS

8-11 Tuve un accidente Piensa en un accidente que tuviste en el pasado. Imagínate que ocurrió recientemente. Cuando un/a compañero/a de clase te llame por teléfono, dile lo que pasó *(what happened)*. ¿Cuándo ocurrió? ¿Dónde? ¿Qué te pasó? Tu compañero/a te hará muchas preguntas para saber toda la historia.

8-12 Una encuesta Un componente muy importante de la salud es la salud mental. Para conocer la salud mental de tu clase, vas a hacer una encuesta. Utiliza los siguientes verbos para hacer preguntas sobre las actitudes y preocupaciones de tus compañeros de clase. Al terminar, infórmale a la clase sobre los resultados de la encuesta. En total, ¿la clase está contenta o estresada *(stressed out)*?

encantar, fascinar, molestar, preocupar, importar, interesar

SEGUNDA ETAPA

Para empezar: Enfermedades y remedios

SUGGESTION: Ask students these questions in Spanish.

Preparación: Think about the various common illnesses we tend to get in the winter.

- What are some of them? What are some of their symptoms?
- What are some of the medicines we take for these illnesses?
- Are these over-the-counter medicines? Do you need a prescription?

Al leer la siguiente información sobre una enfermedad común, presta atención a las expresiones para síntomas y remedios.

Todos los inviernos ***los microbios*** *cruzan* ***las fronteras.*** *Llegan de todas partes del mundo. Es la temporada de* ***la gripe.*** *En Norteamérica, esta epidemia* ***alcanza*** *su punto más alto en diciembre, enero y febrero. Todos mis amigos están enfermos ahora: ¡todos tienen gripe!*

microbes / borders

flu / reaches

EXPANSIÓN LÉXICA: More serious illnesses include **el cáncer** *(cancer)*, **el SIDA** *(AIDS)*. Some common childhood diseases include **las paperas** *(mumps)*, **el sarampión** *(measles)*, and **la varicela** *(chickenpox)*; most of these are easily prevented with **una vacuna** *(vaccine)*.

Algunas enfermedades comunes

las alergias *allergies*
la bronquitis *bronchitis*
el catarro *cold*
la gripe *flu*

TRANSPARENCY K-2 LAS ENFERMEDADES: Use the transparency to talk about the ailments pictured.

ÉSTOS SON LOS SÍNTOMAS QUE TIENEN:

Estornuda.

Tiene fiebre.

Le duele el estómago.

Tiene escalofríos.

Tiene dolor de garganta.

Le duele la cabeza.

Tose.

NOTA GRAMATICAL: Remember that **el dolor** is pronounced with the stress on the final syllable. You would not want to confuse **el dolor** *(pain)* with **el dólar** *(dollar)*, which has the stress on the first syllable, when you are not feeling well.

EXPANSIÓN LÉXICA: Many parts of your body can hurt, and **el dolor** is used to describe that *ache*. You may have **un dolor en las articulaciones** *(aching joints)*, **un dolor de espalda** *(backache)*, **un dolor de muelas** *(toothache)*, **un dolor de músculos** *(muscle ache)*, or **un dolor de oído** *(earache)*. If your *kidneys* ache say **te duelen los riñones.**

Otros síntomas

picarle los ojos *to have itchy eyes*
llorarle los ojos *to have teary eyes*
estar congestionado *to be congested*
estar mareado *to be dizzy*
tener la nariz tapada *to have a stuffy nose*
tener mocos *to have a runny nose*
tener náuseas *to be nauseous*

Mi amigo Manolo se cura la gripe con té caliente y muchos jugos cítricos, pero yo prefiero usar otros remedios. Cuando ***no me siento bien,*** *voy a la farmacia y compro alguna* ***medicina.*** *Cuando sufro un ataque de alergia y* ***estornudo*** *sin parar, compro un* ***antihistamínico.*** *Cuando me pican los ojos, compro unas* ***gotas.*** *Cuando toso mucho, compro un* ***jarabe*** *para la tos. Si tengo dolor de garganta, compro unas* ***pastillas.*** *Si tengo la gripe y me duele todo el cuerpo, me acuesto para descansar. Bebo mucha agua o jugo y tomo* ***aspirinas*** *para el dolor. Cuando tengo bronquitis, necesito tomar* ***antibióticos.*** *La farmacia siempre tiene un buen remedio para mí.*

EXPANSIÓN LÉXICA: *Pills* may come as a *tablet,* **el comprimido** or **la tableta,** or as a *capsule,* **la cápsula.** In most Spanish-speaking countries, **la píldora** is not just any pill but The Pill, or *birth control pill.*

Algunos remedios

el antibiótico *antibiotic*
el antihistamínico *antihistamine*
la aspirina *aspirin*
las gotas *drops*
el jarabe *syrup*
la pastilla/la píldora *pill*

Cuando estoy muy enfermo, hago una cita con el médico y lo veo en su ***consulta. La enfermera*** *me* ***toma la temperatura,*** *me* ***toma la presión*** *y el médico me examina. Me mira la garganta y los oídos y me escucha la respiración. Si tengo* ***una infección*** *y si tengo fiebre, la doctora me da* ***una receta*** *para comprar antibióticos. Con la receta, voy a la farmacia.*

EXPANSIÓN LÉXICA: Another expression you may hear for *blood pressure* is **la tensión sanguínea.** If you do not have a regular doctor, you may go to **la clínica** or even **la sala de emergencia / de urgencias** instead of an office. Whatever you do, be sure you bring *insurance,* or **el seguro médico,** when you see your doctor!

Una visita al médico

la consulta *doctor's office*
el/la enfermero/a *nurse*
hacer una cita *to make an appointment*
la infección *infection*
la inyección *shot*
la presión arterial *blood pressure*
la receta *prescription*
el termómetro *thermometer*
tomar la temperatura *to take the temperature*
tomar la presión *to take the blood pressure*

SUGGESTION, EX. 8-13: If you are doing this unit during the flu season, ask students about their symptoms and those of family members and/or friends.

ANSWERS, EX. 8-13: 1. La Sra. Torres tiene dolor de garganta. / A la Sra. Torres le duele la garganta. 2. Cristina tiene fiebre. 3. Isabel tose. 4. El Sr. López estornuda. 5. Martín tiene dolor de cabeza. / A Martín le duele la cabeza. 6. Beatriz tiene escalofríos.

Práctica

8-13 ¿Qué tienen? Todos están mal. Describe los síntomas de las personas en los dibujos.

Modelo: Sr. González
Al Sr. González le duele el estómago.

1. Sra. Torres

2. Cristina

3. Isabel

4. Sr. López

5. Martín

6. Beatriz

POSSIBLE ANSWERS, EX. 8-14: 1. —Mi hermana tose mucho. —Necesita un jarabe. 2. —A mi padre le duele la espalda. —Necesita acostarse para descansar y tomar aspirina para el dolor. 3. —Mi hermano tiene alergias y no para de estornudar. —Necesita un antihistamínico. 4. —Tengo fiebre y me duele todo el cuerpo. —Ud. necesita esta receta para un antibiótico y también necesita descansar y tomar aspirina para el dolor. 5. —A mi madre le duele la garganta. —Necesita unas pastillas para la garganta.

VARIATION 8-14: Have the pharmacist recommend natural or herbal remedies instead of medicines.

8-14 ¿Qué necesitan? Imagínate que vas con tu familia a ver un sector de arquitectura colonial de Cali. De repente tu familia siente síntomas de algunas enfermedades no muy serias. Como tú ya sabes español, todos dependen de ti para que los ayudes cuando no se sienten bien. Trabaja con un/a compañero/a de clase y explícale al/a la farmacéutico/a cuáles son los problemas de tu familia. En la farmacia te darán los remedios adecuados. Sigue el modelo.

Modelo: your father has a headache
—A mi padre le duele la cabeza.
—Necesita unas aspirinas.

1. Your sister has a very bad cough.
2. Your father has a backache.
3. Your brother's allergies are acting up and he can't stop sneezing.
4. You have a fever and ache all over.
5. Your mother has a sore throat.

REPASO

8-15 ¿Tienes gripe? ¡Cuídate en casa! Cuando todo el mundo se enferma, hay que saber cómo cuidarse. Sugiere remedios caseros *(homemade)* para estos pobres enfermos poniendo los verbos entre paréntesis en el presente del subjuntivo.

Review subjunctive with expressions of hope and desire.

Modelo: Mónica tiene un dolor de garganta.
Le aconsejo que *beba* (beber) un té caliente.

1. A Jorge le pican los ojos.
   Es aconsejable que no _______ (seguir) mirando la pantalla de la computadora tantas horas.
2. Lila y Juanito están mareados.
   Les sugiero que _______ (dormir) hasta que se les pase.
3. Alfonso y Rafael tosen.
   Espero que _______ (tomar) té con miel *(honey)* y que se _______ (tapar) *(to cover)* la boca cuando tosan.
4. A ti te duele la cabeza.
   Quiero que _______ (cerrar) los ojos y te _______ (poner) una bolsa de hielo *(icepack)*.
5. Nosotros tenemos náuseas.
   Es preciso que no _______ (comer) nada picante.

ANSWERS, EX. 8-15: 1. siga 2. duerman 3. tomen, tapen 4. cierres, pongas. 5. comamos

8-16 El médico le recetó la medicina a... Imagínate que ayer tuviste la oportunidad de ser médico/a. A continuación aparece una lista de medicinas y una serie de enfermos. Indica a quién le recetaste cada remedio. ¡Cuidado! ¡Tus pacientes esperaban buenos consejos de ti!

Review indirect object pronouns.

ANSWERS, EX. 8-16: 1. A Laura le receté una medicina para la artritis. 2. A mis hermanos les receté un jarabe. 3. A Ud. le receté unas aspirinas. 4. A mis amigos les receté un ejercicio moderado diario. 5. A ellas les receté un antibiótico. 6. A la profesora le receté una crema antibiótica. 7. A Papo le receté una inyección contra el tétano. 8. A mi novio/a le receté un antihistamínico. 9. A ti te receté unas gotas para los ojos. 10. Para mí me receté un descanso.

Modelo: Mario tenía tos.
Le receté el jarabe a Mario.

1. A Laura, de sesenta y nueve años, le dolía todo el cuerpo y no podía mover bien las manos ni los brazos.
2. Mis hermanos no podían hablar porque les dolía la garganta.
3. Ud. tenía mucho dolor de cabeza.
4. Mis amigos se dieron cuenta de que están muy gordos.
5. Rosi, Paula e Isabel tenían bronquitis.
6. A la profesora le picó un zancudo *(mosquito)* y pensó que se le había infectado la piel.
7. Papo se cayó y se cortó la mano contra la cerca de hierro *(iron fence)*.
8. Mi novio/a empezó a estornudar porque le regalé un perro.
9. Tú tenías los ojos muy rojos porque habías estudiado toda la noche.
10. ¡No es fácil ser médico! Yo estaba muy cansado/a después de un día tan atareado y lleno de estrés.

Las recetas
un antibiótico
un antihistamínico
unas aspirinas
una crema antibiótica
un descanso
un ejercicio moderado diario
unas gotas para los ojos
una inyección contra el tétano *(tetanus)*
un jarabe
una medicina para la artritis

ENFOQUE LÉXICO Las expresiones de tiempo pasado

One thing you can do to be able to choose appropriately between the preterite and the imperfect is to learn which time expressions are most likely to accompany each tense.

Expresiones de tiempo normalmente usadas con el pretérito

anoche *last night*
anteayer *the day before yesterday*
ayer *yesterday*
de pronto *suddenly*
de repente *suddenly*
el otro día *the other day*
inesperadamente *unexpectedly*
la semana pasada, el mes pasado, el año pasado *last week, last month, last year*

Expresiones de tiempo usadas normalmente con el imperfecto

todos los días, todas las semanas, todos los años *every day, every week, every year*
mientras *while*
normalmente *normally*
por lo general *in general, usually*
siempre *always*

Práctica

POSSIBLE ANSWERS, EX. 8-17: 1 and 4 should take any of these time expressions: normalmente, siempre, todos los veranos, todos los inviernos; 2, 3, and 5 should take any of these time expressions: el verano pasado, una vez

8-17 ¿Siempre? ¿Una vez? Un día, mientras estás en Santa Marta, hablas con tus amigos sobre lo que hacían normalmente hace unos años y sobre lo que hicieron sólo una vez. Completa las oraciones siguientes con las expresiones de tiempo correspondientes.

Modelo: Iba a Cúcuta a ver a mi tía favorita...
Iba a Cúcuta a ver a mi tía favorita *todos los veranos.*

1. Mi familia y yo íbamos a los parques nacionales...
2. Los amigos de Carlos fueron a Venezuela...
3. Tadeo no fue de vacaciones; se quedó en casa para trabajar...
4. Los padres de Cathy la llevaban a ver los museos de la ciudad...
5. Mis amigos y yo alquilamos un coche y fuimos a Bucaramanga...

el verano pasado
normalmente
siempre
todos los veranos
todos los inviernos
una vez

ANSWERS, EX. 8-18: 1. hacía 2. salía 3. íbamos 4. levantábamos 5. estaban 6. cambió 7. corría 8. vio 9. me sentí 10. llegó 11. ocurrió

8-18 ¿Cuándo fue? El año pasado tu médico te dio algunos consejos para mantener la salud. Seguiste todos los consejos pero te enfermaste. Ahora tienes que explicarle a tu médico cómo te enfermaste. Completa tu historia poniendo los verbos entre paréntesis en la forma correcta y el tiempo adecuado.

Doctor, todos los días 1. _______ (hacer) ejercicios. Todas las semanas 2. _______ (salir) a correr varios kilómetros. Todos los sábados mi novia y yo 3. _______ (ir) al gimnasio y 4. _______ (levantar) pesas. Mis amigos siempre 5. _______ (estar) sorprendidos de mi energía y entusiasmo por el ejercicio. Pero el otro día mi vida 6. _______ (cambiar) por completo. Mientras (yo) 7. _______ (correr) en la pista del gimnasio, un amigo 8. _______ (ver) que yo tenía la cara totalmente roja. De repente, yo 9. _______ (sentirme) débil y mi amigo 10. _______ (llegar) a ayudarme. Doctor, ¿qué piensa que 11. _______ (ocurrir) ese día?

ENFOQUE ESTRUCTURAL La narración en el pasado: el pretérito y el imperfecto

Diego habla con Paula sobre las vacaciones de su juventud en Colombia.

DIEGO: Antes, yo iba todos los años a Santa Marta, de vacaciones. Pero el año pasado fui a Venezuela con mi novia porque queríamos conocer ese país.
PAULA: ¿A qué parte de Venezuela fueron?
DIEGO: Bueno, primero estuvimos en Caracas y después en Maracaibo. Y tú, ¿qué hiciste?
PAULA: Pues, me quedé aquí en Bogotá. Me enfermé y pasé una semana en la cama. Me dolía la cabeza, tenía fiebre y me sentía realmente mal.

Note that the preceding exchange contains verbs in both the preterite and the imperfect. In previous chapters you learned two past tenses: the preterite **(fui, fueron, estuvimos, me quedé)** and the imperfect **(iba, queríamos, dolía).** Although both tenses are used to report past actions, each tense is used in different contexts.

The main distinction between the use of the preterite and the imperfect in this context has to do with certain aspects of actions in the past.

1. If an action is viewed as having been either begun or completed within a definite time period, if it occurs only once, or if it is repeated a specific number of times, the verb will be in the preterite.

   Pasé una semana en la cama. (a definite time period: a week)

2. If a past action is habitual or is repeated an unspecified number of times, the verb will be in the imperfect.

   Antes, yo **iba todos los años** a Santa Marta, de vacaciones. (habitual occurrence)

3. To justify the reason someone did or did not do something, or to explain why something did or did not get done, the verb will often be in the imperfect.

   Fui a Venezuela con mi novia **porque queríamos** conocer ese país.

4. To express an action that was ongoing when another action took place, the ongoing action will be in the imperfect, and the other action will be in the preterite.

   Estaba enferma en la cama **cuando llamó** mi novio.

5. To express simultaneous actions, the imperfect is used.

   Me tomaba las pastillas **mientras me ponía** el termómetro.

6. In the narration of an event, preterite and imperfect are used together. The preterite narrates the action and the imperfect describes the circumstances in which the action takes place.

   Eran las tres de la mañana. **Tenía** frío y **me sentía** mal. **Me levanté** y **me puse** el termómetro. **Tenía** fiebre. **Fui** a la cocina, **me tomé** unas aspirinas y **volví** a la cama. **Me dolía** la cabeza y no **podía** dormir.

IRM Master 20: La narración en el pasado: Pretérito e imperfecto

SUGGESTIONS: (1) Contextualize presentation of these structures by reading a selection from a Spanish children's story or fairy tale to students. When you have finished reading, display the text on an overhead. Contrast the uses of the preterite and imperfect, encouraging students to verbalize the implications of the contrasts you point out. (2) For additional practice, place a picture on the overhead as a prompt. Assign each student a number, which corresponds to their turn for offering a sentence to help construct a story for the picture. Each student must then write a past-tense sentence on the board that helps explain what happened in the story. It's the student's responsibility to make each sentence flow coherently from the previous one. When finished, comment on the grammar of the story.

Práctica

8-19 ¿Por qué lo hicieron? A veces los médicos no explican bien lo que hacen y los enfermos no lo saben tampoco. Indica por qué las siguientes personas tomaron los remedios que se indican a continuación.

Modelo: A Gabriel le pusieron una inyección / necesitar una operación
A Gabriel le pusieron una inyección porque necesitaba una operación.

1. Nuria / tomar un jarabe / doler la garganta
2. Nosotros / tomar agua y acostarse pronto / tener dolor de cabeza
3. Inés y Talía / comprar un antihistamínico / estornudar constantemente
4. A Teresa / darle antibióticos / tener una infección
5. Ernesto / tomar dos aspirinas / estar con fiebre

ANSWERS, EX. 8-19: 1. Nuria tomó un jarabe porque le dolía la garganta. 2. Tomamos agua y nos acostamos pronto porque teníamos dolor de cabeza. 3. Inés y Talía compraron un antihistamínico porque estornudaban constantemente. 4. A Teresa le dio/dieron antibióticos porque tenía una infección. 5. Ernesto tomó dos aspirinas porque estaba con fiebre.

ANSWERS, EX. 8-20: 1. se despertó 2. se sentía 3. dolían 4. Se levantó 5. tomó 6. estaba 7. tuvo 8. Estornudaba 9. picaban 10. estaba 11. Fue 12. compró 13. desaparecieron

8-20 ¡Acción, descripción! Óscar y Marta pasaron unos días malos, por varias razones. Completa las historias de sus días malos con los verbos en la forma y el tiempo correctos.

Ayer Óscar 1. _______ (despertarse) a las cuatro de la mañana. No 2. _______ (sentirse) bien. 3. Le _______ (doler) la cabeza y la garganta. 4. _______ (Levantarse) y 5. _______ (tomar) una aspirina. Dos horas después ya 6. _______ (estar) mejor.

La semana pasada Marta 7. _______ (tener) un ataque de alergia. 8. _______ (Estornudar) constantemente, le 9. _______ (picar) los ojos y 10. _______ (estar) congestionada. 11. _______ (Ir) a la farmacia y 12. _______ (comprar) un antihistamínico. Después de tomarlo, 13. _______ (desaparecer) todos sus síntomas.

SUGGESTION: Provide a transition for students by reminding them that the theme of this **etapa** addresses illnessess and remedies. Therefore, the following **Comentario cultural** highlights certain cultural aspects related to purchasing medicine in the Spanish-speaking world with examples from the country of focus of this **etapa,** Colombia.

EXPANSIÓN LÉXICA: You may note that in this reading **la droguería** and **la farmacia** are used interchangeably. Both are understood everywhere to mean *pharmacy,* as described in the reading, but **la droguería** is used more frequently in South America. The *pharmacist* is known as **el/la droguero/a** or **el/la farmacéutico/a.** Throughout the Spanish-speaking world, **la farmacia** is the science and profession of *pharmacy.*

HERITAGE LEARNERS: Ask heritage learners about medical practices in their respective communities or the Spanish-speaking country from which their family originated.

ANSWERS: 1. Habrá variación entre las respuestas, pero deben considerar las diferentes definiciones de una enfermedad grave. 2. Son las farmacias designadas para permanecer abiertas toda la noche; esta designación es rotativa y cambia entre las farmacias locales; aunque haya farmacias de veinticuatro horas, es probable que no haya equivalente a la farmacia de turno. 3. En los países hispanos, los/las farmacéuticos/as pueden recetar algunas medicinas. Los estudiantes pueden discutir los motivos de esta diferencia.

COMENTARIOS CULTURALES

Las droguerías en Colombia

En muchos lugares de Norteamérica, la farmacia es muy similar a un supermercado: es un lugar abierto veinticuatro horas al día, donde se vende de todo, desde medicinas y productos de belleza, hasta regalos. En Colombia, como en otros países hispanos, es algo diferente. Para comprar perfumes y champús, hay que ir a una perfumería o tienda de cosméticos. Para comprar regalos, hay que ir a una tienda de juguetes, de regalos u otra clase de tienda.

En la droguería colombiana se venden medicinas y productos médicos. Los drogueros, entrenados en la prestigiosa Facultad de Farmacia de la Universidad Nacional, dan consejos médicos. Cuando alguien se enferma o no se siente bien, puede consultar al/a la droguero/a. Si el/la droguero/a considera que la enfermedad es seria, le aconseja a la persona que vaya a ver a un médico. Si es un simple catarro, una gripe, una alergia o un accidente que no es muy serio, el/la droguero/a le puede recomendar algunas medicinas.

Siempre hay por lo menos una farmacia abierta toda la noche. Se llama "la farmacia de turno". La farmacia de turno se anuncia cada semana, ya que la droguería designada para estar abierta de noche cambia de semana en semana. Todas las droguerías publican la lista de las farmacias de turno de su barrio en su puerta o su ventana. El periódico también publica la lista todos los días. Día o noche, en Bogotá, en Bucaramanga y hasta en un pueblo pequeño como Bello, es posible encontrar una farmacia abierta.

INTEGRACIÓN CULTURAL

1. ¿Qué haces si te enfermas? ¿Cuándo llamas al médico y cuándo consultas con el/la farmacéutico/a?
2. ¿Qué es una farmacia de turno? ¿Hay farmacias de turno donde vives?
3. ¿En qué aspectos son las droguerías / las farmacias de tu país diferentes de las farmacias de los países hispanos?

ENFOQUE ESTRUCTURAL El subjuntivo con expresiones de emoción

PREVIEW: More expressions of emotion, the impersonal and exclamation type, will be presented in **Capítulo 9.**

¡**Me alegro de que** ya **estés** mejor!	***I am happy (that) you're*** *already* ***feeling*** *better!*
Siento que tengas dolor de cabeza.	***I'm sorry (that) you have*** *a headache.*

Me alegro de que and **Siento que** are both expressions of emotion with which the speaker expresses his/her feelings.

In **Capítulo 6,** you were introduced to the use of the subjunctive with expressions that convey feelings of hope and desire. Remember that when those expressions are part of the main clause of the sentence, the subjunctive is required in the second part, the part of the sentence introduced by **que.**

Likewise, when expressions of emotion are followed by a dependent clause, the subjunctive mood is used in the part of the sentence introduced by **que.** Look at the following examples:

Se alegra de que no **tengas** fiebre.	***He's happy*** *that you* ***don't have*** *a fever.*
Siento que **te duela** la cabeza.	***I'm sorry*** *that your head* ***hurts.***
Me molesta que no **te cuides.**	***It bothers me*** *that you* ***don't take care of yourself.***
Le sorprende que no **estés** congestionado.	***It surprises him*** *that you* ***aren't*** *congested.*

Algunos verbos de emoción	Algunos verbos como *gustar*
alegrarse de *to be happy about*	**extrañar** *to seem odd*
sentir (ie, i) *to feel sorry*	**gustar** *to like*
temer *to fear*	**molestar** *to bother*
	sorprender *to surprise*

Práctica

8-21 ¡Cuántas emociones! La salud mental y física de tus amigos te importa mucho y a ellos también les importa mucho tu salud. Completa las siguientes oraciones para expresar las reacciones emocionales a las siguientes condiciones.

ANSWERS, EX. 8-21: 1. tenga, necesite 2. estén, podamos 3. se sientan, dé 4. contagiemos, sea 5. tenga, vaya 6. sufras, cause

1. Me alegro de que Juan ya no _______ (tener) fiebre; él se alegra de que su médico no _______ (necesitar) verlo otra vez.
2. Siento que tú e Inés _______ (estar) enfermas; Uds. sienten que nosotros no _______ (poder) ir al gimnasio.
3. Me gusta que Teresa y Felipe _______ (sentirse) mejor; a ellos les gusta que el médico no les _______ (dar) más recetas.
4. Temo que nosotros _______ (contagiar) a los demás; todos tememos que esta gripe _______ (ser) grave.
5. Me extraña que toda tu familia _______ (tener) gripe; a tu familia le extraña que yo no _______ (ir) a visitarla.
6. Me molesta que tú _______ (sufrir) de un dolor de cabeza; a ti te molesta que la cabeza te _______ (causar) tanto dolor.

8-22 Las emociones de tus amigos De hecho, tus amigos también están preocupados por todos. Usa los verbos de emoción de la siguiente lista para completar las oraciones y para expresar la reacción de tus amigos hacia los siguientes hechos.

POSSIBLE ANSWERS, EX. 8-22: 1. se alegra, estornude 2. me molesta, ponga 3. le extraña, estemos 4. siente, lloren 5. les sorprende, tome 6. temen, llegue

alegrarse **extrañar** **molestar** **sentir** **sorprender** **temer**

1. Francisco _______ de que su novia ya no _______ (estornudar) mucho.
2. A mí _______ que el médico me _______ (poner) una inyección.
3. A Cathy no _______ que nosotros _______ (estar) congestionados.
4. Gabriel _______ que a Lina le _______ (llorar) los ojos.
5. A ellos _______ que la enfermera no les _______ (tomar) la presión.
6. Pablo y su novia _______ que el médico _______ (llegar) tarde.

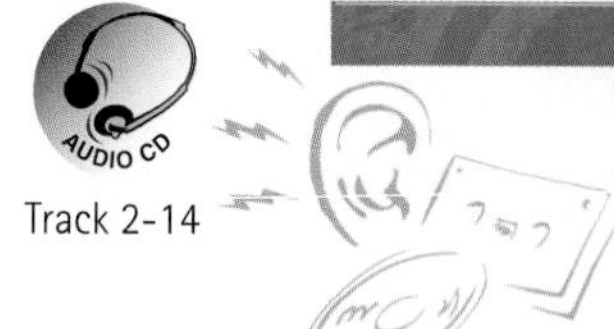

Track 2-14

VAMOS A ESCUCHAR: LA SALUD DEL VIAJERO

HERITAGE LEARNERS: Ask heritage learners to listen to the Spanish in the **Vamos a escuchar** recording and to compare it with the Spanish they use in their communities.

En este segmento, vas a escuchar unos consejos para el viajero que va a las diferentes regiones de Colombia.

Antes de escuchar

Antes de escuchar el segmento, contesta las siguientes preguntas.

- ¿Qué sabes del clima de Colombia? ¿Es similar al clima de alguna región de tu país?
- ¿Qué haces si te pasa algo grave mientras viajas? ¿Cómo puedes prevenir los accidentes?
- ¿Eres un viajero precavido *(cautious)?*

Antes de escuchar los consejos para el viajero, lee las preguntas que aparecen en la sección **Después de escuchar.**

Después de escuchar

POSSIBLE ANSWERS, EX. 8-23: 1. Son los llanos tropicales, donde hay bosques tropicales y la región del río Amazonas, y la cordillera o sierra andina con las grandes ciudades y grandes altitudes. 2. Son las infecciones de piel, insectos y serpientes. 3. Puede tener una picadura mortal; no hay muchas; hay más boas y anacondas. 4. Puede provocar trastornos de equilibrio, náuseas, soroche (ansiedad física y mental) y quemaduras de sol. 5. Es el mate de coca, una infusión de hojas de coca. 6. Habrá variedad.

ANSWERS, EX. 8-24: 1. el Oriente 2. el soroche

8-23 Comprensión Contesta las preguntas que siguen, según la información del segmento.

1. ¿Cuáles y cómo son las dos regiones principales de Colombia?
2. ¿Cuáles son los riesgos de la región amazónica? ¿Cuál te parece más temible *(scariest)*?
3. ¿De dónde viene el peligro de una serpiente venenosa? ¿Hay muchas serpientes venenosas?
4. ¿Qué tipo de problemas puede provocar la altitud de la sierra andina?
5. ¿Cuál es el famoso remedio contra las enfermedades causadas por la altitud?
6. ¿Encontraste alguna vez este tipo de problemas durante un viaje tuyo? Explica con detalles.

8-24 ¿Cómo lo dicen? Escucha el segmento de nuevo. Fíjate en lo que se dice y trata de contestar estas preguntas.

1. Los llanos de Colombia están más o menos al este del país. ¿Cómo se llama esta región?
2. ¿Cómo se llama el malestar *(malaise)* causado por la altitud?

TÚ DIRÁS

8-25 ¿Qué hacías cuando te enteraste de *(found out about)*... ? La vida se define por unos cuantos instantes grabados en nuestra memoria... el primer hombre en la luna... Compara algunas de tus memorias con las de un/a compañero/a de clase. Prepara una lista de los eventos clave de tu vida y habla con un/a compañero/a de lo que hacías cuando viste o te enteraste de cada evento de tu lista. ¿En qué aspecto te cambiaron la vida estos eventos?

- Piensa en una lista de eventos clave que te marcaron la vida.
- Dile a tu compañero/a: ¿Te acuerdas del día cuando... ? Yo estaba... cuando me enteré. ¿Qué hacías tú?
- En tu historia, incluye la acción y los detalles descriptivos: qué pasó, cuándo pasó, dónde, qué día era, qué tiempo hacía, quién estaba contigo, etcétera.

Prepárate para compartir la información sobre tu compañero/a con la clase.

8-26 Entre los abuelitos A veces las personas mayores *(older people)* hablan mucho sobre las enfermedades. Imagina que acompañas a tus abuelos a la fiesta de unos amigos suyos. Trabaja con tres compañeros/as de clase. Uno/a va a hacer el papel *(play the role)* del joven y los otros el papel de los abuelos y sus amigos. Túrnense para explicar sus síntomas. Los otros expresan comprensión, sorpresa o irritación ante los problemas de todos. El/La joven debe tratar a sus abuelos con cariño *(love)* y respeto.

Modelo: *—Ay, me duele todo el cuerpo.*
—¡Siento mucho que le duela el cuerpo!
—Y yo, yo no tengo energía. No puedo despertarme después de la siesta.
—Me sorprende que no tenga energía. Ud. es una persona llena de vida.

TERCERA ETAPA

Para empezar: La personalidad y los estados de ánimo. ¿Cómo son? ¿Cómo están?

SUGGESTION: Ask students these questions in Spanish. Contextualize the presentation of the theme and vocabulary. Use pictures provided or bring in others and tell students that you like to play matchmaker **(celestina)** for your friends. Describe a female friend, including physical and personality traits, and then describe 2 male friends. Write key descriptive words on the board. Check comprehension of terms by asking students to explain them in Spanish using paraphrase or explanation. For example: **Juan también es honesto. Clase, ¿qué significa "honesto"?** Ask students which male friend would be better suited for your female friend. Have them explain their choice.

Preparación

- When you describe a person, what kind of physical information do you find useful to include?
- What are some of the personality traits that you consider when describing someone?
- What are some adjectives you would use to describe how you are feeling?

LA PERSONALIDAD

Aquí está mi amigo Eduardo.

Aquí está mi amiga Cecilia.

TRANSPARENCY J-4: El carácter

SUGGESTION: Introduce new vocabulary through personalized questions. Begin with cognates. **¿Eres optimista? ¿Eres idealista?,** etc.

- ☐ No es pesimista.
- ☐ Es **trabajador** *(hard-working)*.
- ☐ Es idealista.
- ☐ Es honesto.
- ☐ Es paciente.
- ☐ Es intelectual.
- ☐ Es serio.
- ☐ No es **antipático** *(unfriendly)*.
- ☐ Es un poco **aburrido** *(boring)*.
- ☐ No es **perezoso** *(lazy)*.
- ☐ Es generoso.
- ☐ Es independiente.
- ☐ Es responsable.
- ☐ No es **triste** *(sad)*.

- ☐ Es optimista.
- ☐ Es valiente.
- ☐ Es realista.
- ☐ Es honesta.
- ☐ Es un poco impaciente.
- ☐ Es muy atlética.
- ☐ Es simpática.
- ☐ Es cómica.
- ☐ Es muy **divertida** *(funny)*.
- ☐ Es activa y enérgica.
- ☐ Es generosa también.
- ☐ Es independiente.
- ☐ Es inteligente.
- ☐ Es **alegre** *(happy)*.

EXPANSIÓN LÉXICA: You learned some adjectives to describe the physical appearance of people and things in **Capítulo 2.** Some additional adjectives that may be useful are **fuerte** *(strong)*, **débil** *(weak)*, **atlético/a** *(athletic)*, **joven** *(young)*, **viejo** *(old)*, **largo** *(long)*, and **corto** *(short in length)*.

EXPANSIÓN LÉXICA: In many Hispanic countries the gesture of tapping the elbow indicates stinginess. In these countries, **es muy codo** can be used instead of **es muy tacaño.**

Otros adjetivos de personalidad

agradable *nice, pleasant*
bueno/a *good*
cruel *cruel, mean*
desagradable *unpleasant*
desordenado/a *messy*
desorganizado/a *disorganized*
dinámico/a *dynamic*
discreto/a *discreet, close-mouthed*
egoísta *selfish*
estúpido/a *stupid*
extrovertido/a *extroverted*
flojo/a *lazy*
frívolo/a *frivolous*
imaginativo/a *imaginative*
indiscreto/a *indiscreet, loud-mouthed*
ingenuo/a *naive, innocent*
introvertido/a *introverted*
malo/a *bad*
mentiroso/a *liar*
ordenado/a *neat*
organizado/a *organized*
tacaño/a *stingy*
tímido/a *shy*
tonto/a *silly, dumb*

ANSWERS, EX. 8-27: 1. Es valiente. 2. Es generosa. 3. Es trabajador. 4. Es honesta. 5. Es atlético. 6. Es seria. 7. Es alegre. 8. Es activa.

Práctica

8-27 José Manuel y la Sra. Velázquez: retratos psicológicos Cada día hay más interés por los rasgos psicológicos de candidatos profesionales, políticos y hasta académicos. Contesta las preguntas sobre la personalidad de José Manuel y de la Sra. Velázquez. ¿Con quién te gustaría trabajar? ¿Con quién te gustaría vivir?

1. A José Manuel le gusta mucho hacer paracaidismo *(parachute jumping)* y alpinismo sobre el hielo. ¿Es valiente o tímido?
2. La Sra. Velázquez les da dinero a muchas organizaciones benéficas y a los amigos que se lo piden. ¿Es generosa o tacaña?
3. A José Manuel le gusta arreglar automóviles y leer novelas de detectives. ¿Es trabajador o perezoso?
4. La Sra. Velázquez encontró 50.000 dólares en un taxi. Llamó por teléfono a la policía. ¿Es honesta o deshonesta?
5. A José Manuel no le gusta tocar el piano, pero le encanta jugar al béisbol y le gusta esquiar. ¿Es atlético o perezoso?
6. La Sra. Velázquez siempre escucha la radio. Le gustan la música clásica y las discusiones políticas. ¿Es seria o cómica?
7. A José Manuel le gusta disfrutar de la vida y tiene muchos amigos. ¿Es triste o alegre?
8. La Sra. Velázquez trabaja mucho. Va al teatro, al museo y al cine. ¿Es activa o perezosa?

8-28 ¿Cómo son? Ahora te toca crear un perfil de tus amigos y colegas. Escoge adjetivos de la lista para describir a las personas indicadas.

☐ activo	☐ enérgico	☐ independiente	☐ pesimista
☐ alegre	☐ frívolo	☐ indiscreto	☐ realista
☐ antipático	☐ fuerte	☐ ingenuo	☐ serio
☐ bonito	☐ guapo	☐ inteligente	☐ simpático
☐ bueno	☐ generoso	☐ joven	☐ sincero
☐ cómico	☐ grande	☐ malo	☐ tímido
☐ cruel	☐ honesto	☐ optimista	☐ trabajador
☐ delgado	☐ idealista	☐ paciente	☐ triste
☐ dinámico	☐ imaginativo	☐ pequeño	☐ valiente
☐ egoísta	☐ impaciente	☐ perezoso	☐ viejo

1. tú
2. tu mejor amigo/a
3. otro/a amigo/a
4. una persona a quien no quieres mucho

8-29 Retrato de un/a compañero/a de clase ¿Conoces bien a tus compañeros/as de clase? Con un/a compañero/a, usen los adjetivos en el ejercicio anterior para describir a uno/a de sus compañeros/as de clase. No mencionen su nombre. La clase va a tratar de adivinar *(to guess)* quién es.

REPASO

Review the forms and uses of preterite and imperfect.

ANSWERS, EX. 8-30: 1. hacía 2. Dejé 3. Eran 4. me desperté 5. Tenía 6. Era 7. me levanté 8. cerré 9. me cubrí 10. dolía

8-30 Un resfriado de verano El verano es la peor estación para las enfermedades. Completa la triste historia de un resfriado de verano con los verbos en el tiempo correcto.

La noche después de terminar los exámenes finales, 1. _______ (hacer) mucho calor cuando me acosté. (Yo) 2. _______ (Dejar) la ventana de mi cuarto abierta. 3. _______ (Ser) las seis de la mañana cuando, de repente, 4. _______ (despertarme). 5. _______ (Tener) frío. ¡Qué extraño! ¡6. _______ (Ser) verano! Entonces, 7. _______ (levantarme), 8. _______ (cerrar) la ventana y 9. _______ (cubrirme) con una manta. 10. Me _______ (doler) todo el cuerpo, y en especial la cabeza y el estómago. ¡Qué mala suerte tengo! Es terrible enfermarse el primer día de vacaciones, ¿no crees?

8-31 ¿Somos compatibles? Un/a compañero/a de clase quiere saber más de ti. Completa las siguientes oraciones con información personal y después compáralas con las de tu compañero/a. ¿Tienen mucho en común?

1. Me alegro de que _______.
2. Siento que _______.
3. Me gusta que _______.
4. Me sorprende que _______.
5. Me molesta mucho que _______.
6. No me gusta que _______.

Review the subjunctive with expressions of emotion.

ANSWERS, EX. 8-31: *Answers will vary but each should include the subjunctive.*

ENFOQUE ESTRUCTURAL *Ser y estar* + adjectivos

In **Capítulos 1** and **2,** you learned the main uses of the verb **ser,** and in **Capítulos 3** and **4** you learned the main uses of **estar.** Remember that the meanings of these two verbs are both conveyed in English by the verb *to be.*

There are certain adjectives that can be used only with **ser.**

Juan **es católico.**	*Juan **is Catholic.***
Mario **es colombiano** y yo **soy venezolana.**	*Mario **is Colombian** and I **am Venezuelan.***
Berta **es** muy **extrovertida.**	*Berta **is** quite **extroverted.***

And there are certain adjectives that can be used only with **estar.**

Teresa **está enferma.**	*Teresa **is (feeling) sick.***
La herida ya **está curada.**	*The wound **is** now **healed.***

There are other adjectives that can be used with either **ser** or **estar,** depending on what meaning the speaker wants to convey. In other words, there are adjectives that have two meanings, depending on whether they are used with **ser** or with **estar.** Here are some examples of how this works:

	con *ser*	con *estar*
aburrido	*boring*	*bored*
bueno	*good*	*in good health*
despierto	*alert*	*awake*
divertido	*amusing*	*amused*
listo	*intelligent, clever*	*ready*
malo	*bad*	*sick*
verde	*green*	*unripe*

Other adjectives can be used with either verb, with the meaning of the adjective remaining the same. The difference is that with **estar** the speaker indicates that the person or thing described *looks, feels,* or *tastes* a certain way.

Marta **es alegre.**	*Marta **is a happy person.***
Cristina **está alegre.**	*Cristina **looks happy.***
Inés **es muy amable.**	*Ines **is a very nice person.***
Berta **está muy amable.**	*Berta **is acting really nice.***
Las peras **son buenas.**	*Pears **are good** (for you).*
Estas peras **están buenas.**	*These pears **taste good.***

Remember that adjectives always have to agree with the noun they modify.

Práctica

ANSWERS, EX. 8-32: 1. es, está 2. son, están 3. es, está 4. soy, estoy 5. somos, estamos 6. son, están 7. somos, estamos

8-32 Un día no muy bueno Hoy parece que todo va un poco mal. Tus amigos no se comportan como suelen *(like they usually do)*. Emplea los verbos **ser** o **estar** para expresar cómo son las personas normalmente y cómo están hoy.

1. María normalmente _______ una persona amable. Hoy _______ muy antipática.
2. Juan y Carlos normalmente _______ divertidos. Hoy _______ muy serios.
3. Inés normalmente _______ muy activa. Hoy _______ perezosa.
4. Yo normalmente _______ optimista. Hoy _______ pesimista.
5. Nosotros _______ alegres. Hoy _______ tristes.
6. Los hermanos de Mari normalmente _______ extrovertidos. Hoy _______ muy tímidos.
7. Mis amigos y yo _______ normalmente muy activos. Hoy _______ cansados.

¡El peor día de mi vida!

ANSWERS, EX. 8-33: 1. está 2. es 3. Está 4. son 5. son 6. estamos

8-33 *¿Ser* o *estar?* Para describir las cosas sin confusión, es importante usar el verbo correcto con los adjetivos. Escoge el verbo correcto para completar las oraciones que siguen para que sean lógicas.

Modelo: La película que quieres ver ___*es*___ aburrida. Yo me dormí cuando la vi.

1. ¡Camarero! ¡Tráigame otro café! Este café (es / está) frío.
2. La hija de Doña Irene siempre saca buenas notas. La verdad es que ella (es / está) muy lista.
3. No compre esa piña; no puede comerla. (Es / Está) verde todavía.
4. ¡No vayas a la fiesta de Tomás! No hay suficiente comida, no ponen música y los invitados ni bailan ni hablan. ¡Sus fiestas (son / están) aburridísimas!
5. Jaime pasa horas mirándole los ojos a su novia: (son / están) verdes como la esmeralda y le fascinan.
6. Me duele la garganta y tú tienes tos. Evidentemente, (somos / estamos) enfermos.

COMENTARIOS CULTURALES

SUGGESTION: Provide a transition for students by reminding them that the country of focus of this **etapa** is Panama. Therefore, the following **Comentario cultural** highlights certain cultural aspects of Panama.

El Canal de Panamá: Un triunfo médico

Cuando Fernando de Lesseps **propuso** abrir un pasaje entre los océanos Atlántico y Pacífico a través del istmo de Panamá, el francés no sabía lo que le esperaba. Además del bosque tropical que dificultaba el progreso y las montañas que casi pararon el proyecto por completo, dos enfermedades tropicales **diezmaron la mano de obra:** la fiebre amarilla y la malaria. En 1889, en **bancarrota** y con miles de muertos, los franceses abandonaron el canal.

proposed

decimated / workforce
bankruptcy

En ese mismo año llegaron los estadounidenses para terminarlo. En 1905 volvió de nuevo la fiebre amarilla, sin embargo, esta vez estaban preparados. En 1900 el médico Walter Reed probó que la fiebre amarilla se trasmitía por una especie de **zancudo.** En vez de castigar o aislar a los enfermos, el Coronel William C. Gorgas mandó buscar y eliminar todos los lugares donde se propagaban los zancudos. Fumigaron las casas, secaron los **charcos** y **pantanos,** instalaron **redes metálicas** en las ventanas y puertas y prohibieron guardar agua en recipientes abiertos donde se criaban los insectos. Para finales del año 1905, la Zona del Canal estaba libre de la fiebre amarilla. La malaria, fácilmente controlada por las mismas medidas y tratada con quinina, dejó de ser una amenaza ese mismo año. Así es que la gran maravilla de ingeniería, el Canal de Panamá, también se considera un gran triunfo médico.

mosquito

puddles / swamps / screens

SUGGESTION: Before beginning this activity, explore students' knowledge of the Panama Canal. In connecting the Atlantic and Pacific Oceans across mountains and through jungle, the engineers of the canal faced many challenges. Have students brainstorm the nature of these challenges and possible solutions that the builders and engineers might have sought.

INTEGRACIÓN CULTURAL

1. ¿Cuáles fueron los inconvenientes de la construcción del Canal de Panamá?
2. ¿Cómo eliminaron la fiebre amarilla en la Zona del Canal?
3. ¿Cuáles son los métodos usados hoy para combatir las enfermedades?
4. Según lo que leíste y según tu opinión, ¿cuál es la relación entre el ambiente, la salud y el progreso?

POSSIBLE ANSWERS: 1. el terreno montañoso, el clima tropical, los costos y las enfermedades 2. con medidas prácticas para eliminar los zancudos responsables de la enfermedad. 3. la educación, la buena higiene, la buena nutrición, las vacunas, las medicinas, la cirugía 4. Habrá variedad.

ENFOQUE ESTRUCTURAL Las acciones recíprocas

Teresa y Juan **se miran** y **se saludan.**	*Teresa and Juan **look at each other** and **greet each other.***
Ellos son amigos y **se conocen** bien.	*They are friends and **know each other** well.*
¡**Nos vemos** mañana!	***We'll see each other** tomorrow.*
¿**Se quieren** mucho?	***Do you** really **love each other**?*

Spanish uses the pronouns **nos, os,** and **se** to express *each other.* The following are some verbs that can be used with these pronouns to express reciprocal actions:

abrazarse *to hug each other*	**llamarse por teléfono** *to call each other on the phone*
ayudarse *to help each other*	**mirarse** *to look at each other*
besarse *to kiss each other*	**pelearse** *to fight with each other*
conocerse *to know each other*	**quererse** *to love each other*
darse la mano *to shake hands*	**respetarse** *to respect each other*
despedirse *to say good-bye to each other*	**saludarse** *to greet each other*
escribirse *to write each other*	**verse** *to see each other*
hablarse *to talk to each other*	

Práctica

ANSWERS, EX. 8-34: 1. Se abrazan. 2. Se llaman por teléfono. 3. Se besan. 4. Se miran. 5. Se dan la mano. 6. Se saludan.

NOTA CULTURAL: Colón is not the biggest city in Panama, but it has an important role in history. At the Atlantic terminus of the Panama Canal, Colón is home to many of Panama's **antillanos** or Afrocaribbean populations. The **antillanos** arrived in Panama from the English-speaking Caribbean to work on the railroad and canal, settling in Colón, Portobelo, and Panama City when the canal construction was completed. They have preserved their original languages and most are bilingual or even trilingual. The colorful Afrocaribbean Carnaval that marks the start of Lent in Colón is known throughout the country.

8-34 ¿Qué hacen durante la fiesta? Es Carnaval en Colón y todo el mundo está de vacaciones. Mira los siguientes dibujos y di qué hacen estas personas.

1. Paula y Maritza

2. José y Gilberta

3. José y Marina

4. Omar y Rosa

5. Carolina y Alfonso

6. Don Rafael y Doña Amelia

ANSWERS, EX. 8-35: 1. nos queremos 2. nos llamamos 3. nos escribimos 4. nos damos, nos despedimos 5. nos vemos, nos saludamos

8-35 ¡Nos vemos en el Carnaval! Como todo el mundo está en el carnaval de Colón, vamos allá también. Completa las oraciones con la forma correcta de los verbos.

1. Quiero ir al Carnaval con mis padres. Desde luego, mis padres y yo _______ (quererse) mucho.
2. Mi hermana y yo _______ (llamarse) por teléfono antes de escoger la ropa para la celebración.
3. Mis amigos y yo _______ (escribirse) mensajes frecuentemente mientras hacemos los planes.
4. Cuando veo a mis profesores en la calle, ellos y yo _______ (darse) la mano cuando _______ (despedirse).
5. Cuando mis amigos y yo _______ (verse) bien vestidos y con máscaras, _______ (saludarse) con grandes risas.

ANSWERS, EX. 8-36: 1.–2. *Answers will vary.* 3. Nos conocemos desde hace... 4. Nos vemos... 5. Nos escribimos... 6. Nos llamamos...

8-36 Los amigos de verdad ¿Cómo defines a un amigo? ¿Cuál es la diferencia entre un **conocido** y un **amigo?** Compara tu definición y tus experiencias con un/a compañero/a de clase, contestando las siguientes preguntas y comparando sus respuestas.

1. ¿Cómo defines la palabra **amigo?**
2. ¿Quién es tu mejor amigo/a?
3. ¿Desde cuándo se conocen?
4. ¿Se ven con frecuencia?
5. ¿Con qué frecuencia se escriben mensajes electrónicos?
6. ¿Cuándo se llaman por teléfono?

VAMOS A ESCUCHAR:
LOS CONSEJOS DE LA TÍA AMELIA

Track 2-15

HERITAGE LEARNERS: Ask heritage learners to listen to the Spanish in the **Vamos a escuchar** recording and to compare it with the Spanish they use in their communities.

En este segmento, Oriza Cooper y su tía abuela *(great aunt)*, la tía Amelia, comparan sus técnicas para mantener la salud.

Antes de escuchar

Antes de escuchar el segmento, contesta las siguientes preguntas.

- ¿A quién le pides consejos en tu familia? ¿Cómo es el carácter de esa persona?
- Y tú, ¿cómo te mantienes en forma *(healthy)*?

Antes de escuchar la conversación entre Oriza y la tía Amelia, lee las preguntas que aparecen en la sección **Después de escuchar.**

Después de escuchar

8-37 Comprensión Contesta las preguntas que siguen usando la información que escuchaste en el segmento.

1. ¿Qué compró Oriza para mantener la piel linda? ¿Lo usa la tía Amelia?
2. ¿Cómo se llama el plato nacional de los antillanos? ¿Lo come la tía Amelia?
3. ¿Quién le dio buen ejemplo a tía Amelia?
4. Según la tía Amelia, ¿cómo se puede mantener sana y feliz?
5. ¿Quién llega al final de la conversación y qué opina esta persona de los consejos de la tía Amelia?

ANSWERS, EX. 8-37: 1. Compró una crema para la piel. La tía Amelia no la usa. 2. el arroz con coco; No lo come ya porque no es saludable. 3. su madre, la bisabuela de Oriza 4. Uno debe respetar a la familia, evitar la comida con grasa y comer frutas tropicales cada día. 5. Llega el padre de Oriza y dice que la salud y la belleza vienen de la genética: la familia Cooper es hermosa y sana.

8-38 ¿Cómo lo dicen? Escucha el segmento de nuevo. Fíjate en lo que dicen y trata de contestar estas preguntas.

1. La tía Amelia tiene un método muy saludable para preparar el arroz. ¿Cómo se llama este método?
2. ¿Qué dice la tía Amelia para expresar su opinión sobre las medicinas?

ANSWERS, EX. 8-38: 1. lo prepara al vapor 2. no me fío mucho de ellas

TÚ DIRÁS

8-39 Mi retrato psicológico En grupos de tres, cada estudiante va a decirles a los demás cómo es. Usa diferentes adjetivos para dar una descripción de ti mismo/a a otro/a estudiante en tu clase. Si es posible da algunos ejemplos para explicar las características. Por ejemplo, si eres dinámico, indica qué activadades haces. Al terminar, un estudiante va a decirle a la clase cómo es uno de los otros dos y la clase debe adivinar quién es.

8-40 ¡Nos queremos mucho! Piensa en una persona importante en tu vida (tu madre, tu padre, tu novio/a, tu hermano/a, tu mejor amigo/a...). Cuéntale a un/a compañero/a de clase cómo es tu relación con esa persona y utiliza tantos verbos de la lista como puedas para expresar las cosas que hacen juntos y recíprocamente.

abrazarse	despedirse	quererse
ayudarse	escribirse	respetarse
besarse	hablarse	saludarse
conocerse	llamarse por teléfono	verse
darse la mano		

Monyamena: origen del Río Amazonas

Antes de leer

ANSWERS, A: 1. Habrá variedad en las respuestas, pero pueden incluir: verde, húmeda, natural, caliente, salvaje, misteriosa y viva 2. el Río Amazonas y sus afluentes corren por Colombia, Perú, Ecuador, Venezuela y Brasil.

A. Mira las fotos antes de contestar las siguientes preguntas.

1. Cuando piensas en la selva, ¿cuáles son cuatro o cinco adjetivos que puedes usar para describirla?
2. ¿Sabes cuál es el río más largo del mundo? Mira el mapa en la página 279 para indicar por cuántos países corre este gran río de América del Sur.

La selva amazónica tiene un enorme número de especies de animales y plantas.

Guía para la lectura

ANSWERS, B: 1. Sucedió, comenzó, se encontró, vio, se asustó, se convirtió, dijo, se alegró, se apareció, dijo, busqué, echó, se tapó, pudo, dio, murió, se puso, volvieron, murió, creció, llamaron, volvió, decidieron, cortaron, se oscureció, vino, tumbaron, vieron, dijeron, pasó, cayeron, se formaron, formaron 2. tenía, trataba, se sentía, regresaba, regalaba, estaban, era, quería, llegaba, daba, comían, venían, andaban, recordaban

B. Ahora lee el texto rápidamente, pero sólo para encontrar *los verbos en el pasado.*

1. Busca todos los verbos en el tiempo *pretérito* y escríbelos en una lista. Hay más de 20. No es necesario en este momento saber el significado de todos los verbos, sólo identificarlos.
2. Ahora busca los verbos en el tiempo *imperfecto* y escríbelos en una lista. Hay unos 12. Tampoco es necesario en este momento saber el significado de todos estos verbos, sólo identificarlos.
3. Ahora di cuál es el significado de estos verbos. Para ayudarte, usa las glosas al margen del texto y un diccionario.

C. Ahora que ya tienes una buena idea de cuáles son las acciones y descripciones que los verbos comunican, lee los cinco párrafos del texto para contestar las siguientes preguntas. Trata de contestar las preguntas con una serie de oraciones, usando las formas correctas del tiempo pretérito o el imperfecto, según el contexto.

En el primer párrafo:

1. ¿Qué problema tenía la gente que vivía en la selva?
2. Describe lo que pasó entre la muchacha y un animal.
3. ¿Cómo se sentía la muchacha después de este incidente?

En el segundo párrafo:

4. Un día, ¿dónde estaban Monyamena y el muchacho?
5. ¿Quién llegó de repente y qué dijo esa persona?
6. ¿Qué hizo esta persona y cuál fue la consecuencia de este acto cruel?

En el tercer párrafo:

7. ¿Qué creció en el lugar de la tragedia según se cuenta en el segundo párrafo?
8. ¿Con qué nombre decidió la gente llamar este "fenómeno"?
9. ¿Cómo cambió la vida de la gente por este fenómeno?

En el cuarto párrafo:

10. ¿Qué decidieron hacer una noche algunas personas de otro lugar?
11. ¿Cuáles fueron las consecuencias de lo que hicieron estas personas?
12. ¿Cómo reaccionaron los espíritus de la selva ante este acto trágico?
13. ¿Qué maravilla hicieron los espíritus de la selva?

En el quinto párrafo:

14. Resume en detalle la descripción que hay aquí al final de la lectura.
15. Ahora piensa en las lecciones morales que ofrece este cuento. ¿Cuáles son algunas?

ANSWERS, C: 1. Comenzó a haber menos comida para la gente. 2. Cuando la muchacha, Monyamena, se encontró con una lombriz, ésta se convirtió en un joven atractivo e invitó a Monyamena a visitarlo cada día a cambio de frutas y comida. 3. Monyamena se alegró y se sentía atraída por el joven. 4. Estaban en un nido hecho con hojas. 5. La madre de Monyamena apareció y llamó traidora a su hija. 6. Les echó una ollada de agua hirviendo a la pareja, un acto cruel que mató al joven. 7. Un árbol muy grande y muy alto creció en el lugar donde murió el muchacho. 8. Llamaron al árbol "el árbol de la comida". 9. Hubo comida para todos y volvió la tranquilidad para ellos. 10. Decidieron tumbar el árbol y llevarse todos los frutos. 11. Todo se oscureció y no había comida, sólo tristeza. 12. Los espíritus vieron el sufrimiento y decidieron ayudar. 13. Hicieron que el árbol se pudriera y formara mares y ríos. 14. El río tiene muchas vertientes y mares donde los animales, árboles y hasta nubes se acercan y se nutren. 15. No hay que "agarrarse toda la comida" para sí, o sea, hay que compartir y ayudarse mutuamente.

Al fin y al cabo

1. Las historias para explicar los orígenes de diferentes fenómenos o elementos son una tradición universal. ¿Puedes contar otra historia de los orígenes de algo? Piensa en los orígenes del mundo, de los colores...
2. Ahora, ¡tú eres el profesor! Trabaja con dos compañeros/as de clase y escribe dos preguntas originales para la clase sobre este cuento. ¡No puedes repetir ninguna pregunta vista anteriormente!

ANSWERS, AL FIN Y AL CABO: 1. Habrá variación en las respuestas, pero debe animar a los estudiantes a pensar en las historias de la creación encontradas en la Biblia o en el Popul Vuh, o bien en las leyendas regionales como la de Johnny Appleseed.

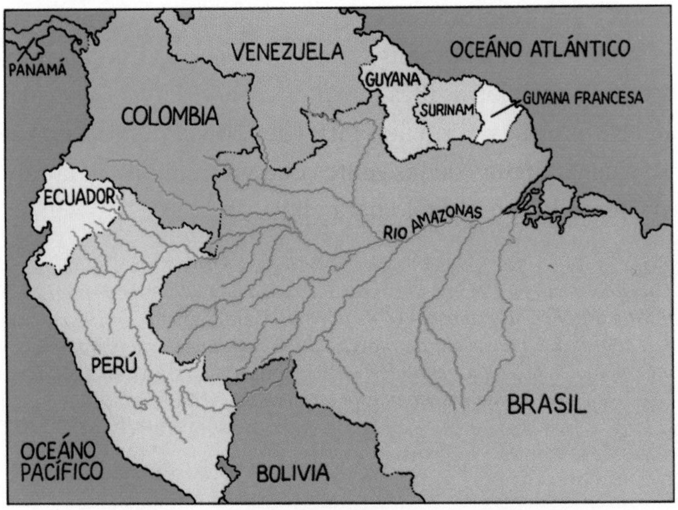

Con más de 4.800 metros de extensión, el Río Amazonas es el primer río del mundo.

Sucedió que una vez en la selva comenzó a haber menos comida y la gente tenía muchísima hambre. Un día, una muchacha que trataba de encontrar alguna fruta para llevarles a sus familiares se encontró con una **lombriz.** Apenas la vio la muchacha **se asustó,** pero al mirarla de nuevo la lombriz se convirtió en un joven guapo que le dijo: "Monyamena, yo vivo muy solo cerca de aquí, y si tú vienes todos los días a verme, voy a regalarte frutas y comida para tu gente." Ella se alegró con su propuesta pues además se sentía atraída por el muchacho; y en adelante regresaba a la casa todos los días con yucas, plátanos, piñas y otras frutas deliciosas que él le regalaba.

worm
was afraid

Remember that you don't need to understand all the words that appear in this reading. In order to successfully complete the tasks included under the **Guía para la lectura** section, you should do the activities in the **Antes de leer** section and follow the instructions.

Pero un día que Monyamena y el muchacho estaban abrazados en un **nido** hecho con **hojas,** se apareció su madre y le dijo: "Traidora, te busqué por todas partes"; así era que quería **agarrarlos,** y les echó una **ollada** de agua hirviendo. Monyamena **se tapó** con unas hojas de plátano, pero el muchacho no pudo cubrirse, **dio gritos** de dolor y murió.

nest
leaves
to grab them / potful
covered herself
shouted out

Desde la muerte del muchacho, la comida se puso todavía más escasa y las gentes volvieron a tener hambre. Sin embargo, en el lugar donde murió él creció un árbol grande y muy alto que llegaba hasta el cielo; daba mucha variedad de frutos y por eso lo llamaron "el árbol de la comida". De allí comían las gentes de la selva y volvió la tranquilidad para ellos.

Una noche, sin embargo, algunas gentes de otro lugar que también venían a comer decidieron **tumbar** el árbol y llevarse todos los frutos. Mas cuando lo cortaron se oscureció todo. En adelante les vino muchísima tristeza; y en la selva, los hijos de los que tumbaron el árbol andaban por ahí necesitados y recordaban siempre los tiempos de sus padres. Cuando los vieron así los espíritus de la selva dijeron: "Esta gente sufre mucho. Hagamos que el árbol comience a **pudrirse** y que su tronco se transforme en el río más grande de la tierra con peces y frutas y así ellos podrán comer."

to chop down
to rot

Desde que pasó todo esto nadie siente hambre. El río está en la selva, da de comer a los animales y a los árboles, y también a las nubes que beben de sus aguas. De las hojas, que cayeron todas hacia el oriente, se formaron muchos mares; de sus **ramas** los espíritus amigos formaron el Río Putumayo, el Río Caquetá, el Río Madeira y otros más pequeños que le llevan sus aguas a este río que llaman el Amazonas, el río más largo de todo el mundo. Los espíritus dicen que ojalá que a ninguna de las gentes que viven ahora en la selva se les ocurra agarrarse toda la comida sólo para ellos.

branches

Juan Carlos Galeano nació en 1953 en la zona amazónica de Colombia y emigró a los Estados Unidos en 1983. Publicó su primer libro de poemas, Baraja inicial, *en 1986. Otros poemas y varios ensayos aparecen en revistas y antologías latinomericanas, estadounidenses y europeas. Actualmente trabaja en la preparación de* Cuentos amazónicos. *Vive en Tallahassee, Florida, donde enseña poesía hispanoamericana en Florida State University.*

INTERCAMBIO: PARTES DEL CUERPO

Con un/a compañero/a, completa el crucigrama a continuación usando palabras para las diferentes partes del cuerpo humano.

Van a necesitar las siguientes expresiones:

> **Es la parte que está...**
> **Sirve para...**
> **Tiene...**

Estudiante A En este crucigrama tienes la parte horizontal pero faltan las respuestas para la parte vertical.

Tu compañero/a va a describir, sin mencionar la palabra, las partes del cuerpo que aparecen en su crucigrama y tú tienes que escuchar atentamente y adivinar la parte del cuerpo que está describiendo.

Tu compañero/a va a empezar describiendo el número 1 vertical. Cuando descubras la respuesta, tú sigues describiendo el número 1 horizontal.

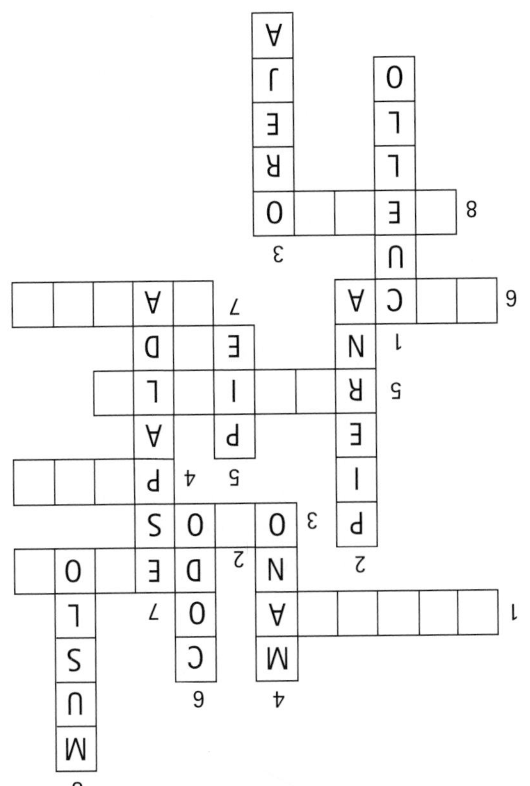

Estudiante B En este crucigrama tienes la parte vertical pero faltan las respuestas para la parte horizontal.

Tu compañero/a va a describir, sin mencionar la palabra, las partes del cuerpo que aparecen en su crucigrama y tú tienes que escuchar atentamente y adivinar la parte del cuerpo que está describiendo.

Tú vas a empezar describiendo el número 1 vertical. Cuando tu compañero/a descubra la respuesta, le toca a él/ella describir el número 1 horizontal.

VOCABULARIO

HERITAGE LEARNERS: Ask heritage learners to add to the **Vocabulario** any alternate vocabulary that they have come up with over the course of the chapter. They might put the words in categories like **Así lo dice el libro; Así lo dice el/la profesor/a; Así lo digo yo,** etc.

Track 2-16

The **Vocabulario** consists of all new words and expressions presented in the chapter. When reviewing or studying for a test, you can cover up the English and go through the list to see if you know the meaning of each item.

El cuerpo *The body*

la boca *mouth*
el brazo *arm*
la cabeza *head*
la cara *face*
el codo *elbow*
el corazón *heart*
el cuello *neck*
el dedo (de la mano) *finger*
el dedo del pie *toe*
el diente *tooth*
la espalda *back*
el estómago *stomach*
la frente *forehead*
la garganta *throat*
el hombro *shoulder*
la mano *hand*
la muñeca *wrist*
el muslo *thigh*
la nariz *nose*
el ojo *eye*
la oreja *ear*
el pecho *chest*
el pelo *hair*
el pie *foot*
la pierna *leg*
la rodilla *knee*
el tobillo *ankle*

Accidentes y lesiones *Accidents and wounds*

cortarse un/el dedo, la cara *to cut one's finger, face*
hacerse una herida *to get a wound*
lastimarse *to hurt oneself*
lastimarse un/el pie, una/la rodilla, etcétera *to hurt one's foot, knee, etc.*
morderse (ue) la lengua *to bite one's tongue*
romperse una/la pierna, un/el brazo, etcétera *to break one's leg, arm, etc.*
torcerse (ue) una/la muñeca, un/el tobillo, etcétera *to sprain one's wrist, ankle, etc.*

Algunas enfermedades comunes *Some common illnesses*

las alergias *allergies*
la bronquitis *bronchitis*
el catarro *cold*
la gripe *flu*

Algunos síntomas *Some symptoms*

doler el estómago/la cabeza... *to have a stomachache/a headache . . .*
estar congestionado/a *to be congested*
estar mareado/a *to be dizzy*
estornudar *to sneeze*
llorarle los ojos *to have teary eyes*
picarle los ojos *to have itchy eyes*
tener dolor de garganta *to have a sore throat*
tener escalofríos *to have shivers*
tener fiebre *to have a fever*
tener la nariz tapada *to have a stuffy nose*
tener mocos *to have a runny nose*
tener náuseas *to be nauseous*
toser *to cough*

Algunos remedios *Some remedies*

el antibiótico *antibiotic*
el antihistamínico *antihistamine*
la aspirina *aspirin*
las gotas *drops*
el jarabe *syrup*
la pastilla/la píldora *pill*

Una visita al médico *A trip to the doctor*

la consulta *doctor's office*
el/la enfermero/a *nurse*
hacer una cita *to make an appointment*
la infección *infection*
la inyección *shot*
la presión arterial *blood pressure*
la receta *prescription*
el termómetro *thermometer*
tomar la temperatura *to take the temperature*
tomar la presión *to take the blood pressure*

Adjetivos de personalidad *Adjectives to describe personalities*

activo/a *active*
agradable *nice, pleasant*
alegre *happy*
antipático/a *unfriendly*
atlético/a *athletic*
bueno/a *good*
cómico/a *funny*
cruel *cruel, mean*
desagradable *unpleasant*
desordenado/a *messy*
desorganizado/a *disorganized*
dinámico/a *dynamic*
discreto/a *discreet, close-mouthed*
divertido/a *funny*
egoísta *selfish*
enérgico/a *energetic*
estúpido/a *stupid*
extrovertido/a *extroverted*
flojo/a *lazy*
frívolo/a *frivolous*
generoso/a *generous*
honesto/a *honest, virtuous*
idealista *idealistic*
imaginativo/a *imaginative*
impaciente *impatient*
independiente *independent*
indiscreto/a *indiscreet, loud-mouthed*
ingenuo/a *naive, innocent*
intelectual *intellectual*
inteligente *intelligent*
introvertido/a *introverted*
malo/a *bad*
mentiroso/a *liar*
optimista *optimistic*
ordenado/a *neat*
organizado/a *organized*
paciente *patient*
perezoso/a *lazy*
pesimista *pessimistic*
realista *realistic*
responsable *responsible*
serio/a *serious*
simpático/a *agreeable*
tacaño/a *stingy*
tímido/a *shy*

tonto/a *silly, dumb*
trabajador/a *hardworking*
triste *sad*
valiente *brave*

Adjetivos con *ser* y *estar* *Adjectives with* **ser** *and* **estar**

	con *ser*	con *estar*
aburrido/a	*boring*	*bored*
bueno/a	*good*	*in good health*
despierto/a	*alert*	*awake*
divertido/a	*amusing*	*amused*
listo/a	*intelligent, clever*	*ready*
malo/a	*bad*	*sick*
verde	*green*	*unripe*

HERITAGE LEARNERS: Remind heritage learners to pay special attention to words that may contain spelling combinations that have traditionally been problematic for them. For example, the **v** in **venda,** the **c** in **apetecer, recetar,** the **z** in **abrazarse, cabeza, brazo,** the **h** in **hombro,** the **sc** in **fascinar,** the **ll** in **pastilla, rodilla, tobillo,** the **j, g,** and **b** in **aconsejar, sugerir, jarabe,** etc.

VOCABULARIO GENERAL

Verbos usados con complementos indirectos *Verbs used with indirect objects*
aconsejar *to advise*
curar *to heal*
dar *to give*
dar las gracias *to say thanks*
decir *to say, to tell*
enyesar *to put on a cast*
escribir *to write*
mandar, enviar *to send*
pedir (i, i) *to ask for*
poner una venda / una curita *to put on a bandage / a Band-aid*
poner una inyección *to give an injection / a shot*
preguntar *to ask a question*
recetar *to prescribe, to write a prescription*
recomendar (ie) *to recommend*
regalar *to give a gift*
responder *to respond*
sugerir (ie) *to suggest*

Algunos verbos como *gustar* *Some verbs like* **gustar**
apetecer *to appeal*
doler (ue) *to hurt, to ache*
encantar *to be delightful*
extrañar *to seem odd*
fascinar *to fascinate*
gustar *to like*
importar *to matter*
interesar *to interest*
molestar *to bother*
preocupar *to worry*
sorprender *to surprise*

Algunos verbos de emoción *Some verbs of emotion*
alegrarse de *to be happy about*
sentir (ie, i) *to feel sorry*
temer *to fear*

Expresiones de tiempo normalmente usadas con el pretérito *Expressions of time generally used with the preterite*
anoche *last night*
anteayer *the day before yesterday*
ayer *yesterday*
de pronto *suddenly*
de repente *suddenly*
el otro día *the other day*
inesperadamente *unexpectedly*
la semana pasada, el mes pasado, el año pasado *last week, last month, last year*

Expresiones de tiempo normalmente usadas con el imperfecto *Expressions of time generally used with the imperfect*
todos los días, todas las semanas, todos los años *every day, every week, every year*
mientras *while*
normalmente *normally*
por lo general *in general, usually*
siempre *always*

Verbos que expresan acciones recíprocas *Verbs expressing reciprocal actions*
abrazarse *to hug each other*
ayudarse *to help each other*
besarse *to kiss each other*
conocerse *to know each other*
darse la mano *to shake hands*
despedirse *to say good-bye to one another*
escribirse *to write each other*
hablarse *to talk to each other*
llamarse por teléfono *to call on the phone*
mirarse *to look at each other*
pelearse *to fight with one another*
quererse *to love one another*
respetarse *to respect one another*
saludarse *to greet one another*
verse *to see one another*

Javier
Valeria
Alejandra
Antonio
Sofía

EPISODIO P (Capítulo preliminar)

¡Tú dirás! vídeo

Anticipación

Saludos y presentaciones Working in groups of five, predict how the new roommates may introduce themselves. Consider both verbal expressions that they may use (e.g., **Hola. Me llamo...**, etc.) and body language (e.g., handshakes, hugs, kisses, etc.). Based on your predictions, create a brief skit to present to the class. Each group member should play the part of one of the new roommates in the **¡Tú dirás! Vídeo:** Javier, Alejandra, Antonio, Sofía, Valeria.

Vamos a ver

El lenguaje corporal As you watch the video for the first time, pay attention to the roommates' body language. Complete the following chart, indicating which of the following actions takes place as the roommates meet each other for the first time.

Acción	¿Quiénes?
hablar sin contacto físico	
darse la mano	
abrazarse	
darse un beso	
darse dos besos	
¿otra cosa?	

Check your answers with those of your group members. What differences and similarities did you observe between the body language in the skit you created and the actual video segment?

Now, as you watch the video a second time, place a check mark next to the verbal expressions that you hear.

_____ Hola.	_____ Mi nombre es...
_____ Buenos días.	_____ (Yo) soy...
_____ Buenas tardes.	_____ Muy bien, gracias.
_____ Buenas noches.	_____ ¿Cómo te llamas?
_____ ¿Qué tal?	_____ Mucho gusto.
_____ ¿Cómo estás?	_____ Encantado/a en conocerte.
_____ ¿Cómo te va?	_____ Igualmente.
_____ Me llamo...	_____ Te presento a...

Check your responses with those of your group members. Which of the expressions found in the video segment were included in your group's skit and which were not?

Expansión

Vivir con compañeros Working with a partner, answer the following questions:

- Based on your initial impressions of the five new roommates, which roommates will get along well and which will not? Explain your reasoning.
- Have you ever been in a similar situation in which you had to share living space, such as living with roommates or being from a large family? What are some advantages and disadvantages of living with other people? Explain.

EPISODIO 1 (Capítulos 1 y 2)

Anticipación

Capítulo 1. Las nacionalidades de los compañeros The five roommates represent five different Spanish-speaking countries. Complete the following chart with their adjectives of nationality.

Modelo: Puerto Rico
puertorriqueño / puertorriqueña

País	Adjetivos de nacionalidad
Argentina	
Colombia	
México	
España	
Venezuela	

In the **Episodio preliminar** each roommate introduced him- or herself by name and nationality. Can you recall their nationalities? Working with a partner, fill in the nationality of each roommate, using the **adjetivos de nacionalidad** from above.

Nombre	Nacionalidad
Antonio	
Valeria	
Javier	
Alejandra	
Sofía	

Capítulo 2. Hagamos una encuesta Let's conduct a survey on your classmates' studies and personal interests. First, working in groups of three or four, make a list in Spanish of 1) the most popular fields of study (i.e., majors and minors) at your university and 2) *your* personal interests (i.e., what you like to do in your free time when you're not studying). Second, as each group shares its data, your instructor or a student volunteer will compile the information on the board, listing the fields of study (*especialidades*) in one column and the personal interests (*gustos*) in another. Copy the finalized lists on a piece of paper. Third, walk around the classroom and interview your classmates, asking the following questions: **¿Qué estudias? ¿A qué te dedicas? ¿Qué te gusta hacer en tu tiempo libre *(free time)*?** When a classmate's response matches one of the fields of study or interests on your survey, place a mark next to it. Finally, tally the number of marks next to each item on the survey and be prepared to share the results with the class.

Vamos a ver

Capítulo 1. ¿De dónde son los compañeros? In this episode the roommates will again talk about their nationalities and also provide more specific details about where they are from. As you watch the video segment, check your previous answers by filling in columns A and B in the following chart. Also, listen for each roommate's city or region of origin (i.e., place of birth and where his/her family is located) and write this information in column C.

	A País	B Nacionalidad	C Ciudad/ Región de origen
Antonio			
Valeria			
Javier			
Alejandra			
Sofía			

Now check your answers with those of a classmate.

Capítulo 2. Estudios e intereses As you watch **Episodio 1,** pay attention to the roommates' discussions of their studies and interests and complete the following chart.

Nombre	¿Qué estudia?	¿Qué le gusta?
Javier		
Alejandra		
Antonio		
Sofía		
Valeria		

As you watch the video for a second time, fill in any information that you did not complete during the first viewing. Also, pay attention to the relationship between the following people's personal interests and their aspirations for the future, specifically, their desired professions, and complete the following sentences.

1. A Sofía le gusta _____, por eso quiere ser _____.
2. A Javier le gusta _____, por eso quiere abrir _____.

Expansión

Capítulo 1. ¿De dónde eres tú? First, work in pairs and find out where your partner is from (country and city). Then, work in groups of four and take turns presenting your partner to the other group members. What similarities and differences are there among your group members? Be prepared to share this information with the class.

Capítulo 2. ¿Se parecen? When you administered the survey, you spoke with many of your classmates about their studies and personal interestes. In groups of three or four, determine who most closely resembles (**se parece a**) one of the five roommates, based on their studies and/or personal interests, and complete the following sentences. If no one is a match, write **nadie** (*no one*) in the first blank.

1. _____ se parece a Javier porque _____.
2. _____ se parece a Alejandra porque _____.
3. _____ se parece a Antonio porque _____.
4. _____ se parece a Sofía porque _____.
5. _____ se parece a Valeria porque _____.

Share your group's results with the class.

EPISODIO 2 (Capítulos 3 y 4)

Anticipación

Capítulo 3. ¿Qué hora es? Write the time displayed on each clock (e.g., **Son las siete de la mañana**).

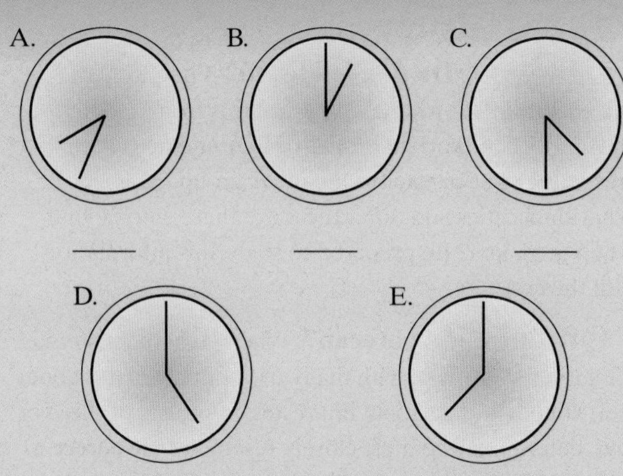

Capítulo 4. Lo que voy a hacer y lo que al fin hago... When you make plans, do you tend to stick to your original ideas or do you make changes? In the first column of the following chart, list five plans that you have recently made (e.g., **Voy a estudiar mucho durante el fin de semana**). In the second column, either write what you did instead (e.g., **Hago una fiesta**) or leave the column blank if you stuck to your original plan.

Mis planes	Lo que hago

Vamos a ver

Capítulo 3. ¿A qué hora? In this episode the roommates explore San Juan, Puerto Rico. As you watch this episode, place the events in chronological order by writing the corresponding letter from the clocks above next to each event. When did each event occurred?

_____ Todos tienen que regresar a La Plaza de la Rogativa para juntarse y regresar a casa.

_____ Javier y Sofía deciden regresar al centro.

_____ Valeria está en el baño.

_____ Todos deciden separarse, porque tienen gustos diferentes, y empiezan a explorar la ciudad.

_____ Valeria regresa a casa.

Check your answers with those of a classmate.

Capítulo 4. ¿Qué van a hacer Javier, Alejandra, Sofía, Valeria y Antonio? Each roommate has a specific idea about what he/she wants to do or see during the day. Read their plans listed in column B of the chart below. As you watch the video for the first time and write the roommate's name in column A next to his or her plan.

A	B
	Voy a ir a la playa.
	Voy a ir de compras.
	Voy a ir al mercado de la Plaza San José.
	Voy a tomar muchas fotos.
	Todos vamos a levantarnos temprano y visitar muchos lugares de interés en el Viejo San Juan.

¿Qué hace cada persona? Let's see if the roommates stick to their original plans for the day. Watch the video a second time and then, in groups of three or four, answer the following questions.

1. ¿Qué hacen Sofía y Javier?
2. ¿Adónde van Alejandra y Antonio? ¿De quién hablan y cómo describen a esa persona?
3. ¿Qué hace Valeria? ¿Por qué no llega a la Plaza a tiempo?

Share your group's answers with the class.

Expansión

Capítulo 3. ¿Qué horario sigues los sábados?
You just saw how the roommates spent their day exploring San Juan. Working in pairs, find out *when* and *what* your partner does on a typical Saturday. Make a list with the times and brief descriptions of your partner's daily events. Be prepared to share the information that you gather about your partner with the class.

Capítulo 4. Mi diario Working in pairs and using the information that you gathered from the **Vamos a ver** section, assume a roommate's character to create an entry in your diary about the events that took place in this episode. Remember to write from the roommate's (the one you selected) perspective! Be prepared to share your work with the class if asked.

EPISODIO 3 (Capítulos 5 y 6)

Anticipación

Capítulo 5. ¿Qué deportes practican los compañeros? Basándote en todo lo que ya sabes de cada compañero, adivina (*guess*) qué deportes practican. Escribe tus ideas a continuación.

Javier —

Alejandra —

Antonio —

Sofía —

Valeria —

Compara tus respuestas con las de un/a compañero/a de clase. ¿Están de acuerdo Uds.? ¿Qué semejanzas y diferencias hay entre sus respuestas?

Capítulo 6. La compra de ropa Trabajen en grupos de tres o cuatro personas y contesten las siguientes preguntas. Al terminar, van a compartir sus respuestas con el resto de la clase.

- ¿Con qué frecuencia compras ropa nueva? ¿Qué compras?
- Al comprar ropa, ¿piensas en la moda? ¿Por qué sí o no?
- ¿Cuál es tu ropa favorita? Describe tus tres artículos favoritos de ropa y explica por qué son tus favoritos.
- ¿Miras los escaparates antes de comprarte ropa? Explica por qué sí o por qué no.
- ¿Compras ropa por la Web o prefieres ir a una tienda? Justifica tu respuesta.

Vamos a ver

Capítulo 5. Los deportes Mientras ves el episodio por primera vez, marca con una X los deportes que practica cada persona.

	Javier	Alejandra	Antonio	Sofía	Valeria
fútbol					
fútbol americano					
baloncesto					
hockey sobre hielo					
tenis					
yoga					
vóleibol					

Capítulo 6. ¿Qué ropa llevan los compañeros?

Mientras ves el episodio, presta atención a la ropa de los compañeros. La primera escena tiene lugar en el cuarto de Alejandra y Sofía. Después de ver la escena, contesta las preguntas a continuación.

- ¿Tienen Alejandra y Sofía los mismos gustos sobre la ropa y la moda? Justifica tu respuesta.
- Al principio del episodio Sofía cambia su "**estilo de moda**" o mejor su "*look*" con la ayuda de Alejandra. Describe detalladamente lo que lleva Sofía **antes** y **después** del cambio. Incluye en tu descripción los tipos de ropa, los accesorios, los colores, las telas, etc.

  Sofía antes —

  Sofía después —

- ¿Qué "*look*" prefieres tú? ¿Por qué?

¿Qué "*look*" de Sofía es mejor? Trabajando en los mismos grupos que antes, compartan sus descripciones de Sofía en la actividad anterior. Además, hablen sobre qué "*look*" es mejor y lleguen a un acuerdo para el grupo, o sea, si prefieren el "*look*" de antes o el de después. Compartan su opinión con el resto de la clase. ¿Qué "*look*" de Sofía es el que prefiere toda la clase?

Expansión

Capítulo 5. Un anuncio clasificado

Trabajando en grupos de tres o cuatro personas, hagan un anuncio clasificado para la futura agencia de turismo de aventuras de Javier. Sean creativos e incluyan la siguiente información:

- El nombre de la compañía
- La dirección y el número de teléfono
- Los servicios ofrecidos por la compañía (tanto los mencionados por Javier como otros que Uds. añadan)
- Un lema *(slogan)*

Capítulo 6. ¿A quién describimos?

En parejas, preparen una descripción de la ropa que lleva un/a compañero/a de clase y decidan si tiene un **estilo** similar al de uno de los chicos o una de las chicas en este episodio. Incluyan todos los detalles que puedan en su descripción pero no mencionen su nombre. Luego van a leerles la descripción que han preparado a sus compañeros de clase y ellos van a intentar adivinar quién es la persona.

EPISODIO 4 (Capítulos 7 y 8)

Anticipación

Capítulo 7. Mis cumpleaños Entrevista a un/a compañero/a de clase sobre cómo celebraba su cumpleaños durante la niñez. Usa las preguntas a continuación como guía para la entrevista. Escribe las respuestas de tu compañero/a en una hoja de papel.

- ¿Dónde celebrabas tus cumpleaños y con quiénes los celebrabas (con amigos, parientes, etc.)?
- ¿Cómo te sentías en tus cumpleaños?
- ¿Había tradiciones o costumbres familiares para los cumpleaños?
- ¿Qué comías? ¿Qué bebías?
- ¿Había música? ¿De qué tipo? ¿Bailabas?

Capítulo 8. La personalidad ¿Cómo son los compañeros de casa? Trabajando en grupos de tres o cuatro personas, describan a cada compañero, usando los adjetivos de personalidad. Deben basar sus descripciones en el comportamiento de los compañeros durante los episodios que ya han visto *(you have already seen)*. Estén preparados para justificar sus descripciones.

	¿Cómo es?
Antonio	
Alejandra	
Javier	
Sofía	
Valeria	

Cada grupo va a compartir sus descripciones de personalidad con el resto de la clase. ¿Son parecidas las descripciones? Si no, los miembros del grupo "minoritario" van a tener que justificar su opinión y toda la clase va a discutir hasta llegar a un acuerdo (*consensus*).

Vamos a ver

Capítulo 7. Las fiestas familiares Mientras ves este episodio, presta atención a la conversación entre Valeria y Alejandra sobre cómo celebraban sus cumpleaños durante la niñez, y luego contesta las siguientes preguntas.

Valeria
¿Cómo celebraba su cumpleaños?
¿Quiénes asistían a la celebración?
¿Qué le regalaba su padre?
¿Qué hacía su madre y quiénes le ayudaban?

Alejandra
¿Cómo celebraba su cumpleaños?
¿Quiénes asistían?
¿Dónde lo celebraba?
¿Qué comían y bebían?

Compara tus respuestas con las de un/a compañero/a.

Capítulo 8. ¿Se comportan como suelen? Al ver este episodio, fíjate en los estados de ánimo de las tres chicas de la casa: Alejandra, Valeria y Sofía. Vas a comparar los estados de ánimo de las chicas durante este episodio con las descripciones de sus personalidades que ya hicieron en la sección de **Anticipación.** Al ver el episodio por primera vez, contesta las siguientes preguntas sobre los estados de ánimo de las compañeras durante tres escenas diferentes.

En casa

- Al empezar la escena, ¿cómo está Valeria? ¿Por qué?
- ¿Cómo está Sofía cuando entra en el salón donde están charlando Alejandra y Valeria? ¿Por qué? ¿Qué noticias trae?
- ¿Cómo está Alejandra al enterarse de (*find out*) la actividad para el sábado? ¿Por qué?

La academia de baile

- Al empezar la clase de baile, ¿cómo está Alejandra?
- ¿Quién no quiere bailar? ¿Por qué?
- Durante la práctica, ¿qué le pasa a Alejandra?

De vuelta a la academia

- ¿Qué hacen los compañeros al final del episodio? Describe la reacción de Valeria.

Expansión

Capítulo 7. Los cumpleaños de la niñez: Semejanzas y diferencias Usando la información que aprendiste de tu compañero/a de clase durante la entrevista en la sección de **Anticipación** y lo que acabas de aprender sobre Valeria y Alejandra en la sección de **Vamos a ver,** compara y contrasta los cumpleaños de tu compañero/a de clase con los de Valeria y/o Alejandra. Empleando comparativos y superlativos (**más/menos... que, tan... como, tanto... como, el mejor, el peor,** etc.), escribe un párrafo de por lo menos ocho oraciones. Después, lee tu párrafo a tu compañero/a de clase. ¿Está de acuerdo con la comparación? Explica.

Capítulo 8. Una visión retrospectiva Trabajando en parejas, creen una visión de una parte del episodio desde la perspectiva de uno de los compañeros de casa. La visión debe describir tanto lo que ocurrió (e.g., los eventos y acciones de las personas), como un análisis de los estados de ánimo de las personas. Presten atención a los usos del pretérito y del imperfecto y empleen algunas de las expresiones de tiempo que han aprendido en el **Capítulo 8.**

Modelo: *(la perspectiva de Valeria) —¡Ah, qué egoísta estuvo Alejandra hoy en la academia! Mientras bailaba con Antonio coqueteaba con el instructor. La verdad es que yo estaba un poco celosa y enfadada. Esa mujer quiere que todos los hombres la miren y la adoren y me molesta tanto... Ella recibió más atención de todos los hombres cuando dijo que le dolía la pierna...*

EPISODIO 5 (Capítulos 9 y 10)

Anticipación

Capítulo 9. Para buscar un apartamento Has decidido estudiar en el extranjero durante el verano que viene. Antes de mirar anuncios clasificados en varios periódicos de Puerto Rico, debes pensar en qué tipo de apartamento te gustaría alquilar. Usa el siguiente cuadro para indicar lo que prefieres. En la Parte A, marca con una X tus requisitos (*requirements*) para un apartamento de alquiler. Llena la Parte B con la información sobre el número de dormitorios, el precio, etc.

Mi apartamento de alquiler

PARTE A (*marca con una X*)

	apartamento sin amueblar
	apartamento amueblado
	cocina sin amueblar
	cocina amueblada
	salón
	comedor
	balcón
	terraza
	jardín
	garaje
	estacionamiento
	piscina
	alarma de seguridad
	portero

PARTE B (*rellena la siguiente información*)

número de dormitorios:

número de baños:

precio máximo (al mes):

otras características deseadas (lugar, etc.):

Usa el cuadro y explícale a un compañero/a de clase cómo es tu apartamento de alquiler preferido. Luego, deja que tu compañero/a te explique cómo es el suyo. ¿Tienen Uds. gustos parecidos? ¿Por qué sí o por qué no?

Capítulo 10. ¡Ah, qué complejas son las relaciones! Piensa en una relación que terminaste porque resultó ser problemática y/o demasiado difícil de mantener. Contesta las siguientes preguntas.

- ¿Con quién tuviste la relación? ¿Un amigo/a, novio/a, o pariente?
- ¿Cuánto tiempo duró?
- ¿Qué problemas específicos había (tanto desde tu punto de vista [*point of view*] como desde el punto de vista de la otra persona)?
- Actualmente, ¿estás en comunicación con esa persona? ¿Por qué sí o por qué no?
- ¿Te gustaría establecer de nuevo una relación con esta persona? Explica.

Vamos a ver

Capítulo 9. Los anuncios de apartamentos

Mientras ves el episodio, preste atención a la búsqueda de apartamento de Sofía. En uno de sus testimonios, Sofía describe el apartamento perfecto que encontró. Llena la información a continuación.

El apartamento perfecto de Sofía tiene un _____ y un _____, una _____ pequeña y un _____.

Compara tus respuestas con las de un/a compañero/a de clase.

Capítulo 10. Cuando las relaciones se acaban...

En este episodio Valeria y Antonio hablan de una relación que terminaron. Llena el cuadro a continuación con los datos sobre estas relaciones.

	Valeria	Antonio
Tipo de relación (amigo/a, novio/a, pariente)		
Nombre de la persona		
Por qué terminaron su relación		
Relación actual con la persona		

Compara tus datos con los de tus compañeros de clase.

Expansión

Capítulo 9. Lo que yo prefiero y lo que prefiere Sofía

En grupos de tres o cuatro personas, compartan los datos que tienen en sus cuadros de la sección de **Anticipación** para poder determinar quién prefiere más cosas parecidas a las de Sofía, en cuanto a un apartamento de alquiler. Estén preparados para presentarle sus conclusiones a toda la clase.

Capítulo 10. ¿Cómo será la cita?

En este episodio vieron que Valeria y Antonio hacían planes para cenar y dar un paseo por la playa. Trabajando en grupos de tres o cuatro personas, preparen una descripción detallada de cómo **será** su cita. Usen el tiempo futuro y escriban por lo menos diez oraciones.

EPISODIO 6 (Capítulos 11 y 12)

Anticipación

Capítulo 11. La comida hispana Con dos compañeros de clase, contesten las siguientes preguntas.

- ¿Les gusta la comida hispana? Expliquen.
- ¿Qué platos han probado? Hagan una lista.

Escojan uno de los platos de su lista que todos han probado (o por lo menos dos de Uds.) y descríbanlo al rellenar la información a continuación.

Nombre del plato: _____

Tipo de plato (mexicano, caribeño, Tex-Mex, etc.): _____

Ingredientes: _____

Capítulo 12. El viaje de mis sueños Trabaja con un/a compañero/a de clase para completar la siguiente actividad. Una persona debe seguir las instrucciones para la Persona A y la otra las de la Persona B.

Persona A. Piensa en un lugar adonde quisieras viajar y escríbelo a continuación:

Siempre he soñado con viajar a _____.

Ahora comparte con tu compañero/a de clase tu sueño. Debes...

- decirle adónde has soñado con viajar y por qué
- pedirle sus consejos sobre cómo planear el viaje (e.g., cómo puedes llegar, qué debes hacer allá, por cuánto tiempo puedes quedarte, etc.)

Persona B. Un/a compañero/a de clase va a compartir contigo su sueño sobre un viaje que quiere hacer. Te va a pedir que le aconsejes. Usa expresiones como las siguientes (y el subjuntivo) para responder: **Es necesario que... , Es importante que... , Te sugiero que... , Te aconsejo que... , Es preciso que... , Es preferible que... , Es mejor que... , Te recomiendo que... , Es recomendable que...**

Vamos a ver

Capítulo 11. Una cena sorpresa En este episodio Alejandra ayuda a Valeria a preparar una cena sorpresa para Antonio. Escucha mientras ellas preparan un plato mexicano y haz las siguientes actividades.

La lista de compras Antes de ir al mercado para comprar los ingredientes necesarios para preparar el plato, Valeria escribe un lista de compras. ¡Ayúdale a hacerla! Al ver el episodio por primera vez, escucha mientras Alejandra lee la receta. Marca solamente los ingredientes necesarios para hacer la receta.

Chiles Rellenos al Horno

_____ arroz blanco	_____ caldillo de jitomate
_____ patata	_____ caldillo de pollo
_____ aceite de oliva	_____ queso añejo
_____ sal	_____ queso de cabra
_____ chiles poblanos	_____ azúcar
_____ tomate	_____ cebollitas de cambray
_____ pimiento rojo	_____ maíz
_____ crema	

Ahora, compara tu lista con la de un/a compañero/a para ver si has marcado los ingredientes correctos.

¿Qué cantidad? Además de los ingredientes, Alejandra menciona las cantidades requeridas. Mientras ves este episodio por segunda vez, escribe el nombre de los ingredientes mencionados, al lado de las cantidades a continuación:

una taza de _____ media cucharadita de _____
seis _____ _____ al gusto
una taza de _____ tres _____
una taza y media de _____

¿Cómo se prepara el plato? Trabajando en parejas, completen las instrucciones de la receta. Llenen los espacios en blanco con los siguientes verbos: **espolvorear, colocar, hornear, licuar, rellenar, bañar, vaciar. ¡Ojo!** usa el **se impersonal.**

Chiles rellenos al horno

Preparación

_____ los chiles con el arroz,
_____ en un platón refractario.
_____ la crema, las cebollitas y la sal,
_____ los chiles con el caldillo de jitomate,
encima _____ la crema y _____ el queso añejo.
Luego _____ todo por diez minutos a 190º C.

Capítulo 12. Los planes de Javier

En este episodio, Javier habla de sus planes futuros de viajar a Centroamérica. Escúchalo y luego contesta las siguientes preguntas.

¿Qué países piensa visitar? _____
¿Cuál será el medio de transporte que usará Javier para...
...viajar a Centroamérica? _____
...ver la costa del Pacífico? _____
...llegar a Machu Picchu? _____

Expansión

Capítulo 11. Un plato hispano

En la sección de **Anticipación**, tú y unos compañeros escribieron una lista de ingredientes para un plato hispano que ya habían probado. Ahora escriban cómo se prepara ese plato. ¡No se olviden de usar el **se impersonal**! Cuando terminen, léanle las instrucciones a toda la clase **sin** mencionar el nombre del plato. ¿Pueden sus compañeros de clase adivinar qué plato es?

Capítulo 12. A planear viajes

Al empezar a planear sus viajes, Javier tiene muchas preguntas. Tú no tienes todas las respuestas pero vas a intentar ayudarle. Trabaja con un/a compañero/a de clase y juntos contesten las preguntas de Javier lo mejor que puedan. Usen el **futuro de conjetura**.

- ¿Cuánto cuesta un boleto de avión de San Juan a Belice o a Tegucigalpa?
- ¿Dónde compro los boletos?
- En Costa Rica, ¿qué es mejor, viajar por carretera o por avión?
- ¿Cuánto cuesta alquilar un carro?
- ¿Cuál es el medio de transporte más conveniente para unir los países de Centroamérica?

Ahora compartan esta información con la clase. ¿Están todos de acuerdo?

EPISODIO 7 (Capítulos 13 y 14)

Anticipación

Capítulo 13. Una visión artística Trabajando en grupos de seis personas, van a hacer un resumen visual de las aventuras de los compañeros en Puerto Rico. Sigan los pasos a continuación.

- Hagan una lista de los seis eventos que, en su opinión, se destacan más.
- Dividan los eventos entre los miembros de su grupo, o sea, un evento para cada miembro.
- Dibujen los eventos en una hoja de papel.
- Preséntenle la visión artística al resto de la clase y después de todas las presentaciones, contesten las siguientes preguntas: ¿Son las visiones de los grupos de la clase parecidas? ¿Han seleccionado todos los grupos los mismos eventos? Si no, ¿qué diferencias hay?

Capítulo 14. Situaciones hipotéticas Trabajando en grupos de cuatro personas, van a preparar unas situaciones hipotéticas. Dos personas deben leer el Papel A y dos el Papel B. Sigan las instrucciones.

Papel A: Usen la imaginación y escriban cinco situaciones como las siguientes con la forma **yo** del imperfecto de subjuntivo: **Si yo pudiera vivir en Puerto Rico... , Si hablara cinco idiomas... , Si tuviera el trabajo de mis sueños...** , etc.

Papel B: Usen la imaginación y escriban cinco resultados como los siguientes con la forma "yo" del condicional: **...yo estaría contento/a., ...viajaría a un lugar lejano y exótico., ...escribiría una novela.**, etc.

Cuando estén listos, miren todas las oraciones del grupo y hagan combinaciones para formar oraciones. Escriban su oración favorita en la pizarra.

Vamos a ver

Capítulo 13. El cuadro de los compañeros En este episodio Uds. vieron que los compañeros de casa hicieron juntos una actividad artística: pintaron un cuadro. ¡Este cuadro es simbólico! Trabajen en grupos de dos y contesten las siguientes preguntas para llegar a explicar al final la importancia (o sea el simbolismo) de este cuadro.

- ¿Cómo contribuye cada compañero/a de la casa en la creación de este cuadro? Expliquen la respuesta.
- ¿Qué debe simbolizar este cuadro y cómo logran simbolizarlo?

Compartan sus respuestas con la clase. ¿Están todos de acuerdo?

Capítulo 14. La idea sería... En este episodio aprendiste mucho más sobre todos los compañeros, sobre sus planes futuros, y sobre sus sentimientos. Llena el siguiente cuadro con una descripción de los sentimientos que cada compañero tiene a causa de esta experiencia.

	Sentimientos
Sofía	
Alejandra	
Antonio	
Valeria	
Javier	

Ahora imagínate que estos compañeros de casa nunca han tenido esta experiencia juntos. ¿Cómo sería su vida? ¿Qué pasaría? Usa la imaginación y la información que tienes sobre cada compañero/a y completa las oraciones siguientes.

Si Antonio no tuviera la expreriencia de vivir en la casa con los demás,...

Si Alejandra no llegara a esta casa,...

Si Valeria no viniera a Puerto Rico,...

Si Sofía no fuera de España para vivir en esta casa,...

Si Javier no conociera a los compañeros de la casa,...

Expansión

Capítulo 13. Nuestro cuadro Ahora Uds., como los compañeros en Puerto Rico, van a pintar un cuadro para simbolizar la convivencia, la amistad, la diversidad y el trabajo en equipo que han experimentado durante su clase de español. Trabajen en grupos de tres o cuatro personas y sigan los pasos a continuación.

- Hablen sobre los eventos de su clase de español y determinen cuáles son los cuatro más destacados según los miembros de su grupo.
- Dibujen esos cuatro eventos en una hoja de papel.
- Preséntenle su cuadro al resto de la clase y después de todas las presentaciones, contesten las siguientes preguntas: ¿Son los cuadros de todos los grupos parecidos? ¿Han seleccionado todos los grupos los mismos eventos? Si no, ¿qué diferencias hay?

Capítulo 14. Si me seleccionara... La misma compañía que grabó el vídeo de los compañeros en Puerto Rico está buscando a gente para un nuevo vídeo sobre gente joven de varias regiones de Norteamérica. Si te seleccionan, vivirías en un piso en Washington, D.C. con cuatro compañeros. Como parte del proceso de selección tienes que escribirle una carta al director del programa. En la carta debes:

- presentarte (personalidad, gustos, pasatiempos, etc.).
- convencer al director de que te seleccione (mencionar/explicar tus cualidades, explicar por qué eres diferente/especial, describir con qué contribuirías al programa, etc.).
- explicar cómo esta experiencia cambiaría tu vida (¿tendrías una perspectiva distinta después de participar?, etc.).

159

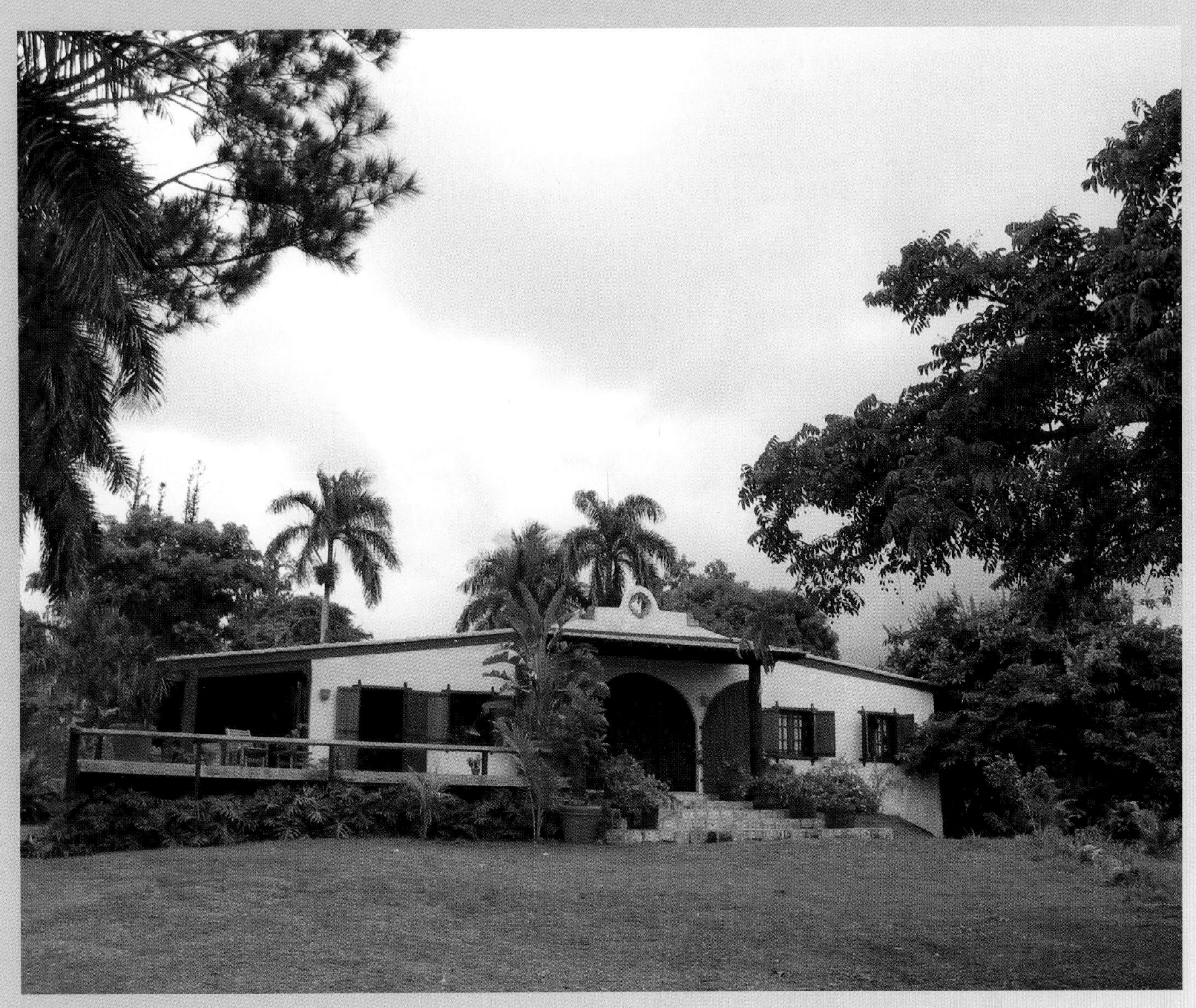

Capítulo 9

Los estudios en el extranjero

CHAPTER OBJECTIVES

In **Capítulo 9,** you will learn about study-abroad programs and how to make short- and long-term living arrangements in a Spanish-speaking country. The country of focus in this chapter is the Central American nation of Costa Rica, home to a rich variety of university exchanges, language-learning centers, and environmental-study progams for foreign students.

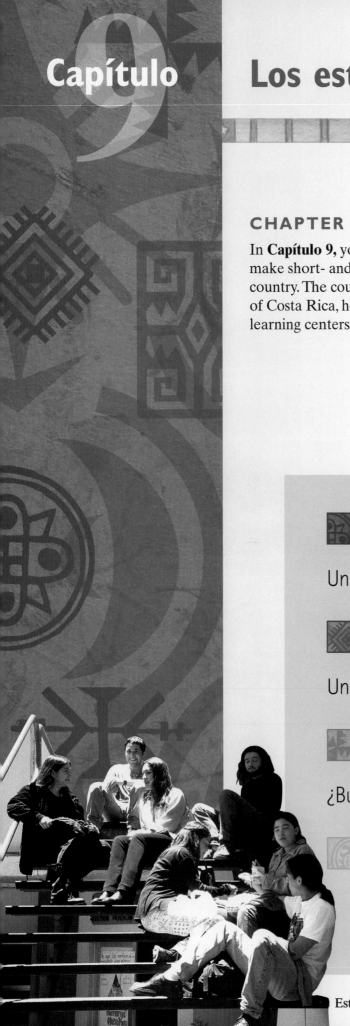

PRIMERA ETAPA

Un programa de intercambio

SEGUNDA ETAPA

Un par de días en un hotel

TERCERA ETAPA

¿Buscas apartamento?

INTEGRACIÓN

Estudiantes de la Universidad de Costa Rica en San José

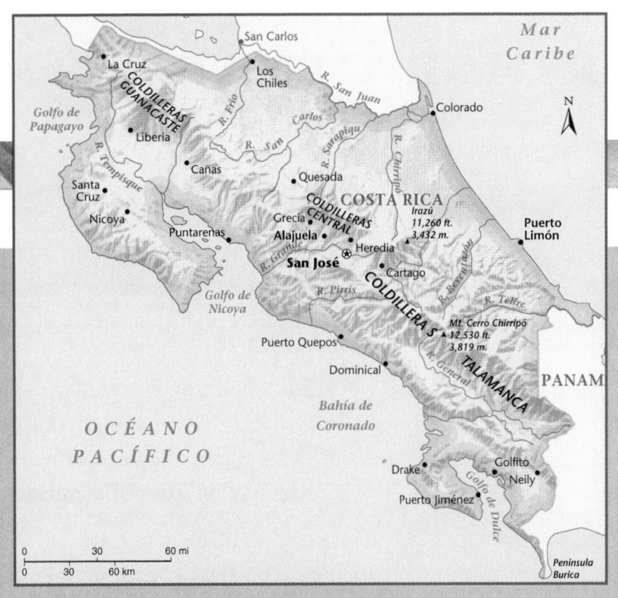

Costa Rica

Población: 3.773.057
Área: 51.100 kilómetros cuadrados, un poco más pequeño que West Virgina
Capital: San José, 351.700
Ciudades principales: Limón, 64.200; Alajuela, 54.600; Puntarenas 47.200
Moneda: el colón
Lengua: el castellano
Principales productos de exportación: café, plátanos, azúcar, piña, telas, componentes electrónicos, equipo médico
Embajada: 2114 S Street NW, Washington, DC 20008

Functions

- make arrangements to travel and study abroad
- express opinions when coordinating activities with others

Functions

- select a hotel and make reservations
- discuss unplanned events

Functions

- look for and select an apartment
- make arrangements to view and rent an apartment

Lectura: Las pintorescas carretas de Sarchí
Vídeo: Episodio 5; Actividades en las páginas V-10–V-11
Intercambio: ¿Tienen habitaciones?
Escritura: Actividades en el manual

Tools

The tools you will use to carry out these functions are:

- Vocabulary for:
  - study-abroad programs
  - official schedules
  - reserving and checking into a hotel room
  - finding and renting an apartment
- Grammatical structures:
  - a summary of the uses of preterite and imperfect
  - the subjunctive and impersonal expressions of emotion
  - reflexive and nonreflexive verbs
  - **se** to express unplanned events
  - direct and indirect object pronouns together
  - direct and indirect object pronouns with infinitive and present participle

PRIMERA ETAPA

Para empezar: Un programa de intercambio

SUGGESTIONS: (1) Have students look at these questions and come up with simple answers as they get ready to begin this **etapa**. This will activate the necessary background to allow them to access the reading more effectively. (2) You may want to ask students to visit either the library or the office for programs abroad. Have them look at different brochures for international programs to see what type of information is usually included.

Preparación: Before you begin this **etapa,** consider the following questions:

- Would you like to study abroad? In which country? What do you plan to study there?
- Do you know any student who is studying in another country?
- Do you think it's important to live outside your own country for a while?
- Does your college or university offer any study abroad programs? In which countries? What kind of programs are offered?

LOS ESTUDIOS EN EL EXTRANJERO

Querido Félix:

La profesora Diego me dijo que piensas estudiar en Costa Rica el año que viene. ¡Estupendo! Antes de ir, tienes que hacer algunos preparativos. Primero, tienes que sacar el pasaporte y la visa: te haces las fotos y luego llenas todos los formularios. ¡Es fácil!

EXPANSIÓN LÉXICA: You may be able to get your passport through the post office but if you live near a major city, a *passport agency,* or **la agencia de pasaportes,** is there to help. For a trip requiring a *visa,* you will need to apply for **el visado** for Spain or **la visa** for other Spanish-speaking countries. To set this up, see **el consulado** or stop by **la embajada,** *embassy.* Remember to bring **el carné de identidad** or **los documentos** to identify yourself and don't be surprised if you need to show **el certificado de nacimiento** *(birth certificate)* as well.

Antes del viaje

el consulado *consulate*
la foto tamaño pasaporte *passport-size photo*
hacerse fotos *to have photos taken*
llenar un formulario *to fill out a form*
obtener la visa *to get a visa*
sacar el pasaporte *to get your passport*
tramitar los documentos *to take care of / to process the documents*

Una vez en Costa Rica, tienes que pasar primero por el control de pasaportes y luego por la aduana. Yo tuve que declarar algunas cosas especiales, ya que llevaba mi computadora portátil y muchos discos compactos. ***No me cobraron*** *nada porque sabían que venía con un grupo de estudiantes* ***de intercambio.***

They didn't charge me
exchange

PREVIEW: More specific travel vocabulary is in **Capítulo 12.**

En el aeropuerto

la aduana *customs*
cambiar dinero *to exchange money*
declarar *to declare*
pasar el control de pasaportes *to go through passport control*
recoger las maletas *to pick up the suitcases*

En la Universidad de Costa Rica ***llené muchos formularios, me matriculé*** *en los cursos que quería y finalmente empecé el programa. Me gustaron todos los cursos, pero los profesores de* ***la Facultad*** *de Ciencias Sociales eran los más amables de todos. Félix, como estudiante de historia latinoamericana lo vas a pasar muy bien en Costa Rica. ¡****Suerte*** *en la universidad!*

Un abrazo de

Paloma

filled out many forms, I got registered

school

Good luck

EXPANSIÓN LÉXICA: Any study-abroad program involves a lot of *paperwork,* **el papeleo.** You can **llenar** or **rellenar los formularios** as you try to **matricularse** or **inscribirse en un curso.** These synonyms for *filling out forms* and *registering for a class* are used interchangeably throughout most of the Spanish-speaking world.

En la universidad

el calendario escolar *academic schedule*
la carrera *major*
el/la decano/a *dean*
el departamento *department*
el expediente académico *transcript*
la facultad *school*
la facultad de derecho *law school*
la facultad de medicina *medical school*
el/la licenciado/a *graduate*
licenciarse, graduarse (en) *to graduate*
la matrícula *tuition*
matricularse en un curso *to register for a class*
el/la rector/a *university president*
los requisitos de ingreso *admission requirements*
solicitar la admisión *to apply for admission*

EXPANSIÓN LÉXICA: In Costa Rica *to matriculate* is **ingresar** and *to graduate* is **egresar;** a *graduate* is **el/la egresado/a.** In many places, **el/la licenciado/a** is any sort of professional outside of the teaching or medical fields (lawyer, accountant, social worker, etc.). In Costa Rica, **el/la bachiller** is a *university graduate* and **el/la licenciado/a** is recipient of the equivalent of an *M.A., M.F.A.,* or *M.S.*

Práctica

9-1 Algunas cosas necesarias Félix decide que sí va a estudiar en Costa Rica. Ayúdale a escribirle una carta a Paloma con algunas preguntas sobre los preparativos para el programa. Usa el vocabulario adecuado.

POSSIBLE ANSWERS, EX. 9-1: 1. visa 2. el consulado / la embajada 3. declarar 4. cambiar 5. El decano

Querida Paloma:

Gracias por tu carta. Voy a ir a Costa Rica en septiembre. Me dices que necesito pasaporte, pero en Costa Rica también exigen (they require) una 1. _______ para visitas de más de 90 días, ¿no? ¿Cuánto tiempo debo esperar mientras tramitan los documentos en 2. _______ de Costa Rica? El proceso me parece un poco complicado, aunque tú me dices que es fácil. En el aeropuerto, cuando paso por la aduana, ¿es necesario 3. _______ todas las cosas que llevo o sólo las cosas como tabaco y aparatos electrónicos? ¿Es posible 4. _______ mis dólares por colones en el aeropuerto, o debo buscar un banco? Por fin, sé que va a ser fácil llegar a la universidad. 5. _______ de la Facultad de Ciencias Sociales ya (already) me invitó a una reunión con él para hablar de mis estudios. A él también le interesa la historia. Es verdad que todos son muy amables. Oye, Paloma, mil gracias por tus consejos.

Un abrazo,

Félix

POSSIBLE ANSWERS, EX. 9-2: 1. Possible points of comparison include the former religious affiliation (the UCR began as a religious university but became autonomous [=secular] more than half a century ago) and the range of disciplines offered. 2. la visa estudiantil, el expediente académico y una carta de presentación 3. al decano o al rector 4. *Answers will vary.*

SUGGESTION: Remind students that when referring to information based on realia, they need not recognize every word they read and should be encouraged to guess unknown words from context.

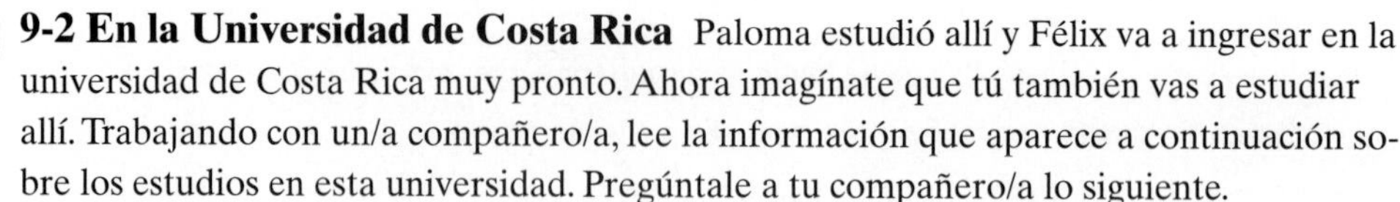

9-2 En la Universidad de Costa Rica Paloma estudió allí y Félix va a ingresar en la universidad de Costa Rica muy pronto. Ahora imagínate que tú también vas a estudiar allí. Trabajando con un/a compañero/a, lee la información que aparece a continuación sobre los estudios en esta universidad. Pregúntale a tu compañero/a lo siguiente.

1. ¿En qué aspectos son semejantes esta universidad y la tuya? ¿En qué aspectos son diferentes?
2. ¿Qué documentos tienes que presentar para ser admitido/a?
3. ¿A quién tienes que pedirle una carta de presentación en tu universidad?
4. ¿Sabes qué carrera vas a elegir? ¿A qué facultad crees que pertenece?

la Universidad de Costa Rica

De interés académico

Los antecedentes históricos de la Universidad de Costa Rica remontan al año 1843 cuando se abrió la Universidad de Santo Tomás, convertida en 1940 en la actual institución autónoma situada en la ciudad capital de San José. Dedicada a la formación espiritual y profesional de los ciudadanos, la universidad también ofrece un programa de intercambio internacional. Los estudiantes norteamericanos y europeos pueden incorporarse por unos meses a la universidad como estudiantes visitantes. Hay una amplia diversidad de cursos y de opciones personalizadas que cada estudiante puede elegir para iniciarse o progresar en el aprendizaje del español y en el desarrollo de su conocimiento de las sociedades iberoamericanas. El número reducido de estudiantes por aula en las clases de lengua permite la participación activa del alumno de español.

Datos útiles para el estudiante extranjero

El alumno visitante puede escoger entre una variedad de carreras ofrecidas por las siguientes escuelas de las Facultades de Bellas Artes, Letras, Ciencias y Ciencias Sociales:

Escuela de Artes Musicales
Escuela de Filología
Escuela de Ciencias Políticas
Escuela de Lenguas Modernas
Escuela de Antropología y Sociología
Escuela de Historia
Escuela de Geografía
Escuela de Biología
Escuela de Economía Agrícola

Cada alumno debe presentar una visa estudiantil válida durante el año escolar y una carta de presentación de la universidad de origen. Dicha carta debe acompañarse de una traducción convalidada por el cónsul costarricense. Por lo mismo, deben presentarse también el expediente académico, es decir, las notas de los dos últimos años de enseñanza universitaria con la escala de calificaciones usada en el país de origen.

ENFOQUE LÉXICO La hora oficial

You have already learned the conversational method of telling time in Spanish. In schedules and official documents, a different system is used to tell time. The basic differences between the two methods are:

La hora (sistema conversacional)	**La hora (sistema oficial)**
• Is based on a 12-hour clock (with A.M. and P.M.)	• Is based on the 24-hour clock (0 = midnight, 12 = noon)
• Divides the hour into two 30-minute segments (after and before the hour)	• Treats the hour as a 60-minute whole (that is, only moves forward)
• Uses **y cuarto, y media, menos cuarto, medianoche, mediodía**	• Uses only cardinal numbers: **y quince, y treinta, y cuarenta y cinco, las veinticuatro (horas), las doce (horas)**

The simultaneous use of these two systems is less complicated than it might appear. All hours between 1:00 A.M. and noon are the same; for hours between 12:01 P.M. and 12:59 A.M., subtract 12 from the hour of official time to determine the hour in conversational time.

La hora (sistema conversacional)	**La hora (sistema oficial)**
9:45 A.M. las diez menos cuarto	9:45 las nueve (horas) y cuarenta y cinco
12:30 P.M. las doce y media	12:30 las doce (horas) y treinta
2:50 P.M. las tres menos diez	14:50 las catorce (horas) y cincuenta
11:15 P.M. las once y cuarto	23:15 las veintitrés (horas) y quince

SUGGESTION, EX. 9-3: Promote interaction by telling students that they can purchase a season pass for 4 events, but they have to choose the 4 they would most like to see. Ask students to agree with their classmate on which 4 events to choose and explain why these are more desirable than the others.

Práctica

9-3 ¿A qué hora? Eres un estudiante de intercambio durante un semestre en Costa Rica. Tienes un periódico con el calendario para los programas de la temporada en el Teatro Nacional en San José y quieres planear varias actividades con un/a amigo/a. Selecciona al menos cuatro actividades posibles y apunta la fecha y la hora para cada una. Dile a tu compañero/a las cuatro actividades que has seleccionado. ¿Está tu amigo/a de acuerdo contigo?

Calendario de actividades Teatro Nacional		
Fecha	**Actividad**	**Hora**
1–10 de agosto	Festival Internacional de Música Clásica	20:00
21, 22 y 24 de agosto	Concierto Paquito de Rivera Jazz con la Orquesta Sinfónica Nacional	21:00
9 de septiembre	Espectáculo Compañía Nacional de Danza y Orquesta Sinfónica Nacional	16:00
18–21 de septiembre	Danza Universitaria de la Universidad de Costa Rica	19:30
23 y 24 de septiembre	Concierto Mercedes Sosa	20:30
25 de septiembre	Espectáculo “Carnaval de los Animales” del mimo israelí Eno Rossen	17:00
18 de octubre	Espectáculo Els Comedians, Barcelona, España	17:00
24 y 26 de octubre	Concierto Orquesta Sinfónica Nacional	20:00
13, 14 y 16 de noviembre	Espectáculo ***Amor Brujo,*** de Manuel de Falla, con la Orquesta Sinfónica Nacional	21:00
15 de noviembre	Concierto de Piano, Scarlett Brebion	14:00
19 y 20 de noviembre	Escuela de Ballet Clásico Ruso	20:30

9-4 Horarios de avión Después de conocer a José Luis, un estudiante de intercambio de Costa Rica, estás considerando la posibilidad de pasar una semana con su familia durante las vacaciones de la Semana Santa. Todas las semanas Lacsa (Líneas Aereas Costarricenses), y Continental Airlines tienen varios vuelos de Miami a la capital costarricense. Mira los horarios a continuación e indica si las siguientes afirmaciones son **ciertas** o **falsas.**

ANSWERS, EX. 9-4: 1. F 2. C 3. F 4. C 5. F 6. C

VARIATION, EX. 9-4: Most airlines serving the Spanish-speaking world have 800 numbers and Web sites with flight information in Spanish and English. You might select several students to check actual flight schedules from your area to Costa Rica or other countries of interest.

San José–Miami
Salidas del Aeropuerto Internacional Juan Santamaría

Día	Vuelo	Salida	Llegada
martes	Lacsa 831	8:15	1:15
jueves	Continental 29	18:30	23:30
sábado	Continental 37	10:45	15:45
domingo	Lacsa 867	16:00	21:00

Miami–San José
Llegadas al Aeropuerto Internacional Juan Santamaría

Día	Vuelo	Salida	Llegada
lunes	Lacsa 868	13:30	18:30
miércoles	Lacsa 832	6:15	11:15
viernes	Continental 30	12:40	17:55
domingo	Continental 38	17:15	22:30

¿Cierto o falso?

1. Los lunes el avión de Lacsa llega a San José a las cinco menos cinco.
2. Los martes el vuelo de Lacsa sale de San José a las ocho y cuarto.
3. Los domingos el avión de Continental sale de Miami a las cinco de la tarde.
4. Los jueves el vuelo de Continental sale de San José a las seis y media de la tarde.
5. Los miércoles el avión de Lacsa llega a San José a las diez.
6. El vuelo generalmente es de cinco horas.

9-5 Una pequeña prueba José Luis está acostumbrado a usar la hora oficial, pero para ti es nueva. Practica cómo se usa la hora oficial al contestar las siguientes preguntas. Luego compara tus respuestas con las de otro/a compañero/a de clase.

ANSWERS, EX. 9-5: 1. a las 13:00 2. de las 5:00, 12:00 o 15:00 3. no 4. sí 5. a las 20:30 o antes

1. Quieres ir al cine, pero tienes que volver a casa antes de las seis de la tarde. La película dura dos horas y comienza a las 13:00, 16:00, 19:00 y 22:00. ¿A qué hora vas a poder ir al cine?
2. El avión de Limón a San José tarda *(takes)* una hora y media en llegar. Si tienes que estar en San José para las 8:00 de la tarde, ¿tomas el avión de las 5:00, el de las 12:00 o 15:00 para llegar a tiempo?
3. Hay un programa de televisión a las 22:30. Normalmente te acuestas a las 10:00 de la noche y te levantas a las 6:00 de la mañana. La videocasetera está rota *(broken)*. ¿Vas a poder mirar el programa?
4. Vas a la estación de autobuses para recoger *(to pick up)* a tus padres. El autobús llega de San José a las 17:30. Llegas a la estación a las 4:30 de la tarde. ¿Llegaste a tiempo?
5. Invitaste a un/a amigo/a a un concierto. El concierto comienza a las 21:00. Uds. van a tardar media hora en ir de tu apartamento al concierto. ¿A qué hora tiene que llegar tu amigo/a a tu apartamento?

IRM MASTER 21: Pretérito e imperfecto—Resumen

SUGGESTION: To review the contrast, display a piece of text in the past tense on an overhead. Select different students to read each sentence and determine the meaning based on the aspect of the verb. Where applicable, discuss how the meaning would change if the aspect were changed.

NOTA GRAMATICAL: There are four verbs that actually acquire a slightly new meaning when used in the preterite. These verbs are nonactive in most tenses, but in the preterite they take on a more active meaning: **conocer** *(to know a person, place, or concept)* → (in the preterite: *to meet someone for the first time),* **saber** *(to know a fact)* → (in the preterite: *to learn / to find out something),* **poder** *(to be able to)* → (in the preterite: *to attempt something*), and **querer** *(to want)* → (in the preterite: *to try;* **no querer:** *to refuse to do something).* While you are unlikely to use these verbs in this way as you begin your Spanish studies, you may see or hear them used this way as your language skills develop.

HERITAGE LEARNERS: As you go over the finer points of the **imperfecto,** remind heritage learners that the endings for **-ar** verbs are spelled with the letter **b** and that some of them may still be using **-nos** instead of **-mos** as the ending for the first person plural forms: **hablábanos, comíanos, vivíanos,** etc.

ENFOQUE ESTRUCTURAL Resumen de los usos del pretérito y del imperfecto

El pretérito	El imperfecto
Actions that are begun or completed as single events: Ella **corrió** hacia el parque. Ellos **llegaron** a las siete.	Actions repeated habitually: Ella **comía** conmigo todos los días. Siempre **salíamos** a bailar.
Actions that are repeated a specified number of times or that have a time limit: **Fui** a la tienda tres veces. **Vi** la televisión toda la tarde.	Actions that occurred simultaneously over an indefinite period of time: Mientras **corría** por el parque **pensaba** en sus planes para la noche.
Sudden changes in mental states or conditions (moods, feelings, opinions, illnesses, other physical complaints) that occurred at a specific moment or time in the past: En ese momento, **tuve** miedo de subir al avión. Al salir de casa **me sentí** mal.	General mental states: Cuando **era** pequeña, **tenía miedo** de subir al avión. Aquella tarde **me sentía** mal.
	Descriptions of characteristics of people, things, or physical conditions: **Era** un muchacho sano y fuerte. **Se llamaba** Rafael.
	Telling time and age: **Eran** las cinco de la tarde. El actor **tenía** treinta y ocho años.

Práctica

9-6 ¡Tremendo día! La pobre Catalina está en San José como estudiante de intercambio. En general, sus experiencias han sido buenísimas... pero ayer lo pasó bastante mal. Basándote en los dibujos, cuenta cómo le fue a Catalina ayer. Usa el pretérito o el imperfecto, según el contexto.

Modelo: despertarse
Catalina se despertó a las siete.

POSSIBLE ANSWERS, EX. 9-6:
1. Catalina se quedó en la cama quince minutos aunque el sol brillaba. 2. Catalina se levantó; estaba cansada; se vistió mal / no estaba bien vestida. 3. Catalina salió de casa; llovía; se dio prisa para llegar a la escuela. 4. Catalina esperó el autobús; subió al autobús; no había asientos, así que no se sentó. 5. Catalina entró en la clase a las nueve y diez; llegó tarde; no sabía las respuestas; recibió una mala nota; no estaba contenta. 6. Catalina regresó a su casa; se acostó.

1.

quedarse en la cama quince minutos
hacer sol

2.

levantarse
estar cansada
vestirse / no estar bien vestida

3.

salir de casa
llover
darse prisa para llegar a la escuela

4.

esperar
subir
no haber asientos
no sentarse

5.

entrar en... a las...
llegar tarde
no saber las respuestas
recibir una mala nota
no estar contenta

6.

regresar a su casa
acostarse

9-7 Ayer... ¿Lo pasaste como Catalina? Con otro/a compañero/a de clase, habla de cómo fue el día de ayer para ti y para tus amigos. Puedes usar los verbos de la lista u otros que necesites. Usa el pretérito o el imperfecto, según el contexto.

levantarse	tener mucho trabajo	tener sed
estar contento/a	hablar con el decano	acostarse
matricularse en un curso	comer	hacer sol, etcétera
llegar tarde, a tiempo, temprano	llegar	hablar con
lavarse	salir	pasear
estar de mal humor	llenar un formulario	vestirse
estar cansado/a	dormir la siesta	hacer deporte
tener hambre	ir	tener mucho trabajo

1. tú
2. tu compañero/a de clase
3. tu compañero/a de clase y tú
4. tu profesor/a de español
5. todos los alumnos de español
6. tus mejores amigos

9-8 Cuando yo era niño/a... Habla con otro/a compañero/a sobre tu niñez. ¿Dónde vivías? ¿A qué escuela asistías? ¿Con quiénes jugabas? ¿Qué hacías durante los fines de semana? ¿Con quiénes pasabas los días festivos? ¿Qué hacías durante las vacaciones? Menciona algo extraordinario que te ocurrió durante una de tus vacaciones (una aventura, un accidente, un viaje especial, etcétera). Usa el pretérito o el imperfecto, según el contexto.

SUGGESTION: Provide a transition for students by reminding them that this chapter's country of focus is Costa Rica. Therefore, the following **Comentario cultural** highlights certain cultural aspects of Costa Rica.

COMENTARIOS CULTURALES

El Parque Nacional Volcán Poás

Uno de los grandes atractivos de Costa Rica es su naturaleza, su geografía y sus paisajes. El Servicio de Parques Nacionales de Costa Rica administra 29 áreas **silvestres** *(forest)* entre parques nacionales y otras reservas. Estas áreas cubren 425.329 hectáreas (1 hectárea = *2,5 acres*), lo que equivale al 8 por ciento del territorio nacional. El objetivo principal del Servicio de Parques Nacionales es preservar áreas naturales para el beneficio y disfrute de las generaciones futuras.

En el Parque Nacional Volcán Poás está uno de los volcanes más espectaculares del país. Es de extraordinaria belleza escénica. Posee varios tipos de hábitats y en algunos abundan las plantas tropicales como **helechos, bromelias** y **orquídeas.** *(ferns / bromeliads / orchids)* También es una región de gran interés geológico y es importante porque en este volcán nacen varios ríos que alimentan a otros, que dan origen a las cuencas del Río Grande Tárcoles y el Río Sarapiquí.

INTEGRACIÓN CULTURAL

1. ¿Cuántas áreas silvestres administra el Servicio de Parques Nacionales?
2. ¿Por qué preservan las áreas naturales?
3. ¿Qué tipos de plantas abundan en los hábitats de este volcán?
4. ¿Te gusta visitar los parques nacionales en tu país? ¿Cuáles? Explica tu respuesta.

ANSWERS: 1. 29 áreas 2. para al beneficio y disfrute de las generaciones futuras 3. helechos, bromelias y orquídeas 4. *Answers will vary.*

ENFOQUE ESTRUCTURAL El subjuntivo con expresiones de emoción impersonales

In **Capítulo 8,** you learned how to use the subjunctive after certain verbs and verbs like **gustar** that express emotion. Here you are going to learn some other expressions of emotion after which the subjunctive should be used.

Es bueno que vayas a estudiar a Costa Rica. — ***It's good*** *that you go to Costa Rica to study.*

Es mejor que pases un año entero en el país. — ***It's better*** *that you spend a whole year in the country.*

The two expressions highlighted in the examples above are called impersonal expressions. Here are some more:

Es bueno que... *It's good that . . .*
Es curioso que... *It's odd that . . .*
Es extraño que... *It's strange that . . .*
Es impresionante que... *It's impressive that . . .*
Es increíble que... *It's incredible tthat . . .*
Es malo que... *It's bad that . . .*
Es mejor que... *It's better that . . .*
Es necesario que... *It's necessary that . . .*
Es peor que... *It's worse that . . .*
Es raro que... *It's unusual that . . .*
Es ridículo que... *It's ridiculous that . . .*
Es terrible que... *It's terrible that . . .*
Es una lástima que... *It's a shame that . . .*
Es una pena que... *It's a pity / a shame that . . .*
Es urgente que... *It's urgent that . . .*
¡Qué bueno que... ! *How good (it is) that . . . !*
¡Qué extraño que... ! *How strange (it is) that . . . !*
¡Qué malo que... ! *(It's) Too bad that . . . !*
¡Qué pena que... ! *What a shame that . . . !*

Práctica

9-9 Un año en el extranjero Los estudios en un país de habla española son la mejor manera para explorar nuevas culturas y perfeccionar el español. Completa el párrafo que aparece a continuación con el verbo en la forma correcta del presente del subjuntivo.

ANSWERS, EX. 9-9: 1. sepan 2. podamos 3. saquen 4. busque 5. tenga 6. pases 7. vivas 8. terminemos 9. vayan

Los estudiantes que viajan a Costa Rica con nuestro programa de estudios intensivos entran a un mundo de gente y experiencias nuevas. Es mejor que los estudiantes de intercambio 1. _______ (saber) algo del programa antes de salir para Costa Rica. Es una lástima que no 2. _______ (poder, nosotros) preparar a los viajeros por completo, pero con algunos consejos les podemos ayudar un poco. Primero, es urgente que los viajeros 3. _______ (sacar) el pasaporte y la visa. ¡Ambos documentos son requisitos! Segundo, es necesario que todo viajero 4. _______ (buscar) información sobre el país. ¡Qué bueno que la Red 5. _______ (tener) tanta información, y siempre gratis!

¿Piensas tú viajar con nosotros? Es bueno que 6. _______ (pasar, tú) un año entero en Costa Rica. Puedes vivir en un apartamento pero es mejor que 7. _______ (vivir, tú) con una de nuestras familias, cuidadosamente seleccionadas. Somos profesionales con mucha experiencia. Es raro que no 8. _______ (terminar, nosotros) cada programa con un cien por cien de los estudiantes contentos y satisfechos. ¡Qué pena que no todos 9. _______ (ir) a Centroamérica con nosotros!

9-10 Las opiniones de los estudios en el extranjero Cuando los alumnos salen de su país para estudiar y viajar en otro país, ocurren muchas cosas. Para cada una de las siguientes afirmaciones, expresa tu reacción usando una expresión de la lista.

ANSWERS, EX. 9-10: 1. ...que Carlos olvide... 2. ...que los estudiantes nuevos llenen... 3. ...que muchos americanos vivan... 4. ...que nosotros tengamos... 5. ...que Inés obtenga... 6. ...que el decano quiera hablar...

Es bueno que...	Es impresionante que...
Es malo que...	Es una lástima que...
Es raro que...	Es increíble que...
Es extraño que...	Es necesario que...
Es ridículo que...	¡Qué bueno que... !
Es terrible que...	¡Qué pena que... !

Modelo: Marta / conocer a gente nueva en la Universidad Nacional
Es bueno que Marta conozca a gente nueva.

1. Carlos / olvidar su mochila en el avión
2. los estudiantes nuevos / llenar muchos formularios
3. muchos americanos / vivir en San José
4. nosotros / tener muchos amigos en Limón y la costa caribeña
5. Inés / obtener una visa para ir a Nicaragua durante sus vacaciones
6. el decano / querer hablar conmigo al final del programa

VAMOS A ESCUCHAR:
UNA LLAMADA A CASA

HERITAGE LEARNERS: Ask heritage learners to listen to the Spanish in the **Vamos a escuchar** recording and to compare it with the Spanish they use in their communities.

En este segmento vas a escuchar una conversación entre Javier y su madre. Él es estudiante y está a mitad de su primer semestre en la Universidad Internacional de las Américas.

Antes de escuchar

Antes de escuchar el segmento, contesta las siguientes preguntas.

- ¿Viajaste alguna vez sin tu familia y por más de un mes? ¿Qué echaste de menos *(did you miss)* de tu casa?
- Cuando llamas a casa cuando estás de viaje o desde la universidad, ¿de qué hablas? ¿Qué te dicen tus padres y parientes?

Antes de escuchar la conversación entre Javier y su madre, lee las preguntas que aparecen en la sección **Después de escuchar.**

Después de escuchar

ANSWERS, EX. 9-11: 1. Se preocupa de su estudio, si come bien y si tiene amigos. 2. Tenía problemas con su expediente académico. 3. El decano de la Facultad de Humanidades le ayudó. 4. Vive con una familia. 5. Lleva cuatro semanas.

9-11 Comprensión Contesta las siguientes preguntas usando la información que escuchaste en el segmento.

1. ¿De qué se preocupa la madre de Javier?
2. ¿Qué dificultades encontró Javier en Costa Rica?
3. ¿Quién le ayudó a solucionar los problemas?
4. ¿Con quién vive Javier en Costa Rica?
5. ¿Cuánto tiempo lleva Javier en Costa Rica?

ANSWERS, EX. 9-12: 1. Los echo de menos a todos. 2. con su tarjeta.

9-12 ¿Cómo lo dicen? Escucha el segmento de nuevo. Fíjate en lo que dicen y trata de contestar estas preguntas.

1. Javier está bien en Costa Rica pero siente estar lejos de su familia. ¿Qué palabras usa para describir sus sentimientos?
2. La madre de Javier le deposita dinero en el banco. Según la mamá, ¿cómo va a sacar el dinero Javier?

TÚ DIRÁS

VARIATION, EX. 9-13: Encourage students to bring in photos of a trip they took. Put students in groups of 4 and have each group select the most evocative picture. The owner of the picture does not offer any information, but rather waits for students to ask him/her questions about the trip. After asking the owner 10 questions, the others construct a short paragraph describing the trip. At this time, the owners change groups to work on the construction of stories about other pictures. Share stories and pictures with the class.

9-13 Un viaje interesante Habla con otro/a compañero/a de clase sobre un viaje al extranjero. Incluye detalles desde que saliste de casa hasta que te levantaste por primera vez en otro país. Incluye la siguiente información.

- si necesitabas una visa o no y si la conseguiste
- la hora de tu salida para el aeropuerto
- quién te llevó al aeropuerto
- qué pasó durante el vuelo
- la hora en que llegaste a tu destino
- cómo te sentías cuando conociste a los nuevos amigos en el extranjero
- cómo dormiste esa primera noche en el extranjero

9-14 La primera visita Imagínate que estás en otro país, preparándote para tu primer día como estudiante de intercambio. Trabajando en grupos de tres, consulten el horario que aparece a continuación y determinen las actividades para el primer día en la universidad donde Uds. empezarán sus estudios. Hay que negociar esta decisión entre los tres temperamentos diferentes de Uds.: el estudiante "A" no quiere despertarse temprano para nada, el estudiante "B" quiere asistir a todas las actividades, sin excepción, y el estudiante "C" prefiere hacer sólo lo necesario. Todos quieren pasar el día juntos. Usen las expresiones de la lista que aparece a continuación para expresar sus emociones ante las actividades.

Es bueno que...
Es impresionante que...
Es mejor que...
Es ridículo que...
Es una lástima que...
¡Qué bueno que... !
¡Qué pena que... !

Estos estudiantes se inscriben en la Universidad de Costa Rica.

7:00–9:00	Café y conversación con estudiantes mayores	Centro estudiantil
7:30–9:00	Matrícula avanzada para la Facultad de Medicina	Rectorado Facultad de Medicina
8:00–13:30	Matrícula general / Estudiantes internacionales	Rectorado Facultad de Humanidades
8:00	Convocatoria "Hermanos de San José"	Capilla
9:00	Convocatoria general	Estadio
10:30	Orientación general / Nuevos estudiantes	Auditorio Facultad de Humanidades
10:00–11:30	Confesión	Capilla
11:30	Misa de apertura	Capilla
11:30–13:00	Sesiones informativas / Organizaciones estudiantiles	Plaza principal / Facultad de Humanidades
11:30–13:30	Entrevistas individuales / Estudiantes internacionales	Rectorado / Facultad de Humanidades
13:30–14:30	Visita al campus	Plaza principal / Facultad de Humanidades
18:00	Tertulia	Estudiantes generales: Café Tico Estudiantes internacionales: Rectorado / Facultad de Humanidades
21:00	Cena para estudiantes internacionales	Centro estudiantil

SEGUNDA ETAPA

Para empezar: Un par de días en un hotel

Preparación: Before you begin this **etapa,** consider the following questions:

- Do you like to travel?
- What sort of travel do you like?
- When you travel, where do you like to stay?
- What do you need to do to make hotel reservations?

When you go abroad to study and stay in another country for a long period of time, you are not likely to stay in a hotel. Instead, you will find a family to live with or an apartment to share with other international students. When you first arrive in the country, though, and before you settle into your permanent housing, you will probably need to stay in a hotel a few days.

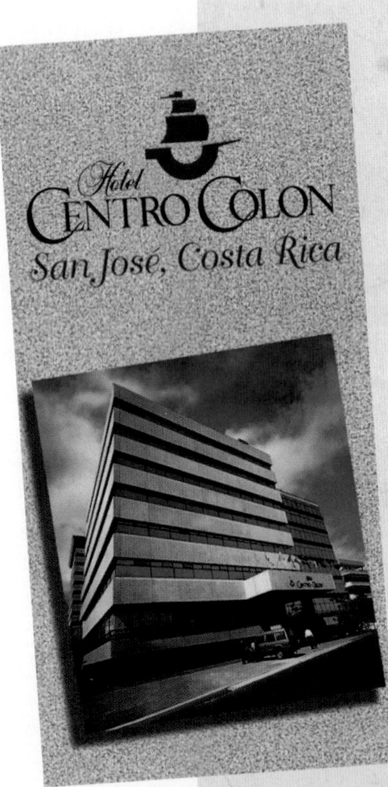

Hotel Centro Colón

En el corazón de la ciudad capital de San José, el Hotel Centro Colón es el lugar ideal para el viajero de negocios, así como para quien busque descanso y entretenimiento. A sólo quince minutos del aeropuerto, se encuentra estratégicamente ubicado como punto de partida para parques nacionales y playas. Nuestro mayor deseo es hacerlo sentir como en su casa. Estamos orgullosos de contar con un grupo de profesionales muy unidos para servirle.

Ofrecemos:

- 124 habitaciones, incluyendo 42 suites (6 Junior suites y 1 Suite Presidencial)
- Todas las habitaciones están equipadas con aire acondicionado, teléfono directo, TV por cable, baño privado, ducha/tina
- Habitaciones disponibles para no fumadores
- Salas para reuniones hasta para 65 personas, todas equipadas con modernos equipos audiovisuales
- Bar y casino
- Servicio de **parqueo** *(parking)* para nuestros huéspedes
- Vista a las montañas y la ciudad
- **Alquiler** *(Rent)* de fax, computadoras y teléfonos portátiles
- Caja de seguridad
- Servicio despertador
- Servicio disponible para copiado y transmisiones vía fax
- Cambio de moneda en la recepción
- **Secadora** *(Dryer)* de pelo, **plancha** *(iron)* y planchados
- Tienda de regalos
- Disponibilidad de alquiler de carros y tours
- Servicio de taxi
- Lavandería y **lavado en seco** *(dry cleaning)*

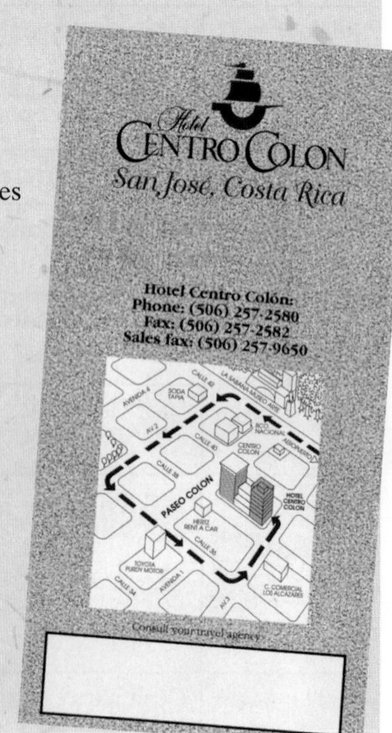

Para reservar una habitación

la habitación doble	*double room*
sencilla/individual	*single room*
la reserva / la reservación	*reservation*
la tarjeta de crédito	*credit card*
Busco/Buscamos...	*I am/We are looking for . . .*
Necesito/Necesitamos...	*I/We need . . .*
Tengo/Tenemos una reserva...	*I/We have a reservation . . .*
para dos personas	*for two people*
para tres noches	*for three nights*
con una cama sencilla / con camas sencillas	*with a single bed / with single beds*
con cama doble	*with a double bed*
con baño	*with a bathroom*
sin baño	*without a bathroom (with a shared bathroom in the hall)*
en el primer piso	*on the second floor*
Yo quisiera una habitación.	*I would like a room.*

EXPANSIÓN LÉXICA: In many parts of the Spanish-speaking world, there are many places to stay when you travel. **Un hotel** is often a good choice, but you may consider **un hostal,** much like a hotel but where you may need to share a bathroom, or **una pensión,** a homey option often run by a family and where you can choose to share meals or stay for extended periods. Because **un hotel** is not necessarily more luxurious than **un hostal,** most countries use some system to further categorize lodgings by the amenities and elegance they offer. Check your tour books for details. Serious bargain travelers might consider **un albergue juvenil** or *youth hostel,* where guests often share both sleeping and bathroom space. In tropical and beach areas, **las cabañas** *(individual cabins)* can be a fun and often an inexpensive place to stay. In Spain, **un parador** is a luxurious and often historical place to stay in gorgeous surroundings. **Un mesón** *(inn)* generally offers dining but not lodging.

En el hotel

el agua caliente	*hot water*
el aire acondicionado	*air conditioning*
el ascensor	*elevator*
el baño	*bathroom*
la caja de seguridad/caja fuerte	*safe, security deposit box*
la cama doble/matrimonial	*double bed*
la cama sencilla	*single bed*
el cambio de moneda	*money exchange*
la ducha	*shower*
el lavado/la limpieza en seco	*dry cleaning*
la lavandería	*laundry*
el parqueo/el aparcamiento	*parking*
el primer (segundo, tercer, cuarto, quinto) piso	*second (third, fourth, fifth, sixth) floor*
la recepción	*reception desk*
la secadora/el secador de pelo	*hair dryer*
el servicio despertador	*wake-up service*
el teléfono directo	*direct phone line*
la tina	*bathtub*
la televisión por cable	*cable TV*

EXPANSIÓN LÉXICA: La planta baja or **el piso bajo** is the *ground floor* in a multi-storied building. **El primer piso** is not the ground floor but the first floor above that; additional floor numbers are counted from that floor. In a building **sin ascensor** *(without an elevator),* this can be an important detail!

Práctica

9-15 Para servirle El Hotel Centro Colón es una opción para el viajero en Costa Rica. Para familiarizarte con la información sobre este hotel, mira el contenido del folleto del Hotel Kekoldi en la página 300 y contesta las siguientes preguntas.

1. ¿Dónde está este hotel?
2. ¿Con qué están equipadas todas las habitaciones?
3. ¿Hay habitaciones disponibles para no fumadores?
4. ¿Qué vista tienen las habitaciones?
5. ¿Qué servicios le ofrecen al viajero de negocios?
6. ¿Hay bar o casino?
7. ¿Hay piscina?
8. Busca dos servicios más en la lista que no hayas mencionado.

SUGGESTION, EX. 9-15: Do this activity as a jigsaw reading. Pair students and assign numbers 1–4 to one of them and 5–8 to the other. Tell students to share information and try to write a short descriptive paragraph that could serve as a critic's review of the hotel for travelers.

ANSWERS, EX. 9-15: 1. Está en el corazón de la ciudad de San José. 2. Todas las habitaciones están equipadas con aire acondicionado, teléfono directo, TV por cable, baño privado, ducha/tina. 3. Sí. 4. a las montañas y a la ciudad 5. alquiler de fax, computadoras y teléfonos portátiles 6. Sí. 7. No. 8. *Answers will vary* (e.g., parqueo, cambio de moneda)

ANSWERS, EX. 9-16: 1. Kekoldi, con 20 habitaciones 2. Maritza 3. Maritza 4. Maritza; actividades: buceo en arrecife de coral, pesca en bote con motor, alquiler de bicicleta, paseo a caballo, paseo a la selva, tour al Parque Nacional Cahuita, a la Reserva indígena de Talamanca y a Aviarios del Caribe 5. Kekoldi 6. Maritza 7. Maritza

9-16 Los hoteles de Costa Rica Unos/as amigos/as quieren ir de viaje a Costa Rica. Como ellos/as saben que tienes una guía de hoteles, te llaman para pedirte información sobre unos hoteles de allí. Contesta sus preguntas de acuerdo con la información que aparece en los folletos para los Hoteles Kekoldi y Maritza aquí.

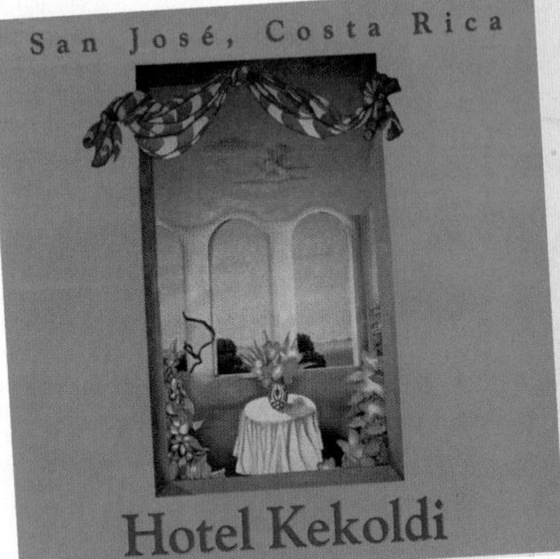

Hotel Kekoldi, Barrio Amón, Avenida 9, calle 3 Bis, frente al INVU, a 200 metros norte del Parque Morazán. Reservaciones: Tel: (506) 223-3244, Fax: (506) 257-5476. Administración alemana, hablamos español, alemán e inglés. Histórico edificio renovado, atmósfera llena de color de las soleadas islas caribeñas. 20 habitaciones grandes con camas "King size", baño privado, teléfono y cajas de seguridad, también desayunos y servicio de lavandería. Le damos asistencia completa en servicio de tours.

EXPANSIÓN LÉXICA: In many tropical places **el abanico** or **el ventilador** *(fan)* is more common than **el aire acondicionado.** Be sure to ask for **un ventilador** when in Spain, where **un abanico** is a hand-held fan.

Hotel Maritza, Puerto Viejo, Limón. Reservaciones: Tel./Fax (506) 750-0003. Es un hotel de familia con una larga tradición en la Costa Caribeña. Contamos con modernas habitaciones frente al mar. Estamos localizados en el centro de Puerto Viejo, a sólo tres horas de San José. Tenemos 14 habitaciones, baño privado con agua caliente, refrigeradora, **abanico** *(fan)* de techo, parqueo privado, buzón de correo. Se aceptan tarjetas de crédito. Servicio de fax. Se habla inglés. Actividades: buceo en **arrecife** *(reef)* de coral, pesca en bote con motor, alquiler de bicicleta, paseo a caballo, paseo a la selva, tour al Parque Nacional Cahuita, a la reserva indígena de Talamanca y a Aviarios del Caribe. No olvide que ofrecemos precios moderados.

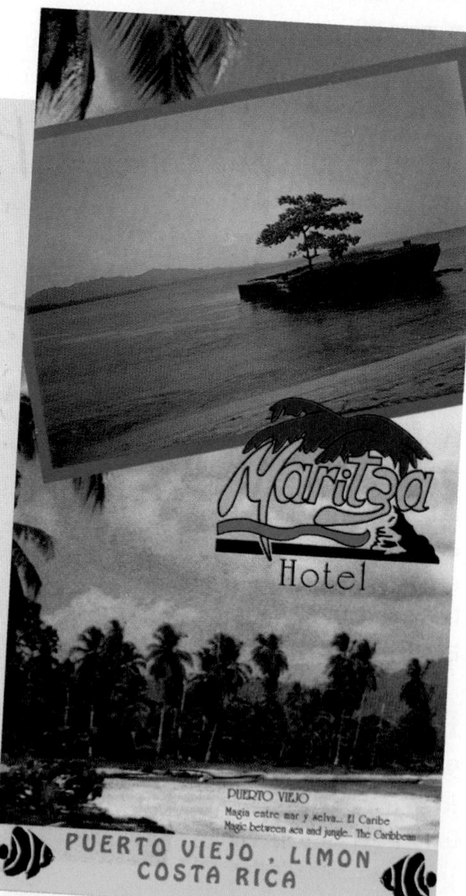

Maritza
Hotel
PUERTO VIEJO
PUERTO VIEJO . LIMON
COSTA RICA

1. ¿Qué hotel tiene más habitaciones?
2. ¿Qué hotel está cerca de la playa?
3. ¿Qué hotel tiene habitaciones con refrigerador y abanico de techo?
4. ¿Qué hotel ofrece más variedad de actividades interesantes? ¿Cuáles son algunas de estas actividades?
5. ¿Qué hotel ofrece desayunos?
6. ¿En qué hotel hay parqueo privado?
7. ¿Qué hotel parece tener los precios más bajos?

REPASO

9-17 Mi familia costarricense y yo Durante tu visita a Costa Rica, viviste con una familia. ¡Muy pronto eras como parte de la familia! Completa la siguiente carta a una amiga en la que describes la vida con tu familia costarricense usando los verbos en la forma correcta —en el tiempo pretérito o en el imperfecto.

Review reciprocal actions and the use of the imperfect and preterite.

ANSWERS, EX. 9-17: 1. nos conocimos 2. nos dimos 3. nos hicimos 4. se veían 5. se besaban 6. se saludaban 7. nos despedimos 8. nos abrazamos

Querida Beti:

¡Tenías razón! ¡La visita a Costa Rica fue maravillosa! Cuando llegué a San José, mis nuevos "padres" y yo 1. _______ (conocerse) en el aeropuerto. Fuimos a casa, donde conocí a los hijos de la familia. Jorge, el hijo mayor, y yo 2. _______ (darse) la mano con mucha formalidad pero muy pronto 3. _______ (hacerse) amigos. Todos los días, mis "padres" 4. _______ (verse) a la hora de comer, pero como tanto la madre como el padre trabajaban mucho, no siempre pasaban tiempo juntos. Don Pedro y doña Marilyn siempre 5. _______ (besarse) cuando 6. _______ (saludarse). Yo no me acostumbré a besar tanto , pero cuando al final del semestre nosotros 7. _______ (despedirse) en el aeropuerto, 8. _______ (abrazarse) muy fuertemente. Fue una gran experiencia. Tengo muchas fotos que mostrarte. ¡Nos vemos pronto! ¡Chao!

9-18 Mi primer mes en Costa Rica Después de las primeras semanas en el extranjero, ¿te sientes a gusto o no? Completa las siguientes frases para expresar algunas de tus emociones durante tu primer mes en Costa Rica.

Review use of the subjunctive with expressions of emotion.

Llevo un mes viviendo en San José. Hay algunas cosas que me gustan y otras que no. Por ejemplo:

1. Me molesta que _______.
2. No me gusta que _______.
3. Me extraña que _______.
4. Me sorprende que _______.
5. Me gusta que _______.
6. Me alegro de que _______.

EXPANSIÓN LÉXICA: The verb *to become* is expressed in Spanish in different ways, according to the change taking place. *To become* a lawyer, an artist, or an adult, is expressed with the reflexive verb **hacerse:**

Después de muchos años de estudio, Joaquín **se hizo** médico.
*After many years of study, Joaquín **became** a doctor.*

To become or *to go crazy* has its own expression in Spanish, **volverse loco/a,** which can also be used nonreflexively **(volver loco/a a alguien)** to mean *to drive someone crazy:*

Me vuelvo loco con tanto trabajo.
***I go crazy** from so much work.*

¡Esos exámenes **me vuelven** loca!
*Those exams **drive me** crazy!*

Los estudiantes **vuelven** locos a los profesores.

*Students **drive** their professors crazy.*

HERITAGE LEARNERS: It is quite common to see the **se** of a reflexive verb spelled with **ce,** e.g., **levantarce, torcerce, bañarce,** etc. Remind heritage learners that the reflexive pronoun is spelled with **s.**

ENFOQUE ESTRUCTURAL Más sobre los verbos reflexivos: los verbos reflexivos y los no reflexivos

In **Capítulo 4,** you learned about reflexive verbs used to express actions done to oneself. Many of these verbs can also be used nonreflexively to express actions done to others:

Anabel **se lava** la cara.	*Anabel **washes her** face.*
Anabel **lava** la ropa.	*Anabel **washes** the clothes.*
Esther **se levanta** a las siete.	*Esther **gets up** at 7:00.*
Esther **levanta** las llaves del suelo.	*Esther **picks up** the keys from the floor.*

Sometimes the meaning of the verb remains the same whether it is reflexive or not. Other times the meaning of the verb changes. The following list summarizes some of the most common verbs that are used both ways. Pay attention to the meaning of the reflexive and nonreflexive forms of these verbs.

Reflexive verbs expressing reflexive actions vs.	**nonreflexive verbs**
acostarse *to go to bed*	acostar a *to put (someone) to bed*
despertarse *to wake up*	despertar a *to wake (someone) up*
dormirse *to go to sleep*	dormir *to put (someone) to sleep*
levantarse *to get up*	levantar *to lift, to pick up*
ponerse *to put on (clothes)*	poner *to put, to place, to turn on (TV, radio, etc.)*
probarse *to try on*	probar *to taste*
sentarse *to sit down*	sentar *to seat (someone)*
vestirse *to get dressed*	vestir *to dress (someone)*

Other reflexive verbs that do not express reflexive actions vs.	**nonreflexive verbs**
alegrarse *to get/become happy*	alegrar *to make (someone) happy*
divertirse *to have fun*	divertir *to entertain, to amuse*
enamorarse de *to fall in love with*	enamorar *to win (someone's) love*
enojarse *to get angry*	enojar *to make (someone) angry*
irse *to leave, to go away*	ir *to go (somewhere)*
preocuparse *to worry*	preocupar *to worry (someone)*
quedarse *to stay*	quedar *to remain*
sentirse (+ adjective or adverb) *to feel (well, bad, sad, happy, etc.)*	sentir (+ noun) *to feel, to perceive (something)*

The verb **ponerse** *(to put on)* also means *to become* or *to get* when it is followed by an adjective of emotion: **ponerse contento** *(to get happy),* **ponerse furioso** *(to become furious),* **ponerse triste** *(to become sad).*

Práctica

9-19 El día de Norma La rutina diaria puede contener sorpresas y secretos. Completa la descripción de un día típico de Norma, seleccionando la forma correcta del verbo entre paréntesis.

ANSWERS, EX. 9-19: 1. acuesto 2. se duermen 3. me siento 4. acostarme 5. me levanto 6. despierto 7. baño 8. nos vestimos 9. ponerme 10. se enoja 11. probarte 12. nos divertimos

Mi rutina es bastante aburrida: todos los días 1. (acuesto / me acuesto) a los niños a las ocho. Mis hijos nunca 2. (duermen / se duermen) rápidamente, pero eso no me preocupa mucho. Desde luego, tengo mucho que hacer: 3. (siento / me siento) en el sofá y leo o hago algo de tarea antes de 4. (acostar/acostarme) a las once y media. Cuando suena el despertador, 5. (levanto / me levanto) y 6. (despierto / me despierto) a los niños. Primero 7. (baño / me baño) a los niños y luego todos 8. (vestimos / nos vestimos). Mi hija y yo siempre decimos la misma cosa: "¡Ay! ¡Es imposible! ¡Yo no sé qué 9. (poner / ponerme) hoy!" Mi hijo siempre 10. (enoja / se enoja) y le dice a su hermana: "¡Qué pesada! ¡Tienes que 11. (probar / probarte) diez vestidos antes de salir de casa todos los días! ¡Eres imposible!" Pensándolo bien, mi rutina no es tan aburrida: 12. (divertimos / nos divertimos) mucho, mis hijos y yo.

9-20 ¡Bienvenido, viajero! Imagínate que un/a compañero/a de clase y tú acaban de regresar de un viaje de un año en el extranjero. Háganse preguntas uno al otro, utilizando los siguientes verbos. Comparen sus respuestas y luego descríbanle las experiencias de ambos a la clase.

VARIATION, EX. 9-20: You could also tell students to ask these questions about an experience in the past.

1. acostarse
2. despertar
3. ponerse
4. probar
5. levantar
6. sentarse
7. sentir
8. divertir
9. sentirse
10. alegrarse

COMENTARIOS CULTURALES

Los albergues juveniles

youth hostels

SUGGESTION: Provide a transition for students by reminding them that a major part of the theme of this chapter is making living arrangements in a Spanish-speaking country. Therefore, the following **Comentario cultural** highlights certain cultural aspects of living opportunities in the Spanish-speaking world and in this chapter's country of focus, Costa Rica.

SUGGESTION: Point out the absence of the word **albergue** in the names of these hostels: in the Spanish-speaking world, with its wide variety of rooming options, hostels may take many shapes, forms, and names. You may also want to point out the similarity between the albergues juveniles and the YMCA.

Si eres aventurero/a y piensas viajar por el mundo hispano sin gastar mucho, una forma económica de alojamiento son los albergues juveniles. Los albergues fueron diseñados originalmente para el viajero joven, pero están abiertos a todas las edades. Las habitaciones son realmente baratas y se puede cocinar o comer por poco dinero. Como todos los lugares baratos, los albergues presentan algunos inconvenientes. Por lo general, las personas que se alojan en estos lugares tienen que compartir la habitación y los baños con otros viajeros. En algunos albergues hay **toque de queda:** se cierra la puerta y hay que estar en la cama a partir de una hora determinada. Sin embargo, junto a los precios económicos, los albergues ofrecen al turista la posibilidad de conocer a personas de todas partes del mundo. Una de las mayores ventajas es, sin duda, la oportunidad de hacer nuevas amistades que pueden durar toda la vida.

curfew

La Red Costarricense de Albergues Juveniles Hostelling International dirige los albergues en todo el país. La central se encuentra en el Hostal Toruma en San José (Avenida Central, calles 29/31). Puedes aprender más sobre los servicios de la RECAJHI por Internet en http://www.hicr.org.

Algunos albergues populares de Costa Rica son:

Hostal Toruma, San José, tel. 506-234-91-86, fax 506-224-4085, 93 camas

Agro Eco Lodge, Rincón de la Vieja, tel. 506-258-6871, fax 506-258-7032, 36 camas

Cabinas San Isidro, Puntarenas, tel. 506-66-32-17, 20 camas reservadas para hostelling

Reserva y Hostal Rara Avis, Sarapiquí, tel. 506-764-3131, fax 506-764-4187, 60 camas

INTEGRACIÓN CULTURAL

1. ¿Quiénes son los clientes ideales de los albergues?
2. ¿Cuáles son algunos de los inconvenientes que presentan los albergues?
3. ¿En qué ciudades se encuentran los albergues más populares de Costa Rica?
4. ¿Dónde está el albergue más grande? ¿Cuántas camas tiene?
5. ¿Qué crees que significa el apunte sobre las camas en Cabinas San Isidro?
6. ¿Te gustaría alojarte en un albergue juvenil? ¿Por qué sí o por qué no? Explica tu respuesta.

ANSWERS: 1. los viajeros jóvenes o la gente aventurera 2. Se comparte la habitación y los baños, a veces se cierra la puerta y hay que estar en la cama a una hora determinada. 3. en San José, Rincón de la Vieja, Puntarenas y Sarapiquí 4. en San José; 93 camas 5. Student answers may vary, but these lodgings include regular rooms as well as beds set aside for hostel travelers. 6. *Answers will vary.*

Enfoque estructural — El pronombre reflexivo se para expresar accidentes y acciones imprevistas

—¡Hola! ¿Qué tal? ¿Cómo estás? — *Hi! What's up? How are you?*
—Pues, no muy bien. **Se me olvidaron las llaves** en la universidad y no puedo entrar a mi apartamento. — *Well, not so well.* ***I forgot my keys*** *at the university and I can't get into my apartment.*

—¿Compramos unos bocadillos? — *Should we buy some sandwiches?*
—No podemos. **Se nos acabó el dinero**. — *We can't.* ***There isn't any money left.***

—¿Qué le pasa a Juan? — *What's going on with Juan?*
—Pues, está preocupado porque **se le rompió la computadora.** — *Well, he's worried because* ***his computer broke down.***

The above exchanges illustrate a structure in Spanish that speakers use to express unplanned actions. You may notice that, unlike in English, in Spanish the person to whom the unplanned action happens is seen as an "innocent victim" with no role or responsibility in the accident. For this reason, the "victim" appears in the sentence not as the subject but as the indirect object of the verb for the unplanned event, indicated by an indirect object pronoun. This structure is formed as follows:

Se +	**indirect object pronoun** + (the person/s to whom the action happens)	**third person verb** + (singular/plural)	**subject** (singular/plural)
Se	me	olvidaron	las llaves.
Se	te	cayó	la cartera.
Se	le	rompió	la botella de agua.
Se	nos	acabó	el dinero.
Se	os	perdieron	los documentos.
Se	les	ocurrió	una idea.

HERITAGE LEARNERS: Ask heritage learners to provide examples of the use of this structure. Once you point this structure out to them, ask them to look for examples in their respective speech communities. You might want to prompt them with examples in English like "the glass broke" instead of "I broke the glass," "the book got lost" instead of "I lost the book," etc.

Notice that the subject (the thing that is broken, forgotten, lost, etc.) can be either singular ***(la botella de agua)*** or plural ***(los documentos).*** Depending on whether the subject is singular or plural, the verb is conjugated in either the third person singular or the third person plural.

The person/s to whom the action happened, expressed by the indirect object pronoun, can be clarified by adding ***a*** + noun or pronoun:

A Juan se le perdió el expediente académico.
A los viajeros se les ocurrió una idea magnífica.

The verbs that are normally used in this structure are:

acabar *to finish, to run out of (something)*
caer *to fall, to drop*
ocurrir *to occur (to have an idea)*
olvidar *to forget*
perder *to lose*
quemar *to burn*
romper *to break*

NOTA GRAMATICAL: The verb **ocurrir** is a cognate of the English verb *to occur.* Although the only letters that are ever doubled in Spanish are **ll, nn,** and **rr,** students often commit the error of following the English spelling. **¡No se te ocurra deletrear este verbo mal!** *(Don't even think of spelling this verb wrong!)*

Práctica

ANSWERS, EX. 9-21: 1. olvidaron 2. perdieron 3. quemó 4. cayó 5. rompió

9-21 ¡Vaya día! Ayer Erika y tú tuvieron un mal día. Completa el párrafo con el verbo entre paréntesis en la forma correcta para indicar lo que les pasó.

Ayer me levanté tarde y salí de casa muy de prisa. Con la prisa se me 1. _______ (olvidar) los libros para la clase. Al llegar a la universidad me encontré con mi mejor amiga. Erika estaba preocupada porque por la mañana se le 2. _______ (perder) las llaves del coche. A la hora de comer, Erika y yo fuimos a mi casa, pero no pudimos comer porque se nos 3. _______ (quemar) el arroz y no había más comida en casa. Tuvimos que ir a comer a un restaurante. En el restaurante a Erika se le 4. _______ (caer) un vaso de agua y se le 5. _______ (romper). Las dos salimos del restaurante mojadas *(wet)* y molestas *(irritated)*.

POSSIBLE ANSWERS, EX. 9-22: 1. A Juan se le cayeron las copas / los vasos. 2. A mí se me perdieron los menús. 3. A los cocineros se les quemó la comida. 4. A ti se te rompió un plato. 5. Al último cliente se le olvidaron las llaves.

9-22 El Café Desastre Tú pensabas que abrir un café sería fácil... pero ahora sabes que no es así. Mira los dibujos y completa las descripciones de lo que pasó la primera noche en tu café.

1. A Juan / caer
2. A mí / perder
3. A los cocineros / quemar

4. A ti / romper

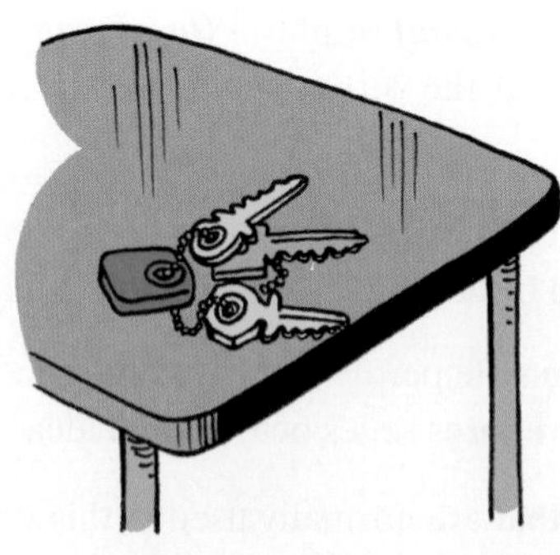

5. Al último cliente / olvidar

VAMOS A ESCUCHAR:

BUSCANDO UN HOTEL EN CAHUITA, COSTA RICA

Track 2-18

En este segmento vas a escuchar una conversación entre Clara y Paula, dos estudiantes que piensan viajar a la costa caribeña para disfrutar de unos días de vacaciones. Quieren planificar todo y lo más importante es escoger el hotel con más atractivos para su visita.

HERITAGE LEARNERS: Ask heritage learners to listen to the Spanish in the **Vamos a escuchar** recording and to compare it with the Spanish they use in their communities.

Antes de escuchar

Antes de escuchar el segmento, contesta las siguientes preguntas.

- ¿Cómo te preparas para un viaje?
- Cuando piensas ir de vacaciones, ¿dónde prefieres quedarte? ¿Cuáles son los factores más importantes para la selección de un hotel? ¿Es el precio módico (*reasonable*) tu prioridad?

Antes de escuchar la conversación entre las dos mujeres, lee las preguntas que aparecen en la sección **Después de escuchar.**

Después de escuchar

9-23 Comprensión Contesta las siguientes preguntas, usando la información del segmento que escuchaste.

1. ¿Dónde buscan información sobre los hoteles en Cahuita?
2. ¿Dónde quieren quedarse en Cahuita?
3. ¿Quieren quedarse en un albegue juvenil? ¿Por qué sí o por qué no?
4. ¿Cuáles son los atractivos de Cahuita?
5. Al final, ¿dónde hacen la reservación?

ANSWERS, EX. 9-23: 1. La buscan en Internet. 2. Quieren quedarse en una cabaña en la playa. 3. No. Aunque son baratos, no hay albergues en Cahuita. 4. Los atractivos son la playa de arena blanca, la selva, las tortugas, las aves y las actividades acuáticas. 5. La hacen en el Hotel Jaguar.

9-24 ¿Cómo lo dicen? Escucha el segmento de nuevo. Fíjate en lo que dicen y trata de contestar estas preguntas.

1. ¿Cómo se llama el período del año cuando las habitaciones en los hoteles cuestan menos?
2. Cuando Clara hace la reservación usa su tarjeta de crédito. ¿Cómo se llama este pago?

ANSWERS, EX. 9-24: 1. la temporada baja 2. el depósito

TÚ DIRÁS

CLASSROOM MANAGEMENT, EX. 9-25: Allow students 10 minutes to prepare and practice role plays, and then ask several pairs to perform for the class. Encourage students to be as creative as possible with the language.

9-25 Unos servicios muy especiales Con un/a compañero/a de clase, haz la siguiente actividad.

Estudiante A

Imagínate de nuevo que eres estudiante de intercambio en San José. Estás planeando una excursión a la playa. Ni tú ni tus amigos quieren alojarse en un albergue juvenil; prefieren ir a un hotel de lujo *(luxury)*. Llama por teléfono para obtener información y para hacer la reservación en el lugar que escojas.

1. Saluda al / a la recepcionista y explícale que quieres dos habitaciones con baño privado.
2. Di que son cuatro personas y piensan quedarse tres noches.
3. Averigua *(Find out)* qué servicios ofrece cada lugar y cuánto cuesta cada habitación.
4. Pregunta si hay transporte del hotel al centro y a la playa.
5. Dale las gracias al / a la recepcionista y despídete de él/ella.

Estudiante B

Imagínate que trabajas en la recepción de un hotel de gran lujo *(super-deluxe)*. Contesta el teléfono y habla con tu posible cliente.

1. Saluda al / a la cliente.
2. Pregúntale cuántas habitaciones necesita y cuántas personas se van a quedar en las habitaciones.
3. Dile cuánto cuestan las habitaciones.
4. Explícale los servicios extraordinarios de tu hotel.
5. Menciona el transporte disponible del hotel al centro y a la playa.
6. Pregunta si el/la cliente quiere más información y despídete.

9-26 Mis vacaciones en el Hotel Problemático Imagínate que decidiste ir de vacaciones a un hotel de lujo, y todo, absolutamente todo fue un desastre. Habla con otro/a compañero/a sobre el hotel y todo lo que pasó allí. Tu compañero/a te hará muchas preguntas. Deben usar los verbos en la lista que sigue a la izquierda; pueden basar su conversación en los detalles que aparecen en la lista a la derecha.

acabar	el agua caliente
caer	la cama
perder	las llaves de la habitación
quedar	la paciencia
quemar	el parasol
romper	la reservación
	los trajes de baño

TERCERA ETAPA

Para empezar: ¿Buscas apartamento?

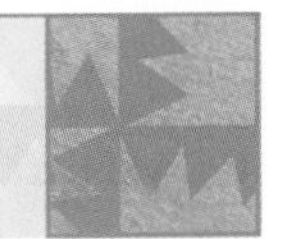

SUGGESTION: Before starting this **etapa,** ask students to bring in apartment ads from the campus or local paper. Discuss, in Spanish, which ads are good deals and why. Allow students to work in pairs or small groups to try to answer these questions. When done, have students compare the ads they brought in with the ones they will find in this **Para empezar** section. Comment on any differences found.

Preparación: Think about what you generally would look for in an apartment.
- How do you go about finding an apartment?
- What sort of information do you expect to find about an apartment in a newspaper ad?
- What are the four or five things you are likely to find in such a small space in the ad?

Mira los anuncios clasificados. Vienen del *Diario Extra* de Costa Rica, un periódico de Internet. ¿Qué se alquila? ¿Qué anuncio contiene la información más completa?

EXPANSIÓN LÉXICA: You may notice that several of these ads mention **el enrejado.** In many warmer areas where doors and windows are left open for ventilation, these *iron bars* are decorative, useful, and a very common feature of Hispanic architecture.

ALQUILO CASA nueva Aserrí, 2 cuartos, cochera, ¢70.000. Tels. 226-5886, 227-9547.

CASA GUADALUPE Ipís, 2 habitaciones, enrejada, sala, cocina, comedor, ¢45.000 + depósito. Tel. 385-6676.

ALAJUELA CENTRO habitaciones alfombradas, amuebladas todo incluido, ¢40.000. Tels. 440-0105, 380-0925, 261-7295.

SABANILLA ALREDEDORES Más x Menos apartamento 2 dormitorios, cochera, teléfono, cable, agua caliente, enrejado, muy seguro, construcción nueva, ¢85.000 + depósito. Tels. 253-2749, 371-2507.

ALQUILO HATILLO 7 casa grande, cómoda y segura, enrejada. Tels. 393-6085, 236-0895.

HATILLO 100 mts Plaza América habitación amueblada, cocina, lavadora, teléfono, ¢25.000. Tel. 252-3176.

PURRAL CENTRO alquilo casa pequeña 1 dormitorio, ¢37.000. Tels. 234-6595, 245-0014.

Los apartamentos de alquiler

amueblado/a *furnished*
el balcón *balcony*
el estacionamiento *parking*
el garaje *garage*
el jardín *backyard*
sin amueblar *unfurnished*
la terraza *terrace*

Para alquilar un apartamento

el/la agente *agent*
alquilar *to rent*
el alquiler *rent, rental fee*
el anuncio (clasificado) *(classified) ad*
el contrato *lease, contract*
el depósito *deposit, down payment*
la fianza *security deposit*
firmar *to sign*
el gasto *expense*
el/la portero/a *doorperson*

SUGGESTION: Tell students to review room vocabulary and house vocabulary in **Capítulos 2** and **3.**

EXPANSIÓN LÉXICA: In Costa Rica, the word for **el garaje** is **la cochera** and the word for *parking* is **el parqueo.**

Práctica

ANSWERS, EX. 9-27: 1. Aserrí, Sabanilla 2. Alajuela, Hatillo 100, 3. Sabanilla, Hatillo 100 4. Hatillo 7, Sabanilla 5. Guadalupe Ipís, Sabanilla 6. Hatillo 100

9-27 Palabras clave Lee los anuncios al principio de esta **etapa** con cuidado. ¿Qué apartamentos, casas o habitaciones tienen las siguientes características?

1. tiene cochera	3. tiene teléfono	5. tiene dos dormitorios
2. está amueblado	4. es seguro	6. tiene lavadora

VARIATION, EX. 9-28: Tell students that they are writing an ad for the ideal apartment. Allow 4–5 minutes for students to complete their descriptions. Share descriptions with the class and vote on who is offering the best apartment.

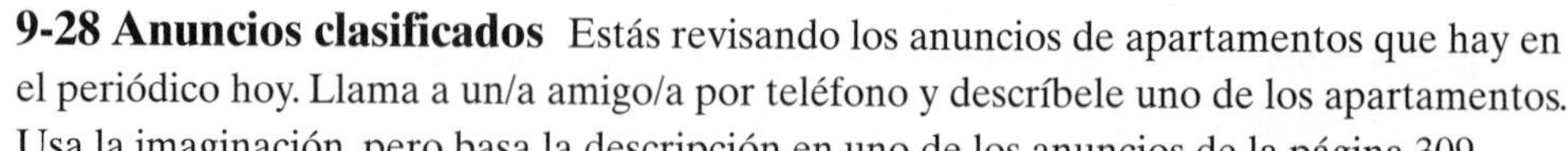

9-28 Anuncios clasificados Estás revisando los anuncios de apartamentos que hay en el periódico hoy. Llama a un/a amigo/a por teléfono y descríbele uno de los apartamentos. Usa la imaginación, pero basa la descripción en uno de los anuncios de la página 309.

Modelo: *El apartamento está cerca de la Plaza de América. Está todo amueblado, con una habitación, comedor, sala, cocina renovada, baño moderno y terraza. Tiene lavadora, TV por cable y teléfono. Está en el 4° piso en un edificio con portero. El alquiler es de 25.000 colones al mes.*

REPASO

Review the use of the preterite and the imperfect in narrations.

9-29 Una tarde en el parque Trabaja con un/a compañero/a de clase y mira el dibujo que aparece a continuación. Describan lo que la gente hacía en el parque el domingo pasado por la tarde. Al terminar su descripción, cuenten lo que hicieron todos cuando llegó una tremenda tormenta *(storm)*. Comparen sus respuestas con las de los otros estudiantes de la clase.

Modelo: *Dos niños jugaban al fútbol... De repente,...*

Review use of imperfect and **se** for unplanned actions.

9-30 El patico feo *(The ugly duckling)* Mi novio es un joven muy inteligente, elegante y muy simpático. Pero cuando era joven, todo el mundo veía a Daniel como el patico feo: ¡no hacía nada bien! Completa la triste historia del pasado de Daniel, usando los verbos y pronombres necesarios.

ANSWERS, EX. 9-30: 1. se le perdían los zapatos 2. se nos acababa la paciencia 3. se le caía la pelota 4. se les olvidaba su cumpleaños

De pequeño Daniel era diferente. No le gustaba llevar zapatos y por eso se quitaba los zapatos en cualquier lugar. Por supuesto, siempre 1. _______ (a él / perder / los zapatos) y todos teníamos que buscarlos. Esto nos molestaba mucho y 2. _______ (a nosotros / acabar / la paciencia) muy rápido. En el colegio, Daniel quería jugar con sus amigos, pero no jugaba bien al béisbol ni al fútbol ni a nada. Casi siempre, 3. _______ (a Daniel / caer / la pelota). Todos los años a sus padres 4. _______ (a ellos / olvidar / su cumpleaños), ya que a Daniel no le gustaba celebrarlo. ¡Pobre Daniel!

ENFOQUE ESTRUCTURAL Los pronombres de complemento directo e indirecto

—¿Le escribiste la carta a la familia de Costa Rica?
—Sí, ya **se la** escribí.

—¿Nos enviaron el informe de la universidad?
—Sí, **nos lo** enviaron la semana pasada.

—¿Te dijeron la fecha límite para enviar los papeles?
—Sí, **me la** dijeron.

—¿Les dieron a tus amigos toda la información sobre la universidad?
—Sí, **se la** dieron.

SUGGESTIONS: (1) Ask students to look over this section as homework the night before you present it in class. In class, present these structures as a drill exercise, incorporating university and study abroad vocabulary. (2) You may bring in various clothing items to have students practice double object pronouns with the verb **comprar.** Use the questions in the examples or create similar ones to elicit the indirect object pronouns **me, te, nos** with the direct object pronouns **(¿Quién te compró la blusa? Mi madre me la compró.).** To keep it simple, use only double object pronouns with the indirect object pronouns **me, te,** and **nos.**

Both direct object pronouns and indirect object pronouns were introduced before. In **Capítulo 6** you learned how to use direct object pronouns, and in **Capítulo 8** you learned how to use indirect object pronouns. Here you are going to learn how to use the two of them together. Below you have a chart with all the forms for a quick review.

Los pronombres de complemento directo

	Singular		**Plural**
me	*me*	**nos**	*us*
te	*you (informal)*	**os**	*you (informal)*
lo	*you (formal), him, it (m.)*	**los**	*you (formal), them (m.)*
la	*you (formal), her, it (f.)*	**las**	*you (formal), them (f.)*

Los pronombres de complemento indirecto

	Singular		**Plural**
me	*to/for me*	**nos**	*to/for us*
te	*to/for you (informal)*	**os**	*to/for you (informal)*
le	*to/for you (formal), her, him*	**les**	*to/for you (formal), them*

Pronouns exist so that we don't have to repeat nouns each time we want to refer to them. Notice how unnatural the conversation in the first column sounds (without the use of pronouns) and how natural it sounds in the second column (when both direct and indirect object pronouns are used):

ANA: ¿Quién te envió la información?
JULIA: El gerente del hotel me envió la información.
ANA: ¿Cuándo te envió la información?
JULIA: Me envió la información ayer.

ANA: ¿Quién te envió la información?
JULIA: El gerente del hotel me la envió.
ANA: ¿Cuándo te la envió?
JULIA: Me la envió ayer.

SUGGESTION: Have students conduct a conversation in English, similar to the exchange between Ana and Julia. Point out that their language has a similar construction and make students aware of how they use these pronouns in their everyday speech. Create questions to elicit the indirect object pronouns **le** and **les** with the direct object pronouns **(¿Quién le envió la carta? Su novio le envió la carta.).** Once students learn how to use **le** and **les** with the complete direct object, lead them into converting these to **se** before **lo, la, los,** and **las.**

Because of the shared information that Ana and Julia have (both are referring to **la información**), they don't have to repeat **la información** each time they have to refer to it.

IRM MASTER 22: Pronombres de complemento directo e indirecto

La posición de los pronombres de complemento directo e indirecto

- When a direct and indirect object pronoun are used together, both are placed before the conjugated verb, with the indirect object pronoun always preceding the direct object pronoun.
- You will recall from **Capítulo 8** that the indirect object pronouns for the third person singular and plural are **le** and **les.** These pronouns become **se** when used with the direct object pronouns **lo, la, los,** and **las.**

—¿Quién **le** pagó la matrícula **a Jorge**? —Su padre **se la** pagó.	*Who paid for **Jorge's** tuition?* *His father paid **it for him.***
—¿Quién **le** llenó el formulario **a Joaquín**? —**Se lo** llenó su novia.	*Who filled out the form **for Joaquín**?* *His girlfriend filled **it** out **for him.***

The following chart may help you remember this:

le **les**	+	**lo** **la** **los** **las**	=	**se**	+	**lo** **la** **los** **las**

but

me, te, nos, os never change before	**lo** **la** **los** **las**

Práctica

ANSWERS, EX. 9-31: 1. c 2. d 3. e 4. b 5. a

9-31 ¿Quién ofreció qué y a quién? Para cada una de las preguntas de la primera columna, selecciona la respuesta más adecuada de la segunda columna.

a. ¿Quién te ofreció el apartamento?	1. Se los ofreció el profesor.
b. ¿Quién le ofreció las flores a Marta?	2. Me la ofreció mi amigo Paco.
c. ¿Quién les ofreció los libros a los estudiantes?	3. Se la ofreció el agente.
d. ¿Quién te ofreció la dirección de Marta?	4. Se las ofreció Juan.
e. ¿Quién les ofreció ayuda a los extranjeros?	5. Me lo ofreció el dueño.

ANSWERS, EX. 9-32: 1. ¿Le mandas mensajes electrónicos a tu profesor/a? Sí, se los mando. / No, no se los mando. 2. ¿Le pides ayuda a tu novio/a? Sí se la pido. / No, no se la pido. 3. ¿Me compras regalos? Sí, te los compro. / No, no te los compro. 4. ¿Les cuentas chismes a tus amigos? Sí, se los cuento. / No, no se los cuento. 5. ¿Nos prestas dinero? Sí, se lo presto. / No, no se lo presto.

9-32 Dime con quien andas... A veces la mejor manera de conocer a otros es saber más de sus amistades y relaciones. Usando la información que aparece a continuación, forma preguntas. Usando estas preguntas, entrevista a un/a compañero/a de clase.

Modelo: enviar flores a tus amigos
—¿Les mandas flores a tus amigos?
—Sí, se las mando.
o *—No, no se las mando.*

1. mandar mensajes electrónicos a tu profesor/a
2. pedir ayuda a tu novio/a
3. comprar regalos a mí
4. contar chismes a tus amigos
5. prestar dinero a nosotros

SUGGESTION: Provide a transition for students by reminding them that this chapter's country of focus is Costa Rica. Therefore, the following **Comentario cultural** highlights certain cultural aspects of Costa Rica.

COMENTARIOS CULTURALES

Costa Rica, un poco de historia

El cultivo del café es un factor importante en la historia costarricense

Costa Rica es un país habitado desde más o menos el año 5000 antes de Cristo. Cristobal Colón llegó a las costas de este país en 1502 y lo llamó Costa Rica por la riqueza de sus costas. Aunque se llevaron a cabo varias expediciones por la costa y el interior del país, la conquista no empezó hasta el año 1560 con la expedición de Juan de Cavallón. Juan Vázquez de Coronado colonizó el país en 1562 y estableció la ciudad de Cartago en el centro del país en 1564. Aunque originalmente pertenecía a la Capitanía General de Guatemala, por su lejanía de la Ciudad de Guatemala, Costa Rica se desarrolló de un modo más independiente.

Los productos agrícolas influyeron en la construcción de la Costa Rica moderna. El desarrollo de las plantaciones de cacao en el siglo XVII y el comienzo del cultivo del tabaco a finales del siglo XVIII trajeron cambios étnicos en el istmo. Los pueblos indígenas desaparecieron y fueron reemplazados por esclavos africanos importados para trabajar. El siglo XIX vio el establecimiento del cultivo del plátano y, sobre todo, del café como principales productos de exportación.

El siglo XIX también trajo la independencia de Costa Rica. Se independizó de España en 1821 y pasó a formar parte de México hasta 1823. Hasta 1834 fue parte de las Provincias Unidas de Centro América. En 1838 Costa Rica declaró su independencia total, declarándose república en 1848.

Desde ese momento, ha gozado de una historia relativamente libre de conflicto. Desde muy pronto mostró su deseo de buscar soluciones políticas y no militares a los conflictos, y a mediados del siglo XX Costa Rica era el país más democrático de América Latina. En los últimos años del siglo XX, jugó un papel primordial en el establecimiento de la paz en Centro América. Su presidente, Óscar Arias (1986–1990), consiguió que en 1987 los presidentes de El Salvador, Guatemala, Honduras y Nicaragua firmaran un tratado de paz, tras años de conflicto en esos países. Ese mismo año Arias recibió el Premio Nóbel de la Paz.

Hoy día Costa Rica es uno de los destinos preferidos en Centroamérica para turistas y estudiantes. Su estabilidad política y su rica naturaleza prometen un futuro lleno de progreso.

INTEGRACIÓN CULTURAL

1. ¿Por qué crees que los españoles tardaron muchos años en colonizar Costa Rica?
2. ¿Por qué se desarrolló Costa Rica de forma más independiente que otros países centroamericanos?
3. ¿En qué sentido es importante el cultivo de los diferentes productos agrícolas en Costa Rica?
4. ¿Cómo ayudaron Costa Rica y Óscar Arias al establecimiento de la paz en Centroamérica?
5. En tu opinión, ¿ a qué se debe la popularidad turística de Costa Rica? Explica tu respuesta.

ANSWERS: 1. *Answers will vary, but you may want to suggest:* por la resistencia de los pueblos indígenas 2. por la distancia de la Ciudad de Guatemala de la que dependía políticamente 3. Es importante para el desarrollo económico del país y también hizo posible la aparición de una sociedad más desarrollada que empezó a participar en la vida política de la zona. 4. Costa Rica ha sido desde más de un siglo un país democrático que ha buscado soluciones pacíficas y políticas a los problemas. Arias consiguió que los países de Centroamérica firmaran un acuerdo de paz en 1987. 5. *Answers will vary.*

SUGGESTIONS: (1) Review some common infinitive constructions (**tener que, querer, pensar,** and **ir + a +** infinitive), and show how pronouns are attached to the infinitive. Point out the accent mark when the pronouns are attached. (2) Review the formation of the present participle along with its use with **estar** to form the present progressive, and show how pronouns are attached to the participle. Point out the accent mark when the pronouns are attached.

ENFOQUE ESTRUCTURAL Los pronombres del complemento directo e indirecto con el infinitivo y los tiempos progresivos

Earlier in this **etapa** you have seen double object pronouns placed before the verb in a sentence. When verbs are more complex and include a conjugated verb and either an infinitive or a present participle, the double object pronouns may be placed before the conjugated verb or be attached to the end of the infinitive or present participle.

—¿Cuándo va a darme la llave del apartamento?
—**Se la** voy a dar el lunes.
o
—Voy a dár**sela** el lunes.

—¿Dónde está Berta?
—Está viendo el apartamento.
—¿Quién está enseñándo**selo**?
—**Se lo** está enseñando una señora de la agencia.
o
—Está enseñándo**selo** una señora de la agencia.

¡OJO! Notice that when you attach both pronouns to the end of an infinitive, an accent mark is added to the vowel before **-r.** With present participles, an accent mark is added to the vowel before **-ndo,** even if only one pronoun is added at the end.

Práctica

ANSWERS, EX. 9-33: 1. Sí, se los necesito mandar... / necesito mandárselos.... 2. No, no se las voy a mandar... / no voy a mandárselas.... 3. Claro, te lo pienso regalar... / pienso regalártelo.... 4. Por supuesto, se lo quiero comprar... / quiero comprárselo.... 5. No, no se la puedo dejar... / no puedo dejársela....

9-33 ¡Un viaje a Centroamérica! Imagínate que te acaban de aceptar en un programa de estudios ecológicos en Costa Rica. Llama a tu mejor amigo/a para compartir las buenas noticias. Contesta sus preguntas sobre lo que vas a hacer allí empleando los pronombres de complemento directo e indirecto.

Modelo: ¿Vas a enviarle mensajes electrónicos a tu familia? (Claro, todas las semanas)
Claro, se los voy a mandar todas las semanas.
o *Claro, voy a mandárselos todas las semanas.*

1. ¿Necesitas mandarles tus documentos a los directores del programa? (Sí, tan pronto como pueda)
2. ¿Vas a mandarnos fotos a nosotros, a tus amigos? (No, porque será difícil)
3. ¿Piensas regalarme café costarricense a mí? (Claro, porque te quiero mucho)
4. ¿Quieres comprarle un recuerdo *(souvenir)* de Costa Rica a la profesora de español? (Por supuesto, porque le encantan los recuerdos)
5. ¿Puedes dejarle tu motocicleta a tu novia/o? (No, porque mi seguro no lo permite)

ANSWERS, EX. 9-34: 1. Mamá te la está preparando / está preparándotela. 2. Juan se la está enviando / está enviándosela. 3. Nosotros se los estamos dando / estamos dándoselos. 4. Papá se la está pidiendo al director del programa / está pidiéndosela al director del programa. 5. A ti te los están regalando / están regalándotelos. 6. (Yo) Se lo estoy enseñando / estoy enseñándoselo al nuevo compañero de apartamento.

9-34 ¿Quién está haciéndolo? Los preparativos para un viaje al extranjero requieren la colaboración de toda la familia. Como estás muy nervioso/a por el viaje, todos te están ayudando. Contesta las siguientes preguntas, utilizando los pronombres correctos y la información entre paréntesis.

1. ¿Quién está preparándome la maleta? (mamá)
2. ¿Quién está enviándole mi nueva dirección a la universidad? (Juan)
3. ¿Quién les está dando mis libros a mis compañeros de clase? (nosotros)
4. ¿A quién le está pidiendo más información papá? (al director del programa)
5. ¿A quién le están regalando mapas y libros los vecinos? (a ti)
6. ¿A quién le estás enseñando el apartamento tú? (al nuevo compañero de apartamento)

VAMOS A ESCUCHAR:

BUSCAMOS UN APARTAMENTO

Track 2-19

HERITAGE LEARNERS: Ask heritage learners to listen to the Spanish in the **Vamos a escuchar** recording and to compare it with the Spanish they use in their communities.

En este segmento, vas a escuchar una conversación entre Rubén y Miguel, dos amigos que quieren alquilar un apartamento para el próximo año académico. Hoy están mirando los anuncios en el periódico.

Antes de escuchar

Antes de escuchar el segmento, contesta las siguientes preguntas.

- ¿Has buscado alguna vez un apartamento? ¿Qué es lo que puede afectar tu selección?
- ¿Qué información esperas ver en un anuncio clasificado?

Antes de escuchar la conversación entre Rubén y Miguel, lee las preguntas que aparecen en la sección **Después de escuchar.**

Después de escuchar

9-35 Comprensión Contesta las siguientes preguntas, usando la información del segmento que escuchaste.

1. ¿Qué tiene el primer apartamento que encuentra Miguel?
2. ¿Cuál es el problema con el primer apartamento?
3. ¿Qué tiene el segundo apartamento que encuentra Miguel?
4. ¿Qué quieren hacer Miguel y Rubén?
5. Al final, ¿qué pasó? ¿Lo vieron?

ANSWERS, EX. 9-35: 1. Tiene dos habitaciones, una cocina nueva, terraza, acceso al club atlético y seguridad. 2. No tiene muebles y los jóvenes los necesitan. 3. Tiene dos dormitorios, está amueblado y tiene terraza también. 4. Quieren llamar y verlo si es posible hoy mismo. 5. No lo vieron porque nadie contestaba el teléfono.

9-36 ¿Cómo lo dicen? Rubén y Miguel son estudiantes y hablan como típicos jóvenes costarricenses. Escucha el segmento de nuevo. ¿Puedes entender sus expresiones regionales?

1. Miguel es mucho más tranquilo que Rubén. ¿Qué le dijo a Rubén para indicar que debería calmarse?
2. ¿Cómo expresa Miguel su alegría al encontrar un buen apartamento?

ANSWERS, EX. 9-36: 1. ¡Llévala suave! 2. ¡Pura vida!

TÚ DIRÁS

9-37 Buscamos apartamento Hace un mes que tú y otro/a estudiante viven con una familia en un programa de intercambio de su universidad. Ahora Uds. deciden que van a vivir en un apartamento. Miren los anuncios que aparecen abajo para hacer lo siguiente.

- Describan los apartamentos según la información en los anuncios.
- Decidan qué apartamentos son demasiado caros para Uds.
- Escojan el apartamento que van a alquilar.
- Digan por qué les gusta el apartamento que han escogido.

SUGGESTION, EX 9-38: Allow students 10 minutes to create and practice their role play; then ask them to perform for the class. Tell students that they can write out their parts, but don't let them use notes for their performance.

9-38 Queremos alquilar este apartamento Trabaja con otros/as dos estudiantes para alquilar un apartamento. Uno de Uds. va a hacer el papel de la persona que ofrece el apartamento, y los otros dos van a ser las personas que quieren alquilar el apartamento. Hay que incluir la siguiente información en su conversación:

- saludos y presentaciones
- una descripción de lo que Uds. desean en cuanto al lugar, servicios, precio, etcétera
- información sobre tres o cuatro apartamentos que el agente tiene
- preguntas sobre estos apartamentos
- arreglos para ver el apartamento que más les interesa de los tres
- despedidas

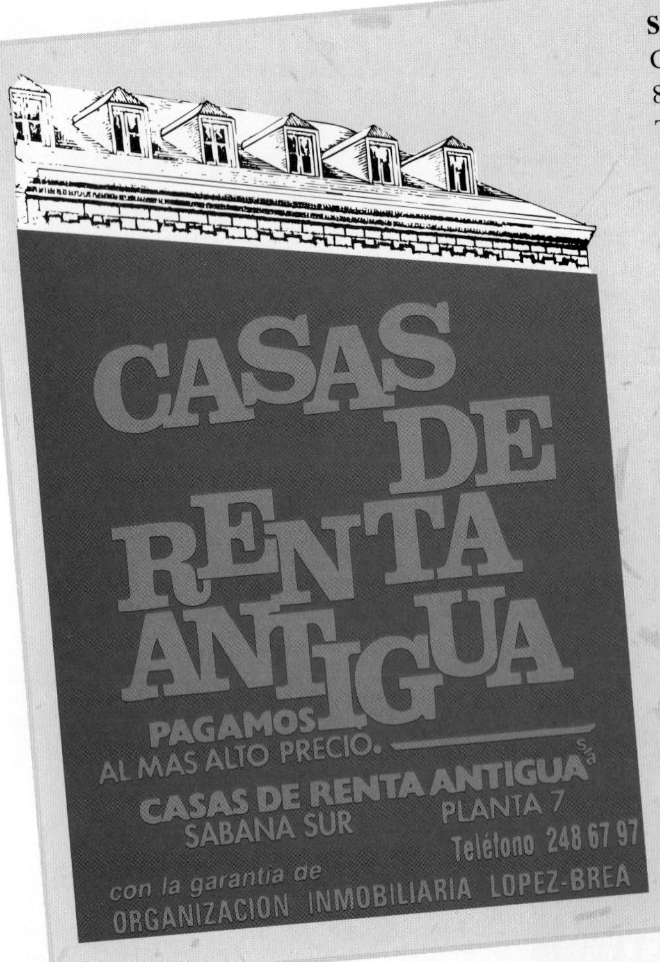

San Antonio. Amueblado. Cuatro dormitorios. Dos baños. Comedor. Dos terrazas. Piscina.
80.000 colones.
Tel. 4 12 54 40

Paseo Colón. Tres dormitorios. Cocina grande. Comedor. Todo amueblado excepto salón.
60.000 colones.
Tel. 6 10 90 87

Alajuela. Amueblado. Comedor. Un dormitorio. Teléfono. Terraza. Piscina. Tenis.
40.000 colones.
Tel. 8 14 23 85

Sabanilla. Un dormitorio grande. Cocina amueblada. Aire acondicionado. Jardín.
45.000 colones.
Tel. 7 21 40 89 noche.

Escazú. Vacío. Dos dormitorios. Comedor. Baño. Cocina.
70.000 colones.
Tel. 4 50 17 76

Pinares. Amueblado. Dos dormitorios. Comedor. Cocina. Baño. Terraza.
55.000 colones.
Tel. 3 15 41 55

Lectura: Las pintorescas carretas de Sarchí

Antes de leer

A. Mira el título de esta lectura y las fotos que aparecen en la página 318.

1. ¿Qué objetos aparecen en las fotos?
2. ¿Crees que hay alguna palabra en el título de la lectura que corresponda a estos objetos?
3. ¿Qué hace el señor en una de las fotos?

ANSWERS, A: 1. carretas 2. las pintorescas carretas 3. Pinta una carreta.

Guía para la lectura

B. Lee el artículo rápidamente y busca el párrafo en que se mencionan:

1. una descripción de Sarchí
2. la fecha de una celebración nacional
3. datos históricos sobre Costa Rica

ANSWERS, B: 1. segundo párrafo 2. tercer párrafo 3. primer párrafo

C. Lee el primer párrafo rápidamente y contesta las siguientes preguntas.

1. ¿A qué se dedicaron los primeros colonizadores españoles en Costa Rica?
2. ¿Qué animales trajeron los españoles?
3. ¿Por qué llegó a ser la carreta el medio de transporte ideal en Costa Rica?

ANSWERS, C: 1. al cultivo de la tierra / a la agricultura 2. caballos, vacas y bueyes 3. a causa de su terreno extremadamente variado

D. Lee el segundo párrafo y contesta las siguientes preguntas.

1. ¿Dónde está situado Sarchí?
2. ¿Por qué son especiales las carretas de Sarchí?
3. ¿Qué colores y diseños usa la gente para pintar las carretas?

ANSWERS, D: 1. Está a una hora de San José, en un valle hondo entre montañas. 2. Las carretas son de maderas duras y están pintadas de colores vivos. 3. Usan colores intensos, en especial un anaranjado rojizo, azul celeste y blanco, en diseños geométricos.

E. Lee el último párrafo y contesta la siguiente pregunta.

1. ¿Por qué es el año 1985 tan importante para la gente de Sarchí?

ANSWERS, E: En ese año se celebró por primera vez la importancia de Sarchí como centro costarricense de artesanías.

Al fin y al cabo

1. La lectura empieza afirmando que las carretas son un símbolo de la nación. ¿Por qué es cierta esta afirmación?
2. ¿Qué artesanías son típicas de tu región? ¿Qué sabes de sus orígenes?

Las pintorescas carretas de Sarchí

Las carretas de Costa Rica, polícromas como las mariposas, van pasando a la historia como símbolo de la nación y parte integral de su folklore. Costa Rica es un país singular de playas tropicales y grandes montañas. Los colonizadores españoles trajeron caballos y **vacas** para **labrar** la tierra cuando se establecieron allí. Construyeron viviendas y desarrollaron fincas y plantaciones. La carreta de **bueyes** pronto llegó a ser el medio más práctico de transporte en esa tierra, donde llueve torrencialmente de mayo a octubre y donde la variación del terreno va desde la **arena** de las playas de ambas costas hasta las **llanuras** extensas, los valles amplios y los precipicios de la **escarpada** Cordillera Central.

cows
to cultivate
oxen
sand / plains
steep

El pueblo de Sarchí está situado a una hora de San José, en un valle **hondo** y elevado entre montañas, por donde millares de **arroyuelos** bajan por **cauces pedregosos**. Allí prosperó la fabricación de carretas, porque había gran diversidad de **maderas duras** para hacerlas fuertes y hombres que combinaban la habilidad para la pintura y un espíritu creador. A principios de este siglo empezaron a pintar carretas con motivos geométricos en tres colores fundamentales: anaranjado rojizo, azul celeste y blanco.

deep
streams
rocky streambeds
hardwoods

Cada año cuando termina la temporada de lluvias, sale el sol y se aclara el cielo. Florecen los **bosques** de orquídeas y **relucen** las carretas pintadas, verdaderas obras de arte popular. El 22 de septiembre de 1985 tuvo lugar la primera celebración nacional que honra a Sarchí como centro costarricense de artesanías, evento que se va a efectuar todos los años. Ese día **hubo** desfiles, fiestas y se **bendijeron** las carretas pintadas en los colores de siempre: anaranjado rojizo, azul celeste y blanco.

forests / shine

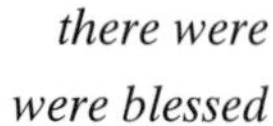

there were
were blessed

INTERCAMBIO: ¿TIENEN HABITACIONES?

SUGGESTION: Before beginning the exercise, brainstorm with students vocabulary relevant for phone courtesy. Also review vocabulary related to hotel reservations. Remind students to stay in Spanish and to paraphrase whenever they are not sure how to say a particular word.

Estudiante A Un amigo viene este fin de semana a visitarte en Costa Rica. Lo primero que Max quiere hacer es pasar tres días en Sarchí. Ayer, al llegar a casa, tenías este mensaje en tu contestador automático:

> *¡Hola! Como sabes, pienso llegar el viernes a las tres. ¿Puedes llamar al hotel para hacer la reservación? Necesito una habitación sencilla para tres días. Puedo gastar hasta 5.000 colones por noche. ¡Ah! Quiero una habitación con baño privado. Gracias y nos vemos el viernes.*

Llama al hotel, explica lo que necesitas y haz la reservación para Max.

Estudiante B Imagínate que trabajas en el hotel Lisboa. Suena el teléfono. Alguien quiere hacer una reservación para el fin de semana próximo. Hay un problema...

> *Como el fin de semana es la celebración nacional de artesanías de Sarchí, todas las habitaciones están ocupadas, menos dos: una sencilla, sin baño, 4.500 colones. La otra, doble, con baño privado, 7.000 colones.*

Intenta llegar a un acuerdo con la persona que llama para hacer una reservación.

VOCABULARIO

HERITAGE LEARNERS: Ask heritage learners to add to the **Vocabulario** any alternate vocabulary that they have come up with over the course of the chapter. They might put the words in categories like **Así lo dice el libro; Así lo dice el/la profesor/a; Así lo digo yo,** etc.

Track 2-20

The **Vocabulario** consists of all new words and expressions presented in the chapter. When reviewing or studying for a test, you can cover up the English and go through the list to see if you know the meaning of each item.

Los estudios en el extranjero *Studies abroad*

Antes del viaje *Before the trip*

el consulado *consulate*
la foto tamaño pasaporte *passport-size photo*
hacerse fotos *to have photos taken*
llenar un formulario *to fill out a form*
obtener la visa *to get a visa*
sacar el pasaporte *to get your passport*
tramitar los documentos *to take care of / to process the documents*

En el aeropuerto *At the airport*

la aduana *customs*
cambiar dinero *to exchange money*
declarar *to declare*
pasar el control de pasaportes *to go through passport control*
recoger las maletas *to pick up the suitcases*

En la universidad *At the university*

el calendario escolar *academic calendar*
la carrera *major*
el/la decano/a *dean*
el departamento *department*
el expediente académico *transcript*
la facultad *school*
la facultad de derecho *law school*
la facultad de medicina *medical school*
el/la licenciado/a *graduate*
licenciarse, graduarse (en) *to graduate*
la matrícula *tuition*
matricularse en un curso *to register for a class*
el/la rector/a *university president*
los requisitos de ingreso *admission requirements*
solicitar la admisión *to apply for admission*

Expresiones de emoción usadas con el subjuntivo *Expressions of emotion used with subjunctive*

Es bueno que... *It's good . . .*
Es curioso que... *It's odd . . .*
Es extraño que... *It's strange . . .*
Es impresionante que... *It's impressive . . .*
Es increíble que... *It's incredible . . .*
Es malo que... *It's bad . . .*
Es mejor que... *It's better . . .*
Es necesario que... *It's necessary . . .*
Es peor que... *It's worse . . .*
Es raro que... *It's unusual . . .*
Es ridículo que... *It's ridiculous . . .*
Es terrible que... *It's terrible . . .*
Es una lástima que... *It's a shame . . .*
Es una pena que... *It's a pity / a shame . . .*
Es urgente que... *It's urgent . . .*
¡Qué bueno que... ! *How good (it is) that . . . !*
¡Qué extraño que... ! *How strange (it is) that . . . !*
¡Qué malo que... ! *(It's) Too bad that . . . !*
¡Qué pena que... ! *What a shame that . . . !*

Para reservar una habitación *Reserving a room*

la habitación doble *double room*
sencilla *single room*
la reserva / la reservación *reservation*
la tarjeta de crédito *credit card*
Busco/Buscamos... *I am / We are looking for . . .*
Necesito/Necesitamos... *I/We need . . .*
Tengo/Tenemos una reserva... *I/We have a reservation . . .*
para dos personas *for two people*
para tres noches *for three nights*
con una cama sencilla / con camas sencillas *with a single bed / with single beds*
con cama doble *with a double bed*
con baño *with a bathroom*
sin baño *without a bathroom (with a shared bathroom in the hall)*
en el primer piso *on the second floor*
Yo quisiera una habitación. *I would like a room.*

En el hotel *At the hotel*

el agua caliente *hot water*
el aire acondicionado *air conditioning*
el ascensor *elevator*
el baño *bathroom*
la caja de seguridad/la caja fuerte *safe, security deposit box*
la cama doble/matrimonial *double bed*
la cama sencilla *single bed*
el cambio de moneda *money exchange*
la ducha *shower*
el lavado/la limpieza en seco *dry cleaning*
la lavandería *laundry*
el parqueo/el aparcamiento *parking*
el primer (segundo, tercer, cuarto, quinto) piso *second (third, fourth, fifth, sixth) floor*
la recepción *reception desk*
la secadora/el secador de pelo *hair dryer*

el servicio despertador *wake-up service*
el teléfono directo *direct phone line*
la tina *bathtub*
la televisión por cable *cable TV*

Apartamentos de alquiler *Apartments for rent*
amueblado/a *furnished*
el balcón *balcony*
el estacionamiento *parking*
el garaje *garage*
el jardín *backyard*
sin amueblar *unfurnished*
la terraza *terrace*

Para alquilar un apartamento ***Renting an apartment***
el/la agente *agent*
alquilar *to rent*
el alquiler *rent, rental fee*
el anuncio (clasificado) *(classified) ad*
el contrato *lease, contract*
el depósito *deposit, down payment*
la fianza *security deposit*
firmar *to sign*
el gasto *expense*
el/la portero/a *doorperson*

VOCABULARIO GENERAL

Los verbos reflexivos y no reflexivos *Reflexive and nonreflexive verbs*
acostarse *to go to bed*
despertarse *to wake up*
dormirse *to go to sleep*
levantarse *to get up*
ponerse *to put on (clothes)*
ponerse + *adjective to become*
ponerse contento *to become / get happy*
ponerse furioso *to become furious*
ponerse triste *to become sad*
probarse *to try on*
sentarse *to sit down*
vestirse *to get dressed*

acostar *to put (someone) to bed*
despertar *to wake (someone) up*
dormir *to put (someone) to sleep*
levantar *to lift, to pick up*
poner *to put, to place, to turn on (TV, radio, etc.)*
probar *to taste*
sentar *to seat (someone)*
vestir *to dress (someone)*

alegrarse *to be / become happy*
divertirse *to have fun*
enamorarse de *to fall in love with*
enojarse *to get angry*
irse *to leave, to go away*
preocuparse *to worry*
quedarse *to stay*
sentirse (+ *adjective or adverb*) *to feel (well, bad, sad, happy, etc.)*

alegrar *to make (someone) happy*
divertir *to entertain, to amuse*
enamorar *to win (someone's) love*
enojar a *to make (someone) angry*
ir *to go*
preocupar *to worry (someone)*
quedar *to remain*
sentir (+ *noun*) *to feel, to perceive (something)*

Verbos usados con *se* para expresar eventos imprevistos *Verbs used with* **se** *to express unplanned events*
acabar *to finish, to run out of (something)*
caer *to fall, to drop*
ocurrir *to occur (to have an idea)*
olvidar *to forget*
perder *to lose*
quemar *to burn*
romper *to break*

HERITAGE LEARNERS: Remind heritage learners to pay special attention to words that may contain spelling combinations that have traditionally been problematic for them. For example, the **v** in **lavandería,** the **c** in **licenciado** and **licenciarse,** the **z** in **fianza,** the **h** in **habitación,** the **sc** in **ascensor,** etc.

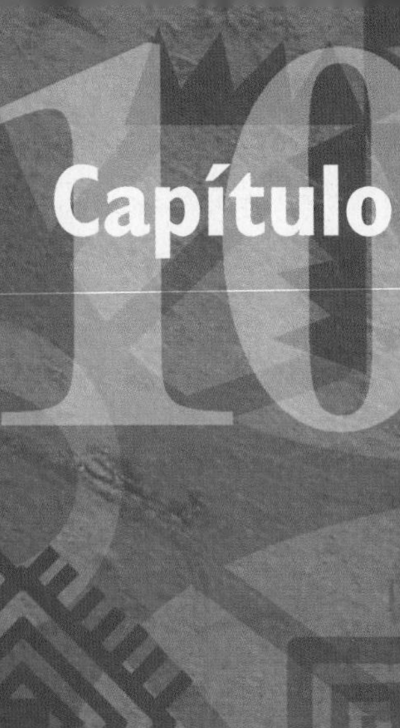

Capítulo 10 Hoy, ayer y mañana

CHAPTER OBJECTIVES

In **Capítulo 10,** you will review the different verb tenses learned so far and expand the tools you have to talk about your daily routine, to narrate and describe past events, and to make future plans. The rich histories and promising futures of Guatemala, Honduras, Nicaragua, and El Salvador will provide a setting for this review.

PRIMERA ETAPA

¿Cómo es tu semana típica?

SEGUNDA ETAPA

¿Qué hiciste el verano pasado?

TERCERA ETAPA

¿Qué vas a hacer?

INTEGRACIÓN

Escultura en Copán, Honduras

Guatemala

Población: 12.974.361
Área: 108.890 kilómetros cuadrados, un poco más pequeño que Tennessee
Capital: Guatemala, 1.053.100
Ciudades principales: Mixco, 268.300; Villa Nueva, 129.600; Quetzaltenango, 115.900
Moneda: el quetzal y el dólar estadounidense
Lenguas: el castellano y más de 20 idiomas indígenas
Productos principales de exportación: café, azúcar, plátanos, cardamomo, carne, ropa, petróleo
Embajada: 2220 R Street NW, Washington, D.C. 20008

Honduras

Población: 6.406.052
Área: 112.090 kilómetros cuadrados, un poco más grande que Tennessee
Capital: Tegucigalpa, 1.127.600
Ciudades principales: San Pedro Sula, 469.100; La Ceiba, 108.900; El Progreso, 106.500
Moneda: el lempira
Lenguas: el castellano y varias lenguas indígenas
Productos principales de exportación: café, plátanos, camarones, langostas, carne, zinc, madera
Embajda: 3007 Tilden Street NW, Washington, D.C. 20008

Nicaragua

Población: 4.918.393
Área: 129.494 kilómetros cuadrados, un poco menos grande que Nueva York
Capital: Managua, 1.068.500
Ciudades principales: León, 153.200; Chinandega, 120.400; Masaya, 110.000
Moneda: el córdoba oro
Lenguas: el castellano; en la costa atlántica hay comunidades de habla inglesa y de lenguas indígenas
Productos principales de exportación: café, camarones, langostas, algodón, tabaco, carne, azúcar, plátanos, oro
Embajada: 1627 New Hampshire Avenue NW, Washington, D.C. 20009

El Salvador

Población: 6.237.662
Área: 21.040 kilómetros cuadrados, un poco menos grande que Massachusetts
Capital: San Salvador, 516.700
Ciudades principales: Soyapango, 324.800; Santa Ana, 162.700; Mejicanos, 152.900
Moneda: el colón y el dólar estadounidense
Lenguas: el castellano y el nahua
Productos principales de exportación: productos ensamblados, café, azúcar, camarones, telas, electricidad
Embajada: 2308 California Street NW, Washington, D.C. 20008

Functions

- inquire and provide detailed information about your daily routine
- inquire and provide detailed information about a student's daily routine

Functions

- create a narration of past events
- describe different past events and activities

Functions

- make plans for the future
- discuss future events with others

Lectura: El nahual
Vídeo: Episodio 5; Actividades en las páginas V-10–V-11.
Intercambio: Rigoberta Menchú, Premio Nóbel de la Paz
Escritura: Actividades en el manual

Tools

The tools you will use to carry out these functions are:

- Vocabulary for:
  - expressions to discuss daily routines
  - expressions for narrating past activities
  - expressions for making future plans
- Grammatical structures:
  - review of present indicative and present subjunctive
  - review of preterite and imperfect past tenses
  - the present perfect tense
  - verb expressions to describe future events
  - the future tense

PRIMERA ETAPA

Para empezar: ¿Cómo es tu semana típica?

Preparación: Before you move ahead, answer the following questions:

- What do you normally do during the week? What is a typical day like for you?
- What do you like to do on the weekend? Where do you go? With whom?
- With whom and in what situations do you talk about your daily routine?
- How is an unusual day different from a normal one?

Antes de leer

1. En el siguiente texto, Cristina Gallegos, una profesora guatemalteca que da clases de español, nos describe su semana típica. Antes de leer, haz una lista de las actividades que en tu opinión pueden aparecer en el texto.
2. Ahora lee la primera oración de cada párrafo. ¿Qué te indican estas oraciones sobre el contenido global del texto?

CRISTINA GALLEGOS NOS HABLA DE SUS ACTIVIDADES DIARIAS

*Me llamo Cristina, soy de la capital, pero vivo en Quetzaltenango, un pueblo famoso por sus escuelas de idiomas en el altiplano guatemalteco. Trabajo aquí como profesora de español para extranjeros en una escuela que se llama Guatemejor. Durante la semana me levanto temprano, a las seis y media. Después de ducharme y vestirme, desayuno tranquilamente y me voy a dar mis clases. Salgo de casa a las siete y media y voy a la escuela a pie, pues está bastante cerca de mi casa. Generalmente **tardo veinte minutos en llegar.** Em-*

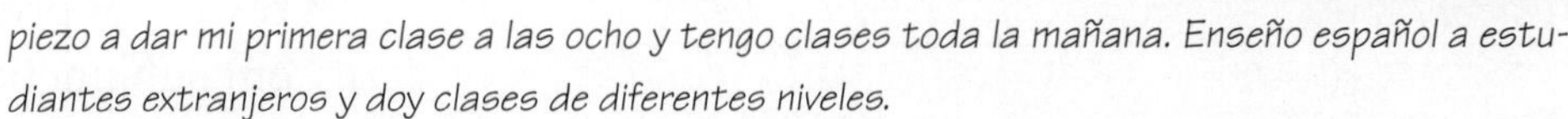

piezo a dar mi primera clase a las ocho y tengo clases toda la mañana. Enseño español a estudiantes extranjeros y doy clases de diferentes niveles.

*Al terminar la última clase, me gusta quedarme en la escuela **a charlar** con los otros profesores que trabajan allí. Después me voy a casa a comer. Por las tardes **suelo quedarme** en casa a trabajar. Cada día tengo cosas que preparar para las clases del día siguiente y siempre tengo tareas para corregir. Los fines de semana no hay clases pero muy a menudo la escuela organiza **excursiones** para los estudiantes y algunas veces voy con ellos. Cuando no voy de excursión con los alumnos, me gusta levantarme tarde y quedar con mis amigos para ir a la playa. A veces **nos reunimos** en un restaurante para cenar o tomar un **trago.** Después, nos gusta salir a bailar o pasear. Algunos fines de semana voy a Guatemala a visitar a mi familia que vive allí.*

it takes me 20 minutes to get there

to chat

I normally stay

short trips

we get together / drink

SUGGESTION: For whole language practice, before beginning this chapter ask students to visit Web pages or to log on to Internet newsgroups or chat lines for Guatemala, Honduras, Nicaragua, and El Salvador. If they begin this exploration at the start of the **Primera etapa,** by the **Segunda etapa** students can give a brief presentation to the class on events of importance that happened recently or issues of importance that people have been discussing. This will also offer practice of past tense usage, the grammatical focus of the **Segunda etapa.**

CLASSROOM MANAGEMENT: You may want to ask students to prepare the questions in the **Antes de leer** sections as homework. Also, you can have students read the text before they come to class, so you can spend class time doing the exercises under **Práctica,** page 325. You can begin the class by having students respond to the questions in the **Preparación** section.

SUGGESTION: Remind students of reading strategies, i.e., looking at pictures, scanning the first phrases of each paragraph, searching for cognates, etc.

EXPANSIÓN LÉXICA: Here you may see a new use for a verb you have seen before: **quedarse en** means *to stay at/in,* but here Cristina uses **quedar con** to mean *to arrange to meet with* someone.

Antes de leer

1. En el siguiente texto, Jim, un estudiante matriculado en un curso de español en la escuela de Quetzaltenango, nos cuenta lo que hace normalmente. Antes de leer el texto, haz una lista de las actividades que piensas que va a mencionar Jim.
2. Ahora lee la primera oración de cada párrafo. ¿Qué te indican estas oraciones sobre el contenido global del texto?

JIM NOS HABLA DE SUS ACTIVIDADES COMO ESTUDIANTE DE ESPAÑOL EN QUETZALTENANGO

Me llamo Jim. Este semestre estoy estudiando español en Guatemejor, una escuela de español en Quetzaltenango. Vivo con una familia guatemalteca en una casa muy cerca de la escuela. Durante la semana me levanto temprano, a las seis, y voy a correr por el pueblo durante media hora. Después, vuelvo a casa, me ducho y desayuno con mi "familia". A las ocho menos cuarto salgo de casa para ir a clase.

Estoy en el nivel avanzado y tengo clases todos los días, desde las ocho de la mañana hasta las doce. Cada mañana las clases empiezan con un ***repaso*** *de gramática. Después practicamos vocabulario y conversamos sobre diferentes lecturas. La parte que más me gusta es practicar conversación.*

review

Al terminar las clases ***me reúno con*** *otros estudiantes y nos vamos a* ***dar un paseo*** *por el pueblo. A la una vuelvo a casa para comer con mi "familia". Durante la comida charlo con ellos y les cuento anécdotas de las clases. Por las tardes me quedo en casa para estudiar durante dos o tres horas. Después, casi todos los días, quedo con mis amigos antes de cenar para dar una vuelta o para ir a la reserva de aves. Algunas noches, vamos a bailar a una de las discotecas del pueblo. Los fines de semana son los días que más me gustan. La escuela organiza muchas actividades y viajes para visitar diferentes lugares. A veces son excursiones de un día pero otras son excursiones más largas y estamos fuera todo el fin de semana. Los domingos me gusta acostarme temprano para poder levantarme a las seis al día siguiente.*

I get together with / to take a walk

Práctica

10-1 Cierto o falso Cristina describe su rutina con mucha claridad, pero ¿la entendiste bien? De acuerdo con la información que nos ofrece Cristina, di si las siguientes afirmaciones son ciertas (C) o falsas (F). Si alguna de las afirmaciones es falsa, explica por qué y corrígela.

1. Cristina nació en el mismo lugar en el que trabaja.
2. Cristina se levanta temprano todos los días.
3. Cristina necesita normalmente una hora desde que se levanta hasta que sale de casa.
4. Después de las clases, Cristina se va directamente a casa.
5. Cristina pasa sus fines de semana, lejos de los estudiantes de la escuela.

VARIATION, EX. 10-1: Have students create a weekly routine for one of their teachers. After completing these questions, ask how similar or different Cristina's daily routine is from that of their real or imagined teacher.

ANSWERS, EX. 10-1: 1. F: Cristina nació en Guatemala, la capital. 2. C 3. C 4. F: Cristina se queda a charlar después de las clases. 5. F: Algunos fines de semana va de excursión con los estudiantes.

10-2 Jim y tú La rutina de Jim es típica de un estudiante de intercambio. Completa las siguientes frases indicando lo que hace Jim en su rutina normal. Después describe lo que haces tú a las horas correspondientes.

1. Durante la semana, a las 6:00 de la mañana, Jim...	Yo...
2. A las 7:45, Jim...	Yo...
3. Al terminar las clases, Jim...	Yo...
4. Por las tardes, Jim...	Yo...
5. Algunas noches, Jim...	Yo...
6. Los domingos, a Jim...	A mí...

ANSWERS, EX. 10-2: 1. se levanta y va a correr. me levanto... 2. sale de casa. salgo... 3. se reúne con otros estudiantes. me reúno... 4. se queda en casa y estudia. me quedo... 5. va a bailar. bailo... 6. le gusta acostarse temprano. me gusta...

After completing these questions, ask students how similar or different Jim's daily routine is from that of people where they live.

Repaso: el presente de indicativo y el presente de subjuntivo

A review of the present tense requires that we look at the different aspects of this tense that have been presented in the book so far.

El presente de indicativo

1. **The regular present tense forms.** This is the easy part! In **Capítulo 1** you learned that regular verbs belong to one of three conjugations (**-ar, -er,** or **-ir**) and that they are conjugated by adding a set of endings to the stem to form the present tense. Some regular verbs include **hablar, cantar, bailar, viajar, comer, beber, correr, escribir, ocurrir,** and **vivir.**

-ar: hablar	→	habl**o**, habl**as**, habl**a**, habl**amos**, habl**áis**, habl**an**
-er: beber	→	beb**o**, beb**es**, beb**e**, beb**emos**, beb**éis**, beb**en**
-ir: vivir	→	viv**o**, viv**es**, viv**e**, viv**imos**, viv**ís**, viv**en**

2. **The irregular present tense forms.** In **Capítulos 1, 2, 3,** and **4** you learned the present forms of irregular verbs. This is a bit more complex in that you need to remember all of the different irregularities. Here is a quick summary:
   - The present forms of verbs with **-go** in the **yo** form: In some verbs a **g** is added to the first person singular forms. These verbs include **hacer → hago, poner → pongo, traer → traigo,** and **salir → salgo.** Review these conjugations in **Capítulo 3.**
   - The present forms of verbs with **-zco** in the **yo** form: Verbs ending in **-cer** and **-cir** have the first person singular ending in **-zco.** These verbs include **conducir → conduzco** and **conocer → conozco** and can be reviewed in **Capítulo 4.**
   - The present forms of stem-change verbs: There are three types of stem-change verbs in which the weak vowel in the stem changes when stressed:

e → ie:	**pensar → pienso; querer → quiero**
o or **u → ue:**	**volver → vuelvo; dormir → duermo; jugar → juego**
e → i:	**pedir → pido; vestir → visto**

Remember that stem changes do not affect the **nosotros** or **vosotros** forms! You can find a more complete list of stem-change verbs in **Capítulo 3.**

- The present tense forms of verbs that have both a stem-change and an irregular **yo** form include **tener → tengo/tienes** and **venir → vengo/vienes.** The conjugations of these verbs are detailed in **Capítulos 2** and **3.**
- The present tense forms of verbs with other irregularities: Many frequently used verbs are irregular. In **Capítulos 1, 2,** and **3** you learned the two *to be* verbs, **ser** and **estar,** and *to go,* **ir.** You will need to memorize these!

ser	→	**soy, eres, es, somos, sois, son**
estar	→	**estoy, estás, está, estamos, estáis, están**
ir	→	**voy, vas, va, vamos, vais, van**

In **Capítulos 3** and **4** you learned four other verbs, **dar, oír, ver,** and **saber,** that have their own patterns and which you need to learn separately.

dar	→	**doy, das, da, damos, dais, dan**
oír	→	**oigo, oyes, oye, oímos, oís, oyen**
ver	→	**veo, ves, ve, vemos, veis, ven**
saber	→	**sé, sabes, sabe, sabemos, sabéis, saben**

El presente de subjuntivo

PREVIEW: A thorough review of the subjunctive (forms and use) will be presented in **Capítulo 12.**

In **Capítulo 6** you learned that all verbs (regular and irregular) can be conjugated both in the indicative and in the subjunctive. What you need to remember when it comes to using the subjunctive is the following:

a. There is a subordinate clause after an expression of wish, desire, or emotion that requires the use of the subjunctive:

   Quiero que María **hable** español conmigo.
   ¡**Qué bueno que vayas** conmigo a Costa Rica!

b. The endings for the subjunctive are added to the stem of the **yo** form of the present tense indicative conjugation:

   - for **-ar** verbs: **-e, -es, -e, -emos, -éis, -en:**

hablar → habl**e,** habl**es,** habl**e,** habl**emos,** habl**éis,** habl**en**

   - for **-er** and **-ir** verbs: **-a, -as, -a, -amos, -áis, -an:**

comer → com**a,** com**as,** com**a,** com**amos,** com**áis,** com**an**;
vivir → viv**a,** viv**as,** viv**a,** viv**amos,** viv**áis,** viv**an**

Los verbos reflexivos

As you already learned in **Capítulo 4,** you need to remember the following about reflexive verbs:

a. what you already know about present tense (indicative and subjunctive) verb forms
b. the use of reflexive pronouns: **me, te, se, nos, os, se**

For instance, with a verb like **despertarse,** to form the present indicative forms you need to remember that it is a stem-change verb, **e** → **ie,** and that it is reflexive:

despertarse → **me despierto, te despiertas, se despierta, nos despertamos, os despertáis, se despiertan**

Práctica

10-3 Mi rutina en Guatemala Cristina y Jim han hablado de su rutina en Guatemala. Ahora te toca a ti *(it's your turn)* imaginar que estás en ese país y que tienes tu propia rutina allí. Completa el siguiente párrafo, poniendo los verbos entre paréntesis en la forma correcta del presente de indicativo o de subjuntivo.

ANSWERS, EX. 10-3: 1. nos levantamos 2. me visto 3. salgo 4. corro 5. me encuentro 6. venga 7. quiere 8. vuelvo 9. se llama 10. se prepara 11. llego 12. hago 13. Pongo 14. oímos 15. recogemos 16. salimos 17. sea 18. tenemos

Es lunes. Los lunes mi compañero de cuarto y yo 1. _______ (levantarse) a las siete. Yo 2. _______ (vestirme) con ropa de deportes y 3. _______ (salir) a correr. Casi siempre mientras 4. _______ (correr) 5. _______ (encontrarse) con algunos compañeros de clase de español. Quiero que mi compañero 6. _______ (venir) a correr conmigo, pero él no 7. _______ (querer). Después de correr media hora (yo) 8. _______ (volver) a casa. Allí está Marco, así 9. _______ (llamarse) mi compañero. A él le gusta desayunar tranquilamente. Casi siempre 10. _______ (prepararse) unos huevos con patatas y unas tostadas. ¡Qué rico! Cuando yo 11. _______ (llegar), a veces 12. _______ (hacer) café. (Yo) 13. _______ (Poner) la radio y los dos 14. _______ (oír) las noticias del día. Marco y yo siempre 15. _______ (recoger) las cosas del desayuno y 16. _______ (salir) para clase. Es bueno que la clase 17. _______ (ser) a las nueve. Así Marco y yo 18. _______ (tener) bastante tiempo por la mañana para hacer las cosas que nos gustan.

10-4 Mi rutina en mi ciudad/pueblo... Ahora escribe tú un párrafo similar al de la actividad 10-3. Utiliza tantos verbos irregulares como puedas.

SUGGESTION: Provide a transition for students by reminding them that the country of focus of this **etapa** is Guatemala. Therefore, the following **Comentario cultural** highlights certain cultural aspects of Guatemala.

EXPANSIÓN LÉXICA: In **Capítulo 3** you saw dates before and after Christ/the Common Era. Here again you see that **a.C. (antes de Cristo)** means *B.C.* or *B.C.E.*, and **d.C. (después de Cristo)** means *A.D.* or *C.E.*

COMENTARIOS CULTURALES

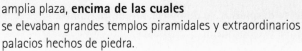

La civilización maya: Pasado y presente

Aunque sus orígenes son un misterio, los logros y el esplendor de la civilización maya se conocen bien. Se originó hacia el año 2.600 a.C. y alcanzó su máxima gloria hacia el año 250 d.C. El territorio maya, conocido como Mesoamérica, ocupaba Guatemala, el sur de México, el norte de Belice y la parte occidental de Honduras.

Durante el período clásico (desde el año 200 hasta el 900 d.C.), el mundo maya estaba perfectamente estructurado en distintos **reinos** (*kingdoms*) gobernados por nobles y reyes. Eran estados independientes que tenían una comunidad rural y grandes centros urbanos construidos alrededor de templos y pirámides. El corazón de la civilización maya incluía ciudades como Palenque y Uxmal en México, Copán en Honduras y Yaxchilán y Tikal en Guatemala.

La mayoría de las ciudades mayas estaban formadas por una serie de plataformas dispuestas alrededor de una amplia plaza, **encima de las cuales** (*on top of which*) se elevaban grandes templos piramidales y extraordinarios palacios hechos de piedra.

Los mayas se pueden considerar como los más grandes astrónomos y matemáticos de la América precolombina. Entre sus grandes logros está el desarrollo de un sistema de escritura jeroglífica así como el establecimiento de un sistema de calendario altamente sofisticado. Los mayas eran también una sociedad agrícola que cultivaba, entre otros productos, maíz, frijoles y tabaco.

En la actualidad hay en Centroamérica unos 6 millones de mayas divididos en 31 grupos diferentes. Cada uno de estos grupos conserva su identidad, lengua y costumbres mayas. Los grupos más numerosos son los yucatecos, tzotzil y tzeltal en México y los quiché y cakchiquel en Guatemala. Hoy día, sin contar el 55 por ciento de mestizos guatemaltecos, un 43 por ciento de la población guatemalteca es de pura ascendencia maya.

SUGGESTION: Ask students to find out what main issues concern the Mayans today. Brainstorm key words that can help guide their Internet search for more information. Consider these suggestions: **maya, quiché, cakchiquel, Guatemala, Rigoberta Menchú, campesino, reforma agraria, indígena, indigenismo.** Ask them to find out what has been going on in Chiapas, Mexico, since 1994. Ask them if they know who **Subcomandante Marcos** and the **zapatistas** are, where they get their name from, and what their main reasons are for fighting against the Mexican government. Ask them to find out the new developments since the election of Vicente Fox as president of Mexico.

INTEGRACIÓN CULTURAL

1. ¿Cómo estaba organizado el imperio maya en su época de grandeza?
2. ¿Cuáles son algunas de las contribuciones más importantes de la civilización maya?
3. En la actualidad, ¿dónde se encuentran las mayores concentraciones de grupos mayas?
4. ¿Hay grupos indígenas donde tú vives? ¿Qué opinas del papel de los indígenas en el mundo contemporáneo?

ANSWERS: 1. Estaba estructurado en distintos reinos gobernados por nobles y reyes. Eran estados independientes que tenían una comunidad rural y grandes centros urbanos construidos alrededor de templos y pirámides. 2. Son sus conocimientos de astronomía, de matemáticas, el calendario, la escritura jeroglífica 3. en México y Guatemala 4. Habrá variación.

ENFOQUE ESTRUCTURAL Expresiones adverbiales para hablar de una secuencia de acciones

When you talk about your daily routine you can use the following expressions to organize your story. Below, you have a summary of the different expressions available in Spanish that answer the following questions: **¿Cuándo? ¿En qué momento del día? ¿Con qué frecuencia?**

1. **¿Cuándo?**

durante el día	**por la mañana**	*in the morning*
	por la tarde	*in the afternoon*
	por la noche	*in the evening, at night*
	todos los días	*every day*
durante la semana	**los lunes (martes, miércoles...)**	*on Mondays (Tuesdays, Wednesdays . . .)*
durante el fin de semana	**los sábados**	*on Saturdays*
	los domingos	*on Sundays*

2. **¿En qué momento del día?**

los lunes	**por la mañana**	*Monday mornings*
	por la tarde	*Monday afternoons*
	por la noche	*Monday evenings/nights*
	a la hora de cenar	*at dinner time*
	al despertarme	*when I wake up*
	al salir de casa	*upon leaving home*
	antes de clase	*before class*
	después de comer	*after lunch*

3. **¿Con qué frecuencia?**

a menudo	*often*	**de vez en cuando**	*once in a while*
a veces	*sometimes*	**generalmente**	*generally*
algunas veces	*sometimes*	**normalmente**	*normally*
casi nunca	*almost never*	**nunca**	*never*
casi siempre	*almost always*	**por lo general**	*in general*
con frecuencia	*frequently*	**siempre**	*always*

IRM MASTER 23: Expresiones para hablar de una secuencia de acciones

CLASSROOM MANAGEMENT: Ask students to look over this section and the previous **Enfoque estructural** as homework. In class, combine the presentation of both sections by telling students a story about yourself, whom you depict as very exciting, and another person, whom you depict as boring. Use as many of the adverbial phrases and verbs as possible. While telling the story, check comprehension by asking students if they act the same or differently. For example: **¿Tú también te levantas siempre a las once de la mañana los sábados?**

NOTA GRAMATICAL: Two of these expressions can be used as a model for many time expressions: **al +** infinitive can be used to express a moment following any action. For example, **al salir de casa** can be used to express *when leaving home* and **al hacer la tarea** can mean *when doing homework*. Because this expression has neither a subject nor a tense, it can refer to any subject in past, present, or future time frames.

EXPANSIÓN LÉXICA: Adverbs like **normalmente** and **por lo general** allow you to describe routine or habitual activities. Another way of communicating a regular activity is with the verb **soler** + infinitive:

Suelo hablar mucho en clase.
I tend to / I usually talk a lot in class.

Solía pasear después de comer.
He used to take walks after eating.

This verb can be used in any tense or with any subject. You will see and hear it more as you progress in your Spanish studies.

Práctica

10-5 ¿Cuándo lo haces tú? Hemos hablado de varias rutinas, pero ahora hay que aclararlas. Utiliza las siguientes actividades para hacerle preguntas a un/a compañero/a de clase sobre su rutina diaria. Tu compañero/a debe contestar tus preguntas utilizando las expresiones que aparecen en este **Enfoque estructural.** Al terminar, dile al resto de la clase cuándo y con qué frecuencia hace tu compañero/a las actividades que se mencionan.

Modelo: pedir pizza
—¿Cuándo pides pizza?
—Pido pizza todos los jueves por la noche.

1. despertarse temprano
2. ir a clase
3. desayunar tranquilamente
4. charlar con los compañeros de clase
5. comer a las dos y media
6. estudiar en la biblioteca
7. tomar un café con los amigos
8. ver la tele
9. lavar los platos
10. preparar la cena
11. acostarse pronto
12. vestirse con ropa elegante
13. hacer la comida
14. dormirse en el sofá
15. conducir dentro del límite de velocidad

ANSWERS, EX. 10-5: Habrá variación en las respuestas, pero los verbos serán los siguientes: 1. te despiertas/me despierto/se despierta 2. vas/voy/va 3. desayunas/desayuno/desayuna 4. charlas/charlo/charla 5. comes/como/come 6. estudias/estudio/estudia 7. tomas/tomo/toma 8. ves/veo/ve 9. lavas/lavo/lava 10. preparas/preparo/prepara 11. te acuestas/me acuesto/se acuesta 12. te vistes/me visto/se viste 13. haces/hago/hace 14. te duermes/me duermo/se duerme 15. conduces/conduzco/conduce

SUGGESTION, EX. 10-6: Encourage students to use the first, second, and third person plural as they create an order and compare results.

10-6 ¿Qué hacemos primero? ¿Y después? Todos compartimos algunas rutinas semejantes. Organiza tus actividades utilizando las expresiones de la página 329. Luego compara tus respuestas con las de dos compañeros/as de clase. ¿Qué tienen en común?

1. vestirme
2. salir de casa
3. desayunar
4. ducharme
5. recoger la ropa
6. despertarme
7. despertar al compañero / a la compañera de cuarto
8. hacer la compra
9. volver a casa
10. pensar en la familia
11. hacer ejercicio
12. conducir el carro

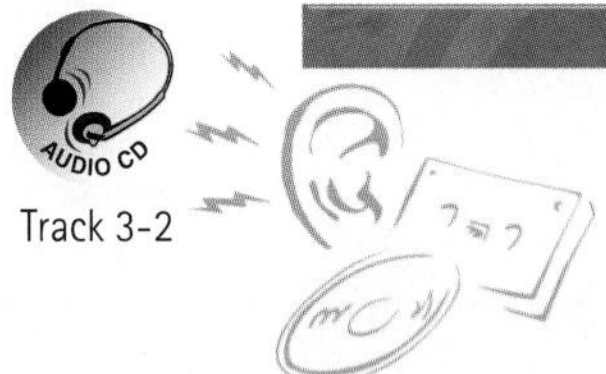

Track 3-2

VAMOS A ESCUCHAR:
UN MES DE ESTUDIOS RURALES

HERITAGE LEARNERS: Ask heritage learners to listen to the Spanish in the **Vamos a escuchar** recording and to compare it with the Spanish they use in their communities.

NOTA CULTURAL: Pamela is planting **el frijol abono** (literally, *fertilizer bean,* the velvet bean *[Mucuna pruriens]*) as part of her rural studies. Where intensive cultivation of corn and slash-and-burn techniques have damaged the land, this hybrid crop helps replenish the soil and ward off erosion. **El frijol abono** is increasingly popular as a crop planted in rotation or among other plants throughout Central America.

Los estudios en el extranjero a veces incluyen un componente rural, unos días o semanas fuera de la ciudad universitaria. En este segmento vas a escuchar una conversación entre Pamela, una estudiante que hace sus estudios rurales en Pajocá, y Teresa, que está preparándose para ir a Pajocá.

Antes de escuchar

Antes de escuchar el segmento, contesta las siguientes preguntas.

- En tu opinión ¿en qué aspecto/s es diferente la vida rural de la vida urbana o universitaria?
- ¿Qué puede hacer un estudiante en el campo *(in the country)*?

Antes de escuchar la conversación entre Pamela y Teresa, lee las preguntas que aparecen en la sección **Después de escuchar.**

Después de escuchar

EXPANSIÓN LÉXICA: *To plant* is **plantar** and *to seed,* **sembrar (ie).**

ANSWERS, EX. 10-7: 1. en dos semanas 2. muy temprano, antes de la salida del sol 3. Planta frijol abono. 4. Duerme una siesta, se levanta y va a las clases. 5. No, los domingos asisten a la misa y pasean.

10-7 Comprensión Contesta las siguientes preguntas según la información del segmento que escuchaste.

1. Como Pamela, Teresa va a estudiar en Pajocá también. ¿Cuándo va Teresa?
2. ¿Cuándo empieza el día para los habitantes de Pajocá?
3. ¿En qué se ocupa Pamela durante el día?
4. ¿Qué hace Pamela por la tarde?
5. En Pajocá, ¿trabajan todos los días?

ANSWERS, EX. 10-8: 1. No me engordo. 2. fuertes: come un desayuno fuerte y una comida fuerte.

10-8 ¿Cómo lo dicen? Escucha el segmento de nuevo. Fíjate en lo que dicen y trata de contestar estas preguntas.

1. Pamela dice que pierde peso en Pajocá. ¿Cómo lo dice en el diálogo?
2. ¿Qué palabra usa Pamela para describir las comidas muy grandes que preparan en Pajocá?

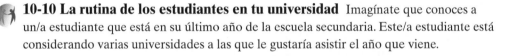

TÚ DIRÁS

10-9 Una mañana típica Un/a compañero/a de clase va a pasar el fin de semana contigo en la casa de tu familia. Es la primera vez que va a tu casa y quiere saber cuáles son las costumbres de la familia y la rutina diaria.

SUGGESTION, EX. 10-9: Before doing this activity have students, in Spanish, review the kinds of questions the classmate might ask. Do not allow students to use notes while performing their role play.

Estudiante A

1. Invita a un/a compañero/a de clase a pasar unos días en casa de tu familia.
2. Contesta sus preguntas.

Estudiante B

1. Acepta la invitación.
2. Hazle preguntas a tu compañero/a de clase relacionadas con la rutina de la familia. Tu compañero/a te tiene que dar toda la información posible sobre las cosas que hace su familia por la mañana, por la tarde y por la noche.

10-10 La rutina de los estudiantes en tu universidad Imagínate que conoces a un/a estudiante que está en su último año de la escuela secundaria. Este/a estudiante está considerando varias universidades a las que le gustaría asistir el año que viene.

SUGGESTION, EX. 10-10: As a follow-up, once students have finished the phone conversation, ask the students who are gathering information about schools whether or not they like the students' routine as it was described by their friends.

Estudiante A: estudiante de la escuela secundaria

1. Llama por teléfono al/a la amigo/a que asiste a una universidad que te interesa.
2. Haz las preguntas necesarias para averiguar *(to find out)* todo lo que puedas sobre la rutina de los estudiantes en ese campus.
3. Termina la conversación de una forma adecuada.

Estudiante B: estudiante de la universidad

1. Contesta el teléfono de una forma adecuada.
2. Contesta las preguntas de tu amigo/a dándole toda la información necesaria.
3. Termina la conversación de una forma adecuada.

SEGUNDA ETAPA

CLASSROOM MANAGEMENT: You may want to ask students to prepare the questions in the **Antes de leer** section as homework. Also, you can have them read the text on this page before they come to class, so you can spend class time doing the exercises in **Práctica** on page 333. You can begin the class by having students respond to the questions in the **Preparación** section.

Para empezar: ¿Qué hiciste el verano pasado?

Preparación: As you begin this **etapa,** consider the following questions:

- What did you do last summer?
- Did you travel on your vacation?
- Where did you go the last time you traveled? What memories do you have of that trip?

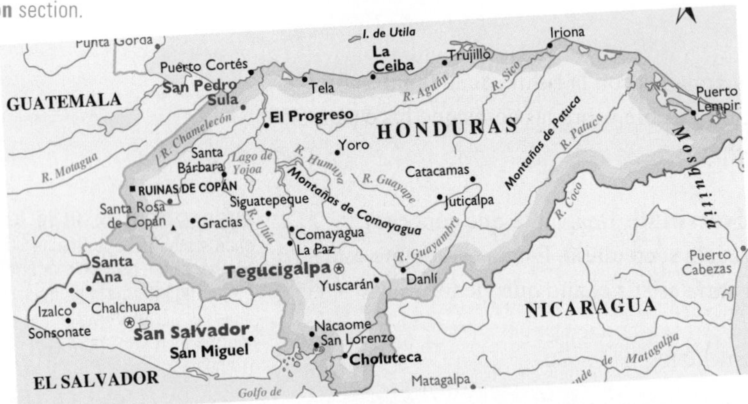

Antes de leer

1. El siguiente texto es una narración sobre un viaje por Honduras. Localiza los siguientes lugares en el mapa del país: Tegucigalpa, La Ceiba, San Pedro Sula, Santa Rosa de Copán, Ruinas de Copán.
2. ¿Dónde piensas encontrar más actividades recreativas y atracciones culturales?

ESTEBAN BELTRÁN NARRA SUS RECUERDOS DE UN VIAJE POR HONDURAS

Nuestro viaje comenzó en la capital, Tegucigalpa. Llegamos al mediodía y después de dejar las cosas en el hotel, salimos a pasear por la parte antigua de la ciudad. Entre otras muchas cosas visitamos la Galería Nacional de Arte, el museo de arte más importante de la América Central. Al día siguiente, en las afueras de la capital, asistimos a una misa en la Basílica de Nuestra Señora de Suyapa, la ***patrona*** *de Honduras. Las* ***vidrieras*** *del Santuario Nacional, al lado de la Basílica, son realmente bellas.*

patron saint / stained glass

No tuvimos mucho tiempo para ver más en Tegucigalpa y al día siguiente salimos para La Ceiba, una ciudad en la costa caribeña. Allí encontramos playas bonitas, vistas de las montañas de Roatán y bares donde bailaban la famosa música "punta", de origen garífuna o afrolatino. ¡Intentamos bailar, pero nos fue imposible mantener el ritmo tan rápido!

Después de tres días en la costa, visitamos San Pedro Sula, una ciudad fundada en 1536 por Pedro de Alvarado. Una de las cosas que más nos gustó allí fue la visita al mercado de Guamilito, donde compramos algunos objetos de artesanía de toda Centroamérica. También fue muy interesante la visita al Museo de Antropología e Historia, donde aprendimos muchas cosas sobre los indios payas y mayas. Estos grupos indígenas habitaban esta región del país antes de la llegada de los españoles.

San Pedro Sula nos pareció muy grande y caliente, y ***por eso*** *decidimos viajar a Santa Rosa de Copán. Santa Rosa está en las montañas y sabíamos que hacía fresco allí. En la misma terminal de autobuses, descubrimos un pequeño restaurante, el Comedor Marihita, donde nos sirvieron comida sencilla, pero la más rica de todo nuestro viaje. Nos quedamos en un pequeño hotel no muy lejos de la catedral colonial.*

therefore

Al día siguiente comenzamos a explorar el valle de Copán. A unas horas por autobús de Santa Rosa está el pueblo de Copán, los restos de una de las ciudades mayas más avanzadas y desarrolladas. Pasamos ***dos días enteros*** *visitando las ruinas de la civilización maya que todavía se conservan allí. ¡Fue una experiencia increíble!*

two full days

Práctica

10-11 ¡Tantos detalles! El viaje de Esteban incluyó muchas experiencias. ¿Cuánto recuerdas? En el espacio previsto, indica los elementos de la columna de la derecha que correspondan a los elementos de la columna de la izquierda.

ANSWERS, EX. 10-11: 1. b 2. f 3. d 4. c 5. a 6. e

1. _______ Santa Rosa de Copán	a. grandes montañas en el Caribe
2. _______ La Ceiba	b. el clima fresco por las montañas
3. _______ Copán	c. Basílica de Nuestra Señora de Suyapa
4. _______ Tegucigalpa	d. ruinas mayas Honduras
5. _______ Roatán	e. Pedro de Alvarado
6. _______ San Pedro Sula	f. la cultura garífuna

10-12 ¿Qué más hicieron? Esteban contó muchos detalles de su visita a Honduras, pero no lo dijo todo. Basando tus respuestas en la información dada por Esteban, ¿qué otras actividades hicieron Esteban y sus amigos durante su visita? Primero escoge de la lista a continuación las actividades que hicieron y luego justifica tus respuestas. ¡OJO! ¡No debes repetir ninguna actividad!

POSSIBLE ANSWERS, EX. 10-12: 1. En Tegucigalpa, que es la capital exploraron el Palacio Legislativo y volvieron al aeropuerto, pues tenían que regresar a casa. 2. En La Ceiba, que está en la costa bucearon en las aguas cristalinas y aprendieron más de la cultura garífuna. Allí bailaron punta, un baile garífuna. 3. En San Pedro Sula compraron artesanía de caoba en el mercado Guamilito y tuvieron un dolor de cabeza porque hacía mucho calor. 4. En Santa Rosa conocieron a la familia de doña Marihita y comieron en su restaurante. 5. En Copán, escalaron los antiguos templos mayas y trataron de interpretar los símbolos mayas de las ruinas de la antigua ciudad.

Modelo: *En Santa Rosa visitaron la catedral colonial porque no estaba lejos de su hotel.*

• aprender más de la cultura garífuna	• conocer a la familia de doña Marihita	• tener un dolor de cabeza
• bucear en las aguas cristalinas	• escalar los antiguos templos mayas	• tratar de interpretar los símbolos mayas
• comprar artesanía de caoba *(mahogany wood)*	• explorar el Palacio Legislativo	• volver al aeropuerto

1. En Tegucigalpa...
2. En La Ceiba...
3. En San Pedro Sula...
4. En Santa Rosa...
5. En Copán Ruinas...

REPASO

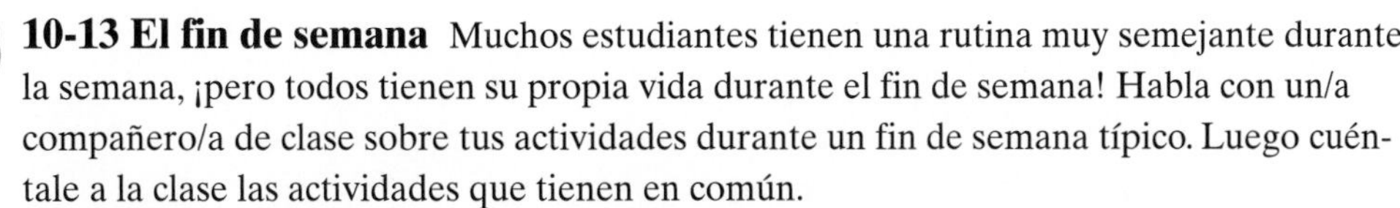

10-13 El fin de semana Muchos estudiantes tienen una rutina muy semejante durante la semana, ¡pero todos tienen su propia vida durante el fin de semana! Habla con un/a compañero/a de clase sobre tus actividades durante un fin de semana típico. Luego cuéntale a la clase las actividades que tienen en común.

Review present-tense habitual activities.

10-14 Una experiencia del pasado Piensa en un lugar muy especial para ti cuando eras niño/a (por ejemplo, tu habitación, algún lugar en tu escuela, algún lugar cerca de tu casa, etcétera). Háblale de este sitio a un/a compañero/a de clase. Primero, haz una descripción del lugar, usando el imperfecto y después, cuéntale algo que pasó en ese lugar, usando el pretérito.

Review use of preterite and imperfect.

VARIATION, EX. 10-14: Pair students. As one reads his/her description of the place, the other tries to sketch that place. Then have them switch roles and do the same. At the end, they share their pictures to check comprehension. Encourage students to negotiate meaning while drawing the picture, i.e., request more detail if necessary, ask for clarification, etc.

ENFOQUE ESTRUCTURAL Repaso de los tiempos del pasado

A review of the past tenses requires that we look at both the preterite and the imperfect. In **Capítulo 9** we reviewed how the preterite and imperfect are used together. Here we will review the different forms of these tenses.

El pretérito

1. **The regular preterite forms:** In **Capítulo 5** you learned that the preterite endings for regular verbs are:

-ar: hablar	→	habl**é**, habl**aste**, habl**ó**, habl**amos**, habl**asteis**, habl**aron**
-er: beber	→	beb**í**, beb**iste**, beb**ió**, beb**imos**, beb**isteis**, beb**ieron**
-ir: vivir	→	viv**í**, viv**iste**, viv**ió**, viv**imos**, viv**isteis**, viv**ieron**

2. **The irregular preterite forms:**

- **Ser** and **ir:** Remember that these two verbs share the same irregular forms in the preterite:

fui, fuiste, fue, fuimos, fuisteis, fueron

- The preterite forms of verbs with orthographical changes in the first person singular:

c → qu:	**practicar**	→	**practiqué**	**tocar**	→	**toqué**
g → gu:	**llegar**	→	**llegué**	**pagar**	→	**pagué**
z → c:	**cruzar**	→	**crucé**	**empezar**	→	**empecé**

- The preterite forms of **-ir** verbs with stem changes in the present tense. These verbs have a stem change in the third person singular and plural in the preterite:

sentir:	sentí, sentiste, s**i**ntió, sentimos, sentisteis, s**i**ntieron
vestir:	vestí, vestiste, v**i**stió, vestimos, vestisteis, v**i**stieron
dormir:	dormí, dormiste, d**u**rmió, dormimos, dormisteis, d**u**rmieron

- The preterite forms of verbs with **y** in the third person singular and plural:

leer:	leí, leiste, le**y**ó, leímos, leísteis, le**y**eron
oír:	oí, oíste, o**y**ó, oímos, oísteis, o**y**eron
creer:	creí, creíste, cre**y**ó, creímos, creísteis, cre**y**eron

- The preterite forms of verbs with **u** and **i:**

u	i
estar: est**u**ve, est**u**viste, est**u**vo, est**u**vimos, est**u**visteis, est**u**vieron	**hacer:** h**i**ce, h**i**ciste, h**i**zo, h**i**cimos, h**i**cisteis, h**i**cieron
andar: and**u**ve, and**u**viste, and**u**vo, and**u**vimos, and**u**visteis, and**u**vieron	**querer:** qu**i**se, qu**i**siste, qu**i**so, qu**i**simos, qu**i**sisteis, qu**i**sieron
poder: p**u**de, p**u**diste, p**u**do, p**u**dimos, p**u**disteis, p**u**dieron	**venir:** v**i**ne, v**i**niste, v**i**no, v**i**nimos, v**i**nisteis, v**i**nieron
poner: p**u**se, p**u**siste, p**u**so, p**u**simos, p**u**sisteis, p**u**sieron	
saber: s**u**pe, s**u**piste, s**u**po, s**u**pimos, s**u**pisteis, s**u**pieron	
tener: t**u**ve, t**u**viste, t**u**vo, t**u**vimos, t**u**visteis, t**u**vieron	

• The preterite forms of verbs with **j:**

conducir: condu**j**e, condu**j**iste, condu**j**o, condu**j**imos, condu**j**isteis, condu**j**eron
decir: di**j**e, di**j**iste, di**j**o, di**j**imos, di**j**isteis, di**j**eron
traer: tra**j**e, tra**j**iste, tra**j**o, tra**j**imos, tra**j**isteis, tra**j**eron

El imperfecto

The imperfect forms are much easier to remember because there are very few irregularities.

1. **The regular imperfect forms:** The imperfect tense is formed by taking the root of the infinitive and adding new endings:

hablar	→	**habl-**	→	habl**aba,** habl**abas,** habl**aba,** habl**ábamos,** habl**abais,** habl**aban**
beber	→	**beb-**	→	beb**ía,** beb**ías,** beb**ía,** beb**íamos,** beb**íais,** beb**ían**
vivir	→	**viv-**	→	viv**ía,** viv**ías,** viv**ía,** viv**íamos,** viv**íais,** viv**ían**

Notice that the regular **-er** and **-ir** verbs in the imperfect have the same endings.

2. **The irregular imperfect forms:** The only irregular imperfect forms are:

ir	→	**iba, ibas iba, íbamos, ibais, iban**
ser	→	**era, eras, era, éramos, erais, eran**
ver	→	**veía, veías, veía, veíamos, veíais, veían**

Práctica

10-15 ¿Y qué más hizo? Esteban contó muchos detalles de su visita a Honduras, pero no ha dicho todo. Para cada lugar, identifica los detalles que faltan. Usa los verbos entre paréntesis en el tiempo pasado correcto.

ANSWERS, EX. 10-15: 1. se quedó 2. bebieron, se divirtieron 3. Hacía, había, decidió 4. ofreció, estaba

1. En Tegucigalpa Esteban _______ (quedarse) en el Hotel Del Río.
2. En La Ceiba Esteban y sus amigos _______ (beber) y _______ (divertirse) mucho.
3. _______ (Hacer) mucho calor y _______ (haber) mucha humedad en San Pedro Sula; por esto, Esteban _______ (decidir) irse.
4. Santa Rosa _______ (ofrecer) la oportunidad de descansar en el hotel que _______ (estar) en la Plaza de la Catedral.

10-16 Tu primer día ¿Te acuerdas de la primera visita a tu universidad? Entrevístate con un/a compañero/a de clase, haciendo y contestando las preguntas que siguen, para describir lo que vieron e hicieron la primera vez que visitaron a la universidad.

POSSIBLE ANSWERS, EX. 10-16: Habrá variación en las respuestas, pero los verbos deben seguir así: 1. ¿visitaste?/visité 2. ¿hacía?/¿Llovía?/¿Estaba?/¿Había? 3. ¿viajaste?/viajé/¿Fue?/Fue 4. ¿conociste?/conocí 5. ¿era?/era/¿dijo?/dijo 6. ¿hacían?/¿viste?/vi 7. ¿esperabas?/esperaba/¿encontraste?/encontré 8. ¿gustó?/me gustó

1. ¿Cuándo (visitar) la universidad por primera vez?
2. ¿Qué tiempo (hacer)? ¿(Llover)? ¿(Estar) despejado? ¿(Haber) nieve?
3. ¿De dónde (viajar) ese día? ¿(Ser) un viaje largo o corto?
4. ¿A quién (conocer) primero en la universidad?
5. ¿Cómo (ser) esa persona? ¿Qué te (decir)?
6. ¿Qué (hacer) los estudiantes que (ver) ese día?
7. ¿Qué (esperar) encontrar cuando fuiste a la universidad? ¿Lo (encontrar)?
8. ¿Qué te (gustar) más de la universidad ese primer día?

IRM MASTER 24: Expresiones para hablar del pasado #1

ENFOQUE LÉXICO Las expresiones para organizar una secuencia de acciones en el pasado

You have already learned the verb structures necessary to talk about past events. When you talk about the specific things you did yesterday, or the day before, or last week, weekend, month, summer, and so on, you will use the preterite tense as in the example below.

*Ayer, después de levantarme, primero de todo **me tomé** un café. Luego, **me duché** rápidamente, **limpié** un poco el apartamento y, por fin, **salí** de casa a las diez para ir a clase.*

A continuación tienes algunas expresiones de tiempo para hablar de una secuencia de acciones puntuales en el pasado.

Las expresiones para organizar el discurso en el pasado

When you talk about what you did in the past, you can refer to a particular day **(un día determinado),** a period of time **(un período de tiempo),** or an ongoing, indeterminate timeframe. In Spanish you can use the following expressions to organize your discourse:

Un día determinado en el pasado

1. To refer to a particular day you can begin with:

ayer	*yesterday*
anteayer	*the day before yesterday*
el día anterior	*the day before*
el lunes (martes...) pasado	*last Monday (Tuesday . . .)*

2. To indicate exactly when in the day, you can use **por la mañana, por la tarde, por la noche...**
3. Then, you can use the following expressions to indicate what you did first, second, or last:

primero	*first*
primero de todo	*first of all*
después	*then*
luego	*then*
más tarde	*later on*
al final... del día	*at the end . . . of the day*
de la tarde	*of the afternoon*
de la noche	*of the evening/night*
finalmente	*finally*
por fin	*finally*
por último	*at the end*

Un período de tiempo en el pasado

1. To refer to a period of time in the past you can begin with:

el fin de semana pasado	*last weekend*
el mes pasado	*last month*
la semana pasada	*last week*
las vacaciones pasadas	*last vacation*
el verano pasado	*last summer*

2. After you indicate what you did, you can continue your narration by first using expressions from column A, and then expressions from column B:

Ejemplo: **El fin de semana pasado** fuimos a visitar a unos amigos en San José. **Al llegar,** descansamos un rato. Después, **ese mismo día** salimos a dar una vuelta por el centro.

A		B	
el primer día	*the first day*	**ese mismo día**	*that same day*
los primeros días	*the first days*	**al día siguiente**	*the next day*
al llegar	*upon arriving*	**el último día**	*the last day*
el día que llegamos	*the day we arrived*		

Para hablar de eventos y descripciones durante un período indeterminado

IRM MASTER 25: Expresiones para hablar del pasado #2

When you talk about the things you used to do X years ago **(hace X años),** or when you were X years old **(cuando tenía X años)** or when you lived somewhere else **(cuando vivía en),** you will use the imperfect tense, as in the example below.

Hace cinco años ***vivía*** *en un apartamento de estudiantes. Durante la semana* ***tenía*** *clase todos los días a las ocho, así que normalmente me* ***levantaba*** *temprano y casi siempre* ***estaba*** *de mal humor. No me* ***gustaba*** *madrugar (to get up early). Después de la primera taza de café,* ***me sentía*** *un poco mejor y entonces* ***era*** *capaz (capable) de hablar con mi compañera de apartamento.*

Práctica

10-17 Mis vacaciones Tomando como modelo la narración de Esteban en la página 332, usa los siguientes verbos y expresiones para hablar de tus vacaciones más recientes. Usa el pretérito, según el modelo, para indicar qué hiciste. Si en realidad no fuiste de vacaciones, inventa los detalles *(details)*. Sigue el modelo.

SUGGESTION, EX. 10-17: As homework, ask students to find a picture from a vacation and prepare a description of what they did on that vacation. In class, put students in groups of 4 and have them share their stories. They select the best story and that one is to be shared with the rest of the class.

ANSWERS, EX. 10-17: 1. fuimos 2. nos levantamos, nos vestimos, desayunamos 3. visitamos, vimos, hicimos 4. vimos 5. salimos de, fuimos a, nos encontramos con 6. compramos, descansamos, dormimos 7. comimos, dimos

Modelo: el verano pasado / ir
El verano pasado fuimos a Guatemala.

1. el verano pasado / ir
2. el primer día / levantarse, vestirse, desayunar
3. primero / visitar, ver, sacar fotos
4. después / ver
5. esa noche / salir de, ir a, encontrarse con
6. el día siguiente / comprar, descansar, dormir
7. más tarde / comer, dar un paseo

10-18 Una llamada inesperada Imagínate que estás en tu casa o en tu residencia. Son como *(It's around)* las ocho de la noche y estás mirando la televisión. De repente suena el teléfono y ¡sorpresa! es un/a amigo/a tuyo/a con el/la que *(with whom)* hace mucho tiempo que no has hablado. Tu amigo/a quiere que le cuentes *(you tell him/her)* todo lo que hiciste desde la última vez que te vio. Como se trata de un/a amigo/a, incluye detalles sobre tus sentimientos.

Con un/a compañero/a de clase, imagínate esta conversación telefónica. Antes de empezar, cada estudiante tiene que preparar su papel individualmente.

SUGGESTION: Provide a transition for students by reminding them that the country of focus of this **etapa** is Honduras. Therefore, the following **Comentario cultural** highlights certain cultural aspects of this country.

COMENTARIOS CULTURALES

El cacique Lempira y la resistencia indígena

Back then / was inhabited

western

according to
settlements
Crown

chief

Cristobal Colón llegó a la costa atlántica de Centroamérica en 1502, entrando en lo que hoy llamamos Nicaragua y Honduras. **En aquel entonces,** la tierra **estaba poblada** por muchos grupos indígenas, sin un solo grupo dominante. En la región que hoy se llama Honduras, los lencas vivían en la parte oeste y central, los mayas chortí habitaban la parte al extremo **occidental,** al norte estaban los tolupanes o xicaques y al este vivían los pech, sumus y misquitos. Además, había pueblos aztecas de comercio, incluso un pueblo que, **según** algunos arqueólogos, años más tarde sería San Pedro Sula. Los primeros **asentamientos** españoles se establecieron en 1522, con un gobernador instalado por **la Corona** española en 1526. Los primeros años del período colonial estuvieron llenos de conflictos entre los conquistadores mismos y entre los españoles y los indígenas. En 1536 se armó una masiva rebelión indígena. Un año más tarde, bajo la dirección de **un cacique**

SUGGESTION: Explore students' reactions to or feelings about the conquest of the Central American countries by Spain. Have them research more recent or even current imperialistic actions undertaken by other countries in Central America and other parts of the Hispanic world.

lenca, un ejército indígena de unos 30.000 soldados se enfrentó con los españoles. El líder indígena, Lempira, había logrado esto, unificando a varias de las tribus indígenas. Con la muerte de Lempira en 1539, traicionado por el capitán español Alonso de Cáceres, los indígenas perdieron su unidad y fueron dominados.

Aunque los indígenas no volvieron a tener poder político en Honduras, ni antes ni después de la independencia de España en 1821, se considera a Lempira el héroe nacional de Honduras. Es en su honor que llaman **lempira** a la moneda hondureña.

NOTA CULTURAL: The Spaniards arrived in Central America in the first years of the 16th century, but conquered the different areas one by one: Nicaragua was colonized in 1520, Guatemala in 1524, and El Salvador in 1529. In each region, the Spaniards were able to defeat indigenous resistence with the sword, through religious conversion, and by means of the unexpectedly devastating diseases they brought from Europe. The Central American independence movement began in 1811 and ended with the indepedence of each nation in 1821.

INTEGRACIÓN CULTURAL

1. ¿Quiénes habitaban Honduras cuando llegaron los españoles?
2. ¿Por qué era importante el liderazgo de Lempira?
3. ¿Quién traicionó a Lempira?
4. Indica la importancia del año 1821 para Honduras.
5. ¿Hay héroes indígenas en tu país? ¿Qué hicieron y cómo se celebran estos héroes?

ANSWERS: 1. los lencas, los mayas chortí, los tolupanes o xicaques y los pech, los sumus y los misquitos. Además, había pueblos aztecas de comercio. 2. Lempira unificó a las tribus indígenas para luchar contra los españoles. 3. el capitán español Alonso de Cáceres 4. Es el año de su independencia de España. 5. Puedes sugerir la guía indígena de Lewis y Clark, Sacagawea (con la moneda plateada del dólar estadounidense).

ENFOQUE ESTRUCTURAL Otro tiempo pasado: el pretérito perfecto

The present perfect **(pretérito perfecto)** tense is used to talk about an action that has happened already, either in the general past or quite recently in relation to the moment of speaking. The equivalent in English is *to have done something.* Sometimes it may be used to suggest that the effects of a past event carry over into the present: "I've always done it that way (and still do)." For example:

—¿**Han viajado** últimamente?	***Have you traveled** lately?*
—**Hemos ido a** Honduras.	***We've gone to** Honduras.*

This tense has two parts, exactly as in English: the first part is called a helping or auxiliary verb (*to have* in English and **haber** in Spanish). The second part is a past participle. The past participle of an **-ar** verb is formed by substituting **-ado** for **-ar.** The ending for both **-er** and **-ir** verbs is **-ido.**

This two-part verb is never split up in Spanish by a negative as it is in English:

Carlos **no ha llegado**.	*Carlos **has not arrived.***

Nor is this compound verb split up by the subject or subject pronoun when it is used in a question, as it is in English:

—¿**Ha llegado** Jim?	***Has** Jim **arrived?***
—Sí, sí **ha llegado.**	*Yes, he **has arrived.***

haber **+ participio pasado**

		-ar	-er	-ir
yo	**he**			
tú	**has**			
Ud., él, ella	**ha**	**bailado**	**comido**	**salido**
nosotros/as	**hemos**			
vosotros/as	**habéis**			
Uds., ellos, ellas	**han**			

Here are more examples of past participles:

Infinitivo	Participio pasado	Infinitivo	Participio pasado
-ar		*-er*	
dar	**dado**	aprender	**aprendido**
estar	**estado**	comer	**comido**
hablar	**hablado**	comprender	**comprendido**
jugar	**jugado**	*-ir*	
mandar	**mandado**	ir	**ido**
trabajar	**trabajado**	pedir	**pedido**
		seguir	**seguido**

Los participios irregulares

Here are some of the most common irregular past participles:

Infinitivo	Participio pasado	Infinitivo	Participio pasado
-er		*-ir*	
hacer	**hecho**	abrir	**abierto**
poner	**puesto**	cubrir	**cubierto**
resolver	**resuelto**	decir	**dicho**
romper	**roto**	describir	**descrito**
ver	**visto**	descubrir	**descubierto**
volver	**vuelto**	escribir	**escrito**

IRM MASTER 26: El pretérito perfecto

SUGGESTION: Present this structure in context by asking students to help you write a checklist of things that you have already completed for an upcoming trip. Use a blank transparency to write the list. Start off by telling students several things that you have already done. For example: **Para explorar la Ruta Maya en el verano necesito ropa muy cómoda. No tengo que comprar mucha ropa porque ya he comprado unos pantalones ligeros, unas camisetas...** As you list new activities that you have already done, write them on the transparency. Try to include several of the verbs with irregular participles. Check for comprehension during the presentation of this structure.

IRM MASTER 27: Los participios irregulares

Práctica

ANSWERS, EX. 10-19: 1. Han ido a su agencia de viajes. 2. Han hablado sobre sus planes. 3. Han pedido reservaciones de avión por Internet. 4. Han llevado el gato a la casa de un amigo. 5. Han descubierto un nuevo hotel. 6. Han preparado las maletas. 7. Han salido temprano de casa. 8. Han tomado un taxi al aeropuerto. 9. Le han escrito una nota a su vecino.

10-19 ¿Qué ha pasado antes? Mario y Marta Mendoza han llegado al aeropuerto de San Pedro Sula. Explica lo que han hecho antes de su llegada.

Modelo: leer la guía turística sobre Honduras
Han leído la guía turística sobre Honduras.

1. ir a su agencia de viajes
2. hablar sobre sus planes
3. pedir reservaciones de avión por Internet
4. llevar el gato a la casa de un amigo
5. descubrir un nuevo hotel
6. preparar las maletas
7. salir temprano de casa
8. tomar un taxi al aeropuerto
9. escribirle una nota a su vecino

ANSWERS, EX. 10-20: 1. Ya he ido a la agencia. 2. Ya las he hecho. 3. Ya se lo he dicho. 4. Ya lo he visto. 5. Ya la he puesto en el carro. 6. Ya los he llamado. 7. Ya la he escrito.

10-20 Ya lo he hecho Un/a amigo/a te hace preguntas sobre un viaje que vas a hacer. Contéstale que ya has hecho todo lo necesario. Cuando sea posible, usa pronombres para abreviar *(to shorten)* tus respuestas.

Modelo: ¿Viste los nuevos folletos *(brochures)*?
Sí, ya los he visto.

1. ¿Fuiste a la agencia de viajes?
2. ¿Hiciste todas las preparaciones?
3. ¿Les dijiste a tus padres que vas a ir a Tegucigalpa?
4. ¿Viste el horario de trenes?
5. ¿Pusiste tu maleta en el carro?
6. ¿Llamaste a tus amigos?
7. ¿Escribiste la lista de regalos que vas a comprar?

VAMOS A ESCUCHAR:

¡HOLA, COMADRE!

Track 3-3

HERITAGE LEARNERS: Ask heritage learners to listen to the Spanish in the **Vamos a escuchar** recording and to compare it with the Spanish they use in their communities.

En la cultura hispana, como extensión de la familia, los padrinos *(godparents)* mantienen una relación muy estrecha con sus ahijados *(godchildren)* y con sus compadres, los padres de sus ahijados. En este segmento vas a escuchar una conversación entre dos comadres que viven aparte, Miriam en Honduras y Erica en los Estados Unidos.

Antes de escuchar

Antes de escuchar el segmento, contesta las siguientes preguntas.

- En tu opinión ¿de qué van a hablar las dos comadres?
- ¿Qué importancia tiene la distancia geográfica entre las dos comadres?

Antes de escuchar la conversación entre Miriam y Erica, lee las preguntas que aparecen en la sección **Después de escuchar.**

Después de escuchar

10-21 Comprensión Contesta las siguientes preguntas, usando la información que escuchaste.

1. ¿Qué pregunta importante tiene Erica?
2. ¿Está preocupada Erica?
3. ¿Cuándo fue la última vez que las comadres se vieron?
4. ¿Adónde viajaron Erica, Miriam y su familia en Honduras?
5. ¿Cómo se llama la ahijada *(goddaughter)* de Erica?

10-22 ¿Cómo lo dicen? Escucha el segmento de nuevo. Fíjate en lo que dicen y trata de contestar estas preguntas.

1. Ni Miriam ni Erica usan su nombre propio cuando se hablan. ¿Qué término usan?
2. Miriam se pone muy contenta por la llamada, pero está triste de que su hija no pueda hablar con Erica. ¿Cómo expresa su emoción?

NOTA CULTURAL: The two women here are very close friends, yet they use the **usted** form when they address each other. This is typical of Central American speech, where parents are likely to use **usted** even with their small children. The formal *you* does not lessen in any way the close bonds of love and friendship.

ANSWERS, EX. 10-21: 1. Pregunta si llegaron las cosas que mandó. 2. Un poco, pero dice que está segura de que no habrá problemas. 3. Se vieron el verano pasado, cuando Erica visitó a Miriam y a su familia. 4. Viajaron a Copán. 5. Se llama Jenifer.

ANSWERS, EX. 10-22: 1. comadre 2. ¡Qué pena!

TÚ DIRÁS

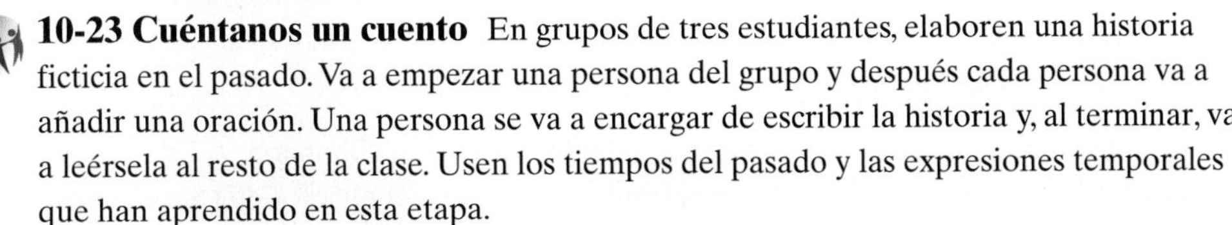

10-23 Cuéntanos un cuento En grupos de tres estudiantes, elaboren una historia ficticia en el pasado. Va a empezar una persona del grupo y después cada persona va a añadir una oración. Una persona se va a encargar de escribir la historia y, al terminar, va a leérsela al resto de la clase. Usen los tiempos del pasado y las expresiones temporales que han aprendido en esta etapa.

SUGGESTION, EX. 10-23: The purpose of this activity is to let students use their imagination and creativity. Brainstorm with them before they begin working on the story. Suggest the following: **el descubrimiento de las Américas; la independencia de los Estados Unidos;** and **la resistencia del héroe Lempira y el ataque de los españoles.**

10-24 Un viaje Tanto hablar de viajes en Centroamérica puede hacerte recordar tus viajes. Habla con un/a compañero/a de clase sobre un viaje que hiciste. Al terminar, tu compañero/a va a hablar de su viaje. Incluye la siguiente información.

1. el lugar al que fuiste
2. las personas con las que viajaste
3. el tiempo que estuviste allí
4. las cosas que viste
5. las actividades que hiciste
6. las cosas que compraste
7. cualquier otra cosa que quieras añadir

TERCERA ETAPA

Para empezar: ¿Qué vas a hacer?

Preparación: Before you move ahead, answer the following questions:
- What plans do you have for this weekend?
- When you travel to an unfamiliar city, how do you get information about what there is to do in that city?

SUGGESTION: To encourage cultural and geographic learning, put students in groups of 3 or 4 and have them research a 7-day trip to a Central American country. Encourage them to use the Internet for information, maps, pictures, etc. They then prepare a report for the class on that trip, as if they had taken it.

Antes de leer

Enrique y Mónica están pasando una semana en Nicaragua. Ahora están en Managua, la capital. Hoy es jueves y están haciendo planes para el fin de semana. Para organizar su tiempo libre, tienen a su disposición una guía de Nicaragua que ofrece información sobre diferentes lugares de interés turístico.

1. Mónica y Enrique quieren pasar el viernes, sábado y parte del domingo fuera de Managua. A Enrique le interesa mucho la naturaleza, y quiere ver algunos de los volcanes y lagos que hay en la región. A Mónica también le gusta la naturaleza, pero le interesa más la historia y el pasado colonial. Mónica tiene especial interés en visitar el museo del poeta Rubén Darío.
2. Mira el mapa y localiza los siguientes lugares: Managua, Masaya, Granada, León.
3. El domingo por la noche, al volver a Managua, quieren ir a un bar para tomar un trago y escuchar música. Enrique quiere ir a escuchar rock, pero Mónica prefiere ir a un lugar donde pueda oír música de Nicaragua.
4. Lee la información que aparece en la guía y después contesta las preguntas de la **Práctica.**

CLASSROOM MANAGEMENT: Have students prepare the **Antes de leer** section as homework. Also, you can have them read the text on page 343 before they come to class, so you can spend class time doing the exercises under **Práctica** on page 344. You can begin the class by having students respond to the questions in the **Preparación** section.

Guía de Nicaragua

Lugares para visitar

MASAYA: Situada a 29 kilómetros de Managua, es el centro del folklore y la artesanía de Nicaragua. En el pintoresco mercado de Masaya y en su barrio indígena Monimbó siempre hay **hamacas tejidas a mano** *(handwoven hammocks)*, sombreros, alfombras, blusas **bordadas** *(embroidered)* y otras artesanías.

Muy cerca de la ciudad está el volcán Masaya, el único de Nicaragua al que se puede llegar por carretera **pavimentada** *(paved)* hasta su borde mismo, desde el que se observa el magma **hirviendo** *(boiling)* en el centro de su cráter, en una de las más espectaculares vistas del mundo volcánico.

GRANADA: Sobria y elegante con sus construcciones coloniales. Fundada a la orilla del lago Cocibolca y a la sombra del volcán Mombacho. La Plaza Central, rodeada por la catedral, el ayuntamiento y la Casa de los Tres Mundos, es uno de los principales lugares de interés.

Las 300 isletas de su lago cubiertas de diversa vegetación y de la alegría de los **pájaros** *(birds)* tropicales ofrecen un espectáculo ecológico. La isla más grande del mundo inmersa en un lago es Ometepe, formada por dos volcanes, Concepción y Maderas; y muy cerca de ella, está el Parque Nacional Isla Zapatera. Ambas islas fueron **centros funerarios** *(burial grounds)* religiosos de pobladores precolombinos.

LEÓN: Capital de Nicaragua durante doscientos años, es típicamente colonial. Muchos la consideran el centro intelectual del país, porque allí está el núcleo central de la Universidad Nacional Autónoma de Nicaragua.

Su Catedral Metropolitana guarda en su interior verdaderas obras maestras de la pintura y las tumbas de destacados nicaragüenses, entre ellos Rubén Darío. Una visita al Museo Rubén Darío sólo puede conducir a la poesía.

Hacia el noroeste de León, en las faldas del volcán Momotombo, se encuentran las ruinas de León Viejo, donde se fundó la primera ciudad de León y que fue **arrasada** *(destroyed)* por el volcán.

Dónde salir en Managua

LA BUENA NOTA. Km 3½ Carretera Sur. Abierto de 12:00 AM a 12:00 PM. Cerrado domingo. Barra, sala de espectáculos y show en vivo de artistas nacionales.

CORO DE ÁNGELES. Km 5½ Carretera a Masaya. Abierto de 2:00 PM hasta el amanecer. Tardes de librería, noches culturales y cinema cultural.

CHAMAN. Carretera a Masaya. Conciertos de rock en vivo los jueves, ambiente abierto a todas las opciones. Mesas de billar.

LUZ Y SOMBRA. Del Banco Popular Monseñor Lezcano 1c. al lago, ½ c. abajo. Jueves a sábado: Noches culturales con artistas nacionales. Abierto desde 11:00 AM hasta el amanecer.

RUTA MAYA. De Montoya 150 varas arriba. En la semana presentaciones musicales en directo. Noches de humor y videoteca. Hora feliz de 5:00 a 8:00 PM.

EL PARNASO. Rotonda Metrocentro 1c. al sur. Comidas y bebidas nacionales e internacionales. Lugar de reunión de escritores y cantautores nicaragüenses.

LIGHT CITY. Contiguo a los cinemas. Jueves: Rock en vivo de los años sesenta y setenta. Viernes a sábado: Música europea, salsa y merengue hasta el amanecer.

PREVIEW: You may inform your students that Rubén Darío is a poet from Nicaragua and that they will learn more about him in the **Comentarios culturales** on page 347.

EXPANSIÓN LÉXICA: There are two urban measurements in the bar guide that may be new: **una cuadra (1c.)** is a *block* and **150 varas** is roughly equivalent to *150 yards* or *meters*. These short distances will help you navigate city streets. Beyond the city limits, distances are measured in kilometers from the city center: If you were looking for a location at **Km 5½ carretera a Masaya,** head out on the road to Masaya and go 5½ kilometers.

Práctica

ANSWERS, EX. 10-25: 1. el Volcán Masaya, en Masaya. el Volcán Mombacho, en Granada. los volcanes Concepción y Maderas en Ometepe, cerca de Granada el Volcán Momotombo, en León. 2. a León 3. al mercado de Masaya 4. No, en los bares de la guía no hay rock en vivo los domingos. 5. a La Buena Nota, Luz y Sombra, El Parnaso

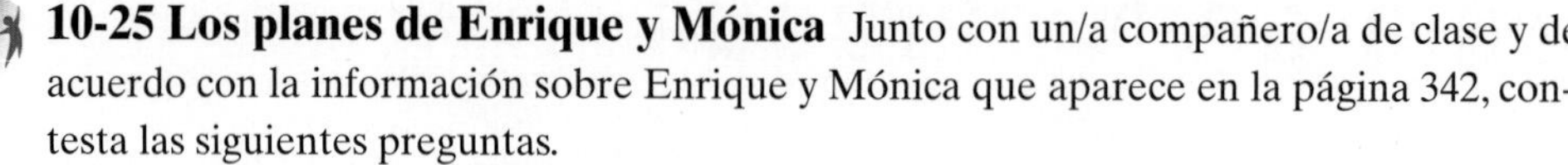

10-25 Los planes de Enrique y Mónica Junto con un/a compañero/a de clase y de acuerdo con la información sobre Enrique y Mónica que aparece en la página 342, contesta las siguientes preguntas.

1. ¿Qué volcanes puede ver Enrique? ¿Dónde están?
2. ¿Adónde va a ir Mónica para ver el museo de Rubén Darío?
3. Si quieren comprar cosas de artesanía, ¿adónde pueden ir?
4. ¿Crees que Enrique va a poder escuchar rock en vivo el domingo?
5. ¿A qué bares crees que pueden ir Mónica y Enrique?

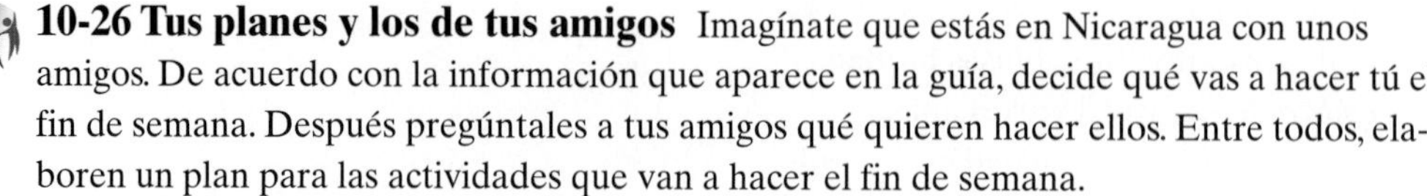

10-26 Tus planes y los de tus amigos Imagínate que estás en Nicaragua con unos amigos. De acuerdo con la información que aparece en la guía, decide qué vas a hacer tú el fin de semana. Después pregúntales a tus amigos qué quieren hacer ellos. Entre todos, elaboren un plan para las actividades que van a hacer el fin de semana.

REPASO

Review present tense verbs and time expressions.

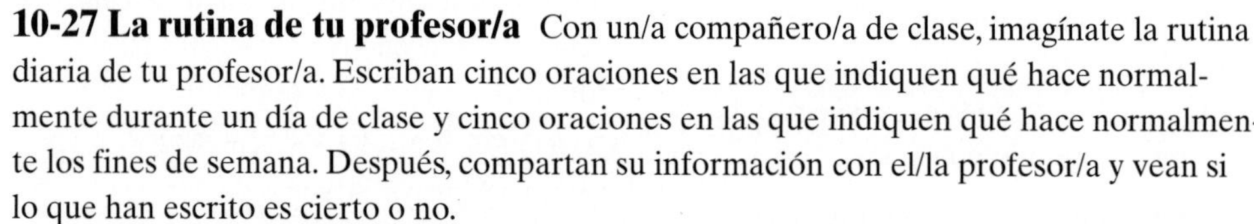

10-27 La rutina de tu profesor/a Con un/a compañero/a de clase, imagínate la rutina diaria de tu profesor/a. Escriban cinco oraciones en las que indiquen qué hace normalmente durante un día de clase y cinco oraciones en las que indiquen qué hace normalmente los fines de semana. Después, compartan su información con el/la profesor/a y vean si lo que han escrito es cierto o no.

Review past tense description and time expressions.

10-28 ¿Y en el pasado? ¿Cómo era la vida de tu profesor/a hace cinco, diez, quince, veinte años? En grupos de tres estudiantes, imagínense cómo era su vida en diferentes momentos y escriban un pequeño párrafo en el pasado. Su profesor/a les dirá después si han adivinado correctamente o no... ¡eso, claro, si quiere revelar su pasado!

ENFOQUE ESTRUCTURAL Las expresiones verbales para hablar del futuro

NOTA GRAMATICAL: You may recall that a basic way to discuss future events, especially those occurring in the near future, is to use the regular present tense. Be sure to place these verbs in a context to avoid any time confusion.

Este sábado **voy** al cine con mi novia.
*This Saturday **I'm going** to the movies with my girlfriend.*

In **Capítulo 4** you learned how to discuss future events using the verb **ir + a +** infinitive. In addition to this structure, there are additional verb structures that you can use to refer to future plans and events. One way you can make your Spanish more fluent and varied is to alternate among the following verb structures when you refer to events in the future:

ir + a + otro verbo en infinitivo

Este fin de semana Cristina y Enrique **van a tener** mucho tiempo libre.	*This weekend Cristina and Enrique **are going to have** a lot of free time.*

querer + otro verbo en infinitivo

Está claro que Enrique y Cristina **quieren pasarlo** bien estos días.	*It's obvious that Enrique and Cristina **want to have** a good time over the next few days.*

pensar + otro verbo en infinitivo

El sábado por la tarde **piensan ir** a un bar.	*Saturday afternoon **they plan to go** to a bar.*

tener (muchas) ganas de + otro verbo en infinitivo

Enrique **tiene muchas ganas de ver** volcanes.	*Enrique **really feels like seeing** volcanoes.*

Remember that you will use reflexive verbs **(levantarse, vestirse, lavarse...)** the same way as any other verb. Don't forget the reflexive pronouns **(me, te, se...)** that always accompany those verbs. Although the reflexive pronoun can be placed immediately before **ir, querer,** and **pensar,** we recommend that you keep it attached to the infinitive, as in the examples that follow:

Creo que Cristina **va a levantarse** más tarde que de costumbre este fin de semana.	*I think that Cristina **is going to get up** later than usual this weekend.*
El sábado próximo **no pienso despertarme** antes de las once.	*Next Saturday **I don't plan to wake up** before 11:00.*

Práctica

10-29 ¿Qué haces después de clase? La vida es complicada, pero a veces vale la pena hacer planes con los amigos. Usa los elementos indicados para hacerle preguntas a un/a compañero/a de clase, que te contestará después. Expresa el futuro empleando una de las expresiones verbales presentadas aquí. Sigue el modelo.

Modelo: hacer / después de la clase
—¿Qué haces hoy después de la clase?
—Yo voy a ir (pienso ir, etcétera) al centro.

1. viajar / durante las próximas vacaciones
2. leer / esta tarde después de volver a tu casa
3. ir / esta noche
4. ver / en el cine la semana próxima
5. comprar / esta tarde en la nueva tienda del centro comercial
6. comer / el sábado en el restaurante mexicano
7. recibir / mañana como regalo de cumpleaños
8. aprender a hacer / este verano
9. estudiar / el año próximo
10. hacer / después de esta clase

CLASSROOM MANAGEMENT, EX. 10-29: Assign as homework. In class, put students in pairs and allow them 4–5 minutes to share their answers. Circulate to check for accuracy. When you call time, ask for questions.

POSSIBLE ANSWERS, EX. 10-29:
1. viajas / voy a viajar 2. lees / pienso leer 3. vas / tengo ganas de ir 4. ves / quiero ver 5. compras / voy a comprar 6. comes / pienso comer 7. recibes / quiero recibir 8. aprendes / tengo ganas de aprender 9. estudias / voy a estudiar 10. haces / cualquier verbo en cualquier forma del futuro

10-30 ¿Qué piensas hacer? Hoy ha sido un día difícil, pero mañana vas a tener el tiempo y la energía de resolver todos los problemas de hoy. Contesta las preguntas que siguen usando los verbos indicados y una de las expresiones verbales que aparecen en este **Enfoque estructural** en la página 344.

Modelo: Hoy se te rompió el ratón de la computadora. (comprar)
Mañana voy a comprar un ratón nuevo.

1. Hoy se acabó el café en casa. (tomar)
2. Hoy se enfermó el gato. (llevar)
3. Hoy dejaste tus libros en la biblioteca. (volver)
4. Hoy no estabas preparado/a para la clase de español. (estudiar)
5. Hoy pelearon tu novio/a y tú. (hacer las paces *[to make up]*)

Y **¿tu compañero/a de clase?** Ahora, adivina lo que tu compañero/a de clase piensa hacer en las situaciones anteriores.

POSSIBLE ANSWERS, EX. 10-30:
1. Mañana pienso tomar café en la cafetería. 2. Mañana quiero llevarlo al veterinario. 3. Mañana voy a volver a la biblioteca y recoger los libros. 4. Mañana pienso estudiar para la clase. 5. Mañana espero hacer las paces con él/ella.

IRM MASTER 28: Expresiones para hablar del futuro

SUGGESTION: Combine your presentation of this vocabulary with the expressions to talk about the future. Present an overhead transparency of a calendar page with dates filled with appointments. Tell students that you have been invited to visit a friend in Mexico and you need to figure out if you will have time to make the trip the next month. Go over your calendar and comment on things you will be doing that month to see if you have time.

ENFOQUE LÉXICO Las expresiones para hablar de una secuencia de acciones en el futuro

Because there are several different ways to express future events and actions, placing your words in context is very important. The following expressions will help organize your discourse and establish a time order when you refer to future actions:

hoy...	*today . . .*
por la tarde	*this afternoon*
por la noche	*this evening/night*
esta tarde / esta noche	*this afternoon / this evening*
esta semana	*this week*
este mes	*this month*
este año	*this year*
mañana...	*tomorrow . . .*
por la mañana	*morning*
por la tarde	*afternoon*
por la noche	*evening/night*
pasado mañana...	*the day after tomorrow . . .*
por la mañana	*in the morning*
por la tarde	*in the afternoon*
por la noche	*in the evening*
el lunes (martes) que viene	*next Monday (Tuesday)*
el fin de semana que viene	*next weekend*
la semana que viene	*next week*
el mes que viene	*next month*
el año que viene	*next year*
el curso que viene	*next academic year*

Práctica

10-31 El sábado que viene Imagínate que el sábado que viene es un día especial: ¡ese día cumples veintiún años! Por lo tanto *(Consequently),* no vas a seguir tu rutina habitual. Dile a un/a compañero/a de clase las cosas que haces normalmente los sábados. Después, explica qué vas a hacer este sábado tan especial.

Modelo: *Normalmente los sábados por la mañana me quedo en casa. Pero el sábado que viene pienso salir de compras con unos amigos...*

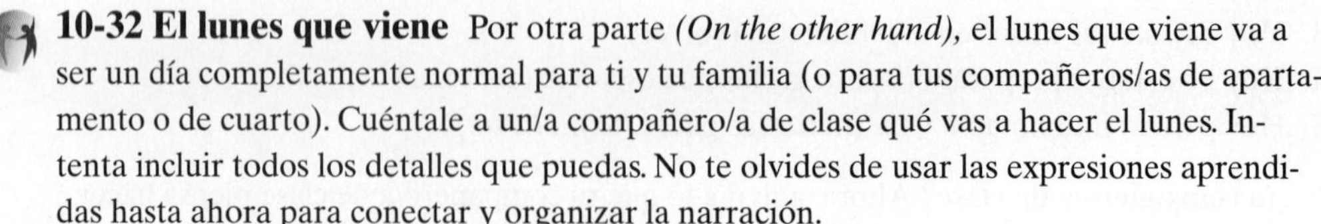

10-32 El lunes que viene Por otra parte *(On the other hand),* el lunes que viene va a ser un día completamente normal para ti y tu familia (o para tus compañeros/as de apartamento o de cuarto). Cuéntale a un/a compañero/a de clase qué vas a hacer el lunes. Intenta incluir todos los detalles que puedas. No te olvides de usar las expresiones aprendidas hasta ahora para conectar y organizar la narración.

COMENTARIOS CULTURALES

SUGGESTION: Provide a transition for students by reminding them that the countries of focus of this **etapa** are Nicaragua and El Salvador. Therefore, the following **Comentario cultural** highlights certain cultural aspects of these countries.

Algunos escritores de Centroamérica

Rubén Darío, poeta nicaragüense, nació en 1867 en Metapa, hoy conocida como Ciudad Darío. En 1879, a los 12 años de edad, escribió su primer poema, el soneto "La fe". Después de la publicación de su libro *Azul* en 1888 en Valparaíso, Chile, se convirtió en el escritor de habla castellana más universalmente conocido de fines del siglo XIX y comienzos del XX. Los libros que siguieron, entre ellos *Prosas profanas* y *Cantos de vida y esperanza*, confirmaron su consagración como innovador de la prosa además de la poesía.

Rubén Darío fue el centro en torno al cual se desarrolló el modernismo tanto hispanoamericano como español. El modernismo era un movimiento poético de gran belleza y melancolía. Unos versos muy conocidos de Rubén ejemplifican esto:

¡Juventud, divino tesoro,
ya te vas para no volver!
Cuando quiero llorar, no lloro...
y a veces lloro sin querer...

Rubén Darío, Nicaragua

Aunque vivió muchos años en París y Madrid, Darío murió en su querida Nicaragua en 1916. Sus restos están enterrados en León. Todavía hoy lo consideran una de las figuras máximas de la poesía contemporánea.

Manlio Argueta es el escritor salvadoreño de más fama fuera de El Salvador. Nació en 1935 en San Miguel pero no **se consagró** como escritor hasta finales de los años sesenta. Llegó a la madurez en los años setenta en un momento de inestabilidad y violencia en su país. Forma parte de lo que llaman la "Generación comprometida", un grupo de escritores dedicados al activismo social y político. Sus novelas reflejan los problemas y conflictos de El Salvador, lo cual le convierte en un héroe para los salvadoreños y en un ídolo para los lectores internacionales. Las críticas a la sociedad en *Caperucita en la zona roja* le ganaron el **odio** del gobierno y tuvo que escapar a Costa Rica en 1972. Sus otras novelas han sido bien recibidas por todos menos por el gobierno. Éste le confiscó su novela titulada *Un día en la vida.* Argueta ha tenido que exiliarse en Costa Rica varias veces más.

devote himself

hatred

Con el final de la guerra civil en 1992, este activista y escritor ha podido regresar a su país. Hoy Argueta sigue escribiendo y sirve de Director de Extensión Cultural en La Universidad Nacional de San Salvador.

INTEGRACIÓN CULTURAL

1. ¿En qué sentido fue revolucionario Rubén Darío?
2. ¿Qué semejanzas *(similarities)* ves entre estos dos escritores?
3. Indica qué aspectos de la vida de Manlio Argueta te parecen más interesantes. Explica tu respuesta.
4. ¿Sabes de algún otro escritor que se haya ido de su país? ¿Quién es y por qué se fue?

POSSIBLE ANSWERS: 1. Fue innovador de poesía y prosa, fue el centro en torno al cual se desarrolló el modernismo hispanoamericano y español. 2. Son patriotas, pero vivieron muchos años fuera de su país; sus escritos cambiaron su mundo (el mundo literario para Darío, el mundo político para Argueta). 3. respuestas individuales 4. Puedes sugerir: Hemingway, que vivió años en España, Francia y Cuba; Dos Passos, Fitzgerald y los demás escritores de la "Generación perdida" en París; Alan Ginsberg; Paul Bowles en Marruecos, etc.

IRM MASTER 29: El futuro

CLASSROOM MANAGEMENT: Ask students to read this section for homework. In class the following day present the structure in context by reminding students of the trip you are going to take. Bring in visuals (pictures, travel brochures, etc.) and discuss the things you will see and do using the future tense.

SUGGESTION: Because the future tense is not used as frequently in speaking as in writing, you may want to emphasize more than usual the writing exercises for this topic.

ENFOQUE ESTRUCTURAL El tiempo futuro

In addition to the future verb expressions reviewed in the previous **Enfoque estructural,** Spanish also has a future tense that, like the future tense in English, expresses what will happen. Note the following examples:

—¿**Visitaremos** el volcán mañana?	***Will we visit*** *the volcano tomorrow?*
—Sí, **llamaré** por teléfono para confirmarlo.	*Yes,* ***I'll call*** *to confirm it.*

In Spanish, however, this tense is more likely to be used in writing than in everyday conversation. When speaking, you are more likely to use and hear the alternatives you already know.

Los verbos regulares

To form the future tense, simply add the endings **-é, -ás, -á, -emos, -éis, -án** to the infinitive form of the verb (whether it is an **-ar, -er,** or **-ir** verb):

llegar		**ver**		**pedir**	
llegar**é**	llegar**emos**	ver**é**	ver**emos**	pedir**é**	pedir**emos**
llegar**ás**	llegar**éis**	ver**ás**	ver**éis**	pedir**ás**	pedir**éis**
llegar**á**	llegar**án**	ver**á**	ver**án**	pedir**á**	pedir**án**

Algunos verbos irregulares

Some verbs don't use the infinitive to form the future tense. Because of this, they are considered irregular. The endings that attach to this form, however, are the same as those you just learned **(-é, -ás, -á, -emos, -éis, -án).** Some commonly used irregular verbs in the future tense are:

decir, hacer	
decir → dir- → diré **hacer → har- → haré**	**-ás, -á, -emos, -éis, -án**

In the following verbs, the **-e** of the infinitive is dropped to form a new stem:

poder, saber, querer	
poder → podr- → podré **saber → sabr- → sabré** **querer → querr- → querré**	**-ás, -á, -emos, -éis, -án**

The verb **hay** *(there is, there are)* comes from the infinitive **haber,** which forms the future in the same way as **poder** and **saber.** Therefore, the future form of **hay** is **habrá** *(there will be).*

In other verbs, the **-er** or **-ir** infinitive ending is replaced by **-dr** before adding the future tense endings:

poner, salir, tener, venir	
poner → pondr- → pondré **salir → saldr- → saldré** **tener → tendr- → tendré** **venir → vendr- → vendré**	**-ás, -á, -emos, -éis, -án**

Práctica

10-33 De vacaciones Indica lo que harán las siguientes personas durante sus vacaciones. Sigue el modelo.

ANSWERS, EX. 10-33: 1. irá, tomarán, estarán 2. nos quedaremos, Podremos, nadaremos, aprenderemos 3. tomarán, Se quedarán 4. viajaré, Estaré, escribiré 5. estarás, Cuidarás, leerás

Modelo: Mario (estar) en León, donde (visitar) el Museo Rubén Darío. Después (ir) a Granada.
Mario estará en León, donde visitará el Museo Rubén Darío. Después irá a Granada.

1. Juana (ir) al campo con sus padres. Allí todos (tomar) el sol y (estar) al aire libre.
2. Nosotros (quedarse) en la playa en Punta de Perlas. (Poder) tomar el sol y (nadar). También (aprender) a practicar windsurf.
3. Jorge y su primo (tomar) un colectivo *(bus)* a Masaya. (Quedarse) en casa de sus abuelos.
4. Yo (viajar) a San Salvador. (Estar) allí por tres días y por supuesto les (escribir) una tarjeta postal a mis amigos.
5. Tú (estar) en casa. (Cuidar) a tu hermano, pero por los menos (leer) cartas de tus amigos.

10-34 Hoy no, pero mañana sí Hoy te sientes muy perezoso/a... ¡y parece que es contagioso! Indica que las siguientes personas harán mañana lo que no pueden hacer hoy. Sigue el modelo.

ANSWERS, EX. 10-34: 1. Hoy no, pero mañana mi hermana podrá llevarlos al parque. 2. ...estudiaremos... 3. ...iré al cine con mi novio/a. 4. ...llamará... 5. ...tomaré el tren... 6. ...saldremos temprano. 7. ...compraré las bebidas... 8. ...tendré tiempo libre. 9. ...Carlos vendrá a casa. 10. ...habrá tiempo...

Modelo: ¿Puedes ir al banco?
Hoy no, pero iré mañana.

1. ¿Tu hermana puede llevar a los niños al parque?
2. ¿Piensan estudiar ustedes?
3. ¿Vas al cine con tu novio/a?
4. ¿Puede llamarnos Carmen por teléfono?
5. ¿Ud. quiere tomar el tren a Granada?
6. ¿Pueden salir ustedes temprano?
7. ¿Puedes comprar las bebidas en el supermercado?
8. ¿Tienes tiempo libre hoy?
9. ¿Carlos puede venir a casa?
10. ¿Hay tiempo para ir a la playa?

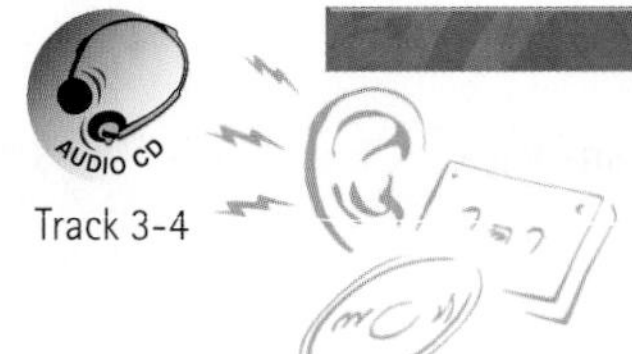

VAMOS A ESCUCHAR:

¡VAMOS A CAMBIAR EL MUNDO!

HERITAGE LEARNERS: Ask heritage learners to listen to the Spanish in the **Vamos a escuchar** recording and to compare it with the Spanish they use in their communities.

En este segmento vas a escuchar los planes que tiene una nueva universidad en El Salvador para el futuro.

Antes de escuchar

Antes de escuchar el segmento, contesta las siguientes preguntas.

- ¿Cómo evoluciona *(develop)* una universidad?
- ¿Qué cambios puede realizar una universidad en cuanto a sus estudiantes y a su comunidad?

Antes de escuchar los planes de la universidad, lee las preguntas que aparecen en la sección **Después de escuchar.**

Después de escuchar

NOTA CULTURAL: The nations of Central America, and in particular El Salvador, have seen rapid growth in Protestant religions. Although this area was also home to the reform-minded liberation theology of the Catholic Church, social and economic changes in the country have created a fertile ground for evangelism. In El Salvador nearly a quarter of the population belongs to a Protestant denomination.

ANSWERS, EX. 10-35: 1. en 1991 en San Salvador 2. Estará dedicado a la investigación botánica. 3. más becas *(ayuda financiera)* 4. una sociedad más justa y sin opresión 5. en el campus central en San Salvador

ANSWERS, EX. 10-36: 1. los sectores marginados 2. ingeniería agroecológica

10-35 Comprensión Contesta las siguientes preguntas usando la información que escuchaste.

1. ¿Cuándo y dónde se estableció la Universidad Luterana?
2. ¿Para qué servirá el nuevo laboratorio de la universidad?
3. ¿Qué quieren ofrecerles a los estudiantes?
4. ¿Qué tipo de sociedad quieren crear?
5. ¿Dónde se puede recibir más información sobre la Universidad Luterana?

10-36 ¿Cómo lo dicen? Escucha el segmento de nuevo. Fíjate en lo que dicen y trata de contestar estas preguntas.

1. La universidad se dedica a enseñarles a los más pobres del país. ¿Qué palabra usan para describir este sector de la población?
2. La Universidad Luterana ofrece clases en una nueva ingeniería. ¿Cómo se llama este tipo de ingeniería?

TÚ DIRÁS

10-37 ¿Qué hacemos este fin de semana? Quieres hacer algo este fin de semana con un/a compañero/a de tu clase. Para decidir qué van a hacer, lo/la llamas por teléfono.

Estudiante A: Llama por teléfono.	**Estudiante B:** Contesta la llamada.
1. Call your friend.	1. Answer the phone.
2. Tell him/her that you want to get together this weekend.	2. Tell your friend you will be happy to do something with him/her this weekend.
3. Suggest something to do.	3. Say that you don't really like what your friends suggests.
4. React to his/her responses.	4. Suggest a different idea.
5. End the conversation appropriately.	5. Agree on how, where, and when you are going to meet.
	6. End the conversation appropriately.

10-38 Las vacaciones de la familia Con otro/a compañero/a de clase, habla sobre los planes de tu familia (o de tus amigos) para las próximas vacaciones. Puedes incluir la información siguiente.

1. where everyone is going 2. when you are leaving 3. what you are going to do

Al terminar, pregúntale a tu compañero/a de clase qué van a hacer él/ella y su familia (o sus amigos) para las vacaciones.

Lectura: *Me llamo Rigoberta Menchú y así me nació la conciencia:* El nahual

Antes de leer

A. Anticipación Primero, contesta las siguientes preguntas.

1. Cuando eras niño/a, ¿tenías un animal en casa como mascota?
2. ¿Crees que es importante tener algún tipo de contacto con los animales en este mundo? ¿Por qué o por qué no?
3. ¿Crees que los animales y los seres humanos pueden tener una relación especial en esta vida? Si crees que sí, da unos ejemplos de esta relación.
4. Ahora lee la primera oración de cada párrafo para tener una idea del contenido del texto.

Rigoberta Menchú escribe de las costumbres y tradiciones de los indígenas en Guatemala.

Guía para la lectura

B. Comprensión Ahora lee el texto entero y contesta las siguientes preguntas.

1. ¿Qué es "un nahual" en la cultura maya?
2. ¿Cuáles son algunos ejemplos de un nahual?
3. ¿Qué pasa si se le hace daño al nahual de una persona?
4. ¿Qué importancia tiene el día en que nace un/a niño/a en cuanto al nahual?
5. ¿Por qué no se les dice a los niños cuál es su nahual hasta que son mayores de edad?
6. ¿Qué significado tienen algunos de los apellidos de los indígenas?
7. Según lo que dice Rigoberta en el último párrafo, ¿por qué los indígenas ocultan su identidad y guardan secretos?

ANSWERS, B: 1. Es como su sombra, algo que simboliza los animales, agua y sol en cada persona; se fija según el día en el que nace cada niño. 2. Un nahual puede ser un animal (por ejemplo, un perro, un gato, un toro, un pájaro, una oveja, un caballo, un león), pero también puede ser la tierra, el agua o el sol. 3. El dueño del animal se enoja porque se ha hecho daño al nahual. 4. El día del nacimiento determina el nahual, y de eso el carácter del niño. 5. Los padres tienen que saber la importancia de los nahuales pero los niños podrían aprovecharse de ellos si saben el nahual que tienen. 6. Los apellidos muchas veces son nombres de animales, un indicio de la importancia de la tierra para los indígenas. 7. No lo revelan todo hasta no saber qué va a seguir como cultura indígena.

Al fin y al cabo

1. ¿Existe alguna relación similar entre personas y animales u otras cosas en tu cultura? ¿Cuál es?
2. Si tú tuvieras *(If you had)* un nahual, ¿qué sería *(would it be)*? ¿Por qué crees que este animal te representaría *(would represent you)*?

ANSWERS, AL FIN Y AL CABO: Estas preguntas son fuente de conversación, pero puede sugerir las relaciones entre las personas y su signo del zodíaco occidental o chino o bien las mascotas de los equipos y estados. Para referencia, el zodíaco occidental incluye estos animales: el carnero (Aries), el toro (Tauro), el cangrejo (Cáncer), el león (Leo), el escorpión (Escorpio), el chivo (Capricornio), el pez (Piscis). El zodíaco chino incluye estos animales: la rata, el búfalo, el tigre, la liebre, el dragón, la serpiente, el caballo, la cabra, el mono, el gallo, el perro, el jabalí.

El nahual

Todo niño **nace** con su nahual que es como su **sombra.** Van a vivir paralelamente y casi siempre es un animal el nahual. El niño o la niña tiene que dialogar con la naturaleza. Para nosotros el nahual es un representante de la tierra, un representante de los animales y un representante del agua y del sol. Y todo eso hace que nosotros nos formemos una imagen de ese representante. Es como una persona paralela al ser humano. Es algo importante. Se les enseña a los niños que si se mata un animal **el dueño** de ese animal se va a enojar con la persona, porque le está matando al nahual. Todo animal tiene un correspondiente ser humano y al **hacerle daño,** se hace daño al animal.

is born / *shadow* / *owner* / *to hurt, to harm*

Una creencia maya es que cada persona tiene "un nahual" o un correspondiente animal con quien tiene una constante relación durante su vida. La idea es que es posible ser animal sin dejar de ser persona.

Para nosotros y para nuestros antepasados, existen diez días sagrados que representan una sombra de un animal. Entonces cada día está representado por un animal. Nosotros tenemos divididos los días en perros, en gatos, en toros, en pájaros, en **ovejas,** y hay caballos y leones y otros animales. Cada día tiene un nahual. Si el niño nació el día miércoles, por ejemplo, su nahual sería una ovejita. El nahual está determinado por el día del **nacimiento.** Entonces para ese niño, todos los miércoles son su día especial. Si el niño nació el martes es la peor situación que tiene el niño porque será muy enojado. Los padres saben la actitud del niño de acuerdo con el día que nació. Porque si le tocó como nahualito un toro, los padres dicen que el torito siempre se enoja. Al toro le gustará **pelear** mucho con sus hermanitos.

sheep / *birth* / *to fight*

De hecho, a los jóvenes antes de **casarse** se les da la explicación de todo esto. Entonces sabrán ellos, como padres, cuando nace su hijo, qué animal representa cada uno de los días. Pero, hay una cosa muy importante. Los padres no nos dicen a nosotros cuál es nuestro nahual cuando somos menores de edad o cuando tenemos todavía actitudes de niño. Porque muchas veces se puede uno **aprovechar del** mismo nahual. Es para que el niño no **se encapriche.** Y que no vaya a decir "yo soy tal animal. Entonces me tienen que **aguantar** los otros". Si mi nahual es un toro, por ejemplo, tendré ganas de pelear con los hermanos. Sólo vamos a saber nuestro nahual cuando ya tengamos una actitud fija, que no varía, sino que ya se sabe que esa es nuestra actitud.

to get married / *to take advantage of the* / *become mischievous* / *to put up with*

Todos **los reinos** que existen para nosotros en la tierra tienen que ver con el hombre y contribuyen al hombre. No es parte aislada el hombre; que hombre por allí, que animal por allá, sino que es una constante relación, es algo paralelo. Podemos ver en los apellidos indígenas también. Hay muchos apellidos que son animales. Por ejemplo, "quej", caballo.

domains, kingdoms

Nosotros los indígenas **ocultamos** nuestra identidad, **guardamos** muchos secretos, por eso somos discriminados. Para nosotros es bastante difícil muchas veces decir algo que se relaciona con uno mismo porque uno sabe que tiene que ocultar esto hasta que sea seguro que va a seguir como una cultura indígena, que nadie nos puede quitar. Por eso no puedo explicar todos los detalles del nahual pero hay ciertas cosas que puedo decir en general. Por eso yo no puedo decir cuál es mi nahual porque es uno de nuestros secretos.

hide / keep

El Nahual, *from* Me llamo Rigoberta Menchú y así me nació la conciencia *by Elizabeth Burgos.*

INTERCAMBIO: RIGOBERTA MENCHÚ, PREMIO NÓBEL DE LA PAZ

Cada uno de ustedes tiene información incompleta sobre Rigoberta Menchú. Lean la información que tienen y contesten las preguntas de su compañero/a.

Estudiante A

1. Lee la información que tienes sobre Rigoberta Menchú. Después contesta las preguntas que te va a hacer tu compañero/a.

Rigoberta Menchú es de origen maya quiché. Nació en 1956 en Chimel, un pueblo en el norte de Guatemala. Creció en una familia indígena muy humilde. Con su familia aprendió la lengua quiché y las costumbres de su gente. Cuando era muy niña tuvo que trabajar en el campo, recogiendo algodón y café. Después trabajó en la ciudad como empleada doméstica. Rigoberta hablaba sólo quiché y cuando tenía veinte años decidió aprender español para poder informarle a la gente de la represión que sufría su pueblo.

Las fuerzas de seguridad de Guatemala asesinaron a su hermano cuando tenía dieciséis años. En 1980 murieron sus padres, también víctimas de la violencia existente en el país.

2. Tu compañero/a tiene información que tú no tienes. Haz las preguntas siguientes para obtener la información que necesitas.
   a. ¿En qué año empezó Rigoberta a trabajar en defensa de los pueblos mayas?
   b. ¿Qué ocurrió en 1981?
   c. ¿Cómo puedo aprender más de Rogberta Menchú?
   d. ¿En qué año le concedieron el Premio Nóbel de la Paz?

Estudiante B

1. Tu compañero/a tiene información que tú no tienes. Haz las preguntas siguientes para obtener la información que necesitas.

Desde 1980 Rigoberta empezó a participar activamente en numerosas organizaciones en contra de la opresión y la discriminación sufrida por el pueblo maya. Su trabajo en defensa de los pueblos indígenas y en la promoción de sus valores puso su vida en peligro. Por esta razón, en 1981 tuvo que salir de Guatemala. Fue a México y allí organizó un movimiento de resistencia campesina.

En 1983 se publicó su libro testimonial, Me llamo Rigoberta Menchú y así me nació la conciencia.

En 1992 recibió el Premio Nóbel de la Paz por su labor en defensa de los derechos de los 6 millones de indios mayas que viven en Guatemala. Rigoberta aceptó el premio en nombre de todo el pueblo indígena.

2. Lee la información que tienes sobre Rigoberta Menchú. Después contesta las preguntas que te va a hacer tu compañero/a. Finalmente, haz las siguientes preguntas a tu compañero/a para consequir más información.
   a. ¿Dónde y en qué año nació Rigoberta Menchú?
   b. ¿Qué idioma hablaba con su familia?
   c. ¿Cuándo aprendió el castellano? ¿Por qué lo aprendió?
   d. En 1980, ¿qué le pasó a su familia?

SUGGESTIONS: (1) Prepare for the activity by having students read over their information and then prepare a summary of the information. Then have students interact to share information without reading from their original texts. (2) You may want to tell students that, in fact, Rigoberta Menchú did not write the book. Elizabeth Burgos did, based on her interviews with the activist. (3) Expand this activity by having students write a short list of questions that they may have about Rigoberta Menchú after completing the **Intercambio.** Encourage them to search the Internet to answer their questions and present them to the class.

VOCABULARIO

HERITAGE LEARNERS: Ask heritage learners to add to the **Vocabulario** any alternate vocabulary that they have come up with over the course of the chapter. They might put the words in categories like **Así lo dice el libro; Así lo dice el/la profesor/a; Así lo digo yo,** etc.

Track 3-5

The **Vocabulario** consists of all new words and expressions presented in the chapter. When reviewing or studying for a test, you can cover up the English and go through the list to see if you know the meaning of each item.

Expresiones adverbiales para hablar de una secuencia de acciones *Adverbial expressions to describe a sequence of events*

durante el día *during the day*
 por la mañana *in the morning*
 por la tarde *in the afternoon*
 por la noche *in the evening, at night*
 todos los días *every day*
durante la semana *during the week*
 los lunes *on Mondays*
 los martes (miércoles...) *on Tuesdays (Wednesdays . . .)*
durante el fin de semana *on the weekend*
 los sábados *on Saturdays*
 los domingos *on Sundays*
los lunes por la mañana *Monday mornings*
 por la tarde *Monday afternoons*
 por la noche *Monday evenings/nights*

a la hora de cenar *at dinnertime*
a menudo *often*
a veces *sometimes*
al despertarme *upon getting up*
al salir de casa *upon leaving home*
algunas veces *sometimes*
antes de clase *before class*
casi nunca *almost never*
casi siempre *almost always*
con frecuencia *frequently*
de vez en cuando *once in a while*
después de comer *after lunch*
generalmente *generally*
normalmente *normally*
nunca *never*
por lo general *in general*
siempre *always*

Expresiones para hablar de una secuencia de acciones puntuales en el pasado *Expressions to discuss a sequence of single past events*

al día siguiente *the next day*
al llegar *upon arriving*
anteayer *the day before yesterday*
ayer *yesterday*
el día anterior *the day before*
el día que llegamos *the day we arrived*
el lunes (martes...) pasado *last Monday (Tuesday . . .)*
el fin de semana pasado *last weekend*
el primer día *the first day*
el último día *the last day*
el mes pasado *last month*
ese mismo día *that same day*
los primeros días *the first days*
la semana pasada *last week*
las vacaciones pasadas *last vacation*
el verano pasado *last summer*

al final... del día *at the end . . . of the day*
 de la tarde *of the afternoon*
 de la noche *of the evening/night*
después *then*
finalmente *finally*
luego *then*
más tarde *later on*
por fin *finally*
por último *at the end*
primero *first*
primero de todo *first of all*

Expresiones para hablar de una secuencia de acciones en el futuro *Expressions to discuss a sequence of future events*

hoy *today*
- por la tarde *this afternoon*
- por la noche *this evening/night*

esta tarde / esta noche *this afternoon / this evening*
esta semana *this week*
este mes *this month*
este año *this year*
mañana *tomorrow*
- por la mañana *morning*
- por la tarde *afternoon*
- por la noche *evening/night*

pasado mañana *the day after tomorrow*
- por la mañana *in the morning*
- por la tarde *in the afternoon*
- por la noche *in the evening*

el lunes (martes) que viene *next Monday (Tuesday)*
el fin de semana que viene *next weekend*
la semana que viene *next week*
el mes que viene *next month*
el año que viene *next year*
el curso que viene *next academic year*

La comida en el mundo hispano

CHAPTER OBJECTIVES

In **Capítulo 11,** you will learn more ways to discuss food and food preparation. You will also learn to identify the items found in a restaurant and order food and service there. In addition, you will learn to discuss your likes and dislikes and ask your friends and colleagues about their likes and dislikes.

PRIMERA ETAPA

En un restaurante

SEGUNDA ETAPA

Algunas recetas de Puerto Rico y Cuba

TERCERA ETAPA

La comida Tex-Mex

INTEGRACIÓN

Preparando tortillas

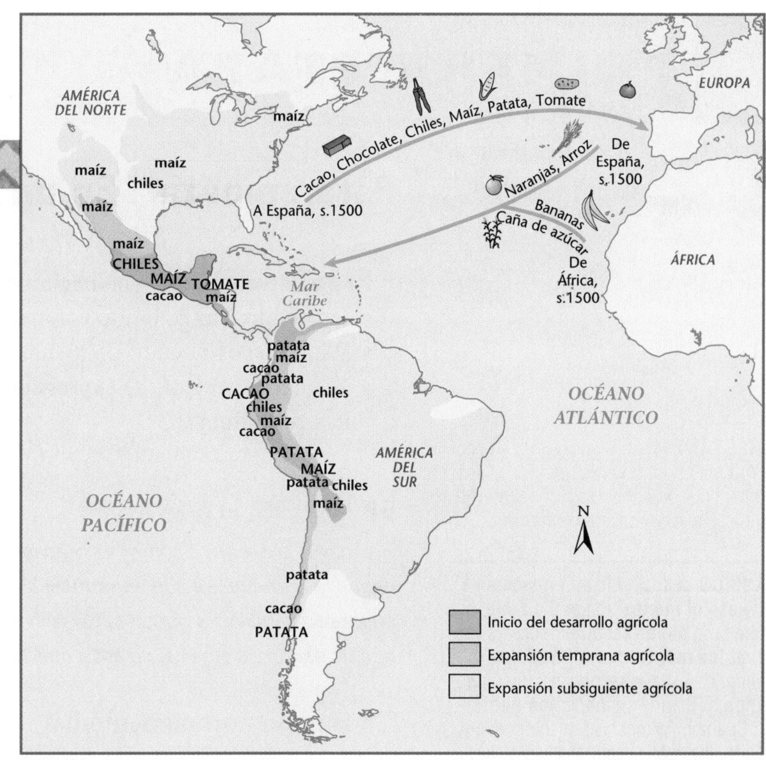

Functions

- make eating arrangements in a restaurant
- discuss your preferences and opinions about food

Functions

- share and follow a recipe
- develop a restaurant menu

Functions

- describe personal preferences in restaurants and food
- discuss traditions and habits in Tex-Mex and Mexican cuisine

Lectura: *Como agua para chocolate:* Las cebollas y el nacimiento de Tita

Vídeo: Episodio 5; Actividades en las páginas V-10–V-11

Intercambio: Para poner la mesa

Escritura: Actividades en el manual

Tools

The tools you will use to carry out these functions are:

- Vocabulary for:
  - table settings
  - eating arrangements in a restaurant and ordering food
  - recipes and food preparation
  - describing food
- Grammatical structures:
  - review of verbs like **gustar** and other similar verbs
  - the verb **estar** + adjectives
  - commands with direct and indirect object pronouns
  - affirmative and negative expressions
  - the impersonal **se**
  - relative pronouns

PRIMERA ETAPA

TRANSPARENCY N-3: Para poner la mesa

Para empezar: En un restaurante

Preparación: As you begin this **etapa,** answer the following questions:

- Do you like to go out to eat in a restaurant?
- What do you need to do to make reservations?
- What are some of the expressions you would use to order food or to communicate in a restaurant?

SUGGESTION: Present vocabulary in context. You may bring in place-setting props and talk about how the table is set, pointing out items as you use their names.

EXPANSIÓN LÉXICA: Elegant restaurants usually use **el mantel** to set the table, but at home or in more casual restaurants you may find **los manteles individuales** *(placemats)*. A *place setting,* or grouping of a knife, fork, and spoon, is **los cubiertos** in Spanish. In most Spanish-speaking countries, the table is generally also set with **el aceite** and **el vinagre** for your salad course. When you ask for **la sal** or **la pimienta,** it will be served to you in **el salero** *(salt shaker)* and **el pimentero** *(pepper shaker)* or **el molinillo de pimienta** *(pepper mill)*.

EXPANSIÓN LÉXICA: The *bowl,* one of mankind's first dishes, has many equivalents in Spanish: In addition to **el plato hondo, el bol** and **el tazón** are the two most common. Any *large bowl* might be called **el cuenco**. A *soup bowl* is **la sopera**.

POSSIBLE ANSWERS, EX. 11-1: Necesito... 1. un plato, un cuchillo, la mantequilla 2. un plato (o plato hondo), un tenedor, una cuchara 3. un plato, una cucharita 4. un plato, un cuchillo, un tenedor, la sal, la pimienta 5. un plato, un tenedor 6. un plato, un cuchillo, un tenedor 7. la sal, una servilleta, un tenedor 8. un plato, un tenedor, la sal

NOTA CULTURAL, EX. 11-1: You may have answered that you don't need anything to eat **papas fritas,** that these are finger foods. Throughout the Spanish-speaking world, however, foods eaten at the table are almost never eaten with fingers: French fries would be eaten with a fork and possibly a knife as well. In many places table manners dictate that both hands be on the table, holding two utensils if in use. The best way to be sure of appropriate table manners is to observe the way locals eat and then to imitate the predominant style.

SUGGESTION, EX. 11-2: You may want to bring plastic plates, silverware, and paper napkins to give students as props to do this activity.

EN UN RESTAURANTE

A Victoria le encanta comer en restaurantes elegantes. Para ella, no hay nada mejor que estar sentada a una mesa con su ***mantel*** *blanco,* ***copas*** *de cristal y* ***platos*** *de porcelana fina. Por supuesto también le gusta estar allí con su novio en una cita romántica. ¡Y la comida exquisita, que de seguro le espera, no está mal tampoco!*

En la mesa normalmente hay

Práctica

11-1 ¿Qué necesitas? Cada utensilio, cada componente de una mesa bien puesta tiene una función. Identifica todos los utensilios necesarios cuando te sirven los alimentos siguientes.

Modelo: el té
Necesito una taza, un platillo, una cucharita y el azúcar.

1. el pan tostado
2. los espaguetis *(spaghetti)*
3. el helado
4. el bistec *(steak)*
5. la ensalada
6. el melón
7. las papas fritas *(French fries)*
8. los calamares

11-2 ¡A poner la mesa! Imagínate que estás trabajando en un restaurante español en Nueva York. Hoy empieza a trabajar un nuevo empleado en el restaurante y tú le tienes que explicar cómo se pone la mesa *(the table is set)*. Utiliza el vocabulario que acabas de aprender para darle instrucciones a un/a compañero/a de clase sobre cómo se pone la mesa correctamente.

ENFOQUE LÉXICO — Las expresiones que se usan en un restaurante

Expresiones para pedir una mesa en un restaurante

—Quisiera/Quisiéramos una mesa para... personas, por favor.	*I/We would like a table for . . . people, please.*
—¿Para fumadores o no fumadores?	*Smoking or nonsmoking?*
—Para no fumadores, gracias.	*Nonsmoking, thanks.*

NOTA CULTURAL: When you travel in the Spanish-speaking world, especially in major cities, you may find that many people smoke and that few accommodations are made for nonsmokers. While this is slowly changing, you should not be surprised if there is no **sección de no fumadores** in your favorite restaurants and other establishments.

Expresiones para pedir la comida

A. Preguntas del / de la camarero/a

¿Quiere/Quieren pedir?	*Would you (singular/plural) like to order?*
¿Qué va/van a pedir de aperitivo?	*What would you like to order as an appetizer?*
¿Va/Van a pedir sopa?	*Are you going to have soup?*
¿Y de segundo (plato)?	*And as an entree?*
¿Va/Van a pedir postre?	*Are you going to order dessert?*
¿Qué va/van a beber?	*What are you going to drink?*
¿Va/Van a tomar café?	*Are you going to drink coffee?*
¿Necesita/Necesitan algo más?	*Do you need anything else?*
¿Está todo bien?	*Is everything all right?*

B. Respuestas

El menú, por favor.	*(I/We need) The menu, please.*
Para beber, voy/vamos a pedir...	*To drink I/we'll have . . .*
Como aperitivo queremos...	*For an appetizer, we want . . .*
De primero, yo quiero...	*As a first course, I want . .*
De segundo, voy a tomar...	*As an entree, I'll have . . .*
De postre, nada, gracias.	*For dessert, nothing, thanks.*

EXPANSIÓN LÉXICA: In Spain, **el menú** is called **la carta.** *Appetizers* in Spain are generally called **tapas** and in Mexico, **botanas.** Another word for *starter* is **la entrada**. **El plato fuerte** is always the *main course,* though this term is generally used at home or informal meal settings. In Spain, **el primer plato** and **el segundo plato** are used for *starter* and *main course.*

Expresiones para pedir la cuenta

La cuenta, por favor.	*The check, please.*
¿Podría traerme/nos la cuenta, por favor?	*Could you bring me/us the check, please?*
Quisiera/Quisiéramos la cuenta, por favor.	*I/We would like the check, please.*

EXPANSIÓN LÉXICA: If you need the check in Argentina and Uruguay, ask for **la adición.** If you are in Panamá, you should look for **la factura.** Confused? **La cuenta** is understood wherever you go.

PREVIEW: Remind students that they learned most of the vocabulary in the menu below in **Capítulo 1.**

Práctica

11-3 Y ahora, a pedir la comida Trabajen en grupos de tres: un/a estudiante será el/la camarero/a, y los otros van a pedir la comida. Están en La Barraca, un restaurante español en Nueva York. Pidan la comida seleccionando platos del menú.

Restaurante La Barraca

Aperitivos/Tapas

Espárragos a la parmesana (*Asparagus*)	Jamón serrano
Chorizo	Calamares fritos
Tortilla española	Gambas al ajillo

Sopas

Sopa del día

Sopa de **pescado** (*fish*)

Sopa de **mariscos** (*seafood*)

Segundo plato

Pescado frito	**Pollo** al ajillo (*Chicken*)
Ternera (*Veal*)	Paella valenciana
Cordero (*Lamb*)	

Postres

Flan

Fruta

Helados variados

Bebidas

Agua mineral con gas / sin gas	Vino blanco de la casa
Sangría	Cervezas nacionales y de importación
Vino tinto de la casa	Café
	Té

11-4 ¡Unos clientes problemáticos! Esta vez vuelve a imaginarte que estás en el restaurante La Barraca trabajando como camarero/a. Otro/a compañero/a de clase será el/la cliente problemático/a (¿con alergias? ¿vegetariano? ¿de mal humor? ¿que no sabe bien el español? ¿...?). Vuelvan a usar el menú de La Barraca para desarrollar el diálogo.

ENFOQUE ESTRUCTURAL Un repaso de los verbos como *gustar*

As you have seen previously, **gustar** and verbs like it are used in the third person singular **(gusta)** or plural **(gustan)** forms along with the indirect object pronouns: **me, te, le, nos, os,** and **les.**

- Remember that the singular and plural forms are used depending on whether the subject is singular or plural:

—¿Qué **comida** te **gusta** más?	*What **food do** you **like** best?*
—Me **gusta** más **la comida puertorriqueña.**	***I like Puerto Rican food** best.*
—¿Qué **restaurantes** te **gustan?**	*Which **restaurants do** you **like**?*
—Me **gustan los italianos y los chinos.**	***I like Italian and Chinese restaurants.***

- Remember that if the subject is an infinitive, the verb is always singular, no matter how many infinitives there are:

Nos **gusta salir** a comer en un restaurante.	*We **like going out** to eat in a restaurant.*
A ellos los fines de semana les **gusta pasear, comer en un restaurante y ver** una película.	*They **like to take walks, eat out, and see** a movie on the weekend.*

- Remember that a clarifying phrase **a** + noun or pronoun is frequently added to this construction:

—¿Qué comida le gusta **a tu novio**?
—**A él** le gusta la comida caribeña.
—¿Y **a ti**?
—**A mí** me gusta más la peruana.

- When a verb like **gustar** is followed by a reflexive verb, remember to attach the reflexive pronoun to the infinitive.

A su novio no le gusta **afeitarse** todos los días.

There are many verbs that are used like **gustar.** In addition to the list of verbs that you learned in **Capítulo 8,** these verbs follow the same model:

IRM MASTER 30: Verbos como **gustar**

caer bien/mal	*to like or dislike*
faltar	*to need, to lack*
hacer falta	*to need, to lack*
parecer	*to seem, to think about*
tocar	*to be one's turn*

—¿A quién **le toca** pagar?	*Whose **turn is it** to pay?*
—**Te toca** pagar a ti.	***It's your turn** to pay.*
—¿Qué **les falta**?	*What **do you need?***
—**Me falta** una servilleta.	***I need** a napkin.*
—**Nos hace falta** un tenedor.	***We need** a fork.*
—¿Qué **te parece** este restaurante?	*What **do you think** about this restaurant?*
—¡**Me parece** estupendo!	***I think** it's great!*

NOTA GRAMATICAL: Remember that when you use **gustar** with **le** or **les,** where the antecedent is likely to be ambiguous, you may want to clarify the indirect object:

A Juan le gusta la paella.

A Marta le gustan las gambas *(shrimps).*

A Juan y a Marta les gusta el pescado.

The same would hold for the other verbs presented here.

A ellos les toca pagar la cuenta.

A Sara le apetecen unas gambas.

ANSWERS, EX. 11-5: 1. ¿A quién le falta una servilleta? A Victoria le falta una servilleta. 2. ¿A quién le faltan tenedores? A Linda y a mí nos faltan tenedores. 3. ¿A quién le toca pedir las bebidas? A ellas les toca pedir las bebidas. 4. ¿A quién le apetece una ensalada mixta? A Juan le apetece una ensalada mixta. 5. ¿A quién le encantan los calamares? A nosotros nos encantan los calamares. 6. ¿A quién le encanta la paella? A José y a Victoria les encanta la paella. 7. ¿A quién le hace falta dinero? A Julieta le hace falta dinero. 8. ¿A quién le toca pagar la cuenta? A ti te toca pagar la cuenta.

ANSWERS, EX. 11-6: 1. ¿Qué les falta a Mónica y a Ángel? A Mónica y a Ángel les faltan dos cucharas/cucharitas. 2. ¿Qué le falta a Jaime? A Jaime le falta una copa. 3. ¿Qué le falta a Sara? A Sara le falta un plato. 4. ¿Qué le falta a Tomás? A Tomás le faltan dos tenedores. 5. ¿Qué le falta a Carmen? A Carmen le falta un cuchillo.

VARIATION, EX. 11-7: Tell students to plan for a class party by asking what foods people would like to have. Have students circulate around the classroom to survey their classmates.

Práctica

11-5 ¿A quién le... ? Tú y varios amigos están en un restaurante. Haz preguntas y contéstalas refiriéndote a las personas indicadas según el modelo.

Modelo: gustar / sopa de ajo (Juan)
—¿A quién le gusta la sopa de ajo?
—A Juan le gusta la sopa de ajo.

1. faltar / servilleta (Victoria)
2. faltar / tenedores (Linda y yo)
3. tocar / pedir las bebidas (ellas)
4. apetecer / una ensalada mixta (Juan)
5. encantar / calamares (nosotros)
6. encantar / paella (José y Victoria)
7. hacer falta / dinero (Julieta)
8. tocar / pagar la cuenta (tú)

11-6 ¿Qué le falta a... ? Tú y tus amigos llegan a su mesa en un restaurante y notan que les faltan algunas cosas. Sigue el modelo.

Modelo: *¿Qué le falta a Luisa?*
A Luisa le falta la servilleta.

1. Mónica y Ángel

2. Jaime

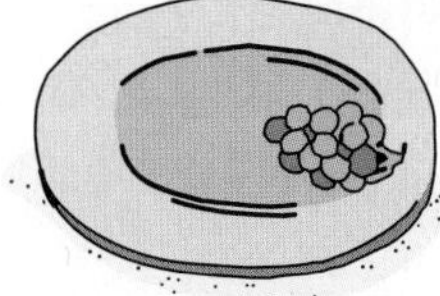

3. Sara

4. Tomás

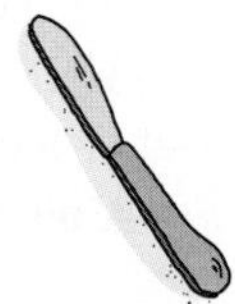

5. Carmen

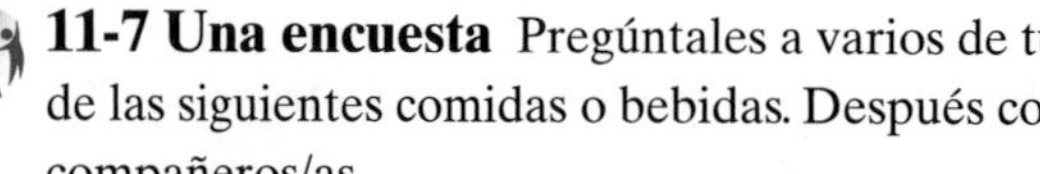

11-7 Una encuesta Pregúntales a varios de tus compañeros/as de clase lo que piensan de las siguientes comidas o bebidas. Después comparte con la clase lo que piensan tus compañeros/as.

Modelo: *A Mary le apetece la ensalada, no le gustan los espárragos y le encantan los mariscos.*

	(no) apetecer	(no) gustar	(no) encantar
1. los mariscos			
2. la sopa de pescado			
3. los calamares			
4. las gambas			
5. el pollo			
6. la ternera			
7. el café			
8. el té			
9. el vino			
10. la cerveza			
11. ¿...?			

COMENTARIOS CULTURALES

SUGGESTION: Provide a transition for students by reminding them that the theme of this chapter addresses food. Therefore, the following **Comentario cultural** highlights cultural aspects of food items.

Xitomatl, mahiz, papa

Xitomatl es la palabra náhuatl, lengua de los aztecas, para el tomate. Hoy día en México se usa la palabra **jitomate** en vez de *xitomatl*, pero en otras partes del mundo hispano se usa la palabra **tomate.** Se cree que esta fruta se cultiva en México y en partes de América Central desde hace más de cinco mil años. Los exploradores españoles fueron los que introdujeron esta fruta en Europa.

El maíz, conocido como *mahiz* en la lengua de los indios del Caribe, es un producto importantísimo que se originó en las Américas hace cinco mil años. En la época precolombina se cultivaba desde lo que hoy es Chile, hasta el sur de Canadá.

SUGGESTION: You may wish to share with your students that in náhuatl, the letter **x** is pronounced like the *sh* in English. The **h** in **mahiz** would not be silent, but pronounced with a slight aspiration like in the English word *heat*.

En las altas montañas de los Andes, los indios no podían cultivar maíz a causa del frío. Sin embargo, cultivaban *papa*, conocida por su nombre en quechua. Esta lengua, hablada por los incas, se habla todavía hoy en los países andinos. Los indios de los Andes inventaron una manera peculiar de conservar los distintos tipos de papas que cultivaban: por medio del frío y del calor las deshidrataban y congelaban a la vez.

SUGGESTION: As an expansion activity, pair students and have them generate a list of 4–5 fruits or vegetables. Then have students post queries to chat lines for several different Spanish-speaking countries, asking them the term they use for these foods. Students can then report results to the class and comment on dialect diversity.

INTEGRACIÓN CULTURAL

1. ¿Cómo le llamaban los aztecas al tomate?
2. ¿Dónde se originó el maíz?
3. ¿Por qué no se cultivaba el maíz en los Andes?
4. De estos tres productos agrícolas, ¿cuál crees que ha tenido más impacto en el mundo? Explica tu respuesta.

ANSWERS: 1. xitomatl 2. en las Américas 3. Hace mucho frío en las montañas. 4. Aquí habrá variación, pero los estudiantes pueden pensar en la cocina italiana sin tomate (¡impensable!) y las hamburguesas sin su papa frita. Puedes mencionar que la gran hambruna irlandesa, causa de tanta inmigración irlandesa a los EE.UU., nunca hubiera pasado sin la introducción de la papa.

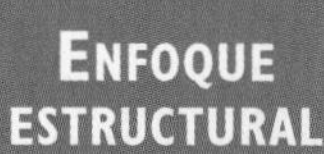

El verbo *estar* + adjetivos para expresar una condición resultante

As you learned in **Capítulo 3,** the verb **estar** is used with certain adjectives to express conditions that are true at a given moment, but not necessarily permanent. Note the following examples:

—¿Qué tal **está** la sopa?	*How **is** the soup today?*
—¡**Está** muy **rica**! (¡**Está riquísima**!)	***It's** very **good!***
—¿Qué tal **están** los calamares?	*How **are** the calamari?*
—¡**Están** muy **ricos!** (¡**Están riquísimos**!)	***They're** very **good!***
¡Qué **rica está** la hamburguesa!	*This hamburger **is delicious!***
¡Qué **ricos están** los calamares!	*These calamari **are great!***

Remember that the adjectives in Spanish must agree with the nouns they modify.

La **sopa** está **fría.**
El **pescado** está **delicioso.**
Las **papas** están **saladas.**
Los **camarones** están **ricos.**

In Spanish, past participles (you learned them in **Capítulo 10**) can also be used as adjectives. When a past participle is used as an adjective with **estar,** it expresses a condition that results from a previous action.

El vaso **está roto.**	*The glass **is broken.** (someone broke it)*
La puerta del restaurante **está abierta.**	*The restaurant's door **is open**. (someone opened it)*

Some common participles that are used with **estar** to express these types of conditions are:

abierto/a	*open*	**escrito/a**	*written*
aburrido/a	*bored*	**hecho/a**	*done*
avergonzado/a	*embarrassed*	**lavado/a**	*washed*
cansado/a	*tired*	**mojado/a**	*wet*
cerrado/a	*closed*	**ocupado/a**	*busy*
cubierto/a	*covered*	**planchado/a**	*ironed*
descrito/a	*described*	**preocupado/a**	*worried*
dicho/a	*said*	**puesto/a**	*set*
doblado/a	*folded*	**roto/a**	*broken*
enojado/a	*angry*		

Para dar énfasis a una descripción:

—¿Cómo está don Alberto hoy?	*How is don Alberto today?*
—Está **un poco** cansado. ¿Y tú?	*He is **a little** tired. And you?*
—¿Estás preocupado ahora?	*Are you worried now?*
—Sí, estoy **algo** preocupado.	*Yes, I am **somewhat** worried.*

The adverbs **un poco** *(a little),* **muy** *(very),* **algo** *(somewhat, a bit),* and **bien** *(quite, very)* may be placed before an adjective of condition in order to enhance or mitigate the quality expressed by the adjective.

Práctica

11-8 ¿Cómo están? Estas personas y cosas están... bueno, ¡tú dirás cómo están! ¿Puedes adivinar por qué están así?

Modelo: nuestra mesa
Nuestra mesa está puesta porque ahora vamos a comer.

PARTIAL ANSWERS, EX. 11-8: Anima a los estudiantes a contestar de forma creativa. 1. Adela está muy cansada porque... 2. Pepito está enojado porque... 3. La ventana esta cerrada porque... 4. La puerta del garaje está abierta porque... 5. El piso de la cocina está mojado porque... 6. Las servilletas están dobladas porque...

1. Adela

2. Pepito

3. la ventana

4. la puerta del garaje

5. el piso de la cocina

6. las servilletas

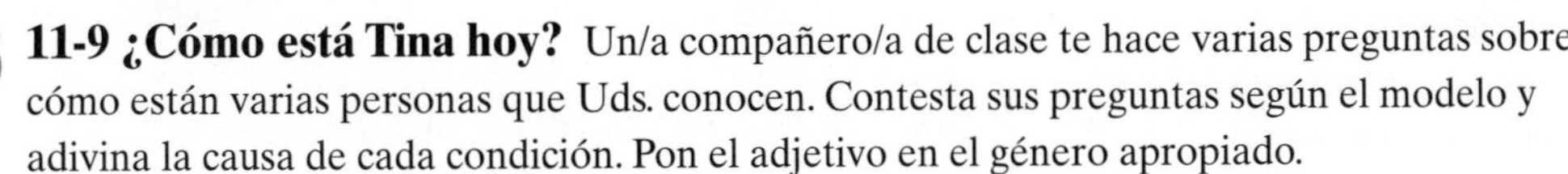

11-9 ¿Cómo está Tina hoy? Un/a compañero/a de clase te hace varias preguntas sobre cómo están varias personas que Uds. conocen. Contesta sus preguntas según el modelo y adivina la causa de cada condición. Pon el adjetivo en el género apropiado.

Modelo: Tina / aburrido
—*¿Cómo está Tina hoy?*
—*Está muy aburrida porque no puede salir.*
o —*Está algo aburrida porque no puede salir.*
o —*Está un poco aburrida porque no puede salir.*
o —*Está bien aburrida porque no puede salir.*

1. Julia / preocupado
2. tu padre / enojado
3. la profesora / ocupado
4. Sara y Ester / avergonzado
5. Jaime, Nicolás y yo / cansado
6. Uds. / preocupado

VARIATION, EX. 11-9: Substitute these invented names for real people in the class and community.

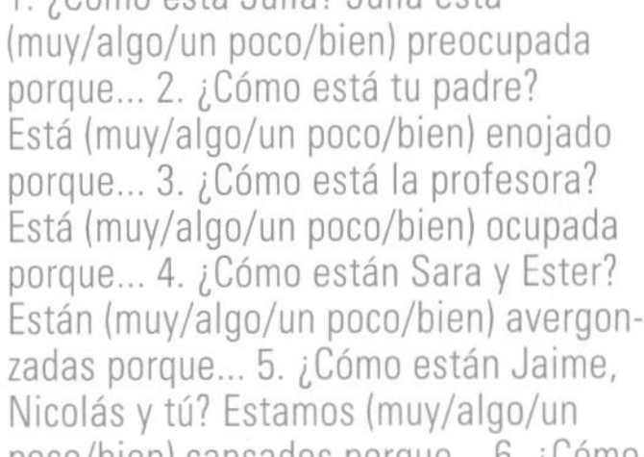

POSSIBLE ANSWERS, EX. 11-9: 1. ¿Cómo está Julia? Julia está (muy/algo/un poco/bien) preocupada porque... 2. ¿Cómo está tu padre? Está (muy/algo/un poco/bien) enojado porque... 3. ¿Cómo está la profesora? Está (muy/algo/un poco/bien) ocupada porque... 4. ¿Cómo están Sara y Ester? Están (muy/algo/un poco/bien) avergonzadas porque... 5. ¿Cómo están Jaime, Nicolás y tú? Estamos (muy/algo/un poco/bien) cansados porque... 6. ¿Cómo están Uds.? Estamos (muy/algo/un poco/bien) preocupados porque...

11-10 Intercambio Siempre se conoce mejor a una persona cuando conocemos sus sentimientos. Hazle preguntas a un/a compañero/a de clase y luego comparte la información con el resto de la clase. Sigue el modelo.

ANSWERS, EX. 11-10: Habrá variación.

Modelo: cansado/a
—*¿Cuándo estás cansado?*
—*Estoy cansado cuando no duermo bien.*

1. cansado/a
2. aburrido/a
3. preocupado/a
4. ocupado/a
5. avergonzado/a

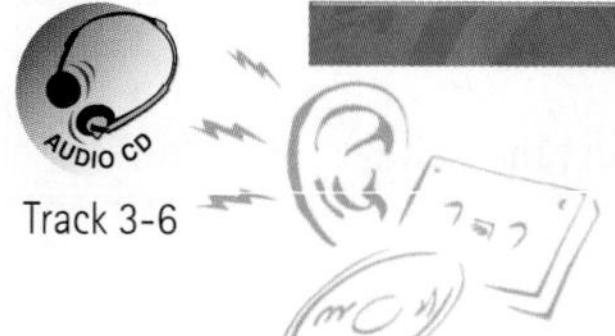

Track 3-6

VAMOS A ESCUCHAR:
RESTAURANTE EL DIENTE DE ORO

HERITAGE LEARNERS: Ask heritage learners to listen to the Spanish in the **Vamos a escuchar** recording and to compare it with the Spanish they use in their communities.

En este segmento vas a escuchar la presentación del menú de un restaurante peruano, El Diente de Oro.

Antes de escuchar

Antes de escuchar el segmento, contesta las siguientes preguntas.

- Cuando sales a comer a un restaurante, ¿cuántos platos pides?
- ¿Qué parte de la comida es tu favorita? ¿Las entradas? ¿Las verduras? ¿El postre? ¿Otra cosa?

Antes de escuchar la presentación, lee la lista de platos que aparece en la sección **Después de escuchar.**

Después de escuchar

ANSWERS, EX. 11-11: Entradas: ceviche de camarón, ceviche de pescado, ceviche mixto, papa a la huancaína; **Sopas:** chupe de camarones, parihuela; **Segundo plato:** ají de gallina, arroz verde con pollo, cau-cau, pescado sudado; **Postres:** flan, mazamorra morada

11-11 Comprensión Completa el menú que aparece a continuación, colocando los platos en la categoría apropiada. Como muchos platos serán nuevos para ti, lee la lista de platos primero y escucha lo que dice el presentador con mucha atención.

ají de gallina
arroz verde con pollo
cau-cau
ceviche de camarón
ceviche de pescado
ceviche mixto
chupe de camarones
mazamorra morada
papa a la huancaína
parihuela
flan
pescado sudado

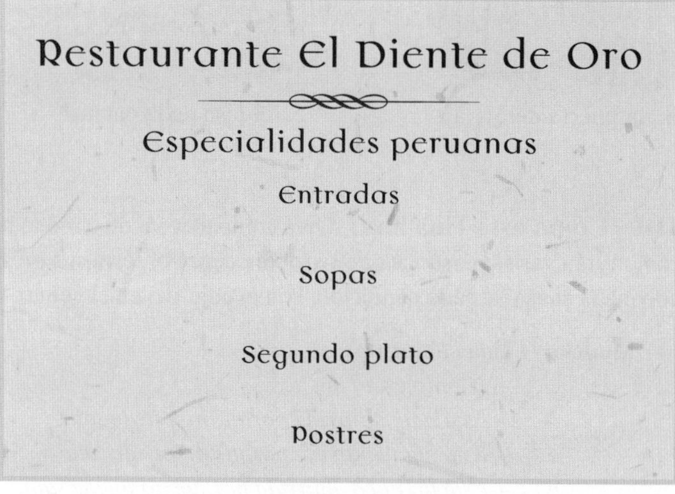

Restaurante El Diente de Oro
Especialidades peruanas
Entradas
Sopas
Segundo plato
Postres

ANSWERS, EX. 11-12: 1. el ají 2. Los platos están hechos como Uds. los pidan.

11-12 ¿Cómo lo dicen? Escucha el segmento de nuevo. Fíjate en lo que se dice y trata de contestar estas preguntas.

1. ¿Qué término peruano se usa como sinónimo de **chile**?
2. ¿Cómo dice el presentador que toda la comida se prepara plato por plato para el cliente?

TÚ DIRÁS

11-13 En el restaurante Vas a un restaurante con un amigo/a. Pide una mesa, habla sobre el menú y pide algo para comer. Uno/a de tus compañeros/as de clase va a hacer el papel de mesero/a...

11-14 Anoche cenamos en... Imagínate que anoche cenaste con un/a amigo/a en un restaurante absolutamente fabuloso... o totalmente horrible. Conversa con un/a compañero/a sobre lo que comiste y cuéntale si te gustó o no.

SEGUNDA ETAPA

Para empezar: Algunas recetas de Puerto Rico y Cuba

Preparación: As you begin this **etapa,** answer the following questions.

- Do you like to cook? What dishes do you normally cook?
- Do you know any Cuban or Puerto Rican dishes? Which ones?

UN PLATO TÍPICAMENTE CUBANO: ROPA VIEJA

Antes de leer la receta, estudia este vocabulario.

Los ingredientes y los utensilios

el plato *dish*
la carne *meat*
el diente de ajo *garlic clove*
el vino seco *dry wine*
la lata *can*
la sartén *frying pan, skillet*

Verbos

deshilachar *to shred*
hervir (ie) *to boil*
agregar *to add*
revolver (ue) *to stir*
adquirir (ie) *to acquire*

ROPA VIEJA

Es un plato muy típico de la comida cubana. Recibe el nombre ropa vieja porque la carne se cocina tanto que se deshilacha como la ropa vieja que se deshilacha por exceso de uso. A pesar de su nombre raro, es un plato delicioso.

Ingredientes

1 libra (1/2 kg aprox.) de carne de falda *(flank steak)* (puede usarse cualquier carne que pueda deshilacharse)
1 cebolla grande
1 ají *(chili pepper)* mediano
3 dientes de ajo
1 lata de puré de tomate de 6 onzas (180 g)
1/2 cucharadita de pimienta
1/4 taza de aceite vegetal
3 cucharadas de vino seco
1 lata pequeña de pimientos morrones *(sweet red peppers)*

Preparación

1. Hierva la carne hasta que esté blanda *(soft)*. Puede hacerse en agua, en el líquido de la sopa o en el de los frijoles.
2. Escúrrala *(Drain it)* y deshiláchela, cortando las hilachas *(shreds)* en tamaño pequeño como de una pulgada (2,5 cm).
3. Póngala en una sartén y agregue todos los ingredientes menos los pimientos morrones.
4. Cocínela, revolviéndola constantemente hasta que se forme una salsa y la carne adquiera el sabor.
5. Más o menos 10 minutos antes de servir, agregue los pimientos morrones.
6. Sírvala sobre arroz blanco.

Da cuatro porciones.

Source: Receta adaptada de http://www.juanperez.com/cocina/ropavieja.html

Práctica

ANSWERS, EX. 11-15: hervir, escurrir, deshilachar, poner, agregar, cocinar, revolver, adquirir, servir

11-15 ¡Qué lío! *(What a mess!)* Vuelve a leer la receta del plato cubano ropa vieja. Mira ahora los verbos que aparecen a continuación y ponlos en el orden correcto.

adquirir	deshilachar	poner
agregar	escurrir	revolver
cocinar	hervir	servir

ANSWERS, EX. 11-16: 1. una libra de carne 2. una cebolla 3. un ají 4. tres dientes de ajo 5. una lata de puré de tomate 6. Faltan pimienta, aceite vegetal, vino seco y pimientos morrones.

11-16 Ingredientes necesarios Mira los dibujos que aparecen a continuación y di qué es cada uno de ellos.

1. 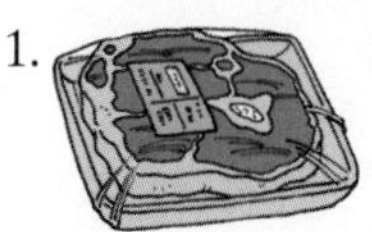 2. 3.  4.  5.

6. Si queremos preparar ropa vieja, ¿qué ingredientes faltan?

UN PLATO TÍPICAMENTE PUERTORRIQUEÑO: ARROZ CON GANDULES

Antes de leer la receta, estudia este vocabulario.

Los ingredientes

la aceituna *olive*
el achiote *annatto, a natural yellow colorant*
el culantro *coriander, cilantro*
los gandules *pigeon peas, a tropical legume*
el tocino *bacon*

Verbos

cocer (ue) *to cook*
dorar *to brown*
mezclar *to mix*
reservar *to set aside*
sofreír *to sautée*

EXPANSIÓN LÉXICA: Cilantro is a key ingredient of Latin American cooking and may be called **el cilantro, el cilantrillo, el recao,** or, as here, **el culantro.** The golden colorant **el achiote** (or **el bija,** in Cuba) can be purchased as a seed, dissolved in oil, or blended with other seasonings in a multi-purpose seasoning called **el sazón.**

HERITAGE LEARNERS: Ask heritage speakers who may have a Puerto Rican background about the word **boricua.** This is derived from the word **Borinquen,** which was the name of the island as it was referred to by the **taínos,** the original inhabitants. Puerto Ricans affectionately refer to each other as **boricuas.**

ARROZ CON GANDULES

El arroz y los frijoles, que son la base de la comida caribeña, se sirven con casi todas las comidas. En este plato típicamente boricua, los gandules reemplazan al frijol y se cocinan con el arroz amarillo.

Ingredientes

1/2 libra de gandules frescos	1 tomate pequeño
4 tazas de agua	2 hojas de culantro
2 cucharaditas de sal	1 1/2 cucharadas de aceite vegetal con achiote
1/4 onza de tocino	2 aceitunas rellenas
1/2 onza de jamón de cocinar	1/8 taza de salsa de tomate
1 cebolla pequeña	1/4 cucharadita de alcaparras *(capers)*
1 ají dulce	1 1/8 tazas de arroz
1 pimiento verde pequeño	1 1/2 taza de agua (en la que hirvieron los gandules)

Preparación

Combine los gandules con las 4 tazas de agua y póngalos a fuego fuerte. Cuando hiervan, tape *(cover)* y cueza 30 minutos. Agregue la sal y cueza otros 15 minutos. Escurra y reserve 1 1/2 tazas del líquido con que hirvieron los gandules. En un caldero *(pot),* dore el tocino y el jamón. Añada la cebolla, el ají, el pimiento, el tomate, las hojas de culantro. Todo esto debe estar cortado en pedacitos, luego sofría a fuego lento *(low).* Añada el aceite vegetal con achiote, las aceitunas, la salsa de tomate y las alcaparras y mezcle. Lave bien el arroz, escurra y añada, mezclándolo bien.

Agregue los gandules al arroz y sofría por unos minutos. Añada las 1 1/2 tazas de líquido que reservó y cueza a temperatura moderada hasta que se seque. Voltée *(Stir)* el arroz. Tape el caldero y cueza 30 minutos a fuego lento. A la mitad del tiempo voltée el arroz nuevamente.

Source: Receta adaptada de la receta de José Puras en el website de Jíbaros.com

Práctica

11-17 Ingredientes comunes ¿Cuáles son los ingredientes más comunes de la comida caribeña? Repasa las dos recetas que aparecen anteriormente e identifica los ingredientes que se usan en ambas.

ANSWERS, EX. 11-17: cebolla, ají, aceite vegetal, salsa o puré de tomate, arroz (la ropa vieja se sirve sobre arroz)

11-18 ¡Cocínalo tú! ¿Te interesa preparar el arroz con gandules? Imagínate que sí te interesa y, trabajando con un/a compañero/a de clase, contesta las preguntas que aparecen a continuación. ¡Expliquen sus respuestas usando la receta!

1. El arroz con gandules, ¿es un plato vegetariano?
2. ¿Es un plato picante?
3. ¿Es una comida completa o se combina con otro plato para hacer una comida completa?
4. ¿De qué color crees que es este plato?

POSSIBLE ANSWERS, EX. 11-18: 1. No, porque contiene tocino y jamón. 2. No, porque no contiene ají o chile picante. 3. Es una comida completa porque contiene arroz, verduras (pocas) y gandules, una proteína. También se puede combinar con otro plato, con carne, por ejemplo, para hacer una comida. 4. El arroz es amarillo porque contiene achiote y los gandules son oscuros.

REPASO

11-19 ¿Está servido... ? Falta una hora para que abra el Café Cachimba. ¡Por suerte, todo está listo! Utiliza el verbo **estar** en su forma correcta para emparejar *(to match)* un elemento de la columna de la izquierda con otro de la columna de la derecha. Haz los cambios necesarios de género y número.

Review use of **estar** with adjectives to express conditions resulting from actions.

1. la mejor mesa		
2. las servilletas		servido
3. el mantel		puesto
4. los cubiertos		doblado
5. los platos		lavado
6. la cucharita para el azúcar	estar	planchado
7. el primer plato		hecho
8. el pollo		preparado
9. el vino		cocinado
10. el postre del día		

POSSIBLE ANSWERS, EX. 11-19: 1. La mejor mesa está puesta. 2. Las servilletas están dobladas. 3. El mantel está planchado. 4. Los cubiertos están puestos. 5. Los platos están preparados. 6. La cucharita para el azúcar está lavada. 7. El primer plato está hecho. 8. El pollo está cocinado. 9. El vino está servido. 10. El postre del día está preparado.

11-20 ¿Qué harás? Habla con un/a compañero/a de clase y pregúntale qué hará el próximo fin de semana. Cuéntale lo que harás tú y no dejes de mencionar tus planes para comer.

Review future tense and time expressions.

PREVIEW: You may want to review the commands with **Ud.** and **Uds.** in **Capítulo 3,** and commands with **tú** in **Capítulo 5.**

ENFOQUE ESTRUCTURAL Los mandatos con los pronombres de complemento directo e indirecto

As you have seen at the beginning of this **etapa,** commands are commonly used in recipes.

> **Escúrrala** y **deshiláchela,** cortando las hilachas en tamaño pequeño.
> **Póngala** en una sartén.
> **Cocínela,** revolviéndola constantemente.

In the examples above, the commands are combined with the direct object pronoun **la** (referring to **la carne**).

- When a pronoun is used with an affirmative command, it is always attached to the end of the command. If two pronouns, one replacing direct and the other indirect objects, are used, the indirect object pronoun always comes before the direct object pronoun.

  —¿Le traigo el menú?
  —Sí, por favor, **tráiga<u>me</u> <u>lo</u>.**

  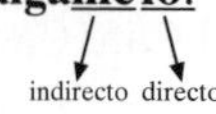

  —¿Les sirvo la sopa?
  —Sí, por favor, **sírva<u>nos</u> <u>la</u>.**

  indirecto directo

- When you attach two pronouns to the end of an affirmative command, put an accent mark on the third- or fourth-to-the-last syllable. Remember that the written accent is placed to keep the original stress pattern of the verb.

  —¿Le pongo sal a la carne?
  —Sí, **pónsela**.

- When only one pronoun is attached to the affirmative command form, sometimes you need to put an accent mark and sometimes you do not. You will need to identify where the stress falls on the verb form before the pronouns are added to the end; if, with the addition of a pronoun, this syllable is not the second-to-last, you will need to place a written accent mark over the stressed syllable. Again, the goal is to maintain the original stress pattern of the verb.

  Ponle agua al arroz.
  Póngale agua al arroz.

- If the command is negative, the pronoun must be placed before the command form. If two pronouns are used, the indirect object pronoun always comes before the direct object pronoun.

  —¿Agrego ya el arroz?
  —No, **no lo agregues.**

  —¿Les pongo sal a los gandules?
  —No, no **se la pongas.**

Práctica

11-21 ¿Te sirvo... ? Es una noche perfecta en el Café Cachimba. El ambiente es muy informal. Todos los meseros son atentos, todos los clientes están contentos. Contesta las siguientes preguntas que escuchas en el café, empleando mandatos afirmativos informales. Sigue los modelos.

ANSWERS, EX. 11-21: Mandatos afirmativos informales: 1. Sí, escógemelo. 2. Sí, dánosla. 3. Sí, prepáramelo. 4. Sí, tráemelo. 5. Sí, muéstramelos. 6. Sí, pídenoslas. 7. Sí, descríbemela. 8. Sí, búscamelo. 9. Sí, cómpranoslo. 10. Sí, sírvenoslas. **Mandatos negativos informales:** 1. No, no me lo escojas. 2. No, no nos la des. 3. No, no me lo prepares. 4. No, no me lo traigas. 5. No, no me los muestres. 6. No, no nos las pidas. 7. No, no me la describas. 8. No, no, me lo busques. 9. No, no nos lo compres. 10. No, no nos las sirvas.

Modelos: ¿Te sirvo el arroz? ¿Les sirvo el arroz?
Sí, sírvemelo. *Sí, sírvenoslo.*

1. ¿Te escojo el vino?
2. ¿Les doy la cuenta?
3. ¿Te preparo un café?
4. ¿Te traigo el menú?
5. ¿Te muestro los postres?
6. ¿Les pido unas cervezas?
7. ¿Te describo la comida?
8. ¿Te busco otro tenedor?
9. ¿Les compro un helado?
10. ¿Les sirvo las ensaladas?

Ahora repite el ejercicio, empleando mandatos negativos informales según los modelos.

Modelos: ¿Te sirvo el arroz? ¿Les sirvo el arroz?
No, no me lo sirvas. *No, no nos lo sirvas.*

11-22 ¿Les sirvo... ? En otro restaurante el ambiente es más formal. Haz el papel de mesero y hazles preguntas a dos compañeros/as de clase. Ellos deben contestar, empleando mandatos formales y pronombres de complemento indirecto y directo. Sigan el modelo.

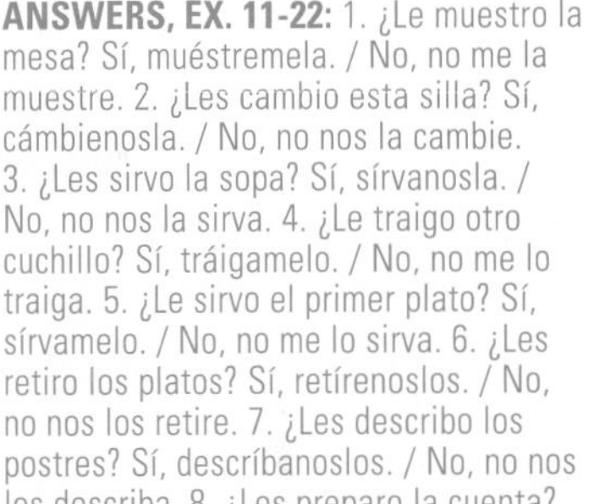
ANSWERS, EX. 11-22: 1. ¿Le muestro la mesa? Sí, muéstremela. / No, no me la muestre. 2. ¿Les cambio esta silla? Sí, cámbienosla. / No, no nos la cambie. 3. ¿Les sirvo la sopa? Sí, sírvanosla. / No, no nos la sirva. 4. ¿Le traigo otro cuchillo? Sí, tráigamelo. / No, no me lo traiga. 5. ¿Le sirvo el primer plato? Sí, sírvamelo. / No, no me lo sirva. 6. ¿Les retiro los platos? Sí, retírenoslos. / No, no nos los retire. 7. ¿Les describo los postres? Sí, descríbanoslos. / No, no nos los describa. 8. ¿Les preparo la cuenta? Sí, prepárenosla. / No, no nos la prepare.

Modelo: les / traer / el menú
—*¿Les traigo el menú?*
—*Sí, tráiganoslo.*
o —*No, no nos lo traiga.*

1. le / mostrar / la mesa
2. les / cambiar / esta silla
3. les / servir / la sopa
4. le / traer / otro cuchillo
5. le / servir / el primer plato
6. les / retirar / los platos
7. les / describir / los postres
8. les / preparar / la cuenta

SUGGESTION: Provide a transition for students by reminding them that the theme of this **etapa** addresses the Cuban and Puerto Rican cuisine. Therefore, the following **Comentario cultural** highlights cultural information pertinent to these types of cuisine.

COMENTARIOS CULTURALES

La cocina cubana y la puertorriqueña

La cocina puertorriqueña es el resultado de la combinación de varios tipos de cocina: la de los indios taínos, la de los españoles y la de los africanos. La cocina cubana, por su parte, es también el resultado de la fusión de la cocina española con la africana. En ambos países la cocina **autóctona** se conoce con el nombre de cocina criolla.

native

Aunque existen diferencias entre los dos tipos de cocina, también hay muchas semejanzas entre ellas. Por ejemplo, se usan las mismas especias, las cuales ocupan un lugar importante en la cocina criolla. Entre las más usadas están: el culantro, el orégano, **la canela** y la pimienta. El ajo y la cebolla son condimentos indispensables en ambas cocinas. Los plátanos son también un alimento de gran importancia en la dieta caribeña. Se comen de muchas maneras diferentes: verdes y maduros, fritos, asados o hervidos, enteros o en **rodajas.** Los tostones, rodajas fritas de plátanos verdes, son típicamente caribeños.

cinnamon

slices

El arroz es otro de los alimentos imprescindibles tanto en Puerto Rico como en Cuba. Se come con frijoles, con pollo, con camarones, con todo. Un plato típicamente puertorriqueño es el arroz con gandules, y uno típicamente cubano es "moros y cristianos", esto es, arroz con frijoles negros.

En Puerto Rico **el lechón asado** es también un plato tradicional. Se come en Navidades y en otras celebraciones. A veces se sirve acompañado de **frituras** con una salsa llamada ají-li-mójili, que se hace con pimientos, cebollas, ajo, vinagre, jugo de limón, sal y aceite de oliva. El plato nacional de la cocina cubana es el ajiaco criollo: **un guisado** de verduras y de carnes de varios tipos. Lo más característico de este plato es el empleo de productos autóctonos como yuca, boniato, malanga y plátanos verdes y maduros.

roasted pig
fried nibbles

stew

ANSWERS: 1. Es la cocina autóctona del Caribe y es el resultado de la mezcla de varias cocinas. 2. el culantro y la pimienta. 3. Son rodajas fritas de plátanos verdes. 4. Habrá variación.

INTEGRACIÓN CULTURAL

1. ¿Qué significa el término "cocina criolla"? ¿Qué incluye?
2. Menciona algunas especias que se usan en la cocina de Cuba y Puerto Rico.
3. ¿Qué son los tostones?
4. Aquí se describen los platos más típicos del Caribe. ¿En qué se parecen o se distinguen de la cocina de tu región?

ENFOQUE ESTRUCTURAL Expresiones negativas y afirmativas

You have already learned that you can make Spanish sentences negative by simply placing **no** before the conjugated verb:

No voy a ir a la fiesta mañana.

Another way to express negation in Spanish is to use other negative words. See the following examples:

—**Nadie** va al restaurante, ¿no?	***Nobody*** *is going to the restaurant, right?*
—No, Alberto **no va** y Mario **tampoco.**	*No, Alberto* ***is not going*** *and Mario isn't going* ***either.***
—¿Quiere **alguien** ir conmigo a cenar?	*Does* ***anyone*** *want to go have dinner with me?*
—No, no quiere ir **nadie.**	***No, no one*** *wants to go.*
—¿Sabes tú **algo** de cocina?	*Do you know* ***anything*** *about cooking?*
—No, no sé **nada.**	*No, I don't know* ***anything.***
—¿Hay **algún** restaurante cubano aquí?	*Is there* ***a*** *Cuban restaurant here?*
—No, no hay **ningún** restaurante cubano aquí.	*No, there's* ***no*** *Cuban restaurant here.*
—¿Van Alberto **o** Nico a la fiesta?	*Is* ***either*** *Alberto* ***or*** *Nico going to the party?*
—No van **ni** Alberto **ni** Nico.	***Neither*** *Alberto* ***nor*** *Nico is going.*

Here are some negative words in Spanish along with their affirmative counterparts:

nadie	*no one, nobody*	**alguien**	*someone, somebody*
		todo el mundo	*everyone, everybody*
ningún / **ninguno** / **ninguna**	*no, none*	**algún** / **alguno** / **alguna**	*a, an, any, some*
		algunos / **algunas**	*any, some*
nada	*nothing*	**algo**	*something*
tampoco	*neither, either*	**también**	*also*
nunca	*never*	**una vez**	*once*
		algún día	*someday*
		siempre	*always*
		cada día / **todos los días**	*every day*
ni... ni...	*neither . . . nor*	**o... o...**	*either . . . or*
		... y...	(both) *. . . and . . .*

- The words **ninguno** and **alguno** become **ningún** and **algún** before a singular masculine noun.
- In Spanish, a double negative construction like **No sé nada, No quiere ir nadie,** or **No hay ningún estudiante aquí** is normal practice.
- In the examples below, notice that **nadie, nunca,** and **tampoco** can be placed before the verb. If placed before the verb, no other negative word is necessary. If placed after the verb, the word **no** has to be used before the conjugated verb.

Nadie quiere ir al concierto.	**No** quiere ir **nadie** al concierto.
Nunca voy al teatro.	**No** voy al teatro **nunca.**
Tampoco voy al cine.	**No** voy al cine **tampoco.**

SUGGESTION: Contextualize presentation of vocabulary by telling students you are surveying the class's collective knowledge of Latino food. Ask students: **¿Sabes tú algo de la cocina dominicana? ¿Has comido alguna vez en un restaurante salvadoreño?** etc. Ask several students, and then write results on the board; e.g., **Algunos estudiantes han comido alguna vez en un restaurante latino** or **Ningún estudiante ha comido en un restaurante dominicano.**

HERITAGE LEARNERS: It may be common among some heritage learners, especially those whose families may have come from more rural areas, to say **"naide"** or even **"naiden"** for **"nadie."**

NOTA GRAMATICAL: The words **ninguno, alguno,** and their variations are used as adjectives as well as pronouns. Both match the nouns they refer to in gender (masc. or fem.) and number (sing. and pl.). The adjectives **ningún** and **ninguna** are normally used in the singular since they literally mean *not one.* One of the few exceptions would be a noun that is used only in the plural (e.g., **ganas**): **No tengo ningunas ganas de comer pizza**.

Práctica

POSSIBLE ANSWERS, EX. 11-23: 1. No, ni Alberto ni Enrique va a comprar un lechón. 2. No, no quiero comer nada. 3. No, su familia no come nunca en un restaurante. 4. No, nadie quiere comer ropa vieja. 5. No, Elena no pide nunca la misma comida que su hermana. 6. No, Alberto tampoco va a pedir arroz con gandules. 7. No, ningún estudiante va a comer tostones el viernes. 8. No, Alicia no come ensalada nunca.

11-23 ¡No, no y no! Tienes algunos amigos muy tímidos que no quieren probar la comida caribeña. ¡Qué pena —es muy rica! Contesta las siguientes preguntas de forma negativa. No olvides utilizar la doble negación si es necesario. Sigue el modelo.

Modelo: ¿Nilda va a ese restaurante todos los días?
No, Nilda nunca va a ese restaurante.
o *No, Nilda no va nunca a ese restaurante.*

1. ¿Van Alberto o Enrique a comprar un lechón?
2. ¿Quieres comer algo antes de salir de casa?
3. ¿Su familia come en un restaurante todos los días?
4. ¿Alguien quiere comer ropa vieja?
5. ¿Elena pide siempre la misma comida que su hermana?
6. ¿Alberto también va a pedir arroz con gandules?
7. ¿Algún estudiante va a comer tosotones el viernes?
8. ¿Alicia come ensalada todos los días?

POSSIBLE ANSWERS, EX. 11-24: 1. No, no hay nada interesante en el menú. 2. No, no sirven ningún plato típico en este restaurante. 3. No, no sirven ni arroz con pollo ni lechón en este restaurante. 4. No, nadie me recomendó este restaurante. 5. No, mis amigos no van a cenar con nosotros tampoco.

11-24 Otra vez, ¡no! Vas a cenar en una taberna con una persona que te hace varias preguntas sobre los restaurantes en tu ciudad. Como esa taberna es el peor restaurante de la ciudad, contesta sus preguntas negativamente.

1. ¿Hay algo interesante en el menú?
2. ¿Sirven algún plato típico en este restaurante?
3. ¿Sirven arroz con pollo o lechón en este restaurante?
4. ¿Alguien te recomendó este restaurante?
5. ¿Tus amigos van a cenar con nosotros también?

ANSWERS, EX. 11-25: 1. Hay algunos restaurantes muy buenos aquí. 2. Hay algo / algunos platos muy sabroso/s en el menú del Café Cachimba. 3. Sí, sirven alguna comida étnica en este pueblo. 4. También hay comida sofisticada. 5. Sirven arroz con camarones y arroz con pollo allí. 6. Mi familia come fuera siempre/algunas veces.

11-25 Nadie sale a comer, ¿verdad? En tu pueblo, hay un restaurante realmente malo. ¡Pero hay otros muy buenos! Un/a compañero/a de clase muy negativo/a te hace varias preguntas sobre los restaurantes y tú debes contestar de forma que comuniques lo bueno que hay en tu pueblo.

Modelo: —Nadie sale a comer, ¿verdad?
—Todo el mundo sale a comer a veces.

1. No hay ningún restaurante bueno aquí, ¿verdad?
2. No hay nada sabroso en el menú del Café Cachimba, ¿verdad?
3. En este pueblo no sirven ninguna comida étnica, ¿verdad?
4. Tampoco hay comida sofisticada, ¿verdad?
5. No sirven ni arroz con camarones ni arroz con pollo en Casa Gómez, ¿verdad?
6. Tu familia no come fuera nunca, ¿verdad?

VAMOS A ESCUCHAR:
LA NUEVA COCINA SALUDABLE

Track 3-7

HERITAGE LEARNERS: Ask heritage learners to listen to the Spanish in the **Vamos a escuchar** recording and to compare it with the Spanish they use in their communities.

En este segmento vas a escuchar dos maneras de preparar los tradicionales frijoles caribeños.

Antes de escuchar

Antes de escuchar el segmento, contesta las siguientes preguntas.

- ¿Cuáles son los platos tradicionales de tu familia? ¿Son platos con o sin carne?
- ¿Son saludables *(healthy)*? ¿Es posible cambiar los ingredientes para que sean saludables?

Antes de escuchar la presentación, lee las preguntas que aparecen en la sección **Después de escuchar.**

Después de escuchar

11-26 Comprensión Contesta las preguntas que aparecen a continuación. Hay que usar la información del diálogo, así como también tus propias experiencias.

1. ¿Cuál es el problema de Elba?
2. ¿Qué vegetales se echan a los frijoles?
3. Sin carne, ¿cómo se les puede dar buen sabor a los frijoles?
4. La receta descrita por Elba toma de tres a cuatro horas. ¿Te parece mucho tiempo? ¿Puedes sugerir algo para reducir este tiempo?
5. Jessica sugiere cambiar unos ingredientes para solucionar el problema. ¿Puedes proponer otras soluciones?

POSSIBLE ANSWERS, EX. 11-26: 1. Una invitada a la fiesta es vegetariana y ella no sabe qué cocinar. 2. yuca, papa, ajo, cebolla, pimiento y tomates 3. Se les puede echar un poco más sazón y ajo. 4. Tres o cuatro horas no es mucho tiempo para un plato tradicional, pero si Elba usa frijoles de lata puede reducir el tiempo. 5. ¡Anime a los estudiantes a ser creativos! Algunas ideas: Elba puede cambiar el menú, puede hacer un plato extra para la vegetariana o puede decir que no hay carne en los frijoles que normalmente hace.

11-27 ¿Cómo lo dicen? Escucha el segmento de nuevo. Fíjate en lo que dicen y trata de contestar estas preguntas.

1. Jessica está sorprendida del problema de Elba. ¿Cómo lo expresa?
2. ¿Qué término usan para describir la combinación de ajo, cebolla, pimientos y otros vegetales que se agregan a los frijoles?

ANSWERS, EX. 11-27: 1. ¿En serio? 2. el sofrito

TÚ DIRÁS

11-28 Una receta para un plato especial... Piensa en uno de tus platos favoritos. Escribe la receta para ese plato siguiendo el modelo de las recetas que aparecen en las páginas 367 y 368. En clase, comparte tu receta con la de un/a compañero/a de clase. Explícale por qué has elegido ese plato y dile cómo se hace.

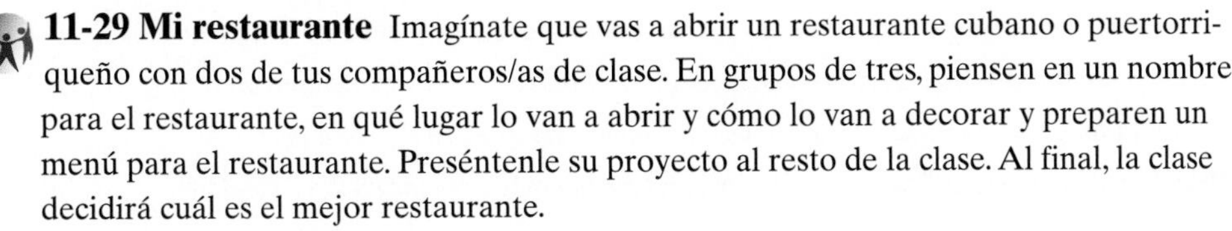

11-29 Mi restaurante Imagínate que vas a abrir un restaurante cubano o puertorriqueño con dos de tus compañeros/as de clase. En grupos de tres, piensen en un nombre para el restaurante, en qué lugar lo van a abrir y cómo lo van a decorar y preparen un menú para el restaurante. Preséntenle su proyecto al resto de la clase. Al final, la clase decidirá cuál es el mejor restaurante.

TERCERA ETAPA

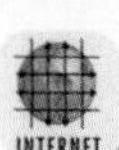

Para empezar: La comida Tex-Mex

Preparación: As you get ready to begin this **etapa,** think about what you know about Mexican food. Think about Mexican food you have had in this country.

- Which fast-food restaurants serve Mexican food where you live? What do they serve?
- Are there other types of Mexican restaurants in your area? What do they serve?
- What do you like best about Mexican food? What are your favorite dishes?

Con sus tacos, enchiladas, burritos y chimichangas, los norteamericanos están acostumbrados a la comida mexicana. Sin embargo, la comida mexicana que se come en los Estados Unidos —la comida Tex-Mex— no es como la comida que generalmente se prepara en México. Parte de la comida Tex-Mex es una adaptación de algunas recetas que se usan en México.

Nachos, salsa, quesadillas, tacos, enchiladas... ejemplos de la rica comida Tex-Mex.

*Esta comida tiene una larga historia. En 1800, en Álamo, Texas, **nació** el famoso "chile con carne", plato oficial de la cocina **tejana.** Aunque en el pasado era difícil encontrar los ingredientes necesarios, hoy día la mayoría de los supermercados de los Estados Unidos tienen una sección especial dedicada a los productos que se usan para preparar la comida Tex-Mex.*

*La comida Tex-Mex **ha disfrutado de** una popularidad fenomenal. Un caso interesante de esta comida son los nachos. En México no se conocen ya que es una comida que se inventó en los Estados Unidos. Pero los nachos son tan populares que hasta en los partidos de béisbol se comen en vez de los **perros calientes.** Otros platos de la cocina Tex-Mex son las fajitas, los burritos y los tacos. Estos platos se sirven siempre con salsa **a un lado.** La salsa puede ser picante o no, según los **gustos** de cada persona. En 1992, la salsa superó al "catsup" como el condimento más popular en los Estados Unidos.*

nació — was born
tejana — Texan
ha disfrutado de — has enjoyed
perros calientes — hot dogs
a un lado / gustos — on the side / tastes, preferences

Práctica

11-30 ¿Puedes decir... ? Contesta las siguientes preguntas según lo que comprendiste de la lectura.

1. ¿En qué se diferencia la comida Tex-Mex de la comida mexicana?
2. ¿Cuándo se inventó el "chile con carne"?
3. ¿Dónde se pueden comprar productos para preparar los platos Tex-Mex?
4. ¿Dónde se inventaron los nachos?
5. Según la lectura, ¿con qué se sirven los platos Tex-Mex? ¿Conoces otros ingredientes típicos?
6. ¿Cuáles son tus platos favoritos de la cocina Tex-Mex?

ANSWERS, EX. 11-30: 1. La comida Tex-Mex es una adaptación de las recetas que se usan en México. 2. El chile con carne se inventó en 1800. 3. Se pueden comprar en los supermercados. 4. Los nachos se inventaron en los Estados Unidos. 5. Los platos Tex-Mex se sirven con una salsa a un lado; también pueden servirse con queso, crema, aguacate, chiles, tomates... 6. Mis platos favoritos de la cocina Tex-Mex son...

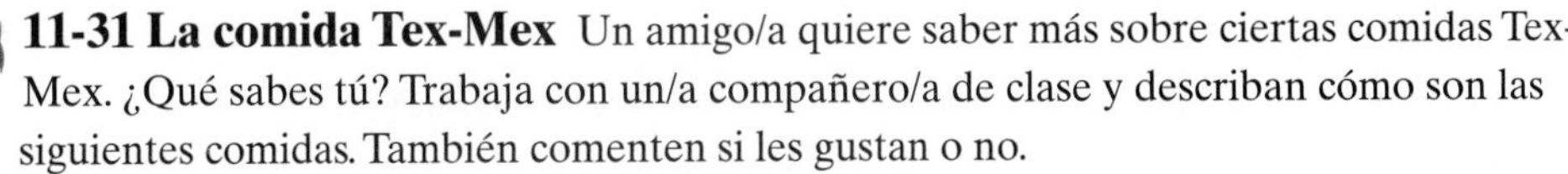

11-31 La comida Tex-Mex Un amigo/a quiere saber más sobre ciertas comidas Tex-Mex. ¿Qué sabes tú? Trabaja con un/a compañero/a de clase y describan cómo son las siguientes comidas. También comenten si les gustan o no.

los nachos
la salsa picante
el chile con carne
los tacos
los burritos

CLASSROOM MANAGEMENT, EX. 11-31: Ask students to write a short description of each of these foods. Let them spend 5–10 minutes writing and then give them another 3–4 minutes to edit their writing. When done, share with the rest of the class.

REPASO

11-32 Mil mandatos Cuando estás en un restaurante, ¡eres el mandamás *(you're the boss)*! Contesta las siguientes preguntas con un mandato para tus amigos o para el mesero. Hay que usar mandatos informales y pronombres de complemento indirecto y directo.

1. ¿Qué hago con el menú?

   Pues _______ (dar / al mesero).

2. ¿Quieres la sal?

   Sí, _______ (pasar / a mí), por favor.

3. ¿Les sirvo la sopa?

   No, no _______ (servir / a ellos).

4. ¿Le pongo vino?

   Sí, _______ (poner / a Angélica).

5. ¿Quieren agua?

   Sí, _______ (traer / a nosotros).

Review direct and indirect object pronouns with informal commands.

ANSWERS, EX. 11-32: 1. dáselo 2. pásamela 3. se la sirvas 4. pónselo 5. tráenosla

11-33 ¿Qué pasa aquí? Como siempre, la Taberna Pepe es un desastre esta noche. Completa la descripción de lo que pasa allí usando los verbos entre paréntesis con los pronombres de complemento indirecto que correspondan.

Hoy viernes vamos a cenar en la Taberna Pepe. Esta vez 1. _______ (tocar) pagar a mi esposo. Este restaurante no es muy conocido y con razón: 2. _______ (faltar) meseros y a veces a los clientes 3. _______ (faltar) tenedores y cuchillos. Por ejemplo, hoy, a mí 4. _______ (faltar) un cuchillo y a mi esposo 5. _______ (faltar) un tenedor y un cuchillo. Luego la comida llega tarde... y no es la comida que habíamos pedido, tampoco. ¡Qué desastre! La próxima vez 6. _______ (tocar) a mí pagar y por eso yo voy a elegir el restaurante. ¡Seguro que no vamos a volver a éste!

Review verbs like **gustar: tocar** y **faltar.**

ANSWERS, EX. 11-33: 1. le toca 2. le faltan 3. les faltan 4. me falta 5. le faltan 6. me toca

Enfoque estructural El *se* impersonal

IRM MASTER 31: Se impersonal

Se come bien en este restaurante Tex-Mex.	***People*** *eat well at this Tex-Mex restaurant.*
Aquí **se** sirve comida Tex-Mex y mexicana.	***They*** *serve Tex-Mex and Mexican food here.*

SUGGESTION: Point out that this is the reason for the **se habla español** that they may have seen in ads and signs in this country.

There are several ways in Spanish to express an action that is carried out by an unmentioned person or persons. This is called an impersonal action. In English, several words can be used to refer to impersonal actions that are performed by no one in particular: *one, you, they, people*. In Spanish, one way to make these impersonal statements is using the "impersonal **se.**"

Place **se** before the third person form of the verb: **se come, se habla, se vende,** etc.

Se habla español aquí.	***You (People, They, One)*** *speak/s Spanish here.*
Se vende comida Tex-Mex aquí.	***You (People, They, One)*** *sell/s Tex-Mex food here.*

Práctica

ANSWERS, EX. 11-34: 1. Se prepara buena comida. 2. Se ofrece una ensalada antes del segundo plato. 3. Se sirve una botana tan pronto como llegan los clientes. 4. Después del segundo plato, se trae el postre. 5. Se come muy bien en este restaurante.

11-34 Consejos para el turista con buen apetito La oficina de turismo de El Paso, una capital de la comida Tex-Mex, necesita tu ayuda. Quieren que cambies las siguientes oraciones a expresiones impersonales. Sigue el modelo.

Modelo: Vivimos bien en El Paso.
Se vive bien en El Paso.

1. Preparan buena comida en ese restaurante.
2. Ofrecen una ensalada antes del segundo plato.
3. Sirven una botana *(appetizer)* tan pronto como (*as soon as*) llegan los clientes.
4. Después del segundo plato, traen el postre.
5. Uno come muy bien en este restaurante.

POSSIBLE ANSWERS, EX. 11-35: 1. Se come en el restaurante. 2. Se ve arte. 3. Se trabaja en un día típico. 4. Se come pastel. Se escucha música. Se baila. 5. Se aprende en la universidad. 6. Se prueba ropa. Se compra ropa con la tarjeta de crédito. No se fuma en una tienda de ropa.

11-35 ¿Qué se hace? Imagina que te piden una guía de comportamiento *(behavior)* general. Indica de manera impersonal las actividades que la gente debe hacer o no en las siguientes situaciones o lugares. Hay que ser creativo/a y dar consejos adecuados.

Modelo: la biblioteca
Se estudia en la biblioteca.
o *Se lee en la biblioteca.*
o *No se habla en la biblioteca.*

1. el restaurante
2. un museo
3. un día típico
4. una fiesta de cumpleaños
5. la universidad
6. una tienda de ropa

COMENTARIOS CULTURALES

SUGGESTION: Provide a transition for students by reminding them that the theme of this **etapa** addresses the Tex-Mex cuisine. Therefore, the following **Comentario cultural** highlights cultural information about this type of cuisine.

El chile

Los chiles son un ingrediente importante en la comida Tex-Mex. Hay más de 2.000 tipos de chiles. La palabra **chile** viene de la lengua náhuatl. Esta lengua todavía se habla en México y es la que hablaban los aztecas cuando llegaron los españoles en 1519. En tiempos precolombinos se cultivaban muchas variedades de chiles en las Américas.

Los chiles se preparan de diferentes maneras. Se comen **crudos, asados,** cocidos y fritos. A veces se secan y **se muelen** para hacer salsas. Otras veces se sirven enteros o cortados según la receta.

raw / roasted
they are ground

Hay chiles rojos, verdes y amarillos. Algunos de los chiles más conocidos son el jalapeño, el serrano, el pequín, el chipotle y el ancho. Dicen que el habanero, cultivado en Yucatán, es probablemente el más picante de todos los chiles cultivados en América Latina y tal vez en el mundo. Lo picante de un chile se mide en Unidades Scoville, en honor al científico que inventó la escala. Un jalapeño, por ejemplo, sólo mide entre 3.000 y 5.000 Unidades Scoville, mientras que un habanero puede medir hasta 500.000 Unidades Scoville.

INTEGRACIÓN CULTURAL

1. ¿Te gustan los chiles?
2. ¿Te gusta la comida picante o prefieres la que no lo es?
3. ¿Cuáles son los nombres de algunos chiles? ¿Puedes nombrar otros?
4. ¿Cómo se llama el científico que inventó la escala para medir lo picante de un chile?

ANSWERS: 1.–2. Habrá variación. 3. jalapeño, serrano, pequín, chipotle, ancho; otros que no se nombran aquí incluyen, el caribe, el guajillo, el chile de árbol, el pasilla, el ají, el ají panka, el ají rocoto ¡y muchos más! 4. Scoville

ENFOQUE ESTRUCTURAL Los pronombres relativos

Los chiles **que pican** tienen muchas Unidades Scoville.
Las personas **que disfrutan de la comida picante** comen chile con frecuencia.

In the above two sentences there is a relative pronoun **que** that introduces a clause (a subordinate, or dependent, clause) referring to a noun.

Relative pronouns *(that, who, which)* are words that introduce clauses that give us some extra information about a noun.

- In Spanish the most frequently used relative pronoun is **que.** It is the equivalent of *that, which,* and *who.* It can refer to people, places, and things, either feminine or masculine, plural or singular.

  El plato **que** cocinó tu madre estaba riquísimo.
  La señora **que** cocina tan bien es la madre de Isabel.

- The relative pronouns **quien** and **quienes** are used to refer only to people and are used after prepositions and the personal **a.** They are the equivalent of *who* and *whom.*

El profesor de español **a quien** vimos el otro día es de Puerto Rico.	*The Spanish professor (**whom/that**) we saw the other day is from Puerto Rico.*
La chica **con quien** hablé en el restaurante es una estupenda cocinera.	*The girl **with whom** I spoke in the restaurant is a great cook.*

Práctica

ANSWERS, EX. 11-36: 1. que 2. que 3. quien 4. que 5. quien 6. que 7. que 8. que 9. quienes 10. que

11-36 En un restaurante Tex-Mex Imagínate que has llevado a unos amigos a tu restaurante favorito. Completa tus comentarios usando los pronombres relativos **que, quien** o **quienes.**

1. Me gustan los platos _______ sirven en este restaurante.
2. Los meseros _______ trabajan aquí los sábados son mis amigos. ¡Parece que estoy aquí todos los fines de semana!
3. El chico de _______ te hablé ayer es mesero aquí. Allí está.
4. Los burritos _______ preparan aquí son excelentes. ¡Pruébalos!
5. La chica con _______ cené aquí ayer es una amiga de tu hermano.
6. A mí no me gusta la comida _______ pica mucho.
7. ¿Cómo se llama ese plato _______ te gusta tanto? Tenemos que pedirlo otra vez.
8. Aquí preparan unos postres _______ son excelentes.
9. Los cocineros con _______ charlamos ayer son tejanos.
10. ¡Los taquitos _______ me recomendaste estaban buenísimos!

11-37 La cocina ideal ¿Cómo es tu restaurante favorito de verdad? Y la comida en ese restaurante, ¿cómo es? Y la gente que trabaja allí, ¿cómo es? Completa las oraciones a continuación para crear una imagen completa de tu restaurante favorito.

Modelo: La comida que...
La comida que sirven en mi restaurante es fresca.

1. El restaurante que...
2. Las botanas *(appetizers)* que...
3. Los postres que...
4. El cocinero que...
5. Los amigos con quienes...
6. ...

VAMOS A ESCUCHAR:

EL CHOCOLATE MEXICANO

Track 3-8

HERITAGE LEARNERS: Ask heritage learners to listen to the Spanish in the **Vamos a escuchar** recording and to compare it with the Spanish they use in their communities.

En este segmento vas a escuchar una conversación muy informal entre dos amigos sobre la historia y preparación del chocolate mexicano.

Antes de escuchar

Antes de escuchar el segmento, contesta las siguientes preguntas.

- Cuando piensas en el chocolate, ¿en qué piensas —en una comida o en una bebida?
- ¿Has probado el chocolate hispano alguna vez? ¿Qué diferencias notaste entre ese chocolate y el chocolate que bebes donde vives?

Antes de escuchar la presentación, lee las preguntas que aparecen en la sección **Después de escuchar.**

Después de escuchar

11-38 Comprensión Contesta las preguntas que siguen, basándote en la conversación que escuchaste.

1. Jorge dice que el chocolate no es una bebida sólo para los niños. ¿Para quiénes era la bebida en el pasado?
2. ¿De dónde viene la palabra **chocolate**?
3. El chocolate mexicano, ¿ha cambiado durante su historia?
4. ¿En qué se distingue el chocolate americano del chocolate mexicano?
5. ¿Qué expresión popular relacionada con el chocolate se menciona en esta conversación?

ANSWERS, EX. 11-38: 1. Era la bebida para los dioses y los nobles aztecas. 2. de la palabra que usaban los aztecas 3. Sí: antes no era dulce, ahora lo es; antes no era para todos, ahora lo es. 4. El chocolate americano se hace con leche; el chocolate mexicano se hace con agua. 5. como agua para chocolate

11-39 ¿Cómo lo dicen? Escucha el segmento de nuevo. Fíjate en lo que se dice y trata de contestar estas preguntas.

1. ¿Cómo se llama una salsa mexicana hecha a base de chocolate y chiles?
2. ¿Cómo expresa Jorge su acuerdo al final de la conversación?

ANSWERS, EX. 11-39: 1. el mole poblano 2. ¡Trato hecho!

TÚ DIRÁS

11-40 En el restaurante Prepara la siguiente escena con otros/as compañeros/as de clase.

- Pidan una mesa.
- Hablen sobre la comida Tex-Mex que van a pedir.
- Pidan la comida.
- Comenten sobre el sabor de cada plato.
- Decidan quién va a pagar.

11-41 La comida Tex-Mex y la mexicana Con dos compañeros/as de clase, investiguen sobre la cocina mexicana. Usando las expresiones impersonales, preparen un informe para la clase sobre los ingredientes, los platos y las costumbres culinarias tradicionales. Contrasten la comida Tex-Mex con la mexicana.

Modelo: *En la cocina mexicana, no se come salsa con cada plato. En la cocina Tex-Mex, se come salsa con prácticamente todo.*

SUGGESTION 11-41: Students can use the Internet or cookbooks to prepare this activity outside class. You can split up Mexican cuisine by regions **(Yucatán, Distrito Federal, Baja California, el norte, Acapulco...)** or by types **(botanas, sopas, platos fuertes, postres)** to guide students.

INTEGRACIÓN

Lectura: *Como agua para chocolate.* Las cebollas y el nacimiento de Tita

Laura Esquivel (México, 1950–) es la autora de uno de los libros más vendidos, no sólo en su país sino en todo el mundo. Esta extraordinaria novela tiene el título completo de Como agua para chocolate: novela de entregas mensuales con recetas, amores y remedios caseros. Es una obra sabrosa, romántica y dinámica, tanto por sus coloridas descripciones como por sus gráficas escenas de la tumultuosa vida de una familia mexicana a principios del siglo XX. La acción se desarrolla en Piedras Negras, lugar situado en la frontera con Texas.

La autora no sólo les enseña a sus lectores cómo se prepara la comida, sino que les abre el apetito para que sigan leyendo y leyendo sobre las aventuras tragicómicas de una serie de personajes inolvidables. La obra ha sido traducida a varias lenguas. La versión cinematográfica de la novela ha tenido un gran éxito internacional y con ella Laura Esquivel ha obtenido varios premios, entre otros, por el mejor guión, escrito por ella misma.

SUGGESTION: For additional pre-reading work, encourage students to browse the web for information about Esquivel and her novel. They can make oral presentations to the class about the information they found.

ANSWER, A: Los estudiantes deben notar la relación entre la lectura y el tema de la comida.

ANSWERS, B: 1. Es novela, pero también contiene recetas y remedios caseros. 2. Laura Esquivel; nació en México en 1950. 3. Las traducciones y la versión cinematográfica de la novela han ayudado a darle fama a la autora.

Antes de leer

A. Lee el título de esta lectura. ¿Qué idea general te da del contenido del texto?

B. Ahora lee la breve introducción arriba para saber algo del libro, de donde viene la lectura y para contestar las siguientes preguntas.

1. ¿Qué tipo de libro es *Como agua para chocolate*?
2. ¿Cómo se llama la autora? ¿Dónde nació? ¿Cuándo?
3. ¿Qué ha ayudado a hacer esta obra famosa?

Guía para la lectura

C. Lee el texto rápidamente para encontrar los ingredientes y las palabras que tengan que ver con la comida. Haz una lista. (Hay como doce ingredientes, especias o alimentos.)

ANSWERS, C: cebolla, sopa, fideos, tomillo, laurel, cilantro, leche hervida, ajos, sal, atoles, tés, frijoles, agua, gallina, pan, cena

D. El fragmento que vas a leer pertenece a la novela de Laura Esquivel, *Como agua para chocolate*. El texto constituye el principio del primer capítulo de la novela, y por lo tanto una de las funciones que realiza es la de presentar a varios de los personajes, entre ellos, dos de los principales: Tita y Nacha.

ANSWERS, D: 1. Tita es la tía abuela de la narradora. 2. Nacha, Mamá Elena

1. **La narradora:** Es la persona que cuenta la historia y es diferente de la autora. Si lees las primeras oraciones de esta novela, verás que el texto se narra en primera persona. ¿Cómo lo sabemos? Mira estos ejemplos:

   "Les sugiero ponerse...": El verbo en primera persona y el pronombre nos indican que la persona que narra se dirige a los lectores como lo indica el pronombre **les** para darles un consejo.

   "No sé si a ustedes les ha pasado, pero a mí la mera verdad sí": La narradora de nuevo se dirige a los lectores usando el pronombre **ustedes** y aportando un dato personal: **a mí sí (me ha pasado).**

   ¿Qué relación hay entre esta narradora y Tita, uno de los personajes principales? Lee la última oración del primer párrafo.

2. **Los personajes:**

   Tita: El fragmento narra el día de su nacimiento. Es la hija menor de esta familia y es el personaje principal.

   Nacha: La cocinera y la persona que cuida a Tita cuando es niña.

   Narradora: El miembro de la familia que escribe la historia. En este pasaje recuerda el día en que nació Tita.

   Hay por lo menos otro personaje que se menciona en este fragmento. Lee el texto por encima *(skim)* y localiza los nombres propios de persona. ¿Sabes quién es?

E. A continuación, y para que puedas anticipar mejor el contenido concreto de este texto, hay una lista de las ideas principales. Identifica el párrafo donde aparece cada una de ellas. Escribe la frase, o parte del texto, donde se expresa esa idea.

1. los efectos que tiene el picar cebolla en Tita
2. el nacimiento de Tita en la cocina
3. después del nacimiento: el amor de Tita por la cocina
4. Nacha, la cocinera, se ocupa de *(takes care of)* Tita
5. Tita, la cocina y los horarios para comer
6. risas y lágrimas en la vida de Tita y Nacha
7. el mundo de Tita

ANSWERS E: 1. Párrafo 1, "evitar el molesto lagrimeo... " 2. Párrafo 2, "Tita arribó a este mundo prematuramente... " 3. Párrafo 3, "Este inusitado nacimiento determinó el hecho de que Tita sintiera un inmenso amor por la cocina... " 4. Párrafo 4, "Nacha se ofreció a hacerse cargo de la alimentación de Tita... " 5. Párrafo 4, "Sus hábitos alimenticios estaban condicionados al horario de la cocina... " 6. Párrafo 5, "Algunas veces lloraba de balde... " 7. Párrafo 6, "Ese gigantesco mundo que... "

Al fin y al cabo

1. ¿Crees que la historia del nacimiento de Tita es cierta? ¿Te importa? ¿Por qué sí o por qué no?
2. ¿Cuáles son los primeros recuerdos que tienes de cuando tú eras niño/a? Descríbelos. ¿Son de una persona, un espacio, un olor?

SUGGESTION, LECTURA: For additional comprehension and for expansion into a writing activity, ask students to work in pairs and compile a list of Tita's characteristics, including both those that the text explicitly offers and those that are suggested and that students can infer. Then have them jointly compose a diary entry that Tita might make in which she talks about herself and describes herself. Allow students time to edit what they compose before sharing with the class. Where students have inferred characteristics, ask them which parts of the text prompted their inferences.

Como agua para chocolate: Las cebollas y el nacimiento de Tita

Manera de hacerse

La cebolla tiene que estar finamente picada. Les sugiero ponerse un pequeño trozo de cebolla en la mollera con el fin de evitar el molesto lagrimeo que se produce cuando uno la está cortando. Lo malo de llorar cuando uno pica cebolla no es el simple hecho de llorar, sino que a veces uno empieza, como quien dice, se pica, y ya no puede parar. No sé si a ustedes les ha pasado pero a mí la mera verdad sí. Infinidad de veces. Mamá decía que era porque yo soy igual de sensible a la cebolla que Tita, mi tía abuela.

Dicen que Tita era tan sensible que desde que estaba en el vientre de mi bisabuela lloraba y lloraba cuando ésta picaba cebolla; su llanto era tan fuerte que Nacha, la cocinera de la casa, que era medio sorda, lo escuchaba sin esforzarse. Un día los sollozos fueron tan fuertes que provocaron que el parto se adelantara. Y sin que mi bisabuela pudiera decir ni pío, Tita arribó a este mundo prematuramente, sobre la mesa de la cocina, entre los olores de una sopa de fideos que se estaba cocinando, los del tomillo, el laurel, el cilantro, el de la leche hervida, el de los ajos y, por supuesto, el de la cebolla. Como se imaginarán, la consabida nalgada no fue necesaria pues Tita nació llorando de antemano, tal vez porque ella sabía que su oráculo determinaba que en esta vida le estaba negado el matrimonio. Contaba Nacha que Tita fue literalmente empujada a este mundo por un torrente impresionante de lágrimas que se desbordaron sobre la mesa y el piso de la cocina.

En la tarde, ya cuando el susto había pasado y el agua, gracias al efecto de los rayos del sol, se había evaporado, Nacha barrió el residuo de las lágrimas que había quedado sobre la loseta roja que cubría el piso. Con esta sal rellenó un costal de cinco kilos que utilizaron para cocinar por bastante tiempo. Este inusitado nacimiento determinó el hecho de que Tita sintiera un inmenso amor por la cocina y que la mayor parte de su vida la pasara en ella, prácticamente desde que nació, pues cuando contaba con dos días de edad, su padre, o sea mi bisabuelo, murió de un infarto. A Mamá Elena, de la impresión, se le fue la leche. Como en esos tiempos no había leche en polvo ni nada que se le pareciera, y no pudieron conseguir nodriza por ningún lado, se vieron en un verdadero lío para calmar el hambre de la niña. Nacha, que se las sabía de todas respecto a la cocina —y a muchas otras cosas que ahora no vienen al caso— se ofreció a hacerse cargo de la alimentación de Tita. Ella se consideraba la más capacitada para «formarle el estómago a la inocente criaturita», a pesar de que nunca se casó ni tuvo hijos. Ni siquiera sabía leer ni escribir, pero eso sí sobre cocina tenía tan profundos conocimientos como la que más. Mamá Elena aceptó con agrado la sugerencia pues bastante tenía ya con la tristeza y la enorme responsabilidad de manejar correctamente el rancho, para así poderle dar a sus hijos la alimentación y educación que se merecían, como para encima tener que preocuparse por nutrir debidamente a la recién nacida.

Por tanto, desde ese día, Tita se mudó a la cocina y entre atoles y tés creció de lo más sana y rozagante. Es de explicarse entonces el que se le haya desarrollado un sexto sentido en todo lo que a comida se refiere. Por ejemplo, sus hábitos alimenticios estaban condicionados al horario de la cocina: cuando en la mañana Tita olía que los frijoles ya estaban cocidos, o cuando a medio día sentía que el agua ya estaba lista para desplumar a las gallinas, o cuando en la tarde se horneaba el pan para la cena, ella sabía que había llegado la hora de pedir sus alimentos.

Algunas veces lloraba de balde, como cuando Nacha picaba cebolla, pero como las dos sabían la razón de esas lágrimas, no se tomaban en serio. Inclusive se convertían en motivo de diversión, a tal grado que durante su niñez Tita no diferenciaba bien las lágrimas de la risa de las del llanto. Para ella reír era una manera de llorar.

De igual forma confundía el gozo del vivir con el de comer. No era fácil para una persona que conoció la vida a través de la cocina entender el mundo exterior. Ese gigantesco mundo que empezaba de la puerta de la cocina hacia el interior de la casa, porque el que colindaba con la puerta trasera de la cocina y que daba al patio, a la huerta, a la hortaliza, sí le pertenecía por completo, lo dominaba. Todo lo contrario de sus hermanas, a quienes este mundo les atemorizaba y encontraban lleno de peligros incógnitos. Les parecían absurdos y arriesgados los juegos dentro de la cocina, sin embargo, un día Tita las convenció de que era un espectáculo asombroso el ver cómo bailaban las gotas de agua al caer sobre el comal bien caliente.

INTERCAMBIO: PARA PONER LA MESA

SUGGESTION: Tell students to use only Spanish to complete this activity. Encourage them to use interactive strategies, such as requesting clarification, using paraphrase, etc.

Con un/a compañero/a, completen el siguiente crucigrama con diferentes objetos para poner la mesa. Van a necesitar las siguientes expresiones:

> **Sirve para...**
> **Se pone a la derecha/izquierda...**

Recuerden: Cuando uno/a de los/las dos no comprenda algo, deben usar expresiones como **No comprendo, ¿puedes repetir?**

Estudiante A En el crucigrama que está a continuación tienes la parte horizontal, pero faltan las respuestas para la parte vertical.

Tu compañero/a va a describir, sin mencionar la palabra, los objetos para poner la mesa que aparecen en su crucigrama y tú tienes que escuchar atentamente y adivinar la palabra que está describiendo.

Tu compañero/a va a empezar describiendo el número 1 vertical. Cuando descubras la respuesta, sigues tú describiendo el número 1 horizontal.

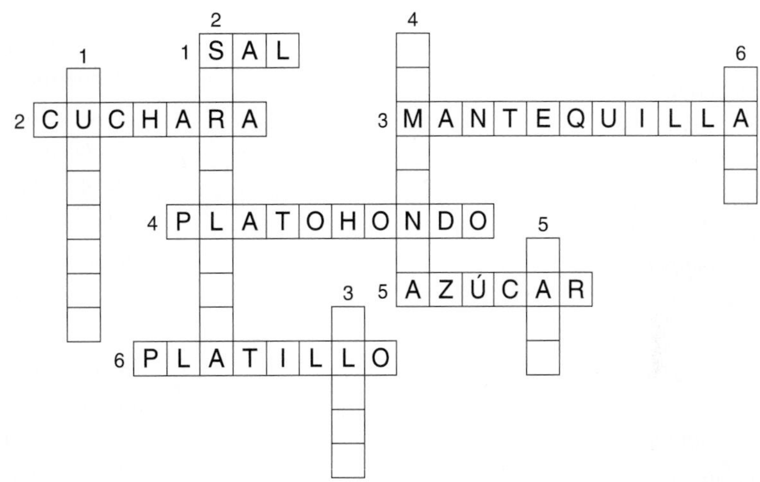

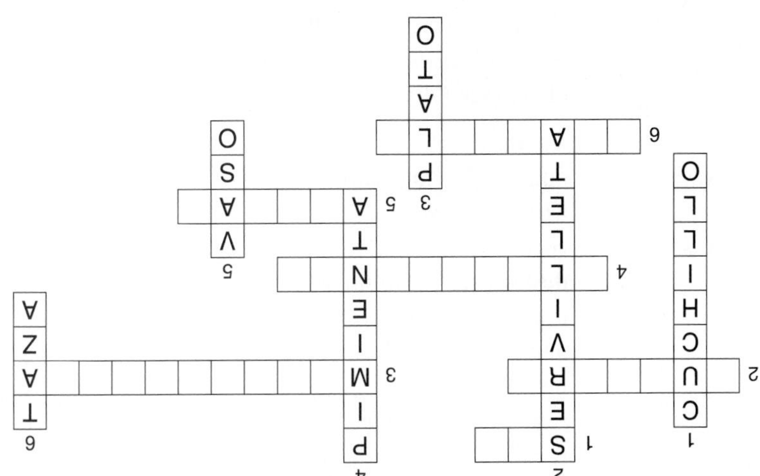

Estudiante B En el crucigrama que está a continuación tienes la parte vertical, pero faltan las respuestas para la parte horizontal.

Tu compañero/a va a describir, sin mencionar la palabra, los objetos para poner la mesa que aparecen en su crucigrama y tú tienes que escuchar atentamente y adivinar la palabra que está describiendo.

Tú vas a empezar describiendo el número 1 vertical. Cuando tu compañero/a descubra la respuesta, le toca a él/ella describir el número 1 horizontal.

VOCABULARIO

HERITAGE LEARNERS: Ask heritage learners to add to the **Vocabulario** any alternate vocabulary that they have come up with over the course of the chapter. They might put the words in categories like **Así lo dice el libro; Así lo dice el/la profesor/a; Así lo digo yo,** etc.

Track 3-9

The **Vocabulario** consists of all new words and expressions presented in the chapter. When reviewing or studying for a test, you can cover up the English and go through the list to see if you know the meaning of each item.

En un restaurante *In a restaurant*

En la mesa *On the table*

el azúcar *sugar*
la copa *wine glass*
la cuchara *spoon*
la cucharita *teaspoon*
el cuchillo *knife*
el mantel *tablecloth*
la mantequilla *butter*
la pimienta *pepper*
el platillo *saucer*
el plato *plate*
el plato hondo *soup dish*
la sal *salt*
la servilleta *napkin*
la taza *coffee, teacup*
el tenedor *fork*
el vaso *a glass*

Expresiones que se usan en un restaurante *Expressions used in a restaurant*

Quisiera una mesa para... personas, por favor. *I would like a table for . . . people, please.*
Quisiéramos una mesa para... personas. *We would like a table for . . . people.*

Para pedir una mesa en un restaurante *Requesting a table in a restaurant*

¿Para fumadores o no fumadores? *Smoking or nonsmoking?*
Para no fumadores, gracias. *Nonsmoking, thanks.*

Para pedir la comida *To order food*

Preguntas del / de la camarero/a *The waiter's questions*

¿Quiere/Quieren pedir? *Would you (singular/plural) like to order?*
¿Qué va/van a pedir de aperitivo? *What would you like as an appetizer?*
¿Va/Van a pedir sopa? *Are you going to have soup?*
¿Y de segundo (plato)? *And as an entree?*
¿Va/Van a pedir postre? *Would you like to order dessert?*
¿Qué va/van a beber? *What would you like to drink?*
¿Va/Van a querer café? *Will you be having coffee?*
¿Necesita/Necesitan algo más? *Do you need anything else?*
¿Está todo bien? *Is everything all right?*

Respuestas *Answers*

El menú, por favor. *(I/We need) the menu, please.*
Para beber, voy/vamos a pedir... *To drink, I/we'll have . . .*
Como aperitivo queremos... *For an appetizer, we want . . .*
De primero, yo quiero... *As a first course, I want . . .*
De segundo, voy a tomar... *As a main course, I'll have . . .*
De postre, nada, gracias. *For dessert, nothing, thanks.*

Para pedir la cuenta *To ask for the check*

La cuenta, por favor. *The check, please.*
¿Podría traerme/nos la cuenta, por favor? *Could you bring me/us the check, please?*
Quisiera/Quisiéramos la cuenta, por favor. *I/We would like the check, please.*

Algunas recetas de Puerto Rico y Cuba *Some recipes from Puerto Rico and Cuba*

Ingredientes y utensilios *Ingredients and utensils*

la aceituna *olive*
el achiote *annatto, a natural yellow colorant*
la carne *meat*
el culantro *coriander, cilantro*
el diente de ajo *garlic clove*
los gandules *pigeon peas, a tropical legume*
la lata *can*
el plato *dish*
la sartén *frying pan, skillet*
el tocino *bacon*
el vino seco *dry wine*

Verbos

adquirir (ie) *to acquire*
agregar *to add*
cocer (ue) *to cook*
deshilachar(se) *to shred*
dorar *to brown*
hervir (ie) *to boil*
mezclar *to mix*
reservar *to set aside*
revolver (ue) *to stir*
sofreír *to sautée*

Expresiones negativas y afirmativas *Negative and affirmative expressions*

algo *something*
alguien *someone, somebody*
algún, alguno/a *a, an, any, some*
algún día *someday*
algunos/as *any, some*

cada día *every day*
nada *nothing*
nadie *no one, nobody*
ni... ni... *neither . . . nor . . .*
ningún, ninguno/a *no, none*
nunca *never*
o... o... *either . . . or . . .*
siempre *always*
también *also*
tampoco *neither, either*
todo el mundo *everyone, everybody*
todos los días *every day*
una vez *once*
... y... *(both) . . . and . . .*

VOCABULARIO GENERAL

Adjetivos para expresar una condición resultante *Adjectives used to express a resulting condition*

abierto/a *open*
aburrido/a *bored*
avergonzado/a *embarrassed*
cansado/a *tired*
cerrado/a *closed*
cubierto/a *covered*
descrito/a *described*
dicho/a *said*
doblado/a *folded*
enojado/a *angry*
escrito/a *written*
hecho/a *done*
lavado/a *washed*
mojado/a *wet*
ocupado/a *busy*
planchado/a *ironed*
preocupado/a *worried*
puesto/a *set*
roto/a *broken*

Adverbios útiles *Useful adverbs*

algo *somewhat, a bit*
bien *quite, very*
muy *very*
un poco *a little*

Más verbos como gustar *More verbs like* **gustar**

caer bien/mal *to like/dislike someone*
faltar *to need, to lack*
hacer falta *to need, to lack*
parecer *to seem, to think about*
tocar *to be one's turn*

HERITAGE LEARNERS: Remind heritage learners to pay special attention to words that may contain spelling combinations that have traditionally been problematic for them. For example, the **-ll-** in **cuchillo, mantequilla, platillo, servilleta;** the **c** in **tocino, aceituna;** the **z** in **taza, azúcar, avergonzado;** the **h** in **hervir, deshilacharse;** the **j** in **enojado, mojado,** etc.

Capítulo 12 De viaje

CHAPTER OBJECTIVES

In **Capítulo 12** you will learn how to travel by train, auto, and air. You will also learn new uses of the future tense and expand your selection of prepositions to describe locations and destinations. In addition, you will be introduced to a new past tense, the pluperfect, and review some of the uses of the present subjunctive.

PRIMERA ETAPA

Los trenes en España

SEGUNDA ETAPA

Un viaje por carretera

TERCERA ETAPA

Volando voy

INTEGRACIÓN

El AVE, tren de alta velocidad

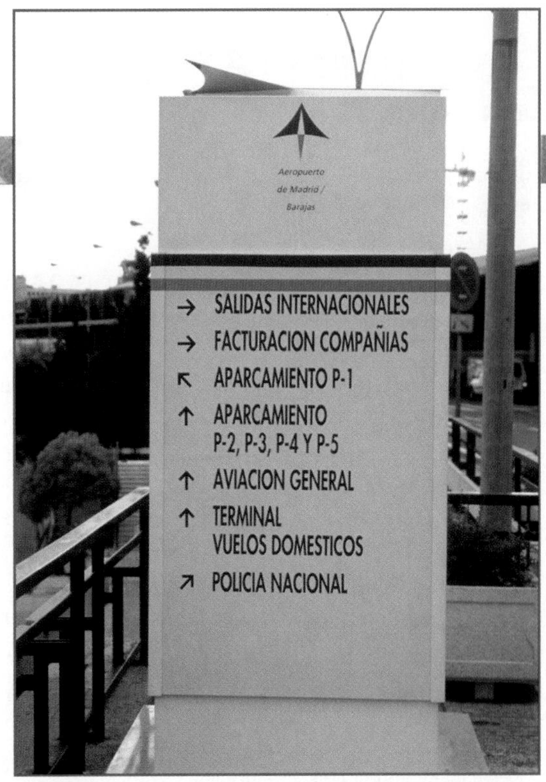

Aeropuerto
de Madrid /
Barajas
→ SALIDAS INTERNACIONALES
→ FACTURACION COMPAÑIAS
↖ APARCAMIENTO P-1
↑ APARCAMIENTO
P-2, P-3, P-4 Y P-5
↑ AVIACION GENERAL
↑ TERMINAL
VUELOS DOMESTICOS
↗ POLICIA NACIONAL

Functions

- discuss future travel plans
- follow and/or create a detailed travel itinerary

Functions

- describe a car and identify its parts
- describe events happening prior to a specific point in the past

Functions

- organize and make arrangements for a trip
- make suggestions and recommendations about travel

Lectura: Un recorrido por la Ciudad de México en metro

Vídeo: Episodio 6; Actividades en las páginas V-12–V-13

Intercambio: Un viaje a Sevilla

Escritura: Actividades en el manual

Tools

The tools you will use to carry out these functions are:

- Vocabulary for:
  - train travel
  - car parts, car travel, and highways
  - air travel
- Grammatical structures:
  - special uses of future tense
  - prepositions of place
  - the past perfect tense
  - **por** and **para**
  - review of the subjunctive and of the subjunctive with expressions of emotion
  - the subjunctive with reflexive verbs

PRIMERA ETAPA

SUGGESTION: Begin discussion of this new topic by asking students these questions in Spanish. Ask additional questions, such as: **¿Cuáles son algunas ventajas de viajar en tren? ¿Cuáles son algunas desventajas?**

Para empezar: Los trenes en España

Preparación: As you begin this **etapa,** consider the following:

- Have you ever traveled by train? Did you like it?
- If you have never traveled by train, would you like to?
- What questions do you need to ask when making plans for train travel?
- When you purchase a train ticket, do you buy it at the station, at a travel agency, or on-line? What is most convenient?

good-byes / platform
destinations / rails

*Viajar en tren es, para muchos, regresar a una época más refinada, más romántica. ¿Quién no sueña con un viaje al Oriente, con largas **despedidas** en **el andén,** la promesa de lejanos **destinos** y la constante música de **los rieles...** ? Para otros, es simplemente una manera cómoda, económica y eficaz de viajar de un lugar a otro. Para todos, el viaje empieza y termina en la estación de tren.*

SUGGESTION: Contextualize presentation of vocabulary. Display on the overhead a Spanish train schedule. Then talk to students about a trip you would like to take. For example: **Este verano voy a estar en España por un mes. Primero voy a Madrid, pero de Madrid quisiera viajar a Sevilla en tren. Vamos a ver los horarios...** Ask questions throughout presentation to check comprehension.

EXPANSIÓN LÉXICA: You may remember from **Capítulo 3** that **la estación de trenes** may be marked by the abbreviation **FF.CC.,** for **la estación de ferrocarriles.**

EN LA ESTACIÓN

el andén — *platform*
la estación de tren — *train station*
la parada — *stop*
el riel — *(train) rail*
la taquilla — *ticket window*
la vía — *track*

EL TREN

el asiento — *chair*
el coche-cama — *sleeper car*
la litera — *sleeping berth*
el vagón — *car*

EXPANSIÓN LÉXICA: In Mexico, a *one-way trip* is **el viaje sencillo** and a *round-trip ticket* is **el viaje redondo.** To travel by train in Spain, ask for **el billete** instead of **el boleto.** When traveling on Spain's AVE and other long-distance trains, ask for **un billete de clase turista, de clase preferente,** or **de clase club,** in order of increasing service.

PARA COMPRAR UN BOLETO DE TREN

Quisiera... — *I'd like . . .*
- **reservar una plaza para...** — *to reserve a seat for . . .*
- **un boleto de ida** — *a one-way ticket*
- **un boleto de ida y vuelta** — *a round-trip ticket*
- **una plaza de primera clase** — *a seat in first class*
  - **de segunda clase** — *in second class*
  - **en la sección de fumadores** — *in the smoking section*
  - **en la sección de no fumar** — *in the nonsmoking section*

PARA PEDIR INFORMACIÓN SOBRE TRENES

¿A qué hora sale/llega el tren? — *When does the train leave/arrive?*
¿De qué andén sale? — *From which platform does it leave?*
¿Cuál es el número del vagón? — *What is the car number?*
¿El tren llegará adelantado? — *Will the train arrive early?*
- **¿a tiempo?** — *on time?*
- **¿retrasado?** — *late?*

Práctica

12-1 En la taquilla La estación de trenes más grande de Madrid es la de Atocha, de donde salen todos los trenes con destino al sur y a otros destinos más. Compra unos billetes para el tren, usando la información que sigue. Otro/a compañero/a de clase puede ser el/la empleado/a. Sigan el modelo.

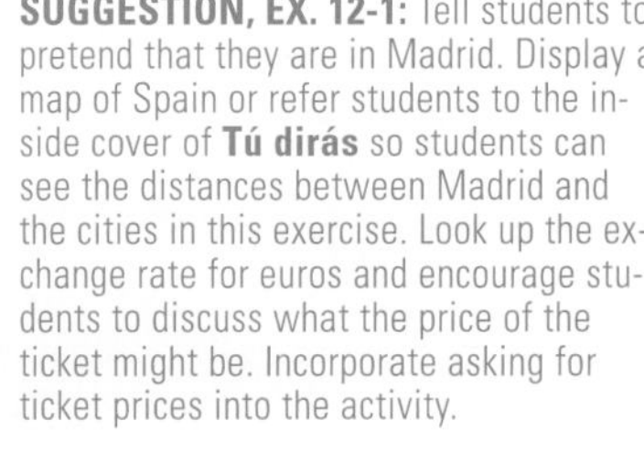
SUGGESTION, EX. 12-1: Tell students to pretend that they are in Madrid. Display a map of Spain or refer students to the inside cover of **Tú dirás** so students can see the distances between Madrid and the cities in this exercise. Look up the exchange rate for euros and encourage students to discuss what the price of the ticket might be. Incorporate asking for ticket prices into the activity.

Modelo: cuatro / Sevilla / ida / clase turista
—Quisiera reservar cuatro plazas para Sevilla, por favor.
—¿De ida y vuelta?
—No, de ida nada más.
—¿Clase turista o preferente?
—Turista, por favor.

1. dos / Barcelona / ida / primera clase
2. una / Córdoba / ida y vuelta / clase preferente
3. dos / Granada / ida y vuelta / primera clase
4. tres / Valencia / ida / segunda clase

12-2 Los detalles del viaje Vas a viajar con un/a amigo/a que organizó los detalles del viaje para ustedes. Cuando llegas a la estación, le haces preguntas sobre el viaje. Quieres saber la hora de la salida del tren, el número del andén, el número del vagón donde tienen plazas y si tienen mucho tiempo. Él /Ella te contesta según la información indicada.

Modelo: 10:50 / G / 15 / 10:30
—¿A qué hora sale el tren?
—Sale a las 10:50.
—¿De qué andén sale?
—Del andén G.
—¿Cuál es el número del vagón?
—Quince.
—¿Cuánto tiempo nos queda?
—Nos quedan veinte minutos.

1. 9:44 / F / 18 / 9:25
2. 11:40 / I / 14 / 11:37
3. 15:51 / B / 12 / 15:50
4. 18:20 / C / 16 / 18:05

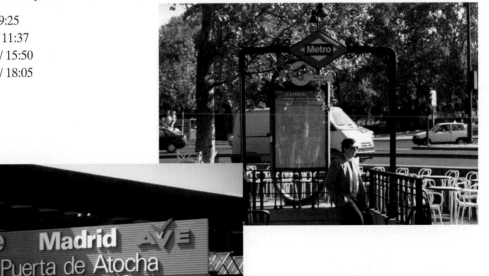

12-3 ¿Qué dice RENFE? En el anuncio de RENFE, la compañía habla de mucho más que sus horarios. Contesta las preguntas sobre el anuncio en español.

La Red Nacional de Ferrocarriles Españoles

España ahora toma el tren

En los últimos años en este país vimos muchas cosas nuevas. Escribimos páginas importantes de nuestra reciente historia en ellas. Estamos caminando hacia el futuro, a la **búsqueda** *(search)* de un mundo mejor. Ahora tomamos el tren y miramos hacia adelante, contemplamos con tranquilidad el panorama, disfrutando de nuestro viaje.

El tren a diario

El mundo no para. Todos los días pasan miles de cosas. Y para seguir su ritmo hay que saber estar ahí, sin perder el tren. Aceptando **el reto** *(challenge)* a cada instante. Sacando conclusiones del pasado. Mirando hacia el futuro. Sólo así podemos llegar lejos. Sólo así podemos **estar al día** *(to be up to date)*. Con un medio que es para todos los días. Que es para siempre. Como el tren.

Tome el tren y viva su propia historia

Mire hacia cualquiera de los cuatro **puntos cardinales** *(compass points)*. Cualquiera que sea el lugar que quiera visitar, seguro que está lleno de tradiciones, historias, gentes agradables. Seguro que el tren pasa muy cerca. Que forma ya parte del paisaje. No lo dude, llegue hasta él. Con tranquilidad. Disfrutando de España. Dedicándose a lo que le guste. El tren **le deja las manos libres para acariciar** *(leaves your hands free to caress)* la vida. Para vivir su propia historia.

SUGGESTION: The Spanish Internet site http://www.renfe.es offers train schedules and even links to metro lines and schedules. For additional practice, ask students to search the Web to get information about traveling by train to different parts of Spain, or even within different cities such as Barcelona and Madrid.

SUGGESTION 12-3, 12-4, 12-5: To provide more cultural context, provide a detailed map of Spain so that students can point out the city pairs mentioned in these exercises. For additional work, before doing the activities have students search the Internet for a little information on each of these cities. Finding interesting events or opportunities in each city, they can then comment on why someone would be traveling between the two.

POSSIBLE ANSWERS, EX. 12-3: 1. tren, historia, tranquilidad, disfrutando, futuro 2. Sugiere estas ideas: da un tono conversacional e íntimo 3. historia, tranquilidad, tradición 4. Habrá variación.

ANSWERS, EX. 12-4: 1. tres 2. cinco horas y media 3. de 3 a 4 horas; sí 4. no 5. los trenes número 36004, 36006 y 6008

1. ¿Cuáles son las cinco palabras o frases que se repiten con más frecuencia en el anuncio?
2. ¿Qué efecto tiene en el lector el uso de tantas frases y oraciones breves en el anuncio?
3. Este anuncio no tiene que ver sólo con el tren. ¿Qué más "vende" el anuncio?
4. ¿Qué sección del anuncio te gusta más? ¿Por qué?

12-4 Un horario ¿Puedes leer el horario de RENFE? ¡A ver! Usando el horario y la clave de símbolos que aparecen a continuación y en la página 393, contesta las siguientes preguntas sobre los trenes entre Madrid y Valencia.

1. ¿Cuántos trenes diarios hay entre Madrid y Valencia?
2. ¿Cuántas horas toma el viaje entre Madrid y Valencia?
3. Si estás en Cuenca y quieres ir a Valencia, ¿cuántas horas toma el viaje? ¿Hay trenes directos?
4. ¿Hay un tren con servicio de restaurante entre Madrid y Valencia?
5. ¿Qué número tienen los trenes que van a Cuenca como destino final?

• Composición de los trenes	
1, 2	1ª y 2ª clase.
	Coche-literas.
	Coche-camas.
	Cama Gran Clase
	Cama Ducha.
✕	Tren con servicio de restaurante.
	Tren con servicio de cafetería.
	Tren con servicio de bar.
	Mini-bar.
	Tren con servicio de vídeo.
	Megafonía.
	Coche guardería.
	Coche Rail Club.
	Autoexpreso
	Motoexpreso

• Otros signos	
○	Llegada.
■	Origen/destino del tren o rama.
A	Suplemento tren cualificado tipo A, B.
G	Precio global.
S	Suplementos internacionales.
¦	El tren no circula por ese tramo.
|	El tren no para en ese tramo o estación.
1	Llamada remitiendo a pie de página.
apd, apt	Apeadero, apartadero.
cgd	Cargadero
	Estación fronteriza.
Talgo P.	Talgo Pendular.
Talgo C.	Talgo Camas.
Reg.Exp.	Regional Exprés.
Interurb.	Interurbano.
Cercan.	Cercanías.
IC	INTERCITY.
EC	Eurocity. Tren europeo de c[…] lidad.

Salidas DEPARTURES

Tren TRAIN	Destino DESTINATION	Hora TIME	Via PLATFORM
AVE	Cordoba-Sevilla	14:00	
TALGO	Caceres-Lisboa	14:05	
REG	C.Real-Badajoz	14:20	
REG	Cuenca	14:22	
EN TAQUILLAS. E			

El horario de trenes

RENFE prepara horarios regionales que indican las salidas y llegadas de los trenes entre la mayoría de las ciudades principales de España.

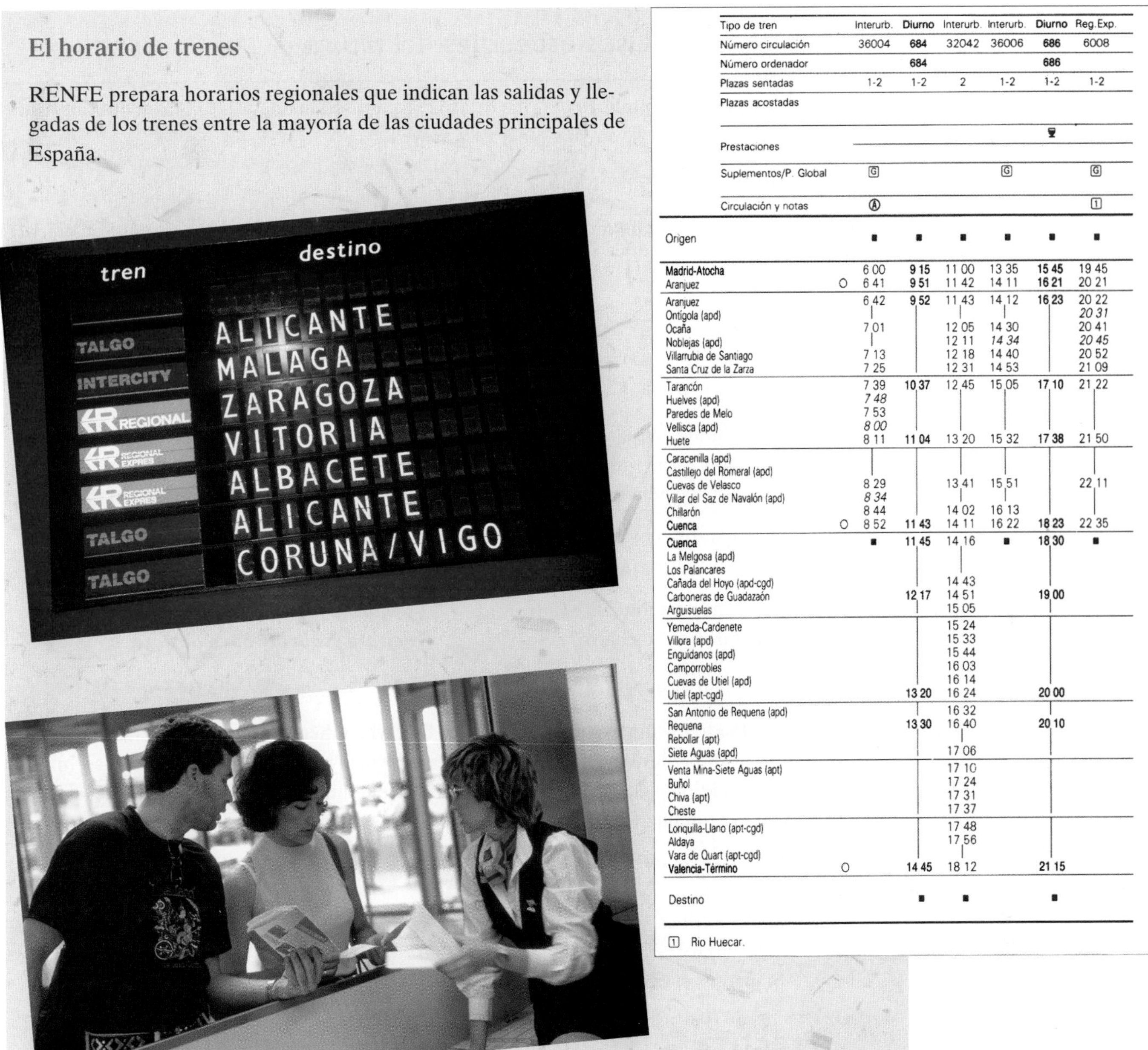

Tipo de tren		Interurb.	**Diurno**	Interurb.	Interurb.	**Diurno**	Reg.Exp.
Número circulación		36004	**684**	32042	36006	**686**	6008
Número ordenador			**684**			**686**	
Plazas sentadas		1-2	1-2	2	1-2	1-2	1-2
Plazas acostadas							
Prestaciones						🍷	
Suplementos/P. Global		Ⓖ			Ⓖ		Ⓖ
Circulación y notas		Ⓐ					①
Origen		■	■	■	■	■	■
Madrid-Atocha		6 00	**9 15**	11 00	13 35	**15 45**	19 45
Aranjuez	O	6 41	**9 51**	11 42	14 11	**16 21**	20 21
Aranjuez		6 42	**9 52**	11 43	14 12	**16 23**	20 22
Ontígola (apd)							*20 31*
Ocaña		7 01		12 05	14 30		20 41
Noblejas (apd)				12 11	*14 34*		*20 45*
Villarrubia de Santiago		7 13		12 18	14 40		20 52
Santa Cruz de la Zarza		7 25		12 31	14 53		21 09
Tarancón		7 39	**10 37**	12 45	15 05	**17 10**	21 22
Huelves (apd)		*7 48*					
Paredes de Melo		7 53					
Vellisca (apd)		*8 00*					
Huete		8 11	**11 04**	13 20	15 32	**17 38**	21 50
Caracenilla (apd)							
Castillejo del Romeral (apd)							
Cuevas de Velasco		8 29		13 41	15 51		22 11
Villar del Saz de Navalón (apd)		*8 34*					
Chillarón		8 44		14 02	16 13		
Cuenca	O	8 52	**11 43**	14 11	16 22	**18 23**	22 35
Cuenca		■	**11 45**	14 16	■	**18 30**	■
La Melgosa (apd)							
Los Palancares							
Cañada del Hoyo (apd-cgd)				14 43			
Carboneras de Guadazaón			**12 17**	14 51		**19 00**	
Arguisuelas				15 05			
Yemeda-Cardenete				15 24			
Villora (apd)				15 33			
Enguídanos (apd)				15 44			
Camporrobles				16 03			
Cuevas de Utiel (apd)				16 14			
Utiel (apt-cgd)			**13 20**	16 24		**20 00**	
San Antonio de Requena (apd)				16 32			
Requena			**13 30**	16 40		**20 10**	
Rebollar (apt)							
Siete Aguas (apd)				17 06			
Venta Mina-Siete Aguas (apt)				17 10			
Buñol				17 24			
Chiva (apt)				17 31			
Cheste				17 37			
Lonquilla-Llano (apt-cgd)				17 48			
Aldaya				17 56			
Vara de Quart (apt-cgd)							
Valencia-Término	O		**14 45**	18 12		**21 15**	
Destino			■	■		■	

① Rio Huecar.

12-5 ¿Qué tengo que hacer? Varios de tus amigos quieren tomar el tren entre Madrid y Valencia pero necesitan más información. Consulta el horario arriba para contestar sus preguntas. Sigue el modelo.

Modelo: Quiero llegar a Cuenca a las doce. ¿Qué tren debo tomar desde Madrid?
Es necesario tomar el tren de las nueve y quince.

1. Quiero llegar a Valencia esta noche a las ocho para cenar con la familia. ¿Qué tren debo tomar desde Madrid?
2. Voy a Valencia pero quiero desayunar con unos amigos a las ocho antes de salir. ¿Qué tren puedo tomar?
3. ¿Cuántas paradas hace el tren de las seis entre Madrid y Cuenca?
4. Quiero llegar a Valencia antes de las nueve esta noche. ¿Qué tren debo tomar desde Madrid?

POSSIBLE ANSWERS, EX. 12-5: 1. Hay que tomar el tren de las once. 2. Puedes tomar el tren de las nueve y quince o el de las once. 3. El tren hace 13 paradas entre Madrid y Cuenca. 4. Hay que tomar el tren de las once.

ENFOQUE ESTRUCTURAL Usos especiales del futuro

IRM MASTER 32: Usos especiales del futuro

You learned in **Capítulo 10** that the future tense is used in Spanish to talk about future actions. This tense, however, has other uses as well.

El futuro de probabilidad

The future tense is often used in Spanish to wonder about an action or a situation related to the present. Note the following examples.

¿Qué hora **será**?	***I wonder*** *what time it* ***is.***
¿**Llegará** el tren?	***I wonder if*** *the train* ***is coming.***
¿Quién **será** esa persona que viene con Juana?	***I wonder*** *who* ***is*** *that person coming with Juana.*

Using the future tense, you can express probability or uncertainty with regard to an action or a situation in the present. In other words, when you make a comment that is really more of a guess or speculation, rather than actual knowledge, the future tense is used.

—¿Cuántos años **tendrá**?	***I wonder*** *how old he* ***is.***
—**Tendrá** unos treinta.	***He's probably (He must be)*** *about 30.*
—¿Dónde **estarán** los billetes?	***I wonder*** *where the tickets* ***are.***
—**Estarán** en tu cuarto.	***They are probably*** *in your room.*

El futuro en oraciones condicionales

HERITAGE LEARNERS: Please note that it is completely acceptable for heritage learners (as well as other students) to use the immediate future in the **oraciones condicionales:** for example, **Si me escribes,** *me voy a poner* **muy contento, Si pierdes el tren,** *va a ser* **una lástima,** etc.

Look at the following examples and notice that when the verb in the main clause is in the present or future tense, the verb in the **si** clause will always be in the present tense. In this type of conditional clause (an *if* clause), the present indicative is used after **si** because the speaker is assuming that something will take place.

Si conseguimos billetes, **iremos** a Sevilla.	***If*** *we* ***get*** *tickets, we* ***will go*** *to Seville.*
Si me **escribes,** me **pondré** muy contento.	***If*** *you* ***write*** *to me, I* ***will be*** *very happy.*
Si pierdes el tren, **será** una lástima.	***If*** *you* ***miss*** *the train, it* ***will be*** *a shame.*

Práctica

CLASSROOM MANAGEMENT, EX. 12-6: These exercises can be assigned the night before the in-class contextualized grammar presentation. After presenting the grammar, allow students 3–5 minutes to check their answers with a partner. Circulate around the class to check for accuracy.

POSSIBLE ANSWERS, EX. 12-6: 1. ¿Cómo pagaré? 2. ¿Dónde comeremos? 3. ¿Dónde parará? 4. ¿Qué servirán? 5. ¿Por qué habrá tantos pasajeros alemanes? 6. ¿Qué tren querremos tomar? 7. ¿Cuándo llegará el tren?

12-6 Me pregunto... Imagínate que estás en la estación, esperando un tren... y que estás aburriéndote. Así que pasas el tiempo preguntándote cosas. Convierte las siguientes oraciones en preguntas que expresen una conjetura. Sigue el modelo y utiliza palabras interrogativas como **dónde, cuándo, cómo, por qué, qué...**

Modelo: El tren no sale a tiempo.
¿Cuándo saldrá el tren?

1. No puedo pagar con un cheque de viajero.
2. No podemos comer en el restaurante de la estación.
3. El tren no para en Huelva.
4. No sirven desayuno en el tren.
5. Hay muchos pasajeros alemanes.
6. No queremos tomar este tren.
7. El tren llega más tarde.

12-7 ¡No sé, José! El hijo de unos amigos españoles viaja en el tren contigo. José tiene sólo ocho años y es muy persistente con las preguntas que hace. Como tú no sabes contestarlas de una manera exacta, expresa la probabilidad o la duda usando el mismo verbo que él usa, pero cambiándolo al tiempo futuro. Sigue el modelo.

Modelo: ¿Qué hora es?
¡No sé! Serán las nueve.

1. ¿Cómo se llama el conductor del tren?
2. ¿Qué sirven para comer en el tren?
3. ¿Qué tipo de música escucha esa chica en su walkman?
4. ¿Qué tiene esa señora en su maleta?
5. ¿A qué hora llega ese señor a su casa?
6. ¿Cuántas personas hay en este tren?
7. ¿Qué pueblo es éste?
8. ¿Dónde estamos ahora?
9. ¿Quién es ese señor alto del sombrero negro?
10. ¿A cuántos kilómetros por hora vamos en este momento?

ANSWERS, EX. 12-7: ¡No sé!... 1. Se llamará... 2. Servirán... 3. Escuchará... 4. Tendrá... 5. Llegará... 6. Habrá... 7. Será... 8. Estaremos... 9. Será... 10. Iremos...

12-8 Condiciones Todo el mundo quiere que le hagas favores, pero tú tienes que poner límites. Completa las oraciones siguientes con la condición que tú quieras poner. Compara tus respuestas con las de un/a compañero/a de clase.

Modelo: Te podré ayudar si...
Te podré ayudar si me llamas.

1. Sabré el número del vagón si...
2. Iré a la estación contigo si...
3. Mi novio dice que podré viajar con ella si...
4. Compraré los billetes para el viaje si...
5. El tren llegará temprano si...
6. Iremos a Málaga el verano próximo si...
7. Estaré muy contento/a si...
8. No tendremos dificultades en el viaje si...

POSSIBLE ANSWERS, EX. 12-8: 1. Sabré el número del vagón si el jefe de estación me lo dice. 2. Iré a la estación contigo si quieres. 3. Mi novio dice que podré viajar con ella si no me quejo de todo. 4. Compraré los billetes para el viaje si no cuestan mucho. 5. El tren llegará temprano si no para en todas las estaciones. 6. Iremos a Málaga el verano próximo si tenemos dinero. 7. Estaré muy contento/a si me llamas. 8. No tendremos dificultades en el viaje si llevamos un mapa.

12-9 Consecuencias Cada acción tiene su reacción. Completa las oraciones siguientes indicando las consecuencias de la acción previa. Sigue el modelo. Compara tus respuestas con las de un/a compañero/a. ¿Quién tiene una actitud más optimista?

Modelo: Si esperas media hora...
Si esperas media hora, iremos juntos al andén.

1. Si sales a tiempo...
2. Si el tren sale tarde...
3. Si no llega el tren pronto...
4. Si te gusta viajar...
5. Si cuesta demasiado dinero...
6. Si el hotel no es bonito...
7. Si el pasaporte no está en la maleta...
8. Si hablas con el jefe de estación...
9. Si tus amigos no quieren viajar en tren...
10. Si ustedes leen el horario...

CLASSROOM MANAGEMENT, EX. 12-9: Allow students 4–6 minutes per exercise to work together on the answers. Circulate around the class to check for accuracy. When done, comment on any particular problems that came up while doing the exercise.

SUGGESTION: Provide a transition for students by reminding them that the theme of this **etapa** addresses traveling via trains. Therefore, the following **Comentario cultural** highlights cultural information about this kind of traveling.

COMENTARIOS CULTURALES

Los trenes en España

Los trenes españoles, que conectan todos los puntos del país con paradas en ciudades y pueblos, también establecen un puente entre España e Europa. La red nacional española de trenes es bastante **eficaz,** y viajar en tren es mucho más barato que viajar en avión. Los españoles están **orgullosos** del desarrollo extenso del sistema ferroviario en los últimos diez años. Los trenes generalmente ofrecen buen servicio, son cómodos y bastante puntuales. El gobierno español, que administra el sistema de transporte, ha contribuido con más de 3.000 millones de pesetas para mejorar **las vías** y aumentar la velocidad de los trenes. En algunas líneas (Madrid-Barcelona-Valencia-Madrid) la velocidad **ha subido** a 160 kms por hora. Desde 1992 existe un tren de alta velocidad, el AVE, que viaja entre Madrid y Sevilla a unos 300 kms por hora. La velocidad, puntualidad y estilo del AVE le han dado numerosos premios internacionales.

efficient · *proud* · *rail routes* · *has risen*

Se puede viajar a cualquier parte de España desde la Estación de Atocha en Madrid

RENFE divide el calendario del año en tres períodos: días blancos, días rojos y días azules. Los mejores días para viajar son los días azules, porque hay menos viajeros y el precio de los billetes es más barato, por los descuentos que RENFE ofrece en esos días. Los precios son más caros en los días blancos (los fines de semana de ciertos meses) y especialmente en los días rojos (días festivos).

Red Nacional de Ferrocarriles Españoles

SUGGESTION: Point out that, like most Europeans, the Spanish people also use trains to travel to and within other European countries. This is partly because the trains provide a comfortable mode of transportation, but also because train fares are often considerably cheaper than airfares.

INTEGRACIÓN CULTURAL

1. ¿Por qué son los trenes el sistema de transporte más popular en España?
2. ¿Cómo son los trenes españoles generalmente?
3. ¿A cuántos kilómetros por hora viajan algunos trenes? ¿Sabes el equivalente en millas por hora?
4. ¿Cómo divide RENFE el calendario del año? ¿Por qué lo dividen así?
5. ¿Hay trenes donde vives? ¿Cómo son?

ANSWERS: 1. Conectan ciudades y aldeas; son eficaces y económicos. 2. Son cómodos y puntuales. 3. a 160 kmh (100 mph), a 300 kmh (186 mph) 4. en días blancos, rojos y azules; identifican los días más concurridos y caros y los días menos concurridos y caros 5. Habrá variación.

ENFOQUE ESTRUCTURAL Las preposiciones de lugar

En julio pensamos ir **a** España.	*In July we plan to go **to** Spain. It'll be great!*
Vamos a comer gazpacho **en** Sevilla y mariscos **en** la costa.	*We are going to eat gazpacho **in** Seville and seafood **on** the coast.*
Vamos a salir **de** Nueva York.	*We are going to leave **(from)** New York.*
Volamos **hacia** el este.	*We'll fly **toward (all the way to)** the east.*
Después iremos **a** Francia. ¿Qué distancia hay **entre** Madrid y París?	*Then we will go **to** France. What's the distance **between** Madrid and Paris?*
Vamos a seguir **hasta** la frontera italiana en tren.	*We are going to continue on all the way **to** the Italian border by train.*
Segovia está **cerca de** Madrid.	*Segovia is **close to (near)** Madrid.*

PREVIEW: Ask students to review other expressions for location that they learned in **Capítulo 3.**

All of the prepositions shown are often used to tell something about a location. These prepositions describe places in the following ways:

- as the location itself **(en)**
- as a starting point or place of origin **(de, desde)**
- as a final destination **(a, hasta)**
- as movement toward a place **(a, hacia, para)**
- as a reference to the distance between the location and another place **(entre, cerca de** *[close to],* **lejos de** *[far from],* **más allá de** *[beyond],* **a** + distance + **de** *[distance from])*

Práctica

12-10 España tiene mil lugares ¡Hay mil razones para visitar España! Lo que sigue son los planes de unos turistas. Según el contexto de cada oración, indica cuál de las palabras entre paréntesis es la correcta.

ANSWERS, EX. 12-10: 1. hacia 2. en 3. a 4. de 5. entre 6. a 7. entre 8. de

Modelo: Mis tíos ahora viven (de / en / hasta) Santander.
Mis tíos ahora viven en Santander.

1. Mañana el tren sale (entre / en / hacia) Andalucía a las ocho y cinco.
2. ¿Quiénes quieren almorzar (hasta / entre / en) el Parque del Retiro?
3. Prefiero ir (en / a / entre) la Costa del Sol.
4. Aranjuez está a 25 km (hacia / de / a) Madrid.
5. Dicen que el tren hace seis paradas (en / por / entre) Madrid y Málaga.
6. Pienso llevar a mi sobrino (de / en / a) la playa este fin de semana.
7. El niño dormirá en el tren (para / entre / a) Barcelona y Zaragoza.
8. El plan es salir (lejos de / de / hacia) la estación de Atocha porque tiene los trenes más rápidos.

12-11 Durante tu viaje Hazle las siguientes preguntas a un/a compañero/a para averiguar los detalles de un viaje al norte de España. Escoge la preposición que corresponda a la que aparece en inglés entre paréntesis. Después, tu compañero/a contestará la pregunta con **sí** o **no,** usando la misma preposición en la respuesta. Sigan el modelo.

CLASSROOM MANAGEMENT, EX. 12-11: When students work in pairs, circulate around the room to check for accuracy.

ANSWERS, EX. 12-11: 1. lejos de 2. a 3. en 4. hasta 5. hacia 6. en, en

Modelo: ¿Vas _______ la playa con tu familia este verano? *(to)*
—¿Vas a la playa con tu familia este verano?
—Sí, voy a Santander con mi familia.
o *—No, voy a la playa con mis amigos.*

1. ¿Van a estar Uds. _______ una ciudad? *(far from)*
2. ¿Cuándo piensan regresar _______ tu pueblo? *(to)*
3. En su viaje, ¿van a pasar unos días _______ un pueblo pitoresco? *(in)*
4. ¿Van a poder conducir _______ Francia en un carro tan viejo? *(all the way to)*
5. ¿Van _______ el norte el segundo día de su viaje? *(in the direction of)*
6. ¿Van a comer _______ el famoso restaurante de mariscos que está _______ la costa? *(in/on)*

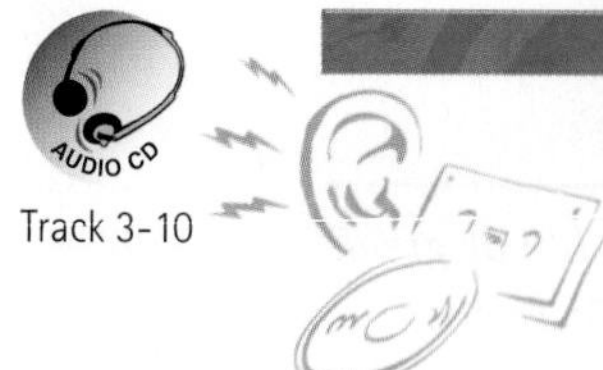

Track 3-10

VAMOS A ESCUCHAR:

EN LA ESTACIÓN DE ATOCHA

HERITAGE LEARNERS: Ask heritage learners to listen to the Spanish in the **Vamos a escuchar** recording and to compare it with the Spanish they use in their communities.

En Madrid, la gran mayoría de trenes parten de o pasan por la Estación de Atocha. Aquí vas a escuchar una conversación entre un viajero y un dependiente de RENFE.

Antes de escuchar

Antes de escuchar el segmento, contesta las siguientes preguntas.

- Cuando viajas, ¿qué preguntas haces a la hora de comprar los billetes?
- ¿Te gusta tenerlo todo planeado o prefieres alguna flexibilidad en tus planes? ¿Cómo lo arreglas todo?

Antes de escuchar la conversación entre el viajero y el empleado de RENFE, lee las preguntas que aparecen en la sección **Después de escuchar.**

Después de escuchar

ANSWERS, EX. 12-12: 1. Quiere viajar a Granada esta tarde. 2. La ruta más directa está en obras y tendrá que tomar un autocar durante parte del trayecto. 3. No, porque el AVE casi siempre llega antes de tiempo y tiene garantía de puntualidad. 4. Quiere pasar dos días en Sevilla cuando regrese. Sí, se puede hacer. 5. cinco días

12-12 Comprensión Contesta las preguntas que siguen, basándote en lo que escuchaste.

1. ¿Adónde y cuándo quiere viajar el cliente?
2. ¿Cuál es la ruta más directa al destino del viajero? ¿Es una ruta ideal? Explica tu respuesta.
3. El viajero tendrá sólo quince minutos para cambiar su tren de Sevilla. ¿Habrá problemas si el primer tren llega tarde?
4. ¿Qué cambio pide el viajero? ¿Se puede hacer?
5. ¿Cuántos días dura este viaje?

ANSWERS, EX. 12-13: 1. Quiero hacer escala en Sevilla. 2. Buen viaje.

12-13 ¿Cómo lo dicen? Escucha el segmento de nuevo. Fíjate en lo que se dice y contesta estas preguntas.

1. El viajero quiere pasar unos días en Sevilla cuando regrese a Madrid. ¿Cómo lo dice?
2. Al final de la conversación, ¿cómo se despide el empleado del viajero?

TÚ DIRÁS

12-14 ¿Será que quieres viajar? Quieres viajar a alguna parte en tren, pero estás muy indeciso/a todavía. ¿Adónde irás? ¿Con quién viajarás? ¿Qué visitarás? Habla con un/a compañero/a de clase y describe lo que crees que te va a gustar como viaje. Tu compañero/a tendrá algunas preguntas y sugerencias para ti. Como todo es muy flexible, usen el futuro para indicar las posibles opciones y actividades.

12-15 Un itinerario Trabaja con otro/a estudiante. Están en Madrid y quieren viajar a Burgos, una famosa ciudad conocida por su arquitectura gótica y arte medieval. Después de leer la información en el folleto, habla con tu compañero/a y pregúntale lo siguiente sobre esta excursión especial:

- what day you are going to leave
- from which station in Madrid the train leaves
- to what city you're going to take the train
- what time the train leaves for this city
- whether there is a stop along the way
- what time you will arrive at your destination
- where you will stay during the visit
- what you plan to visit in the city
- what day you will be leaving Madrid
- what time you will be back in Madrid

La catedral de Burgos

Programa

Sábado

8.30 h. Salida en tren TER de Madrid-Chamartin.

11.23 h. Llegada a Lera. Transbordo a autocar. Circuito a Lerma.

12.30 h. Covarrubias. Visita a la Colegiata. Tiempo libre para almorzar.

16.30 h. Salida en autocar para visitar Santo Domingo de Silos y La Yecla.

20.00 h. Llegada a Burgos. Traslado al hotel. Tiempo libre.

21.30 h. Saludo del Ayuntamiento en el antiguo monasterio de San Juan, vino y actuaciones folclóricas. Elección de la madrina del tren.

Domingo

8.00 h. Desayuno en el hotel.

8.30 h. Recogida en el hotel en autobús. Visita guiada a la catedral, Monasterio de las Huelgas, Monasterio de San Pedro de Cardeña (posibilidad de oír misa) y Cartuja.

14.00 h. Tiempo libre para almorzar.

16.30 h. Visita panorámica de la ciudad. Traslado a la estación.

17.45 h. Salida en tren TER hacia Madrid.

21.30 h. Llegada a Madrid Chamartin. Fin de viaje.

NOTA: El tren TER continúa a Burgos, con llegada a las doce y diez horas. Los viajeros no interesados en la excursión pueden continuar a Burgos y hacer uso de sus habitaciones en el hotel elegido.

Burgos, cuna del Cid, donde lo románico y lo gótico se entremezclan para formar una de las provincias más ricas en arte medieval. Lerma, Covarrubias, Silos y Burgos capital, donde lo gótico culmina en una gran obra, la catedral de Burgos.

SEGUNDA ETAPA

SUGGESTION: Begin discussion by asking students these questions in Spanish.

Para empezar: Un viaje por carretera

Preparación: As you begin this **etapa,** consider the following:

- Have you ever taken a long trip by car or bus?
- What is one of the longest trips you've made?
- When you plan to travel by car, what do you usually need to know or keep in mind?
- Do you normally use road maps when you travel by car?

EXPANSIÓN LÉXICA: Remember that in Spain **el coche** is used instead of **el carro.** A *driver's license* in Spain may also be called **el carnet** or **el carné de conducir.**

EXPANSIÓN LÉXICA: Many words relating to cars have multiple variants. Another word for **el depósito** is **el tanque. Las luces** are called **los faros** in many parts of the Spanish-speaking world. **Las ruedas** are the *wheels* and **las llantas** are also called **los neumáticos** or, in the Caribbean, **las gomas.** Other key car parts include **la llave** *(key),* **el baúl** or **el maletero** *(trunk),* **el parachoques** *(bumper).*

EL CARRO

El carro es un medio ideal para viajar adonde y cuando se quiera. Para mantener esa libertad, conviene saber mantener el carro en buenas condiciones y repararlo cuando sea posible. Las partes más importantes del carro son:

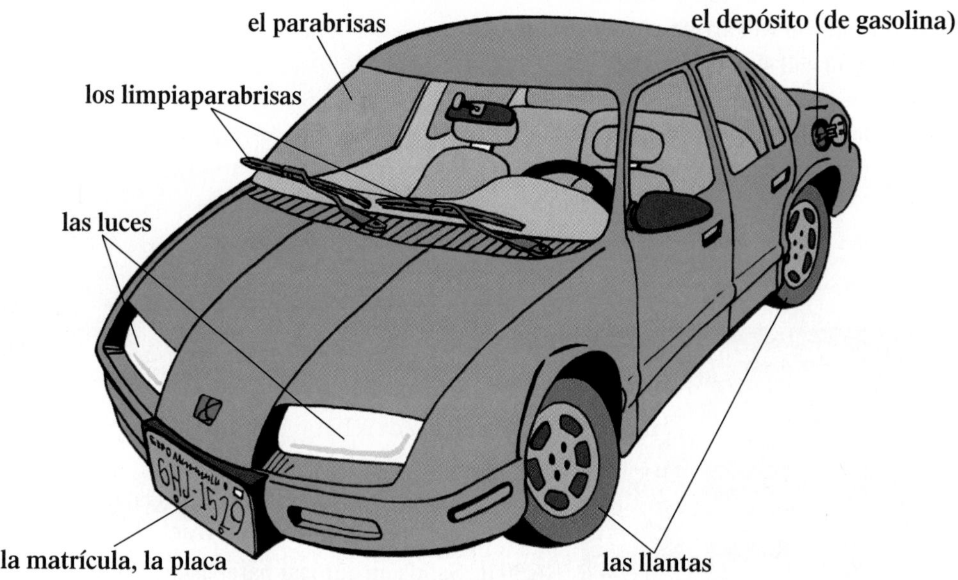

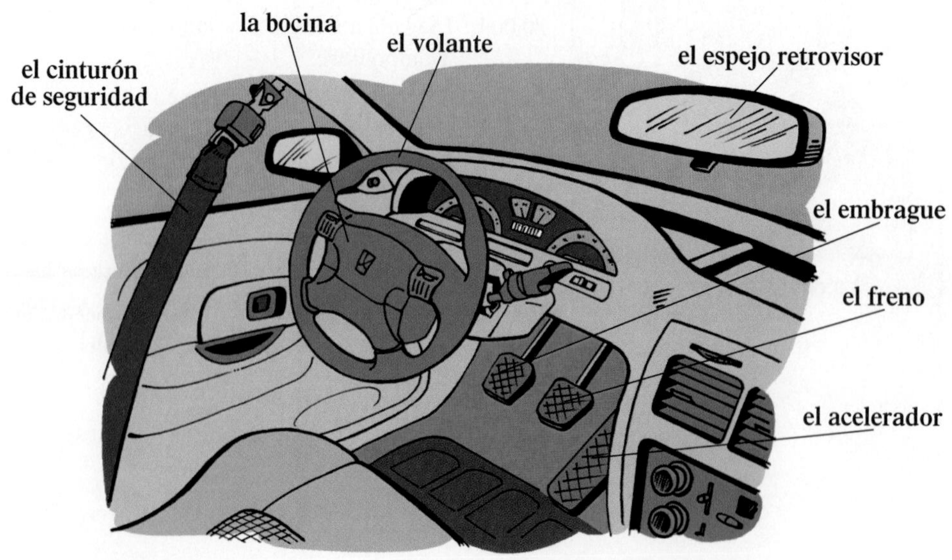

EXPANSIÓN LÉXICA: Throughout much of the Spanish-speaking world, cars are not **automáticos** but **de cambios** *(standard, shift).* When traveling by car, then, you should be familiar with **la palanca de cambios** *(gearshift)* and **los cambios** *(gears)* o **las marchas.** If you need to consult **el manual de usuario** *(owner's manual),* you might try finding it in **la guantera** *(glove box).* In many parts of Central and South America, **el volante** is known as **el timón.**

Expansión léxica: Outside of the United States and Canada, gas is often leaded. If you need *unleaded gas* for your car, ask for **la gasolina sin plomo;** if you need *diesel fuel,* ask for **el diesel.** Otherwise, you are likely to be sold **la gasolina con plomo.** All of these products are sold in **la gasolinera.**

ALGUNAS EXPRESIONES ÚTILES

abrocharse el cinturón *to buckle up*
acelerar *to accelerate*
arrancar *to start up*
chocar con *to hit, to collide with*
conducir, manejar *to drive*
frenar *to break*
llamar a la grúa *to call a tow truck*
pinchar una llanta *to have a flat tire*
poner/echar gasolina *to get gas*
quedarse sin gasolina *to run out of gas*
sacar el permiso de conducir / la licencia de manejar *to get a driver's license*
tener un accidente *to have an accident*

Práctica

12-16 Señor mecánico, tengo un problema... Cuando tienes problemas con tu carro, es mejor saber dónde están los problemas. Mira los dibujos e identifica las partes problemáticas de tu carro.

Answers, Ex. 12-16: 1. el volante 2. la llanta 3. el cinturón de seguridad 4. las luces 5. la licencia 6. el depósito 7. la matrícula 8. el limpiaparabrisas

1. 

2. 

3. 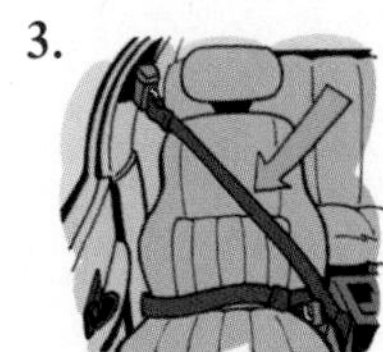

4. 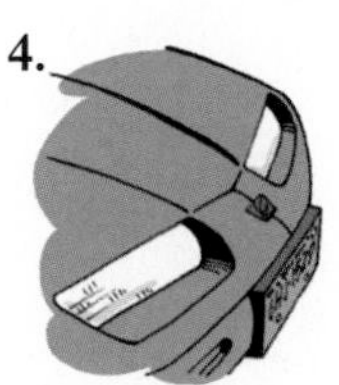

5. 

6. 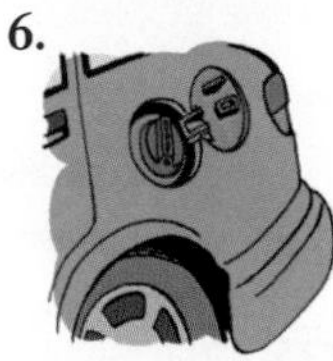

7. 

8. 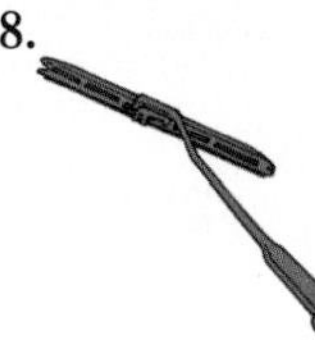

12-17 Conexiones lógicas Conecta las ideas de la primera columna con el elemento correspondiente de la segunda columna, para formar ideas y oraciones coherentes.

1. ¡Mira, queda menos de un cuarto de depósito/tanque!	el carro irá más rápido.
2. ¡Necesito ayuda!	el carro se para.
3. ¡Qué bien! ¡Por fin!	¡Conseguí mi permiso de conducir!
4. Cuando pisas el freno	Se me ha pinchado una llanta.
5. Estoy muy preocupado/a.	es necesario poner la llave.
6. Para poder arrancar	Mi novio/a ha tenido un accidente y está en el hospital.
7. Si aceleras	¡Te vas a quedar sin gasolina!
	Todavía no sé conducir.

Possible Answers, Ex. 12-17: 1. ¡Mira, queda menos de un cuarto de depósito! ¡Te vas a quedar sin gasolina! 2. ¡Necesito ayuda! Se me ha pinchado una llanta. 3. ¡Qué bien! ¡Por fin! ¡Conseguí mi permiso de conducir! 4. Cuando pisas el freno el carro se para. 5. Estoy muy preocupado/a. Mi novio/a ha tenido un accidente y está en el hospital. 6. Para poder arrancar es necesario poner la llave. 7. Si aceleras el carro irá más rápido.

EXPANSIÓN LÉXICA: Another word for **la carretera** is **la autopista.** In Mexico, **el peaje** is known as **la cuota.** Check out the toll prices before entering a highway: tolls outside of the United States and Canada are often substantial!

EL MAPA DE CARRETERAS DE MÉXICO

En México FONATUR, Fondo Nacional de Fomento al Turismo de México, publica una serie de mapas detallados de cada región del país. Los puedes leer en Internet o puedes comprar sus mapas en una librería. Algunos términos útiles para leer un mapa incluyen:

la carretera *highway*
la carretera de peaje *tollroad*
el peaje *toll*
el puente *bridge*
la ruta *route*
el túnel *tunnel*

Ahora estudia el siguiente mapa. Fíjate en la capital del país y en otras ciudades y pueblos cerca de ella.

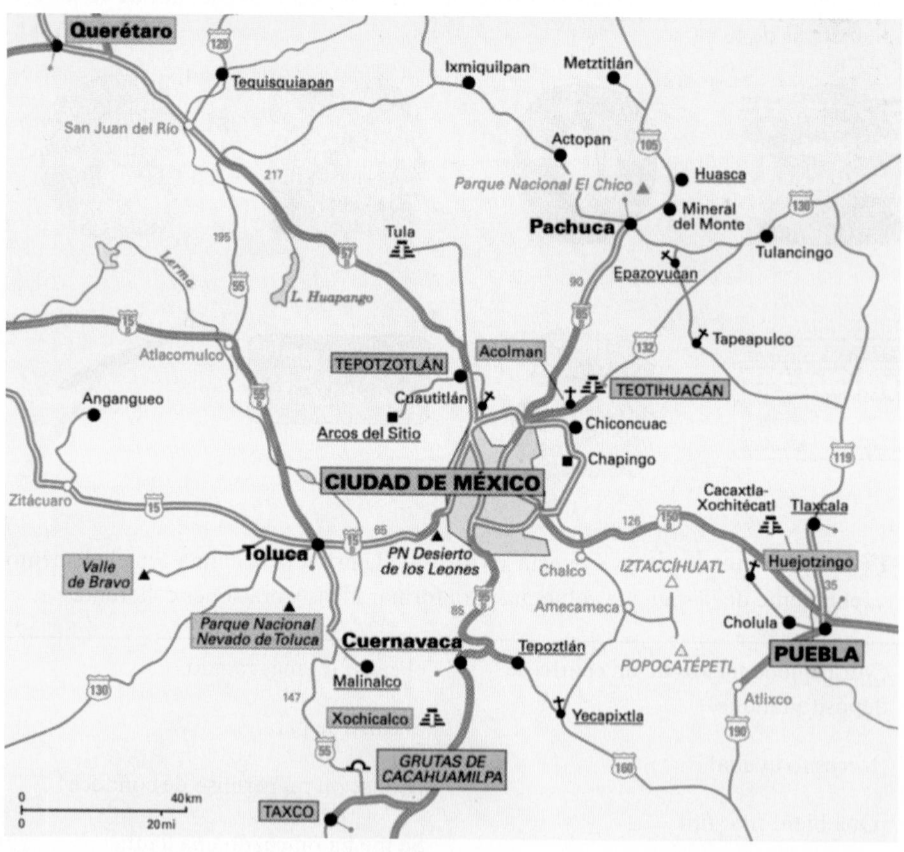

ANSWERS, EX. 12-18: 1. la 15 2. las 190 y 150 3. la 150 4. Pachuca

12-18 ¿Cómo vamos? Al planear un viaje por las carreteras de México, debes fijarte bien en el mapa. Contesta las preguntas que siguen.

1. ¿Qué carretera lleva de Zitácuaro a Toluca?
2. ¿La ciudad de Puebla está en la intersección de qué carreteras?
3. ¿Qué carretera lleva de Puebla a la Ciudad de México?
4. Si seguimos la carretera 85 hacia el norte, ¿cómo se llama la primera ciudad grande?

12-19 ¿Es largo el viaje de México a Cuernavaca? Oyes a unos jóvenes mexicanos hablar de un viaje que van a hacer en carro. Tú no conoces bien la geografía de México y quieres saber si el viaje será largo. Por eso le haces varias preguntas a uno de ellos. Sigue el modelo.

Modelo: México-Cuernavaca (90 kms / 1 hora y 1/2)
—¿Es largo el viaje de la Ciudad de México a Cuernavaca?
—No, no muy largo. Cuernavaca está a 90 kms de México.
—¿Cuánto dura el viaje de México a Cuernavaca en carro?
—Es una hora y media.

1. México-Acapulco (418 kms / 6 horas)
2. México-Taxco (173 kms / 2 horas y 1/2)
3. Guadalajara-México (580 kms / 7 horas)
4. Toluca-México (66 kms / 45 minutos)
5. Puebla-Veracruz (280 kms / 3 horas y 1/2)
6. México-Puebla (125 kms / 1 hora y 45 minutos)

REPASO

12-20 Preguntas sobre un viaje Hazle las siguientes preguntas a un/a compañero/a de clase. Cada vez que hagas una pregunta, llena el espacio con la preposición que corresponda a la(s) palabra(s) o expresiones entre paréntesis. Después, tu compañero/a contestará con sí o no, usando la misma preposición. Sigan el modelo.

Review prepositions.

ANSWERS, EX. 12-20: The following prepositions correspond to each activity: 1. de 2. a 3. en 4. hasta 5. hacia 6. en

Modelo: ¿Irás _______ la playa con tu familia este verano? *(to)*
—¿Irás a la playa con tu familia este verano?
—Sí, iré a la playa con mi familia.
o *—No, no iré a la playa con mi familia. Iré con mis amigos.*

1. ¿Cuándo saldrán ustedes _______ la ciudad? *(from)*
2. ¿Cuándo volverás _______ tu casa? *(to)*
3. ¿En su viaje pasarán unos días _______ el pueblo de tus amigos? *(in)*
4. ¿Podrán ir _______ la playa en tren? *(all the way to)*
5. ¿Irán _______ el norte el segundo día de su viaje? *(in the direction of)*
6. ¿Comerás _______ un restaurante famoso? *(in)*

12-21 ¿Qué se hace en la universidad? Un/a amigo/a recién llegado de otro país te pregunta qué se hace en la universidad donde tú estudias. Tú le contestas usando el **se** impersonal. Sigue el modelo.

Review use of impersonal **se.**

POSSIBLE ANSWERS, EX. 12-21: 1. ¿Qué se hace en la biblioteca? Se estudia,... allí. 2. ¿Qué se hace en la cafetería? Se come,... allí. 3. ¿Qué se hace en la clase de español? Se habla español,... allí. 4. ¿Qué se hace en la oficina del decano? Se consulta con el decano,... allí. 5. ¿Qué se hace en la librería? Se compra libros para la universidad,... allí. 6. ¿Qué se hace en una fiesta de una fraternidad? Se baila,... allí. 7. ¿Qué se hace en el centro estudiantil? Se toma café,... allí. 8. ¿Qué se hace en la residencia estudiantil? Se estudia,... allí.

Modelo: el jardín botánico
—¿Qué se hace en el jardín botánico?
—Se camina, se admira la naturaleza y se descansa allí.

1. la biblioteca
2. la cafetería
3. la clase de español
4. la oficina del decano
5. la librería
6. la fiesta de una fraternidad
7. el centro estudiantil
8. la residencia estudiantil

ENFOQUE ESTRUCTURAL El pluscuamperfecto

IRM MASTER 33: El pluscuamperfecto

NOTA GRAMATICAL: You may want to review the past participles presented on page 339. They are used in this tense as well as with the present perfect tense.

HERITAGE LEARNERS: Review the irregular past participles with heritage learners since it is common to hear forms like **abrido, escribido, volvido, hacido,** etc., among them. Other students may benefit from this review as well.

SUGGESTION: Contextualize the presentation of this structure by telling students about your good intentions and bad timing. Tell them about a good friend of yours for whom you wanted to do something nice. Every time you tried to buy him/her something or take him/her somewhere, this person had already bought it / done it. Display a transparency of two calendar pages for the same month; one is yours and the other is your friend's. Fill in your calendar with activities on certain days, e.g., **comprar rosas para Teresa, invitar a Teresa al concierto de Rubén Blades**, etc. Fill in your friend's calendar page with these same activities on earlier days. Tell the class: **Primero pensé invitarla al concierto de Rubén Blades, pero cuando la llamé me dijo que ya había ido al concierto el día 15...** When using the past perfect, point to the relevant calendar days so that students can visualize that the action occurred before another past action.

Cuando llegamos al pueblo, cansados y con ganas de comer algo, era muy tarde y **ya habían cerrado** los restaurantes.

When we arrived in town, tired and hungry, it was late and all restaurants ***had already closed.***

The past perfect tense is used to indicate that something had already happened before something else occurred. Just as in English, this tense needs another action in the past as a reference point, whether it is stated or not, in order to make sense. Note the following examples:

Carlos no fue porque **ya había visto** la catedral. — *Carlos didn't go because he* ***had already seen*** *the cathedral.*

El tren **ya había salido** cuando llegamos a la estación. — *The train* ***had already left*** *when we arrived at the station.*

The past perfect is formed in the following way:

haber **(in the imperfect) + participio pasado**

		-ar	-er	-ir
yo	**había**			
tú	**habías**			
Ud., él, ella	**había**	**hablado**	**comido**	**salido**
nosotros/as	**habíamos**			
vosotros/as	**habíais**			
Uds., ellos, ellas	**habían**			

Like the present perfect, the past perfect has two parts: the "helping" verb **haber** and the past participle. The difference between the present perfect and past perfect tenses is in the form of **haber,** which uses the imperfect tense endings to form the past perfect.

Práctica

ANSWERS, EX. 12-22: 1. El carro ya se había quedado sin gasolina cuando llegó mi hermana. 2. El agente de viajes ya había preparado el itinerario cuando Mario compró los boletos. 3. Nosotros ya habíamos visto el horario cuando fuimos a comer. 4. El empleado ya nos había dicho algo sobre el tren cuando oímos las noticias. 5. Tú ya habías pedido una mesa en la sección de no fumar cuando nos llamó el mesero.6. Mi papá ya había hecho las reservaciones cuando llegué yo. 7. En el restaurante ya habíamos comido demasiado cuando nos sirvieron el postre. 8. Yo ya había salido para Veracruz cuando me mandaste la tarjeta. 9. Ya le había escrito cinco postales a mi novia cuando ella llamó. 10. Ustedes ya se habían dormido en el carro cuando en la radio nos hablaron de las condiciones atmosféricas.

12-22 Ya lo había hecho cuando... Cambia las oraciones según el modelo, para indicar que algo ya había pasado antes de otra acción.

Modelo: El tren salió y después llegué yo.
El tren ya había salido cuando yo llegué.

1. El carro se quedó sin gasolina y después llegó mi hermana.
2. El agente de viajes preparó el itinerario y después Mario compró los boletos.
3. Vimos el horario y después fuimos a comer.
4. El empleado nos dijo algo sobre el tren y después oímos las noticias.
5. Pediste una mesa en la sección de no fumar y después nos llamó el mesero.
6. Mi papá hizo las reservaciones y después llegué yo.
7. En el restaurante comimos demasiado y después nos sirvieron el postre.
8. Yo salí para Veracruz y después me mandaste la tarjeta.
9. Le escribí cinco postales a mi novia y después ella llamó.
10. Ustedes se durmieron en el carro y después en la radio nos hablaron de las condiciones atmosféricas.

12-23 ¿Quién llamó? Durante la cena, el teléfono sonó varias veces y tú contestaste. Al día siguiente, tu familia quería saber quién era y qué había dicho. Indica quién llamó, y usa el pluscuamperfecto *(past perfect tense)* al repetir lo que la persona que llamó te dijo. Cambia los verbos al pasado y los pronombres a las formas que correspondan a la situación. Sigue el modelo.

Modelo: José llama. Te dice que ha ido al cine y que ya ha visto la película.
Llamó José. Me dijo que había ido al cine y que ya había visto la película.

1. Francisco llama. Te dice que ha hablado con el agente de viajes y que no ha podido comprar los boletos para el tren.
2. Alicia llama. Te dice que ha ido al centro y que ya ha encontrado el regalo para Juan.
3. Tu tío Guillermo llama. Te dice que ha puesto un regalo para ti en su carro pero que todavía no ha tenido tiempo de ir a tu casa para dártelo.
4. Tu amigo Luis llama. Te dice que el profesor ha cambiado el día del examen.
5. Una persona que no conoces llama. Te dice que ha marcado este número tres veces y que ha tenido problemas con la línea.
6. Tu amiga Silvia llama. Te dice que ha recibido una invitación para la fiesta de Carlos y ya ha comprado un vestido nuevo.
7. El empleado de la biblioteca llama. Te dice que ha buscado el libro que necesitas, pero que no lo ha encontrado.

ANSWERS, EX. 12-23: 1. Llamó Francisco. Me dijo que había hablado con el agente de viajes pero que no había podido comprar los boletos para el tren. 2. Llamó Alicia. Me dijo que había ido al centro y que había encontrado el regalo para Juan. 3. Llamó el tío Guillermo. Me dijo que había puesto un regalo para mí en su carro pero que todavía no había tenido tiempo de ir a mi casa para dármelo. 4. Llamó mi amigo Luis. Me dijo que el profesor había cambiado el día del examen. 5. Una persona que no conozco llamó. Me dijo que había marcado este número tres veces y que había tenido problemas con la línea. 6. Mi amiga Silvia llamó. Me dijo que había recibido una invitación para la fiesta de Carlos y que ya había comprado un vestido nuevo. 7. Llamó el empleado de la biblioteca. Me dijo que había buscado el libro que necesito, pero que no lo había encontrado.

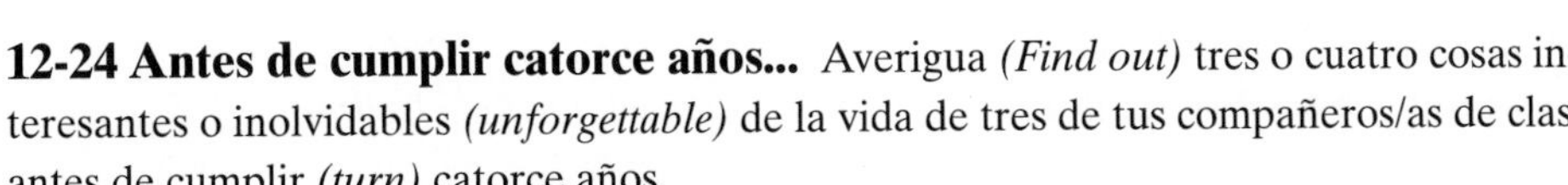

12-24 Antes de cumplir catorce años... Averigua *(Find out)* tres o cuatro cosas interesantes o inolvidables *(unforgettable)* de la vida de tres de tus compañeros/as de clase antes de cumplir *(turn)* catorce años.

Modelo: —*¿Qué habías hecho antes de cumplir 14 años? ¡Cuéntame lo más interesante!*
—*Antes de cumplir 14 años, yo ya había...*
o —*Cuando cumplí 14 años yo ya había...*

Después escribe una lista de esta información para leérsela a la clase.

SUGGESTION: Provide a transition for students by reminding them that the theme of this **etapa** is traveling on the road. Therefore, the following **Comentario cultural** addresses the metric system used for distances in the Spanish-speaking world.

COMENTARIOS CULTURALES

Kilómetros y millas para medir distancias

Como sabes, en los países de habla hispana se usa el sistema métrico. Para la persona que está acostumbrada a pensar en millas, en lugar de kilómetros, la siguiente fórmula puede resultar útil para calcular distancias. Para convertir kilómetros a millas se divide el número de kilómetros por ocho. Después se multiplica el resultado por cinco. Por ejemplo, 160 kilómetros dividido por ocho son 20, que multiplicado por cinco da 100 millas.

INTEGRACIÓN CULTURAL

Ahora, usa las distancias indicadas, para decidir a cuántas millas equivalen aproximadamente los kilómetros entre paréntesis.

1. Ciudad de México-Acapulco (418 kms)
2. Ciudad de México-Taxco (173 kms)
3. Guadalajara-Ciudad de México (580 kms)
4. Nogales, Arizona-Ciudad de México (2294 kms)
5. ¿Cuántos kilómetros hay entre tu casa y la universidad?

ANSWERS: 1. 261 mi. 2. 106 mi. 3. 365 mi. 4. 1434 mi. 5. Habrá variación.

ENFOQUE ESTRUCTURAL Las preposiciones *por* y *para*

Although the two prepositions **por** and **para** often correspond to the English preposition *for,* they are used to convey very specific meanings. For this reason, it's important to learn the uses of each preposition.

Para

Para normally conveys the idea of destination and goal. It is used in Spanish to express the following meanings:

- to express that something is *for* someone or *for* something:

Este carro es **para** ti.	*This car is **for** you.*
Mira, ese mapa es **para** Isabel.	*Look, that map is **for** Isabel.*
Este aceite es **para** el carro.	*This oil is **for** the car.*

- to express the goal of an action as the equivalent of *in order to:*

Viajamos en segunda clase **para** ahorrar dinero.	*We're traveling in second class **to** save money.*

- to express direction of a movement as the equivalent of *to, toward,* or *for:*

Este camión va **para** Toluca.	*This bus goes **to** Toluca.*
Juan se fue **para** Baja California.	*Juan left **for** Baja California.*

- to express the date or time by which something needs to be done as the equivalent of *for* and *by:*

Necesito el carro **para** mañana.	*I need the car **for** tomorrow.*
Esto tiene que estar hecho **para** el lunes.	*This needs to be done **by** Monday.*

Por

Por normally conveys the idea of cause. It is used in Spanish to express the following meanings:

- to express the reason for or the cause of something as the equivalent of *because of* or *about:*

Juan no puede venir **por** las clases.	*Juan can't come **because of** his classes.*
Estoy muy contento **por** el viaje que vamos a hacer.	*I am very happy **about** the trip we're going to take.*

- to express *through* and *alongside* or *by:*

La carretera pasa **por** el pueblo de mis padres.	*The road goes **through** my parents' town.*

- to express *on behalf of* someone:

Vengo **por ti.**	*I am here **for you, on your behalf.***

- to express *in exchange for:*

Te doy $50 **por** esas llantas.	*I'll give you $50 **for** those tires.*
Cambiamos los boletos de avión **por** boletos de tren.	*We exchanged our air tickets **for** train tickets.*
¿Cuánto pagaste **por** el carro?	*How much did you pay **for** the car?*

- to express the time of day something happens as the equivalent of *in* and *during:*

Vendrá **por la mañana.**	*He will be here **in the morning.***
Estudia **por las tardes.**	*She studies **in the afternoon.***

- to express what is *left to be done:*

Nos quedan **por ver** tres pueblos.	*We still have three towns **left to see.***

- to express *by means of:*

Dieron la noticia **por la radio.**	*They announced it **on the radio.***
Hablaron **por teléfono.**	*They talked **on the phone.***

Besides these uses of **por** you also need to learn the following set expressions:

por ciento *percent*
por ejemplo *for example*
por favor *please*
por fin *finally*
por lo menos *at least*
por primera vez / última vez *for the first time / last time*
por todas partes *everywhere*
gracias por *thanks for*

Práctica

12-25 *¿Por* o *para?* Mientras te preparas para un viaje en carro, tienes muchas cosas que hacer. Describe tus preparativos, completando las siguientes oraciones con la preposición correcta.

ANSWERS, EX. 12-25: 1. por 2. por 3. para 4. para 5. Para 6. por 7. para, para 8. por 9. para, por 10. para 11. por 12. por

1. Cuando viajo en carro me gusta salir _______ la mañana temprano.
2. Voy a llamar a Teresa _______ teléfono hoy mismo.
3. Tengo que decirle a mi hermano que necesito el carro _______ el fin de semana.
4. Antes de irme tengo que comprar aceite y gasolina _______ el carro.
5. _______ ver mejor el tráfico debo ajustar el espejo retrovisor.
6. ¿Cuánto pagaré _______ el peaje de esta autopista? No sabré hasta pagarlo.
7. Mi hermano ha traído este mapa _______ nosotros. Nos será muy útil _______ el viaje.
8. Yo sé que estás bastante preocupada _______ la condición de las carreteras.
9. Salimos de viaje _______ Tulum mañana _______ la tarde.
10. A ver si tenemos dinero _______ la gasolina y los otros gastos.
11. ¿Pasaremos _______ Oaxaca camino de Tulum?
12. Mil gracias _______ tus consejos.

12-26 El carro ideal Imagínate que estás a punto de comprar el carro ideal... o por lo menos, el carro ideal por el momento. Trabaja con un/a compañero/a de clase e inventen un diálogo sobre este carro. Usen las siguientes expresiones.

1. Por fin...
2. Por lo menos...
3. Por ejemplo...
4. ... por primera vez...
5. ... por todas partes...

Track 3-11

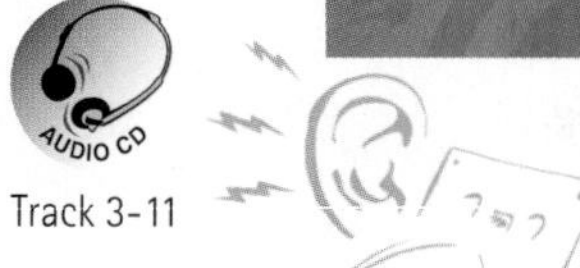

VAMOS A ESCUCHAR:

ANTES DE EMPEZAR SU VIAJE

HERITAGE LEARNERS: Ask heritage learners to listen to the Spanish in the **Vamos a escuchar** recording and to compare it with the Spanish they use in their communities.

En este segmento, el Secretariado de Turismo del gobierno mexicano ofrece unos consejos para los viajeros en los desiertos del norte de México.

Antes de escuchar

Antes de escuchar el segmento, contesta las siguientes preguntas.

- ¿Te gusta viajar en carro? ¿Cómo te preparas para un viaje en carro?
- ¿Has viajado alguna vez por el desierto u otro ambiente extremo? ¿Has cambiado alguna vez tu modo de manejar a causa de algunas condiciones extremas?

Antes de escuchar los consejos del Secretariado de Turismo, lee las preguntas que aparecen en la sección **Después de escuchar.**

Después de escuchar

ANSWERS, EX. 12-27: 1. en el norte 2. son tres: de gasolina, de agua y de aceite 3. mantener la presión adecuada en las llantas y no sacarles aire 4. Puede provocar una inundación instantánea o una riada; el viajero debe buscar tierra alta. 5. el servicio de urgencia, con patrullas bilingües y grúas para ayudar al viajero

12-27 Comprensión Contesta las preguntas que siguen, basándote en lo que escuchaste.

1. ¿En qué parte del país están los desiertos mexicanos?
2. El viajero debe llenar los depósitos de su carro. ¿Cuántos depósitos tiene y para qué son?
3. ¿Qué consejo tiene el Secretariado para las llantas del carro?
4. ¿Por qué es peligrosa la lluvia en el desierto? ¿Qué debe hacer el viajero cuando llueve?
5. ¿Quiénes son los Ángeles Verdes?

ANSWERS, EX. 12-28: 1. riadas 2. SECTUR

12-28 ¿Cómo lo dicen? Escucha el segmento de nuevo. Fíjate en lo que se dice, y contesta estas preguntas.

1. Un riesgo raro pero peligroso del desierto son las inundaciones instantáneas *(flash floods)*. ¿Cómo se llaman en español?
2. El Secretariado de Turismo usa una forma abreviada (una sigla) de su nombre. ¿Cuál es?

TÚ DIRÁS

12-29 El carro de mis sueños Cuéntale a un/a compañero/a de clase cómo es el carro de tus sueños. Descríbelo con el mayor detalle posible.

12-30 Antes de venir aquí Habla con dos compañeros/as de clase y averigua cosas interesantes o inolvidables de su vida antes del primer día de universidad. Usen frases como: **¿Qué cosas interesantes habías hecho antes de llegar a la universidad? Antes de empezar mis estudios, yo ya había... Cuando vine a la universidad yo ya había...** Después, escribe una lista de la información para leérsela a la clase.

Para empezar: Volando voy

Preparación: As you begin this **etapa,** consider the following:
- When was the last time you traveled by plane? Where did you fly? How was your trip?
- Have you ever had any problems with your trips by plane? What kind of problems?

Todos los veranos la profesora Adams viaja a México. Suele reservar su boleto por Internet y salir del aeropuerto de Newark. Cuando llega a la terminal, presenta el boleto, el pasaporte y factura las maletas (checks her bags). Ella prefiere comer algo antes de subir al avión, pero a veces no le da tiempo a hacerlo antes de despegar (taking off). Cuando llega a su destino, recoge las maletas (she picks up her bags), pasa por la aduana (goes through customs) y busca un taxi. ¡Entonces empieza la aventura!

SUGGESTION: Begin discussion of this topic by asking these questions in Spanish. For further introduction to this **etapa,** have students look up flight schedules and prices to Mexico City from your city and then report back to the class. Students can obtain this information on the Internet or by calling airlines directly. Suggest that students who call the airline ask for assistance in Spanish.

EN EL AEROPUERTO

¿Cuál es el número del vuelo? *What's the flight number?*
¿Cuál es el número de la puerta (de llegada/salida)? *What is the (arrival/departure) gate number?*
facturar las maletas *to check bags*
las llegadas *arrivals*
el mostrador de facturación *check-in counter*
mostrar el pasaporte / la visa *to show a passport/visa*
pasar por la aduana *to go through customs*
la puerta de embarque *boarding gate*
recoger las maletas *to pick up bags*
la sala de recogida de equipaje *baggage claim*
las salidas *departures*
la tarjeta de embarque *boarding pass*
la terminal *terminal*
el vuelo *flight*
  doméstico *domestic flight*
  internacional *international flight*

SUGGESTION: Contextualize the presentation of the vocabulary. Build again on your upcoming travel plans. Display on the overhead a transparency of a travel itinerary that may display flight numbers, etc. Check comprehension by asking students relevant questions utilizing the vocabulary: **¿Cuál es el número de mi vuelo a la Ciudad de México?,** etc.

EXPANSIÓN LÉXICA: Security is an important part of an airport. As part of the check-in procedure, you will be asked to pass through **el detector de metales** *(metal detector)* and to send your carry-on bags though **el escáner** *(X-ray machine).* Some passengers are requested to perform **una revisión de equipage** *(baggage check)* to confirm that no dangerous or illegal items are being transported. Remember that it is never a good idea to joke around with **los guardias** in an airport!

EN EL AVIÓN

aterrizar	*to land*	**el/la pasajero/a**	*passenger*
el/la auxiliar de vuelo	*flight attendant*	**el pasillo**	*aisle*
despegar	*to take off*	**el/la piloto/a**	*pilot*
el equipaje de mano	*carry-on luggage*	**la ventana**	*window*

EXPANSIÓN LÉXICA: The term often used for **la auxiliar de vuelo** in Spain, **la azafata,** reflects the historical preference for women flight attendants. Today both men and women can be found in airplane cabin crews, and a more gender-neutral term is **auxiliar de vuelo.**

Práctica

12-31 La salida del aeropuerto Explícale a un/a compañero/a de clase lo que se hace normalmente en un aeropuerto cuando se viaja en avión. Usa las palabras **primero, luego, después** y **finalmente.**

Modelo: *Primero, buscas el mostrador de facturación. Después, tú... , y luego...*

12-32 La llegada al aeropuerto Ahora explícale a un/a compañero/a de clase lo que se hace al llegar al aeropuerto después de un viaje internacional en avión.

Modelo: *Primero, te bajas del avión. Después,...*

REPASO

Review future tense in expressions of conjecture.

ANSWERS, EX. 12-33: 1. Serán... 2. Tendrá... 3. Saldrá... 4. Habrá... 5. Hará...

12-33 Serán las... Hoy tu compañero/a de cuarto tiene muchas preguntas... y tú no tienes todas las respuestas. Contesta las siguientes preguntas usando el futuro de conjetura.

Modelo: ¿Dónde están mis llaves?
No sé, estarán en tu bolso/mochila.

1. ¿Qué hora es?
2. ¿Cuántos años tiene el/la profesor/a de español?
3. ¿A qué hora sale el avión para Nueva York?
4. ¿Qué hay para comer?
5. ¿Qué temperatura hace?

Review pluperfect tense.

ANSWERS, EX. 12-34: 1. Cuando fui al buzón, ya lo había recogido Inés. 2. Cuando llegué a la librería, ya lo había comprado Raquel. 3. Cuando me monté en el carro, ya la había puesto Berta. 4. Cuando fui a lavarlo, ya lo había lavado Raúl. 5. Cuando saqué el carro, ya lo había pagado mi novio.

12-34 Todos ayudan Hoy prometiste ayudar a tus amigos con los preparativos de un viaje, pero parece que todos querían ayudar. ¡Ya lo habían hecho todo! Utiliza la información que aparece a continuación para contestar las preguntas.

Modelo: ¿Regaste las plantas?
cuando / llegar a / ya / regar / Juan
Cuando llegué al jardín, ya las había regado Juan.

1. ¿Recogiste el correo?
   cuando / ir a / ya / recoger / Inés
2. ¿Compraste el mapa?
   cuando / llegar a / ya / comprar / Raquel
3. ¿Pusiste gasolina?
   cuando / montarse en / ya / poner / Berta
4. ¿Lavaste el carro?
   cuando / ir a / ya / lavar / Raúl
5. ¿Pagaste el aparcamiento?
   cuando / sacar / ya / pagar mi novio

HERITAGE LEARNERS: As you review the present subjunctive, you may want to look for the following among heritage learners who may be in your class: (1) The **nosotros** forms are often accented on the third-to-the-last syllable: **háblemos, cómamos, escríbamos,** etc.; 2. the **-mos** of these forms is often changed to **-nos: háblenos, cómanos, escríbanos;** 3. the stem changes **e** to **ie** and **o** to **ue** may be extended into the **nosotros** forms: **cierremos, vuelvamos,** etc.; 4. the spelling changes (**z** to **c, g** to **gu, c** to **qu,** etc.) can also be problematic for them.

We have introduced the subjunctive in **Capítulos 6, 7, 8,** and **9** in order to give the students a feel for this mood. Research has shown that teachers make too much of the subjunctive. In his article "The Subjunctive in Spanish Interlanguage: Accuracy and Comprehensibility," Tracy Terrell points out that verbs in the present subjunctive comprise only about 3% of all the verbs a native speaker uses in daily conversation. Students never really internalize all of the uses of the subjunctive, and even advanced undergraduates and graduate students still struggle with some of its subtleties. We recognize that this is an introductory text and want only to present students with an overview of the subjunctive. In ***¡Tú dirás!*** some structures are presented for full control, others for partial control, and yet others for conceptual awareness. We feel the subjunctive falls into the latter category (conceptual awareness), for as students continue in their study of Spanish, they

ENFOQUE ESTRUCTURAL El subjuntivo: Un repaso

In **Capítulos 6, 7, 8,** and **9** you learned that the subjunctive is used in sentences that have more than one clause when the main clause indicates wish, desire, or emotion and the subjects in the two clauses are different. You will recall that the two parts of the sentences are connected by the word **que.**

Remember that for most verbs, the present subjunctive is formed by removing the **o** of the **yo** form of the present indicative tense and adding the following endings:

***-ar* verbs**					
habl**ar**	→	habl**o**	→	habl**e**	habl**emos**
				habl**es**	habl**éis**
				habl**e**	habl**en**†
***-er* verbs**					
com**er**	→	com**o**	→	com**a**	com**amos**
				com**as**	com**áis**
				com**a**	com**an**
***-ir* verbs**					
escrib**ir**	→	escrib**o**	→	escrib**a**	escrib**amos**
				escrib**as**	escrib**áis**
				escrib**a**	escrib**an**

Remember that there are many verbs in Spanish that have irregular present tenses. The verbs that are irregular in the indicative are also irregular in the subjunctive. Below are some common verbs that you have learned in **¡Tú dirás!** and that undergo certain changes when conjugated in the present indicative and subjunctive.

Verbs that change *e* to *ie* (entender, pensar, perder, querer, etc.)

entender → entiendo → entienda, entiendas, entienda, entendamos, entendáis, entiendan

The **e** changes to **ie** in all forms except **nosotros/as** and **vosotros/as**.

Verbs that change *o* to *ue* (encontrar, volver, poder, soñar, etc).

encontrar → encuentro → encuentre, encuentres, encuentre, encontremos, encontréis, encuentren

The **o** changes to **ue** in all forms except **nosotros/as** and **vosotros/as.**

Verbs that change *e* to *i* (pedir, repetir, vestir, seguir, etc.)

pedir → pido → pida, pidas, pida, pidamos, pidáis, pidan

The **e** changes to **i** for these verbs in all forms, even in **nosotros/as** and **vosotros/as.**

Below are more verbs that undergo spelling changes when conjugated in the present indicative and subjunctive.

Verbs with *g* in the stem

decir	→	digo	→	diga, digas, diga, digamos, digáis, digan
hacer	→	hago	→	haga, hagas, haga, hagamos, hagáis, hagan
oír	→	oigo	→	oiga, oigas, oiga, oigamos, oigáis, oigan
poner	→	pongo	→	ponga, pongas, ponga, pongamos, pongáis, pongan
tener	→	tengo	→	tenga, tengas, tenga, tengamos, tengáis, tengan
traer	→	traigo	→	traiga, traigas, traiga, traigamos, traigáis, traigan
salir	→	salgo	→	salga, salgas, salga, salgamos, salgáis, salgan
venir	→	vengo	→	venga, vengas, venga, vengamos, vengáis, vengan

Verbs that change *z* to *c* (cruzar, comenzar, empezar, rezar, etc.)

cruzar → cruzo → cruce, cruces, cruce, crucemos, crucéis, crucen

Verbs that change *c* to *qu* (buscar, tocar, practicar, explicar, etc.)

buscar → busco → busque, busques, busque, busquemos, busquéis, busquen

Verbs that change *g* to *gu* (llegar, jugar, pagar, etc.)

jugar → juego → juegue, juegues, juegue, juguemos, juguéis, jueguen

will undoubtedly see this mood over and over again. What we are focusing on in our presentation here is the syntactic pattern in which the subjunctive occurs, i.e., in the **que** clause.

After our presentation, we feel students should fully control the syntactic pattern and some of the more common uses of the subjunctive, such as after the verb **querer** and some of the impersonal expressions. The other uses are presented in order to make students aware of the concept of the subjunctive, and as they continue their study, we expect them to build upon this awareness and gain fuller control of this complex structure.

The change from **z** to **c** before **e** or **i** is simply a spelling change dictated by the Real Academia Española in 1726 to avoid any combination of **z + e** or **z + i.** It was an artificial rule since a word spelled with a **c + e** or a **z + e** would be pronounced the same way by a speaker of peninsular Spanish or of Latin America. The rule was also applied to words that Spanish borrowed from other languages and that were spelled with the **ze** or **zi** combination, e.g., **cero** *(zero),* **cebra** *(zebra),* **cénit** *(zenith),* **circón** *(zircon),* and **cítara** *(zither).*

The change from **c** to **qu** is not artificial, however. It conserves the sound of /k/ when **-e** is added to the stem of the infinitive. Consider the sounds of:

		a	**café**
c	+	o	**comer**
		u	**cubano**

and compare them to:

		e	**cena**
c	+	i	**cine**

The change from **g** to **gu** is not artificial, either. It conserves the sound of /g/ when **-e** is added to the stem of the infinitive. Review the sounds of:

		a	**gato**
g	+	o	**gordo**
		u	**gustar**

and compare them to:

		e	**general**
g	+	i	**gimnasio**

Again, you may want to write on the board or transparency the word **pagar;** take off the **-ar** and add the **-e** so that you have "**page**" and have students pronounce the word. Point out that changing the **g** to **gu** conserves the /g/ sound of the infinitive.

Finally, the following verbs form the subjunctive in a way that is not based on the **yo** form of the present indicative tense:

dar	→	dé	des	dé	demos	deis	den
estar	→	esté	estés	esté	estemos	estéis	estén
haber	→	haya	hayas	haya	hayamos	hayáis	hayan
ir	→	vaya	vayas	vaya	vayamos	vayáis	vayan
saber	→	sepa	sepas	sepa	sepamos	sepáis	sepan
ser	→	sea	seas	sea	seamos	seáis	sean

IRM MASTER 34: El subjuntivo con expresiones de voluntad

SUGGESTION: Model the subjunctive for students in the context of a letter of advice. Display on the overhead a short letter that a student supposedly wrote to you asking for advice on how to do better in your class. Read the letter to students and tell them that you need their help in responding to it. Brainstorm with students the kinds of advice you should offer. Start off by commenting on how you feel about the student; e.g., **Espero que este estudiante no esté muy frustrado con la clase...** Ask students to make suggestions about advice you could offer. If students' utterances do not include the subjunctive, try to repeat them using the subjunctive. If a student says, for example, **Necesita estudiar más,** say something like **Sí, es verdad, yo insisto en que todos mis estudiantes estudien mucho.** After brainstorming, display a clean transparency and compose, with students' help, a reply letter to your troubled student.

El subjuntivo con expresiones de voluntad

You have already learned several expressions that take the *subjunctive* **(querer, es necesario,** among others). All of these expressions convey a feeling (a transferring of will) that influences the action of the verb in the **que** clause **(Quiero que tú estudies.).** Because of the effect that these verbs and expressions have on the verb in the **que** clause, the verb in the **que** clause must be in the subjunctive.

The expressions you have learned so far to convey wish and desire are:

aconsejar *to advise*
desear *to want, to desire*
necesitar *to need*
pedir (i) *to ask for*
preferir (ie) *to prefer*
querer (ie) *to want*
recomendar (ie) *to recommend*
rogar (ue) *to beg*
sugerir (ie) *to suggest*
Es necesario que... *It is necessary that . . .*
Es preciso que... *It is necessary that . . .*
Es aconsejable que... *It is advisable that . . .*
Es preferible que... *It is preferable that . . .*

Here are other verbs and expressions that convey a similar effect and trigger the use of the subjunctive in the **que** clause that follows:

esperar *to hope*
insistir en *to insist on*
mandar *to order*
prohibir *to forbid, to prohibit*

Another expression of wish in Spanish is **ojalá (que).** It means *I hope (that).* It is normally used as an exclamation and is followed by a verb in the subjunctive.

—¿Vas de viaje este fin de semana? *Are you going on a trip this weekend?*
—¡**Ojalá (que)** pueda ir! ***I hope (that)*** *I can go!*

Vamos de vacaciones. **Ojalá (que)** haga buen tiempo. *We are going on vacation.* ***I hope (that)*** *the weather is good.*

Práctica

12-35 Espero que... Ésta ha sido una semana difícil y te gustaría recibir ayuda. Indica lo que esperas que hagan las siguientes personas. Forma oraciones según el modelo.

Modelo: mi compañero de cuarto / limpiar
Espero que mi compañero de cuarto limpie la habitación.

1. mi profesor/a de español / explicar
2. mis padres / enviar
3. mi consejero / ayudar
4. mis amigos / salir
5. mi novio/a / ir
6. mi hermano/a / regalar
7. mis compañeros de clase / estar
8. mi equipo favorito / ganar

POSSIBLE ANSWERS, EX. 12-35: 1. Espero que mi profesor/a explique el subjuntivo de nuevo. 2. Espero que mis padres me envíen dinero. 3. Espero que mi consejero me ayude a escoger mis clases. 4. Espero que mis amigos salgan conmigo este fin de semana. 5. Espero que mi novio/a vaya a su clase de matemáticas. 6. Espero que mi hermano/a me regale el nuevo disco de Shakira. 7. Espero que mis compañeros de clase estén preparados. 8. Espero que mi equipo favorito gane el torneo.

12-36 ¿Con quién... ? Tienes muchos planes para los próximos días. Así que cuando un/a amigo/a te pregunta qué vas a hacer, dile lo que esperas hacer empleando la expresión **Ojalá que.**

Modelo: comer mañana
—¿Con quién vas a comer mañana?
—¡Ojalá que coma con Yara!

1. estudiar mañana
2. bailar mañana
3. caminar a clase
4. cenar el viernes por la noche
5. mirar la televisión esta noche
6. escuchar mi disco compacto
7. viajar a México el próximo verano
8. asistir al concierto el próximo sábado

SUGGESTION, EX. 12-36: Encourage students to be creative with their answers and also form questions with other interrogative words when feasible, i.e. **cuándo, cómo,** etc.

POSSIBLE ANSWERS, EX. 12-36: 1. ¿Con quién vas a estudiar mañana? ¡Ojalá que estudie contigo! 2. ¿Con quién vas a bailar mañana? ¡Ojalá que baile con Juan! 3. ¿Con quién vas a caminar a clase? ¡Ojalá que camine a clase con mi hermano! 4. ¿Con quién vas a cenar el viernes por la noche? ¡Ojalá que cene con mi familia! 5. ¿Con quién vas a mirar la televisión esta noche? ¡Ojalá que mire la televisión con mi novia! 6. ¿Con quién vas a escuchar tu disco compacto nuevo? ¡Ojalá que escuche mi disco compacto nuevo con mi vecina! 7. ¿Con quién vas a viajar a México el próximo verano? ¡Ojalá que viaje con Felipe! 8. ¿Con quién vas a asistir al concierto el próximo sábado? ¡Ojalá que asista al concierto con David!

12-37 El profesor insiste en que... El profesor de español es muy exigente, y hoy más que nunca. Indica lo que el profesor quiere que hagan tú y tus compañeros de clase. Haz oraciones según el modelo.

Modelo: Yo repito la respuesta.
El profesor insiste en que yo repita la respuesta.

1. Tú haces la tarea.
2. Ella trae el libro a clase.
3. Juan no duerme durante la clase.
4. Salimos después de la clase.
5. Sara busca la tarea.
6. Piensas antes de hablar.

ANSWERS, EX. 12-37: El profesor insiste en... 1. ... que hagas la tarea. 2. ...que ella traiga el libro a clase. 3. ...que Juan no duerma durante la clase. 4. ...que salgamos después de la clase. 5. ...que Sara busque la tarea. 6. ...que pienses antes de hablar.

12-38 Señores pasajeros, su atención por favor Es la hora de hacerles los anuncios a los pasajeros antes del despegue *(take-off)*. Indica qué es lo que quiere la auxiliar de vuelo que hagan y que no hagan los pasajeros en el avión. Piensa al menos en 10 cosas diferentes. Utiliza las siguientes expresiones:

> La auxiliar de vuelo manda que / prohíbe que / insiste en que / recomienda que / sugiere que / desea que

SUGGESTION: Provide a transition for students by reminding them that the theme of this **etapa** addresses traveling via planes. Therefore, the following **Comentario cultural** provides cultural information about air travel and other travel arrangements with regard to the International Airport of Mexico Benito Juárez.

COMENTARIOS CULTURALES

El Aeropuerto Internacional de México Benito Juárez

En general, muchos de los aviones que van de los Estados Unidos a México llegan al Aeropuerto Internacional de México Benito Juárez. El aeropuerto queda bastante lejos del centro de la Ciudad de México pero hay muchas maneras de hacer el viaje entre el aeropuerto y la ciudad —en la línea roja del metro a la Estación Pantitlán, en autobús o en taxi.

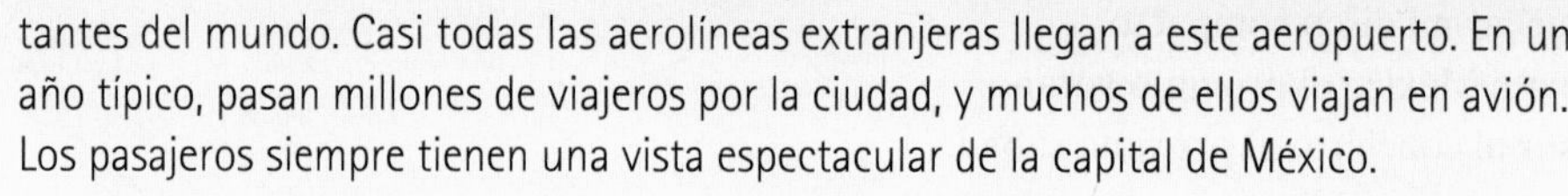

Este aeropuerto es uno de los más importantes del mundo. Por sus puertas pasan millones de viajeros cada año.

La manera preferida de viajar al centro para mucha gente es en **un colectivo.** Cada persona paga un precio fijo para **compartir** el carro o la camioneta con otras personas que viajan en la misma dirección. El conductor vende los boletos antes de comenzar el viaje a las zonas en que está dividida la ciudad.

van
to share

El Aeropuerto Internacional Benito Juárez es famoso por ser uno de los centros de tráfico aéreo más importantes del mundo. Casi todas las aerolíneas extranjeras llegan a este aeropuerto. En un año típico, pasan millones de viajeros por la ciudad, y muchos de ellos viajan en avión. Los pasajeros siempre tienen una vista espectacular de la capital de México.

Como la Ciudad de México está a una altura de 2.240 m (más de 7.000 pies) sobre **el nivel del mar,** pero dentro de un gran valle **rodeado** de altos volcanes, los pilotos reciben **un entrenamiento** especial para viajar a esta ciudad. Tienen que aprender a despegar y aterrizar los aviones dentro de un espacio bastante limitado. Para hacer esto sin problemas, tienen que saber subir o descender en grandes círculos con mucha **destreza** por las muchas montañas que rodean la ciudad. ¡Para algunos pasajeros es una experiencia inolvidable!

Since
sea level / surrounded
training
skill

INTEGRACIÓN CULTURAL

1. ¿Cuáles son algunos de los medios de transporte para ir del aeropuerto al centro de la ciudad? ¿Cuál es la manera más popular?
2. ¿Cómo se decide quién viaja en un "colectivo"?
3. ¿Cómo describirías este aeropuerto en cuanto a su tráfico y al número de personas que lo usan?
4. ¿Por qué es única la localización del aeropuerto?
5. ¿Qué semejanzas y diferencias hay entre este aeropuerto y el aeropuerto más cercano a tu universidad?

ANSWERS: 1. en metro, en autobús, en taxi o en un "colectivo"; el medio más popular es el colectivo 2. La gente que viaja en la misma dirección toma el colectivo. 3. Es uno de los aeropuertos más importantes del mundo. 4. Está a 2.240 m sobre el nivel del mar en un gran valle rodeado de altas montañas. 5. Habrá variación.

ENFOQUE ESTRUCTURAL Más repaso del subjuntivo. Expresiones de emoción y los verbos reflexivos

In **Capítulos 8** and **9** you learned about the use of the subjunctive in **que** clauses after verbs and expressions of emotion. The following are the expressions you have learned thus far:

Verbs

alegrarse de *to be happy about something*
sentir (ie, i) *to feel sorry*
temer *to fear*

Verbs like *gustar*

alegrar *to make (someone) happy*
extrañar *to surprise*
gustar *to like*
molestar *to bother*
sorprender *to surprise*

Impersonal expressions of emotion

Es bueno *It's good*
Es curioso *It's odd*
Es extraño *It's strange*
Es impresionante *It's impressive*
Es increíble *It's incredible*
Es malo *It's bad*
Es mejor *It's better*
Es peor *It's worse*
Es raro *It's odd*
Es ridículo *It's ridiculous*
Es terrible *It's terrible*
Es una lástima *It's a shame*
Es una pena *It's a pity / a shame*
Es urgente *It's urgent*
¡Qué bueno que...! *How good that . . . !*
¡Qué extraño que ...! *How strange that . . . !*
¡Qué malo que...! *How bad that . . . !*

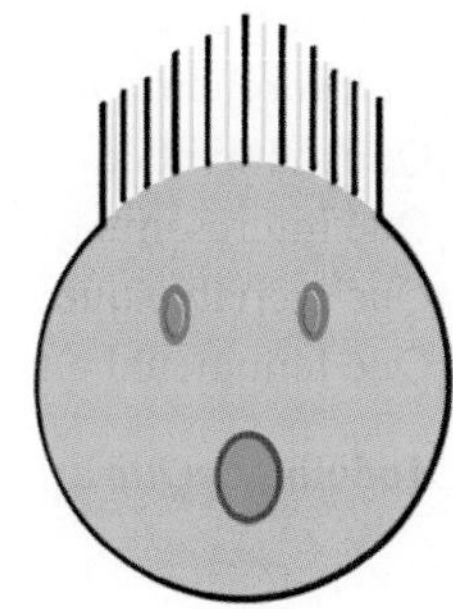

Other impersonal expressions that convey emotion and that are followed by the subjunctive in the **que** clause are:

¡Qué fenomenal que...! *How great that . . . !*
¡Qué increíble que...! *How incredible that . . . !*
¡Qué interesante que...! *How interesting that . . . !*
¡Qué maravilla que...! *How wonderful that . . . !*
¡Qué raro que...! *How weird that . . . !*
¡Qué vergüenza que...! *What a shame that . . . !*

Remember that reflexive verbs behave like any other verb. They will be conjugated in the subjunctive if they are used in a **que** clause after a verb or an expression of will, desire, or emotion.

¡**Qué increíble que te levantes** tan temprano los domingos!	***How incredible that*** *you* ***get up*** *so early on Sundays!*
¡**Qué maravilla que** tus amigos **se acuesten** tan temprano durante la semana!	***How wonderful that*** *your friends* ***go to bed*** *so early on weekdays!*

Práctica

POSSIBLE ANSWERS, EX. 12-39:
1. ¡Qué increíble... ! ¡Qué bueno... ! etc.
1. ...que te acuestes a las diez y media todas las noches! 2. ...que se levante a las seis y media todos los días! 3. ...que ustedes se duchen antes de las siete! 4. ...que no se maquille todos los días! 5. ...que tu hermano se afeite antes de ducharse! 6. ...que ustedes se vistan antes de bajar al comedor! 7. ¡Qué cómico que tu hermanito no se peine muy bien. 8. ...que ustedes se laven los dientes después de comer! 9. ...que te pongas un suéter antes de salir de casa!

12-39 ¡Qué increíble! Tú le estás contando a un/a amigo/a lo que los miembros de tu familia hacen cuando tú la visitas durante las vacaciones. Tu compañero/a reacciona a esa información con una expresión de emoción y con una oración completa. Sigan el modelo.

Modelo: Nosotros desayunamos todos los días.
¡Qué bueno que ustedes desayunen todos los días!

1. Yo me acuesto a las diez y media todas las noches.
2. Mi hermano se levanta a las seis y media todos los días.
3. Nosotros nos duchamos antes de las siete.
4. Mi hermana no se maquilla todos los días.
5. Mi hermano se afeita antes de ducharse.
6. Nosotros nos vestimos antes de bajar al comedor.
7. Mi hermanito no se peina muy bien.
8. Nosotros nos lavamos los dientes después de comer.
9. Yo me pongo un suéter antes de salir de casa.

12-40 En el aeropuerto Llegas al aeropuerto a recoger a un amigo y mientras lo esperas observas lo que pasa a tu alrededor. Como te gustan las conspiraciones *(conspiracies)*, ves mucho misterio en las actividades más normales. Utiliza las siguientes expresiones para elaborar oraciones completas que expresen tus emociones sobre lo que ves.

¡Qué raro que... !
¡Qué vergüenza que... !
¡Qué maravilla que... !
¡Qué interesante que... !
¡Qué increíble que... !
¡Qué fenomenal que... !

Modelo: *¡Qué extraño que ese señor viaje sin maletas!*

VAMOS A ESCUCHAR:

¿CÓMO LLEGO DEL AEROPUERTO?

Track 3-12

HERITAGE LEARNERS: Ask heritage learners to listen to the Spanish in the **Vamos a escuchar** recording and to compare it with the Spanish they use in their communities.

En esta conversación dos amigos tienen que cambiar sus planes. Lo que no cambia es la llegada de Maite a Caracas mañana.

Antes de escuchar

Antes de escuchar el segmento, contesta las siguientes preguntas.

- Un viaje en avión requiere arreglos de varios tipos. ¿Qué tipo de arreglos haces para llegar al aeropuerto? Y ¿qué haces para llegar al destino desde el aeropuerto?
- ¿Qué parte de un viaje es la más complicada? ¿Por qué?

Antes de escuchar la conversación entre Franklin y Maite, lee las preguntas que aparecen en la sección **Después de escuchar.**

Después de escuchar

12-41 Comprensión Contesta las preguntas que siguen, basando tus respuestas en lo que escuchaste.

1. ¿Por qué no puede Franklin recoger *(pick up)* a Maite cuando llegue?
2. ¿Cuántas maletas trae Maite?
3. ¿Qué línea de metro debe tomar Maite?
4. Maite va a bajarse del metro en la estación de Bolívar. ¿Qué más debe saber?
5. ¿De qué parte del aeropuerto va a salir Maite?

ANSWERS, EX. 12-41: 1. Franklin tiene que trabajar mañana. 2. Sólo trae equipaje de mano. 3. Hay sólo una línea que llega al aeropuerto... 4. Debe subir a la calle Bolívar; allí encontrará un taxi. 5. de la aduana

12-42 ¿Cómo lo dicen? Escucha el segmento de nuevo. Fíjate en lo que se dice y contesta estas preguntas.

1. Franklin dice que habrá taxis. ¿Cómo se llama el lugar donde están los taxis?
2. Al final de la conversación, ¿cómo se despiden los amigos?

ANSWERS, EX. 12-42: 1. una parada de taxi 2. Suerte, te veo mañana.

TÚ DIRÁS

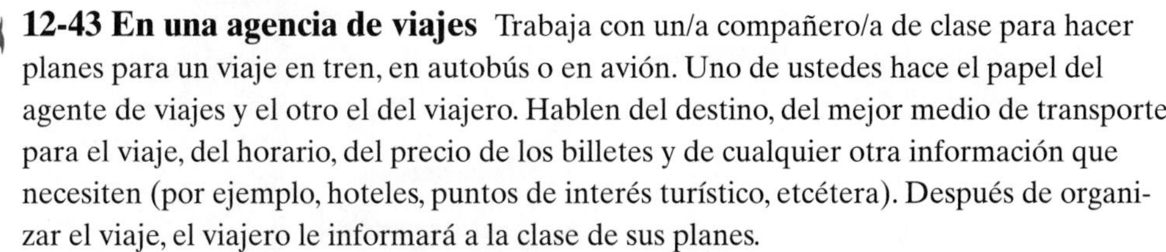

12-43 En una agencia de viajes Trabaja con un/a compañero/a de clase para hacer planes para un viaje en tren, en autobús o en avión. Uno de ustedes hace el papel del agente de viajes y el otro el del viajero. Hablen del destino, del mejor medio de transporte para el viaje, del horario, del precio de los billetes y de cualquier otra información que necesiten (por ejemplo, hoteles, puntos de interés turístico, etcétera). Después de organizar el viaje, el viajero le informará a la clase de sus planes.

12-44 Consejos Imagínate que puedes ir de viaje a cualquier parte del mundo durante un mes. Ahora mismo no sabes adónde ir, así que decides pedirles consejo a tus compañeros de clase. Trabajen en grupos de cuatro. Tres estudiantes le darán consejo al estudiante para su viaje. Utilicen las siguientes expresiones.

Te aconsejo que	No es recomendable que
Te recomiendo que	Es preferible que
Es mejor que	Prefiero que
No te aconsejo que	Insisto en que

Los estudiantes que den consejos tienen que justificar lo que dicen.

INTEGRACIÓN

Lectura: Un recorrido por la Ciudad de México en metro

Antes de leer

A. Antes de leer la lectura contesta las siguientes preguntas.

1. ¿Has viajado en metro alguna vez?
2. ¿Te gusta viajar en metro? ¿Por qué sí o por qué no?
3. Lee el título y mira la foto que acompaña el artículo. ¿Qué ideas generales dan sobre su contenido?

POSSIBLE ANSWERS, B: 1. El metro de México es de los más grandes del mundo. Es económico, limpio y eficaz. 2. México, D.F., tiene unos 20.000.000 de habitantes; el metro se inauguró en 1969; tiene nueve líneas, 105 estaciones y 136 kms de vías; los trenes van a un promedio de 35 kms/hora 3. El metro es grande; el metro es relativamente nuevo; el metro les sirve a todos de manera eficaz; durante la excavación del metro encontraron artefactos precolombinos; viajar en metro es interesante. 4. Moctezuma, Morelos, Zaragoza, Juárez, Zapata, Colón, Pino Suárez

ANSWERS, C: 1. en 1969 2. Las estaciones del metro se identifican por nombres y símbolos gráficos. 3. Encontraron ruinas de las civilizaciones anteriores a la llegada de Colón. 4. El gobierno mandó hacer réplicas de los artefactos que ahora están en las estaciones para que todos las admiren.

POSSIBLE ANSWERS, AL FIN Y AL CABO: 1. Hay varias respuestas, pero conviene notar la enorme cantidad de pasajeros que usan este metro, el gran número de idiomas indígenas y extranjeros y la tasa de analfabetismo en la capital; también puedes mencionar las varias acomodaciones disponibles a los minusválidos en EE.UU. y Canadá que son casi equivalentes. 2. Habrá una variedad de respuestas.

Guía para la lectura

B. Haz lo siguiente para entender mejor la lectura.

1. Lee el primer párrafo para confirmar tu impresión general. ¿Qué más sabes ahora?
2. Busca todos los números en los dos primeros párrafos. ¿Qué importancia tienen?
3. Lee la primera oración de cada párrafo y resume la información que da.
4. Haz una lista de los nombres de personas famosas en la historia mexicana mencionadas aquí.

C. Contesta las siguientes preguntas sobre el artículo.

1. ¿Cuándo se inauguró el metro mexicano?
2. ¿Cómo se acomoda en el metro a los pasajeros que no pueden leer español?
3. ¿Qué encontraron cuando los obreros hicieron las excavaciones?
4. ¿Qué pasó con lo que encontraron los obreros en el metro?

Al fin y al cabo

1. ¿Por qué crees que es importante acomodar a los que no pueden leer español en el metro de México?
2. ¿En qué se parecen el metro de México y el metro de una ciudad que conoces tú? ¿En qué son diferentes?

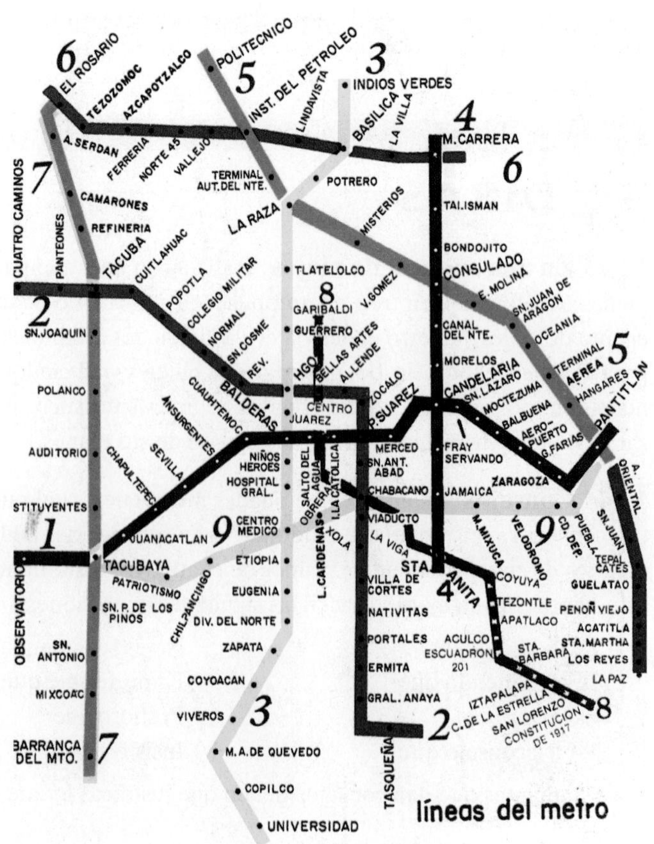

Un recorrido por la Ciudad de México en metro

El Sistema de Transporte Colectivo de la Ciudad de México es uno de los más extensos del mundo. Es una manera rápida y económica de viajar de un lado a otro en el Distrito Federal, la capital de la nación. La Ciudad de México es uno de los centros urbanos más grandes del mundo; tiene más de 20 millones de habitantes que disfrutan de un metro limpio y eficiente como éste.

El metro mexicano se inauguró en septiembre de 1969. Para poder servir bien al público, tiene nueve líneas de diferentes colores, 105 estaciones y 136 kms de vías. En ciertas partes el metro corre a una velocidad máxima de 90 kms por hora, aunque el **promedio** en general es 35 kms por hora. Durante los primeros años, el precio de un boleto era muy barato: un peso, nada más. En años recientes ha subido el precio de los boletos. Sin embargo, el metro todavía es una manera de viajar bastante económica y muy popular.

average

En una ciudad donde se hablan varios idiomas indígenas además del castellano y en donde existe una importante tasa de **analfabetismo,** todos pueden navegar por el sistema del metro gracias a su diseño bien pensado. Cada estación tiene un nombre y un símbolo, lo cual permite una identificación gráfica de la parada sin palabras. Con sus decoraciones que incorporan estos símbolos, las estaciones del metro son pequeñas obras de arte también. Algunas estaciones llevan el nombre de alguna persona **ilustre** de la historia mexicana: el emperador azteca Moctezuma; el héroe de la Independencia, José María Morelos; el general Ignacio Zaragoza; el presidente Benito Juárez; y el revolucionario Emiliano Zapata, entre otros.

illiteracy

famous, illustrious

Durante las excavaciones que hicieron para construir el sistema subterráneo, los **obreros,** arquitectos y arqueólogos encontraron muchas ruinas de las antiguas civilizaciones de la época anterior a la llegada de Colón. La Ciudad de México está construida sobre Tenochtitlán, la antigua capital de los aztecas. Por esta razón, al excavar, se descubrieron pequeños templos, como el que está en el centro de la Estación de Pino Suárez, y muchos artefactos de la época: artículos artísticos de piedras semipreciosas, pequeñas figuras de **barro** y **joyas** de oro y de plata. El gobierno mexicano mandó hacer réplicas de muchos de estos objetos y ahora la gente que viaja en el metro puede verlos en las estaciones.

workers

clay / jewels

Una estación del metro mexicano adornada con enormes esculturas de la época de las grandes civilizaciones indígenas.

Sin duda, hacer un **recorrido** por la Ciudad de México en el metro es una experiencia interesante. ¡Como el metro de México no hay dos!

trip

INTERCAMBIO: UN VIAJE A SEVILLA

Estudiante A Tienes que ir a Sevilla mañana y llamas a la agencia de viajes para hacer la reserva de billete.

1. Call the agency and say you need a plane ticket to Sevilla. You don't like to travel by train, and besides, since you are in a hurry, you need to get there as soon as possible.
2. Tell the agent you need to leave tomorrow morning.
3. Tell the agent you don't know when you are coming back. It will probably be the same day, but it's not certain.

Estudiante B Trabajas en la agencia de viajes El Sol. Un cliente llama para hacer una reserva para el avión de Sevilla de mañana por la mañana.

1. Explain that the plane from Madrid to Sevilla is sold out.
2. Suggest to the customer that he/she can take the train. The high-speed train called AVE (Alta Velocidad) gets to Sevilla in two and a half hours.
3. If the customer hesitates to take the train, explain all the good things about this train service.
4. Tell the person what kind of ticket he/she needs to buy given the circumstances.

On this page and on page 421 you have all the information you need about the AVE to convince the customer.

HORARIOS

MADRID Puerta de Atocha • CIUDAD REAL • PUERTOLLANO • CORBOBA • SEVILLA Santa Justa

TIPO DE TREN (*)	VALLE	LLANO	LLANO	LLANO	PUNTA	LLANO	LLANO	LLANO	LLANO	LLANO	LLANO	LLANO	(*) TIPO DE TREN
NUMERO DE TREN	9614	9616	9618	9622	9628	9630	9632	9634	9636	9638	9640	9642	NUMERO DE TREN
OBSERVACIONES	(1)	(2)				(3)	(4)		(5)		(4)	(6)	OBSERVACIONES
MADRID Puerta de Atocha	7:00	8:00	9:00	11:00	14:00	15:00	16:00	17:00	18:00	19:00	20:00	21:00	MADRID Puerta de Atocha
CIUDAD REAL	7:49	-	-	-	-	-	-	-	-	-	-	21:49	CIUDAD REAL
PUERTOLLANO	8:05	-	-	-	-	-	-	-	-	-	-	22:05	PUERTOLLANO
CORDOBA	8:51	9:40	10:47	12:47	15:40	16:47	17:47	18:47	19:47	20:47	21:47	22:51	CORDOBA
SEVILLA Santa Justa	9:40	10:25	11:35	13:35	16:25	17:35	18:35	19:35	20:35	21:35	22:35	23:40	SEVILLA Santa Justa

SEVILLA Santa Justa • CORBOBA • PUERTOLLANO • CIUDAD REAL • MADRID Puerta de Atocha

TIPO DE TREN (*)	VALLE	LLANO	LLANO	LLANO	PUNTA	LLANO	LLANO	LLANO	LLANO	LLANO	LLANO	LLANO	LLANO	(*) TIPO DE TREN
NUMERO DE TREN	9615	9617	9619	9623	9629	9631	9633	9635	9637	9639	9641	9643	9645	NUMERO DE TREN
OBSERVACIONES	(1)	(2)				(3)	(4)		(5)		(4)	(6)	(7)	OBSERVACIONES
SEVILLA Santa Justa	7:00	8:00	9:00	11:00	14:00	15:00	16:00	17:00	18:00	19:00	20:00	21:00	21:45	SEVILLA Santa Justa
CORDOBA	7:44	8:44	9:44	11:44	14:44	15:44	16:44	17:44	18:44	19:44	20:44	21:44	22:29	CORDOBA
PUERTOLLANO	8:26	-	10:26	-	-	-	-	-	-	-	-	22:26	-	PUERTOLLANO
CIUDAD REAL	8:42	-	10:42	-	-	-	-	-	-	-	-	22:42	-	CIUDAD REAL
MADRID Puerta de Atocha	9:40	10:25	11:40	13:35	16:25	17:35	18:35	19:35	20:35	21:35	22:35	23:40	00:10	MADRID Puerta de Atocha

(*) El tipo de tren hace referencia al precio aplicado al mismo en función a su denominación: valle, llano o punta. En cualquier c eso, todos los servicios se prestan con trenes AVE.

OBSERVACIONES: **(1)** No circula los días 25/12 y 1/1. **(2)** No circula los domingos ni los días 12/10, 1/11, 9/11, 6/12 y 8/12. No circula del 24/12 al 8/1. **(3)** Circula los viernes y el día 23/12. No circula del 24/12 al 8/1.
(4) No circula los sábados ni los días 10/10, 11/10, 31/10, 7/11, 8/11 y 5/12. No circula del 24/12 al 8/1.
(5) Circula los viernes y domingos y los días 12/10, 1/11, 9/11, 8/12 y 23/12. No circula los días 10/10, 31/1 0, 7/11 y 5/12. No circula del 24/12 al 8/1.
(6) No circula los días 24/12 y 31/12. **(7)** Circula los domingos, excepto los días 10/10, 31/10, 7/11 y 5/12. No circula del 24/12 al 8/1. Circula los días 12/10, 1/11, 9/11 y 8/12.

PRECIOS(*)

Válidos a partir del 5•9•93

	TURISTA			PREFERENTE			CLUB		
	VALLE	LLANO	PUNTA	VALLE	LLANO	PUNTA	VALLE	LLANO	PUNTA
MADRID-SEVILLA	6.600	7.900	8.900	9.100	10.800	12.500	12.100	14.300	16.500
MADRID-CORDOBA	4.800	5.800	6.500	6.700	7.900	9.100	8.800	10.400	12.000
MADRID-PUERTOLLANO	3.000	3.500	4.000	4.100	4.800	5.600	5.400	6.400	7.400
MADRID-CIUDAD REAL	2.400	2.900	3.300	3.300	3.900	4.600	4.400	5.300	6.200
CIUDAD REAL-SEVILLA	4.200	5.000	5.600	5.800	6.900	7.900	7.700	9.000	10.300
CIUDAD REAL-CORDOBA	2.400	2.900	3.200	3.400	4.000	4.500	4.400	5.100	5.900
CIUDAD REAL-PUERTOLLANO	600	600	700	800	900	1.000	1.000	1.100	1.200
PUERTOLLANO-SEVILLA	3.600	4.400	4.900	5.000	6.000	6.900	6.700	7.900	9.100
PUERTOLLANO-CORDOBA	1.800	2.300	2.500	2.600	3.100	3.500	3.400	4.000	4.700
CORDOBA-SEVILLA	1.800	2.100	2.400	2.400	2.900	3.400	3.300	3.900	4.500

(*) Incluyen el IVA, el Seguro Obligatorio de Viajeros y la reserva de plaza.

TARIFAS

AVE pone a su disposición diversas Tarifas para que usted pueda elegir la que más le convenga.

GENERAL	La especificada en el Cuadro de Precios.	***Sí*** *admite cambio y anulación.*
IDA Y VUELTA	20% DESCUENTO sobre Tarifa General. Regreso dentro de los 60 días siguientes a la fecha del viaje de IDA, formalizando la VUELTA en taquilla. Necesariamente igual trayecto.	***Sí*** *admite cambio y anulación.*
DIA (Ida y Vuelta)	30% DESCUENTO sobre Tarifa General. Necesario cerrar IDA y VUELTA y siempre para el mismo día y trayecto. Si no está seguro de la hora de su vuelta, acójase a IDA y VUELTA 20% descuento.	***No*** *admite cambio ni anulación.*
BILLETE ABIERTO	6 meses de validez desde la emisión del billete. Reserva por teléfono hasta 1 hora antes de la salida del tren (91) 534 05 05 y (95) 454 03 03 Es imprescindible formalizar su viaje en taquilla antes de realizar el viaje, hasta 10 minutos antes de la salida del tren.	***Sí*** *admite cambio sin coste alguno.* ***Sí*** *admite anulación.*
INFANTIL	40% DESCUENTO sobre Tarifa General. Niños de 4 a 11 años.	***Sí*** *admite cambio y anulación*
DORADA	25% DESCUENTO sobre Tarifa General. Titular de Tarjeta Dorada.	***Sí*** *admite cambio y anulación.*
GRUPOS	15% DESCUENTO sobre Tarifa General. Grupos de 10 a 25 personas. Los billetes deben adquirirse al menos, el día anterior a la fecha del viaje.	***No*** *admite cambio y* ***sí*** *anulación total.*
GRANDES GRUPOS Y TRENES CHARTER	Grupos de más de 25 personas. Teléfonos consultas: (91) 527 80 37 - 527 31 60 extensiones 3485 y 3610 (95) 441 18 55	
INTERNACIONAL	Titulares de: EURAILPASS, EURODOMINO Y TARJETA TURISTICA *Reducción:* 1ª Clase / 2ª Clase CLUB 60% / - PREFERENTE 65% / - TURISTA 85% / 85%	***Sí*** *admite cambio y anulación.*

Los billetes para trenes AVE Larga Distancia pueden adquirirse, hasta con 60 días de antelación a la fecha de viaje, en puntos de venta RENFE y en Agencias de viaje.

VOCABULARIO

HERITAGE LEARNERS: Ask heritage learners to add to the **Vocabulario** any alternate vocabulary that they have come up with over the course of the chapter. They might put the words in categories like **Así lo dice el libro; Así lo dice el/la profesor/a; Así lo digo yo,** etc.

Track 3-13

The **Vocabulario** consists of all new words and expressions presented in the chapter. When reviewing or studying for a test, you can cover up the English and go through the list to see if you know the meaning of each item.

En la estación *At the station*

el andén *platform*
la estación de tren *train station*
la parada *stop*
el riel *(train) rail*
la taquilla *ticket window*
la vía *track*

El tren *The train*

el asiento *chair*
el coche-cama *sleeper car*
la litera *sleeping berth*
el vagón *car*

Para comprar un boleto de tren *To buy a train ticket*

Quisiera...	*I'd like . . .*
reservar una plaza para...	*to reserve a seat for . . .*
un boleto de ida	*a one-way ticket*
un boleto de ida y vuelta	*a round-trip ticket*
una plaza de primera clase	*a seat in first class*
de segunda clase	*in second class*
en la sección de fumadores	*in the smoking section*
en la sección de no fumar	*in the nonsmoking section*

Para pedir información sobre trenes *To obtain information about train travel*

¿A qué hora sale/llega el tren?	*What time does the train leave/arrive?*
¿De qué andén sale?	*From which platform does it leave?*
¿Cuál es el número del vagón?	*What is the car number?*
¿El tren llegará adelantado?	*Will the train arrive early?*
¿a tiempo?	*on time?*
¿retrasado?	*late?*

El carro *The car*

el acelerador *gas pedal*
la bocina *horn*
el cinturón de seguridad *seatbelt*
el depósito (de gasolina) *(gas) tank*
el embrague *clutch*
el espejo retrovisor *rearview mirror*
el freno *brake*
el limpiaparabrisas *windshield wipers*
las llantas *tires*
las luces *lights*
la matrícula *license plate*
el parabrisas *windshield*
la placa *license plate*
el volante *steering wheel*

Algunas expresiones útiles *Useful expressions*

abrocharse el cinturón *to buckle up*
acelerar *to accelerate*
arrancar *to start up*
chocar con *to hit, to collide with*
conducir, manejar *to drive*
frenar *to break*
llamar a la grúa *to call a tow truck*
pinchar una llanta *to have a flat tire*
poner/echar gasolina *to get gas*
quedarse sin gasolina *to run out of gas*
sacar el permiso de conducir / la licencia de manejar *to get a driver's license*
tener un accidente *to have an accident*

En el aeropuerto *At the airport*

¿Cuál es el número del vuelo? *What's the flight number?*
¿Cuál es el número de la puerta (de llegada/salida)? *What is the (arrival/departure) gate number?*
facturar las maletas *to check bags*
las llegadas *arrivals*
el mostrador de facturación *check-in counter*
mostrar el pasaporte / la visa *to show a passport/visa*
pasar por la aduana *to go through customs*
la puerta de embarque *boarding gate*
recoger las maletas *to pick up bags*
la sala de recogida de equipaje *baggage claim*
las salidas *departures*
la tarjeta de embarque *boarding pass*
la terminal *terminal*
el vuelo *flight*
doméstico *domestic flight*
internacional *international flight*

En el avión

aterrizar *to land*
el/la auxiliar de vuelo *flight attendant*
despegar *to take off*
el equipaje de mano *carry-on luggage*
el/la pasajero/a *passenger*
el pasillo *aisle*
el/la piloto/a *pilot*
la ventana *window*

VOCABULARIO GENERAL

Preposiciones para expresar lugar *Prepositions to express location and destination*

a *to, toward*
cerca de *close to*
de *from*
desde *from*
en *in, at*
entre *between*
hacia *to, toward (movement)*
hasta *to, up to (destination)*
lejos de *far from*
más allá de *beyond*
para *for someone/something; in order to; to, toward, for; by (a date or time)*
por *because of, about; through, alongside, by; on behalf of; in exchange for; in, during; left to be done; by means of*

Expresiones con *por* *Expressions with* **por**

gracias por *thanks for*
por ciento *percent*
por ejemplo *for example*
por favor *please*
por fin *finally*
por lo menos *at least*
por primera vez / última vez *for the first time / last time*
por todas partes *everywhere*

Expresiones de voluntad y deseo *Expressions of wish and desire*

aconsejar *to advise*
desear *to want, to desire*
es aconsejable *it is advisable*
es necesario *it is necessary*
es preciso *it is necessary*
es preferible *it is preferable*
esperar *to hope*
insistir en *to insist on*
mandar *to order*
necesitar *to need*
pedir (i) *to ask for*
preferir (ie) *to prefer*
prohibir *to forbid, to prohibit*
querer (ie) *to want*
recomendar (ie) *to recommend*
rogar (ue) *to beg*
sugerir (ie) *to suggest*

Expresiones de emoción impersonales *Impersonal expressions of emotion*

Es bueno *It's good*
Es curioso *It's odd*
Es extraño *It's strange*
Es impresionante *It's impressive*
Es increíble *It's incredible*
Es malo *It's bad*
Es mejor *It's better*
Es peor *It's worse*
Es raro *It's odd*
Es ridículo *It's ridiculous*
Es terrible *It's terrible*
Es una lástima *It's a shame*
Es una pena *It's a pity / a shame*
Es urgente *It's urgent*
¡Qué bueno que... ! *How nice that . . . !*
¡Qué extraño que... ! *How strange that . . . !*
¡Qué fenomenal que... ! *How great that . . . !*
¡Qué increíble que... ! *How incredible that . . . !*
¡Qué interesante que... ! *How interesting that . . . !*
¡Qué malo que... ! *How bad that . . . !*
¡Qué maravilla que... ! *How wonderful that . . . !*
¡Qué raro que... ! *How weird that . . . !*
¡Qué vergüenza que... ! *What a shame that . . . !*

Verbos

alegrarse de *to be happy*
sentir (ie, i) *to feel sorry*
temer *to fear*

Verbos como *gustar*

alegrar *to make (someone) happy*
extrañar *to surprise*
gustar *to like*
molestar *to bother*
sorprender *to surprise*

HERITAGE LEARNERS: Remind heritage learners to pay special attention to words that may contain spelling combinations that have traditionally been problematic for them. For example; the **ll** in **taquilla, llanta, maravilla, pasillo;** the **c** in **vocina, cinturón, conducir;** the **z** in **vergüenza, aterrizar;** the **h** in **hasta, hacia;** the **j** in **lejos, tarjeta;** the **s** in **asiento,** etc.

Capítulo 13 Las artes en el mundo hispano

CHAPTER OBJECTIVES

In **Capítulo 13,** you will learn about art in the Spanish-speaking world. You will explore both fine and popular art, including a series of Hispanic artists. You will also further develop your understanding of the subjunctive and its use when expressing doubts or uncertainty, or discussing indefinite or unknown items. The subjunctive is also used with a variety of adverbial clauses, as you will also learn.

PRIMERA ETAPA

Algunos artistas hispanos del siglo XX

SEGUNDA ETAPA

El arte popular

TERCERA ETAPA

La pintura española del siglo XX

INTEGRACIÓN

Diego Rivera, *Cortés en Veracruz*

Joan Miró,
Mujer y pájaro por la noche, **1949**

Functions
- express opinions and react in belief or disbelief to the opinions of others
- discuss and evaluate contemporary Mexican art

Functions
- describe ideal things and situations
- talk about a folk tradition

Functions
- express the circumstances under which actions take place
- discuss contemporary Spanish art

Lectura: Picasso por Francisco Umbral
Vídeo: Episodio 7; Actividades en las páginas V-14–V-15
Intercambio: El arte
Escritura: Actividades en el manual

Tools
The tools you will use to carry out these functions are:

- Vocabulary for:
  - fine art and popular art
  - artists
- Grammatical structures:
  - the subjunctive with expressions of doubt and uncertainty
  - expressions of certainty
  - the subjunctive with nonexistent antecedents
  - the subjunctive with unknown antecedents
  - conjunctions with subjunctive
  - conjunctions with infinitive

PRIMERA ETAPA

SUGGESTION, PREPARACIÓN: Begin the discussion of this topic by asking students these questions in Spanish. Then, ask them about murals. What are they? Have they seen one? Where? What was the theme? Point out what public art is and how the muralists here have created art in public places for all to enjoy, not just for the elite who go to art museums.

Para empezar: Algunos artistas hispanos del siglo XX

Preparación: Upon beginning this **etapa,** answer the following questions.

- Do you like art? What kind of art do you like?
- Who are your favorite artists? What is their work like? Is it realist? impressionist? abstract?

painting / exhibits

caves / grafitti

Los amantes de ***la pintura*** *pueden visitar los grandes museos para ver* ***exposiciones*** *de sus artistas favoritos, pero los museos no son el único lugar para ver este tipo de arte. En realidad hay arte por todas partes. Desde el arte de las* ***cuevas*** *del hombre prehistórico o las* ***pintadas*** *de los metros urbanos, hasta los frescos de la Capilla Sixtina de Miguel Ángel, la pintura es un arte para todos.*

PARA HABLAR DE LA PINTURA

el autorretrato *self-portrait*
el cuadro *painting*
exponer *to exhibit*
la fama *fame*
el genio *genius*
el movimiento artístico *artistic movement*
el mural *mural*
pintar *to paint*
la pintura *art, act of painting*
el retrato *portrait*
el tema *theme*

SUGGESTION: Ask students to learn the vocabulary presented here before they start the reading.

SUGGESTION: Due to the cultural and artistic focus of this chapter, each **etapa** has a series of readings. You may wish to spend more time on the readings in the **etapas** since the **Lectura** in the **Integración** section is shorter in order to help you balance the number of readings and class time allocated to this chapter.

Primera lectura: El muralismo mexicano

Antes de leer

SUGGESTION: Ask students what they think of art museums and who goes to them. Do they ever go? There is a feeling that art museums are for the elite of society and not really for the common man or woman. The Mexican muralists reacted to this by creating large murals in public places where everyone, rich and poor alike, could view and appreciate art.

A veces los artistas crean murales enormes para que toda la gente —no solamente la élite que visita los museos de arte— los pueda ver y apreciar. Esta lectura se trata del muralismo mexicano, un movimiento artístico del siglo XX.

13-1 Anticipación de la lectura ¿Qué esperas encontrar en esta lectura? Contesta las siguientes preguntas.

1. ¿Hay algún mural en la universidad donde estudias?
2. ¿Cuál es el tema del mural?
3. ¿Qué sabes sobre el arte público?
4. ¿Has visto algún mural en tu ciudad o pueblo?

13-2 Estudio de palabras Trata de adivinar el significado de las siguientes palabras que aparecen en la lectura sobre el muralismo mexicano. ¡Verás algunos cognados! Busca las palabras en inglés en la lista de la derecha que correspondan a las palabras en español en la lista de la izquierda.

ANSWERS, EX. 13-2: 1. f 2. g 3. d 4. h 5. a 6. b 7. e 8. c

1. pilares	a. *season, period of time*
2. obtuvo	b. *because of*
3. prerrenacentista	c. *rebirth*
4. en boga	d. *pre-Renaissance*
5. temporada	e. *foreign*
6. debido a	f. *pillars*
7. extranjera	g. *obtained*
8. renacimiento	h. *in vogue, in style*

Guía para la lectura

13-3 Un bosquejo *(outline)* Primero, lee la lectura muy rápido y haz una lista de todas las fechas que encuentres en ella. ¿Cuáles son los eventos y las fechas clave del movimiento muralista de México? Ahora completa el siguiente bosquejo que se basa en la lectura sobre el muralismo mexicano.

ANSWERS, EX. 13-3: 1. a. Rivera nació en Guanajuato, estado de Guanajuato, el 8 de diciembre de 1886. c. Rivera murió en la Ciudad de México el 25 de noviembre de 1957. 2. David Alfaro Siqueiros b. Terminó su trabajo *La marcha de la humanidad* en 1971. c. Siqueiros murió en Cuernavaca el 6 de enero de 1974. 3. José Clemente Orozco a. Nació en Ciudad Guzmán el 23 de noviembre de 1883. b. Recibió el encargo de pintar un mural para Pomona College en California en 1927.

El muralismo mexicano

1. Diego Rivera
   a. _______ 1886
   b. Con otros artistas fundó un movimiento pictórico en 1921.
   c. _______ 1957

2. _______
   a. Nació en Chihuahua el 29 de diciembre de 1896.
   b. _______ 1971
   c. _______ 1974

3. _______
   a. _______ 1883
   b. _______ 1927
   c. Murió el 7 de septiembre de 1949.

13-4 ¿Qué sabes del muralismo? Contesta las siguientes preguntas.

ANSWERS, EX. 13-4: 1. Los tres muralistas mexicanos más importantes son Diego Rivera, David Alfaro Siqueiros y José Clemente Orozco. 2. El mayor era David Alfaro Siqueiros. El menor era Diego Rivera. 3. Giotto fue un pintor italiano prerrenacentista que influyó a Rivera. 4. Rivera pintó algunos murales en Detroit. 5. Orozco pintó algunos murales en Dartmouth College. 6. El Dr. Atl animaba a los pintores a que dejaran las culturas extranjeras y cultivaran los temas de la tierra mexicana. 7. Siqueiros fue encarcelado por sus ideas y empezó más polémicas.

1. ¿Quiénes son los tres muralistas mexicanos más importantes?
2. ¿Quién era el mayor? ¿Quién era el menor?
3. ¿Quién fue Giotto?
4. ¿Quién pintó algunos murales en Detroit?
5. ¿Quién pintó algunos murales en Dartmouth College?
6. ¿Qué influencia tuvo el Dr. Atl en los muralistas?
7. ¿Cuál de los muralistas empezó más polémicas y fue encarcelado por sus ideas?

13-5 El muralismo mexicano Usa la información de la lectura para escribir un informe breve sobre uno de los muralistas mexicanos. Escoge una de las pinturas de las páginas 428 y 429 y descríbela brevemente para ilustrar tu informe. Prepárate para presentar tu informe en clase.

El Muralismo Mexicano

constitutes *move* *scholarship*

El arte de Diego Rivera **constituye** uno de los pilares sobre los que se basa el muralismo mexicano. Rivera nació en la ciudad de Guanajuato, el 8 de diciembre de 1886. Después del **traslado** a la capital mexicana cuando tenía 10 años, obtuvo una **beca** del gobierno para asistir a la Academia de Bellas Artes. Más tarde pasó unos años en Europa, donde investigó la técnica mural del pintor italiano prerrenacentista Giotto, cuya influencia le hizo **apartarse** del cubismo, un movimiento artístico que estaba en boga durante aquella época. En 1921 regresó a México y **fundó** junto con David Alfaro Siqueiros y José Clemente Orozco un movimiento pictórico conocido como la escuela mexicana de pintura. Durante estos años pintó varios murales en México y con la expansión de su fama **expuso** algunas obras en Nueva York. Después de esta exhibición recibió el **encargo** de pintar grandes murales en el Instituto de Arte en Detroit y otro en Rockefeller Center. El tema principal de Rivera era la lucha de las clases populares indígenas. Su última obra, un mural épico sobre la historia de México, quedó incompleta cuando murió en la Ciudad de México el 25 de noviembre de 1957.

distance himself *founded* *exhibited* *commission*

Diego Rivera, *Cortés en Veracruz*

Otro pilar de este movimiento artístico fue David Alfaro Siqueiros, que nació en Chihuahua el 29 de diciembre de 1896. Después de iniciar sus estudios artísticos en la Ciudad de México, pasó una temporada en Europa con el objeto de **ampliar** su formación. Los temas de las obras de Siqueiros son el **sufrimiento** de la clase obrera, el conflicto entre el socialismo y el capitalismo y la decadencia de la clase media. El arte para Siqueiros era un **arma** que se podía utilizar para el progreso del pueblo y un **grito** que podía inspirar la rebelión entre la gente que

to broaden *suffering* *weapon* *cry, shout*

David Alfaro Siqueiros, *Monumento a Cuauhtémoc: el tormento* (1951)

sufría la injusticia y la miseria. Durante su vida sufrió varios **encarcelamientos** y **destierros** debido a sus actividades políticas, pero esto no impidió que sus murales decoraran importantes edificios públicos en la capital mexicana. Uno de sus últimos trabajos, *Del porfirismo a la revolución,* ocupa una **superficie** de 4.500 metros cuadrados en el Museo de Historia Nacional. Otro,

imprisonments
exiles
surface

José Clemente Orozco, *Congreso del Estado,* 1936–1939

NOTA CULTURAL: Padre Hidalgo, shown in Orozco's mural, is considered the father of Mexican independence. On September 16, 1810, he issued the famous "grito de Dolores," declaring Mexico independent from Spain. He was living in Dolores when independence was declared. Mexico's declaration of independence from Spain can easily be compared with that of the 13 colonies from England.

que mide 4.000 metros cuadrados se llama *La marcha de la humanidad.* Lo terminó en 1971 después de cuatro años de exhaustivo trabajo. Siqueiros murió en Cuernavaca el 6 de enero de 1974.

El tercer pilar del muralismo mexicano fue José Clemente Orozco. Éste nació en Ciudad Guzmán, en el estado de Jalisco, el 23 de noviembre de 1883 y, a los siete años se trasladó, con su familia, a la capital. Allí, como estudiante en la Academia de San Carlos, pronto mostró su genio para la pintura. Conoció al Dr. Atl, que **animaba** a sus compañeros **a que dejaran** las culturas extranjeras y cultivaran los temas de la tierra mexicana. Orozco pintó grupos de campesinos e imágenes de destrucción, sacrificio y renacimiento después de la Revolución de 1910. Su fama se extendió fuera de México y en 1927 recibió el encargo de pintar un mural para Pomona College en California. En 1932 fue profesor de pintura mural en Dartmouth College, donde hoy día podemos ver varios murales que pintó allí. Orozco murió el 7 de septiembre de 1949 en la Ciudad de México.

encouraged / to abandon

ENFOQUE ESTRUCTURAL El subjuntivo con expresiones de duda y de incertidumbre

IRM MASTER 35: El subjuntivo con expresiones de incertidumbre

SUGGESTIONS: (1) To contextualize the presentation of this structure, bring in a tabloid gossip magazine and comment on some of the stories. Tell students that your best friend reads this magazine and believes everything, but you are sure that not everything is true. Go through different stories and comment using expressions of uncertainty. Check for comprehension by asking students if they believe the items you discuss. (2) Make a statement about someone in the class: **(Paul) tiene dos boletos para el concierto de...** Give some reactions: **Es posible que él tenga dos boletos... ;** then, **Dudo que...** Make another statement about a different student: **(Elaine) sabe contar de 1 a 20 en chino.** Have students react with other possible expressions.

As you learned earlier, the subjunctive is used in dependent clauses (after **que**) following expressions of will, desire, and emotion such as **querer que, es necesario que, qué bueno que.** Spanish speakers also use the subjunctive in dependent clauses after expressions that indicate uncertainty or doubt about people, things, or events. Whenever a verb or expression in the first half of a sentence (a) expresses doubt about a person, thing, or event or (b) places it within the realm of either possibility or impossibility, the verb in the second half of the sentence is used in the subjunctive.

The following are expressions of doubt and uncertainty that are followed by the subjunctive in the dependent clause:

dudar que	*to doubt that*
es dudoso que	*it's doubtful that*
es imposible que	*it's impossible that*
es increíble que	*it's incredible that*
es posible que	*it's possible that*
es probable que	*it's likely that*
no creer que	*not to believe that*
no es cierto que	*it's not certain that*
no es posible que	*it's not possible that*
no es probable que	*it's unlikely that*
no es verdad que	*it's not true that*
no estar seguro/a de que	*to be uncertain that*
no pensar que	*not to think that*
puede ser que	*it may be that*

Dudo que Ramón **entienda** la obra de Frida Kahlo. — ***I doubt** that Ramón **understands** Frida Kahlo's work.*

Es increíble que haya murales de Orozco en Dartmouth. — ***It's incredible that there are** murals by Orozco in Dartmouth.*

¿**Es posible que** una pintura **ocupe** 4.500 metros cuadrados? — ***Is it possible that** a painting **occupies** 4,500 square meters?*

Puede ser que vayamos a ver el Museo Frida Kahlo mañana. — ***We may go** see the Frida Kahlo Museum tomorrow.*

No es probable que Juan **conozca** los murales de Orozco. — ***It's not likely that** Juan **knows** Orozco's murals.*

- Note that **dudar** will always take the subjunctive independently of whether the subjects of the two sentences are the same or different:

Juan duda que María tenga tiempo para ir a visitar el museo. — ***Juan doubts that María has** time to visit the museum.*

Juan duda que (Juan) tenga tiempo para ir a ver los murales. — ***Juan doubts that he has** time to go see the murals.*

Práctica

13-6 ¡Qué cinismo! Imagínate que eres una persona que duda de todo. Usa las expresiones entre paréntesis y el subjuntivo para expresar tus dudas y tus incertidumbres sobre las actividades de tus amigos.

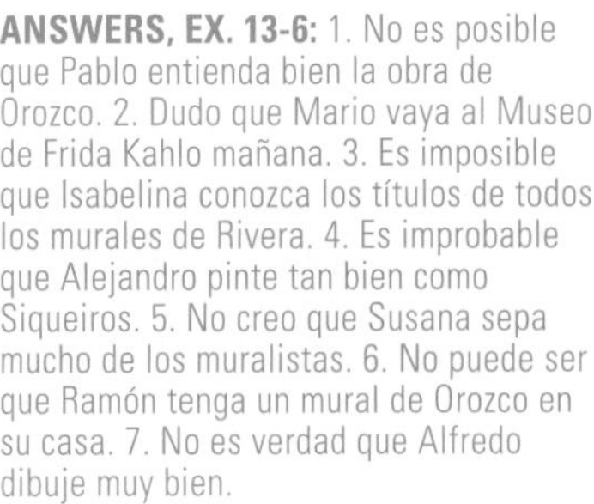

ANSWERS, EX. 13-6: 1. No es posible que Pablo entienda bien la obra de Orozco. 2. Dudo que Mario vaya al Museo de Frida Kahlo mañana. 3. Es imposible que Isabelina conozca los títulos de todos los murales de Rivera. 4. Es improbable que Alejandro pinte tan bien como Siqueiros. 5. No creo que Susana sepa mucho de los muralistas. 6. No puede ser que Ramón tenga un mural de Orozco en su casa. 7. No es verdad que Alfredo dibuje muy bien.

Modelo: Miguel tiene un original de Rivera. (dudo)
Dudo que Miguel tenga un original de Rivera.

1. Pablo entiende bien la obra de Orozco. (no es posible)
2. Mario va al Museo de Frida Kahlo mañana. (dudo)
3. Isabelina conoce los títulos de todos los murales de Rivera. (es imposible)
4. Alejandro pinta tan bien como Siqueiros. (es improbable)
5. Susana sabe mucho de los muralistas. (no creo)
6. Ramón tiene un mural de Orozco en su casa. (no puede ser)
7. Alfredo dibuja muy bien. (no es verdad)

13-7 ¿Es posible? ¿Es imposible? Escribe una serie de seis a ocho oraciones sobre tus actividades, tus proyectos, tus gustos, etcétera. Algunos comentarios pueden ser ciertos; otros pueden ser exageraciones. Después, comparte tus oraciones con la clase. Tus compañeros de clase van a reaccionar a lo que dices, usando las expresiones **es posible que, es imposible que, dudo que, es probable que, no creo que, es improbable que,** etcétera. Sigue los modelos.

Modelos: *—Tengo diez perros y ocho gatos.*
—No es posible que tengas diez perros y ocho gatos.

—Me caso la semana que viene.
—Dudo que te cases la semana que viene.

Segunda lectura: Frida Kahlo

Antes de leer

ANSWERS, EX. 13-8: 1. Puede mencionar el nuevo estatus icónico de Frida hoy día: su cara aparece en toda clase de artesanías, en películas (*Frida, naturaleza viva,* 1984, *Diego and Frida,* 1998 y *Frida,* 2002) y hasta en un sello postal de los EE.UU. (2001) 2. un changuito (un mono) y un loro 3.–4. Habrá variación.

13-8 Anticipación de la lectura Trabaja con un/a compañero/a de clase para ver cuánto saben del tema de esta lectura. Compartan lo que saben y contesten las siguientes preguntas.

1. Mira el título de la lectura y la reproducción que aparece en la página 433. ¿Conoces a esta artista? ¿Qué sabes de ella?
2. ¿Qué animales aparecen en la pintura?
3. ¿Qué tipos de acontecimientos *(events)* extraordinarios asocias con la vida de un/a artista?
4. En general, ¿crees que los artistas sufren de un modo especial? Explica tu respuesta.

NOTA GRAMATICAL: Remember that **un cognado** is a word that is basically the same in English and Spanish. Because Spanish is derived from Latin, many of the cognates between Spanish and English will also be of Latin origin. This means that the cognates are more likely to be old-fashioned or academic terms rather than the most popular words. This also explains why learning Spanish is a great way to expand your English vocabulary.

ANSWERS, EX. 13-9: 1. combine 2. imagery (other related words: image, imagine, imaginary) 3. brilliant 4. tempestuous (other related words: tempest) 5. fracture 6. not a cognate: affection 7. decade

13-9 Cognado, contexto... o diccionario Trabaja con un/a compañero/a de clase para localizar las siguientes palabras en el texto en la página 433. Al tratar de adivinar su significado, indiquen si la palabra es cognado, si la adivinaron por medio del contexto o si tuvieron que buscarla en el diccionario. Si tuvieron que buscarla en un diccionario, indiquen la forma de la palabra que aparece en el diccionario y el significado que encontraron allí.

	cognado	contexto	diccionario	forma en el diccionario	significado
1. combina					
2. imaginería					
3. brillantes					
4. tempestuoso					
5. fractura					
6. cariño					
7. década					

Guía para la lectura

ANSWERS, EX. 13-10: En orden cronológico: 4, 2, 3, 1, 5

13-10 El orden cronológico Lee el texto rápidamente y busca todas las fechas. Escríbelas en una hoja de papel, indicando lo que pasó en cada fecha. Luego organiza las siguientes oraciones sobre la vida de Frida Kahlo en orden cronológico. Busca las fechas en el texto para justificar tus respuestas.

1. Se casó con Diego Rivera.
2. Fue atropellada por un tranvía.
3. Pintó *Autorretrato con changuito.*
4. Nació.
5. Murió en la Ciudad de México.

ANSWERS, EX. 13-11: 1. en 1907 2. el pasado precolombino, la imaginería católica, las artes populares de México y la vanguardia europea 3. un accidente con un tranvía y su matrimonio con Diego Rivera 4. una fractura de columna, de la pelvis y de la pierna derecha 5. veintiún años 6. varios autorretratos 7. un tipo de perro precolombino 8. Tal vez anuncia su muerte. 9. cuarenta y siete años 10. en Coyoacán

13-11 Frida Kahlo Al leer el artículo sobre Frida Kahlo, contesta las siguientes preguntas en español.

1. ¿Cuándo nació Frida Kahlo?
2. ¿Qué elementos combina en su arte?
3. Según la pintora, ¿cuáles fueron sus dos accidentes?
4. ¿Qué sufrió en su primer accidente?
5. ¿Qué diferencia de edad había entre Frida y Diego?
6. ¿Qué pintó Kahlo entre 1937 y 1945?
7. ¿Qué es un ***ixcuincle***?
8. ¿Qué significado tiene el perrito en el *Autorretrato con changuito* de Kahlo?
9. ¿Cuántos años tenía cuando murió?
10. ¿Dónde está el Museo Frida Kahlo?

13-12 Un cuadro de Frida Kahlo Con un/a compañero/a de clase, describe el autorretrato de Frida Kahlo. Al terminar, compartan su descripción con la clase.

NOTA CULTURAL: Dogs have been a part of Mexican culture since the earliest times. The chihuahua is descended from the **ixcuincle**, a small hairless dog still bred in Mexico as an exotic pet.

Frida Kahlo

Frida Kahlo nació entre principios de siglo y la Revolución mexicana, en 1907. Más que ningún otro artista mexicano, en su obra ella combina el pasado precolombino, la imaginería católica del período colonial, las artes populares de México y la vanguardia europea. Con colores sumamente brillantes **deja constancia** de su dolor físico, su **muerte cercana** y su tempestuoso matrimonio con Diego Rivera.

shows, leaves evidence
approaching death

En 1951 Frida le dijo a una periodista, "He sufrido dos accidentes graves en mi vida. En uno, **un tranvía me atropelló** cuando yo tenía 16 años: fractura de columna, 20 años de inmovilidad... El otro accidente es Diego..." El primer accidente ocurrió el 17 de septiembre de 1925, cuando Frida era estudiante y se preparaba para **ingresar** en la escuela de medicina de la universidad. El autobús en que ella viajaba chocó con un tranvía. Se fracturó la columna en dos lugares, la pelvis en tres y además la pierna derecha.

a streetcar hit me
to enroll

El segundo accidente fue su matrimonio con el famoso muralista mexicano Diego Rivera. A los 13 años, Frida vio a Rivera, gordo y feo, por primera vez. Se enamoró de él y les confesó a sus amigas que se iba a casar con él. Frida y Diego se casaron el 23 de agosto de 1929. Ella tenía 19 años y él, establecido como el pintor más importante de México, tenía 43.

Muchas de las pinturas de Frida son autorretratos. Entre 1937 y 1945 se autorretrató varias veces con changuitos, o **monos.** Aquí, podemos ver *Autorretrato con changuito,* pintado en 1942. En otra obra, *Autorretrato con changuito y loro,* además de un changuito incluye un tipo de perro precolombino, casi extinto en la actualidad, llamado ixcuincle. En tiempos precolombinos el ixcuincle **se sepultaba** con su **amo** para que el muerto disfrutara de su compañía juguetona y su cariño en la otra vida. En este autorretrato tal vez Kahlo esté usando el perrito para anunciar su muerte. En su *Autorretrato como tehuana,* 1943, lleva el vestido tradicional de una india tehuana y en la frente tiene un retrato de Diego.

monkeys
was buried
owner, master

Para principios de la década de los años 50 la salud de Frida se había deteriorado mucho. El 13 de julio de 1954 murió en su casa en Coyoacán, en las afueras de la Ciudad de México, donde nació, vivió con Diego Rivera y pintó muchas de sus obras. La casa, que ahora es el Museo Frida Kahlo, contiene muchos recuerdos suyos y su colección de arte.

Frida Kahlo, reprinted from *Américas* bimonthly magazine.

Enfoque estructural: Expresiones de certidumbre

In the previous **Enfoque estructural** you explored more on the use of the subjunctive with expressions of doubt and uncertainty. In the following examples, you will notice that verbs and expressions such as **creer, pensar, es cierto,** and **es verdad** express certainty when they are not negated. You will also notice that in this case they require the use of the indicative in the dependent clause.

Creo que el arte de los muralistas **es** muy importante.
Pienso que los cuadros de Frida Kahlo **son** muy originales.
Es cierto que los muralistas mexicanos **pintaron** mucho.
Es verdad que Kahlo **sufrió** mucho durante su vida.

Note that when asking a question while using **no creer** and **no pensar,** you will use the indicative in the dependent clause when the question does not carrry any doubt:

¿No **crees** que **hace** frío? ¿No **piensas** que **es** bonito?

And you will use the subjunctive in the dependent clause with **creer** and **pensar** when the question carries doubt on the action that follows:

¿**Crees que llueva** hoy?

Expansión léxica: There are many expressions that convey certainty, and all of them will be followed by the indicative. Some frequently used expressions of certainty include **es evidente** *(it's evident)*, **es innegable** *(it's undeniable)*, **es obvio** *(it's obvious)*, **me/te/le/nos/os/les parece** *(it seems to me/you/him/her/us/them)*, and the verb **opinar** *(to think, to have an opinion about)*.

Nota gramatical: The rules governing the use of subjunctive and the indicative generally leave no room for choice. Asking a question with these verbs is one of the few situations in which you can choose to use or not use the subjunctive in the dependent clause. Remember that the subjunctive will convey your sense of doubt regarding the question you are asking while the indicative will leave your question simple and straightforward.

Práctica

13-13 Aquí cuentan tus opiniones Mira los dos cuadros de Orozco en las páginas 428 y 429 y completa las oraciones que siguen usando la forma correcta del verbo entre paréntesis. Explica tus respuestas.

1. Creo que el cuadro *Zapatistas* (tener) que ver con la Revolución mexicana.
2. Sabemos que las soldaderas zapatistas (aparecer) en el cuadro porque eran una parte fundamental de la guerra.
3. El crítico no cree que los sombreros (formar) el centro visual de *Zapatistas.*
4. Es verdad que el padre Hidalgo (verse) muy contemplativo en *Congreso del estado.*
5. Es increíble que tú (entender) todos los símbolos de la lucha por la reforma de México.
6. Pienso que las palabras ***libertad*** y ***reforma*** (ser) importantes en *Congreso del estado.*

Answers, Ex. 13-13: 1. tiene (por **creo**) 2. aparecen (por **sabemos**) 3. formen (por **no cree**) 4. se ve (por **Es verdad**) 5. entiendas (por **es increíble**) 6. son (por **pienso**)

13-14 ¿Estamos de acuerdo? Todos tenemos nuestras propias opiniones sobre el arte, pero a veces coincidimos en ellas. Escribe cinco oraciones con expresiones de certidumbre y cinco oraciones con expresiones de duda (página 430) para expresar tu opinión sobre el arte contemporáneo.

VAMOS A ESCUCHAR:
NO ES LO QUE CREES

Track 3-14

HERITAGE LEARNERS: Ask heritage learners to listen to the Spanish in the **Vamos a escuchar** recording and to compare it with the Spanish they use in their communities.

A veces dicen que el arte es algo supérfluo, algo puramente decorativo. Sin embargo, como descubrirá Max en la conversación que sigue, el arte es mucho más que mero adorno *(decoration)*.

Antes de escuchar

Antes de escuchar el segmento, contesta las siguientes preguntas.

- Cuando piensas en arte, ¿en qué piensas?
- ¿Tienes obras de arte en tu cuarto o en tu casa? ¿Qué tienes y qué tipo de arte es?

Antes de escuchar la conversación entre Max y sus amigos Isidro y Catalina, lee las preguntas que aparecen en la sección **Después de escuchar.**

Después de escuchar

13-15 Comprensión Contesta las preguntas que siguen, basando tus respuestas en lo que escuchaste.

1. ¿Qué tipo de "arte" tiene Max en su cuarto?
2. ¿Para qué sirve el arte, según Max?
3. Catalina ha comprado pósters de dos artistas. ¿Cómo se llaman estos artistas?
4. ¿Cómo se llama el cuadro de Orozco que comentan y qué representa?
5. ¿Dónde piensa poner el póster Catalina? ¿Por qué?

ANSWERS, EX. 13-15: 1. pósters de músicos 2. para decorar una casa o una iglesia 3. Goya y Orozco 4. *El hombre en llamas;* el hombre arde/muere por querer ser todo lo que quiere ser 5. al lado de su puerta, para que la inspire cada vez que sale.

13-16 ¿Cómo lo dicen? Escucha el segmento de nuevo. Fíjate en lo que se dice y contesta estas preguntas.

1. ¿Qué palabras usa Catalina para describir el cuadro de Orozco?
2. Al final de la conversación, ¿con qué palabras reacciona Max ante la decisión de Catalina?

ANSWERS, EX. 13-16: 1. es bastante revolucionario 2. ¡Ándale, pues!

TÚ DIRÁS

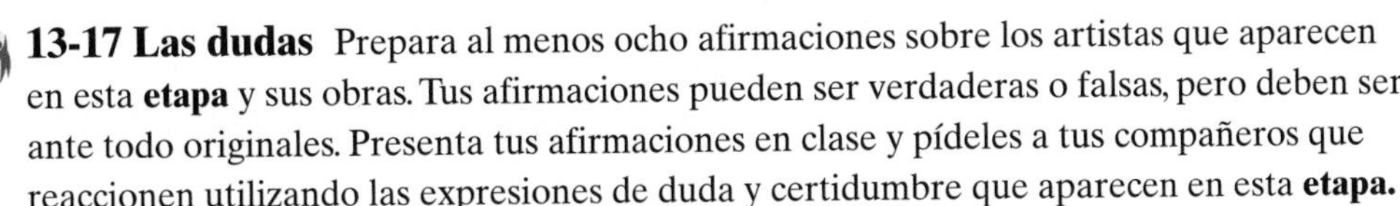

13-17 Las dudas Prepara al menos ocho afirmaciones sobre los artistas que aparecen en esta **etapa** y sus obras. Tus afirmaciones pueden ser verdaderas o falsas, pero deben ser ante todo originales. Presenta tus afirmaciones en clase y pídeles a tus compañeros que reaccionen utilizando las expresiones de duda y certidumbre que aparecen en esta **etapa.**

13-18 La pintura Vas a preparar una breve presentación sobre una obra de arte. Escoge una de las pinturas que aparecen en esta **etapa** u otra obra de uno de los artistas que se presentan aquí. Empieza tu presentación con una breve descripción de la obra. Incluye también algunos de los detalles de la vida del artista. Puedes trabajar con un/a compañero/a de clase.

SEGUNDA ETAPA

Para empezar: El arte popular

Preparación: Before you begin this **etapa,** consider the following questions:
- Have you ever been to a fair or exhibit where folk art or crafts are shown and sold?
- What kind of folk art or crafts have you seen? Pottery? Textiles? How are these crafts different from the art you might see in art museums?

folk art
crafts

*Aún más que los murales, **el arte popular** brota del pueblo y a veces se queda allí, fuera de la vista del gran público. **La artesanía,** en cambio, combina su herencia popular con un elemento práctico. La artesanía se distingue de las artes en que tiene algún uso concreto, ya sea como ropa, como muebles, como utensilios... La imaginación humana ha creado un sinfín de objetos bellos y útiles para alegrarnos la vida.*

EXPANSIÓN LÉXICA: There are many **artesanías** to be found around the Spanish-speaking world. Popular handicrafts might be in the form of **la cerámica** *(ceramics, pottery),* **la cestería** *(basketry),* **el encaje** *(lace),* **el mimbre** *(wicker),* or **el tejido** *(weaving).* Throughout South America, the three-dimensional fabric depictions of village life known as **las arpilleras** have spread from their highly political origins in Chile to become popular souvenirs.

EL ARTE POPULAR Y LA ARTESANÍA

el arte popular *folk art, art of the masses*
la artesanía *the art or practice of making crafts*
las artesanías *crafts, handicrafts*
coser *to sew*
la talla *woodcarving*
tallar *to carve*
el tapiz *tapestry*

Primera lectura: Las molas de los indios cunas

Antes de leer

13-19 Descripción Mira las molas (tapices con imágenes) en la página 437. Descríbelas con el mayor número de detalles posible. ¿Qué animales ves? ¿Qué colores? ¿Qué formas?

VARIATION, EX. 13-20: For additional language practice, ask students to try to explain in Spanish the meaning of each of these words. Have each student pick a word without saying which one and then explain it. See if the other students can guess which word is being explained.

ANSWERS, EX. 13-20: 1. f 2. k 3. i 4. j 5. h 6. g 7. a 8. e 9. b 10. c 11. d

13-20 Estudio de palabras Trata de adivinar el significado de las siguientes palabras que aparecen en la lectura sobre las molas de los indios cunas. Busca las palabras en inglés en la lista de la derecha que correspondan a las palabras en español en la lista de la izquierda.

1. habitadas	a. *vivid colors*
2. playas desiertas	b. *recent*
3. tribu	c. *banner, standard*
4. belleza extraordinaria	d. *placed on top of*
5. llaman la atención	e. *geometrical designs*
6. atractivo	f. *inhabited*
7. vivos colores	g. *attractive*
8. diseños geométricos	h. *attract attention*
9. recientes	i. *tribe*
10. estandarte	j. *extraordinary beauty*
11. superpuestas	k. *deserted beaches*

Guía para la lectura

ANSWERS, EX. 13-21: 1. unas 50 islas cerca de la costa oriental de Panamá 2. su carácter acogedor y su hermosura natural 3. telas superpuestas con incrustaciones que forman diversos diseños 4. las telas con las que se hicieron blusas

13-21 Detalles Mira el texto y recorre con la vista *(scan)* cada párrafo. Después completa las siguientes oraciones.

1. Primer párrafo: Los indios cunas habitan en _______.
2. Segundo párrafo: Los indios cunas llaman la atención por_______.
3. Tercer párrafo: Las molas están hechas de _______.
4. Cuarto párrafo: Las mujeres traspasaron los colores y formas de los dibujos del cuerpo a _______.

13-22 Más sobre molas y los indios cunas Contesta las siguientes preguntas en español.

1. ¿Cuántas de las islas panameñas están habitadas por los indios cunas?
2. ¿Cuándo pasó Colón por la costa de Panamá?
3. Haz una lista de las características de los indios cunas.
4. ¿Cuáles son algunos de los adornos que llevan las mujeres cunas?
5. ¿Dónde podemos comprar molas?
6. ¿Qué diseños caracterizan las molas?
7. ¿Cómo se originaron las molas?
8. ¿Qué plantas y animales se encuentran con frecuencia en las molas?

13-23 Las molas Usa la información de la lectura para escribir un informe breve sobre la evolución de las molas de los indios cunas. Prepárate para presentarlo en clase.

ANSWERS, EX. 13-22: Sólo 50 islas panameñas están habitadas por los indios cunas. 2. Colón pasó por la costa de Panamá en 1502. 3. Los indios cunas son atractivos en su físico y en su manera de ser. 4. Las mujeres cunas llevan narigueras, pectorales de oro, pendientes y blusas hechas con molas. 5. Podemos comprar molas en las tiendas de regalos de grandes ciudades como Nueva York, Boston, San Francisco, Tel Aviv y Tokio. 6. Diseños geométricos o imágenes de flora y fauna reales o mitológicas caracterizan las molas. 7. Las molas surgieron como sustituto de la pintura del cuerpo. 8. A menudo se encuentran pájaros y flores en los diseños de las molas.

Las molas de los indios cunas

Cerca de la costa oriental *(eastern)* de Panamá hay más de 300 islas idílicas de las cuales 50 están habitadas por los indios cunas. En las otras sólo se ven playas desiertas de arena fina y agua transparente, donde los peces nadan por entre los arrecifes *(reefs)* coralinos. Los indios cunas se relacionan con el mundo exterior desde que Cristóbal Colón navegó por la costa de Panamá en 1502, en su cuarto viaje. La cuestión es: ¿Cómo mantienen los cunas sus tradiciones, si se tiene en cuenta *(if you consider)* que prácticamente todas las tribus de indios americanos que tenían algo que los europeos deseaban (tierras, artesanías, etcétera) sucumbieron ante las influencias extranjeras?

Los cunas poseen *(have, possess)* todos estos atractivos. Las islas en las que viven son de una belleza extraordinaria. Los propios indios llaman la atención por su carácter acogedor y por su natural hermosura. Las mujeres utilizan adornos como narigueras *(nose rings)*, pectorales de oro, inmensos pendientes *(earrings)* y blusas hechas con molas, con el fin de resaltar su atractivo. Estos adornos son un buen ejemplo de la artesanía que se produce en el mundo hispano.

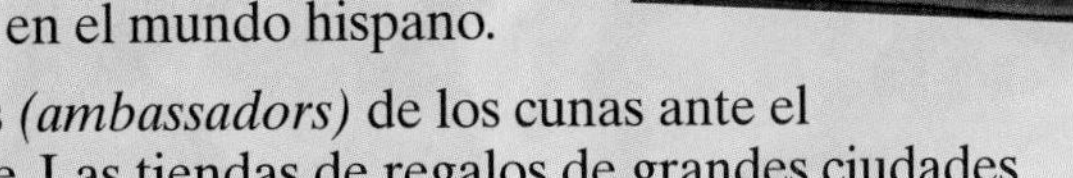

Si las mujeres son las embajadoras *(ambassadors)* de los cunas ante el mundo, las molas son su estandarte. Las tiendas de regalos de grandes ciudades como Nueva York, Boston, San Francisco, Tel Aviv y Tokio tienen a la venta estos rectángulos de vivos colores. Están hechos de telas superpuestas con incrustaciones que forman o bien diseños geométricos, o bien imágenes de flora y fauna reales o mitológicas.

Las molas son relativamente recientes, pues surgieron *(they emerged)* en la segunda mitad del siglo XIX como sustituto de la pintura del cuerpo. Tradicionalmente las mujeres se pintaban el cuerpo con dibujos complicados y cuidadosos, pero el cristianismo y el comercio no eran compatibles con la desnudez del torso. Para adaptarse a la situación, las mujeres traspasaron *(transferred, transposed)* los colores y los dibujos del cuerpo a las telas con las que se hicieron blusas. De esta manera entraron en la "civilización moderna" llevando molas. Al andar por una aldea a cualquier hora del día se ve a las mujeres coser *(sewing)*, moviendo las manos con gran rapidez. La variedad de molas es sorprendente *(surprising)* y revela una diversidad impresionante de formas y temas. Entre los numerosos motivos de la flora y la fauna figuran los pájaros y las flores. Los dibujos abstractos son semejantes a las formas geométricas que solían verse en las primeras molas.

NOTA CULTURAL: The term **mola** originally referred to the blouses made with these wonderful fabric designs. Today you will find **molas** used in clothing and decorative accessories by nearly all sectors of Panamanian society. In the traditional bright colors against dark backgrounds or in stylish muted tones with luxury fabrics, **molas** are a source and symbol of great national pride.

NOTA CULTURAL: In their villages in the San Blas Islands, also known as Kuna Yala, the Cuna live traditionally. Their traditional lifestyle does not imply passivity, however, the Cuna stand out among the indigenous peoples of the Americas for their politically savvy and successful defense of their rights to land, land use, and civil liberties.

REPASO

Review subjunctive with expressions of emotion.

POSSIBLE ANSWERS 13-24: 1. Juan y Carlos lavan los platos después de comer. Me alegro de que laven los platos. 2. Benito se acuesta muy temprano todos los días. Me sorprende que se acueste muy temprano. 3. Sebastián estudia seis horas todas las noches. ¡Qué bueno que estudie seis horas! 4. Nora hace ejercicios todas las tardes después de la escuela. ¡Qué bien que haga ejercicios! 5. Jaime se levanta temprano los sábados. ¡Qué raro que se levante temprano! 6. Isabel va a la biblioteca para estudiar. ¡Qué maravilla que vaya a la biblioteca! 7. Inés tiene fiestas todos los fines de semana. Me temo que tenga tantas fiestas. 8. Carolina y yo oímos la radio antes de cenar. ¡Qué bueno que oigamos la radio! 9. Raúl y sus amigos cocinan la cena en su apartamento. ¡Qué maravilla que cocinen! 10. Susana se levanta temprano antes de un examen. ¡Qué bueno que se levante temprano!

13-24 Me alegro de... Un/a compañero/a de clase está contando lo que hacen algunos de tus compañeros de clase. Reacciona tú con una oración que incluya una expresión de emoción (me alegro de que, qué bueno que, qué maravilla, qué pena que, me extraña, me sorprende, es malo que). Repasa las expresiones del **Capítulo 12** y sigue el modelo.

Modelo: María / dormir ocho horas todas las noches
—María duerme ocho horas todas las noches.
—Me alegro de que María duerma ocho horas todas las noches.

1. Juan y Carlos / lavar los platos después de comer
2. Benito / acostarse muy temprano todos los días
3. Sebastián / estudiar seis horas todas las noches
4. Nora / hacer ejercicios todas las tardes después de la escuela
5. Jaime / levantarse temprano los sábados
6. Isabel / ir a la biblioteca para estudiar
7. Inés / tener fiestas todos los fines de semana
8. Carolina y yo / oír la radio antes de cenar
9. Raúl y sus amigos / cocinar la cena en su apartamento
10. Susana / levantarse temprano antes de un examen

Review subjunctive with expressions of doubt and probability.

13-25 Cuando sea mayor... Piensa en cómo será tu vida en 10 años. Haz una lista de cinco posibilidades y compara tu lista con la de un/a compañero/a. Después, cuéntenle a la clase las posibilidades. Usa expresiones como **es posible, es probable, es imposible, dudo que...**

ENFOQUE ESTRUCTURAL El subjuntivo con antecedentes no existentes

An adjective clause is one that describes a preceding noun, the antecedent. When the noun being described is known by the speaker, the indicative is used in the clause that follows it:

Las molas son obras de arte **que los indios molas empezaron a crear en el siglo XIX.**
Los pájaros y las flores son algunos de los temas **que figuran en las molas.**

In both cases, the antecedents, **las molas, los pájaros,** and **las flores** exist. Therefore, the indicative mood is used in the adjective clause.

However, when the noun described does not exist, as reflected in the use of negative expressions, the subjunctive is used in the adjective clause:

No conozco **a nadie** que **sepa** coser molas.	*I don't know* ***anyone*** *who* ***knows how*** *to sew a mola.* (The speaker does not know if such a person exists.)
No conozco **ningún libro** que **se dedique** a la historia contemporánea de los cunas.	*I don't know of* ***any book*** *that* ***is dedicated*** *to the contemporary history of the Cuna.* (The speaker does not know if such a book exists.)
No hay **nada** que **sea** tan hermoso como una bella mola.	*There* ***is nothing*** *as beautiful as a lovely mola.* (The speaker knows that there is nothing else more beautiful than the mola.)

Note that the words that will help you choose the subjunctive in the adjective clause are the negative expressions **nada** *(nothing),* **nadie** *(no one),* and **ningún, ninguno/a** *(no).*

Práctica

13-26 En la tienda del museo El museo tiene una buenísima colección de arte cuna, pero la tienda es terrible. Completa las siguientes oraciones con la forma correcta de los verbos entre paréntesis. ¡OJO! con el uso del subjuntivo y del indicativo.

1. No hay ningún dependiente que _______ (querer) atendernos.
2. No hay ninguna mola aquí que _______ (mostrar) un diseño abstracto.
3. Hay muchos libros que _______ (describir) los orígenes de las molas.
4. No hay nadie que _______ (saber) nada de lo que tiene el museo.
5. Las molas que hay _______ (parecer) estar hechas a máquina, no a mano.
6. Los vídeos que _______ (vender) necesitan el sistema BETA.
7. No hay nada que nosotros _______ (poder) comprar para nuestros amigos.
8. ¡Los precios que _______ (tener) en esta tienda son ridículos!

ANSWERS, EX. 13-26: 1. quiera 2. muestre 3. describen 4. sepa 5. parecen 6. venden 7. podamos 8. tienen

13-27 Aquí no hay nadie que... Mira a todos tus compañeros de clase. ¿Cómo son? ¿Qué hacen? Ahora, trabaja con un/a compañero/a de clase, y piensen en al menos *(at least)* seis características que no tengan los estudiantes de la clase. Al terminar, comparen sus respuestas con las del resto de la clase.

Modelo: *Aquí no hay nadie que tenga pelo azul.*

Segunda lectura: Los santeros de Nuevo México

Antes de leer

13-28 Anticipación de la lectura Contesta las siguientes preguntas.

1. La palabra **santero** es un derivado de la palabra **santo.** Si **panadero** significa "la persona que hace pan", ¿qué crees que significa **santero**?
2. Mira el título y las imágenes que acompañan este texto. ¿Qué palabras reconoces en el título?

EXPANSIÓN LÉXICA: You may have seen or heard another use of the word **santero.** In a combination of religious expressions, blending Catholic and African faith traditions, **la santería** is a religion found throughout the Caribbean and much of eastern Latin America. **El santero** is a practitioner of this religion based on faith and herbal healing with strong connections to the saints, known by both their Catholic and Yoruba names.

13-29 Cognado, contexto o diccionario Localiza las siguientes palabras y expresiones en el texto. Al tratar de adivinar su significado, indica si la palabra es un cognado, si la adivinaste por medio del contexto o si tuviste que buscarla en el diccionario. Si tuviste que buscarla en un diccionario, indica la forma de la palabra que aparece en el diccionario y el significado que encontraste allí.

	cognado	contexto	diccionario	forma en el diccionario	significado
aisladas					
sumamente religiosos					
surgieron					
tallaban					
santos					
colores llamativos					
muestra					
especie					
han resucitado					
cruz					
cuadro					
recobró					

ANSWERS, EX. 13-30: 1. Falso: Eran muy religiosos. 2. Falso: Se desarrolló en otras partes del mundo que colonizaron los españoles. 3. Cierto. 4. Falso: Viven en Velarde en el norte de Nuevo México. 5. Falso: San Francisco es el santo más popular entre los franciscanos. 6. Cierto.

ANSWERS, EX. 13-31: 1. Hacían falta objetos religiosos. 2. Un retablo es una pintura en un trozo de madera y un bulto es una escultura de madera. 3. Hay bultos pintados con colores llamativos y otros sin pintar. 4. Es un maestro jubilado que talla santos en madera. 5. Pinta los bultos. 6. San Antonio no tiene barba. 7. Según las leyendas, Santiago ayudaba a los españoles en sus batallas. 8. Se asocia con el milagro del padre de Tobías.

NOTA CULTURAL: You may want to review a brief history of New Mexico and the region comprising what is now the southwestern United States. The first order of business for the early settlers of New Mexico was to build a chapel, and like all Catholic chapels, it had to be decorated with saints important to the community. Thus, these **santos** were carved from whatever materials were in the region. In New Mexico, aspen and cottonwood were commonly used because they are soft and easy to carve.

Guía para la lectura

13-30 ¿Cierto o falso? Ahora lee el texto y di si las siguientes oraciones son **ciertas** o **falsas.** Si la oración es falsa, explica por qué.

1. Los nuevos mexicanos no eran muy religiosos.
2. La tradición de tallar santos se desarrolló *(developed)* solamente en Nuevo México.
3. En los años cincuenta, casi muere esta tradición en Nuevo México.
4. Eulogio Ortega y su esposa viven en una aldea en las montañas de las Filipinas.
5. San Antonio es el santo más popular entre los franciscanos.
6. San Isidro también es un santo importante en España.

13-31 Nuevo México y sus santos Contesta las siguientes preguntas en español.

1. ¿Por qué surgió la tradición de hacer retablos y bultos en Nuevo México?
2. ¿Cuál es la diferencia entre un bulto y un retablo?
3. ¿Cuáles son los dos tipos de bultos que encontramos en Nuevo México?
4. ¿Quién es Eulogio Ortega?
5. ¿Cómo ayuda la Sra. Gutiérrez de Ortega a su esposo?
6. ¿En qué sentido es San Antonio diferente de San Francisco?
7. ¿Por qué es importante Santiago?
8. ¿Qué milagro se asocia con San Rafael?

Los Santeros de Nuevo México y los Santos más populares

Durante los siglos XVIII y XIX las aldeas *(villages)* en lo que hoy es el norte de Nuevo México y el sur de Colorado estaban bastante aisladas del resto del mundo hispano. Los habitantes hispanos en esta parte de la Nueva España, como en el resto del mundo hispano, eran sumamente religiosos. A causa del aislamiento *(isolation)* y la falta de atención de la Ciudad de México, que era la capital de la Nueva España, surgieron aquí varias tradiciones religiosas que son un poco diferentes de las del resto del mundo hispano. En las iglesias no había objetos religiosos, así que la gente empezó a crear pinturas y esculturas de imágenes religiosas. A veces pintaban escenas religiosas en trozos *(pieces)* de madera. También tallaban esculturas en madera de los santos más importantes. Las pinturas se conocen como "retablos" mientras que las esculturas se conocen como "bultos".

San Antonio de Padua

La tradición de tallar santos no sólo ocurrió en esta región, sino también en otras partes del mundo que colonizaron los españoles. Por ejemplo, en Puerto Rico y en las Islas Filipinas también esculpían santos por las mismas razones que en Nuevo México. Los bultos pueden ser de dos clases. Una clase se pinta con colores llamativos mientras que la otra clase no se pinta. Tenemos con estas imágenes religiosas una impresionante muestra de arte popular.

En Nuevo México a mediados de este siglo casi muere esta tradición, pero recientemente ha ocurrido una especie de renacimiento. Algunas personas se han interesado en la historia y en las tradiciones hispanas y han resucitado esta forma de arte popular. Un buen ejemplo de esto es Eulogio Ortega y su esposa Zoraida Gutiérrez de Ortega que viven en Velarde, una aldea en las montañas del norte de Nuevo México. Ambos fueron maestros de escuela primaria por más de 40 años. Al jubilarse *(Upon retiring),* el Sr. Ortega empezó a tallar santos en madera. Como él no ve los colores muy bien, después de tallar un santo la Sra. Gutiérrez de Ortega lo pinta. Juntos han contribuido al renacimiento de esta forma de arte popular en Nuevo México.

Aparte del bulto de Santiago, las fotografías aquí y en la página 440 muestran algunos bultos que ha tallado el Sr. Ortega con una breve descripción, para ayudarles a identificar algunos de los santos más populares en Nuevo México.

San Antonio de Padua

San Antonio es, después de San Francisco, el santo más popular para los franciscanos. Lleva un hábito azul de monje *(monk)* y nunca lleva barba. Frecuentemente lleva un libro y un niño.

San Francisco de Asís

El fundador de la Orden de los Franciscanos, lleva un hábito azul de monje y siempre lleva barba. Generalmente lleva una cruz en la mano derecha y una calavera *(skull)* en la otra.

San Isidro Labrador

Lleva un saco azul y pantalones negros, chaleco *(vest)* rojo y un sombrero. Debe ser así como se vestían los labradores *(laborers)* en la época colonial en Nuevo México. Siempre aparece con uno o dos bueyes *(oxen)* y un arado *(plow)* y a veces también aparece con un ángel. Es el santo patrón de los labradores de Nuevo México y también de Madrid, España.

Santiago

Según las leyendas, Santiago, el santo patrón de España, aparecía durante las batallas entre moros y cristianos y ayudaba a los cristianos a triunfar. En el Nuevo Mundo se dice que apareció varias veces en batallas entre los españoles y los indígenas. Una de estas apariciones ocurrió en Nuevo México en 1599 cuando Santiago ayudó a Juan de Oñate y a sus soldados españoles mientras luchaban contra los indígenas en el pueblo de Acoma.

Santiago Matamoros

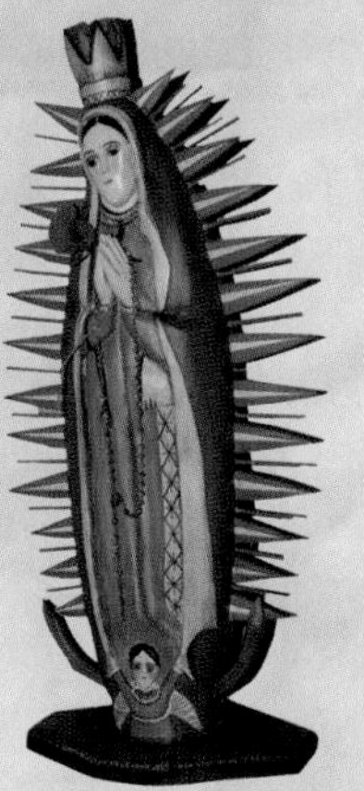

Nuestra Señora de Guadalupe

Nuestra Señora de Guadalupe

Siempre se representa como aparece en el cuadro que está en la Basílica de Guadalupe en la Ciudad de México. Lleva un vestido rojo y un manto *(cape)* azul. A sus pies siempre hay un ángel y una luna creciente *(crescent moon)*.

Nuestra Señora de los Dolores

Es una figura que simboliza los dolores de la vida de la Virgen María y es una de las imágenes más populares en Nuevo México. Lleva una bata roja, un manto azul y una o más espadas *(swords)* clavadas *(stuck, piercing)* en el pecho.

San Rafael

Es el ángel que se le apareció a Tobías. San Rafael le dijo a Tobías que cogiera *(catch)* un pescado, lo quemara *(burn)* y que le pusiera las cenizas *(ashes)* en los ojos a su padre que era ciego *(blind)*. Según la leyenda, el padre de Tobías recobró la vista *(sight)* con esto. San Rafael siempre se representa con un pescado.

San Rafael

Los santeros de Nuevo México y los santos más populares, reprinted from *Américas* bimonthly magazine.

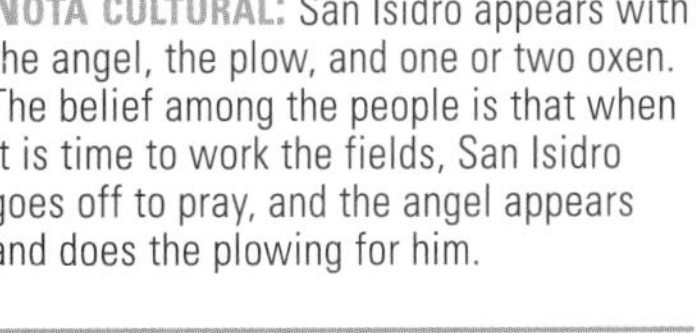

NOTA CULTURAL: San Isidro appears with the angel, the plow, and one or two oxen. The belief among the people is that when it is time to work the fields, San Isidro goes off to pray, and the angel appears and does the plowing for him.

NOTA CULTURAL: Two of the earliest disciples of Jesus were his cousins, the brothers James **(Santiago)** and John, both of whom were present at the crucifixion. Santiago was beheaded by order of King Herod in 44 A.D., becoming the first Christian martyr. Legend says Santiago's body was taken to Spain for burial. There it lay for nearly 800 years until, according to tradition, a star led a hermit and his religious superiors to the body, which, when exhumed, was found uncorrupted by time. Throughout the Reconquest of Spain, he often appeared in battles between Christians and Moors; in the Battle of Clavijo in 844 he was seen by Spanish Christians riding on a white horse, swinging a great sword, killing Moors by the thousands. Hence, his popular name, **Santiago Matamoros.**

Santiago became the patron saint of Spain and his burial place is the most sacred spot in Spain, Santiago de Compostela. Santiago's role as a miraculous warrior carried over into the Americas and the missions of the conquistadors.

NOTA CULTURAL: La Virgen de Guadalupe is both patron saint of Mexico and perhaps one of the best examples of the blending of Christianity and indigenous religions in Latin America. When the Spanish missionaries arrived in the New World, they were able to exploit the similarities between the Christian saints and the multiple gods of the Aztecs and other groups. The missionaries replaced **Huitzilopochtli** (the sun god) and **Tlaloc** (the rain god) with cults of the Virgin Mary and other saints represented by colorful images. Like the indigenous gods, these saints were said to have miraculous powers that could be invoked through prayer and offerings.

In the first years after the conquest of Mexico, the **Virgen de Guadalupe** would emerge as one of the most powerful saints in this gallery. According to legend, the Virgin appeared before Juan Diego in December of 1531, informing him that she wished a church built in her honor on the spot where she was standing. When the bishop refused to believe him, the Virgin appeared to Juan Diego a second time and ordered him to climb to the top of the hill and pick roses he would find there and to place them in his cloak. He did so and returned to the bishop. When he opened the cloak, he found an image of the Virgin. This image, along with the news that the Virgin had appeared not to a Spaniard but to an indigenous peasant, would become powerful tools in the conversion of Mexico to Christianity. Today the **Virgen** remains a symbol of faith and ethnic pride for Mexicans and other Latinos.

ENFOQUE ESTRUCTURAL El subjuntivo con antecedentes desconocidos

In the preceding **Enfoque estructural** you learned that the subjunctive is used when the antecedent of an adjective clause does not exist. When the antecedent is unknown by the speaker, the subjunctive is also used in the adjective clause:

SUGGESTION: Point out that some of the verbs that are likely to signal an unknown antecedent include **buscar, necesitar, querer, soñar con,** and questions with **haber.**

Busco **una persona que conozca** bien el arte de las molas.	*I am looking for* ***a person who knows*** *the art of the mola well.* (I don't know if there is such a person.)
¿**Hay alguien que sepa** hacer molas?	***Is there anyone who knows*** *how to create a mola?* (There may not be such person.)

To help you determine whether the speaker is talking about something imagined or not, and to be able to choose between the indicative and the subjunctive, remember that an indefinite article is used to mark an unknown person or thing, while the definite article is used with something that is already known. Look at the following pairs of sentences:

Quiero **un** coche que **corra** rápido.	(My ideal car is one that is fast.)
Quiero **el** coche que **corre** rápido.	(I want the fast car that is right over there.)
Busco **un** hombre que **sea** artista.	(I don't know if he exists but I'd like to find him.)
Busco **al** hombre que **es** artista.	(I know this man, but I don't know where he is.)

Notice that the personal **a** is not used before an indefinite article if the noun refers to someone unknown. Also notice that when **nadie** and **alguien** are used as direct objects, they are always preceded by a personal **a.**

Práctica

ANSWERS, EX. 13-32: 1. Ah, entonces, ¿buscas una película que sea cómica? 2. ...¿buscas una persona que escriba bien? 3. ...¿buscas un cuadro que tenga muchos colores? 4. ...¿buscas un programa que sea más objetivo? 5. ...¿buscas unos discos compactos que cuesten menos? 6. ...¿buscas un tren que salga el lunes por la tarde? 7. ...¿buscas una persona que entienda lo que pasa? 8. ...¿buscas una persona que sepa cómo funciona? 9. ...¿buscas un agente que te atienda ahora? 10. ...¿buscas un vuelo que llegue a las cinco?

13-32 ¿Qué buscas? Un/a amigo/a te menciona algo sobre su vida o su trabajo. Indica que entiendes la situación haciendo una pregunta con la información entre paréntesis. Sigue el modelo.

Modelo: Esta compañía no paga bien. (una compañía / pagar mejor)
Ah, entonces, ¿buscas una compañía que pague mejor?

1. La película que dan en el cine Variedades es demasiado triste. (una película / ser cómica)
2. Mi amigo Francisco escribe a máquina muy mal. (una persona / escribir bien)
3. No me gusta ese cuadro porque tiene pocos colores. (un cuadro / tener muchos colores)
4. Ese programa me parece demasiado politizado. (un programa / ser más objetivo)
5. Los discos compactos en esa tienda son muy caros. (unos discos compactos / costar menos)
6. Ese tren sale demasiado temprano el lunes. (un tren / salir el lunes por la tarde)
7. Mi jefe no entiende la situación. (una persona / entender lo que pasa)
8. Mi tía no sabe usar la nueva computadora. (una persona / saber cómo funciona)
9. El agente de viajes está muy ocupado. (un agente / atenderte ahora)
10. Ese vuelo no llegará a tiempo. (un vuelo / llegar a las cinco)

ANSWERS, EX. 13-33: 1. represente 2. vive 3. hable 4. proteja 5. cuesten 6. explica 7. hace 8. escriba

13-33 ¿Existe o no existe? Completa las siguientes oraciones con la forma apropiada de los verbos entre paréntesis. Decide si es necesario usar el subjuntivo o el indicativo.

1. Busco una estatua que _______ (representar) a San Martín de Porres.
2. Éste es un santo tallado por una artista que también _______ (vivir) en Velarde.
3. Buscamos una persona que nos _______ (hablar) más de la historia de los santeros.
4. Quiero un santo que me _______ (proteger) contra la soledad.
5. ¿Hay un taller donde los santos _______ (costar) un poco menos?
6. Buscamos la guía que _______ (explicar) las tradiciones de cada santo.
7. Eulogio Ortega es el artista que _______ (hacer) los santos más famosos.
8. El Sr. Ortega necesita una persona que _______ (escribir) una lista de todos los santos en su estudio.

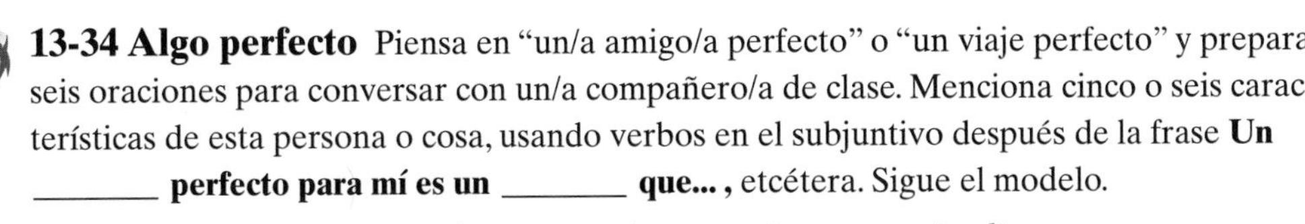

13-34 Algo perfecto Piensa en "un/a amigo/a perfecto" o "un viaje perfecto" y prepara seis oraciones para conversar con un/a compañero/a de clase. Menciona cinco o seis características de esta persona o cosa, usando verbos en el subjuntivo después de la frase **Un _______ perfecto para mí es un _______ que...**, etcétera. Sigue el modelo.

Modelo: *Un amigo perfecto para mí es un amigo que sea inteligente...*

VAMOS A ESCUCHAR:
EL MUSEO DEL BARRIO

Track 3-15

HERITAGE LEARNERS: Ask heritage learners to listen to the Spanish in the **Vamos a escuchar** recording and to compare it with the Spanish they use in their communities.

En este segmento, el Museo del Barrio presenta sus exposiciones de arte popular del Caribe y toda Latinoamérica.

Antes de escuchar

Antes de escuchar el segmento, contesta las siguientes preguntas.

- Además de las galerías de arte tradicionales, ¿qué tipos de museo hay? ¿Has visitado otro tipo de museo?
- ¿Qué sabes del arte y la artesanía del Caribe? ¿Sabes qué son los **vejigantes**?

Antes de escuchar la presentación del Museo del Barrio, lee las preguntas que aparecen en la sección **Después de escuchar.**

NOTA CULTURAL: The word **vejigante** comes from **la vejiga**, *bladder*, for the inflated bladders originally used like balloons to decorate the monstrous masks used during Carnival. Carnival, the period preceding Lent, is a time of celebrating and playing with the contrasts between Good and Evil, between male and female, betwen Christian and non-Christian. The **vejigantes** of Puerto Rico update both the form and the meaning of this old Spanish folk art.

Después de escuchar

13-35 Comprensión Contesta las preguntas que siguen, basándote en lo que escuchaste.

1. ¿En qué ciudad se encuentra el Museo del Barrio?
2. ¿De qué cultura surgió el Museo del Barrio?
3. ¿Qué contiene el Museo del Barrio?
4. El museo tiene una colección especial de vejigantes. ¿Qué son?
5. ¿Qué representan los vejigantes? ¿Han representado esto siempre?

NOTA CULTURAL: The Museo del Barrio grew out of a desire to promote Puerto Rican culture in East Harlem. Originally housed in a classroom, it has remained true to its original goal of education, cultural dissemination, and accessibility to all. Today el Museo del Barrio is part of the Museum Mile on Fifth Avenue and includes one of the world's premier collections of Puerto Rican art. Its superb exhibits span the arts of yesterday and today from the Caribbean and all of Latin America.

13-36 ¿Cómo lo dicen? Escucha el segmento de nuevo. Fíjate en lo que se dice y contesta las siguientes preguntas.

1. El Museo del Barrio tiene la segunda colección más importante de arte taíno, de los primeros habitantes del Caribe. ¿Cómo se llama el arte de las culturas antes de la llegada de Colón?
2. ¿Cómo se llama el festival en el que salen los vejigantes a las calles de Puerto Rico?

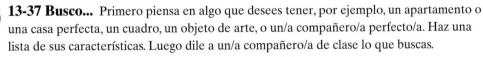

ANSWERS, EX. 13-35: 1. en Nueva York 2. de la puertorriqueña 3. arte y artesanía tradicional y contemporánea, con instalaciones interactivas 4. figuras folklóricas de monstruos, con ropa de muchos colores y máscaras de colores, cuernos y ojos locos 5. Representan lo natural y lo original; en el pasado representaban el mal *(evil).*

ANSWERS, EX. 13-36: 1. el arte precolombino 2. carnaval

TÚ DIRÁS

13-37 Busco... Primero piensa en algo que desees tener, por ejemplo, un apartamento o una casa perfecta, un cuadro, un objeto de arte, o un/a compañero/a perfecto/a. Haz una lista de sus características. Luego dile a un/a compañero/a de clase lo que buscas.

Modelo: *Busco un apartamento que esté cerca de la universidad, que tenga piscina, que sea barato y que pueda compartir con mi mejor amigo/a.*

CLASSROOM MANAGEMENT, EX. 13-38: Assign this as homework. In class allow 10–15 minutes to share presentations with a partner. When done, have students group with 3 other students and present their work.

13-38 Los santos de Nuevo México Usa la información en la lectura sobre los santos de Nuevo México y prepara una breve presentación oral sobre este tema. Usa un mapa de los Estados Unidos y México para ilustrar tu presentación.

TERCERA ETAPA

Para empezar: La pintura española del siglo XX

SUGGESTION: Ask students to learn the vocabulary presented here before they start the reading.

Preparación: Before you begin this **etapa,** consider the following questions:
- What do you know about Spanish paintings?
- What are the names of some well-known Spanish painters?
- Who is your favorite painter and why?

artistic movements

El siglo XX comenzó con nuevas ideas y nuevos ***movimientos artísticos.*** *En medio del fervor creativo, se destacaron tres artistas españoles que ayudaron a definir el arte del siglo XX.*

EXPANSIÓN LÉXICA: In addition to **el cubismo** and **el surrealismo,** there have been many **movimientos artísticos,** including **el neoclasicismo** *(neoclassicism),* **el romanticismo** *(romanticism),* **el realismo** *(realism),* **el impresionismo** *(impressionism),* **el modernismo** *(modernism),* and **el posmodernismo** *(postmodernism).*

PARA HABLAR DE LA PINTURA MODERNA

el cubismo *cubism*
la exposición *exhibit*
el movimiento artístico *artistic movement*
la obra *work of art, set of works of art*
el surrealismo *surrealism*
la técnica *technique*
la vanguardia *avant-garde*

Tres pintores españoles: Picasso, Miró, Dalí

Antes de leer

SUGGESTION: As a pre-reading activity, ask students to search the Internet to find out more about the concepts with which they are unfamiliar, e.g., cubism. In class they can offer a short report of their findings.

13-39 Anticipación Contesta las siguientes preguntas.

1. ¿Qué sabes del arte del siglo XX?
2. ¿Quiénes son algunos de los pintores más importantes?
3. ¿Has visto alguna obra cubista? ¿Y alguna surrealista?
4. Lee el título del texto. ¿Reconoces algunos de los nombres?

SUGGESTION, EX. 13-40: For additional language practice, ask students to try to explain in Spanish the meaning of each of these words. Have each student pick a word without saying which one and then explain it. See if the other students can guess which word is being explained.

ANSWERS, EX. 13-40: 1. b 2. d 3. g 4. c 5. h 6. f 7. e 8. a

13-40 Estudio de palabras Trata de adivinar el significado de las siguientes palabras que aparecen en la lectura sobre los tres artistas españoles del siglo XX. Busca las palabras en inglés en la lista de la derecha que corresponden a las palabras en español en la lista de la izquierda.

1. tonalidades	a. *political position*
2. predominio	b. *tones*
3. esporádicas	c. *influenced*
4. impulsado	d. *predominance*
5. se adhirió a	e. *aptitude*
6. excentricidades	f. *eccentricities*
7. aptitud	g. *intermittent, sporadic*
8. postura política	h. *he joined*

Guía para la lectura

13-41 Fechas Mira el texto e identifica en qué época del siglo XX vivieron los tres pintores. ¿Qué acontecimientos históricos relacionas con esos años?

ANSWERS, EX. 13-41: Picasso 1881–1973, Miró 1893–1983, Dalí 1904–1989, Primera Guerra mundial, Segunda Guerra mundial, Guerra civil española

13-42 ¿Picasso, Miró o Dalí? Indica si las siguientes oraciones se refieren a Picasso, Miró o Dalí.

ANSWERS, EX. 13-42: 1. Miró 2. Picasso 3. Dalí 4. Miró 5. Dalí 6. Picasso 7. Miró 8. Picasso 9. Dalí 10. Picasso

1. Nació en Barcelona.
2. Nació en Málaga.
3. Murió en Barcelona.
4. Murió en Mallorca.
5. Fue surrealista.
6. Fue escultor.
7. Sus temas incluyen pájaros y estrellas.
8. Fue cubista.
9. Trabajó en dos películas.
10. Tiene una escultura en Chicago.

13-43 Sobre los artistas Contesta las siguientes preguntas.

ANSWERS, EX. 13-43: 1. Georges Braque creó el cubismo, junto con Picasso. 2. El cubismo es un estilo que se caracteriza por el uso de formas geométricas. 3. Miró trataba de mostrar la naturaleza tal como la vería un hombre primitivo o un niño. 4. Dalí se mudó a París, impulsado por Miró. 5. Luis Buñuel fue director de películas surrealistas. 6. Fue una vida llena de excentricidades. 7. Los surrealistas expulsaron a Dalí de su grupo porque llevaba una vida llena de excentricidades y no tenía una postura política.

1. ¿Quién fue Georges Braque?
2. ¿Qué es el cubismo?
3. ¿Qué trataba de demostrar Miró en su arte?
4. ¿Por qué se mudó Dalí a París?
5. ¿Quién fue Luis Buñuel?
6. ¿Cómo fue la vida de Dalí después de llegar a ser internacionalmente famoso?
7. ¿Por qué expulsaron los surrealistas a Dalí de su grupo?

Pablo Picasso

Salvador Dalí

Joan Miró

SUGGESTION: After talking about cubism, have students point out as many geometrical figures as possible in the painting.

Tres pintores españoles: Picasso, Miró, Dalí

Picasso

Probablemente el artista español más universal es Pablo Picasso. Su obra dejó una profunda huella *(impression)* en la pintura moderna. Nació en Málaga el 15 de octubre de 1881. Su padre, pintor y profesional del dibujo, lo inició en el arte pictórico. Picasso demostró muy pronto una aptitud extraordinaria para la pintura y fue admitido, cuando sólo tenía catorce años, en la Escuela de Bellas Artes de Barcelona. Desde 1900 hizo varios viajes a Madrid y París, donde finalmente estableció su taller *(studio)*.

Pablo Picasso, *Retrato de Ambroise Vollard,* 1910

Entre 1900 y 1906 Picasso pasó por sus períodos azul y rosa. Estas dos épocas se llaman así por las tonalidades predominantes en las obras que pintó durante esos años. Después de esto, junto con Georges Braque, creó el estilo que hoy se conoce como el cubismo. Este movimiento artístico se caracteriza por el uso o predominio de formas geométricas. Picasso es una de las figuras más representativas de este movimiento artístico. También hizo unas incursiones esporádicas en el ámbito *(field)* de la escultura. Dos de estas obras son La cabra, que está en el Museo de Arte Moderno en Nueva York, y una escultura gigantesca de metal que se encuentra en la ciudad de Chicago. Picasso murió en la Riviera francesa el 8 de abril de 1973.

Miró

SUGGESTION: After talking about Miró, have students use their imagination and point out what the figures in the Miró painting suggest to them.

Joan Miró nació el 20 de abril de 1893 en Barcelona. Desde 1948 vivió temporadas en España y en Francia. En esta época el pintor comenzó una serie de obras de intenso contenido poético cuyos símbolos estaban basados en el tema de la mujer, el pájaro y la estrella *(star)*. En las obras de Miró podemos ver un juego de colores brillantes, contrastes fuertes y líneas que sólo sugieren imágenes. Su abundante obra representa la búsqueda de un lenguaje artístico abstracto, con el que intentaba plasmar *(he tried to capture)* la naturaleza tal como la vería *(would see)* un hombre primitivo o un niño. Su obra desemboca *(evolves)* en un surrealismo mágico, rico en color. Miró murió el 25 de diciembre de 1983 en Mallorca.

Joan Miró, *Mujer y pájaro por la noche,* 1949

Dalí

Salvador Dalí nació en Figueras el 11 de mayo de 1904. Pronto mostró habilidades para el dibujo, y su padre lo envió a Madrid a estudiar en la Escuela de Bellas Artes de San Fernando. En 1928, impulsado por el pintor Joan Miró, se mudó *(he moved)* a París y se adhirió al movimiento surrealista. En estos años colaboró con Luis Buñuel en dos célebres películas —*Un chien andalou (Un perro andaluz)* y *L'âge d'or (La edad de oro)*— y pintó algunas de sus mejores obras: *La persistencia de la memoria* y *El descubrimiento de América.* Su exposición en 1933 lo lanzó *(cast him)* a la fama internacional y, entonces, comenzó a llevar una vida llena de excentricidades. Esta actitud, considerada por algunos como una forma de comercializar sus obras, junto a su falta de postura política, causaron su expulsión del grupo surrealista. Murió en Barcelona el 23 de enero de 1989.

Salvador Dalí, *La persistencia de la memoria,* 1931

REPASO

13-44 Dudo que... Para cada una de la siguientes afirmaciones, expresa tus dudas o tus creencias al respecto usando una de las expresiones aprendidas en la **Segunda etapa** de este capítulo. ¡OJO! con el uso de presente de subjuntivo y de indicativo.

Modelo: Las entradas para el Museo del Prado son gratis.
Dudo que las entradas para el Museo del Prado sean gratis.

1. El Museo del Prado tiene más de 5.000 cuadros.
2. El *Guernica* es uno de los cuadros más admirados del Museo Reina Sofía.
3. Todo el mundo conoce la obra de Dalí.
4. Todos saben cómo es la pintura de Miró.
5. Tengo un Picasso en mi casa.

Review the use of the subjunctive vs. indicative with expressions of doubt and certainty.

POSSIBLE ANSWERS, EX. 13-44: 1. No creo que el museo del Prado tenga... 2. Sé que el *Guernica* es uno de los cuadros... 3. Dudo que todo el mundo conozca... 4. Niego que todos sepan... 5. No creo que tú tengas...

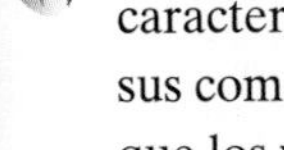

13-45 La perfección artística Conversa con un/a compañero/a de clase sobre las características que definirían una obra de arte ideal, sin defecto alguno. Comiencen sus comentarios con **"Una obra de arte perfecta para mí es una obra que..."**. Recuerda que los verbos que uses deben estar en el subjuntivo porque esta obra es producto de tu imaginación.

Review subjunctive with indefinite antecedents.

ENFOQUE ESTRUCTURAL Conjunciones con el subjuntivo

So far, you have learned that in Spanish the subjunctive is used in dependent clauses after expressions of wish, desire, emotions, doubt, denial, and in relative clauses that have a nonexistent or unknown antecedent.

There is another group of cases in which the subjunctive is always used: in dependent clauses that are introduced by one of the following conjunctions:

a menos que	*unless*	**en caso de que**	*in case*
antes de que	*before*	**para que**	*so that*
con tal de que	*provided that*	**sin que**	*without*

Look at the following examples:

Voy a estudiar arte español contemporáneo **a menos que** tú te **opongas.**	*I am going to study contemporary Spanish art* ***unless*** *you* ***oppose*** *it.*
Vamos, tenemos que llegar a la exposición **antes de que cierren** las puertas.	*Let's go, we have to get to the exhibition* ***before*** *they* ***close*** *the doors.*
Te compraré un póster del *Guernica* **con tal de que** lo pongas en tu cuarto.	*I will buy you a poster of* Guernica ***provided that*** *you* ***hang*** *it in your room.*
El profesor les muestra los cuadros de Miró a sus estudiantes **para que conozcan** mejor el arte español.	*The professor shows his students Miró's works* ***so that*** *they* ***get to know*** *Spanish art better.*

Notice that the conjunctions mentioned above relate one event to another by projecting them into the realm of the unknown or by linking them to an event that may or may not occur.

IRM MASTER 36: Conjunciones con el subjuntivo

SUGGESTION: The first letter of these 6 conjunctions, which **always** require the use of the subjunctive, can be arranged to form the word **ESCAPA,** which can serve as a helpful mnemonic device for your students.

SUGGESTION: Contextualize the presentation of this structure by telling students about your plans for this weekend. Tell them that the class discussions about art have inspired you to do some gallery hopping. You are trying to make time in your schedule this weekend to be able to explore some museums and read up on your favorite artists. For example: **Voy a salir el sábado a ver la nueva exposición del museo con tal de que no me llamen para trabajar. En caso de que me interrumpan yo les diré que estoy enfermo/a y que necesito descansar todo el fin de semana...** Use as many of the adverbial expressions as possible. Check for comprehension.

Práctica

ANSWERS, EX. 13-46: 1. quieran 2. pueda 3. salgan 4. aprendamos 5. permita 6. hagas

13-46 Circunstancias Escoge los verbos entre paréntesis en la forma correcta para completar las oraciones siguientes.

1. Yo voy a hablar de los pintores españoles, a menos que Uds. no _______ (querer).
2. Mi amiga Alicia dice que hablará ella, en caso de que yo no _______ (poder).
3. Mi jefe siempre lleva el dinero al banco, antes de que los empleados _______ (salir).
4. Mis padres hacen todo lo posible para que nosotros _______ (aprender).
5. Ese empleado siempre se va temprano sin que el jefe se lo _______ (permitir).
6. Todos te ayudaremos, con tal de que tú no lo _______ (hacer) otra vez.

13-47 Todo depende... Trabaja con un/a compañero/a de clase para completar las oraciones de una manera original, indicando que la situación depende de algo. Siguen el modelo.

Modelo: El editor publica la revista para que la gente...
El editor publica la revista para que la gente lea las noticias en español.

1. Dicen que el pintor siempre pinta sus cuadros sin que los modelos...
2. ¿Quiénes pueden entender esa pintura antes de que... ?
3. No quiero comprar el póster a menos que...
4. ¿Qué piensas hacer en caso de que... ?
5. Muchos pintores dicen que no trabajan para que el público...
6. El/La artista espera terminar otro cuadro con tal de que él/ella...

Segunda lectura: El Museo del Prado y el Museo Reina Sofía

Antes de leer

ANSWERS, EX. 13-48: 1. Velázquez, Goya, el Greco, Picasso, Dalí, Miró 2. 1819, 1992, siglo XX, 1981

13-48 Anticipación Dale un vistazo *(Glance through)* al texto y contesta las siguientes preguntas.

1. ¿Qué pintores se mencionan?
2. ¿Qué fechas aparecen?

Guía para la lectura

ANSWERS, EX. 13-49: 1. en Madrid 2. en 1819 3. unos 5.000 4. el Museo Reina Sofía 5. al arte del siglo XX 6. entre otros más, las de Picasso, Dalí y Miró 7. Anticipe variación en las respuestas, pero puede mencionar la violencia, la ausencia de la razón y el horror desbordante, todo abogando por un rechazo de la guerra.

13-49 Comprensión Ahora lee la lectura y contesta las siguientes preguntas.

1. ¿Dónde está el Museo de Prado?
2. ¿Cuándo se inauguró el museo?
3. ¿Aproximadamente cuántos cuadros se exhiben allí?
4. ¿Cómo se llama el museo donde se encuentra el *Guernica,* el famoso cuadro de Picasso?
5. ¿A qué tipo de arte está dedicado el Museo Reina Sofía?
6. ¿Las obras de qué pintores famosos están en el Museo Reina Sofía?
7. ¿Conoces el cuadro el *Guernica*? ¿Qué quiso expresar Picasso con ese cuadro?

El Museo del Prado y el Museo Reina Sofía

El Museo del Prado, localizado en Madrid, es uno de los museos de arte más importantes del mundo. El museo se abrió al público en 1819 en un edificio nuevo y se llamaba Museo de la Colección Real de Pintura. Tenía ese nombre porque, anteriormente, las pinturas pertenecían a la colección que muchos reyes españoles habían reunido durante varios siglos.

En el Prado hay actualmente más de 5.000 cuadros, pero en las salas del museo solamente se puede ver la mitad. El resto de los cuadros están guardados en las **bodegas** o están prestados a otros museos.

cellars

También forma parte del Museo del Prado un museo que se llama el Casón del Buen Retiro, en el que hay una colección histórica sobre arte español. Allí se pueden ver los cuadros de los pintores de la escuela catalana, quienes prepararon el camino para el joven Pablo Picasso.

La colección de pintura española que tiene el Prado no tiene igual en el mundo. Se pueden ver allí obras de los mejores pintores españoles, por ejemplo, Velázquez, Goya y El Greco.

Museo del Prado

Por otra parte, el Museo Nacional Centro de Arte Reina Sofía es un museo dedicado al arte contemporáneo y fue inaugurado por los Reyes de España en septiembre de 1992. A su colección permanente pertenecen obras maestras de los grandes genios de la pintura española del siglo XX, como Picasso, Dalí y Miró.

Es uno de los museos más grandes del mundo, con 36.701 metros cuadrados de superficie. Su colección permanente es la que atrae mayor número de personas. Entre sus cuadros está el *Guernica,* de Picasso, que volvió a España en 1981 después de estar muchos años en el Museo de Arte Moderno de Nueva York. Inicialmente este cuadro se instaló en el Casón del Buen Retiro, pero desde 1992 está en el Museo Reina Sofía.

ENFOQUE ESTRUCTURAL Las conjunciones con el infinitivo

In the previous **Enfoque estructural** you learned that some conjunctions are always followed by the subjunctive. Note that when the subject of the main sentence and the subordinate sentence is the same these conjunctions do not require the use of the subjunctive (nor the use of **que**) but rather the use of the infinitive. Compare the following examples:

(**Yo**) Voy al museo **para** ver el *Guernica*.	***I*** *am going to the museum* ***to (in order to)*** *see* Guernica.
(**Yo**) Voy al museo **para que ustedes** tengan más información sobre el *Guernica*.	***I*** *am going to the museum* ***in order for you*** *to have more information about* Guernica.

Notice that in the first example there is only one subject (one person) that will go to see the *Guernica* in the museum: **yo.** However, in the second example there are two subjects: the first subject (**yo**) will go to the museum and the second subject (**Uds.**) will have more information about *Guernica*. A practical way to remind you of the use of the infinitive versus the subjunctive is the absence or presence of **que.** When **que** follows these conjunctions, you are required to use the subjunctive. When **que** is absent, then you should use the infinitive.

The most common conjunctions that can be used without a change in subject include:

antes de	*before*	**con tal de**	*provided*
para	*so that, for, in order to*	**en caso de**	*in case*
sin	*without*		

Práctica

ANSWERS, EX. 13-50: 1. ver 2. cierren 3. tener 4. puedan 5. permitan 6. visitar

13-50 ¿Infinitivo o subjuntivo? Escoge uno de los verbos entre paréntesis para completar las oraciones siguientes.

1. Yo quiero dedicar dos días enteros al Museo del Prado para (ver / vea) todas las obras.
2. Visitaremos el Museo Reina Sofía antes de que lo (cerrar / cierren).
3. Mis hermanos se van a Oviedo antes de (tener / tengan) la oportunidad de explorar las nuevas galerías de arte en la capital.
4. Marta les mandará postales desde Madrid a todos sus amigos para que ellos (poder / puedan) admirar la belleza de esa ciudad.
5. Los turistas siempre sacan fotos en el museo sin que los empleados se lo (permitir / permitan).
6. Mi amigo Félix piensa irse de Madrid sin (visitar / visite) el Parque del Retiro.

13-51 Juan va a... Trabaja con un/a compañero/a de clase para componer una historia con los sueños y expectativas *(expectations)* de Juan. Usen por los menos cinco oraciones con **para** y cinco oraciones con **para que.** Sigan los modelos y luego comparen su historia con las de sus compañeros de clase.

Modelo: Juan va a California...
Juan va a California para realizar sus sueños.
Va a California para que los directores de Hollywood lo conozcan.

VAMOS A ESCUCHAR:
¡QUIERO SER EL PRÓXIMO PICASSO!

Track 3-16

HERITAGE LEARNERS: Ask heritage learners to listen to the Spanish in the **Vamos a escuchar** recording and to compare it with the Spanish they use in their communities.

En esta conversación, un grupo de artistas sueña con su futuro. ¿Quién conseguirá hacerse famoso?

Antes de escuchar

Antes de escuchar el segmento, contesta las siguientes preguntas.

- ¿Cómo se prepara un joven artista? ¿Cómo pasa su tiempo?
- ¿Cómo se define el éxito artístico? ¿En qué momento se dice que un artista ya tiene éxito?

Antes de escuchar la conversación entre Diego, José María y Claudia, lee las preguntas que aparecen en la sección **Después de escuchar.**

NOTA CULTURAL: The film mentioned here, Víctor Érice's *El sol del membrillo* (1992), follows the efforts of Spanish painter Antonio López to capture on canvas the quality of morning sunlight against the leaves and fruit of the quince tree in his patio.

Después de escuchar

13-52 Comprensión Contesta las preguntas que siguen según lo que escuchaste en el diálogo.

1. ¿Qué está pintando Diego?
2. ¿Qué quiere Diego? Según Claudia, ¿es cierto lo que dice Diego?
3. Los amigos hablan de una película. ¿Qué hace el pintor en esta película?
4. José María tiene buenas noticias. ¿Cúales son?
5. ¿Cuántos cuadros necesita seleccionar José María?

ANSWERS, EX. 13-52: 1. un retrato de su padre 2. Diego quiere que su padre tome en serio su sueño de ser artista. Según Claudia, Diego quiere que su padre le pague la matrícula de la Escuela de Bellas Artes. 3. El pintor quiere pintar la luz sobre un árbol de su patio. 4. Una galería le ha invitado a hacer una exposición de su arte. 5. Necesita unos quince cuadros.

13-53 ¿Cómo lo dicen? Escucha el segmento de nuevo. Fíjate en lo que se dice y contesta estas preguntas.

1. ¿Cómo dice Claudia que todavía no ha terminado su obra maestra?
2. ¿Qué dice Claudia para terminar la conversación?

ANSWERS, EX. 13-53: 1. está en camino 2. ya nos fuimos

TÚ DIRÁS

13-54 Las normas de visita Trabaja con un/a compañero/a de clase para elaborar una lista de las normas *(rules)* de visita para un museo. Detalla las normas y, cuando sea necesario, explica para qué sirve cada norma, usando las conjunciones **a menos que, en caso de que, para que** y **sin que.**

Modelo: *El visitante no debe tocar las estatuas, a menos que estén en la sección interactiva.*

13-55 El arte español del siglo XX Usa la información de las lecturas y otra información que puedas encontrar para escribir un informe breve sobre uno de los artistas españoles del siglo XX. Escoge una de las obras en esta etapa y descríbela brevemente en tu informe.

INTEGRACIÓN

Lectura: Picasso

Antes de leer

A. Antes de leer el texto contesta las siguientes preguntas.

1. ¿Qué sabes del cuadro *Guernica*?
2. Lee las primeras oraciones de los dos párrafos. ¿Qué temas aparecen en estas oraciones?

Guía para la lectura

POSSIBLE ANSWERS, B: 1. el tiempo, los años, el polvo, los olvidos, los climas, la mirada de las multitudes y el silencio negro de las bodegas 2. El cuadro ha sufrido los desgastes del tiempo y no lo han cuidado bien. 3. El *Guernica* es un cuadro maestro, una obra genial (como las de Goya) que comunica la urgencia de los efectos terribles de la guerra. 4. El cuadro muestra la destrucción de la guerra civil y la de todas las guerras futuras.

B. Lee la lectura y contesta las siguientes preguntas.

1. Según el artículo, ¿qué ha bombardeado al *Guernica*?
2. ¿Qué quiere decir el autor en la primera oración del primer párrafo de la lectura?
3. Intenta explicar con tus propias palabras el significado de la expresión "un Goya de urgencia".
4. ¿Cuál es el significado de la oración "Es el único cuadro de Historia que se anticipa a la Historia, que no muestra las grandezas pasadas sino ruinas inmediatas"?

Al fin y al cabo

1. El *Guernica* se describe como artefacto histórico, tanto símbolo de algo que ocurrió como acontecimiento histórico en sí mismo *(in itself)*. ¿Existe otra obra de arte que también sea así? ¿Cuál es y cómo es?
2. En tu opinión, ¿para qué sirve el arte? ¿Cuántas obras de arte puedes identificar que cumplan con esta función?

Picasso

El *Guernica,* cuadro de un bombardeo, ha sido bombardeado por el tiempo, silenciosamente bombardeado por los años, el polvo, los olvidos, los climas, la mirada de las multitudes y el silencio negro de las bodegas. El *Guernica* está intocable, irreparable, y vale más que duerma su sueño vertical cuando ya le ha dicho al mundo, con lengua de pica, todo el horror y todo el error.

Esta ruina del *Guernica* nos recuerda que es un cuadro de guerra, un póster genial y rápido, un Goya de urgencia, un Velázquez de impaciencia. Está hecho con los materiales provisorios de la guerra, telas y tintas de trinchera, manos exaltativas y bombillas en los cuernos del toro de la guerra. Todo provisional, emocionante y eficaz. Es el único cuadro de Historia que se anticipa a la Historia, que no muestra grandezas pasadas, sino ruinas inmediatas. Hay que lamentarse técnicamente del estado del *Guernica,* pero Picasso, legándonos una ruina, hace más actual, eterna y renovada la ruina de la guerra. En el cuadro palpita todavía un viejo estruendo de sangre. Esto le añade emoción a una obra que estaba empezando a verse con demasiada unción. Es la última destrucción del pintor y su penúltimo mensaje: el arte está malherido.

Pablo Picasso, *Guernica*

Picasso, by Francisco Umbral. La Revista de *El Mundo 85* (1 junio 1997).

SUGGESTION: Encourage students to stay in Spanish for the entire activity, even when they feel as though they cannot express their ideas in Spanish. Tell them that when they feel at a loss for a particular word or phrase in Spanish they should try to use alternate vocabulary and paraphrasing to get their point across.

INTERCAMBIO: EL ARTE

Con un/a compañero/a de clase, completa el siguiente crucigrama con la información sobre el arte que has aprendido en este capítulo.

Antes de empezar, mira bien las palabras que aparecen en tu crucigrama. Si hay algo que no sabes, repasa el capítulo para encontrar la información necesaria. Elabora una definición para cada una de las palabras que tienes en tu parte de la actividad. Recuerden: Cuando uno de los dos no comprenda algo, deben usar expresiones como **No comprendo, ¿puedes repetir?**

1 AUTORRETRATO
2 CUBISMO
3 PICASSO
4 DALI
5 SANTEROS
6 MUSEO
7 FAMA

Estudiante A En el crucigrama que está a continuación, tienes la parte horizontal pero faltan las respuestas para la parte vertical.

Tu compañero/a va a darte definiciones y pistas *(hints)* para que descubras las palabras que aparecen en su crucigrama, y tú tienes que escuchar atentamente y adivinar lo que está describiendo.

Tu compañero/a va a empezar describiendo el número 1 vertical. Cuando descubras la respuesta, sigues tú describiendo el número 1 horizontal.

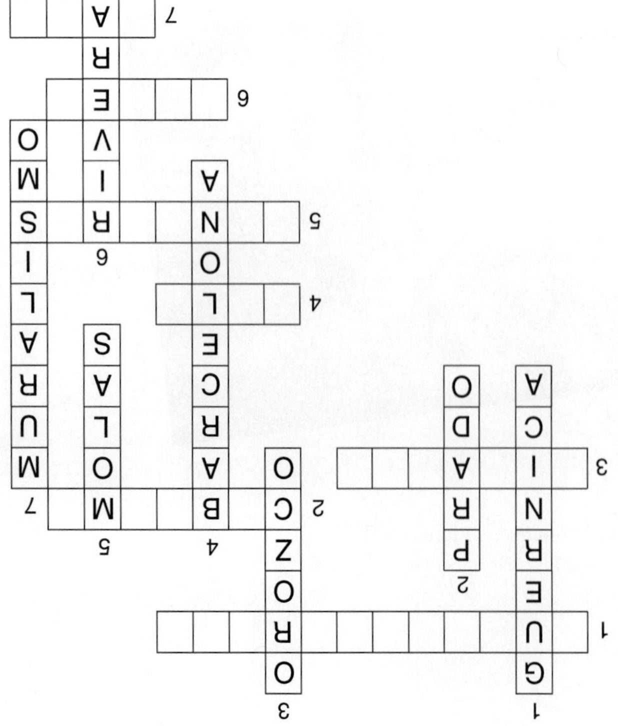

Ahora entre los dos, van a trabajar un poco más. Seleccionen tres palabras verticales y tres horizontales. Busquen toda la información que puedan sobre ellas y preparen tres preguntas de **cierto** o **falso.** Cuando todos los estudiantes hayan terminado, cada pareja le hará las preguntas al resto de la clase.

Estudiante B En el crucigrama que está a continuación tienes la parte vertical, pero faltan las respuestas para la parte horizontal.

Tu compañero/a va a darte definiciones y pistas *(hints)* para que descubras las palabras que aparecen en su crucigrama y tú tienes que escuchar atentamente y adivinar lo que está describiendo.

Tú vas a empezar describiendo el número 1 vertical. Cuando tu compañero/a descubra la respuesta, le toca a él/ella describir el número 1 horizontal.

VOCABULARIO

HERITAGE LEARNERS: Ask heritage learners to add to the **Vocabulario** any alternate vocabulary that they have come up with over the course of the chapter. They might put the words in categories like **Así lo dice el libro; Así lo dice el/la profesor/a; Así lo digo yo,** etc.

Track 3-17

The **Vocabulario** consists of all new words and expressions presented in the chapter. When reviewing or studying for a test, you can cover up the English and go through the list to see if you know the meaning of each item.

Para hablar de la pintura *Talking about painting*
el autorretrato *self-portrait*
el cuadro *painting*
exponer *to exhibit*
la fama *fame*
el genio *genius*
el movimiento artístico *artistic movement*
el mural *mural*
pintar *to paint*
la pintura *art, act of painting*
el retrato *portrait*
el tema *theme*

El arte popular y la artesanía *Folk art and crafts*
el arte popular *folk art, art of the masses*
la artesanía *the art or practice of making crafts*
el/la artesano/a *craftsperson*
coser *to sew*
la talla *woodcarving*
tallar *to carve*
el tapiz *tapestry*

Para hablar de la pintura moderna *Talking about modern painting*
el cubismo *cubism*
la exposición *exhibit*
la obra *work of art, set of works of art*
el surrealismo *surrealism*
la técnica *technique*
la vanguardia *avant-garde*

Expresiones de duda e incertidumbre *Expressions of doubt and uncertainty*
dudar que *to doubt that*
es dudoso que *it's doubtful that*
es imposible que *it's impossible that*
es increíble que *it's incredible that*
es posible que *it's possible that*
es probable que *it's likely that*
no creer que *not to believe that*
no es cierto que *it's not certain that*
no es posible que *it's not possible that*
no es probable que *it's unlikely that*
no es verdad que *it's not true that*
no estar seguro/a de que *to be uncertain that*
no pensar que *not to think that*
puede ser que *it could be that*

Expresiones de certidumbre *Expressions of certainty*
creer *to believe*
es cierto que *it's true that*
es verdad que *it's true that*
pensar *to think*
saber *to know*

Verbos para antecedentes desconocidos *Verbs for unknown antecedents*
buscar *to look for*
necesitar *to need*
querer *to want*
soñar con *to dream of*

VOCABULARIO GENERAL

Conjunciones empleadas con el subjuntivo *Conjunctions used with the subjunctive*
a menos que *unless*
antes de que *before*
con tal de que *provided that*
en caso de que *in case*
para que *so that*
sin que *without*

Conjunciones empleadas con el infinitivo *Conjunctions used with the infinitive*
antes de *before*
para *so that, for, in order to*
sin *without*

HERITAGE LEARNERS: Remind heritage learners to pay special attention to words that may contain spelling combinations that have traditionally been problematic for them. For example, the **ll** in **tallar,** the **g** in **genio,** the **z** in **tapiz,** the **rr** in **autorretrato** and **surrealismo,** the **s** in **coser,** etc.

Capítulo 14 El mundo de las letras

CHAPTER OBJECTIVES

In **Capítulo 14** you will learn about different types of literature from several Spanish-speaking countries. By reading selected passages from legends, poems, short stories, and novels, you will gain an understanding of how literary writing reflects oral tradition, makes creative use of language, involves representations of reality, and relies on the active use of the reader's imagination.

PRIMERA ETAPA

El Premio Nóbel de Literatura: España y América Latina

SEGUNDA ETAPA

El realismo y el idealismo

TERCERA ETAPA

El realismo mágico

INTEGRACIÓN

Gabriel García Márquez

Functions

- discuss the life and works of writers
- inquire about and provide information about past requests

Functions

- interview characters of legendary works
- speculate and talk about conditions contrary to fact

Functions

- make recommendations about becoming a novelist
- describe and discuss hypothetical situations

Lectura: *El reino de este mundo* de Alejo Carpentier: Los extraordinarios poderes de Mackandal
Vídeo: Episodio 7; Actividades en las páginas V-14–V-15
Intercambio: ¿Quién es?
Escritura: Actividades en el manual

Tools

The tools you will use to carry out these functions are:

- Vocabulary for:
  - form and content of legends, poems, short stories, and novels
- Grammatical structures:
  - the subjunctive with adverbial expressions that imply future actions
  - the imperfect (past) subjunctive
  - the conditional: special uses
  - conditional as the future of the past
  - **if** clauses with condtional + imperfect subjunctive
  - more on the subjunctive and the sequence of tenses

PRIMERA ETAPA

SUGGESTION: Begin the discussion of this topic by asking students these questions in Spanish. Some of the Nobel Prize winners for Literature from the U.S. are Eugene O'Neill (1936), Pearl Buck (1938), William Faulkner (1949), Ernest Hemingway (1954), John Steinbeck (1962), Saul Bellow (1976), Joseph Brodsky (1987), and Toni Morrison (1993). While Canada has had Nobel laureates in chemistry, economics, medicine, peace, and physics, no prizes have been awarded for literature to Canadian writers.

Para empezar: El Premio Nóbel de Literatura: España y América Latina

Preparación: As you begin this **etapa,** consider the following:
- Do you know what the Nobel Prize for Literature is?
- Who are some of the authors who have won this prize?
- Can you name any of the writers from your country, Spain, or Latin America who have won the prize?

¿Qué lees? A algunos les gusta leer revistas del corazón o de deportes, pero para muchos no hay nada tan interesante como una buena ***novela*** *(novel) llena de* ***personajes*** *(characters) diversos y complicados* ***argumentos*** *(plots). Otros géneros literarios como la poesía, el teatro o los cuentos tienen sus propias características y encantos.*

EXPANSIÓN LÉXICA: Poets and their poetry have been around forever, and so have words to describe them. In the past, **la poetisa** referred to a female poet, but today this term is considered derogatory.

PARA HABLAR DE LA LITERATURA

el argumento *plot*
el/la autor/a *author*
el/la cuentista *storyteller*
el cuento *short story*
el drama *play*
el dramaturgo *playwrighter*
el/la ensayista *essayist*
el ensayo *essay*
el/la escritor/a *writer*
la historia *story, history*
la leyenda *legend*
el/la narrador/a *narrator*
la novela *novel*
el/la novelista *novelist*
la obra *work, play*
el personaje *character in a story*
el poema *poem*
el/la poeta *poet*
el premio *prize*
el/la protagonista *protagonist, main character*
el teatro *theater*
el tema *theme*

El Premio Nóbel

Desde que se les empezó a dar el Premio Nóbel de Literatura a los mejores escritores del mundo, a fines del siglo XIX la Real Academia de Suecia les ha dado el prestigioso premio a 10 escritores de países de habla española.

Los cinco ganadores de España son el dramaturgo José Echegaray (1904), el dramaturgo Jacinto Benavente (1922), el poeta Juan Ramón Jiménez (1956), el poeta Vicente Aleixandre (1977) y el novelista Camilo José Cela (1989).

Los escritores de América Latina que han ganado el premio son la poeta chilena Gabriela Mistral (1945), el novelista guatemalteco Miguel Ángel Asturias (1967), el poeta chileno Pablo Neruda (1971), el novelista/cuentista colombiano Gabriel García Márquez (1982) y el poeta/ensayista mexicano Octavio Paz (1990).

Los mini-retratos biográficos que siguen dan una idea de quiénes son algunos de estos distinguidos autores del mundo de las letras.

SUGGESTION: Pre-reading: You may wish to read two of these mini-portraits to the class while students follow along, thus using the texts for aural comprehension as well as reading exercises. You can also deal with this section through a series of questions and answers (in Spanish) that oblige students to scan for information, focusing on one writer at a time. Some exercises are provided, but you may add questions of your own.

Gabriela Mistral (1889–1957)

País natal: Chile. Fue profesora, diplomática, periodista y poeta por excelencia. El hombre con quien iba a casarse murió trágicamente y este hecho tuvo gran influencia en su obra. En sus versos líricos expresó su visión de la vida como un "valle de lágrimas" donde todos sentimos gozo y dolor. Sus temas constantes son el amor por los niños, la naturaleza, la religión y la compasión por la gente que sufre. Llenos de emoción, sueños y musicalidad, sus mejores poemas están en las colecciones *Desolación, Ternura, Tala y Lagar.* Premio Nóbel: 1945.

Camilo José Cela (1916–2002)

País natal: España. Fue soldado, torero, pintor, actor de cine y periodista. Más que nada, escribió novelas y ensayos que han tenido gran influencia en España después de la guerra civil (1936–1939). Al deformar la realidad en su obra, Cela trata de mostrar que la vida es fea y cruel para mucha gente. El autor cree que la culpa es de la sociedad y que la causa del crimen y la tragedia es la falta de responsabilidad social. La violencia es un grito de protesta en novelas como *La familia de Pascual Duarte y La colmena.* Premio Nóbel: 1989.

Gabriel García Márquez (1927–)

País natal: Colombia. Ha dicho que todo lo que ha escrito o ya lo sabía o ya lo había oído de sus abuelos antes de los ocho años. Trabajó como periodista por muchos años. Muchos de sus fabulosos cuentos y novelas tienen lugar en Macondo —una región ficticia, pero con todos los aspectos geográficos, históricos y socio-políticos de su país y de América Latina en general. Sus personajes pueden ser considerados tragicómicos. La fantasía, el humor y la exageración son elementos típicos de sus novelas, *Cien años de soledad, El otoño del patriarca, El amor en los tiempos del cólera y El amor y otros demonios,* así como de algunos de sus cuentos. Premio Nóbel: 1982.

Octavio Paz (1914–1998)

País natal: México. Fue editor, diplomático, profesor universitario y poeta por excelencia. Luchó con las fuerzas republicanas durante la guerra civil española (1936–1939). Los temas esenciales de sus ensayos y poemas son la soledad, el tiempo, el amor, la comunicación y la naturaleza. Escribió sobre las actitudes y el carácter del mexicano pero con una preocupación por el destino de todos los seres humanos. Creía que se puede reestablecer el diálogo entre la gente por medio de la poesía y el amor. Su obra ensayística incluye *El laberinto de la soledad y El arco y la lira.* Sus mejores poemas se encuentran en *Libertad bajo palabra y Ladera este.* Premio Nóbel: 1990.

Práctica

SUGGESTION, EX. 14-1: For additional language practice, ask students to try to explain in Spanish the meaning of each of these words. Have each student pick a word without explicitly identifying it and then explain it. See if the other students can guess which word is being explained.

ANSWERS, EX. 14-1: 1. f 2. i 3. e 4. h 5. k 6. a 7. j 8. l 9. g 10. c 11. b 12. d

14-1 Significados Adivina el significado de algunas de las palabras de los mini-retratos biográficos. Encuentra las palabras en inglés que correspondan a las palabras en español.

1. periodista	7. los personajes	a. *stories*	g. *destiny*
2. los sueños	8. los ensayos	b. *guilt*	h. *fictitious*
3. la libertad	9. el destino	c. *joy*	i. *dreams*
4. ficticio	10. el gozo	d. *nature*	j. *characters*
5. la soledad	11. la culpa	e. *liberty*	k. *solitude*
6. los cuentos	12. la naturaleza	f. *journalist*	l. *essays*

VARIATION, EX. 14-2: Do this as a whole-class activity, asking students to volunteer to identify each author with the appropriate theme. As each author is identified, ask students (in Spanish) if they have read any of his/her works. If they have, encourage them to mention the themes of a book or two with which they are familiar.

ANSWERS, EX. 14-2: 1. García Márquez 2. Paz 3. ninguno 4. Cela 5. ninguno 6. Mistral

14-2 Temas literarios Para cada tema literario que sigue, tú y tu compañero/a de clase van a nombrar a la persona en los mini-retratos que tiene un interés especial en el tema. ¿Hay temas que no corresponden a nadie?

1. la fantasía y la exageración
2. la poesía y el amor como medios de comunicación
3. la imposibilidad de vivir de una manera honesta
4. la violencia como manera de protestar
5. la vida alegre y triste de los perros de la ciudad
6. la vida como un valle de lágrimas

ANSWERS, EX. 14-3: 1. Mistral 2. a ninguno 3. Cela 4. García Márquez 5. Paz

14-3 ¿Has comprendido? Contesta las siguientes preguntas sobre la información que aparece en los mini-retratos de los escritores.

1. ¿Quién les tiene un cariño especial a los niños?
2. ¿A quién le interesa escribir ensayos sobre los problemas ecológicos?
3. ¿Qué escritor cree que la falta de responsabilidad social causa el crimen?
4. ¿Quién escribe sobre un pueblo que representa a América Latina y al mundo en general?
5. ¿Para quién son importantes las actitudes y el carácter de los mexicanos?

CLASSROOM MANAGEMENT, EX. 14-4: Tell students that they will ultimately perform their dialog for the rest of the class. Allow them 10–12 minutes to plan out their dialog and then another 4–5 minutes to practice it. Select different pairs to perform for the class.

14-4 Un diálogo imaginario Con un/a compañero/a y usando la información que se encuentra en los mini-retratos, escribe un diálogo en español entre dos de los ganadores del Premio Nóbel. Incluyan en las preguntas y en los comentarios de la conversación información sobre su vida, su obra y sus actitudes y preferencias. (Traten de escribir de 16 a 20 oraciones en total.)

Lectura: Un poema de Gabriela Mistral

SUGGESTION: Play the Text audio CD so that students can hear the rhythms and rhymes of this poem.

Track 3-18

Estos versos son un ejemplo de la emoción que Gabriela Mistral (Chile, 1889–1957) sentía por la naturaleza. Varios de sus poemas revelan una espiritualidad que asocia la naturaleza con un poder divino. Los sentimientos religiosos de la poeta siempre incluyen el mundo físico de los objetos. Los versos de esta ganadora del Premio Nóbel son buenos ejemplos de su acostumbrado uso de un lenguaje sencillo.

Antes de leer

14-5 Las palabras, los versos y el título Antes de leer el poema haz lo siguiente.

1. Mira las palabras glosadas para saber su significado antes de leer el poema. ¿Qué idea te dan sobre el contenido del poema?
2. ¿Qué significa el título? ¿Qué te viene a la mente cuando piensas en la nieve?

Guía para la lectura

14-6 Rimas ¿Cuáles son algunas de las palabras clave en el poema que contienen sonidos similares? Añade otras palabras que sigan las mismas rimas, por ejemplo: **flor, Señor.**

14-7 El sentido *(sense)* del poema Contesta las preguntas sobre el poema.

1. ¿Qué adjetivos usa Mistral en sus descripciones?
2. Según la poeta, ¿qué es posible que sea la nieve?
3. ¿Qué ejemplos hay de la personificación de la naturaleza?
4. ¿Qué emociones se expresan en el poema? ¿En qué versos?
5. ¿Por qué tenemos la impresión de que estamos incluidos en el poema?
6. ¿Cuál sería "el mensaje a los hombres" que se sugiere al final?

14-8 En resumen Lee el poema otra vez y escribe un breve resumen de cinco a seis oraciones sobre lo que describe Mistral en este poema.

ANSWERS, EX. 14-6: conocer, caer; dañar, bajar, azahar, rozar; donador, rumor

ANSWERS, EX. 14-7: 1. divina, dulce, suaves, ligero, dulces, leves, sutiles, magnífico, ancho 2. Es posible que la nieve sea esposa de la estrella o un regalo de Dios. 3. La nieve es como una divina criatura, una mujer vestida de seda, un suave ser. También se personifica la nieve cuando se dice que "el valle borda", "la nieve prende una flor". 4. En los versos 4, 5, 8, 9, 13, 19 hay exclamaciones que expresan varias emociones como sorpresa, gozo, admiración, tranquilidad y esperanza. 5. La poeta personaliza el poema como si le estuviera hablándole al lector cuando dice "mirémosla", "mira tu valle", "no te parece", "déjala", "que te diluya" y "que te prenda". 6. *Answers will vary.* Es posible que el mensaje sea que Dios quiere a los seres humanos.

VARIATION, EX. 14-7: Put students in groups of 3 and tell them that they will be writing a literary review of Mistral's poem. Have them answer the questions and then structure the answers into a brief written review of the poem. Allow 5–10 minutes to answer the questions (or assign as homework) and then allow 10–15 minutes to write and edit the review. Once done, have each group exchange their review with that of another group. After allowing time for reading, ask different groups to comment on how the review they just read differs or is similar to theirs.

Mientras baja la nieve

Ha bajado la nieve, divina criatura,
el valle a conocer,

Ha bajado la nieve, esposa de la **estrella** (*star*)
¡Mirémosla caer!

¡Dulce! Llega sin ruido, como los suaves seres
que **recelan** (*they fear*) dañar.

Así baja la luna y así bajan los sueños.
¡Mirémosla bajar!

¡Pura! Mira tu valle como lo está **bordando** (*embroidering*)
de su ligero **azahar.** (*orange blossom*)

Tiene unos dulces dedos tan leves y sutiles
que **rozan** (*they rub*) sin rozar.

¡Bella! ¿No te parece que sea el **don** (*gift*) magnífico
de un alto **Donador** (*Giftgiver*)?

Detrás de las estrellas su ancho **peplo** de **seda** (*skirt / silk*)
desgaja sin **rumor.** (*breaks into shreds / noise*)

Déjala que en tu frente te **diluya** (*dillute*) su pluma
y te **prenda** (*pin on*) su flor.

¡Quién sabe si no trae un mensaje a los hombres
de parte del Señor!

Mientras baja la nieve, by Gabriela Mistral, from *Literatura hispanoamericana: Antología e introducción histórica,* Vol. 2, by Anderson-Imbert, © 1970

CLASSROOM MANAGEMENT: Ask students to read over this section as homework the night before you present it in class. In class, contextualize this presentation by talking about your impending trip abroad. Tell students that you have a friend who goes to Spain frequently and has given you a lot of advice about your trip. For example: **Cuando él va a Madrid, siempre se aloja en el Hotel Meliá, pero este hotel es muy caro. Cuando yo vaya, voy a alojarme en un hotel más económico.** As you use them, write contrasting phrases on the board and accentuate the subjunctive verb forms.

NOTA GRAMATICAL: Notice that **aunque** *(even though)* behaves in a similar way to **cuando.** Compare the meaning of the following examples:

Aunque sea inteligente, Víctor no estudia.
Even though he may be *intelligent, Víctor doesn't study.*

Aunque es inteligente, Víctor no estudia.
Even though he is *intelligent, Víctor doesn't study.*

Notice that **aunque** is followed by a verb in the subjunctive when it refers to an outcome that is seen as indefinite, unexperienced. **Aunque** is followed by a verb in the indicative when it refers to an established experienced fact (past or present).

ENFOQUE ESTRUCTURAL El subjuntivo con expresiones adverbiales que implican tiempo futuro

Leeré la novela de García Márquez **cuando tenga** tiempo. — *I will read García Márquez's novel **when I have** time.*

Te daré el libro **tan pronto como** lo **termine.** — *I will give you the book **as soon as I finish** it.*

In these two examples, we have an adverbial clause in each sentence that expresses the time when the action of the main clause will take place. Notice that the verb in the main clause is in the future tense.

In Spanish, when we talk about actions that take place in the future, adverbial clauses establishing timeframes may be introduced by the following conjunctions:

antes de que	*before*	**en cuanto**	*as soon as*
cuando	*when*	**hasta que**	*until*
después de que	*after*	**tan pronto como**	*as soon as*

When a clause that expresses a future action or something that has not yet happened is introduced by one of the conjunctions from the list above, the subjunctive is used:

Te diré lo que pienso de Mistral **cuando lea** sus poemas. — *I will tell you what I think about Mistral **when I read** her poems.*

Te avisaremos **tan pronto como nos lleguen** los libros. — *We will let you know **as soon as** the books **get here.***

En cuanto termine la novela, te la dejo. — ***As soon as I finish** the novel, I will lend it to you.*

Now, look at the following examples with **cuando** and notice the difference in meaning for each pair of sentences:

Hablaremos con Mario **cuando llegue.** — *We'll talk with Mario **when he arrives.*** (Mario has not yet arrived.)

Hablé con Mario **cuando llegó.** — *I spoke with Mario **when he arrived.*** (Mario arrived, and when he did I spoke with him.)

Cuando vaya a México D.F., iré a la biblioteca. — ***When I go** to Mexico City, I'll go to the library.* (The next time I go to Mexico City, whenever that may be, I will go to the library.)

Siempre voy a la biblioteca **cuando voy** a México D.F. — *I always go to the library **whenever I go** to Mexico City.* (Whenever I go to Mexico City, which I do on a regular basis, I always go to the library.)

To summarize, **cuando** is followed by a verb in the subjunctive when it refers to something that has not yet happened. **Cuando** is followed by a verb in the indicative when it refers to something that has already happened (in the past) or happens on a regular basis (in the present).

Práctica

14-9 Planes y condiciones Tienes muchos planes para el futuro. Algunos planes son seguros, pero otros dependen de varios factores. Habla de tus planes, completando las siguientes frases de una forma lógica. Debes pensar en una oración con el verbo en futuro. Al terminar, comparte tus frases con un/a compañero/a de clase.

ANSWERS, EX. 14-9: Habrá variación, pero debe animar a los alumnos a ser creativos y usar una forma del futuro en sus respuestas.

1. Tan pronto como termine el semestre...
2. En cuanto me lleguen los libros...
3. Después de que leas varias novelas de Cela...
4. Cuando me gradúe....
5. Cuando vaya a México...

14-10 ¿Cuándo ocurrirá? Ahora pregúntale a un/a compañero/a de clase cuándo ocurrirán estas cosas. Tu compañero/a debe contestar estas preguntas utilizando oraciones con expresiones adverbiales como: **cuando, en cuanto, tan pronto como, después de que...**

ANSWERS, EX. 14-10: Habrá variación, pero las respuestas deben incluir el presente de subjuntivo.

1. ¿Cuándo comprarás un carro?
2. ¿Cuándo irás a tu casa?
3. ¿Cuándo visitarás a tu mejor amigo/a?
4. ¿Cuándo visitarás un país de América Latina?
5. ¿Cuándo hablarás en español con alguien que no sabe inglés?
6. ¿Cuándo leerás una novela en español?

14-11 Lo que hago y lo que haré Tienes una rutina ahora, pero también tienes tus sueños y planes para el futuro. Trabajando con otro/a compañero/a de clase, usen el primer verbo para indicar: (a) lo que hacen Uds. siempre y luego (b) lo que van a hacer en el futuro, usando la forma correcta del segundo verbo después de **cuando.** Sean creativos pero sigan el modelo.

POSSIBLE ANSWERS, EX. 14-11: 1. descanso/llego, descansaré//llegue 2. como/tengo, comeré/tenga 3. saludo/conozco, saludaré/conozca 4. visito/puedo, visitaré/pueda 5. escribo/viajo, escribiré/viaje 6. compro/voy, compraré/vaya

Modelo: ir / estar
Siempre voy a Nueva York cuando mis padres están en la ciudad.
Iré a España cuando mis tíos estén en Sevilla.

1. descansar / llegar
2. comer / tener hambre
3. saludar / conocer
4. visitar / poder
5. escribir postales / viajar
6. comprar / ir

SUGGESTION: Play the **Text audio CD** so that students can hear the rhythms and rhymes of this poem.

Track 3-19

Lectura: Balada de los dos abuelos

Nicolás Guillén

En Cuba, la República Dominicana, Puerto Rico y las costas caribeñas de Panamá, Venezuela y Colombia, existe una fuerte influencia africana. Nicolás Guillén (1902–1989), un poeta cubano, es famoso por la musicalidad de sus versos así como por la protesta que expresa contra la opresión y la desigualdad. Los versos de su poema "Balada de los dos abuelos" demuestran que Guillén es muy consciente de la presencia africana en América. El poema que sigue representa el espíritu africano en la formación de la diversidad étnica de América.

Antes de leer

ANSWERS, EX. 14-12: 1. balada = poema rítmico y sentimental; los dos abuelos sugieren dos herencias étnicas, la española y la africana (en Cuba desapareció muy temprano la población indígena) 2. don Federico, Taita Facundo; son los dos abuelos

14-12 Anticipación Antes de leer el poema, mira el mapa que aparece al comienzo del libro y localiza los países que se mencionan arriba. Luego contestan las preguntas que siguen.

1. ¿Qué crees que significa el título del poema?
2. Lee el poema rápidamente y busca dos nombres propios. ¿A quién crees que se refieren?

EXPANSIÓN LÉXICA: A *line* of poetry is **un verso.** A collection of **versos** in a poem, or a *stanza,* is **una estrofa.**

ANSWERS, EX. 14-13: 1. f 2. h 3. i 4. c 5. g 6. d 7. a 8. e 9. j 10. b

14-13 Vocabulario Identifica en el poema de Guillén las siguientes palabras. Después, lee las definiciones de la columna de la derecha. Decide qué definición corresponde a cada palabra.

1. Verso 1	sombras	a. animales con cola larga que viven en los árboles
2. Verso 4	tambor	b. el comienzo del día
3. Verso 7	armadura	c. bosques de gran extensión
4. Verso 9	selvas	d. frutos de un tipo de palma
5. Verso 13	caimanes	e. cuerda que se usa para golpear o castigar
6. Verso 14	cocos	f. proyecciones oscuras de un cuerpo
7. Verso 28	monos	g. reptiles parecidos al cocodrilo
8. Verso 32	látigo	h. instrumento musical de percusión
9. Verso 33	llanto	i. ropa protectora hecha de acero
10. Verso 35	madrugadas	j. efusión de lágrimas

Ahora lee el poema varias veces (en voz alta si quieres). Luego contesta las preguntas en la sección **Guía para la lectura.**

Guía para la lectura

ANSWERS, EX. 14-14: 1. Los abuelos del poeta lo acompañan. 2. Los compara con dos sombras. 3. Uno es europeo (blanco) y el otro es africano (negro). 4. Uno dice "¡Me muero!" y el otro dice "¡Me canso!" 5. Taita Facundo al africano y don Federico al europeo. 6. Se abrazan, suspiran, gritan, lloran, sueñan. 7. Porque estos dos hombres —como todos los hombres— son iguales.

14-14 Detalles Lee de nuevo el poema y busca las respuestas a las siguientes preguntas.

1. En los versos 1–2 y 41–42, ¿quiénes acompañan al poeta siempre?
2. En los versos 1–2 y 41–42, ¿con qué compara el poeta a las dos personas?
3. En los versos 3–8, ¿cuál es la diferencia entre los dos hombres?
4. En los versos 10–29, ¿qué repite cada hombre varias veces?
5. En los versos 40–50, ¿qué nombres les da el poeta a los dos hombres?
6. En los versos 45–55, ¿qué hacen los dos hombres?
7. En los versos 50–60, ¿por qué dice el poeta que los dos hombres son del mismo tamaño?

14-15 La forma y el estilo Escoge la respuesta más apropiada sobre la forma y el estilo del poema.

ANSWERS, EX. 14-15: 1. b 2. c 3. a 4. b 5. a

1. En español, la rima de un poema puede depender de los sonidos consonantes (**b, m, s,** etcétera) o asonantes de las vocales (**a, e, i, o, u**). En este poema la rima general de los versos depende más que nada de los sonidos de _______.
   a. las vocales **i** y **e** b. las vocales **a** y **o** c. las vocales **e** y **u**
2. Los signos de exclamación en varios de los versos sirven para expresar _______.
   a. cierta paz interior b. una actitud imparcial c. la fuerte pasión
3. La repetición es una técnica que Guillén usa para _______.
   a. enfatizar imágenes y sonidos b. complicar el poema c. enseñar vocabulario
4. Según el tono general del poema, la actitud del narrador es _______.
   a. nerviosa y contradictoria b. apasionada y orgullosa c. intelectual y contemplativa
5. Por lo general, el vocabulario que el poeta usa es _______.
   a. concreto y descriptivo b. refinado y abstracto c. objetivo y filosófico

Balada de los dos abuelos

por Nicolás Guillén

Sombras que sólo yo veo,
me **escoltan** mis dos abuelos.
Lanza con punta de **hueso,**
tambor de cuero y madera:
mi abuelo negro.
Gorguera en el cuello ancho,
gris **armadura** guerrera:
mi abuelo blanco.
África de **selvas** húmedas
y de gordos **gongos sordos** ...
— ¡Me muero!
(Dice mi abuelo negro.)
Aguaprieta de **caimanes**,
verdes mañanas de **cocos** ...
— ¡Me canso!
(Dice mi abuelo blanco.)
Oh **velas** de **amargo** viento,
galeón **ardiendo** en oro...
— ¡Me muero!
(Dice mi abuelo negro.)
Oh costas de cuello virgen
engañadas de **abalorios** ...
— ¡Me canso!
(Dice mi abuelo blanco.)
¡Oh puro sol **repujado,**
preso en el **aro** del trópico;
oh luna redonda y limpia
sobre el sueño de los **monos**!
¡**Qué de** barcos, qué de barcos!
¡Qué de negros, qué de negros!
¡Qué largo **fulgor** de cañas!
¡Qué **látigo** el del **negrero**!
Piedra de **llanto** y de sangre,
venas y ojos **entreabiertos**,
y **madrugadas** vacías,
y **atardeceres** de **ingenio,**
y una gran voz, fuerte voz
despedazando el silencio.
¡Qué de barcos, qué de barcos,
qué de negros!
Sombras que sólo yo veo,
me escoltan mis dos abuelos.
Don Federico me grita,
y **Taita** Facundo calla;
los dos en la noche sueñan,
y andan, andan.
Yo **los junto.**
— ¡Federico!
¡Facundo! Los dos se abrazan.
Los dos **suspiran.** Los dos
las fuertes cabezas **alzan;**
los dos del mismo **tamaño,**
bajo las **estrellas** altas;
los dos del mismo tamaño,
ansia negra y ansia blanca,
los dos del mismo tamaño
gritan, sueñan, lloran, cantan.
Sueñan, lloran, cantan.
Lloran, cantan.
¡Cantan!

Shadows / shining
escort / whip / slavedriver
bone / weeping
half open
dawns
Ruff, decorative collar / dusks / sugar mill
armor
shattering
jungles
muted gongs
Dark water / alligators
coconuts / nickname for father or grandfather
sails / bitter / bring them together
burning
sigh
lift up
glass beads / size
stars
embossed / intense desire
ring
monkeys
How many

SUGGESTION: Contextualize the presentation of this structure by telling the class about a misunderstanding you have just had with a friend/classmate. Tell them that you are upset and want their advice. For example: **Mi amigo está enojado conmigo porque no fui con él a la ópera la semana pasada y dice que ya no va a hablar conmigo. Él dijo que me había invitado a la ópera hace dos semanas, pero la verdad es que yo no sabía que él quería que lo acompañara a la ópera. Recuerdo que me habló de la ópera. Me recomendó que viera la ópera, pero no me pidió que yo fuera con él...** Use as many past subjunctive structures as possible. Check for comprehension.

ENFOQUE ESTRUCTURAL El imperfecto de subjuntivo

You have already learned that the subjunctive mood is always used in situations involving (a) transfer of will, (b) emotional reactions, and (c) the uncertain or unreal ("the twilight zone"). Another matter related to the use of the subjunctive involves the sequence of tenses in two-part sentences with a verb in each part.

1. If the present tense verb in the main clause of a sentence calls for the use of the subjunctive in the subordinate clause, the verb in the subordinate clause will be in the present subjunctive.

   Quiero que **vengas** conmigo a ver una película. (both verbs are in the present tense)

2. If the preterite or imperfect tense verb in the main clause calls for the use of the subjunctive in the subordinate clause, the verb in the subordinate clause will be in the imperfect (past) subjunctive.

   Quería que **vinieras** al cine conmigo a ver una película. (both verbs are in the past tense)

This is an automatic sequencing that does not always translate word-for-word into English, as these examples show:

Pablo **quiere** que yo lo **ayude.**	*Pablo **wants** me **to help** him.*
Pablo **quería** que yo lo **ayudara.**	*Pablo **wanted** me **to help** him.*
El profesor **recomienda** que **leamos** en español.	*The teacher **recommends** that we **read** in Spanish.*
El profesor **recomendó** que **leyéramos** en español.	*The teacher **recommended** that we **read** in Spanish.*

SUGGESTION: Tell students that there is another set of endings for this tense: **-se, -ses, -se, -semos, -seis, -sen: fuese, fueses, fuese, fuésemos, fueseis, fuesen.** These endings are commonly used in Spain along with the **-ra, -ras** endings.

Las formas del imperfecto de subjuntivo

It is easy to form the past subjunctive of all verbs (**-ar, -er,** and **-ir**) when you already know the **ellos** form of the preterite. Simply remove the **-on** ending and add the past subjunctive endings **-a, -as, -a, -amos, -ais, -an.** The only change in this formation is with the **nosotros** form of the past subjunctive, for which a written accent must be placed on the third syllable from the end **(llamáramos, pudiéramos, trajéramos).**

llamar		**poder**		**traer**	
pretérito: **llamaron → llamar-**		**pretérito:** **pudieron → pudier-**		**pretérito:** **trajeron → trajer-**	
llamar**a**	llam**áramos**	pudier**a**	pudi**éramos**	trajer**a**	traj**éramos**
llamar**as**	llamar**ais**	pudier**as**	pudier**ais**	trajer**as**	trajer**ais**
llamar**a**	llamar**an**	pudier**a**	pudier**an**	trajer**a**	trajer**an**

Práctica

14-16 Las cosas de la niñez *(childhood)* Completa las siguientes oraciones y presta atención al imperfecto de subjuntivo. Sigue el modelo.

Modelo: mis padres siempre me pedían que yo...
Cuando era pequeño/a, mis padres siempre me pedían que yo me acostara temprano.

1. mis padres no permitían que yo...
2. no era posible que...
3. me molestaba mucho que mi hermano/a...
4. era probable que yo...
5. un día me pareció muy extraño que...
6. yo siempre dudaba que...
7. mi hermano/a nunca quería que yo...
8. yo sentía mucho que no...
9. mi papá me pidió una vez que yo...
10. me parecía increíble que mis padres...

14-17 Los apuntes de clase Explícale a un/a compañero/a que no pudo ir a la clase de literatura ayer, lo que el/la profesor/a pidió que Uds. hicieran de tarea. Usen los verbos de la columna A con la forma correcta del imperfecto de subjuntivo. Escojan palabras de la columna B para completar la información. Sigan el modelo.

Modelo: Ayer el/la profesor/a pidió que nosotros... (hacer)
Ayer la profesora pidió que hiciéramos la tarea.

A	B
1. hacer	la novela
2. leer	la composición
3. estudiar	un poema
4. empezar	el cuento
5. escribir	el tema central
6. corregir	el cuarto capítulo
7. comentar	350 palabras
8. terminar	la tarea
9. analizar	cinco páginas
10. aprender	10 versos

CLASSROOM MANAGEMENT, EX. 14-16: Circulate around room to check for accuracy. When done, review answers with the class, asking for volunteers to try each one. Follow up each phrase with a personalized question for the student, for example, **¿No era posible que fueras a los bailes de la escuela? Pues, ¿no fuiste a ningún baile? ¡Qué lástima!**

POSSIBLE ANSWERS, EX. 14-16: 1. Cuando era pequeño/a, mis padres no permitían que yo saliera por la noche. 2. ...no era posible que viajara solo/a. 3. ...me molestaba mucho que mi hermano/a se burlara de mí. 4. ...era probable que yo causara problemas en casa. 5. ...un día me pareció muy extraño que mi perro no volviera a casa. 6. ...yo siempre dudaba que existiera Papá Noel. 7. ...mi hermano/a nunca quería que yo recibiera regalos. 8. ...yo sentía mucho que mi amigo no tuviera una bicicleta. 9. ...mi papá me pidió una vez que yo sacara la basura. 10. ...me parecía increíble que mis padres no me dieran una bicicleta.

ANSWERS, EX. 14-17: La columna B es variable. 1. hiciéramos 2. leyéramos 3. estudiáramos 4. empezáramos 5. escribiéramos 6. corrigiéramos 7. comentáramos 8. termináramos 9. analizáramos 10. aprendiéramos

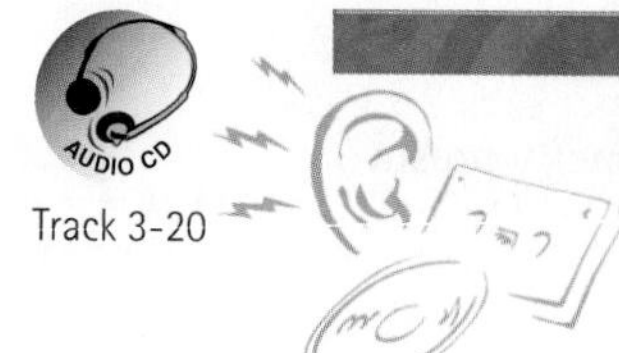

VAMOS A ESCUCHAR:
EL PRÓXIMO PREMIO NÓBEL

HERITAGE LEARNERS: Ask heritage learners to listen to the Spanish in the **Vamos a escuchar** recording and to compare it with the Spanish they use in their communities.

El proceso de la selección de los Premios Nóbel es secreto, pero cada año inspira mucho debate y especulación sobre quiénes serán los ganadores. Aquí vas a escuchar una conversación entre unos profesores sobre los posibles ganadores.

Antes de escuchar

Antes de escuchar el segmento, contesta las siguientes preguntas.

- ¿Quiénes son los ganadores del Premio Nóbel de Literatura? ¿Cómo se seleccionan?
- ¿Quiénes crees que son algunos de los posibles candidatos para el próximo Premio Nóbel?

Antes de escuchar la conversación entre los profesores, lee las preguntas que aparecen en la sección **Después de escuchar.**

Después de escuchar

ANSWERS, EX. 14-18: 1. Mario Vargas Llosa 2. sí, con tal de que mantenga su integridad política 3. Sandra Cisneros 4. a casi todos los tipos de literatura: es cuentista, novelista y ensayista 5. de México

14-18 Comprensión Contesta las preguntas que siguen, basándote en lo que escuchaste.

1. ¿Quién escribió *La ciudad y los perros* y *La Tía Julia y el escribidor*?
2. ¿Es posible que una persona políticamente comprometida *(involved)* gane el Premio Nóbel?
3. De los escritores mencionados en esta conversación, ¿cómo se llama la escritora mexicanoamericana que escribe en inglés?
4. ¿A qué tipo de literatura se dedica Carlos Fuentes?
5. ¿De qué país es Carlos Fuentes?

ANSWERS, EX. 14-19: 1. los fallecidos 2. Como Fuentes, no hay otro. Es un escritor de infinita energía. Es profesor en el sentido más puro.

14-19 ¿Cómo lo dicen? Escucha el segmento de nuevo. Fíjate en lo que dicen y contesta estas preguntas.

1. Carmen Martin Gaite no puede ser candidata al Premio Nóbel porque está muerta. ¿Qué palabra usan para referirse a los muertos?
2. Los tres profesores hablan muy bien de Carlos Fuentes. ¿Qué palabras usan para describirlo?

TÚ DIRÁS

14-20 Nicolás Guillén Con un/a compañero/a de clase, busca información sobre el poeta Nicolás Guillén. Entre los dos preparen un informe para presentarlo oralmente en clase.

14-21 ¿Qué querían que hicieras? Para muchos jóvenes, los años de la escuela secundaria son años cuando los padres tienen más que decir. Habla con un/a compañero/a de clase para comparar esos años. ¿Qué les pedían sus padres? ¿Qué les dejaban o no les dejaban hacer? Utilicen preguntas semejantes a las que aparecen en el modelo.

Modelo: *Cuando tenías catorce años, ¿te dejaban tus padres que fueras solo al centro comercial?*
¿Te permitían que llegaras a casa después de las diez?
¿Te pedían que terminaras la tarea antes de poder salir? ¿... ?

Para empezar: El realismo y el idealismo

SUGGESTION: Present this new topic to students by developing a class discussion in Spanish based on these questions. Discuss idealism and realism in general terms before focusing on the opening reading about how these characteristics are represented in Cervantes' characters. Ask students to point out the differences in meaning between the two terms and ask for examples to help clarify.

Preparación: As you begin this **etapa,** consider the following:

- Do you know who Miguel de Cervantes is? Have you heard of his novel *Don Quijote de la Mancha*?
- What do the terms *realism* and *idealism* mean to you?
- Do you consider yourself a realist or an idealist?

LA POPULARIDAD DEL *QUIJOTE*

El ingenioso hidalgo don Quijote de la Mancha es una de las creaciones literarias más populares de la historia de la literatura. Después de la Biblia es una de las obras más publicadas y más traducidas del mundo. El vocabulario que usa Cervantes en esta obra es uno de los más extensos de la historia literaria. Como ejemplo, en comparación con las 6.000 palabras distintas que contiene la versión inglesa de la Biblia (versión King James), Cervantes usa unas 8.200 palabras distintas en el Quijote.

Don Quijote y Sancho Panza

Los lectores de la famosa novela de Cervantes le han dado innumerables interpretaciones a lo largo de los siglos. Sin embargo, la mayoría está de acuerdo en que los dos protagonistas, don Quijote y Sancho Panza, representan ***valores*** *espirituales que nos dan una* ***amplia*** *y rica visión de la naturaleza humana y del* ***destino*** *del ser humano en general. Don Quijote y Sancho son hijos de España pero, a la vez, son hombres universales y* ***eternos.***

values
broad / destiny, fate
eternal

Miguel de Cervantes Saavedra (1457–1616) combinó realismo e idealismo en su obra maestra, *El ingenioso hidalgo don Quijote de la Mancha*

Don Quijote, el gran idealista, tiene una ***fe ciega*** *en los valores del espíritu como la* ***bondad,*** *el honor, la* ***valentía,*** *la* ***lealtad*** *y el amor a la justicia. Está convencido de que es todo un caballero que tiene la noble misión de reformar el mundo. Sale en busca de aventuras con la idea de hacer bien a todos para que triunfe la justicia. Por el contrario, Sancho, el humilde realista, con su fuerte sentido práctico de las cosas, tiene mucho interés en las cosas materiales. Es un* ***labrador sencillo*** *y* ***grosero*** *que siempre tiene hambre y sed. La razón por la que decide acompañar a don Quijote en sus aventuras es porque espera convertirse en un hombre rico y famoso antes de volver a su pueblo. Al final de la novela, Don Quijote es mucho más realista y Sancho Panza mucho más idealista, lo cual prueba la necesidad de que cada persona tenga ambas virtudes.*

blind faith
kindness / courage
loyalty
peasant / simple / vulgar

Práctica

ANSWERS, EX. 14-22: 1. Se compara con la Biblia. La Biblia es la obra más publicada y traducida en el mundo, y Don Quijote es la segunda; la obra de Cervantes tiene 8.200 palabras distintas y la Biblia 6.000 2. Se compara con Sancho Panza. Don Quijote es un caballero noble e idealista; Sancho Panza es un labrador sencillo y realista.

14-22 Comparaciones En la introducción se comparan algunas cosas. Identifica las cosas comparadas y las razones de estas comparaciones.

1. *El ingenioso hidalgo don Quijote de la Mancha* se compara con...
2. Don Quijote se compara con...

ANSWERS, EX. 14-23: 1. Cierto 2. Cierto 3. Falso: Los críticos han hecho innumerables interpretaciones. 4. Cierto 5. Falso: Sancho tiene interés en la comida y la bebida. 6. Cierto 7. Falso: Al principio, Sancho sólo espera ser un hombre rico y famoso.

14-23 ¿Cierto o Falso? Decide si las siguientes oraciones son ciertas o falsas. Corrige las oraciones falsas de acuerdo con la información que acabas de leer.

1. Cervantes escribió una de las obras literarias más leídas del mundo.
2. En su novela clásica Cervantes presenta una visión universal de cómo sienten y cómo actúan los seres humanos en general.
3. Los críticos han identificado una sola interpretación correcta de esta obra.
4. Don Quijote cree que es posible mejorar las cosas.
5. Don Quijote tiene mucho interés en la comida y la bebida.
6. A Sancho le interesa la manera más directa y práctica de hacer las cosas.
7. Sancho Panza casi siempre piensa en cómo puede ayudar a la gente.

Lectura: Don Quijote: Nuestro héroe

Antes de leer

SUGGESTION: Pre-reading: Explain that the illustration is an example of the engravings that appeared in early editions of novels of chivalry, **las novelas de caballerías,** dating back some 500 years. The books were popular reading before and during Cervantes' time, and he chose to satirize them in his classic work. Ask students in English what their vision of a "knight in shining armor" is. Brainstorm together about the ideals and values associated with chivalry. Ask students if they can identify any famous knights from myth, literature, or film (such as Ivanhoe, King Arthur, Lancelot, Sir Galahad, Luke Skywalker from *Star Wars* and, of course, don Quijote from the Broadway musical *Man of La Mancha*).

14-24 Los caballeros andantes *(knights-errant)* Antes de leer el pasaje sobre don Quijote, piensa en lo que sabes de los caballeros andantes y contesta las siguientes preguntas.

1. ¿Cómo eran los caballeros andantes? ¿Qué características asocias con ellos?
2. ¿Qué hacían los caballeros andantes por lo general?
3. ¿Puedes dar un ejemplo de un caballero andante? ¿Quién?

La primera página de una novela de caballerías que era muy popular en la época de Cervantes

ANSWERS, EX. 14-25: Habrá variación; deje que los estudiantes identifiquen las características que les parezcan; en la actividad 14-27 tendrán la oportunidad de hablar de don Quijote.

14-25 Así es ¿Cuáles de las siguientes palabras asocias con los caballeros andantes?

perezoso	gordo	curioso	cruel	bajo
joven	valiente	pobre	ambicioso	tonto
débil	delgado	antisocial	alegre	malo
aventurero	aburrido	fuerte	egoísta	viejo
individualista	guapo	noble	activo	paciente

Antes de leer el texto, lee las preguntas en la sección **Guía para la lectura** para anticipar el contenido. Después, lee el pasaje y contesta las preguntas.

Guía para la lectura

14-26 El narrador quiere... De los cuatro resúmenes que aparecen a continuación, escoge el que mejor describa el propósito del narrador de la selección de *Don Quijote* que acabas de leer.

El narrador quiere:

1. dar una serie de opiniones personales sobre los viejos locos.
2. narrar una secuencia de acontecimientos importantes en la historia española.
3. describir el temperamento de un protagonista interesante.
4. convencer a los lectores de que vale la pena leer libros de caballerías.

14-27 ¿Cómo es este héroe? Ahora que sabes más de don Quijote, vuelve a leer la lista de adjetivos que viste en la actividad **14-25.** ¿Qué palabras se asocian con el caballero de la Mancha?

14-28 Comprensión Contesta las siguientes preguntas sobre la lectura.

1. ¿Quiénes vivían con el hidalgo en su casa?
2. ¿Cuántos años tenía don Quijote?
3. ¿Cómo era físicamente?
4. ¿Cómo pasaba don Quijote la mayoría del tiempo?
5. ¿Cómo lo afectó esta actividad?
6. ¿Cuál era el tema de las disputas entre don Quijote, el cura y el barbero?
7. ¿Qué decidió hacer don Quijote por fin? ¿Por qué tomó esta decisión?
8. Después de limpiar las armas, ¿qué descubrió don Quijote que necesitaba?
9. ¿Cómo resolvió el protagonista su problema?

ANSWER, EX. 14-26: 3

ANSWERS, EX. 14-27: aventurero, individualista, aburrido (excepto cuando lee), curioso, pobre (tuvo que vender tierra para comprar sus libros), noble, viejo

ANSWERS, EX. 14-28: 1. Un ama de casa y una sobrina vivían con el hidalgo. 2. Don Quijote tenía unos cincuenta años. 3. Era delgado y activo. 4. Pasaba la mayoría del tiempo leyendo. 5. Olvidó el ejercicio de la caza y la administración de su hacienda y vendió tierras para comprar libros. 6. Discutían *(argued)* sobre cuál había sido el mejor caballero, Palmerín de Inglaterra o Amadís de Gaula. 7. Decidió hacerse caballero andante para aumentar su gloria y para servir a su nación. 8. Descubrió que necesitaba una celada. 9. Hizo una celada de cartón.

NOTA CULTURAL: Amadís de Gaula, a well-known knight, was featured in a series of novels of chivalry that bear his name. The books first appeared in the 15th century in Spain and then circulated throughout Europe. Don Quijote saw Amadís as a model for his own dreams and impossible quests.

Don Quijote por Miguel de Cervantes

En un lugar de la Mancha, de cuyo nombre no quiero acordarme, no ha mucho tiempo *(not long ago)* que vivía un hidalgo *(nobleman)* de los de lanza *(lance)* en astillero, adarga *(shield)* antigua, rocín *(nag, old horse)* flaco y galgo corredor *(greyhound)*. Tenía en su casa un ama *(housekeeper)* que pasaba de cuarenta años, y una sobrina que no llegaba a los veinte. La edad de nuestro hidalgo era de unos cincuenta años; era muy delgado, activo y amigo de la caza *(hunting)*. Los momentos en que no tenía nada que hacer (que eran la mayoría del año), se dedicaba a leer libros de caballerías con tanta afición y gusto que olvidó casi completamente el ejercicio de la caza, y aun la administración de su hacienda. Llegaron a tanto su curiosidad y locura en esto, que vendió muchas tierras para comprar libros de caballerías para leer, y así llevó a su casa muchos libros de esta clase.

Tuvo muchas disputas con el cura *(priest)* de su lugar, y con maestro Nicolás, el barbero del mismo pueblo, sobre cuál había sido mejor caballero, Palmerín de Inglaterra o Amadís de Gaula, y sobre otras cuestiones semejantes que trataban de los personajes y episodios de los libros de caballería. Se aplicó tanto a su lectura que pasaba todo el tiempo, día y noche, leyendo. Se llenó la cabeza de todas aquellas locuras que leía en los libros, tanto de encantamientos *(magic spells)* como de disputas, batallas, duelos, heridas, amores, infortunios y absurdos imposibles. Tuvieron tal efecto sobre su imaginación que le parecían verdad todas aquellas invenciones que leía, y para él no había otra historia más cierta en el mundo.

Como ya había perdido su juicio *(sanity)*, le pareció necesario, para aumentar su gloria y para servir a su nación, hacerse caballero andante, e irse por todo el mundo con sus armas y caballo a buscar aventuras. Pensaba dedicarse a hacer todo lo que había leído que los caballeros andantes hacían, destruyendo todo tipo de deshonor y poniéndose en circunstancias de peligro, donde, acabando con allas, obtendría eterna gloria y fama. Lo primero que hizo fue limpiar unas armas *(weapons)* que habían sido de sus bisabuelos *(great-grandfathers)*. Las limpió y las reparó lo mejor que pudo, pero vio que tenían una gran falta, y era que no tenían celada *(helmet)*; mas con su habilidad hizo una celada de cartón *(cardboard)*. Para probar si era fuerte, sacó su espada *(sword)* y le dio dos golpes con los que deshizo en un momento la que había hecho en una semana. Volvió a hacerla de nuevo y quedó tan satisfecho de ella, que sin probar su firmeza la consideró finísima celada.

Texto adaptado de Miguel de Cervantes Saavedra, El ingenioso hidalgo don Quijote de la Mancha *I.1. Ed. Florencia Sevilla Arroyo y Elena Varela Merino. Madrid: Castalia Didáctica, 1997. 89–96. La primera oración se reproduce textualmente.*

REPASO

Review the subjunctive in adverbial clauses with expressions of time.

14-29 ¿Qué pasará con don Quijote? Ahora que ya sabes algo sobre el carácter de don Quijote, escribe un párrafo de seis oraciones, describiendo lo que tú crees que él hará al día siguiente. Usa el tiempo futuro en tu descripción y cláusulas subordinadas que empiezan con expresiones como: **cuando, en cuanto, después de que** y **tan pronto como.**

Review imperfect subjunctive.

ANSWERS, EX. 14-30: 1. acompañara 2. fuera 3. abandonara, fuera 4. creyeran 5. diera 6. ayudara 7. dijera 8. siguieran

14-30 ¿Qué quería don Quijote? ¿Qué quería Sancho? Completa las oraciones que siguen con los verbos en el imperfecto de subjuntivo.

1. Don Quijote quería que Sancho lo _______ (acompañar) a reformar el mundo.
2. Don Quijote soñaba con que el mundo _______ (ser) un lugar mejor.
3. Don Quijote le pidió a Sancho que _______ (abandonar) su familia y se _______ (ir) con él.
4. Don Quijote esperaba que su sobrina y el ama _______ (creer) que él era caballero de verdad.
5. Sancho esperaba que don Quijote le _______ (dar) dinero a cambio de su trabajo.
6. Sancho deseaba que don Quijote le _______ (ayudar) a volverse rico.
7. Sancho le pidió a don Quijote que no _______ (decir) tantas cosas ridículas.
8. Sancho quería que las aventuras no _______ (seguir) durante demasiado tiempo.

ENFOQUE ESTRUCTURAL El condicional

The conditional tense in Spanish is equivalent to the English structure *would* + verb. It simply expresses what *would happen* if the conditions were right.

—¿**Viajarías** conmigo?	***Would** you **travel** with me?*
—Sí, **me gustaría** viajar contigo.	*Yes, I **would like** to travel with you.*
—¿**Venderías** tu bicicleta?	***Would** you **sell** your bicycle?*
—No, no la **vendería** por nada.	*No, I **would** not **sell** it for anything.*

The conditional tense is very similar to the future tense. It is formed by adding the endings **-ía, -ías, -ía, -íamos, -íais,** and **-ían** to the infinitive, whether it be an **-ar, -er,** or **-ir** verb.

llegar		ver		pedir	
llegar**ía**	llegar**íamos**	ver**ía**	ver**íamos**	pedir**ía**	pedir**íamos**
llegar**ías**	llegar**íais**	ver**ías**	ver**íais**	pedir**ías**	pedir**íais**
llegar**ía**	llegar**ían**	ver**ía**	ver**ían**	pedir**ía**	pedir**ían**

The conditional is not used in Spanish to refer to something that "used to be," the way *would* can be used in English: *When we were kids, we **would** always go to the movies on Saturdays.* As you have learned, the imperfect tense is used in Spanish to talk about habitual actions in the past, so the equivalent of that sentence in Spanish would be: **Cuando éramos pequeños, *íbamos* siempre al cine los sábados.**

IRM MASTER 37: El condicional

As you learned in **Capítulo 10,** some verbs use a different stem to form the future tense. Those same verbs use the same stems to form the conditional tense. The endings, however, are the same as for regular verbs **(-ía, -ías, -ía, -íamos, -ías, -ían).** The most common verbs that do not use the infinitive as the stem to form either the future or the conditional tense are:

decir	→	**dir-**	**diría, dirías, diría, diríamos, diríais, dirían**
haber	→	**habr-**	**habría...**
hacer	→	**har-**	**haría...**
poder	→	**podr-**	**podría...**
poner	→	**pondr-**	**pondría...**
querer	→	**querr-**	**querría...**
saber	→	**sabr-**	**sabría...**
salir	→	**saldr-**	**saldría...**
tener	→	**tendr-**	**tendría...**
venir	→	**vendr-**	**vendría...**

Los usos especiales del condicional

Just as the future tense can be used in Spanish to wonder about an action or a situation related to the present, so the conditional tense can be used to make a guess about something in the past.

IRM MASTER 38: Usos especiales del condicional

—¿Cuántos años **tendría** ese escritor? — ***I wonder how old*** *that writer* ***was****? (How old could that writer have been?)*

—**Tendría** unos 70 años. — ***He was probably*** *about 70 years old.*

¿Quién **sería** esa persona? — ***I wonder*** *who that person* ***was****? (Who could that person have been?)*

SUGGESTION: Write some sentences on the board that contain other examples of the conditional used for wondering about something: **¿Cuánto costaría... ? ¿Dónde estaría... ?** Ask students to contribute examples as well.

SUGGESTION: Pretend you are in a café and ask students what they want: **¿Te gustaría... ?** After two or three have answered, use **Me gustaría... ¿Y a ustedes dos, les gustaría... ?** Write forms on the board, showing the similarity of the stem for the future and conditional endings and the difference between the endings of each tense.

Another common use of the conditional tense is to express politeness in a statement or to soften a request, much as the phrases *I would like to . . .* or *Would you mind . . . ?* do in English.

¿Te **gustaría** ir conmigo? — ***Would*** *you* ***like*** *to go with me?*

¿**Tendría** Ud. tiempo para ayudarme? — ***Would*** *you* ***have*** *time to help me?*

Práctica

14-31 En ese caso... Eres una persona muy flexible, capaz de reaccionar ante cualquier situación. Indica lo que tú o las personas mencionadas harían en las circunstancias indicadas. Sigue el modelo.

SUGGESTION, EX. 14-31: Have students work in pairs to complete this activity. Circulate around the room to check for accuracy. When done, ask different students to volunteer their answers for the class.

POSSIBLE ANSWERS, EX. 14-31: 1. Yo saldría corriendo. 2. Compartiría su paraguas conmigo. 3. Tomaría aspirinas. 4. Me pediría dinero. 5. La salvaría. 6. Llamarían un taxi. 7. Comprarían más comida. 8. Lo aceptaría con mucho gusto. 9. Saldríamos a comprar más. 10. Dejaría de escuchar.

Modelo: Ves un carro parado en la carretera con una llanta pinchada. ¿Qué harías?
Le ayudaría a la persona a cambiar la llanta.

1. Estás en un restaurante cuando alguien grita, "¡Fuego en la cocina!" ¿Qué harías?
2. Tu amigo y tú caminan por la calle cuando empieza a llover. Tú no tienes paraguas, pero él sí. ¿Qué haría tu amigo?
3. Te duele mucho la cabeza. ¿Qué harías?
4. Tu hermano quiere comprar una bicicleta pero le hace falta dinero. ¿Qué haría él?
5. Tú ves a una niña de tres años que no sabe nadar. Se cae en la piscina. ¿Qué harías?
6. Tus amigos quieren ir a una fiesta pero nadie tiene carro. ¿Qué harían?
7. Tus padres no están preparados para una visita. Reciben una llamada telefónica de unos parientes que dicen que van a pasar a visitarlos a las seis de la tarde. ¿Qué harían tus padres?
8. Una escritora recibe las noticias de que ha ganado un premio literario. ¿Qué haría ella?
9. En una fiesta se acaba toda la comida y todas las bebidas. ¿Qué harían tus amigos y tú?
10. Tus compañeros están cansados y tú estás escuchando música rock muy alto. ¿Qué pasaría?

ANSWERS, EX. 14-32: 1. Tendría ochenta años. 2. Irían los que la leyeron. 3. Sería el presidente. 4. Diría lo que siempre dice. 5. Haría mucho frío. 6. Tomarían un taxi. 7. Costaría unos 300 dólares. 8. Pagaría con contribuciones de los socios. 9. Lo pondría en su maleta para no dejarlo en el cuarto del hotel. 10. Serían las tres de la mañana.

14-32 ¿Quién lo sabe? El gran concurso literario tiene muchas sorpresas este año. Contesta las siguientes preguntas, expresando incertidumbre o conjetura *(conjecture)* sobre lo que pasó en el concurso. Usa la información entre paréntesis en tu respuesta. Sigue el modelo.

Modelo: ¿Por qué no aceptó ese autor el premio literario? (estar / muy enojado)
Estaría muy enojado.

1. ¿Cuántos años tenía el escritor cuando murió? (tener / 80 años)
2. ¿Quiénes fueron para hablar de la novela? (ir / los que la leyeron)
3. ¿Sabes quién llamó por teléfono durante la ceremonia? (ser / el presidente)
4. ¿Qué dijo el maestro de ceremonias? (decir / lo que siempre dice)
5. ¿Por qué no caminaron todos por el parque después de la reunión? (hacer / mucho frío)
6. ¿Cómo regresaron los escritores al hotel a medianoche? (tomar / un taxi)
7. ¿Cuánto costó ese libro tan viejo de Cervantes? (costar / unos 300 dólares)
8. ¿Cómo pagó el comité por el premio si no tenía fondos? (pagar / con contribuciones de los socios)
9. ¿Por qué puso la escritora el libro en su maleta? (poner / para no dejarlo en el cuarto del hotel)
10. ¿A qué hora llegaron los jueces anoche? (ser / las tres de la mañana)

ANSWERS, EX. 14-33: 1. ¿Podría usar tu libro esta tarde? 2. ¿Tendría Ud. tiempo para... ? 3. Ella no debería hablar de esa manera. 4. Preferiría ver otra película. 5. ¿Me podría decir Ud. qué hora es?

14-33 La cortesía es importante Cuando quieres algo, te conviene pedirlo de la mejor manera posible. Cambia las oraciones que siguen a una forma más cortés *(courteous)*. Sigue el modelo.

Modelo: ¿Puedes ayudarme con el carro?
¿Podrías ayudarme con el carro?

1. ¿Puedo usar tu libro esta tarde?
2. ¿Tiene Ud. tiempo para hablar de la novela?
3. Ella no debe hablar de esa manera.
4. Prefiero ver otra película.
5. ¿Me puede decir Ud. qué hora es?

Lectura: *Don Quijote* —los molinos de viento

windmills
giant

*En La Mancha, la región donde don Quijote tuvo muchas de sus aventuras, hay muchos **molinos de viento.** En un episodio de la famosa novela de Cervantes, el héroe ataca un molino con su lanza, creyendo que es en realidad un enorme **gigante.***

Antes de leer

CLASSROOM MANAGEMENT, EX. 14-34: Assign as homework. In class the next day, put students in groups of 3 or 4 and have each take turns at choosing a word (without explicitly stating which one) and offering its synonyms. The others try to guess which word it is and offer feedback on whether the student has used correct synonyms.

14-34 Estudio de palabras Piensa en un sinónimo para las palabras que aparecen en la lista. Usa un diccionario cuando sea necesario.

1. enorme
2. una batalla
3. precipitarse
4. la furia
5. el asno
6. un encantador
7. la derrota
8. la enemistad

Lee las preguntas en la sección **Guía para la lectura.** Después, lee el texto y, al terminar, haz las actividades en esa sección.

Guía para la lectura

ANSWERS, EX. 14-35: Cree que ve gigantes. Quiere matarlos en una batalla.

14-35 La locura *(madness)* de don Quijote Don Quijote percibía la realidad de una forma muy especial. Lee el primer diálogo del texto. ¿Qué ve don Quijote? ¿Qué piensa hacer con lo que ve?

ANSWERS, EX. 14-36: Dice que no son gigantes, sino molinos de viento.

14-36 Sancho Panza, el realista Vuelve a leer el primer diálogo. ¿Cómo responde Sancho al comentario de su amo?

14-37 Y entonces... Completa las siguientes oraciones de acuerdo con lo que se narra en la lectura.

1. Don Quijote y Sancho iban caminando por el campo, cuando de pronto descubrieron allí...
2. Don Quijote pensaba entrar en batalla, diciéndole a Sancho que lo que veían eran...
3. Al oír esto, Sancho respondió que...
4. Sin prestarle atención a su escudero, don Quijote picó con la espuela a Rocinante y...
5. En ese momento un viento fuerte...
6. Sancho corrió para ayudar a don Quijote pero cuando llegó...
7. La explicación de esta aventura que ofreció don Quijote fue que...

ANSWERS, EX. 14-37: 1. ... 30 o 40 molinos de viento que había en aquel campo. 2. ... enormes gigantes. 3. ... parecían ser gigantes pero que eran molinos de viento. 4. ... se fue a atacar los molinos. 5. ... se levantó y las aspas comenzaron a moverse. 6. ... descubrió que su amo no podía moverse. 7. ... el encantador Frestón había cambiado los gigantes en molinos.

14-38 Comprensión Contesta en español las siguientes preguntas sobre la lectura.

1. ¿Cuántos molinos de viento había en el campo?
2. ¿Qué creía don Quijote que eran los molinos?
3. ¿Qué dijo don Quijote que haría con los molinos?
4. ¿Cómo reaccionó Sancho cuando oyó lo que don Quijote pensaba?
5. A pesar de los gritos de Sancho, ¿qué hizo don Quijote?
6. ¿Qué pasó cuando el viento empezó a mover las aspas del molino?
7. ¿Cómo explicó don Quijote lo que había pasado?
8. ¿Crees tú que es mejor ser como don Quijote o como Sancho Panza? ¿Por qué?

ANSWERS 14-38: 1. Había 30 o 40 molinos de viento en el campo. 2. Don Quijote creía que eran enormes gigantes. 3. Dijo que entraría en batalla y que les quitaría la vida. 4. Sancho reaccionó lógicamente. 5. Don Quijote atacó los molinos. 6. Cuando las grandes aspas comenzaron a moverse, don Quijote se dedicó a su señora Dulcinea, le pidió su ayuda y atacó el primer molino. 7. Don Quijote dijo que el encantador Frestón había cambiado los gigantes en molinos. 8. Habrá variedad.

Los molinos de viento

Don Quijote y Sancho iban caminando por el Campo de Montiel cuando de pronto descubrieron 30 o 40 molinos de viento que había en aquel campo. Cuando don Quijote los vio, le dijo a su escudero *(squire, shieldbearer):* —La fortuna está guiando *(guiding)* nuestras cosas mejor de lo que podemos desear; porque ves allí, amigo Sancho Panza, 30 o pocos más enormes gigantes, con quienes pienso entrar en batalla y quitarles a todos la vida.

—¿Qué gigantes? —dijo Sancho Panza.

—Aquéllos que allí ves, —respondió su amo *(master)*—, de los brazos largos, que los tienen algunos de casi dos leguas *(leagues, a unit of measurement).*

—Mire vuestra merced *(Your Grace),* —respondió Sancho—, que aquéllos que allí parecen ser gigantes son molinos de viento, y lo que en ellos parecen brazos son las aspas *(blades of a windmill),* que, cuando el viento las mueve, hacen andar la piedra del molino.

—Bien parece, —respondió don Quijote— , que no estás versado *(you're not versed, you don't know a lot)* en las aventuras: ellos son gigantes; y si tienes miedo, quítate de ahí porque voy a entrar con ellos en feroz batalla.

Y diciendo esto, picó con la espuela *(he spurred)* a su caballo Rocinante, sin prestar atención a los gritos que su escudero Sancho le daba, diciéndole que, sin duda alguna, eran molinos de viento, y no gigantes, aquéllos que iba a atacar. Pero él estaba tan convencido de que eran gigantes, que no oía los gritos de su escudero Sancho, ni se dio cuenta, aunque estaba muy cerca, de lo que eran; al contrario, iba diciendo en voz alta: —¡No huyáis *(Don't flee),* cobardes *(cowards)* y viles criaturas, porque un solo caballero es el que os ataca!

Molinos de viento, La Mancha, España

Se levantó en este momento un poco de viento, y las grandes aspas comenzaron a moverse. Cuando vio esto, don Quijote dijo: —Pues aunque mováis todos los brazos juntos, me lo pagaréis.

Y diciendo esto, después de dedicarse de todo corazón a su señora Dulcinea, pidiéndole su ayuda en tan peligroso momento, se precipitó *(he hurled himself)* a todo el galope de Rocinante, y atacó con la lanza al primer molino que estaba delante. El viento movió el molino con tanta furia, que hizo pedazos la lanza, llevándose detrás de sí al caballo y al caballero, que fueron rodando *(went rolling)* por el campo. Fue a ayudarle Sancho Panza a todo el correr de su asno *(donkey),* y cuando llegó, descubrió que no podía moverse.

—¡Válgame Dios! *(Good heavens!)* —dijo Sancho— , ¿por qué no miró bien vuestra merced lo que hacía? ¿No le dije que eran molinos de viento y no gigantes?

—Calla *(Be quiet),* amigo Sancho, —respondió don Quijote— ; que las cosas de la guerra más que otras están sujetas a continua transformación. Por eso yo pienso que un encantador *(magician)* llamado Frestón ha cambiado estos gigantes en molinos para quitarme la gloria de su derrota; tal es la enemistad *(ill will)* que me tiene; pero al fin, al fin, poco podrán hacer sus malas artes *(evil arts)* contra la bondad de mi espada.

—Así es, —respondió Sancho Panza; y ayudándole a levantarse, volvió a subir sobre Rocinante. Y hablando de la pasada aventura, siguieron el camino.

ENFOQUE ESTRUCTURAL El condicional para hablar de acciones futuras en el pasado

Another use of the conditional is as part of indirect speech, that is, when your words (thoughts, etc.) and the words of others are reported not directly but through the use of verbs like **decir, indicar, preguntar,** etc. In this context, the conditional tense is related to the past the way the future is related to the present, that is, the conditional refers to the future of an action in the past. Look at the sentences below:

Dicen que **volverán** temprano.	*They say they **will return** early.*
Dijeron que **volverían** temprano.	*They said they **would return** early.*
Pienso que **iré.**	*I think I **will go.***
Pensé que **iría.**	*I thought I **would go.***

Práctica

ANSWERS, EX. 14-39: 1. Me dijeron que les darían un premio a los tres mejores escritores. 2. Mi compañero de cuarto dijo que asistiría al recital de poesía. 3. ¿Dijeron que no irían a la ceremonia? 4. Mi amigo dijo que no leería esa novela. 5. ¿Dijiste que no escribirías la composición? 6. Los críticos dijeron que la gente no entendería la novela. 7. El editor dijo que publicaría otra revista en español. 8. ¿Uds. dijeron que no sería difícil encontrar a esa autora? 9. Carlos y Marta dijeron que verían a muchos escritores en la fiesta. 10. Yo dije que algún día Carlos Fuentes, de México, ganaría el Premio Nóbel.

14-39 ¿Qué dijeron que harían? Cambia el primer verbo al pretérito y el segundo al condicional para hacer una referencia al pasado.

Modelo: Dice que escribirá una novela.
Dijo que escribiría una novela.

1. Me dicen que les darán un premio a los tres mejores escritores.
2. Mi compañero de cuarto dice que asistirá al recital de poesía.
3. ¿Dicen Uds. que no irán a la ceremonia?
4. Mi amigo dice que no leerá esa novela.
5. ¿Dices que no escribirás la composición?
6. Los críticos dicen que la gente no entenderá la novela.
7. El editor dice que publicará otra revista en español.
8. ¿Uds. dicen que no será difícil encontrar a esa autora?
9. Carlos y Marta dicen que verán a muchos escritores en la fiesta.
10. Yo digo que algún día Carlos Fuentes, de México, ganará el Premio Nóbel.

14-40 ¿Y tu compañero/a? Ahora trabaja con un/a compañero/a de clase y escriban cinco cosas que tienen planeadas para mañana. Luego compartan su información y presenten a la clase lo que cada uno le dijo al otro.

Modelo: *Mañana haré un examen.*
Dijo que haría un examen mañana.

VAMOS A ESCUCHAR:

¿QUIÉN ES DULCINEA?

Track 3-21

HERITAGE LEARNERS: Ask heritage learners to listen to the Spanish in the **Vamos a escuchar** recording and to compare it with the Spanish they use in their communities.

El héroe más grande de las letras occidentales se conoce por su idealismo, por su pasión por la literatura... y también por su amada Dulcinea. En este segmento, vas a saber más de este personaje especial.

Antes de escuchar

Antes de escuchar el segmento, contesta las siguientes preguntas.

- ¿Cómo crees que será la amada *(beloved)* de un caballero andante?
- Si don Quijote tiene unas ideas raras sobre la identidad de los molinos de viento, ¿cómo crees que será su imagen de la mujer ideal?

Antes de escuchar la descripción de Dulcinea, lee las preguntas que aparecen en la sección **Después de escuchar.**

Después de escuchar

14-41 Comprensión Contesta las preguntas que siguen, basándote en lo que escuchaste.

1. ¿Cómo es Dulcinea?
2. El nombre Dulcinea, ¿es un nombre tradicional español?
3. Dulcinea es la fantasía de don Quijote. En realidad, ¿cómo es Dulcinea?
4. Dulcinea, ¿participa activamente en la novela?
5. ¿Cómo se llama la obra en la que esta mujer sí es importante como personaje activo?

ANSWERS, EX. 14-41: 1. Es una princesa, bella, noble y virtuosa. 2. No, era inventado. 3. Es una joven más o menos atractiva que no sabe leer ni escribir; no tiene buenos modales y apenas sabe quién es don Quijote. Tampoco es virtuosa. 4. no 5. *Man of La Mancha*

14-42 ¿Cómo lo dicen? Escucha el segmento de nuevo. Fíjate en lo que se dice y contesta estas preguntas.

1. ¿Cuál es el nombre verdadero de Dulcinea?
2. ¿Cuál es el nombre completo de Dulcinea?

ANSWERS, EX. 14-42: 1. Aldonza Lorenzo 2. Dulcinea del Toboso

TÚ DIRÁS

14-43 Entrevistas con don Quijote y Sancho Panza Trabajando con un/a compañero/a de clase, preparen seis preguntas sobre el incidente de los molinos para don Quijote y seis para Sancho. Después, un/a estudiante hará el papel de don Quijote para contestar las preguntas que le hace el/la entrevistador/a, y el otro hará el papel de Sancho para contestar las preguntas que le tocan a este personaje.

CLASSROOM MANAGEMENT, EX. 14-43: Tell students that they will ultimately perform their interview for the rest of the class. Allow them 10–12 minutes to plan out their interview and then another 4–5 minutes to practice it. Select different pairs to perform for the class.

14-44 ¿Qué le pasaría a don Quijote hoy? Trabaja con otro/a compañero/a de clase para hacer una descripción de una visita imaginaria de don Quijote a tu pueblo o a la universidad. Usen los verbos en el condicional. Incluyan detalles sobre cómo sería la visita, cómo sería don Quijote, lo que haría él y cómo reaccionaría él ante la gente y la gente ante él. Comenten específicamente sobre lo que haría en cierta situación y lo que pensaría sobre algún objeto de la época moderna. (Si es necesario, repasen las lecturas de este capítulo sobre esta fascinante figura literaria.)

CLASSROOM MANAGEMENT, EX. 14-44: Assign as homework. The next day in class, pair students to share their descriptions. Have them incorporate information from both descriptions into one that they will jointly compose in class. Allow students 15–20 minutes to compose and edit their descriptions. Then have them share their descriptions with other pairs. When done, ask students to comment on the differences between the students' descriptions.

TERCERA ETAPA

SUGGESTION: Present this new topic to students by developing a class discussion in Spanish based on these questions.

Para empezar: El realismo mágico

Preparación: As you begin this **etapa,** consider the following:

- Have you ever heard the term "magic realism"?
- If you have never heard this term, what do you think it might mean? How is "magic realism" different from "realism"?

El realismo mágico

La originalidad y el uso de la imaginación le han dado fama a la literatura hispanoamericana contemporánea en todo el mundo. La popularidad de esta literatura, en especial la de la novela, **tiene mucho que ver con** (*has a lot to do with*) el "realismo mágico" que existe independientemente de una explicación racional. Para un escritor mágicorrealista, este tipo de escritura sería una distorsión de la realidad si la presentara sólo desde un punto de vista lógico o intelectual. Sin embargo, lo que intenta expresar es la emoción de la realidad sin eliminar su dimensión misteriosa o "mágica".

Uno de los objetivos del realismo mágico es hacer una combinación de lo real y de lo mágico para representar una nueva dimensión. Un hecho en sí es real y podría tener una explicación lógica, pero lo que interesa más es que tenga una explicación **mítica.** Esta explicación está basada en las **creencias** (*mythical / beliefs*) populares, en las leyendas y en los sueños colectivos de la gente. Por ejemplo, si una mujer **se ahoga** en un **pozo,** (*drowns / well*) la explicación, según el realismo mágico, sería que era el pozo el que la necesitaba porque quería transformarla en una serpiente. Como dijo Miguel Ángel Asturias, los escritores que incluyen el realismo mágico en sus obras "viven con sus personajes en un mundo en que no hay fronteras entre lo real y lo fantástico, en que un hecho cualquiera —cuando lo **cuentan**— (*they tell a story*) **se vuelve** parte de un algo **extraterreno.** Lo que es hijo de la fantasía **cobra** (*becomes / from another world / takes on*) realidad en la mentalidad de las gentes".

"Quince preguntas a M.A. Asturias", Revolución. *17 de agosto, 1959, p. 23.*

Práctica

ANSWERS, EX. 14-45: 1. c 2. c 3. b

14-45 Vocabulario Decide cuál de las cuatro posibilidades explica mejor las siguientes frases o nombres que aparecen en la lectura.

1. el realismo mágico
   a. explicaciones racionales
   b. hechos históricos
   c. la dimensión misteriosa
   d. injusticias sociales
2. Miguel Ángel Asturias
   a. romántico
   b. realista
   c. mágicorrealista
   d. existencialista
3. creencias populares
   a. personajes interesantes
   b. leyendas y mitos
   c. las facetas de la sociedad
   d. el chocolate y el hielo

Lectura: *Cien años de soledad*

GABRIEL GARCÍA MÁRQUEZ (COLOMBIA, 1927–)

Entre los escritores hispanoamericanos de nuestra época que incluyen en su obra muchos aspectos variables de la realidad está Gabriel García Márquez. Algunos críticos lo han comparado con Miguel de Cervantes. Aunque los separan casi cuatro siglos, los dos han sabido ***renovar*** *el arte de* ***contar*** *—y lo han hecho con un gran sentido del humor. Además, los dos consideran lo real y lo* ***sobrenatural*** *como parte del mismo mundo de la realidad.* Cien años de soledad *y* El ingenioso hidalgo don Quijote de la Mancha *son excelentes ejemplos de cómo representar la realidad en sus varias dimensiones a lo largo de una narración llena de claridad, crítica social e incidentes cómicos.*

to renew
storytelling
supernatural

Gabriel García Márquez ha dicho en varias ocasiones que no le ha pasado nada interesante en la vida desde que murió su abuelo cuando era niño en Aracataca, Colombia. Insiste que desde ese entonces todo lo que ha escrito hasta ahora o ya lo sabía o ya lo había oído antes de cumplir los ocho años. Durante esos años vivió con sus abuelos, que le contaban cuentos todos los días, y según él, tuvo una niñez "fabulosa".

Gabriel García Márquez

Antes de leer

14-46 Anticipación Contesta las siguientes preguntas.

1. Piensa en un bloque de hielo. ¿Con qué lo puedes comparar?
2. En general, ¿cómo reaccionan las personas ante lo desconocido?
3. ¿Qué significa la palabra **soledad**?
4. En el pasaje que vas a leer, aparecen un padre y sus dos hijos. Busca sus nombres. ¿Cómo se llaman?

ANSWERS, EX. 14-46: 1–3. Habrá variedad. 4. José Arcadio Buendía y sus hijos José Arcadio Buendía y Aureliano Buendía

14-47 Una técnica favorita A García Márquez le gusta usar adjetivos descriptivos dramáticos para exagerar las cosas. ¿Cuáles de las siguientes frases de la lectura son ejemplos de la exageración? ¿Cómo dirías algo parecido en inglés?

1. piedras blancas y enormes como huevos prehistóricos
2. la portentosa novedad
3. infinitas agujas internas
4. una explicación inmediata
5. el diamante más grande del mundo
6. la prodigiosa experiencia
7. el pequeño José Arcadio
8. el gran invento de nuestro tiempo

CLASSROOM MANAGEMENT, EX. 14-47: Assign as homework and have students review in groups of four.

Guía para la lectura

14-48 ¿Qué pasó? Pon las siguientes acciones en orden cronológico (de **a** a **h**) según la lectura.

1. El padre dijo que era un diamante. _______
2. Un gigante de torso peludo abrió un cofre de pirata. _______
3. Uno de los niños también puso la mano sobre el hielo. _______
4. El gigante dijo que era hielo. _______
5. Dentro del cofre había un bloque transparente. _______
6. Un día un hombre llevó a sus hijos a la feria de los gitanos. _______
7. Los tres entraron en una carpa. _______
8. El padre curioso puso la mano sobre el bloque. _______

ANSWERS, EX. 14-48: 1. e 2. c 3. h 4. f 5. d 6. a 7. g 8. b

ANSWERS, EX. 14-49: 1. Macondo era una aldea pequeña y nueva. 2. Querían que los llevara a conocer la novedad de los sabios de Egipto. 3. Primero vieron a un hombre grande de torso peludo y cabeza rapada que cuidaba un cofre de pirata. 4. Había un bloque de hielo dentro del cofre. 5. El padre dijo que era un diamante. 6. Reaccionó con temor y con alegría. 7. Aureliano dijo, "¡Está hirviendo!" 8. Habrá variedad.

14-49 Comprensión Contesta las siguientes preguntas.

1. ¿Cómo era Macondo cuando el coronel Aureliano Buendía y su hermano eran niños?
2. ¿Adónde querían el pequeño Aureliano y su hermano que los llevara su padre cuando estaban en la feria?
3. Cuando los tres entraron en la carpa, ¿qué vieron primero? Describe lo que vieron.
4. ¿Qué había dentro del cofre?
5. ¿Qué explicación dio el padre de lo que vio en el cofre?
6. ¿Cómo reaccionó el padre cuando tocó el objeto que estaba en el cofre?
7. ¿Qué dijo Aureliano después de tocar el objeto?
8. ¿Te gustó esta lectura? ¿Por qué sí o por qué no?

Cien años de soledad

por Gabriel García Márquez

El bloque de hielo

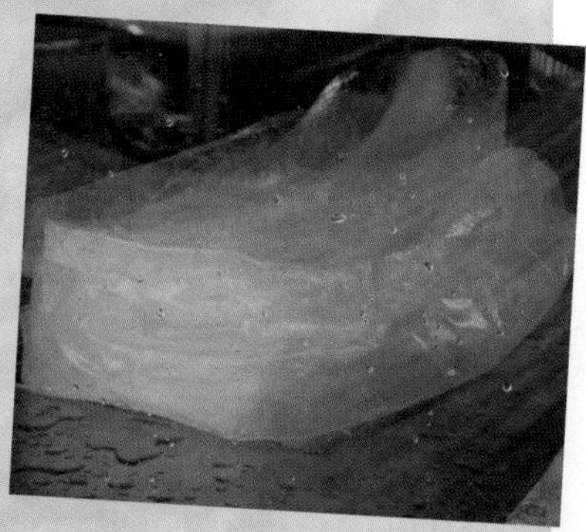

Muchos años después, frente al **pelotón de fusilamiento,** el coronel Aureliano Buendía recordaría aquella tarde remota en que su padre lo llevó a conocer el hielo. Macondo era entonces una **aldea** de veinte casas de **barro** y caña construidas a la **orilla** de un río de aguas cristalinas que corrían por unas piedras **pulidas,** blancas y enormes como huevos prehistóricos. El mundo era tan reciente que muchas cosas no tenían nombre, y para mencionarlas se tenían que señalar con el dedo.

El día que fueron a la feria de los gitanos, su padre los llevaba a él y a su hermano de cada mano para no perderlos en el tumulto. Habían insistido en ir a conocer la **portentosa novedad** de los **sabios** de Egipto, anunciada a la entrada de una **carpa** que, según decían, había sido del rey Salomón. Tanto insistieron los niños, que José Arcadio Buendía pagó los treinta **reales,** y los llevó hasta el centro de la carpa, donde había un gigante de torso **peludo** y cabeza **rapada,** con un anillo de cobre en la nariz, cuidando un **cofre** de pirata. Cuando el gigante lo abrió, el cofre dejó escapar un **aliento** glacial. Dentro sólo había un bloque transparente, con infinitas **agujas internas** en las cuales **se despedazaba** en estrellas de colores la claridad del **crepúsculo.** Preocupado, porque sabía que los niños esperaban una explicación inmediata, José Arcadio Buendía **murmuró:**

—Es el diamante más grande del mundo.

—No —corrigió el gitano—. Es hielo.

José Arcadio Buendía, sin entender, extendió la mano hacia el bloque, pero el gigante se la quitó: —Cinco reales más para tocarlo —dijo. José Arcadio Buendía los pagó, y entonces puso la mano sobre el hielo, y la dejó puesta por varios minutos, mientras el corazón **se le hinchaba** de temor y de alegría al contacto del misterioso objeto. Sin saber qué decir, pagó otros diez reales por los hijos; así ellos podrían vivir también la **prodigiosa** experiencia. El pequeño José Arcadio se negó a tocarlo. Aureliano, en cambio, dio un paso hacia adelante, puso la mano y la retiró inmediatamente. —¡Está **hirviendo**! —exclamó con miedo. Pero su padre no le prestó atención. **Asombrado** por la evidencia del **prodigio,** pagó otros cinco reales, y con la mano puesta en el bloque, como si estuviera expresando un testimonio sobre el texto **sagrado,** exclamó:

—Éste es el gran **invento** de nuestro tiempo.

firing squad
village, hamlet / mud
edge
polished
extraordinary novelty / sages, wise men / tent
old unit of money
hairy / shaved
treasure chest
breath, rush of air
number of needles inside / was breaking up / twilight
murmured
swelled up
marvelous
boiling
Amazed / wondrous object
sacred
invention

REPASO

14-50 Casi todo era posible en Macondo En esta región fantástica, las posibilidades eran infinitas. Enumera algunas de estas posibilidades, llenando estos espacios en blanco con la forma correcta del imperfecto de subjuntivo del verbo entre paréntesis.

Review imperfect subjunctive.

ANSWERS, EX. 14-50: 1. fuera 2. viviera 3. visitara 4. hablaran 5. se transformara 6. se elevara 7. lloviera 8. durmiera

1. Era posible que un bloque de hielo _______ (ser) un enorme diamante.
2. Era posible que una persona _______ (vivir) más de 100 años.
3. No era imposible que un ángel _______ (visitar) a una pareja pobre del pueblo.
4. Era posible que los muertos _______ (hablar) con los vivos.
5. Era posible que una niña _______ (transformarse) en una araña por desobedecer a sus padres.
6. No era imposible que una bella mujer _______ (elevarse) al cielo.
7. Era posible que _______ (llover) más de cuatro años sin parar.
8. Era posible que un hombre no _______ (dormir) por el ruido de las estrellas.

14-51 ¿Qué consejo darías? El ama de casa de don Quijote te habla de los problemas que tiene con don Quijote y Sancho Panza. Usa la información entre paréntesis para indicar lo que harías tú en tal caso *(in such a situation)*.

Review conditional.

ANSWERS, EX. 14-51: 1. Yo le pediría a don Quijote cierta cantidad de dinero todas las semanas. 2. Yo saldría de la casa cuando las tienen. 3. Yo le dejaría la comida a su lado en la biblioteca. 4. Yo abriría sólo una botella cuando visita a don Quijote. 5. Yo diría lo mismo, dadas las circunstancias. 6. Yo le pediría ayuda a la sobrina. 7. Yo le ayudaría a llevar las armas al establo. 8. Yo no me preocuparía y aceptaría que es su dinero. 9. Yo haría una cita para él con el barbero. 10. Yo aceptaría que don Quijote no va a cambiar.

Modelo: Me canso de recoger los libros de caballerías que don Quijote lleva a la casa. (ponerlos en la biblioteca)
Yo los pondría en la biblioteca.

1. Nunca tenemos dinero porque don Quijote lo usa para comprar libros. (pedirle a don Quijote cierta cantidad de dinero todas las semanas)
2. Me molestan las disputas que don Quijote tiene en la casa con el cura y el barbero. (salir de la casa cuando las tienen)
3. Don Quijote pasa el día y la noche leyendo y no quiere comer cuando es hora. (dejarle la comida a su lado en la biblioteca)
4. A Sancho le gusta demasiado el vino. (abrir sólo una botella cuando visita a don Quijote)
5. La sobrina de don Quijote dice que su tío está un poco loco. (decir lo mismo dadas las circunstancias)
6. Necesito unos días de descanso pero no quiero dejar solo a don Quijote. (pedirle ayuda a la sobrina)
7. Don Quijote va a limpiar todas las armas viejas en la sala. (ayudarle a llevar las armas al establo)
8. Sancho siempre pierde dinero en la taberna del pueblo. (no preocuparse y aceptar que es su dinero)
9. Don Quijote tiene la barba demasiado larga. (hacer una cita para él con el barbero)
10. Me pongo nervioso cuando don Quijote dice que va a viajar con Sancho. (aceptar que don Quijote no va a cambiar)

ENFOQUE ESTRUCTURAL El imperfecto de subjuntivo y el condicional en oraciones con *si*

IRM MASTER 39: El imperfecto de subjuntivo y el condicional en oraciones con **si**

SUGGESTION: (1) Contextualize the presentation of this structure by telling students that you have just bought a lottery ticket (or played the sweepstakes) and have a good feeling that you might win. Start to tell students how your life might be if you were to win: **Si ganara la lotería, tendría miles de dólares. Si yo tuviera miles de dólares compraría una casa muy grande. Pero, si comprara una casa muy grande tendría que pagar muchos dólares en impuestos cada año...** Check for comprehension by asking students if they agree or disagree. After a while, ask students for some ideas of how their life might change if they won the lottery. After they offer a sentence, repeat it trying to utilize the new structure where possible. (2) Write on the board: **Si tengo bastante dinero, iré a Europa**. Ask students: **¿Tengo bastante dinero? No estoy seguro/a. Puede que sí, puede que no.** Then write: **Si tuviera bastante dinero, iría a Europa.** Ask: **¿Tengo bastante dinero? No. Entonces, no es posible que yo vaya a Europa.** Summarize tense patterns on the board.

To discuss a hypothetical situation, the conditional and the imperfect subjunctive tense are used together in a **si** *(if)* clause.

Si pudiera, escribiría como García Márquez. — ***If I could, I would write*** *like García Márquez.*

The conjunction **si,** meaning *if,* followed by the imperfect subjunctive, is used to set up a contrary-to-fact situation. The statement that immediately follows **si** indicates that you are talking about something that is hypothetical (that doesn't exist or is unlikely to happen).

The statement that follows **si** also indicates that you are imagining what might possibly happen under certain conditions. You can always tell that the projection is into the "twilight zone" from the use of the conditional. The conditional sets up what would happen if the hypothetical situation were to occur.

Whenever the conditional appears in the main clause, any verb used after **si** in the dependent clause will always be in the imperfect (past) subjunctive form.

Si supiera suficiente español, **leería** toda la novela titulada *Cien años de soledad.* — ***If I knew*** *enough Spanish,* ***I would read*** Cien años de soledad *in its entirety.*

Si tuviera dinero, **viajaría** a Colombia para conocer el país natal de García Márquez. — ***If I had*** *money,* ***I would travel*** *to Colombia to get to know the homeland of García Márquez.*

Notice that there are several ways in English to translate a contrary-to-fact clause such as **Si aceptaras la invitación...** All of the following are used: *If you were to accept the invitation . . . , If you accepted the invitation . . . ,* and *If you would accept the invitation. . . .*

Práctica

ANSWERS, EX. 14-52: 1. invitaran, iría 2. pudiera, irían 3. diera, terminaríamos 4. ganara, tendría 5. fueran, pagarían 6. estuvieran, estaría 7. vendiera, compraría

14-52 No va a pasar... pero si pasara... Indica lo que podría pasar bajo ciertas circunstancias, usando el imperfecto de subjuntivo en la cláusula con **si** y el condicional en la otra cláusula. Sigue el modelo.

Modelo: No tengo dinero, pero si lo _______ (tener), yo _______ (comprar) ese carro.
No tengo dinero, pero si lo tuviera, yo compraría ese carro.

1. No van a invitarlo, pero si ellos lo _______ (invitar), Ramón _______ (ir) a México.
2. No puedo salir a las tres, pero si yo _______ (poder), Uds. _______ (ir) conmigo.
3. No podemos terminar la composición, pero si la profesora nos _______ (dar) más tiempo, nosotros la _______ (terminar).
4. No tengo dinero, pero si _______ (ganar) más, yo no _______ (tener) problemas.
5. Ese hotel es muy caro. Si Uds. _______ (ir) a otro, _______ (pagar) menos.
6. No sabemos quién va a la fiesta, pero si Cristina y Jorge _______ (estar), todo el mundo _______ (estar) contento.
7. Mi tío Pepe dice que no le gusta el arte abstracto, pero si alguien le _______ (vender) un cuadro famoso, él lo _______ (comprar) para su oficina.

14-53 Imagínate... Completa las oraciones según tus propias opiniones.

Modelo: Yo estaría muy triste si...
Yo estaría muy triste si tuviera que asistir a otra universidad.

1. Yo te llamaría por teléfono a las dos de la mañana si...
2. Creo que el/la profesor/a te invitaría a la cena si...
3. Mis compañeros de clase estarían muy contentos si...
4. Me gustaría leer la novela *Don Quijote* si...
5. ¿Trabajarías 10 horas al día si... ?

ANSWERS, EX. 14-53: Answers will vary according to students' originality, but all responses should include a form of the imperfect subjunctive.

Lectura: *La casa de los espíritus* de Isabel Allende

Isabel Allende (Chile, 1942–) es una de las novelistas que siempre aparece en la lista de los mejores escritores contemporáneos de habla española. Sus obras incluyen La casa de los espíritus *(1982),* De amor y de sombra *(1984),* Eva Luna *(1987),* Afrodita: Cuentos, recetas y otros afrodisíacos *(1997),* El plan infinito *(1991),* Paula *(1994),* Hija de la fortuna *(1999) y una colección de cuentos,* Los cuentos de Eva Luna *(1989). Su primera obra, de donde viene la selección que sigue, se considera la mejor que ha escrito hasta ahora. En esta novela presenta la vida de varias generaciones de una familia chilena por medio del prisma del realismo mágico. Sus fuertes personajes femeninos son inolvidables como mujeres de carne y hueso, como espíritus y como símbolos de la reforma general que la sociedad necesita si la vida va a mejorar para todos.*

Antes de leer

14-54 Anticipación Imagínate a un animal doméstico (un perro, un gato) que crece y crece y crece. Contesta las siguientes preguntas.

1. ¿Qué pasaría si un perro, por ejemplo, llegara a ser de repente *(suddenly)* del tamaño de un caballo?
2. ¿Cómo reaccionaría la gente?
3. ¿Qué crees que harían?
4. ¿Qué harías tú si tu perro, o tu gato, se convirtiera en un animal gigantesco?
5. Mira el título de la selección "La niña Clara y su perro". De acuerdo con las preguntas anteriores, ¿qué crees que va a pasar con Clara y su perro?

Guía para la lectura

14-55 ¿Cómo es Barrabás? Prepara una lista de las características de este perro extraordinario, teniendo en cuenta las siguientes categorías: su apariencia física, su temperamento, sus hábitos y gustos.

14-56 Comprensión Contesta en español las siguientes preguntas sobre la lectura.

1. Cuando llegó el perrito a la casa, ¿cómo lo trató la niña Clara?
2. ¿Qué pensaba su padre Severo del animal?
3. ¿Qué dijo Clara que haría en caso de que Barrabás no pudiera quedarse con ella?
4. ¿Qué descubrieron cuando bañaron al perro?
5. ¿Qué quería la Nana hacer con la cola?
6. ¿Cómo reaccionó Clara ante esta idea?
7. ¿Cómo tenía la cola?
8. ¿Por qué estaba preocupada Nívea, la madre de Clara?
9. ¿Qué temperamento tenía el perro?
10. ¿Dónde dormía Barrabás?
11. ¿Qué hacía el perro a la hora de la comida cuando no lo encerraban?
12. ¿Te gustaría tener un perro como Barrabás? ¿Por qué sí o por qué no?

ANSWERS, EX. 14-56: 1. Clara lo trató con cariño. 2. Severo pensaba que el perro era contagioso. 3. Clara dijo que dejaría de respirar y moriría. 4. Descubrieron que era negro, de cabeza cuadrada, patas muy largas y pelo corto. 5. La Nana quería cortarle la cola. 6. Clara se enojó muchísimo. 7. Tenía la cola muy larga. 8. La madre de Clara dudaba que fuera perro. 9. El perro no daba muestras de ninguna ferocidad. 10. Barrabás dormía en la cama de Clara, o al lado de la cama. 11. El perro entraba al comedor y daba una vuelta a la mesa, tomando sus bocadillos preferidos de los platos. 12. Habrá variación.

14-57 Un diálogo entre Clara y su padre Trabajando con un/a compañero/a de clase, imagínense una conversación entre Clara y su padre. ¿Cómo sería un intercambio entre ellos con Barrabás como el centro del conflicto? Escriban juntos un diálogo de unas 10 a 12 líneas, preparándose para después presentarlo en la clase.

La casa de los espíritus: la niña Clara y su perro Barrabás

took charge of the
muzzle / swollen / dried out
became

La niña Clara **se hizo cargo del** perrito enfermo. Lo sacó de la canasta, lo abrazó a su pecho y con el cuidado de misionera le dio agua en el **hocico hinchado** y **reseco.** Clara **se convirtió en** una madre para el animal, dudoso privilegio que nadie quería disputarle. Un par de días más tarde, su padre Severo se fijó en la criatura que su hija llevaba en los brazos.

—¿Qué es eso? —preguntó.

—Barrabás —dijo Clara.

—Déselo al jardinero, para que lo lleve de esta casa. Puede contagiarnos con alguna enfermedad —ordenó Severo.

to breathe

—Es mío, papá. Si me lo quita, le prometo que dejaré de **respirar** y me moriré.

devouring
length
swept

Se quedó en la casa. Al poco tiempo corría por todas partes **devorándose** las cortinas, las alfombras y las patas de los muebles. Se recuperó de su enfermedad con gran rapidez y empezó a crecer. Cuando lo bañaron por primera vez, se descubrió que era negro, de cabeza cuadrada, patas muy largas y pelo corto. La Nana quería cortarle la cola, diciendo que así parecería perro fino, pero Clara se enojó tanto que tuvo un ataque de asma y nadie volvió a mencionar la idea. Barrabás se quedó con la cola entera. Con el tiempo ésta llegó a tener el **largo** de un palo de golf y sus movimientos incontrolables **barrían** las porcelanas de las mesas y rompían las lámparas.

breed
sheep
colt

Era de **raza** desconocida. No tenía nada en común con los perros que andaban por la calle y mucho menos con los de pura raza de algunas familias aristocráticas. El veterinario no supo decir cuál era su origen, y Clara supuso que era de la China, porque había llegado en el equipaje de su tío que había visitado ese lejano país. Tenía una ilimitada capacidad de crecimiento. A los seis meses era del tamaño de una **oveja** y al año tenía las proporciones de un **potrillo.** La familia estaba desesperada y se preguntaba hasta qué tamaño crecería.

hooves
sharp
bite

—Dudo que sea realmente un perro —decía Nívea. Cuando observaba sus **pezuñas** de cocodrilo y sus dientes **afilados,** sentía en su corazón de madre que la bestia podía quitarle la cabeza a un adulto de una **mordida** y con mayor razón a cualquiera de sus niños.

leaning against
growl
panther
to lock him up
delicately

Pero Barrabás no daba muestras de ninguna ferocidad. Por lo contrario, jugaba como un gatito. Dormía en los brazos de Clara, dentro de su cama, con la cabeza en la almohada de plumas y tapado hasta el cuello porque le daba frío, pero después cuando ya no cabía en la cama, se acostaba en el suelo a su lado, con su hocico de caballo **apoyado en** la mano de la niña. Nunca lo oyeron ladrar ni **gruñir.** Era negro y silencioso como una **pantera,** le gustaban el jamón y los dulces de fruta y cada vez que alguien visitaba la casa y olvidaban **encerrarlo,** entraba tranquilamente al comedor y daba una vuelta a la mesa, tomando **con delicadeza** sus bocadillos preferidos de los platos. Nadie hacía nada para impedírselo.

La niña clara y su perro Barrabás, from *La casa de los espíritus,* by Isabel Allende

ENFOQUE ESTRUCTURAL Más sobre el subjuntivo y la secuencia de los tiempos verbales

IRM MASTER 40: Más sobre el subjuntivo y la secuencia de los tiempos verbales

1. We have learned that when the present tense in the main clause requires the use of the subjunctive in the subordinate clause, the verb in the subordinate clause is in the present subjunctive:

   Quiero que me **ayudes** con la lectura. — *I want you **to help** me with the reading.*

2. We have just studied that when the past tense in the main clause requires the use of the subjunctive in the subordinate clause, the verb in the subordinate clause is in the past subjunctive:

   Quería que me **ayudaras** con la lectura. — *I wanted you **to help** me with the reading.*

3. When the future tense or the present perfect (i.e., *I have done something*) in the main clause require the use of the subjunctive in the subordinate clause, the verb in that dependent clause will be in the present subjunctive. Note that in both instances, the present subjunctive refers to future action.

   En este caso, el editor pedirá que los escritores **acepten** su idea. — *In this case, the editor will ask that the writers **accept** his idea.*
   En este caso, el editor ha pedido que los escritores **acepten** su idea. — *In this case, the editor has asked that the writers **accept** his idea.*

4. When the conditional or the past perfect tense (i.e., *I had done something*) in the main clause require the use of the subjunctive in the subordinate clause, the verb in that dependent clause will be in the imperfect subjunctive.

   En ese caso, el editor pediría que los escritores **aceptaran** su idea. — *In that case, the editor would ask that the writers **accept** his idea.*
   En ese caso, el editor había pedido que los escritores **aceptaran** su idea. — *In that case, the editor had asked that the writers **accept** his idea.*

This is an automatic sequencing in Spanish that does not always translate word for word into English.

POSSIBLE ANSWERS, EX. 14-58: 1. No será necesario que vayamos a la librería mañana. 2. La profesora había pedido que nosotros escribiéramos una composición. 3. Mis padres insistirían en que yo comprara gasolina para el carro. 4. El presidente del club había querido que cambiáramos la fecha de la reunión. 5. Para mejorar la situación, yo sugeriría que mandaran una carta. 6. La profesora pedirá que los estudiantes entreguen la tarea a tiempo. 7. Mis amigos y yo vamos a pedir que nos dejen salir temprano el viernes. 8. Será mejor que todos los estudiantes terminen la tarea esta tarde.

Práctica

14-58 ¿Qué más? Completa las siguientes oraciones con la información que quieras añadir. Presta atención a la secuencia de los tiempos verbales y al uso del subjuntivo.

Modelo: No será posible que...
No será posible que nosotros salgamos temprano hoy.

1. No será necesario que...
2. La profesora había pedido que...
3. Mis padres insistirían en que...
4. El presidente del club había querido que...
5. Para mejorar la situación, yo sugeriría que...
6. La profesora pedirá que...
7. Mis amigos y yo vamos a pedir que...
8. Será mejor que todos los estudiantes...

14-59 Sólo un sueño Cambia el verbo entre paréntesis a la forma correcta del imperfecto de subjuntivo para completar la historia que sigue.

ANSWERS, EX. 14-59: 1. oyera 2. descubrieran 3. se despertaran 4. buscaran 5. estuviera 6. pasara

Un niño salió de la casa silenciosamente para que nadie lo 1. _______ (oír). Se había llevado el dinero de un cajón de la cocina y no quería que sus padres lo 2. _______ (descubrir). Tenía miedo, por supuesto, porque sabía que era posible que sus padres 3. _______ (despertarse) y lo 4. _______ (buscar). Fuera de la casa, empezó a correr. Esperaba que el tren todavía 5. _______ (estar) en la estación. No quería perderlo. Si (pasar) 6. _______ esto, tendría que esconderse en algún lugar hasta la llegada de otro tren. A pesar del pánico que sentía, decidió no volver a casa. En ese momento, el niño se despertó y se dio cuenta de que todo sólo había sido un sueño.

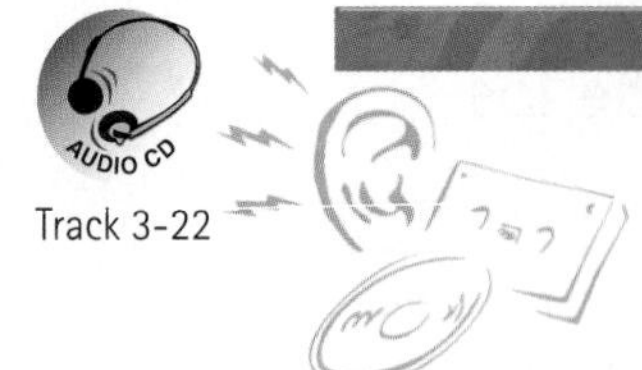

VAMOS A ESCUCHAR:

EL REALISMO MÁGICO Y LAS REALIDADES LATINOAMERICANAS

HERITAGE LEARNERS: Ask heritage learners to listen to the Spanish in the **Vamos a escuchar** recording and to compare it with the Spanish they use in their communities.

El realismo mágico es un estilo literario que hoy se encuentra en la literatura de muchos países. Sin embargo, sus orígenes y acaso sus mejores ejemplos son de Latinoamérica. Vas a escuchar una conversación entre unos estudiantes que consideran este fenómeno.

Antes de escuchar

Antes de escuchar el segmento, contesta las siguientes preguntas.

- ¿Por qué crees que el realismo mágico surgió en Latinoamérica y no en otra parte del mundo?
- ¿Cuáles son algunas características de la tierra y de las sociedades de Latinoamérica?

Antes de escuchar la conversación entre los estudiantes, lee las preguntas que aparecen en la sección **Después de escuchar.**

Después de escuchar

ANSWERS, EX. 14-60: 1. Las selvas tropicales están llenas de cosas insólitas; también ha habido corrupción política. 2. plantas que comen carne, anguilas eléctricas, plantas enormes, insectos gigantescos 3. Los insectos y otros animalitos entran a las casas buscando refugio. 4. en "El almohadón de plumas" 5. Un hombre se convierte en anfibio.

14-60 Comprensión Contesta las preguntas que siguen, basándote en lo que escuchaste.

1. ¿A qué se debe la magia de los cuentos de García Márquez?
2. Además de las ranas venenosas *(poisonous frogs)*, ¿cuáles son otros ejemplos de la realidad fantástica de la selva tropical?
3. ¿Qué pasa en la estación de las lluvias en la selva tropical?
4. ¿En qué cuento de Quiroga se describe la muerte de una novia, desangrada *(drained of blood)* por un insecto?
5. ¿Qué pasa en el cuento "Axolotl" de Julio Cortázar?

ANSWERS, EX. 14-61: 1. me tienen fascinada 2. Gabo

14-61 ¿Cómo lo dicen? Escucha el segmento de nuevo. Fíjate en lo que dicen y contesta estas preguntas.

1. ¿Qué expresión usa Rosi para indicar el impacto positivo que tienen en ella los cuentos de Gabriel García Márquez?
2. A Manuel le encantan los cuentos de Gabriel García Márquez. ¿Qué apodo *(nickname)* usa para referirse a este escritor?

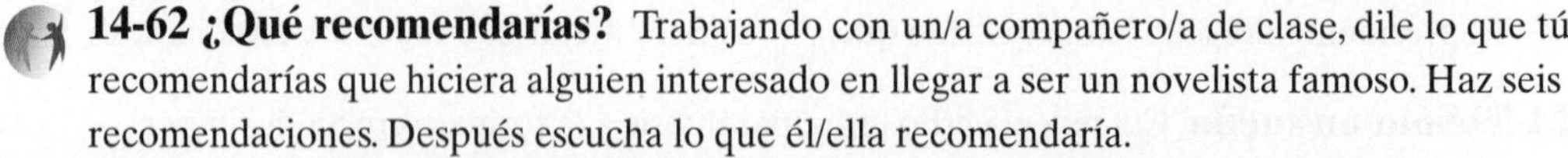

TÚ DIRÁS

14-62 ¿Qué recomendarías? Trabajando con un/a compañero/a de clase, dile lo que tú recomendarías que hiciera alguien interesado en llegar a ser un novelista famoso. Haz seis recomendaciones. Después escucha lo que él/ella recomendaría.

14-63 Un mundo legendario Imagínate que tú y un/a amigo/a hicieron un viaje a un mundo legendario donde era posible que ocurriera cualquier cosa. Describan algunas cosas que hicieron o algunos acontecimientos que pasaron durante ese viaje. Usen las formas correctas de imperfecto de subjuntivo después de frases tales como: "En este mundo legendario que visitamos... era posible que... , Un rey quería que... , Nuestros poderes extraordinarios permitieron que... "

Modelo: *En el mundo legendario que visitamos era posible que las personas volaran de un lugar a otro, que hablaran lenguas que no sabían, que tuvieran la forma de cualquier animal, que nadaran al fondo del mar,...*

LECTURA: *El reino de este mundo* de Alejo Carpentier: Los extraordinarios poderes de Mackandal

Alejo Carpentier *(Cuba, 1904–1980) era un novelista que tenía interés en el mundo mágico de la población negra del Caribe. Quería comprender los signos secretos que forman una parte importante de las costumbres y tradiciones de la cultura africana, como sus ceremonias religiosas, su música, su baile y sus fórmulas de encantamiento.* El reino de este mundo *es una fabulosa novela que presenta hechos históricos que se vuelven leyendas en la imaginación del pueblo. Tal es el caso de Mackandal, una figura heroica del siglo XVIII en La Española, la antigua isla donde se establecieron las naciones de la República Dominicana y Haití.*

NOTA CULTURAL: François Mackandal led a group of runaway slaves, or **cimarrones,** in what would develop into the Haitian slave revolt of 1791. Mackandal's group (1751–1757) swelled to include thousands of **cimarrones** who were able to carry out surprise attacks throughout the island and leave an estimated 6,000 dead. Mackandal was familiar with the rites of **santería,** known as **vudún** or *voodoo* in Haiti, and used the faith and imagery of this African tradition to motivate the rebel slaves. He was burned at the stake in 1758, though legend states that he survived.

Antes de leer

A. Anticipación Antes de leer el texto haz lo siguiente.

1. Mira el título de la lectura. ¿Qué idea general te da del contenido?
2. Piensa en algunas figuras históricas de tu propia cultura que se han transformado en figuras legendarias. ¿Quiénes son?
3. En general, ¿qué características comunes tienen las figuras legendarias de cualquier cultura?

Guía para la lectura

B. Detalles Lee la primera oración de cada uno de los cuatro párrafos y completa las siguientes oraciones con las palabras más adecuadas que encuentres en el texto.

1. Los dioses le dieron a Mackandal _______ _______.
2. Hacía _______ _______ que no se tenía información sobre Mackandal.
3. Ciertos animales eran _______ para Mackandal.
4. Mackandal era tan importante que sus poderes no _______ _______.

ANSWERS, B: 1. poderes extraordinarios o suprema autoridad 2. varios meses 3. disfraces 4. tenían límites

C. Comprensión Ahora lee el pasaje y después decide cuáles de las siguientes oraciones se refieren más que nada a la realidad de la historia y cuáles se refieren más que nada a la fantasía de la leyenda.

1. Mackandal era un líder importante de origen africano.
2. Los españoles mandaron capturar a Mackandal.
3. Era posible que Mackandal se transformara en varios animales.
4. Para Mackandal era importante que los esclavos formaran un imperio de negros libres.
5. Mackandal sólo tenía un brazo.
6. Los dioses le dieron poderes extraordinarios a Mackandal.
7. Alguien había visto a Mackandal volar en forma de pájaro.
8. Los negros se comunicaban por medio de los tambores.
9. Los esclavos hicieron todo lo posible para que Mackandal se escapara de sus enemigos.
10. En una ocasión a una mujer le nació un hijo que se parecía a un jabalí.

ANSWERS C: 1. historia 2. historia 3. leyenda 4. historia 5. historia 6. leyenda 7. leyenda 8. historia 9. historia 10. leyenda

D. La creación de la leyenda Lee de nuevo el texto y después trabaja con un/a compañero/a. Hablen sobre la pregunta siguiente y escriban una respuesta de ocho oraciones. ¿Por qué creen que los esclavos africanos del Caribe inventaron la leyenda de Mackandal?

POSSIBLE ANSWERS, D: Los esclavos se sentían más unidos en su lucha por la libertad al pensar que Mackandal tenía poderes extraordinarios. La visión de la realidad de los africanos incluía elementos mágicos como algo natural. La creación de una leyenda ayuda a darle miedo al enemigo. La leyenda se usaba para mantener viva la presencia de su líder, etcétera.

Al fin y al cabo

1. ¿Conoces leyendas basadas en la historia indígena o africana de tu país? ¿Cómo son?
2. ¿En qué se parece la historia de Mackandal a la de los héroes rebeldes de tu país?

POSSIBLE ANSWERS, AL FIN Y AL CABO: 1. Puede sugerir las leyendas relacionadas con Harriet Tubman, con Nat Turner, con los líderes del barco negrero *Amistad* o bien con Gerónimo, con Sitting Bull. También el legendario Baile de los Fantasmas *(Ghost Dance)* recuerda a los héroes indígenas. 2. Mackandal tenía cualidades mágicas y parecía invulnerable.

El reino de este mundo

Los extraordinarios poderes de Mackandal

The one-handed man
leader (Yoruba word)
Granted
Authorities
to hunt down
spread out

El manco Mackandal, hecho **un houngán** del rito Radá, tenía poderes extraordinarios por varias caídas en posesión de dioses mayores. **Dotado** de suprema autoridad por los **Mandatarios** de la otra orilla, había proclamado crear un gran imperio de negros libres en Santo Domingo. Se movilizaron todos los hombres disponibles de la corona española para **dar caza** a Mackandal. Millares de esclavos lo seguían y lo defendían de los enemigos cuyos ataques **se espaciaban.**

dances with castanets /
schooner ship
crushing
back
fur standing on end
a leg of venison / or pelican
had rid itself of fleas / by
flapping / arbor over the
rear patio /

Varios meses habían pasado sin que se supiera nada del manco. Algunos creían que se hubiera refugiado al centro del país, en la Gran Meseta, allá donde los negros bailaban **fandangos de castañuelas.** Otros afirmaban que el houngán, llevado en **una goleta,** estaba operando en la región de Jacmel, donde muchos hombres que habían muerto trabajaban la tierra, mientras no tuvieran oportunidad de probar la sal. Sin embargo, los esclavos se mostraban de un desafiante buen humor. Nunca habían golpeado los tambores con más fuerza los encargados de rimar **el apisonamiento** de maíz o el corte de las cañas. De noche, en sus barracas y viviendas, los negros se comunicaban, con gran regocijo, las más raras noticias: una iguana verde se había calentado **el lomo** en el techo del secadero de tabaco; alguien había visto volar, a mediodía, una mariposa nocturna; un perro grande, de **erizada pelambre,** había atravesado la casa, a todo correr, llevándose **un pernil de venado; un alcatraz había largado los piojos** —tan lejos del mar— **al sacudir** sus alas sobre el **emparrado del traspatio.**

unusual / disguises /
hoofed
gills
slithering / taken over
treetops

Todos sabían que la iguana verde, la mariposa nocturna, el perro desconocido, el alcatraz **inverosímil,** no eran sino simples **disfraces.** Dotado del poder de transformarse en animal **de pezuña,** en ave, pez o insecto, Mackandal visitaba continuamente las haciendas de la llanura para vigilar a sus fieles y saber si todavía confiaban en su regreso. De metamorfosis en metamorfosis, el manco estaba en todas partes, habiendo recobrado su integridad corpórea al vestir trajes de animales. Con alas un día, con **agallas** al otro, galopando o **arrastrándose,** se había **adueñado** del curso de los ríos subterráneos, de las cavernas de la costa, de **las copas de los árboles,** y reinaba ya sobre la isla entera.

break, tame
water tank / land gently on the
fragil branches of a myrrh
tree / slip through a
keyhole / boar / goat /
red-hot glowing horns
to unchain

Ahora, sus poderes no tenían límites. Lo mismo podía **domar** a un caballo que descansar en el frescor de **un aljibe, posarse en las ligeras de un aromo** o **colarse por el ojo de una cerradura.** Los perros no le ladraban; mudaba de sombra según conviniera. Por obra suya, a una negra le nació un niño con cara de **jabalí.** De noche se aparecía en los caminos bajo el pelo de **un chivo** negro con **ascuas en los cuernos.** Un día daría la señal del gran levantamiento, y los Señores de Allá, encabezados por Damballah, por el Amo de los Caminos y por Ogún de los Hierros, traerían el rayo y el trueno, para **desencadenar** el ciclón que completaría la obra de los hombres.

Texto sacado de Alejo Carpentier, El reino de este mundo, *Barcelona: Editorial Seix Barral, 3rd ed., 1972. pp. 29–30 y 32–33.*

INTERCAMBIO: ¿QUIÉN ES?

Estudiante A Selecciona uno de los escritores de la lista que tienes a continuación. Tu compañero/a de clase tiene que descubrir quién es. Para ello va a hacer preguntas a las que tú sólo puedes contestar **sí** o **no.** Cuando él/ella adivine el nombre del escritor, a ti te toca empezar a preguntar.

Camilo José Cela
Isabel Allende
Octavio Paz

CLASSROOM MANAGEMENT: Allow each student a few minutes to plan out the kind of questions he/she might ask. When they are done, tell students that they cannot use their notes for this activity and remind them to stay entirely in Spanish. If their partner says something that they do not understand, ask them to request clarification, etc. Likewise, if there are words that they aren't sure how to say in Spanish, tell them to think of alternate words and phrases that can describe the idea they wish to communicate.

Estudiante B Tu compañero/a de clase va a pensar en un escritor y tú tienes que adivinar quién es. Para ello vas a hacer preguntas a las que sólo puede contestar **sí** o **no.** Cuando adivines el nombre del escritor que ha seleccionado, es tu turno para seleccionar uno de los escritores de la lista que tienes a continuación. Tu compañero/a tiene que descubrir quién es.

Miguel de Cervantes
Gabriela Mistral
Gabriel García Márquez

VOCABULARIO

HERITAGE LEARNERS: Ask heritage learners to add to the **Vocabulario** any alternate vocabulary that they have come up with over the course of the chapter. They might put the words in categories like **Así lo dice el libro; Así lo dice el/la profesor/a; Así lo digo yo,** etc.

Track 3-23

The **Vocabulario** consists of all new words and expressions presented in the chapter. When reviewing or studying for a test, you can cover up the English and go through the list to see if you know the meaning of each item.

Para hablar de literatura *Speaking about literature*

el argumento *plot*
el/la autor/a *author*
el/la cuentista *storyteller*
el cuento *short story*
el drama *play*
el/la dramaturgo/a *playwrighter*
el/la ensayista *essayist*
el ensayo *essay*
el/la escritor/a *writer*
la historia *story, history*
la leyenda *legend*
el/la narrador/a *narrator*
la novela *novel*
el/la novelista *novelist*
la obra *work, play*
el personaje *character in a story*
el poema *poem*
el/la poeta *poet*
el premio *prize*
el/la protagonista *protagonist, main character*
el teatro *theater*
el tema *theme*

Algunas expresiones de tiempo *Some expressions of time*

antes de que *before*
cuando *when*
después de que *after*
en cuanto *as soon as*
hasta que *until*
tan pronto como *as soon as*

HERITAGE LEARNERS: Remind heritage learners to pay special attention to words that may contain spelling combinations that have traditionally been problematic for them. For example, the **rr** in **narrador,** the **y** in **leyenda** and **ensayo,** the **j** in **personaje,** etc.

APÉNDICE A

Grammar Guide

For more detailed explanations of these grammar points, consult the Index to find the pages where they are explained fully in the body of the textbook.

ACTIVE VOICE (La voz activa) A sentence written in the active voice identifies a subject that performs the action of the verb.

Juan	cantó	la canción.
Juan	***sang***	***the song.***
subject	**verb**	**direct object**

In the sentence above Juan is the performer of the verb **cantar.**

(*See also* **Passive Voice.**)

ADJECTIVES (Los adjetivos) are words that modify or describe **nouns** or **pronouns** and agree in **number** and generally in **gender** with the nouns they modify.

Las casas **azules** son **bonitas.**
The ***blue*** *houses are* ***pretty.***

Esas mujeres **mexicanas** son mis amigas **nuevas.**
Those ***Mexican*** *women are my* ***new*** *friends.*

Plazas es un libro **interesante** y **divertido.**
Plazas *is an* ***interesting*** *and* ***fun*** *book.*

- **Demonstrative adjectives (Los adjetivos demostrativos)** point out persons, places, or things relative to the position of the speaker. They always agree in **number** and **gender** with the **noun** they modify. The forms are: **este, esta, estos, estas / ese, esa, esos, esas / aquel, aquella, aquellos, aquellas.** There are also neuter forms that refer to generic ideas or things, and hence have no gender: **esto, eso, aquello.**

Este libro es fácil. — ***This*** *book is easy.*
Esos libros son difíciles. — ***Those*** *books are hard.*
Aquellos libros son pesados. — ***Those*** *books* ***(over there)*** *are boring.*

Demonstratives may also function as **pronouns,** replacing the **noun** but still agreeing with it in **number** and **gender. Demonstrative pronouns** carry an accent mark over the syllable that would be naturally stressed anyway:

Me gustan esas blusas verdes. — *I like those green blouses.*
¿Cuáles, **éstas**? — *Which ones,* ***these****?*
No. Me gustan **ésas.** — *No. I like* ***those.***

- **Stressed possessive adjectives (Los adjetivos posesivos acentuados)** are used for emphasis and follow the noun that they modifiy. These adjectives may also function as pronouns and always agree in **number** and in **gender.** The forms are: **mío, tuyo, suyo, nuestro, vuestro, suyo.** Unless they are directly preceded by the verb **ser,** stressed possessives must be preceded by the **definite article.**

Ese perro pequeño es **mío.** — *That little dog is* ***mine.***
Dame el **tuyo;** el **nuestro** no funciona. — *Give me* ***yours; ours*** *doesn't work.*

- **Unstressed possessive adjectives (Los adjetivos posesivos no acentuados)** demonstrate ownership and always precede the **noun** that they modify.

La señora Elman es **mi** profesora. — *Mrs. Elman is* ***my*** *professor.*
Debemos llevar **nuestros** libros a clase. — *We should take* ***our*** *books to class.*

ADVERBS (Los adverbios) are words that modify **verbs, adjectives,** or other adverbs and, unlike **adjectives,** do not have **gender** or **number.** Here are examples of different classes of adverbs:

Practicamos **diariamente.** — *We practice* ***daily.*** (adverb of manner)
Ellos van a salir **pronto.** — *They will leave* ***soon.*** (adverb of time)
Jennifer está **afuera.** — *Jennifer is* ***outside.*** (adverb of place)
No quiero ir **tampoco.** — *I don't want to go* ***either.*** (adverb of negation)
Paco habla **demasiado.** — *Paco talks* ***too much.*** (adverb of quantity)

AGREEMENT (La concordancia) refers to the correspondence between parts of speech in terms of **number, gender,** and **person.** Subjects agree with their verbs; articles and adjectives agree with the nouns they modify, etc.

Toda**s** la**s** lengua**s** son interesante**s.**	*All languages are interesting.* (number)
Ella es bonit**a.**	*She is pretty.* (gender)
Nosotros somos de España.	*We are from Spain.* (person)

ARTICLES (Los artículos) precede nouns and indicate whether they are definite or indefinite persons, places, or things.

- **Definite articles (Los artículos definidos)** refer to particular members of a group and are the equivalent of *the* in English. The definite articles are: **el, la, los, las.**

El hombre guapo es mi padre.	***The*** *handsome man is my father.*
Las mujeres de esta clase son inteligentes.	***The*** *women in this class are intelligent.*

- **Indefinite articles (Los artículos indefinidos)** refer to any unspecified member(s) of a group and are the equivalent of *a(n)* and *some.* The indefinite articles are: **un, una, unos, unas.**

Un hombre vino a nuestra casa anoche.	***A*** *man came to our house last night.*
Unas niñas jugaban en el parque.	***Some*** *girls were playing in the park.*

CLAUSES (Las cláusulas) are subject and verb combinations; for a sentence to be complete it must have at least one main clause.

- **Main clauses** (Independent clauses) **(Las cláusulas principales)** communicate a complete idea or thought.

Mi hermana va al hospital.	*My sister goes to the hospital.*

- **Subordinate clauses** (Dependent clauses) **(Las cláusulas subordinadas)** depend upon a main clause for their meaning to be complete.

Mi hermana va al hospital	con tal que no llueva.
My sister goes to the hospital	*provided that it's not raining.*
main clause	**subordinate clause**

In the sentence above, *provided that it's not raining* is not a complete idea without the information supplied by the main clause.

COMMANDS (Los mandatos) (*See* **Imperatives.**)

COMPARISONS (Las formas comparativas) are statements that describe one person, place, or thing relative to another in terms of quantity, quality, or manner.

- **Comparisons of equality (Las formas comparativas de igualdad)** demonstrate an equal share of a quantity or degree of a particular characteristic. These statements use a form of **tan(to)(ta)(s)** and **como.**

Ella tiene **tanto** dinero **como** Elena.	*She has* ***as much*** *money* ***as*** *Elena.*
Fernando trabaja **tanto como** Felipe.	*Fernando works* ***as much as*** *Felipe.*
Jim baila **tan** bien **como** Anne.	*Jim dances* ***as*** *well* ***as*** *Anne.*

- **Comparisons of inequality (Las formas comparativas de desigualdad)** indicate a difference in quantity, quality, or manner between the compared subjects. These statements use **más/menos... que** or comparative **adjectives** such as **mejor/peor, mayor/menor.**

España tiene **más** playas **que** México.	*Spain has* ***more*** *beaches* ***than*** *Mexico.*
Tú hablas español **mejor que** yo.	*You speak Spanish* ***better than*** *I.*

(*See also* **Superlatives.**)

CONJUGATIONS (Las conjugaciones) represent the inflected form of the verb as it is used with a particular **subject** or **person.**

Yo bailo los sábados.	***I dance*** *on Saturdays.* (1st-person singular)
Tú bailas los sábados.	***You dance*** *on Saturdays.* (2nd-person singular)
Ella baila los sábados.	***She dances*** *on Saturdays.* (3rd-person singular)
Nosotros bailamos los sábados.	***We dance*** *on Saturdays.* (1st-person plural)
Vosotros bailáis los sábados.	***You dance*** *on Saturdays.* (2nd-person plural)
Ellos bailan los sábados.	***They dance*** *on Saturdays.* (3rd-person plural)

CONJUNCTIONS (Las conjunciones) are linking words that join two independent **clauses** together.

Fuimos al centro **y** mis amigos compraron muchas cosas.
*We went downtown **and** my friends bought a lot of things.*

Yo quiero ir a la fiesta, **pero** tengo que estudiar.
*I want to go to the party, **but** I have to study.*

CONTRACTIONS (Las contracciones) in Spanish are limited to preposition/article combinations, such as **de + el = del** and **a + el = al,** or preposition/pronoun combinations such as **con + mí = conmigo** and **con + ti = contigo.**

DIRECT OBJECTS (Los objetos directos) in sentences are the direct recipients of the action of the verb. Direct objects answer the questions *What?* or *Whom?*

¿Qué hizo?	*What did she do?*
Ella hizo **la tarea.**	*She did her **homework.***
Y luego llamó **a su amiga.**	*And then called **her friend.***

(*See also* **Pronoun, Indirect Object, Personal *a*.**)

EXCLAMATIVE WORDS (Las palabras exclamativas) communicate surprise or strong emotion. Like interrogative words, exclamatives also carry accents.

¡**Qué** sorpresa!	***What** a surprise!*
¡**Cómo** canta Miguel!	***How well** Miguel sings!*

(*See also* **Interrogatives.**)

GENDER (El género) is a grammatical feature of Romance languages that classifies words as either masculine or feminine. The gender of the word is sometimes used to distinguish meaning **(la papa =** *the potato,* but **el Papa =** *the Pope;* **la policía =** *the police force,* but **el policía =** *the policeman*). It is important to memorize the gender of nouns when you learn the nouns.

GERUNDS (Los gerundios) are the Spanish equivalent of the *-ing* verb form in English. Regular gerunds are created by replacing the **infinitive** endings **(-ar, -er/-ir)** with **-ando** or **-iendo.** Gerunds are often used with the verb **estar** to form the present progessive tense. The present progressive tense places emphasis on the continuing or progressive nature of an action.

Miguel está **cantando** en la ducha.	*Miguel is **singing** in the shower.*

(*See also* **Present Participle.**)

IDIOMATIC EXPRESSIONS (Las frases idiomáticas) are phrases in Spanish that do not have a literal English equivalent.

Hace mucho frío.	*It is very cold.* (Literally, *It makes a lot of cold.)*

IMPERATIVES (Los imperativos) represent the mood used to express requests or commands. It is more direct than the **subjunctive** mood. Imperatives are commonly called commands and fall into two categories: affirmative and negative. Spanish speakers must also choose between using formal commands and informal commands based upon whether one is addressed as **usted** (formal) or **tú** (informal).

Habla conmigo.	**Talk** to me. (informal, affirmative)
No me hables.	**Don't talk to me.** (informal, negative)
Hable con la policía.	**Talk** to the police. (formal, singular, affirmative)
No hable con la policía.	**Don't talk** to the police. (formal, singular, negative)
Hablen con la policía.	**Talk** to the police. (formal, plural, affirmative)
No hablen con la policía	**Don't talk** to the police. (formal, plural, negative)

(*See also* **Mood.**)

IMPERFECT (el imperfecto) The imperfect tense is used to make statements about the past when the speaker wants to convey the idea of 1) habitual or repeated action, 2) two actions in progress simultaneously, or 3) an event that was in progress when another action interrupted. The imperfect tense is also used to emphasize the ongoing nature of the middle of the event, as opposed to its beginning or end. Age and clock time are always expressed using the imperfect.

Cuando María **era** joven, ella **cantaba** en el coro.
*When María **was** young, she **used to sing** in the choir.*

Aquel día **llovía** mucho y el cielo **estaba** oscuro.
*That day **it was raining** a lot and the sky **was** dark.*

Juan **dormía** cuando sonó el teléfono.
*Juan **was sleeping** when the phone rang.*

(*See also* **Preterite.**)

IMPERSONAL EXPRESSIONS (Las expresiones impersonales) are statements that contain the impersonal subjects of *it* or *one*.

Es necesario estudiar. — ***It is necessary** to study.*
Se necesita estudiar. — ***One needs to** study.*

(*See also* **Passive Voice.**)

INDEFINITE WORDS (Las palabras indefinidas) are **articles, adjectives, nouns** or **pronouns** that refer to unspecified members of a group.

Un hombre vino. — ***A** man came.* (indefinite article)
Alguien vino. — ***Someone** came.* (indefinite noun)
Algunas personas vinieron. — ***Some** people came.* (indefinite adjective)
Algunas vinieron. — ***Some** came.* (indefinite pronoun)

(*See also* **Articles.**)

INDICATIVE (El indicativo) The indicative is a mood, rather than a tense. The indicative is used to express ideas that are considered factual or certain and, therefore, not subject to speculation, doubt, or negation.

Josefina **es** española. — *Josefina **is** Spanish.*
(present indicative)

(*See also* **Mood.**)

INDIRECT OBJECTS (Los objetos indirectos) are the indirect recipients of an action in a sentence and answer the questions *To whom?* or *For whom?* In Spanish it is common to include an indirect object **pronoun** along with the indirect object.

Yo **le** di el libro **a Sofía.** — *I gave the book **to Sofia.***
Sofía **les** guardó el libro **para sus padres**. — *Sofia kept the book **for her parents.***

(*See also* **Direct Objects** and **Pronouns.**)

INFINITIVES (Los infinitivos) are verb forms that are uninflected or not **conjugated** according to a specific **person.** In English, infinitives are preceded by *to: to talk, to eat, to live.* Infinitives in Spanish end in **-ar (hablar), -er (comer),** and **-ir (vivir).**

INTERROGATIVES (Las formas interrogativas) are used to pose questions and carry accent marks to distinguish them from other uses. Basic interrogative words include: **quién(es), qué, cómo, cuánto(a)(s), cuándo, por qué, dónde.**

¿**Qué** quieres? — ***What** do you want?*
¿**Cuándo** llegó ella? — ***When** did she arrive?*
¿De **dónde** eres? — ***Where** are you from?*

(*See also* **Exclamative Words.**)

MOOD (El modo) is like the word *mode,* meaning *manner* or *way.* It indicates the way in which the speaker views an action, or his/her attitude toward the action. Besides the **imperative** mood, which is simply giving commands, you learn two basic moods in Spanish: the **subjunctive** and the **indicative.** Basically, the subjunctive mood communicates an attitude of uncertainty or negation toward the action, while the indicative indicates that the action is certain or factual. Within each of these moods there are many **tenses.** Hence you have the present indicative and the present subjunctive, the present perfect indicative and the present perfect subjunctive, etc.

- **Indicative mood (El indicativo)** implies that what is stated or questioned is regarded as true.

Yo **quiero** ir a la fiesta.	***I want*** *to go to the party.*
Quieres ir conmigo?	***Do you want*** *to go with me?*

- **Subjunctive mood (El subjuntivo)** indicates a recommendation, a statement of doubt or negation, or a hypothetical situation.

Yo recomiendo que tú **vayas** a la fiesta.	*I recommend* ***that you go*** *to the party.*
Dudo que **vayas** a la fiesta.	*I doubt that* ***you'll go*** *to the party.*
No creo que **vayas** a la fiesta.	*I don't believe that* ***you'll go*** *to the party.*
Si **fueras** a la fiesta, te divertirías.	*If* ***you were to go*** *to the party, you would have a good time.*

- **Imperative mood (El imperativo)** is used to make a command or request.

¡**Ven** conmigo a la fiesta!	***Come*** *with me to the party!*

(*See also* **Indicative, Imperative,** and **Subjunctive.**)

NEGATION (La negación) takes place when a negative word, such as **no,** is placed before an affirmative sentence. In Spanish, double negatives are common.

Yolando va a cantar esta noche.	*Yolando will sing tonight.* (affirmative)
Yolando **no** va a cantar esta noche.	*Yolanda will* ***not*** *sing tonight.* (negative)
Ramón quiere algo.	*Ramón wants something.* (affirmative)
Ramón **no** quiere **nada.**	*Ramón* ***doesn't*** *want* ***anything.*** (negative)

NOUNS (Los sustantivos) are persons, places, things, or ideas. Names of people, countries, and cities are proper nouns and are capitalized.

Alberto	*Albert* (person)
el pueblo	*town* (place)
el diccionario	*dictionary* (thing)

ORTHOGRAPHY (La ortografía) refers to the spelling of a word or anything related to spelling such as accentuation.

PASSIVE VOICE (La voz pasiva), as compared to **active voice (la voz activa),** places emphasis on the action itself rather than the agent of the action (the person or thing that is indirectly responsible for committing the action). The passive **se** is used when there is no apparent agent of the action.

Luis vende los coches.	*Luis sells the cars.* (active voice)
Los coches **son vendidos por** Luis.	*The cars* ***are sold by*** *Luis.* (passive voice)
Se venden los coches.	*The cars* ***are sold.*** (passive voice)

(*See also* **Active Voice.**)

PAST PARTICIPLES (El participio pasado) are verb forms used in compound tenses such as the **present perfect.** Regular past participles are formed by dropping the **-ar** or **-er/-ir** from the **infinitive** and adding **-ado** or **-ido.** Past participles are the equivalent of verbs ending in *-ed* in English. They may also be used as **adjectives,** in which case they agree in **number** and **gender** with their nouns. Irregular past participles include: **escrito, roto, dicho, hecho, puesto, vuelto, muerto, cubierto.**

Marta ha **subido** la montaña.	*Marta has* ***climbed*** *the mountain.*
Hemos **hablado** mucho por teléfono.	*We have* ***talked*** *a lot on the phone.*
La novela **publicada** en 1995 es su mejor novela.	*The novel* ***published*** *in 1995 is her best novel.*

PERFECT TENSES (Los tiempos perfectos) communicate the idea that an action has taken place before now (present perfect) or before a moment in the past (past perfect). The perfect tenses are compound tenses consisting of the verb **haber** plus the **past participle** of a second verb.

Yo **he comido.**	***I have eaten.*** (present perfect indicative)
Antes de la fiesta, yo **había comido.**	*Before the party **I had eaten.*** (past perfect indicative)
Yo espero que **hayas comido.**	*I hope that **you have eaten.*** (present perfect subjunctive)
Yo esperaba que **hubieras comido.**	*I hoped that **you had eaten.*** (past perfect subjunctive)

PERSON (La persona) refers to changes in the subject pronouns that indicate if one is speaking (first person), if one is spoken to (second person), or if one is spoken about (third person).

Yo hablo.	*I speak.* (1st-person singular)
Tú hablas.	*You speak.* (2nd-person singular)
Ud./Él/Ella habla.	*You/He/She speak.* (3rd-person singular)
Nosotros(as) hablamos.	*We speak.* (1st-person plural)
Vosotros(as) habláis.	*You speak.* (2nd-person plural)
Uds./Ellos/Ellas hablan.	*They speak.* (3rd-person plural)

PREPOSITIONS (Las preposiciones) are linking words indicating spatial or temporal relations between two words.

Ella nadaba **en** la piscina.	*She was swimming **in** the pool.*
Yo llamé **antes de** las nueve.	*I called **before** nine o'clock.*
El libro es **para** ti.	*The book is **for** you.*
Voy **a** la oficina.	*I'm going **to** the office.*
Jorge es **de** Paraguay.	*Jorge is **from** Paraguay.*

PRESENT PARTICIPLE (*See* **Gerunds.**)

PRETERITE (El pretérito) The preterite tense, as compared to the **imperfect tense,** is used to talk about past events with specific emphasis on the beginning or the end of the action, or emphasis on the completed nature of the action as a whole.

Anoche yo **empecé** a estudiar a las once y **terminé** a la una.
*Last night I **began** to study at eleven o'clock and **finished** at one o'clock.*

Esta mañana **me desperté** a las siete, **desayuné, me duché** y **vine** al campus para las ocho.
*This morning **I woke up** at seven, **I ate** breakfast, **I showered,** and **I came** to campus by eight.*

PERSONAL A (La *a* personal) The personal **a** refers to the placement of the preposition **a** before the name of a person when that person is the **direct object** of the sentence.

Voy a llamar **a** María.	*I'm going to call María.*

PRONOUNS (Los pronombres) are words that substitute for **nouns** in a sentence.

Yo quiero **éste.**	*I want **this one.*** (demonstrative—points out a specific person, place, or thing)
¿**Quién** es tu amigo?	***Who** is your friend?* (interrogative—used to ask questions)
Yo voy a llamar**la.**	*I'm going to call **her.*** (direct object—replaces the direct object of the sentence)
Ella va a dar**le** el reloj.	*She is going to give **him** the watch.* (indirect object—replaces the indirect object of the sentence)
Juan **se** baña por la mañana.	*Juan bathes **himself** in the morning.* (reflexive—used with reflexive verbs to show that the agent of the action is also the recipient)
Es la mujer **que** conozco.	*She is the woman **that** I know.* (relative—used to introduce a clause that describes a noun)
Nosotros somos listos.	**We** are clever. (subject—replaces the noun that performs the action or state of a verb)

SUBJECTS (Los sujetos) are the persons, places, or things that perform the action or state of being of a verb. The **conjugated** verb always agrees with its subject.

Carlos siempre baila solo. — ***Carlos** always dances alone.*
Colorado y **California** son mis estados preferidos. — ***Colorado** and **California** are my favorite states.*
La cafetera produce el café. — *The **coffee pot** makes the coffee.*

(*See also* **Active Voice.**)

SUBJUNCTIVE (El subjuntivo) The subjunctive mood is used to express speculative, doubtful, or hypothetical situations. It also communicates a degree of subjectivity or influence of the main clause over the subordinate clause.

No creo que **tengas** razón. — *I don't think that **you're** right.*
Si yo **fuera** el jefe, pagaría más a mis empleados. — *If I **were** the boss, I would pay my employees more.*
Quiero que **estudies** más. — *I want **you to study** more.*

(*See also* **Mood, Indicative.**)

SUPERLATIVE STATEMENTS (Las frases superlativas) are formed by adjectives or adverbs to make comparisons among three or more members of a group. To form superlatives, add a definite article **(el, la, los, las)** before the comparative form.

Juan es **el más alto** de los tres. — *Juan is **the tallest** of the three.*
Este coche es **el más rápido** de todos. — *This car is **the fastest** of them all.*

(*See also* **Comparisons.**)

TENSES (Los tiempos) refer to the manner in which time is expressed through the **verb** of a sentence.

Yo estudio. — *I study.* (present tense)
Yo estoy estudiando. — *I am studying.* (present progressive)
Yo he estudiado. — *I have studied.* (present perfect)
Yo había estudiado. — *I had studied.* (past perfect)
Yo estudié. — *I studied.* (preterite tense)
Yo estudiaba. — *I was studying.* (imperfect tense)
Yo estudiaré — *I will study.* (future tense)

VERBS (Los verbos) are the words in a sentence that communicate an action or state of being.

Helen **es** mi amiga y ella **lee** muchas novelas.
*Helen **is** my friend and she **reads** a lot of novels.*

- **Auxiliary verbs (Los verbos auxiliares)** or helping verbs are verbs such as **estar** and **haber** used to form the present progressive and the present perfect, respectively.

Estamos estudiando mucho para el examen mañana.
***We are** studying a lot for the exam tomorrow.*

Helen **ha** trabajado mucho en este proyecto.
*Helen **has** worked a lot on this project.*

- **Reflexive verbs (Los verbos reflexivos)** use reflexive **pronouns** to indicate that the person initiating the action is also the recipient of the action.

Yo **me afeito** por la mañana. — ***I shave (myself)** in the morning.*

- **Stem-changing verbs (Los verbos con cambios de raíz)** undergo a change in the main part of the verb when conjugated. To find the stem, drop the **-ar, -er,** or **-ir** from the **infinitive: dorm-, empez-, ped-.** There are three types of stem-changing verbs: **o** to **ue**, **e** to **ie** and **e** to **i.**

dormir: Yo d**ue**rmo en el parque. — *I sleep in the park.* **(o** to **ue)**
empezar: Ella siempre emp**ie**za su trabajo temprano. — *She always starts her work early.* **(e** to **ie)**
pedir: ¿Por qué no p**i**des ayuda? — *Why don't you ask for help?* **(e** to **i)**

APÉNDICE B: Los verbos regulares

Simple tenses

	Present Indicative	Imperfect	Preterite	Future	Conditional	Present Subjunctive	Past Subjunctive	Commands
hablar	hablo	hablaba	hablé	hablaré	hablaría	hable	hablara	
(to speak)	hablas	hablabas	hablaste	hablarás	hablarías	hables	hablaras	habla (no hables)
	habla	hablaba	habló	hablará	hablaría	hable	hablara	hable
	hablamos	hablábamos	hablamos	hablaremos	hablaríamos	hablemos	habláramos	hablamos
	habláis	hablabais	hablásteis	hablaréis	hablaríais	habléis	hablarais	hablad (no habléis)
	hablan	hablaban	hablaron	hablarán	hablarían	hablen	hablaran	hablen
aprender	aprendo	aprendía	aprendí	aprenderé	aprendería	aprenda	aprendiera	
(to learn)	aprendes	aprendías	aprendiste	aprenderás	aprenderías	aprendas	aprendieras	aprende (no aprendas)
	aprende	aprendía	aprendió	aprenderá	aprendería	aprenda	aprendiera	aprenda
	aprendemos	aprendíamos	aprendimos	aprenderemos	aprenderíamos	aprendamos	aprendiéramos	aprendemos
	aprendéis	aprendíais	aprendisteis	aprenderéis	aprenderíais	aprendáis	aprendierais	aprended (no aprendáis)
	aprenden	aprendían	aprendieron	aprenderán	aprenderían	aprendan	aprendieran	aprendan
vivir	vivo	vivía	viví	viviré	viviría	viva	viviera	
(to live)	vives	vivías	viviste	vivirás	vivirías	vivas	vivieras	vive (no vivas)
	vive	vivía	vivió	vivirá	viviría	viva	viviera	viva
	vivimos	vivíamos	vivimos	viviremos	viviríamos	vivamos	viviéramos	vivimos
	vivís	vivíais	vivisteis	viviréis	viviríais	viváis	vivierais	vivid (no viváis)
	viven	vivían	vivieron	vivirán	vivirían	vivan	vivieran	vivan

Compound tenses

Present progressive	estoy estás está	estamos estáis están	hablando	aprendiendo	viviendo
Present perfect indicative	he has ha	hemos habéis han	hablado	aprendido	vivido
Past perfect indicative	había habías había	habíamos habíais habían	hablado	aprendido	vivido

APÉNDICE C: Los verbos con cambios en la raíz

Infinitive Present Participle Past Participle	*Present Indicative*	*Past Imperfect*	*Preterite*	*Future*	*Conditional*	*Present Subjunctive*	*Past Subjunctive*	*Commands*
pensar	**pienso**	pensaba	pensé	pensaré	pensaría	**piense**	pensara	
to think	**piensas**	pensabas	pensaste	pensarás	pensarías	**pienses**	pensaras	**piensa (no pienses)**
e → ie	**piensa**	pensaba	pensó	pensará	pensaría	**piense**	pensara	**piense**
pensando	pensamos	pensábamos	pensamos	pensaremos	pensaríamos	pensamos	pensáramos	**pensemos**
pensado	pensáis	pensabais	pensasteis	pensaréis	pensaríais	penséis	pensarais	**pensad (no penséis)**
	piensan	pensaban	pensaron	pensarán	pensarían	**piensen**	pensaran	**piensen**
acostarse	me **acuesto**	me acostaba	me acosté	me acostaré	me acostaría	me **acueste**	me acostara	
to go to bed	te **acuestas**	te acostabas	te acostaste	te acostarás	te acostarías	te **acuestes**	te acostaras	**acuéstate (no te acuestes)**
o → ue	se **acuesta**	se acostaba	se acostó	se acostará	se acostaría	se **acueste**	se acostara	**acuéstese**
acostándose	nos acostamos	nos acostábamos	nos acostamos	nos acostaremos	nos acostaríamos	nos acostemos	nos acostáramos	**acostámos**
acostado	os acostáis	os acostabais	os acostasteis	os acostaréis	os acostaríais	os acostéis	os acostarais	acostados **(no os acostéis)**
	se **acuestan**	se acostaban	se acostaron	se acostarán	se acostarían	se **acuesten**	se acostaran	**acuéstense**
sentir	**siento**	sentía	sentí	sentiré	sentiría	**sienta**	**sintiera**	
to feel	**sientes**	sentías	sentiste	sentirás	sentiríais	**sientas**	**sintieras**	**siente (no sientas)**
e → ie, i	**siente**	sentía	**sintió**	sentirá	sentiría	**sienta**	**sintiera**	**sienta**
sintiendo	sentimos	sentíamos	sentimos	sentiremos	sentiríamos	**sintamos**	**sintiéramos**	**sintamos (no sintáis)**
sentido	sentís	sentíais	sentisteis	sentiréis	sentiríais	**sintáis**	**sintierais**	sentid
	sienten	sentían	**sintieron**	sentirán	sentirían	**sientan**	**sintieran**	**sientan**
pedir	**pido**	pedía	pedí	pediré	pediría	**pida**	**pidiera**	
to ask for	**pides**	pedías	pediste	pedirás	pedirías	**pidas**	**pidieras**	**pide (no pidas)**
e → i, i	**pide**	pedía	**pidió**	pedirá	pediría	**pida**	**pidiera**	**pida**
pidiendo	pedimos	pedíamos	pedimos	pediremos	pediríamos	**pidamos**	**pidiéramos**	**pidamos**
pedido	pedís	pedíais	pedisteis	pediréis	pediríais	**pidáis**	**pidierais**	pedid **(no pidáis)**
	piden	pedían	**pidieron**	pedirán	pedirían	**pidan**	**pidieran**	**pidan**
dormir	**duermo**	dormía	dormí	dormiré	dormiría	**duerma**	**durmiera**	
to sleep	**duermes**	dormíais	dormiste	dormirás	dormirías	**duermas**	**durmieras**	**duerme (no duermas)**
o → ue, u	**duerme**	dormía	**durmió**	dormirá	dormiría	**duerma**	**durmiera**	**duerma**
durmiendo	dormimos	dormíamos	dormimos	dormiremos	dormiríamos	**durmamos**	**durmiéramos**	**durmamos**
dormido	dormís	dormíais	dormisteis	dormiréis	dormiríais	**durmáis**	**durmierais**	dormid **(no durmáis)**
	duermen	dormían	**durmieron**	dormirán	dormirían	**duerman**	**durmieran**	**duerman**

APÉNDICE D: Los verbos con cambios de ortografía

Infinitive Present Participle Past Participle	***Present Indicative***	***Past Imperfect***	***Preterite***	***Future***	***Conditional***	***Present Subjunctive***	***Past Subjunctive***	***Commands***
comenzar	comienzo	comenzaba	**comencé**	comenzaré	comenzaría	**comience**	comenzara	
(e → ie)	comienzas	comenzabas	comenzaste	comenzarás	comenzaríais	**comiences**	comenzaras	comienza **(no comiences)**
to begin	comienza	comenzaba	comenzó	comenzará	comenzaría	**comience**	comenzara	**comience**
z → c	comenzamos	comenzábamos	comenzamos	comenzaremos	comenzaríamos	**comencemos**	comenzáramos	**comencemos**
before e	comenzáis	comenzabais	comenzasteis	comenzaréis	comenzaríais	**comencéis**	comenzarais	comenzad **(no comencéis)**
comenzando	comienzan	comenzaban	comenzaron	comenzarán	comenzarían	**comiencen**	comenzaran	**comiencen**
comenzado								
conocer	**conozco**	conocía	conocí	conoceré	conocería	**conozca**	conociera	
to know	conoces	conocías	conociste	conocerás	conocerías	**conozcas**	conocieras	conoce **(no conozcas)**
c → zc	conoce	conocía	conoció	conocerá	conocería	**conozca**	conociera	**conozca**
before a, o	conocemos	conocíamos	conocimos	conoceremos	conoceríamos	**conozcamos**	conociéramos	**conozcamos**
conociendo	conocéis	conocíais	conocisteis	conoceréis	conoceríais	**conozcáis**	conocierais	conoced **(no conozcáis)**
conocido	conocen	conocían	conocieron	conocerán	conocerían	**conozcan**	conocieran	**conozcan**
pagar	pago	pagaba	**pagué**	pagaré	pagaría	**pague**	pagara	
to pay	pagas	pagabas	pagaste	pagarás	pagarías	**pagues**	pagaras	paga **(no pagues)**
g → gu	paga	pagaba	pagó	pagará	pagaría	**pague**	pagara	**pague**
before e	pagamos	pagábamos	pagamos	pagaremos	pagaríamos	**paguemos**	pagáramos	**paguemos**
pagando	pagáis	pagabais	pagasteis	pagaréis	pagaríais	**paguéis**	pagarais	pagad **(no paguéis)**
pagado	pagan	pagaban	pagaron	pagarán	pagarían	**paguen**	pagaran	**paguen**
seguir	**sigo**	seguía	seguí	seguiré	seguiría	**siga**	siguiera	
(e → i, i)	sigues	seguías	seguiste	seguirás	seguirías	**sigas**	siguieras	sigue **(no sigas)**
to follow	sigue	seguía	siguió	seguirá	seguiría	**siga**	siguiera	**siga**
gu → g	seguimos	seguíamos	seguimos	seguiremos	seguiríamos	**sigamos**	siguiéramos	**sigamos**
before a, o	seguís	seguíais	seguisteis	seguiréis	seguiríais	**sigáis**	siguierais	seguid **(no sigáis)**
siguiendo	siguen	seguían	siguieron	seguirán	seguirían	**sigan**	siguieran	**sigan**
seguido								
tocar	tocas	tocaba	**toqué**	tocaré	tocaría	**toque**	tocara	
to play, to touch	toca	tocabas	tocaste	tocará	tocarías	**toques**	tocaras	toca **(no toques)**
c → qu	tocamos	tocaba	tocó	tocarás	tocaría	**toque**	tocara	**toque**
before e	tocáis	tocábamos	tocamos	tocaremos	tocaríamos	**toquemos**	tocáramos	**toques**
tocando	tocan	tocabais	tocasteis	tocaréis	tocaríais	**toquéis**	tocarais	tocad **(no toquéis)**
tocado		tocaban	tocaron	tocarán	tocarían	**toquen**	tocaran	**toquen**

APÉNDICE E: Los verbos irregulares

Infinitive *Present Participle* *Past Participle*	*Present Indicative*	*Past Imperfect*	*Preterite*	*Future*	*Conditional*	*Present Subjunctive*	*Past Subjunctive*	*Commands*
andar	ando	andaba	**anduve**	andaré	andaría	ande	**anduviera**	
to walk	andas	andabas	**anduviste**	andarás	andarías	andes	**anduvieras**	anda (no andes)
andando	anda	andaba	**anduvo**	andará	andaría	ande	**anduviera**	ande
andado	andamos	andábamos	**anduvimos**	andaremos	andaríamos	andemos	**anduviéramos**	andemos
	andáis	andabais	**anduvisteis**	andaréis	andaríais	andéis	**anduvierais**	andad (no andéis)
	andan	andaban	**anduvieron**	andarán	andarían	anden	**anduvieran**	anden
*dar	**doy**	daba	**di**	daré	daría	**dé**	**diera**	
to give	das	dabas	**diste**	darás	darías	**des**	**dieras**	da **(no des)**
dando	da	daba	**dio**	dará	daría	**dé**	**diera**	**dé**
dado	damos	dábamos	**dimos**	daremos	daríamos	**demos**	**diéramos**	**demos**
	dais	dabais	**disteis**	daréis	daríais	**deis**	**dierais**	dad **(no deis)**
	dan	daban	**dieron**	darán	darían	**den**	**dieran**	den
*decir	**digo**	decía	**dije**	**diré**	**diría**	**diga**	**dijera**	
to say, tell	**dices**	decías	**dijiste**	**dirás**	**dirías**	**digas**	**dijeras**	**di (no digas)**
diciendo	**dice**	decía	**dijo**	**dirá**	**diría**	**diga**	**dijera**	**diga**
dicho	decimos	decíamos	**dijimos**	**diremos**	**diríamos**	**digamos**	**dijéramos**	**digamos**
	decís	decíais	**dijisteis**	**diréis**	**diríais**	**digáis**	**dijerais**	decid **(no digáis)**
	dicen	decían	**dijeron**	**dirán**	**dirían**	**digan**	**dijeran**	**digan**
*estar	**estoy**	estaba	**estuve**	estaré	estaría	**esté**	**estuviera**	
to be	**estás**	estabas	**estuviste**	estarás	estarías	**estés**	**estuvieras**	**está (no estés)**
estando	**está**	estaba	**estuvo**	estará	estaría	**esté**	**estuviera**	**esté**
estado	estamos	estábamos	**estuvimos**	estaremos	estaríamos	**estemos**	**estuviéramos**	**estemos**
	estáis	estabais	**estuvisteis**	estaréis	estaríais	**estéis**	**estuvierais**	estad **(no estéis)**
	están	estaban	**estuvieron**	estarán	estarían	**estén**	**estuvieran**	**estén**
haber	**he**	había	**hube**	**habré**	**habría**	**haya**	**hubiera**	
to have	**has**	habías	**hubiste**	**habrás**	**habrías**	**hayas**	**hubieras**	**he (no hayas)**
habiendo	**ha [hay]**	había	**hubo**	**habrá**	**habría**	**haya**	**hubieran**	**haya**
habido	**hemos**	habíamos	**hubimos**	**habremos**	**habríamos**	**hayamos**	**hubiéramos**	**hayamos**
	habéis	habíais	**hubisteis**	**habréis**	**habríais**	**hayáis**	**hubierais**	habed **(no hayáis)**
	han	habían	**hubieron**	**habrán**	**habrían**	**hayan**	**hubieran**	**hayan**
*hacer	**hago**	hacía	**hice**	**haré**	**haría**	**haga**	**hiciera**	
to make, to do	haces	hacías	**hiciste**	**harás**	**harías**	**hagas**	**hicieras**	**haz (no hagas)**
haciendo	hace	hacía	**hizo**	**hará**	**haría**	**haga**	**hiciera**	**haga**
hecho	hacemos	hacíamos	**hicimos**	**haremos**	**haríamos**	**hagamos**	**hiciéramos**	**hagamos**
	hacéis	hacíais	**hicisteis**	**haréis**	**haríais**	**hagáis**	**hiciérais**	haced **(no hagáis)**
	hacen	hacían	**hicieron**	**harán**	**harían**	**hagan**	**hicieran**	**hagan**

APÉNDICE E (continued)

Infinitive Present Participle Past Participle	Present Indicative	Past Imperfect	Preterite	Future	Conditional	Present Subjunctive	Past Subjunctive	Commands
ir	**voy**	**iba**	**fui**	iré	iría	**vaya**	**fuera**	
to go	**vas**	**ibas**	**fuiste**	irás	irías	**vayas**	**fueras**	**ve (no vayas)**
yendo	**va**	**iba**	**fue**	irá	iría	**vaya**	**fuera**	**vaya**
ido	**vamos**	**íbamos**	**fuimos**	iremos	iríamos	**vayamos**	**fuéramos**	**vamos (no vayamos)**
	vais	**ibais**	**fuisteis**	iréis	iríais	**vayáis**	**fuerais**	id **(no vayáis)**
	van	**iban**	**fueron**	irán	irían	**vayan**	**fueran**	**vayan**
*oír	**oigo**	oía	oí	oíré	oiría	**oiga**	**oyera**	
to hear	**oyes**	oías	**oíste**	oirás	oirías	**oigas**	**oyeras**	**oye (no oigas)**
oyendo	**oye**	oía	**oyó**	oirá	oiría	**oiga**	**oyera**	**oiga**
oído	**oímos**	oíamos	**oímos**	oiremos	oiríamos	**oigamos**	**oyéramos**	**oigamos**
	oías	**oíais**	**oísteis**	oiréis	oiríais	**oigáis**	**oyerais**	oíd **(no oigáis)**
	oyen	oían	**oyeron**	oirán	oirían	**oigan**	**oyeran**	**oigan**
poder	**puedo**	podía	**pude**	**podré**	**podría**	**pueda**	**pudiera**	
(o → ue)	**puedes**	podías	**pudiste**	**podrás**	**podrías**	**puedas**	**pudieras**	**puede (no puedas)**
can, to be able	**puede**	podía	**pudo**	**podrá**	**podría**	**pueda**	**pudiera**	**pueda**
pudiendo	podemos	podíamos	**pudimos**	**podremos**	**podríamos**	podamos	**pudiéramos**	**podamos**
podido	podéis	podiais	**pudisteis**	**podréis**	**podríais**	podáis	**pudierais**	poded **(no pongáis)**
	pueden	podían	**pudieron**	**podrán**	**podrían**	**puedan**	**pudieran**	**puedan**
*poner	**pongo**	ponía	**puse**	**pondré**	**pondría**	**ponga**	**pusiera**	
to place, to put	pones	ponías	**pusiste**	**pondrás**	**pondrías**	**pongas**	**pusieras**	**pon (no pongas)**
poniendo	pone	ponía	**puso**	**pondrá**	**pondría**	**ponga**	**pusiera**	**ponga**
puesto	ponemos	poníamos	**pusimos**	**pondremos**	**pondríamos**	**pongamos**	**pusiéramos**	**pongamos**
	ponéis	poníais	**pusisteis**	**pondréis**	**pondríais**	**pongáis**	**pusierais**	poned **(no pongáis)**
	ponen	ponían	**pusieron**	**pondrán**	**pondrían**	**pongan**	**pusieran**	**pongan**
querer	**quiero**	quería	**quise**	**querré**	**querría**	**quiera**	**quisiera**	
(e → ie)	**quieres**	querías	**quisiste**	**querrás**	**querrías**	**quieras**	**quisieras**	**quiere (no quieras)**
to like	**quiere**	quería	**quiso**	**querrá**	**querría**	**quiera**	**quisiera**	**quiera**
queriendo	queremos	queríamos	**quisimos**	**querramos**	**querríamos**	querramos	**quisiéramos**	**queramos**
querido	queréis	queríais	**quisisteis**	**querréis**	**querríais**	querráis	**quisierais**	quered (no queráis)
	quieren	querían	**quisieron**	**querrán**	**querrían**	**quieran**	**quisieran**	**quieran**
*saber	sé	sabía	**supe**	**sabré**	**sabría**	**sepa**	**supiera**	
to know	sabes	sabías	**supiste**	**sabrás**	**sabrías**	**sepas**	**supieras**	sabe **(no sepas)**
sabiendo	sabe	sabía	**supo**	**sabrá**	**sabría**	**sepa**	**supiera**	**sepa**
sabido	sabemos	sabíamos	**supimos**	**sabremos**	**sabríamos**	**sepamos**	**supiéramos**	**sepamos**
	sabéis	sabíais	**supisteis**	**sabréis**	**sabríais**	**sepáis**	**supierais**	sabed **(no sepáis)**
	saben	sabían	**supieron**	**sabrán**	**sabrían**	**sepan**	**supieran**	**sepan**

Infinitive Present Participle Past Participle	***Present Indicative***	***Past Imperfect***	***Preterite***	***Future***	***Conditional***	***Present Subjunctive***	***Past Subjunctive***	***Commands***
*salir	**salgo**	salía	salí	**saldré**	**saldría**	**salga**	saliera	
to go out	sales	salías	saliste	**saldrás**	**saldrías**	**salgas**	salieras	**sal (no salgas)**
saliendo	sale	salía	salió	**saldrá**	**saldría**	**salga**	saliera	**salga**
salido	salimos	salíamos	salimos	**saldremos**	**saldríamos**	**salgamos**	saliéramos	**salgamos**
	salís	salíais	salisteis	**saldréis**	**saldríais**	**salgáis**	salierais	salid **(no salgáis)**
	salen	salían	salieron	**saldrán**	**saldrían**	**salgan**	salieran	**salgan**
ser	**soy**	**era**	**fui**	seré	sería	**sea**	**fuera**	
to be	**eres**	**eras**	**fuiste**	serás	serías	**seas**	**fueras**	**sé (no seas)**
siendo	**es**	**era**	**fue**	será	sería	**sea**	**fuera**	**sea**
sido	**somos**	**éramos**	**fuimos**	seremos	seríamos	**seamos**	**fuéramos**	**seamos**
	sois	**erais**	**fuisteis**	seréis	seríais	**seáis**	**fuerais**	sed **(no seáis)**
	son	**eran**	**fueron**	serán	serían	**sean**	**fueran**	**sean**
*tener	**tengo**	tenía	**tuve**	**tendré**	**tendría**	**tenga**	**tuviera**	
(e → ie)	**tienes**	tenías	**tuviste**	**tendrás**	**tendrías**	**tengas**	**tuvieras**	**ten (no tengas)**
to have	**tiene**	tenía	**tuvo**	**tendrá**	**tendría**	**tenga**	**tuviera**	**tenga**
teniendo	tenemos	teníamos	**tuvimos**	**tendremos**	**tendríamos**	**tengamos**	**tuviéramos**	**tengamos**
tenido	tenéis	teníais	**tuvisteis**	**tendréis**	**tendríais**	**tengáis**	**tuvierais**	tened **(no tengáis)**
	tienen	tenían	**tuvieron**	**tendrán**	**tendrían**	**tengan**	**tuvieran**	**tengan**
*traer	**traigo**	traía	**traje**	traeré	traería	**traiga**	**trajera**	
to bring	traes	traías	**trajiste**	traerás	traerías	**traigas**	**trajeras**	trae **(no traigas)**
trayendo	trae	traía	**trajo**	traerá	traería	**traiga**	**trajera**	**traiga**
traído	traemos	traíamos	**trajimos**	traeremos	traeríamos	**traigamos**	**trajéramos**	**traigamos**
	traéis	traíais	**trajisteis**	traeréis	traeríais	**traigáis**	**trajerais**	traed **(no traigáis)**
	traen	traían	**trajeron**	traerán	traerían	**traigan**	**trajeran**	**traigan**
*venir	**vengo**	venía	**vine**	**vendré**	**vendría**	**venga**	**viniera**	
(e → ie, i)	**vienes**	venías	**viniste**	**vendrás**	**vendrías**	**vengas**	**vinieras**	**ven (no vengas)**
to come	**viene**	venía	**vino**	**vendrá**	**vendría**	**venga**	**viniera**	**venga**
viniendo	venimos	veníamos	**vinimos**	**vendremos**	**vendríamos**	**vengamos**	**viniéramos**	**vengamos**
venido	venís	veníais	**vinisteis**	**vendréis**	**vendríais**	**vengáis**	**vinierais**	venid **(no vengáis)**
	vienen	venían	**vinieron**	**vendrán**	**vendrían**	**vengan**	**vinieran**	**vengan**
ver	**veo**	**veía**	**vi**	veré	vería	**vea**	viera	
to see	ves	**veías**	**viste**	verás	verías	**veas**	vieras	ve **(no veas)**
viendo	ve	**veía**	**vio**	verá	vería	**vea**	viera	**vea**
visto	vemos	**veíamos**	**vimos**	veremos	veríamos	**veamos**	viéramos	**veamos**
	veis	**veíais**	**visteis**	veréis	veríais	**veáis**	vierais	ved **(no (veáis)**
	ven	**veían**	**vieron**	verán	verían	**vean**	vieran	**vean**

*Verbs with irregular ***yo*** forms in the present indicative

GLOSARIO ESPAÑOL-INGLÉS

Gender of nouns is indicated except for masculine nouns ending in **–o** and feminine nouns ending in **–a.** Masculine forms of adjectives are given; feminine forms are given when irregular. Verbs appear in the infinitive form. The number following the entries refer to the chapter in which the word or phrase first appears. The following abbreviations are used in this glossary.

adj. adjective *m.* masculine *adv.* adverb *pl.* plural *f.* feminine *prep.* preposition *CP* Capítulo preliminar *pron.* pronoun *n.* noun

A

a to, toward 12
a la derecha de to the right of 3
a la izquierda de to the left of 3
a menos que unless 13
a menudo often 7
a través de through, across
a veces sometimes 1
abajo *adv.* below 3
abanico fan
abecedario alphabet *CP*
abierto *adj.* open 3
abogado lawyer 2
abrazar to hug 5
abrazarse to hug each other 8
abrazo hug
abrigo coat 6
abril April 4
abrir to open 1
abrocharse el cinturón to buckle up 12
absurdo absurdity
abuela grandmother 2
abuelo grandfather 2
acabar to finish, to run out of *(something)* 9
acabar con to get rid of
acampar to camp 4
acariciar to caress
acceso access
accidente *m.* accident 8
aceite *m.* oil 6
aceite de oliva olive oil
aceituna olive 1
acelerador *m.* gas pedal 12
acelerar to accelerate 12
acento ortográfico written accent *CP*
acento tónico stress *CP*
aceptar to accept 7
achiote annatto *m.* natural yellow colorant 11
acogedor/a *adj.* cozy, friendly
aconsejable *adj.* advisable 6
aconsejar to advise 6
acontecimiento event
acordeón *m.* accordion 7
acostar (ue) to put *(someone)* to bed 9
acostarse to go to bed 4
actitud *f.* attitude
actividad *f.* activity 4
activo *adj.* active 8
actor *m.* actor 2
actriz *f.* actress 2
actuación *f.* performance 7
actualidad *f.* present time
actuar to perform 7
acuerdo agreement
adarga shield
adelantar to advance
adherir (ie, i) to stick
adiós good-bye *CP*
administración de empresas *f.* business administration 2
Adónde? (To) Where? 3
adorno ornament
adquirir (ie) to acquire 11
aduana customs 9
pasar por la aduana to go through customs 12
adueñarse to take possession
adverbio adverb 1
aeropuerto airport 3
afeitarse to shave 4
afiche *m.* poster 7
aficionado sports fan 5; amateur 7
afilado *adj.* sharp
afirmación *f.* affirmation
afirmar to affirm
afirmativo *adj.* affirmative 11
agarrar to grab
agente *m. (f.)* agent 9
agosto August 4
agradable *adj.* nice, pleasant 8
agrado charm
agregar to add 11
agrícola *adj.* agricultural
agricultor/a farmer
agua *f.* water 9
aguacate *m.* avocado 6
aguantar to put up with
aguaprieta dark water
aguja needle
ahí *adv.* (over) there 3
ahogarse (ue) to drown
ahora *adv.* now 4
ahora mismo right now 4
Hasta ahora. See you soon. *CP*
ahorcar to hang; to execute
aire acondicionado *m.* air conditioning 9
aislado *adj.* isolated
aislamiento isolation
aislar to isolate
al to the
al aire libre outdoors 4
al día siguiente the next day 10
al final de at the end of 3
al lado de next to 3
al llegar upon arriving 10
al salir de casa upon leaving home 10
alabar to praise
albergue *m.* hostel
alcanzar to reach
alcatraz *m.* pelican
aldea village
alegrar to make *(someone)* happy 9
alegrarse (de) to be happy (about) 8; to be/become happy 9
alegre *adj.* happy 3
alemán/alemana German 1
alentar (ie) to breathe
alergias allergies 8
alfombra rug, carpet 2
algo something 1; somewhat 11
¿Algo más? Anything else? 1
alguien someone, somebody 11
algún a, an, any, some 11
algún día someday 11
alguno/a/os/as a, an, any, some 11
algunas veces sometimes 10
alianza alliance, union
aliento breath
alimenticio *adj.* nutritional
alimentos food 6
alivio relief
allí *adv.* there 2
almohada pillow 2
almorzar (ue) to eat lunch 3
alojamiento lodging
alpinismo hiking, mountain climbing 5
hacer alpinismo to hike, climb mountains 5
alquilar to rent 4
alquiler *m.* rent, rental fee 9
alrededor de *adv.* around 3
altamente highly, extremely
altavoz *m.* speaker 6
altiplano high plateau
alto *adj.* tall 2
alzar to lift up
amanecer *m.* dawn
amargo bitter
amarillo *adj.* yellow 2
ámbar *m.* amber
ámbito field, scope
ambos both
amenazar to threaten
amigo friend 1
amo owner, master
amor *m.* love
ampliar to broaden
amplio *adj.* ample, roomy
amueblado *adj.* furnished 9
añadir to add
analfabetismo illiteracy
analizar to analyze 2
anaranjado *adj.* orange 2
andar en bicicleta to ride a bike 4
andén *m.* platform 12
anécdota anecdote
anexo attachment 6
ángel *m.* angel
animar to encourage
aniversario anniversary 7
año year 4
año pasado last year 5
año que viene next year 10
todos los años every year 8
anoche *adv.* last night 5
ansia intense desire
Antártida Antarctica
anteayer *adv.* the day before yesterday 5
antemano *adv.* beforehand
antepasado ancestor
antes de (que) *adv.* before 13
antibiótico antibiotic 8
antiguo *adj.* old, antique
antihistamínico antihistamine 8
antipático *adj.* unfriendly, unpleasant 2
antropología anthropology 2
anual *adj.* annual
anuncio (clasificado) (classified) ad 9
aparcamiento parking 9
aparición *f.* appearance, apparition
apartamento apartment 2
apartarse to distance oneself
apellido last name 2
aperitivo appetizer 7
apetecer to appeal 8
apisonamiento crushing
aportarse to contribute
apoyado en leaning against
aprender to learn 1
aprovechar de to take advantage of
aptitud *f.* aptitude
apunte *m.* note
aquel/aquella *adj.* that 4
aquél/aquélla *pron.* that one 4
aquellos/as *adj.* those 4
aquéllos/as *pron.* those 4
aquí *adv.* here 2
Aquí tienen. Here you are. 1
árabe *m. (f.)* Arab 1
arado plow
archivar to save 6
archivo file 6
arder to burn
área *f.* area
arena sand
argentino Argentinian 1
argumento plot 14
arma *m.* weapon
armadura armor
aro ring
arpa *m.* harp 7

arqueólogo archaeologist
arquitecto architect
arquitectura arquitecture
arrancar to start up 12
arrastrar to pull, drag
arrecife *m.* reef
arreglo arrangement
arriba *adv.* above 3
arriesgado *adj.* risky
arroba at (@) 6
arrojar to fling; to throw
arroyuelo stream
arroz *m.* rice 6
arte popular *m.* folk art 13
artesanía crafts 6
artesano craftsperson 13
artista *m. (f.)* artist 2
asado *adj.* roasted
ascendencia ancestry
ascensor *m.* elevator 9
asentamiento settlement
asesinar to murder
asesor/a consultant 2
así *adv.* so, thus
asiento chair 12
asimilar to assimilate
asistir a to attend 1
asistir a un concierto to go to a concert 4
asno donkey
asombrado *adj.* amazed
aspa blade (of a windmill)
aspecto aspect, appearance
aspiradora vacuum cleaner 4
pasar la aspiradora to vacuum clean 4
aspirina aspirin 8
astrónomo astronomer
asustarse to be afraid
atardecer *m.* dusk
aterrizar to land 12
aterrorizar to terrify
atleta *m. (f.)* athlete 2
atlético *adj.* athletic 8
atraer to attract
atrasar to delay
atravesar (ie) to cross
atropellar to hit
atún *m.* tuna fish 6
aumentar to increase
autóctona *adj.* native
autor/a author 14
autorretrato self-portrait 13
auxiliar de vuelo *m. (f.)* flight attendant 12
avance *m.* advance
ave *f.* bird
avenida avenue
aventurero *adj.* adventurous
avergonzado *adj.* embarrassed 11
ayer *adv.* yesterday 5
ayer por la mañana yesterday morning 5
ayer por la tarde yesterday afternoon 5
ayudarse to help each other 8
ayuntamiento city hall 3
azahar *m.* orange blossom
azteco Aztec
azúcar *m.* sugar 1
azul *adj.* blue 2

B

bailar to dance 1
bailarín/bailarina dancer 2
baile *m.* dance 7
bajar to download 6
bajo *adj.* short 2
balada romantic, nostalgic, or historical ballad 7
balcón *m.* balcony 9
balde *m.* bucket
bañarse to take a bath 4
bancarrota bankruptcy
banda band 7
bandera flag
banderín *m.* pennant
bañera bathtub 3
baño bathroom 9
banquete *m.* banquet 7
bar de tapas *m.* bar (where snacks are served)
barbero barber
barrer to sweep the floor 4
barrio section, neighborhood 3
barro clay
basílica church
básquetbol *m.* basketball 5
bastante enough
batalla battle
batata sweet potato 6
bate *m.* baseball bat 5
batería percussion instruments 2; drum set 7
batido de fresa strawberry milkshake 1
bautizar to baptize
bautizo christening 7
beber to drink 1
bebida drink 1
beca scholarship
béisbol *m.* baseball 5
belleza beauty
bendecir to bless
beneficio benefit, profit
benéfico *adj.* charitable
besarse to kiss each other 8
biblioteca library 3
bien quite, very 11
Bien, gracias. ¿Y tú/Ud.? Fine, thanks. And you? *CP*
(muy) bien (very) well 1
bienvenido welcome
bilingüe *adj.* bilingual
biología biology 2
biólogo biologist 2
bioquímica biochemistry 2
bisabuelo/a great-grandfather/mother
blanco *adj.* white 2
blando *adj.* soft 1
blusa blouse 6
boca mouth 8
bocadillo de chorizo sausage sandwich 1
bocina horn 12
boda wedding 7
bodega cellar
boga vogue, fashion
bolero bolero, classic romantic music 7
boleto ticket
boleto de ida y vuelta round-trip ticket 12
boleto de ida one-way ticket 12
boleto de tren train ticket 12
bolígrafo pen *CP*
boliviano Bolivian 1
bolso bag, purse 6
bombardeo bombardment
bombilla lightbulb
bondad *f.* kindness
bongó bongo drum 7
bonito *adj.* pretty 2
bordado *adj.* embroidered
bordar to embroider
borrador *m.* eraser *CP*
borrar to delete 6
bosque *m.* forest
bosque de palmeras palm grove
bota boot 6
botas de esquí ski boots 5
botas de tacos cleats 5
botánica medicinal herbs store
botella bottle 6
botella de agua mineral/con gas bottle of mineral/sparkling water 1
boxeador/a boxer
boxeo boxing
brasileño Brazilian 1
brazo arm 8
brindar to make a toast 7
brindis *m.* toast (offering) 7
bromelia bromeliad
bronquitis *m.* bronchitis 8
bucear to snorkle, dive 5
buceo scuba diving 5
bueno *adj.* good 1
Buena idea. Good choice. 1
Buenas noches. Good evening. / Good night. *CP*
Buenas tardes. Good afternoon. *CP*
Buenos días. Good morning. *CP*
buey *m.* ox
bufanda winter scarf 6
bulto bundle
busca: en busca in an attempt
buscador *m.* search engine 6
buscar to look for 5
búsqueda search
buzo diver 5
buzón *m.* mailbox 6

C

caballero andante knight-errant
caballo horse
cabeza head 8
cabra goat
cacahuete *m.* peanut 1
cacao cocoa
cacique *m.* chief
cada día every day 11
caer to fall, to drop 9
Caen rayos. It's lightning. 4
caer bien/mal to like/dislike someone 11
café (con leche) *m.* coffee (with milk) 1; brown (color) 2; café 3
café solo espresso 1
cafetín *m.* small coffee
caiman *m.* alligator
caja de seguridad/fuerte safe, security deposit box 9
caja registradora cash register 6
calamares squid 1
calavera skull
calcetín *m.* sock 6
calculadora calculator *CP*
calcular to calculate
calendario escolar academic calendar 9
caliente *adj.* hot (temperature) 1
callarse to be silent
calor heat 3
caluroso *adj.* warm, hot
cama bed 2
cama doble/matrimonial double bed 9
cama sencilla single bed 9
camarero waiter/waitress 1
¡Camarero, por favor! Waiter, please! 1
cambiar dinero to exchange money 9
cambio change 5
cambio de moneda money exchange 9
caminar to walk 1
camino road
camisa shirt 6
camiseta T-shirt 6
campaña campaign
campeón/campeona champion
campeonato championship 5
campesino peasant
campiña country, countryside
campo field 5
campo de béisbol baseball field 5
campo de fútbol soccer field 5
campo de golf golf course 5
caña cane
canadiense *m. (f.)* Canadian 1
canasta basketball basket 5
cancha court 5
cancha de básquetbol basketball court 5
cancha de tenis tennis court 5
canela cinnamon
cansado *adj.* tired 3
cantante *m. (f.)* singer 2
cantar to sing 1
cantautor/a singer-songwriter 7
cantidad *f.* quantity 6
capital *f.* capital city
cara face 8
carácter *m.* character

caracterizarse to characterize
caribeño *adj.* Caribbean
caridad *f.* charity
carnaval *m.* carnival
carne *f.* meat 11
carpa tent
carpeta folder 6
carrera race 5; major 9
carreta cart, wagon
carretera highway
carrito shopping cart 6
carro car 12
cartel *m.* poster 7
cartelera concert billboard 7
cartera wallet 6
cartón *m.* cardboard
casa house 2
casarse to get married
casco helmet 5
casete *m.* cassette 2
casi nunca/siempre almost never/always 10
castaño *adj.* hazel, brown-eyed, brown-haired 2
castellano Castilian, Spanish *CP*
castigar to punish
catalán Catalan language
catarro cold 8
católico Catholic
cauce *m.* riverbed; ditch
caza hunting
  dar caza to hunt down
cebolla onion 6
celada helmet
celebración *f.* celebration
celebrar(se) to celebrate, to take place 7
cena dinner
cenar to eat 4
ceniza ash
centenar *m.* one hundred
centro funerario burial ground
cepillarse (el pelo) to brush (one's hair) 4
cerca *adv.* nearby 3
  cerca de near, close to 12
cercano *adj.* near, approaching
cercar to fence
cereales cereal 1
cerrado *adj.* closed 11
cerradura keyhole
cerrar (ie) to close 3
cerro hill
cerveza beer 1
cesta basket
chaleco vest
champú *m.* shampoo
changuito little monkey
chaqueta jacket 6
charango small five-string Andean guitar 7
charco puddle
charlar to chat 2
Chau. Good-bye. *CP*
chileno Chilean 1
chino Chinese 1
chismear to gossip 2
chivo goat
chocar con to hit; to collide with 12
chocolate *m.* chocolate 1
chorizo sausage 1
churros fried strips of dough 1
cibercafé *m.* cybercafé
ciego *adj.* blind
cien one hundred
ciencia science 2
  ciencias políticas political science 2
  ciencias sociales social sciences 2
cierto *adj.* certain, true
  (No) es cierto que... It's (not) certain that . . . 13
cinco five
cincuenta fifty
cine *m.* movie theater 3
cineasta *m.* film producer
cinturón *m.* belt 6
  cinturón de seguridad seatbelt 12

ciudad *f.* city 3
clásico *adj.* classic
clavado *adj.* stuck, piercing
clave *f.* password 6
cliente/a customer 6
clima *m.* climate
clóset *m.* closet 2
cobarde *m.* coward
cobrar to charge
cocer (ue) to cook 11
coche-cama *m.* sleeper car 12
cocina kitchen; stove 3; cooking
cocinar to cook 2
codiciado *adj.* coveted, desired
código postal zip code
codo elbow 8
coger to catch
colaborar to collaborate
colectivo van
colocar to place
colombiano Colombian 1
colonialismo colonialism
color *m.* color 2
comedor *m.* dining room 3
comentario commentary
comentarista *m. (f.)* sports commentator 5
comenzar (ie) to begin 5
comer to eat 1
cómico *adj.* funny 8
comida food 1; lunch
como since
¿Cómo? What? 1
  ¿Cómo es? How is it? 1
  ¿Cómo está/estás? How are you? *CP*
  ¿Cómo llego a... ? How do I get to . . . ? 3
  ¿Cómo lo dicen? How do they say it? 1
  ¿Cómo se/te llama/s? What's your name? *CP*
  ¿Cómo te va? How's it going? *(informal) CP*
cómoda dresser 2
cómodo *adj.* comfortable
compañero de cuarto roommate 2
compartir to share 1
competición *f.* sports event 5
componer to compose 7
compositor/a composer 7
compra purchase 6
comprador/a purchaser, shopper
comprar to buy 1
comprender to understand 1
comprometido *adj.* compromised; pledged
computación *f.* computing
computadora computer *CP*
  computadora portátil laptop computer 2
comunidad autónoma *f.* autonomous community
con *prep.* with
  con cheque by check 6
  con dinero in cash 6
  con frecuencia frequently 7
  con regularidad regularly 7
  con tal de que provided that 13
  con tarjeta with a credit card 6
conciencia conscience
concierto concert 7
concursar to compete 7
concurso competition 7
condenar to condemn
cóndor *m.* condor
conducir to drive 4
conflicto conflict
conga conga drum 7
congelados frozen foods 6
congelar to freeze
conmemorar to commemorate
conmutar to commute (a sentence)
conocer to know (a person or area) 4
  conocerse to know each other 8
conocimiento knowledge
conquistador/a conqueror
consabido *adj.* abovementioned; well-known
consagración *f.* consecration
consagrarse to devote oneself

conseguir (i, i) to get 3; to obtain; to succeed in doing something *(infinitive)* 5
consejos
  dar consejos **to give advice**
conservas canned goods 6
constancia constancy
constituir to constitute
construcción *f.* construction
construir to build
consulado consulate 9
consulta doctor's office 8
consumo consumption
contabilidad *f.* accounting 2
contador/a accountant 2
contar (ue) to count; to tell a story 3
contemporáneo contemporary
contento *adj.* happy 3
contestar to answer *CP*
continuar to continue
contrato lease, contract 9
convencer to convince
conversar to converse, talk
convertirse (ie, i) en to become
copa wine glass 11
  copa del árbol treetop
copiar to copy 6
coralino *adj.* coraline
corazón *m.* heart 8
corbata tie 6
cordillera mountain range
coreógrafo choreographer 7
coro choir
corona crown
correo electrónico e-mail 6
correr to run 1
corrido corrido, a traditional Mexican ballad 7
cortar to cut 6
  cortar el césped to mow the lawn 4
  cortarse el dedo, la cara to cut one's finger, face 8
cortina curtain
coser to sew 13
cosméticos cosmetics
costa coast
costado side
costal *m.* sack, bag
costar to cost 6
costarricense *m. (f.)* Costa Rican 1
costumbre *f.* custom
cráter *m.* crater
creador/a *adj.* creative
crear to create
creativo creative 2
creencia belief
creer to believe 13
  no creer que not to believe that 13
crema cream 6
crepúsculo twilight
cría offspring
criatura creature
crimen *m.* crime
cristalino *adj.* crystalline
cristiano Christian
crítica *m.* critic
croissant *m.* croissant 1
cronista *m. (f.)* chronicler
croqueta croquette 1
crucigrama *m.* crossword puzzle
crudo *adj.* raw
cruel *adj.* cruel, mean 8
crujiente *adj.* crunchy 1
cruz *f.* cross
cruzar to cross
  Cruce la calle... Cross . . . street. 3
cuaderno notebook *CP*
cuadrado *adj.* square
cuadro painting 13
  cuadro milagroso miraculous image
¿Cuál? Which?
  ¿Cuál es el número de la puerta (de llegada/salida)? What is the (arrival/departure) gate number? 12

¿Cuál es el número del vagón? What is the car number? 12
¿Cuál es el número del vuelo? What's the flight number? 12
cualquier *adj.* any
en cualquier parte everywhere
cuando when 14
¿Cuándo? When? 1
¿Cuánto? How much? 1
¿Cuánto cuesta/n? How much does it / do they cost? 6
¿Cuánto es todo? How much is everything? 6
¿Cuánto vale/n? How much does it / do they cost? 6
¿Cuántos/as? How many? 3
cuarenta forty
cuarto room 2; quarter
cuarto de baño bathroom 3
cuarto de kilo quarter kilogram (250 grams) 6
cuatro four
cubano Cuban 1
cubierto *adj.* covered 11
cubismo cubism 13
cuchara spoon 11
cucharita teaspoon 11
cuchillo knife 11
cueca traditional Chilean dance
cuello neck 8
cuenca valley, basin
cuentista *m. (f.)* storyteller 14
cuento short story, story 14
cuerno horn
cuero leather
cuerpo body 8
cuidado care; caution
culantro coriander, cilantro 11
culpa fault
cultivar to cultivate
cumbia cumbia, a popular Colombian dance 7
cumpleaños *m.* birthday 7
cumplir años to have a birthday, turn . . . years old 7
cura *m.* priest
curandero/a witch doctor
curar to heal 8
curioso *adj.* curious
Es curioso que... It's odd that . . . 9
curso que viene next academic year 10

D

daño damage
hacer daño to hurt, harm
danza dance 2
dar to give 8
dar caza to hunt down
dar consejos to give advice
dar las gracias to say thanks 8
dar una fiesta to throw a party 7
dar un concierto to give a concert 7
dar un paseo to take a walk
darse cita to gather 7
darse la mano to shake hands 8
de from 12
¿De quié(es) son... ? Whose . . . are they? 2
¿De quién(es) es... ? Whose . . . is it? 2
de segunda clase in second class 12
de vez en cuando from time to time 7
decano dean 9
decir to say, to tell 8
declarar to declare 9
dedo (de la mano) finger 8
dedo (del pie) toe 8
dejar to leave; to abandon
delante de *adv.* in front of 3
delgado *adj.* thin 2
demonio devil; evil spirit
demostrativo *adj.* demonstrative 4
dentro *adv.* inside 3
denunciar to denounce
departamento department 9
dependiente/a salesperson 6
deporte *m.* sport 2
deportista *m. (f.)* athlete 2
deportivo *adj.* sports-related 5
depósito deposit, down payment 9
depósito (de gasolina) (gas) tank 12
derecha right 3
derecho law 2
derrocar to depose
derrotar to defeat
desagradable *adj.* unpleasant 8
desamparado *adj.* abandoned
desaparecer to disappear
desarrollar to develop
desastre *m.* disaster
desayunar(se) to eat breakfast 1
desayuno breakfast 1
descamisados shirtless ones
descansar to rest 2
descargar to download 6
descrito *adj.* described 11
descuento discount 6
desde from 12
desde las... hasta las... from . . . to . . . 3
desear to want, desire 1
desembocar to evolve
desencadenar to unchain
deseo wish 6
desgajar to break into shreds
deshilachar(se) to shred 11
desierto desert
desnudez *f.* nudity
desordenado *adj.* messy 8
desorganizado *adj.* disorganized 8
despedazar to shatter
despedida good-bye *CP*
despedirse (i, i) to say good-bye 5
despegar to take off 12
despertar (ie) to wake (someone) up 9
despertarse to wake up 4
después *adv.* then 10
después de comer after lunch 10
después de que after 14
destacarse to stand out
destierro exile
destino destiny, fate
destreza skill
detener (ie) to stop, detain
determinar to determine
detrás de *adv.* behind 3
devastar to devastate
devolver to return an item 6
devorar to devour
día *m.* day 3
día anterior the day before 10
día de año nuevo January 1, New Year's Day 7
día de feria market day 6
día de los muertos November 2, All Souls' Day, Day of the Dead 7
día de los Reyes Magos January 6, Epiphany, Feast of the Three Wise Men 7
día de Navidad December 25, Christmas 7
día de todos los santos November 1, All Saints' Day 7
día del trabajo May 1, May Day, International Workers' Day 7
el otro día the other day 8
ese mismo día that same day 10
todos los días every day 8
dialogar to converse
diario *adj.* daily
dibujar to draw 2
diccionario dictionary *CP*
dicho said 11
diciembre December 4
dictadura dictatorship
diente de ajo *m.* garlic clove 11
diente *m.* tooth 8
diéresis *f.* dieresis (diacritical mark used over u: ü) *CP*
diez ten
diezmar to decimate
dificultar to impede
difundir to diffuse
diluir to dilute
dinámico *adj.* dynamic 8
dinastía dynasty
dinero money
con dinero in cash 6
dirección *f.* address 6
dirección de web Web address, URL 6
disco compacto compact disc 2
disco duro hard drive 6
discografía discography 7
discoteca discotheque 3
discreto *adj.* discreet, close-mouthed 8
diseñador/a designer 2
diseño design 2
disfraz *m.* disguise
disfrazado masked person
disfrutar to enjoy
disponible *adj.* available
dispuesto *adj.* capable
disquete *m.* floppy disk, diskette 6
disquetera disk drive 6
distancia distance
diversión *f.* diversion; amusement
diverso *adj.* different
divertido *adj.* fun, amusing 2; funny 8
divertir (ie, i) to entertain, to amuse 9
divertir(se) to have fun, to have a good time 5
divorciarse to divorce
doblado *adj.* folded 11
doblar to turn
Doble a la derecha. Turn right. 3
Doble a la izquierda. Turn left. 3
docena dozen 6
doctor/a, Dr./Dra. Doctor, Dr. 1
documento file 6
doler (ue) to hurt, to ache 8
dolerse el estómago/la cabeza to have a stomachache/headache 8
dolor *m.* pain
domar to break in, tame
dominar to dominate
domingo Sunday 3
Domingo de Pascua/Resurrección Easter Sunday 7
dominicano Dominican 1
dominó dominoes (game)
don *m.* gift
donador/a gift giver
¿Dónde? Where? 3
¿De dónde es Ud. (eres)? Where are you from? 1
¿Dónde está... ? Where is . . . ? 3
¿Dónde hay... ? Where is/are there . . . ? 2
dorar to brown 11
dormir (ue, u) to sleep 3; to put (someone) to sleep 9
dormirse to fall asleep, go to sleep 4
dormitorio bedroom 3
dos two
dotar to grant
drama *m.* play 14
dramaturgo playwright 14
droguería drug store
droguero druggist
ducha shower 3
ducharse to take a shower 4
duda doubt 13
dudar que to doubt that 13
dudoso: Es dudoso que... It's doubtful that . . . 13
duelo duel
dueño owner
dulce *adj.* sweet 1
durante *prep.* during
durante el día during the day 10
durante el fin de semana on the weekend 10
durante la semana during the week 10
durar to last

E

echar gasolina to get gas 12
económico *adj.* economical
ecuatoriano Ecuadoran 1
edificio building 3
editar to edit 6

eficaz *adj.* efficient
egipcio Egyptian 1
egoísta *adj.* selfish 8
ejemplificar to exemplify
ejercicio: hacer ejercicio to exercise/to work out 3
ejército army
el *m.* the 1
él *pron.* he 1
electrodoméstico appliance
elegir to elect
elevado high; lofty
eliminar to eliminate
ella she 1
ellos/as they 1
elogiar to praise
embajador/a ambassador
embrague *m.* clutch 12
embutido piece of sausage or ham
emisora broadcasting station
emoción *f.* emotion 8
empatar to tie in a game 5
empate *m.* tie game 5
empezar (ie) to begin 3
empujar to push
en in, at 12
  en aquel entonces back then
  en caso de que in case 13
  en cuanto as soon as 14
  en efectivo in cash 6
  en el interior in the interior 3
  en este momento at this moment 4
  en la costa on the coast 3
  en la esquina de at the corner of 3
  en la frontera on the border 3
  en la sección de fumadores / no fumar in the smoking / no smoking section 12
  ¿En qué puedo servirle/s? How can I help you? 6
  en torno al about
enamorar to win (someone's) love 9
  enamorarse de to fall in love with 9
Encantado. Nice to meet you. *CP*
encantador/a magician
encantamiento magic spell
encantar to be delightful 8
encapricharse to become mischievous
encarcelamiento imprisonment
encargo commission
encerrar to lock up
encima de on top of
encuesta survey
enemistad *f.* ill will
enérgico *adj.* energetic 8
enero January 4
enfermedad *f.* illness 8
enfermero nurse 2
enfermo sick 3
enfrente *adv.* in front, opposite
englobar to include
Enhorabuena! Congratulations! 7
enlace *m.* link 6
enojado angry 3
enojar a to make *(someone)* angry 9
  enojarse to get angry 9
enorme *adj.* huge
ensayista *m. (f.)* essayist 14
ensayo essay 14
enseñar to teach, show 1
entender (ie) to understand 3
enterarse to find out
entero whole
enterrar to bury
entonces: en aquel entonces back then
entrada ticket 7
entre *prep.* between 3
  entre las... y las... between . . . and . . . 3
entrega delivery
entrenador/a coach 5
entrenamiento training
entrenar to train
entretenimiento leisure 3
envase *m.* container 6
enviar to send 6
envío shipment
enyesar to put on a cast 8
época epoch
equipaje de mano *m.* carry-on luggage 12
equipo team 5; hardware 6
  equipo deportivo sports equipment 5
equivaler to equal
escala scale
escáner *m.* scanner 6
escaño seat (in parliament or congress)
escaparate *m.* display window 6
escarpado *adj.* steep
escaso *adj.* scarce
escena scene
escenario stage 7
escénico *adj.* scenic
esclavo slave
escoltar to escort
escribir to write 1
  escribirse to write each other 8
escrito *adj.* written 11
escritor/a writer 2
escritorio desk *CP*
escritura writing
escuchar to listen (to) 1
escudero squire, shieldbearer
escuela school 3
escultor/a sculptor 2
escultura sculpture 2
ese/a *adj.* that 4
ése/a *pron.* that 4
esencial *adj.* essential
esforzarse (ue) to strive
esmeralda emerald
esos/as *adj.* those 4
ésos/as *pron.* those 4
espaciarse to spread out
espacio space 3
espada sword
espalda back 8
español/a Spanish *CP*
especia spice
especie *f.* species
específico *adj.* specific 5
espectador/a spectator 5
espejo retrovisor rearview mirror 12
esperanza hope
esperar to hope 6
espíritu *m.* spirit
espiritual *adj.* spiritual
esplendoroso *adj.* resplendent
esposa wife 2
esposo husband 2
espuela spur
esquí *m.* skiing 5
  esquí acuático water skiing 5
  hacer esquí acuático to water-ski 5
esquiador/a skier 5
esquiar to ski 5
esquís *m.* skis 5
estabilidad *f.* stability
establecer to establish
estación *f.* station 12; season 4
  estación de policía police station 3
  estación de tren train station 3
estacionamiento parking 9
estadio stadium 3
  estadio de fútbol soccer stadium 5
Estado Libre Asociado Commonwealth
estadounidense American, from the United States 1
estancia stay
estante *m.* bookshelf 2
estar *irreg.* to be 3
  estar aburrido to be bored 3
  estar al día to be up to date
  estar bueno to be in good health 8
  estar congestionado to be congested 8
  estar de gira to be on tour 7
  estar despierto to be awake 8
  estar divertido to be amused 8
  estar listo to be ready 8
  estar malo to be sick 8
  estar mareado to be dizzy 8
  estar verde to be unripe 8
este *m.* east 3
este/a *adj.* this 4
éste/a *pron.* this
estéreo stereo 2
estereotipado *adj.* stereotyped
estereotipo stereotype
estilo style
esto *pron.* this
estómago stomach 8
estornudar to sneeze 8
estos/as *adj.* these 4
éstos/as *pron.* these
estrella star
estruendo noise
estudiante *m. (f.)* student *CP*
estudiar to study 1
estudios en el extranjero studies abroad 9
estúpido *adj.* stupid 8
eterno *adj.* eternal
étnico *adj.* ethnic
euskera *m.* Basque language
exageración *f.* exaggeration
excavación *f.* excavation
excelencia: por excelencia par excellence
excursión *f.* short trip
exiliarse to be exiled
exilio exile
existir to exist
éxito success
expediente académico *m.* transcript 9
experiencia experience
explicar to explain 5
explorar to explore 2
exponer to exhibit 13
exportación *f.* export
exposición *f.* exhibit 13
expresar to express 6
expresión *f.* expression 3
exquisito *adj.* exquisite 1
extenderse (ie) to extend
exterior: en el exterior abroad
extrañar to seem odd 8; to surprise 12
extranjero *adj.* foreign
extraño: Es extraño que... It's strange that . . . 9
extraordinario *adj.* extraordinary
extrovertido *adj.* extroverted 8

F

facturar las maletas to check bags 12
facultad *f.* school 9
  facultad de derecho law school 9
  facultad de medicina medical school 9
falda skirt 6
falso *adj.* false
faltar to need, to lack 11
fama fame 13
familia family 2
fantástico *adj.* fantastic
farmacia pharmacy
fascinar to fascinate 8
fe *f.* faith
febrero February 4
fecha date 4
Felicidades! Congratulations! 7
Feliz cumpleaños! Happy birthday! 7
femenino *adj.* feminine
fenómeno phenomenon
feo ugly 2
ferrocarril *m.* railway
ferroviario *adj.* pertaining to railroads
fértil *adj.* fertile
festival de música *f.* music festival 7
fianza security deposit 9
fideo noodle
fiebre *f.* fever 8
fiel *adj.* faithful
fiesta

dar una fiesta to throw a party 7
fiesta sorpresa surprise party 7
filosofía philosophy 2
filósofo philosopher 2
fin *m.* end
al fin y al cabo in the end
fin de semana weekend 4
fin de semana pasado last weekend 5
fin de semana que viene next weekend 10
finalmente finally 10
finca ranch
firmar to sign 9
física physics 2
físico physicist 2
flaco skinny 2
flamenco flamenco 7
flauta flute 7
flojo *adj.* lazy 8
folleto brochure
fomentar to arouse, excite
formar to form
formulario form
foto tamaño pasaporte passport-size photo 9
fotografía photography 2
fotógrafo photographer 2
francés/francesa French 1
frecuentemente frequently 7
fregadero kitchen sink 3
frenar to break 12
freno brake 12
frente a across from, facing 3
frente *f.* forehead 8
fresa strawberry 6
fresco *adj.* fresh
frijol *m.* bean 6
frío cold 1
fritura fried nibble
frívolo *adj.* frivolous 8
fruta fruit 6
fuera *adv.* outside 3
fuerza force
fumigar to fumigate
fundación *f.* foundation
fundar to found
fútbol *m.* soccer 5
fútbol americano football 5
futbolista *m. (f.)* football player 5

G

gafas de esquí ski goggles 5
galgo corredor greyhound
gallego Galician language
galleta cookie, cracker 1
gambas al ajillo shrimp in garlic sauce 1
ganadero livestock farmer
ganado cattle
ganador/a winner 7
ganar to win, beat 5
gandules *m.* pigeon peas 11
garaje *m.* garage 3
garantizar to guarantee
garganta throat 8
garrote *m.* club
gasto expense 9
gato cat
generalmente generally 10
generoso *adj.* generous 8
genio genius 13
geografía geography 2
geográfico *adj.* geographic
gigante *m.* giant
gimnasio gymnasium 5
gira tour
gitano gypsy
gobierno government
golf *m.* golf 5
golfista *m. (f.)* golfer 5
golpe *m.* blow
gordito chubby 2
gordo fat 2
gorra baseball cap 6
gota drop 8
gozo pleasure
grabar to record 7
Gracias. Thank you. 1
dar las gracias to say thanks 8
graduación *f.* graduation 7
graduarse (en) to graduate 9
gráfico *adj.* graphic
gramo gram 6
grande big 2
gripe *f.* flu 8
gris *adj.* gray 2
grito shout
grosero *adj.* vulgar
grotesco *adj.* ridiculous
gruñir to growl
grupo musical musical group 7
guante *m.* glove 6
guante de béisbol baseball glove 5
guapo good-looking, handsome 2
guardar to save 6
guatemalteco Guatemalan 1
guerra war
guiar to guide
guión *m.* hyphen
guisado stew
guisante *m.* pea 6
guitarra guitar 2
guitarrero/a guitar player
guitarrón *m.* large guitar 7
gustar to like, to be pleasing 2
gusto taste, preference

H

habichuela bean 6
habilidad *f.* ability
habitación *f.* room
habitación doble double room 9
habitación sencilla single room 9
hábitat *m.* habitat
hábito habit
hablar to speak, talk 1
hablarse to talk to each other 8
hacer to do, make 3
hacer alpinismo to hike, climb mountains 5
hacer clic, pulsar to click 6
hacer daño to hurt, harm
hacer ejercicio to exercise/to work out 3
hacer esquí acuático to water-ski 5
hacer falta to need, to lack 11
hacer la cama to make the bed 5
hacer la compra to go grocery shopping 4
hacer las maletas to pack 5
hacer mandados to run errands 4
hacer pedazos to break to pieces
hacer preguntas/hacer una pregunta to ask questions, to ask a question 3
hacer regalos to give gifts 7
hacer surf to surf 5
hacer vela to sail 5
hacer un viaje to take a trip 5
hacer una cita to make an appointment 8
hacer una fiesta to have a party 4
hacer windsurf to windsurf 5
hacerse fotos to have photos taken 9
hacerse una herida to get a wound 8
(No) Hace (mucho) sol. It's (It's not very) sunny. 4
(No) Hace buen (mal) tiempo. The weather is (is not) good (bad). 4
(No) Hace calor. It's (It's not) hot. 4
(No) Hace fresco. It's (It's not) cool. 4
(No) Hace frío. It's (It's not) cold. 4
(No) Hace viento. It's (It's not) windy. 4
hacia to, toward 12
hamaca hammock
hambre to be hungry 3
harina flour 6
harto fed up 3
hasta to, up to 12
Hasta ahora. See you soon. *CP*
Hasta luego. See you later. *CP*
Hasta mañana. See you tomorrow. *CP*
hasta que until 14
hay (haber) there is / there are 2
Hay hielo. It's icy. 4
Hay neblina. It's misty. 4
Hay niebla. It's foggy. 4
Hay tormenta. It's stormy. 4
hecho *adj.* done 11
hectárea hectare
helado (de chocolate) (chocolate) ice cream 6
helecho fern
hereje *m. (f.)* heretic
herencia inheritance
herida *n.* wound
hacerse una herida to get a wound 8
hermana sister 2
hermano brother 2
hermosura beauty
héroe *m.* hero
heroína heroine
hervir (ie) to boil 11
hidalgo nobleman
hielo: Hay hielo. It's icy. 4
hierba herb
hija daughter 2
hijo son 2
hincharse to swell up
hindú (*pl.* **hindúes**) *m. (f.)* (East) Indian 1
hispano *adj.* Hispanic
hispanohablante *adj.* Spanish-speaking
historia history, story 2
historiador/a historian 2
hocico snout
hockey sobre hierba/patines *m.* field/ice hockey 5
hogar *m.* home
hoja leaf
¡Hola! Hello! *CP*
hombre *m.* man
hombre de negocios businessman 2
hombro shoulder 8
hondo *adj.* deep
hondureño Honduran 1
honesto *adj.* honest, virtuous 8
hongo mushroom 6
hora hour
¿A qué hora? At what time? 3
A la medianoche. At midnight. 3
A la una de la tarde. At one in the afternoon. 3
A las cinco de la mañana. At five in the morning. 3
A las nueve de la noche. At nine in the evening / at night. 3
Al mediodía. At noon. 3
horario schedule
hornear to bake
hortaliza vegetable
hospital *m.* hospital 3
hoy *adv.* today 10
hoy por la noche this evening 10
hoy por la tarde this afternoon 10
huella impression
hueso bone
humanidades *f.* humanities 2
humilde *adj.* humble
huracán *m.* hurricane

I

idealista *adj.* idealistic 8
idioma *m.* language
ídolo idol
iglesia church 3
ignorar to ignore
Igualmente. Nice to meet you too. / Same here. *CP*
ilustre *adj.* famous
imagen *f.* image
imaginativo *adj.* imaginative 8
impaciente *adj.* impatient 8
impacto impact
imperio empire
impermeable *m.* raincoat 6
importar to matter 8
imposible *adj.* impossible 13

imprescindible *adj.* indispensable
impresionante *adj.* impressive 9
impresora printer 6
imprimir to print 6
impuesto tax
impulsar to push for
incertidumbre *f.* uncertainty 13
incitar to incite
incógnito *adj.* incognito
inconveniente *adj.* inconvenient
incorporación *f.* incorporation
increíble *adj.* incredible 9
independiente *adj.* independent 8
indicar to indicate 3
indígena *m. (f.)* native
indio (East) Indian 1
indiscreto *adj.* indiscreet, loud-mouthed 8
inesperadamente unexpectedly 8
inestabilidad *f.* instability
infancia infancy
infarto heart attack
infección *f.* infection 8
informática computer science 2
informático computer scientist 2
infortunio misfortune
infusión *f.* herbal tea 1
ingeniería (civil, eléctrica) (civil, electrical) engineering 2
ingeniero engineer 2
ingenioso *adj.* naive
ingenuo *adj.* naive, innocent 8
inglés/inglesa English 1
ingrediente *m.* ingredient 11
ingresar to enroll
ingreso entry
inmerso *adj.* immersed
inmigrante *m. (f.)* immigrant
innovador/a innovator
inolvidable unforgettable
insecto insect
insistir en to insist on 12
instrumento instrument
  instrumentos de cuerda stringed instruments 7
  instrumentos de percusión y de teclado percussion and keyboard instruments 7
  instrumentos de viento wind instruments 7
intelectual *adj.* intellectual 8
inteligente *adj.* intelligent 2
intensidad *f.* intensity
intentar to attempt
intercambio exchange
interesar to interest 8
interpretar to interpret
intocable *m.* untouchable
introvertido *adj.* introverted 8
inusitado *adj.* unusual
invento invention
investigar to research, investigate 2
invierno winter 4
invitación *f.* invitation 7
invitar a gente a una fiesta to invite people to a party 7
inyección *f.* shot 8
ir to go 4
  ir a pie on foot 4
  ir de compras to go shopping 4
  ir de paseo to go for a walk 4
  ir de vacaciones to go on vacation 4
  ir en autobús by bus 4
  ir en bicicleta by bicycle 4
  ir en carro by car 4
  ir en metro by subway 4
  ir en taxi by taxi 4
  irse to leave, go away 4
irreparable *adj.* irreparable
irrupción *f.* invasion
isla island
istmo isthmus
italiano Italian 1
izquierda left 3

J

jamón (serrano) *m.* (cured) ham 1
japonés/japonesa Japanese 1
jarabe *m.* syrup 8
jardín *m.* yard 3; backyard 9
jeroglífico hieroglyphic
jitomate *m.* tomato
joya jewel
jubilarse to retire (from a job)
juego de adivinanzas guessing game
jueves Thursday 3
jugar (ue) to play 3
  jugar al básquetbol to play basketball 5
jugo de naranja orange juice 1
juguete *m.* toy
juguetón/juguetona *adj.* playful
juicio sanity
julio July 4
junio June 4
junto con *adv.* along with
juntos *adj.* together
juvenil *adj.* youthful
juzgar to judge

K

kilo kilogram (kilo) 6

L

la *f.* the 1
labio lip (of mouth)
labrar to cultivate
lágrima tear
lámpara lamp 2
lanza lance
lanzar to deliver
lápiz *m.* pencil *CP*
las *f. pl.* the 1
lástima: Es una lástima que... It's a shame . . . 9
lastimarse to hurt oneself 8
  lastimarse un/el pie, una/la rodilla to hurt one's foot, knee 8
lata can 6
látigo whip
latitud *f.* latitude
lavabo sink 3
lavado en seco dry cleaning 9
lavado *adj.* washed 11
lavandería laundry 9
lavaplatos dishwasher 3
lavar to wash
  lavar la ropa to do laundry 4
  lavarse las manos, el pelo to wash one's hands, hair 4
  lavarse los dientes to brush one's teeth 4
lealtad *f.* loyalty
leche *f.* milk 6
lechón asado *m.* roast pig
lechuga lettuce 6
leer to read 1
legua league (unit of measurement)
lejanía distance
lejos *adv.* distant 3
  lejos de far from 3
lengua language *CP*
  lenguas extranjeras foreign languages 2
león *m.* lion
lesión *f.* wound 8
letra lyrics 7
levantar to lift, to pick up 9
  levantar pesas to lift weights 5
  levantarse to get up 4
leyenda legend 14
libre *adj.* free
libro book *CP*
licenciado graduate 9
licenciarse to graduate 9
líder *m.* leader
liga league 5
ligero *adj.* light
límite *m.* limit
limón *m.* lemon, lime 6
limonada lemonade 1
limpiaparabrisas *m.* windshield wipers 12
limpiar to clean 4
limpieza en seco dry cleaning 9
línea telefónica telephone line
lío mess
lista list
listo *adj.* ready 3; smart, clever 2
litera sleeping berth 12
literatura literature 2
litro liter 6
llamar to call
  llamar a la grúa to call a tow truck 12
  llamarse por teléfono to call on the phone 8
llanta tire 12
llanura prairie
llegada arrival 12
llegar to arrive 5
  llegar a ser to become
llenar un formulario to fill out a form 9
lleno *adj.* full
llevar to carry
llorarle los ojos to have teary eyes 8
llover to rain
  Llovizna. / Está lloviznando. It's drizzling. / It's drizzling now. 4
  Llueve. / Está lloviendo. It's raining. / It's raining now. 4
lluvia rain
local (musical) *m.* (music) venue 7
localidad *f.* place
localización *f.* location 3
locutor/a announcer
lograr to achieve
logro achievement
lombriz *f.* worm
lomo back (of an animal)
loro parrot
los *m. pl.* the 1
loseta tile
luego then 10
  Hasta luego. See you later. *CP*
lugar *m.* place 3
  lugar de encuentro meeting point
luna creciente crescent moon
lunes Monday 3
luz *f.* light 12

M

madera dura hardwood
madre *f.* mother 2
madrugada dawn
madurez *f.* ripeness
maestro teacher 2
mágico *adj.* magical
magnetismo magnetism
maíz *m.* corn 6
malherido *adj.* badly wounded
malo *adj.* bad 1
  Es malo que... It's bad that . . . 9
mañana *adv.* tomorrow 10
  Hasta mañana. See you tomorrow. *CP*
  mañana por la mañana tomorrow morning 10
  mañana por la tarde tomorrow afternoon 10
  mañana por la noche tomorrow evening/ night 10
mandar to send 6; to order 12
mando command
manejar to drive 12
mango mango 6
mano *f.* hand 8
  mano de obra workforce
manoplas mittens 6
mantel *m.* tablecloth 11
mantener (ie) to maintain
mantequilla butter 1
manto cape
manzana apple 6
mapa *m.* map *CP*
maquillarse to put on make-up 4
marcar to score 5

marido husband 2
mariposa monarca monarch butterfly
marrón *adj.* brown 2
martes Tuesday 3
marzo March 4
más *adv.* more
  más allá de beyond 12
  Más o menos. So-so. *CP*
  más tarde later on 10
  más... que more . . . than 7
máscara mask
masculino *adj.* masculine
matemáticas math 2
matemático mathematician
materno *adj.* maternal
matrícula tuition 9; license plate 12
matricularse en un curso to register for a class 9
matrimonio marriage
máximo *adj.* greatest
mayo May 4
mayonesa mayonnaise 6
mayor/es older 7
mayoría majority
mecánico mechanic 2
medias stockings 6
médico medical doctor 2
medida: en gran medida in large part
medio half
  medio kilo half kilogram (500 grams) 6
  medio litro half liter 6
medios de comunicación media
mediterráneo *adj.* Mediterranean
mejor/es better 7
  Es mejor que... It's better that . . . 9
  lo mejor the best
melancolia sadness
melocotón *m.* peach 6
melón *m.* melon 6
menor/es younger 7
menos... que less . . . than 7
mensaje *m.* message 6
mentiroso *adj.* liar 8
menudo: a menudo often
mercado market 3
  mercado al aire libre open-air market 6
merengue *m.* merengue, danceable Dominican music 7
mermelada marmalade, jam 1
mes *m.* month 4
  mes pasado last month 5
  mes que viene next month 10
mesa table *CP*
mesero waiter/waitress 1
mesilla night table, coffee table 3
mestizo half-breed
meter un gol to score a goal (in soccer) 5
  meter un jonrón to score a home run 5
  meter una canasta to score a basket 5
métrico *adj.* metric
mexicano Mexican 1
mezcla mixture
mezclar to mix 11
mi/s my 2
miedo to be afraid 3
mientras while 8
miércoles Wednesday 3
migración *f.* migration
mil thousand
milagroso *adj.* miraculous
milenio millenium
milla mile
millón million
minería mining
mirar to look at
  mirar vídeos to watch videos 4
  mirarse to look at each other 8
misa de gallo Midnight Mass
misterio mystery
mitad *f.* half
mítico *adj.* mythical
mitológico *adj.* mythological
mochila backpack *CP*
mocos to have a runny nose 8
módem *m.* modem 6
modo manner
mojado *adj.* wet 11
moler (ue) to grind
molestar to bother 8
molesto *adj.* irritated, annoyed 3
molino de viento windmill
monarca *m.* monarch
  mariposa monarca monarch butterfly
monitor *m.* monitor 6
monje *m.* monk
mono monkey
montaña mountain 4
morado *adj.* purple 2
morderse (ue) la lengua to bite one's tongue 8
mordida *n.* bite
moreno *adj.* dark-featured, brunette 2
morir (ue, u) to die 5
mostrador *m.* displaycounter/case 6
  mostrador de facturación check-in counter 12
mostrar el pasaporte / la visa to show a passport/visa 12
movimiento movement
  movimiento artístico artistic movement 13
muchísimo very much 1
mucho a lot 1
  Muchas gracias. Thank you very much. 1
  muchas veces many times 7
  Mucho gusto. Nice to meet you. *CP*
  No mucho. Not much. *CP*
muerte *f.* death
muestra sample
mujer *f.* woman
  mujer de negocios businesswoman 2
multitud *f.* multitude
mundial *adj.* worldwide
muñeca wrist 8
mural *m.* mural 13
muralismo muralism
murmurar to murmur
museo museum 3
música music 2
  música clásica classical music 7
  música en vivo live music 7
musicalidad *f.* musicality
músico musician 2
muslo thigh 8
muy very 1
  Muy bien, gracias. ¿Y tú? Very well, thank you. And you? *CP*
  muy poco very little 1

N

nacer to be born
nacimiento birth; crèche
nacionalidad *f.* nationality 1
nada nothing 11
nadador/a swimmer 5
nadar to swim 5
nadie no one, nobody 11
nalgada spanking
naranja orange 6
nareiguera nose ring
nariz *f.* nose 8
  nariz tapada stuffy nose 8
narrador/a narrator 14
natación *f.* swimming 5
naturaleza nature 2
náuseas to be nauseous 8
navegador *m.* browser 6
navegar to surf 6
neblina: Hay neblina. It's misty. 4
necesario *adj.* necessary 6
necesitar to need 6
negativo *adj.* negative 11
negro *adj.* black 2
nevera refrigerator 3
ni... ni... neither . . . nor . . . 11
  ni siquiera not even
nicaragüense *m. (f.)* Nicaraguan 1
nido nest
niebla: Hay niebla. It's foggy. 4
Nieva. / Está nevando. It's snowing. / It's snowing now. 4
ningún, ninguno no, none 11
nivel *m.* level
  nivel del mar sea level
nochebuena December 24, Christmas Eve 7
nochevieja December 31, New Year's Eve 7
nodriza wetnurse
nombre *m.* (first) name 2
  nombre de pila first name
noreste *m.* northeast
normalmente normally, in general 1
noroeste *m.* northwest
norte *m.* north 3
nosotros we 1
noticias news 2
novedad *f.* novelty
novela novel 14
novelista *m. (f.)* novelist 14
noventa ninety
noviembre November 4
nublado *adj.* cloudy
nuestro our 2
nueve nine
numeroso *adj.* numerous
nunca never 10
  casi nunca almost never 1

O

o... o... either . . . or . . . 11
objeto object
obra work of art, set of works of art 13; play 14
obrero worker
obtener (ie) la visa to get a visa 9
occidental *adj.* western
ochenta eighty
ocho eight
octubre October 4
ocultar to hide
ocupado *adj.* busy 11
ocurrirse to occur (to have an idea) 9
odio hatred
oeste *m.* west 3
oferta sale 6
oficina de correos post office 3
oír to hear 4
ojo eye 8
ollada potful
olor *m.* smell
olvidar to forget 9
onda wave
oportunidad *f.* opportunity
optimista *adj.* optimistic 8
oración *f.* sentence
ordenado *adj.* neat 8
oreja ear 8
organismo organism
organización *f.* organization 7
organizado *adj.* organized 8
órgano organ
orgulloso *adj.* proud
orientación *f.* orientation
oriental *adj.* eastern
oriente *m.* east
orilla bank (of river)
orquídea orchid
oscurecer to darken
oscuro *adj.* dark
oso bear
otoño fall 4
oveja sheep

P

paciente *adj.* patient 8
padre *m.* father 2
pagar to pay 5
página (de) web Web page 6
página inicial/principal home page 6
paja straw
pájaro bird

palacio palace
palo stick, pole, club
palo de esquí ski pole 5
palo de golf golf club 5
palo de hockey hockey stick 5
palomitas popcorn 4
palpitar to palpitate
pan *m.* bread 1
pan con tomate bread with tomato 1
pan dulce sweet roll 1
pan tostado toast 1
panameño Panamanian 1
pandereta tambourine 7
pantalla screen (for television or cinema) 2
pantalones *m. pl.* pants 6
pantano swamp
pantera panther
pañuelo decorative scarf 6
papa potato 6
papel *m.* paper *CP*, role
paquete *m.* package 6
para que so that 13
para for someone/something; in order to; to, toward, for; by (a date or time) 12; so that, for, in order to 13
¿Para fumadores o no fumadores? Smoking or nonsmoking? 11
parabrisas *m.* windshield 12
parada stop 12
paraguayo Paraguayan 1
parecer to seem, to think about 11
pared *f.* wall 2
parque *m.* park 3
parqueo *m.* parking 9
párrafo parragraph
participación *f.* participation
participante *m. (f.)* participant 7
partido game, match 5
parto childbirth
pasado mañana the day after tomorrow 10
pasaje *m.* passage
pasajero passenger 12
pasaporte *m.* passport
pasar to pass
pasar el control de pasaportes to go through passport control 9
pasar la aspiradora to vacuum clean 4
pasar por la aduana to go through customs 12
pasarlo bien to have a good time 7
paseo
dar un paseo to take a walk
pasillo aisle 12
paso del tiempo passage of time
pasta pasta 6
pastel *m.* pastry, pie, cake
pastel de cumpleaños birthday cake 7
pastel de fresa strawberry pie/tart 1
pastel de manzana apple pie
pastilla pill 8
pastor/a shepherd
patata potato
patatas bravas diced potatoes served in a spicy sauce 1
patatas fritas potato chips, french fries 1
paterno *adj.* paternal
patín *m.* skate
patines de cuchilla ice skates 5
patines de ruedas rollerskates 5
patinador/a ice skater 5
patinaje sobre hielo ice skating 5
patinar sobre hielo to ice skate 5
patria native land
patrocinador/a sponsor 7
patrocinar to sponsor 7
patrona patron saint
pavimentado *adj.* paved
pecho chest 8
pedazo piece 6
hacer pedazos to break to pieces
pedir (i, i) to ask for (something) 3; to order 5
pedir instrucciones to ask for directions 3
pedir la comida to order food 11
pedir la cuenta to ask for the check 11
pedir una mesa en un restaurante to request a table in a restaurant 11
pedregoso *adj.* rocky
pegar to paste 6
peinarse to comb one's hair 4
pelearse to fight with one another 8
película movie 2
película de aventuras adventure movie 2
película extranjera foreign movie 2
película romántica romantic movie 2
peligro danger
peligroso *adj.* dangerous
pelirrojo red-headed 2
pelo hair 8
pelo canoso graying, salt-and-pepper hair 2
pelo castaño dark-brown hair 2
pelo corto short hair 2
pelo largo long hair 2
pelo liso, lacio straight hair 2
pelo rizado curly hair 2
pelota ball 5
pelota de básquetbol basketball 5
pelota de béisbol baseball 5
pelota de fútbol soccer ball 5
pelota de fútbol americano football 5
pelota de golf golf ball 5
pelota de tenis tennis ball 5
pelotero baseball player 5
pelotón de fusilamiento *m.* firing squad
peludo *adj.* hairy
pena: Es una pena que... It's a pity / a shame that . . . 9
pendiente *m.* earring
pensar (ie) to think, plan 3
no pensar que not to think that 13
peor worse 7
Es peor que... It's worse . . . 9
pepino cucumber 6
peplo skirt
pequeño *adj.* little, petite 2
pera pear 6
perder (ie) to lose, miss out on 3
peregrinación *f.* journey
perezoso *adj.* lazy 8
perfeccionar to perfect
perfume *m.* perfume
periodismo journalism 2
periodista *m. (f.)* journalist 2
período period of time
perro caliente hot dog
perro dog
perseguir (i, i) to pursue
persona person 1
personaje *m.* character in a story 14
pertenecer to belong
peruano Peruvian 1
pesca fishing 5
pescado fish 6
pescador/a fisherman/woman 5
pescar to fish 5
pesimista *adj.* pessimistic 8
pezuña hoof
piano *m.* piano 2
picante *adj.* spicy 1
picar to prick
picarle los ojos to have itchy eyes 8
pico peak
pictórico *adj.* pictorial
pie *m.* foot 8
piedra rock
pierna leg 8
pilar *m.* pillar
píldora pill 8
piloto *m. (f.)* pilot 12
pimienta pepper 6
piña pineapple 6
pinchar una llanta to have a flat tire 12
pintar to paint 2
pintor/a painter 2
pintoresco *adj.* picturesque
pintura painting 2
pirámide *f.* pyramid
piscina swimming pool 5
pista (running) track 5
pista de esquí ski slope 5
pista de patinaje skating rink 5
pizarra chalkboard *CP*
pizza pizza 6
placa license plate 12
planchado *adj.* ironed 11
planchar to iron 4
planta plant 2
plantación *f.* plantation
plasmar to capture
plataforma platform
plátano banana 6
platillo saucer 11
plato dish, plate 11
plato hondo soup dish 11
playa beach
plaza plaza, square 3
población *f.* population
poblar to inhabit
poco little 1
un poco a little 11
poder *m.* power
poema *m.* poem 14
poeta *m. (f.)* poet 14
polícromo *adj.* many-colored
política politics 2
pollo chicken 6
polvo dust
poner to put 3; to put, to place, to turn on (TV, radio, etc.) 9
poner la mesa to set the table 3
poner una inyección to give an injection / a shot 8
poner una venda / una curita to put on a bandage / a Band-aid 8
poner gasolina to get gas 12
ponerse to put on (clothing, shoes) 4
ponerse + *adjective* to become 9
ponerse contento to become / get happy 9
ponerse furioso to become furious 9
ponerse triste to become sad 9
por because of, about; through, alongside, by; on behalf of; in exchange for; in, during; left to be done; by means of 12
por ciento percent 12
por ejemplo for example 12
por eso for that reason
por favor please 12
por fin finally 10
por la mañana/tarde/noche in the morning/afternoon/evening 10
por lo general in general, usually 7
por lo menos at least 12
por primera vez / última vez for the first time / last time 12
¿Por qué? Why? 3
por todas partes everywhere 12
por último at the end 10
porque because
portal *m.* doorway
portentoso *adj.* extraordinary
portería soccer goal 5
portero doorperson 9
poseer to possess
posesión *f.* possession 2
posible *adj.* possible 13
posición *f.* position
póster poster 2
potrillo colt
pozo *n.* well
practicar to practice 1; to play, practice (a sport) 5
precio price 6
precipicio cliff
precipitarse to hurl oneself
preciso *adj.* necessary 6
predominio predominance
preferible *adj.* preferable 6
preferir (ie, i) to prefer 3
preguntar to ask *CP*
preguntar y dar la hora to ask for and give the time 3

premio prize 14
preocupado *adj.* worried 11
preocupar(se) to worry 8
presencia presence
presentación *f.* introduction *CP*
presentar un disco to launch an album 7
preservar to preserve
presidencia presidency
presión arterial *f.* blood pressure 8
presión *f.* pressure 8
prestar atención to pay attention
prestigioso *adj.* prestigious
pretérito preterite 5
primavera spring 4
primaveral *adj.* vernal
primero first 10
primer (segundo, tercer, cuarto, quinto) piso second (third, fourth, fifth, sixth) floor 9
primero de todo first of all 10
primo cousin 2
primordial *adj.* primordial
principio beginning
a principios de at the beginning of
prisa to be in a hurry 3
privilegiado *adj.* privileged
probable: (No) Es probable que... It's (un)likely that . . . 13
probador *m.* dressing room 6
probar to taste 9
probarse to try on 9
prodigioso *adj.* marvelous
producir to produce 4
productos lácteos dairy products 6
profesión *f.* profession 2
profesional *adj.* professional 7
profesor/a teacher *CP*
profundizar to deepen
programa *m.* program, software 6
programar to program 2
prohibir to forbid, prohibit 12
promedio *n.* average
promover (ue) to promote 7
pronóstico del tiempo weather forecast 4
pronto: de pronto suddenly 8
propagarse to multiply
propina gratuity
propio one's own
proponer to propose
propuesta proposal
prosa prose
protagonista *m. (f.)* protagonist, main character 14
proveedor/a supplier
provincia province
provisorio *adj.* temporary
proyector *m.* overhead projector *CP*
publicidad *f.* publicity, advertising 2
público public 3
pudrirse to rot
pueblo town 3
puede ser que it could be that 13
puerta door 2
puerta de embarque boarding gate 12
puertorriqueño Puerto Rican 1
puesto *adj.* set 11
puesto stand, stall 6; position
pulido *adj.* polished
pulsar to click 6
punto dot 6
punto cardinal compass point
puntuación *f.* punctuation *CP*
pupitre *m.* student desk *CP*
puro *adj.* pure

Q

¿Qué? What? 3
¡Qué bueno que... ! How good (it is) that . . . ! 9
¿Qué día es hoy? What is today's date? 4
¿Qué es? What is it? 1
¡Qué extraño que... ! How strange (it is) that . . . ! 9
¿Qué hora es? What time is it? 3
¡Qué malo que... ! (It's) Too bad that . . . ! 9
¡Qué maravilla que... ! How wonderful that . . . ! 12
¿Qué número tiene? What is your size? (shoes) 6
¿Qué pasa? What's up? *CP*
¡Qué pena que... ! What a shame that . . . ! 9
¡Qué raro que... ! How weird that . . . ! 12
¿Qué tal? How are you? *CP*
¡Qué vergüenza que... ! What a shame that . . . ! 12
quedar to remain 9
Le quedan bien. They fit you well. 6
Le quedan mal. They do not fit you. 6
¿Me queda bien? Does it fit me? 6
quedar sin hogar to be homeless
quedarse to stay 9
quedarse en la cama to stay in bed 4
quedarse sin gasolina to run out of gas 12
quemar to burn 9
quena Andean flute 7
querer (ie) to want 3
quisiera (I, you, he, she) would like 1
quererse to love one another 8
queso cheese 1
¿Quién? Who? 1
química chemistry 2
químico chemist 2
quinina quinine
quitar to remove
quitar el polvo to dust 4
quitar la nieve to shovel snow 4
quitarse to take off (clothing) 4

R

ración *f.* serving (of food)
radio despertador *m.* clock radio 2
raíz *f.* stem 5
rama branch
ranchera ranchera, polka-like northern Mexican music 7
rapado *adj.* shaved
raqueta tennis racket 5
raro *adj.* unusual 9
ratón *m.* mouse 2
raza race (of humans)
razón to be right 3
realismo mágico magical realism
realista *adj.* realistic 8
realizar to do
rebelión *f.* rebellion
rebozar to muffle
recelar to fear
recepción *f.* reception desk 9
receta prescription 8; recipe 11
recetar to prescribe, to write a prescription 8
rechazar to reject
recibir to receive 1
reciente *adj.* recent
recoger to pick up
recoger las hojas secas to rake leaves 4
recoger las maletas to pick up the suitcases 9
recomendar (ie) to recommend 6
recopilar to compile
recorrer el mundo to travel around the world
recorrido trip
recrear to entertain
rector *m. (f.)* university president 9
recuerdo: como recuerdo as a reminder
red *f.* World Wide Web 6
red metálica *f.* screen (for window)
reemplazar to replace
refinado *adj.* refined
reflejar to reflect
refresco soft drink 1
refrescos refreshments 7
refrigerador *m.* refrigerator 3
regalar to give a gift 8
regalo gift 7
regar (ie) las flores to water the flowers 4
regatear to bargain 6
reino kingdom
reírse (i, i) to laugh 5
religión *f.* religion 2
religioso *adj.* religious
relucir to shine
remedio remedy 8
remedio casero home remedy
renacimiento rebirth
rendir homenaje/tributo a to pay tribute to 7
renovar to renew
repartir to distribute
repaso review
repente: de repente suddenly 8
repertorio repertoire 7
repetir (i, i) to repeat 3
repollo cabbage 6
reposar to let settle
representar a to represent 7
requisitos de ingreso admission requirements 9
reseco *adj.* dried out
reserva reservation 9
reservación *f.* reservation 9
reservar to set aside 11
reservar una plaza para... to reserve a seat for . . . 12
residencia residence
residencia estudiantil dormitory 2
residuo residue
resistencia resistance
respetarse to respect one another 8
respirar to breathe
responder to respond 8
responsable *adj.* responsible 8
respuesta response *CP*
restaurante *m.* restaurant 1
resultado *n.* result
resultar to result
resurrección *f.* resurrection
retablo series of paintings or carvings
reto challenge
retrato portrait 13
reunión *f.* meeting
reunir to gather
revolver (ue) to stir 11
rey *m.* king
rezar to pray
rico delicious 1
ridículo *adj.* ridiculous 9
riel *m.* (train) rail 12
ritmo rhythm 7
rocín *m.* nag
rodaja slice
rodar to roll
rodeado *adj.* surrounded
rodilla knee 8
de rodillas on one's knees
rodilleras kneepads 5
rogar (ue) to beg, plead 6
rojo *adj.* red 2
romper to break 9
romperse una/la pierna, un/el brazo to break one's leg, arm 8
ron *m.* rum
ropa clothing 6
ropero closet 2
rosado *adj.* pink 2
rosar to rub
roto *adj.* broken 11
rozagante *adj.* splendid-looking and conscious of it
rubio *adj.* blond 2
ruina ruin
rumor *m.* murmur
ruso Russian 1
ruta route

S

sábado Saturday 3
saber to know (a fact, concept, or skill) 4
sabio sage, wise man
sabor *m.* flavor
sabroso tasty 1
sacapuntas *m.* pencil sharpener *CP*
sacar to take out 5
sacar el pasaporte to get your passport 9
sacar el permiso de conducir / la licencia de manejar to get a driver's license 12

sacudir to dust
sagrado *adj.* sacred
sal *f.* salt 6
sala living room 3
  sala de recogida de equipaje baggage claim 12
salado *adj.* salty 1
salida departure 12
salir to go out, leave 3
  salir de to leave a place 3
salsa salsa, complex New York-based tropical dance music 7
saludarse to greet one another 8
saludo greeting *CP*
salvadoreño Salvadoran 1
salvar to save 6
sandalia sandal 6
sándwich de jamón y queso *m.* ham and cheese sandwich 1
santero witch doctor
santuario sanctuary
sartén *f.* frying pan, skillet 11
saxofón *m.* saxophone 7
secador/a de pelo hair dryer 9
secar to dry
seco *adj.* dry
secreto secret
secundario *adj.* secondary
sed to be thirsty 3
seda silk
sede *f.* headquarters
seguir (i, i) to follow, continue, keep going 3
según according to
seguridad *f.* security
seguro: no estar seguro de que to be uncertain that 13
seis six
selva tropical tropical rainforest
semana week 3
  esta semana this week 10
  semana pasada last week 5
  semana que viene next week 10
  Semana Santa Holy Week 7
  todas las semanas every week 8
semejanza similarity
sencillo *adj.* simple
señor, Sr. Mr., sir 1
señora, Sra. Mrs., ma'am 1
señorita, Srta. Miss, Ms. 1
sensible *adj.* sensitive
sentar (ie) to seat (someone) 9
  sentarse to sit down 4
sentido: en cierto sentido in a sense
sentir (ie, i) to feel sorry 8
  sentir(se) to feel 5
septiembre September 4
sepultar to bury
ser to be 1
  ser aburrido to be boring 2
  ser bueno to be good 8
  ser de to be from 1
  ser despierto to be alert 8
  ser divertido to be amusing 8
  ser listo to be intelligent, clever 8
  ser malo to be bad 8
  ser verde to be unripe 8
serio *adj.* serious 2
serpiente *f.* snake
servicio despertador wake-up service 9
servidor de web *m.* Web server 6
servilleta napkin 11
servir (i, i) to serve 3
sesenta sixty
setenta seventy
siempre always 1
siete seven
siglo century
significado meaning
significativo *adj.* significant
siguiente *adj.* following
silla chair *CP*
sillón armchair 2
silvestre *adj.* forest
símbolo symbol
simpático *adj.* agreeable, nice 2
sin (que) without 13
  sin amueblar unfurnished 9
  sin baño without a bathroom 9
  sin embargo however
sino que but rather
síntoma *m.* symptom 8
sistema operativo *m.* operating system 6
sitio (de) web Web site 6
sobrenatural *adj.* supernatural
sobrevivir to survive
sobrio *adj.* moderate
sociología sociology 2
soda soda 1
sofá *m.* sofa 3
sofisticado *adj.* sophisticated
sofisticar to sophisticate
sofreír to sautée 11
solemne *adj.* solemn
soler (ue) to be in the habit of
solicitar la admisión to apply for admission 9
solidaridad *f.* solidarity
sollozo sob
solo *adj.* alone
sólo *adv.* only
sombra shadow
sombrero hat 6
soñar (ue) (con) to dream (of) 3
sonreír (i, i) to smile 5
sopa soup 6
soplar las velas to blow out the candles 7
sordo *adj.* deaf
sorprender to surprise 8
su/s his, her, its, your, their 2
subir to rise
subterráneo *adj.* underground
sudadera sweatshirt 6
suelo soil
sueño to be sleepy 3
suéter *m.* sweater 6
sufrimiento suffering
sugerir (ie, i) to suggest 5
sumamente extremely
suministro supply
sumo *adj.* greatest
superficie *f.* surface
superioridad *f.* superiority
supermercado supermarket 6
sur *m.* south 3
surf *m.* surfing 5
surfear to surf 6
surfista *m. (f.)* windsurfer 5
surgir to emerge
surrealismo surrealism 13
suspirar to sigh
suyo his, hers, its, yours, theirs

T

tabaco tobacco
tabla de surf surfboard 5
tabla de windsurf windsurf board 5
tacaño *adj.* stingy 8
talla woodcarving 13
tallar to carve 13
taller *m.* studio
tamaño size
también also 1
tampoco neither, either 11
tan so, as
  tan pronto como as soon as 14
  tan... como as . . . as 7
tango tango 7
tanto... como as much . . . as 7
tapa snack
tapar to cover
tapiz *m.* tapestry 13
taquilla ticket window 12
tardar to take a long time
tarde *f.* tarde
  esta tarde this afternoon 10
tarea task
tarjeta card
  tarjeta de crédito credit card 9
  tarjeta de embarque boarding pass 12
taza coffee, teacup 11
té (con leche), (con limón) tea (with milk), (with lemon) 1
teatro theater 2
tecla key (typing) 6
teclado keyboard 2
técnica technique 13
tecnología technology
tejano *adj.* Texan
tejido a mano handwoven
tejidos weavings
teléfono directo direct phone line 9
televisión por cable *f.* cable TV 9
televisor *m.* television set *CP*
tema *m.* theme 13
  tema musical musical theme 7
temer to fear 8
temperatura temperature
  temperatura máxima/mínima high/low temperature 4
templado *adj.* temperate
templo temple
temporada season
tenedor *m.* fork 11
tener (ie) to have 2
  tener... años to be . . . years old 3
  tener calor to be hot 3
  tener dolor de garganta to have a sore throat 8
  tener escalofríos to have shivers 8
  tener fiebre to have a fever 8
  tener frío to be cold 3
  tener ganas de to feel like doing something 3
  tener hambre to be hungry 3
  tener la nariz tapada to have a stuffy nose 8
  tener lugar to take place 7
  tener miedo to be afraid 3
  tener mocos to have a runny nose 8
  tener náuseas to be nauseous 8
  tener prisa to be in a hurry 3
  tener que + *infinitive* to have to do something 3
  tener razón to be right 3
  tener sed to be thirsty 3
  tener sueño to be sleepy 3
tenis *m.* tennis 5
tenista *m. (f.)* tennis player 5
terminal *m.* terminal 12
  terminal de autobuses bus station 3
termómetro thermometer 8
terraza terrace 9
terreno land
terrible *adj.* terrible 9
territorio territory
tía aunt 2
tiempo weather 4
tilde *f.* tilde (diacritical mark used over n: ñ) *CP*
tímido *adj.* shy 8
tina bathtub 9
tío uncle 2
titulado *adj.* so-called
tiza chalk *CP*
tobillo ankle 8
tocar to play (an instrument) 2; to knock 5; to be one's turn 11
tocino bacon 11
todavía still
todo all
  todas las semanas every week 7
  todas las tardes/mañanas/noches every afternoon/morning/night 7
  todo el mundo everyone, everybody 11
  todos los días every day 1
  todos los meses/años every month/every year 7
tomar to take, drink, have 1
  tomar la presión to take the blood pressure 8
  tomar la temperatura to take the temperature 8
tomate *m.* tomato 6
tonalidad *f.* tonality

tonto *adj.* silly, dumb 2
toque de queda *m.* curfew
torcerse (ue) una/la muñeca, un/el tobillo to sprain one's wrist, ankle 8
tormenta: Hay tormenta. It's stormy. 4
torno: en torno a regarding
toro bull
torrente *m.* torrent
tortilla de patatas potato omelette 1
toser to cough 8
trabajador *adj.* hardworking 8
trabajador/a social social worker 2
trabajar to work 1
tradición *f.* tradition
traducir to translate 4
traductor/a translator 2
traer to bring 3
trago drink
traidor/a traitor
tramitar los documentos to take care of / process the documents 9
tranquilidad *f.* tranquility
transmitir to transmit
transporte *m.* transportation 3
tranvía *m.* streetcar
tras after
trasero *adj.* back
traslado *n.* move
traspasar to transfer, transpose
tratado de paz peace treaty
treinta thirty
tren *m.* train 12
tres three
tribu *f.* tribe
trigo wheat
trilingüe adj. trilingual
trinchera trench
triste *adj.* sad 3
tristeza sadness
triunfo triumph
trompeta trompeta 7
tronco trunk
trozo piece
Truena. It's thundering. 4
tú you *(familiar)* 1
tu your 2
tumbar to chop down
tumultuoso *adj.* tumultuous
turismo tourism

U

último last
  último día the last day 10
  último disco latest album/disc 7
un/a a, an 1
unción *f.* annointment
único *adj.* only
unidad *f.* unit
  unidad de disco duro *f.* CPU 6
  unidad monetaria monetary unit
universidad *f.* university 3
uno one
unos some 1
urgente: Es urgente que... It's urgent that . . . 9
uruguayo Uruguayan 1
uso use 3
usted/es (Ud./Uds.) you (formal) 1
utensilio utensil 11
útil *adj.* useful
utilizar to use 5
uva grape 6

V

vaca cow
vacaciones pasadas *f.* last vacation 10
vagón *m.* car 12
valentía courage
valer to cost, be worth 6
valiente *adj.* brave 8
valle *m.* valley
valor *m.* value
vanguardia avant-garde 13
variación *f.* variation
variado *adj.* varied
variedad *f.* variety
vasija container
vaso glass 11
veinte twenty
vela sailing 5; candle 7; sail
velocidad *f.* speed
vendedor/a salesperson
vender to sell 1
venezolano Venezuelan 1
venir (ie) to come 3
ventana window 2
ver to watch, see 2
  Nos vemos. See you. *CP*
verano summer 4
  verano pasado last summer 10
verbo verb 1
verdad: (No) Es verdad que... It's (not) true that . . . 13
verdadero *adj.* true
verde *adj.* green 2
verdura vegetable 6
verse to see one another 8
verso line of a poem
vestido dress 6
vestir (i, i) to dress (someone) 9
  vestirse to get dressed 4
  vestirse de to dress up as
vez *f.* time
  a veces sometimes
  una vez once 11
vía track 12; rail route
viajar to travel 1
viaje *m.* trip
víctima *f.* victim
vídeo video 2
videocasetera VCR *CP*
vidriera stained glass
vientre *m.* belly
viernes *m.* Friday 3
  Viernes Santo Good Friday 7
vino seco dry wine 11
violencia violence
violeta violet 2
violín *m.* violin 7
violonchelo cello 7
vista sight
vivienda housing 2
vivir to live 1
vocalista *m. (f.)* vocalist 7
volante *m.* steering wheel 12
volcán *m.* volcano
vólibol *m.* volleyball 5
voluntad *f.* desire 6
volver (ue) to return 3
vosotros you *(familiar pl. [Spain])* 1
voto vote
voz *f.* voice 7
vuelo flight 12
  vuelo doméstico domestic flight 12
  vuelo internacional international flight 12
vuestro your 2

W

web World Wide Web 6
windsurf *m.* windsurfing 5

Y

yacimiento deposit
yo *pron.* I 1
yogur *m.* yogurt 6

Z

zanahoria carrot 6
zancudo mosquito
zapatillas de deportes sneakers, tennis shoes 5
zapatos shoes 6
  zapatos de tacón high-heeled shoes 6
zona zone
zumo de naranja orange juice 1

GLOSARIO INGLÉS-ESPAÑOL

Gender of nouns is indicated except for masculine nouns ending in *–o* and feminine nouns ending in *–a*. Masculine forms of adjectives are given; feminine forms are given when irregular. Verbs appear in the infinitive form. The number following the entries refer to the chapter in which the word or phrase first appears. The following abbreviations are used in this glossary.

adj. adjective *m.* masculine *adv.* adverb *pl.* plural *f.* feminine *prep.* preposition *CP* Capítulo preliminar *pron.* pronoun *n.* noun

A

a, an un/a 1
- **a, an, any, some** algún, alguno/a/os/as 11
- **a little** un poco 11
- **a lot** mucho 1

abandon dejar 13
abandoned desamparado *adj.* 7
ability habilidad *f.* 6
about por 12; en torno al 2
above arriba *adv.* 3
abovementioned consabido *adj.*
abroad en el exterior 6
absurdity absurdo
academic calendar calendario escolar 9
accelerate acelerar 12
accent: written accent acento ortográfico *CP*
accept aceptar 7
access acceso 6
accident accidente *m.* 8
according to según 7
accordion acordeón *m.* 7
accountant contador/a 2
accounting contabilidad *f.* 2
ache doler (ue) 8
achievement logro 10
acquire adquirir (ie) 11
across a través de
- **across from** frente a 3

active activo *adj.* 8
activity actividad *f.* 4
actor actor *m.* 2
actress actriz *f.* 2
ad (classified) anuncio (clasificado) 9
add agregar; añadir 11
address dirección *f.* 6
admission requirements requisitos de ingreso 9
advance adelantar 11; avance *m.* 6
adventure movie película de aventuras 2
adventurous aventurero *adj.* 9
adverb adverbio 1
advertising publicidad *f.* 2
advisable aconsejable *adj.* 6
advise aconsejar 6
affirm afirmar
affirmation afirmación *f.*
affirmative afirmativo *adj.* 11
after después de que 14; tras
- **after lunch** después de comer 10

afternoon tarde *f.* 10
- **this afternoon** hoy por la tarde, esta tarde 10

agent agente *m. (f.)* 9
agreeable simpático *adj.* 2
agreement acuerdo 4
agricultural agrícola *adj.*
air conditioning aire acondicionado *m.* 9
airport aeropuerto 3
aisle pasillo 12
alert despierto 8
all todo
All Saints' Day día de todos los santos 7
All Souls' Day, Day of the Dead día de los muertos 7
allergies alergias 8
alliance alianza
alligator caiman *m.* 14
almost casi
- **almost always** casi siempre 10
- **almost never** casi nunca 1

alone solo *adj.* 7
along with junto con *adv.*
alongside por 12
alphabet abecedario *CP*
also también 1
always siempre 1
amateur aficionado 7
amazed asombrado *adj.* 14
ambassador embajador/a 5
amber ámbar *m.*
American estadounidense 1
ample amplio *adj.*
amuse divertir (ie, i) 9
amused divertido 8
amusement diversión *f.* 7
amusing divertido *adj.* 2
analyze analizar 2
ancestor antepasado 10
ancestry ascendencia
Andean flute quena 7
anecdote anécdota
angel ángel *m.*
angry enojado 3
ankle tobillo 8
anniversary aniversario 7
annointment unción *f.*
announcer locutor/a
annoyed molesto *adj.* 3
annual anual *adj.* 3
answer contestar *CP*
Antarctica Antártida 4
anthropology antropología 2
antibiotic antibiótico 8
antihistamine antihistamínico 8
antique antiguo *adj.*
any cualquier *adj.* 1
Anything else? ¿Algo más? 1
apartment apartamento 2
apparition aparición *f.* 7
appeal apetecer 8
appearance aparición *f.*; aspecto 5
appetizer aperitivo 7
apple manzana 6
- **apple pie** pastel de manzana 5

appliance electrodoméstico 6
apply for admission solicitar la admisión 9
approaching cercano *adj.*
aptitude aptitud *f.* 13
April abril 4
Arab árabe *m. (f.)* 1
archaeologist arqueólogo 12
architect arquitecto 12
area área *f.* 5
Argentinian argentino 1
arm brazo 8
armchair sillón 2
armor armadura 14
army ejército 6
around alrededor de *adv.* 3
arouse fomentar 4
arquitecture arquitectura 6
arrangement arreglo
arrival llegada 12
arrive llegar 5
art of the masses arte popular *m.* 13
artist artista *m. (f.)* 2
artistic movement movimiento artístico 13
as tan 7
- **as . . . as** tan... como 7
- **as a reminder** como recuerdo 3
- **as much . . . as** tanto... como 7
- **as soon as** en cuanto; tan pronto como 14

ash ceniza 13
ask preguntar *CP*
ask for (*something*) pedir (i, i) 3
- **ask for directions** pedir instrucciones 3
- **ask for the check** pedir la cuenta 11
- **ask questions, ask a question** hacer preguntas/hacer una pregunta 3

aspect aspecto 5
aspirin aspirina 8
assimilate asimilar 5
astronomer astrónomo 10
at (@) arroba 6
at a 3
- **at least** por lo menos 12
- **at the corner of** en la esquina de 3
- **at the end** por último 10
- **at the end of** al final de 3
- **at this moment** en este momento 4
- **At what time?** ¿A qué hora? 3

athlete atleta *m. (f.)*; deportista *m. (f.)* 2
athletic atlético *adj.* 8
attachment anexo 6
attempt intentar 4
attend asistir a 1
attitude actitud *f.* 10
attract atraer 7
August agosto 4
aunt tía 2
author autor/a 14
autonomous community comunidad autónoma *f.*
available disponible *adj.* 6
avant-garde vanguardia 13
avenue avenida
average promedio *n.* 12
avocado aguacate *m.* 6
awake despierto 8
Aztec azteco

B

back trasero *adj.*; espalda 8
- **back (of an animal)** lomo 14

back then en aquel entonces 10
backpack mochila *CP*
backyard jardín *m.* 9
bacon tocino 11
bad malo *adj.* 1
- **It's bad that . . .** Es malo que... 9

bag bolso 6; costal *m.* 11
baggage claim sala de recogida de equipaje 12
bake hornear
balcony balcón *m.* 9
ball pelota 5
ballad: romantic, nostalgic, or historical ballad balada 7
banana plátano 6
band banda 7
bank (of river) orilla 14
bankruptcy bancarrota 8
banquet banquete *m.* 7
baptize bautizar
bar (where snacks are served) bar de tapas *m.* 1
barber barbero 14
bargain regatear 6
baseball (game) béisbol *m.* 5
- **baseball** pelota de béisbol 5
- **baseball bat** bate *m.* 5
- **baseball cap** gorra 6
- **baseball field** campo de béisbol 5
- **baseball glove** guante de béisbol 5
- **baseball player** pelotero 5

basin cuenca 9
basket cesta 6
basketball (game) básquetbol *m.* 5
- **basketball** pelota de básquetbol 5
- **basketball basket** canasta 5
- **basketball court** cancha de básquetbol 5

Basque language euskera *m.* 1
bathroom cuarto de baño; baño 3
bathtub bañera 3; tina 9
battle batalla 3
be ser 1; estar *irreg.* 3
- **be . . . years old 3** tener... años 3
- **be afraid** tener miedo 3; asustarse 8
- **be born** nacer 4
- **be cold** tener frío 3
- **be delightful** encantar 8

be dizzy estar mareado 8
be exiled exiliarse 10
be from ser de 1
be happy (about) alegrarse (de) 8
be homeless quedar sin hogar 5
be hot tener calor 3
be in a hurry tener prisa 3
be in good health estar bueno 8
be in the habit of soler (ue) 3
be nauseous tener náuseas 8
be on tour estar de gira 7
be one's turn tocar 11
be pleasing gustar 2
be right tener razón 3
be sick estar malo 8
be silent callarse 14
be sleepy tener sueño 3
be thirsty tener sed 3
be uncertain that no estar seguro de que 13
be up to date estar al día
be worth valer 6
beach playa
bean frijol *m.*; habichuela 6
bear oso 7
beat ganar 5
beauty belleza 8; hermosura
because porque
because of por 12
become ponerse + *adj.* 9; convertirse (ie, i) en 5; llegar a ser 4
become happy alegrarse (de) 9
become mischievous encapricharse 10
bed cama 2
double bed cama doble/matrimonial 9
single bed cama sencilla 9
bedroom dormitorio 3
beer cerveza 1
before antes de (que) *adv.* 13
beforehand antemano *adv.*
beg rogar (ue) 6
begin empezar (ie) 3; comenzar (ie) 5
beginning principio 7
at the beginning of a principios de 7
behind detrás de *adv.* 3
belief creencia 3
believe creer 13
not to believe that no creer que 13
belly vientre *m.* 11
belong pertenecer
below abajo *adv.* 3
belt cinturón *m.* 6
benefit beneficio
best: the best lo mejor
better mejor/es 7
It's better that . . . Es mejor que... 9
between entre *prep.* 3
between . . . and . . . entre las... y las... 3
beyond más allá de 12
big grande 2
bilingual bilingüe *adj.* 4
biochemistry bioquímica 2
biologist biólogo 2
biology biología 2
bird ave *f.*; pájaro 10
birth nacimiento 10
birthday cumpleaños *m.* 7
birthday cake pastel de cumpleaños 7
Happy birthday! ¡Feliz cumpleaños! 7
bite mordida *n.* 14
bite one's tongue morderse (ue) la lengua 8
bitter amargo 14
black negro *adj.* 2
blade (of a windmill) aspa 14
bless bendecir 9
blind ciego *adj.* 13
blond rubio *adj.* 2
blood pressure presión arterial *f.* 8
blouse blusa 6
blow golpe *m.* 7
blow out the candles soplar las velas 7
blue azul *adj.* 2
boarding gate puerta de embarque 12
boarding pass tarjeta de embarque 12
body cuerpo 8
boil hervir (ie) 11
bolero: classic romantic music bolero 7
Bolivian boliviano 1
bombardment bombardeo 13
bone hueso 14
bongo drum bongó 7
book libro *CP*
bookshelf estante *m.* 2
boot bota 6
border: on the border en la frontera 3
bored aburrido 3
boring aburrido 2
both ambos 9
bother molestar 8
bottle botella 6
bottle of mineral/sparkling water botella de agua mineral/con gas 1
boxer boxeador/a 5
boxing boxeo 5
brake freno 12
branch rama 8
brave valiente *adj.* 8
Brazilian brasileño 1
bread pan *m.* 1
bread with tomato pan con tomate 1
break romper 9; frenar 12
break in domar 14
break into shreds desgajar 14
break one's leg, arm romperse una/la pierna, un/el brazo 8
break to pieces hacer pedazos 5
breakfast desayuno 1
breath aliento 14
breathe alentar (ie), respirar 6
bring traer 3
broadcasting station emisora 6
broaden ampliar 13
brochure folleto 5
broken roto *adj.* 11
bromeliad bromelia 9
bronchitis bronquitis *m.* 8
brother hermano 2
brown dorar 11
brown (color) café *adj.*, marrón *adj.* 2
brown-eyed castaño *adj.* 2
brown-haired castaño *adj.* 2
browser navegador *m.* 6
brunette moreno *adj.* 2
brush (one's hair) cepillarse (el pelo) 4
brush one's teeth lavarse los dientes 4
bucket balde *m.* 11
buckle up abrocharse el cinturón 12
build construir 3
building edificio 3
bull toro 7
bundle bulto 13
burial ground centro funerario 10
burn quemar 9; arder 14
bury enterrar 10; sepultar 13
bus station terminal de autobuses 3
business administration administración de empresas *f.* 2
businessman/woman hombre/mujer de negocios 2
busy ocupado *adj.* 11
but rather sino que 7
butter mantequilla 1
butterfly: monarch butterfly mariposa monarca 3
buy comprar 1
by para, por 12
by means of por 12

C

cabbage repollo 6
cable TV televisión por cable *f.* 9
café café *m.* 3
cake pastel *m.* 1
calculate calcular
calculator calculadora *CP*
call llamar
call a tow truck llamar a la grúa 12
call on the phone llamarse por teléfono 8
camp acampar 4
campaign campaña
can lata 6
Canadian canadiense *m. (f.)* 1
candle vela 7
canned goods conservas 6
capable dispuesto *adj.* 10
cape manto 13
capital city capital *f.*
capture plasmar 13
car carro, vagón *m.* 12
card tarjeta
cardboard cartón *m.* 14
care cuidado
caress acariciar 12
Caribbean caribeño *adj.*
carnival carnaval *m.* 7
carpet alfombra 2
carrot zanahoria 6
carry llevar 9
cart carreta
carve tallar 13
cash register caja registradora 6
cassette casete *m.* 2
Castilian castellano *CP*
cat gato
Catalan language catalán 1
catch coger 13
Catholic católico 3
cattle ganado 4
caution cuidado
celebrate celebrar(se) 7
celebration celebración *f.* 7
cellar bodega 13
cello violonchelo 7
century siglo 4
cereal cereales 1
certain cierto *adj.*
It's not certain that . . . No es cierto que... 13
chair silla *CP*, asiento 12
chalk tiza *CP*
chalkboard pizarra *CP*
challenge reto 12
champion campeón/campeona 5
championship campeonato 5
change cambio 5
character carácter *m.* 7
character in a story personaje *m.* 14
characterize caracterizarse 6
charitable benéfico *adj.* 2
charity caridad *f.*
charm agrado
chat charlar 2
check bags facturar las maletas 12
check-in counter mostrador de facturación 12
cheese queso 1
chemist químico 2
chemistry química 2
chest pecho 8
chicken pollo 6
chief cacique *m.* 10
childbirth parto 11
Chilean chileno 1
Chinese chino 1
chocolate chocolate *m.* 1
choir coro 7
chop down tumbar 8
choreographer coreógrafo 7
christening bautizo 7
Christian cristiano 3
Christmas Day día de Navidad 7
Christmas Eve nochebuena 7
chronicler cronista *m. (f.)* 6
chubby gordito 2
church iglesia 3; basílica 7
cilantro culantro 11
cinnamon canela 11
city ciudad *f.* 3
city hall ayuntamiento 3
classic clásico *adj.*
classical music música clásica 7
clay barro 7
clean limpiar 4
cleats botas de tacos 5

clever listo *adj.* 2
be clever ser listo 8
click hacer clic, pulsar 6
cliff precipicio
climate clima *m.* 4
climb mountains hacer alpinismo 5
clock radio radio despertador *m.* 2
close cerrar (ie) 3
close to cerca de 12
closed cerrado *adj.* 11
close-mouthed discreto *adj.* 8
closet clóset *m.*, ropero 2
clothing ropa 6
cloudy nublado *adj.*
club garrote *m.* 6; palo
clutch embrague *m.* 12
coach entrenador/a 5
coast costa 5
on the coast en la costa 3
coat abrigo 6
cocoa cacao 9
coffee (with milk) café (con leche) *m.* 1
coffee table mesilla 3
coffee/teacup taza 11
small coffee cafetín *m.* 5
cold frío 1; catarro 8
It's (It's not) cold. (No) Hace frío. 4
collaborate colaborar
collide with chocar con 12
Colombian colombiano 1
colonialism colonialismo
color color *m.* 2
colt potrillo 14
comb one's hair peinarse 4
come venir (ie) 3
comfortable cómodo *adj.* 2
command mando 6
commemorate conmemorar 7
commentary comentario 5
commission encargo 13
Commonwealth Estado Libre Asociado 5
commute (a sentence) conmutar 6
compact disc disco compacto 2
compass point punto cardinal 12
compete concursar 7
competition concurso 7
compile recopilar
compose componer 7
composer compositor/a 7
compromised comprometido *adj.*
computer computadora *CP*
computer science informática 2
computer scientist informático 2
computing computación *f.*
concert concierto 7
concert billboard cartelera 7
condemn condenar 6
condor cóndor *m.* 7
conflict conflicto
conga drum conga 7
congested congestionado 8
Congratulations! ¡Enhorabuena!, ¡Felicidades! 7
conqueror conquistador/a 6
conscience conciencia 5
consecration consagración *f.*
constancy constancia 13
constitute constituir 13
construction construcción *f.* 9
consulate consulado 9
consultant asesor/a 2
consumption consumo
container envase *m.* 6; vasija 6
contemporary contemporáneo 4
continue seguir (i, i) 3; continuar 4
contract contrato 9
contribute aportarse 1
converse dialogar, conversar
convince convencer 4
cook cocinar 2; cocer (ue) 11
cookie galleta 1
cooking cocina 1
cool: It's (It's not) cool. (No) Hace fresco. 4
copy copiar 6
coraline coralino *adj.*
coriander culantro 11
corn maíz *m.* 6
corrido: traditional Mexican ballad corrido 7
cosmetics cosméticos
Costa Rican costarricense *m.* *(f.)* 1
cough toser 8
count contar (ue) 3
country, countryside campiña 6
courage valentía 14
court cancha 5
cousin primo 2
cover tapar 1
covered cubierto *adj.* 11
coveted codiciado *adj.* 6
cow vaca 9
coward cobarde *m.* 14
cozy acogedor/a *adj.* 6
CPU unidad de disco duro *f.* 6
cracker galleta 1
crafts artesanía 6
craftsperson artesano 13
crater cráter *m.*
cream crema 6
create crear
creative creativo 2, creador/a *adj.*
creature criatura 14
crèche nacimiento 7
credit card tarjeta de crédito 9
crescent moon luna creciente 13
crime crimen *m.*
critic crítica *m.*
croissant croissant *m.* 1
croquette croqueta 1
Cross . . . street. Cruce la calle... 3
cross atravesar (ie) 6; cruzar; cruz *f.* 7
crossword puzzle crucigrama *m.*
crown corona 10
cruel, mean cruel *adj.* 8
crunchy crujiente *adj.* 1
crushing apisonamiento 14
crystalline cristalino *adj.* 5
Cuban cubano 1
cubism cubismo 13
cucumber pepino 6
cultivate cultivar, labrar 9
cumbia: popular Colombian dance cumbia 7
curfew toque de queda *m.* 9
curious curioso *adj.*
curly hair pelo rizado 2
curtain cortina
custom costumbre *f.* 10
customer cliente/a 6
customs aduana 9
cut cortar 6
cut one's finger, face cortarse el dedo, la cara 8
cybercafé cibercafé *m.* 6

D

daily diario *adj.*
dairy products productos lácteos 6
damage daño 5
dance bailar 1; danza 2; baile *m.* 7
dancer bailarín/bailarina 2
danger peligro
dangerous peligroso *adj.* 7
dark oscuro *adj.* 6
dark-brown hair pelo castaño 2
dark-featured, brunette moreno *adj.* 2
dark water aguaprieta 14
darken oscurecer
date fecha 4
daughter hija 2
dawn amanecer *m.*, madrugada 14
day día *m.* 3
day after tomorrow pasado mañana 10
day before día anterior 10
day before yesterday anteayer *adv.* 5
last day último día 10
next day al día siguiente 10
other day el otro día 8
deaf sordo *adj.* 11
dean decano 9
death muerte *f.* 13
December diciembre 4
December 24, Christmas Eve nochebuena 7
December 25, Christmas día de Navidad 7
December 31, New Year's Eve nochevieja 7
decimate diezmar 8
declare declarar 9
decorative scarf pañuelo 6
deep hondo *adj.* 9
deepen profundizar 4
defeat derrotar 6
delay atrasar 5
delete borrar 6
delicious rico 1
deliver lanzar 3
delivery entrega 5
demonstrative demostrativo *adj.* 4
denounce denunciar
department departamento 9
departure salida 12
depose derrocar 7
deposit yacimiento 6; depósito 9
described descrito *adj.* 11
desert desierto 6
design diseño 2
designer diseñador/a 2
desire desear 1; voluntad *f.* 6
desired codiciado *adj.*
desk escritorio *CP*
destiny, fate destino 6
detain detener (ie)
determine determinar 3
devastate devastar
develop desarrollar 6
devil demonio 7
devote oneself consagrarse 10
devour devorar 14
dictatorship dictadura 7
dictionary diccionario *CP*
die morir (ue, u) 5
dieresis (diacritical mark used over u: ü) diéresis *f. CP*
different diverso *adj.*
diffuse difundir
dilute diluir 14
dining room comedor *m.* 3
dinner cena 1
disappear desaparecer 5
disaster desastre *m.* 3
discography discografía 7
discotheque discoteca 3
discount descuento 6
discreet discreto *adj.* 8
disguise disfraz *m.* 14
dish plato 11
dishwasher lavaplatos 3
disk drive disquetera 6
dislike someone caer mal 11
disorganized desorganizado *adj.* 8
display window escaparate *m.* 6
display counter/case mostrador *m.* 6
distance oneself apartarse 13
distance distancia, lejanía
distant lejos *adv.* 3
distribute repartir 7
ditch cauce *m.*
dive bucear 5
diver buzo 5
diversion diversión *f.*
divorce divorciarse
do laundry lavar la ropa 4
do hacer 3; realizar 3
Doctor, Dr. doctor/a, Dr./Dra. 1
doctor's office consulta 8
dog perro
dominate dominar 5
Dominican dominicano 1
dominoes (game) dominó 5
done hecho *adj.* 11
donkey asno 14
door puerta 2
doorperson portero 9
doorway portal *m.* 5
dormitory residencia estudiantil 2
dot punto 6

doubt duda 13
doubt that dudar que 13
doubtful: It's doubtful that . . . Es dudoso que... 13
down payment depósito 9
download bajar, descargar 6
dozen docena 6
drag arrastrar
draw dibujar 2
dream (of) soñar (ue) (con) 3
dress vestido 6
dress (someone) vestir (i, i) 9
dress up as vestirse de 3
dresser cómoda 2
dressing room probador *m.* 6
dried out reseco *adj.* 14
drink beber, tomar 1; bebida *n.* 1; trago *n.* 10
drive conducir 4; manejar 12
drop *n.* gota 8; caer 9
drown ahogarse (ue) 14
drug store droguería 8
druggist droguero 8
drum set batería 7
dry secar; seco *adj.*
dry cleaning lavado en seco, limpieza en seco 9
duel duelo 14
during durante *prep.* 2; por 12
during the day durante el día 10
during the week durante la semana 10
dusk atardecer *m.* 14
dust quitar el polvo 4; *n.* polvo 13
dynamic dinámico *adj.* 8
dynasty dinastía 6

E

ear oreja 8
earring pendiente *m.* 13
east este *m.* 3; oriente *m.* 8
Easter Sunday Domingo de Pascua/Resurrección 7
eastern oriental *adj.* 13
eat comer 1; cenar 4
eat breakfast desayunar(se) 1
eat lunch almorzar (ue) 3
economical económico *adj.* 4
Ecuadoran ecuatoriano 1
edit editar 6
efficient eficaz *adj.* 8
Egyptian egipcio 1
eight ocho 2
eighty ochenta 2
either tampoco 11
either . . . or . . . o... o... 11
elbow codo 8
elect elegir 4
elevator ascensor *m.* 9
eliminate eliminar
e-mail correo electrónico 6
embarrassed avergonzado *adj.* 11
embroider bordar 6
embroidered bordado *adj.* 6
emerald esmeralda 6
emerge surgir 13
emotion emoción *f.* 8
empire imperio 6
encourage animar 7
end fin *m.* 1
energetic enérgico *adj.* 8
engineer ingeniero 2
engineering (civil, electrical) ingeniería (civil, eléctrica) 2
English inglés/inglesa 1
enjoy disfrutar 11
enough bastante 10
enroll ingresar 13
entertain recrear; divertir (ie, i) 9
entry ingreso 6
Epiphany, Feast of the Three Wise Men día de los Reyes Magos 7
epoch época 5
equal equivaler 9
eraser borrador *m.* *CP*
escort escoltar 14
espresso café solo 1
essay ensayo 14
essayist ensayista *m. (f.)* 14
essential esencial *adj.* 1
establish establecer 5
eternal eterno *adj.* 14
ethnic étnico *adj.* 9
evening: this evening hoy por la noche 10
event acontecimiento 4
every todo/a 7
every afternoon/morning/night todas las tardes/mañanas/noches 7
every day todos los días 1; cada día 11
every month todos los meses 7
every week todas las semanas 7
every year todos los años 8
everyone, everybody todo el mundo 11
everywhere en cualquier parte 5; por todas partes 12
evil spirit demonio
evolve desembocar 13
exaggeration exageración *f.*
excavation excavación *f.* 12
exchange intercambio 1
exchange money cambiar dinero 9
excite fomentar
execute ahorcar 6
exemplify ejemplificar
exercise hacer ejercicio 3
exhibit exponer 13; *n.* exposición *f.* 13
exile destierro 13; exilio
exist existir 6
expense gasto 9
experience experiencia 5
explain explicar 5
explore explorar 2
export exportación *f.* 4
express expresar 6
expression expresión *f.* 3
exquisite exquisito *adj.* 1
extend extenderse (ie) 6
extraordinary extraordinario *adj.*, portentoso *adj.* 14
extremely altamente, sumamente
extroverted extrovertido *adj.* 8
eye ojo 8

F

face cara 8
facing frente a 3
faith fe *f.* 6
faithful fiel *adj.*
fall *n.* otoño 4; caer 9
fall asleep dormirse 4
fall in love with enamorarse de 9
false falso *adj.*
fame fama 13
family familia 2
famous ilustre *adj.* 12
fan abanico
fantastic fantástico *adj.* 3
far from lejos de 3
farmer agricultor/a 6
fascinate fascinar 8
fashion boga 13
fat gordo 2
fate destino 6
father padre *m.* 2
fault culpa
fear temer 8; recelar 14
February febrero 4
fed up harto 3
feel sentir(se) 5
feel like doing something tener ganas de 3
feel sorry sentir (ie, i) 8
feminine feminino *adj.*
fence cercar 6
fern helecho 9
fertile fértil *adj.* 4
fever fiebre *f.* 8
field campo 5; ámbito 13
fifty cincuenta 2
fight with one another pelearse 8
file archivo, documento 6
fill out a form llenar un formulario 9
film producer cineasta *m.*
finally finalmente, por fin 10
find out enterarse
Fine, thanks. And you? Bien, gracias. ¿Y tú/Ud.? *CP*
finger dedo (de la mano) 8
finish (*something*) acabar 9
firing squad pelotón de fusilamiento *m.* 14
first primero 10
first name nombre de pila
first of all primero de todo 10
fish pescar 5; pescado *n.* 6
fisherman/woman pescador/a 5
fishing pesca 5
five cinco 2
flag bandera 5
flamenco flamenco 7
flap (wings) sacudir 14
flavor sabor *m.* 5
flight vuelo 12
domestic flight vuelo doméstico 12
flight attendant auxiliar de vuelo *m. (f.)* 12
international flight vuelo internacional 12
fling arrojar
floor: second (third, fourth, fifth, sixth) floor primer (segundo, tercer, cuarto, quinto) piso 9
floppy disk, diskette disquete *m.* 6
flour harina 6
flu gripe *f.* 8
flute flauta 7
foggy: It's foggy. Hay niebla. 4
folded doblado *adj.* 11
folder carpeta 6
folk art arte popular *m.* 13
follow seguir (i, i) 3
following siguiente *adj.* 5
food comida 1; alimentos 6
foot pie *m.* 8
on foot ir a pie 4
football (game) fútbol americano 5
football pelota de fútbol americano 5
football player futbolista *m. (f.)* 5
for para 13
for example por ejemplo 12
for that reason por eso 10
for the first time / last time por primera vez / última vez 12
forbid prohibir 12
force fuerza 3
forehead frente *f.* 8
foreign extranjero *adj.*
foreign languages lenguas extranjeras 2
foreign movie película extranjera 2
forest bosque *m.* 4; silvestre *adj.* 9
forget olvidar 9
fork tenedor *m.* 11
form formar 4; formulario
forty cuarenta 2
found fundar 4
foundation fundación *f.*
four cuatro 2
free libre *adj.* 4
freeze congelar
French francés/francesa 1
french fries patatas fritas 1
frequently con frecuencia, frecuentemente 7
fresh fresco *adj.* 6
Friday viernes *m.* 3
fried nibble fritura 11
fried strips of dough churros 1
friend amigo 1
friendly acogedor/a *adj.*
frivolous frívolo *adj.* 8
from de, desde 12
from . . . to . . . desde las... hasta las... 3
from time to time de vez en cuando 7
frozen foods congelados 6
fruit fruta 6
frying pan sartén *f.* 11
full lleno *adj.* 4
fumigate fumigar
fun divertido *adj.* 2
funny divertido *adj.*, cómico *adj.* 8
furious furioso 9
furnished amueblado *adj.* 9

G

Galician language gallego 1
game partido 5

garage garaje *m.* 3
garlic clove diente de ajo *m.* 11
gas pedal acelerador *m.* 12
gas tank depósito de gasolina 12
gather reunir 5; darse cita 7
generally generalmente 10
generous generoso *adj.* 8
genius genio 13
geographic geográfico *adj.* 6
geography geografía 2
German alemán/alemana 1
get conseguir (i, i) 5
  get a driver's license sacar el per-miso de conducir / la licencia de manejar 12
  get a visa obtener (ie) la visa 9
  get a wound hacerse una herida 8
  get angry enojarse 9
  get dressed vestirse 4
  get gas echar/poner gasolina 12
  get married casarse 4
  get rid of acabar con 7
  get up levantarse 4
  get your passport sacar el pasaporte 9
giant gigante *m.*
gift regalo 7; don *m.* 14
  gift giver donador/a 14
give dar 8
  give a concert dar un concierto 7
  give a gift regalar 8
  give advice dar consejos 8
  give an injection / a shot poner una inyección 8
  give gifts hacer regalos 7
glass vaso 11
glove guante *m.* 6
go ir 4
  go away irse 4
  go by bicycle ir en bicicleta 4
  go by bus ir en autobús 4
  go by car ir en carro 4
  go by subway ir en metro 4
  go by taxi ir en taxi 4
  go for a walk ir de paseo 4
  go on vacation ir de vacaciones 4
  go out salir 3
  go shopping ir de compras 4
  go through customs pasar por la aduana 12
  go through passport control pasar el control de pasaportes 9
  go to a concert asistir a un concierto 4
  go to bed acostarse 4
  go to sleep dormirse 4
goat cabra, chivo 14
golf (game) golf *m. 5*
  golf ball pelota de golf 5
  golf club palo de golf 5
  golf course campo de golf 5
  golfer golfista *m. (f.)*5
good bueno *adj.* 1
  Good afternoon. Buenas tardes. *CP*
  Good choice. Buena idea. 1
  Good evening. / Good night. Buenas noches. *CP*
  Good Friday Viernes Santo 7
  Good morning. Buenos días. *CP*
good-bye adiós, chau; despedida *n. CP*
good-looking guapo 2
gossip chismear 2
government gobierno
grab agarrar 8
graduate graduarse (en), licenciarse 9; licenciado *n.* 9
graduation graduación *f.* 7
gram gramo 6
grandfather abuelo 2
grandmother abuela 2
grant dotar 14
grape uva 6
graphic gráfico *adj.*
gratuity propina 5
gray gris *adj.* 2
graying hair pelo canoso 2
greatest máximo *adj.*; sumo *adj.*
great-grandfather/mother bisabuelo/a 11
green verde *adj.* 2
greet one another saludarse 8
greeting saludo *CP*
greyhound galgo corredor 14
grind moler (ue) 11
growl gruñir 14
guarantee garantizar
Guatemalan guatemalteco 1
guessing game juego de adivinanzas 5
guide guiar
guitar guitarra 2
  guitar player guitarrero/a 7
  small five-string Andean guitar charango 7
gymnasium gimnasio 5
gypsy gitano 14

H

habit hábito
habitat hábitat *m.* 9
hair pelo 8
  hair dryer secador/a de pelo 9
  long hair pelo largo 2
  straight hair pelo liso, lacio 2
hairy peludo *adj.* 14
half medio; mitad *f.* 4
  half kilogram (500 grams) medio kilo 6
  half liter medio litro 6
half-breed mestizo 4
ham (cured) jamón (serrano) *m.* 1
hammock hamaca 10
hand mano *f.* 8
handsome guapo 2
handwoven tejido a mano 10
hang ahorcar
happy alegre *adj.*; contento *adj.* 3
hard drive disco duro 6
hardware equipo 6
hardwood madera dura 9
hardworking trabajador *adj.* 8
harm hacer daño 10
harp arpa *m.* 7
hat sombrero 6
hatred odio 10
have tomar 1
have tener (ie) 2
  have a birthday, turn . . . years old cumplir años 7
  have a fever tener fiebre 8
  have a flat tire pinchar una llanta 12
  have a good time pasarlo bien 7
  have a party hacer una fiesta 4
  have a runny nose tener mocos 8
  have a sore throat tener dolor de garganta 8
  have a stomachache/headache dolerse el estómago/la cabeza 8
  have a stuffy nose tener la nariz tapada 8
  have fun divertir(se) 5
  have itchy eyes picarle los ojos 8
  have photos taken hacerse fotos 9
  have shivers tener escalofríos 8
  have teary eyes llorarle los ojos 8
  have to do something tener que + *infinitive* 3
hazel castaño *adj.* 2
he él *pron.* 1
head cabeza 8
headquarters sede *f.* 4
heal curar 8
hear oír 4
heart corazón *m.* 8
  heart attack infarto 11
heat calor 3
hectare hectárea 9
Hello! ¡Hola! *CP*
helmet casco 5; celada 14
help each other ayudarse 8
her su/s 2
herb hierba 8
herbal tea infusión *f.* 1
here aquí *adv.* 2
  Here you are. Aquí tienen. 1
heretic hereje *m. (f.)*6
hero héroe *m.* 5
heroine heroína 4
hers suyo
hide ocultar 10
hieroglyphic jeroglífico 10
high plateau altiplano
high elevado
high-heeled shoes zapatos de tacón 6
highly altamente
highway carretera
hike hacer alpinismo 5
hiking alpinismo 5
hill cerro 6
his su/s 2; suyo
Hispanic hispano *adj.* 2
historian historiador/a 2
history historia 2
hit chocar con 12; atropellar 13
hockey field/ice hockey hockey sobre hierba/patines *m.* 5
hockey stick palo de hockey 5
Holy Week Semana Santa 7
home hogar *m.* 5
  home page página inicial/principal 6
  home remedy remedio casero 8
Honduran hondureño 1
honest honesto *adj.* 8
hoof pezuña 14
hope esperar 6; *n.* esperanza 4
horn bocina 12; cuerno 13
horse caballo 14
hospital hospital *m.* 3
hostel albergue *m.* 9
hot dog perro caliente 11
hot (temperature) caliente *adj.* 1; caluroso *adj.*
  It's (It's not) hot. (No) Hace calor. 4
hour hora 3
house casa 2
housing vivienda 2
How? ¿Cómo?
  How are you? ¿Cómo está/estás?, ¿Qué tal? *CP*
  How can I help you? ¿En qué puedo servirle/s? 6
  How do I get to . . . ? ¿Cómo llego a...? 3
  How do they say it? ¿Cómo lo dicen? 1
  How good (it is) that . . . ! ¡Qué bueno que... ! 9
  How is it? ¿Cómo es? 1
  How's it going? *(informal)* ¿Cómo te va? *CP*
  How much/How many? ¿Cuánto? 1 ¿Cuántos/as? 3
  How much does it / do they cost? ¿Cuánto cuesta/n? ¿Cuánto vale/n? 6
  How much is everything? ¿Cuánto es todo? 6
however sin embargo 8
hug abrazar 5; abrazo *n.* 7
  hug each other abrazarse 8
huge enorme *adj.* 3
humanities humanidades *f.* 2
humble humilde *adj.* 14
hungry hambre 3
hunt down dar caza 14
hunting caza 14
hurl oneself precipitarse 14
hurricane huracán *m.* 5
hurt oneself lastimarse 8
  hurt one's foot, knee lastimarse un/el pie, una/la rodilla 8
hurt hacer daño 10; doler (ue) 8
husband esposo, marido 2
hyphen guión *m.* 2

I

I yo *pron.* 1
ice cream (chocolate) helado (de chocolate) 6
ice skate patinar sobre hielo 5
ice skater patinador/a 5
ice skates patines de cuchilla *m.* 5
ice skating patinaje sobre hielo *m.* 5
icy: It's icy. Hay hielo. 4
idealistic idealista *adj.* 8
idol ídolo
ignore ignorar 4
ill will enemistad *f.* 14
illiteracy analfabetismo 12
illness enfermedad *f.* 8
image imagen *f.* 7
imaginative imaginativo *adj.* 8
immersed inmerso *adj.*
immigrant inmigrante *m. (f.)*5
impact impacto 4
impatient impaciente *adj.* 8
impede dificultar

impossible imposible *adj.* 13
impression huella 13
impressive impresionante *adj.* 9
imprisonment encarcelamiento 13
in en, por 12
  in an attempt en busca 5
  in case en caso de que 13
  in cash con dinero, en efectivo 6
  in exchange for por 12
  in front of delante de *adv.* 3; enfrente *adv.* 7
  in general por lo general 7
  in large part en gran medida 4
  in order to para 13
  in second class de segunda clase 12
  in the end al fin y al cabo 1
  in the interior en el interior 3
  in the morning/afternoon/evening por la mañana/tarde/noche 10
  in the smoking / no smoking section en la sección de fumadores / no fumar 12
incite incitar
include englobar
incognito incógnito *adj.*
inconvenient inconveniente *adj.* 9
incorporation incorporación *f.*
increase aumentar
incredible increíble *adj.* 9
independent independiente *adj.* 8
Indian (East) hindú (*pl.* hindúes) *m. (f.)*; indio 1
indicate indicar 3
indiscreet indiscreto *adj.* 8
indispensable imprescindible *adj.* 11
infancy infancia
infection infección *f.* 8
ingredient ingrediente *m.* 11
inhabit poblar 10
inheritance herencia 5
innocent ingenuo *adj.* 8
innovator innovador/a 10
insect insecto 3
inside dentro *adv.* 3
insist on insistir en 12
instability inestabilidad *f.*
instrument instrumento
intellectual intelectual *adj.* 8
intelligent inteligente *adj.* 2
  to be intelligent ser listo 8
intense desire ansia 14
intensity intensidad *f.* 3
interest interesar 8
interpret interpretar 4
introduction presentación *f. CP*
introverted introvertido *adj.* 8
invasion irrupción *f.*
invention invento 14
investigate investigar 2
invitation invitación *f.* 7
invite people to a party invitar a gente a una fiesta 7
iron planchar 4
ironed planchado *adj.* 11
irreparable irreparable *adj.*
irritated molesto *adj.* 3
island isla 5
isolate aislar 8
isolated aislado *adj.*
isolation aislamiento 13
isthmus istmo 9
Italian italiano 1
its su/s 2; suyo

J

jacket chaqueta 6
jam mermelada 1
January enero 4
  January 1, New Year's Day día de año nuevo 7
  January 6, Epiphany, Feast of the Three Wise Men día de los Reyes Magos 7
Japanese japonés/japonesa 1
jewel joya 12
journalism periodismo 2
journalist periodista *m. (f.)* 2
journey peregrinación *f.* 7
judge juzgar
July julio 4
June junio 4

K

keep going seguir (i, i) 3
key (typing) tecla 6
keyboard teclado 2
keyhole cerradura 14
kilogram (kilo) kilo 6
  quarter kilogram (250 grams) cuarto de kilo 6
kindness bondad *f.* 14
king rey *m.* 10
kingdom reino 10
kiss each other besarse 8
kitchen cocina 3
  kitchen sink fregadero 3
knee rodilla 8
  on one's knees de rodillas 7
kneepads rodilleras 5
knife cuchillo 11
knight-errant caballero andante 14
knock tocar 5
know (a fact, concept, or skill) saber 4; **(a person or area)** conocer 4
  know each other conocerse 8
knowledge conocimiento 8

L

lack faltar, hacer falta 11
lamp lámpara 2
lance lanza 14
land aterrizar 12; terreno *n.* 5
language lengua *CP*, idioma *m.* 4
laptop computer computadora portátil 2
large guitar guitarrón *m.* 7
last durar 7; último *adj.* 7
later on más tarde 10
latest album/disc último disco 7
latitude latitud *f.*
laugh reírse (i, i) 5
launch an album presentar un disco 7
laundry lavandería 9
law derecho 2
  law school facultad de derecho 9
lawyer abogado 2
lazy flojo *adj.*, perezoso *adj.* 8
leader líder *m.* 10
leaf hoja 8
league (unit of measurement) liga 5; legua 14
leaning against apoyado en 14
learn aprender 1
lease contrato 9
leather cuero
leave salir 3; irse 4; dejar
  leave a place salir de 3
left izquierda 3
  left of a la izquierda de 3
  Turn left. Doble a la izquierda. 3
leg pierna 8
legend leyenda 14
leisure entretenimiento 3
lemon limón *m.* 6
lemonade limonada 1
less . . . than menos... que 7
let settle reposar 6
lettuce lechuga 6
level nivel *m.* 4
liar mentiroso *adj.* 8
library biblioteca 3
license plate matrícula, placa 12
lift levantar 9
  lift weights levantar pesas 5
  lift up alzar 14
light luz *f.* 12; ligero *adj.*
lightbulb bombilla 13
lightning: It's lightning. Caen rayos. 4
like gustar 2
  (I, you, he, she) would like quisiera 1
  like someone caer bien 11
likely: It's (un)likely that . . . (No) Es probable que... 13
lime limón *m.* 6
limit límite *m.*
line (of a poem) verso
link enlace *m.* 6
lion león *m.*
lip (of mouth) labio
list lista 3
listen (to) escuchar 1
liter litro 6
literature literatura 2
little poco 1; pequeño *adj.* 2
live vivir 1
live music música en vivo 7
livestock farmer ganadero 6
living room sala 3
location localización *f.* 3
lock up encerrar 14
lodging alojamiento
lofty elevado
look at mirar
  look at each other mirarse 8
look for buscar 5
lose perder (ie) 3
loud-mouthed indiscreto *adj.* 8
love amor *m.*
  love one another quererse 8
loyalty lealtad *f.* 14
luggage: carry-on luggage equipaje de mano *m.* 12
lunch comida
lyrics letra 7

M

magic spell encantamiento 14
magical mágico *adj.* 3
  magical realism realismo mágico 14
magician encantador/a 14
magnetism magnetismo
mailbox buzón *m.* 6
maintain mantener (ie) 7
major carrera 9
majority mayoría 4
make hacer 3
  make a toast brindar 7
  make an appointment hacer una cita 8
  make the bed hacer la cama 5
  make *(someone)* angry enojar a 9
  make *(someone)* happy alegrar 9
man hombre *m.*
mango mango 6
manner modo
many-colored polícromo *adj.*
map mapa *m. CP*
March marzo 4
market mercado 3
  market day día de feria 6
  open-air market mercado al aire libre 6
marmalade mermelada 1
marriage matrimonio
marvelous prodigioso *adj.* 14
masculine masculino *adj.*
mask máscara 7
masked person disfrazado 7
master amo 13
match partido 5
maternal materno *adj.*
math matemáticas 2
mathematician matemático 10
matter importar 8
maturity madurez *f.* 10
May mayo 4
  May 1, May Day, International Workers' Day día del trabajo 7
mayonnaise mayonesa 6
meaning significado 7
meat carne *f.* 11
mechanic mecánico 2
media medios de comunicación 5
medical doctor médico 2
medical school facultad de medicina 9
medicinal herb store botánica
Mediterranean mediterráneo *adj.*
meeting reunión *f.* 1
  meeting point lugar de encuentro 3
melon melón *m.* 6
merengue: danceable Dominican music merengue *m.* 7
mess lío 11
message mensaje *m.* 6

messy desordenado *adj.* 8
metric métrico *adj.* 12
Mexican mexicano 1
midnight medianoche *f.* 3
  At midnight. A la medianoche. 3
  Midnight Mass misa de gallo 7
migration migración *f.* 3
mile milla 3
milk leche *f.* 6
millenium milenio 3
million millón 3
mining minería 6
miraculous milagroso *adj.* 7
  miraculous image cuadro milagroso 3
misfortune infortunio
miss out on perder (ie) 3
Miss, Ms. señorita, Srta. 1
misty: It's misty. Hay neblina. 4
mittens manoplas 6
mix mezclar 11
mixture mezcla 4
modem módem *m.* 6
moderate sobrio *adj.*
monarch monarca *m.* 3
  monarch butterfly mariposa monarca 3
Monday lunes 3
monetary unit unidad monetaria
money dinero
  money exchange cambio de moneda 9
monitor monitor *m.* 6
monk monje *m.* 13
monkey mono 13
  little monkey changuito 13
month mes *m.* 4
  last month mes pasado 5
more más *adv.*
  more . . . than más... que 7
mosquito zancudo 8
mother madre *f.* 2
mountain montaña 4
  mountain climbing alpinismo 5
  mountain range cordillera 4
mouse ratón *m.* 2
mouth boca 8
move traslado *n.* 13
movement movimiento
movie película 2
  romantic movie película romántica 2
movie theater cine *m.* 3
mow the lawn cortar el césped 4
Mr., sir señor, Sr. 1
Mrs., ma'am señora, Sra. 1
muffle rebozar
multiply propagarse 8
multitude multitud *f.*
mural mural *m.* 13
muralism muralismo 13
murder asesinar 7
murmur murmurar 14; rumor *m.* 14
museum museo 3
mushroom hongo 6
music música 2
  music festival festival de música *f.* 7
  music venue local musical *m.* 7
musical group grupo musical 7
musical theme tema musical 7
musicality musicalidad *f.*
musician músico 2
my mi/s 2
mystery misterio 6
mythical mítico *adj.* 14
mythological mitológico *adj.*

N

nag rocín *m.* 14
naive ingenuo *adj.* 8; ingenioso *adj.*
name (first) nombre *m.* 2
  last name apellido 2
napkin servilleta 11
narrator narrador/a 14
nationality nacionalidad *f.* 1
native autóctona *adj.* 11; indígena *m. (f.)* 4
  native land patria 7
nature naturaleza 2
near cerca de 12; cercano *adj.* 6
nearby cerca *adv.* 3
neat ordenado *adj.* 8
necessary necesario *adj.*, preciso *adj.* 6
neck cuello 8
need necesitar 6; faltar 11
needle aguja 14
negative negativo *adj.* 11
neighborhood barrio 3
neither . . . nor . . . ni... ni... ; tampoco 11
nest nido 8
never nunca 10
New Year's Day día de año nuevo 7
New Year's Eve nochevieja 7
news noticias 2
next
  next academic year curso que viene 10
  next month mes que viene 10
  next to al lado de 3
  next week semana que viene 10
  next weekend fin de semana que viene 10
  next year año que viene 10
Nicaraguan nicaragüense *m. (f.)* 1
nice simpático *adj.* 2; agradable *adj.* 8
  Nice to meet you. Encantado., Igualmente., Mucho gusto. *CP*
night noche *f.* 3
  last night anoche *adv.* 5
  night table mesilla 3
nine nueve 2
ninety noventa 2
no one, nobody nadie 11
no, none ningún, ninguno 11
nobleman hidalgo 14
noise estruendo
noodle fideo 11
noon: At noon. Al mediodía. 3
normally, in general normalmente 1
north norte *m.* 3
northeast noreste *m.* 4
northwest noroeste *m.* 4
nose nariz *f.* 8
  nose ring nariguera 13
  stuffy nose nariz tapada 8
not no
  not even ni siquiera 11
  Not much. No mucho. *CP*
note apunte *m.*
notebook cuaderno *CP*
nothing nada 11
novel novela 14
novelist novelista *m. (f.)* 14
novelty novedad *f.* 14
November noviembre 4
  November 1, All Saints' Day día de todos los santos 7
  November 2, All Souls' Day, Day of the Dead día de los muertos 7
now ahora *adv.* 4
nudity desnudez *f.* 13
numerous numeroso *adj.* 3
nurse enfermero 2
nutritional alimenticio *adj.* 6

O

object objeto
obtain conseguir (i, i) 5
occur (to have an idea) ocurrirse 9
October octubre 4
odd: It's odd that . . . Es curioso que... 9
often a menudo 7
oil aceite *m.* 6
old antiguo *adj.* 3
older mayor/es 7
olive aceituna 1
  olive oil aceite de oliva 1
on en
  on behalf of por 12
  on top of encima de 10
once una vez 11
one hundred centenar *m.* 5; cien 2
one uno 2
  one's own propio 4
one-way ticket boleto de ida 12
onion cebolla 6
only sólo *adv.* 6; único *adj.* 3
open abrir 1; abierto *adj.* 3
operating system sistema operativo *m.* 6
opportunity oportunidad *f.*
opposite enfrente *adv.*
optimistic optimista *adj.* 8
orange anaranjado *adj.* 2; naranja *n.* 6
  orange blossom azahar *m.* 14
  orange juice jugo/zumo de naranja 1
orchid orquídea 9
order pedir (i, i) 5; mandar 12
  order food pedir la comida 11
organ órgano 3
organism organismo 4
organization organización *f.* 7
organized organizado *adj.* 8
orientation orientación *f.* 3
ornament adorno
our nuestro 2
outdoors al aire libre 4
outside fuera *adv.* 3
overhead projector proyector *m. CP*
owner dueño 10; amo 13
ox buey *m.* 9

P

pack hacer las maletas 5
package paquete *m.* 6
pain dolor *m.* 13
paint pintar 2
painter pintor/a 2
painting pintura 2; cuadro 13
palace palacio
palm grove bosque de palmeras 4
palpitate palpitar
Panamanian panameño 1
panther pantera 14
pants pantalones *m. pl.* 6
paper papel *m. CP*
par excellence excelencia: por excelencia
paragraph párrafo
Paraguayan paraguayo 1
park parque *m.* 3
parking aparcamiento, estacionamiento, parqueo 9
parrot loro
participant participante *m. (f.)* 7
participation participación *f.*
pass pasar
passage pasaje *m.* 8
passenger pasajero 12
passport pasaporte *m.*
  passport-size photo foto tamaño pasaporte 9
password clave *f.* 6
pasta pasta 6
paste pegar 6
pastry pastel *m.* 1
paternal paterno *adj.*
patient paciente *adj.* 8
patron saint patrona 7
paved pavimentado *adj.* 10
pay pagar 5
  pay attention prestar atención
  pay by check con cheque 6
  pay tribute to rendir homenaje/tributo a 7
pea guisante *m.* 6
peach melocotón *m.* 6
peak pico 4
peanut cacahuete *m.* 1
pear pera 6
peasant campesino 6
pelican alcatraz *m.* 14
pen bolígrafo *CP*
pencil lápiz *m. CP*
  pencil sharpener sacapuntas *m. CP*
pennant banderín *m.* 5
pepper pimienta 6
percent por ciento 12
percussion instruments batería 2
  percussion and keyboard instruments instrumentos de percusión y de teclado 7
perfect perfeccionar
perform actuar 7
performance actuación *f.* 7

perfume perfume *m.*
period of time período 10
person persona 1
Peruvian peruano 1
pessimistic pesimista *adj.* 8
petite pequeño *adj.* 2
pharmacy farmacia 8
phenomenon fenómeno 3
philosopher filósofo 2
philosophy filosofía 2
photographer fotógrafo 2
photography fotografía 2
physicist físico 2
physics física 2
piano piano 2
pick up levantar 9; recoger
  pick up the suitcases recoger las maletas 9
pictorial pictórico *adj.*
picturesque pintoresco *adj.*
pie pastel *m.* 1
piece pedazo 6; trozo 11
piercing clavado *adj.* 13
pig: roast pig lechón asado *m.* 11
pigeon peas gandules *m.* 11
pill píldora, pastilla 8
pillar pilar *m.*
pillow almohada 2
pilot piloto *m. (f.)* 12
pineapple piña 6
pink rosado *adj.* 2
pity: It's a pity that . . . Es una pena que... 9
pizza pizza 6
place lugar *m.* 3; localidad *f.* 6; colocar 5; poner 9
plan pensar (ie) 3
plant planta 2
plantation plantación *f.* 9
plate plato 11
platform andén *m.* 12; plataforma 10
play drama *m.*, obra 14
play jugar (ue) 3
  play (a sport) practicar 5
  play (an instrument) tocar 2
  play basketball jugar al básquetbol 5
playful juguetón/juguetona *adj.* 13
playwright dramaturgo 14
plaza plaza 3
plead rogar (ue) 6
pleasant agradable *adj.* 8
please por favor 12
pleasure gozo
pledged comprometido *adj.*
plot argumento 14
plow arado 13
poem poema *m.* 14
poet poeta *m. (f.)* 14
pole palo
police station estación de policía 3
polished pulido *adj.* 14
political science ciencias políticas 2
politics política 2
popcorn palomitas 4
population población *f.* 4
portrait retrato 13
position posición *f.* 3, puesto 4
possess poseer 13
possession posesión *f.* 2
possible posible *adj.* 13
post office oficina de correos 3
poster póster 2; afiche *m.* 7; cartel *m.* 7
potato papa 6; patata
  potato chips patatas fritas 1
  potato omelette tortilla de patatas 1
  diced potatoes served in a spicy sauce patatas bravas 1
potful ollada 8
power poder *m.* 4
practice (a sport) practicar 1
prairie llanura 4
praise elogiar 5; alabar 6
pray rezar
predominance predominio 13
prefer preferir (ie, i) 3
preferable preferible *adj.* 6
preference gusto 2
prescribe recetar 8
prescription receta 8
presence presencia 6
present time actualidad *f.* 6
preserve preservar
presidency presidencia 4
pressure presión *f.* 8
prestigious prestigioso *adj.* 8
preterite pretérito 5
pretty bonito *adj.* 2
price precio 6
prick picar 11
priest cura *m.* 14
primordial primordial *adj.* 9
print imprimir 6
printer impresora 6
privileged privilegiado *adj.* 6
prize premio 25
process the documents 9 tramitar los documentos 9
produce producir 4
profession profesión *f.* 2
professional profesional *adj.* 7
profit beneficio 9
program programar 2; programa *m.* 6
prohibit prohibir 12
promote promover (ue) 7
proposal propuesta 4
propose proponer 8
prose prosa 10
protagonist, main character protagonista *m. (f.)* 14
proud orgulloso *adj.* 12
provided that con tal de que 13
province provincia
public público 3
publicity publicidad *f.* 2
puddle charco 8
Puerto Rican puertorriqueño 1
punctuation puntuación *f.* *CP*
punish castigar 8
purchase compra 6
purchaser comprador/a
pure puro *adj.*
purple morado *adj.* 2
purse bolso 6
pursue perseguir (i, i) 7
push empujar
  push for impulsar 4
put poner 3
  put on a bandage / a Band-aid poner una venda / una curita 8
  put (someone) to bed acostar (ue) 9
  put on (clothing, shoes) ponerse 4
  put on a cast enyesar 8
  put on make-up maquillarse 4
  put (someone) to sleep dormir (ue, u) 9
  put up with aguantar 10
pyramid pirámide *f.* 10

Q

quantity cantidad *f.* 6
quarter cuarto 8
quinine quinina
quite bien 11

R

race carrera 5; **(of humans)** raza 5
rail route vía 12
railroad: pertaining to railroads ferroviario *adj.* 12
railway ferrocarril *m.*
rain llover; lluvia *n.*
  It's raining. / It's raining now. Llueve. / Está lloviendo. 4
raincoat impermeable *m.* 6
raising cría 6
rake leaves recoger las hojas secas 4
ranch finca 9
ranchera: polka-like northern Mexican music ranchera 7
raw crudo *adj.* 11
reach alcanzar 5
read leer 1
ready listo *adj.* 3
realistic realista *adj.* 8
rearview mirror espejo retrovisor 12
rebellion rebelión *f.* 3
rebirth renacimiento 13
receive recibir 1
recent reciente *adj.* 5
reception desk recepción *f.* 9
recipe receta 11
recommend recomendar (ie) 6
record grabar 7
red rojo *adj.* 2
red-headed pelirrojo 2
reef arrecife *m.* 13
refined refinado *adj.* 5
reflect reflejar
refreshments refrescos 7
refrigerator nevera, refrigerador *m.* 3
regarding en torno a 1
register for a class matricularse en un curso 9
regularly con regularidad 7
reject rechazar 6
relief alivio 5
religion religión *f.* 2
religious religioso *adj.* 7
remain quedar 9
remedy remedio 8
remove quitar
renew renovar 5
rent alquilar 4
rental fee alquiler *m.* 9
repeat repetir (i, i) 3
repertoire repertorio 7
replace reemplazar 5
represent representar a 7
request a table in a restaurant pedir una mesa en un restaurante 11
research investigar 2
reservation reserva, reservación *f.* 9
reserve a seat for . . . reservar una plaza para... 12
residence residencia
residue residuo 11
resistance resistencia
respect one another respetarse 8
resplendent esplendoroso *adj.* 6
respond responder 8
response respuesta *CP*
responsible responsable *adj.* 8
rest descansar 3
restaurant restaurante *m.* 2
result resultar 4; resultado *n.* 5
resurrection resurrección *f.* 7
retire (from a job) jubilarse 13
return volver (ue) 3
  return an item devolver 6
review repaso
rhythm ritmo 7
rice arroz *m.* 6
ride a bike andar en bicicleta 4
ridiculous grotesco *adj.* 7; ridículo *adj.* 9
right derecha 3
  right now ahora mismo 4
  right of a la derecha de 3
  Turn right. Doble a la derecha. 3
ring aro 14
ripeness madurez *f.* 10
rise subir 12
risky arriesgado *adj.*
riverbed cauce *m.*
road camino
roasted asado *adj.* 11
rock piedra
rocky pedregoso *adj.* 9
role papel *m.* 4
roll rodar 14
rollerskates patines de ruedas 5
room cuarto 2; habitación *f.*
  double room habitación doble 9
  single room habitación sencilla 9
roommate compañero de cuarto 2
roomy amplio *adj.* 14
rot pudrirse 8
route ruta 3
rub rozar 14
rug alfombra 2
ruin ruina 3
rum ron *m.* 5

run correr 1
run errands hacer mandados 4
run out of gas quedarse sin gasolina 12
run out of (*something*) acabar 9
Russian ruso 1

S

sack costal *m.* 11
sacred sagrado *adj.* 14
sad triste *adj.* 3
sadness tristeza 8; melancolia 10
safe caja de seguridad/fuerte 9
sage sabio 14
said dicho 11
sail hacer vela 5; vela *n.* 14
sailing vela 5
sale oferta 6
salesperson dependiente/a 6; vendedor/a 6
salsa: complex New York-based tropical dance music salsa 7
salt sal *f.* 6
salt-and-pepper hair pelo canoso 2
salty salado *adj.* 1
Salvadoran salvadoreño 1
sample muestra 6
sanctuary santuario 3
sand arena 9
sandal sandalia 6
sandwich sándwich
ham and cheese sandwich sándwich de jamón y queso *m.* 1
sausage sandwich bocadillo de chorizo 1
sanity juicio 14
Saturday sábado 3
saucer platillo 11
sausage chorizo 1; embutido 1
sautée sofreír 11
save salvar 6; archivar, guardar 10
saxophone saxofón *m.* 7
say decir 8
say good-bye despedirse (i, i) 5
say thanks dar las gracias 8
scale escala
scanner escáner *m.* 6
scarce escaso *adj.* 8
scene escena 6
scenic escénico *adj.* 9
schedule horario
scholarship beca 13
school escuela 3; facultad *f.* 9
science ciencia 2
scope ámbito
score marcar 5
score a basket meter una canasta 5
score a goal meter un gol 5
score a home run meter un jonrón 5
screen (for window) red metálica *f.* 8 **(for television or cinema)** pantalla 2
scuba diving buceo 5
sculptor escultor/a 2
sculpture escultura 2
sea level nivel del mar 12
search engine buscador *m.* 6
search búsqueda 12
season estación *f.* 4; temporada 13
seat (in parliament or congress) escaño 4
seat (someone) sentar (ie) 9
seatbelt cinturón de seguridad *m.* 12
secondary secundario *adj.*
secret secreto
section barrio 3
security seguridad *f.* 6
security deposit fianza 9
security deposit box caja de seguridad/fuerte 9
see one another verse 8
See you. Nos vemos. *CP*
See you later. Hasta luego. *CP*
See you soon. Hasta ahora. *CP*
See you tomorrow. Hasta mañana. *CP*
seem parecer 11
seem odd extrañar 8
selfish egoísta *adj.* 8
self-portrait autorretrato 13
sell vender 1
send enviar, mandar 6
sense: in a sense en cierto sentido 4
sensitive sensible *adj.*
sentence oración *f.*
September septiembre 4
series of paintings or carvings retablo 13
serious serio *adj.* 2
serve servir (i, i) 3
serving (of food) ración *f.*
set puesto *adj.* 11
set aside reservar 11
set the table poner la mesa 3
settlement asentamiento 10
seven siete 2
seventy setenta 2
sew coser 13
shadow sombra 10
shake hands darse la mano 8
shame: It's a shame . . . Es una lástima/pena que... 9
shampoo champú *m.* 8
share compartir 1
sharp afilado *adj.* 14
shatter despedazar 14
shave afeitarse 4
shaved rapado *adj.* 14
she ella 1
sheep oveja 10
shepherd pastor/a 7
shield adarga 14
shieldbearer escudero 14
shine relucir 9
shipment envío 5
shirt camisa 6
shirtless ones descamisados 4
shoes zapatos 6
shopper comprador/a 6
shopping cart carrito 6
short bajo *adj.* 2
short hair pelo corto 2
short story cuento 14
shot inyección *f.* 8
shoulder hombro 8
shout grito 8
shovel snow quitar la nieve 4
show a passport/visa mostrar el pasaporte/la visa 12
shower ducha 3
shred deshilachar(se) 11
shrimp in garlic sauce gambas al ajillo 1
shy tímido *adj.* 8
sick enfermo 3
side costado 6
sigh suspirar 14
sight vista 6
sign firmar 9
significant significativo *adj.*
silk seda 14
silly, dumb tonto *adj.* 2
similarity semejanza 11
simple sencillo *adj.* 14
since como 12
sing cantar 1
singer cantante *m. (f.)* 2
singer-songwriter cantautor/a 7
sink lavabo 3
sister hermana 2
sit down sentarse 4
six seis 2
sixty sesenta 2
size tamaño 14
skate patín *m.*
skating rink pista de patinaje 5
ski esquiar 5
ski boots botas de esquí 5
ski goggles gafas de esquí 5
ski pole palo de esquí 5
ski slope pista de esquí 5
skis esquís *m.* 5
skier esquiador/a 5
skiing esquí *m.* 5
skill destreza 12
skillet sartén *f.* 11
skinny flaco 2
skirt falda 6; peplo 14
skull calavera 13
slave esclavo 9
sleep dormir (ue, u) 3
slice rodaja 11
slither arrastrar 14
smart listo *adj.* 2
smell olor *m.*
smile sonreír (i, i) 5
Smoking or nonsmoking? ¿Para fumadores o no fumadores? 11
snack tapa 1
snake serpiente *f.*
sneakers zapatillas de deportes 5
sneeze estornudar 8
snorkle bucear 5
snout hocico 14
snow: It's snowing. / It's snowing now. Nieva. / Está nevando. 4
so tan; así *adv.*
so that para, para que 13
sob sollozo 11
so-called titulado *adj.*
soccer (game) fútbol *m.* 5
soccer ball pelota de fútbol 5
soccer field campo de fútbol 5
soccer goal portería 5
soccer stadium estadio de fútbol 5
social sciences ciencias sociales 2
social worker trabajador/a social 2
sociology sociología 2
sock calcetín *m.* 6
soda soda 1
sofa sofá *m.* 3
soft blando *adj.* 1
soft drink refresco 1
software programa *m.* 6
soil suelo
solemn solemne *adj.* 7
solidarity solidaridad *f.*
some unos 1
someday algún día 11
someone, somebody alguien 11
something algo 1
sometimes a veces 1; algunas veces 10
somewhat algo 11
son hijo 2
sophisticate sofisticar 1
sophisticated sofisticado *adj.* 10
So-so. Más o menos. *CP*
soup sopa 6
soup dish plato hondo 11
south sur *m.* 3
space espacio 3
Spanish castellano, español/a *CP*
Spanish-speaking hispanohablante *adj.* 6
spanking nalgada 11
speak hablar 1
speaker altavoz *m.* 6
species especie *f.*
specific específico *adj.* 5
spectator espectador/a 5
speed velocidad *f.* 3
spice especia 11
spicy picante *adj.* 1
spirit espíritu *m.* 8
spiritual espiritual *adj.*
splendid-looking and conscious of it rozagante *adj.*
sponsor patrocinar 7; patrocinador/a *n.* 7
spoon cuchara 11
sport deporte *m.* 2
sports commentator comentarista *m. (f.)* 5
sports equipment equipo deportivo 5
sports event competición *f.* 5
sports fan aficionado 5
sports-related deportivo *adj.* 5
sprain one's wrist, ankle torcerse (ue) una/la muñeca, un/el tobillo 8
spread out espaciarse 14
spring primavera 4
spur espuela 14
square cuadrado *adj.* 3; plaza *n.* 3
squid calamar 1
squire escudero 14
stability estabilidad *f.* 9
stadium estadio 3

stage escenario 7
stained glass vidriera 10
stall puesto 6
stand puesto 6
  stand out destacarse 7
star estrella 5
start up arrancar 12
station estación *f.* 12
statue bulto 13
stay quedarse 9; estancia *n.*
  stay in bed quedarse en la cama 4
steep escarpado *adj.* 9
steering wheel volante *m.* 12
stem raíz *f.* 3
stereo estéreo 2
stereotype estereotipo 2
stereotyped estereotipado *adj.* 7
stew guisado 11
stick adherir (ie, i); palo *n.*
still todavía 3
stingy tacaño *adj.* 8
stir revolver (ue) 11
stockings medias 6
stomach estómago 8
stop detener (ie); parada *n.* 12
stormy: It's stormy. Hay tormenta. 4
story historia 2; cuento 14
storyteller cuentista *m. (f.)* 14
stove cocina 3
strange: It's strange that . . . Es extraño que... 9
straw paja
strawberry fresa 6
  strawberry milkshake batido de fresa 1
  strawberry pie/tart pastel de fresa 1
stream arroyuelo 9
streetcar tranvía *m.* 13
stress acento tónico *CP*
stringed instruments instrumentos de cuerda 7
strive esforzarse (ue) 11
stuck clavado *adj.* 13
student estudiante *m. (f.) CP*
student desk pupitre *m. CP*
studies abroad estudios en el extranjero 9
studio taller *m.* 13
study estudiar 1
stupid estúpido *adj.* 8
style estilo 5
success éxito 5
succeed lograr 4
  succeed in doing something (*infinitive*) conseguir (i, i) 5
suddenly de pronto, de repente 8
suffering sufrimiento 13
sugar azúcar *m.* 1
suggest sugerir (ie, i) 5
summer verano 4
  last summer verano pasado 10
Sunday domingo 3
sunny: It's (It's not) (very) sunny. (No) Hace (mucho) sol. 4
superiority superioridad *f.* 6
supermarket supermercado 6
supernatural sobrenatural *adj.*
supplier proveedor/a
supply suministro 5
surf hacer surf 5; navegar, surfear 6
surface superficie *f.* 4
surfboard tabla de surf 5
surfing surf *m.* 5
surprise sorprender 8; extrañar 12
  surprise party fiesta sorpresa 7
surrealism surrealismo 13
surrounded rodeado *adj.* 12
survey encuesta 1
survive sobrevivir 5
swamp pantano 8
sweater suéter *m.* 6
sweatshirt sudadera 6
sweep the floor barrer 4
sweet dulce *adj.* 1
sweet potato batata 6
sweet roll pan dulce 1
swell up hincharse 14
swim nadar 5
swimmer nadador/a 5
swimming natación *f.* 5
swimming pool piscina 5
sword espada 13
symbol símbolo 12
symptom síntoma *m.* 8
syrup jarabe *m.* 8

T

table mesa *CP*
tablecloth mantel *m.* 11
take tomar 1
  take a bath bañarse 4
  take a long time tardar 10
  take a shower ducharse 4
  take a trip hacer un viaje 5
  take a walk dar un paseo
  take advantage of aprovechar de 10
  take care of/process the documents tramitar los documentos 9
  take off despegar 12
  take off (clothing) quitarse 4
  take on cobrar 14
  take one's blood pressure tomar la presión 8
  take one's temperature tomar la temperatura 8
  take out sacar 5
  take place tener lugar 7
  take possession adueñarse
talk conversar, hablar
  talk to each other hablarse 8
tall alto *adj.* 2
tambourine pandereta 7
tame domar 14
tango tango 7
tapestry tapiz *m.* 13
task tarea
taste probar 9; *n.* gusto 11
tasty sabroso 1
tax impuesto 5
tea (with milk), (with lemon) té (con leche), (con limón) 1
teach, show enseñar 1
teacher profesor/a *CP*, maestro 2
team equipo 5
tear lágrima 11
teaspoon cucharita 11
technique técnica 13
technology tecnología 6
telephone teléfono 9
  direct phone line teléfono directo 9
  telephone line línea telefónica
television set televisor *m. CP*
tell decir 8
  tell a story contar (ue) 3
temperate templado *adj.* 4
temperature temperatura
  high/low temperature temperatura máxima/mínima 4
temple templo 1
temporary provisorio *adj.* 13
ten diez 2
tennis (game) tenis *m.* 5
  tennis ball pelota de tenis 5
  tennis court cancha de tenis 5
  tennis player tenista *m. (f.)* 5
  tennis racket raqueta 5
  tennis shoes zapatillas de deportes 5
tent carpa 14
terminal terminal *m.* 12
terrace terraza 9
terrible terrible *adj.* 9
terrify aterrorizar 11
territory territorio 5
Texan tejano *adj.* 11
Thank you. Gracias. 1
  Thank you very much. Muchas gracias. 1
that aquel/aquella *adj.*, ese/a *adj.* 4
  that ése/a *pron.* 4
  that one aquél/aquélla *pron.* 4
  that same day ese mismo día 10
the el *m.*, la *f.*, las *f. pl.*, los *m. pl.* 1
theater teatro 2
their su/s 2
theirs suyo
theme tema *m.* 13
then después *adv.*, luego 10
there allí *adv.* 2
  (over) there ahí *adv.* 3
  there is / there are hay (haber) 2
thermometer termómetro 8
these estos/as *adj.* 4; éstos/as *pron.*
they ellos/as 1
thigh muslo 8
thin delgado *adj.* 2
think pensar (ie) 3
  think about parecer 11
  not to think that no pensar que 13
thirty treinta 2
this éste/a, esto *pron.*; este/a *adj.* 4
those aquellos/as *adj.* 4; aquéllos/as *pron.* 4; esos/as *adj.* 4; ésos/as *pron.* 4
thousand mil 3
threaten amenazar 8
three tres 2
throat garganta 8
through por 12; a través de 6
throw arrojar
  throw a party dar una fiesta 7
thunder: It's thundering. Truena. 4
Thursday jueves 3
thus así *adv.*
ticket entrada 7, boleto
  round-trip ticket boleto de ida y vuelta 12
  ticket window taquilla 12
tie corbata 6
tie game empate *m.* 5
  tie in a game empatar 5
tilde (diacritical mark used over n: ñ) tilde *f. CP*
tile loseta 11
time vez *f.*
  many times muchas veces 7
  passage of time paso del tiempo
tire llanta 12
tired cansado *adj.* 3
to, toward a, hacia 12; hasta; para 13
toast (food) pan tostado 1; **(offering)** brindis *m.* 7
tobacco tabaco 9
today hoy *adv.* 10
toe dedo (del pie) 8
together juntos *adj.*
tomato tomate *m.* 6; jitomate *m.* 6
tomorrow mañana *adv.* 10
  tomorrow afternoon mañana por la tarde 10
  tomorrow evening/night mañana por la noche 10
  tomorrow morning mañana por la mañana 10
tonality tonalidad *f.* 6
tooth diente *m.* 8
torrent torrente *m.* 11
tour gira 7
tourism turismo
toward a, hacia 12; para 13
town pueblo 3
toy juguete *m.* 8
track vía 12
  (running) track pista 5
tradition tradición *f.* 3
train tren *m.* 12
  train rail riel *m.* 12
  sleeper car coche-cama *m.* 12
  sleeping berth litera 12
  train station estación de tren 3
  train ticket boleto de tren 12
train entrenar
training entrenamiento 12
traitor traidor/a
tranquility tranquilidad *f.* 8
transcript expediente académico *m.* 9
transfer traspasar 13
translate traducir 4
translator traductor/a 2
transmit transmitir 4
transportation transporte *m.* 3
transpose traspasar 13
travel viajar 1
  travel around the world recorrer el mundo
treaty: peace treaty tratado de paz 9
treetop copa del árbol 14
trench trinchera 13

tribe tribu *f.*
trilingual trilingüe *adj.* 4
trip recorrido 12; viaje *m.*
short trip excursión *f.* 10
triumph triunfo 8
trompeta trompeta 7
tropical rainforest selva tropical 6
true cierto *adj.;* verdadero *adj.* 5
It's (not) true that . . . (No) Es verdad/cierto que... 13
trunk tronco 8
try on probarse 9
T-shirt camiseta 6
Tuesday martes 3
tuition matrícula 9
tumultuous tumultuoso *adj.* 11
tuna fish atún *m.* 6
turn doblar
turn on (TV, radio, etc.) poner 9
twenty veinte 2
twilight crepúsculo 14
two dos 2

U

ugly feo 2
uncertainty incertidumbre *f.* 13
unchain desencadenar 14
uncle tío 2
underground subterráneo *adj.*
understand comprender 1; entender (ie) 3
unexpectedly inesperadamente 8
unforgettable inolvidable 5
unfriendly antipático *adj.* 2
unfurnished sin amueblar 9
union alianza 4
unit unidad *f.*
university universidad *f.* 3
university president rector *m. (f.)* 9
unless a menos que 13
unpleasant antipático *adj.* 2; desagradable *adj.* 8
unripe verde 8
until hasta que 14
untouchable intocable *m.* 13
unusual raro *adj.* 9; inusitado *adj.* 11
up to hasta 12
urgent: It's urgent that . . . Es urgente que... 9
Uruguayan uruguayo 1
use utilizar 5; *n.* uso 3
useful útil *adj.*
usually por lo general 7
utensil utensilio 11

V

vacation: last vacation vacaciones pasadas *f.* 10
vacuum clean pasar la aspiradora 4
vacuum cleaner aspiradora 4
valley valle *m.* 6, cuenca 9
value valor *m.* 14
van colectivo 12
variation variación *f.*
varied variado *adj.*
variety variedad *f.* 4
VCR videocasetera *CP*
vegetable verdura 6; hortaliza 11
Venezuelan venezolano 1
verb verbo 1
vernal primaveral *adj.* 6
very muy 1; bien 11
very little muy poco 1
very much muchísimo 1
Very well, thank you. And you? Muy bien, gracias. ¿Y tú? *CP*
vest chaleco 13
victim víctima *f.* 5
video vídeo 2
village aldea 13
violence violencia
violet violeta 2
violin violín *m.* 7
virtuous honesto *adj.* 8
vocalist vocalista *m. (f.)* 7
vogue boga
voice voz *f.* 7
volcano volcán *m.* 3
volleyball vólibol *m.* 5
vote voto 4
vulgar grosero *adj.* 14

W

wagon carreta 9
waiter/waitress camarero, mesero 1
Waiter, please! ¡Camarero, por favor! 1
wake up despertarse 4
wake (someone) up despertar (ie) 9
wake-up service servicio despertador 9
walk caminar 1
wall pared *f.* 2
wallet cartera 6
want desear 1; querer (ie) 3
war guerra 5
warm caluroso *adj.* 6
wash lavar
wash one's hands, hair lavarse las manos, el pelo 4
washed lavado *adj.* 11
watch, see ver 2
watch videos 4 mirar vídeos 4
water agua *f.* 9
water skiing esquí acuático 5
water the flowers regar (ie) las flores 4
water-ski hacer esquí acuático 5
wave onda 4
we nosotros 1
weapon arma *m.* 13
weather tiempo 4
weather forecast pronóstico del tiempo 4
weavings tejidos 6
Web address, URL dirección de web 6
Web page página (de) web 6
Web server servidor de web *m.* 6
Web site sitio (de) web 6
wedding boda 7
Wednesday miércoles 3
week semana 3
last week semana pasada 5
this week esta semana 10
weekend fin de semana 4
last weekend fin de semana pasado 5
on the weekend durante el fin de semana 10
welcome bienvenido 1
well pozo *n.* 14
well: (very) well (muy) bien 1
well-known consabido *adj.* 11
west oeste *m.* 3
western occidental *adj.* 3
wet mojado *adj.* 11
wet nurse nodriza 11
What? ¿Cómo? 1; ¿Qué? 3
What is it? ¿Qué es? 1
What is the (arrival/departure) gate number? ¿Cuál es el número de la puerta (de llegada/salida)? 12
What is the car number? ¿Cuál es el número del vagón? 12
What is the flight number? ¿Cuál es el número del vuelo? 12
What is today's date? ¿Qué día es hoy? 4
What is your size? (shoes) ¿Qué número tiene? 6
What time is it? ¿Qué hora es? 3
What's up? ¿Qué pasa? *CP*
What's your name? ¿Cómo se/te llama/s? *CP*
wheat trigo 4
When? ¿Cuándo? 1
Where? ¿Dónde? 3
Where are you from? ¿De dónde es Ud. (eres)? 1
Where is . . . ? ¿Dónde está... ? 3
Where is/are there . . . ? ¿Dónde hay... ? 2
Where? (To) ¿Adónde? 3
Which? ¿Cuál?
while mientras 8
whip látigo 14
white blanco *adj.* 2
Who? ¿Quién? 1
whole entero
Whose . . . are they? ¿De quién(es) son... ? 2
Whose . . . is it? ¿De quién(es) es... ? 2
Why? ¿Por qué? 3
wife esposa 2
win ganar 5
win (someone's) love enamorar 9
wind instruments instrumentos de viento 7
windmill molino de viento 14
window ventana 2
windshield parabrisas *m.* 12
windshield wipers limpiaparabrisas *m.* 12
windsurf hacer windsurf 5
windsurf board tabla de windsurf 5
windsurfer surfista *m. (f.)* 5
windsurfing windsurf *m.* 5
windy It's (It's not) windy. (No) Hace viento. 4
wine vino
dry wine vino seco 11
wine glass copa 11
winner ganador/a 7
winter invierno 4
winter scarf bufanda 6
wise man sabio
wish deseo 6
witch doctor curandero/a 8; santero
with con *prep.*
without sin (que) 13
without a bathroom sin baño 9
woman mujer *f.*
woodcarving talla 13
work trabajar 1
work of art, set of works of art obra 13
work out hacer ejercicio 3
worker obrero 12
workforce mano de obra 8
World Wide Web red *f.*, web 6
worldwide mundial *adj.*
worm lombriz *f.* 8
worried preocupado *adj.* 11
worry preocupar(se) 8
worse peor 7
It's worse . . . Es peor que... 9
wound lesión *f.* 8; herida
wounded badly malherido *adj.* 13
wrist muñeca 8
write escribir 1
write a prescription recetar 8
write each other escribirse 8
writer escritor/a 2
writing escritura
written escrito *adj.* 11

Y

yard jardín *m.* 3
year año 4
last year año pasado5
yellow amarillo *adj.* 2
yesterday ayer *adv.* 5
yesterday afternoon ayer por la tarde 5
yesterday morning ayer por la mañana 5
yogurt yogur *m.* 6
you vosotros, tú, usted/es (Ud./Uds.) 1
younger menor/es 7
your vuestro, tu, su 2
yours suyo
youthful juvenil *adj.* 9

Z

zip code código postal 2
zone zona 3

ÍNDICE

TEXT/REALIA CREDITS

118: *Mariposa monarca,* courtesy of Centro de Información y Desarrollo de la Comunicación, México; **180:** *Sammy Sosa: La vida es hermosa,* adapted from *Sammy Sosa: Un héroe nacional de la República Dominicana* by Robert Heuer, reprinted with permission from The Enterprise Foundation Inc.; **217:** *Cajamarca: Tumba de un imperio,* courtesy of *Rumbos,* n°6, online magazine about Perú; **246–47:** *Las fiestas en el mundo hispano,* from *EL SOL* Magazine, Nov/Dec 1993 issue. ©1993 by Scholastic Inc. Reprinted by permission of Scholastic Inc.; **280:** *Monyamena: Origen del Río Amazonas*, courtesy of Carlos Galeano, Associate Professor, FSU, Tallahassee, FL; **288:** *La Universidad de Costa Rica: De interés académico,* courtesy of La Universidad de Costa Rica; **318:** *Las pintorescas carretas de Sarchí,* reprinted from *Américas*, a bimonthly magazine published by the General Secretariat of the Organization of American States in English and Spanish; **352:** *El Nahual,* from *Me llamo Rigoberta Menchú y así me nació la conciencia* by Elizabeth Burgos, reprinted with permission of Siglo XXI Editores, S.A. de C.V.; **384:** *Como agua para chocolate-las cebollas y el nacimiento de Tita,* from *Como agua para chocolate* by Laura Esquivel, ©1989. Used by permission of Doubleday, a division of Random House, Inc.; **433:** *Frida Kahlo,* reprinted from *Américas*, a bimonthly magazine published by the General Secretariat of the Organization of American States in English and Spanish; **440–41:** *Los santeros de Nuevo México y los santos más populares,* reprinted from *Américas*, a bimonthly magazine published by the General Secretariat of the Organization of American States in English and Spanish; **453:** *Picasso,* by Francisco Umbral, from *El Mundo* (www.elmundo.es); **461:** *Mientras baja la nieve,* by Gabriela Mistral, from *Literatura hispanoamericana: Antología e introducción histórica,* Vol 2, by Anderson-Imbert, ©1970. This material is used by permission of John Wiley & Sons, Inc.; **465:** *Balada de los dos abuelos,* by Nicolás Guillén, courtesy of Agencia Literaria Latinoamericana; **480:** *El bloque de hielo,* excerpt from *Cien años de soledad* by Gabriel García Márquez, courtesy of Editorial Sudamericana; **484:** *La niña Clara y su perro Barrabás,* excerpt from *La casa de los espíritus* by Isabel Allende, courtesy of Plaza y Janés Editores, S.A.; **488:** *El reino de este mundo: Los extraordinarios poderes de Mackandal,* by Alejo Carpentier, reprinted by permission of Editorial Seix Barral, S.A.

PHOTO CREDITS

Unless specified below, all photos in this text were selected from the Heinle Image Resource Bank.

2: Zefa Visual Media-Germany/ Index Stock Imagery; **13:** PhotoDisc/Getty Images; **19 top left:** Jed Share/Index Stock Imagery ; **19 bottom center:** Craig Witkowski/Index Stock Imagery; **19 bottom left:** SuperStock; **29 bottom row second from right:** Kathy Heister/Index Stock Imagery; **36 top right:** Getty Images; **36 bottom right:** Erin Garvey/Index Stock Imagery; **37, second row, bottom right:** David Young-Wolff/Photo Edit Inc; **47:** Peter Adams/Index Stock Imagery; **52:** Anthony Neste/Getty Images; **70:** PhotoDisc/Getty Images; **73:** PhotoDisc/Getty Images; **88:** Peter Adams/Index Stock Imagery; **96 top:** RF/CORBIS; **112 top:** Robert Frerck/Odyssey/Chicago; **112 bottom:** Bernard Wolf / Photo Edit, Inc.; **118:** James L. Amos/CORBIS; **122:** Yann Arthus-Bertrand/CORBIS; **128 top and bottom:** Walter Bibikow/Index Stock Imagery; **144:** SuperStock; **148:** Rapael Wollman/Getty Images; **152:** Barry Winiker/Index Stock Imagery; **158:** Bettmann/CORBIS; **176:** Andre Jenny/Focus Group/PictureQuest; **179:** Duomo/CORBIS; **180:** Credit: AFP/CORBIS; **212:** Getty Images; **229:** Peter Menzel/Stock Boston; **235:** Hulton-Deutsch Collection/CORBIS; **242:** Reuters/TimePix; **245:** Fulvio Roiter/CORBIS; **247:** Joanna B. Pinneo/AURORA; **275:** Barry Winiker/Index Stock Imagery; **294:** John Anderson/Index Stock Imagery; **307:** RF/CORBIS; **313:** Robert Fried/Stock Boston; **318 top:** Inga Spence/DDB Stock Photo; **318 bottom:** Inga Spence/Index Stock Imagery; **322:** Tim Brown/Index Stock Imagery; **347:** OAS; **351, 353:** Daniel Aguilar/Reuters/TimePix; **352:** Werner Forman/CORBIS; **356:** Beringer-Dratch/Index Stock Imagery; **379:** Omni Photo Communications/Index Stock Imagery; **382:** Zigy Kaluzny/Getty Images; **388:** Daniel Aubrey/Odyssey/Chicago; **424, 428 top:** Burstein Collection/CORBIS; **425, 446:** Tate Gallery, London/Art Resource, NY; **428 bottom:** Danny Lehman/CORBIS; **429:** Schalkwijk/Art Resource NY; **431:** Michael Howell/Index Stock Imagery; **433:** Albright-Knox Art Gallery/CORBIS; **440, 441:** courtesy of John Gutiérrez; **445 top left:** Associated Press/AP; **445 top right:** John Bryson/TimePix; **445 bottom:** Hulton-Deutsch Collection/CORBIS; **446 top right:** Giraudon/Art Resource, NY; **446 bottom left:** The Museum of Modern Art, Licensed by SCALA/Art Resource, NY; **453:** ARS/Superstock; **456, 459 bottom right, 479:** AP/Wide World; **459 top right:** AP/Wide World; **459 bottom left:** Steve Northup/TimePix; **463:** PhotoDisc/Getty Images; **469 bottom:** Ewing Galloway/Index Stock Imagery; **475:** Michael Howell/Index Stock Imagery; **483:** AP/Wide World; **488:** Mitch Diamond/Index Stock Imagery

TEXT AUDIO SCRIPT

Capítulo preliminar 2

POINTER 1: EL ABECEDARIO ESPAÑOL

A good place to start your study of Spanish pronunciation is with the alphabet. Listed below are the letters of the Spanish alphabet along with their names. Repeat the letters after they have been modeled.

a a	**k** ka	**t** te
b be	**l** ele	**u** u
c ce	**m** eme	**v** ve or uve
d de	**n** ene	**w** doble ve, ve doble, or uve doble
e e	**ñ** eñe	
f efe	**o** o	**x** equis
g ge	**p** pe	**y** i griega
h hache	**q** cu	**z** zeta
i i	**r** ere	
j jota	**s** ese	

Para empezar: ¡Hola! ¿Qué tal?

DIALOG 1:

Antonio: Hola, Raúl.
Raúl: Buenos días, Antonio.
Antonio: ¿Qué pasa?
Raúl: No mucho. ¿Y tú? ¿Qué tal?
Antonio: Más o menos.

DIALOG 2:

Laura: ¡Hola, Anita! ¿Qué tal?
Anita: Muy bien, Laura. ¿Y tú?
Laura: Bien, gracias. Anita, te presento a Juan. Juan, Anita.
Juan: Encantado.
Anita Igualmente.

DIALOG 3:

Patricia: ¡Hola! ¿Cómo te llamas?
Gabriel: Me llamo Gabriel. ¿Y tú?
Patricia: Mi nombre es Patricia. Mucho gusto, Gabriel.
Gabriel: Igualmente, Patricia.

Capítulo uno 16

PRIMERA ETAPA

Para empezar: En un café al aire libre

Man: Oiga, ¡camarero, por favor!
Waiter: Sí, un momento. ¿Qué desean tomar?
Man: Yo quisiera una limonada.
Waiter: ¿Y usted?
Woman: Un batido de fresa.
Waiter: Aquí tienen. Una limonada y un batido de fresa.
Woman: Muchas gracias.
Waiter: ¿Algo más?
Man: Por ahora, nada más.

Vamos a escuchar: Un encuentro en el café

Clara: Antonio, Concha, os invito a un café
Antonio: ¡Gracias!
Concha: ¡Estupendo!
Camarero: Buenos días. ¿Qué desean tomar?
Concha: Un café solo, por favor.
Antonio: Yo quisiera tomar un café con leche.
Camarero: ¿Y usted?
Clara: Para mí, un té con limón. ¡Tomo té aquí todos los días!
Concha: Antonio, tú trabajas en un café, ¿verdad?
Antonio: No, pero a veces estudio en un café. Trabajo en la universidad.
Clara: Antonio baila y canta, trabaja en el departamento de música.
Concha: ¡Estupendo! Yo escucho música siempre, pero canto muy mal.
Antonio: ¿Deseas cantar bien? Enseño música a los amigos especiales...
Concha: No, no. Gracias. Los dos estudiáis literatura, ¿no?
Antonio: Sí, tomamos la clase de literatura española. Este verano viajamos a España.
Concha: ¡Qué bien! ¿Y me invitáis a viajar con vosotros? ¡Estupendo!

SEGUNDA ETAPA

Vamos a escuchar: En un bar de tapas

Un camarero: ¡Una de gambas!
Otro camarero: ¡Unas aceitunas!
Otro camarero: Hola, buenas. ¿Qué van a tomar?
Beatriz: Mmm... tortilla de patata y una cerveza. ¿Y tú, Linda?
Linda: Yo quiero unos calamares y para beber, mmm..., cerveza también.
Camarero: ¿Algo más?
Cristina: ¡Hola, Beatriz! ¿Qué tal, Linda?
Linda y Beatriz: ¡Hola, Cristina! ¿Qué tomas?
Cristina: Yo voy a tomar un vino tinto y pan con chorizo.
Camarero: Está bien.

TERCERA ETAPA

Vamos a escuchar: Dos amigas en un café

Ana: Quisiera tomar un café. ¿Y tú?
Clara: Yo quisiera comer algo.
Ana: Aquí tienen tapas, bocadillos, sándwiches y pasteles. El pastel de fresa de este bar es excelente.
Clara: ¿Cómo es la tortilla aquí?
Ana: Es muy rica.
Clara: ¿Y tienen bocadillos de tortilla aquí?
Ana: Sí, claro.
Clara: Pues, voy a comer un bocadillo de tortilla y mmm..., un café con leche.
Ana: Y yo un sándwich de jamón y queso.

Vamos a escuchar: En una cafetería en Madrid

Camarero: Buenos días, señores. ¿Qué van a pedir?
Rafael: Un café con leche para mí.
Pablo: Y para mí, un chocolate caliente.
Camarero: ¿Algo para comer?
Rafael: Sí, pan tostado con mantequilla y mermelada.
Camarero: ¿Y para Ud., señor?
Pablo: Media docena de churros, por favor.
Rafael: ¡Buena idea! Los churros aquí en España son estupendos.
Camarero: Muy bien.

Vamos a escuchar: En una cafetería en el aeropuerto de Barajas

Carolina: El primer día en España... ¿y dónde? ¿Sevilla? ¿Barcelona? ¡No! ¡El aeropuerto!
Verónica: Está bien, está bien. ¿Deseas comer algo?
Carolina: No deseo comer nada, pero sí necesito tomar algo. Un refresco.
Camarero: Buenos días, ¿qué van a pedir?
Verónica: Para mí, unos churros con chocolate. Y una botella de agua mineral bien fría.
Carolina: Para mí, un refresco de naranja.
Camarero: ¿Y para comer?
Carolina: Nada, gracias.
Camarero: Muy bien, un momento.

(*The waiter brings the food.*)

Javier: ¿Carolina, eres tú?
Carolina: ¡Javier! ¡Qué sorpresa!
Javier: Sí. ¿Qué tal?
Carolina: Mal. El primer día en España... ¿y dónde? ¿Sevilla? ¿Barcelona? ¡No! ¡El aeropuerto!
Verónica: ¡Carolina! Está bien. Ya.
Carolina: Perdona, Verónica. Éste es mi amigo Javier. Javier, te presento a Verónica. Verónica es de El Salvador.
Javier: Mucho gusto.
Verónica: Encantada. ¿Deseas tomar algo? Yo como churros con chocolate.
Carolina: Es un desayuno muy español.
Javier: ¡Chocolate! ¡Mi favorito! ¡Y churros! Gracias. ¡Qué ricos y crujientes son!
Verónica: Oye, tú no eres de España, ¿verdad?
Javier: No, soy de Puerto Rico. ¡Pero viajo mucho a España!
Carolina: Viajamos a España pero, hasta ahora, sólo visitamos el aeropuerto. ¡Qué viaje!

Capítulo dos 52

PRIMERA ETAPA

Vamos a escuchar: Aquí vivo. En mi cuarto tengo...

Hola, me llamo Miguel. Vivo en una casa con mi familia. En mi cuarto tengo un estéreo, un escritorio, una silla, una cama y, por supuesto, mi computadora. Para clase siempre llevo una mochila con mi cuaderno, mis libros, mi calculadora y mi teléfono celular.

Buenos días, me llamo Isabel. Vivo en un apartamento cerca de la universidad con otros estudiantes. En mi cuarto tengo pósters, una cómoda, una computadora y un televisor. No tengo estantes y hay muchos libros en mi escritorio y hasta en la alfombra. También hay papeles y cuadernos y más papeles en mi escritorio. ¡Necesito unos estantes!

SEGUNDA ETAPA

Vamos a escuchar: ¿Qué te gusta?

Norberto: Rosi, eres una persona muy interesante. Te gustan las películas extranjeras, ¿verdad?
Rosi: Bueno, me gustan las películas extranjeras, pero las películas de aventuras son mis favoritas.
Norberto: ¿Las películas de aventuras? ¡Son mis favoritas también! Me gusta mucho la naturaleza y en especial me gustan las aventuras naturales.
Rosi: A mí me gustan los animales. Tengo dos perros y muchos peces.
Norberto: Ah. No me gustan para nada los perros.
Rosi: ¡Qué pena! Mis perros son muy importantes. ¿Qué tipo de música te gusta?
Norberto: Me gusta todo tipo de música. Me gusta tocar la batería, me gusta escuchar música, me gusta ir a conciertos...
Rosi: ¿Te gusta la música? A mí también me gusta, ¡mucho! ¿Y tocas la batería? A los dos nos gusta tocar la batería: ¡tú y yo tenemos mucho en común!
Norberto: ¡Perfecto! Rosi, está muy bien conversar contigo.

TERCERA ETAPA

Vamos a escuchar: Mi familia

Hola, me llamo Miguel García. Tengo una familia muy grande—dos hermanos y tres hermanas. Mis abuelos también viven con nosotros aquí en Chicago. Mi padre se llama Luis y mi madre se llama Sara. Mi madre es periodista y mi padre es ingeniero. Mis hermanos no trabajan. Son estudiantes en la escuela secundaria y en la universidad.

Buenas, me llamo Isabel Vásquez. Tengo una familia pequeña. Vivo con mi mamá y mi hermanito José en Nueva Jersey. Mis padres están divorciados. Mi madre es profesora de matemáticas y mi padre es contador. Vive en Nueva York con su nueva esposa. Mis abuelos tienen restaurante donde trabajo de camarera los fines de semana.

Capítulo tres 88

PRIMERA ETAPA

Vamos a escuchar: ¡Tengo ganas de salir!

Inés: Mamá, mis amigos de la universidad y yo tenemos ganas de salir esta noche.
Mamá: ¿Salir? ¿Qué van a hacer ustedes? ¿Adónde van?
Inés: Al Café Pluma de Oro, porque tienen buena música. Si tenemos hambre, podemos comer algo también.
Mamá: ¿Dónde está el café? ¿Es nuevo?
Inés: No, el café no es nuevo, pero ahora tienen muy buena música allí.
Mamá: ¿Qué tipo de música tienen en el Café Pluma de Oro?
Inés: Es música clásica, con boleros, baladas y mucha guitarra.
Mamá: Mmm. Es música romántica, ¿no? ¿Cuántos amigos te acompañan?
Inés: Somos un grupo de unas ocho personas. ¡Mamita, me haces muchas preguntas hoy!
Mamá: Por supuesto, hijita, todo lo que haces es importante y me interesa. Pues, ¿quiénes salen contigo?
Inés: ¿Por qué? ¡Mamacita, sabes muy bien que salimos como grupo!
Mamá: Está bien. ¿Cómo van al café?
Inés: Caminamos al café porque no está lejos.
Mamá: ¿Y cómo vienes del café después de bailar y estar con tus amigos? Será muy tarde.
Inés: Mamá, Javier me trae a casa después.
Mamá: ¿Tu primo Javier? ¡Gracias a Dios! Está bien, mi hija, todo está muy bien. ¡Que lo pases muy bien esta noche, pues *(have a good time tonight)*!
Inés: ¡Ay, mamá! Gracias.

SEGUNDA ETAPA

Vamos a escuchar: ¿Cómo es la casa ideal?

¿Están hartos del tráfico de la ciudad? ¿Están listos para una vida totalmente nueva? ¡Vengan a la nueva Colonia Monteverde! A sólo diez kilómetros al norte de la ciudad, aquí hay todo para su estilo de vida. En el centro de la colonia hay una plaza tradicional con flores y árboles. Alrededor de la plaza, hay un mercado, una biblioteca, una oficina de correos, dos cafés, un cine y hasta una discoteca para los jóvenes.

Pero lo mejor de la Colonia Monteverde son las casas: Ud. se merece la mejor casa, ¡y estas casas son perfectas! Cada casa tiene una cocina ultramoderna con cocina y horno eléctricos, nevera y espacio para ocho personas. Hay una sala muy grande y un comedor elegante con grandes puertas al patio y al jardín. También hay tres dormitorios, con la opción de un dormitorio extra, y dos cuartos de baño. ¡Es un palacio, un palacio para Ud. y su familia! En su casa nueva, Uds. estarán contentos. ¡Están listos para la Colonia Monteverde!

TERCERA ETAPA

Vamos a escuchar: ¿Cuándo nos vamos a ver?

Pablo: ¡Hola, Begoña! ¡Hola, Tere!
Begoña: Hola, Pablo. ¿Cómo estás?
Tere: ¿Qué tal, Pablo?
Pablo: Bien, bien. Estoy bien, pero tengo sed. ¿Quieren tomar una cerveza u otra cosa?
Begoña: ¡Buena idea! Pero no puedo hoy. Tengo clase hasta las siete y mañana tengo un examen por la noche. Esta noche tengo que estudiar porque seguro que es un examen difícil.
Tere: Ahora tengo que irme rápido, tengo prisa para llegar al trabajo.
Pablo: Pues mañana podemos salir a pasear, ¿no?
Tere: Yo no. Tengo una clase desde las diez hasta la una y media y luego ¡a trabajar!

Begoña: Yo tampoco. El viernes tengo un examen a las ocho y otro examen a las once. Pero pienso que voy a tener tiempo mañana y estoy segura que voy a salir después de las dos. Tere, ¿vas con nosotros el viernes?
Tere: ¡Ay, no! El viernes tengo clase otra vez hasta las dos y luego trabajo en el cine desde las tres hasta la medianoche. ¡Qué pena!
Pablo: Tere, no entiendo cómo trabajas tanto. No duermes nunca, ¿verdad?
Tere: Ja, ja, ja, yo sí duermo. Pero quiero salir con ustedes; vamos a ver si podemos encontrar una hora libre.
Begoña: Pues seguimos con la semana: ¿están libres el sábado?
Tere: A las tres salgo del trabajo. No tengo que trabajar esa noche.
Pablo: El sábado almuerzo con mi tía Amelia a la una, pero puedo venir aquí a verlas a las cinco.
Begoña: ¡Por fin! Pero no hay mesas en este café los sábados por la tarde.
Pablo: ¡No hay problema! Pedimos una mesa hoy... y tenemos la mesa reservada el sábado. ¡Hasta entonces, pues!
Tere y Begoña: ¡Hasta el sábado!

Capítulo cuatro 122

PRIMERA ETAPA

Para empezar: Calendario escolar

¡Hola! Me llamo Adela López del Barrio. Soy de Santa Fe, una ciudad al norte de Buenos Aires. Ahora vivo en Buenos Aires porque estudio en la Universidad de San Andrés. Mañana es 12 de marzo, día en que empiezan las clases. Estoy un poco triste porque se termina el verano.

En Argentina, como en los demás países situados en la zona templada del hemisferio sur, los meses del verano son diciembre, enero y febrero. El otoño empieza en marzo y termina en mayo. Junio, julio y agosto son los meses del invierno, y la primavera es de septiembre a noviembre. ¡Justo al revés que en el hemisferio norte!

Vamos a escuchar: ¿Querés ir conmigo?

Julián: ¡Che, Félix! ¿Qué tal?
Félix: ¡Julián! Pues, bien. ¿Qué tal vos?
Julián: ¡Uy! Muy ocupado. Tengo que ir al centro a hacer unos mandados.
Félix: ¿Para qué? ¿No tenéis un partido de fútbol esta tarde?
Julián: Sí, pero mi papá necesita algunas cosas. Oye, ¿queréis ir conmigo? Así termino rápido.
Félix: Está bien. ¿Vamos en tu auto?
Julián: No, mejor no. Hay mucho tráfico y es más rápido ir en metro.
Félix: Correcto, vamos en metro al centro.
Julián: De todas formas, una vez que estemos en el centro tenemos que ir a pie.
Félix: Así es. ¡Qué bien! Yo también tengo que ir de compras. Quiero comprar el nuevo CD de Los Fabulosos Cadillacs. ¡Son lo máximo!
Julián: Vos y la música rock. ¡Qué loco sos!
Félix: Che, ¿quierés que vaya contigo *(do you want me to go with you)* o no? Calla, pues, y vamos al metro ya.
Julián: Sí, vamos. El partido de fútbol es a las cinco, así que vamos rápido.

SEGUNDA ETAPA

Vamos a escuchar: ¡Qué tiempo hace!

Primer locutor: Buenos días, aquí tienen el pronóstico del tiempo para la capital. Es un día hermoso, hace buen tiempo para la estación. Está parcialmente despejado y hace muy poco viento. Hace fresco, pero la temperatura está subiendo. Los capitalinos están empezando su día, los bares están sirviendo el primer café y las tiendas están abriendo las puertas. Estamos esperando el primer día del verano y hay claros indicios de su llegada. Informa Raúl Cabañas desde Montevideo.

Segunda locutora: Aquí presente Cándida Espinosa en Punta del Este. Está despejado y hace un poco de calor. Es un día magnífico. ¡Está llegando el verano! Están llegando también los turistas. Los hoteles están preparando las habitaciones, los restaurantes están sirviendo la rica comida típica de la región y los viajeros de todo el mundo están disfrutando de unas vacaciones que de seguro serán fabulosas. Por ahora, informa Cándida Espinosa, desde la bella Punta del Este.

Tercer locutor: Aquí informa Joaquín Seda desde Salta en su radio. Hace muy mal tiempo: está lloviendo y hay mucho viento. ¡Hay una tormenta de verdad! Los primeros turistas de la temporada están esperando en sus hoteles mientras llueve, y con razón. Es imposible salir en este momento, y como oyen, estoy luchando *(struggling)* mucho para hablar contra el ruido de la lluvia. Estamos teniendo dificultades técnicas por el viento. Por ahora se despide de Uds. Joaquín Seda, desde Salta.

TERCERA ETAPA

Vamos a escuchar: ¿Qué vas a hacer este fin de semana?

[the telephone rings]
Carina: ¿Aló?
Luis: ¡Carina! ¿Qué tal?
Carina: Bien, ¿y tú?
Luis: Bien. Oye, ¿qué vas a hacer este fin de semana?
Carina: ¿Yo? No voy a hacer mucho. No voy a estudiar, ni voy a ir de compras, ni voy a limpiar la casa. ¿Por qué?
Luis: Nada, es que quería saber, nada más.
Carina: A lo mejor voy a salir con Luci y sus hermanas el sábado. Vamos a alquilar unos vídeos y chismear. No sé, vamos a descansar.
Luis. Pues, si no vas a hacer nada, ¿por qué no salies conmigo?
Carina: ¿Salir contigo? ¿Tú? ¿Vas a invitarme a salir contigo?
Luis: No voy a invitarte, Carina, te estoy invitando ahora. ¿Quieres cenar conmigo el sábado?
Carina: Mmm. Está bien. Acepto. Vamos a salir como amigos, ¿verdad?
Luis: Por supuesto. Vamos a pasarlo bien, vas a ver. Pues, me está llamando mi mamá. Me voy, pero te voy a ver el sábado.
Carina: Está bien. Hasta el sábado, pues. ¡Chao!
Luis: ¡Chao!

Capítulo cinco 152

PRIMERA ETAPA

Vamos a escuchar: ¡La Isla del Encanto!

Hola, soy Carlos y quiero contarles algo muy especial. La semana pasada mi esposa Laura y yo hicimos algo realmente chévere. Fue nuestra luna de miel, así que escogimos un sitio especial para nuestras primeras vacaciones juntos. Como Laura y yo nos conocimos en la playa, fuimos a Arecibo donde pasamos la semana en el agua o al lado del agua. Buceamos varias veces y vimos muchos peces tropicales. Pensamos pescar, pero como los peces son tan hermosos, al final no pescamos, sólo los miramos. Practicamos vela y Laura aprendió algo nuevo. Ella hizo windsurf. Yo no, pero grabé todo con mi videocámara. Nos gustó mucho nadar en el mar por la mañana y en la piscina del hotel por la noche. Fueron unas vacaciones inolvidables. Si tienen planes para unas vacaciones muy activas, ¡Puerto Rico lo tiene todo!

Buen día, quiero hablar de un viaje absolutamente chévere. Fui con mi novio a la Isla del Encanto, a Puerto Rico. En San Juan nos quedamos en un hotel pequeño y muy romántico en la sección histórica del Viejo San Juan. Las habitaciones lo tenían todo, hasta una puerta que daba directamente a la piscina. Todas las mañanas empezamos el día allí nadando en la piscina. En realidad no hicimos mucho, pero pasamos tiempo juntos, caminamos por la ciudad, tomamos vino y comimos unos platos exquisitos. Quiero volver a San Juan para mi luna de miel. ¡Vayan pronto a Puerto Rico! Sé que a ustedes les va a encantar.

Buenas, quiero hablar de un lugar muy especial. Ponce, Puerto Rico tiene mucho que ofrecerle al fanático de golf. Uno puede levantarse y jugar un partido de golf todas las mañanas. Las vistas son sin igual, con el mar muy cerca. Descubrí que yo estaba jugando golf mejor que nunca y conocí a otras personas dedicadas a este deporte. De hecho, conocí a una persona muy especial... a Rosa, que esta mañana decidió ser mi esposa. Ella también fue al lugar de vacaciones de Ponce, y también practicó golf. La vi en la piscina de nuestro hotel después de un partido de golf. Para mí, Ponce fue la magia que inspiró un amor que va a durar para siempre. Un lugar chévere, chévere de verdad. ¡Tomen sus próximas vacaciones en Ponce, yo se lo recomiendo!

SEGUNDA ETAPA

Vamos a escuchar: Una noche mágica

Olga: Hola, Belén. ¡Qué contenta te ves!

Belén: Hola, Olga. Sí, estoy muy contenta. Anoche pasó algo...

Olga: ¿Ah, sí? ¿Qué pasó?

Belén: Pues, después del trabajo, fui a la casa de Tomás.

Olga: ¿Tomás? ¿El hombre que te sonrió ese día en el parque? ¿Son amigos ya? ¡Qué lindo!

Belén: Pues, sí, ese Tomás. Como decía, anoche llegué a su casa a las ocho a cenar. Él me saludó en la puerta y entré. ¡Pero no vi nada de comida!

Olga: ¿No comieron? ¿Qué pasó?

Belén: Olga, tú sabes que me gusta mucho hacer windsurf, ¿no?

Olga: Claro, pero ¡dime lo que pasó anoche con Tomás!

Belén: ¡Tomás me invitó a hacer windsurf de noche! Subimos a la costa... e hicimos windsurf bajo la luz de la luna.

Olga: Pues, Belén, eso es impresionante. Pero... te gustó, ¿no?

Belén: ¡Desde luego! Después de eso, Tomás me llevó a casa. Nos despedimos a las tres de la madrugada... estaba tan contenta, no me dormí.

Olga: Seguro que Tomás tampoco durmió. ¡Qué noche!

Belén: ¿Es amor? No lo sé, pero anoche ¡me sentí muy, pero muy enamorada! Y hoy... ¡todavía me siento enamorada!

Olga: ¡Qué bien! ¡Qué noche!

TERCERA ETAPA

Vamos a escuchar: Un partido importante

Julio: Hola, Graciela.

Graciela: ¡Julio! ¡Qué gusto verte! Hace mucho tiempo que no nos vemos.

Julio: Así es, ¿verdad? Hace... vaya, hace un mes, ¿no? ¿Cómo estás?

Graciela: Bien, aunque estoy rendida.

Julio: ¿Estás cansada? ¿Por qué? ¿Fuiste de parranda anoche? ¿Hubo alguna fiesta?

Graciela: No, no, nada de fiestas para mí. Es que estoy en el equipo de vólibol de la universidad y ayer practicamos por tres horas.

Julio: ¿Tres horas? ¿Por qué practicaron tanto?

Graciela: Tenemos un partido muy importante el viernes y tenemos que ganar.

Julio. Ah, ¿sí? ¿Contra quiénes juegan?

Graciela: Es el equipo del INTEC. Nos ganaron el año pasado. Pero este año nuestro equipo tiene mejores jugadoras.

Julio: Dicen que el Instituto Tecnológico es muy bueno. ¡Va a ser un buen partido! Oye, Graciela, ¿a qué hora juegan el viernes? Quisiera ir a ver el partido.

Graciela: ¡Ah, qué bien! ¡Lleva a tus amigos también! Jugamos a las dos. ¿Quieres este boleto?

Julio: ¿De veras? Por supuesto, ¡dámelo! ¡Qué buena eres! ¡Muchas gracias, mujer!

Graciela: De nada, Julio. Bueno, me tengo que ir. ¡Hasta pronto! ¡No te olvides, el partido es a las dos!

Julio: Y tú, ¡descansa y no te preocupes! ¡Hasta el viernes!

Capítulo seis 184

PRIMERA ETAPA

Vamos a escuchar: En la tienda Ripley, en un centro comercial de Lima

Mercedes: Aquí tienen ropa bonita.

Sara: ¡Mira esta falda azul! ¡Qué linda!

Mercedes: A Rosa le va a gustar ese color. Con este cinturón negro queda muy bien. Creo que le va a gustar.

Sara: Sí, tienes razón. Perfecto. Ahora quiero ver un vestido para mí.

Mercedes: Aquí enfrente hay una boutique muy elegante.

Sara: Mmm... entonces, seguro que es cara.

Mercedes: No sé. ¿Vamos a ver el escaparate?

Sara: Sí, ¿por qué no?

Vamos a escuchar: ¡Vamos a Perú!

Linda: ¡Mari, Mari! ¡Mira lo que compré para mi visita a Perú!

Mari: Vaya, fuiste de compras. ¿Qué compraste? A ver.

Linda: Primero pensé comprar unos pantalones cortos y camisetas. Encontré muchas camisetas, pero cambié de idea: en vez de llevar pantalones cortos me voy a vestir como las peruanas con pantalones largos y con falda. Nuestro profesor nos dijo que sólo los turistas llevan pantalones cortos.

Mari: Es cierto, pero a veces son muy cómodos. ¿Qué tipo de zapatos escogiste para tus paseos?

Linda: Escogí botas. Me las vendieron baratas porque el dependiente de la tienda de deportes era peruano y me hizo un discuento especial.

Mari: ¡Qué suerte tuviste!

Linda: Lo mejor es que pagué muy poco. Ya que nuestro verano llega a su fin, la ropa de verano está en oferta. Y como en Perú las estaciones son al revés: ¡el verano empieza ahora!

Mari: Oye, Linda. Estuve en Cuzco el año pasado, y no hizo calor ni un solo día. Está en la cordillera andina, donde siempre hace viento y muchas veces hace frío. ¿No pensaste en eso cuando compraste esta ropa?

Linda: ¡Ay de mí! Se me olvidó por completo. Bien, bien, ¿dónde puse los recibos? La dependienta dijo algo sobre devolver la ropa... Bueno, por lo menos puedo volver al centro comercial... ¡otra vez de compras! Tengo que comprar suéteres, chaquetas, un impermeable...

SEGUNDA ETAPA

Vamos a escuchar: En el mercado

Ayer sábado fue día de feria en Tarabuco, un pueblo no muy lejos de Sucre. La señora Fernández, como siempre que hay feria, caminó al mercado para hacer las compras de frutas y verduras. En el mercado de Tarabuco uno siempre encuentra productos frescos, baratos y de excelente calidad. La señora Fernández siempre visita todos los puestos para hablar con los vendedores. Ella regatea para conseguir mejores precios.

¿Qué se puede comprar?

Las verduras	**Las frutas**
la batata	*los aguacates*
las cebollas	*las fresas*
los guisantes	*los limones*
las habichuelas	*los mangos*
los hongos	*las manzanas*
la lechuga	*los melocotones*
el maíz	*el melón*
las papas	*las naranjas*
los pepinos	*las peras*
el repollo	*la piña*
los tomates	*los plátanos*
las zanahorias	*las uvas*

Vamos a escuchar: En el supermercado

Una vez por semana Ricardo hace las compras para su casa en el supermercado. Hoy Rosa también tiene que ir al supermercado para comprar alimentos para su familia y los dos amigos van juntos. Primero, van a la sección de productos lácteos porque Ricardo tiene que comprar mantequilla, leche, yogur, crema y queso. Después van a la sección de conservas porque necesitan tres latas de sopa, una lata de atún, una botella de aceite y un paquete de galletas. Luego compran pasta, harina, azúcar, sal, pimienta, arroz y mayonesa.

Para terminar, pasan por la sección de congelados porque Rosa tiene que comprar pescado, una pizza, un pollo y también ¡helado de chocolate! A Rosa le encanta el helado.

Cuando se dirigen a la caja registradora, el carrito de Rosa está muy lleno.

Vamos a escuchar: Consejos culinarios

Locutor: Hoy estamos con doña Raquel Ceballos para hablar de la buena cocina de su país. Doña Raquel, ¿cómo está Ud.?

Doña Raquel: Bien, bien. Hoy vamos a hablar de la cocina de Bolivia, mi lindo país. En particular, vamos a hablar de los pasteles serranos, pasteles de la ciudad de Cochabamba. Perdón, quiero que me pase mi delantal, que no quiero ensuciarme la ropa mientras cocino.

Locutor: Por supuesto. Doña Raquel, esperamos que Ud. nos muestre paso por paso cómo hacer estos pasteles. Pero primero, ¿cómo son?

Doña Raquel: Son ricos, con dos tipos de queso y un poco de cebolla entre pan fresco. Recomiendo que coman el pastel con un poquitito de mermelada y café.

Locutor: El rico café de Bolivia, por supuesto.

Doña Raquel: ¡Claro! Bueno, para empezar, es necesario que tengamos la mesa limpia para cocinar. Está bien, así, así debe ser. Le voy a pedir que me ayude con esto.

Locutor: Con mucho gusto, doña Raquel. ¿Qué hago?

Doña Raquel: Como no tengo mucha fuerza, necesito que me amase el pan: yo pongo dos huevos, 250 gramos de harina, un poco de leche y una pizca de sal. Ahora, amase todo eso.

Locutor: ¿Y qué hace Ud.?

Doña Raquel: Preparo el queso. Es preciso que el queso esté fresco y que las cebollas estén bien picaditas. Les sugiero a los nuevos cocineros que esperen hasta el último momento para sacar el queso.

Locutor: Bien. Parece que la masa está lista. ¿Qué nos aconseja Ud. que hagamos ahora?

Doña Raquel: Ahora, es un momento delicado: formo bolitas de masa, pongo un poco de queso y cebolla, y hago un pequeño panqueque. Necesito que me encienda la cocina, que vamos a cocinar estos panqueques muy rápido.

Locutor: ¡Es tan rápido!

Doña Raquel: Así es. Ahora, quiero que me diga cómo está. ¿Le gusta?

Locutor: ¡Qué rico! Gracias, doña Raquel. Doña Raquel, quiero que Ud. nos repita los ingredientes de estos pasteles tan ricos.

Doña Raquel: A la orden: los pasteles costeños contienen huevos, harina, leche, sal, queso, cebollas y un poco de mantequilla para cocinar. Se sirven con mermelada y café. Si quieren, también pueden poner fruta en los pasteles, por ejemplo, un poco de mango o plátano.

Locutor: Gracias, doña Raquel, por ofrecernos otro programa delicioso e informativo. Hasta la próxima, y ¡que coman bien!

TERCERA ETAPA

Para empezar: En una tienda de computadoras

Teresa: ¿Aló?

Patricia: ¿Está Teresa?

Teresa: Sí, soy yo. ¿Quién es?

Patricia: ¿Teresa? Hola, soy Patricia. ¿Qué tal?

Teresa: Hola, Patricia. Oye, te llamé ayer pero no te encontré en casa.

Patricia: Estuve fuera toda la tarde.

Teresa: ¿Qué hiciste?

Patricia: Pues, fui con mi prima Clara al centro comercial. Pasamos la tarde mirando computadoras.

Teresa: ¡Ah!

Patricia: Sí, la semana pasada Clara leyó en el periódico un anuncio sobre ofertas especiales para este fin de semana y decidimos ir a ver.

Teresa: ¿Compraste algo?

Patricia: Bueno, vimos muchas cosas y al final lo que compré fue una portátil no muy cara.

Teresa: ¿Y Clara?

Patricia: Vio una impresora en oferta y decidió comprarla. Las dos compramos papel para imprimir.

Teresa: Oye, ¿qué vas a hacer esta tarde?

Patricia: No sé. Creo que me voy a quedar en casa a descansar. Estoy muerta.

Teresa: Bueno, es que Martín llamó hace un rato para invitarnos a una fiesta en su apartamento.

Patricia: ¿A qué hora?

Teresa: A partir de las ocho. ¿Quieres ir?

Patricia: Sí, sí, ¿nos vemos a las ocho y media en tu casa?

Teresa: Bien, entonces hasta las ocho y media. Hasta luego.

Patricia: Adiós.

Vamos a escuchar: Un regalo muy especial

Lorena: ¿Aló, Cheri?

Cheri: Sí, soy yo. ¿Lorena?

Lorena: Cheri, ¿qué tal? No, no me digas nada. ¿Sabes qué? ¡Tengo un problema terrible!

Cheri: No exageres, Lorena. ¿Qué pasa?

Lorena: Mañana es el cumpleaños de Isidro, y no sé qué regalarle.

Cheri: Pues, no me parece muy serio el problema. A ver. No sé si conozco a Isidro. ¿Cómo es?

Lorena: Claro que lo conoces. Lo conociste en la fiesta de Paco la semana pasada.

Cheri: ¿El hombre con los tatuajes y con los aretes en la cara?

Lorena: No, no, Isidro es muy formal, muy serio. No tiene tatuajes ni aretes. Lo que sé de él es que le encanta navegar en la web y pasar el tiempo, en general, con la computadora.

Cheri: Mmm. Pues, ¿por qué no le compras algo para su computadora? Una alfombra para su ratón, por ejemplo.

Lorena: ¿Crees que no la tiene ya? Todo el mundo tiene una alfombrita para el ratón. ¡Ay! ¿Qué hago? Yo quiero, realmente quiero que Isidro sepa que lo quiero. Espero que este cumpleaños sea muy especial... para él y para mí.

Cheri: Mmm. Lo quieres, ¿eh? Entonces, no pienses más en la computadora. No compres nada de equipo, prepara una cena en casa, una cena romántica y sabrosa. Sabes cocinar, ¿verdad? ¿Quieres algunas recetas? Yo sé preparar unos platos riquísimos y tengo todas las recetas.

Lorena: ¿Recetas? No, gracias, ya tengo muchas en casa. Ya lo sé que voy a hacer: puedo prepararle un pastel en forma de un monitor... y la invitación a la cena, ¡se la mando por correo electrónico!

Cheri: ¿Ves? ¡Problema resuelto!

Capítulo siete 222

PRIMERA ETAPA

Vamos a escuchar: Una fiesta sorpresa

¡Ring! ¡Ring! [Telephone rings.]

Benito: ¿Aló?

Paco: Oye, Benito, soy yo, Paco.

Benito: Hola, Paco, ¿qué hay?

Paco: Pues, fíjate, ¿sabes que la semana que viene cumple años Anita, ¿verdad?

Benito: ¿Oh, sí? ¿Qué día?

Paco: El viernes. Pensamos que a lo mejor le hacemos una fiesta sorpresa. ¿Qué opinas? ¿Te apuntas?

Benito: Claro que sí. Anita es una chica estupenda. ¿Qué quieres que haga?

Paco: Bueno, se me ocurre que una fiesta con música y algunas cervezas sería buena idea.

Benito: ¿Música y cervezas nada más? Es un poco triste, ¿no crees? Cuando era niño las fiestas eran mejores. Mi madre preparaba todos mis platos favoritos, toda la familia decoraba la casa con figuritas, mi abuela me sacaba a comer helado mientras los demás hacían todo en casa... En la fiesta mis amigos me traían decenas de regalos, siempre lo que más me gustaba. Era algo realmente especial.

Paco: Ya, ya, las fiestas del colegio eran espectaculares. Y los niños hablábamos entre nosotros y las niñas querían bailar con nosotros, que éramos unos tontos... Y las maestras que siempre vigilaban todo...

Benito: Bien, bien, bien, está bien, esa parte de las maestras no me parecía tan buena. Yo me refería más bien a las fiestas en casa, con mi familia y no a las del colegio.

Paco: Sí, pero pensemos ahora en una fiesta para Anita.

Benito: Por supuesto. Pues bien, ya que somos tan y tan adultos, ¡manos a la obra! Me apunto para traer el equipo y algunos discos compactos. Hice unos discos nuevos que son buenísimos para unas fiestas, con temas románticos y muy bailables.

Paco: Perfecto. Pues, me despido. Tengo que hacer muchas llamadas... y no te olvides, ¡la fiesta es sorpresa! Calladito, calladito, ¿eh?

Benito: Sí. No te preocupes, no digo ni una palabra. Nos vemos.

Paco: Chao.

SEGUNDA ETAPA

Vamos a escuchar: Mundo Andino, la mejor tienda de instrumentos chilenos

Bienvenidos a Mundo Andino, su distribuidor de instrumentos y música a todas las naciones andinas. Hoy les presentamos un recorrido por la tienda para ver los instrumentos más típicos de la región, con algunos modelos especialmente atractivos.

Entre nuestros instrumentos de cuerda, incluimos el charango. Se parece a una guitarra, pero es menor. El cuerpo del charango se elabora con concha de armadillo o bien con madera en forma de concha. De diez cuerdas, es el instrumento andino de cuerda de mayor importancia. Su sonido es más alto que el sonido de la guitarra y, desde luego, mucho más bajo que la nota realmente baja del guitarrón.

La quena, o flauta de hueso, es indispensable. Con diversos modelos de tamaño variable y con su sonido alto y limpio, imita cualquier ave de tierra, mar o cielo. Recomendamos una quena mediana para los grupos en formación, ya que es más fácil conseguir nuevas quenas que otros instrumentos.

La zampoña es una especie de flauta, de unos 13 a 23 tubos de bambú u otra caña, atados en fila. Se destaca por su forma tradicional y sonido que recuerda a las épocas pasadas en la sierra andina. Cada zampoña tiene su carácter, ya que son instrumentos artesanales. Es de notar que las zampoñas más largas o de caña más gruesa dan una nota más baja mientras las zampoñas de caña fina dan una nota más alta. Aquí en Mundo Andino ofrecemos nueve modelos de zampoña, incluso un modelo espectacular. Este modelo es para dos personas. Se llama el modelo Gigante y es más vistoso pero menos portátil que los modelos más pequeños. ¡Es ideal para los grupos que no viajan!

Por fin, ninguna orquesta andina estaría completa sin algún instrumento de percusión. Las cha-chas, o sea cascabel de uña de cabra, se llevan al brazo o bien al tobillo y dan un sonido alto y suave a la vez. El mejor modelo de chachas que ofrecemos en catálogo lleva una cuerda de cuero y más de 40 uñas de cabra. El modelo más económico también lleva cuerda de cuero y tiene 28 uñas de cabra. La versión económica es tan versátil como la versión profesional. Para el sonido más auténtico, recomendamos un mínimo de dos pares de cha-chas por grupo.

Les agradecemos su atención durante nuestro breve recorrido. Mundo Andino espera su visita, donde siempre estamos para atenderles.

TERCERA ETAPA

Vamos a escuchar: ¡Qué noche!

Gabriela: Miguel, ¡qué noche! ¡Qué concierto!

Miguel: ¡Había tantos grupos, y tanto público! ¡Un espectáculo inolvidable!

Gabriela: Soñaba con un concierto así desde cuando era cabra... Tenía un montón de pósters de Sting y Víctor Jara en mi cuarto.

Miguel: Y yo adoraba a Violeta Parra.

Gabriela: ¡Pero anoche! Este concierto fue el mejor del año.

Miguel ¿Del año? ¡Éste fue el mejor de siempre! ¡Qué programa!

Gabriela: Un homenaje a Víctor en el aniversario de su muerte... con todos los músicos del momento y algunos de los setenta.

Miguel: ¿Qué te parece el afiche que me llevé?

Gabriela: ¡Qué regio! Y éste, ¿qué te parece éste? Tiene la bandera en forma de guitarra...

Miguel: ¡Me encanta! Me dijeron que todo el dinero de las entradas era para las organizaciones defensoras de los derechos humanos. ¡De veras! Si buscaban el homenaje ideal para Víctor Jara, lo encontraron.

Gabriela: Yo pensaba que las entradas eran caras, pero cuando me dijeron lo que pensaban hacer con el dinero me pareció muy bien.

Miguel: Los conciertos en el estadio son muy grandes, pero éste, en el Centro Estudiantil... increíble. ¡Oímos la letra de las canciones bien claramente!

Gabriela: Aunque, por supuesto, las sabíamos todas las canciones de memoria. Oye, ¿qué te parecieron los vídeos?

Miguel: Ésos no me gustaron tanto. Digo, la música es de otra época...

Gabriela: ¡Bah! Esa música es eterna. ¡Viva Víctor!

Miguel: ¡Viva! Y ¡vivan los conciertos!

Capítulo ocho 252

PRIMERA ETAPA

Vamos a escuchar: Miss Fenomenal

Locutor: Ya sabemos que todas las participantes en los concursos de belleza son talentosas, carismáticas y, como no, hermosísimas. Pero ¿tiene un precio la belleza? Esta noche nos complace estar con dos venezolanas, Gladys Irizarry, ganadora del concurso Miss Fenomenal 2004, y Carolina Rodríguez, Miss Fenomenal 2003. ¡Buenas noches, Gladys!

Gladys: Buenas noches. Es un gusto enorme. Quisiera mandarle saludos a mi gente del pueblo lindo de Vargas. ¡Les doy las gracias a todos por su gran apoyo!

Locutor: ¡Un gusto, Carolina!

Carolina: Igualmente. ¡Besos y saluditos a todos mis queridos venezolanos!

Locutor: Muy bien. El tema de nuestro programa de hoy son los sacrificios que hacen las mujeres como modelos y concursantes.

Gladys: Ante todo, debo decir que no me importan los pequeños inconvenientes de mantenerme en forma.

Carolina: Sí, pero es cierto que los concursos requieren esfuerzos muy poco naturales. Bien se sabe que muchas muchachas se enferman psicológica y físicamente.

Locutor: Veo, por ejemplo, que un día típico de una concursante tiene más de dieciocho horas.

Gladys: Pues sí. Pero está bien, desde luego hay mucho que hacer.

Carolina: Sí, y las modelos se cansan y a veces se lastiman.

Locutor: ¿Les preocupa el estrés? ¿Tienen secretos?

Carolina: ¿Mi secreto? No participar más en los concursos.

Gladys: Yo hago ejercicios de yoga, camino mucho y a veces tomo pastillas para dormir. Pero me fascina estar con la gente. Es un auténtico placer representar a mi gente.

Locutor: Ya. Quiero preguntarle acerca de sus zapatos, Gladys. Veo que lleva zapatos de tacón muy alto. ¿No le molestan los zapatos así de altos?

Gladys: ¿Mis tacones? Sí, es cierto que a veces me duelen los pies después de un día largo. Pero con agua caliente y un poco de descanso...

Locutor: ¿No es difícil caminar siempre así? ¿No se cayó alguna vez? ¿No se rompió una pierna? ¿No se torció nunca un tobillo?

Gladys: Bueno, me torcí un tobillo varias veces... pero eso no importa. Para mí, ¡ser bella es trabajo!

Carolina: Yo no estoy de acuerdo contigo. Ser bella es ser natural, ser cómo se es. La verdadera hermosura viene desde dentro.

Locutor: ¿Qué le aconsejan a una joven que quiere ser modelo?

Gladys: Pues, es un mundo lleno de viajes, de elegancia y claro que hay ciertos sufrimientos y sacrificios.

Carolina: Yo creo que las jóvenes deben estudiar, mantenerse en forma y evitar los concursos.

Locutor: Carolina, gracias por su colaboración esta noche. Sus comentarios fueron muy informativos. Gladys, le agradezco la visita y le deseo mucha suerte en sus futuros concursos.

Carolina: Gracias.

Gladys: Gracias, gracias y buenas noches. ¡Chaíto!

SEGUNDA ETAPA

Vamos a escuchar: La salud del viajero

Colombia es un país de gran belleza y de enorme variedad. Lo tiene todo, desde las playas caribeñas hasta las selvas tropicales de la cuenca amazónica hasta la sierra andina, todo un mundo en un país. En cada región se encuentran innumerables maravillas, pero también hay riesgos para el viajero. Les presentamos hoy unos consejos para mantener la salud en óptimas condiciones.

El área más grande de Colombia son los llanos, la tierra baja del Oriente. En la región amazónica, donde llueve nueve meses al año, la gran humedad presenta problemas. Las infecciones de la piel y picaduras de insectos tropicales son comunes. Haga todo lo posible para mantener la piel seca. Un impermeable y frecuentes cambios de ropa son una buena idea. Escoja bien las botas: deben ser impermeables pero también deben permitir la transpiración. Cuídese de mantener cubierta la piel en los bosques, aunque haga calor. Esto es importante porque los insectos buscan la piel desnuda. Los repelentes de insectos son una arma clave, en especial los más fuertes que contienen DEET. ¡Y no hay que olvidar las serpientes! Aunque la gran mayoría de las serpientes son boas o anacondas y no son venenosas, las serpientes de mordida mortal también habitan las selvas y los ríos. El viajero precavido se informa de cuáles son las serpientes peligrosas y las evita. En caso de una mordida, busque atención médica lo antes posible. Si se encuentra lejos de toda población, conviene extraer el veneno con succión o bien cortando la piel afectada.

Para los que van a Bogotá y otros pueblos de la región andina, la altitud puede causar trastornos de equilibrio y en los picos de mayor altitud, provocar náuseas. El soroche, o el malestar que puede resultar de estos trastornos, se trata con una infusión de hojas de coca, o sea, el famoso mate de coca. Las quemaduras de piel son frecuentes también, ya que a las grandes altitudes hay menos protección contra los rayos solares. Con cremas y bronceadores, además de sombreros y gafas de sol, el viajero puede evitar quemarse la piel.

Las grandes ciudades de Colombia tienen una excelente infraestructura, con buena agua y abundante electricidad. En las capitales de Bogotá, de Cali, de Medellín, el viajero encontrará excelente atención sanitaria en hospitales y clínicas equipadas con las últimas tecnologías. Esperamos que se disfruten de sus vacaciones en Colombia, viajando seguros y con plena confianza en los recursos médicos del país.

TERCERA ETAPA

Vamos a escuchar: Los consejos de la tía Amelia

Oriza: Tía, ¡venga a ver la nueva crema que compré para la piel!
Amelia: ¿Una crema? ¿Para qué sirve una crema?
Oriza: Es que quiero mantener la piel suave y fresca... como su piel, tía.
Amelia: Mi hija, te digo, es que como bien y me cuido bastante.
Oriza: ¿La comida le da la piel linda? ¿Cómo es eso?
Amelia: Cada día me como un plátano, un mango si hay y un café negro. Sí, las frutas de mi huerto. No hay nada mejor.
Oriza: Mi madre sufre del corazón; temo que un día sufra un ataque cardíaco. Pero Ud. no tiene problemas cardíacos. ¿Toma aspirinas cada día?
Amelia: No, no, no. Como sabes, no como mucha carne y no como nunca cerdo. En cambio, sí como mucho pescado y muchas frutas. Las grasas del pescado son muy saludables. Tú sabes que el arroz con coco que tanto nos gusta...
Oriza: El plato nacional de los antillanos, claro...
Amelia: Pues, la leche de coco es muy poco saludable. Ahora me como el arroz sin coco, sin aceite alguno, lo preparo al vapor. Es sabroso y mucho mejor para la salud.
Oriza: Ud. también come los chiles picantes...
Amelia: ¡Uy, uy uy! Los chiles picantes... pues tu mamá nunca pudo comerlos. Decía que le hacían daño. Pero a mí me han gustado siempre. No como nada sin salsa picante o sin chiles bien picantes.
Oriza: Y son los chiles lo que la ponen de carácter tan picante, ¿no?
Amelia: Hija, no lo creas. Me crié con el buen ejemplo de mi madre, tu bisabuela. Y con el paso del tiempo, me di cuenta de que soy la única persona responsable de mi destino. Así que cuando veo algo mal hecho, lo cambio. Cuando veo algo que está bien, me alegro.
Oriza: Ud. es mucho mejor que un psicólogo—tiene muchos consejos. ¿Cómo me mantengo sana y feliz?
Amelia: Oriza, lo que debes hacer es respetar a tu familia, evitar la comida con grasa y comer frutas tropicales todos los días. Las medicinas, no me fío mucho en ellas.
Oriza: Pero los tiempos cambian y...
Amelia: ¡Ja, ja, ja! Oriza, ya sabes cómo soy. Así me conservo de buen humor y siempre prevenida.
José *[arriving]*: ¡Hola, tía, hola, Oriza! ¿De qué hablan?
Oriza: La tía Amelia me contaba sus secretos de belleza.
Amelia: Y le estaba dando unos consejos de salud también.
José: ¿Secretos de salud? ¿De belleza? ¡No hay secretos para esas cosas! Si Uds. son de la familia Cooper, no necesitan nada. Todos los Cooper son bellos, todo es genético.
Oriza: ¡Ay, papá! ¡Cuánto nos quieres!

Capítulo nueve 284

PRIMERA ETAPA

Vamos a escuchar: Una llamada a casa

[Telephone rings.]
Madre: ¿Aló?
Javier: Aló, mami, soy yo, Javier.
Madre: ¡Javier! ¡Qué bueno oír tu voz! ¿Cómo estás, hijo? ¿Te tratan bien allá en Costa Rica? ¿Comes bien? ¿Estudias mucho? ¿E... ?
Javier: ¡Mamá, mamá! ¡Tantas preguntas! ¡Ya veo que me echaste de menos!
Madre: ¡Ay, hijo, tú no sabes! Pero dime, ¿cómo estás? ¿Cómo te va la escuela?
Javier: Mami, estoy bien... y todo va bien. Mis profesores son buenos y mis clases son interesantísimas.
Madre: ¿Así que no tuviste problemas con tu expediente académico? La última vez que hablamos me dijiste que estabas preocupado por eso.
Javier: No, no, todo se tramitó bien. La carta del decano me ayudó bastante. Resulta también que el decano de la Facultad de Humanidades conoce a mi profesor de español de allá. Me invitó a hablar de los ensayos que tengo que preparar.
Madre: No te olvides, hijo, es importante que no sólo estudies, sin que hagas otras cosas también. Espero que salgas con otra gente.
Javier: Mamá, no te preocupes. Tengo algunos amigos costarricenses ya. Entre los compañeros de clase y los amigos de mi "familia" aquí, siempre hay alguien con quien charlar.
Madre: ¡Cuánto me alegro!
Javier: Pero dime, mami. ¿Cómo están todos? Parece increíble que lleve cuatro semanas lejos de Uds.
Madre: Es una lástima que no estés aquí. Tu hermanita acaba de sacar notas perfectas en el colegio y salimos a celebrarlo. Pero queremos que lo pases bien en Costa Rica.
Javier: Mami, los echo de menos a todos. Pero estoy bien.
Madre: Bien, hijo.
Javier: Sólo...
Madre: ¿Sólo qué? ¿Qué quieres, hijo?
Javier: Nada, Mami. Pero con tanto salir...
Madre: Ya, ya veo. Está bien. Te deposito más dinero en el banco. Puedes sacarlo con tu tarjeta.
Javier: Gracias, Mami. Te quiero mucho.
Madre: Adiós, hijo. Hablamos pronto.
Javier: Hasta pronto, Mamá.

SEGUNDA ETAPA

Vamos a escuchar: Buscando un hotel en Cahuita, Costa Rica

Clara: ¿No escogiste el hotel? ¡Quería tenerlo todo preparado ya! ¡Nos vamos en sólo dos semanas!

Paula: No te preocupes, Clara. Cualquier hotel está bien.
Clara: No, no es así. Ay, Paula...
Paula: Bien, bien, lo siento. ¿Por qué no consultamos en Internet? Supongo que hay muchos hoteles allí.
Clara: Pues bien ... A ver... pongo "hotel" y "Cahuita" y... ¡mira, hay varias opciones!
Paula: Ya lo sabía. Oye, ¿hay un hotel en la playa? Quisiera quedarme en una de esas cabañas donde pueda salir directamente a la playa.
Clara: Sí, parece que dos hoteles tienen cabañas en la playa. En el Hotel Jaguar hay habitaciones sencillas y dobles... y el precio está bien.
Paula: ¿Verdad? ¡Perfecto!
Clara: Espérate, espera... los precios son módicos, pero sólo durante la temporada baja. Como estamos en enero, todo cuesta más. Mucho más, me temo. Ay, es imposible.
Paula: ¡Qué pena! ¿Por qué no buscamos un albergue juvenil? Los albergues son muy módicos.
Clara: A ver. Hay dos albergues en Limón, pero nada ahí mismo en Cahuita. Yo realmente quiero estar en Cahuita, ¿sabes? Es que allí la playa tiene arena blanca y la selva llega hasta la playa... Hay tortugas, hay aves y otros animales...
Paula: Yo realmente quiero un hotel con vistas a la playa, con restaurante y con actividades acuáticas.
Clara: Entonces, ¿por qué no escogemos un hotel un poco más caro? Si los desayunos están incluidos, podemos pagar sólo una comida más.
Paula: Sí, y si estamos en la playa misma, no hay que pagar transporte local.
Clara: Bien. Entonces... el Hotel Jaguar.
Paula: ¿Podemos reservar la habitación por Internet?
Clara: A ver... sí. ¿Estamos seguras?
Paula: Creo que sí. Pues, queremos reservar una habitación doble con dos camas sencillas en una de las cabañas en la playa.
Clara: Pongo el depósito con mi tarjeta de crédito. Y ya está: ¡vamos a Cahuita!

TERCERA ETAPA

Vamos a escuchar: Buscamos un apartamento

Rubén: Oye, Miguel, te juro que hoy encontramos donde vivir el año que viene. ¿Me oyes?
Miguel: Sí, sí, llévala suave, estaba aquí mirando los anuncios.
Rubén: ¿Sí? ¿Hay algo?
Miguel: Hay mucho. Mira, un apartamento de dos habitaciones, con cocina nueva, terraza, acceso al club atlético y seguridad. Está muy cerca de la universidad y al lado del estadio.
Rubén: ¿Y el alquiler?
Miguel: Es de 65.000 colones. ¡Pura vida!
Rubén: ¡Qué bien! Dame el número. Llamo ahora mismo.
Miguel: Ay, ¡qué pifia! Se me olvidó que buscamos algo amueblado.
Rubén: ¿Ese apartamento no tiene muebles? Bueno, tengo un escritorio ya y podemos comprar otros muebles. Laura y Begoña compraron muchas cosas muy baratas en el mercado de Liberia...
Miguel: Bueno, seguimos buscando. ¿Qué te parece este otro? Está un poco más lejos de la universidad, pero no mucho. Tiene dos dormitorios, está amueblado y tiene terraza también.
Rubén: Me parece bien, pero ¿cuánto cuesta?
Miguel: A ver... Dice 60.000 colones. Todo está incluido.
Rubén: ¿Por qué no llamamos ahora? A lo mejor podemos verlo hoy mismo.
Miguel: A lo mejor. ¿Llamo yo?
Rubén: Sí, por favor. ¡Espero que esté bien!
Miguel: Yo también, yo también.
Nadie contesta.
Rubén: Bueno... tenemos que llamarlos otra vez mañana. Espero que no lo hayan alquilado...
Miguel: ¡Espero que no!

Capítulo diez

PRIMERA ETAPA

Vamos a escuchar: Un mes de estudios rurales

Teresa: ¿Aló?
Pamela: ¡Oye, Teresa! Soy yo, Pamela.
Teresa: ¡Pamela! ¿Cómo estás? ¿Cómo te va en Pajocá? ¡Estoy tan emocionada, me voy para el pueblo en dos semanas!
Pamela: ¡Qué bien! Aquí en Pajocá todo va bien. Bueno, es diferente... pero me gusta, me gusta mucho.
Teresa: ¿Qué haces? ¿Cómo pasas el día?
Pamela: A ver. Suelo levantarme muy temprano, mucho más temprano que en Quetzaltenango. Como es el campo, todos se despiertan antes de la salida de sol. Normalmente desayunamos algo fuerte, un desayuno con huevos, frijoles, crema, plátanos fritos, a veces pescado frito... y café, por supuesto.
Teresa: Es mucha comida, ¿no?
Pamela: Sí, pero fíjate, aquí no me engordo, pierdo peso porque trabajo mucho. Imagínate, a las siete de la mañana salimos para los campos. Ayudo a plantar frijoles, un frijol especial que se llama "frijol abono".
Teresa: Sí, sí, el frijol que ayuda las otras plantas...
Pamela: Exacto. Nos quedamos trabajando hasta la una, aunque descansamos con más café o agua durante la mañana. A la una, regresamos a la casa y comemos. Otra vez es una comida fuerte, con más frijoles, tortillas, carnes y a veces arroz. Después de comer, como hace mucho calor, duermo una siesta. Por lo general, me levanto de nuevo por la tarde y voy para las clases. Cenamos temprano, no más tarde de las siete, y nos acostamos. ¡En ese momento todos estamos muy cansados! Aquí duermo muy, muy bien.
Teresa: ¿Dices que hace calor? Aquí en Quetzaltenango no hace tanto calor...
Pamela: Claro, pero no te olvides de que aunque Pajocá está en el altiplano, estamos a una altura más baja.
Teresa: Claro, claro. Es bueno saber eso. Pero dime, ¿cómo es tu familia? ¿Los quieres?
Pamela: En mi familia aquí tengo un padre, don Aroldo, una madre, doña Martina, y dos hermanos, Aroldito y Martín. Son buena gente y Martín es... bueno, lo vas a conocer cuando llegues.
Teresa: ¡No me digas! Durante el día trabajas y estudias, pero después de todo... ¡tienes tiempo para enamorarte!
Pamela: Trabajamos mucho, pero el domingo es el día de descanso. Después de misa todos paseamos... y sí, al pasear mucho con Martín..., pues, sí, ahora tengo novio.
Teresa: El frijol abono... y el abono del amor. ¡Qué cosa!

SEGUNDA ETAPA

Vamos a escuchar: ¡Hola, comadre!

[telephone rings in a restaurant]

Miriam: Aló, Comedor Marihita.
Érica: Buenas, ¿se encuentra Miriam? Llamo desde los Estados Unidos.
Miriam: ¡Comadre! ¿Cómo está? ¡Soy yo!
Érica: ¡Ay, comadre, bien! ¿Cómo está la familia? ¿Cómo están todos?
Miriam: Bien, todos muy bien. ¿Y José, cómo está?
Érica: Está trabajando mucho, pero bien, bien. Oiga, ¿llegaron las cosas que mandé?
Miriam: No, no, todavía no.
Érica: Qué raro, las mandé hace un mes. Bueno, me dijeron que iban a tardar unas semanas; quería que llegaran antes de las fiestas... Seguro que no habrá problema.
Miriam: Seguro que no. Comadre, anoche miramos las fotos de su visita del verano pasado. ¿Cuándo van a visitarnos de nuevo? Las niñas me lo preguntaron mil veces; usted sabe que Jenifer la echa de menos muchísimo.
Érica: Ah, sí. Ella me hizo la misma pregunta la última vez que hablamos. ¿Se acuerda de la visita a Copán Ruinas? Tengo la foto de Jenifer y

Jasmín al lado del juego de pelota en las ruinas; la foto está en mi escritorio.
Miriam: Claro, vimos las ruinas mayas y nos quedamos en un hotel muy lindo. Y José sacó un millón de fotos de todo. Nos divertimos mucho en ese viaje, ¿no?
Érica: Sí. ¿Se acuerda de la piscina del hotel?
Miriam: Comadre, no me diga nada de eso. Las niñas me preguntaron hace meses cuándo iban a nadar otra vez. Lo que a mí me gustó más fue cuando el camarero nos trajo sodas mientras estábamos en la piscina y Jenifer le preguntó si él quería nadar también...
Érica *[laughing]*: Ah sí, eso estuvo bien. Parece mentira, estuvimos en Honduras sólo dos semanas pero hicimos tantas cosas...
Miriam: Ya sabe, cuando pueda volver, aquí estamos.
Érica: Y ya sabe usted, cuando pueda venir, ¡aquí estamos!
Miriam: Comadre, gracias por llamar. Qué pena que Jenifer esté en la escuela y no la pueda saludar.
Érica: No se preocupe. Cuando lleguen los paquetes, me llaman y hablo con mi ahijada. Por ahora, me despido con besos para todos.
Miriam: Hasta pronto, comadre.
Érica: Igualmente, comadre.

TERCERA ETAPA

Vamos a escuchar: ¡Vamos a cambiar el mundo!

La Universidad Luterana Salvadoreña, establecida en 1991, se encuentra en un momento clave de su formación. Contamos con dos facultades de alta calidad, una de humanidades y la otra de ciencias humanas y naturales, ambas bajo la dirección de un excelente equipo de profesores. La Universidad Luterana está dedicada a mejorar la calidad de vida de todos, pero se dedica en especial a los sectores marginados que más necesitan la educación y oportunidades de crecer personal, económica e intelectualmente.

Permítanos compartir nuestra visión del futuro. La universidad seguirá creciendo: el campus central tendrá una biblioteca más completa, con más computadoras de uso público. Los laboratorios estarán equipados para la investigación científica, habrá un laboratorio dedicado a la investigación botánica y los salones de clases serán modernizados. Pensamos ampliar los campos experimentales en Nejapa y construir un mini-laboratorio para analizar productos agrícolas allí mismo. Nuestro trabajo en ingeniería agroecológica será una de las materias más importantes en un futuro cercano. Contrataremos a más profesores y entrenadores deportivos para mantener un horario en la mañana y otro completo en la tarde. Y, ¿cómo no?, queremos ofrecerles más becas a los estudiantes. Como saben ustedes, nuestros estudiantes vienen de muchas partes del país, y es de suma importancia ayudarlos como podamos.

¿Por qué esperamos crecer? Nuestra esperanza es para todos. Esperamos colaborar en la creación de una sociedad más justa y sin opresión. Queremos ver una comunidad fuerte y unida. Sabemos que podemos ayudar. Hoy, ofrecemos cursos en 12 materias. Mañana, continuaremos en la lucha para la plena democracia y la justicia social en nuestra nación. ¿Serán ustedes nuestros compañeros? ¿Caminarán con nosotros hacia este futuro prometedor? Los invitamos a decir que sí.

Para más información, escríbanos al campus central en San Salvador.

Capítulo once 356

PRIMERA ETAPA

Vamos a escuchar: Restaurante El Diente de Oro

Bienvenidos al Restaurante El Diente de Oro, su primer restaurante especializado en las ricas comidas de Perú. Aquí pueden explorar todo Perú, desde las montañas de la sierra andina hasta las aguas del Pacífico, desde el glorioso imperio del inca hasta la época colonial.

Al igual que el ají, el chile y el maíz, la papa es un regalo culinario del inca. Aquí encontrarán la papa en muchos platos, como reflejo de la gran tradición precolonial. La entrada por excelencia es la famosa papa a la huancaína, una papa con salsa de queso y ají. La papa también sirve de base de dos platos fuertes, el cau-cau con su papa seca y el ají de gallina, con pollo en una salsa de nueces y ají servido sobre papas. El ají de gallina está un poco picante, pero muy rico. Otro plato clásico, que combina las tradiciones incas y españolas, es el arroz verde con pollo. Como segundo plato, el arroz verde con pollo es tan atractivo como sabroso.

Las ricas aguas del océano Pacífico aportan una amplia variedad de mariscos, fundamentales en toda comida. El clásico piqueo peruano es el ceviche. El ceviche, o sea el sushi peruano, es pescado fresco preparado en jugo de limón. El Diente de Oro sirve esta rica entrada con tres variantes: ceviche de pescado, ceviche de camarón y, para los que prefieren un poco de todo, el ceviche mixto. Los ceviches del Diente de Oro están muy frescos y, cómo no, muy ricos. Nuestras sopas especiales vienen del mar, con nuestro rico chupe de camarones y la sopa que es una comida completa, la parihuela. De plato fuerte ofrecemos el pescado sudado, un filete de pescado preparado con cebolla, ajo y ají. Estará tan picante como Uds. lo deseen porque todo está hecho como Uds. lo pidan.

Por supuesto, ninguna comida está completa sin el postre. Para su elección, ofrecemos flan y mazamorra morada, un budín hecho de maíz morado.

El Diente de Oro, está abierto de miércoles a domingo para servirles. ¿Qué desean pedir? Los esperamos.

SEGUNDA ETAPA

Vamos a escuchar: La nueva cocina saludable

Jessica: Buenas, Elba, ¿cómo estás hoy?
Elba: Yo, bien. ¿Y tú? ¿Lista para la fiesta?
Jessica: Todo está listo. ¿Y, cómo va lo de la cocina?
Elba: Estaba todo listo, pero tu hermano me dijo que su novia es vegetariana y no puede comer nada de lo que iba a preparar.
Jessica: ¿Vegetariana? ¿En serio? Pero Elba, no hay problema. ¡Puedes cambiar algunas cosas para ella!
Elba: ¿Qué cosas?
Jessica: ¿Haces arroz blanco o arroz con gandules?
Elba: Arroz blanco, ¿por qué?
Jessica: Perfecto. ¿Haces frijoles?
Elba: Claro, hago frijoles. A todos les encantan mis frijoles.
Jessica: Dime cómo los haces.
Elba: Primero lavo los frijoles y los pongo a fuego lento tres o cuatro horas. Echo jamón con su hueso, laurel, pimienta y sazón. Después de dos horas y media, echo trozos de yuca y papa. En ese momento también hago un sofrito de ajo, cebollas, pimientos y tomates. Para el sofrito, pico los ingredientes y los sofrío con tocino o manteca. Cuando todo está blando, pico chorizos, salchichas y jamón y les echo todo a los frijoles. Los dejo cocinar una hora más, siempre a fuego lento. ¡Qué ricos son!
Jessica: Tienes razón, son los mejores. Pero tú puedes eliminar la carne de los frijoles.
Elba: ¿Eliminar la carne? ¡Pero eso da el sabor!
Jessica: Sí, pero si sacas la carne —el jamón, los chorizos, las salchichas— puedes echar un poco más sazón y ajo a los frijoles. También debes hacer tu sofrito con aceite de oliva en vez de con tocino o manteca. Es mucho más saludable así, y vegetariano también.
Elba: A ver. No pongo el jamón con los frijoles. Y uso aceite de oliva para el sofrito. ¿Tienes aceite de oliva? Yo no. Uso aceite de maíz.
Jessica: Pues usa eso.
Elba: ¿Tú crees que eso está bien?
Jessica: Claro. Y con el arroz, los tostones, algo de ensalada, es una comida completa.
Elba: Pues bien. ¡A cocinar!

TERCERA ETAPA

Vamos a escuchar: El chocolate mexicano

Bob: Oye, Jorge, ¿por qué no tomas café?
Jorge: ¿Qué dices? Yo sí tomo café todas las tardes.
Bob: No, no, me refiero por la mañana. No te veo tomar café por la mañana nunca.

Jorge: Ah. Es que por la mañana prefiero tomar chocolate, y como aquí no lo preparan bien, no tomo nada.
Bob: ¿Chocolate? ¡Eso es para los niños!
Jorge: Y para los dioses.
Bob: ¿Cómo? ¿Dijiste dioses?
Jorge: El chocolate —o xocoatl, como decían los aztecas— era la bebida para los dioses y los nobles aztecas. Dicen que el emperador Moctezuma se tomaba hasta cincuenta tacitas de chocolate al día.
Bob: ¿En serio?
Jorge: ¿Para qué mentir?
Bob: Pues, eso lo explica: el chocolate es mi dulce favorito, ¡es divino!
Jorge: Oye, no es así. Originalmente se tomaba con especias pero no era cosa tan dulce. ¿Te acuerdas de ese plato que te preparó mi mamá? ¿Ése que tanto te gustó?
Bob: Ah, sí, el mole poblano, ¿no?
Jorge: Ese mismo. Pues esa salsa, o mole, es a base de chocolate y chiles y no es nada dulce.
Bob: Sí, sí, ya veo. Pero ¿por qué dices que el chocolate de la cafetería no se prepara bien? A mí me gusta.
Jorge: Comparado con el chocolate americano está bien, pero no tiene comparación con el chocolate mexicano. El chocolate debe ser como el de mi mamá. Se hace con las tabletas de chocolate, se bate con agua caliente y se muele...
Bob: ¿Con agua caliente? El chocolate se hace con leche.
Jorge: El chocolate americano, quieres decir. El chocolate mexicano suele prepararse con agua caliente, tan caliente que baila y salta en la taza. De allí la expresión "como agua para chocolate", es algo tan caliente y revuelto que ya adquiere vida. Ay, sólo hablar de ese chocolate me hace pensar en él... y en mi madrecita.
Bob: Pues para las próximas vacaciones, tú y yo vamos allá y pedimos que tu mamá nos prepare el buen chocolate tradicional.
Jorge: ¡Trato hecho!
Bob: Y ahora, ¡a clase! ¿Seguro que no quieres un café?

Capítulo doce 388

PRIMERA ETAPA

Vamos a escuchar: En la Estación de Atocha

Dependiente: ¡Número 047!
Viajero: Soy yo.
Dependiente: ¿Y el billete?
Viajero: Aquí lo tiene.
Dependiente: Bien. ¿En qué le puedo servir?
Viajero: Quisiera viajar a Granada.
Dependiente: Muy bien. ¿Cuándo piensa viajar?
Viajero: Hoy mismo, si puede ser.
Dependiente: A ver. Tiene varias opciones. Puede tomar el AVE a Sevilla y hacer cambio para Granada allí. Cambia una vez en el trayecto, en Bobadilla. El viaje será, a ver, de unas siete horas.
Viajero: ¿No hay nada más directo?
Dependiente: Pues sí, pero la línea directa está en obra. Puede tomar el tren hasta Linares y cambiar a un autocar hasta Granada. Pero le sugiero que tome el AVE; será un viaje más tranquilo.
Viajero: Bueno, pues viajaré en AVE.
Dependiente: Vale. El próximo AVE es a las cuatro, llega en Sevilla a las seis y media y el tren para Granada sale a las siete menos cuarto. Llegará en Granada a las once y media.
Viajero: ¿Eso me da tiempo para cambiar los trenes en Sevilla? Me parece muy poco tiempo, y si el AVE llega tarde y pierdo el otro tren...
Dependiente: No se preocupe. Los trenes AVE tienen garantía de puntualidad. Es más, casi siempre llegan antes de la hora.
Viajero: Bien. ¿Cuánto vale el billete?
Dependiente: A ver. ¿De ida y vuelta o sólo de ida?
Viajero: De ida y vuelta. Vuelvo de Granada en tres días.
Dependiente: Serán ciento treinta y dos euro.
Viajero: Aquí tiene mi tarjeta de crédito.
Dependiente: Gracias.
Viajero: Dígame una cosa: ¿podré hacer escala en Sevilla cuando regrese?
Dependiente: Un momento... ¿Quiere que cambie el billete?
Viajero: Si fuera posible...
Dependiente: Usted sí puede hacer escala, porque se trata de dos viajes por separado. ¿Cuándo quiere regresar a Madrid?
Viajero: Me gustaría pasar dos días en Sevilla y volver a Madrid la noche del segundo día.
Dependiente: O sea, partir esta tarde para Granada, pasar tres días en Granada, pasar dos días en Sevilla y regresar a Madrid la noche del quinto día.
Viajero: Esto me parece bien. Gracias.
Dependiente: Muy bien. Si desea cambiar el viaje de nuevo, tendrá que pagar el cambio, pero es un cobro mínimo. Vale, aquí tiene los billetes y aquí, firme el recibo.
Viajero: Bien. Gracias.
Dependiente: ¡Buen viaje! ¡El 053! ¡Número 053!

SEGUNDA ETAPA

Vamos a escuchar: Antes de empezar su viaje

Un viaje por el norte de México puede ser una gran aventura. En carro pueden descubrir la cuna de la Revolución mexicana, trazar los caminos de Castañeda y maravillarse ante las glorias de la naturaleza en los desiertos norteños. Para que viajen con seguridad, ofrecemos estas sugerencias para cada viajero que piense atravesar los desiertos en carro.

Ante todo, asegúrese de que su carro esté en buenas condiciones. ¿Están llenos los depósitos de gasolina, de agua y de aceite? ¿Están en buenas condiciones los tubos?

Un detalle sobre las llantas. ¿Tienen la presión apropiada las llantas? Debe medir la presión por la mañana. Durante el día, si percibe que las llantas se han calentado demasiado —un riesgo inevitable en el desierto— salga de la carretera y espere a que se enfríen un poco. No les saque aire a las llantas, la mejor manera de evitar una explosión es manejar con atención.

También, ¿está Ud. en buenas condiciones? Debe dormir bien antes de emprender su viaje. Lleve abundante agua y pare cuando se sienta cansado. En toda carretera mexicana se prohíbe manejar bajo la influencia de alcohol, pero en los desiertos, los efectos deshidrantes del alcohol representan aún mayor peligro. Es conveniente llevar gafas de sol y una crema protectora también.

Un fenómeno raro pero posible son las riadas, o inundaciones instantáneas. Éstas ocurren cuando llueve, ya que las arenas del desierto no absorben el agua. Si empieza a llover y se encuentra en tierra baja, busque tierra más alta inmediatemente. Las riadas ocurren sin aviso y pueden ser sumamente peligrosas.

Por último, recomendamos que el viajero se mantenga atento a señales y no se salga de las carreteras principales. Recomendamos no viajar nunca de noche. ¡Aprovéchese de los lindos hoteles que puede encontrar por todas partes!

Por supuesto, en caso de urgencia, los Ángeles Verdes están a la orden, con patrullas bilingües y grúas para servirle. SECTUR le desea felices viajes durante su visita a México.

TERCERA ETAPA

Vamos a escuchar: ¿Cómo llego del aeropuerto?

Franklin: Oye, Maite. Lo siento, pero cuando llegues mañana no voy a poder ir a buscarte al aeropuerto.
Maite: ¿Cómo que no? Ay, Franklin, ¿cómo puede ser?
Franklin: No te preocupes, es facilísimo llegar a mi casa.
Maite: ¿De veras que no puedes recogerme?
Franklin: No, lo siento, me llamaron a trabajar y no puedo faltar. Lo siento mucho, muchísimo.
Maite: Bueno. ¿Tomo un taxi para tu casa cuando llegue?

Franklin: Depende... ¿Traes mucho equipaje?
Maite: No, tú sabes que prefiero viajar sólo con equipaje de mano.
Franklin: Pues, recomiendo que te olvides del taxi. Eso te costaría demasiado. Mejor buscar el metro. La estación está en el aeropuerto mismo.
Maite: Bien, ¿hacia qué dirección voy y dónde me bajo?
Franklin: La estación del aeropuerto es la terminal de la línea del metro. Tómala hasta la parada Bolívar.
Maite: Bolívar. ¿Dónde salgo?
Franklin: Hay dos salidas, una para la Plaza del Pueblo y la otra para la Avenida Bolívar. Sube a la Avenida Bolívar. Allí verás una parada de taxis. Si tomas un taxi desde allí, no te costará casi nada.
Maite: Esto me parece muy complicado. ¿No es mejor que busque un taxi en el aeropuerto? No me importa que me cobren algo.
Franklin: La cosa es que no te van a cobrar algo sino mucho. Tú no sabes—nada más sales de la aduana, los taxistas saben que traes dinero...
Maite: Ah.
Franklin: Así que te recomiendo que tomes el metro. Es fácil.
Maite: Ojalá que no tuvieras que trabajar.
Franklin: No te preocupes, Maite. Será fácil. Ya verás.
Maite: Bien. Oye, te veo mañana... y después, ¡de vacaciones!
Franklin: Suerte, Maite. Te veo mañana.

Capítulo trece 424

PRIMERA ETAPA

Vamos a escuchar: No es lo que crees

Isidro: Mira, mira, allí va Catalina con sus nuevos pósters. ¿De qué artistas serán?
Max: ¿Arte? Vaya, serán dibujitos de flores y escenas románticas... así es el arte. Yo, yo prefiero mis pósters de músicos. Algo nuevo, algo del día, algo con impacto.
Isidro: Oye, ¿tú crees que el arte no tiene impacto?
Max: Claro, tú sabes, está bien para casas, para pósters, para las iglesias, pero ¿tener impacto?... no, eso no.
Isidro: Max, ¿de qué estás hablando? Déjame mostrarte algo. ¡Eh! ¡Eh, Catalina! ¡Catalina!
Catalina: ¿Sí? ¿Qué tal, Max, cómo te va, Isidro?
Isidro: Bien. Oye, Catalina, vimos que has comprado unos pósters. ¿De quiénes son?
Catalina: Ah. Bueno, compré dos: uno de Goya y otro de Orozco. *El hombre en llamas* es el de Orozco.
Max: ¿*El hombre en llamas*? Suena a un grupo de rock, ¿no?
Catalina: Ay, Max. ¡Sólo tú! ¡Sólo tú!
Isidro: Catalina, explícale lo que es ese cuadro.
Catalina: Bueno, fue mural y no cuadro. Orozco pintó el hombre en llamas en el Hospicio Cabañas, en la misma cúpula de la capilla. Todos, pero todos los que entran en la capilla lo ven.
Max: ¿En serio? Ese cuadro no me parece muy religioso... en el techo de la capilla?
Catalina: Sí, así es. Orozco creía firmemente en la dignidad del hombre y en su lucha por sobrevivir con esa dignidad.
Max: Bien, pero lo que veo yo es un hombre... que no sobrevive, que, vamos, que está en medio de mucho fuego, que se quema.
Catalina: Es bastante revolucionario: el hombre se muere entre llamas y sin embargo allí está su triunfo. ¿No ves la inspiración en eso? El hombre que arde por querer ser todo lo que quiere ser.
Max: Pues, es una metáfora, ¿no?
Catalina: Sí y no —si ves, el hombre es muy realista, es como cualquier hombre, como tú, Max, y como Isidro. Su agonía es real, es la agonía de todos nosotros.
Isidro: Max, ¿lo ves? No es adorno.
Max: Eso sí que no. No lo pondría en mi casa, es... un poco violento. ¿Por qué quieres un póster tan violento, Catalina?
Catalina: Bueno, tú ves violencia, lo que yo veo es la lucha, la eterna batalla por avanzar. Pienso colgarlo al lado de mi puerta para verlo cada vez que salgo. ¡Me hace querer trabajar más y más!
Max: ¡Ándale, pues!
Catalina: Bueno, muchachos, me voy.
Isidro: Chau, Catalina.
Max: ¡Hasta pronto!

SEGUNDA ETAPA

Vamos a escuchar: El Museo del Barrio

El Museo del Barrio fue fundado hace más de treinta años en el Barrio de Nueva York por un grupo de artistas e instructores puertorriqueños. Su meta era sencilla: proveer un local donde la comunidad puertorriqueña pudiera exponer sus talentos y la rica diversidad de su cultura. Desde sus orígenes en una escuela pública hasta su sede actual entre los museos más prestigiosos de la Quinta Avenida, el Museo del Barrio mantiene su fuerte enfoque en la difusión de cultura caribeña y latina. Entre sus galerías se encuentran impresionantes colecciones de arte y artesanía tradicional y contemporánea. Algunas adquisiciones recientes incluyen nuevas instalaciones interactivas. Además, cuentan con exposiciones permanentes de arte precolombino, incluyendo la segunda colección de arte taíno, de los primeros habitantes del Caribe.

Hoy quisiéramos destacar una colección especial, la de los vejigantes. Los vejigantes, o sea figuras folklóricas de monstruos, tienen sus orígenes en las antiguas figuras españolas de demonios y moros en las batallas contra los cristianos de los festivales populares. Durante el Carnaval representan el Mal, siempre vencidos por figuras del Bien. En Puerto Rico los vejigantes se transformaron en fantásticos ejemplos de arte popular, con ropa de muchos colores y máscaras fantásticas de colores, cuernos y ojos locos. En Puerto Rico, la combinación de la figura humana con máscara monstruosa se ha convertido en una representación de la oposición entre lo indígena y lo europeo... y en vez de ser los malos, los vejigantes llegaron a representar lo natural, lo original.

Hoy, en esta época de Carnaval, cuando los vejigantes cobran vida y salen a la calle a bailar y hacer travesuras, es el momento perfecto para visitar el Museo del Barrio, abierto de martes a domingo para todos.

TERCERA ETAPA

Vamos a escuchar: ¡Quiero ser el próximo Picasso!

Diego: Hola, José María. Hola, Claudia.
José María: ¿Qué hay, Diego?
Claudia: ¿Qué se cuenta?
Diego: No mucho. Llevo casi una semana en mi estudio... ese retrato de mi padre está progresando.
Claudia: Uy, ese retrato. Es tan difícil captar a alguien sin que esa persona sea el padre de uno...
Diego: Es cierto. Pero cuando termine este retrato, seguro que mi padre tomará en serio mi sueño de ser artista.
Claudia: Sí, sí, lo que tú quieres es que tu familia acepte pagar la matrícula de la escuela de bellas artes.
Diego: Y, ¿qué es esto? ¡Ni mis amigos me toman en serio! Oye, Claudia, tú también tienes tus planes, ¿no?
Claudia: Correcto. Mi obra maestra está en camino, un día de éstos la termino.
José María: Oh, oh, como esa película con el pintor que quiso pintar la luz sobre ese árbol...
Diego: El membrillo, el sol sobre el árbol en su patio. Pasa toda la película buscando los colores que reproduzcan la luz natural.
Claudia: ¿Cómo se llama ese pintor?
Diego: No sé, pero él no terminó su cuadro nunca.
Claudia: Cállense, ya. Yo sí voy a terminar. José María, ¿qué piensas?
José María: Pues, tengo buenas noticias. Pero como ustedes tienen tanto que decir y no permiten que nadie meta palabra...
Claudia: Vamos, dinos, dinos. ¿Qué noticias tienes?

José María: Pues, la Galería Novísima me invitó a hacer una exposición en solitario.
Claudia: ¿En solitario? ¿Sólo tú como único artista?
José María: Eso dicen.
Diego: ¡Fantástico!
Claudia: ¡Hombre, eso es fenomenal!
José María: Sí, pero ahora tengo que escoger unas quince obras... quiero poner obras que muestren mi progreso como artista.
Claudia: ¿No quieres seleccionar los cuadros que más te gustan?
Diego: ¿O algunos que puedes vender?
José María: No, espero escoger una serie de cuadros que sean representativos. Como es mi primera exposición en solitario, quiero que tenga impacto y que diga quién soy yo.
Diego: ¿Quién eres tú? Pues, el próximo Picasso, seguro!
José María: Ya, vámonos, ¡me pueden ayudar!
Claudia: Muy bien, ya nos fuimos.

Capítulo catorce 456

PRIMERA ETAPA

Vamos a escuchar: Lectura: Dos poemas de Gabriela Mistral

Mientras baja la nieve

Ha bajado la nieve, divina criatura,
el valle a conocer,
Ha bajado la nieve, esposa de la estrella
¡Mirémosla caer!
¡Dulce! Llega sin ruido, como los suaves seres
que recelan dañar.
Así baja la luna y así bajan los sueños.
¡Mirémosla bajar!
¡Pura! Mira tu valle como los está bordando
de su ligero azahar.
Tiene unos dulces dedos tan leves y sutiles
que rozan sin rozar.
¡Bella! ¿No te parece que sea el don magnífico
de un alto Donador?
Detrás de las estrellas su ancho peplo de seda
desgaja sin rumor.
Déjala que en tu frente te diluya su pluma
y te prenda su flor.
¡Quién sabe si no trae un mensaje a los hombres
de parte del Señor!

Lectura: Balada de los dos abuelos

Sombras que sólo yo veo,
me escoltan mis dos abuelos.
Lanza con punta de hueso,
tambor de cuero y madera:
mi abuelo negro.
Gorguera en el cuello ancho,
gris armadura guerrera:
mi abuelo blanco.
África de selvas húmedas
y de gordos gongos sordos...
—¡Me muero!
(Dice mi abuelo negro.)
Aguaprieta de caimanes,
verdes mañanas de cocos...
—¡Me canso!
(Dice mi abuelo blanco.)
Oh velas de amargo viento,
galeón ardiendo en oro...
—¡Me muero!
(Dice mi abuelo negro.)
Oh costas de cuello virgen
engañadas de abalorios...
—¡Me canso!
(Dice mi abuelo blanco.)
¡Oh puro sol repujado,
preso en el aro del trópico;
oh luna redonda y limpia
sobre el sueño de los monos!
¡Qué de barcos, qué de barcos!
¡Qué de negros, qué de negros!
¡Qué largo fulgor de cañas!
¡Qué látigo el del negrero!
Piedra de llanto y de sangre,
venas y ojos entreabiertos,
y madrugadas vacías,
y atardeceres de ingenio,
y una gran voz, fuerte voz
despedazando el silencio.
¡Qué de barcos, qué de barcos,
qué de negros!
Sombras que sólo yo veo,
me escoltan mis dos abuelos.
Don Federico me grita,
y Taita Facundo calla;
los dos en la noche sueñan,
y andan, andan.
Yo los junto.
—¡Federico!
¡Facundo! Los dos se abrazan.
Los dos suspiran. Los dos
las fuertes cabezas alzan;
los dos del mismo tamaño,
bajo las estrellas altas;
los dos del mismo tamaño,
ansia negra y ansia blanca,
los dos del mismo tamaño
gritan, sueñan, lloran, cantan.
Sueñan, lloran, cantan.
Lloran, cantan.
¡Cantan!

Vamos a escuchar: El próximo Premio Nóbel

Ana: Pues, anuncian los ganadores muy pronto, ¿no?
Raúl: Sí, será pronto. ¿Quién creen que va a ganar este año? Yo digo que Mario Vargas Llosa.
Viki: ¿Vargas Llosa? No, no lo creo. Ya que se metió en la política no lo van a escoger. ¡Quiso ser presidente de Perú!
Raúl: No importa eso. La Fundación Nóbel dice que con tal que el escritor mantenga una "integridad política" está bien.
Ana: Es cierto. Y Vargas Llosa, por sus novelas, se lo merece. Vamos, piensa en *La ciudad y los perros*, en *La Tía Julia y el escribidor*, en *Elogio de la madrastra... La fiesta del chico* y en los últimos años ha ganado tantos premios.
Viki: No hay duda: Vargas Llosa es buenísimo escritor. Pero yo creo que será otro. Quizás un americano este año.
Raúl: Hmm. Interesante. ¿Tienen alguna idea?
Ana: Pues yo no, yo iba a decir que Carmen Martin Gaite, pero ella murió hace poco y el Comité Nóbel no premia a los fallecidos.
Viki: Yo creo que no será americano, será americana. O mejor dicho, chicana.
Ana: ¿Te refieres a Sandra Cisneros?
Viki: Exacto. Por su gran variedad artística, la Fundación Nóbel prefiere que los ganadores sean versátiles. Cisneros es versátil, con su novela *La casa en Mango Street*, sus cuentos en *Woman Hollering Creek* y hasta sus poesías en *Loose Women*.

Raúl: Pero...
Viki: ¿Pero qué?
Raúl: Es muy joven, ¿no creen?
Viki: Ah. A lo mejor. ¿Qué les parece Carlos Fuentes?
Ana: ¿Fuentes? A ver. Es cuentista, novelista, es ensayista... ¿qué no hace?
Raúl: La Fundación Nóbel quiere que el ganador sea idealista, que sus escritos "vayan en una dirección ideal", como dicen. Como Fuentes, no hay otro.
Viki: Y es veterano ya —escribe desde hace medio siglo. ¡Sin parar! Es un escritor de infinita energía.
Raúl: Y se ha dedicado a compartir la cultura mexicana, vaya, la hispánica, con todo el mundo. Es profesor en el sentido más puro.
Viki: Bueno, por mucho que hablemos, no vamos a saber la decisión hasta que la anuncie la Fundación Nóbel.
Ana: Bueno, así es. ¿Qué les parece empezar el trabajo?

SEGUNDA ETAPA

Vamos a escuchar: ¿Quién es Dulcinea?

¿Quién es Dulcinea? Es una princesa, bella, noble, virtuosa... Está profundamente enamorada de su héroe Don Quijote. Dulcinea le espera mientras él está buscando sus aventuras, siempre esperando a su héroe.

Su nombre, una variación de la palabra dulce, fue inventado. Su descripción, pura invención. Su historia, también ficticia. Pero el amor que le tiene don Quijote... eso sí que es verdadero.

Y ¿quién es la mujer de verdad? Una tal Aldonza Lorenzo, una joven más o menos atractiva, que no sabe leer ni escribir, que no tiene buenos modales y que apenas sabe quién es don Quijote. En cuanto a su virtud... no tiene fama de virtuosa, cosa muy sabida por Sancho Panza pero aparentemente ignorada por don Quijote. Es una labradora de un pueblo vecino de don Quijote, o mejor, de Alonso Quijano, el hombre que decidió convertirse en don Quijote. En la novela original, Dulcinea aparece casi exclusivamente a través de los sueños y descripciones de don Quijote. En otras versiones de la novela, por ejemplo, en *Man of La Mancha,* Aldonza Lorenzo figura como personaje importante que participa en la acción de la obra.

¿Existe Dulcinea del Toboso? En el corazón e imaginación de don Quijote, existe como la perfección femenina. En el corazón e imaginación de los millones de lectores de *Don Quijote,* es el sueño del amor perfecto, el sueño que nos mantiene siempre jóvenes e idealistas. ¿Es importante su verdadera identidad? No. Para los que siguen el camino del último caballero andante, lo que importa de Dulcinea es la fantasía y el amor que la inspiró.

TERCERA ETAPA

Vamos a escuchar: El realismo mágico y las realidades latinoamericanas

Manuel: Oye, ¡estos cuentos de García Márquez son fabulosos! ¿Te imaginas escribir algo así?
Patricia: De acuerdo, ¡qué imaginación!
Rosi: No sé si me animan a visitar Colombia o a evitarla a toda costa... pero lo cierto es que me tienen fascinada.
Patricia: ¡Eeeepa! ¡Es mi país —Colombia te va a encantar!
Rosi: Me parece lógico que haya tanta magia en García Márquez. Desde luego, las selvas tropicales están llenas de cosas insólitas.
Manuel: Sí, hay plantas que comen carne, ranas venenosas, serpientes eléctricas...
Patricia: Anguilas eléctricas, quieres decir; viven en el Río Amazonas.
Manuel: Lo que sea. En la selva las plantas son enormes, los insectos gigantescos, todo tamaño extra grande.
Rosi: ¡Y el clima! Dicen que cuando llueve, es como si todo el aire fuera agua, como si hubiera una pared de agua sólida.
Manuel: También dicen que cuando llueve los insectos y animalitos entran en las casas buscando refugio. Imagínense, una casa llena de personas, insectos y animales.
Patricia: No hay que imaginarlo sólo: si visitan la selva en la estación de las lluvias, lo verán tal y cómo lo describen.
Manuel: Quiroga describió escenas similares en sus cuentos. Siempre que pienso en esa historia de la novia que muere, desangrada por el insecto que vivía en su cama...
Patricia: Oh sí, "El almohadón de plumas", de Horacio Quiroga. Pero Quiroga no era colombiano, era uruguayo.
Manuel: Oh, oh, y en "Axolotl", cuando el hombre se convierte en lagarto.
Rosi: Se convierte en salamandra, ¿no?
Manuel: No sé exactamente lo que es, pero Cortázar captó esa transición de hombre en amfibio perfectamente.
Rosi: Julio Cortázar, ¿es argentino, no?
Patricia: Era argentino. ¿Y qué? Es la misma idea: todos combinan el realismo de los trópicos con un elemento mágico... misterioso o fantástico, pero mágico.
Manuel: Así que tú crees que las maravillas de la selva tropical de Latinoamérica son responsables de las imágenes fantásticas del realismo mágico, ¿no?
Rosi: Yo sí.
Patricia: No hay que olvidar la importancia de los años de gobiernos corruptos, cuando no se podía creer nada de lo que se decía...
Rosi: Claro, es una combinación fabulosa: la naturaleza fantástica y el discurso a base de fantasía...
Manuel: Como sea, me gusta. Y más que nada, me gustan estos cuentos de Gabo. ¿Qué les parece volver a clase?
Patricia: Bien, vámonos.

APUNTES

APUNTES

APUNTES